U0901324

2020

贵州省人口普查年鉴

（下册）

GUIZHOU POPULATION CENSUS YEARBOOK 2020

(BOOK 3)

贵州省第七次全国人口普查领导小组办公室
贵　州　省　统　计　局　编

Compiled by
Office of the Leading Group of Guizhou Province for the Seventh National Population Census
Guizhou Provincial Bureau of Statistics

图书在版编目（CIP）数据

贵州省人口普查年鉴. 2020. 下册 / 贵州省第七次全国人口普查领导小组办公室, 贵州省统计局编. -- 北京 : 中国统计出版社, 2022.11
ISBN 978-7-5230-0001-4

Ⅰ. ①贵… Ⅱ. ①贵… ②贵… Ⅲ. ①人口普查－统计资料－贵州－2020－年鉴 Ⅳ. ①C924.257.3-54

中国版本图书馆 CIP 数据核字(2022)第 206055 号

贵州省人口普查年鉴-2020（下册）
Guizhou Population Census Yearbook 2020 (Book 3)

作　　者/贵州省第七次全国人口普查领导小组办公室　贵州省统计局
责任编辑/张　洁
封面设计/李雪燕
出版发行/中国统计出版社有限公司
通信地址/北京市丰台区西三环南路甲 6 号　邮政编码/100073
发行电话/邮购（010）63376909　书店（010）68783171
网　　址/http://www.zgtjcbs.com/
印　　刷/河北鑫兆源印刷有限公司
经　　销/新华书店
开　　本/880mm×1230mm　1/16
字　　数/1720 千字
印　　张/53.75
版　　别/2022 年 11 月第 1 版
版　　次/2022 年 11 月第 1 次印刷
定　　价/990.00 元（全三册附光盘）

目　录

下　册

第二部分　长表数据资料(续)

第五卷　婚姻

第六卷 生育

第七卷 迁移和户口登记地

第八卷　老年人口

第九卷　住房

第三部分　附　录

第二部分　长表数据资料

第五卷　婚姻

5-1 各地区分性别、婚姻状况的15岁及以上人口

单位：人

地 区	15岁及以上人口			未 婚		
	合计	男	女	小计	男	女
贵 州	**2769151**	**1398043**	**1371108**	**572640**	**340596**	**232044**
贵阳市	**468044**	**236876**	**231168**	**116659**	**65848**	**50811**
南明区	83617	41564	42053	19990	11111	8879
云岩区	86956	43323	43633	21557	12206	9351
花溪区	76396	38579	37817	25023	13435	11588
乌当区	26314	13129	13185	5699	3134	2565
白云区	35832	18190	17642	10020	5417	4603
观山湖区	47674	24272	23402	11707	6714	4993
开阳县	26905	13772	13133	3608	2299	1309
息烽县	17064	8773	8291	2284	1442	842
修文县	21293	11170	10123	3541	2275	1266
清镇市	45993	24104	21889	13230	7815	5415
六盘水市	**217191**	**110447**	**106744**	**41396**	**25517**	**15879**
钟山区	49125	24374	24751	10438	5912	4526
六枝特区	35810	17976	17834	6806	4190	2616
水城县	53170	27823	25347	11058	7042	4016
盘州市	79086	40274	38812	13094	8373	4721
遵义市	**483290**	**240857**	**242433**	**83260**	**49148**	**34112**
红花岗区	72712	35708	37004	14820	7956	6864
汇川区	46785	23178	23607	7997	4573	3424
播州区	55780	28047	27733	9059	5481	3578
桐梓县	37722	19071	18651	6853	4118	2735
绥阳县	25644	12894	12750	4127	2489	1638
正安县	28697	14158	14539	4436	2698	1738
道真仡佬族苗族自治县	17872	8470	9402	2643	1590	1053
务川仡佬族苗族自治县	21734	10749	10985	3791	2291	1500
凤冈县	21760	10605	11155	3334	2008	1326
湄潭县	28101	13687	14414	4193	2407	1786
余庆县	16587	8087	8500	2124	1299	825
习水县	42350	21455	20895	7511	4560	2951
赤水市	19509	9769	9740	2910	1862	1048
仁怀市	48037	24979	23058	9462	5816	3646
安顺市	**176268**	**89422**	**86846**	**34874**	**21161**	**13713**
西秀区	64565	32001	32564	13413	7548	5865
平坝区	25200	12960	12240	4474	2863	1611
普定县	26586	13713	12873	5557	3464	2093
镇宁布依族苗族自治县	21015	10855	10160	4065	2661	1404
关岭布依族苗族自治县	19192	9886	9306	3777	2355	1422
紫云苗族布依族自治县	19710	10007	9703	3588	2270	1318
毕节市	**455853**	**233634**	**222219**	**100437**	**60089**	**40348**
七星关区	82849	41692	41157	18587	10675	7912
大方县	55443	28423	27020	11518	6908	4610
黔西县	49569	25555	24014	8843	5572	3271
金沙县	38952	20286	18666	7029	4260	2769
织金县	52130	27018	25112	10036	6221	3815
纳雍县	45703	23352	22351	10124	6019	4105
威宁彝族回族苗族自治县	88290	45602	42688	24426	14698	9728
赫章县	42917	21706	21211	9874	5736	4138

5-1　续表 1　　单位：人

地　区	15岁及以上人口			未　婚		
	合计	男	女	小计	男	女
铜仁市	**228549**	**113259**	**115290**	**50741**	**29479**	**21262**
碧江区	28386	13617	14769	7949	4004	3945
万山区	11208	5784	5424	2847	1704	1143
江口县	13058	6591	6467	2332	1453	879
玉屏侗族自治县	10740	5491	5249	1872	1235	637
石阡县	22230	10991	11239	3993	2497	1496
思南县	32002	15549	16453	6446	3725	2721
印江土家族苗族自治县	20608	10017	10591	3965	2381	1584
德江县	26658	13091	13567	6094	3384	2710
沿河土家族自治县	28600	14130	14470	6466	3685	2781
松桃苗族自治县	35059	17998	17061	8777	5411	3366
黔西南布依族苗族自治州	**216173**	**108645**	**107528**	**43899**	**25735**	**18164**
兴义市	73985	36854	37131	16256	9039	7217
兴仁市	29586	14973	14613	5735	3406	2329
普安县	17138	8758	8380	3417	2072	1345
晴隆县	15998	8090	7908	3330	1968	1362
贞丰县	21603	10894	10709	3930	2420	1510
望谟县	17573	8925	8648	4117	2431	1686
册亨县	14077	6985	7092	2818	1692	1126
安龙县	26213	13166	13047	4296	2707	1589
黔东南苗族侗族自治州	**269675**	**136860**	**132815**	**49738**	**32511**	**17227**
凯里市	50940	25692	25248	11181	6826	4355
黄平县	17295	8742	8553	3280	2041	1239
施秉县	9074	4499	4575	1591	974	617
三穗县	11608	5845	5763	1997	1305	692
镇远县	14184	7093	7091	2202	1409	793
岑巩县	12206	6115	6091	2195	1422	773
天柱县	18481	9490	8991	2628	1839	789
锦屏县	11752	5961	5791	2014	1326	688
剑河县	13220	6671	6549	2330	1612	718
台江县	9215	4677	4538	2283	1395	888
黎平县	29402	14783	14619	4677	3174	1503
榕江县	20195	10416	9779	3818	2612	1206
从江县	21722	11040	10682	3588	2508	1080
雷山县	9419	5049	4370	1892	1356	536
麻江县	9877	5056	4821	1650	1121	529
丹寨县	11085	5731	5354	2412	1591	821
黔南布依族苗族自治州	**254108**	**128043**	**126065**	**51636**	**31108**	**20528**
都匀市	39656	19677	19979	9332	5240	4092
福泉市	21716	11161	10555	3933	2503	1430
荔波县	11948	6134	5814	2174	1399	775
贵定县	18804	9068	9736	4598	2287	2311
瓮安县	29021	14613	14408	4485	2828	1657
独山县	19340	9890	9450	3333	2176	1157
平塘县	16345	8030	8315	2883	1797	1086
罗甸县	18123	9010	9113	3094	1979	1115
长顺县	13934	7090	6844	2674	1710	964
龙里县	17234	9178	8056	3579	2331	1248
惠水县	28408	14206	14202	7315	4132	3183
三都水族自治县	19579	9986	9593	4236	2726	1510

5-1 续表 2

单位：人

地 区	有配偶			离 婚			丧 偶		
	小计	男	女	小计	男	女	小计	男	女
贵 州	**1927469**	**956829**	**970640**	**82923**	**49093**	**33830**	**186119**	**51525**	**134594**
贵阳市	**308762**	**155683**	**153079**	**21524**	**10668**	**10856**	**21099**	**4677**	**16422**
南明区	54737	27494	27243	5056	2270	2786	3834	689	3145
云岩区	56323	28037	28286	5174	2376	2798	3902	704	3198
花溪区	45695	23215	22480	2592	1255	1337	3086	674	2412
乌当区	18219	9131	9088	1182	574	608	1214	290	924
白云区	22759	11604	11155	1731	880	851	1322	289	1033
观山湖区	32844	16551	16293	1756	749	1007	1367	258	1109
开阳县	20592	10372	10220	896	564	332	1809	537	1272
息烽县	12912	6523	6389	708	467	241	1160	341	819
修文县	15712	8002	7710	813	539	274	1227	354	873
清镇市	28969	14754	14215	1616	994	622	2178	541	1637
六盘水市	**155287**	**77372**	**77915**	**6445**	**3905**	**2540**	**14063**	**3653**	**10410**
钟山区	33961	16804	17157	2398	1204	1194	2328	454	1874
六枝特区	25179	12352	12827	1045	678	367	2780	756	2024
水城县	37200	18905	18295	1284	936	348	3628	940	2688
盘州市	58947	29311	29636	1718	1087	631	5327	1503	3824
遵义市	**352334**	**173036**	**179298**	**14768**	**8250**	**6518**	**32928**	**10423**	**22505**
红花岗区	50586	25037	25549	3442	1708	1734	3864	1007	2857
汇川区	34216	16916	17300	1878	885	993	2694	804	1890
播州区	41087	20334	20753	2036	1134	902	3598	1098	2500
桐梓县	27037	13399	13638	1020	655	365	2812	899	1913
绥阳县	19004	9398	9606	554	341	213	1959	666	1293
正安县	21219	10197	11022	504	302	202	2538	961	1577
道真仡佬族苗族自治县	13470	6195	7275	301	176	125	1458	509	949
务川仡佬族苗族自治县	15922	7621	8301	355	224	131	1666	613	1053
凤冈县	16345	7795	8550	452	283	169	1629	519	1110
湄潭县	21017	10166	10851	820	458	362	2071	656	1415
余庆县	12758	6160	6598	413	246	167	1292	382	910
习水县	30789	15270	15519	989	659	330	3061	966	2095
赤水市	14097	6940	7157	858	507	351	1644	460	1184
仁怀市	34787	17608	17179	1146	672	474	2642	883	1759
安顺市	**123682**	**61789**	**61893**	**5158**	**3124**	**2034**	**12554**	**3348**	**9206**
西秀区	44723	22228	22495	2233	1143	1090	4196	1082	3114
平坝区	18330	9214	9116	733	449	284	1663	434	1229
普定县	18465	9212	9253	733	509	224	1831	528	1303
镇宁布依族苗族自治县	14730	7399	7331	528	365	163	1692	430	1262
关岭布依族苗族自治县	13512	6775	6737	449	321	128	1454	435	1019
紫云苗族布依族自治县	13922	6961	6961	482	337	145	1718	439	1279
毕节市	**314382**	**157488**	**156894**	**10579**	**7624**	**2955**	**30455**	**8433**	**22022**
七星关区	56982	28246	28736	2024	1307	717	5256	1464	3792
大方县	38751	19476	19275	1288	972	316	3886	1067	2819
黔西县	35639	17870	17769	1636	1173	463	3451	940	2511
金沙县	28105	14327	13778	1235	867	368	2583	832	1751
织金县	36862	18707	18155	1359	1050	309	3873	1040	2833
纳雍县	31311	15754	15557	977	738	239	3291	841	2450
威宁彝族回族苗族自治县	57506	28524	28982	1209	903	306	5149	1477	3672
赫章县	29226	14584	14642	851	614	237	2966	772	2194

5-1　续表 3　　　　单位：人

地　区	有配偶			离　婚			丧　偶		
	小计	男	女	小计	男	女	小计	男	女
铜仁市	**155160**	**75070**	**80090**	**4733**	**3008**	**1725**	**17915**	**5702**	**12213**
碧江区	18454	8901	9553	749	395	354	1234	317	917
万山区	7319	3663	3656	291	180	111	751	237	514
江口县	9365	4600	4765	369	242	127	992	296	696
玉屏侗族自治县	7714	3843	3871	348	219	129	806	194	612
石阡县	15816	7597	8219	434	272	162	1987	625	1362
思南县	21871	10428	11443	559	365	194	3126	1031	2095
印江土家族苗族自治县	14348	6761	7587	369	263	106	1926	612	1314
德江县	18110	8754	9356	516	300	216	1938	653	1285
沿河土家族自治县	19360	9371	9989	391	260	131	2383	814	1569
松桃苗族自治县	22803	11152	11651	707	512	195	2772	923	1849
黔西南布依族苗族自治州	**152331**	**75784**	**76547**	**5093**	**3226**	**1867**	**14850**	**3900**	**10950**
兴义市	51876	25767	26109	2066	1115	951	3787	933	2854
兴仁市	21207	10548	10659	644	456	188	2000	563	1437
普安县	12281	6186	6095	303	201	102	1137	299	838
晴隆县	11179	5601	5578	278	209	69	1211	312	899
贞丰县	15493	7645	7848	470	342	128	1710	487	1223
望谟县	11386	5768	5618	390	274	116	1680	452	1228
册亨县	9746	4789	4957	260	167	93	1253	337	916
安龙县	19163	9480	9683	682	462	220	2072	517	1555
黔东南苗族侗族自治州	**191165**	**93826**	**97339**	**6909**	**4500**	**2409**	**21863**	**6023**	**15840**
凯里市	34716	17142	17574	1999	1039	960	3044	685	2359
黄平县	11930	5949	5981	374	288	86	1711	464	1247
施秉县	6494	3165	3329	226	148	78	763	212	551
三穗县	8275	4025	4250	368	240	128	968	275	693
镇远县	10445	5106	5339	338	227	111	1199	351	848
岑巩县	8785	4197	4588	253	173	80	973	323	650
天柱县	13521	6723	6798	498	376	122	1834	552	1282
锦屏县	8491	4185	4306	221	149	72	1026	301	725
剑河县	9519	4597	4922	272	194	78	1099	268	831
台江县	6043	2985	3058	172	110	62	717	187	530
黎平县	21482	10434	11048	592	403	189	2651	772	1879
榕江县	14446	7058	7388	410	307	103	1521	439	1082
从江县	15983	7754	8229	362	258	104	1789	520	1269
雷山县	6518	3313	3205	237	171	66	772	209	563
麻江县	7097	3510	3587	286	204	82	844	221	623
丹寨县	7420	3683	3737	301	213	88	952	244	708
黔南布依族苗族自治州	**174366**	**86781**	**87585**	**7714**	**4788**	**2926**	**20392**	**5366**	**15026**
都匀市	25691	12870	12821	1767	944	823	2866	623	2243
福泉市	15721	7863	7858	684	445	239	1378	350	1028
荔波县	8563	4337	4226	291	173	118	920	225	695
贵定县	12037	5977	6060	706	426	280	1463	378	1085
瓮安县	21548	10628	10920	994	588	406	1994	569	1425
独山县	13610	6839	6771	536	353	183	1861	522	1339
平塘县	11433	5531	5902	322	225	97	1707	477	1230
罗甸县	12656	6201	6455	475	318	157	1898	512	1386
长顺县	9766	4832	4934	318	232	86	1176	316	860
龙里县	12066	6170	5896	582	369	213	1007	308	699
惠水县	18008	8986	9022	645	427	218	2440	661	1779
三都水族自治县	13267	6547	6720	394	288	106	1682	425	1257

5-1a 各地区分性别、婚姻状况的15岁及以上人口(城市)

单位：人

地区	15岁及以上人口			未婚		
	合计	男	女	小计	男	女
贵州	**763383**	**376130**	**387253**	**183768**	**99969**	**83799**
贵阳市	**325085**	**162467**	**162618**	**83517**	**46285**	**37232**
南明区	79553	39319	40234	19235	10624	8611
云岩区	86956	43323	43633	21557	12206	9351
花溪区	50846	25804	25042	14134	7958	6176
乌当区	15723	7525	8198	3524	1743	1781
白云区	32699	16560	16139	9191	4955	4236
观山湖区	38785	19574	19211	9092	5128	3964
开阳县						
息烽县						
修文县						
清镇市	20523	10362	10161	6784	3671	3113
六盘水市	**70538**	**34661**	**35877**	**14271**	**8016**	**6255**
钟山区	39731	19454	20277	8000	4419	3581
六枝特区	11167	5358	5809	2303	1301	1002
水城县						
盘州市	19640	9849	9791	3968	2296	1672
遵义市	**140518**	**68607**	**71911**	**28860**	**15626**	**13234**
红花岗区	55142	26704	28438	12452	6400	6052
汇川区	33070	16075	16995	6147	3346	2801
播州区	22098	10790	11308	4371	2437	1934
桐梓县						
绥阳县						
正安县						
道真仡佬族苗族自治县						
务川仡佬族苗族自治县						
凤冈县						
湄潭县						
余庆县						
习水县						
赤水市	8213	3950	4263	1214	704	510
仁怀市	21995	11088	10907	4676	2739	1937
安顺市	**41250**	**19923**	**21327**	**9320**	**4923**	**4397**
西秀区	36045	17377	18668	8517	4452	4065
平坝区	5205	2546	2659	803	471	332
普定县						
镇宁布依族苗族自治县						
关岭布依族苗族自治县						
紫云苗族布依族自治县						
毕节市	**41048**	**20351**	**20697**	**10722**	**5801**	**4921**
七星关区	41048	20351	20697	10722	5801	4921
大方县						
黔西县						
金沙县						
织金县						
纳雍县						
威宁彝族回族苗族自治县						
赫章县						

5-1a　续表 1　　单位：人

地　区	15岁及以上人口			未　婚		
	合计	男	女	小计	男	女
铜仁市	**26830**	**12756**	**14074**	**8105**	**4037**	**4068**
碧江区	21801	10258	11543	6430	3136	3294
万山区	5029	2498	2531	1675	901	774
江口县						
玉屏侗族自治县						
石阡县						
思南县						
印江土家族苗族自治县						
德江县						
沿河土家族自治县						
松桃苗族自治县						
黔西南布依族苗族自治州	**52125**	**25373**	**26752**	**13207**	**6812**	**6395**
兴义市	43038	20889	22149	11107	5654	5453
兴仁市	9087	4484	4603	2100	1158	942
普安县						
晴隆县						
贞丰县						
望谟县						
册亨县						
安龙县						
黔东南苗族侗族自治州	**34464**	**16921**	**17543**	**7718**	**4418**	**3300**
凯里市	34464	16921	17543	7718	4418	3300
黄平县						
施秉县						
三穗县						
镇远县						
岑巩县						
天柱县						
锦屏县						
剑河县						
台江县						
黎平县						
榕江县						
从江县						
雷山县						
麻江县						
丹寨县						
黔南布依族苗族自治州	**31525**	**15071**	**16454**	**8048**	**4051**	**3997**
都匀市	23930	11392	12538	6182	3075	3107
福泉市	7595	3679	3916	1866	976	890
荔波县						
贵定县						
瓮安县						
独山县						
平塘县						
罗甸县						
长顺县						
龙里县						
惠水县						
三都水族自治县						

5-1a 续表 2 单位：人

地区	有配偶			离婚			丧偶		
	小计	男	女	小计	男	女	小计	男	女
贵 州	**512045**	**253385**	**258660**	**35674**	**16263**	**19411**	**31896**	**6513**	**25383**
贵阳市	**211869**	**106198**	**105671**	**16760**	**7577**	**9183**	**12939**	**2407**	**10532**
南明区	51802	25889	25913	4869	2160	2709	3647	646	3001
云岩区	56323	28037	28286	5174	2376	2798	3902	704	3198
花溪区	32583	16489	16094	2118	964	1154	2011	393	1618
乌当区	10891	5363	5528	720	300	420	588	119	469
白云区	20741	10553	10188	1599	794	805	1168	258	910
观山湖区	27299	13720	13579	1428	558	870	966	168	798
开阳县									
息烽县									
修文县									
清镇市	12230	6147	6083	852	425	427	657	119	538
六盘水市	**49836**	**24491**	**25345**	**3251**	**1524**	**1727**	**3180**	**630**	**2550**
钟山区	27901	13729	14172	2121	994	1127	1709	312	1397
六枝特区	7684	3671	4013	509	251	258	671	135	536
水城县									
盘州市	14251	7091	7160	621	279	342	800	183	617
遵义市	**99046**	**48607**	**50439**	**6770**	**2994**	**3776**	**5842**	**1380**	**4462**
红花岗区	37314	18372	18942	2970	1382	1588	2406	550	1856
汇川区	23903	11721	12182	1555	644	911	1465	364	1101
播州区	15833	7716	8117	1084	440	644	810	197	613
桐梓县									
绥阳县									
正安县									
道真仡佬族苗族自治县									
务川仡佬族苗族自治县									
凤冈县									
湄潭县									
余庆县									
习水县									
赤水市	6018	2902	3116	497	241	256	484	103	381
仁怀市	15978	7896	8082	664	287	377	677	166	511
安顺市	**27846**	**13709**	**14137**	**1904**	**853**	**1051**	**2180**	**438**	**1742**
西秀区	23959	11814	12145	1665	727	938	1904	384	1520
平坝区	3887	1895	1992	239	126	113	276	54	222
普定县									
镇宁布依族苗族自治县									
关岭布依族苗族自治县									
紫云苗族布依族自治县									
毕节市	**27391**	**13512**	**13879**	**1268**	**671**	**597**	**1667**	**367**	**1300**
七星关区	27391	13512	13879	1268	671	597	1667	367	1300
大方县									
黔西县									
金沙县									
织金县									
纳雍县									
威宁彝族回族苗族自治县									
赫章县									

5-1a 续表 3

单位：人

地区	有配偶			离婚			丧偶		
	小计	男	女	小计	男	女	小计	男	女
铜仁市	**16996**	**8151**	**8845**	**738**	**334**	**404**	**991**	**234**	**757**
碧江区	14005	6678	7327	596	272	324	770	172	598
万山区	2991	1473	1518	142	62	80	221	62	159
江口县									
玉屏侗族自治县									
石阡县									
思南县									
印江土家族苗族自治县									
德江县									
沿河土家族自治县									
松桃苗族自治县									
黔西南布依族苗族自治州	**35183**	**17275**	**17908**	**1751**	**830**	**921**	**1984**	**456**	**1528**
兴义市	28941	14225	14716	1472	671	801	1518	339	1179
兴仁市	6242	3050	3192	279	159	120	466	117	349
普安县									
晴隆县									
贞丰县									
望谟县									
册亨县									
安龙县									
黔东南苗族侗族自治州	**23570**	**11466**	**12104**	**1656**	**742**	**914**	**1520**	**295**	**1225**
凯里市	23570	11466	12104	1656	742	914	1520	295	1225
黄平县									
施秉县									
三穗县									
镇远县									
岑巩县									
天柱县									
锦屏县									
剑河县									
台江县									
黎平县									
榕江县									
从江县									
雷山县									
麻江县									
丹寨县									
黔南布依族苗族自治州	**20308**	**9976**	**10332**	**1576**	**738**	**838**	**1593**	**306**	**1287**
都匀市	15142	7475	7667	1324	621	703	1282	221	1061
福泉市	5166	2501	2665	252	117	135	311	85	226
荔波县									
贵定县									
瓮安县									
独山县									
平塘县									
罗甸县									
长顺县									
龙里县									
惠水县									
三都水族自治县									

5-1b 各地区分性别、婚姻状况的15岁及以上人口(镇)

单位：人

地区	15岁及以上人口			未婚		
	合计	男	女	小计	男	女
贵州	**727752**	**359107**	**368645**	**160974**	**90206**	**70768**
贵阳市	**52836**	**25974**	**26862**	**17671**	**9013**	**8658**
南明区						
云岩区						
花溪区	11145	5062	6083	8405	3724	4681
乌当区	1771	936	835	446	282	164
白云区	195	95	100	19	14	5
观山湖区	2003	1024	979	627	400	227
开阳县	14414	7101	7313	2209	1271	938
息烽县	8088	3970	4118	1175	665	510
修文县	9662	4854	4808	1841	1046	795
清镇市	5558	2932	2626	2949	1611	1338
六盘水市	**35405**	**17860**	**17545**	**7325**	**4289**	**3036**
钟山区	4396	2272	2124	816	517	299
六枝特区	3235	1607	1628	586	353	233
水城县	16902	8575	8327	3768	2185	1583
盘州市	10872	5406	5466	2155	1234	921
遵义市	**132248**	**63994**	**68254**	**23421**	**13297**	**10124**
红花岗区	4567	2322	2245	821	507	314
汇川区	4021	1989	2032	546	336	210
播州区	6469	3172	3297	915	558	357
桐梓县	18104	8888	9216	3615	2012	1603
绥阳县	11504	5679	5825	2276	1272	1004
正安县	11465	5444	6021	1845	1040	805
道真仡佬族苗族自治县	9022	4068	4954	1391	794	597
务川仡佬族苗族自治县	11379	5461	5918	2175	1261	914
凤冈县	9765	4599	5166	1665	921	744
湄潭县	13976	6718	7258	2430	1324	1106
余庆县	7705	3659	4046	1127	632	495
习水县	17411	8532	8879	3514	1940	1574
赤水市	2525	1219	1306	296	195	101
仁怀市	4335	2244	2091	805	505	300
安顺市	**42085**	**21118**	**20967**	**9262**	**5373**	**3889**
西秀区	3708	1881	1827	792	473	319
平坝区	7122	3777	3345	1793	1154	639
普定县	10088	5024	5064	2222	1288	934
镇宁布依族苗族自治县	7576	3725	3851	1494	845	649
关岭布依族苗族自治县	7095	3530	3565	1564	869	695
紫云苗族布依族自治县	6496	3181	3315	1397	744	653
毕节市	**156922**	**78684**	**78238**	**38492**	**21461**	**17031**
七星关区	5372	2618	2754	1217	642	575
大方县	21580	10734	10846	5647	3050	2597
黔西县	23788	11863	11925	4812	2716	2096
金沙县	19937	9998	9939	4104	2327	1777
织金县	23258	11807	11451	4894	2892	2002
纳雍县	18991	9555	9436	4498	2521	1977
威宁彝族回族苗族自治县	32779	16577	16202	10381	5719	4662
赫章县	11217	5532	5685	2939	1594	1345

5-1b　续表 1　　单位：人

地　区	15岁及以上人口			未　婚		
	合计	男	女	小计	男	女
铜仁市	**75189**	**36412**	**38777**	**17926**	**9854**	**8072**
碧江区	276	147	129	47	36	11
万山区						
江口县	5667	2793	2874	1080	620	460
玉屏侗族自治县	5386	2641	2745	931	564	367
石阡县	7165	3442	3723	1322	749	573
思南县	12325	5943	6382	3054	1695	1359
印江土家族苗族自治县	8342	3917	4425	1644	922	722
德江县	12062	5774	6288	3188	1657	1531
沿河土家族自治县	11183	5389	5794	2865	1522	1343
松桃苗族自治县	12783	6366	6417	3795	2089	1706
黔西南布依族苗族自治州	**49477**	**24714**	**24763**	**9793**	**5596**	**4197**
兴义市	5681	2882	2799	978	584	394
兴仁市	3332	1672	1660	598	337	261
普安县	5183	2625	2558	989	569	420
晴隆县	5311	2666	2645	1210	674	536
贞丰县	8116	4073	4043	1506	895	611
望谟县	6472	3277	3195	1635	898	737
册亨县	4672	2288	2384	843	490	353
安龙县	10710	5231	5479	2034	1149	885
黔东南苗族侗族自治州	**84963**	**41896**	**43067**	**15548**	**9360**	**6188**
凯里市	2232	1140	1092	319	221	98
黄平县	6843	3368	3475	1281	747	534
施秉县	3554	1668	1886	664	346	318
三穗县	5258	2513	2745	942	561	381
镇远县	6937	3346	3591	1113	632	481
岑巩县	5160	2433	2727	995	551	444
天柱县	7030	3526	3504	1023	652	371
锦屏县	4880	2394	2486	821	511	310
剑河县	5158	2526	2632	951	595	356
台江县	3116	1544	1572	656	359	297
黎平县	11539	5711	5828	1965	1250	715
榕江县	6347	3165	3182	1214	769	445
从江县	4976	2541	2435	1035	642	393
雷山县	3766	1936	1830	781	504	277
麻江县	3794	1883	1911	681	397	284
丹寨县	4373	2202	2171	1107	623	484
黔南布依族苗族自治州	**98627**	**48455**	**50172**	**21536**	**11963**	**9573**
都匀市	2016	952	1064	646	298	348
福泉市	3309	1652	1657	501	311	190
荔波县	4865	2356	2509	970	521	449
贵定县	10058	4672	5386	2576	1147	1429
瓮安县	17591	8572	9019	2939	1693	1246
独山县	9579	4884	4695	1862	1147	715
平塘县	5223	2510	2713	844	508	336
罗甸县	9505	4597	4908	1755	1061	694
长顺县	5906	2950	2956	1297	754	543
龙里县	9288	4835	4453	1802	1151	651
惠水县	14022	6816	7206	4557	2312	2245
三都水族自治县	7265	3659	3606	1787	1060	727

5-1b 续表 2

单位：人

地区	有配偶			离婚			丧偶		
	小计	男	女	小计	男	女	小计	男	女
贵州	**505007**	**246493**	**258514**	**20800**	**11966**	**8834**	**40971**	**10442**	**30529**
贵阳市	**31270**	**15529**	**15741**	**1804**	**970**	**834**	**2091**	**462**	**1629**
南明区									
云岩区									
花溪区	2490	1257	1233	102	48	54	148	33	115
乌当区	1173	597	576	77	39	38	75	18	57
白云区	132	64	68	20	13	7	24	4	20
观山湖区	1134	548	586	97	51	46	145	25	120
开阳县	10934	5383	5551	563	290	273	708	157	551
息烽县	6141	3028	3113	366	191	175	406	86	320
修文县	6988	3477	3511	429	240	189	404	91	313
清镇市	2278	1175	1103	150	98	52	181	48	133
六盘水市	**25030**	**12443**	**12587**	**1015**	**665**	**350**	**2035**	**463**	**1572**
钟山区	3118	1574	1544	163	118	45	299	63	236
六枝特区	2299	1124	1175	94	67	27	256	63	193
水城县	11776	5885	5891	509	313	196	849	192	657
盘州市	7837	3860	3977	249	167	82	631	145	486
遵义市	**97437**	**46465**	**50972**	**3734**	**1989**	**1745**	**7656**	**2243**	**5413**
红花岗区	3346	1643	1703	133	86	47	267	86	181
汇川区	3086	1504	1582	93	56	37	296	93	203
播州区	4896	2352	2544	218	145	73	440	117	323
桐梓县	12831	6222	6609	638	351	287	1020	303	717
绥阳县	8332	4072	4260	279	142	137	617	193	424
正安县	8575	4022	4553	259	129	130	786	253	533
道真仡佬族苗族自治县	6921	3034	3887	173	76	97	537	164	373
务川仡佬族苗族自治县	8360	3879	4481	232	125	107	612	196	416
凤冈县	7335	3417	3918	266	133	133	499	128	371
湄潭县	10228	4929	5299	542	257	285	776	208	568
余庆县	5903	2794	3109	222	101	121	453	132	321
习水县	12556	6099	6457	506	270	236	835	223	612
赤水市	1901	900	1001	85	56	29	243	68	175
仁怀市	3167	1598	1569	88	62	26	275	79	196
安顺市	**29164**	**14396**	**14768**	**1259**	**754**	**505**	**2400**	**595**	**1805**
西秀区	2619	1299	1320	83	54	29	214	55	159
平坝区	4713	2393	2320	191	114	77	425	116	309
普定县	7006	3426	3580	312	184	128	548	126	422
镇宁布依族苗族自治县	5388	2632	2756	257	147	110	437	101	336
关岭布依族苗族自治县	4947	2427	2520	209	127	82	375	107	268
紫云苗族布依族自治县	4491	2219	2272	207	128	79	401	90	311
毕节市	**106084**	**52519**	**53565**	**4128**	**2619**	**1509**	**8218**	**2085**	**6133**
七星关区	3721	1801	1920	102	77	25	332	98	234
大方县	14365	7099	7266	498	319	179	1070	266	804
黔西县	16829	8298	8531	881	529	352	1266	320	946
金沙县	14025	6930	7095	724	429	295	1084	312	772
织金县	16369	8147	8222	685	474	211	1310	294	1016
纳雍县	12927	6443	6484	485	338	147	1081	253	828
威宁彝族回族苗族自治县	20493	10178	10315	475	299	176	1430	381	1049
赫章县	7355	3623	3732	278	154	124	645	161	484

5-1b　续表 3　　　　单位：人

地　区	有配偶			离　婚			丧　偶		
	小计	男	女	小计	男	女	小计	男	女
铜仁市	**51500**	**24650**	**26850**	**1763**	**889**	**874**	**4000**	**1019**	**2981**
碧江区	209	105	104				20	6	14
万山区									
江口县	4091	2003	2088	195	105	90	301	65	236
玉屏侗族自治县	3881	1904	1977	215	113	102	359	60	299
石阡县	5235	2511	2724	175	71	104	433	111	322
思南县	8232	3900	4332	283	152	131	756	196	560
印江土家族苗族自治县	6045	2783	3262	183	95	88	470	117	353
德江县	8132	3879	4253	261	109	152	481	129	352
沿河土家族自治县	7546	3600	3946	181	93	88	591	174	417
松桃苗族自治县	8129	3965	4164	270	151	119	589	161	428
黔西南布依族苗族自治州	**35507**	**17632**	**17875**	**1224**	**756**	**468**	**2953**	**730**	**2223**
兴义市	4252	2133	2119	108	77	31	343	88	255
兴仁市	2481	1247	1234	59	45	14	194	43	151
普安县	3805	1914	1891	113	71	42	276	71	205
晴隆县	3697	1844	1853	122	81	41	282	67	215
贞丰县	5930	2910	3020	240	158	82	440	110	330
望谟县	4230	2162	2068	159	97	62	448	120	328
册亨县	3388	1646	1742	118	67	51	323	85	238
安龙县	7724	3776	3948	305	160	145	647	146	501
黔东南苗族侗族自治州	**61384**	**29731**	**31653**	**2472**	**1461**	**1011**	**5559**	**1344**	**4215**
凯里市	1676	833	843	65	48	17	172	38	134
黄平县	4868	2387	2481	173	111	62	521	123	398
施秉县	2541	1202	1339	119	64	55	230	56	174
三穗县	3764	1751	2013	212	119	93	340	82	258
镇远县	5160	2488	2672	207	114	93	457	112	345
岑巩县	3773	1755	2018	116	60	56	276	67	209
天柱县	5289	2591	2698	211	136	75	507	147	360
锦屏县	3609	1735	1874	129	78	51	321	70	251
剑河县	3741	1782	1959	143	90	53	323	59	264
台江县	2182	1099	1083	81	40	41	197	46	151
黎平县	8443	4080	4363	297	180	117	834	201	633
榕江县	4589	2199	2390	182	115	67	362	82	280
从江县	3504	1737	1767	140	79	61	297	83	214
雷山县	2644	1319	1325	107	59	48	234	54	180
麻江县	2762	1359	1403	130	76	54	221	51	170
丹寨县	2839	1414	1425	160	92	68	267	73	194
黔南布依族苗族自治州	**67631**	**33128**	**34503**	**3401**	**1863**	**1538**	**6059**	**1501**	**4558**
都匀市	1179	592	587	43	25	18	148	37	111
福泉市	2488	1218	1270	126	91	35	194	32	162
荔波县	3489	1708	1781	170	84	86	236	43	193
贵定县	6346	3104	3242	505	262	243	631	159	472
瓮安县	13067	6310	6757	677	344	333	908	225	683
独山县	6675	3368	3307	326	179	147	716	190	526
平塘县	3833	1809	2024	149	85	64	397	108	289
罗甸县	6676	3175	3501	285	166	119	789	195	594
长顺县	4044	1997	2047	150	94	56	415	105	310
龙里县	6792	3412	3380	358	184	174	336	88	248
惠水县	8248	4081	4167	407	221	186	810	202	608
三都水族自治县	4794	2354	2440	205	128	77	479	117	362

5-1c 各地区分性别、婚姻状况的15岁及以上人口(乡村)

单位：人

地区	15岁及以上人口			未婚		
	合计	男	女	小计	男	女
贵州	**1278016**	**662806**	**615210**	**227898**	**150421**	**77477**
贵阳市	**90123**	**48435**	**41688**	**15471**	**10550**	**4921**
南明区	4064	2245	1819	755	487	268
云岩区						
花溪区	14405	7713	6692	2484	1753	731
乌当区	8820	4668	4152	1729	1109	620
白云区	2938	1535	1403	810	448	362
观山湖区	6886	3674	3212	1988	1186	802
开阳县	12491	6671	5820	1399	1028	371
息烽县	8976	4803	4173	1109	777	332
修文县	11631	6316	5315	1700	1229	471
清镇市	19912	10810	9102	3497	2533	964
六盘水市	**111248**	**57926**	**53322**	**19800**	**13212**	**6588**
钟山区	4998	2648	2350	1622	976	646
六枝特区	21408	11011	10397	3917	2536	1381
水城县	36268	19248	17020	7290	4857	2433
盘州市	48574	25019	23555	6971	4843	2128
遵义市	**210524**	**108256**	**102268**	**30979**	**20225**	**10754**
红花岗区	13003	6682	6321	1547	1049	498
汇川区	9694	5114	4580	1304	891	413
播州区	27213	14085	13128	3773	2486	1287
桐梓县	19618	10183	9435	3238	2106	1132
绥阳县	14140	7215	6925	1851	1217	634
正安县	17232	8714	8518	2591	1658	933
道真仡佬族苗族自治县	8850	4402	4448	1252	796	456
务川仡佬族苗族自治县	10355	5288	5067	1616	1030	586
凤冈县	11995	6006	5989	1669	1087	582
湄潭县	14125	6969	7156	1763	1083	680
余庆县	8882	4428	4454	997	667	330
习水县	24939	12923	12016	3997	2620	1377
赤水市	8771	4600	4171	1400	963	437
仁怀市	21707	11647	10060	3981	2572	1409
安顺市	**92933**	**48381**	**44552**	**16292**	**10865**	**5427**
西秀区	24812	12743	12069	4104	2623	1481
平坝区	12873	6637	6236	1878	1238	640
普定县	16498	8689	7809	3335	2176	1159
镇宁布依族苗族自治县	13439	7130	6309	2571	1816	755
关岭布依族苗族自治县	12097	6356	5741	2213	1486	727
紫云苗族布依族自治县	13214	6826	6388	2191	1526	665
毕节市	**257883**	**134599**	**123284**	**51223**	**32827**	**18396**
七星关区	36429	18723	17706	6648	4232	2416
大方县	33863	17689	16174	5871	3858	2013
黔西县	25781	13692	12089	4031	2856	1175
金沙县	19015	10288	8727	2925	1933	992
织金县	28872	15211	13661	5142	3329	1813
纳雍县	26712	13797	12915	5626	3498	2128
威宁彝族回族苗族自治县	55511	29025	26486	14045	8979	5066
赫章县	31700	16174	15526	6935	4142	2793

5-1c　续表 1　　　　单位：人

地　区	15岁及以上人口			未　婚		
	合计	男	女	小计	男	女
铜仁市	**126530**	**64091**	**62439**	**24710**	**15588**	**9122**
碧江区	6309	3212	3097	1472	832	640
万山区	6179	3286	2893	1172	803	369
江口县	7391	3798	3593	1252	833	419
玉屏侗族自治县	5354	2850	2504	941	671	270
石阡县	15065	7549	7516	2671	1748	923
思南县	19677	9606	10071	3392	2030	1362
印江土家族苗族自治县	12266	6100	6166	2321	1459	862
德江县	14596	7317	7279	2906	1727	1179
沿河土家族自治县	17417	8741	8676	3601	2163	1438
松桃苗族自治县	22276	11632	10644	4982	3322	1660
黔西南布依族苗族自治州	**114571**	**58558**	**56013**	**20899**	**13327**	**7572**
兴义市	25266	13083	12183	4171	2801	1370
兴仁市	17167	8817	8350	3037	1911	1126
普安县	11955	6133	5822	2428	1503	925
晴隆县	10687	5424	5263	2120	1294	826
贞丰县	13487	6821	6666	2424	1525	899
望谟县	11101	5648	5453	2482	1533	949
册亨县	9405	4697	4708	1975	1202	773
安龙县	15503	7935	7568	2262	1558	704
黔东南苗族侗族自治州	**150248**	**78043**	**72205**	**26472**	**18733**	**7739**
凯里市	14244	7631	6613	3144	2187	957
黄平县	10452	5374	5078	1999	1294	705
施秉县	5520	2831	2689	927	628	299
三穗县	6350	3332	3018	1055	744	311
镇远县	7247	3747	3500	1089	777	312
岑巩县	7046	3682	3364	1200	871	329
天柱县	11451	5964	5487	1605	1187	418
锦屏县	6872	3567	3305	1193	815	378
剑河县	8062	4145	3917	1379	1017	362
台江县	6099	3133	2966	1627	1036	591
黎平县	17863	9072	8791	2712	1924	788
榕江县	13848	7251	6597	2604	1843	761
从江县	16746	8499	8247	2553	1866	687
雷山县	5653	3113	2540	1111	852	259
麻江县	6083	3173	2910	969	724	245
丹寨县	6712	3529	3183	1305	968	337
黔南布依族苗族自治州	**123956**	**64517**	**59439**	**22052**	**15094**	**6958**
都匀市	13710	7333	6377	2504	1867	637
福泉市	10812	5830	4982	1566	1216	350
荔波县	7083	3778	3305	1204	878	326
贵定县	8746	4396	4350	2022	1140	882
瓮安县	11430	6041	5389	1546	1135	411
独山县	9761	5006	4755	1471	1029	442
平塘县	11122	5520	5602	2039	1289	750
罗甸县	8618	4413	4205	1339	918	421
长顺县	8028	4140	3888	1377	956	421
龙里县	7946	4343	3603	1777	1180	597
惠水县	14386	7390	6996	2758	1820	938
三都水族自治县	12314	6327	5987	2449	1666	783

5-1c 续表 2

单位：人

地 区	有配偶			离 婚			丧 偶		
	小计	男	女	小计	男	女	小计	男	女
贵 州	**910417**	**456951**	**453466**	**26449**	**20864**	**5585**	**113252**	**34570**	**78682**
贵阳市	**65623**	**33956**	**31667**	**2960**	**2121**	**839**	**6069**	**1808**	**4261**
南明区	2935	1605	1330	187	110	77	187	43	144
云岩区									
花溪区	10622	5469	5153	372	243	129	927	248	679
乌当区	6155	3171	2984	385	235	150	551	153	398
白云区	1886	987	899	112	73	39	130	27	103
观山湖区	4411	2283	2128	231	140	91	256	65	191
开阳县	9658	4989	4669	333	274	59	1101	380	721
息烽县	6771	3495	3276	342	276	66	754	255	499
修文县	8724	4525	4199	384	299	85	823	263	560
清镇市	14461	7432	7029	614	471	143	1340	374	966
六盘水市	**80421**	**40438**	**39983**	**2179**	**1716**	**463**	**8848**	**2560**	**6288**
钟山区	2942	1501	1441	114	92	22	320	79	241
六枝特区	15196	7557	7639	442	360	82	1853	558	1295
水城县	25424	13020	12404	775	623	152	2779	748	2031
盘州市	36859	18360	18499	848	641	207	3896	1175	2721
遵义市	**155851**	**77964**	**77887**	**4264**	**3267**	**997**	**19430**	**6800**	**12630**
红花岗区	9926	5022	4904	339	240	99	1191	371	820
汇川区	7227	3691	3536	230	185	45	933	347	586
播州区	20358	10266	10092	734	549	185	2348	784	1564
桐梓县	14206	7177	7029	382	304	78	1792	596	1196
绥阳县	10672	5326	5346	275	199	76	1342	473	869
正安县	12644	6175	6469	245	173	72	1752	708	1044
道真仡佬族苗族自治县	6549	3161	3388	128	100	28	921	345	576
务川仡佬族苗族自治县	7562	3742	3820	123	99	24	1054	417	637
凤冈县	9010	4378	4632	186	150	36	1130	391	739
湄潭县	10789	5237	5552	278	201	77	1295	448	847
余庆县	6855	3366	3489	191	145	46	839	250	589
习水县	18233	9171	9062	483	389	94	2226	743	1483
赤水市	6178	3138	3040	276	210	66	917	289	628
仁怀市	15642	8114	7528	394	323	71	1690	638	1052
安顺市	**66672**	**33684**	**32988**	**1995**	**1517**	**478**	**7974**	**2315**	**5659**
西秀区	18145	9115	9030	485	362	123	2078	643	1435
平坝区	9730	4926	4804	303	209	94	962	264	698
普定县	11459	5786	5673	421	325	96	1283	402	881
镇宁布依族苗族自治县	9342	4767	4575	271	218	53	1255	329	926
关岭布依族苗族自治县	8565	4348	4217	240	194	46	1079	328	751
紫云苗族布依族自治县	9431	4742	4689	275	209	66	1317	349	968
毕节市	**180907**	**91457**	**89450**	**5183**	**4334**	**849**	**20570**	**5981**	**14589**
七星关区	25870	12933	12937	654	559	95	3257	999	2258
大方县	24386	12377	12009	790	653	137	2816	801	2015
黔西县	18810	9572	9238	755	644	111	2185	620	1565
金沙县	14080	7397	6683	511	438	73	1499	520	979
织金县	20493	10560	9933	674	576	98	2563	746	1817
纳雍县	18384	9311	9073	492	400	92	2210	588	1622
威宁彝族回族苗族自治县	37013	18346	18667	734	604	130	3719	1096	2623
赫章县	21871	10961	10910	573	460	113	2321	611	1710

5-1c　续表 3　　　　单位：人

地　区	有配偶			离　婚			丧　偶		
	小计	男	女	小计	男	女	小计	男	女
铜仁市	**86664**	**42269**	**44395**	**2232**	**1785**	**447**	**12924**	**4449**	**8475**
碧江区	4240	2118	2122	153	123	30	444	139	305
万山区	4328	2190	2138	149	118	31	530	175	355
江口县	5274	2597	2677	174	137	37	691	231	460
玉屏侗族自治县	3833	1939	1894	133	106	27	447	134	313
石阡县	10581	5086	5495	259	201	58	1554	514	1040
思南县	13639	6528	7111	276	213	63	2370	835	1535
印江土家族苗族自治县	8303	3978	4325	186	168	18	1456	495	961
德江县	9978	4875	5103	255	191	64	1457	524	933
沿河土家族自治县	11814	5771	6043	210	167	43	1792	640	1152
松桃苗族自治县	14674	7187	7487	437	361	76	2183	762	1421
黔西南布依族苗族自治州	**81641**	**40877**	**40764**	**2118**	**1640**	**478**	**9913**	**2714**	**7199**
兴义市	18683	9409	9274	486	367	119	1926	506	1420
兴仁市	12484	6251	6233	306	252	54	1340	403	937
普安县	8476	4272	4204	190	130	60	861	228	633
晴隆县	7482	3757	3725	156	128	28	929	245	684
贞丰县	9563	4735	4828	230	184	46	1270	377	893
望谟县	7156	3606	3550	231	177	54	1232	332	900
册亨县	6358	3143	3215	142	100	42	930	252	678
安龙县	11439	5704	5735	377	302	75	1425	371	1054
黔东南苗族侗族自治州	**106211**	**52629**	**53582**	**2781**	**2297**	**484**	**14784**	**4384**	**10400**
凯里市	9470	4843	4627	278	249	29	1352	352	1000
黄平县	7062	3562	3500	201	177	24	1190	341	849
施秉县	3953	1963	1990	107	84	23	533	156	377
三穗县	4511	2274	2237	156	121	35	628	193	435
镇远县	5285	2618	2667	131	113	18	742	239	503
岑巩县	5012	2442	2570	137	113	24	697	256	441
天柱县	8232	4132	4100	287	240	47	1327	405	922
锦屏县	4882	2450	2432	92	71	21	705	231	474
剑河县	5778	2815	2963	129	104	25	776	209	567
台江县	3861	1886	1975	91	70	21	520	141	379
黎平县	13039	6354	6685	295	223	72	1817	571	1246
榕江县	9857	4859	4998	228	192	36	1159	357	802
从江县	12479	6017	6462	222	179	43	1492	437	1055
雷山县	3874	1994	1880	130	112	18	538	155	383
麻江县	4335	2151	2184	156	128	28	623	170	453
丹寨县	4581	2269	2312	141	121	20	685	171	514
黔南布依族苗族自治州	**86427**	**43677**	**42750**	**2737**	**2187**	**550**	**12740**	**3559**	**9181**
都匀市	9370	4803	4567	400	298	102	1436	365	1071
福泉市	8067	4144	3923	306	237	69	873	233	640
荔波县	5074	2629	2445	121	89	32	684	182	502
贵定县	5691	2873	2818	201	164	37	832	219	613
瓮安县	8481	4318	4163	317	244	73	1086	344	742
独山县	6935	3471	3464	210	174	36	1145	332	813
平塘县	7600	3722	3878	173	140	33	1310	369	941
罗甸县	5980	3026	2954	190	152	38	1109	317	792
长顺县	5722	2835	2887	168	138	30	761	211	550
龙里县	5274	2758	2516	224	185	39	671	220	451
惠水县	9760	4905	4855	238	206	32	1630	459	1171
三都水族自治县	8473	4193	4280	189	160	29	1203	308	895

5-2 全省分性别、职业、婚姻状况的人口

单位：人

职业大类	15岁及以上人口			未婚		
	合计	男	女	小计	男	女
总　计	**1481582**	**872810**	**608772**	**204887**	**142640**	**62247**
党的机关、国家机关、群众团体和社会组织、企事业单位负责人	28906	21211	7695	2283	1622	661
专业技术人员	139361	63735	75626	32483	12392	20091
办事人员和有关人员	108721	70569	38152	18754	11403	7351
社会生产服务和生活服务人员	447347	241969	205378	71283	47762	23521
农、林、牧、渔业生产及辅助人员	400608	201402	199206	25034	21578	3456
生产制造及有关人员	353360	271895	81465	53850	47177	6673
不便分类的其他从业人员	3279	2029	1250	1200	706	494

5-2 续表

单位：人

职业大类	有配偶			离婚			丧偶		
	小计	男	女	小计	男	女	小计	男	女
总　计	**1188402**	**684061**	**504341**	**53674**	**34908**	**18766**	**34619**	**11201**	**23418**
党的机关、国家机关、群众团体和社会组织、企事业单位负责人	25081	18714	6367	1378	801	577	164	74	90
专业技术人员	101772	49271	52501	4465	1837	2628	641	235	406
办事人员和有关人员	83942	55782	28160	5275	3021	2254	750	363	387
社会生产服务和生活服务人员	347756	181900	165856	20868	10752	10116	7440	1555	5885
农、林、牧、渔业生产及辅助人员	346746	166714	180032	7280	6190	1090	21548	6920	14628
生产制造及有关人员	281228	210477	70751	14263	12210	2053	4019	2031	1988
不便分类的其他从业人员	1877	1203	674	145	97	48	57	23	34

5-2a　全省分性别、职业、婚姻状况的人口(城市)

单位：人

职业大类	15岁及以上人口			未婚		
	合计	男	女	小计	男	女
总　计	**396702**	**229976**	**166726**	**70336**	**42364**	**27972**
党的机关、国家机关、群众团体和社会组织、企事业单位负责人	15762	11160	4602	1503	1015	488
专业技术人员	67037	28436	38601	16025	6099	9926
办事人员和有关人员	54842	33147	21695	9300	5298	4002
社会生产服务和生活服务人员	175631	94528	81103	32742	20815	11927
农、林、牧、渔业生产及辅助人员	7531	4048	3483	409	331	78
生产制造及有关人员	74555	57806	16749	10043	8613	1430
不便分类的其他从业人员	1344	851	493	314	193	121

5-2a　续表

单位：人

职业大类	有配偶			离婚			丧偶		
	小计	男	女	小计	男	女	小计	男	女
总　计	**302593**	**176346**	**126247**	**20365**	**10373**	**9992**	**3408**	**893**	**2515**
党的机关、国家机关、群众团体和社会组织、企事业单位负责人	13298	9640	3658	894	478	416	67	27	40
专业技术人员	48141	21349	26792	2624	921	1703	247	67	180
办事人员和有关人员	41983	26034	15949	3241	1683	1558	318	132	186
社会生产服务和生活服务人员	130861	68863	61998	10066	4511	5555	1962	339	1623
农、林、牧、渔业生产及辅助人员	6587	3471	3116	201	150	51	334	96	238
生产制造及有关人员	60776	46375	14401	3271	2592	679	465	226	239
不便分类的其他从业人员	947	614	333	68	38	30	15	6	9

5-2b 全省分性别、职业、婚姻状况的人口(镇)

单位：人

职业大类	15岁及以上人口			未婚		
	合计	男	女	小计	男	女
总　计	**375359**	**219603**	**155756**	**46541**	**30761**	**15780**
党的机关、国家机关、群众团体和社会组织、企事业单位负责人	7942	5797	2145	432	309	123
专业技术人员	46890	21299	25591	8867	3137	5730
办事人员和有关人员	34821	23400	11421	5323	3279	2044
社会生产服务和生活服务人员	138499	71197	67302	16284	10882	5402
农、林、牧、渔业生产及辅助人员	52561	26590	25971	3124	2548	576
生产制造及有关人员	93984	70943	23041	12276	10487	1789
不便分类的其他从业人员	662	377	285	235	119	116

5-2b 续表

单位：人

职业大类	有配偶			离婚			丧偶		
	小计	男	女	小计	男	女	小计	男	女
总　计	**308322**	**178302**	**130020**	**13938**	**8598**	**5340**	**6558**	**1942**	**4616**
党的机关、国家机关、群众团体和社会组织、企事业单位负责人	7167	5296	1871	293	175	118	50	17	33
专业技术人员	36528	17552	18976	1299	550	749	196	60	136
办事人员和有关人员	27848	19151	8697	1414	870	544	236	100	136
社会生产服务和生活服务人员	113888	56999	56889	5879	2886	2993	2448	430	2018
农、林、牧、渔业生产及辅助人员	45841	22360	23481	1135	890	245	2461	792	1669
生产制造及有关人员	76672	56718	19954	3885	3204	681	1151	534	617
不便分类的其他从业人员	378	226	152	33	23	10	16	9	7

5-2c　全省分性别、职业、婚姻状况的人口(乡村)

单位：人

职业大类	15岁及以上人口			未婚		
	合计	男	女	小计	男	女
总　计	**709521**	**423231**	**286290**	**88010**	**69515**	**18495**
党的机关、国家机关、群众团体和社会组织、企事业单位负责人	5202	4254	948	348	298	50
专业技术人员	25434	14000	11434	7591	3156	4435
办事人员和有关人员	19058	14022	5036	4131	2826	1305
社会生产服务和生活服务人员	133217	76244	56973	22257	16065	6192
农、林、牧、渔业生产及辅助人员	340516	170764	169752	21501	18699	2802
生产制造及有关人员	184821	143146	41675	31531	28077	3454
不便分类的其他从业人员	1273	801	472	651	394	257

5-2c　续表

单位：人

职业大类	有配偶			离婚			丧偶		
	小计	男	女	小计	男	女	小计	男	女
总　计	**577487**	**329413**	**248074**	**19371**	**15937**	**3434**	**24653**	**8366**	**16287**
党的机关、国家机关、群众团体和社会组织、企事业单位负责人	4616	3778	838	191	148	43	47	30	17
专业技术人员	17103	10370	6733	542	366	176	198	108	90
办事人员和有关人员	14111	10597	3514	620	468	152	196	131	65
社会生产服务和生活服务人员	103007	56038	46969	4923	3355	1568	3030	786	2244
农、林、牧、渔业生产及辅助人员	294318	140883	153435	5944	5150	794	18753	6032	12721
生产制造及有关人员	143780	107384	36396	7107	6414	693	2403	1271	1132
不便分类的其他从业人员	552	363	189	44	36	8	26	8	18

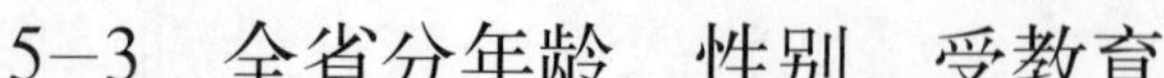

5-3 全省分年龄、性别、受教育

受教育程度 年龄	15岁及以上人口			未婚		
	合计	男	女	小计	男	女
总计	**2769151**	**1398043**	**1371108**	**572640**	**340596**	**232044**
15-19岁	**251646**	**129893**	**121753**	**245756**	**128642**	**117114**
15	49098	26066	23032	48982	26053	22929
16	54944	28654	26290	54561	28598	25963
17	54561	27978	26583	53678	27806	25872
18	47952	24427	23525	46309	24085	22224
19	45091	22768	22323	42226	22100	20126
20-24岁	**227496**	**111826**	**115670**	**172017**	**94342**	**77675**
20	45285	22335	22950	40411	21217	19194
21	44634	21908	22726	37438	19936	17502
22	48993	24201	24792	37459	20612	16847
23	44957	22064	22893	30810	17460	13350
24	43627	21318	22309	25899	15117	10782
25-29岁	**221678**	**110553**	**111125**	**75676**	**50281**	**25395**
25	45008	22290	22718	22583	13973	8610
26	42657	21027	21630	17685	11296	6389
27	45285	22494	22791	14691	9931	4760
28	44815	22308	22507	11557	8253	3304
29	43913	22434	21479	9160	6828	2332
30-34岁	**258156**	**131366**	**126790**	**30602**	**24100**	**6502**
30	52407	26622	25785	8690	6661	2029
31	52158	26208	25950	7061	5477	1584
32	51428	25953	25475	5594	4475	1119
33	54966	28151	26815	5256	4255	1001
34	47197	24432	22765	4001	3232	769
35-39岁	**216389**	**113596**	**102793**	**12851**	**10921**	**1930**
35	42192	21978	20214	3029	2519	510
36	42506	22225	20281	2675	2258	417
37	40463	21254	19209	2480	2101	379
38	47748	25442	22306	2577	2222	355
39	43480	22697	20783	2090	1821	269
40-44岁	**234298**	**123551**	**110747**	**9302**	**8216**	**1086**
40	42030	21980	20050	1909	1676	233
41	44930	23847	21083	1819	1618	201
42	46066	24305	21761	1849	1641	208
43	46926	24933	21993	1774	1550	224
44	54346	28486	25860	1951	1731	220
45-49岁	**288221**	**152205**	**136016**	**9108**	**8194**	**914**
45	57513	30482	27031	1953	1760	193
46	61760	32617	29143	2037	1828	209
47	57671	30460	27211	1860	1653	207
48	55143	28945	26198	1648	1486	162
49	56134	29701	26433	1610	1467	143
50-54岁	**278922**	**142325**	**136597**	**6620**	**6032**	**588**
50	59360	30735	28625	1662	1500	162
51	55014	28094	26920	1381	1247	134
52	62149	31613	30536	1397	1291	106
53	47343	24022	23321	987	894	93
54	55056	27861	27195	1193	1100	93
55-59岁	**217003**	**108679**	**108324**	**3995**	**3664**	**331**
55	53512	26941	26571	1157	1064	93
56	52341	26081	26260	1049	971	78
57	54640	27495	27145	977	893	84
58	38840	19427	19413	579	528	51
59	17670	8735	8935	233	208	25
60-64岁	**144662**	**71852**	**72810**	**2066**	**1899**	**167**
60	22541	11145	11396	326	291	35
61	23005	11632	11373	340	311	29
62	31672	15912	15760	467	425	42
63	34924	17312	17612	525	495	30
64	32520	15851	16669	408	377	31
65岁及以上	**430680**	**202197**	**228483**	**4647**	**4305**	**342**

程度、婚姻状况的人口

单位：人

有配偶			离婚			丧偶		
小计	男	女	小计	男	女	小计	男	女
1927469	**956829**	**970640**	**82923**	**49093**	**33830**	**186119**	**51525**	**134594**
5825	**1227**	**4598**	**59**	**24**	**35**	**6**		**6**
116	13	103						
381	56	325	2		2			
874	170	704	7	2	5	2		2
1623	337	1286	19	5	14	1		1
2831	651	2180	31	17	14	3		3
54375	**16943**	**37432**	**1060**	**532**	**528**	**44**	**9**	**35**
4807	1085	3722	65	32	33	2	1	1
7083	1919	5164	107	52	55	6	1	5
11341	3502	7839	185	84	101	8	3	5
13853	4464	9389	282	140	142	12		12
17291	5973	11318	421	224	197	16	4	12
140755	**57421**	**83334**	**5069**	**2813**	**2256**	**178**	**38**	**140**
21759	7964	13795	648	348	300	18	5	13
24161	9302	14859	780	420	360	31	9	22
29570	12012	17558	990	546	444	34	5	29
31974	13350	18624	1242	695	547	42	10	32
33291	14793	18498	1409	804	605	53	9	44
215516	**100327**	**115189**	**11431**	**6778**	**4653**	**607**	**161**	**446**
41720	18778	22942	1925	1162	763	72	21	51
42770	19419	23351	2218	1283	935	109	29	80
43335	20087	23248	2372	1360	1012	127	31	96
46948	22293	24655	2601	1565	1036	161	38	123
40743	19750	20993	2315	1408	907	138	42	96
190765	**95136**	**95629**	**11696**	**7269**	**4427**	**1077**	**270**	**807**
36902	18144	18758	2123	1288	835	138	27	111
37389	18567	18822	2257	1352	905	185	48	137
35564	17731	17833	2234	1378	856	185	44	141
42224	21415	20809	2681	1737	944	266	68	198
38686	19279	19407	2401	1514	887	303	83	220
209813	**106737**	**103076**	**12764**	**7994**	**4770**	**2419**	**604**	**1815**
37578	18783	18795	2263	1450	813	280	71	209
40242	20541	19701	2490	1580	910	379	108	271
41213	20999	20214	2524	1567	957	480	98	382
42037	21614	20423	2558	1614	944	557	155	402
48743	24800	23943	2929	1783	1146	723	172	551
259525	**134125**	**125400**	**14001**	**8472**	**5529**	**5587**	**1414**	**4173**
51797	26717	25080	2922	1782	1140	841	223	618
55567	28576	26991	3126	1945	1181	1030	268	762
51851	26822	25029	2856	1701	1155	1104	284	820
49704	25625	24079	2566	1538	1028	1225	296	929
50606	26385	24221	2531	1506	1025	1387	343	1044
251030	**127389**	**123641**	**10883**	**6264**	**4619**	**10389**	**2640**	**7749**
53454	27286	26168	2633	1549	1084	1611	400	1211
49524	25054	24470	2308	1346	962	1801	447	1354
56006	28353	27653	2327	1333	994	2419	636	1783
42604	21657	20947	1730	990	740	2022	481	1541
49442	25039	24403	1885	1046	839	2536	676	1860
191727	**97543**	**94184**	**7719**	**4268**	**3451**	**13562**	**3204**	**10358**
47620	24099	23521	1905	1074	831	2830	704	2126
46262	23302	22960	1914	1061	853	3116	747	2369
48210	24668	23542	1987	1098	889	3466	836	2630
34175	17540	16635	1293	719	574	2793	640	2153
15460	7934	7526	620	316	304	1357	277	1080
122415	**63611**	**58804**	**3800**	**2148**	**1652**	**16381**	**4194**	**12187**
19401	9959	9442	811	437	374	2003	458	1545
19648	10299	9349	677	386	291	2340	636	1704
26840	14096	12744	858	475	383	3507	916	2591
29413	15279	14134	806	482	324	4180	1056	3124
27113	13978	13135	648	368	280	4351	1128	3223
285723	**156370**	**129353**	**4441**	**2531**	**1910**	**135869**	**38991**	**96878**

5-3 续表 1

受教育程度 年　龄	15岁及以上人口			未　婚		
	合计	男	女	小计	男	女
未上过学	**247624**	**51910**	**195714**	**9535**	**8550**	**985**
15-19岁	**428**	**273**	**155**	**393**	**272**	**121**
15	57	40	17	56	40	16
16	65	38	27	64	38	26
17	94	58	36	90	58	32
18	106	72	34	96	72	24
19	106	65	41	87	64	23
20-24岁	**777**	**384**	**393**	**518**	**369**	**149**
20	134	71	63	109	71	38
21	140	76	64	99	72	27
22	170	80	90	110	76	34
23	169	87	82	116	85	31
24	164	70	94	84	65	19
25-29岁	**914**	**371**	**543**	**406**	**315**	**91**
25	169	78	91	92	74	18
26	149	71	78	72	59	13
27	184	72	112	78	59	19
28	214	82	132	90	68	22
29	198	68	130	74	55	19
30-34岁	**2144**	**649**	**1495**	**509**	**448**	**61**
30	294	106	188	92	83	9
31	366	123	243	106	92	14
32	430	112	318	90	74	16
33	517	160	357	113	98	15
34	537	148	389	108	101	7
35-39岁	**3808**	**952**	**2856**	**545**	**477**	**68**
35	540	154	386	92	81	11
36	645	157	488	95	81	14
37	723	188	535	110	95	15
38	916	214	702	121	106	15
39	984	239	745	127	114	13
40-44岁	**8870**	**1899**	**6971**	**871**	**800**	**71**
40	1187	263	924	144	132	12
41	1427	308	1119	125	119	6
42	1715	355	1360	171	155	16
43	1938	417	1521	192	173	19
44	2603	556	2047	239	221	18
45-49岁	**17259**	**3635**	**13624**	**1360**	**1272**	**88**
45	2775	568	2207	261	238	23
46	3262	689	2573	262	242	20
47	3471	751	2720	268	254	14
48	3675	745	2930	261	250	11
49	4076	882	3194	308	288	20
50-54岁	**24815**	**4711**	**20104**	**1370**	**1296**	**74**
50	4815	952	3863	300	286	14
51	4725	919	3806	285	264	21
52	5519	1076	4443	297	285	12
53	4458	816	3642	212	199	13
54	5298	948	4350	276	262	14
55-59岁	**23929**	**3867**	**20062**	**1056**	**986**	**70**
55	5467	992	4475	340	312	28
56	5585	965	4620	301	287	14
57	5846	930	4916	242	228	14
58	4547	613	3934	129	117	12
59	2484	367	2117	44	42	2
60-64岁	**27021**	**4786**	**22235**	**574**	**539**	**35**
60	3593	568	3025	90	83	7
61	3828	706	3122	87	81	6
62	5827	1059	4768	128	121	7
63	6959	1290	5669	154	151	3
64	6814	1163	5651	115	103	12
65岁及以上	**137659**	**30383**	**107276**	**1933**	**1776**	**157**

单位：人

有配偶			离婚			丧偶		
小计	男	女	小计	男	女	小计	男	女
163007	**32287**	**130720**	**1978**	**973**	**1005**	**73104**	**10100**	**63004**
35	**1**	**34**						
1		1						
1		1						
4		4						
10		10						
19	1	18						
256	**14**	**242**	**3**	**1**	**2**			
25		25						
41	4	37						
59	4	55	1		1			
53	2	51						
78	4	74	2	1	1			
496	**54**	**442**	**10**	**2**	**8**	**2**		**2**
75	4	71	2		2			
77	12	65						
102	12	90	3	1	2	1		1
121	13	108	3	1	2			
121	13	108	2		2	1		1
1588	**183**	**1405**	**26**	**16**	**10**	**21**	**2**	**19**
199	21	178	1	1		2	1	1
256	27	229	4	4				
333	35	298	5	3	2	2		2
386	57	329	9	5	4	9		9
414	43	371	7	3	4	8	1	7
3099	**420**	**2679**	**95**	**53**	**42**	**69**	**2**	**67**
427	67	360	12	5	7	9	1	8
522	67	455	17	8	9	11	1	10
582	80	502	20	13	7	11		11
761	97	664	21	11	10	13		13
807	109	698	25	16	9	25		25
7583	**974**	**6609**	**197**	**103**	**94**	**219**	**22**	**197**
990	107	883	36	22	14	17	2	15
1245	166	1079	32	20	12	25	3	22
1464	177	1287	39	20	19	41	3	38
1652	211	1441	45	23	22	49	10	39
2232	313	1919	45	18	27	87	4	83
14832	**2119**	**12713**	**309**	**176**	**133**	**758**	**68**	**690**
2375	295	2080	54	26	28	85	9	76
2806	396	2410	65	40	25	129	11	118
2973	440	2533	73	40	33	157	17	140
3185	452	2733	55	35	20	174	8	166
3493	536	2957	62	35	27	213	23	190
21278	**3099**	**18179**	**315**	**173**	**142**	**1852**	**143**	**1709**
4172	607	3565	67	39	28	276	20	256
4061	602	3459	62	36	26	317	17	300
4722	724	3998	76	37	39	424	30	394
3857	559	3298	51	27	24	338	31	307
4466	607	3859	59	34	25	497	45	452
19802	**2569**	**17233**	**227**	**103**	**124**	**2844**	**209**	**2635**
4557	617	3940	47	21	26	523	42	481
4564	600	3964	66	31	35	654	47	607
4852	612	4240	57	25	32	695	65	630
3752	449	3303	33	14	19	633	33	600
2077	291	1786	24	12	12	339	22	317
21141	**3706**	**17435**	**200**	**102**	**98**	**5106**	**439**	**4667**
2900	433	2467	22	12	10	581	40	541
3052	548	2504	32	16	16	657	61	596
4565	818	3747	52	27	25	1082	93	989
5382	1001	4381	50	25	25	1373	113	1260
5242	906	4336	44	22	22	1413	132	1281
72897	**19148**	**53749**	**596**	**244**	**352**	**62233**	**9215**	**53018**

5-3 续表 2

受教育程度 年龄	15岁及以上人口			未婚		
	合计	男	女	小计	男	女
学前教育	**1786**	**496**	**1290**	**171**	**114**	**57**
15-19岁	**75**	**39**	**36**	**73**	**38**	**35**
15	36	20	16	36	20	16
16	17	8	9	17	8	9
17	8	3	5	7	3	4
18	9	3	6	8	2	6
19	5	5		5	5	
20-24岁	**37**	**17**	**20**	**25**	**16**	**9**
20	15	8	7	11	8	3
21	7	2	5	5	2	3
22	1	1		1	1	
23	4	2	2	3	2	1
24	10	4	6	5	3	2
25-29岁	**36**	**18**	**18**	**19**	**13**	**6**
25	6	3	3	2	1	1
26	10	7	3	9	6	3
27	5	3	2	4	3	1
28	7	1	6	1	1	
29	8	4	4	3	2	1
30-34岁	**34**	**13**	**21**	**9**	**6**	**3**
30	5	3	2			
31	5	2	3	3	2	1
32	7	2	5	3	1	2
33	11	4	7	2	2	
34	6	2	4	1	1	
35-39岁	**37**	**17**	**20**	**6**	**6**	
35	7	4	3			
36	11	5	6	2	2	
37	7	2	5	1	1	
38	8	4	4	2	2	
39	4	2	2	1	1	
40-44岁	**66**	**16**	**50**	**8**	**8**	
40	10	1	9	1	1	
41	12	6	6	3	3	
42	10	1	9	1	1	
43	12	1	11	1	1	
44	22	7	15	2	2	
45-49岁	**125**	**33**	**92**	**7**	**5**	**2**
45	21	7	14	2	2	
46	21	4	17	2	1	1
47	33	7	26	2	1	1
48	28	10	18			
49	22	5	17	1	1	
50-54岁	**167**	**37**	**130**	**8**	**7**	**1**
50	28	1	27	2	1	1
51	38	10	28	3	3	
52	27	9	18	1	1	
53	36	11	25			
54	38	6	32	2	2	
55-59岁	**173**	**41**	**132**	**5**	**5**	
55	42	11	31	1	1	
56	34	8	26	2	2	
57	50	9	41	1	1	
58	31	5	26	1	1	
59	16	8	8			
60-64岁	**200**	**47**	**153**	**4**	**3**	**1**
60	25	7	18			
61	30	9	21	2	1	1
62	38	8	30	1	1	
63	54	16	38			
64	53	7	46	1	1	
65岁及以上	**836**	**218**	**618**	**7**	**7**	

单位：人

有配偶			离　婚			丧　偶		
小计	男	女	小计	男	女	小计	男	女
1183	**310**	**873**	**25**	**16**	**9**	**407**	**56**	**351**
2	**1**	**1**						
1		1						
1	1							
11	**1**	**10**	**1**		**1**			
4		4						
1		1	1		1			
1		1						
5	1	4						
17	**5**	**12**						
4	2	2						
1	1							
1		1						
6		6						
5	2	3						
25	**7**	**18**						
5	3	2						
2		2						
4	1	3						
9	2	7						
5	1	4						
30	**10**	**20**	**1**	**1**				
6	3	3	1	1				
9	3	6						
6	1	5						
6	2	4						
3	1	2						
56	**8**	**48**				**2**		**2**
8		8				1		1
9	3	6						
9		9						
11		11						
19	5	14				1		1
108	**25**	**83**	**4**	**3**	**1**	**6**		**6**
17	3	14	2	2				
19	3	16						
30	6	24				1		1
26	10	16	1		1	1		1
16	3	13	1	1		4		4
149	**28**	**121**	**3**	**2**	**1**	**7**		**7**
26		26						
32	6	26	2	1	1	1		1
26	8	18						
31	10	21	1	1		4		4
34	4	30				2		2
140	**29**	**111**	**6**	**5**	**1**	**22**	**2**	**20**
37	8	29	1	1		3	1	2
27	4	23	2	2		3		3
40	7	33	1	1		8		8
23	3	20				7	1	6
13	7	6	2	1	1	1		1
165	**41**	**124**	**4**	**2**	**2**	**27**	**1**	**26**
22	7	15				3		3
24	8	16				4		4
34	7	27				3		3
43	15	28	2	1	1	9		9
42	4	38	2	1	1	8	1	7
480	**155**	**325**	**6**	**3**	**3**	**343**	**53**	**290**

5-3 续表 3

受教育程度 年龄	15岁及以上人口 合计	男	女	未婚 小计	男	女
小 学	**780083**	**377967**	**402116**	**31825**	**28550**	**3275**
15-19岁	**2365**	**1221**	**1144**	**1862**	**1140**	**722**
15	296	150	146	288	150	138
16	313	166	147	280	165	115
17	388	189	199	318	182	136
18	532	275	257	408	262	146
19	836	441	395	568	381	187
20-24岁	**7615**	**3711**	**3904**	**3405**	**2637**	**768**
20	1012	475	537	599	416	183
21	1210	594	616	614	459	155
22	1608	819	789	733	589	144
23	1799	853	946	724	572	152
24	1986	970	1016	735	601	134
25-29岁	**14382**	**6514**	**7868**	**3167**	**2676**	**491**
25	2386	1123	1263	728	607	121
26	2480	1116	1364	617	514	103
27	2898	1318	1580	622	515	107
28	3227	1430	1797	641	544	97
29	3391	1527	1864	559	496	63
30-34岁	**29542**	**12537**	**17005**	**3406**	**3069**	**337**
30	4652	1992	2660	665	574	91
31	5320	2217	3103	707	637	70
32	5702	2405	3297	649	591	58
33	7054	2979	4075	733	661	72
34	6814	2944	3870	652	606	46
35-39岁	**44504**	**19582**	**24922**	**3293**	**3085**	**208**
35	6959	2980	3979	575	535	40
36	7731	3392	4339	623	583	40
37	8278	3631	4647	650	606	44
38	10663	4789	5874	754	712	42
39	10873	4790	6083	691	649	42
40-44岁	**73583**	**33182**	**40401**	**3756**	**3554**	**202**
40	11507	5005	6502	658	622	36
41	13143	5975	7168	709	666	43
42	14472	6468	8004	739	701	38
43	15627	7181	8446	757	714	43
44	18834	8553	10281	893	851	42
45-49岁	**111210**	**51569**	**59641**	**4229**	**4037**	**192**
45	20586	9429	11157	891	855	36
46	23196	10682	12514	947	905	42
47	22227	10291	11936	860	811	49
48	21667	10016	11651	769	731	38
49	23534	11151	12383	762	735	27
50-54岁	**126465**	**58066**	**68399**	**3335**	**3180**	**155**
50	25219	11581	13638	793	749	44
51	24696	11386	13310	685	646	39
52	28948	13273	15675	709	685	24
53	22340	10245	12095	526	502	24
54	25262	11581	13681	622	598	24
55-59岁	**92149**	**41034**	**51115**	**1944**	**1879**	**65**
55	23667	10654	13013	552	530	22
56	22510	9913	12597	507	490	17
57	22740	10136	12604	478	466	12
58	16122	7136	8986	281	272	9
59	7110	3195	3915	126	121	5
60-64岁	**66410**	**33248**	**33162**	**1088**	**1051**	**37**
60	9381	4490	4891	161	155	6
61	10128	4957	5171	179	173	6
62	14457	7265	7192	257	248	9
63	16501	8353	8148	268	260	8
64	15943	8183	7760	223	215	8
65岁及以上	**211858**	**117303**	**94555**	**2340**	**2242**	**98**

单位：人

有配偶			离婚			丧偶		
小计	男	女	小计	男	女	小计	男	女
644601	**305736**	**338865**	**19260**	**13430**	**5830**	**84397**	**30251**	**54146**
497	**78**	**419**	**4**	**3**	**1**	**2**		**2**
8		8						
33	1	32						
69	7	62				1		1
122	11	111	2	2				
265	59	206	2	1	1	1		1
4099	**1019**	**3080**	**101**	**53**	**48**	**10**	**2**	**8**
409	58	351	4	1	3			
588	130	458	8	5	3			
849	218	631	26	12	14			
1045	265	780	27	16	11	3		3
1208	348	860	36	19	17	7	2	5
10710	**3509**	**7201**	**475**	**323**	**152**	**30**	**6**	**24**
1589	470	1119	67	45	22	2	1	1
1796	564	1232	62	36	26	5	2	3
2177	733	1444	92	70	22	7		7
2460	806	1654	118	78	40	8	2	6
2688	936	1752	136	94	42	8	1	7
24715	**8564**	**16151**	**1258**	**865**	**393**	**163**	**39**	**124**
3766	1264	2502	203	146	57	18	8	10
4381	1442	2939	208	136	72	24	2	22
4790	1649	3141	236	159	77	27	6	21
5971	2100	3871	292	205	87	58	13	45
5807	2109	3698	319	219	100	36	10	26
38768	**14926**	**23842**	**2023**	**1464**	**559**	**420**	**107**	**313**
6042	2226	3816	297	207	90	45	12	33
6683	2532	4151	360	260	100	65	17	48
7199	2772	4427	352	241	111	77	12	65
9283	3657	5626	522	396	126	104	24	80
9561	3739	5822	492	360	132	129	42	87
65464	**27051**	**38413**	**3192**	**2298**	**894**	**1171**	**279**	**892**
10178	3958	6220	537	394	143	134	31	103
11648	4796	6852	608	456	152	178	57	121
12867	5272	7595	636	453	183	230	42	188
13939	5923	8016	660	472	188	271	72	199
16832	7102	9730	751	523	228	358	77	281
100229	**44032**	**56197**	**3858**	**2762**	**1096**	**2894**	**738**	**2156**
18527	7917	10610	764	552	212	404	105	299
20854	9011	11843	875	631	244	520	135	385
20004	8754	11250	799	574	225	564	152	412
19564	8641	10923	689	489	200	645	155	490
21280	9709	11571	731	516	215	761	191	570
114144	**51129**	**63015**	**3354**	**2287**	**1067**	**5632**	**1470**	**4162**
22856	10096	12760	757	534	223	813	202	611
22274	9959	12315	762	531	231	975	250	725
26170	11745	14425	744	490	254	1325	353	972
20104	9089	11015	549	371	178	1161	283	878
22740	10240	12500	542	361	181	1358	382	976
81325	**36101**	**45224**	**2006**	**1391**	**615**	**6874**	**1663**	**5211**
21044	9350	11694	543	380	163	1528	394	1134
19907	8692	11215	518	365	153	1578	366	1212
19991	8872	11119	518	362	156	1753	436	1317
14168	6333	7835	294	201	93	1379	330	1049
6215	2854	3361	133	83	50	636	137	499
56215	**28954**	**27261**	**1145**	**801**	**344**	**7962**	**2442**	**5520**
8109	3972	4137	182	125	57	929	238	691
8603	4307	4296	202	143	59	1144	334	810
12226	6303	5923	285	188	97	1689	526	1163
13923	7265	6658	266	192	74	2044	636	1408
13354	7107	6247	210	153	57	2156	708	1448
148435	**90373**	**58062**	**1844**	**1183**	**661**	**59239**	**23505**	**35734**

5-3 续表 4

受教育程度 年龄	15岁及以上人口			未婚		
	合计	男	女	小计	男	女
初 中	**940242**	**545707**	**394535**	**165236**	**116720**	**48516**
15-19岁	**78122**	**44158**	**33964**	**73419**	**43148**	**30271**
15	31175	17167	14008	31070	17154	13916
16	16425	9276	7149	16093	9226	6867
17	10347	5951	4396	9594	5807	3787
18	9555	5608	3947	8222	5310	2912
19	10620	6156	4464	8440	5651	2789
20-24岁	**76806**	**42094**	**34712**	**40474**	**30117**	**10357**
20	11944	6874	5070	8334	6006	2328
21	13302	7491	5811	8216	6052	2164
22	16658	9249	7409	8959	6697	2262
23	16970	9028	7942	7886	5952	1934
24	17932	9452	8480	7079	5410	1669
25-29岁	**102353**	**53421**	**48932**	**24457**	**19944**	**4513**
25	19494	10308	9186	6538	5196	1342
26	19476	10192	9284	5471	4377	1094
27	20987	10776	10211	4794	3915	879
28	21394	11081	10313	4126	3483	643
29	21002	11064	9938	3528	2973	555
30-34岁	**125758**	**65835**	**59923**	**13115**	**11372**	**1743**
30	25661	13379	12282	3598	3078	520
31	25528	13248	12280	2959	2550	409
32	25167	13054	12113	2436	2138	298
33	26762	14145	12617	2360	2088	272
34	22640	12009	10631	1762	1518	244
35-39岁	**103268**	**56487**	**46781**	**5538**	**4926**	**612**
35	20214	10821	9393	1341	1184	157
36	20400	10982	9418	1189	1075	114
37	19043	10402	8641	1062	930	132
38	22816	12762	10054	1096	977	119
39	20795	11520	9275	850	760	90
40-44岁	**101287**	**58633**	**42654**	**3261**	**2904**	**357**
40	19134	10703	8431	755	677	78
41	19916	11525	8391	700	633	67
42	19774	11478	8296	678	612	66
43	19862	11702	8160	571	500	71
44	22601	13225	9376	557	482	75
45-49岁	**111371**	**67906**	**43465**	**2451**	**2156**	**295**
45	23766	14293	9473	583	512	71
46	24905	14997	9908	580	517	63
47	22070	13519	8551	496	437	59
48	20651	12637	8014	416	364	52
49	19979	12460	7519	376	326	50
50-54岁	**89902**	**56512**	**33390**	**1334**	**1142**	**192**
50	20250	12776	7474	393	339	54
51	17682	10998	6684	279	242	37
52	19670	12293	7377	279	238	41
53	14813	9407	5406	181	145	36
54	17487	11038	6449	202	178	24
55-59岁	**66072**	**42413**	**23659**	**669**	**582**	**87**
55	16762	10649	6113	178	163	15
56	16142	10210	5932	168	142	26
57	16822	10804	6018	168	143	25
58	11604	7598	4006	121	106	15
59	4742	3152	1590	34	28	6
60-64岁	**31055**	**21179**	**9876**	**252**	**214**	**38**
60	5511	3650	1861	44	34	10
61	5197	3541	1656	49	40	9
62	6852	4699	2153	51	41	10
63	7107	4931	2176	66	60	6
64	6388	4358	2030	42	39	3
65岁及以上	**54248**	**37069**	**17179**	**266**	**215**	**51**

单位：人

有配偶			离婚			丧偶		
小计	男	女	小计	男	女	小计	男	女
716707	**396992**	**319715**	**37663**	**23445**	**14218**	**20636**	**8550**	**12086**
4651	**992**	**3659**	**48**	**18**	**30**	**4**		**4**
105	13	92						
330	50	280	2		2			
748	144	604	4		4	1		1
1316	295	1021	16	3	13	1		1
2152	490	1662	26	15	11	2		2
35530	**11555**	**23975**	**780**	**416**	**364**	**22**	**6**	**16**
3553	838	2715	56	29	27	1	1	
4994	1393	3601	87	45	42	5	1	4
7566	2488	5078	127	61	66	6	3	3
8872	2971	5901	207	105	102	5		5
10545	3865	6680	303	176	127	5	1	4
74560	**31519**	**43041**	**3215**	**1930**	**1285**	**121**	**28**	**93**
12492	4858	7634	450	251	199	14	3	11
13437	5486	7951	544	322	222	24	7	17
15547	6491	9056	625	365	260	21	5	16
16486	7136	9350	754	455	299	28	7	21
16598	7548	9050	842	537	305	34	6	28
105916	**50205**	**55711**	**6382**	**4155**	**2227**	**345**	**103**	**242**
20919	9568	11351	1100	722	378	44	11	33
21246	9862	11384	1257	813	444	66	23	43
21309	10054	11255	1343	840	503	79	22	57
22914	11103	11811	1405	932	473	83	22	61
19528	9618	9910	1277	848	429	73	25	48
91319	**47455**	**43864**	**5934**	**3974**	**1960**	**477**	**132**	**345**
17716	8903	8813	1089	721	368	68	13	55
17985	9145	8840	1144	737	407	82	25	57
16755	8676	8079	1148	772	376	78	24	54
20252	10812	9440	1346	939	407	122	34	88
18611	9919	8692	1207	805	402	127	36	91
91352	**51675**	**39677**	**5819**	**3789**	**2030**	**855**	**265**	**590**
17232	9297	7935	1045	700	345	102	29	73
17912	10086	7826	1157	764	393	147	42	105
17777	10071	7706	1146	744	402	173	51	122
17948	10389	7559	1152	751	401	191	62	129
20483	11832	8651	1319	830	489	242	81	161
101476	**61588**	**39888**	**5895**	**3651**	**2244**	**1549**	**511**	**1038**
21588	12867	8721	1312	827	485	283	87	196
22666	13512	9154	1341	862	479	318	106	212
20072	12270	7802	1183	717	466	319	95	224
18882	11522	7360	1050	642	408	303	109	194
18268	11417	6851	1009	603	406	326	114	212
82107	**52103**	**30004**	**4146**	**2409**	**1737**	**2315**	**858**	**1457**
18427	11660	6767	1031	638	393	399	139	260
16168	10124	6044	832	481	351	403	151	252
17983	11346	6637	873	498	375	535	211	324
13535	8735	4800	673	385	288	424	142	282
15994	10238	5756	737	407	330	554	215	339
59718	**39131**	**20587**	**2867**	**1628**	**1239**	**2818**	**1072**	**1746**
15277	9858	5419	727	413	314	580	215	365
14580	9384	5196	729	411	318	665	273	392
15191	9988	5203	706	402	304	757	271	486
10454	7004	3450	472	272	200	557	216	341
4216	2897	1319	233	130	103	259	97	162
27231	**19250**	**7981**	**1343**	**748**	**595**	**2229**	**967**	**1262**
4877	3334	1543	290	161	129	300	121	179
4548	3187	1361	241	137	104	359	177	182
6010	4277	1733	285	150	135	506	231	275
6261	4488	1773	279	167	112	501	216	285
5535	3964	1571	248	133	115	563	222	341
42847	**31519**	**11328**	**1234**	**727**	**507**	**9901**	**4608**	**5293**

5－3 续表 5

受教育程度 年　　龄	15岁及以上人口 合计	15岁及以上人口 男	15岁及以上人口 女	未婚 小计	未婚 男	未婚 女
高　中	**367853**	**200099**	**167754**	**187129**	**101155**	**85974**
15－19岁	**142739**	**71704**	**71035**	**142178**	**71564**	**70614**
15	17192	8513	8679	17191	8513	8678
16	37251	18730	18521	37235	18725	18510
17	41708	20799	20909	41657	20779	20878
18	30232	15126	15106	30075	15098	14977
19	16356	8536	7820	16020	8449	7571
20－24岁	**35763**	**19511**	**16252**	**27371**	**16746**	**10625**
20	9296	4964	4332	8656	4805	3851
21	6713	3740	2973	5647	3449	2198
22	7034	3833	3201	5211	3283	1928
23	6499	3594	2905	4297	2816	1481
24	6221	3380	2841	3560	2393	1167
25－29岁	**30781**	**16374**	**14407**	**10266**	**7309**	**2957**
25	6382	3345	3037	3027	2030	997
26	5694	3003	2691	2278	1594	684
27	6264	3370	2894	1994	1459	535
28	6212	3287	2925	1644	1218	426
29	6229	3369	2860	1323	1008	315
30－34岁	**32841**	**17869**	**14972**	**4188**	**3206**	**982**
30	7064	3878	3186	1253	952	301
31	6950	3702	3248	1009	766	243
32	6566	3588	2978	797	615	182
33	6753	3601	3152	661	508	153
34	5508	3100	2408	468	365	103
35－39岁	**20934**	**11775**	**9159**	**1263**	**974**	**289**
35	4730	2653	2077	359	281	78
36	4261	2370	1891	261	202	59
37	3865	2179	1686	244	185	59
38	4400	2505	1895	237	183	54
39	3678	2068	1610	162	123	39
40－44岁	**18760**	**10815**	**7945**	**622**	**449**	**173**
40	3505	2030	1475	137	103	34
41	3662	2047	1615	130	96	34
42	3707	2186	1521	118	92	26
43	3711	2125	1586	120	81	39
44	4175	2427	1748	117	77	40
45－49岁	**20737**	**12322**	**8415**	**556**	**408**	**148**
45	4336	2542	1794	132	98	34
46	4374	2551	1823	115	83	32
47	4263	2528	1735	115	81	34
48	3980	2412	1568	108	83	25
49	3784	2289	1495	86	63	23
50－54岁	**17274**	**10337**	**6937**	**307**	**236**	**71**
50	4040	2348	1692	78	60	18
51	3566	2125	1441	66	52	14
52	3676	2253	1423	63	49	14
53	2661	1624	1037	42	33	9
54	3331	1987	1344	58	42	16
55－59岁	**18969**	**11151**	**7818**	**215**	**145**	**70**
55	3712	2166	1546	57	39	18
56	4158	2478	1680	46	34	12
57	5140	2974	2166	61	39	22
58	3893	2337	1556	34	23	11
59	2066	1196	870	17	10	7
60－64岁	**13112**	**8069**	**5043**	**99**	**70**	**29**
60	2628	1541	1087	17	12	5
61	2548	1571	977	16	14	2
62	3011	1878	1133	21	12	9
63	2845	1764	1081	27	19	8
64	2080	1315	765	18	13	5
65岁及以上	**15943**	**10172**	**5771**	**64**	**48**	**16**

单位：人

有配偶			离婚			丧偶		
小计	男	女	小计	男	女	小计	男	女
164011	**91476**	**72535**	**11645**	**5764**	**5881**	**5068**	**1704**	**3364**
554	**137**	**417**	**7**	**3**	**4**			
1		1						
16	5	11						
48	18	30	3	2	1			
156	28	128	1		1			
333	86	247	3	1	2			
8254	**2713**	**5541**	**130**	**51**	**79**	**8**	**1**	**7**
635	157	478	5	2	3			
1056	290	766	9	1	8	1		1
1796	540	1256	26	10	16	1		1
2165	761	1404	33	17	16	4		4
2602	965	1637	57	21	36	2	1	1
19766	**8728**	**11038**	**740**	**335**	**405**	**9**	**2**	**7**
3268	1281	1987	85	33	52	2	1	1
3321	1368	1953	95	41	54			
4121	1840	2281	146	71	75	3		3
4385	1988	2397	182	81	101	1		1
4671	2251	2420	232	109	123	3	1	2
26973	**13810**	**13163**	**1644**	**845**	**799**	**36**	**8**	**28**
5520	2777	2743	287	148	139	4	1	3
5591	2759	2832	342	176	166	8	1	7
5435	2803	2632	328	169	159	6	1	5
5703	2903	2800	382	188	194	7	2	5
4724	2568	2156	305	164	141	11	3	8
18188	**10030**	**8158**	**1434**	**757**	**677**	**49**	**14**	**35**
4056	2204	1852	309	167	142	6	1	5
3711	2013	1698	279	152	127	10	3	7
3348	1847	1501	265	144	121	8	3	5
3833	2157	1676	318	160	158	12	5	7
3240	1809	1431	263	134	129	13	2	11
16535	**9510**	**7025**	**1508**	**831**	**677**	**95**	**25**	**70**
3105	1779	1326	252	143	109	11	5	6
3239	1797	1442	277	149	128	16	5	11
3262	1925	1337	301	167	134	26	2	24
3268	1867	1401	299	169	130	24	8	16
3661	2142	1519	379	203	176	18	5	13
18073	**10870**	**7203**	**1900**	**991**	**909**	**208**	**53**	**155**
3788	2240	1548	385	195	190	31	9	22
3818	2231	1587	412	228	184	29	9	20
3698	2220	1478	411	214	197	39	13	26
3465	2137	1328	346	179	167	61	13	48
3304	2042	1262	346	175	171	48	9	39
15056	**9257**	**5799**	**1564**	**740**	**824**	**347**	**104**	**243**
3490	2088	1402	404	176	228	68	24	44
3115	1900	1215	317	156	161	68	17	51
3226	2021	1205	311	157	154	76	26	50
2317	1462	855	248	114	134	54	15	39
2908	1786	1122	284	137	147	81	22	59
16545	**10170**	**6375**	**1525**	**669**	**856**	**684**	**167**	**517**
3219	1961	1258	311	136	175	125	30	95
3644	2261	1383	341	146	195	127	37	90
4486	2707	1779	411	182	229	182	46	136
3389	2127	1262	312	146	166	158	41	117
1807	1114	693	150	59	91	92	13	79
11495	**7421**	**4074**	**722**	**320**	**402**	**796**	**258**	**538**
2254	1397	857	215	91	124	142	41	101
2258	1447	811	138	62	76	136	48	88
2664	1745	919	155	71	84	171	50	121
2485	1611	874	136	60	76	197	74	123
1834	1221	613	78	36	42	150	45	105
12572	**8830**	**3742**	**471**	**222**	**249**	**2836**	**1072**	**1764**

5-3 续表 6

受教育程度 年 龄	15岁及以上人口			未 婚		
	合计	男	女	小计	男	女
大学专科	**214170**	**111697**	**102473**	**84352**	**42150**	**42202**
15-19岁	**16264**	**7465**	**8799**	**16188**	**7451**	**8737**
15	313	163	150	312	163	149
16	767	382	385	766	382	384
17	1471	726	745	1467	725	742
18	4125	1917	2208	4110	1916	2194
19	9588	4277	5311	9533	4265	5268
20-24岁	**53063**	**23732**	**29331**	**48211**	**22464**	**25747**
20	12505	5609	6896	12341	5580	6761
21	11977	5367	6610	11617	5276	6341
22	11204	5017	6187	10294	4805	5489
23	9121	4080	5041	7772	3724	4048
24	8256	3659	4597	6187	3079	3108
25-29岁	**31681**	**15098**	**16583**	**14170**	**8242**	**5928**
25	7528	3431	4097	4814	2555	2259
26	6573	3086	3487	3525	2011	1514
27	6350	3055	3295	2630	1577	1053
28	5657	2728	2929	1792	1153	639
29	5573	2798	2775	1409	946	463
30-34岁	**28543**	**14583**	**13960**	**3838**	**2653**	**1185**
30	6090	3033	3057	1171	821	350
31	5736	2878	2858	889	594	295
32	5834	2962	2872	727	518	209
33	5909	3076	2833	595	417	178
34	4974	2634	2340	456	303	153
35-39岁	**18710**	**10482**	**8228**	**992**	**703**	**289**
35	4173	2278	1895	294	220	74
36	4005	2212	1793	225	157	68
37	3545	2018	1527	172	125	47
38	3873	2239	1634	171	113	58
39	3114	1735	1379	130	88	42
40-44岁	**15919**	**9385**	**6534**	**404**	**275**	**129**
40	3081	1815	1266	104	76	28
41	3291	1892	1399	77	53	24
42	3203	1870	1333	68	38	30
43	2999	1822	1177	74	49	25
44	3345	1986	1359	81	59	22
45-49岁	**15962**	**9462**	**6500**	**300**	**203**	**97**
45	3377	1979	1398	53	37	16
46	3424	2078	1346	76	49	27
47	3328	1926	1402	66	45	21
48	3035	1788	1247	60	41	19
49	2798	1691	1107	45	31	14
50-54岁	**12231**	**7358**	**4873**	**142**	**97**	**45**
50	2976	1770	1206	51	36	15
51	2542	1532	1010	41	27	14
52	2598	1560	1038	25	19	6
53	1843	1130	713	10	7	3
54	2272	1366	906	15	8	7
55-59岁	**10347**	**6444**	**3903**	**60**	**36**	**24**
55	2521	1543	978	14	7	7
56	2553	1572	981	16	9	7
57	2637	1656	981	16	11	5
58	1789	1131	658	5	5	
59	847	542	305	9	4	5
60-64岁	**4945**	**3222**	**1723**	**30**	**17**	**13**
60	990	616	374	10	6	4
61	950	620	330	3	2	1
62	1079	723	356	6	2	4
63	1065	692	373	6	4	2
64	861	571	290	5	3	2
65岁及以上	**6505**	**4466**	**2039**	**17**	**9**	**8**

单位：人

有配偶			离婚			丧偶		
小计	男	女	小计	男	女	小计	男	女
120857	**65700**	**55157**	**7249**	**3269**	**3980**	**1712**	**578**	**1134**
76	**14**	**62**						
1		1						
1		1						
4	1	3						
15	1	14						
55	12	43						
4808	**1259**	**3549**	**40**	**9**	**31**	**4**		**4**
163	29	134				1		1
358	90	268	2	1	1			
904	211	693	5	1	4	1		1
1337	355	982	12	1	11			
2046	574	1472	21	6	15	2		2
17105	**6713**	**10392**	**397**	**142**	**255**	**9**	**1**	**8**
2679	860	1819	35	16	19			
2995	1061	1934	52	14	38	1		1
3640	1458	2182	78	20	58	2		2
3756	1526	2230	108	49	59	1		1
4035	1808	2227	124	43	81	5	1	4
23555	**11437**	**12118**	**1119**	**485**	**634**	**31**	**8**	**23**
4724	2130	2594	192	82	110	3		3
4635	2203	2432	204	78	126	8	3	5
4857	2337	2520	239	105	134	11	2	9
5048	2536	2512	264	122	142	2	1	1
4291	2231	2060	220	98	122	7	2	5
16605	**9234**	**7371**	**1077**	**535**	**542**	**36**	**10**	**26**
3662	1957	1705	214	101	113	3		3
3556	1958	1598	216	96	120	8	1	7
3150	1774	1376	215	116	99	8	3	5
3462	2000	1462	229	121	108	11	5	6
2775	1545	1230	203	101	102	6	1	5
14300	**8506**	**5794**	**1175**	**597**	**578**	**40**	**7**	**33**
2767	1633	1134	206	106	100	4		4
2972	1730	1242	234	108	126	8	1	7
2894	1715	1179	236	117	119	5		5
2677	1648	1029	235	123	112	13	2	11
2990	1780	1210	264	143	121	10	4	6
14244	**8657**	**5587**	**1307**	**570**	**737**	**111**	**32**	**79**
3038	1815	1223	265	119	146	21	8	13
3037	1896	1141	292	129	163	19	4	15
2991	1771	1220	255	106	149	16	4	12
2678	1617	1061	264	119	145	33	11	22
2500	1558	942	231	97	134	22	5	17
10981	**6819**	**4162**	**941**	**401**	**540**	**167**	**41**	**126**
2659	1630	1029	231	96	135	35	8	27
2263	1406	857	212	93	119	26	6	20
2333	1441	892	199	90	109	41	10	31
1666	1059	607	138	57	81	29	7	22
2060	1283	777	161	65	96	36	10	26
9333	**6042**	**3291**	**719**	**305**	**414**	**235**	**61**	**174**
2264	1436	828	191	84	107	52	16	36
2304	1479	825	175	71	104	58	13	45
2373	1557	816	188	75	113	60	13	47
1629	1062	567	113	52	61	42	12	30
763	508	255	52	23	29	23	7	16
4421	**3005**	**1416**	**284**	**128**	**156**	**210**	**72**	**138**
865	560	305	72	35	37	43	15	28
865	586	279	52	19	33	30	13	17
970	677	293	58	32	26	45	12	33
960	643	317	57	30	27	42	15	27
761	539	222	45	12	33	50	17	33
5429	**4014**	**1415**	**190**	**97**	**93**	**869**	**346**	**523**

5-3 续表 7

受教育程度 年　　龄	15岁及以上人口			未　婚		
	合计	男	女	小计	男	女
大学本科	**206393**	**104777**	**101616**	**90084**	**41588**	**48496**
15-19岁	**11643**	**5029**	**6614**	**11633**	**5025**	**6608**
15	29	13	16	29	13	16
16	106	54	52	106	54	52
17	544	252	292	544	252	292
18	3392	1426	1966	3389	1425	1964
19	7572	3284	4288	7565	3281	4284
20-24岁	**51942**	**21845**	**30097**	**50540**	**21466**	**29074**
20	10366	4330	6036	10348	4327	6021
21	11227	4621	6606	11182	4609	6573
22	12054	5107	6947	11888	5066	6822
23	9853	4224	5629	9476	4114	5362
24	8442	3563	4879	7646	3350	4296
25-29岁	**38905**	**17743**	**21162**	**21164**	**10965**	**10199**
25	8378	3722	4656	6741	3240	3501
26	7719	3354	4365	5210	2558	2652
27	8079	3707	4372	4163	2242	1921
28	7661	3537	4124	2978	1666	1312
29	7068	3423	3645	2072	1259	813
30-34岁	**36624**	**18624**	**18000**	**4952**	**3037**	**1915**
30	8108	4006	4102	1723	1059	664
31	7715	3792	3923	1232	752	480
32	7177	3586	3591	800	491	309
33	7394	3892	3502	701	428	273
34	6230	3348	2882	496	307	189
35-39岁	**23332**	**13320**	**10012**	**1079**	**674**	**405**
35	5190	2897	2293	333	202	131
36	5047	2896	2151	247	144	103
37	4652	2644	2008	209	138	71
38	4723	2720	2003	178	115	63
39	3720	2163	1557	112	75	37
40-44岁	**14778**	**8994**	**5784**	**331**	**201**	**130**
40	3338	2014	1324	97	57	40
41	3247	1955	1292	65	43	22
42	2983	1819	1164	64	37	27
43	2615	1592	1023	48	28	20
44	2595	1614	981	57	36	21
45-49岁	**10901**	**6845**	**4056**	**190**	**109**	**81**
45	2521	1574	947	29	17	12
46	2439	1520	919	52	30	22
47	2142	1354	788	47	23	24
48	1982	1255	727	33	17	16
49	1817	1142	675	29	22	7
50-54岁	**7716**	**5049**	**2667**	**115**	**69**	**46**
50	1937	1238	699	43	29	14
51	1672	1058	614	20	11	9
52	1634	1095	539	19	11	8
53	1153	759	394	15	8	7
54	1320	899	421	18	10	8
55-59岁	**5137**	**3552**	**1585**	**43**	**29**	**14**
55	1277	877	400	14	11	3
56	1298	888	410	9	7	2
57	1348	943	405	10	5	5
58	827	586	241	7	3	4
59	387	258	129	3	3	
60-64岁	**1845**	**1238**	**607**	**18**	**5**	**13**
60	394	256	138	4	1	3
61	314	219	95	4		4
62	390	265	125	3		3
63	375	252	123	3	1	2
64	372	246	126	4	3	1
65岁及以上	**3570**	**2538**	**1032**	**19**	**8**	**11**

单位：人

有配偶			离婚			丧偶		
小计	男	女	小计	男	女	小计	男	女
110680	**60808**	**49872**	**4847**	**2101**	**2746**	**782**	**280**	**502**
10	**4**	**6**						
3	1	2						
7	3	4						
1397	**377**	**1020**	**5**	**2**	**3**			
18	3	15						
45	12	33						
166	41	125						
374	109	265	3	1	2			
794	212	582	2	1	1			
17508	**6697**	**10811**	**226**	**80**	**146**	**7**	**1**	**6**
1628	479	1149	9	3	6			
2481	789	1692	27	7	20	1		1
3871	1446	2425	45	19	26			
4605	1839	2766	74	31	43	4	1	3
4923	2144	2779	71	20	51	2		2
30699	**15188**	**15511**	**962**	**398**	**564**	**11**	**1**	**10**
6247	2884	3363	137	63	74	1		1
6281	2966	3315	199	74	125	3		3
6164	3015	3149	211	80	131	2		2
6453	3357	3096	238	107	131	2		2
5554	2966	2588	177	74	103	3	1	2
21178	**12185**	**8993**	**1049**	**456**	**593**	**26**	**5**	**21**
4664	2615	2049	186	80	106	7		7
4567	2656	1911	224	95	129	9	1	8
4218	2417	1801	222	87	135	3	2	1
4316	2505	1811	225	100	125	4		4
3413	1992	1421	192	94	98	3	2	1
13596	**8428**	**5168**	**816**	**359**	**457**	**35**	**6**	**29**
3056	1871	1185	175	82	93	10	4	6
3006	1832	1174	171	80	91	5		5
2764	1722	1042	150	60	90	5		5
2400	1489	911	159	74	85	8	1	7
2370	1514	856	161	63	98	7	1	6
9957	**6418**	**3539**	**696**	**307**	**389**	**58**	**11**	**47**
2342	1494	848	135	59	76	15	4	11
2233	1434	799	139	53	86	15	3	12
1961	1280	681	126	48	78	8	3	5
1790	1166	624	151	72	79	8		8
1631	1044	587	145	75	70	12	1	11
6990	**4714**	**2276**	**542**	**242**	**300**	**69**	**24**	**45**
1736	1139	597	138	63	75	20	7	13
1525	996	529	116	45	71	11	6	5
1477	1018	459	120	60	60	18	6	12
1057	714	343	69	34	35	12	3	9
1195	847	348	99	40	59	8	2	6
4656	**3335**	**1321**	**355**	**159**	**196**	**83**	**29**	**54**
1162	822	340	82	38	44	19	6	13
1182	840	342	77	31	46	30	10	20
1223	883	340	104	50	54	11	5	6
737	544	193	67	32	35	16	7	9
352	246	106	25	8	17	7	1	6
1678	**1173**	**505**	**98**	**45**	**53**	**51**	**15**	**36**
356	239	117	29	13	16	5	3	2
289	208	81	11	8	3	10	3	7
354	254	100	22	7	15	11	4	7
343	243	100	15	6	9	14	2	12
336	229	107	21	11	10	11	3	8
3011	**2289**	**722**	**98**	**53**	**45**	**442**	**188**	**254**

5-3 续表 8

受教育程度 年　　龄	15岁及以上人口			未　婚		
	合计	男	女	小计	男	女
硕士研究生	**9967**	**4758**	**5209**	**4033**	**1626**	**2407**
15-19岁	**9**	**4**	**5**	**9**	**4**	**5**
15						
16						
17	1		1	1		1
18	1		1	1		1
19	7	4	3	7	4	3
20-24岁	**1452**	**516**	**936**	**1433**	**512**	**921**
20	12	4	8	12	4	8
21	56	17	39	56	17	39
22	259	93	166	258	93	165
23	528	189	339	522	188	334
24	597	213	384	585	210	375
25-29岁	**2466**	**937**	**1529**	**1904**	**758**	**1146**
25	639	267	372	618	258	360
26	520	178	342	470	160	310
27	480	179	301	376	151	225
28	408	147	261	260	108	152
29	419	166	253	180	81	99
30-34岁	**2427**	**1115**	**1312**	**516**	**265**	**251**
30	494	202	292	170	80	90
31	490	219	271	129	67	62
32	492	218	274	87	44	43
33	511	260	251	83	49	34
34	440	216	224	47	25	22
35-39岁	**1577**	**843**	**734**	**109**	**62**	**47**
35	341	169	172	29	13	16
36	359	182	177	26	11	15
37	298	157	141	25	17	8
38	305	176	129	14	11	3
39	274	159	115	15	10	5
40-44岁	**863**	**508**	**355**	**39**	**16**	**23**
40	233	125	108	12	7	5
41	194	111	83	7	2	5
42	157	99	58	6	2	4
43	136	78	58	10	3	7
44	143	95	48	4	2	2
45-49岁	**555**	**365**	**190**	**9**	**2**	**7**
45	110	77	33	1	1	
46	119	79	40	1		1
47	120	74	46	4	1	3
48	111	71	40	1		1
49	95	64	31	2		2
50-54岁	**306**	**222**	**84**	**9**	**5**	**4**
50	82	58	24	2		2
51	84	59	25	2	2	
52	65	46	19	4	3	1
53	33	27	6	1		1
54	42	32	10			
55-59岁	**194**	**151**	**43**	**3**	**2**	**1**
55	57	42	15	1	1	
56	52	41	11			
57	46	35	11	1		1
58	25	20	5	1	1	
59	14	13	1			
60-64岁	**67**	**57**	**10**	**1**		**1**
60	18	16	2			
61	9	9				
62	16	13	3			
63	16	12	4	1		1
64	8	7	1			
65岁及以上	**51**	**40**	**11**	**1**		**1**

单位：人

有配偶			离　婚			丧　偶		
小计	男	女	小计	男	女	小计	男	女
5700	**3045**	**2655**	**222**	**82**	**140**	**12**	**5**	**7**
19	**4**	**15**						
1		1						
6	1	5						
12	3	9						
556	**178**	**378**	**6**	**1**	**5**			
21	9	12						
50	18	32						
103	28	75	1		1			
145	39	106	3		3			
237	84	153	2	1	1			
1875	**839**	**1036**	**36**	**11**	**25**			
319	122	197	5		5			
357	150	207	4	2	2			
398	172	226	7	2	5			
418	206	212	10	5	5			
383	189	194	10	2	8			
1392	**755**	**637**	**76**	**26**	**50**			
298	150	148	14	6	8			
317	168	149	16	3	13			
264	137	127	9	3	6			
271	155	116	20	10	10			
242	145	97	17	4	13			
774	**477**	**297**	**48**	**15**	**33**	**2**		**2**
210	115	95	10	3	7	1		1
177	106	71	10	3	7			
139	93	46	12	4	8			
118	73	45	7	2	5	1		1
130	90	40	9	3	6			
518	**352**	**166**	**25**	**10**	**15**	**3**	**1**	**2**
105	74	31	2	1	1	2	1	1
116	77	39	2	2				
108	71	37	8	2	6			
101	69	32	9	2	7			
88	61	27	4	3	1	1		1
284	**209**	**75**	**13**	**8**	**5**			
78	57	21	2	1	1			
78	54	24	4	3	1			
57	42	15	4	1	3			
31	26	5	1	1				
40	30	10	2	2				
177	**141**	**36**	**12**	**7**	**5**	**2**	**1**	**1**
54	41	13	2		2			
46	36	10	5	4	1	1	1	
43	34	9	2	1	1			
21	17	4	2	2		1		1
13	13		1		1			
62	**55**	**7**	**4**	**2**	**2**			
17	16	1	1		1			
8	8		1	1				
15	13	2	1		1			
14	11	3	1	1				
8	7	1						
43	**35**	**8**	**2**	**2**		**5**	**3**	**2**

5-3 续表 9

受教育程度 年龄	15岁及以上人口			未婚		
	合计	男	女	小计	男	女
博士研究生	**1033**	**632**	**401**	**275**	**143**	**132**
15-19岁	**1**		**1**	**1**		**1**
15						
16						
17						
18						
19	1		1	1		1
20-24岁	**41**	**16**	**25**	**40**	**15**	**25**
20	1		1	1		1
21	2		2	2		2
22	5	2	3	5	2	3
23	14	7	7	14	7	7
24	19	7	12	18	6	12
25-29岁	**160**	**77**	**83**	**123**	**59**	**64**
25	26	13	13	23	12	11
26	36	20	16	33	17	16
27	38	14	24	30	10	20
28	35	15	20	25	12	13
29	25	15	10	12	8	4
30-34岁	**243**	**141**	**102**	**69**	**44**	**25**
30	39	23	16	18	14	4
31	48	27	21	27	17	10
32	53	26	27	5	3	2
33	55	34	21	8	4	4
34	48	31	17	11	6	5
35-39岁	**219**	**138**	**81**	**26**	**14**	**12**
35	38	22	16	6	3	3
36	47	29	18	7	3	4
37	52	33	19	7	4	3
38	44	33	11	4	3	1
39	38	21	17	2	1	1
40-44岁	**172**	**119**	**53**	**10**	**9**	**1**
40	35	24	11	1	1	
41	38	28	10	3	3	
42	45	29	16	4	3	1
43	26	15	11	1	1	
44	28	23	5	1	1	
45-49岁	**101**	**68**	**33**	**6**	**2**	**4**
45	21	13	8	1		1
46	20	17	3	2	1	1
47	17	10	7	2		2
48	14	11	3			
49	29	17	12	1	1	
50-54岁	**46**	**33**	**13**			
50	13	11	2			
51	9	7	2			
52	12	8	4			
53	6	3	3			
54	6	4	2			
55-59岁	**33**	**26**	**7**			
55	7	7				
56	9	6	3			
57	11	8	3			
58	2	1	1			
59	4	4				
60-64岁	**7**	**6**	**1**			
60	1	1				
61	1		1			
62	2	2				
63	2	2				
64	1	1				
65岁及以上	**10**	**8**	**2**			

单位：人

有配偶			离婚			丧偶		
小计	男	女	小计	男	女	小计	男	女
723	**475**	**248**	**34**	**13**	**21**	**1**	**1**	
1	**1**							
1	1							
37	**18**	**19**						
3	1	2						
3	3							
8	4	4						
10	3	7						
13	7	6						
170	**94**	**76**	**4**	**3**	**1**			
21	9	12						
21	10	11						
45	21	24	3	2	1			
46	29	17	1	1				
37	25	12						
186	**121**	**65**	**7**	**3**	**4**			
31	19	12	1		1			
39	25	14	1	1				
42	27	15	3	2	1			
40	30	10						
34	20	14	2		2			
153	**108**	**45**	**9**	**2**	**7**			
32	23	9	2		2			
34	25	9	1		1			
37	24	13	4	2	2			
24	14	10	1		1			
26	22	4	1		1			
88	**64**	**24**	**7**	**2**	**5**			
17	12	5	3	1	2			
18	16	2						
14	10	4	1		1			
13	11	2	1		1			
26	15	11	2	1	1			
41	**31**	**10**	**5**	**2**	**3**			
10	9	1	3	2	1			
8	7	1	1		1			
12	8	4						
6	3	3						
5	4	1	1		1			
31	**25**	**6**	**2**	**1**	**1**			
6	6		1	1				
8	6	2	1		1			
11	8	3						
2	1	1						
4	4							
7	**6**	**1**						
1	1							
1		1						
2	2							
2	2							
1	1							
9	**7**	**2**				**1**	**1**	

5-3a 全省分年龄、性别、受教育

受教育程度 年龄	15岁及以上人口 合计	男	女	未婚 小计	男	女
总　计	**763383**	**376130**	**387253**	**183768**	**99969**	**83799**
15-19岁	**66011**	**34247**	**31764**	**65426**	**34119**	**31307**
15	10761	5731	5030	10753	5731	5022
16	14488	7700	6788	14458	7694	6764
17	15139	7885	7254	15077	7875	7202
18	12627	6535	6092	12473	6499	5974
19	12996	6396	6600	12665	6320	6345
20-24岁	**76440**	**35706**	**40734**	**65004**	**32155**	**32849**
20	14896	6982	7914	14199	6833	7366
21	15300	7085	8215	14102	6762	7340
22	16686	7784	8902	14453	7111	7342
23	14996	7072	7924	11988	6112	5876
24	14562	6783	7779	10262	5337	4925
25-29岁	**76279**	**36782**	**39497**	**31134**	**18307**	**12827**
25	15279	7343	7936	9251	5101	4150
26	14611	6954	7657	7329	4174	3155
27	15528	7574	7954	6171	3696	2475
28	15274	7285	7989	4625	2904	1721
29	15587	7626	7961	3758	2432	1326
30-34岁	**91955**	**45286**	**46669**	**11699**	**7833**	**3866**
30	18489	9155	9334	3413	2282	1131
31	18625	8990	9635	2823	1850	973
32	18322	8959	9363	2092	1434	658
33	19530	9689	9841	1903	1289	614
34	16989	8493	8496	1468	978	490
35-39岁	**70962**	**35875**	**35087**	**3796**	**2662**	**1134**
35	14683	7386	7297	997	690	307
36	14290	7162	7128	822	566	256
37	13427	6848	6579	781	560	221
38	15227	7780	7447	674	470	204
39	13335	6699	6636	522	376	146
40-44岁	**67434**	**34470**	**32964**	**2168**	**1559**	**609**
40	12558	6339	6219	488	350	138
41	13146	6727	6419	399	299	100
42	13282	6903	6379	443	323	120
43	13491	6889	6602	402	273	129
44	14957	7612	7345	436	314	122
45-49岁	**78107**	**40149**	**37958**	**1956**	**1438**	**518**
45	16063	8262	7801	408	306	102
46	16901	8563	8338	433	310	123
47	15712	8066	7646	420	300	120
48	14686	7587	7099	356	264	92
49	14745	7671	7074	339	258	81
50-54岁	**67850**	**34002**	**33848**	**1306**	**986**	**320**
50	15338	7754	7584	371	282	89
51	13900	7064	6836	288	212	76
52	14886	7429	7457	273	209	64
53	11016	5468	5548	167	124	43
54	12710	6287	6423	207	159	48
55-59岁	**53532**	**26239**	**27293**	**620**	**452**	**168**
55	12900	6428	6472	173	136	37
56	12813	6232	6581	156	119	37
57	13837	6751	7086	144	94	50
58	9192	4500	4692	86	57	29
59	4790	2328	2462	61	46	15
60-64岁	**34094**	**16519**	**17575**	**286**	**192**	**94**
60	6161	2985	3176	60	36	24
61	5799	2860	2939	53	36	17
62	7342	3591	3751	58	37	21
63	7834	3776	4058	60	42	18
64	6958	3307	3651	55	41	14
65岁及以上	**80719**	**36855**	**43864**	**373**	**266**	**107**

程度、婚姻状况的人口(城市)

单位：人

有配偶			离婚			丧偶		
小计	男	女	小计	男	女	小计	男	女
512045	**253385**	**258660**	**35674**	**16263**	**19411**	**31896**	**6513**	**25383**
578	**127**	**451**	**6**	**1**	**5**	**1**		**1**
8		8						
29	6	23	1		1			
61	10	51	1		1			
152	36	116	2		2			
328	75	253	2	1	1	1		1
11220	**3479**	**7741**	**210**	**72**	**138**	**6**		**6**
688	143	545	9	6	3			
1187	319	868	10	4	6	1		1
2200	662	1538	32	11	21	1		1
2946	944	2002	60	16	44	2		2
4199	1411	2788	99	35	64	2		2
43580	**17797**	**25783**	**1541**	**677**	**864**	**24**	**1**	**23**
5858	2166	3692	169	76	93	1		1
7076	2695	4381	204	85	119	2		2
9076	3749	5327	277	129	148	4		4
10224	4202	6022	417	178	239	8	1	7
11346	4985	6361	474	209	265	9		9
75863	**35441**	**40422**	**4267**	**1989**	**2278**	**126**	**23**	**103**
14397	6547	7850	665	325	340	14	1	13
14963	6747	8216	816	385	431	23	8	15
15312	7116	8196	888	403	485	30	6	24
16595	7927	8668	1005	469	536	27	4	23
14596	7104	7492	893	407	486	32	4	28
62514	**31107**	**31407**	**4441**	**2063**	**2378**	**211**	**43**	**168**
12821	6309	6512	837	384	453	28	3	25
12581	6189	6392	849	400	449	38	7	31
11767	5900	5867	850	384	466	29	4	25
13507	6825	6682	996	470	526	50	15	35
11838	5884	5954	909	425	484	66	14	52
59750	**30385**	**29365**	**5083**	**2457**	**2626**	**433**	**69**	**364**
11170	5577	5593	845	399	446	55	13	42
11721	5959	5762	964	461	503	62	8	54
11773	6068	5705	990	501	489	76	11	65
11891	6067	5824	1076	531	545	122	18	104
13195	6714	6481	1208	565	643	118	19	99
68934	**35694**	**33240**	**6184**	**2826**	**3358**	**1033**	**191**	**842**
14230	7332	6898	1257	587	670	168	37	131
14965	7630	7335	1325	593	732	178	30	148
13830	7163	6667	1241	561	680	221	42	179
12948	6747	6201	1166	532	634	216	44	172
12961	6822	6139	1195	553	642	250	38	212
59585	**30415**	**29170**	**5178**	**2265**	**2913**	**1781**	**336**	**1445**
13443	6877	6566	1240	537	703	284	58	226
12228	6309	5919	1093	495	598	291	48	243
13117	6650	6467	1101	496	605	395	74	321
9648	4918	4730	854	367	487	347	59	288
11149	5661	5488	890	370	520	464	97	367
46086	**23496**	**22590**	**4242**	**1820**	**2422**	**2584**	**471**	**2113**
11182	5745	5437	1012	446	566	533	101	432
11108	5600	5508	990	416	574	559	97	462
11921	6076	5845	1104	465	639	668	116	552
7850	4005	3845	743	333	410	513	105	408
4025	2070	1955	393	160	233	311	52	259
28476	**14743**	**13733**	**2285**	**1028**	**1257**	**3047**	**556**	**2491**
5156	2642	2514	539	237	302	406	70	336
4889	2543	2346	404	184	220	453	97	356
6150	3225	2925	495	210	285	639	119	520
6577	3372	3205	465	228	237	732	134	598
5704	2961	2743	382	169	213	817	136	681
55459	**30701**	**24758**	**2237**	**1065**	**1172**	**22650**	**4823**	**17827**

5-3a　续表 1

受教育程度 年　龄	15岁及以上人口			未　婚		
	合计	男	女	小计	男	女
未上过学	**17978**	**3411**	**14567**	**782**	**613**	**169**
15-19岁	**76**	**49**	**27**	**74**	**49**	**25**
15	14	9	5	14	9	5
16	16	9	7	16	9	7
17	12	7	5	12	7	5
18	18	13	5	18	13	5
19	16	11	5	14	11	3
20-24岁	**112**	**66**	**46**	**90**	**60**	**30**
20	23	18	5	23	18	5
21	21	12	9	16	9	7
22	22	9	13	15	8	7
23	29	19	10	24	18	6
24	17	8	9	12	7	5
25-29岁	**108**	**57**	**51**	**62**	**49**	**13**
25	25	16	9	18	15	3
26	15	8	7	8	6	2
27	23	15	8	16	14	2
28	25	10	15	11	8	3
29	20	8	12	9	6	3
30-34岁	**209**	**82**	**127**	**56**	**52**	**4**
30	34	18	16	15	13	2
31	30	14	16	11	10	1
32	38	13	25	8	8	
33	48	21	27	12	11	1
34	59	16	43	10	10	
35-39岁	**348**	**90**	**258**	**59**	**47**	**12**
35	56	14	42	9	7	2
36	52	13	39	7	5	2
37	74	27	47	15	13	2
38	76	13	63	12	8	4
39	90	23	67	16	14	2
40-44岁	**725**	**167**	**558**	**62**	**46**	**16**
40	89	15	74	7	4	3
41	117	32	85	8	8	
42	144	38	106	17	13	4
43	146	37	109	14	12	2
44	229	45	184	16	9	7
45-49岁	**1374**	**288**	**1086**	**101**	**81**	**20**
45	228	43	185	17	12	5
46	261	60	201	24	18	6
47	251	59	192	18	16	2
48	289	56	233	21	19	2
49	345	70	275	21	16	5
50-54岁	**1887**	**372**	**1515**	**98**	**82**	**16**
50	412	69	343	23	20	3
51	355	83	272	28	23	5
52	432	92	340	20	16	4
53	324	58	266	9	8	1
54	364	70	294	18	15	3
55-59岁	**1699**	**256**	**1443**	**49**	**41**	**8**
55	343	56	287	17	16	1
56	427	57	370	16	13	3
57	393	59	334	11	9	2
58	329	46	283	2		2
59	207	38	169	3	3	
60-64岁	**1925**	**302**	**1623**	**35**	**26**	**9**
60	270	37	233	6	4	2
61	254	36	218	5	2	3
62	393	67	326	8	7	1
63	514	89	425	7	6	1
64	494	73	421	9	7	2
65岁及以上	**9515**	**1682**	**7833**	**96**	**80**	**16**

单位：人

有配偶			离婚			丧偶		
小计	男	女	小计	男	女	小计	男	女
11303	**2183**	**9120**	**382**	**102**	**280**	**5511**	**513**	**4998**
2		**2**						
2		2						
21	**6**	**15**	**1**		**1**			
5	3	2						
6	1	5	1		1			
5	1	4						
5	1	4						
45	**8**	**37**	**1**		**1**			
7	1	6						
7	2	5						
7	1	6						
13	2	11	1		1			
11	2	9						
143	**27**	**116**	**7**	**3**	**4**	**3**		**3**
19	5	14						
18	3	15	1	1				
27	4	23	2	1	1	1		1
32	9	23	2	1	1	2		2
47	6	41	2		2			
271	**40**	**231**	**15**	**3**	**12**	**3**		**3**
42	6	36	4	1	3	1		1
44	8	36	1		1			
56	14	42	2		2	1		1
60	5	55	4		4			
69	7	62	4	2	2	1		1
612	**109**	**503**	**38**	**11**	**27**	**13**	**1**	**12**
72	10	62	9	1	8	1		1
101	21	80	7	3	4	1		1
117	20	97	8	5	3	2		2
125	24	101	5	1	4	2		2
197	34	163	9	1	8	7	1	6
1171	**184**	**987**	**56**	**20**	**36**	**46**	**3**	**43**
195	28	167	8	3	5	8		8
224	37	187	9	5	4	4		4
203	36	167	19	6	13	11	1	10
254	35	219	8	1	7	6	1	5
295	48	247	12	5	7	17	1	16
1613	**261**	**1352**	**65**	**20**	**45**	**111**	**9**	**102**
356	40	316	17	6	11	16	3	13
301	58	243	9	1	8	17	1	16
376	70	306	17	6	11	19		19
281	46	235	11	3	8	23	1	22
299	47	252	11	4	7	36	4	32
1388	**192**	**1196**	**54**	**13**	**41**	**208**	**10**	**198**
282	37	245	8	2	6	36	1	35
349	37	312	13	5	8	49	2	47
316	46	270	16		16	50	4	46
269	43	226	12	3	9	46		46
172	29	143	5	3	2	27	3	24
1468	**244**	**1224**	**49**	**11**	**38**	**373**	**21**	**352**
208	30	178	8	3	5	48		48
190	28	162	5		5	54	6	48
302	52	250	12	2	10	71	6	65
404	79	325	10	2	8	93	2	91
364	55	309	14	4	10	107	7	100
4569	**1112**	**3457**	**96**	**21**	**75**	**4754**	**469**	**4285**

5-3a 续表 2

受教育程度 年龄	15岁及以上人口			未婚		
	合计	男	女	小计	男	女
学前教育	**227**	**85**	**142**	**46**	**31**	**15**
15-19岁	**18**	**11**	**7**	**17**	**10**	**7**
15	8	4	4	8	4	4
16	5	4	1	5	4	1
17						
18	4	2	2	3	1	2
19	1	1		1	1	
20-24岁	**12**	**6**	**6**	**10**	**6**	**4**
20	3	2	1	2	2	
21	3	1	2	3	1	2
22	1	1		1	1	
23	2	1	1	2	1	1
24	3	1	2	2	1	1
25-29岁	**7**	**6**	**1**	**4**	**4**	
25	4	3	1	1	1	
26						
27	1	1		1	1	
28	1	1		1	1	
29	1	1		1	1	
30-34岁	**13**	**6**	**7**	**6**	**4**	**2**
30						
31	2	1	1	2	1	1
32	4	1	3	2	1	1
33	3	2	1	1	1	
34	4	2	2	1	1	
35-39岁	**7**	**4**	**3**	**2**	**2**	
35	1	1				
36	3	1	2			
37	1		1			
38	1	1		1	1	
39	1	1		1	1	
40-44岁	**11**	**3**	**8**	**2**	**2**	
40	1		1			
41	3	2	1	1	1	
42	2	1	1	1	1	
43	2		2			
44	3		3			
45-49岁	**21**	**8**	**13**	**1**		**1**
45	2	1	1			
46	2		2			
47	6	2	4	1		1
48	9	5	4			
49	2		2			
50-54岁	**24**	**9**	**15**	**1**	**1**	
50	7	1	6	1	1	
51	6	1	5			
52	3	3				
53	3	3				
54	5	1	4			
55-59岁	**12**	**6**	**6**	**2**	**2**	
55	1	1		1	1	
56	1	1				
57	4	1	3			
58	4	3	1	1	1	
59	2		2			
60-64岁	**9**	**2**	**7**	**1**		**1**
60	1		1			
61	4	1	3	1		1
62						
63	3	1	2			
64	1		1			
65岁及以上	**93**	**24**	**69**			

单位：人

有配偶			离婚			丧偶		
小计	男	女	小计	男	女	小计	男	女
134	**46**	**88**	**7**	**4**	**3**	**40**	**4**	**36**
1	**1**							
1	1							
2		**2**						
1		1						
1		1						
3	**2**	**1**						
3	2	1						
7	**2**	**5**						
2		2						
2	1	1						
3	1	2						
5	**2**	**3**						
1	1							
3	1	2						
1		1						
8	**1**	**7**				**1**		**1**
						1		1
2	1	1						
1		1						
2		2						
3		3						
19	**8**	**11**	**1**		**1**			
2	1	1						
2		2						
5	2	3						
8	5	3	1		1			
2		2						
21	**7**	**14**	**1**	**1**		**1**		**1**
6		6						
6	1	5						
3	3							
2	2		1	1				
4	1	3				1		1
5	**1**	**4**	**3**	**2**	**1**	**2**	**1**	**1**
			1	1				
2		2	1	1		1		1
2	1	1				1	1	
1		1	1		1			
8	**2**	**6**						
1		1						
3	1	2						
3	1	2						
1		1						
55	**20**	**35**	**2**	**1**	**1**	**36**	**3**	**33**

5-3a 续表 3

受教育程度 年　龄	15岁及以上人口			未　婚		
	合计	男	女	小计	男	女
小　学	**110328**	**46797**	**63531**	**3667**	**2922**	**745**
15-19岁	**363**	**221**	**142**	**330**	**213**	**117**
15	36	20	16	36	20	16
16	39	29	10	38	29	9
17	67	37	30	63	37	26
18	87	51	36	76	49	27
19	134	84	50	117	78	39
20-24岁	**1021**	**583**	**438**	**599**	**441**	**158**
20	127	71	56	90	64	26
21	155	92	63	103	75	28
22	224	133	91	143	109	34
23	233	130	103	127	95	32
24	282	157	125	136	98	38
25-29岁	**2283**	**1160**	**1123**	**529**	**413**	**116**
25	367	199	168	129	98	31
26	368	199	169	93	76	17
27	439	216	223	112	85	27
28	527	272	255	117	91	26
29	582	274	308	78	63	15
30-34岁	**4879**	**2223**	**2656**	**487**	**410**	**77**
30	785	371	414	105	83	22
31	876	412	464	111	94	17
32	921	423	498	96	88	8
33	1143	503	640	82	69	13
34	1154	514	640	93	76	17
35-39岁	**6822**	**2886**	**3936**	**338**	**290**	**48**
35	1104	471	633	64	55	9
36	1258	536	722	72	62	10
37	1248	530	718	68	61	7
38	1565	657	908	64	54	10
39	1647	692	955	70	58	12
40-44岁	**11032**	**4732**	**6300**	**382**	**314**	**68**
40	1691	709	982	68	59	9
41	1952	842	1110	81	67	14
42	2150	929	1221	81	68	13
43	2421	1052	1369	68	51	17
44	2818	1200	1618	84	69	15
45-49岁	**16889**	**7498**	**9391**	**386**	**320**	**66**
45	3199	1447	1752	85	76	9
46	3630	1535	2095	80	66	14
47	3330	1460	1870	69	52	17
48	3179	1451	1728	83	67	16
49	3551	1605	1946	69	59	10
50-54岁	**17592**	**7433**	**10159**	**302**	**260**	**42**
50	3620	1574	2046	65	54	11
51	3547	1521	2026	62	48	14
52	3963	1644	2319	69	64	5
53	3031	1254	1777	39	35	4
54	3431	1440	1991	67	59	8
55-59岁	**11301**	**4340**	**6961**	**134**	**115**	**19**
55	3055	1229	1826	35	29	6
56	2737	1031	1706	43	37	6
57	2839	1068	1771	22	18	4
58	1812	689	1123	19	16	3
59	858	323	535	15	15	
60-64岁	**8133**	**3364**	**4769**	**58**	**52**	**6**
60	1184	472	712	12	10	2
61	1295	532	763	10	8	2
62	1773	747	1026	11	11	
63	1974	814	1160	10	9	1
64	1907	799	1108	15	14	1
65岁及以上	**30013**	**12357**	**17656**	**122**	**94**	**28**

单位：人

有配偶			离婚			丧偶		
小计	男	女	小计	男	女	小计	男	女
88829	**38952**	**49877**	**4495**	**2141**	**2354**	**13337**	**2782**	**10555**
33	**8**	**25**						
1		1						
4		4						
11	2	9						
17	6	11						
410	**135**	**275**	**12**	**7**	**5**			
37	7	30						
52	17	35						
77	21	56	4	3	1			
102	33	69	4	2	2			
142	57	85	4	2	2			
1671	**693**	**978**	**81**	**54**	**27**	**2**		**2**
227	94	133	11	7	4			
265	118	147	9	5	4	1		1
315	123	192	12	8	4			
389	168	221	21	13	8			
475	190	285	28	21	7	1		1
4137	**1675**	**2462**	**237**	**134**	**103**	**18**	**4**	**14**
647	265	382	30	22	8	3	1	2
719	293	426	44	25	19	2		2
768	304	464	55	31	24	2		2
1014	413	601	44	21	23	3		3
989	400	589	64	35	29	8	3	5
6042	**2382**	**3660**	**391**	**203**	**188**	**51**	**11**	**40**
984	387	597	49	28	21	7	1	6
1112	435	677	68	38	30	6	1	5
1096	434	662	77	35	42	7		7
1380	539	841	110	60	50	11	4	7
1470	587	883	87	42	45	20	5	15
9890	**4075**	**5815**	**641**	**328**	**313**	**119**	**15**	**104**
1513	597	916	96	50	46	14	3	11
1747	721	1026	106	52	54	18	2	16
1916	781	1135	136	77	59	17	3	14
2168	917	1251	150	77	73	35	7	28
2546	1059	1487	153	72	81	35		35
15303	**6704**	**8599**	**864**	**414**	**450**	**336**	**60**	**276**
2891	1268	1623	177	90	87	46	13	33
3309	1377	1932	182	82	100	59	10	49
3017	1314	1703	172	81	91	72	13	59
2852	1289	1563	171	83	88	73	12	61
3234	1456	1778	162	78	84	86	12	74
15769	**6700**	**9069**	**830**	**363**	**467**	**691**	**110**	**581**
3279	1418	1861	176	82	94	100	20	80
3171	1363	1808	205	97	108	109	13	96
3539	1476	2063	194	83	111	161	21	140
2720	1144	1576	130	54	76	142	21	121
3060	1299	1761	125	47	78	179	35	144
9822	**3876**	**5946**	**488**	**212**	**276**	**857**	**137**	**720**
2694	1104	1590	136	64	72	190	32	158
2392	919	1473	117	52	65	185	23	162
2477	966	1511	126	54	72	214	30	184
1555	604	951	75	34	41	163	35	128
704	283	421	34	8	26	105	17	88
6650	**2942**	**3708**	**342**	**160**	**182**	**1083**	**210**	**873**
1001	420	581	51	22	29	120	20	100
1083	474	609	52	25	27	150	25	125
1440	654	786	88	35	53	234	47	187
1605	709	896	80	39	41	279	57	222
1521	685	836	71	39	32	300	61	239
19102	**9762**	**9340**	**609**	**266**	**343**	**10180**	**2235**	**7945**

5-3a 续表 4

受教育程度 年龄	15岁及以上人口 合计	男	女	未婚 小计	男	女
初 中	**244644**	**127119**	**117525**	**31565**	**21496**	**10069**
15-19岁	**11623**	**6780**	**4843**	**11181**	**6686**	**4495**
15	4533	2603	1930	4526	2603	1923
16	2112	1219	893	2084	1214	870
17	1560	916	644	1507	907	600
18	1571	964	607	1454	935	519
19	1847	1078	769	1610	1027	583
20-24岁	**14400**	**7757**	**6643**	**8573**	**5896**	**2677**
20	2103	1223	880	1637	1113	524
21	2496	1423	1073	1764	1218	546
22	3096	1713	1383	1900	1316	584
23	3192	1635	1557	1735	1184	551
24	3513	1763	1750	1537	1065	472
25-29岁	**22047**	**11071**	**10976**	**5536**	**4121**	**1415**
25	4022	2109	1913	1521	1116	405
26	4251	2134	2117	1272	931	341
27	4393	2202	2191	1051	805	246
28	4656	2305	2351	910	689	221
29	4725	2321	2404	782	580	202
30-34岁	**31115**	**15334**	**15781**	**2891**	**2213**	**678**
30	6062	2991	3071	791	604	187
31	6119	2955	3164	693	522	171
32	6242	3045	3197	512	406	106
33	6821	3415	3406	495	387	108
34	5871	2928	2943	400	294	106
35-39岁	**26489**	**13226**	**13263**	**1085**	**851**	**234**
35	5215	2576	2639	267	207	60
36	5156	2523	2633	237	194	43
37	4970	2517	2453	232	179	53
38	5779	2922	2857	192	146	46
39	5369	2688	2681	157	125	32
40-44岁	**26779**	**13745**	**13034**	**739**	**569**	**170**
40	4941	2430	2511	169	131	38
41	5162	2647	2515	131	104	27
42	5233	2742	2491	154	124	30
43	5428	2837	2591	138	99	39
44	6015	3089	2926	147	111	36
45-49岁	**31170**	**16493**	**14677**	**703**	**544**	**159**
45	6494	3415	3079	157	119	38
46	6894	3613	3281	156	120	36
47	6220	3263	2957	148	117	31
48	5890	3107	2783	111	85	26
49	5672	3095	2577	131	103	28
50-54岁	**26261**	**13894**	**12367**	**477**	**350**	**127**
50	5856	3139	2717	151	116	35
51	5199	2802	2397	99	74	25
52	5867	3082	2785	102	71	31
53	4361	2273	2088	67	46	21
54	4978	2598	2380	58	43	15
55-59岁	**19503**	**10191**	**9312**	**201**	**152**	**49**
55	4986	2653	2333	55	49	6
56	4796	2459	2337	50	37	13
57	4900	2531	2369	45	30	15
58	3201	1681	1520	31	21	10
59	1620	867	753	20	15	5
60-64岁	**11786**	**6213**	**5573**	**92**	**60**	**32**
60	2077	1092	985	20	10	10
61	1954	1039	915	21	16	5
62	2513	1316	1197	17	9	8
63	2706	1446	1260	21	15	6
64	2536	1320	1216	13	10	3
65岁及以上	**23471**	**12415**	**11056**	**87**	**54**	**33**

单位：人

有配偶			离婚			丧偶		
小计	男	女	小计	男	女	小计	男	女
190754	**96761**	**93993**	**14274**	**6946**	**7328**	**8051**	**1916**	**6135**
438	**94**	**344**	**3**		**3**	**1**		**1**
7		7						
27	5	22	1		1			
53	9	44						
116	29	87	1		1			
235	51	184	1		1	1		1
5700	**1813**	**3887**	**124**	**48**	**76**	**3**		**3**
458	104	354	8	6	2			
723	202	521	8	3	5	1		1
1177	391	786	18	6	12	1		1
1420	441	979	37	10	27			
1922	675	1247	53	23	30	1		1
15766	**6587**	**9179**	**735**	**363**	**372**	**10**		**10**
2401	943	1458	99	50	49	1		1
2872	1152	1720	107	51	56			
3214	1332	1882	127	65	62	1		1
3551	1522	2029	189	94	95	6		6
3728	1638	2090	213	103	110	2		2
26413	**12211**	**14202**	**1749**	**899**	**850**	**62**	**11**	**51**
4995	2242	2753	268	145	123	8		8
5081	2251	2830	336	177	159	9	5	4
5353	2460	2893	362	175	187	15	4	11
5909	2808	3101	401	218	183	16	2	14
5075	2450	2625	382	184	198	14		14
23600	**11502**	**12098**	**1700**	**853**	**847**	**104**	**20**	**84**
4624	2210	2414	313	157	156	11	2	9
4581	2165	2416	320	161	159	18	3	15
4399	2175	2224	325	162	163	14	1	13
5179	2571	2608	382	199	183	26	6	20
4817	2381	2436	360	174	186	35	8	27
23900	**12190**	**11710**	**1942**	**950**	**992**	**198**	**36**	**162**
4436	2148	2288	313	147	166	23	4	19
4624	2350	2274	379	188	191	28	5	23
4684	2430	2254	360	181	179	35	7	28
4805	2512	2293	431	219	212	54	7	47
5351	2750	2601	459	215	244	58	13	45
27596	**14721**	**12875**	**2440**	**1144**	**1296**	**431**	**84**	**347**
5743	3024	2719	517	257	260	77	15	62
6128	3235	2893	533	245	288	77	13	64
5493	2904	2589	481	228	253	98	14	84
5258	2801	2457	437	200	237	84	21	63
4974	2757	2217	472	214	258	95	21	74
23085	**12458**	**10627**	**2061**	**951**	**1110**	**638**	**135**	**503**
5124	2777	2347	485	229	256	96	17	79
4591	2513	2078	408	195	213	101	20	81
5183	2772	2411	439	207	232	143	32	111
3812	2042	1770	358	162	196	124	23	101
4375	2354	2021	371	158	213	174	43	131
16739	**9065**	**7674**	**1648**	**771**	**877**	**915**	**203**	**712**
4312	2350	1962	423	206	217	196	48	148
4144	2195	1949	397	179	218	205	48	157
4212	2271	1941	399	180	219	244	50	194
2728	1492	1236	267	130	137	175	38	137
1343	757	586	162	76	86	95	19	76
9766	**5475**	**4291**	**982**	**489**	**493**	**946**	**189**	**757**
1723	955	768	215	106	109	119	21	98
1614	896	718	176	90	86	143	37	106
2086	1165	921	216	103	113	194	39	155
2270	1274	996	202	114	88	213	43	170
2073	1185	888	173	76	97	277	49	228
17751	**10645**	**7106**	**890**	**478**	**412**	**4743**	**1238**	**3505**

5-3a 续表 5

受教育程度 年 龄	15岁及以上人口			未 婚		
	合计	男	女	小计	男	女
高 中	**156338**	**81905**	**74433**	**61369**	**34232**	**27137**
15—19岁	**43080**	**22442**	**20638**	**42997**	**22422**	**20575**
15	6060	3044	3016	6060	3044	3016
16	12064	6331	5733	12063	6330	5733
17	12825	6613	6212	12822	6613	6209
18	8074	4244	3830	8053	4240	3813
19	4057	2210	1847	3999	2195	1804
20—24岁	**12079**	**6632**	**5447**	**9464**	**5758**	**3706**
20	2569	1439	1130	2441	1415	1026
21	2179	1210	969	1904	1137	767
22	2461	1325	1136	1914	1167	747
23	2389	1328	1061	1677	1060	617
24	2481	1330	1151	1528	979	549
25—29岁	**13398**	**6914**	**6484**	**4785**	**3198**	**1587**
25	2624	1353	1271	1339	855	484
26	2430	1255	1175	1075	706	369
27	2746	1454	1292	946	641	305
28	2719	1336	1383	767	525	242
29	2879	1516	1363	658	471	187
30—34岁	**15759**	**8102**	**7657**	**2169**	**1501**	**668**
30	3245	1750	1495	630	435	195
31	3309	1649	1660	510	349	161
32	3165	1664	1501	428	301	127
33	3286	1599	1687	341	234	107
34	2754	1440	1314	260	182	78
35—39岁	**10967**	**5669**	**5298**	**718**	**501**	**217**
35	2377	1243	1134	190	136	54
36	2191	1116	1075	152	103	49
37	2045	1055	990	153	106	47
38	2372	1235	1137	143	102	41
39	1982	1020	962	80	54	26
40—44岁	**10445**	**5604**	**4841**	**396**	**270**	**126**
40	1933	1059	874	92	64	28
41	1985	1056	929	76	55	21
42	2079	1150	929	74	53	21
43	2110	1084	1026	76	48	28
44	2338	1255	1083	78	50	28
45—49岁	**11994**	**6479**	**5515**	**375**	**263**	**112**
45	2518	1361	1157	82	58	24
46	2500	1301	1199	75	50	25
47	2532	1392	1140	86	61	25
48	2231	1222	1009	74	54	20
49	2213	1203	1010	58	40	18
50—54岁	**10131**	**5426**	**4705**	**222**	**171**	**51**
50	2437	1304	1133	58	44	14
51	2144	1149	995	49	39	10
52	2095	1121	974	44	33	11
53	1544	849	695	31	24	7
54	1911	1003	908	40	31	9
55—59岁	**11165**	**5606**	**5559**	**145**	**87**	**58**
55	2202	1128	1074	40	25	15
56	2447	1279	1168	29	20	9
57	3090	1523	1567	41	23	18
58	2180	1085	1095	22	12	10
59	1246	591	655	13	7	6
60—64岁	**7420**	**3711**	**3709**	**59**	**35**	**24**
60	1651	812	839	10	6	4
61	1401	701	700	10	8	2
62	1645	825	820	15	8	7
63	1605	804	801	13	7	6
64	1118	569	549	11	6	5
65岁及以上	**9900**	**5320**	**4580**	**39**	**26**	**13**

单位：人

有配偶			离婚			丧偶		
小计	男	女	小计	男	女	小计	男	女
83860	**43374**	**40486**	**7905**	**3539**	**4366**	**3204**	**760**	**2444**
80	**19**	**61**	**3**	**1**	**2**			
1	1							
2		2	1		1			
20	4	16	1		1			
57	14	43	1	1				
2563	**862**	**1701**	**50**	**12**	**38**	**2**		**2**
127	24	103	1		1			
274	72	202	1	1				
540	156	384	7	2	5			
700	265	435	10	3	7	2		2
922	345	577	31	6	25			
8247	**3569**	**4678**	**363**	**147**	**216**	**3**		**3**
1248	486	762	37	12	25			
1311	530	781	44	19	25			
1727	777	950	71	36	35	2		2
1856	780	1076	96	31	65			
2105	996	1109	115	49	66	1		1
12657	**6171**	**6486**	**920**	**429**	**491**	**13**	**1**	**12**
2446	1234	1212	169	81	88			
2618	1213	1405	177	87	90	4		4
2562	1280	1282	173	83	90	2		2
2717	1272	1445	225	92	133	3	1	2
2314	1172	1142	176	86	90	4		4
9385	**4777**	**4608**	**841**	**386**	**455**	**23**	**5**	**18**
1999	1023	976	186	84	102	2		2
1865	927	938	168	84	84	6	2	4
1744	875	869	146	74	72	2		2
2039	1056	983	184	75	109	6	2	4
1738	896	842	157	69	88	7	1	6
8975	**4801**	**4174**	**1020**	**522**	**498**	**54**	**11**	**43**
1679	912	767	155	80	75	7	3	4
1719	902	817	183	98	85	7	1	6
1777	980	797	213	116	97	15	1	14
1822	938	884	197	96	101	15	2	13
1978	1069	909	272	132	140	10	4	6
10159	**5543**	**4616**	**1342**	**648**	**694**	**118**	**25**	**93**
2152	1171	981	270	129	141	14	3	11
2111	1097	1014	297	149	148	17	5	12
2137	1188	949	282	135	147	27	8	19
1888	1052	836	236	109	127	33	7	26
1871	1035	836	257	126	131	27	2	25
8546	**4709**	**3837**	**1165**	**503**	**662**	**198**	**43**	**155**
2046	1133	913	294	115	179	39	12	27
1827	996	831	228	106	122	40	8	32
1783	979	804	230	100	130	38	9	29
1279	733	546	199	85	114	35	7	28
1611	868	743	214	97	117	46	7	39
9383	**4958**	**4425**	**1221**	**493**	**728**	**416**	**68**	**348**
1847	999	848	244	94	150	71	10	61
2077	1145	932	269	101	168	72	13	59
2602	1339	1263	332	141	191	115	20	95
1814	947	867	249	108	141	95	18	77
1043	528	515	127	49	78	63	7	56
6305	**3362**	**2943**	**591**	**228**	**363**	**465**	**86**	**379**
1367	715	652	180	69	111	94	22	72
1196	629	567	119	46	73	76	18	58
1416	761	655	115	42	73	99	14	85
1375	735	640	112	41	71	105	21	84
951	522	429	65	30	35	91	11	80
7560	**4603**	**2957**	**389**	**170**	**219**	**1912**	**521**	**1391**

5-3a 续表 6

受教育程度 年 龄	15岁及以上人口			未 婚		
	合计	男	女	小计	男	女
大学专科	**108427**	**54198**	**54229**	**37713**	**18670**	**19043**
15-19岁	**6188**	**2767**	**3421**	**6167**	**2763**	**3404**
15	96	47	49	95	47	48
16	235	100	135	235	100	135
17	509	235	274	507	234	273
18	1545	716	829	1542	716	826
19	3803	1669	2134	3788	1666	2122
20-24岁	**22551**	**9975**	**12576**	**20664**	**9471**	**11193**
20	5291	2288	3003	5238	2280	2958
21	4993	2168	2825	4875	2147	2728
22	4684	2069	2615	4355	1992	2363
23	3924	1814	2110	3388	1660	1728
24	3659	1636	2023	2808	1392	1416
25-29岁	**15625**	**7368**	**8257**	**7184**	**4042**	**3142**
25	3475	1598	1877	2308	1203	1105
26	3115	1439	1676	1743	957	786
27	3181	1541	1640	1393	799	594
28	2886	1333	1553	926	569	357
29	2968	1457	1511	814	514	300
30-34岁	**15974**	**7778**	**8196**	**2332**	**1508**	**824**
30	3259	1586	1673	660	446	214
31	3245	1564	1681	552	349	203
32	3256	1562	1694	432	280	152
33	3294	1625	1669	388	250	138
34	2920	1441	1479	300	183	117
35-39岁	**10434**	**5459**	**4975**	**651**	**430**	**221**
35	2375	1213	1162	192	136	56
36	2182	1127	1055	130	80	50
37	1941	1022	919	120	82	38
38	2206	1192	1014	111	68	43
39	1730	905	825	98	64	34
40-44岁	**8713**	**4714**	**3999**	**297**	**196**	**101**
40	1719	921	798	73	51	22
41	1764	913	851	53	36	17
42	1715	912	803	53	29	24
43	1689	946	743	55	35	20
44	1826	1022	804	63	45	18
45-49岁	**9043**	**4864**	**4179**	**225**	**141**	**84**
45	1918	1010	908	42	27	15
46	1949	1071	878	55	32	23
47	1881	998	883	51	34	17
48	1692	902	790	43	26	17
49	1603	883	720	34	22	12
50-54岁	**6412**	**3439**	**2973**	**104**	**69**	**35**
50	1627	838	789	37	27	10
51	1411	768	643	32	19	13
52	1331	726	605	17	12	5
53	938	527	411	8	6	2
54	1105	580	525	10	5	5
55-59岁	**5805**	**3174**	**2631**	**48**	**28**	**20**
55	1348	732	616	12	6	6
56	1407	750	657	11	6	5
57	1527	846	681	14	9	5
58	1002	554	448	4	4	
59	521	292	229	7	3	4
60-64岁	**3196**	**1854**	**1342**	**26**	**15**	**11**
60	630	344	286	9	5	4
61	622	368	254	3	2	1
62	677	408	269	5	2	3
63	692	401	291	5	4	1
64	575	333	242	4	2	2
65岁及以上	**4486**	**2806**	**1680**	**15**	**7**	**8**

单位：人

有配偶			离婚			丧偶		
小计	男	女	小计	男	女	小计	男	女
64749	**33200**	**31549**	**4850**	**2011**	**2839**	**1115**	**317**	**798**
21	**4**	**17**						
1		1						
2	1	1						
3		3						
15	3	12						
1866	**500**	**1366**	**20**	**4**	**16**	**1**		**1**
53	8	45						
117	21	96	1		1			
327	77	250	2		2			
530	154	376	6		6			
839	240	599	11	4	7	1		1
8209	**3253**	**4956**	**228**	**73**	**155**	**4**		**4**
1152	390	762	15	5	10			
1343	476	867	29	6	23			
1744	731	1013	43	11	32	1		1
1890	737	1153	70	27	43			
2080	919	1161	71	24	47	3		3
12932	**6002**	**6930**	**688**	**261**	**427**	**22**	**7**	**15**
2489	1097	1392	108	43	65	2		2
2561	1166	1395	126	46	80	6	3	3
2666	1223	1443	150	57	93	8	2	6
2743	1310	1433	162	64	98	1	1	
2473	1206	1267	142	51	91	5	1	4
9090	**4731**	**4359**	**675**	**293**	**382**	**18**	**5**	**13**
2043	1021	1022	137	56	81	3		3
1918	992	926	130	55	75	4		4
1686	886	800	132	52	80	3	2	1
1948	1054	894	142	67	75	5	3	2
1495	778	717	134	63	71	3		3
7606	**4132**	**3474**	**786**	**383**	**403**	**24**	**3**	**21**
1503	803	700	141	67	74	2		2
1558	818	740	148	59	89	5		5
1507	808	699	152	75	77	3		3
1461	825	636	163	84	79	10	2	8
1577	878	699	182	98	84	4	1	3
7831	**4335**	**3496**	**927**	**375**	**552**	**60**	**13**	**47**
1680	910	770	184	69	115	12	4	8
1682	957	725	201	80	121	11	2	9
1641	887	754	181	74	107	8	3	5
1453	795	658	181	78	103	15	3	12
1375	786	589	180	74	106	14	1	13
5590	**3101**	**2489**	**619**	**245**	**374**	**99**	**24**	**75**
1413	751	662	157	57	100	20	3	17
1213	686	527	150	61	89	16	2	14
1169	649	520	124	58	66	21	7	14
817	482	335	95	34	61	18	5	13
978	533	445	93	35	58	24	7	17
5107	**2913**	**2194**	**522**	**200**	**322**	**128**	**33**	**95**
1171	666	505	137	52	85	28	8	20
1240	688	552	126	51	75	30	5	25
1337	779	558	142	51	91	34	7	27
898	512	386	78	30	48	22	8	14
461	268	193	39	16	23	14	5	9
2809	**1706**	**1103**	**229**	**98**	**131**	**132**	**35**	**97**
541	310	231	58	25	33	22	4	18
558	343	215	41	15	26	20	8	12
598	375	223	43	22	21	31	9	22
613	363	250	46	25	21	28	9	19
499	315	184	41	11	30	31	5	26
3688	**2523**	**1165**	**156**	**79**	**77**	**627**	**197**	**430**

5-3a 续表 7

受教育程度 年 龄	15岁及以上人口			未 婚		
	合计	男	女	小计	男	女
大学本科	**116407**	**58130**	**58277**	**45472**	**20661**	**24811**
15-19岁	**4656**	**1973**	**2683**	**4653**	**1972**	**2681**
15	14	4	10	14	4	10
16	17	8	9	17	8	9
17	166	77	89	166	77	89
18	1328	545	783	1327	545	782
19	3131	1339	1792	3129	1338	1791
20-24岁	**25260**	**10309**	**14951**	**24613**	**10147**	**14466**
20	4772	1939	2833	4760	1939	2821
21	5407	2165	3242	5391	2161	3230
22	6021	2468	3553	5949	2452	3497
23	4869	2011	2858	4681	1960	2721
24	4191	1726	2465	3832	1635	2197
25-29岁	**20846**	**9433**	**11413**	**11553**	**5867**	**5686**
25	4316	1867	2449	3508	1623	1885
26	4029	1774	2255	2778	1367	1411
27	4342	1994	2348	2332	1225	1107
28	4112	1895	2217	1675	924	751
29	4047	1903	2144	1260	728	532
30-34岁	**21722**	**10708**	**11014**	**3270**	**1889**	**1381**
30	4656	2249	2407	1058	625	433
31	4578	2187	2391	809	455	354
32	4225	2044	2181	539	311	228
33	4453	2278	2175	508	292	216
34	3810	1950	1860	356	206	150
35-39岁	**14308**	**7699**	**6609**	**825**	**479**	**346**
35	3225	1707	1518	246	137	109
36	3084	1660	1424	194	110	84
37	2847	1541	1306	166	103	63
38	2921	1581	1340	135	79	56
39	2231	1210	1021	84	50	34
40-44岁	**8785**	**4950**	**3835**	**248**	**139**	**109**
40	1933	1072	861	67	34	33
41	1951	1111	840	41	24	17
42	1774	1017	757	54	30	24
43	1551	852	699	42	24	18
44	1576	898	678	44	27	17
45-49岁	**7021**	**4133**	**2888**	**151**	**85**	**66**
45	1580	902	678	23	13	10
46	1539	897	642	40	23	17
47	1370	820	550	42	19	23
48	1284	772	512	23	13	10
49	1248	742	506	23	17	6
50-54岁	**5213**	**3191**	**2022**	**94**	**49**	**45**
50	1290	766	524	34	20	14
51	1150	677	473	17	8	9
52	1122	711	411	17	10	7
53	780	477	303	12	5	7
54	871	560	311	14	6	8
55-59岁	**3848**	**2509**	**1339**	**38**	**25**	**13**
55	910	586	324	12	9	3
56	946	614	332	7	6	1
57	1031	683	348	10	5	5
58	641	424	217	6	2	4
59	320	202	118	3	3	
60-64岁	**1556**	**1015**	**541**	**14**	**4**	**10**
60	330	212	118	3	1	2
61	259	174	85	3		3
62	324	214	110	2		2
63	324	209	115	3	1	2
64	319	206	113	3	2	1
65岁及以上	**3192**	**2210**	**982**	**13**	**5**	**8**

单位：人

有配偶			离　婚			丧　偶		
小计	男	女	小计	男	女	小计	男	女
66775	**35815**	**30960**	**3532**	**1437**	**2095**	**628**	**217**	**411**
3	**1**	**2**						
1		1						
2	1	1						
644	**161**	**483**	**3**	**1**	**2**			
12		12						
16	4	12						
72	16	56						
185	50	135	3	1	2			
359	91	268						
9160	**3526**	**5634**	**128**	**39**	**89**	**5**	**1**	**4**
801	242	559	7	2	5			
1235	403	832	15	4	11	1		1
1987	760	1227	23	9	14			
2397	957	1440	38	13	25	2	1	1
2740	1164	1576	45	11	34	2		2
17809	**8567**	**9242**	**635**	**252**	**383**	**8**		**8**
3511	1590	1921	86	34	52	1		1
3637	1684	1953	130	48	82	2		2
3545	1681	1864	139	52	87	2		2
3781	1917	1864	162	69	93	2		2
3335	1695	1640	118	49	69	1		1
12727	**6919**	**5808**	**744**	**299**	**445**	**12**	**2**	**10**
2841	1517	1324	134	53	81	4		4
2740	1491	1249	146	58	88	4	1	3
2520	1380	1140	159	57	102	2	1	1
2628	1442	1186	156	60	96	2		2
1998	1089	909	149	71	78			
7914	**4560**	**3354**	**601**	**248**	**353**	**22**	**3**	**19**
1741	984	757	119	51	68	6	3	3
1776	1028	748	131	59	72	3		3
1610	945	665	106	42	64	4		4
1382	776	606	122	52	70	5		5
1405	827	578	123	44	79	4		4
6307	**3829**	**2478**	**524**	**214**	**310**	**39**	**5**	**34**
1452	851	601	96	37	59	9	1	8
1388	844	544	101	30	71	10		10
1225	763	462	98	35	63	5	3	2
1133	699	434	123	60	63	5		5
1109	672	437	106	52	54	10	1	9
4654	**2953**	**1701**	**422**	**174**	**248**	**43**	**15**	**28**
1135	696	439	108	47	61	13	3	10
1036	633	403	89	32	57	8	4	4
999	655	344	93	41	52	13	5	8
704	443	261	59	27	32	5	2	3
780	526	254	73	27	46	4	1	3
3459	**2344**	**1115**	**294**	**122**	**172**	**57**	**18**	**39**
824	548	276	62	27	35	12	2	10
860	579	281	62	24	38	17	5	12
925	636	289	86	37	49	10	5	5
564	391	173	60	26	34	11	5	6
286	190	96	24	8	16	7	1	6
1406	**956**	**450**	**88**	**40**	**48**	**48**	**15**	**33**
298	196	102	26	12	14	3	3	
236	164	72	10	7	3	10	3	7
292	204	88	20	6	14	10	4	6
293	200	93	14	6	8	14	2	12
287	192	95	18	9	9	11	3	8
2692	**1999**	**693**	**93**	**48**	**45**	**394**	**158**	**236**

5-3a 续表 8

受教育程度 年 龄	15岁及以上人口			未 婚		
	合计	男	女	小计	男	女
硕士研究生	**8162**	**3953**	**4209**	**2950**	**1236**	**1714**
15-19岁	**7**	**4**	**3**	**7**	**4**	**3**
15						
16						
17						
18						
19	7	4	3	7	4	3
20-24岁	**977**	**369**	**608**	**964**	**368**	**596**
20	7	2	5	7	2	5
21	45	14	31	45	14	31
22	175	66	109	174	66	108
23	348	131	217	344	131	213
24	402	156	246	394	155	239
25-29岁	**1845**	**712**	**1133**	**1394**	**568**	**826**
25	429	189	240	413	182	231
26	375	129	246	335	118	217
27	375	138	237	298	116	182
28	321	121	200	200	88	112
29	345	135	210	148	64	84
30-34岁	**2071**	**930**	**1141**	**433**	**222**	**211**
30	416	171	245	139	64	75
31	422	185	237	111	56	55
32	426	184	242	72	37	35
33	434	216	218	72	43	29
34	373	174	199	39	22	17
35-39岁	**1408**	**735**	**673**	**96**	**51**	**45**
35	298	144	154	25	10	15
36	325	163	162	23	9	14
37	263	134	129	22	14	8
38	270	152	118	12	9	3
39	252	142	110	14	9	5
40-44岁	**792**	**453**	**339**	**34**	**15**	**19**
40	219	112	107	11	6	5
41	181	101	80	6	2	4
42	145	89	56	6	2	4
43	122	70	52	8	3	5
44	125	81	44	3	2	1
45-49岁	**502**	**321**	**181**	**9**	**2**	**7**
45	104	71	33	1	1	
46	106	69	37	1		1
47	106	62	44	4	1	3
48	100	62	38	1		1
49	86	57	29	2		2
50-54岁	**287**	**208**	**79**	**8**	**4**	**4**
50	79	55	24	2		2
51	79	56	23	1	1	
52	61	42	19	4	3	1
53	29	24	5	1		1
54	39	31	8			
55-59岁	**169**	**134**	**35**	**3**	**2**	**1**
55	48	36	12	1	1	
56	44	36	8			
57	43	33	10	1		1
58	21	17	4	1	1	
59	13	12	1			
60-64岁	**62**	**52**	**10**	**1**		**1**
60	17	15	2			
61	9	9				
62	15	12	3			
63	14	10	4	1		1
64	7	6	1			
65岁及以上	**42**	**35**	**7**	**1**		**1**

单位：人

有配偶			离　婚			丧　偶		
小计	男	女	小计	男	女	小计	男	女
5002	**2640**	**2362**	**200**	**73**	**127**	**10**	**4**	**6**
13	**1**	**12**						
1		1						
4		4						
8	1	7						
446	**143**	**303**	**5**	**1**	**4**			
16	7	9						
40	11	29						
76	22	54	1		1			
119	33	86	2		2			
195	70	125	2	1	1			
1611	**700**	**911**	**27**	**8**	**19**			
273	107	166	4		4			
309	128	181	2	1	1			
350	145	205	4	2	2			
354	170	184	8	3	5			
325	150	175	9	2	7			
1241	**660**	**581**	**71**	**24**	**47**			
260	129	131	13	5	8			
287	151	136	15	3	12			
233	117	116	8	3	5			
240	134	106	18	9	9			
221	129	92	17	4	13			
710	**425**	**285**	**46**	**13**	**33**	**2**		**2**
197	103	94	10	3	7	1		1
166	97	69	9	2	7			
128	84	44	11	3	8			
106	65	41	7	2	5	1		1
113	76	37	9	3	6			
467	**309**	**158**	**23**	**9**	**14**	**3**	**1**	**2**
99	68	31	2	1	1	2	1	1
103	67	36	2	2				
95	59	36	7	2	5			
91	61	30	8	1	7			
79	54	25	4	3	1	1		1
267	**196**	**71**	**12**	**8**	**4**			
75	54	21	2	1	1			
75	52	23	3	3				
53	38	15	4	1	3			
27	23	4	1	1				
37	29	8	2	2				
155	**125**	**30**	**10**	**6**	**4**	**1**	**1**	
46	35	11	1		1			
39	32	7	4	3	1	1	1	
40	32	8	2	1	1			
18	14	4	2	2				
12	12		1		1			
57	**50**	**7**	**4**	**2**	**2**			
16	15	1	1		1			
8	8		1	1				
14	12	2	1		1			
12	9	3	1	1				
7	6	1						
35	**31**	**4**	**2**	**2**		**4**	**2**	**2**

5-3a 续表 9

受教育程度 年龄	15岁及以上人口			未婚		
	合计	男	女	小计	男	女
博士研究生	**872**	**532**	**340**	**204**	**108**	**96**
15-19岁						
15						
16						
17						
18						
19						
20-24岁	**28**	**9**	**19**	**27**	**8**	**19**
20	1		1	1		1
21	1		1	1		1
22	2		2	2		2
23	10	3	7	10	3	7
24	14	6	8	13	5	8
25-29岁	**120**	**61**	**59**	**87**	**45**	**42**
25	17	9	8	14	8	6
26	28	16	12	25	13	12
27	28	13	15	22	10	12
28	27	12	15	18	9	9
29	20	11	9	8	5	3
30-34岁	**213**	**123**	**90**	**55**	**34**	**21**
30	32	19	13	15	12	3
31	44	23	21	24	14	10
32	45	23	22	3	2	1
33	48	30	18	4	2	2
34	44	28	16	9	4	5
35-39岁	**179**	**107**	**72**	**22**	**11**	**11**
35	32	17	15	4	2	2
36	39	23	16	7	3	4
37	38	22	16	5	2	3
38	37	27	10	4	3	1
39	33	18	15	2	1	1
40-44岁	**152**	**102**	**50**	**8**	**8**	
40	32	21	11	1	1	
41	31	23	8	2	2	
42	40	25	15	3	3	
43	22	11	11	1	1	
44	27	22	5	1	1	
45-49岁	**93**	**65**	**28**	**5**	**2**	**3**
45	20	12	8	1		1
46	20	17	3	2	1	1
47	16	10	6	1		1
48	12	10	2			
49	25	16	9	1	1	
50-54岁	**43**	**30**	**13**			
50	10	8	2			
51	9	7	2			
52	12	8	4			
53	6	3	3			
54	6	4	2			
55-59岁	**30**	**23**	**7**			
55	7	7				
56	8	5	3			
57	10	7	3			
58	2	1	1			
59	3	3				
60-64岁	**7**	**6**	**1**			
60	1	1				
61	1		1			
62	2	2				
63	2	2				
64	1	1				
65岁及以上	**7**	**6**	**1**			

单位：人

有配偶			离　婚			丧　偶		
小计	男	女	小计	男	女	小计	男	女
639	**414**	**225**	**29**	**10**	**19**			
1	**1**							
1	1							
33	**16**	**17**						
3	1	2						
3	3							
6	3	3						
9	3	6						
12	6	6						
154	**86**	**68**	**4**	**3**	**1**			
17	7	10						
20	9	11						
39	19	20	3	2	1			
43	27	16	1	1				
35	24	11						
153	**94**	**59**	**4**	**2**	**2**			
27	15	12	1		1			
31	19	12	1	1				
32	19	13	1	1				
33	24	9						
30	17	13	1		1			
135	**92**	**43**	**9**	**2**	**7**			
29	20	9	2		2			
28	21	7	1		1			
33	20	13	4	2	2			
20	10	10	1		1			
25	21	4	1		1			
81	**61**	**20**	**7**	**2**	**5**			
16	11	5	3	1	2			
18	16	2						
14	10	4	1		1			
11	10	1	1		1			
22	14	8	2	1	1			
40	**30**	**10**	**3**		**3**			
9	8	1	1		1			
8	7	1	1		1			
12	8	4						
6	3	3						
5	4	1	1		1			
28	**22**	**6**	**2**	**1**	**1**			
6	6		1	1				
7	5	2	1		1			
10	7	3						
2	1	1						
3	3							
7	**6**	**1**						
1	1							
1		1						
2	2							
2	2							
1	1							
7	**6**	**1**						

5-3b 全省分年龄、性别、受教育

受教育程度 年 龄	15岁及以上人口 合计	男	女	未婚 小计	男	女
总 计	**727752**	**359107**	**368645**	**160974**	**90206**	**70768**
15-19岁	**80039**	**40143**	**39896**	**78751**	**39888**	**38863**
15	14170	7376	6794	14140	7371	6769
16	17335	8727	8608	17257	8710	8547
17	18662	9216	9446	18489	9181	9308
18	16345	8110	8235	15995	8052	7943
19	13527	6714	6813	12870	6574	6296
20-24岁	**62006**	**29579**	**32427**	**47255**	**25096**	**22159**
20	12768	6183	6585	11579	5915	5664
21	12303	5886	6417	10490	5401	5089
22	13080	6365	6715	10174	5472	4702
23	12072	5617	6455	8214	4451	3763
24	11783	5528	6255	6798	3857	2941
25-29岁	**62864**	**29475**	**33389**	**19202**	**12317**	**6885**
25	12193	5752	6441	5774	3456	2318
26	11956	5499	6457	4622	2843	1779
27	13021	6041	6980	3740	2456	1284
28	12920	6055	6865	2928	2001	927
29	12774	6128	6646	2138	1561	577
30-34岁	**75074**	**36292**	**38782**	**6730**	**5188**	**1542**
30	15286	7289	7997	1993	1488	505
31	14990	7092	7898	1540	1170	370
32	14958	7192	7766	1228	959	269
33	16180	7893	8287	1142	910	232
34	13660	6826	6834	827	661	166
35-39岁	**63123**	**32046**	**31077**	**2648**	**2191**	**457**
35	12174	6152	6022	658	539	119
36	12413	6276	6137	549	451	98
37	11888	5985	5903	481	386	95
38	14015	7220	6795	516	437	79
39	12633	6413	6220	444	378	66
40-44岁	**66284**	**34238**	**32046**	**1791**	**1531**	**260**
40	12112	6134	5978	355	310	45
41	12922	6703	6219	391	333	58
42	13090	6756	6334	343	293	50
43	13142	6856	6286	330	276	54
44	15018	7789	7229	372	319	53
45-49岁	**76347**	**39915**	**36432**	**1600**	**1366**	**234**
45	15590	8173	7417	325	269	56
46	16656	8690	7966	410	360	50
47	15341	8077	7264	310	258	52
48	14410	7473	6937	292	251	41
49	14350	7502	6848	263	228	35
50-54岁	**69515**	**34968**	**34547**	**1032**	**899**	**133**
50	15076	7786	7290	263	220	43
51	13526	6747	6779	214	185	29
52	15579	7792	7787	213	196	17
53	11596	5811	5785	152	130	22
54	13738	6832	6906	190	168	22
55-59岁	**52082**	**25963**	**26119**	**646**	**556**	**90**
55	13055	6500	6555	200	173	27
56	12849	6397	6452	171	150	21
57	13067	6524	6543	154	130	24
58	9183	4604	4579	91	79	12
59	3928	1938	1990	30	24	6
60-64岁	**31073**	**15313**	**15760**	**349**	**308**	**41**
60	4646	2312	2334	55	50	5
61	5057	2548	2509	59	51	8
62	7063	3528	3535	77	64	13
63	7430	3651	3779	96	89	7
64	6877	3274	3603	62	54	8
65岁及以上	**89345**	**41175**	**48170**	**970**	**866**	**104**

程度、婚姻状况的人口(镇)

单位：人

有配偶			离婚			丧偶		
小计	男	女	小计	男	女	小计	男	女
505007	**246493**	**258514**	**20800**	**11966**	**8834**	**40971**	**10442**	**30529**
1272	**249**	**1023**	**15**	**6**	**9**	**1**		**1**
30	5	25						
78	17	61						
172	34	138	1	1				
344	57	287	6	1	5			
648	136	512	8	4	4	1		1
14472	**4345**	**10127**	**265**	**135**	**130**	**14**	**3**	**11**
1176	261	915	13	7	6			
1786	470	1316	24	15	9	3		3
2860	871	1989	45	22	23	1		1
3786	1135	2651	69	31	38	3		3
4864	1608	3256	114	60	54	7	3	4
42221	**16397**	**25824**	**1388**	**751**	**637**	**53**	**10**	**43**
6266	2216	4050	144	76	68	9	4	5
7096	2529	4567	231	125	106	7	2	5
8986	3437	5549	284	147	137	11	1	10
9639	3870	5769	342	182	160	11	2	9
10234	4345	5889	387	221	166	15	1	14
65055	**29265**	**35790**	**3116**	**1797**	**1319**	**173**	**42**	**131**
12756	5498	7258	515	295	220	22	8	14
12774	5561	7213	648	358	290	28	3	25
13042	5840	7202	656	385	271	32	8	24
14298	6579	7719	690	397	293	50	7	43
12185	5787	6398	607	362	245	41	16	25
56961	**27903**	**29058**	**3185**	**1880**	**1305**	**329**	**72**	**257**
10911	5284	5627	561	322	239	44	7	37
11203	5479	5724	608	332	276	53	14	39
10711	5205	5506	631	381	250	65	13	52
12684	6298	6386	736	468	268	79	17	62
11452	5637	5815	649	377	272	88	21	67
60484	**30572**	**29912**	**3372**	**1995**	**1377**	**637**	**140**	**497**
11088	5456	5632	591	350	241	78	18	60
11774	5963	5811	647	382	265	110	25	85
11925	6050	5875	682	388	294	140	25	115
11983	6112	5871	694	433	261	135	35	100
13714	6991	6723	758	442	316	174	37	137
69743	**36131**	**33612**	**3588**	**2090**	**1498**	**1416**	**328**	**1088**
14321	7431	6890	732	419	313	212	54	158
15191	7775	7416	799	499	300	256	56	200
13988	7302	6686	769	440	329	274	77	197
13132	6762	6370	678	396	282	308	64	244
13111	6861	6250	610	336	274	366	77	289
63145	**31950**	**31195**	**2747**	**1520**	**1227**	**2591**	**599**	**1992**
13721	7068	6653	673	400	273	419	98	321
12293	6135	6158	583	322	261	436	105	331
14121	7122	6999	618	337	281	627	137	490
10564	5362	5202	388	218	170	492	101	391
12446	6263	6183	485	243	242	617	158	459
46472	**23794**	**22678**	**1674**	**948**	**726**	**3290**	**665**	**2625**
11732	5940	5792	427	235	192	696	152	544
11419	5808	5611	463	265	198	796	174	622
11687	5985	5702	413	244	169	813	165	648
8162	4245	3917	264	148	116	666	132	534
3472	1816	1656	107	56	51	319	42	277
26451	**13758**	**12693**	**646**	**389**	**257**	**3627**	**858**	**2769**
4015	2086	1929	128	76	52	448	100	348
4337	2285	2052	114	69	45	547	143	404
6027	3184	2843	156	94	62	803	186	617
6266	3254	3012	139	86	53	929	222	707
5806	2949	2857	109	64	45	900	207	693
58731	**32129**	**26602**	**804**	**455**	**349**	**28840**	**7725**	**21115**

5-3b 续表 1

受教育程度 年 龄	15岁及以上人口			未 婚		
	合计	男	女	小计	男	女
未上过学	**49688**	**10350**	**39338**	**1919**	**1659**	**260**
15-19岁	**111**	**75**	**36**	**100**	**75**	**25**
15	14	8	6	13	8	5
16	10	8	2	9	8	1
17	29	18	11	27	18	9
18	29	23	6	28	23	5
19	29	18	11	23	18	5
20-24岁	**190**	**108**	**82**	**134**	**100**	**34**
20	31	18	13	27	18	9
21	27	16	11	20	16	4
22	49	28	21	34	25	9
23	40	26	14	31	25	6
24	43	20	23	22	16	6
25-29岁	**217**	**83**	**134**	**97**	**72**	**25**
25	41	17	24	17	15	2
26	38	20	18	22	17	5
27	48	15	33	14	11	3
28	38	16	22	21	15	6
29	52	15	37	23	14	9
30-34岁	**522**	**164**	**358**	**112**	**95**	**17**
30	68	28	40	20	18	2
31	92	28	64	24	18	6
32	104	25	79	11	8	3
33	124	42	82	29	26	3
34	134	41	93	28	25	3
35-39岁	**887**	**247**	**640**	**135**	**115**	**20**
35	120	40	80	22	18	4
36	151	38	113	25	23	2
37	169	58	111	33	28	5
38	211	46	165	29	24	5
39	236	65	171	26	22	4
40-44岁	**1911**	**429**	**1482**	**188**	**168**	**20**
40	255	65	190	33	30	3
41	286	69	217	27	24	3
42	397	85	312	43	41	2
43	436	83	353	35	29	6
44	537	127	410	50	44	6
45-49岁	**3571**	**770**	**2801**	**250**	**226**	**24**
45	540	116	424	50	44	6
46	694	158	536	56	51	5
47	708	141	567	46	43	3
48	771	148	623	42	39	3
49	858	207	651	56	49	7
50-54岁	**4934**	**888**	**4046**	**198**	**183**	**15**
50	953	176	777	40	37	3
51	886	151	735	38	34	4
52	1112	222	890	44	43	1
53	869	152	717	34	28	6
54	1114	187	927	42	41	1
55-59岁	**4759**	**729**	**4030**	**164**	**145**	**19**
55	1131	203	928	58	49	9
56	1099	178	921	40	39	1
57	1152	164	988	37	33	4
58	879	116	763	22	19	3
59	498	68	430	7	5	2
60-64岁	**5431**	**976**	**4455**	**112**	**104**	**8**
60	684	119	565	20	18	2
61	808	155	653	23	21	2
62	1189	209	980	21	20	1
63	1398	254	1144	30	30	
64	1352	239	1113	18	15	3
65岁及以上	**27155**	**5881**	**21274**	**429**	**376**	**53**

单位：人

有配偶			离婚			丧偶		
小计	男	女	小计	男	女	小计	男	女
32452	**6610**	**25842**	**505**	**219**	**286**	**14812**	**1862**	**12950**
11		**11**						
1		1						
1		1						
2		2						
1		1						
6		6						
54	**7**	**47**	**2**	**1**	**1**			
4		4						
7		7						
15	3	12						
9	1	8						
19	3	16	2	1	1			
115	**9**	**106**	**5**	**2**	**3**			
23	2	21	1		1			
16	3	13						
31	3	28	3	1	2			
16		16	1	1				
29	1	28						
397	**64**	**333**	**6**	**5**	**1**	**7**		**7**
47	9	38	1	1				
68	10	58						
91	16	75	2	1	1			
90	15	75	1	1		4		4
101	14	87	2	2		3		3
713	**120**	**593**	**28**	**12**	**16**	**11**		**11**
95	21	74	3	1	2			
116	13	103	8	2	6	2		2
129	28	101	3	2	1	4		4
177	20	157	5	2	3			
196	38	158	9	5	4	5		5
1622	**234**	**1388**	**53**	**23**	**30**	**48**	**4**	**44**
212	29	183	6	5	1	4	1	3
248	44	204	4	1	3	7		7
332	40	292	11	3	8	11	1	10
370	44	326	20	8	12	11	2	9
460	77	383	12	6	6	15		15
3068	**485**	**2583**	**83**	**37**	**46**	**170**	**22**	**148**
456	68	388	15	3	12	19	1	18
583	92	491	21	9	12	34	6	28
615	86	529	16	8	8	31	4	27
678	99	579	14	8	6	37	2	35
736	140	596	17	9	8	49	9	40
4247	**629**	**3618**	**89**	**37**	**52**	**400**	**39**	**361**
839	129	710	15	5	10	59	5	54
761	103	658	16	8	8	71	6	65
951	161	790	26	9	17	91	9	82
760	111	649	11	6	5	64	7	57
936	125	811	21	9	12	115	12	103
3938	**522**	**3416**	**58**	**24**	**34**	**599**	**38**	**561**
949	138	811	19	6	13	105	10	95
894	125	769	14	5	9	151	9	142
958	115	843	12	7	5	145	9	136
731	90	641	5	1	4	121	6	115
406	54	352	8	5	3	77	4	73
4210	**772**	**3438**	**43**	**24**	**19**	**1066**	**76**	**990**
533	92	441	1	1		130	8	122
632	118	514	5	2	3	148	14	134
926	172	754	13	7	6	229	10	219
1079	195	884	12	7	5	277	22	255
1040	195	845	12	7	5	282	22	260
14077	**3768**	**10309**	**138**	**54**	**84**	**12511**	**1683**	**10828**

5-3b 续表 2

受教育程度 年龄	15岁及以上人口			未婚		
	合计	男	女	小计	男	女
学前教育	**372**	**92**	**280**	**52**	**29**	**23**
15-19岁	**32**	**16**	**16**	**32**	**16**	**16**
15	16	10	6	16	10	6
16	7	2	5	7	2	5
17	5	2	3	5	2	3
18	2		2	2		2
19	2	2		2	2	
20-24岁	**7**	**3**	**4**	**6**	**3**	**3**
20	6	3	3	6	3	3
21						
22						
23	1		1			
24						
25-29岁	**9**	**2**	**7**	**5**	**1**	**4**
25	1		1			
26	2		2	2		2
27	1		1	1		1
28	2		2			
29	3	2	1	2	1	1
30-34岁	**6**		**6**			
30	2		2			
31	1		1			
32						
33	3		3			
34						
35-39岁	**10**	**4**	**6**	**3**	**3**	
35						
36	4	3	1	2	2	
37	3	1	2	1	1	
38	2		2			
39	1		1			
40-44岁	**10**	**4**	**6**	**1**	**1**	
40	1		1			
41	2	2		1	1	
42	2		2			
43	1		1			
44	4	2	2			
45-49岁	**29**	**5**	**24**	**2**	**2**	
45	5		5			
46	9	1	8	1	1	
47	7	1	6			
48	3	1	2			
49	5	2	3	1	1	
50-54岁	**32**	**6**	**26**	**1**	**1**	
50	5		5			
51	11	3	8	1	1	
52	2	1	1			
53	9	2	7			
54	5		5			
55-59岁	**30**	**5**	**25**	**1**	**1**	
55	10	1	9			
56	10	4	6	1	1	
57	6		6			
58	3		3			
59	1		1			
60-64岁	**35**	**12**	**23**			
60	3	1	2			
61	4	3	1			
62	10	3	7			
63	9	3	6			
64	9	2	7			
65岁及以上	**172**	**35**	**137**	**1**	**1**	

单位：人

有配偶			离　婚			丧　偶		
小计	男	女	小计	男	女	小计	男	女
220	**51**	**169**	**5**	**3**	**2**	**95**	**9**	**86**
1		**1**						
1		1						
4	**1**	**3**						
1		1						
2		2						
1	1							
6		**6**						
2		2						
1		1						
3		3						
7	**1**	**6**						
2	1	1						
2		2						
2		2						
1		1						
8	**3**	**5**				**1**		**1**
1		1						
1	1							
2		2						
1		1						
3	2	1				1		1
24	**3**	**21**				**3**		**3**
5		5						
8		8						
6	1	5				1		1
2	1	1				1		1
3	1	2				1		1
28	**4**	**24**	**1**	**1**		**2**		**2**
5		5						
9	1	8	1	1				
2	1	1						
7	2	5				2		2
5		5						
25	**3**	**22**	**1**	**1**		**3**		**3**
9		9	1	1				
9	3	6						
5		5				1		1
1		1				2		2
1		1						
30	**11**	**19**	**2**	**1**	**1**	**3**		**3**
3	1	2						
4	3	1						
10	3	7						
6	3	3	1		1	2		2
7	1	6	1	1		1		1
87	**25**	**62**	**1**		**1**	**83**	**9**	**74**

5-3b 续表 3

受教育程度 年龄	15岁及以上人口			未婚		
	合计	男	女	小计	男	女
小学	**176901**	**79703**	**97198**	**6260**	**5248**	**1012**
15-19岁	**590**	**303**	**287**	**482**	**284**	**198**
15	70	36	34	68	36	32
16	82	40	42	72	40	32
17	97	52	45	78	50	28
18	135	66	69	108	62	46
19	206	109	97	156	96	60
20-24岁	**1793**	**893**	**900**	**858**	**637**	**221**
20	221	103	118	138	95	43
21	280	144	136	161	112	49
22	354	191	163	185	141	44
23	411	185	226	166	128	38
24	527	270	257	208	161	47
25-29岁	**3706**	**1605**	**2101**	**764**	**612**	**152**
25	586	285	301	175	138	37
26	631	265	366	143	112	31
27	770	322	448	153	118	35
28	830	350	480	158	131	27
29	889	383	506	135	113	22
30-34岁	**7834**	**3088**	**4746**	**733**	**619**	**114**
30	1237	497	740	146	116	30
31	1431	526	905	151	125	26
32	1477	601	876	141	121	20
33	1908	752	1156	170	145	25
34	1781	712	1069	125	112	13
35-39岁	**11521**	**4704**	**6817**	**614**	**543**	**71**
35	1818	726	1092	105	94	11
36	2052	845	1207	128	115	13
37	2203	876	1327	124	103	21
38	2760	1152	1608	137	124	13
39	2688	1105	1583	120	107	13
40-44岁	**18148**	**7724**	**10424**	**641**	**586**	**55**
40	2918	1157	1761	114	105	9
41	3264	1432	1832	128	116	12
42	3555	1509	2046	121	109	12
43	3873	1659	2214	132	121	11
44	4538	1967	2571	146	135	11
45-49岁	**25968**	**11419**	**14549**	**678**	**613**	**65**
45	4900	2118	2782	121	107	14
46	5558	2388	3170	185	168	17
47	5208	2346	2862	133	116	17
48	5025	2216	2809	124	111	13
49	5277	2351	2926	115	111	4
50-54岁	**28327**	**12147**	**16180**	**533**	**479**	**54**
50	5719	2485	3234	134	116	18
51	5487	2363	3124	119	105	14
52	6578	2796	3782	106	97	9
53	4937	2092	2845	82	74	8
54	5606	2411	3195	92	87	5
55-59岁	**20342**	**8452**	**11890**	**310**	**284**	**26**
55	5162	2194	2968	103	95	8
56	5080	2103	2977	80	75	5
57	5011	2068	2943	69	62	7
58	3567	1464	2103	40	36	4
59	1522	623	899	18	16	2
60-64岁	**14045**	**6455**	**7590**	**179**	**158**	**21**
60	1867	824	1043	22	20	2
61	2137	952	1185	26	24	2
62	3160	1454	1706	46	39	7
63	3522	1670	1852	52	47	5
64	3359	1555	1804	33	28	5
65岁及以上	**44627**	**22913**	**21714**	**468**	**433**	**35**

单位：人

有配偶			离　婚			丧　偶		
小计	男	女	小计	男	女	小计	男	女
146654	**65465**	**81189**	**4916**	**3099**	**1817**	**19071**	**5891**	**13180**
107	**18**	**89**	**1**	**1**				
2		2						
10		10						
19	2	17						
26	3	23	1	1				
50	13	37						
910	**240**	**670**	**21**	**14**	**7**	**4**	**2**	**2**
83	8	75						
117	30	87	2	2				
164	47	117	5	3	2			
239	53	186	6	4	2			
307	102	205	8	5	3	4	2	2
2789	**904**	**1885**	**143**	**86**	**57**	**10**	**3**	**7**
397	136	261	13	10	3	1	1	
465	141	324	22	11	11	1	1	
582	184	398	31	20	11	4		4
634	197	437	34	21	13	4	1	3
711	246	465	43	24	19			
6697	**2223**	**4474**	**359**	**238**	**121**	**45**	**8**	**37**
1024	334	690	62	44	18	5	3	2
1212	365	847	62	36	26	6		6
1271	434	837	58	45	13	7	1	6
1634	545	1089	88	61	27	16	1	15
1556	545	1011	89	52	37	11	3	8
10254	**3805**	**6449**	**529**	**334**	**195**	**124**	**22**	**102**
1622	589	1033	76	41	35	15	2	13
1813	662	1151	90	62	28	21	6	15
1960	712	1248	93	57	36	26	4	22
2463	934	1529	130	89	41	30	5	25
2396	908	1488	140	85	55	32	5	27
16365	**6536**	**9829**	**855**	**541**	**314**	**287**	**61**	**226**
2642	974	1668	126	70	56	36	8	28
2920	1187	1733	171	118	53	45	11	34
3199	1283	1916	168	103	65	67	14	53
3490	1407	2083	193	123	70	58	8	50
4114	1685	2429	197	127	70	81	20	61
23597	**10001**	**13596**	**1017**	**655**	**362**	**676**	**150**	**526**
4482	1852	2630	208	138	70	89	21	68
5045	2050	2995	220	146	74	108	24	84
4723	2044	2679	222	146	76	130	40	90
4566	1961	2605	182	115	67	153	29	124
4781	2094	2687	185	110	75	196	36	160
25591	**10830**	**14761**	**870**	**528**	**342**	**1333**	**310**	**1023**
5190	2196	2994	204	129	75	191	44	147
4956	2083	2873	200	128	72	212	47	165
5935	2504	3431	197	117	80	340	78	262
4435	1874	2561	136	83	53	284	61	223
5075	2173	2902	133	71	62	306	80	226
17935	**7537**	**10398**	**487**	**312**	**175**	**1610**	**319**	**1291**
4585	1949	2636	126	77	49	348	73	275
4472	1852	2620	147	101	46	381	75	306
4432	1851	2581	113	75	38	397	80	317
3121	1314	1807	70	43	27	336	71	265
1325	571	754	31	16	15	148	20	128
11826	**5677**	**6149**	**252**	**157**	**95**	**1788**	**463**	**1325**
1611	743	868	39	20	19	195	41	154
1797	829	968	48	28	20	266	71	195
2664	1283	1381	64	38	26	386	94	292
2933	1447	1486	58	42	16	479	134	345
2821	1375	1446	43	29	14	462	123	339
30583	**17694**	**12889**	**382**	**233**	**149**	**13194**	**4553**	**8641**

5-3b 续表 4

受教育程度 年　　龄	15岁及以上人口			未　　婚		
	合计	男	女	小计	男	女
初　中	**259469**	**141627**	**117842**	**40134**	**27199**	**12935**
15-19岁	**19927**	**11128**	**8799**	**18952**	**10932**	**8020**
15	8452	4599	3853	8426	4594	3832
16	4142	2322	1820	4082	2307	1775
17	2484	1427	1057	2351	1402	949
18	2320	1328	992	2054	1282	772
19	2529	1452	1077	2039	1347	692
20-24岁	**18621**	**9716**	**8905**	**9521**	**6868**	**2653**
20	2816	1601	1215	1968	1396	572
21	3105	1679	1426	1895	1358	537
22	3911	2083	1828	2051	1488	563
23	4254	2097	2157	1894	1370	524
24	4535	2256	2279	1713	1256	457
25-29岁	**28379**	**13689**	**14690**	**5842**	**4575**	**1267**
25	4983	2472	2511	1464	1134	330
26	5214	2516	2698	1331	1021	310
27	5926	2814	3112	1241	955	286
28	6094	2914	3180	1000	813	187
29	6162	2973	3189	806	652	154
30-34岁	**36869**	**17763**	**19106**	**2944**	**2420**	**524**
30	7419	3541	3878	802	653	149
31	7358	3525	3833	631	522	109
32	7413	3559	3854	574	474	100
33	7926	3802	4124	537	446	91
34	6753	3336	3417	400	325	75
35-39岁	**31094**	**15788**	**15306**	**1255**	**1055**	**200**
35	5964	2994	2970	319	268	51
36	6069	3019	3050	253	212	41
37	5733	2873	2860	223	180	43
38	7028	3647	3381	241	206	35
39	6300	3255	3045	219	189	30
40-44岁	**30238**	**16272**	**13966**	**691**	**592**	**99**
40	5735	2959	2776	142	125	17
41	6018	3198	2820	163	141	22
42	5932	3186	2746	136	112	24
43	5873	3246	2627	125	106	19
44	6680	3683	2997	125	108	17
45-49岁	**32314**	**18586**	**13728**	**491**	**405**	**86**
45	7057	3985	3072	116	93	23
46	7232	4107	3125	117	104	13
47	6479	3796	2683	102	82	20
48	5773	3310	2463	87	74	13
49	5773	3388	2385	69	52	17
50-54岁	**24995**	**14738**	**10257**	**219**	**180**	**39**
50	5738	3451	2287	66	52	14
51	4921	2817	2104	40	33	7
52	5449	3184	2265	46	42	4
53	4066	2461	1605	28	22	6
54	4821	2825	1996	39	31	8
55-59岁	**17649**	**10574**	**7075**	**125**	**96**	**29**
55	4591	2697	1894	27	21	6
56	4394	2613	1781	37	28	9
57	4529	2714	1815	34	25	9
58	3001	1838	1163	24	20	4
59	1134	712	422	3	2	1
60-64岁	**7069**	**4775**	**2294**	**36**	**31**	**5**
60	1224	782	442	7	7	
61	1177	804	373	8	5	3
62	1659	1136	523	6	4	2
63	1595	1094	501	8	8	
64	1414	959	455	7	7	
65岁及以上	**12314**	**8598**	**3716**	**58**	**45**	**13**

单位：人

有配偶			离婚			丧偶		
小计	男	女	小计	男	女	小计	男	女
204112	**106437**	**97675**	**9948**	**5938**	**4010**	**5275**	**2053**	**3222**
962	**192**	**770**	**12**	**4**	**8**	**1**		**1**
26	5	21						
60	15	45						
133	25	108						
261	46	215	5		5			
482	101	381	7	4	3	1		1
8900	**2749**	**6151**	**195**	**99**	**96**	**5**		**5**
836	199	637	12	6	6			
1188	309	879	20	12	8	2		2
1830	579	1251	30	16	14			
2312	708	1604	46	19	27	2		2
2734	954	1780	87	46	41	1		1
21652	**8605**	**13047**	**849**	**504**	**345**	**36**	**5**	**31**
3416	1284	2132	97	52	45	6	2	4
3725	1401	2324	152	93	59	6	1	5
4515	1765	2750	164	93	71	6	1	5
4879	1983	2896	211	117	94	4	1	3
5117	2172	2945	225	149	76	14		14
32071	**14232**	**17839**	**1754**	**1082**	**672**	**100**	**29**	**71**
6321	2711	3610	282	173	109	14	4	10
6332	2767	3565	378	233	145	17	3	14
6446	2848	3598	370	230	140	23	7	16
6987	3132	3855	376	219	157	26	5	21
5985	2774	3211	348	227	121	20	10	10
28010	**13656**	**14354**	**1678**	**1036**	**642**	**151**	**41**	**110**
5320	2540	2780	301	181	120	24	5	19
5478	2618	2860	317	181	136	21	8	13
5144	2467	2677	339	219	120	27	7	20
6355	3172	3183	395	261	134	37	8	29
5713	2859	2854	326	194	132	42	13	29
27637	**14598**	**13039**	**1660**	**1020**	**640**	**250**	**62**	**188**
5263	2636	2627	301	192	109	29	6	23
5499	2860	2639	307	184	123	49	13	36
5404	2860	2544	337	204	133	55	10	45
5356	2900	2456	336	220	116	56	20	36
6115	3342	2773	379	220	159	61	13	48
29762	**17106**	**12656**	**1622**	**952**	**670**	**439**	**123**	**316**
6519	3677	2842	341	189	152	81	26	55
6656	3751	2905	367	234	133	92	18	74
5935	3485	2450	351	200	151	91	29	62
5305	3029	2276	302	182	120	79	25	54
5347	3164	2183	261	147	114	96	25	71
22999	**13750**	**9249**	**1102**	**610**	**492**	**675**	**198**	**477**
5267	3191	2076	276	175	101	129	33	96
4533	2624	1909	224	116	108	124	44	80
5008	2975	2033	241	124	117	154	43	111
3765	2326	1439	162	88	74	111	25	86
4426	2634	1792	199	107	92	157	53	104
16049	**9855**	**6194**	**664**	**376**	**288**	**811**	**247**	**564**
4206	2525	1681	171	94	77	187	57	130
3982	2418	1564	180	98	82	195	69	126
4119	2524	1595	169	104	65	207	61	146
2717	1715	1002	109	59	50	151	44	107
1025	673	352	35	21	14	71	16	55
6290	**4371**	**1919**	**211**	**131**	**80**	**532**	**242**	**290**
1097	709	388	48	32	16	72	34	38
1037	728	309	38	25	13	94	46	48
1471	1036	435	42	27	15	140	69	71
1427	1013	414	44	25	19	116	48	68
1258	885	373	39	22	17	110	45	65
9780	**7323**	**2457**	**201**	**124**	**77**	**2275**	**1106**	**1169**

5-3b 续表 5

受教育程度 年 龄	15岁及以上人口 合计	男	女	未婚 小计	男	女
高 中	**113417**	**60462**	**52955**	**63407**	**32831**	**30576**
15-19岁	**51527**	**25083**	**26444**	**51365**	**25049**	**26316**
15	5534	2676	2858	5533	2676	2857
16	12848	6229	6619	12842	6227	6615
17	15498	7446	8052	15481	7438	8043
18	11740	5729	6011	11692	5723	5969
19	5907	3003	2904	5817	2985	2832
20-24岁	**10421**	**5560**	**4861**	**7826**	**4700**	**3126**
20	2917	1480	1437	2724	1436	1288
21	1914	1054	860	1576	957	619
22	1975	1085	890	1436	916	520
23	1836	999	837	1140	756	384
24	1779	942	837	950	635	315
25-29岁	**8954**	**4638**	**4316**	**2675**	**1909**	**766**
25	1829	923	906	813	530	283
26	1638	841	797	595	434	161
27	1857	981	876	531	398	133
28	1799	936	863	409	301	108
29	1831	957	874	327	246	81
30-34岁	**9732**	**5162**	**4570**	**935**	**730**	**205**
30	2087	1085	1002	300	237	63
31	2060	1058	1002	237	175	62
32	1912	994	918	163	130	33
33	2053	1126	927	155	123	32
34	1620	899	721	80	65	15
35-39岁	**6129**	**3443**	**2686**	**265**	**208**	**57**
35	1370	740	630	86	67	19
36	1249	710	539	49	40	9
37	1123	637	486	41	31	10
38	1287	742	545	44	35	9
39	1100	614	486	45	35	10
40-44岁	**5407**	**3102**	**2305**	**141**	**100**	**41**
40	993	548	445	24	19	5
41	1082	585	497	36	27	9
42	1039	620	419	26	21	5
43	1073	640	433	25	14	11
44	1220	709	511	30	19	11
45-49岁	**5736**	**3464**	**2272**	**102**	**68**	**34**
45	1168	688	480	29	19	10
46	1243	766	477	25	18	7
47	1142	669	473	17	9	8
48	1166	715	451	20	16	4
49	1017	626	391	11	6	5
50-54岁	**4541**	**2775**	**1766**	**40**	**25**	**15**
50	1062	596	466	9	5	4
51	894	550	344	8	5	3
52	1002	656	346	9	8	1
53	691	429	262	4	3	1
54	892	544	348	10	4	6
55-59岁	**4654**	**2894**	**1760**	**34**	**23**	**11**
55	929	563	366	9	6	3
56	1052	646	406	9	6	3
57	1231	754	477	12	8	4
58	979	632	347	4	3	1
59	463	299	164			
60-64岁	**2949**	**1947**	**1002**	**15**	**12**	**3**
60	537	354	183	4	4	
61	646	425	221	1	1	
62	689	460	229	3	1	2
63	586	385	201	5	4	1
64	491	323	168	2	2	
65岁及以上	**3367**	**2394**	**973**	**9**	**7**	**2**

单位：人

有配偶			离婚			丧偶		
小计	男	女	小计	男	女	小计	男	女
46399	**25912**	**20487**	**2466**	**1301**	**1165**	**1145**	**418**	**727**
160	**33**	**127**	**2**	**1**	**1**			
1		1						
6	2	4						
16	7	9	1	1				
48	6	42						
89	18	71	1		1			
2557	**841**	**1716**	**33**	**18**	**15**	**5**	**1**	**4**
192	43	149	1	1				
336	97	239	1		1	1		1
529	166	363	9	3	6	1		1
684	236	448	11	7	4	1		1
816	299	517	11	7	4	2	1	1
6083	**2644**	**3439**	**192**	**83**	**109**	**4**	**2**	**2**
994	386	608	20	6	14	2	1	1
1012	393	619	31	14	17			
1288	566	722	38	17	21			
1345	617	728	44	18	26	1		1
1444	682	762	59	28	31	1	1	
8342	**4194**	**4148**	**443**	**235**	**208**	**12**	**3**	**9**
1712	809	903	73	38	35	2	1	1
1718	831	887	103	52	51	2		2
1645	810	835	103	54	49	1		1
1801	948	853	94	54	40	3	1	2
1466	796	670	70	37	33	4	1	3
5444	**3013**	**2431**	**403**	**218**	**185**	**17**	**4**	**13**
1197	623	574	85	50	35	2		2
1128	635	493	70	35	35	2		2
990	562	428	88	43	45	4	1	3
1154	658	496	84	47	37	5	2	3
975	535	440	76	43	33	4	1	3
4911	**2819**	**2092**	**325**	**175**	**150**	**30**	**8**	**22**
906	497	409	59	30	29	4	2	2
976	527	449	65	30	35	5	1	4
943	566	377	64	33	31	6		6
972	576	396	69	46	23	7	4	3
1114	653	461	68	36	32	8	1	7
5160	**3156**	**2004**	**405**	**225**	**180**	**69**	**15**	**54**
1055	631	424	72	36	36	12	2	10
1126	691	435	81	53	28	11	4	7
1018	604	414	97	53	44	10	3	7
1038	645	393	87	52	35	21	2	19
923	585	338	68	31	37	15	4	11
4104	**2561**	**1543**	**296**	**157**	**139**	**101**	**32**	**69**
945	540	405	87	43	44	21	8	13
806	510	296	61	31	30	19	4	15
907	600	307	64	42	22	22	6	16
640	403	237	34	18	16	13	5	8
806	508	298	50	23	27	26	9	17
4221	**2717**	**1504**	**237**	**117**	**120**	**162**	**37**	**125**
842	529	313	48	24	24	30	4	26
949	594	355	62	36	26	32	10	22
1112	706	406	63	27	36	44	13	31
894	599	295	44	22	22	37	8	29
424	289	135	20	8	12	19	2	17
2675	**1831**	**844**	**83**	**48**	**35**	**176**	**56**	**120**
478	328	150	26	15	11	29	7	22
599	403	196	13	10	3	33	11	22
626	434	192	23	13	10	37	12	25
525	359	166	12	7	5	44	15	29
447	307	140	9	3	6	33	11	22
2742	**2103**	**639**	**47**	**24**	**23**	**569**	**260**	**309**

5-3b 续表 6

受教育程度 年 龄	15岁及以上人口			未 婚		
	合计	男	女	小计	男	女
大学专科	**64244**	**34407**	**29837**	**22507**	**11299**	**11208**
15-19岁	**4262**	**1982**	**2280**	**4235**	**1978**	**2257**
15	77	40	37	77	40	37
16	202	96	106	201	96	105
17	355	176	179	353	176	177
18	1078	511	567	1071	510	561
19	2550	1159	1391	2533	1156	1377
20-24岁	**14922**	**6698**	**8224**	**13307**	**6304**	**7003**
20	3362	1594	1768	3306	1586	1720
21	3360	1574	1786	3230	1540	1690
22	3191	1422	1769	2913	1359	1554
23	2605	1081	1524	2170	972	1198
24	2404	1027	1377	1688	847	841
25-29岁	**9486**	**4305**	**5181**	**3797**	**2193**	**1604**
25	2260	1002	1258	1348	716	632
26	1987	897	1090	970	556	414
27	1894	845	1049	664	397	267
28	1679	777	902	486	304	182
29	1666	784	882	329	220	109
30-34岁	**8309**	**4212**	**4097**	**834**	**590**	**244**
30	1849	877	972	277	192	85
31	1607	795	812	197	133	64
32	1701	855	846	157	117	40
33	1771	935	836	116	85	31
34	1381	750	631	87	63	24
35-39岁	**5838**	**3286**	**2552**	**187**	**132**	**55**
35	1256	690	566	55	42	13
36	1263	682	581	53	37	16
37	1126	647	479	27	19	8
38	1176	696	480	34	23	11
39	1017	571	446	18	11	7
40-44岁	**5384**	**3287**	**2097**	**61**	**40**	**21**
40	1004	617	387	18	14	4
41	1139	688	451	13	7	6
42	1110	673	437	10	6	4
43	974	612	362	9	5	4
44	1157	697	460	11	8	3
45-49岁	**5300**	**3324**	**1976**	**47**	**38**	**9**
45	1107	699	408	5	4	1
46	1118	724	394	16	13	3
47	1132	675	457	9	7	2
48	1043	656	387	10	8	2
49	900	570	330	7	6	1
50-54岁	**4522**	**2853**	**1669**	**25**	**16**	**9**
50	1039	678	361	9	5	4
51	883	553	330	5	4	1
52	991	608	383	6	5	1
53	698	434	264	1		1
54	911	580	331	4	2	2
55-59岁	**3501**	**2392**	**1109**	**9**	**5**	**4**
55	909	588	321	2	1	1
56	889	603	286	3	1	2
57	868	608	260	2	2	
58	589	411	178			
59	246	182	64	2	1	1
60-64岁	**1309**	**970**	**339**	**4**	**2**	**2**
60	275	194	81	1	1	
61	241	175	66			
62	301	222	79	1		1
63	283	214	69	1		1
64	209	165	44	1	1	
65岁及以上	**1411**	**1098**	**313**	**1**	**1**	

单位：人

有配偶			离婚			丧偶		
小计	男	女	小计	男	女	小计	男	女
39471	**22086**	**17385**	**1826**	**863**	**963**	**440**	**159**	**281**
27	**4**	**23**						
1		1						
2		2						
7	1	6						
17	3	14						
1602	**391**	**1211**	**13**	**3**	**10**			
56	8	48						
129	33	96	1	1				
277	63	214	1		1			
429	108	321	6	1	5			
711	179	532	5	1	4			
5571	**2068**	**3503**	**116**	**44**	**72**	**2**		**2**
899	278	621	13	8	5			
1000	336	664	17	5	12			
1201	441	760	28	7	21	1		1
1172	462	710	20	11	9	1		1
1299	551	748	38	13	25			
7177	**3488**	**3689**	**292**	**133**	**159**	**6**	**1**	**5**
1514	664	850	57	21	36	1		1
1357	642	715	51	20	31	2		2
1483	708	775	60	30	30	1		1
1584	816	768	70	34	36	1		1
1239	658	581	54	28	26	1	1	
5360	**3003**	**2357**	**279**	**149**	**130**	**12**	**2**	**10**
1146	618	528	55	30	25			
1149	621	528	59	24	35	2		2
1045	594	451	51	34	17	3		3
1079	637	442	58	34	24	5	2	3
941	533	408	56	27	29	2		2
5019	**3100**	**1919**	**294**	**145**	**149**	**10**	**2**	**8**
935	576	359	50	27	23	1		1
1057	648	409	67	33	34	2		2
1037	638	399	62	29	33	1		1
918	587	331	46	20	26	1		1
1072	651	421	69	36	33	5	2	3
4903	**3131**	**1772**	**307**	**141**	**166**	**43**	**14**	**29**
1031	656	375	64	37	27	7	2	5
1019	672	347	76	37	39	7	2	5
1058	646	412	57	21	36	8	1	7
952	614	338	67	28	39	14	6	8
843	543	300	43	18	25	7	3	4
4165	**2700**	**1465**	**276**	**124**	**152**	**56**	**13**	**43**
957	638	319	60	30	30	13	5	8
814	519	295	57	28	29	7	2	5
904	575	329	65	27	38	16	1	15
650	415	235	36	17	19	11	2	9
840	553	287	58	22	36	9	3	6
3240	**2288**	**952**	**171**	**84**	**87**	**81**	**15**	**66**
845	560	285	42	22	20	20	5	15
816	578	238	45	17	28	25	7	18
806	583	223	42	21	21	18	2	16
545	392	153	30	18	12	14	1	13
228	175	53	12	6	6	4		4
1199	**923**	**276**	**47**	**24**	**23**	**59**	**21**	**38**
243	176	67	11	7	4	20	10	10
226	171	55	9	3	6	6	1	5
278	213	65	12	8	4	10	1	9
260	206	54	11	5	6	11	3	8
192	157	35	4	1	3	12	6	6
1208	**990**	**218**	**31**	**16**	**15**	**171**	**91**	**80**

5-3b 续表 7

受教育程度 年 龄	15岁及以上人口			未 婚		
	合计	男	女	小计	男	女
大学本科	**62279**	**31839**	**30440**	**25936**	**11684**	**14252**
15-19岁	**3588**	**1556**	**2032**	**3583**	**1554**	**2029**
15	7	7		7	7	
16	44	30	14	44	30	14
17	193	95	98	193	95	98
18	1040	453	587	1039	452	587
19	2304	971	1333	2300	970	1330
20-24岁	**15709**	**6500**	**9209**	**15261**	**6384**	**8877**
20	3414	1384	2030	3409	1381	2028
21	3610	1417	2193	3601	1416	2185
22	3535	1534	2001	3490	1521	1969
23	2796	1187	1609	2684	1158	1526
24	2354	978	1376	2077	908	1169
25-29岁	**11706**	**5021**	**6685**	**5697**	**2848**	**2849**
25	2357	1009	1348	1826	881	945
26	2358	935	1423	1476	680	796
27	2456	1037	1419	1089	556	533
28	2415	1046	1369	810	424	386
29	2120	994	1126	496	307	189
30-34岁	**11516**	**5757**	**5759**	**1101**	**696**	**405**
30	2569	1240	1329	427	263	164
31	2385	1132	1253	285	188	97
32	2294	1127	1167	168	102	66
33	2334	1205	1129	122	77	45
34	1934	1053	881	99	66	33
35-39岁	**7480**	**4466**	**3014**	**178**	**126**	**52**
35	1607	940	667	66	46	20
36	1592	959	633	37	21	16
37	1492	866	626	29	21	8
38	1517	913	604	30	24	6
39	1272	788	484	16	14	2
40-44岁	**5113**	**3362**	**1751**	**62**	**42**	**20**
40	1193	776	417	23	16	7
41	1113	715	398	21	16	5
42	1041	671	370	7	4	3
43	899	608	291	2	1	1
44	867	592	275	9	5	4
45-49岁	**3370**	**2302**	**1068**	**29**	**14**	**15**
45	806	560	246	4	2	2
46	791	538	253	10	5	5
47	650	437	213	2	1	1
48	616	417	199	9	3	6
49	507	350	157	4	3	1
50-54岁	**2147**	**1548**	**599**	**15**	**14**	**1**
50	555	395	160	5	5	
51	440	308	132	2	2	
52	442	322	120	2	1	1
53	323	239	84	3	3	
54	387	284	103	3	3	
55-59岁	**1124**	**899**	**225**	**3**	**2**	**1**
55	315	248	67	1	1	
56	317	245	72	1		1
57	268	214	54			
58	162	140	22	1	1	
59	62	52	10			
60-64岁	**231**	**174**	**57**	**3**	**1**	**2**
60	55	37	18	1		1
61	44	34	10	1		1
62	54	43	11			
63	36	30	6			
64	42	30	12	1	1	
65岁及以上	**295**	**254**	**41**	**4**	**3**	**1**

单位：人

有配偶			离婚			丧偶		
小计	男	女	小计	男	女	小计	男	女
35100	**19573**	**15527**	**1111**	**533**	**578**	**132**	**49**	**83**
5	**2**	**3**						
1	1							
4	1	3						
447	**116**	**331**	**1**		**1**			
5	3	2						
9	1	8						
45	13	32						
112	29	83						
276	70	206	1		1			
5926	**2141**	**3785**	**82**	**32**	**50**	**1**		**1**
531	128	403						
873	253	620	9	2	7			
1347	472	875	20	9	11			
1573	608	965	31	14	17	1		1
1602	680	922	22	7	15			
10156	**4957**	**5199**	**256**	**103**	**153**	**3**	**1**	**2**
2103	959	1144	39	18	21			
2045	927	1118	54	17	37	1		1
2066	1000	1066	60	25	35			
2152	1101	1051	60	27	33			
1790	970	820	43	16	27	2	1	1
7028	**4209**	**2819**	**260**	**128**	**132**	**14**	**3**	**11**
1498	876	622	40	18	22	3		3
1487	910	577	63	28	35	5		5
1408	819	589	54	25	29	1	1	
1423	855	568	62	34	28	2		2
1212	749	463	41	23	18	3	2	1
4857	**3228**	**1629**	**183**	**89**	**94**	**11**	**3**	**8**
1117	733	384	49	26	23	4	1	3
1058	684	374	32	15	17	2		2
995	652	343	39	15	24			
865	590	275	30	16	14	2	1	1
822	569	253	33	17	16	3	1	2
3173	**2205**	**968**	**152**	**79**	**73**	**16**	**4**	**12**
766	540	226	32	16	16	4	2	2
743	511	232	34	20	14	4	2	2
620	424	196	25	12	13	3		3
579	404	175	25	10	15	3		3
465	326	139	36	21	15	2		2
1998	**1466**	**532**	**110**	**61**	**49**	**24**	**7**	**17**
515	371	144	29	16	13	6	3	3
412	294	118	23	10	13	3	2	1
411	303	108	25	18	7	4		4
304	229	75	9	6	3	7	1	6
356	269	87	24	11	13	4	1	3
1042	**855**	**187**	**55**	**33**	**22**	**24**	**9**	**15**
288	233	55	20	11	9	6	3	3
290	234	56	14	7	7	12	4	8
253	204	49	14	10	4	1		1
150	132	18	6	5	1	5	2	3
61	52	9	1		1			
217	**169**	**48**	**8**	**4**	**4**	**3**		**3**
49	36	13	3	1	2	2		2
42	33	9	1	1				
51	42	9	2	1	1	1		1
35	30	5	1		1			
40	28	12	1	1				
251	**225**	**26**	**4**	**4**		**36**	**22**	**14**

5-3b 续表 8

受教育程度 年 龄	15岁及以上人口			未 婚		
	合计	男	女	小计	男	女
硕士研究生	**1268**	**561**	**707**	**713**	**239**	**474**
15-19岁	**2**		**2**	**2**		**2**
15						
16						
17	1		1	1		1
18	1		1	1		1
19						
20-24岁	**332**	**96**	**236**	**331**	**95**	**236**
20	1		1	1		1
21	6	2	4	6	2	4
22	62	20	42	62	20	42
23	127	40	87	127	40	87
24	136	34	102	135	33	102
25-29岁	**384**	**127**	**257**	**306**	**104**	**202**
25	131	44	87	126	42	84
26	83	23	60	78	21	57
27	62	26	36	42	21	21
28	60	16	44	42	13	29
29	48	18	30	18	7	11
30-34岁	**266**	**136**	**130**	**60**	**31**	**29**
30	52	20	32	20	9	11
31	53	25	28	13	7	6
32	51	29	22	12	6	6
33	56	29	27	9	6	3
34	54	33	21	6	3	3
35-39岁	**133**	**84**	**49**	**8**	**7**	**1**
35	34	18	16	3	3	
36	27	15	12	2	1	1
37	26	17	9	2	2	
38	29	20	9	1	1	
39	17	14	3			
40-44岁	**58**	**45**	**13**	**5**	**1**	**4**
40	11	10	1	1	1	
41	11	9	2	1		1
42	11	9	2			
43	10	5	5	2		2
44	15	12	3	1		1
45-49岁	**51**	**42**	**9**			
45	6	6				
46	11	8	3			
47	14	12	2			
48	11	9	2			
49	9	7	2			
50-54岁	**15**	**11**	**4**	**1**	**1**	
50	3	3				
51	4	2	2	1	1	
52	3	3				
53	3	2	1			
54	2	1	1			
55-59岁	**20**	**15**	**5**			
55	8	6	2			
56	7	4	3			
57	1	1				
58	3	3				
59	1	1				
60-64岁	**4**	**4**				
60	1	1				
61						
62	1	1				
63	1	1				
64	1	1				
65岁及以上	**3**	**1**	**2**			

单位：人

有配偶			离婚			丧偶		
小计	男	女	小计	男	女	小计	男	女
537	**315**	**222**	**18**	**7**	**11**			
1	**1**							
1	1							
77	**23**	**54**	**1**		**1**			
5	2	3						
5	2	3						
20	5	15						
17	3	14	1		1			
30	11	19						
200	**104**	**96**	**6**	**1**	**5**			
31	11	20	1		1			
40	18	22						
36	23	13	3		3			
46	22	24	1	1				
47	30	17	1		1			
120	**75**	**45**	**5**	**2**	**3**			
30	14	16	1	1				
24	14	10	1		1			
23	15	8	1		1			
26	18	8	2	1	1			
17	14	3						
51	**42**	**9**	**2**	**2**				
10	9	1						
9	8	1	1	1				
10	8	2	1	1				
8	5	3						
14	12	2						
49	**41**	**8**	**2**	**1**	**1**			
6	6							
11	8	3						
13	12	1	1		1			
10	8	2	1	1				
9	7	2						
13	**10**	**3**	**1**		**1**			
3	3							
2	1	1	1		1			
3	3							
3	2	1						
2	1	1						
19	**14**	**5**	**1**	**1**				
8	6	2						
6	3	3	1	1				
1	1							
3	3							
1	1							
4	**4**							
1	1							
1	1							
1	1							
1	1							
3	**1**	**2**						

5-3b 续表 9

受教育程度 年龄	15岁及以上人口			未婚		
	合计	男	女	小计	男	女
博士研究生	**114**	**66**	**48**	**46**	**18**	**28**
15-19岁						
15						
16						
17						
18						
19						
20-24岁	**11**	**5**	**6**	**11**	**5**	**6**
20						
21	1		1	1		1
22	3	2	1	3	2	1
23	2	2		2	2	
24	5	1	4	5	1	4
25-29岁	**23**	**5**	**18**	**19**	**3**	**16**
25	5		5	5		5
26	5	2	3	5	2	3
27	7	1	6	5		5
28	3		3	2		2
29	3	2	1	2	1	1
30-34岁	**20**	**10**	**10**	**11**	**7**	**4**
30	3	1	2	1		1
31	3	3		2	2	
32	6	2	4	2	1	1
33	5	2	3	4	2	2
34	3	2	1	2	2	
35-39岁	**31**	**24**	**7**	**3**	**2**	**1**
35	5	4	1	2	1	1
36	6	5	1			
37	13	10	3	1	1	
38	5	4	1			
39	2	1	1			
40-44岁	**15**	**13**	**2**	**1**	**1**	
40	2	2				
41	7	5	2	1	1	
42	3	3				
43	3	3				
44						
45-49岁	**8**	**3**	**5**	**1**		**1**
45	1	1				
46						
47	1		1	1		1
48	2	1	1			
49	4	1	3			
50-54岁	**2**	**2**				
50	2	2				
51						
52						
53						
54						
55-59岁	**3**	**3**				
55						
56	1	1				
57	1	1				
58						
59	1	1				
60-64岁						
60						
61						
62						
63						
64						
65岁及以上	**1**	**1**				

单位：人

有配偶			离　婚			丧　偶		
小计	男	女	小计	男	女	小计	男	女
62	**44**	**18**	**5**	**3**	**2**	**1**	**1**	
4	**2**	**2**						
2	1	1						
1		1						
1	1							
9	**3**	**6**						
2	1	1						
1	1							
4	1	3						
1		1						
1		1						
25	**21**	**4**	**3**	**1**	**2**			
3	3							
6	5	1						
10	8	2	2	1	1			
5	4	1						
1	1		1		1			
14	**12**	**2**						
2	2							
6	4	2						
3	3							
3	3							
7	**3**	**4**						
1	1							
2	1	1						
4	1	3						
			2	**2**				
			2	2				
3	**3**							
1	1							
1	1							
1	1							
						1	**1**	

5-3c 全省分年龄、性别、受教育

受教育程度 年龄	15岁及以上人口			未婚		
	合计	男	女	小计	男	女
总　计	**1278016**	**662806**	**615210**	**227898**	**150421**	**77477**
15-19岁	**105596**	**55503**	**50093**	**101579**	**54635**	**46944**
15	24167	12959	11208	24089	12951	11138
16	23121	12227	10894	22846	12194	10652
17	20760	10877	9883	20112	10750	9362
18	18980	9782	9198	17841	9534	8307
19	18568	9658	8910	16691	9206	7485
20-24岁	**89050**	**46541**	**42509**	**59758**	**37091**	**22667**
20	17621	9170	8451	14633	8469	6164
21	17031	8937	8094	12846	7773	5073
22	19227	10052	9175	12832	8029	4803
23	17889	9375	8514	10608	6897	3711
24	17282	9007	8275	8839	5923	2916
25-29岁	**82535**	**44296**	**38239**	**25340**	**19657**	**5683**
25	17536	9195	8341	7558	5416	2142
26	16090	8574	7516	5734	4279	1455
27	16736	8879	7857	4780	3779	1001
28	16621	8968	7653	4004	3348	656
29	15552	8680	6872	3264	2835	429
30-34岁	**91127**	**49788**	**41339**	**12173**	**11079**	**1094**
30	18632	10178	8454	3284	2891	393
31	18543	10126	8417	2698	2457	241
32	18148	9802	8346	2274	2082	192
33	19256	10569	8687	2211	2056	155
34	16548	9113	7435	1706	1593	113
35-39岁	**82304**	**45675**	**36629**	**6407**	**6068**	**339**
35	15335	8440	6895	1374	1290	84
36	15803	8787	7016	1304	1241	63
37	15148	8421	6727	1218	1155	63
38	18506	10442	8064	1387	1315	72
39	17512	9585	7927	1124	1067	57
40-44岁	**100580**	**54843**	**45737**	**5343**	**5126**	**217**
40	17360	9507	7853	1066	1016	50
41	18862	10417	8445	1029	986	43
42	19694	10646	9048	1063	1025	38
43	20293	11188	9105	1042	1001	41
44	24371	13085	11286	1143	1098	45
45-49岁	**133767**	**72141**	**61626**	**5552**	**5390**	**162**
45	25860	14047	11813	1220	1185	35
46	28203	15364	12839	1194	1158	36
47	26618	14317	12301	1130	1095	35
48	26047	13885	12162	1000	971	29
49	27039	14528	12511	1008	981	27
50-54岁	**141557**	**73355**	**68202**	**4282**	**4147**	**135**
50	28946	15195	13751	1028	998	30
51	27588	14283	13305	879	850	29
52	31684	16392	15292	911	886	25
53	24731	12743	11988	668	640	28
54	28608	14742	13866	796	773	23
55-59岁	**111389**	**56477**	**54912**	**2729**	**2656**	**73**
55	27557	14013	13544	784	755	29
56	26679	13452	13227	722	702	20
57	27736	14220	13516	679	669	10
58	20465	10323	10142	402	392	10
59	8952	4469	4483	142	138	4
60-64岁	**79495**	**40020**	**39475**	**1431**	**1399**	**32**
60	11734	5848	5886	211	205	6
61	12149	6224	5925	228	224	4
62	17267	8793	8474	332	324	8
63	19660	9885	9775	369	364	5
64	18685	9270	9415	291	282	9
65岁及以上	**260616**	**124167**	**136449**	**3304**	**3173**	**131**

程度、婚姻状况的人口(乡村)

单位：人

有配偶			离婚			丧偶		
小计	男	女	小计	男	女	小计	男	女
910417	**456951**	**453466**	**26449**	**20864**	**5585**	**113252**	**34570**	**78682**
3975	**851**	**3124**	**38**	**17**	**21**	**4**		**4**
78	8	70						
274	33	241	1		1			
641	126	515	5	1	4	2		2
1127	244	883	11	4	7	1		1
1855	440	1415	21	12	9	1		1
28683	**9119**	**19564**	**585**	**325**	**260**	**24**	**6**	**18**
2943	681	2262	43	19	24	2	1	1
4110	1130	2980	73	33	40	2	1	1
6281	1969	4312	108	51	57	6	3	3
7121	2385	4736	153	93	60	7		7
8228	2954	5274	208	129	79	7	1	6
54954	**23227**	**31727**	**2140**	**1385**	**755**	**101**	**27**	**74**
9635	3582	6053	335	196	139	8	1	7
9989	4078	5911	345	210	135	22	7	15
11508	4826	6682	429	270	159	19	4	15
12111	5278	6833	483	335	148	23	7	16
11711	5463	6248	548	374	174	29	8	21
74598	**35621**	**38977**	**4048**	**2992**	**1056**	**308**	**96**	**212**
14567	6733	7834	745	542	203	36	12	24
15033	7111	7922	754	540	214	58	18	40
14981	7131	7850	828	572	256	65	17	48
16055	7787	8268	906	699	207	84	27	57
13962	6859	7103	815	639	176	65	22	43
71290	**36126**	**35164**	**4070**	**3326**	**744**	**537**	**155**	**382**
13170	6551	6619	725	582	143	66	17	49
13605	6899	6706	800	620	180	94	27	67
13086	6626	6460	753	613	140	91	27	64
16033	8292	7741	949	799	150	137	36	101
15396	7758	7638	843	712	131	149	48	101
89579	**45780**	**43799**	**4309**	**3542**	**767**	**1349**	**395**	**954**
15320	7750	7570	827	701	126	147	40	107
16747	8619	8128	879	737	142	207	75	132
17515	8881	8634	852	678	174	264	62	202
18163	9435	8728	788	650	138	300	102	198
21834	11095	10739	963	776	187	431	116	315
120848	**62300**	**58548**	**4229**	**3556**	**673**	**3138**	**895**	**2243**
23246	11954	11292	933	776	157	461	132	329
25411	13171	12240	1002	853	149	596	182	414
24033	12357	11676	846	700	146	609	165	444
23624	12116	11508	722	610	112	701	188	513
24534	12702	11832	726	617	109	771	228	543
128300	**65024**	**63276**	**2958**	**2479**	**479**	**6017**	**1705**	**4312**
26290	13341	12949	720	612	108	908	244	664
25003	12610	12393	632	529	103	1074	294	780
28768	14581	14187	608	500	108	1397	425	972
22392	11377	11015	488	405	83	1183	321	862
25847	13115	12732	510	433	77	1455	421	1034
99169	**50253**	**48916**	**1803**	**1500**	**303**	**7688**	**2068**	**5620**
24706	12414	12292	466	393	73	1601	451	1150
23735	11894	11841	461	380	81	1761	476	1285
24602	12607	11995	470	389	81	1985	555	1430
18163	9290	8873	286	238	48	1614	403	1211
7963	4048	3915	120	100	20	727	183	544
67488	**35110**	**32378**	**869**	**731**	**138**	**9707**	**2780**	**6927**
10230	5231	4999	144	124	20	1149	288	861
10422	5471	4951	159	133	26	1340	396	944
14663	7687	6976	207	171	36	2065	611	1454
16570	8653	7917	202	168	34	2519	700	1819
15603	8068	7535	157	135	22	2634	785	1849
171533	**93540**	**77993**	**1400**	**1011**	**389**	**84379**	**26443**	**57936**

5-3c 续表 1

受教育程度 年 龄	15岁及以上人口			未 婚		
	合计	男	女	小计	男	女
未上过学	**179958**	**38149**	**141809**	**6834**	**6278**	**556**
15-19岁	**241**	**149**	**92**	**219**	**148**	**71**
15	29	23	6	29	23	6
16	39	21	18	39	21	18
17	53	33	20	51	33	18
18	59	36	23	50	36	14
19	61	36	25	50	35	15
20-24岁	**475**	**210**	**265**	**294**	**209**	**85**
20	80	35	45	59	35	24
21	92	48	44	63	47	16
22	99	43	56	61	43	18
23	100	42	58	61	42	19
24	104	42	62	50	42	8
25-29岁	**589**	**231**	**358**	**247**	**194**	**53**
25	103	45	58	57	44	13
26	96	43	53	42	36	6
27	113	42	71	48	34	14
28	151	56	95	58	45	13
29	126	45	81	42	35	7
30-34岁	**1413**	**403**	**1010**	**341**	**301**	**40**
30	192	60	132	57	52	5
31	244	81	163	71	64	7
32	288	74	214	71	58	13
33	345	97	248	72	61	11
34	344	91	253	70	66	4
35-39岁	**2573**	**615**	**1958**	**351**	**315**	**36**
35	364	100	264	61	56	5
36	442	106	336	63	53	10
37	480	103	377	62	54	8
38	629	155	474	80	74	6
39	658	151	507	85	78	7
40-44岁	**6234**	**1303**	**4931**	**621**	**586**	**35**
40	843	183	660	104	98	6
41	1024	207	817	90	87	3
42	1174	232	942	111	101	10
43	1356	297	1059	143	132	11
44	1837	384	1453	173	168	5
45-49岁	**12314**	**2577**	**9737**	**1009**	**965**	**44**
45	2007	409	1598	194	182	12
46	2307	471	1836	182	173	9
47	2512	551	1961	204	195	9
48	2615	541	2074	198	192	6
49	2873	605	2268	231	223	8
50-54岁	**17994**	**3451**	**14543**	**1074**	**1031**	**43**
50	3450	707	2743	237	229	8
51	3484	685	2799	219	207	12
52	3975	762	3213	233	226	7
53	3265	606	2659	169	163	6
54	3820	691	3129	216	206	10
55-59岁	**17471**	**2882**	**14589**	**843**	**800**	**43**
55	3993	733	3260	265	247	18
56	4059	730	3329	245	235	10
57	4301	707	3594	194	186	8
58	3339	451	2888	105	98	7
59	1779	261	1518	34	34	
60-64岁	**19665**	**3508**	**16157**	**427**	**409**	**18**
60	2639	412	2227	64	61	3
61	2766	515	2251	59	58	1
62	4245	783	3462	99	94	5
63	5047	947	4100	117	115	2
64	4968	851	4117	88	81	7
65岁及以上	**100989**	**22820**	**78169**	**1408**	**1320**	**88**

单位：人

有配偶			离婚			丧偶		
小计	男	女	小计	男	女	小计	男	女
119252	**23494**	**95758**	**1091**	**652**	**439**	**52781**	**7725**	**45056**
22	**1**	**21**						
2		2						
9		9						
11	1	10						
181	**1**	**180**						
21		21						
29	1	28						
38		38						
39		39						
54		54						
336	**37**	**299**	**4**		**4**	**2**		**2**
45	1	44	1		1			
54	7	47						
64	8	56				1		1
92	11	81	1		1			
81	10	71	2		2	1		1
1048	**92**	**956**	**13**	**8**	**5**	**11**	**2**	**9**
133	7	126				2	1	1
170	14	156	3	3				
215	15	200	1	1		1		1
264	33	231	6	3	3	3		3
266	23	243	3	1	2	5	1	4
2115	**260**	**1855**	**52**	**38**	**14**	**55**	**2**	**53**
290	40	250	5	3	2	8	1	7
362	46	316	8	6	2	9	1	8
397	38	359	15	11	4	6		6
524	72	452	12	9	3	13		13
542	64	478	12	9	3	19		19
5349	**631**	**4718**	**106**	**69**	**37**	**158**	**17**	**141**
706	68	638	21	16	5	12	1	11
896	101	795	21	16	5	17	3	14
1015	117	898	20	12	8	28	2	26
1157	143	1014	20	14	6	36	8	28
1575	202	1373	24	11	13	65	3	62
10593	**1450**	**9143**	**170**	**119**	**51**	**542**	**43**	**499**
1724	199	1525	31	20	11	58	8	50
1999	267	1732	35	26	9	91	5	86
2155	318	1837	38	26	12	115	12	103
2253	318	1935	33	26	7	131	5	126
2462	348	2114	33	21	12	147	13	134
15418	**2209**	**13209**	**161**	**116**	**45**	**1341**	**95**	**1246**
2977	438	2539	35	28	7	201	12	189
2999	441	2558	37	27	10	229	10	219
3395	493	2902	33	22	11	314	21	293
2816	402	2414	29	18	11	251	23	228
3231	435	2796	27	21	6	346	29	317
14476	**1855**	**12621**	**115**	**66**	**49**	**2037**	**161**	**1876**
3326	442	2884	20	13	7	382	31	351
3321	438	2883	39	21	18	454	36	418
3578	451	3127	29	18	11	500	52	448
2752	316	2436	16	10	6	466	27	439
1499	208	1291	11	4	7	235	15	220
15463	**2690**	**12773**	**108**	**67**	**41**	**3667**	**342**	**3325**
2159	311	1848	13	8	5	403	32	371
2230	402	1828	22	14	8	455	41	414
3337	594	2743	27	18	9	782	77	705
3899	727	3172	28	16	12	1003	89	914
3838	656	3182	18	11	7	1024	103	921
54251	**14268**	**39983**	**362**	**169**	**193**	**44968**	**7063**	**37905**

5-3c 续表 2

受教育程度 年 龄	15岁及以上人口			未 婚		
	合计	男	女	小计	男	女
学前教育	**1187**	**319**	**868**	**73**	**54**	**19**
15-19岁	**25**	**12**	**13**	**24**	**12**	**12**
15	12	6	6	12	6	6
16	5	2	3	5	2	3
17	3	1	2	2	1	1
18	3	1	2	3	1	2
19	2	2		2	2	
20-24岁	**18**	**8**	**10**	**9**	**7**	**2**
20	6	3	3	3	3	
21	4	1	3	2	1	1
22						
23	1	1		1	1	
24	7	3	4	3	2	1
25-29岁	**20**	**10**	**10**	**10**	**8**	**2**
25	1		1	1		1
26	8	7	1	7	6	1
27	3	2	1	2	2	
28	4		4			
29	4	1	3			
30-34岁	**15**	**7**	**8**	**3**	**2**	**1**
30	3	3				
31	2	1	1	1	1	
32	3	1	2	1		1
33	5	2	3	1	1	
34	2		2			
35-39岁	**20**	**9**	**11**	**1**	**1**	
35	6	3	3			
36	4	1	3			
37	3	1	2			
38	5	3	2	1	1	
39	2	1	1			
40-44岁	**45**	**9**	**36**	**5**	**5**	
40	8	1	7	1	1	
41	7	2	5	1	1	
42	6		6			
43	9	1	8	1	1	
44	15	5	10	2	2	
45-49岁	**75**	**20**	**55**	**4**	**3**	**1**
45	14	6	8	2	2	
46	10	3	7	1		1
47	20	4	16	1	1	
48	16	4	12			
49	15	3	12			
50-54岁	**111**	**22**	**89**	**6**	**5**	**1**
50	16		16	1		1
51	21	6	15	2	2	
52	22	5	17	1	1	
53	24	6	18			
54	28	5	23	2	2	
55-59岁	**131**	**30**	**101**	**2**	**2**	
55	31	9	22			
56	23	3	20	1	1	
57	40	8	32	1	1	
58	24	2	22			
59	13	8	5			
60-64岁	**156**	**33**	**123**	**3**	**3**	
60	21	6	15			
61	22	5	17	1	1	
62	28	5	23	1	1	
63	42	12	30			
64	43	5	38	1	1	
65岁及以上	**571**	**159**	**412**	**6**	**6**	

单位：人

有配偶			离婚			丧偶		
小计	男	女	小计	男	女	小计	男	女
829	**213**	**616**	**13**	**9**	**4**	**272**	**43**	**229**
1		**1**						
1		1						
8	**1**	**7**	**1**		**1**			
3		3						
1		1	1		1			
4	1	3						
10	**2**	**8**						
1	1							
1		1						
4		4						
4	1	3						
12	**5**	**7**						
3	3							
1		1						
2	1	1						
4	1	3						
2		2						
18	**7**	**11**	**1**	**1**				
5	2	3	1	1				
4	1	3						
3	1	2						
4	2	2						
2	1	1						
40	**4**	**36**						
7		7						
6	1	5						
6		6						
8		8						
13	3	10						
65	**14**	**51**	**3**	**3**		**3**		**3**
10	2	8	2	2				
9	3	6						
19	3	16						
16	4	12						
11	2	9	1	1		3		3
100	**17**	**83**	**1**		**1**	**4**		**4**
15		15						
17	4	13	1		1	1		1
21	4	17						
22	6	16				2		2
25	3	22				1		1
110	**25**	**85**	**2**	**2**		**17**	**1**	**16**
28	8	20				3	1	2
18	1	17	1	1		3		3
33	7	26				6		6
20	2	18				4		4
11	7	4	1	1		1		1
127	**28**	**99**	**2**	**1**	**1**	**24**	**1**	**23**
18	6	12				3		3
17	4	13				4		4
24	4	20				3		3
34	11	23	1	1		7		7
34	3	31	1		1	7	1	6
338	**110**	**228**	**3**	**2**	**1**	**224**	**41**	**183**

5-3c 续表 3

受教育程度 年龄	15岁及以上人口			未婚		
	合计	男	女	小计	男	女
小学	**492854**	**251467**	**241387**	**21898**	**20380**	**1518**
15-19岁	**1412**	**697**	**715**	**1050**	**643**	**407**
15	190	94	96	184	94	90
16	192	97	95	170	96	74
17	224	100	124	177	95	82
18	310	158	152	224	151	73
19	496	248	248	295	207	88
20-24岁	**4801**	**2235**	**2566**	**1948**	**1559**	**389**
20	664	301	363	371	257	114
21	775	358	417	350	272	78
22	1030	495	535	405	339	66
23	1155	538	617	431	349	82
24	1177	543	634	391	342	49
25-29岁	**8393**	**3749**	**4644**	**1874**	**1651**	**223**
25	1433	639	794	424	371	53
26	1481	652	829	381	326	55
27	1689	780	909	357	312	45
28	1870	808	1062	366	322	44
29	1920	870	1050	346	320	26
30-34岁	**16829**	**7226**	**9603**	**2186**	**2040**	**146**
30	2630	1124	1506	414	375	39
31	3013	1279	1734	445	418	27
32	3304	1381	1923	412	382	30
33	4003	1724	2279	481	447	34
34	3879	1718	2161	434	418	16
35-39岁	**26161**	**11992**	**14169**	**2341**	**2252**	**89**
35	4037	1783	2254	406	386	20
36	4421	2011	2410	423	406	17
37	4827	2225	2602	458	442	16
38	6338	2980	3358	553	534	19
39	6538	2993	3545	501	484	17
40-44岁	**44403**	**20726**	**23677**	**2733**	**2654**	**79**
40	6898	3139	3759	476	458	18
41	7927	3701	4226	500	483	17
42	8767	4030	4737	537	524	13
43	9333	4470	4863	557	542	15
44	11478	5386	6092	663	647	16
45-49岁	**68353**	**32652**	**35701**	**3165**	**3104**	**61**
45	12487	5864	6623	685	672	13
46	14008	6759	7249	682	671	11
47	13689	6485	7204	658	643	15
48	13463	6349	7114	562	553	9
49	14706	7195	7511	578	565	13
50-54岁	**80546**	**38486**	**42060**	**2500**	**2441**	**59**
50	15880	7522	8358	594	579	15
51	15662	7502	8160	504	493	11
52	18407	8833	9574	534	524	10
53	14372	6899	7473	405	393	12
54	16225	7730	8495	463	452	11
55-59岁	**60506**	**28242**	**32264**	**1500**	**1480**	**20**
55	15450	7231	8219	414	406	8
56	14693	6779	7914	384	378	6
57	14890	7000	7890	387	386	1
58	10743	4983	5760	222	220	2
59	4730	2249	2481	93	90	3
60-64岁	**44232**	**23429**	**20803**	**851**	**841**	**10**
60	6330	3194	3136	127	125	2
61	6696	3473	3223	143	141	2
62	9524	5064	4460	200	198	2
63	11005	5869	5136	206	204	2
64	10677	5829	4848	175	173	2
65岁及以上	**137218**	**82033**	**55185**	**1750**	**1715**	**35**

单位：人

有配偶			离婚			丧偶		
小计	男	女	小计	男	女	小计	男	女
409118	**201319**	**207799**	**9849**	**8190**	**1659**	**51989**	**21578**	**30411**
357	**52**	**305**	**3**	**2**	**1**	**2**		**2**
6		6						
22	1	21						
46	5	41				1		1
85	6	79	1	1				
198	40	158	2	1	1	1		1
2779	**644**	**2135**	**68**	**32**	**36**	**6**		**6**
289	43	246	4	1	3			
419	83	336	6	3	3			
608	150	458	17	6	11			
704	179	525	17	10	7	3		3
759	189	570	24	12	12	3		3
6250	**1912**	**4338**	**251**	**183**	**68**	**18**	**3**	**15**
965	240	725	43	28	15	1		1
1066	305	761	31	20	11	3	1	2
1280	426	854	49	42	7	3		3
1437	441	996	63	44	19	4	1	3
1502	500	1002	65	49	16	7	1	6
13881	**4666**	**9215**	**662**	**493**	**169**	**100**	**27**	**73**
2095	665	1430	111	80	31	10	4	6
2450	784	1666	102	75	27	16	2	14
2751	911	1840	123	83	40	18	5	13
3323	1142	2181	160	123	37	39	12	27
3262	1164	2098	166	132	34	17	4	13
22472	**8739**	**13733**	**1103**	**927**	**176**	**245**	**74**	**171**
3436	1250	2186	172	138	34	23	9	14
3758	1435	2323	202	160	42	38	10	28
4143	1626	2517	182	149	33	44	8	36
5440	2184	3256	282	247	35	63	15	48
5695	2244	3451	265	233	32	77	32	45
39209	**16440**	**22769**	**1696**	**1429**	**267**	**765**	**203**	**562**
6023	2387	3636	315	274	41	84	20	64
6981	2888	4093	331	286	45	115	44	71
7752	3208	4544	332	273	59	146	25	121
8281	3599	4682	317	272	45	178	57	121
10172	4358	5814	401	324	77	242	57	185
61329	**27327**	**34002**	**1977**	**1693**	**284**	**1882**	**528**	**1354**
11154	4797	6357	379	324	55	269	71	198
12500	5584	6916	473	403	70	353	101	252
12264	5396	6868	405	347	58	362	99	263
12146	5391	6755	336	291	45	419	114	305
13265	6159	7106	384	328	56	479	143	336
72784	**33599**	**39185**	**1654**	**1396**	**258**	**3608**	**1050**	**2558**
14387	6482	7905	377	323	54	522	138	384
14147	6513	7634	357	306	51	654	190	464
16696	7765	8931	353	290	63	824	254	570
12949	6071	6878	283	234	49	735	201	534
14605	6768	7837	284	243	41	873	267	606
53568	**24688**	**28880**	**1031**	**867**	**164**	**4407**	**1207**	**3200**
13765	6297	7468	281	239	42	990	289	701
13043	5921	7122	254	212	42	1012	268	744
13082	6055	7027	279	233	46	1142	326	816
9492	4415	5077	149	124	25	880	224	656
4186	2000	2186	68	59	9	383	100	283
37739	**20335**	**17404**	**551**	**484**	**67**	**5091**	**1769**	**3322**
5497	2809	2688	92	83	9	614	177	437
5723	3004	2719	102	90	12	728	238	490
8122	4366	3756	133	115	18	1069	385	684
9385	5109	4276	128	111	17	1286	445	841
9012	5047	3965	96	85	11	1394	524	870
98750	**62917**	**35833**	**853**	**684**	**169**	**35865**	**16717**	**19148**

5-3c 续表 4

受教育程度 年 龄	15岁及以上人口 合计	男	女	未 婚 小计	男	女
初 中	**436129**	**276961**	**159168**	**93537**	**68025**	**25512**
15—19岁	**46572**	**26250**	**20322**	**43286**	**25530**	**17756**
15	18190	9965	8225	18118	9957	8161
16	10171	5735	4436	9927	5705	4222
17	6303	3608	2695	5736	3498	2238
18	5664	3316	2348	4714	3093	1621
19	6244	3626	2618	4791	3277	1514
20—24岁	**43785**	**24621**	**19164**	**22380**	**17353**	**5027**
20	7025	4050	2975	4729	3497	1232
21	7701	4389	3312	4557	3476	1081
22	9651	5453	4198	5008	3893	1115
23	9524	5296	4228	4257	3398	859
24	9884	5433	4451	3829	3089	740
25—29岁	**51927**	**28661**	**23266**	**13079**	**11248**	**1831**
25	10489	5727	4762	3553	2946	607
26	10011	5542	4469	2868	2425	443
27	10668	5760	4908	2502	2155	347
28	10644	5862	4782	2216	1981	235
29	10115	5770	4345	1940	1741	199
30—34岁	**57774**	**32738**	**25036**	**7280**	**6739**	**541**
30	12180	6847	5333	2005	1821	184
31	12051	6768	5283	1635	1506	129
32	11512	6450	5062	1350	1258	92
33	12015	6928	5087	1328	1255	73
34	10016	5745	4271	962	899	63
35—39岁	**45685**	**27473**	**18212**	**3198**	**3020**	**178**
35	9035	5251	3784	755	709	46
36	9175	5440	3735	699	669	30
37	8340	5012	3328	607	571	36
38	10009	6193	3816	663	625	38
39	9126	5577	3549	474	446	28
40—44岁	**44270**	**28616**	**15654**	**1831**	**1743**	**88**
40	8458	5314	3144	444	421	23
41	8736	5680	3056	406	388	18
42	8609	5550	3059	388	376	12
43	8561	5619	2942	308	295	13
44	9906	6453	3453	285	263	22
45—49岁	**47887**	**32827**	**15060**	**1257**	**1207**	**50**
45	10215	6893	3322	310	300	10
46	10779	7277	3502	307	293	14
47	9371	6460	2911	246	238	8
48	8988	6220	2768	218	205	13
49	8534	5977	2557	176	171	5
50—54岁	**38646**	**27880**	**10766**	**638**	**612**	**26**
50	8656	6186	2470	176	171	5
51	7562	5379	2183	140	135	5
52	8354	6027	2327	131	125	6
53	6386	4673	1713	86	77	9
54	7688	5615	2073	105	104	1
55—59岁	**28920**	**21648**	**7272**	**343**	**334**	**9**
55	7185	5299	1886	96	93	3
56	6952	5138	1814	81	77	4
57	7393	5559	1834	89	88	1
58	5402	4079	1323	66	65	1
59	1988	1573	415	11	11	
60—64岁	**12200**	**10191**	**2009**	**124**	**123**	**1**
60	2210	1776	434	17	17	
61	2066	1698	368	20	19	1
62	2680	2247	433	28	28	
63	2806	2391	415	37	37	
64	2438	2079	359	22	22	
65岁及以上	**18463**	**16056**	**2407**	**121**	**116**	**5**

单位：人

有配偶			离婚			丧偶		
小计	男	女	小计	男	女	小计	男	女
321841	**193794**	**128047**	**13441**	**10561**	**2880**	**7310**	**4581**	**2729**
3251	**706**	**2545**	**33**	**14**	**19**	**2**		**2**
72	8	64						
243	30	213	1		1			
562	110	452	4		4	1		1
939	220	719	10	3	7	1		1
1435	338	1097	18	11	7			
20930	**6993**	**13937**	**461**	**269**	**192**	**14**	**6**	**8**
2259	535	1724	36	17	19	1	1	
3083	882	2201	59	30	29	2	1	1
4559	1518	3041	79	39	40	5	3	2
5140	1822	3318	124	76	48	3		3
5889	2236	3653	163	107	56	3	1	2
37142	**16327**	**20815**	**1631**	**1063**	**568**	**75**	**23**	**52**
6675	2631	4044	254	149	105	7	1	6
6840	2933	3907	285	178	107	18	6	12
7818	3394	4424	334	207	127	14	4	10
8056	3631	4425	354	244	110	18	6	12
7753	3738	4015	404	285	119	18	6	12
47432	**23762**	**23670**	**2879**	**2174**	**705**	**183**	**63**	**120**
9603	4615	4988	550	404	146	22	7	15
9833	4844	4989	543	403	140	40	15	25
9510	4746	4764	611	435	176	41	11	30
10018	5163	4855	628	495	133	41	15	26
8468	4394	4074	547	437	110	39	15	24
39709	**22297**	**17412**	**2556**	**2085**	**471**	**222**	**71**	**151**
7772	4153	3619	475	383	92	33	6	27
7926	4362	3564	507	395	112	43	14	29
7212	4034	3178	484	391	93	37	16	21
8718	5069	3649	569	479	90	59	20	39
8081	4679	3402	521	437	84	50	15	35
39815	**24887**	**14928**	**2217**	**1819**	**398**	**407**	**167**	**240**
7533	4513	3020	431	361	70	50	19	31
7789	4876	2913	471	392	79	70	24	46
7689	4781	2908	449	359	90	83	34	49
7787	4977	2810	385	312	73	81	35	46
9017	5740	3277	481	395	86	123	55	68
44118	**29761**	**14357**	**1833**	**1555**	**278**	**679**	**304**	**375**
9326	6166	3160	454	381	73	125	46	79
9882	6526	3356	441	383	58	149	75	74
8644	5881	2763	351	289	62	130	52	78
8319	5692	2627	311	260	51	140	63	77
7947	5496	2451	276	242	34	135	68	67
36023	**25895**	**10128**	**983**	**848**	**135**	**1002**	**525**	**477**
8036	5692	2344	270	234	36	174	89	85
7044	4987	2057	200	170	30	178	87	91
7792	5599	2193	193	167	26	238	136	102
5958	4367	1591	153	135	18	189	94	95
7193	5250	1943	167	142	25	223	119	104
26930	**20211**	**6719**	**555**	**481**	**74**	**1092**	**622**	**470**
6759	4983	1776	133	113	20	197	110	87
6454	4771	1683	152	134	18	265	156	109
6860	5193	1667	138	118	20	306	160	146
5009	3797	1212	96	83	13	231	134	97
1848	1467	381	36	33	3	93	62	31
11175	**9404**	**1771**	**150**	**128**	**22**	**751**	**536**	**215**
2057	1670	387	27	23	4	109	66	43
1897	1563	334	27	22	5	122	94	28
2453	2076	377	27	20	7	172	123	49
2564	2201	363	33	28	5	172	125	47
2204	1894	310	36	35	1	176	128	48
15316	**13551**	**1765**	**143**	**125**	**18**	**2883**	**2264**	**619**

5-3c 续表 5

受教育程度 年 龄	15岁及以上人口 合计	男	女	未婚 小计	男	女
高 中	**98098**	**57732**	**40366**	**62353**	**34092**	**28261**
15-19岁	**48132**	**24179**	**23953**	**47816**	**24093**	**23723**
15	5598	2793	2805	5598	2793	2805
16	12339	6170	6169	12330	6168	6162
17	13385	6740	6645	13354	6728	6626
18	10418	5153	5265	10330	5135	5195
19	6392	3323	3069	6204	3269	2935
20-24岁	**13263**	**7319**	**5944**	**10081**	**6288**	**3793**
20	3810	2045	1765	3491	1954	1537
21	2620	1476	1144	2167	1355	812
22	2598	1423	1175	1861	1200	661
23	2274	1267	1007	1480	1000	480
24	1961	1108	853	1082	779	303
25-29岁	**8429**	**4822**	**3607**	**2806**	**2202**	**604**
25	1929	1069	860	875	645	230
26	1626	907	719	608	454	154
27	1661	935	726	517	420	97
28	1694	1015	679	468	392	76
29	1519	896	623	338	291	47
30-34岁	**7350**	**4605**	**2745**	**1084**	**975**	**109**
30	1732	1043	689	323	280	43
31	1581	995	586	262	242	20
32	1489	930	559	206	184	22
33	1414	876	538	165	151	14
34	1134	761	373	128	118	10
35-39岁	**3838**	**2663**	**1175**	**280**	**265**	**15**
35	983	670	313	83	78	5
36	821	544	277	60	59	1
37	697	487	210	50	48	2
38	741	528	213	50	46	4
39	596	434	162	37	34	3
40-44岁	**2908**	**2109**	**799**	**85**	**79**	**6**
40	579	423	156	21	20	1
41	595	406	189	18	14	4
42	589	416	173	18	18	
43	528	401	127	19	19	
44	617	463	154	9	8	1
45-49岁	**3007**	**2379**	**628**	**79**	**77**	**2**
45	650	493	157	21	21	
46	631	484	147	15	15	
47	589	467	122	12	11	1
48	583	475	108	14	13	1
49	554	460	94	17	17	
50-54岁	**2602**	**2136**	**466**	**45**	**40**	**5**
50	541	448	93	11	11	
51	528	426	102	9	8	1
52	579	476	103	10	8	2
53	426	346	80	7	6	1
54	528	440	88	8	7	1
55-59岁	**3150**	**2651**	**499**	**36**	**35**	**1**
55	581	475	106	8	8	
56	659	553	106	8	8	
57	819	697	122	8	8	
58	734	620	114	8	8	
59	357	306	51	4	3	1
60-64岁	**2743**	**2411**	**332**	**25**	**23**	**2**
60	440	375	65	3	2	1
61	501	445	56	5	5	
62	677	593	84	3	3	
63	654	575	79	9	8	1
64	471	423	48	5	5	
65岁及以上	**2676**	**2458**	**218**	**16**	**15**	**1**

单位：人

有配偶			离婚			丧偶		
小计	男	女	小计	男	女	小计	男	女
33752	**22190**	**11562**	**1274**	**924**	**350**	**719**	**526**	**193**
314	**85**	**229**	**2**	**1**	**1**			
9	2	7						
30	11	19	1	1				
88	18	70						
187	54	133	1		1			
3134	**1010**	**2124**	**47**	**21**	**26**	**1**		**1**
316	90	226	3	1	2			
446	121	325	7		7			
727	218	509	10	5	5			
781	260	521	12	7	5	1		1
864	321	543	15	8	7			
5436	**2515**	**2921**	**185**	**105**	**80**	**2**		**2**
1026	409	617	28	15	13			
998	445	553	20	8	12			
1106	497	609	37	18	19	1		1
1184	591	593	42	32	10			
1122	573	549	58	32	26	1		1
5974	**3445**	**2529**	**281**	**181**	**100**	**11**	**4**	**7**
1362	734	628	45	29	16	2		2
1255	715	540	62	37	25	2	1	1
1228	713	515	52	32	20	3	1	2
1185	683	502	63	42	21	1		1
944	600	344	59	41	18	3	2	1
3359	**2240**	**1119**	**190**	**153**	**37**	**9**	**5**	**4**
860	558	302	38	33	5	2	1	1
718	451	267	41	33	8	2	1	1
614	410	204	31	27	4	2	2	
640	443	197	50	38	12	1	1	
527	378	149	30	22	8	2		2
2649	**1890**	**759**	**163**	**134**	**29**	**11**	**6**	**5**
520	370	150	38	33	5			
544	368	176	29	21	8	4	3	1
542	379	163	24	18	6	5	1	4
474	353	121	33	27	6	2	2	
569	420	149	39	35	4			
2754	**2171**	**583**	**153**	**118**	**35**	**21**	**13**	**8**
581	438	143	43	30	13	5	4	1
581	443	138	34	26	8	1		1
543	428	115	32	26	6	2	2	
539	440	99	23	18	5	7	4	3
510	422	88	21	18	3	6	3	3
2406	**1987**	**419**	**103**	**80**	**23**	**48**	**29**	**19**
499	415	84	23	18	5	8	4	4
482	394	88	28	19	9	9	5	4
536	442	94	17	15	2	16	11	5
398	326	72	15	11	4	6	3	3
491	410	81	20	17	3	9	6	3
2941	**2495**	**446**	**67**	**59**	**8**	**106**	**62**	**44**
530	433	97	19	18	1	24	16	8
618	522	96	10	9	1	23	14	9
772	662	110	16	14	2	23	13	10
681	581	100	19	16	3	26	15	11
340	297	43	3	2	1	10	4	6
2515	**2228**	**287**	**48**	**44**	**4**	**155**	**116**	**39**
409	354	55	9	7	2	19	12	7
463	415	48	6	6		27	19	8
622	550	72	17	16	1	35	24	11
585	517	68	12	12		48	38	10
436	392	44	4	3	1	26	23	3
2270	**2124**	**146**	**35**	**28**	**7**	**355**	**291**	**64**

5-3c 续表 6

受教育程度 年 龄	15岁及以上人口			未 婚		
	合计	男	女	小计	男	女
大学专科	**41499**	**23092**	**18407**	**24132**	**12181**	**11951**
15-19岁	**5814**	**2716**	**3098**	**5786**	**2710**	**3076**
15	140	76	64	140	76	64
16	330	186	144	330	186	144
17	607	315	292	607	315	292
18	1502	690	812	1497	690	807
19	3235	1449	1786	3212	1443	1769
20-24岁	**15590**	**7059**	**8531**	**14240**	**6689**	**7551**
20	3852	1727	2125	3797	1714	2083
21	3624	1625	1999	3512	1589	1923
22	3329	1526	1803	3026	1454	1572
23	2592	1185	1407	2214	1092	1122
24	2193	996	1197	1691	840	851
25-29岁	**6570**	**3425**	**3145**	**3189**	**2007**	**1182**
25	1793	831	962	1158	636	522
26	1471	750	721	812	498	314
27	1275	669	606	573	381	192
28	1092	618	474	380	280	100
29	939	557	382	266	212	54
30-34岁	**4260**	**2593**	**1667**	**672**	**555**	**117**
30	982	570	412	234	183	51
31	884	519	365	140	112	28
32	877	545	332	138	121	17
33	844	516	328	91	82	9
34	673	443	230	69	57	12
35-39岁	**2438**	**1737**	**701**	**154**	**141**	**13**
35	542	375	167	47	42	5
36	560	403	157	42	40	2
37	478	349	129	25	24	1
38	491	351	140	26	22	4
39	367	259	108	14	13	1
40-44岁	**1822**	**1384**	**438**	**46**	**39**	**7**
40	358	277	81	13	11	2
41	388	291	97	11	10	1
42	378	285	93	5	3	2
43	336	264	72	10	9	1
44	362	267	95	7	6	1
45-49岁	**1619**	**1274**	**345**	**28**	**24**	**4**
45	352	270	82	6	6	
46	357	283	74	5	4	1
47	315	253	62	6	4	2
48	300	230	70	7	7	
49	295	238	57	4	3	1
50-54岁	**1297**	**1066**	**231**	**13**	**12**	**1**
50	310	254	56	5	4	1
51	248	211	37	4	4	
52	276	226	50	2	2	
53	207	169	38	1	1	
54	256	206	50	1	1	
55-59岁	**1041**	**878**	**163**	**3**	**3**	
55	264	223	41			
56	257	219	38	2	2	
57	242	202	40			
58	198	166	32	1	1	
59	80	68	12			
60-64岁	**440**	**398**	**42**			
60	85	78	7			
61	87	77	10			
62	101	93	8			
63	90	77	13			
64	77	73	4			
65岁及以上	**608**	**562**	**46**	**1**	**1**	

单位：人

有配偶			离婚			丧偶		
小计	男	女	小计	男	女	小计	男	女
16637	**10414**	**6223**	**573**	**395**	**178**	**157**	**102**	**55**
28	**6**	**22**						
5		5						
23	6	17						
1340	**368**	**972**	**7**	**2**	**5**	**3**		**3**
54	13	41				1		1
112	36	76						
300	71	229	2	1	1	1		1
378	93	285						
496	155	341	5	1	4	1		1
3325	**1392**	**1933**	**53**	**25**	**28**	**3**	**1**	**2**
628	192	436	7	3	4			
652	249	403	6	3	3	1		1
695	286	409	7	2	5			
694	327	367	18	11	7			
656	338	318	15	6	9	2	1	1
3446	**1947**	**1499**	**139**	**91**	**48**	**3**		**3**
721	369	352	27	18	9			
717	395	322	27	12	15			
708	406	302	29	18	11	2		2
721	410	311	32	24	8			
579	367	212	24	19	5	1		1
2155	**1500**	**655**	**123**	**93**	**30**	**6**	**3**	**3**
473	318	155	22	15	7			
489	345	144	27	17	10	2	1	1
419	294	125	32	30	2	2	1	1
435	309	126	29	20	9	1		1
339	234	105	13	11	2	1	1	
1675	**1274**	**401**	**95**	**69**	**26**	**6**	**2**	**4**
329	254	75	15	12	3	1		1
357	264	93	19	16	3	1	1	
350	269	81	22	13	9	1		1
298	236	62	26	19	7	2		2
341	251	90	13	9	4	1	1	
1510	**1191**	**319**	**73**	**54**	**19**	**8**	**5**	**3**
327	249	78	17	13	4	2	2	
336	267	69	15	12	3	1		1
292	238	54	17	11	6			
273	208	65	16	13	3	4	2	2
282	229	53	8	5	3	1	1	
1226	**1018**	**208**	**46**	**32**	**14**	**12**	**4**	**8**
289	241	48	14	9	5	2		2
236	201	35	5	4	1	3	2	1
260	217	43	10	5	5	4	2	2
199	162	37	7	6	1			
242	197	45	10	8	2	3		3
986	**841**	**145**	**26**	**21**	**5**	**26**	**13**	**13**
248	210	38	12	10	2	4	3	1
248	213	35	4	3	1	3	1	2
230	195	35	4	3	1	8	4	4
186	158	28	5	4	1	6	3	3
74	65	9	1	1		5	2	3
413	**376**	**37**	**8**	**6**	**2**	**19**	**16**	**3**
81	74	7	3	3		1	1	
81	72	9	2	1	1	4	4	
94	89	5	3	2	1	4	2	2
87	74	13				3	3	
70	67	3				7	6	1
533	**501**	**32**	**3**	**2**	**1**	**71**	**58**	**13**

5-3c 续表 7

受教育程度 年龄	15岁及以上人口			未婚		
	合计	男	女	小计	男	女
大学本科	**27707**	**14808**	**12899**	**18676**	**9243**	**9433**
15-19岁	**3399**	**1500**	**1899**	**3397**	**1499**	**1898**
15	8	2	6	8	2	6
16	45	16	29	45	16	29
17	185	80	105	185	80	105
18	1024	428	596	1023	428	595
19	2137	974	1163	2136	973	1163
20-24岁	**10973**	**5036**	**5937**	**10666**	**4935**	**5731**
20	2180	1007	1173	2179	1007	1172
21	2210	1039	1171	2190	1032	1158
22	2498	1105	1393	2449	1093	1356
23	2188	1026	1162	2111	996	1115
24	1897	859	1038	1737	807	930
25-29岁	**6353**	**3289**	**3064**	**3914**	**2250**	**1664**
25	1705	846	859	1407	736	671
26	1332	645	687	956	511	445
27	1281	676	605	742	461	281
28	1134	596	538	493	318	175
29	901	526	375	316	224	92
30-34岁	**3386**	**2159**	**1227**	**581**	**452**	**129**
30	883	517	366	238	171	67
31	752	473	279	138	109	29
32	658	415	243	93	78	15
33	607	409	198	71	59	12
34	486	345	141	41	35	6
35-39岁	**1544**	**1155**	**389**	**76**	**69**	**7**
35	358	250	108	21	19	2
36	371	277	94	16	13	3
37	313	237	76	14	14	
38	285	226	59	13	12	1
39	217	165	52	12	11	1
40-44岁	**880**	**682**	**198**	**21**	**20**	**1**
40	212	166	46	7	7	
41	183	129	54	3	3	
42	168	131	37	3	3	
43	165	132	33	4	3	1
44	152	124	28	4	4	
45-49岁	**510**	**410**	**100**	**10**	**10**	
45	135	112	23	2	2	
46	109	85	24	2	2	
47	122	97	25	3	3	
48	82	66	16	1	1	
49	62	50	12	2	2	
50-54岁	**356**	**310**	**46**	**6**	**6**	
50	92	77	15	4	4	
51	82	73	9	1	1	
52	70	62	8			
53	50	43	7			
54	62	55	7	1	1	
55-59岁	**165**	**144**	**21**	**2**	**2**	
55	52	43	9	1	1	
56	35	29	6	1	1	
57	49	46	3			
58	24	22	2			
59	5	4	1			
60-64岁	**58**	**49**	**9**	**1**		**1**
60	9	7	2			
61	11	11				
62	12	8	4	1		1
63	15	13	2			
64	11	10	1			
65岁及以上	**83**	**74**	**9**	**2**		**2**

单位：人

有配偶			离婚			丧偶		
小计	男	女	小计	男	女	小计	男	女
8805	**5420**	**3385**	**204**	**131**	**73**	**22**	**14**	**8**
2	**1**	**1**						
1		1						
1	1							
306	**100**	**206**	**1**	**1**				
1		1						
20	7	13						
49	12	37						
77	30	47						
159	51	108	1	1				
2422	**1030**	**1392**	**16**	**9**	**7**	**1**		**1**
296	109	187	2	1	1			
373	133	240	3	1	2			
537	214	323	2	1	1			
635	274	361	5	4	1	1		1
581	300	281	4	2	2			
2734	**1664**	**1070**	**71**	**43**	**28**			
633	335	298	12	11	1			
599	355	244	15	9	6			
553	334	219	12	3	9			
520	339	181	16	11	5			
429	301	128	16	9	7			
1423	**1057**	**366**	**45**	**29**	**16**			
325	222	103	12	9	3			
340	255	85	15	9	6			
290	218	72	9	5	4			
265	208	57	7	6	1			
203	154	49	2		2			
825	**640**	**185**	**32**	**22**	**10**	**2**		**2**
198	154	44	7	5	2			
172	120	52	8	6	2			
159	125	34	5	3	2	1		1
153	123	30	7	6	1	1		1
143	118	25	5	2	3			
477	**384**	**93**	**20**	**14**	**6**	**3**	**2**	**1**
124	103	21	7	6	1	2	1	1
102	79	23	4	3	1	1	1	
116	93	23	3	1	2			
78	63	15	3	2	1			
57	46	11	3	2	1			
338	**295**	**43**	**10**	**7**	**3**	**2**	**2**	
86	72	14	1		1	1	1	
77	69	8	4	3	1			
67	60	7	2	1	1	1	1	
49	42	7	1	1				
59	52	7	2	2				
155	**136**	**19**	**6**	**4**	**2**	**2**	**2**	
50	41	9				1	1	
32	27	5	1		1	1	1	
45	43	2	4	3	1			
23	21	2	1	1				
5	4	1						
55	**48**	**7**	**2**	**1**	**1**			
9	7	2						
11	11							
11	8	3						
15	13	2						
9	9		2	1	1			
68	**65**	**3**	**1**	**1**		**12**	**8**	**4**

5-3c 续表 8

受教育程度 年 龄	15岁及以上人口 合计	15岁及以上人口 男	15岁及以上人口 女	未婚 小计	未婚 男	未婚 女
硕士研究生	**537**	**244**	**293**	**370**	**151**	**219**
15—19岁						
15						
16						
17						
18						
19						
20—24岁	**143**	**51**	**92**	**138**	**49**	**89**
20	4	2	2	4	2	2
21	5	1	4	5	1	4
22	22	7	15	22	7	15
23	53	18	35	51	17	34
24	59	23	36	56	22	34
25—29岁	**237**	**98**	**139**	**204**	**86**	**118**
25	79	34	45	79	34	45
26	62	26	36	57	21	36
27	43	15	28	36	14	22
28	27	10	17	18	7	11
29	26	13	13	14	10	4
30—34岁	**90**	**49**	**41**	**23**	**12**	**11**
30	26	11	15	11	7	4
31	15	9	6	5	4	1
32	15	5	10	3	1	2
33	21	15	6	2		2
34	13	9	4	2		2
35—39岁	**36**	**24**	**12**	**5**	**4**	**1**
35	9	7	2	1		1
36	7	4	3	1	1	
37	9	6	3	1	1	
38	6	4	2	1	1	
39	5	3	2	1	1	
40—44岁	**13**	**10**	**3**			
40	3	3				
41	2	1	1			
42	1	1				
43	4	3	1			
44	3	2	1			
45—49岁	**2**	**2**				
45						
46	2	2				
47						
48						
49						
50—54岁	**4**	**3**	**1**			
50						
51	1	1				
52	1	1				
53	1	1				
54	1		1			
55—59岁	**5**	**2**	**3**			
55	1		1			
56	1	1				
57	2	1	1			
58	1		1			
59						
60—64岁	**1**	**1**				
60						
61						
62						
63	1	1				
64						
65岁及以上	**6**	**4**	**2**			

单位：人

有配偶			离婚			丧偶		
小计	男	女	小计	男	女	小计	男	女
161	**90**	**71**	**4**	**2**	**2**	**2**	**1**	**1**
5	**2**	**3**						
2	1	1						
3	1	2						
33	**12**	**21**						
5	5							
7	1	6						
9	3	6						
12	3	9						
64	**35**	**29**	**3**	**2**	**1**			
15	4	11						
8	4	4	2	1	1			
12	4	8						
18	14	4	1	1				
11	9	2						
31	**20**	**11**						
8	7	1						
6	3	3						
8	5	3						
5	3	2						
4	2	2						
13	**10**	**3**						
3	3							
2	1	1						
1	1							
4	3	1						
3	2	1						
2	**2**							
2	2							
4	**3**	**1**						
1	1							
1	1							
1	1							
1		1						
3	**2**	**1**	**1**		**1**	**1**		**1**
			1		1			
1	1							
2	1	1						
						1		1
1	**1**							
1	1							
5	**3**	**2**				**1**	**1**	

5-3c 续表 9

受教育程度 年 龄	15岁及以上人口 合计	15岁及以上人口 男	15岁及以上人口 女	未婚 小计	未婚 男	未婚 女
博士研究生	**47**	**34**	**13**	**25**	**17**	**8**
15-19岁	**1**		**1**	**1**		**1**
15						
16						
17						
18						
19	1		1	1		1
20-24岁	**2**	**2**		**2**	**2**	
20						
21						
22						
23	2	2		2	2	
24						
25-29岁	**17**	**11**	**6**	**17**	**11**	**6**
25	4	4		4	4	
26	3	2	1	3	2	1
27	3		3	3		3
28	5	3	2	5	3	2
29	2	2		2	2	
30-34岁	**10**	**8**	**2**	**3**	**3**	
30	4	3	1	2	2	
31	1	1		1	1	
32	2	1	1			
33	2	2				
34	1	1				
35-39岁	**9**	**7**	**2**	**1**	**1**	
35	1	1				
36	2	1	1			
37	1	1		1	1	
38	2	2				
39	3	2	1			
40-44岁	**5**	**4**	**1**	**1**		**1**
40	1	1				
41						
42	2	1	1	1		1
43	1	1				
44	1	1				
45-49岁						
45						
46						
47						
48						
49						
50-54岁	**1**	**1**				
50	1	1				
51						
52						
53						
54						
55-59岁						
55						
56						
57						
58						
59						
60-64岁						
60						
61						
62						
63						
64						
65岁及以上	**2**	**1**	**1**			

单位：人

有配偶			离婚			丧偶		
小计	男	女	小计	男	女	小计	男	女
22	**17**	**5**						
7	**5**	**2**						
2	1	1						
2	1	1						
2	2							
1	1							
8	**6**	**2**						
1	1							
2	1	1						
2	2							
3	2	1						
4	**4**							
1	1							
1	1							
1	1							
1	1							
1	**1**							
1	1							
2	**1**	**1**						

5-4 全省分初婚年龄、性别、初婚年份的人口

单位：人

初婚年龄	初婚年份								
	合　计			1980年			1981年		
	合计	男	女	小计	男	女	小计	男	女
总　计	**1763317**	**871610**	**891707**	**37986**	**18186**	**19800**	**25994**	**12256**	**13738**
15岁以下	**4886**	**763**	**4123**	**193**	**49**	**144**	**110**	**26**	**84**
15—19岁	**304277**	**93626**	**210651**	**7473**	**2247**	**5226**	**6275**	**1942**	**4333**
15	18058	3981	14077	770	235	535	388	109	279
16	30877	7575	23302	1298	330	968	660	193	467
17	51687	14509	37178	1993	543	1450	1361	376	985
18	80540	25186	55354	1727	539	1188	2045	642	1403
19	123115	42375	80740	1685	600	1085	1821	622	1199
20—24岁	**859367**	**403370**	**455997**	**19569**	**9215**	**10354**	**12131**	**5510**	**6621**
20	167506	61681	105825	2825	1143	1682	1664	582	1082
21	181122	79417	101705	3759	1685	2074	2195	908	1287
22	191858	95642	96216	4880	2318	2562	2569	1212	1357
23	169350	86323	83027	4413	2137	2276	3120	1447	1673
24	149531	80307	69224	3692	1932	1760	2583	1361	1222
25—29岁	**421185**	**257130**	**164055**	**8540**	**5189**	**3351**	**6107**	**3814**	**2293**
25	127914	71978	55936	2981	1665	1316	2071	1207	864
26	103425	62004	41421	2196	1318	878	1594	979	615
27	81034	50792	30242	1532	970	562	1136	739	397
28	61977	40577	21400	1114	747	367	774	518	256
29	46835	31779	15056	717	489	228	532	371	161
30—34岁	**111881**	**76265**	**35616**	**1640**	**1135**	**505**	**1022**	**744**	**278**
30	35496	24144	11352	553	389	164	353	259	94
31	26941	18431	8510	411	283	128	262	195	67
32	20552	14071	6481	305	219	86	183	131	52
33	15998	10875	5123	221	158	63	119	82	37
34	12894	8744	4150	150	86	64	105	77	28
35—39岁	**35635**	**23900**	**11735**	**408**	**260**	**148**	**255**	**162**	**93**
35	10247	6981	3266	110	68	42	91	56	35
36	8171	5454	2717	98	66	32	59	42	17
37	6732	4526	2206	83	49	34	44	28	16
38	5628	3750	1878	72	49	23	33	20	13
39	4857	3189	1668	45	28	17	28	16	12
40—44岁	**14715**	**9549**	**5166**	**121**	**68**	**53**	**77**	**48**	**29**
40	4050	2573	1477	42	21	21	30	19	11
41	3391	2225	1166	28	16	12	15	10	5
42	2869	1876	993	20	11	9	14	9	5
43	2432	1609	823	21	14	7	12	7	5
44	1973	1266	707	10	6	4	6	3	3
45—49岁	**6244**	**3996**	**2248**	**29**	**18**	**11**	**13**	**9**	**4**
45	1769	1176	593	9	5	4	5	4	1
46	1427	910	517	7	3	4	3	2	1
47	1206	760	446	7	5	2	1	1	
48	983	628	355	3	2	1	3	1	2
49	859	522	337	3	3		1	1	
50岁及以上	**5127**	**3011**	**2116**	**13**	**5**	**8**	**4**	**1**	**3**
平均初婚年龄	**24.04**	**25.13**	**22.98**	**23.22**	**24.19**	**22.34**	**23.13**	**24.22**	**22.17**

5-4　续表 1　　　　单位：人

初婚年龄	初婚年份								
	1982年			1983年			1984年		
	小计	男	女	小计	男	女	小计	男	女
总　计	**33922**	**16161**	**17761**	**34282**	**16233**	**18049**	**36101**	**17260**	**18841**
15岁以下	**135**	**18**	**117**	**137**	**38**	**99**	**106**	**26**	**80**
15-19岁	**10024**	**3365**	**6659**	**9445**	**3174**	**6271**	**9497**	**3298**	**6199**
15	521	143	378	541	163	378	596	154	442
16	964	272	692	832	248	584	861	256	605
17	1619	511	1108	1613	490	1123	1400	481	919
18	2686	891	1795	2400	815	1585	2491	841	1650
19	4234	1548	2686	4059	1458	2601	4149	1566	2583
20-24岁	**14401**	**6729**	**7672**	**15620**	**7134**	**8486**	**18228**	**8464**	**9764**
20	3353	1290	2063	5413	2179	3234	5481	2143	3338
21	2200	968	1232	3375	1495	1880	5709	2701	3008
22	2742	1337	1405	2156	1048	1108	3453	1769	1684
23	2946	1484	1462	2292	1124	1168	1736	842	894
24	3160	1650	1510	2384	1288	1096	1849	1009	840
25-29岁	**7480**	**4733**	**2747**	**7173**	**4536**	**2637**	**6229**	**4044**	**2185**
25	2502	1449	1053	2358	1341	1017	1734	1034	700
26	1812	1152	660	1845	1154	691	1666	1095	571
27	1395	901	494	1295	864	431	1250	813	437
28	1073	720	353	962	674	288	867	599	268
29	698	511	187	713	503	210	712	503	209
30-34岁	**1399**	**990**	**409**	**1389**	**1002**	**387**	**1513**	**1063**	**450**
30	525	373	152	492	354	138	510	354	156
31	309	219	90	382	280	102	370	250	120
32	286	210	76	213	154	59	279	194	85
33	174	119	55	176	122	54	205	155	50
34	105	69	36	126	92	34	149	110	39
35-39岁	**340**	**237**	**103**	**343**	**243**	**100**	**367**	**268**	**99**
35	111	85	26	107	84	23	126	95	31
36	92	68	24	88	58	30	78	49	29
37	52	29	23	62	45	17	68	57	11
38	39	24	15	46	30	16	60	39	21
39	46	31	15	40	26	14	35	28	7
40-44岁	**111**	**68**	**43**	**127**	**78**	**49**	**114**	**69**	**45**
40	43	25	18	44	23	21	35	23	12
41	26	17	9	26	17	9	20	10	10
42	17	9	8	27	20	7	25	14	11
43	12	9	3	15	9	6	17	10	7
44	13	8	5	15	9	6	17	12	5
45-49岁	**25**	**18**	**7**	**32**	**21**	**11**	**37**	**23**	**14**
45	7	5	2	11	9	2	11	10	1
46	9	6	3	9	6	3	9	4	5
47	5	4	1	6	3	3	10	3	7
48	3	3		4	2	2	5	4	1
49	1		1	2	1	1	2	2	
50岁及以上	**7**	**3**	**4**	**16**	**7**	**9**	**10**	**5**	**5**
平均初婚年龄	**22.86**	**23.95**	**21.86**	**22.69**	**23.76**	**21.72**	**22.51**	**23.50**	**21.61**

5-4 续表 2

单位：人

初婚年龄	初婚年份								
	1985年			1986年			1987年		
	小计	男	女	小计	男	女	小计	男	女
总 计	**47360**	**22819**	**24541**	**47620**	**22869**	**24751**	**44672**	**21608**	**23064**
15岁以下	**108**	**18**	**90**	**124**	**31**	**93**	**83**	**15**	**68**
15-19岁	**11427**	**3892**	**7535**	**11015**	**3831**	**7184**	**9943**	**3607**	**6336**
15	629	181	448	439	108	331	359	101	258
16	1180	335	845	959	295	664	754	239	515
17	1890	620	1270	1934	580	1354	1587	513	1074
18	2919	990	1929	3124	1120	2004	2882	1006	1876
19	4809	1766	3043	4559	1728	2831	4361	1748	2613
20-24岁	**26068**	**12412**	**13656**	**28364**	**13593**	**14771**	**26953**	**12951**	**14002**
20	6547	2744	3803	6635	2797	3838	5366	2200	3166
21	7179	3224	3955	6618	3089	3529	6285	2859	3426
22	7064	3635	3429	6858	3356	3502	6101	3098	3003
23	3384	1808	1576	5618	2868	2750	5190	2581	2609
24	1894	1001	893	2635	1483	1152	4011	2213	1798
25-29岁	**7006**	**4566**	**2440**	**5586**	**3625**	**1961**	**5237**	**3326**	**1911**
25	1887	1105	782	1447	824	623	1938	1127	811
26	1560	988	572	1303	838	465	1006	633	373
27	1492	1009	483	1040	728	312	825	537	288
28	1190	832	358	1016	696	320	749	519	230
29	877	632	245	780	539	241	719	510	209
30-34岁	**2003**	**1431**	**572**	**1837**	**1313**	**524**	**1801**	**1259**	**542**
30	687	486	201	571	390	181	580	410	170
31	544	398	146	457	324	133	450	313	137
32	357	246	111	371	283	88	316	226	90
33	237	173	64	231	162	69	270	180	90
34	178	128	50	207	154	53	185	130	55
35-39岁	**543**	**385**	**158**	**460**	**322**	**138**	**436**	**315**	**121**
35	194	141	53	131	104	27	141	101	40
36	120	80	40	125	86	39	103	71	32
37	84	61	23	73	49	24	83	64	19
38	93	69	24	59	42	17	72	52	20
39	52	34	18	72	41	31	37	27	10
40-44岁	**145**	**82**	**63**	**159**	**115**	**44**	**142**	**91**	**51**
40	33	18	15	49	37	12	39	27	12
41	31	16	15	40	30	10	27	18	9
42	41	24	17	30	23	7	28	23	5
43	25	15	10	22	14	8	24	11	13
44	15	9	6	18	11	7	24	12	12
45-49岁	**43**	**25**	**18**	**53**	**29**	**24**	**59**	**35**	**24**
45	10	4	6	17	7	10	21	12	9
46	12	9	3	9	7	2	15	10	5
47	5	2	3	12	8	4	10	6	4
48	7	5	2	10	6	4	6	3	3
49	9	5	4	5	1	4	7	4	3
50岁及以上	**17**	**8**	**9**	**22**	**10**	**12**	**18**	**9**	**9**
平均初婚年龄	**22.55**	**23.48**	**21.69**	**22.51**	**23.36**	**21.74**	**22.67**	**23.44**	**21.95**

5-4 续表 3

单位：人

初婚年龄	初婚年份								
	1988年			1989年			1990年		
	小计	男	女	小计	男	女	小计	男	女
总　计	**50853**	**24665**	**26188**	**47056**	**22954**	**24102**	**57419**	**28307**	**29112**
15岁以下	**121**	**30**	**91**	**157**	**31**	**126**	**228**	**55**	**173**
15–19岁	**11082**	**3931**	**7151**	**9567**	**3455**	**6112**	**12521**	**4597**	**7924**
15	481	153	328	505	166	339	726	229	497
16	868	284	584	761	254	507	1277	406	871
17	1647	597	1050	1459	505	954	2080	695	1385
18	2855	944	1911	2579	913	1666	3186	1164	2022
19	5231	1953	3278	4263	1617	2646	5252	2103	3149
20–24岁	**29914**	**14496**	**15418**	**27673**	**13270**	**14403**	**32705**	**16018**	**16687**
20	6530	2734	3796	6141	2512	3629	7062	2929	4133
21	6319	2953	3366	6452	3011	3441	7891	3780	4111
22	6877	3471	3406	5820	2902	2918	7503	3895	3608
23	5622	2900	2722	5165	2614	2551	5422	2773	2649
24	4566	2438	2128	4095	2231	1864	4827	2641	2186
25–29岁	**7185**	**4435**	**2750**	**7455**	**4609**	**2846**	**9536**	**5931**	**3605**
25	3458	2056	1402	3270	1897	1373	3594	2117	1477
26	1616	985	631	2190	1393	797	2703	1691	1012
27	809	483	326	1007	640	367	1946	1264	682
28	687	467	220	511	334	177	864	580	284
29	615	444	171	477	345	132	429	279	150
30–34岁	**1762**	**1239**	**523**	**1532**	**1106**	**426**	**1483**	**1019**	**464**
30	576	412	164	382	268	114	408	270	138
31	419	284	135	394	300	94	290	200	90
32	300	216	84	332	236	96	316	220	96
33	252	176	76	231	164	67	255	174	81
34	215	151	64	193	138	55	214	155	59
35–39岁	**522**	**356**	**166**	**446**	**321**	**125**	**636**	**475**	**161**
35	164	115	49	125	87	38	183	132	51
36	136	91	45	103	73	30	169	132	37
37	84	55	29	104	79	25	135	101	34
38	73	52	21	59	42	17	85	59	26
39	65	43	22	55	40	15	64	51	13
40–44岁	**163**	**122**	**41**	**147**	**114**	**33**	**206**	**146**	**60**
40	39	28	11	38	33	5	62	45	17
41	41	29	12	42	32	10	47	37	10
42	39	29	10	32	26	6	38	27	11
43	19	17	2	19	12	7	35	22	13
44	25	19	6	16	11	5	24	15	9
45–49岁	**66**	**38**	**28**	**50**	**30**	**20**	**67**	**47**	**20**
45	14	9	5	15	11	4	19	14	5
46	13	8	5	11	6	5	14	9	5
47	14	5	9	11	7	4	18	13	5
48	12	8	4	6	1	5	8	4	4
49	13	8	5	7	5	2	8	7	1
50岁及以上	**38**	**18**	**20**	**29**	**18**	**11**	**37**	**19**	**18**
平均初婚年龄	**22.69**	**23.43**	**22.00**	**22.73**	**23.49**	**22.01**	**22.66**	**23.41**	**21.93**

5-4 续表 4 单位：人

初婚年龄	初婚年份								
	1991年			1992年			1993年		
	小计	男	女	小计	男	女	小计	男	女
总 计	**39806**	**19466**	**20340**	**49253**	**24174**	**25079**	**49003**	**24221**	**24782**
15岁以下	**116**	**23**	**93**	**135**	**44**	**91**	**128**	**26**	**102**
15-19岁	**8172**	**2869**	**5303**	**9626**	**3343**	**6283**	**9341**	**3255**	**6086**
15	443	115	328	517	138	379	448	117	331
16	740	229	511	888	256	632	788	233	555
17	1349	475	874	1514	511	1003	1453	469	984
18	2228	772	1456	2645	915	1730	2589	930	1659
19	3412	1278	2134	4062	1523	2539	4063	1506	2557
20-24岁	**23069**	**11125**	**11944**	**28465**	**13800**	**14665**	**28074**	**13623**	**14451**
20	4954	2124	2830	5468	2261	3207	5568	2226	3342
21	5560	2488	3072	6501	2987	3514	5892	2777	3115
22	5323	2671	2652	6519	3257	3262	6647	3415	3232
23	4253	2256	1997	5614	2922	2692	5626	2803	2823
24	2979	1586	1393	4363	2373	1990	4341	2402	1939
25-29岁	**7072**	**4459**	**2613**	**9061**	**5674**	**3387**	**9082**	**5713**	**3369**
25	2507	1491	1016	2849	1641	1208	3274	1886	1388
26	1844	1147	697	2400	1480	920	2036	1276	760
27	1368	901	467	1682	1099	583	1632	1075	557
28	931	621	310	1207	815	392	1249	833	416
29	422	299	123	923	639	284	891	643	248
30-34岁	**850**	**597**	**253**	**1117**	**768**	**349**	**1482**	**1020**	**462**
30	232	156	76	383	265	118	718	493	225
31	186	124	62	211	136	75	318	215	103
32	146	115	31	192	129	63	158	104	54
33	154	100	54	168	125	43	148	109	39
34	132	102	30	163	113	50	140	99	41
35-39岁	**336**	**258**	**78**	**530**	**347**	**183**	**553**	**374**	**179**
35	95	76	19	130	95	35	158	114	44
36	83	64	19	121	77	44	103	73	30
37	63	47	16	108	71	37	103	64	39
38	54	35	19	103	63	40	95	63	32
39	41	36	5	68	41	27	94	60	34
40-44岁	**117**	**91**	**26**	**193**	**131**	**62**	**216**	**140**	**76**
40	42	31	11	56	28	28	72	45	27
41	24	21	3	48	31	17	54	33	21
42	30	18	12	38	31	7	32	22	10
43	11	11		39	33	6	43	30	13
44	10	10		12	8	4	15	10	5
45-49岁	**55**	**37**	**18**	**77**	**41**	**36**	**82**	**49**	**33**
45	17	13	4	26	16	10	23	13	10
46	10	6	4	16	9	7	24	16	8
47	8	5	3	13	6	7	15	11	4
48	11	8	3	11	5	6	9	3	6
49	9	5	4	11	5	6	11	6	5
50岁及以上	**19**	**7**	**12**	**49**	**26**	**23**	**45**	**21**	**24**
平均初婚年龄	**22.70**	**23.47**	**21.96**	**22.95**	**23.70**	**22.23**	**23.06**	**23.83**	**22.31**

5-4　续表 5　　　　单位：人

初婚年龄	初婚年份								
	1994年			1995年			1996年		
	小计	男	女	小计	男	女	小计	男	女
总　计	**48804**	**24252**	**24552**	**54449**	**27164**	**27285**	**50360**	**25181**	**25179**
15岁以下	**96**	**19**	**77**	**112**	**19**	**93**	**91**	**13**	**78**
15-19岁	**9128**	**3095**	**6033**	**9330**	**3135**	**6195**	**7899**	**2599**	**5300**
15	446	119	327	449	102	347	364	82	282
16	747	199	548	909	273	636	722	189	533
17	1337	436	901	1446	449	997	1308	373	935
18	2534	816	1718	2371	805	1566	2019	666	1353
19	4064	1525	2539	4155	1506	2649	3486	1289	2197
20-24岁	**27771**	**13630**	**14141**	**30522**	**14964**	**15558**	**28183**	**13690**	**14493**
20	5724	2317	3407	5986	2278	3708	5357	2155	3202
21	6186	2867	3319	7029	3346	3683	6209	2913	3296
22	6038	3107	2931	6918	3579	3339	6657	3369	3288
23	5416	2854	2562	5693	2980	2713	5578	2878	2700
24	4407	2485	1922	4896	2781	2115	4382	2375	2007
25-29岁	**9319**	**5831**	**3488**	**11168**	**6868**	**4300**	**10777**	**6655**	**4122**
25	3288	1934	1354	3913	2275	1638	3713	2163	1550
26	2392	1460	932	2818	1699	1119	2740	1662	1078
27	1461	928	533	2020	1269	751	1955	1231	724
28	1242	843	399	1293	848	445	1440	972	468
29	936	666	270	1124	777	347	929	627	302
30-34岁	**1616**	**1093**	**523**	**2239**	**1498**	**741**	**2430**	**1614**	**816**
30	666	453	213	807	527	280	807	560	247
31	491	333	158	605	404	201	599	392	207
32	226	144	82	475	328	147	450	281	169
33	125	88	37	215	146	69	391	268	123
34	108	75	33	137	93	44	183	113	70
35-39岁	**483**	**338**	**145**	**508**	**333**	**175**	**443**	**298**	**145**
35	117	89	28	102	69	33	89	64	25
36	103	62	41	88	59	29	88	59	29
37	89	64	25	128	90	38	73	50	23
38	83	58	25	99	65	34	98	67	31
39	91	65	26	91	50	41	95	58	37
40-44岁	**247**	**164**	**83**	**326**	**205**	**121**	**264**	**163**	**101**
40	76	49	27	106	65	41	76	45	31
41	66	39	27	72	45	27	62	44	18
42	39	25	14	63	42	21	56	31	25
43	35	27	8	55	31	24	44	28	16
44	31	24	7	30	22	8	26	15	11
45-49岁	**84**	**49**	**35**	**120**	**81**	**39**	**146**	**80**	**66**
45	31	22	9	29	15	14	32	19	13
46	16	8	8	30	22	8	39	23	16
47	13	7	6	16	12	4	26	17	9
48	10	7	3	27	23	4	12	5	7
49	14	5	9	18	9	9	37	16	21
50岁及以上	**60**	**33**	**27**	**124**	**61**	**63**	**127**	**69**	**58**
平均初婚年龄	**23.12**	**23.92**	**22.33**	**23.37**	**24.16**	**22.59**	**23.56**	**24.34**	**22.78**

5-4 续表 6

单位：人

初婚年龄	初婚年份								
	1997年			1998年			1999年		
	小计	男	女	小计	男	女	小计	男	女
总　计	**49502**	**24830**	**24672**	**51387**	**25811**	**25576**	**43577**	**21934**	**21643**
15岁以下	**94**	**17**	**77**	**111**	**18**	**93**	**113**	**14**	**99**
15–19岁	**7237**	**2272**	**4965**	**7540**	**2235**	**5305**	**6570**	**1889**	**4681**
15	342	72	270	360	65	295	399	80	319
16	644	133	511	785	199	586	591	128	463
17	1180	342	838	1201	321	880	1193	306	887
18	1936	620	1316	1884	561	1323	1752	505	1247
19	3135	1105	2030	3310	1089	2221	2635	870	1765
20–24岁	**27302**	**13162**	**14140**	**26889**	**13115**	**13774**	**22470**	**10867**	**11603**
20	4655	1819	2836	4372	1637	2735	3822	1338	2484
21	5826	2555	3271	5088	2345	2743	4421	1982	2439
22	6330	3197	3133	6395	3195	3200	4892	2563	2329
23	5817	3042	2775	5904	3088	2816	4849	2525	2324
24	4674	2549	2125	5130	2850	2280	4486	2459	2027
25–29岁	**11349**	**7087**	**4262**	**12300**	**7493**	**4807**	**10932**	**6791**	**4141**
25	3668	2168	1500	3888	2246	1642	3677	2122	1555
26	2869	1742	1127	2908	1759	1149	2684	1656	1028
27	2160	1397	763	2350	1479	871	1917	1229	688
28	1554	1023	531	1732	1105	627	1497	989	508
29	1098	757	341	1422	904	518	1157	795	362
30–34岁	**2452**	**1626**	**826**	**3322**	**2143**	**1179**	**2545**	**1730**	**815**
30	742	503	239	1089	699	390	834	559	275
31	606	398	208	727	484	243	633	434	199
32	461	320	141	631	397	234	430	290	140
33	352	221	131	484	312	172	356	247	109
34	291	184	107	391	251	140	292	200	92
35–39岁	**483**	**324**	**159**	**656**	**429**	**227**	**571**	**400**	**171**
35	148	99	49	267	167	100	234	163	71
36	84	61	23	146	96	50	162	109	53
37	86	52	34	75	48	27	82	65	17
38	65	45	20	90	63	27	50	33	17
39	100	67	33	78	55	23	43	30	13
40–44岁	**341**	**195**	**146**	**321**	**222**	**99**	**189**	**135**	**54**
40	83	51	32	89	64	25	46	35	11
41	77	39	38	80	50	30	51	38	13
42	65	31	34	56	43	13	26	19	7
43	64	45	19	46	34	12	30	18	12
44	52	29	23	50	31	19	36	25	11
45–49岁	**149**	**89**	**60**	**150**	**98**	**52**	**98**	**65**	**33**
45	41	24	17	51	33	18	32	19	13
46	38	17	21	35	22	13	21	13	8
47	24	14	10	23	16	7	21	17	4
48	25	21	4	25	16	9	11	8	3
49	21	13	8	16	11	5	13	8	5
50岁及以上	**95**	**58**	**37**	**98**	**58**	**40**	**89**	**43**	**46**
平均初婚年龄	**23.79**	**24.63**	**22.94**	**24.05**	**24.95**	**23.14**	**23.94**	**24.93**	**22.94**

5-4 续表 7

单位：人

初婚年龄	初婚年份								
	2000年			2001年			2002年		
	小计	男	女	小计	男	女	小计	男	女
总 计	**50743**	**25785**	**24958**	**32249**	**16172**	**16077**	**37662**	**19081**	**18581**
15岁以下	**202**	**32**	**170**	**135**	**24**	**111**	**122**	**14**	**108**
15–19岁	**8513**	**2371**	**6142**	**5348**	**1442**	**3906**	**5777**	**1561**	**4216**
15	536	127	409	352	69	283	460	93	367
16	833	193	640	563	125	438	685	152	533
17	1390	353	1037	856	210	646	986	235	751
18	2484	719	1765	1320	363	957	1367	374	993
19	3270	979	2291	2257	675	1582	2279	707	1572
20–24岁	**25002**	**12353**	**12649**	**15585**	**7426**	**8159**	**18121**	**8420**	**9701**
20	4495	1668	2827	2935	952	1983	3656	1157	2499
21	5014	2298	2716	3163	1368	1795	3569	1540	2029
22	5502	2853	2649	3508	1827	1681	3922	1952	1970
23	4990	2700	2290	3102	1641	1461	3598	1879	1719
24	5001	2834	2167	2877	1638	1239	3376	1892	1484
25–29岁	**12935**	**8154**	**4781**	**8617**	**5445**	**3172**	**10415**	**6757**	**3658**
25	4258	2457	1801	2647	1510	1137	2944	1763	1181
26	3349	2118	1231	2230	1408	822	2613	1679	934
27	2309	1496	813	1717	1137	580	2074	1376	698
28	1720	1177	543	1179	790	389	1561	1072	489
29	1299	906	393	844	600	244	1223	867	356
30–34岁	**2937**	**2061**	**876**	**1864**	**1343**	**521**	**2334**	**1710**	**624**
30	975	695	280	649	459	190	720	533	187
31	741	528	213	500	367	133	603	434	169
32	543	370	173	336	244	92	445	330	115
33	358	245	113	223	162	61	340	247	93
34	320	223	97	156	111	45	226	166	60
35–39岁	**710**	**504**	**206**	**487**	**349**	**138**	**583**	**413**	**170**
35	218	154	64	148	102	46	165	118	47
36	201	147	54	122	88	34	147	93	54
37	157	111	46	91	69	22	107	73	34
38	84	63	21	84	61	23	89	71	18
39	50	29	21	42	29	13	75	58	17
40–44岁	**225**	**163**	**62**	**108**	**74**	**34**	**147**	**98**	**49**
40	45	32	13	34	21	13	43	22	21
41	46	37	9	21	14	7	24	19	5
42	49	32	17	19	12	7	30	22	8
43	43	30	13	12	10	2	24	15	9
44	42	32	10	22	17	5	26	20	6
45–49岁	**110**	**79**	**31**	**62**	**43**	**19**	**87**	**58**	**29**
45	33	25	8	16	11	5	23	16	7
46	29	21	8	10	9	1	16	10	6
47	20	13	7	15	10	5	20	12	8
48	14	10	4	11	8	3	18	14	4
49	14	10	4	10	5	5	10	6	4
50岁及以上	**109**	**68**	**41**	**43**	**26**	**17**	**76**	**50**	**26**
平均初婚年龄	**23.86**	**24.95**	**22.73**	**23.87**	**25.05**	**22.68**	**24.07**	**25.32**	**22.79**

5-4 续表 8 单位：人

初婚年龄	初婚年份								
	2003年			2004年			2005年		
	小计	男	女	小计	男	女	小计	男	女
总　计	**36484**	**18346**	**18138**	**36299**	**18367**	**17932**	**39345**	**19919**	**19426**
15岁以下	**105**	**14**	**91**	**111**	**11**	**100**	**115**	**19**	**96**
15-19岁	**5505**	**1376**	**4129**	**5603**	**1363**	**4240**	**6465**	**1597**	**4868**
15	463	84	379	443	69	374	475	82	393
16	706	136	570	695	136	559	781	135	646
17	936	216	720	995	227	768	1198	261	937
18	1368	342	1026	1334	343	991	1663	429	1234
19	2032	598	1434	2136	588	1548	2348	690	1658
20-24岁	**17207**	**7910**	**9297**	**16592**	**7691**	**8901**	**17865**	**8385**	**9480**
20	3103	938	2165	2792	818	1974	3199	968	2231
21	3755	1530	2225	3145	1278	1867	3335	1353	1982
22	3710	1880	1830	4149	2067	2082	3924	1947	1977
23	3468	1782	1686	3417	1798	1619	4135	2252	1883
24	3171	1780	1391	3089	1730	1359	3272	1865	1407
25-29岁	**9945**	**6446**	**3499**	**9970**	**6385**	**3585**	**10083**	**6548**	**3535**
25	2699	1577	1122	2818	1684	1134	2866	1724	1142
26	2352	1492	860	2251	1371	880	2421	1541	880
27	1999	1314	685	1978	1295	683	1957	1339	618
28	1656	1180	476	1586	1105	481	1560	1071	489
29	1239	883	356	1337	930	407	1279	873	406
30-34岁	**2659**	**1884**	**775**	**2860**	**2083**	**777**	**3413**	**2434**	**979**
30	854	599	255	975	699	276	1100	774	326
31	634	445	189	673	492	181	833	615	218
32	511	372	139	489	354	135	622	438	184
33	371	265	106	402	292	110	456	329	127
34	289	203	86	321	246	75	402	278	124
35-39岁	**675**	**478**	**197**	**756**	**554**	**202**	**899**	**619**	**280**
35	209	156	53	254	186	68	263	176	87
36	147	102	45	183	124	59	209	139	70
37	145	90	55	107	81	26	183	131	52
38	81	63	18	108	82	26	136	102	34
39	93	67	26	104	81	23	108	71	37
40-44岁	**197**	**127**	**70**	**203**	**148**	**55**	**281**	**185**	**96**
40	76	53	23	72	51	21	91	63	28
41	44	26	18	66	49	17	75	42	33
42	22	15	7	34	21	13	70	49	21
43	26	15	11	15	11	4	29	21	8
44	29	18	11	16	16		16	10	6
45-49岁	**89**	**57**	**32**	**98**	**66**	**32**	**105**	**63**	**42**
45	21	13	8	23	18	5	18	12	6
46	25	18	7	22	14	8	23	12	11
47	17	10	7	20	12	8	17	10	7
48	12	8	4	13	11	2	28	16	12
49	14	8	6	20	11	9	19	13	6
50岁及以上	**102**	**54**	**48**	**106**	**66**	**40**	**119**	**69**	**50**
平均初婚年龄	**24.29**	**25.60**	**22.96**	**24.41**	**25.82**	**22.97**	**24.42**	**25.80**	**23.00**

5-4　续表 9　　　　单位：人

初婚年龄	初婚年份								
	2006年			2007年			2008年		
	小计	男	女	小计	男	女	小计	男	女
总　计	**39331**	**19831**	**19500**	**38475**	**19498**	**18977**	**48131**	**24332**	**23799**
15岁以下	**114**	**11**	**103**	**103**	**9**	**94**	**115**	**8**	**107**
15−19岁	**6407**	**1618**	**4789**	**6164**	**1540**	**4624**	**7510**	**1957**	**5553**
15	336	47	289	348	50	298	511	82	429
16	727	127	600	582	91	491	786	151	635
17	1085	232	853	1084	233	851	1149	271	878
18	1730	464	1266	1588	445	1143	2142	576	1566
19	2529	748	1781	2562	721	1841	2922	877	2045
20−24岁	**17346**	**8018**	**9328**	**16699**	**7627**	**9072**	**21340**	**9739**	**11601**
20	3093	920	2173	3472	1054	2418	4254	1357	2897
21	3380	1372	2008	3226	1278	1948	4643	1839	2804
22	3659	1799	1860	3582	1788	1794	4626	2319	2307
23	3552	1921	1631	3275	1749	1526	4157	2161	1996
24	3662	2006	1656	3144	1758	1386	3660	2063	1597
25−29岁	**10354**	**6586**	**3768**	**10512**	**6747**	**3765**	**12701**	**8178**	**4523**
25	2916	1693	1223	3319	1968	1351	3511	2071	1440
26	2468	1541	927	2360	1511	849	3405	2149	1256
27	2090	1361	729	1947	1272	675	2335	1561	774
28	1637	1139	498	1605	1098	507	1956	1341	615
29	1243	852	391	1281	898	383	1494	1056	438
30−34岁	**3614**	**2555**	**1059**	**3398**	**2469**	**929**	**4197**	**2916**	**1281**
30	1090	784	306	947	678	269	1190	839	351
31	872	613	259	854	620	234	938	632	306
32	755	541	214	689	490	199	790	553	237
33	517	337	180	524	390	134	692	485	207
34	380	280	100	384	291	93	587	407	180
35−39岁	**954**	**679**	**275**	**1080**	**756**	**324**	**1429**	**1024**	**405**
35	333	236	97	303	216	87	472	338	134
36	217	156	61	291	202	89	308	221	87
37	174	119	55	186	121	65	271	191	80
38	141	103	38	160	112	48	186	138	48
39	89	65	24	140	105	35	192	136	56
40−44岁	**311**	**216**	**95**	**302**	**223**	**79**	**492**	**302**	**190**
40	86	55	31	89	66	23	158	98	60
41	69	44	25	63	45	18	110	72	38
42	67	48	19	49	39	10	83	51	32
43	55	43	12	62	43	19	84	47	37
44	34	26	8	39	30	9	57	34	23
45−49岁	**95**	**68**	**27**	**82**	**54**	**28**	**154**	**97**	**57**
45	16	11	5	24	17	7	57	39	18
46	19	14	5	13	7	6	32	21	11
47	19	15	4	15	9	6	24	13	11
48	19	9	10	14	9	5	18	11	7
49	22	19	3	16	12	4	23	13	10
50岁及以上	**136**	**80**	**56**	**135**	**73**	**62**	**193**	**111**	**82**
平均初婚年龄	**24.58**	**26.00**	**23.13**	**24.60**	**26.06**	**23.10**	**24.66**	**26.05**	**23.24**

5-4 续表 10 单位：人

初婚年龄	初婚年份								
	2009年			2010年			2011年		
	小计	男	女	小计	男	女	小计	男	女
总　计	**45570**	**22926**	**22644**	**48565**	**24546**	**24019**	**41375**	**20762**	**20613**
15岁以下	**122**	**10**	**112**	**147**	**14**	**133**	**149**	**14**	**135**
15-19岁	**6944**	**1769**	**5175**	**7431**	**1999**	**5432**	**5903**	**1624**	**4279**
15	422	53	369	542	75	467	432	64	368
16	723	136	587	820	154	666	679	120	559
17	1127	249	878	1346	306	1040	1064	269	795
18	1751	458	1293	1945	558	1387	1550	474	1076
19	2921	873	2048	2778	906	1872	2178	697	1481
20-24岁	**20420**	**9274**	**11146**	**22450**	**10480**	**11970**	**18599**	**8497**	**10102**
20	3882	1226	2656	4428	1499	2929	2929	953	1976
21	4437	1737	2700	4487	1863	2624	3748	1565	2183
22	4694	2333	2361	5080	2560	2520	4155	2038	2117
23	3823	2063	1760	4604	2416	2188	3907	1922	1985
24	3584	1915	1669	3851	2142	1709	3860	2019	1841
25-29岁	**11713**	**7494**	**4219**	**11777**	**7477**	**4300**	**11162**	**6745**	**4417**
25	3075	1802	1273	3370	1977	1393	3077	1636	1441
26	2844	1725	1119	2666	1645	1021	2725	1614	1111
27	2560	1722	838	2252	1471	781	2137	1351	786
28	1866	1273	593	2043	1403	640	1696	1100	596
29	1368	972	396	1446	981	465	1527	1044	483
30-34岁	**3941**	**2737**	**1204**	**4054**	**2770**	**1284**	**3376**	**2368**	**1008**
30	1125	750	375	1149	790	359	1010	681	329
31	893	633	260	897	614	283	821	602	219
32	729	524	205	737	502	235	631	446	185
33	616	424	192	664	450	214	479	331	148
34	578	406	172	607	414	193	435	308	127
35-39岁	**1512**	**1026**	**486**	**1704**	**1135**	**569**	**1365**	**961**	**404**
35	463	307	156	498	337	161	400	279	121
36	339	243	96	410	274	136	312	212	100
37	250	167	83	342	230	112	291	223	68
38	256	173	83	249	165	84	199	140	59
39	204	136	68	205	129	76	163	107	56
40-44岁	**589**	**398**	**191**	**595**	**406**	**189**	**494**	**357**	**137**
40	188	119	69	166	110	56	135	99	36
41	149	105	44	142	93	49	131	96	35
42	83	59	24	109	73	36	102	76	26
43	97	68	29	91	72	19	81	53	28
44	72	47	25	87	58	29	45	33	12
45-49岁	**175**	**117**	**58**	**232**	**165**	**67**	**183**	**113**	**70**
45	78	54	24	77	59	18	42	27	15
46	45	33	12	64	43	21	46	29	17
47	26	18	8	45	33	12	43	27	16
48	17	7	10	29	17	12	37	22	15
49	9	5	4	17	13	4	15	8	7
50岁及以上	**154**	**101**	**53**	**175**	**100**	**75**	**144**	**83**	**61**
平均初婚年龄	**24.77**	**26.21**	**23.31**	**24.70**	**26.05**	**23.32**	**24.86**	**26.19**	**23.52**

5-4　续表 11　　单位：人

初婚年龄	初婚年份								
	2012年			2013年			2014年		
	小计	男	女	小计	男	女	小计	男	女
总　计	**46504**	**23184**	**23320**	**44601**	**22286**	**22315**	**44238**	**21927**	**22311**
15岁以下	**131**	**5**	**126**	**119**	**9**	**110**	**117**	**9**	**108**
15-19岁	**6493**	**1652**	**4841**	**5865**	**1540**	**4325**	**5676**	**1472**	**4204**
15	497	68	429	506	57	449	437	71	366
16	782	128	654	683	131	552	732	147	585
17	1181	294	887	1084	255	829	1036	222	814
18	1664	471	1193	1496	433	1063	1497	435	1062
19	2369	691	1678	2096	664	1432	1974	597	1377
20-24岁	**19694**	**8971**	**10723**	**17914**	**8061**	**9853**	**16895**	**7527**	**9368**
20	3208	1047	2161	3021	935	2086	2802	845	1957
21	3506	1431	2075	3128	1235	1893	3023	1176	1847
22	4621	2283	2338	3785	1823	1962	3456	1727	1729
23	4144	2062	2082	4017	2075	1942	3579	1729	1850
24	4215	2148	2067	3963	1993	1970	4035	2050	1985
25-29岁	**13272**	**7910**	**5362**	**13763**	**8063**	**5700**	**14543**	**8342**	**6201**
25	4166	2213	1953	4053	2140	1913	3926	2062	1864
26	3143	1819	1324	3550	2066	1484	3772	2057	1715
27	2469	1530	939	2657	1611	1046	3149	1857	1292
28	1994	1326	668	2042	1284	758	2130	1327	803
29	1500	1022	478	1461	962	499	1566	1039	527
30-34岁	**4083**	**2788**	**1295**	**3975**	**2651**	**1324**	**4066**	**2664**	**1402**
30	1342	899	443	1132	779	353	1153	750	403
31	908	625	283	999	652	347	916	615	301
32	747	527	220	711	473	238	856	565	291
33	626	421	205	596	390	206	622	411	211
34	460	316	144	537	357	180	519	323	196
35-39岁	**1653**	**1110**	**543**	**1725**	**1140**	**585**	**1643**	**1080**	**563**
35	407	265	142	423	272	151	422	275	147
36	373	249	124	360	232	128	354	247	107
37	335	225	110	339	222	117	313	199	114
38	293	195	98	331	229	102	296	194	102
39	245	176	69	272	185	87	258	165	93
40-44岁	**684**	**434**	**250**	**721**	**487**	**234**	**749**	**473**	**276**
40	190	119	71	189	114	75	207	123	84
41	148	99	49	166	121	45	178	112	66
42	141	93	48	140	93	47	148	100	48
43	115	72	43	122	94	28	109	70	39
44	90	51	39	104	65	39	107	68	39
45-49岁	**314**	**194**	**120**	**299**	**205**	**94**	**287**	**194**	**93**
45	77	47	30	83	57	26	89	61	28
46	64	40	24	60	42	18	62	42	20
47	72	50	22	68	47	21	49	33	16
48	54	32	22	51	33	18	43	32	11
49	47	25	22	37	26	11	44	26	18
50岁及以上	**180**	**120**	**60**	**220**	**130**	**90**	**262**	**166**	**96**
平均初婚年龄	**25.15**	**26.49**	**23.81**	**25.42**	**26.74**	**24.09**	**25.58**	**26.88**	**24.31**

5-4 续表 12 单位：人

初婚年龄	初婚年份								
	2015年			2016年			2017年		
	小计	男	女	小计	男	女	小计	男	女
总 计	**46173**	**22727**	**23446**	**42030**	**20701**	**21329**	**41415**	**20112**	**21303**
15岁以下	**94**	**7**	**87**	**94**	**9**	**85**	**108**	**3**	**105**
15-19岁	**5595**	**1471**	**4124**	**4910**	**1267**	**3643**	**4763**	**1280**	**3483**
15	377	62	315	301	46	255	272	52	220
16	655	112	543	570	91	479	485	97	388
17	1092	250	842	886	214	672	848	198	650
18	1409	406	1003	1334	384	950	1292	336	956
19	2062	641	1421	1819	532	1287	1866	597	1269
20-24岁	**16759**	**7252**	**9507**	**14980**	**6523**	**8457**	**14780**	**6147**	**8633**
20	2833	823	2010	2514	725	1789	2414	703	1711
21	2927	1112	1815	2713	1083	1630	2715	977	1738
22	3701	1736	1965	3126	1437	1689	3059	1386	1673
23	3568	1745	1823	3227	1528	1699	3137	1409	1728
24	3730	1836	1894	3400	1750	1650	3455	1672	1783
25-29岁	**16031**	**9081**	**6950**	**14722**	**8225**	**6497**	**14216**	**7927**	**6289**
25	4383	2261	2122	3453	1693	1760	3463	1751	1712
26	3861	2110	1751	3723	2015	1708	3150	1691	1459
27	3377	1936	1441	3089	1721	1368	3241	1856	1385
28	2668	1623	1045	2507	1533	974	2417	1416	1001
29	1742	1151	591	1950	1263	687	1945	1213	732
30-34岁	**4367**	**2837**	**1530**	**4206**	**2713**	**1493**	**4369**	**2792**	**1577**
30	1337	880	457	1260	815	445	1530	967	563
31	1011	645	366	993	639	354	978	647	331
32	780	510	270	752	484	268	721	456	265
33	698	460	238	585	386	199	612	397	215
34	541	342	199	616	389	227	528	325	203
35-39岁	**1706**	**1043**	**663**	**1562**	**991**	**571**	**1637**	**1014**	**623**
35	433	259	174	415	262	153	461	300	161
36	374	224	150	331	213	118	394	220	174
37	305	197	108	305	215	90	306	196	110
38	288	170	118	280	169	111	264	168	96
39	306	193	113	231	132	99	212	130	82
40-44岁	**881**	**556**	**325**	**903**	**568**	**335**	**840**	**511**	**329**
40	217	138	79	251	153	98	187	110	77
41	207	131	76	200	124	76	186	115	71
42	187	126	61	191	132	59	182	106	76
43	146	92	54	145	83	62	162	106	56
44	124	69	55	116	76	40	123	74	49
45-49岁	**424**	**289**	**135**	**361**	**233**	**128**	**385**	**245**	**140**
45	124	88	36	96	66	30	102	65	37
46	98	65	33	75	43	32	89	57	32
47	90	60	30	72	44	28	70	42	28
48	58	37	21	76	55	21	62	37	25
49	54	39	15	42	25	17	62	44	18
50岁及以上	**316**	**191**	**125**	**292**	**172**	**120**	**317**	**193**	**124**
平均初婚年龄	**25.86**	**27.14**	**24.62**	**26.03**	**27.30**	**24.79**	**26.11**	**27.39**	**24.89**

5-4 续表 13 单位：人

初婚年龄	初婚年份								
	2018年			2019年			2020年		
	小计	男	女	小计	男	女	小计	男	女
总　计	**44214**	**21218**	**22996**	**36233**	**17536**	**18697**	**24274**	**12003**	**12271**
15岁以下	**91**	**1**	**90**	**83**	**9**	**74**	**11**	**1**	**10**
15-19岁	**4849**	**1256**	**3593**	**3773**	**1020**	**2753**	**1671**	**420**	**1251**
15	283	42	241	243	42	201	99	14	85
16	509	101	408	460	116	344	193	45	148
17	843	182	661	663	165	498	274	74	200
18	1320	349	971	1000	262	738	434	110	324
19	1894	582	1312	1407	435	972	671	177	494
20-24岁	**15774**	**6533**	**9241**	**12690**	**5299**	**7391**	**8284**	**3469**	**4815**
20	2566	780	1786	1936	618	1318	1051	287	764
21	2871	1090	1781	2367	879	1488	1276	480	796
22	3316	1469	1847	2626	1164	1462	1915	860	1055
23	3438	1540	1898	2695	1196	1499	1859	829	1030
24	3583	1654	1929	3066	1442	1624	2183	1013	1170
25-29岁	**15138**	**8198**	**6940**	**12095**	**6451**	**5644**	**8627**	**4592**	**4035**
25	3800	1866	1934	2949	1367	1582	2204	1015	1189
26	3466	1779	1687	2909	1524	1385	1985	1042	943
27	3117	1699	1418	2419	1294	1125	1889	1037	852
28	2729	1618	1111	2064	1181	883	1409	785	624
29	2026	1236	790	1754	1085	669	1140	713	427
30-34岁	**5031**	**3203**	**1828**	**4505**	**2872**	**1633**	**3198**	**2025**	**1173**
30	1646	1054	592	1389	903	486	1008	636	372
31	1314	829	485	1120	716	404	779	502	277
32	886	566	320	824	511	313	571	372	199
33	660	434	226	694	432	262	499	306	193
34	525	320	205	478	310	168	341	209	132
35-39岁	**1667**	**1002**	**665**	**1519**	**926**	**593**	**1050**	**651**	**399**
35	432	284	148	423	262	161	282	193	89
36	427	264	163	304	193	111	219	135	84
37	317	180	137	331	202	129	198	116	82
38	247	131	116	234	130	104	194	121	73
39	244	143	101	227	139	88	157	86	71
40-44岁	**863**	**536**	**327**	**759**	**471**	**288**	**645**	**369**	**276**
40	207	129	78	171	103	68	148	83	65
41	188	119	69	155	104	51	146	86	60
42	174	104	70	145	83	62	128	65	63
43	161	95	66	145	91	54	120	81	39
44	133	89	44	143	90	53	103	54	49
45-49岁	**434**	**271**	**163**	**445**	**260**	**185**	**388**	**243**	**145**
45	115	80	35	125	74	51	109	72	37
46	97	59	38	107	65	42	91	60	31
47	86	54	32	84	47	37	76	39	37
48	76	41	35	66	43	23	59	41	18
49	60	37	23	63	31	32	53	31	22
50岁及以上	**367**	**218**	**149**	**364**	**228**	**136**	**400**	**233**	**167**
平均初婚年龄	**26.19**	**27.45**	**25.02**	**26.49**	**27.75**	**25.31**	**27.26**	**28.39**	**26.16**

5-4a 全省分初婚年龄、性别、初婚年份的人口(城市)

单位：人

初婚年龄	初婚年份								
	合计			1980年			1981年		
	合计	男	女	小计	男	女	小计	男	女
总　计	**505963**	**246552**	**259411**	**7708**	**3523**	**4185**	**6395**	**2890**	**3505**
15岁以下	**608**	**116**	**492**	**27**	**6**	**21**	**13**	**5**	**8**
15-19岁	**49553**	**14014**	**35539**	**911**	**248**	**663**	**919**	**247**	**672**
15	2412	601	1811	73	23	50	42	14	28
16	4263	1060	3203	139	35	104	99	30	69
17	7521	1981	5540	228	57	171	170	45	125
18	12920	3647	9273	208	54	154	327	86	241
19	22437	6725	15712	263	79	184	281	72	209
20-24岁	**224217**	**93924**	**130293**	**3848**	**1487**	**2361**	**3055**	**1130**	**1925**
20	34451	10477	23974	436	158	278	310	91	219
21	41285	15624	25661	630	211	419	480	128	352
22	49967	22429	27538	884	334	550	646	246	400
23	49342	22019	27323	983	386	597	847	317	530
24	49172	23375	25797	915	398	517	772	348	424
25-29岁	**166029**	**94619**	**71410**	**2413**	**1392**	**1021**	**2046**	**1212**	**834**
25	47007	23766	23241	851	407	444	695	353	342
26	40773	22547	18226	599	331	268	546	323	223
27	33521	19640	13881	461	282	179	388	248	140
28	25573	16000	9573	322	233	89	249	168	81
29	19155	12666	6489	180	139	41	168	120	48
30-34岁	**43351**	**29170**	**14181**	**394**	**303**	**91**	**293**	**241**	**52**
30	14043	9417	4626	145	101	44	108	83	25
31	10489	7120	3369	108	86	22	77	69	8
32	7856	5306	2550	68	56	12	51	42	9
33	6039	4050	1989	46	39	7	26	22	4
34	4924	3277	1647	27	21	6	31	25	6
35-39岁	**13076**	**8723**	**4353**	**87**	**67**	**20**	**53**	**43**	**10**
35	3840	2562	1278	25	18	7	21	16	5
36	2978	1969	1009	22	16	6	12	10	2
37	2470	1667	803	20	15	5	7	7	
38	2044	1367	677	9	9		7	5	2
39	1744	1158	586	11	9	2	6	5	1
40-44岁	**5176**	**3425**	**1751**	**18**	**13**	**5**	**13**	**10**	**3**
40	1348	881	467	3	2	1	3	3	
41	1200	803	397	6	6		3	2	1
42	1018	666	352	5	2	3	5	4	1
43	887	600	287	3	2	1	1	1	
44	723	475	248	1	1		1		1
45-49岁	**2235**	**1464**	**771**	**6**	**5**	**1**	**3**	**2**	**1**
45	639	420	219	2	1	1	2	2	
46	514	341	173	1	1				
47	448	298	150	2	2				
48	350	232	118				1		1
49	284	173	111	1	1				
50岁及以上	**1718**	**1097**	**621**	**4**	**2**	**2**			
平均初婚年龄	**25.27**	**26.39**	**24.20**	**24.18**	**25.35**	**23.18**	**24.06**	**25.31**	**23.02**

5-4a　续表 1　　　　单位：人

初婚年龄	初婚年份								
	1982年			1983年			1984年		
	小计	男	女	小计	男	女	小计	男	女
总　计	**8102**	**3662**	**4440**	**8052**	**3632**	**4420**	**8064**	**3721**	**4343**
15岁以下	**17**	**1**	**16**	**13**	**5**	**8**	**13**	**4**	**9**
15-19岁	**1449**	**398**	**1051**	**1372**	**433**	**939**	**1295**	**390**	**905**
15	62	18	44	64	18	46	54	10	44
16	126	39	87	104	30	74	93	28	65
17	217	52	165	209	62	147	157	40	117
18	411	112	299	312	106	206	348	106	242
19	633	177	456	683	217	466	643	206	437
20-24岁	**3556**	**1349**	**2207**	**3574**	**1296**	**2278**	**4054**	**1591**	**2463**
20	542	173	369	983	311	672	1003	339	664
21	472	167	305	663	232	431	1180	470	710
22	683	248	435	519	198	321	714	289	425
23	838	311	527	666	246	420	528	199	329
24	1021	450	571	743	309	434	629	294	335
25-29岁	**2586**	**1534**	**1052**	**2563**	**1495**	**1068**	**2173**	**1347**	**826**
25	881	444	437	875	426	449	615	338	277
26	635	383	252	665	378	287	607	378	229
27	513	316	197	468	296	172	438	270	168
28	363	239	124	333	236	97	309	211	98
29	194	152	42	222	159	63	204	150	54
30-34岁	**373**	**286**	**87**	**406**	**305**	**101**	**393**	**285**	**108**
30	154	114	40	145	110	35	128	89	39
31	78	64	14	120	90	30	91	63	28
32	76	59	17	66	51	15	75	55	20
33	36	26	10	44	29	15	63	46	17
34	29	23	6	31	25	6	36	32	4
35-39岁	**86**	**68**	**18**	**89**	**70**	**19**	**89**	**75**	**14**
35	31	23	8	33	25	8	22	18	4
36	20	18	2	15	12	3	21	19	2
37	12	9	3	15	14	1	20	17	3
38	13	11	2	16	11	5	13	11	2
39	10	7	3	10	8	2	13	10	3
40-44岁	**27**	**19**	**8**	**20**	**17**	**3**	**32**	**19**	**13**
40	9	6	3	7	7		12	9	3
41	7	5	2	5	4	1	5	1	4
42	4	2	2	3	2	1	9	5	4
43	5	5		4	3	1	2	1	1
44	2	1	1	1	1		4	3	1
45-49岁	**6**	**6**		**12**	**10**	**2**	**10**	**7**	**3**
45	1	1		4	4		3	2	1
46	2	2		4	3	1	4	3	1
47	1	1		1	1		1		1
48	2	2		1	1				
49				2	1	1	2	2	
50岁及以上	**2**	**1**	**1**	**3**	**1**	**2**	**5**	**3**	**2**
平均初婚年龄	**23.99**	**25.29**	**22.92**	**23.86**	**25.12**	**22.83**	**23.64**	**24.85**	**22.61**

5-4a 续表 2

单位：人

初婚年龄	初婚年份								
	1985年			1986年			1987年		
	小计	男	女	小计	男	女	小计	男	女
总　计	**11007**	**5086**	**5921**	**11020**	**5084**	**5936**	**10821**	**5044**	**5777**
15岁以下	**16**	**3**	**13**	**17**	**4**	**13**	**10**	**2**	**8**
15—19岁	**1722**	**531**	**1191**	**1654**	**500**	**1154**	**1684**	**546**	**1138**
15	88	21	67	52	12	40	47	16	31
16	150	53	97	115	38	77	105	37	68
17	256	80	176	256	61	195	272	75	197
18	415	113	302	454	151	303	499	161	338
19	813	264	549	777	238	539	761	257	504
20—24岁	**6020**	**2456**	**3564**	**6553**	**2769**	**3784**	**6486**	**2790**	**3696**
20	1252	420	832	1235	441	794	992	330	662
21	1513	585	928	1417	554	863	1334	521	813
22	1654	712	942	1595	668	927	1429	645	784
23	927	426	501	1538	695	843	1418	635	783
24	674	313	361	768	411	357	1313	659	654
25—29岁	**2554**	**1582**	**972**	**2125**	**1329**	**796**	**1957**	**1219**	**738**
25	709	388	321	575	293	282	634	349	285
26	591	352	239	527	322	205	416	260	156
27	561	366	195	382	263	119	360	222	138
28	397	282	115	382	265	117	304	212	92
29	296	194	102	259	186	73	243	176	67
30—34岁	**512**	**383**	**129**	**507**	**363**	**144**	**523**	**371**	**152**
30	184	139	45	161	112	49	184	135	49
31	145	111	34	134	100	34	119	85	34
32	79	54	25	96	72	24	99	71	28
33	59	43	16	54	37	17	74	50	24
34	45	36	9	62	42	20	47	30	17
35—39岁	**137**	**104**	**33**	**108**	**75**	**33**	**119**	**90**	**29**
35	57	43	14	21	16	5	38	27	11
36	26	19	7	27	21	6	20	13	7
37	20	16	4	25	16	9	24	21	3
38	20	16	4	17	13	4	23	17	6
39	14	10	4	18	9	9	14	12	2
40—44岁	**28**	**18**	**10**	**32**	**30**	**2**	**26**	**17**	**9**
40	8	5	3	8	8		8	6	2
41	6	4	2	9	8	1	6	4	2
42	8	6	2	8	8		2	2	
43	4	1	3	4	3	1	6	2	4
44	2	2		3	3		4	3	1
45—49岁	**11**	**5**	**6**	**20**	**10**	**10**	**14**	**7**	**7**
45	5	1	4	6	1	5	5	3	2
46	1	1		5	4	1	2	2	
47				4	3	1	6	2	4
48	3	3		2	2				
49	2		2	3		3	1		1
50岁及以上	**7**	**4**	**3**	**4**	**4**		**2**	**2**	
平均初婚年龄	**23.47**	**24.58**	**22.52**	**23.41**	**24.46**	**22.51**	**23.47**	**24.42**	**22.64**

5-4a 续表 3 单位：人

初婚年龄	初婚年份								
	1988年			1989年			1990年		
	小计	男	女	小计	男	女	小计	男	女
总　计	**12012**	**5637**	**6375**	**11390**	**5398**	**5992**	**13261**	**6423**	**6838**
15岁以下	**19**	**9**	**10**	**24**	**6**	**18**	**38**	**13**	**25**
15-19岁	**1817**	**596**	**1221**	**1569**	**502**	**1067**	**2040**	**712**	**1328**
15	75	24	51	78	23	55	112	36	76
16	122	33	89	118	31	87	189	52	137
17	235	85	150	206	70	136	290	98	192
18	454	126	328	409	122	287	563	192	371
19	931	328	603	758	256	502	886	334	552
20-24岁	**6899**	**2973**	**3926**	**6476**	**2815**	**3661**	**7239**	**3215**	**4024**
20	1210	432	778	1181	407	774	1318	487	831
21	1228	502	726	1316	542	774	1646	701	945
22	1536	687	849	1356	602	754	1681	813	868
23	1508	681	827	1386	646	740	1310	569	741
24	1417	671	746	1237	618	619	1284	645	639
25-29岁	**2624**	**1588**	**1036**	**2697**	**1621**	**1076**	**3230**	**1994**	**1236**
25	1230	694	536	1130	630	500	1195	689	506
26	576	340	236	792	475	317	937	572	365
27	331	203	128	378	224	154	664	433	231
28	264	188	76	219	154	65	284	192	92
29	223	163	60	178	138	40	150	108	42
30-34岁	**490**	**353**	**137**	**460**	**339**	**121**	**474**	**318**	**156**
30	192	145	47	116	90	26	156	106	50
31	108	75	33	127	103	24	77	53	24
32	89	65	24	110	71	39	89	57	32
33	54	38	16	57	42	15	78	48	30
34	47	30	17	50	33	17	74	54	20
35-39岁	**110**	**80**	**30**	**100**	**69**	**31**	**160**	**115**	**45**
35	40	28	12	27	16	11	42	30	12
36	25	21	4	21	15	6	41	31	10
37	15	10	5	23	17	6	37	24	13
38	16	11	5	15	10	5	27	18	9
39	14	10	4	14	11	3	13	12	1
40-44岁	**30**	**24**	**6**	**42**	**32**	**10**	**56**	**38**	**18**
40	9	7	2	9	8	1	19	13	6
41	9	7	2	16	12	4	10	7	3
42	3	2	1	8	5	3	12	6	6
43	4	3	1	4	3	1	11	9	2
44	5	5		5	4	1	4	3	1
45-49岁	**11**	**9**	**2**	**13**	**7**	**6**	**16**	**14**	**2**
45	3	2	1	1	1		5	5	
46	2	2		4	2	2	2	1	1
47				6	4	2	6	5	1
48	4	3	1	2		2	2	2	
49	2	2					1	1	
50岁及以上	**12**	**5**	**7**	**9**	**7**	**2**	**8**	**4**	**4**
平均初婚年龄	**23.47**	**24.32**	**22.71**	**23.56**	**24.45**	**22.75**	**23.48**	**24.31**	**22.70**

5-4a 续表 4 单位：人

初婚年龄	初婚年份								
	1991年			1992年			1993年		
	小计	男	女	小计	男	女	小计	男	女
总 计	**9242**	**4398**	**4844**	**11951**	**5736**	**6215**	**12129**	**5867**	**6262**
15岁以下	**20**	**4**	**16**	**18**	**5**	**13**	**9**	**2**	**7**
15-19岁	**1350**	**442**	**908**	**1600**	**516**	**1084**	**1559**	**472**	**1087**
15	65	17	48	69	16	53	54	12	42
16	127	41	86	140	37	103	117	32	85
17	194	64	130	218	72	146	207	49	158
18	341	116	225	443	134	309	421	128	293
19	623	204	419	730	257	473	760	251	509
20-24岁	**5106**	**2208**	**2898**	**6699**	**2914**	**3785**	**6884**	**3031**	**3853**
20	904	310	594	1101	391	710	1081	394	687
21	1157	446	711	1354	581	773	1277	561	716
22	1197	583	614	1557	716	841	1653	776	877
23	1047	488	559	1481	643	838	1580	656	924
24	801	381	420	1206	583	623	1293	644	649
25-29岁	**2359**	**1439**	**920**	**3029**	**1872**	**1157**	**2933**	**1845**	**1088**
25	761	420	341	887	472	415	994	534	460
26	634	384	250	786	471	315	652	417	235
27	488	308	180	579	389	190	566	374	192
28	317	211	106	449	308	141	411	287	124
29	159	116	43	328	232	96	310	233	77
30-34岁	**276**	**205**	**71**	**380**	**273**	**107**	**494**	**350**	**144**
30	88	65	23	130	99	31	237	169	68
31	67	45	22	75	47	28	96	63	33
32	46	40	6	76	55	21	58	46	12
33	41	28	13	55	41	14	58	45	13
34	34	27	7	44	31	13	45	27	18
35-39岁	**85**	**67**	**18**	**145**	**101**	**44**	**164**	**113**	**51**
35	24	21	3	38	25	13	46	34	12
36	22	19	3	41	31	10	36	26	10
37	14	9	5	23	19	4	35	21	14
38	14	8	6	28	17	11	29	19	10
39	11	10	1	15	9	6	18	13	5
40-44岁	**30**	**24**	**6**	**42**	**30**	**12**	**50**	**32**	**18**
40	11	9	2	12	7	5	15	10	5
41	6	5	1	10	6	4	13	7	6
42	7	4	3	9	8	1	9	7	2
43	3	3		7	6	1	8	5	3
44	3	3		4	3	1	5	3	2
45-49岁	**9**	**5**	**4**	**22**	**15**	**7**	**25**	**16**	**9**
45	2	1	1	6	4	2	8	4	4
46	1		1	4	2	2	7	6	1
47	1		1	3	3		6	6	
48	4	3	1	5	4	1	1		1
49	1	1		4	2	2	3		3
50岁及以上	**7**	**4**	**3**	**16**	**10**	**6**	**11**	**6**	**5**
平均初婚年龄	**23.50**	**24.42**	**22.66**	**23.76**	**24.66**	**22.92**	**23.85**	**24.77**	**23.00**

5-4a　续表 5　　　　　　　　　　　　　　　　　　　　　　　　　　　单位：人

初婚年龄	初婚年份								
	1994年			1995年			1996年		
	小计	男	女	小计	男	女	小计	男	女
总　计	**11606**	**5611**	**5995**	**13503**	**6573**	**6930**	**12542**	**6139**	**6403**
15岁以下	**13**	**2**	**11**	**10**		**10**	**9**	**2**	**7**
15—19岁	**1492**	**455**	**1037**	**1542**	**455**	**1087**	**1259**	**389**	**870**
15	50	20	30	64	12	52	51	11	40
16	111	33	78	133	32	101	109	27	82
17	214	54	160	243	79	164	194	50	144
18	387	104	283	370	111	259	308	90	218
19	730	244	486	732	221	511	597	211	386
20—24岁	**6457**	**2852**	**3605**	**7329**	**3260**	**4069**	**6690**	**2918**	**3772**
20	1183	421	762	1221	411	810	1018	355	663
21	1289	524	765	1460	621	839	1323	566	757
22	1382	646	736	1737	828	909	1543	678	865
23	1369	625	744	1485	712	773	1499	679	820
24	1234	636	598	1426	688	738	1307	640	667
25—29岁	**2916**	**1791**	**1125**	**3588**	**2148**	**1440**	**3566**	**2142**	**1424**
25	1016	565	451	1252	681	571	1165	662	503
26	757	451	306	918	532	386	920	531	389
27	484	300	184	653	394	259	699	431	268
28	370	263	107	417	296	121	482	325	157
29	289	212	77	348	245	103	300	193	107
30—34岁	**492**	**350**	**142**	**743**	**520**	**223**	**762**	**523**	**239**
30	206	147	59	269	191	78	245	184	61
31	148	109	39	207	137	70	189	127	62
32	71	49	22	153	110	43	141	86	55
33	35	29	6	71	52	19	124	84	40
34	32	16	16	43	30	13	63	42	21
35—39岁	**146**	**103**	**43**	**155**	**97**	**58**	**121**	**86**	**35**
35	43	32	11	34	22	12	21	16	5
36	28	18	10	25	15	10	25	19	6
37	30	21	9	45	30	15	21	14	7
38	23	16	7	24	15	9	40	28	12
39	22	16	6	27	15	12	14	9	5
40—44岁	**65**	**44**	**21**	**74**	**52**	**22**	**60**	**37**	**23**
40	15	12	3	19	14	5	23	15	8
41	19	11	8	14	11	3	14	13	1
42	15	8	7	11	6	5	11	4	7
43	10	7	3	20	12	8	7	2	5
44	6	6		10	9	1	5	3	2
45—49岁	**15**	**9**	**6**	**36**	**26**	**10**	**38**	**21**	**17**
45	3	3		11	7	4	14	7	7
46	4	2	2	11	7	4	10	7	3
47	3	2	1	2	2		5	2	3
48	2	1	1	6	6		3	2	1
49	3	1	2	6	4	2	6	3	3
50岁及以上	**10**	**5**	**5**	**26**	**15**	**11**	**37**	**21**	**16**
平均初婚年龄	**23.84**	**24.77**	**22.97**	**24.13**	**25.06**	**23.26**	**24.37**	**25.23**	**23.55**

5-4a　续表 6　　　　　　　　　　　　　　　　　　　　　　　　单位：人

初婚年龄	初婚年份								
	1997年			1998年			1999年		
	小计	男	女	小计	男	女	小计	男	女
总　计	**13479**	**6621**	**6858**	**13566**	**6715**	**6851**	**12498**	**6144**	**6354**
15岁以下	**19**	**3**	**16**	**10**	**1**	**9**	**10**		**10**
15-19岁	**1199**	**349**	**850**	**1250**	**334**	**916**	**1214**	**324**	**890**
15	50	9	41	45	10	35	61	12	49
16	87	21	66	125	21	104	103	22	81
17	157	44	113	180	47	133	216	57	159
18	326	99	227	291	74	217	342	90	252
19	579	176	403	609	182	427	492	143	349
20-24岁	**6948**	**2994**	**3954**	**6696**	**2960**	**3736**	**5952**	**2604**	**3348**
20	944	318	626	880	288	592	823	254	569
21	1340	507	833	1080	430	650	1042	402	640
22	1592	733	859	1622	765	857	1294	599	695
23	1686	779	907	1562	701	861	1376	644	732
24	1386	657	729	1552	776	776	1417	705	712
25-29岁	**4180**	**2518**	**1662**	**4218**	**2474**	**1744**	**4083**	**2357**	**1726**
25	1327	709	618	1266	673	593	1318	668	650
26	1080	614	466	1024	597	427	982	567	415
27	823	534	289	846	502	344	731	450	281
28	589	404	185	588	384	204	598	374	224
29	361	257	104	494	318	176	454	298	156
30-34岁	**814**	**559**	**255**	**993**	**665**	**328**	**908**	**625**	**283**
30	251	176	75	344	215	129	316	216	100
31	196	138	58	198	138	60	233	159	74
32	160	117	43	193	126	67	130	87	43
33	115	71	44	153	110	43	124	91	33
34	92	57	35	105	76	29	105	72	33
35-39岁	**145**	**101**	**44**	**233**	**168**	**65**	**213**	**156**	**57**
35	45	31	14	92	65	27	89	66	23
36	28	20	8	56	38	18	61	41	20
37	27	19	8	24	18	6	28	23	5
38	19	13	6	33	24	9	21	15	6
39	26	18	8	28	23	5	14	11	3
40-44岁	**107**	**57**	**50**	**95**	**68**	**27**	**68**	**47**	**21**
40	25	14	11	30	21	9	17	12	5
41	22	11	11	24	16	8	17	12	5
42	22	8	14	15	13	2	8	6	2
43	19	15	4	13	10	3	9	5	4
44	19	9	10	13	8	5	17	12	5
45-49岁	**40**	**24**	**16**	**44**	**30**	**14**	**24**	**16**	**8**
45	10	5	5	16	10	6	6	3	3
46	11	7	4	11	6	5	7	5	2
47	6	1	5	9	9		4	3	1
48	7	6	1	4	3	1	4	3	1
49	6	5	1	4	2	2	3	2	1
50岁及以上	**27**	**16**	**11**	**27**	**15**	**12**	**26**	**15**	**11**
平均初婚年龄	**24.62**	**25.52**	**23.75**	**24.88**	**25.87**	**23.91**	**24.82**	**25.85**	**23.83**

5-4a 续表 7 单位：人

初婚年龄	初婚年份								
	2000年			2001年			2002年		
	小计	男	女	小计	男	女	小计	男	女
总　计	**14739**	**7338**	**7401**	**9045**	**4442**	**4603**	**10887**	**5412**	**5475**
15岁以下	**37**	**1**	**36**	**23**	**5**	**18**	**20**	**2**	**18**
15–19岁	**1677**	**414**	**1263**	**913**	**208**	**705**	**1017**	**251**	**766**
15	119	31	88	62	17	45	80	20	60
16	159	41	118	78	15	63	101	20	81
17	257	56	201	143	31	112	171	39	132
18	455	111	344	225	53	172	230	56	174
19	687	175	512	405	92	313	435	116	319
20–24岁	**6684**	**2979**	**3705**	**4000**	**1722**	**2278**	**4733**	**1962**	**2771**
20	944	287	657	607	163	444	804	209	595
21	1200	488	712	719	257	462	807	303	504
22	1477	695	782	923	447	476	1065	460	605
23	1468	711	757	871	400	471	1005	459	546
24	1595	798	797	880	455	425	1052	531	521
25–29岁	**4765**	**2833**	**1932**	**3134**	**1815**	**1319**	**3884**	**2308**	**1576**
25	1478	767	711	873	431	442	1005	531	474
26	1210	698	512	821	470	351	936	545	391
27	905	558	347	649	400	249	846	502	344
28	688	467	221	456	291	165	613	404	209
29	484	343	141	335	223	112	484	326	158
30–34岁	**1137**	**806**	**331**	**714**	**512**	**202**	**911**	**671**	**240**
30	390	279	111	253	183	70	295	225	70
31	311	217	94	185	132	53	238	160	78
32	195	137	58	124	86	38	154	113	41
33	127	94	33	91	66	25	141	108	33
34	114	79	35	61	45	16	83	65	18
35–39岁	**273**	**188**	**85**	**185**	**124**	**61**	**213**	**148**	**65**
35	84	52	32	64	44	20	63	45	18
36	78	60	18	36	24	12	55	34	21
37	62	43	19	36	25	11	42	27	15
38	26	21	5	36	21	15	31	26	5
39	23	12	11	13	10	3	22	16	6
40–44岁	**82**	**61**	**21**	**45**	**32**	**13**	**51**	**32**	**19**
40	20	15	5	13	7	6	11	4	7
41	18	15	3	11	9	2	8	6	2
42	19	14	5	7	4	3	11	8	3
43	16	11	5	7	6	1	14	8	6
44	9	6	3	7	6	1	7	6	1
45–49岁	**40**	**29**	**11**	**18**	**13**	**5**	**31**	**19**	**12**
45	16	12	4	6	4	2	8	6	2
46	8	7	1	3	3		7	4	3
47	8	4	4	5	5		8	5	3
48	4	3	1	2	1	1	5	3	2
49	4	3	1	2		2	3	1	2
50岁及以上	**44**	**27**	**17**	**13**	**11**	**2**	**27**	**19**	**8**
平均初婚年龄	**24.80**	**25.98**	**23.64**	**24.93**	**26.13**	**23.78**	**25.12**	**26.36**	**23.90**

5-4a 续表 8

单位：人

初婚年龄	初婚年份								
	2003年			2004年			2005年		
	小计	男	女	小计	男	女	小计	男	女
总　计	**10990**	**5399**	**5591**	**11274**	**5584**	**5690**	**11557**	**5802**	**5755**
15岁以下	**11**	**4**	**7**	**17**	**4**	**13**	**15**	**4**	**11**
15–19岁	**1019**	**256**	**763**	**1050**	**250**	**800**	**1171**	**322**	**849**
15	75	23	52	77	20	57	82	22	60
16	114	21	93	111	21	90	125	25	100
17	162	36	126	174	44	130	212	59	153
18	262	73	189	232	58	174	295	86	209
19	406	103	303	456	107	349	457	130	327
20–24岁	**4649**	**1862**	**2787**	**4692**	**1922**	**2770**	**4752**	**1976**	**2776**
20	704	161	543	674	145	529	706	158	548
21	900	310	590	790	280	510	831	286	545
22	966	433	533	1148	494	654	1054	477	577
23	1036	445	591	1069	499	570	1170	547	623
24	1043	513	530	1011	504	507	991	508	483
25–29岁	**3807**	**2237**	**1570**	**3897**	**2257**	**1640**	**3739**	**2204**	**1535**
25	937	464	473	961	495	466	962	502	460
26	873	492	381	876	482	394	913	528	385
27	824	503	321	834	501	333	750	468	282
28	641	413	228	664	427	237	608	381	227
29	532	365	167	562	352	210	506	325	181
30–34岁	**1096**	**757**	**339**	**1164**	**823**	**341**	**1358**	**934**	**424**
30	370	258	112	389	258	131	424	288	136
31	248	164	84	292	214	78	330	231	99
32	215	146	69	190	137	53	252	174	78
33	140	104	36	154	101	53	180	132	48
34	123	85	38	139	113	26	172	109	63
35–39岁	**256**	**184**	**72**	**314**	**229**	**85**	**335**	**234**	**101**
35	77	55	22	121	86	35	108	70	38
36	58	41	17	77	56	21	69	46	23
37	55	36	19	42	31	11	68	52	16
38	35	29	6	33	25	8	41	29	12
39	31	23	8	41	31	10	49	37	12
40–44岁	**88**	**57**	**31**	**75**	**59**	**16**	**109**	**73**	**36**
40	33	24	9	28	22	6	35	25	10
41	23	14	9	18	14	4	29	17	12
42	14	10	4	13	9	4	26	15	11
43	9	6	3	8	6	2	12	10	2
44	9	3	6	8	8		7	6	1
45–49岁	**33**	**24**	**9**	**33**	**19**	**14**	**37**	**30**	**7**
45	8	6	2	10	7	3	7	6	1
46	9	6	3	9	5	4	7	5	2
47	9	7	2	5	3	2	6	6	
48	4	3	1	4	3	1	10	7	3
49	3	2	1	5	1	4	7	6	1
50岁及以上	**31**	**18**	**13**	**32**	**21**	**11**	**41**	**25**	**16**
平均初婚年龄	**25.40**	**26.70**	**24.15**	**25.48**	**26.82**	**24.16**	**25.55**	**26.86**	**24.24**

5-4a 续表 9 单位：人

初婚年龄	初婚年份								
	2006年			2007年			2008年		
	小计	男	女	小计	男	女	小计	男	女
总　计	**12573**	**6204**	**6369**	**12305**	**6121**	**6184**	**15688**	**7863**	**7825**
15岁以下	**8**	**1**	**7**	**16**	**3**	**13**	**10**	**2**	**8**
15-19岁	**1192**	**296**	**896**	**1079**	**263**	**816**	**1349**	**324**	**1025**
15	53	8	45	35	7	28	70	14	56
16	129	30	99	109	21	88	103	27	76
17	180	35	145	165	31	134	179	34	145
18	303	79	224	244	76	168	381	98	283
19	527	144	383	526	128	398	616	151	465
20-24岁	**4958**	**2010**	**2948**	**4871**	**1941**	**2930**	**6343**	**2642**	**3701**
20	697	174	523	814	208	606	1048	290	758
21	868	294	574	874	290	584	1243	440	803
22	1017	450	567	1038	459	579	1403	636	767
23	1111	529	582	1018	453	565	1341	628	713
24	1265	563	702	1127	531	596	1308	648	660
25-29岁	**4254**	**2427**	**1827**	**4233**	**2445**	**1788**	**5265**	**3046**	**2219**
25	1069	543	526	1243	630	613	1365	696	669
26	992	543	449	956	539	417	1388	777	611
27	905	525	380	818	493	325	976	593	383
28	736	467	269	654	404	250	848	532	316
29	552	349	203	562	379	183	688	448	240
30-34岁	**1553**	**1040**	**513**	**1469**	**1035**	**434**	**1776**	**1205**	**571**
30	461	301	160	403	284	119	495	348	147
31	385	255	130	368	266	102	394	258	136
32	324	224	100	297	199	98	335	225	110
33	231	151	80	235	169	66	300	198	102
34	152	109	43	166	117	49	252	176	76
35-39岁	**391**	**279**	**112**	**425**	**284**	**141**	**615**	**435**	**180**
35	147	101	46	121	76	45	214	149	65
36	87	61	26	115	78	37	140	95	45
37	64	51	13	80	51	29	119	81	38
38	61	43	18	57	39	18	68	55	13
39	32	23	9	52	40	12	74	55	19
40-44岁	**125**	**87**	**38**	**131**	**100**	**31**	**190**	**117**	**73**
40	31	19	12	36	30	6	59	39	20
41	32	18	14	26	20	6	36	22	14
42	27	23	4	21	18	3	33	21	12
43	24	18	6	32	20	12	37	21	16
44	11	9	2	16	12	4	25	14	11
45-49岁	**39**	**29**	**10**	**40**	**24**	**16**	**62**	**42**	**20**
45	9	5	4	12	6	6	18	11	7
46	11	8	3	9	4	5	11	9	2
47	11	10	1	8	5	3	15	10	5
48	3	2	1	8	6	2	8	7	1
49	5	4	1	3	3		10	5	5
50岁及以上	**53**	**35**	**18**	**41**	**26**	**15**	**78**	**50**	**28**
平均初婚年龄	**25.82**	**27.15**	**24.52**	**25.82**	**27.19**	**24.46**	**25.88**	**27.18**	**24.59**

5-4a 续表 10 单位：人

初婚年龄	初婚年份								
	2009年			2010年			2011年		
	小计	男	女	小计	男	女	小计	男	女
总 计	**14874**	**7379**	**7495**	**15593**	**7817**	**7776**	**14946**	**7411**	**7535**
15岁以下	**16**	**2**	**14**	**18**	**1**	**17**	**15**	**2**	**13**
15-19岁	**1232**	**287**	**945**	**1312**	**356**	**956**	**1004**	**265**	**739**
15	64	14	50	79	22	57	50	8	42
16	83	14	69	101	19	82	100	23	77
17	180	35	145	202	42	160	162	44	118
18	314	75	239	355	96	259	236	74	162
19	591	149	442	575	177	398	456	116	340
20-24岁	**6145**	**2504**	**3641**	**6685**	**2847**	**3838**	**6207**	**2573**	**3634**
20	953	257	696	1082	307	775	754	195	559
21	1150	389	761	1174	402	772	1068	394	674
22	1472	647	825	1599	759	840	1371	608	763
23	1282	618	664	1429	684	745	1434	651	783
24	1288	593	695	1401	695	706	1580	725	855
25-29岁	**4961**	**2903**	**2058**	**4846**	**2803**	**2043**	**5342**	**2944**	**2398**
25	1209	630	579	1351	698	653	1426	663	763
26	1246	679	567	1089	590	499	1279	674	605
27	1108	694	414	974	582	392	1033	599	434
28	770	488	282	858	541	317	826	492	334
29	628	412	216	574	392	182	778	516	262
30-34岁	**1606**	**1081**	**525**	**1683**	**1108**	**575**	**1463**	**994**	**469**
30	449	288	161	492	329	163	419	266	153
31	353	238	115	352	236	116	372	276	96
32	301	207	94	299	197	102	284	190	94
33	250	174	76	276	178	98	208	142	66
34	253	174	79	264	168	96	180	120	60
35-39岁	**563**	**359**	**204**	**684**	**448**	**236**	**587**	**408**	**179**
35	176	104	72	200	134	66	177	116	61
36	117	75	42	170	111	59	141	97	44
37	86	54	32	134	86	48	125	94	31
38	97	67	30	96	66	30	80	56	24
39	87	59	28	84	51	33	64	45	19
40-44岁	**238**	**165**	**73**	**222**	**147**	**75**	**201**	**148**	**53**
40	76	43	33	54	36	18	59	42	17
41	65	52	13	53	32	21	57	41	16
42	34	26	8	33	17	16	40	30	10
43	34	26	8	43	35	8	30	23	7
44	29	18	11	39	27	12	15	12	3
45-49岁	**64**	**44**	**20**	**91**	**73**	**18**	**69**	**41**	**28**
45	29	22	7	28	25	3	14	7	7
46	20	14	6	23	16	7	16	10	6
47	8	6	2	19	16	3	14	9	5
48	4	1	3	15	10	5	15	10	5
49	3	1	2	6	6		10	5	5
50岁及以上	**49**	**34**	**15**	**52**	**34**	**18**	**58**	**36**	**22**
平均初婚年龄	**25.88**	**27.20**	**24.58**	**25.85**	**27.09**	**24.60**	**26.01**	**27.20**	**24.85**

5-4a 续表 11 单位：人

初婚年龄	初婚年份								
	2012年			2013年			2014年		
	小计	男	女	小计	男	女	小计	男	女
总 计	**16485**	**8175**	**8310**	**16159**	**8079**	**8080**	**16105**	**7968**	**8137**
15岁以下	**12**	**1**	**11**	**10**	**1**	**9**	**8**		**8**
15-19岁	**1108**	**278**	**830**	**931**	**241**	**690**	**875**	**210**	**665**
15	53	10	43	60	13	47	42	11	31
16	107	17	90	74	15	59	87	18	69
17	176	47	129	153	39	114	127	22	105
18	300	77	223	243	65	178	246	60	186
19	472	127	345	401	109	292	373	99	274
20-24岁	**6238**	**2584**	**3654**	**5712**	**2368**	**3344**	**5490**	**2228**	**3262**
20	749	198	551	685	151	534	679	163	516
21	998	345	653	868	294	574	820	280	540
22	1429	681	748	1193	541	652	1167	555	612
23	1442	656	786	1394	659	735	1220	516	704
24	1620	704	916	1572	723	849	1604	714	890
25-29岁	**6175**	**3388**	**2787**	**6456**	**3481**	**2975**	**6781**	**3615**	**3166**
25	1828	864	964	1784	833	951	1699	801	898
26	1467	763	704	1673	886	787	1796	916	880
27	1209	679	530	1319	732	587	1523	839	684
28	973	608	365	971	582	389	1034	593	441
29	698	474	224	709	448	261	729	466	263
30-34岁	**1792**	**1174**	**618**	**1768**	**1148**	**620**	**1756**	**1133**	**623**
30	618	401	217	530	359	171	522	329	193
31	383	250	133	427	270	157	434	295	139
32	302	204	98	335	211	124	357	229	128
33	294	194	100	244	160	84	227	141	86
34	195	125	70	232	148	84	216	139	77
35-39岁	**697**	**450**	**247**	**740**	**480**	**260**	**696**	**455**	**241**
35	158	102	56	182	117	65	177	118	59
36	166	104	62	156	101	55	149	101	48
37	136	87	49	145	94	51	132	86	46
38	126	84	42	152	101	51	128	81	47
39	111	73	38	105	67	38	110	69	41
40-44岁	**280**	**185**	**95**	**309**	**207**	**102**	**290**	**185**	**105**
40	79	48	31	84	52	32	70	39	31
41	62	43	19	69	52	17	80	48	32
42	57	40	17	66	43	23	55	40	15
43	46	32	14	50	37	13	37	23	14
44	36	22	14	40	23	17	48	35	13
45-49岁	**115**	**72**	**43**	**148**	**101**	**47**	**109**	**73**	**36**
45	30	20	10	40	24	16	44	30	14
46	20	12	8	30	20	10	25	21	4
47	30	22	8	30	24	6	13	6	7
48	20	9	11	23	13	10	10	7	3
49	15	9	6	25	20	5	17	9	8
50岁及以上	**68**	**43**	**25**	**85**	**52**	**33**	**100**	**69**	**31**
平均初婚年龄	**26.34**	**27.47**	**25.22**	**26.70**	**27.82**	**25.58**	**26.72**	**27.83**	**25.64**

5-4a 续表 12

单位：人

初婚年龄	初婚年份								
	2015年			2016年			2017年		
	小计	男	女	小计	男	女	小计	男	女
总　计	**16802**	**8323**	**8479**	**15107**	**7529**	**7578**	**15042**	**7414**	**7628**
15岁以下	**12**	**3**	**9**	**7**	**2**	**5**	**13**	**1**	**12**
15-19岁	**871**	**211**	**660**	**703**	**166**	**537**	**717**	**199**	**518**
15	39	7	32	38	5	33	24	5	19
16	81	18	63	56	7	49	36	12	24
17	145	26	119	120	31	89	103	34	69
18	208	58	150	176	42	134	185	47	138
19	398	102	296	313	81	232	369	101	268
20-24岁	**5346**	**2188**	**3158**	**4606**	**1885**	**2721**	**4572**	**1808**	**2764**
20	691	148	543	574	147	427	538	124	414
21	767	267	500	699	263	436	693	231	462
22	1147	505	642	987	424	563	954	407	547
23	1255	578	677	1032	426	606	1064	451	613
24	1486	690	796	1314	625	689	1323	595	728
25-29岁	**7403**	**3913**	**3490**	**6764**	**3573**	**3191**	**6549**	**3407**	**3142**
25	1826	851	975	1454	664	790	1500	686	814
26	1795	895	900	1685	841	844	1468	736	732
27	1617	854	763	1515	789	726	1500	780	720
28	1328	767	561	1208	705	503	1150	634	516
29	837	546	291	902	574	328	931	571	360
30-34岁	**1899**	**1220**	**679**	**1792**	**1113**	**679**	**1976**	**1244**	**732**
30	613	396	217	584	355	229	711	430	281
31	449	288	161	412	263	149	484	326	158
32	343	224	119	325	211	114	313	204	109
33	288	187	101	231	139	92	250	157	93
34	206	125	81	240	145	95	218	127	91
35-39岁	**647**	**386**	**261**	**641**	**413**	**228**	**631**	**376**	**255**
35	165	99	66	178	116	62	178	111	67
36	136	73	63	129	83	46	149	77	72
37	115	72	43	117	79	38	121	79	42
38	108	62	46	122	78	44	94	58	36
39	123	80	43	95	57	38	89	51	38
40-44岁	**339**	**211**	**128**	**349**	**227**	**122**	**328**	**209**	**119**
40	79	48	31	86	59	27	66	38	28
41	75	48	27	84	54	30	77	54	23
42	74	45	29	80	53	27	63	40	23
43	62	42	20	54	29	25	64	41	23
44	49	28	21	45	32	13	58	36	22
45-49岁	**154**	**106**	**48**	**138**	**87**	**51**	**151**	**98**	**53**
45	49	34	15	35	25	10	39	24	15
46	35	24	11	28	15	13	29	20	9
47	35	22	13	36	21	15	24	15	9
48	22	15	7	26	19	7	32	19	13
49	13	11	2	13	7	6	27	20	7
50岁及以上	**131**	**85**	**46**	**107**	**63**	**44**	**105**	**72**	**33**
平均初婚年龄	**26.95**	**28.01**	**25.92**	**27.19**	**28.22**	**26.18**	**27.25**	**28.28**	**26.24**

5-4a 续表 13 单位：人

初婚年龄	初婚年份								
	2018年			2019年			2020年		
	小计	男	女	小计	男	女	小计	男	女
总　计	**15746**	**7719**	**8027**	**13068**	**6409**	**6659**	**8630**	**4260**	**4370**
15岁以下	**6**		**6**	**9**		**9**			
15-19岁	**731**	**200**	**531**	**513**	**136**	**377**	**192**	**42**	**150**
15	29	3	26	18	6	12	7	1	6
16	50	10	40	33	10	23	14	4	10
17	103	32	71	70	17	53	18	6	12
18	209	49	160	145	28	117	47	11	36
19	340	106	234	247	75	172	106	20	86
20-24岁	**4721**	**1877**	**2844**	**3852**	**1493**	**2359**	**2440**	**941**	**1499**
20	538	125	413	397	100	297	196	36	160
21	716	259	457	590	201	389	309	100	209
22	970	434	536	759	304	455	554	247	307
23	1133	462	671	924	370	554	610	239	371
24	1364	597	767	1182	518	664	771	319	452
25-29岁	**6740**	**3453**	**3287**	**5480**	**2787**	**2693**	**3714**	**1881**	**1833**
25	1533	701	832	1251	551	700	877	370	507
26	1519	725	794	1269	654	615	878	436	442
27	1463	761	702	1122	553	569	818	430	388
28	1264	713	551	1009	528	481	627	331	296
29	961	553	408	829	501	328	514	314	200
30-34岁	**2309**	**1432**	**877**	**2004**	**1256**	**748**	**1438**	**867**	**571**
30	768	467	301	625	400	225	473	287	186
31	616	380	236	509	320	189	354	219	135
32	377	244	133	349	213	136	259	162	97
33	297	187	110	294	178	116	214	119	95
34	251	154	97	227	145	82	138	80	58
35-39岁	**650**	**387**	**263**	**598**	**356**	**242**	**390**	**252**	**138**
35	184	115	69	170	103	67	107	77	30
36	167	102	65	129	76	53	82	52	30
37	126	70	56	128	81	47	72	48	24
38	82	47	35	88	45	43	76	47	29
39	91	53	38	83	51	32	53	28	25
40-44岁	**305**	**192**	**113**	**309**	**192**	**117**	**195**	**111**	**84**
40	72	47	25	58	37	21	37	19	18
41	59	34	25	54	33	21	43	25	18
42	70	47	23	62	34	28	39	21	18
43	63	38	25	63	43	20	38	27	11
44	41	26	15	72	45	27	38	19	19
45-49岁	**166**	**103**	**63**	**179**	**104**	**75**	**143**	**89**	**54**
45	39	29	10	43	22	21	42	28	14
46	51	30	21	39	25	14	31	20	11
47	27	20	7	41	21	20	30	15	15
48	30	16	14	26	19	7	26	18	8
49	19	8	11	30	17	13	14	8	6
50岁及以上	**118**	**75**	**43**	**124**	**85**	**39**	**118**	**77**	**41**
平均初婚年龄	**27.33**	**28.32**	**26.39**	**27.71**	**28.76**	**26.69**	**28.10**	**29.10**	**27.13**

5-4b 全省分初婚年龄、性别、初婚年份的人口(镇)

单位：人

初婚年龄	初婚年份								
	合计			1980年			1981年		
	合计	男	女	小计	男	女	小计	男	女
总计	**477437**	**231527**	**245910**	**8266**	**3900**	**4366**	**5790**	**2657**	**3133**
15岁以下	**1217**	**186**	**1031**	**38**	**6**	**32**	**20**	**3**	**17**
15-19岁	**78125**	**22634**	**55491**	**1631**	**474**	**1157**	**1371**	**396**	**975**
15	4246	899	3347	161	59	102	78	19	59
16	7492	1780	5712	262	61	201	118	35	83
17	12958	3491	9467	456	118	338	293	64	229
18	20902	6064	14838	401	120	281	464	141	323
19	32527	10400	22127	351	116	235	418	137	281
20-24岁	**239771**	**109265**	**130506**	**4331**	**2002**	**2329**	**2742**	**1213**	**1529**
20	45208	15846	29362	598	216	382	360	119	241
21	50440	21100	29340	827	352	475	477	191	286
22	53230	25387	27843	1133	535	598	579	263	316
23	48092	24139	23953	974	473	501	741	332	409
24	42801	22793	20008	799	426	373	585	308	277
25-29岁	**115432**	**70839**	**44593**	**1780**	**1099**	**681**	**1334**	**822**	**512**
25	36041	20259	15782	620	351	269	441	256	185
26	28559	17178	11381	471	292	179	343	204	139
27	22033	14050	7983	292	188	104	261	163	98
28	16560	10979	5581	225	149	76	175	125	50
29	12239	8373	3866	172	119	53	114	74	40
30-34岁	**28364**	**19182**	**9182**	**359**	**240**	**119**	**232**	**170**	**62**
30	9067	6192	2875	108	77	31	74	57	17
31	6954	4742	2212	93	67	26	75	49	26
32	5149	3482	1667	67	39	28	47	36	11
33	3979	2623	1356	54	37	17	21	15	6
34	3215	2143	1072	37	20	17	15	13	2
35-39岁	**8583**	**5680**	**2903**	**79**	**52**	**27**	**67**	**39**	**28**
35	2514	1677	837	19	12	7	23	13	10
36	1987	1326	661	24	16	8	18	11	7
37	1630	1063	567	13	8	5	12	9	3
38	1334	867	467	15	10	5	5	2	3
39	1118	747	371	8	6	2	9	4	5
40-44岁	**3397**	**2162**	**1235**	**35**	**20**	**15**	**21**	**13**	**8**
40	933	567	366	9	5	4	7	4	3
41	796	512	284	7	4	3	6	5	1
42	645	423	222	7	4	3	2	1	1
43	564	369	195	9	5	4	5	2	3
44	459	291	168	3	2	1	1	1	
45-49岁	**1382**	**889**	**493**	**11**	**6**	**5**	**3**	**1**	**2**
45	402	271	131	3	1	2			
46	309	198	111	3	1	2	1		1
47	281	177	104	4	3	1			
48	207	133	74	1	1		2	1	1
49	183	110	73						
50岁及以上	**1166**	**690**	**476**	**2**	**1**	**1**			
平均初婚年龄	**23.98**	**25.08**	**22.94**	**23.22**	**24.24**	**22.30**	**23.22**	**24.36**	**22.25**

5-4b　续表 1　　　　单位：人

初婚年龄	初婚年份								
	1982年			1983年			1984年		
	小计	男	女	小计	男	女	小计	男	女
总　计	**7660**	**3567**	**4093**	**8036**	**3753**	**4283**	**8549**	**3974**	**4575**
15岁以下	**41**	**6**	**35**	**36**	**11**	**25**	**36**	**12**	**24**
15–19岁	**2357**	**762**	**1595**	**2224**	**687**	**1537**	**2247**	**745**	**1502**
15	115	37	78	104	35	69	146	38	108
16	220	68	152	183	59	124	192	59	133
17	391	108	283	369	110	259	314	99	215
18	613	198	415	586	165	421	556	171	385
19	1018	351	667	982	318	664	1039	378	661
20–24岁	**3255**	**1500**	**1755**	**3801**	**1732**	**2069**	**4478**	**2009**	**2469**
20	762	297	465	1349	541	808	1352	499	853
21	469	173	296	815	345	470	1446	632	814
22	599	304	295	493	233	260	881	446	435
23	699	348	351	537	274	263	396	216	180
24	726	378	348	607	339	268	403	216	187
25–29岁	**1591**	**1026**	**565**	**1593**	**1051**	**542**	**1344**	**903**	**441**
25	527	316	211	520	325	195	377	239	138
26	390	247	143	426	271	155	350	240	110
27	306	200	106	267	176	91	263	178	85
28	209	139	70	220	160	60	178	124	54
29	159	124	35	160	119	41	176	122	54
30–34岁	**319**	**211**	**108**	**277**	**200**	**77**	**316**	**220**	**96**
30	113	75	38	101	66	35	105	66	39
31	78	52	26	71	56	15	85	59	26
32	71	48	23	36	24	12	50	38	12
33	43	27	16	34	27	7	45	34	11
34	14	9	5	35	27	8	31	23	8
35–39岁	**66**	**45**	**21**	**65**	**49**	**16**	**91**	**63**	**28**
35	19	15	4	16	13	3	34	26	8
36	19	15	4	21	16	5	20	8	12
37	8	4	4	17	12	5	18	16	2
38	7	3	4	5	3	2	10	6	4
39	13	8	5	6	5	1	9	7	2
40–44岁	**23**	**12**	**11**	**28**	**17**	**11**	**28**	**15**	**13**
40	14	8	6	8	4	4	6	3	3
41	4	2	2	5	5		5	3	2
42	3	2	1	9	5	4	4		4
43				2	1	1	7	5	2
44	2		2	4	2	2	6	4	2
45–49岁	**5**	**3**	**2**	**8**	**4**	**4**	**7**	**5**	**2**
45	1		1	2	1	1	3	3	
46	2	2		3	2	1			
47	1	1		3	1	2	2		2
48							2	2	
49	1		1						
50岁及以上	**3**	**2**	**1**	**4**	**2**	**2**	**2**	**2**	
平均初婚年龄	**22.74**	**23.85**	**21.76**	**22.55**	**23.69**	**21.54**	**22.37**	**23.41**	**21.46**

5−4b 续表 2　　单位：人

初婚年龄	初婚年份								
	1985年			1986年			1987年		
	小计	男	女	小计	男	女	小计	男	女
总　计	**10993**	**5219**	**5774**	**11324**	**5320**	**6004**	**10703**	**5125**	**5578**
15岁以下	**34**	**3**	**31**	**30**	**4**	**26**	**19**	**2**	**17**
15−19岁	**2603**	**874**	**1729**	**2611**	**864**	**1747**	**2300**	**780**	**1520**
15	152	42	110	90	27	63	88	19	69
16	247	69	178	220	62	158	164	48	116
17	417	146	271	454	129	325	340	129	211
18	689	222	467	735	234	501	676	216	460
19	1098	395	703	1112	412	700	1032	368	664
20−24岁	**6300**	**2985**	**3315**	**7018**	**3332**	**3686**	**6660**	**3182**	**3478**
20	1556	621	935	1548	621	927	1292	517	775
21	1809	789	1020	1705	783	922	1577	703	874
22	1725	898	827	1717	838	879	1526	748	778
23	783	437	346	1400	704	696	1305	661	644
24	427	240	187	648	386	262	960	553	407
25−29岁	**1450**	**945**	**505**	**1130**	**753**	**377**	**1162**	**776**	**386**
25	399	239	160	290	181	109	477	304	173
26	329	215	114	252	169	83	225	146	79
27	307	203	104	239	171	68	162	114	48
28	246	163	83	200	129	71	143	103	40
29	169	125	44	149	103	46	155	109	46
30−34岁	**441**	**297**	**144**	**383**	**264**	**119**	**401**	**276**	**125**
30	159	105	54	122	84	38	117	82	35
31	115	82	33	89	58	31	128	86	42
32	74	48	26	71	50	21	65	45	20
33	48	35	13	55	39	16	54	34	20
34	45	27	18	46	33	13	37	29	8
35−39岁	**120**	**89**	**31**	**104**	**74**	**30**	**103**	**75**	**28**
35	38	32	6	32	27	5	36	25	11
36	27	20	7	31	20	11	22	15	7
37	24	14	10	15	10	5	22	18	4
38	19	14	5	13	11	2	15	9	6
39	12	9	3	13	6	7	8	8	
40−44岁	**33**	**18**	**15**	**36**	**22**	**14**	**34**	**20**	**14**
40	10	5	5	13	8	5	7	6	1
41	7	5	2	8	6	2	9	6	3
42	8	5	3	9	6	3	5	3	2
43	3	2	1	3	1	2	5	1	4
44	5	1	4	3	1	2	8	4	4
45−49岁	**7**	**5**	**2**	**10**	**6**	**4**	**14**	**9**	**5**
45	1	1		2	2		5	3	2
46	4	3	1				4	3	1
47	1	1		4	3	1	1	1	
48				3	1	2	3	2	1
49	1		1	1		1	1		1
50岁及以上	**5**	**3**	**2**	**2**	**1**	**1**	**10**	**5**	**5**
平均初婚年龄	**22.43**	**23.34**	**21.61**	**22.38**	**23.21**	**21.64**	**22.63**	**23.45**	**21.89**

5-4b　续表 3　　　　单位：人

初婚年龄	初婚年份								
	1988年			1989年			1990年		
	小计	男	女	小计	男	女	小计	男	女
总　计	**12203**	**5859**	**6344**	**11660**	**5611**	**6049**	**14110**	**6909**	**7201**
15岁以下	**32**	**9**	**23**	**29**	**4**	**25**	**38**	**8**	**30**
15–19岁	**2547**	**846**	**1701**	**2338**	**818**	**1520**	**3080**	**1111**	**1969**
15	90	23	67	110	32	78	181	51	130
16	199	63	136	185	58	127	305	93	212
17	362	135	227	353	111	242	492	164	328
18	673	219	454	630	217	413	784	271	513
19	1223	406	817	1060	400	660	1318	532	786
20–24岁	**7425**	**3580**	**3845**	**7023**	**3308**	**3715**	**8208**	**3986**	**4222**
20	1504	595	909	1498	611	887	1763	717	1046
21	1617	733	884	1684	763	921	1947	895	1052
22	1767	855	912	1469	712	757	1889	951	938
23	1429	779	650	1345	658	687	1360	724	636
24	1108	618	490	1027	564	463	1249	699	550
25–29岁	**1598**	**1026**	**572**	**1772**	**1121**	**651**	**2299**	**1467**	**832**
25	789	488	301	806	471	335	873	533	340
26	347	221	126	546	366	180	660	420	240
27	161	105	56	221	152	69	474	313	161
28	161	112	49	105	67	38	207	146	61
29	140	100	40	94	65	29	85	55	30
30–34岁	**411**	**274**	**137**	**368**	**264**	**104**	**298**	**199**	**99**
30	132	85	47	89	67	22	66	37	29
31	85	62	23	96	69	27	66	45	21
32	75	49	26	71	51	20	83	55	28
33	60	39	21	70	50	20	40	28	12
34	59	39	20	42	27	15	43	34	9
35–39岁	**129**	**81**	**48**	**85**	**64**	**21**	**129**	**95**	**34**
35	47	28	19	28	23	5	40	28	12
36	35	22	13	18	12	6	34	27	7
37	17	11	6	23	17	6	27	18	9
38	20	13	7	9	9		17	13	4
39	10	7	3	7	3	4	11	9	2
40–44岁	**38**	**29**	**9**	**30**	**25**	**5**	**44**	**33**	**11**
40	10	7	3	5	4	1	8	8	
41	8	5	3	10	9	1	12	10	2
42	10	9	1	8	7	1	10	8	2
43	3	3		3	2	1	7	4	3
44	7	5	2	4	3	1	7	3	4
45–49岁	**14**	**8**	**6**	**12**	**6**	**6**	**11**	**8**	**3**
45	1	1		5	3	2	2	1	1
46	5	3	2	1		1	3	2	1
47	5	1	4	2	2		1	1	
48	1	1		2		2	2	1	1
49	2	2		2	1	1	3	3	
50岁及以上	**9**	**6**	**3**	**3**	**1**	**2**	**3**	**2**	**1**
平均初婚年龄	**22.69**	**23.47**	**21.98**	**22.66**	**23.42**	**21.95**	**22.56**	**23.32**	**21.83**

5-4b 续表 4 单位：人

初婚年龄	初婚年份								
	1991年			1992年			1993年		
	小计	男	女	小计	男	女	小计	男	女
总 计	**10116**	**4936**	**5180**	**12297**	**5968**	**6329**	**12758**	**6291**	**6467**
15岁以下	**22**	**4**	**18**	**35**	**11**	**24**	**33**	**6**	**27**
15-19岁	**2009**	**689**	**1320**	**2316**	**787**	**1529**	**2301**	**805**	**1496**
15	94	24	70	111	23	88	114	36	78
16	187	51	136	205	67	138	201	59	142
17	335	128	207	367	133	234	351	129	222
18	538	181	357	635	211	424	616	214	402
19	855	305	550	998	353	645	1019	367	652
20-24岁	**5944**	**2850**	**3094**	**7257**	**3486**	**3771**	**7406**	**3574**	**3832**
20	1243	532	711	1340	539	801	1482	579	903
21	1458	658	800	1630	732	898	1582	733	849
22	1342	632	710	1657	796	861	1695	857	838
23	1128	596	532	1434	745	689	1466	757	709
24	773	432	341	1196	674	522	1181	648	533
25-29岁	**1817**	**1161**	**656**	**2267**	**1399**	**868**	**2466**	**1530**	**936**
25	675	401	274	712	394	318	902	523	379
26	454	293	161	606	363	243	560	338	222
27	348	235	113	435	289	146	454	297	157
28	254	173	81	291	190	101	316	212	104
29	86	59	27	223	163	60	234	160	74
30-34岁	**183**	**122**	**61**	**236**	**169**	**67**	**351**	**247**	**104**
30	57	38	19	86	60	26	166	114	52
31	39	27	12	40	30	10	91	64	27
32	29	18	11	35	24	11	37	25	12
33	40	27	13	34	26	8	26	18	8
34	18	12	6	41	29	12	31	26	5
35-39岁	**81**	**63**	**18**	**117**	**71**	**46**	**126**	**83**	**43**
35	24	18	6	33	24	9	35	27	8
36	20	15	5	22	13	9	22	14	8
37	18	15	3	23	9	14	18	12	6
38	9	6	3	19	12	7	25	15	10
39	10	9	1	20	13	7	26	15	11
40-44岁	**35**	**29**	**6**	**46**	**29**	**17**	**45**	**30**	**15**
40	9	7	2	10	4	6	14	10	4
41	7	7		10	5	5	11	7	4
42	11	7	4	6	3	3	10	6	4
43	5	5		14	13	1	9	7	2
44	3	3		6	4	2	1		1
45-49岁	**21**	**15**	**6**	**14**	**10**	**4**	**20**	**12**	**8**
45	7	7		6	4	2	7	5	2
46	3	2	1	2	1	1	6	4	2
47	3	2	1	2	1	1	2		2
48	5	3	2	1	1		4	2	2
49	3	1	2	3	3		1	1	
50岁及以上	**4**	**3**	**1**	**9**	**6**	**3**	**10**	**4**	**6**
平均初婚年龄	**22.73**	**23.52**	**21.97**	**22.94**	**23.69**	**22.23**	**23.06**	**23.80**	**22.35**

5−4b　续表 5　　　　单位：人

初婚年龄	初婚年份								
	1994年			1995年			1996年		
	小计	男	女	小计	男	女	小计	男	女
总　计	**12860**	**6332**	**6528**	**14290**	**7021**	**7269**	**13450**	**6688**	**6762**
15岁以下	**19**	**4**	**15**	**24**	**4**	**20**	**21**	**4**	**17**
15−19岁	**2293**	**756**	**1537**	**2337**	**736**	**1601**	**1963**	**597**	**1366**
15	108	24	84	110	28	82	82	17	65
16	190	47	143	222	60	162	158	33	125
17	338	111	227	347	95	252	311	90	221
18	613	197	416	573	180	393	524	178	346
19	1044	377	667	1085	373	712	888	279	609
20−24岁	**7447**	**3607**	**3840**	**8224**	**3986**	**4238**	**7763**	**3753**	**4010**
20	1426	547	879	1564	571	993	1391	532	859
21	1665	771	894	1898	862	1036	1702	777	925
22	1627	822	805	1835	916	919	1907	982	925
23	1512	789	723	1588	825	763	1554	798	756
24	1217	678	539	1339	812	527	1209	664	545
25−29岁	**2475**	**1553**	**922**	**2970**	**1834**	**1136**	**2884**	**1794**	**1090**
25	933	547	386	1015	581	434	1023	578	445
26	613	385	228	774	466	308	747	459	288
27	383	243	140	543	354	189	494	316	178
28	328	218	110	329	221	108	361	261	100
29	218	160	58	309	212	97	259	180	79
30−34岁	**401**	**263**	**138**	**504**	**328**	**176**	**593**	**397**	**196**
30	156	105	51	192	117	75	205	139	66
31	129	79	50	132	91	41	134	86	48
32	52	32	20	105	77	28	126	87	39
33	34	22	12	41	24	17	89	59	30
34	30	25	5	34	19	15	39	26	13
35−39岁	**133**	**92**	**41**	**107**	**68**	**39**	**115**	**78**	**37**
35	31	20	11	24	15	9	27	21	6
36	22	12	10	22	14	8	26	16	10
37	27	21	6	26	20	6	18	14	4
38	26	22	4	16	9	7	20	13	7
39	27	17	10	19	10	9	24	14	10
40−44岁	**57**	**36**	**21**	**72**	**37**	**35**	**60**	**36**	**24**
40	20	14	6	26	9	17	15	9	6
41	11	6	5	17	8	9	15	9	6
42	9	5	4	11	8	3	15	10	5
43	6	4	2	11	6	5	10	6	4
44	11	7	4	7	6	1	5	2	3
45−49岁	**16**	**10**	**6**	**29**	**20**	**9**	**33**	**17**	**16**
45	5	4	1	5	2	3	5	3	2
46	4	1	3	7	6	1	11	5	6
47	3	2	1	4	3	1	12	9	3
48	2	2		9	7	2	2		2
49	2	1	1	4	2	2	3		3
50岁及以上	**19**	**11**	**8**	**23**	**8**	**15**	**18**	**12**	**6**
平均初婚年龄	**23.16**	**23.95**	**22.38**	**23.31**	**24.10**	**22.56**	**23.52**	**24.33**	**22.72**

5-4b 续表 6 单位：人

初婚年龄	初婚年份								
	1997年			1998年			1999年		
	小计	男	女	小计	男	女	小计	男	女
总　计	**13271**	**6580**	**6691**	**14440**	**7124**	**7316**	**12559**	**6211**	**6348**
15岁以下	**22**	**8**	**14**	**32**	**6**	**26**	**30**	**2**	**28**
15-19岁	**1807**	**525**	**1282**	**1983**	**543**	**1440**	**1790**	**489**	**1301**
15	86	16	70	87	15	72	106	24	82
16	146	31	115	216	59	157	154	31	123
17	305	80	225	310	75	235	331	75	256
18	464	135	329	498	139	359	477	124	353
19	806	263	543	872	255	617	722	235	487
20-24岁	**7578**	**3565**	**4013**	**7891**	**3749**	**4142**	**6820**	**3238**	**3582**
20	1237	454	783	1259	482	777	1178	399	779
21	1618	696	922	1527	657	870	1296	566	730
22	1765	848	917	1842	870	972	1451	724	727
23	1621	821	800	1762	902	860	1484	770	714
24	1337	746	591	1501	838	663	1411	779	632
25-29岁	**2983**	**1902**	**1081**	**3411**	**2110**	**1301**	**3098**	**1932**	**1166**
25	951	586	365	1135	680	455	1079	635	444
26	801	504	297	818	487	331	786	485	301
27	553	366	187	639	420	219	516	328	188
28	370	244	126	465	293	172	419	276	143
29	308	202	106	354	230	124	298	208	90
30-34岁	**607**	**412**	**195**	**860**	**544**	**316**	**611**	**412**	**199**
30	191	146	45	281	179	102	214	134	80
31	154	102	52	177	116	61	145	106	39
32	117	75	42	159	101	58	96	68	28
33	74	47	27	136	80	56	88	55	33
34	71	42	29	107	68	39	68	49	19
35-39岁	**124**	**77**	**47**	**146**	**91**	**55**	**126**	**85**	**41**
35	28	16	12	57	33	24	53	32	21
36	21	16	5	27	16	11	34	23	11
37	29	13	16	18	10	8	20	17	3
38	21	14	7	26	19	7	12	9	3
39	25	18	7	18	13	5	7	4	3
40-44岁	**93**	**57**	**36**	**65**	**45**	**20**	**38**	**30**	**8**
40	23	14	9	14	10	4	9	8	1
41	19	10	9	22	13	9	9	7	2
42	18	11	7	11	8	3	6	4	2
43	19	11	8	9	7	2	8	7	1
44	14	11	3	9	7	2	6	4	2
45-49岁	**32**	**20**	**12**	**31**	**22**	**9**	**19**	**12**	**7**
45	10	7	3	8	7	1	4	1	3
46	5	2	3	4	2	2	3	1	2
47	3	2	1	8	5	3	8	7	1
48	9	7	2	8	7	1	3	2	1
49	5	2	3	3	1	2	1	1	
50岁及以上	**25**	**14**	**11**	**21**	**14**	**7**	**27**	**11**	**16**
平均初婚年龄	**23.77**	**24.65**	**22.91**	**23.92**	**24.82**	**23.04**	**23.78**	**24.74**	**22.84**

5-4b　续表 7　　　　　　　　　　　　　　　　　　　　　　　　　　　　　　　　单位：人

初婚年龄	初婚年份								
	2000年			2001年			2002年		
	小计	男	女	小计	男	女	小计	男	女
总　计	**14914**	**7403**	**7511**	**9339**	**4590**	**4749**	**11097**	**5540**	**5557**
15岁以下	**61**	**15**	**46**	**39**	**6**	**33**	**36**	**6**	**30**
15–19岁	**2413**	**650**	**1763**	**1528**	**399**	**1129**	**1587**	**435**	**1152**
15	138	21	117	70	16	54	115	26	89
16	221	51	170	178	42	136	182	45	137
17	388	103	285	211	58	153	244	61	183
18	704	182	522	379	101	278	375	99	276
19	962	293	669	690	182	508	671	204	467
20–24岁	**7693**	**3659**	**4034**	**4674**	**2143**	**2531**	**5639**	**2528**	**3111**
20	1360	484	876	858	253	605	1099	336	763
21	1542	666	876	921	377	544	1123	438	685
22	1690	831	859	1035	497	538	1173	557	616
23	1562	820	742	953	501	452	1151	596	555
24	1539	858	681	907	515	392	1093	601	492
25–29岁	**3715**	**2364**	**1351**	**2473**	**1596**	**877**	**3048**	**2010**	**1038**
25	1271	748	523	798	463	335	917	559	358
26	976	617	359	661	427	234	766	486	280
27	659	449	210	471	322	149	583	400	183
28	464	312	152	327	232	95	437	309	128
29	345	238	107	216	152	64	345	256	89
30–34岁	**757**	**516**	**241**	**477**	**332**	**145**	**576**	**410**	**166**
30	249	179	70	179	121	58	189	139	50
31	183	124	59	123	91	32	151	106	45
32	152	100	52	83	60	23	111	80	31
33	93	60	33	49	31	18	79	54	25
34	80	53	27	43	29	14	46	31	15
35–39岁	**178**	**133**	**45**	**112**	**85**	**27**	**142**	**103**	**39**
35	63	51	12	34	23	11	39	29	10
36	53	37	16	27	19	8	40	25	15
37	31	21	10	21	17	4	28	19	9
38	23	18	5	21	19	2	20	17	3
39	8	6	2	9	7	2	15	13	2
40–44岁	**52**	**38**	**14**	**21**	**17**	**4**	**37**	**26**	**11**
40	11	9	2	7	6	1	10	5	5
41	13	10	3	2	1	1	8	7	1
42	10	5	5	3	2	1	8	6	2
43	9	7	2	2	2		3	2	1
44	9	7	2	7	6	1	8	6	2
45–49岁	**20**	**14**	**6**	**6**	**4**	**2**	**18**	**12**	**6**
45	6	5	1	2	1	1	4	2	2
46	5	3	2	1	1		2	2	
47	4	3	1				3	2	1
48	3	2	1	2	1	1	7	5	2
49	2	1	1	1	1		2	1	1
50岁及以上	**25**	**14**	**11**	**9**	**8**	**1**	**14**	**10**	**4**
平均初婚年龄	**23.71**	**24.78**	**22.65**	**23.71**	**24.93**	**22.54**	**23.93**	**25.13**	**22.74**

5-4b 续表 8

单位：人

初婚年龄	初婚年份								
	2003年			2004年			2005年		
	小计	男	女	小计	男	女	小计	男	女
总　计	**10901**	**5364**	**5537**	**10666**	**5250**	**5416**	**11903**	**5862**	**6041**
15岁以下	**29**	**1**	**28**	**34**	**5**	**29**	**40**	**7**	**33**
15-19岁	**1647**	**391**	**1256**	**1536**	**339**	**1197**	**1896**	**443**	**1453**
15	128	22	106	119	17	102	136	20	116
16	198	41	157	177	41	136	210	39	171
17	277	64	213	279	51	228	345	74	271
18	403	89	314	362	81	281	493	114	379
19	641	175	466	599	149	450	712	196	516
20-24岁	**5319**	**2336**	**2983**	**5182**	**2268**	**2914**	**5707**	**2570**	**3137**
20	952	279	673	834	219	615	1005	284	721
21	1148	450	698	1023	414	609	1078	415	663
22	1138	518	620	1319	622	697	1228	569	659
23	1053	533	520	1046	504	542	1319	704	615
24	1028	556	472	960	509	451	1077	598	479
25-29岁	**3008**	**2002**	**1006**	**2928**	**1921**	**1007**	**3050**	**2010**	**1040**
25	852	510	342	888	534	354	907	536	371
26	749	497	252	672	419	253	715	454	261
27	600	402	198	570	393	177	609	440	169
28	473	352	121	436	312	124	440	315	125
29	334	241	93	362	263	99	379	265	114
30-34岁	**679**	**480**	**199**	**745**	**542**	**203**	**875**	**617**	**258**
30	212	137	75	268	209	59	297	209	88
31	172	126	46	179	127	52	220	163	57
32	123	97	26	120	80	40	166	114	52
33	102	71	31	101	75	26	115	76	39
34	70	49	21	77	51	26	77	55	22
35-39岁	**152**	**112**	**40**	**160**	**119**	**41**	**221**	**145**	**76**
35	45	36	9	43	30	13	58	34	24
36	23	16	7	38	27	11	49	35	14
37	33	21	12	29	22	7	48	34	14
38	19	14	5	29	21	8	33	23	10
39	32	25	7	21	19	2	33	19	14
40-44岁	**36**	**21**	**15**	**38**	**29**	**9**	**62**	**43**	**19**
40	14	8	6	13	10	3	20	13	7
41	5	3	2	16	12	4	18	11	7
42	5	3	2	5	4	1	17	14	3
43	6	3	3	2	1	1	5	4	1
44	6	4	2	2	2		2	1	1
45-49岁	**16**	**11**	**5**	**22**	**15**	**7**	**24**	**12**	**12**
45	3	2	1	4	3	1	5	3	2
46	4	4		3	2	1	5	4	1
47	4	2	2	5	2	3	5	2	3
48	3	1	2	3	2	1	4	1	3
49	2	2		7	6	1	5	2	3
50岁及以上	**15**	**10**	**5**	**21**	**12**	**9**	**28**	**15**	**13**
平均初婚年龄	**24.03**	**25.40**	**22.71**	**24.19**	**25.60**	**22.82**	**24.17**	**25.55**	**22.84**

5-4b 续表 9 单位：人

初婚年龄	初婚年份								
	2006年			2007年			2008年		
	小计	男	女	小计	男	女	小计	男	女
总 计	**11651**	**5716**	**5935**	**11418**	**5623**	**5795**	**14507**	**7080**	**7427**
15岁以下	**43**	**3**	**40**	**31**	**4**	**27**	**31**	**2**	**29**
15−19岁	**1808**	**408**	**1400**	**1833**	**407**	**1426**	**2239**	**533**	**1706**
15	88	13	75	102	14	88	120	19	101
16	190	35	155	150	17	133	226	42	184
17	318	60	258	302	53	249	348	74	274
18	488	102	386	503	121	382	681	172	509
19	724	198	526	776	202	574	864	226	638
20−24岁	**5465**	**2403**	**3062**	**5163**	**2278**	**2885**	**6763**	**2915**	**3848**
20	957	281	676	1066	307	759	1326	401	925
21	1087	423	664	972	364	608	1484	541	943
22	1138	495	643	1099	514	585	1487	688	799
23	1114	565	549	1053	562	491	1309	662	647
24	1169	639	530	973	531	442	1157	623	534
25−29岁	**3024**	**1955**	**1069**	**3169**	**2061**	**1108**	**3816**	**2500**	**1316**
25	927	530	397	1055	623	432	1105	624	481
26	708	452	256	696	462	234	1021	670	351
27	598	399	199	566	370	196	692	483	209
28	458	335	123	500	357	143	566	400	166
29	333	239	94	352	249	103	432	323	109
30−34岁	**953**	**702**	**251**	**845**	**616**	**229**	**1119**	**770**	**349**
30	291	222	69	236	165	71	333	231	102
31	252	186	66	224	169	55	245	153	92
32	209	151	58	181	134	47	194	141	53
33	116	73	43	115	83	32	184	134	50
34	85	70	15	89	65	24	163	111	52
35−39岁	**229**	**158**	**71**	**261**	**177**	**84**	**341**	**237**	**104**
35	83	62	21	68	52	16	120	77	43
36	43	29	14	68	43	25	71	57	14
37	49	30	19	42	28	14	53	37	16
38	30	18	12	44	29	15	47	33	14
39	24	19	5	39	25	14	50	33	17
40−44岁	**75**	**53**	**22**	**74**	**55**	**19**	**120**	**79**	**41**
40	26	17	9	22	16	6	38	22	16
41	16	12	4	20	12	8	28	24	4
42	8	5	3	7	6	1	26	15	11
43	13	10	3	16	14	2	16	10	6
44	12	9	3	9	7	2	12	8	4
45−49岁	**22**	**17**	**5**	**14**	**10**	**4**	**34**	**23**	**11**
45	4	4		6	6		10	7	3
46	4	3	1	1		1	8	7	1
47	3	3		1	1		5	2	3
48	4	2	2	2		2	5	2	3
49	7	5	2	4	3	1	6	5	1
50岁及以上	**32**	**17**	**15**	**28**	**15**	**13**	**44**	**21**	**23**
平均初婚年龄	**24.34**	**25.85**	**22.90**	**24.33**	**25.83**	**22.87**	**24.39**	**25.84**	**23.01**

5-4b 续表 10

单位：人

初婚年龄	初婚年份								
	2009年			2010年			2011年		
	小计	男	女	小计	男	女	小计	男	女
总 计	**13774**	**6724**	**7050**	**14695**	**7152**	**7543**	**12088**	**5860**	**6228**
15岁以下	**27**	**2**	**25**	**42**	**2**	**40**	**32**	**2**	**30**
15-19岁	**2123**	**504**	**1619**	**2250**	**569**	**1681**	**1739**	**451**	**1288**
15	107	13	94	135	16	119	104	19	85
16	205	37	168	227	34	193	177	31	146
17	326	68	258	378	87	291	299	64	235
18	550	139	411	591	147	444	502	143	359
19	935	247	688	919	285	634	657	194	463
20-24岁	**6436**	**2771**	**3665**	**7086**	**3162**	**3924**	**5741**	**2509**	**3232**
20	1236	344	892	1427	482	945	915	279	636
21	1422	496	926	1360	564	796	1198	476	722
22	1456	708	748	1565	724	841	1271	606	665
23	1168	614	554	1521	773	748	1202	566	636
24	1154	609	545	1213	619	594	1155	582	573
25-29岁	**3477**	**2249**	**1228**	**3592**	**2272**	**1320**	**3135**	**1912**	**1223**
25	948	542	406	1054	616	438	902	477	425
26	832	511	321	805	498	307	794	485	309
27	758	525	233	696	456	240	597	388	209
28	581	407	174	608	415	193	480	316	164
29	358	264	94	429	287	142	362	246	116
30-34岁	**1106**	**777**	**329**	**1070**	**717**	**353**	**906**	**628**	**278**
30	326	219	107	305	208	97	287	204	83
31	248	189	59	273	188	85	210	144	66
32	192	141	51	184	118	66	163	115	48
33	183	117	66	149	95	54	129	82	47
34	157	111	46	159	108	51	117	83	34
35-39岁	**394**	**285**	**109**	**421**	**272**	**149**	**336**	**224**	**112**
35	114	79	35	129	88	41	96	65	31
36	93	68	25	108	76	32	75	44	31
37	73	53	20	83	50	33	73	52	21
38	66	48	18	60	32	28	53	36	17
39	48	37	11	41	26	15	39	27	12
40-44岁	**130**	**79**	**51**	**140**	**99**	**41**	**128**	**91**	**37**
40	36	21	15	40	28	12	34	26	8
41	31	15	16	35	23	12	30	22	8
42	18	11	7	32	24	8	25	17	8
43	35	24	11	18	13	5	23	16	7
44	10	8	2	15	11	4	16	10	6
45-49岁	**44**	**31**	**13**	**51**	**35**	**16**	**44**	**29**	**15**
45	20	14	6	19	12	7	13	10	3
46	11	8	3	14	12	2	10	7	3
47	8	6	2	9	6	3	14	10	4
48	5	3	2	4	2	2	6	2	4
49				5	3	2	1		1
50岁及以上	**37**	**26**	**11**	**43**	**24**	**19**	**27**	**14**	**13**
平均初婚年龄	**24.51**	**26.06**	**23.04**	**24.41**	**25.73**	**23.16**	**24.58**	**25.90**	**23.33**

5-4b　续表 11　　　　单位：人

初婚年龄	初婚年份								
	2012年			2013年			2014年		
	小计	男	女	小计	男	女	小计	男	女
总　计	**13778**	**6640**	**7138**	**13060**	**6329**	**6731**	**12845**	**6184**	**6661**
15岁以下	**35**	**1**	**34**	**35**	**2**	**33**	**21**	**3**	**18**
15-19岁	**1908**	**461**	**1447**	**1676**	**411**	**1265**	**1551**	**380**	**1171**
15	123	9	114	113	8	105	100	20	80
16	188	28	160	186	32	154	159	29	130
17	373	93	280	295	63	232	287	50	237
18	486	136	350	429	116	313	413	116	297
19	738	195	543	653	192	461	592	165	427
20-24岁	**6247**	**2716**	**3531**	**5515**	**2372**	**3143**	**5144**	**2155**	**2989**
20	1042	348	694	933	288	645	833	229	604
21	1131	438	693	952	357	595	916	316	600
22	1461	654	807	1177	547	630	1006	463	543
23	1254	577	677	1235	596	639	1158	547	611
24	1359	699	660	1218	584	634	1231	600	631
25-29岁	**3854**	**2299**	**1555**	**4070**	**2386**	**1684**	**4334**	**2478**	**1856**
25	1239	630	609	1260	653	607	1241	621	620
26	901	516	385	1066	619	447	1083	588	495
27	724	471	253	765	471	294	965	588	377
28	567	395	172	587	376	211	599	386	213
29	423	287	136	392	267	125	446	295	151
30-34岁	**1070**	**731**	**339**	**1073**	**706**	**367**	**1128**	**729**	**399**
30	343	232	111	310	211	99	318	205	113
31	252	173	79	274	177	97	257	172	85
32	212	150	62	169	120	49	245	161	84
33	146	97	49	177	105	72	164	106	58
34	117	79	38	143	93	50	144	85	59
35-39岁	**403**	**270**	**133**	**435**	**287**	**148**	**377**	**246**	**131**
35	111	72	39	119	76	43	100	62	38
36	96	70	26	102	68	34	78	54	24
37	81	52	29	78	50	28	74	45	29
38	67	43	24	68	47	21	71	47	24
39	48	33	15	68	46	22	54	38	16
40-44岁	**150**	**95**	**55**	**151**	**97**	**54**	**156**	**99**	**57**
40	38	27	11	40	25	15	49	30	19
41	34	21	13	44	26	18	36	25	11
42	29	18	11	26	17	9	31	23	8
43	26	16	10	17	14	3	22	13	9
44	23	13	10	24	15	9	18	8	10
45-49岁	**72**	**40**	**32**	**54**	**37**	**17**	**71**	**53**	**18**
45	19	10	9	16	12	4	16	13	3
46	19	11	8	9	7	2	18	12	6
47	16	11	5	17	9	8	18	13	5
48	5	3	2	9	7	2	10	8	2
49	13	5	8	3	2	1	9	7	2
50岁及以上	**39**	**27**	**12**	**51**	**31**	**20**	**63**	**41**	**22**
平均初婚年龄	**24.80**	**26.14**	**23.54**	**25.11**	**26.42**	**23.88**	**25.37**	**26.70**	**24.14**

5-4b 续表 12

单位：人

初婚年龄	初婚年份								
	2015年			2016年			2017年		
	小计	男	女	小计	男	女	小计	男	女
总　计	**13274**	**6356**	**6918**	**11984**	**5788**	**6196**	**11574**	**5534**	**6040**
15岁以下	**19**	**3**	**16**	**21**	**1**	**20**	**12**		**12**
15-19岁	**1438**	**376**	**1062**	**1232**	**310**	**922**	**1149**	**293**	**856**
15	82	13	69	69	13	56	56	5	51
16	139	21	118	126	27	99	122	25	97
17	279	61	218	211	49	162	164	44	120
18	392	101	291	345	102	243	371	91	280
19	546	180	366	481	119	362	436	128	308
20-24岁	**5093**	**2050**	**3043**	**4535**	**1914**	**2621**	**4354**	**1690**	**2664**
20	809	221	588	699	198	501	656	172	484
21	895	317	578	820	313	507	791	266	525
22	1120	487	633	893	393	500	878	366	512
23	1125	504	621	1034	481	553	954	386	568
24	1144	521	623	1089	529	560	1075	500	575
25-29岁	**4744**	**2694**	**2050**	**4278**	**2343**	**1935**	**4119**	**2308**	**1811**
25	1370	705	665	1071	511	560	1017	536	481
26	1154	637	517	1098	581	517	923	473	450
27	988	565	423	842	466	376	941	554	387
28	769	469	300	715	430	285	688	403	285
29	463	318	145	552	355	197	550	342	208
30-34岁	**1181**	**743**	**438**	**1161**	**753**	**408**	**1157**	**757**	**400**
30	333	213	120	350	242	108	420	292	128
31	291	183	108	279	178	101	242	163	79
32	206	129	77	208	127	81	175	101	74
33	199	129	70	160	102	58	167	107	60
34	152	89	63	164	104	60	153	94	59
35-39岁	**420**	**248**	**172**	**395**	**243**	**152**	**435**	**276**	**159**
35	115	66	49	113	65	48	131	83	48
36	99	58	41	82	55	27	110	69	41
37	66	42	24	79	50	29	86	55	31
38	75	45	30	60	37	23	64	37	27
39	65	37	28	61	36	25	44	32	12
40-44岁	**218**	**140**	**78**	**200**	**118**	**82**	**195**	**116**	**79**
40	57	38	19	57	27	30	42	24	18
41	48	30	18	39	22	17	47	23	24
42	44	33	11	35	28	7	39	24	15
43	36	21	15	39	22	17	42	31	11
44	33	18	15	30	19	11	25	14	11
45-49岁	**86**	**58**	**28**	**92**	**60**	**32**	**87**	**56**	**31**
45	24	14	10	26	17	9	24	16	8
46	22	15	7	22	11	11	20	12	8
47	20	14	6	11	7	4	18	12	6
48	6	5	1	19	16	3	13	8	5
49	14	10	4	14	9	5	12	8	4
50岁及以上	**75**	**44**	**31**	**70**	**46**	**24**	**66**	**38**	**28**
平均初婚年龄	**25.69**	**26.91**	**24.56**	**25.90**	**27.11**	**24.77**	**26.02**	**27.30**	**24.84**

5-4b 续表 13

单位：人

初婚年龄	初婚年份								
	2018年			2019年			2020年		
	小计	男	女	小计	男	女	小计	男	女
总　计	**12308**	**5756**	**6552**	**9798**	**4609**	**5189**	**6528**	**3122**	**3406**
15岁以下	**14**		**14**	**20**	**4**	**16**	**4**		**4**
15−19岁	**1195**	**293**	**902**	**872**	**206**	**666**	**397**	**91**	**306**
15	57	10	47	46	10	36	25	6	19
16	117	17	100	100	25	75	40	8	32
17	201	43	158	142	29	113	55	13	42
18	335	87	248	251	65	186	104	27	77
19	485	136	349	333	77	256	173	37	136
20−24岁	**4674**	**1874**	**2800**	**3557**	**1420**	**2137**	**2213**	**895**	**1318**
20	703	218	485	513	159	354	283	75	208
21	853	306	547	659	228	431	316	124	192
22	954	403	551	745	307	438	498	208	290
23	1073	475	598	779	341	438	511	223	288
24	1091	472	619	861	385	476	605	265	340
25−29岁	**4347**	**2281**	**2066**	**3387**	**1761**	**1626**	**2440**	**1233**	**1207**
25	1177	551	626	861	382	479	637	280	357
26	1017	511	506	868	432	436	556	272	284
27	895	471	424	662	356	306	534	270	264
28	737	432	305	519	301	218	407	220	187
29	521	316	205	477	290	187	306	191	115
30−34岁	**1308**	**839**	**469**	**1191**	**762**	**429**	**836**	**546**	**290**
30	445	299	146	372	244	128	270	178	92
31	357	224	133	311	197	114	189	123	66
32	238	149	89	219	138	81	133	86	47
33	147	96	51	170	108	62	148	99	49
34	121	71	50	119	75	44	96	60	36
35−39岁	**384**	**224**	**160**	**409**	**244**	**165**	**265**	**158**	**107**
35	98	67	31	121	66	55	70	46	24
36	98	59	39	79	54	25	70	42	28
37	65	33	32	96	60	36	49	24	25
38	70	33	37	61	32	29	44	26	18
39	53	32	21	52	32	20	32	20	12
40−44岁	**215**	**129**	**86**	**170**	**98**	**72**	**168**	**87**	**81**
40	61	32	29	45	20	25	36	16	20
41	45	34	11	39	25	14	40	22	18
42	43	27	16	31	15	16	31	14	17
43	36	16	20	29	17	12	31	21	10
44	30	20	10	26	21	5	30	14	16
45−49岁	**93**	**62**	**31**	**99**	**57**	**42**	**96**	**54**	**42**
45	31	23	8	34	21	13	34	20	14
46	17	11	6	27	16	11	16	10	6
47	15	9	6	17	9	8	19	9	10
48	16	10	6	11	8	3	11	5	6
49	14	9	5	10	3	7	16	10	6
50岁及以上	**78**	**54**	**24**	**93**	**57**	**36**	**109**	**58**	**51**
平均初婚年龄	**25.97**	**27.20**	**24.89**	**26.42**	**27.68**	**25.31**	**27.27**	**28.34**	**26.30**

5-4c 全省分初婚年龄、性别、初婚年份的人口(乡村)

单位：人

初婚年龄	初婚年份								
	合计			1980年			1981年		
	合计	男	女	小计	男	女	小计	男	女
总计	**779917**	**393531**	**386386**	**22012**	**10763**	**11249**	**13809**	**6709**	**7100**
15岁以下	**3061**	**461**	**2600**	**128**	**37**	**91**	**77**	**18**	**59**
15-19岁	**176599**	**56978**	**119621**	**4931**	**1525**	**3406**	**3985**	**1299**	**2686**
15	11400	2481	8919	536	153	383	268	76	192
16	19122	4735	14387	897	234	663	443	128	315
17	31208	9037	22171	1309	368	941	898	267	631
18	46718	15475	31243	1118	365	753	1254	415	839
19	68151	25250	42901	1071	405	666	1122	413	709
20-24岁	**395379**	**200181**	**195198**	**11390**	**5726**	**5664**	**6334**	**3167**	**3167**
20	87847	35358	52489	1791	769	1022	994	372	622
21	89397	42693	46704	2302	1122	1180	1238	589	649
22	88661	47826	40835	2863	1449	1414	1344	703	641
23	71916	40165	31751	2456	1278	1178	1532	798	734
24	57558	34139	23419	1978	1108	870	1226	705	521
25-29岁	**139724**	**91672**	**48052**	**4347**	**2698**	**1649**	**2727**	**1780**	**947**
25	44866	27953	16913	1510	907	603	935	598	337
26	34093	22279	11814	1126	695	431	705	452	253
27	25480	17102	8378	779	500	279	487	328	159
28	19844	13598	6246	567	365	202	350	225	125
29	15441	10740	4701	365	231	134	250	177	73
30-34岁	**40166**	**27913**	**12253**	**887**	**592**	**295**	**497**	**333**	**164**
30	12386	8535	3851	300	211	89	171	119	52
31	9498	6569	2929	210	130	80	110	77	33
32	7547	5283	2264	170	124	46	85	53	32
33	5980	4202	1778	121	82	39	72	45	27
34	4755	3324	1431	86	45	41	59	39	20
35-39岁	**13976**	**9497**	**4479**	**242**	**141**	**101**	**135**	**80**	**55**
35	3893	2742	1151	66	38	28	47	27	20
36	3206	2159	1047	52	34	18	29	21	8
37	2632	1796	836	50	26	24	25	12	13
38	2250	1516	734	48	30	18	21	13	8
39	1995	1284	711	26	13	13	13	7	6
40-44岁	**6142**	**3962**	**2180**	**68**	**35**	**33**	**43**	**25**	**18**
40	1769	1125	644	30	14	16	20	12	8
41	1395	910	485	15	6	9	6	3	3
42	1206	787	419	8	5	3	7	4	3
43	981	640	341	9	7	2	6	4	2
44	791	500	291	6	3	3	4	2	2
45-49岁	**2627**	**1643**	**984**	**12**	**7**	**5**	**7**	**6**	**1**
45	728	485	243	4	3	1	3	2	1
46	604	371	233	3	1	2	2	2	
47	477	285	192	1		1	1	1	
48	426	263	163	2	1	1			
49	392	239	153	2	2		1	1	
50岁及以上	**2243**	**1224**	**1019**	**7**	**2**	**5**	**4**	**1**	**3**
平均初婚年龄	**23.29**	**24.37**	**22.19**	**22.89**	**23.79**	**22.03**	**22.67**	**23.69**	**21.71**

5-4c 续表 1

单位：人

初婚年龄	初婚年份								
	1982年			1983年			1984年		
	小计	男	女	小计	男	女	小计	男	女
总　计	**18160**	**8932**	**9228**	**18194**	**8848**	**9346**	**19488**	**9565**	**9923**
15岁以下	**77**	**11**	**66**	**88**	**22**	**66**	**57**	**10**	**47**
15-19岁	**6218**	**2205**	**4013**	**5849**	**2054**	**3795**	**5955**	**2163**	**3792**
15	344	88	256	373	110	263	396	106	290
16	618	165	453	545	159	386	576	169	407
17	1011	351	660	1035	318	717	929	342	587
18	1662	581	1081	1502	544	958	1587	564	1023
19	2583	1020	1563	2394	923	1471	2467	982	1485
20-24岁	**7590**	**3880**	**3710**	**8245**	**4106**	**4139**	**9696**	**4864**	**4832**
20	2049	820	1229	3081	1327	1754	3126	1305	1821
21	1259	628	631	1897	918	979	3083	1599	1484
22	1460	785	675	1144	617	527	1858	1034	824
23	1409	825	584	1089	604	485	812	427	385
24	1413	822	591	1034	640	394	817	499	318
25-29岁	**3303**	**2173**	**1130**	**3017**	**1990**	**1027**	**2712**	**1794**	**918**
25	1094	689	405	963	590	373	742	457	285
26	787	522	265	754	505	249	709	477	232
27	576	385	191	560	392	168	549	365	184
28	501	342	159	409	278	131	380	264	116
29	345	235	110	331	225	106	332	231	101
30-34岁	**707**	**493**	**214**	**706**	**497**	**209**	**804**	**558**	**246**
30	258	184	74	246	178	68	277	199	78
31	153	103	50	191	134	57	194	128	66
32	139	103	36	111	79	32	154	101	53
33	95	66	29	98	66	32	97	75	22
34	62	37	25	60	40	20	82	55	27
35-39岁	**188**	**124**	**64**	**189**	**124**	**65**	**187**	**130**	**57**
35	61	47	14	58	46	12	70	51	19
36	53	35	18	52	30	22	37	22	15
37	32	16	16	30	19	11	30	24	6
38	19	10	9	25	16	9	37	22	15
39	23	16	7	24	13	11	13	11	2
40-44岁	**61**	**37**	**24**	**79**	**44**	**35**	**54**	**35**	**19**
40	20	11	9	29	12	17	17	11	6
41	15	10	5	16	8	8	10	6	4
42	10	5	5	15	13	2	12	9	3
43	7	4	3	9	5	4	8	4	4
44	9	7	2	10	6	4	7	5	2
45-49岁	**14**	**9**	**5**	**12**	**7**	**5**	**20**	**11**	**9**
45	5	4	1	5	4	1	5	5	
46	5	2	3	2	1	1	5	1	4
47	3	2	1	2	1	1	7	3	4
48	1	1		3	1	2	3	2	1
49									
50岁及以上	**2**		**2**	**9**	**4**	**5**	**3**		**3**
平均初婚年龄	**22.41**	**23.45**	**21.40**	**22.22**	**23.22**	**21.28**	**22.10**	**23.00**	**21.24**

5-4c 续表 2

单位：人

初婚年龄	初婚年份								
	1985年			1986年			1987年		
	小计	男	女	小计	男	女	小计	男	女
总 计	**25360**	**12514**	**12846**	**25276**	**12465**	**12811**	**23148**	**11439**	**11709**
15岁以下	**58**	**12**	**46**	**77**	**23**	**54**	**54**	**11**	**43**
15−19岁	**7102**	**2487**	**4615**	**6750**	**2467**	**4283**	**5959**	**2281**	**3678**
15	389	118	271	297	69	228	224	66	158
16	783	213	570	624	195	429	485	154	331
17	1217	394	823	1224	390	834	975	309	666
18	1815	655	1160	1935	735	1200	1707	629	1078
19	2898	1107	1791	2670	1078	1592	2568	1123	1445
20−24岁	**13748**	**6971**	**6777**	**14793**	**7492**	**7301**	**13807**	**6979**	**6828**
20	3739	1703	2036	3852	1735	2117	3082	1353	1729
21	3857	1850	2007	3496	1752	1744	3374	1635	1739
22	3685	2025	1660	3546	1850	1696	3146	1705	1441
23	1674	945	729	2680	1469	1211	2467	1285	1182
24	793	448	345	1219	686	533	1738	1001	737
25−29岁	**3002**	**2039**	**963**	**2331**	**1543**	**788**	**2118**	**1331**	**787**
25	779	478	301	582	350	232	827	474	353
26	640	421	219	524	347	177	365	227	138
27	624	440	184	419	294	125	303	201	102
28	547	387	160	434	302	132	302	204	98
29	412	313	99	372	250	122	321	225	96
30−34岁	**1050**	**751**	**299**	**947**	**686**	**261**	**877**	**612**	**265**
30	344	242	102	288	194	94	279	193	86
31	284	205	79	234	166	68	203	142	61
32	204	144	60	204	161	43	152	110	42
33	130	95	35	122	86	36	142	96	46
34	88	65	23	99	79	20	101	71	30
35−39岁	**286**	**192**	**94**	**248**	**173**	**75**	**214**	**150**	**64**
35	99	66	33	78	61	17	67	49	18
36	67	41	26	67	45	22	61	43	18
37	40	31	9	33	23	10	37	25	12
38	54	39	15	29	18	11	34	26	8
39	26	15	11	41	26	15	15	7	8
40−44岁	**84**	**46**	**38**	**91**	**63**	**28**	**82**	**54**	**28**
40	15	8	7	28	21	7	24	15	9
41	18	7	11	23	16	7	12	8	4
42	25	13	12	13	9	4	21	18	3
43	18	12	6	15	10	5	13	8	5
44	8	6	2	12	7	5	12	5	7
45−49岁	**25**	**15**	**10**	**23**	**13**	**10**	**31**	**19**	**12**
45	4	2	2	9	4	5	11	6	5
46	7	5	2	4	3	1	9	5	4
47	4	1	3	4	2	2	3	3	
48	4	2	2	5	3	2	3	1	2
49	6	5	1	1	1		5	4	1
50岁及以上	**5**	**1**	**4**	**16**	**5**	**11**	**6**	**2**	**4**
平均初婚年龄	**22.21**	**23.10**	**21.34**	**22.19**	**22.97**	**21.42**	**22.31**	**23.00**	**21.63**

5-4c 续表 3 单位：人

初婚年龄	初婚年份								
	1988年			1989年			1990年		
	小计	男	女	小计	男	女	小计	男	女
总　计	**26638**	**13169**	**13469**	**24006**	**11945**	**12061**	**30048**	**14975**	**15073**
15岁以下	**70**	**12**	**58**	**104**	**21**	**83**	**152**	**34**	**118**
15-19岁	**6718**	**2489**	**4229**	**5660**	**2135**	**3525**	**7401**	**2774**	**4627**
15	316	106	210	317	111	206	433	142	291
16	547	188	359	458	165	293	783	261	522
17	1050	377	673	900	324	576	1298	433	865
18	1728	599	1129	1540	574	966	1839	701	1138
19	3077	1219	1858	2445	961	1484	3048	1237	1811
20-24岁	**15590**	**7943**	**7647**	**14174**	**7147**	**7027**	**17258**	**8817**	**8441**
20	3816	1707	2109	3462	1494	1968	3981	1725	2256
21	3474	1718	1756	3452	1706	1746	4298	2184	2114
22	3574	1929	1645	2995	1588	1407	3933	2131	1802
23	2685	1440	1245	2434	1310	1124	2752	1480	1272
24	2041	1149	892	1831	1049	782	2294	1297	997
25-29岁	**2963**	**1821**	**1142**	**2986**	**1867**	**1119**	**4007**	**2470**	**1537**
25	1439	874	565	1334	796	538	1526	895	631
26	693	424	269	852	552	300	1106	699	407
27	317	175	142	408	264	144	808	518	290
28	262	167	95	187	113	74	373	242	131
29	252	181	71	205	142	63	194	116	78
30-34岁	**861**	**612**	**249**	**704**	**503**	**201**	**711**	**502**	**209**
30	252	182	70	177	111	66	186	127	59
31	226	147	79	171	128	43	147	102	45
32	136	102	34	151	114	37	144	108	36
33	138	99	39	104	72	32	137	98	39
34	109	82	27	101	78	23	97	67	30
35-39岁	**283**	**195**	**88**	**261**	**188**	**73**	**347**	**265**	**82**
35	77	59	18	70	48	22	101	74	27
36	76	48	28	64	46	18	94	74	20
37	52	34	18	58	45	13	71	59	12
38	37	28	9	35	23	12	41	28	13
39	41	26	15	34	26	8	40	30	10
40-44岁	**95**	**69**	**26**	**75**	**57**	**18**	**106**	**75**	**31**
40	20	14	6	24	21	3	35	24	11
41	24	17	7	16	11	5	25	20	5
42	26	18	8	16	14	2	16	13	3
43	12	11	1	12	7	5	17	9	8
44	13	9	4	7	4	3	13	9	4
45-49岁	**41**	**21**	**20**	**25**	**17**	**8**	**40**	**25**	**15**
45	10	6	4	9	7	2	12	8	4
46	6	3	3	6	4	2	9	6	3
47	9	4	5	3	1	2	11	7	4
48	7	4	3	2	1	1	4	1	3
49	9	4	5	5	4	1	4	3	1
50岁及以上	**17**	**7**	**10**	**17**	**10**	**7**	**26**	**13**	**13**
平均初婚年龄	**22.35**	**23.03**	**21.68**	**22.38**	**23.09**	**21.67**	**22.35**	**23.06**	**21.63**

5-4c 续表 4 单位：人

初婚年龄	初婚年份								
	1991年			1992年			1993年		
	小计	男	女	小计	男	女	小计	男	女
总　计	**20448**	**10132**	**10316**	**25005**	**12470**	**12535**	**24116**	**12063**	**12053**
15岁以下	**74**	**15**	**59**	**82**	**28**	**54**	**86**	**18**	**68**
15-19岁	**4813**	**1738**	**3075**	**5710**	**2040**	**3670**	**5481**	**1978**	**3503**
15	284	74	210	337	99	238	280	69	211
16	426	137	289	543	152	391	470	142	328
17	820	283	537	929	306	623	895	291	604
18	1349	475	874	1567	570	997	1552	588	964
19	1934	769	1165	2334	913	1421	2284	888	1396
20-24岁	**12019**	**6067**	**5952**	**14509**	**7400**	**7109**	**13784**	**7018**	**6766**
20	2807	1282	1525	3027	1331	1696	3005	1253	1752
21	2945	1384	1561	3517	1674	1843	3033	1483	1550
22	2784	1456	1328	3305	1745	1560	3299	1782	1517
23	2078	1172	906	2699	1534	1165	2580	1390	1190
24	1405	773	632	1961	1116	845	1867	1110	757
25-29岁	**2896**	**1859**	**1037**	**3765**	**2403**	**1362**	**3683**	**2338**	**1345**
25	1071	670	401	1250	775	475	1378	829	549
26	756	470	286	1008	646	362	824	521	303
27	532	358	174	668	421	247	612	404	208
28	360	237	123	467	317	150	522	334	188
29	177	124	53	372	244	128	347	250	97
30-34岁	**391**	**270**	**121**	**501**	**326**	**175**	**637**	**423**	**214**
30	87	53	34	167	106	61	315	210	105
31	80	52	28	96	59	37	131	88	43
32	71	57	14	81	50	31	63	33	30
33	73	45	28	79	58	21	64	46	18
34	80	63	17	78	53	25	64	46	18
35-39岁	**170**	**128**	**42**	**268**	**175**	**93**	**263**	**178**	**85**
35	47	37	10	59	46	13	77	53	24
36	41	30	11	58	33	25	45	33	12
37	31	23	8	62	43	19	50	31	19
38	31	21	10	56	34	22	41	29	12
39	20	17	3	33	19	14	50	32	18
40-44岁	**52**	**38**	**14**	**105**	**72**	**33**	**121**	**78**	**43**
40	22	15	7	34	17	17	43	25	18
41	11	9	2	28	20	8	30	19	11
42	12	7	5	23	20	3	13	9	4
43	3	3		18	14	4	26	18	8
44	4	4		2	1	1	9	7	2
45-49岁	**25**	**17**	**8**	**41**	**16**	**25**	**37**	**21**	**16**
45	8	5	3	14	8	6	8	4	4
46	6	4	2	10	6	4	11	6	5
47	4	3	1	8	2	6	7	5	2
48	2	2		5		5	4	1	3
49	5	3	2	4		4	7	5	2
50岁及以上	**8**		**8**	**24**	**10**	**14**	**24**	**11**	**13**
平均初婚年龄	**22.32**	**23.03**	**21.62**	**22.57**	**23.26**	**21.89**	**22.66**	**23.40**	**21.92**

5-4c 续表 5

单位：人

初婚年龄	初婚年份								
	1994年			1995年			1996年		
	小计	男	女	小计	男	女	小计	男	女
总　计	**24338**	**12309**	**12029**	**26656**	**13570**	**13086**	**24368**	**12354**	**12014**
15岁以下	**64**	**13**	**51**	**78**	**15**	**63**	**61**	**7**	**54**
15-19岁	**5343**	**1884**	**3459**	**5451**	**1944**	**3507**	**4677**	**1613**	**3064**
15	288	75	213	275	62	213	231	54	177
16	446	119	327	554	181	373	455	129	326
17	785	271	514	856	275	581	803	233	570
18	1534	515	1019	1428	514	914	1187	398	789
19	2290	904	1386	2338	912	1426	2001	799	1202
20-24岁	**13867**	**7171**	**6696**	**14969**	**7718**	**7251**	**13730**	**7019**	**6711**
20	3115	1349	1766	3201	1296	1905	2948	1268	1680
21	3232	1572	1660	3671	1863	1808	3184	1570	1614
22	3029	1639	1390	3346	1835	1511	3207	1709	1498
23	2535	1440	1095	2620	1443	1177	2525	1401	1124
24	1956	1171	785	2131	1281	850	1866	1071	795
25-29岁	**3928**	**2487**	**1441**	**4610**	**2886**	**1724**	**4327**	**2719**	**1608**
25	1339	822	517	1646	1013	633	1525	923	602
26	1022	624	398	1126	701	425	1073	672	401
27	594	385	209	824	521	303	762	484	278
28	544	362	182	547	331	216	597	386	211
29	429	294	135	467	320	147	370	254	116
30-34岁	**723**	**480**	**243**	**992**	**650**	**342**	**1075**	**694**	**381**
30	304	201	103	346	219	127	357	237	120
31	214	145	69	266	176	90	276	179	97
32	103	63	40	217	141	76	183	108	75
33	56	37	19	103	70	33	178	125	53
34	46	34	12	60	44	16	81	45	36
35-39岁	**204**	**143**	**61**	**246**	**168**	**78**	**207**	**134**	**73**
35	43	37	6	44	32	12	41	27	14
36	53	32	21	41	30	11	37	24	13
37	32	22	10	57	40	17	34	22	12
38	34	20	14	59	41	18	38	26	12
39	42	32	10	45	25	20	57	35	22
40-44岁	**125**	**84**	**41**	**180**	**116**	**64**	**144**	**90**	**54**
40	41	23	18	61	42	19	38	21	17
41	36	22	14	41	26	15	33	22	11
42	15	12	3	41	28	13	30	17	13
43	19	16	3	24	13	11	27	20	7
44	14	11	3	13	7	6	16	10	6
45-49岁	**53**	**30**	**23**	**55**	**35**	**20**	**75**	**42**	**33**
45	23	15	8	13	6	7	13	9	4
46	8	5	3	12	9	3	18	11	7
47	7	3	4	10	7	3	9	6	3
48	6	4	2	12	10	2	7	3	4
49	9	3	6	8	3	5	28	13	15
50岁及以上	**31**	**17**	**14**	**75**	**38**	**37**	**72**	**36**	**36**
平均初婚年龄	**22.76**	**23.51**	**21.99**	**23.02**	**23.76**	**22.25**	**23.17**	**23.91**	**22.41**

5-4c 续表 6

单位：人

初婚年龄	初婚年份								
	1997年			1998年			1999年		
	小计	男	女	小计	男	女	小计	男	女
总　计	**22752**	**11629**	**11123**	**23381**	**11972**	**11409**	**18520**	**9579**	**8941**
15岁以下	**53**	**6**	**47**	**69**	**11**	**58**	**73**	**12**	**61**
15-19岁	**4231**	**1398**	**2833**	**4307**	**1358**	**2949**	**3566**	**1076**	**2490**
15	206	47	159	228	40	188	232	44	188
16	411	81	330	444	119	325	334	75	259
17	718	218	500	711	199	512	646	174	472
18	1146	386	760	1095	348	747	933	291	642
19	1750	666	1084	1829	652	1177	1421	492	929
20-24岁	**12776**	**6603**	**6173**	**12302**	**6406**	**5896**	**9698**	**5025**	**4673**
20	2474	1047	1427	2233	867	1366	1821	685	1136
21	2868	1352	1516	2481	1258	1223	2083	1014	1069
22	2973	1616	1357	2931	1560	1371	2147	1240	907
23	2510	1442	1068	2580	1485	1095	1989	1111	878
24	1951	1146	805	2077	1236	841	1658	975	683
25-29岁	**4186**	**2667**	**1519**	**4671**	**2909**	**1762**	**3751**	**2502**	**1249**
25	1390	873	517	1487	893	594	1280	819	461
26	988	624	364	1066	675	391	916	604	312
27	784	497	287	865	557	308	670	451	219
28	595	375	220	679	428	251	480	339	141
29	429	298	131	574	356	218	405	289	116
30-34岁	**1031**	**655**	**376**	**1469**	**934**	**535**	**1026**	**693**	**333**
30	300	181	119	464	305	159	304	209	95
31	256	158	98	352	230	122	255	169	86
32	184	128	56	279	170	109	204	135	69
33	163	103	60	195	122	73	144	101	43
34	128	85	43	179	107	72	119	79	40
35-39岁	**214**	**146**	**68**	**277**	**170**	**107**	**232**	**159**	**73**
35	75	52	23	118	69	49	92	65	27
36	35	25	10	63	42	21	67	45	22
37	30	20	10	33	20	13	34	25	9
38	25	18	7	31	20	11	17	9	8
39	49	31	18	32	19	13	22	15	7
40-44岁	**141**	**81**	**60**	**161**	**109**	**52**	**83**	**58**	**25**
40	35	23	12	45	33	12	20	15	5
41	36	18	18	34	21	13	25	19	6
42	25	12	13	30	22	8	12	9	3
43	26	19	7	24	17	7	13	6	7
44	19	9	10	28	16	12	13	9	4
45-49岁	**77**	**45**	**32**	**75**	**46**	**29**	**55**	**37**	**18**
45	21	12	9	27	16	11	22	15	7
46	22	8	14	20	14	6	11	7	4
47	15	11	4	6	2	4	9	7	2
48	9	8	1	13	6	7	4	3	1
49	10	6	4	9	8	1	9	5	4
50岁及以上	**43**	**28**	**15**	**50**	**29**	**21**	**36**	**17**	**19**
平均初婚年龄	**23.30**	**24.10**	**22.47**	**23.65**	**24.51**	**22.75**	**23.46**	**24.47**	**22.37**

5-4c　续表 7　　　　单位：人

初婚年龄	初婚年份								
	2000年			2001年			2002年		
	小计	男	女	小计	男	女	小计	男	女
总　计	**21090**	**11044**	**10046**	**13865**	**7140**	**6725**	**15678**	**8129**	**7549**
15岁以下	**104**	**16**	**88**	**73**	**13**	**60**	**66**	**6**	**60**
15–19岁	**4423**	**1307**	**3116**	**2907**	**835**	**2072**	**3173**	**875**	**2298**
15	279	75	204	220	36	184	265	47	218
16	453	101	352	307	68	239	402	87	315
17	745	194	551	502	121	381	571	135	436
18	1325	426	899	716	209	507	762	219	543
19	1621	511	1110	1162	401	761	1173	387	786
20–24岁	**10625**	**5715**	**4910**	**6911**	**3561**	**3350**	**7749**	**3930**	**3819**
20	2191	897	1294	1470	536	934	1753	612	1141
21	2272	1144	1128	1523	734	789	1639	799	840
22	2335	1327	1008	1550	883	667	1684	935	749
23	1960	1169	791	1278	740	538	1442	824	618
24	1867	1178	689	1090	668	422	1231	760	471
25–29岁	**4455**	**2957**	**1498**	**3010**	**2034**	**976**	**3483**	**2439**	**1044**
25	1509	942	567	976	616	360	1022	673	349
26	1163	803	360	748	511	237	911	648	263
27	745	489	256	597	415	182	645	474	171
28	568	398	170	396	267	129	511	359	152
29	470	325	145	293	225	68	394	285	109
30–34岁	**1043**	**739**	**304**	**673**	**499**	**174**	**847**	**629**	**218**
30	336	237	99	217	155	62	236	169	67
31	247	187	60	192	144	48	214	168	46
32	196	133	63	129	98	31	180	137	43
33	138	91	47	83	65	18	120	85	35
34	126	91	35	52	37	15	97	70	27
35–39岁	**259**	**183**	**76**	**190**	**140**	**50**	**228**	**162**	**66**
35	71	51	20	50	35	15	63	44	19
36	70	50	20	59	45	14	52	34	18
37	64	47	17	34	27	7	37	27	10
38	35	24	11	27	21	6	38	28	10
39	19	11	8	20	12	8	38	29	9
40–44岁	**91**	**64**	**27**	**42**	**25**	**17**	**59**	**40**	**19**
40	14	8	6	14	8	6	22	13	9
41	15	12	3	8	4	4	8	6	2
42	20	13	7	9	6	3	11	8	3
43	18	12	6	3	2	1	7	5	2
44	24	19	5	8	5	3	11	8	3
45–49岁	**50**	**36**	**14**	**38**	**26**	**12**	**38**	**27**	**11**
45	11	8	3	8	6	2	11	8	3
46	16	11	5	6	5	1	7	4	3
47	8	6	2	10	5	5	9	5	4
48	7	5	2	7	6	1	6	6	
49	8	6	2	7	4	3	5	4	1
50岁及以上	**40**	**27**	**13**	**21**	**7**	**14**	**35**	**21**	**14**
平均初婚年龄	**23.31**	**24.39**	**22.11**	**23.28**	**24.47**	**22.03**	**23.44**	**24.75**	**22.04**

5-4c 续表 8 单位：人

初婚年龄	初婚年份								
	2003年			2004年			2005年		
	小计	男	女	小计	男	女	小计	男	女
总　计	**14593**	**7583**	**7010**	**14359**	**7533**	**6826**	**15885**	**8255**	**7630**
15岁以下	**65**	**9**	**56**	**60**	**2**	**58**	**60**	**8**	**52**
15-19岁	**2839**	**729**	**2110**	**3017**	**774**	**2243**	**3398**	**832**	**2566**
15	260	39	221	247	32	215	257	40	217
16	394	74	320	407	74	333	446	71	375
17	497	116	381	542	132	410	641	128	513
18	703	180	523	740	204	536	875	229	646
19	985	320	665	1081	332	749	1179	364	815
20-24岁	**7239**	**3712**	**3527**	**6718**	**3501**	**3217**	**7406**	**3839**	**3567**
20	1447	498	949	1284	454	830	1488	526	962
21	1707	770	937	1332	584	748	1426	652	774
22	1606	929	677	1682	951	731	1642	901	741
23	1379	804	575	1302	795	507	1646	1001	645
24	1100	711	389	1118	717	401	1204	759	445
25-29岁	**3130**	**2207**	**923**	**3145**	**2207**	**938**	**3294**	**2334**	**960**
25	910	603	307	969	655	314	997	686	311
26	730	503	227	703	470	233	793	559	234
27	575	409	166	574	401	173	598	431	167
28	542	415	127	486	366	120	512	375	137
29	373	277	96	413	315	98	394	283	111
30-34岁	**884**	**647**	**237**	**951**	**718**	**233**	**1180**	**883**	**297**
30	272	204	68	318	232	86	379	277	102
31	214	155	59	202	151	51	283	221	62
32	173	129	44	179	137	42	204	150	54
33	129	90	39	147	116	31	161	121	40
34	96	69	27	105	82	23	153	114	39
35-39岁	**267**	**182**	**85**	**282**	**206**	**76**	**343**	**240**	**103**
35	87	65	22	90	70	20	97	72	25
36	66	45	21	68	41	27	91	58	33
37	57	33	24	36	28	8	67	45	22
38	27	20	7	46	36	10	62	50	12
39	30	19	11	42	31	11	26	15	11
40-44岁	**73**	**49**	**24**	**90**	**60**	**30**	**110**	**69**	**41**
40	29	21	8	31	19	12	36	25	11
41	16	9	7	32	23	9	28	14	14
42	3	2	1	16	8	8	27	20	7
43	11	6	5	5	4	1	12	7	5
44	14	11	3	6	6		7	3	4
45-49岁	**40**	**22**	**18**	**43**	**32**	**11**	**44**	**21**	**23**
45	10	5	5	9	8	1	6	3	3
46	12	8	4	10	7	3	11	3	8
47	4	1	3	10	7	3	6	2	4
48	5	4	1	6	6		14	8	6
49	9	4	5	8	4	4	7	5	2
50岁及以上	**56**	**26**	**30**	**53**	**33**	**20**	**50**	**29**	**21**
平均初婚年龄	**23.64**	**24.96**	**22.20**	**23.74**	**25.23**	**22.10**	**23.77**	**25.24**	**22.18**

5-4c　续表 9　　　　单位：人

初婚年龄	初婚年份								
	2006年			2007年			2008年		
	小计	男	女	小计	男	女	小计	男	女
总　计	**15107**	**7911**	**7196**	**14752**	**7754**	**6998**	**17936**	**9389**	**8547**
15岁以下	**63**	**7**	**56**	**56**	**2**	**54**	**74**	**4**	**70**
15−19岁	**3407**	**914**	**2493**	**3252**	**870**	**2382**	**3922**	**1100**	**2822**
15	195	26	169	211	29	182	321	49	272
16	408	62	346	323	53	270	457	82	375
17	587	137	450	617	149	468	622	163	459
18	939	283	656	841	248	593	1080	306	774
19	1278	406	872	1260	391	869	1442	500	942
20−24岁	**6923**	**3605**	**3318**	**6665**	**3408**	**3257**	**8234**	**4182**	**4052**
20	1439	465	974	1592	539	1053	1880	666	1214
21	1425	655	770	1380	624	756	1916	858	1058
22	1504	854	650	1445	815	630	1736	995	741
23	1327	827	500	1204	734	470	1507	871	636
24	1228	804	424	1044	696	348	1195	792	403
25−29岁	**3076**	**2204**	**872**	**3110**	**2241**	**869**	**3620**	**2632**	**988**
25	920	620	300	1021	715	306	1041	751	290
26	768	546	222	708	510	198	996	702	294
27	587	437	150	563	409	154	667	485	182
28	443	337	106	451	337	114	542	409	133
29	358	264	94	367	270	97	374	285	89
30−34岁	**1108**	**813**	**295**	**1084**	**818**	**266**	**1302**	**941**	**361**
30	338	261	77	308	229	79	362	260	102
31	235	172	63	262	185	77	299	221	78
32	222	166	56	211	157	54	261	187	74
33	170	113	57	174	138	36	208	153	55
34	143	101	42	129	109	20	172	120	52
35−39岁	**334**	**242**	**92**	**394**	**295**	**99**	**473**	**352**	**121**
35	103	73	30	114	88	26	138	112	26
36	87	66	21	108	81	27	97	69	28
37	61	38	23	64	42	22	99	73	26
38	50	42	8	59	44	15	71	50	21
39	33	23	10	49	40	9	68	48	20
40−44岁	**111**	**76**	**35**	**97**	**68**	**29**	**182**	**106**	**76**
40	29	19	10	31	20	11	61	37	24
41	21	14	7	17	13	4	46	26	20
42	32	20	12	21	15	6	24	15	9
43	18	15	3	14	9	5	31	16	15
44	11	8	3	14	11	3	20	12	8
45−49岁	**34**	**22**	**12**	**28**	**20**	**8**	**58**	**32**	**26**
45	3	2	1	6	5	1	29	21	8
46	4	3	1	3	3		13	5	8
47	5	2	3	6	3	3	4	1	3
48	12	5	7	4	3	1	5	2	3
49	10	10		9	6	3	7	3	4
50岁及以上	**51**	**28**	**23**	**66**	**32**	**34**	**71**	**40**	**31**
平均初婚年龄	**23.72**	**25.21**	**22.09**	**23.80**	**25.34**	**22.09**	**23.81**	**25.26**	**22.22**

5-4c 续表 10 单位：人

初婚年龄	初婚年份								
	2009年			2010年			2011年		
	小计	男	女	小计	男	女	小计	男	女
总　计	**16922**	**8823**	**8099**	**18277**	**9577**	**8700**	**14341**	**7491**	**6850**
15岁以下	**79**	**6**	**73**	**87**	**11**	**76**	**102**	**10**	**92**
15–19岁	**3589**	**978**	**2611**	**3869**	**1074**	**2795**	**3160**	**908**	**2252**
15	251	26	225	328	37	291	278	37	241
16	435	85	350	492	101	391	402	66	336
17	621	146	475	766	177	589	603	161	442
18	887	244	643	999	315	684	812	257	555
19	1395	477	918	1284	444	840	1065	387	678
20–24岁	**7839**	**3999**	**3840**	**8679**	**4471**	**4208**	**6651**	**3415**	**3236**
20	1693	625	1068	1919	710	1209	1260	479	781
21	1865	852	1013	1953	897	1056	1482	695	787
22	1766	978	788	1916	1077	839	1513	824	689
23	1373	831	542	1654	959	695	1271	705	566
24	1142	713	429	1237	828	409	1125	712	413
25–29岁	**3275**	**2342**	**933**	**3339**	**2402**	**937**	**2685**	**1889**	**796**
25	918	630	288	965	663	302	749	496	253
26	766	535	231	772	557	215	652	455	197
27	694	503	191	582	433	149	507	364	143
28	515	378	137	577	447	130	390	292	98
29	382	296	86	443	302	141	387	282	105
30–34岁	**1229**	**879**	**350**	**1301**	**945**	**356**	**1007**	**746**	**261**
30	350	243	107	352	253	99	304	211	93
31	292	206	86	272	190	82	239	182	57
32	236	176	60	254	187	67	184	141	43
33	183	133	50	239	177	62	142	107	35
34	168	121	47	184	138	46	138	105	33
35–39岁	**555**	**382**	**173**	**599**	**415**	**184**	**442**	**329**	**113**
35	173	124	49	169	115	54	127	98	29
36	129	100	29	132	87	45	96	71	25
37	91	60	31	125	94	31	93	77	16
38	93	58	35	93	67	26	66	48	18
39	69	40	29	80	52	28	60	35	25
40–44岁	**221**	**154**	**67**	**233**	**160**	**73**	**165**	**118**	**47**
40	76	55	21	72	46	26	42	31	11
41	53	38	15	54	38	16	44	33	11
42	31	22	9	44	32	12	37	29	8
43	28	18	10	30	24	6	28	14	14
44	33	21	12	33	20	13	14	11	3
45–49岁	**67**	**42**	**25**	**90**	**57**	**33**	**70**	**43**	**27**
45	29	18	11	30	22	8	15	10	5
46	14	11	3	27	15	12	20	12	8
47	10	6	4	17	11	6	15	8	7
48	8	3	5	10	5	5	16	10	6
49	6	4	2	6	4	2	4	3	1
50岁及以上	**68**	**41**	**27**	**80**	**42**	**38**	**59**	**33**	**26**
平均初婚年龄	**24.00**	**25.48**	**22.38**	**23.95**	**25.43**	**22.33**	**23.89**	**25.42**	**22.23**

5-4c 续表 11

单位：人

初婚年龄	初婚年份								
	2012年			2013年			2014年		
	小计	男	女	小计	男	女	小计	男	女
总 计	**16241**	**8369**	**7872**	**15382**	**7878**	**7504**	**15288**	**7775**	**7513**
15岁以下	**84**	**3**	**81**	**74**	**6**	**68**	**88**	**6**	**82**
15–19岁	**3477**	**913**	**2564**	**3258**	**888**	**2370**	**3250**	**882**	**2368**
15	321	49	272	333	36	297	295	40	255
16	487	83	404	423	84	339	486	100	386
17	632	154	478	636	153	483	622	150	472
18	878	258	620	824	252	572	838	259	579
19	1159	369	790	1042	363	679	1009	333	676
20–24岁	**7209**	**3671**	**3538**	**6687**	**3321**	**3366**	**6261**	**3144**	**3117**
20	1417	501	916	1403	496	907	1290	453	837
21	1377	648	729	1308	584	724	1287	580	707
22	1731	948	783	1415	735	680	1283	709	574
23	1448	829	619	1388	820	568	1201	666	535
24	1236	745	491	1173	686	487	1200	736	464
25–29岁	**3243**	**2223**	**1020**	**3237**	**2196**	**1041**	**3428**	**2249**	**1179**
25	1099	719	380	1009	654	355	986	640	346
26	775	540	235	811	561	250	893	553	340
27	536	380	156	573	408	165	661	430	231
28	454	323	131	484	326	158	497	348	149
29	379	261	118	360	247	113	391	278	113
30–34岁	**1221**	**883**	**338**	**1134**	**797**	**337**	**1182**	**802**	**380**
30	381	266	115	292	209	83	313	216	97
31	273	202	71	298	205	93	225	148	77
32	233	173	60	207	142	65	254	175	79
33	186	130	56	175	125	50	231	164	67
34	148	112	36	162	116	46	159	99	60
35–39岁	**553**	**390**	**163**	**550**	**373**	**177**	**570**	**379**	**191**
35	138	91	47	122	79	43	145	95	50
36	111	75	36	102	63	39	127	92	35
37	118	86	32	116	78	38	107	68	39
38	100	68	32	111	81	30	97	66	31
39	86	70	16	99	72	27	94	58	36
40–44岁	**254**	**154**	**100**	**261**	**183**	**78**	**303**	**189**	**114**
40	73	44	29	65	37	28	88	54	34
41	52	35	17	53	43	10	62	39	23
42	55	35	20	48	33	15	62	37	25
43	43	24	19	55	43	12	50	34	16
44	31	16	15	40	27	13	41	25	16
45–49岁	**127**	**82**	**45**	**97**	**67**	**30**	**107**	**68**	**39**
45	28	17	11	27	21	6	29	18	11
46	25	17	8	21	15	6	19	9	10
47	26	17	9	21	14	7	18	14	4
48	29	20	9	19	13	6	23	17	6
49	19	11	8	9	4	5	18	10	8
50岁及以上	**73**	**50**	**23**	**84**	**47**	**37**	**99**	**56**	**43**
平均初婚年龄	**24.23**	**25.80**	**22.57**	**24.33**	**25.90**	**22.69**	**24.55**	**26.05**	**23.00**

5-4c 续表 12

单位：人

初婚年龄	初婚年份								
	2015年			2016年			2017年		
	小计	男	女	小计	男	女	小计	男	女
总 计	**16097**	**8048**	**8049**	**14939**	**7384**	**7555**	**14799**	**7164**	**7635**
15岁以下	**63**	**1**	**62**	**66**	**6**	**60**	**83**	**2**	**81**
15-19岁	**3286**	**884**	**2402**	**2975**	**791**	**2184**	**2897**	**788**	**2109**
15	256	42	214	194	28	166	192	42	150
16	435	73	362	388	57	331	327	60	267
17	668	163	505	555	134	421	581	120	461
18	809	247	562	813	240	573	736	198	538
19	1118	359	759	1025	332	693	1061	368	693
20-24岁	**6320**	**3014**	**3306**	**5839**	**2724**	**3115**	**5854**	**2649**	**3205**
20	1333	454	879	1241	380	861	1220	407	813
21	1265	528	737	1194	507	687	1231	480	751
22	1434	744	690	1246	620	626	1227	613	614
23	1188	663	525	1161	621	540	1119	572	547
24	1100	625	475	997	596	401	1057	577	480
25-29岁	**3884**	**2474**	**1410**	**3680**	**2309**	**1371**	**3548**	**2212**	**1336**
25	1187	705	482	928	518	410	946	529	417
26	912	578	334	940	593	347	759	482	277
27	772	517	255	732	466	266	800	522	278
28	571	387	184	584	398	186	579	379	200
29	442	287	155	496	334	162	464	300	164
30-34岁	**1287**	**874**	**413**	**1253**	**847**	**406**	**1236**	**791**	**445**
30	391	271	120	326	218	108	399	245	154
31	271	174	97	302	198	104	252	158	94
32	231	157	74	219	146	73	233	151	82
33	211	144	67	194	145	49	195	133	62
34	183	128	55	212	140	72	157	104	53
35-39岁	**639**	**409**	**230**	**526**	**335**	**191**	**571**	**362**	**209**
35	153	94	59	124	81	43	152	106	46
36	139	93	46	120	75	45	135	74	61
37	124	83	41	109	86	23	99	62	37
38	105	63	42	98	54	44	106	73	33
39	118	76	42	75	39	36	79	47	32
40-44岁	**324**	**205**	**119**	**354**	**223**	**131**	**317**	**186**	**131**
40	81	52	29	108	67	41	79	48	31
41	84	53	31	77	48	29	62	38	24
42	69	48	21	76	51	25	80	42	38
43	48	29	19	52	32	20	56	34	22
44	42	23	19	41	25	16	40	24	16
45-49岁	**184**	**125**	**59**	**131**	**86**	**45**	**147**	**91**	**56**
45	51	40	11	35	24	11	39	25	14
46	41	26	15	25	17	8	40	25	15
47	35	24	11	25	16	9	28	15	13
48	30	17	13	31	20	11	17	10	7
49	27	18	9	15	9	6	23	16	7
50岁及以上	**110**	**62**	**48**	**115**	**63**	**52**	**146**	**83**	**63**
平均初婚年龄	**24.86**	**26.42**	**23.31**	**24.95**	**26.53**	**23.42**	**25.02**	**26.54**	**23.60**

5-4c　续表 13　　　　单位：人

初婚年龄	初婚年份								
	2018年			2019年			2020年		
	小计	男	女	小计	男	女	小计	男	女
总　计	**16160**	**7743**	**8417**	**13367**	**6518**	**6849**	**9116**	**4621**	**4495**
15岁以下	**71**	**1**	**70**	**54**	**5**	**49**	**7**	**1**	**6**
15—19岁	**2923**	**763**	**2160**	**2388**	**678**	**1710**	**1082**	**287**	**795**
15	197	29	168	179	26	153	67	7	60
16	342	74	268	327	81	246	139	33	106
17	539	107	432	451	119	332	201	55	146
18	776	213	563	604	169	435	283	72	211
19	1069	340	729	827	283	544	392	120	272
20—24岁	**6379**	**2782**	**3597**	**5281**	**2386**	**2895**	**3631**	**1633**	**1998**
20	1325	437	888	1026	359	667	572	176	396
21	1302	525	777	1118	450	668	651	256	395
22	1392	632	760	1122	553	569	863	405	458
23	1232	603	629	992	485	507	738	367	371
24	1128	585	543	1023	539	484	807	429	378
25—29岁	**4051**	**2464**	**1587**	**3228**	**1903**	**1325**	**2473**	**1478**	**995**
25	1090	614	476	837	434	403	690	365	325
26	930	543	387	772	438	334	551	334	217
27	759	467	292	635	385	250	537	337	200
28	728	473	255	536	352	184	375	234	141
29	544	367	177	448	294	154	320	208	112
30—34岁	**1414**	**932**	**482**	**1310**	**854**	**456**	**924**	**612**	**312**
30	433	288	145	392	259	133	265	171	94
31	341	225	116	300	199	101	236	160	76
32	271	173	98	256	160	96	179	124	55
33	216	151	65	230	146	84	137	88	49
34	153	95	58	132	90	42	107	69	38
35—39岁	**633**	**391**	**242**	**512**	**326**	**186**	**395**	**241**	**154**
35	150	102	48	132	93	39	105	70	35
36	162	103	59	96	63	33	67	41	26
37	126	77	49	107	61	46	77	44	33
38	95	51	44	85	53	32	74	48	26
39	100	58	42	92	56	36	72	38	34
40—44岁	**343**	**215**	**128**	**280**	**181**	**99**	**282**	**171**	**111**
40	74	50	24	68	46	22	75	48	27
41	84	51	33	62	46	16	63	39	24
42	61	30	31	52	34	18	58	30	28
43	62	41	21	53	31	22	51	33	18
44	62	43	19	45	24	21	35	21	14
45—49岁	**175**	**106**	**69**	**167**	**99**	**68**	**149**	**100**	**49**
45	45	28	17	48	31	17	33	24	9
46	29	18	11	41	24	17	44	30	14
47	44	25	19	26	17	9	27	15	12
48	30	15	15	29	16	13	22	18	4
49	27	20	7	23	11	12	23	13	10
50岁及以上	**171**	**89**	**82**	**147**	**86**	**61**	**173**	**98**	**75**
平均初婚年龄	**25.23**	**26.77**	**23.82**	**25.35**	**26.81**	**23.96**	**26.46**	**27.78**	**25.11**

5-5 全省分年龄、性别、初婚年龄的人口

单位：人

年龄	初婚年龄					
	合计			15岁以下		
	合计	男	女	小计	男	女
总计	**2196511**	**1057447**	**1139064**	**7544**	**1341**	**6203**
20岁以下	**5890**	**1251**	**4639**	**480**	**28**	**452**
20-24岁	**55479**	**17484**	**37995**	**670**	**53**	**617**
20	4874	1118	3756	99	10	89
21	7196	1972	5224	131	4	127
22	11534	3589	7945	159	9	150
23	14147	4604	9543	136	13	123
24	17728	6201	11527	145	17	128
25-29岁	**146002**	**60272**	**85730**	**582**	**60**	**522**
25	22425	8317	14108	136	7	129
26	24972	9731	15241	128	15	113
27	30594	12563	18031	108	11	97
28	33258	14055	19203	104	11	93
29	34753	15606	19147	106	16	90
30-34岁	**227554**	**107266**	**120288**	**673**	**88**	**585**
30	43717	19961	23756	125	12	113
31	45097	20731	24366	126	23	103
32	45834	21478	24356	145	15	130
33	49710	23896	25814	147	17	130
34	43196	21200	21996	130	21	109
35-39岁	**203538**	**102675**	**100863**	**521**	**85**	**436**
35	39163	19459	19704	131	28	103
36	39831	19967	19864	114	14	100
37	37983	19153	18830	89	13	76
38	45171	23220	21951	93	19	74
39	41390	20876	20514	94	11	83
40-44岁	**224996**	**115335**	**109661**	**729**	**170**	**559**
40	40121	20304	19817	100	28	72
41	43111	22229	20882	156	29	127
42	44217	22664	21553	149	37	112
43	45152	23383	21769	146	32	114
44	52395	26755	25640	178	44	134
45-49岁	**279113**	**144011**	**135102**	**581**	**130**	**451**
45	55560	28722	26838	144	29	115
46	59723	30789	28934	122	29	93
47	55811	28807	27004	109	31	78
48	53495	27459	26036	93	20	73
49	54524	28234	26290	113	21	92
50-54岁	**272302**	**136293**	**136009**	**661**	**147**	**514**
50	57698	29235	28463	117	25	92
51	53633	26847	26786	135	33	102
52	60752	30322	30430	165	35	130
53	46356	23128	23228	111	22	89
54	53863	26761	27102	133	32	101
55-59岁	**213008**	**105015**	**107993**	**422**	**72**	**350**
55	52355	25877	26478	133	28	105
56	51292	25110	26182	84	16	68
57	53663	26602	27061	86	9	77
58	38261	18899	19362	84	14	70
59	17437	8527	8910	35	5	30
60-64岁	**142596**	**69953**	**72643**	**493**	**120**	**373**
60	22215	10854	11361	53	10	43
61	22665	11321	11344	69	17	52
62	31205	15487	15718	122	33	89
63	34399	16817	17582	115	25	90
64	32112	15474	16638	134	35	99
65岁及以上	**426033**	**197892**	**228141**	**1732**	**388**	**1344**

5-5 续表 1

单位：人

年龄	初婚年龄								
	15岁			16岁			17岁		
	小计	男	女	小计	男	女	小计	男	女
总 计	**27432**	**6149**	**21283**	**46411**	**11411**	**35000**	**76889**	**21179**	**55710**
20岁以下	**1067**	**177**	**890**	**1461**	**321**	**1140**	**1450**	**336**	**1114**
20—24岁	**2200**	**307**	**1893**	**3267**	**583**	**2684**	**4799**	**1110**	**3689**
20	354	53	301	532	77	455	846	189	657
21	391	70	321	596	116	480	886	223	663
22	509	64	445	695	128	567	994	237	757
23	474	50	424	703	119	584	1040	212	828
24	472	70	402	741	143	598	1033	249	784
25—29岁	**2194**	**322**	**1872**	**3688**	**668**	**3020**	**5887**	**1390**	**4497**
25	515	78	437	748	127	621	1217	289	928
26	455	66	389	758	140	618	1093	278	815
27	485	66	419	769	146	623	1239	279	960
28	418	66	352	785	146	639	1246	296	950
29	321	46	275	628	109	519	1092	248	844
30—34岁	**2206**	**391**	**1815**	**3544**	**665**	**2879**	**5393**	**1189**	**4204**
30	447	74	373	677	133	544	1130	253	877
31	450	67	383	771	130	641	1071	227	844
32	430	84	346	732	124	608	1154	267	887
33	482	89	393	693	146	547	1086	225	861
34	397	77	320	671	132	539	952	217	735
35—39岁	**1986**	**411**	**1575**	**3462**	**786**	**2676**	**5529**	**1390**	**4139**
35	435	101	334	612	132	480	914	220	694
36	450	89	361	752	187	565	942	232	710
37	393	82	311	674	145	529	1143	280	863
38	354	69	285	732	184	548	1343	357	986
39	354	70	284	692	138	554	1187	301	886
40—44岁	**2263**	**582**	**1681**	**3941**	**1104**	**2837**	**6609**	**2013**	**4596**
40	384	87	297	641	163	478	1106	311	795
41	477	124	353	885	256	629	1346	376	970
42	434	122	312	800	219	581	1354	424	930
43	475	122	353	743	225	518	1308	417	891
44	493	127	366	872	241	631	1495	485	1010
45—49岁	**2508**	**765**	**1743**	**4448**	**1426**	**3022**	**7970**	**2737**	**5233**
45	614	192	422	785	243	542	1427	472	955
46	601	183	418	1106	340	766	1466	506	960
47	491	158	333	932	300	632	1780	609	1171
48	398	121	277	801	280	521	1691	565	1126
49	404	111	293	824	263	561	1606	585	1021
50—54岁	**2703**	**743**	**1960**	**4699**	**1390**	**3309**	**8449**	**2723**	**5726**
50	535	140	395	864	261	603	1582	522	1060
51	621	164	457	1091	318	773	1749	552	1197
52	609	176	433	1059	307	752	2121	650	1471
53	475	133	342	759	222	537	1380	480	900
54	463	130	333	926	282	644	1617	519	1098
55—59岁	**1992**	**496**	**1496**	**3456**	**876**	**2580**	**6453**	**1829**	**4624**
55	632	200	432	794	228	566	1574	491	1083
56	518	129	389	1057	273	784	1434	415	1019
57	445	95	350	920	229	691	1859	507	1352
58	273	55	218	496	110	386	1165	314	851
59	124	17	107	189	36	153	421	102	319
60—64岁	**1557**	**356**	**1201**	**2731**	**697**	**2034**	**4179**	**1141**	**3038**
60	182	32	150	284	73	211	506	117	389
61	216	52	164	435	118	317	547	157	390
62	329	77	252	575	164	411	950	236	714
63	445	107	338	692	166	526	1063	305	758
64	385	88	297	745	176	569	1113	326	787
65岁及以上	**6756**	**1599**	**5157**	**11714**	**2895**	**8819**	**20171**	**5321**	**14850**

5-5 续表 2

单位：人

年龄	初婚年龄								
	18岁			19岁			20岁		
	小计	男	女	小计	男	女	小计	男	女
总　计	**116544**	**35630**	**80914**	**176987**	**61173**	**115814**	**229913**	**85891**	**144022**
20岁以下	**1046**	**281**	**765**	**386**	**108**	**278**			
20-24岁	**6635**	**1801**	**4834**	**8513**	**2584**	**5929**	**9625**	**2848**	**6777**
20	1235	297	938	1141	327	814	667	165	502
21	1230	334	896	1664	498	1166	1599	493	1106
22	1386	386	1000	1974	647	1327	2462	762	1700
23	1375	383	992	1792	522	1270	2415	713	1702
24	1409	401	1008	1942	590	1352	2482	715	1767
25-29岁	**8290**	**2404**	**5886**	**11041**	**3454**	**7587**	**14578**	**4529**	**10049**
25	1557	466	1091	1974	615	1359	2755	807	1948
26	1524	435	1089	2048	634	1414	2761	809	1952
27	1638	489	1149	2347	707	1640	2964	915	2049
28	1820	528	1292	2278	694	1584	3131	993	2138
29	1751	486	1265	2394	804	1590	2967	1005	1962
30-34岁	**8694**	**2312**	**6382**	**13546**	**4011**	**9535**	**19178**	**6065**	**13113**
30	2037	536	1501	2943	898	2045	3912	1277	2635
31	1797	495	1302	2958	868	2090	4188	1351	2837
32	1628	437	1191	2574	750	1824	4052	1287	2765
33	1753	469	1284	2675	792	1883	3863	1215	2648
34	1479	375	1104	2396	703	1693	3163	935	2228
35-39岁	**8080**	**2234**	**5846**	**11549**	**3415**	**8134**	**15680**	**4816**	**10864**
35	1293	330	963	2062	583	1479	3044	904	2140
36	1367	355	1012	2155	615	1540	3055	936	2119
37	1307	356	951	2128	633	1495	2870	821	2049
38	2144	629	1515	2345	739	1606	3558	1122	2436
39	1969	564	1405	2859	845	2014	3153	1033	2120
40-44岁	**10417**	**3320**	**7097**	**16367**	**5623**	**10744**	**21988**	**8177**	**13811**
40	1822	515	1307	2857	873	1984	3823	1322	2501
41	1923	617	1306	3152	1076	2076	4139	1502	2637
42	1955	632	1323	3117	1051	2066	4334	1594	2740
43	2228	750	1478	3286	1181	2105	4332	1680	2652
44	2489	806	1683	3955	1442	2513	5360	2079	3281
45-49岁	**13220**	**4687**	**8533**	**20367**	**7683**	**12684**	**27727**	**11227**	**16500**
45	2496	870	1626	4070	1529	2541	5610	2254	3356
46	2713	954	1759	4166	1537	2629	5954	2303	3651
47	2388	848	1540	3966	1498	2468	5527	2247	3280
48	2785	965	1820	3663	1354	2309	5462	2213	3249
49	2838	1050	1788	4502	1765	2737	5174	2210	2964
50-54岁	**14397**	**4958**	**9439**	**23533**	**8983**	**14550**	**31366**	**13083**	**18283**
50	2799	946	1853	4785	1859	2926	6491	2702	3789
51	2750	941	1809	4578	1731	2847	6121	2512	3609
52	3232	1124	2108	5160	1979	3181	7084	2966	4118
53	2839	1024	1815	4080	1590	2490	5205	2175	3030
54	2777	923	1854	4930	1824	3106	6465	2728	3737
55-59岁	**10161**	**3289**	**6872**	**17057**	**6234**	**10823**	**23916**	**9566**	**14350**
55	2331	790	1541	4371	1644	2727	6527	2708	3819
56	2554	838	1716	3951	1446	2505	5810	2330	3480
57	2403	795	1608	4378	1574	2804	5538	2184	3354
58	2043	623	1420	2893	1045	1848	4365	1726	2639
59	830	243	587	1464	525	939	1676	618	1058
60-64岁	**6255**	**1756**	**4499**	**10097**	**3501**	**6596**	**13455**	**5243**	**8212**
60	903	233	670	1565	536	1029	2518	959	1559
61	794	221	573	1630	548	1082	2280	941	1339
62	1157	331	826	1865	676	1189	2951	1124	1827
63	1695	464	1231	2274	809	1465	2894	1138	1756
64	1706	507	1199	2763	932	1831	2812	1081	1731
65岁及以上	**29349**	**8588**	**20761**	**44531**	**15577**	**28954**	**52400**	**20337**	**32063**

5-5　续表 3　　　　　　　　　　　　　　　　　　　　　　　　　　　　　单位：人

年　龄	初婚年龄								
	21岁			22岁			23岁		
	小计	男	女	小计	男	女	小计	男	女
总　计	**234749**	**103134**	**131615**	**237373**	**117854**	**119519**	**203079**	**103491**	**99588**
20岁以下									
20-24岁	**8214**	**3023**	**5191**	**6741**	**2999**	**3742**	**3610**	**1618**	**1992**
20									
21	699	234	465						
22	2123	797	1326	1232	559	673			
23	2686	990	1696	2379	1066	1313	1147	536	611
24	2706	1002	1704	3130	1374	1756	2463	1082	1381
25-29岁	**14869**	**5804**	**9065**	**16821**	**7961**	**8860**	**16523**	**7657**	**8866**
25	2771	1056	1715	3174	1448	1726	3261	1458	1803
26	2745	1095	1650	3113	1422	1691	3166	1397	1769
27	3030	1171	1859	3531	1639	1892	3262	1525	1737
28	3098	1203	1895	3469	1672	1797	3457	1651	1806
29	3225	1279	1946	3534	1780	1754	3377	1626	1751
30-34岁	**20869**	**8441**	**12428**	**23194**	**11463**	**11731**	**20698**	**10602**	**10096**
30	3827	1598	2229	4461	2152	2309	4020	2061	1959
31	4200	1706	2494	4379	2142	2237	4116	2081	2035
32	4399	1807	2592	4654	2346	2308	3916	1917	1999
33	4862	1907	2955	5065	2474	2591	4562	2365	2197
34	3581	1423	2158	4635	2349	2286	4084	2178	1906
35-39岁	**16997**	**6944**	**10053**	**19238**	**9593**	**9645**	**18566**	**9891**	**8675**
35	3199	1288	1911	3758	1868	1890	4012	2109	1903
36	3456	1409	2047	3708	1867	1841	3494	1839	1655
37	3110	1242	1868	3743	1823	1920	3426	1857	1569
38	3686	1493	2193	4228	2092	2136	4031	2221	1810
39	3546	1512	2034	3801	1943	1858	3603	1865	1738
40-44岁	**22655**	**10153**	**12502**	**23387**	**11961**	**11426**	**19585**	**10315**	**9270**
40	3274	1405	1869	3768	1851	1917	3421	1792	1629
41	4250	1929	2321	3705	1943	1762	3560	1852	1708
42	4818	2165	2653	4843	2514	2329	3280	1717	1563
43	4755	2190	2565	5039	2599	2440	4261	2310	1951
44	5558	2464	3094	6032	3054	2978	5063	2644	2419
45-49岁	**31602**	**14742**	**16860**	**32430**	**16633**	**15797**	**28248**	**14759**	**13489**
45	6041	2789	3252	6270	3188	3082	5562	2914	2648
46	6946	3253	3693	6882	3475	3407	5980	3134	2846
47	6419	3018	3401	6542	3378	3164	5747	2998	2749
48	5975	2793	3182	6421	3305	3116	5465	2824	2641
49	6221	2889	3332	6315	3287	3028	5494	2889	2605
50-54岁	**32805**	**15281**	**17524**	**32383**	**16388**	**15995**	**26406**	**13597**	**12809**
50	6083	2734	3349	6792	3378	3414	5744	2934	2810
51	6744	3206	3538	5404	2752	2652	5181	2671	2510
52	7636	3603	4033	7449	3776	3673	5289	2774	2515
53	5800	2654	3146	5868	2974	2894	4566	2350	2216
54	6542	3084	3458	6870	3508	3362	5626	2868	2758
55-59岁	**26338**	**12054**	**14284**	**26711**	**13408**	**13303**	**22303**	**11363**	**10940**
55	6603	3013	3590	6144	3048	3096	5395	2743	2652
56	6691	3071	3620	6495	3241	3254	5164	2575	2589
57	6429	2963	3466	7296	3684	3612	5705	2936	2769
58	4527	2072	2455	4796	2454	2342	4324	2272	2052
59	2088	935	1153	1980	981	999	1715	837	878
60-64岁	**15130**	**6527**	**8603**	**16708**	**7924**	**8784**	**15351**	**7429**	**7922**
60	2271	986	1285	2701	1310	1391	2261	1117	1144
61	2982	1274	1708	2405	1142	1263	2505	1249	1256
62	3544	1535	2009	4133	1978	2155	3132	1518	1614
63	3610	1544	2066	4009	1889	2120	4140	1983	2157
64	2723	1188	1535	3460	1605	1855	3313	1562	1751
65岁及以上	**45270**	**20165**	**25105**	**39760**	**19524**	**20236**	**31789**	**16260**	**15529**

5-5 续表 4

单位：人

年龄	初婚年龄								
	24岁			25岁			26岁		
	小计	男	女	小计	男	女	小计	男	女
总计	**175052**	**93989**	**81063**	**146750**	**82784**	**63966**	**117002**	**70255**	**46747**
20岁以下									
20-24岁	**1205**	**558**	**647**						
20									
21									
22									
23									
24	1205	558	647						
25-29岁	**16764**	**8103**	**8661**	**14583**	**7067**	**7516**	**10353**	**5403**	**4950**
25	2896	1331	1565	1421	635	786			
26	3352	1577	1775	2661	1238	1423	1168	625	543
27	3602	1711	1891	3606	1773	1833	2770	1445	1325
28	3385	1697	1688	3571	1769	1802	3277	1640	1637
29	3529	1787	1742	3324	1652	1672	3138	1693	1445
30-34岁	**20148**	**10362**	**9786**	**19910**	**10407**	**9503**	**18279**	**10184**	**8095**
30	4056	2045	2011	4226	2148	2078	3699	1989	1710
31	3910	1963	1947	3955	2048	1907	3843	2069	1774
32	4095	2047	2048	3925	2081	1844	3647	1976	1671
33	4235	2230	2005	4393	2330	2063	3697	2168	1529
34	3852	2077	1775	3411	1800	1611	3393	1982	1411
35-39岁	**17473**	**9669**	**7804**	**16216**	**9456**	**6760**	**14186**	**8681**	**5505**
35	3570	1941	1629	3134	1787	1347	2772	1609	1163
36	3691	2051	1640	3308	1923	1385	2728	1637	1091
37	3144	1749	1395	3262	1925	1337	2722	1670	1052
38	3666	2038	1628	3563	2118	1445	3319	2071	1248
39	3402	1890	1512	2949	1703	1246	2645	1694	951
40-44岁	**16799**	**9520**	**7279**	**14064**	**8360**	**5704**	**11986**	**7528**	**4458**
40	3111	1735	1376	2825	1689	1136	2383	1500	883
41	3212	1831	1381	2895	1758	1137	2448	1537	911
42	3239	1818	1421	2717	1584	1133	2379	1466	913
43	2919	1633	1286	2828	1682	1146	2227	1382	845
44	4318	2503	1815	2799	1647	1152	2549	1643	906
45-49岁	**23778**	**13064**	**10714**	**18905**	**10950**	**7955**	**13973**	**8673**	**5300**
45	4794	2643	2151	3708	2114	1594	2353	1516	837
46	5075	2788	2287	4041	2317	1724	3088	1940	1148
47	4754	2612	2142	3817	2215	1602	2891	1784	1107
48	4449	2405	2044	3669	2167	1502	2850	1730	1120
49	4706	2616	2090	3670	2137	1533	2791	1703	1088
50-54岁	**21032**	**11615**	**9417**	**16243**	**9462**	**6781**	**12541**	**7700**	**4841**
50	4733	2693	2040	3947	2277	1670	2900	1801	1099
51	4091	2255	1836	3341	1973	1368	2684	1603	1081
52	4767	2617	2150	3498	2036	1462	2652	1609	1043
53	3047	1680	1367	2782	1591	1191	2014	1242	772
54	4394	2370	2024	2675	1585	1090	2291	1445	846
55-59岁	**17991**	**9823**	**8168**	**13931**	**8175**	**5756**	**9784**	**6088**	**3696**
55	4358	2360	1998	3270	1927	1343	2030	1222	808
56	4331	2332	1999	3310	1915	1395	2465	1548	917
57	4391	2396	1995	3671	2201	1470	2440	1547	893
58	3197	1794	1403	2423	1411	1012	1899	1157	742
59	1714	941	773	1257	721	536	950	614	336
60-64岁	**13125**	**6938**	**6187**	**10429**	**6030**	**4399**	**7942**	**5065**	**2877**
60	1994	1078	916	1882	1076	806	1264	805	459
61	2038	1094	944	1621	965	656	1348	861	487
62	2906	1522	1384	2256	1343	913	1700	1086	614
63	2922	1535	1387	2465	1379	1086	1844	1191	653
64	3265	1709	1556	2205	1267	938	1786	1122	664
65岁及以上	**26737**	**14337**	**12400**	**22469**	**12877**	**9592**	**17958**	**10933**	**7025**

5-5　续表 5　　　　单位：人

年　龄	初婚年龄								
	27岁			28岁			29岁		
	小计	男	女	小计	男	女	小计	男	女
总　计	**90899**	**56970**	**33929**	**69250**	**45195**	**24055**	**52282**	**35258**	**17024**
20岁以下									
20-24岁									
20									
21									
22									
23									
24									
25-29岁	**6341**	**3437**	**2904**	**2777**	**1579**	**1198**	**711**	**434**	**277**
25									
26									
27	1243	686	557						
28	2282	1189	1093	937	500	437			
29	2816	1562	1254	1840	1079	761	711	434	277
30-34岁	**15756**	**9039**	**6717**	**12516**	**7504**	**5012**	**9359**	**5890**	**3469**
30	3247	1832	1415	2587	1510	1077	1662	1021	641
31	3168	1784	1384	2489	1461	1028	1907	1169	738
32	3191	1790	1401	2457	1485	972	1915	1205	710
33	3358	1962	1396	2743	1669	1074	2038	1291	747
34	2792	1671	1121	2240	1379	861	1837	1204	633
35-39岁	**11889**	**7702**	**4187**	**9750**	**6423**	**3327**	**7579**	**5101**	**2478**
35	2409	1512	897	1979	1237	742	1528	1022	506
36	2401	1494	907	2050	1328	722	1514	992	522
37	2105	1359	746	1759	1163	596	1458	989	469
38	2631	1758	873	2014	1349	665	1590	1088	502
39	2343	1579	764	1948	1346	602	1489	1010	479
40-44岁	**10012**	**6605**	**3407**	**8342**	**5756**	**2586**	**6684**	**4667**	**2017**
40	2003	1305	698	1829	1251	578	1349	941	408
41	2063	1360	703	1741	1202	539	1453	1037	416
42	2002	1334	668	1650	1133	517	1318	930	388
43	1947	1291	656	1570	1097	473	1267	873	394
44	1997	1315	682	1552	1073	479	1297	886	411
45-49岁	**10311**	**6714**	**3597**	**7672**	**5251**	**2421**	**5917**	**4163**	**1754**
45	2056	1346	710	1653	1154	499	1309	904	405
46	1903	1293	610	1644	1144	500	1301	925	376
47	2062	1293	769	1249	850	399	1191	850	341
48	2037	1350	687	1531	1036	495	976	691	285
49	2253	1432	821	1595	1067	528	1140	793	347
50-54岁	**9403**	**5987**	**3416**	**7336**	**4838**	**2498**	**5810**	**3917**	**1893**
50	2253	1438	815	1697	1104	593	1265	876	389
51	1913	1195	718	1552	1011	541	1279	837	442
52	2192	1387	805	1587	1067	520	1265	836	429
53	1489	955	534	1228	807	421	876	592	284
54	1556	1012	544	1272	849	423	1125	776	349
55-59岁	**7086**	**4577**	**2509**	**4991**	**3349**	**1642**	**3782**	**2664**	**1118**
55	1705	1108	597	1282	871	411	1007	698	309
56	1439	960	479	1149	744	405	826	605	221
57	1913	1233	680	1102	757	345	977	691	286
58	1319	836	483	940	636	304	612	425	187
59	710	440	270	518	341	177	360	245	115
60-64岁	**5783**	**3853**	**1930**	**4390**	**3026**	**1364**	**3346**	**2360**	**986**
60	861	545	316	674	447	227	486	335	151
61	877	615	262	639	457	182	555	397	158
62	1425	973	452	960	633	327	690	505	185
63	1347	880	467	1201	851	350	781	534	247
64	1273	840	433	916	638	278	834	589	245
65岁及以上	**14318**	**9056**	**5262**	**11476**	**7469**	**4007**	**9094**	**6062**	**3032**

5-5 续表 6

单位：人

年龄	初婚年龄								
	30岁			31岁			32岁		
	小计	男	女	小计	男	女	小计	男	女
总 计	**39468**	**26615**	**12853**	**29705**	**20193**	**9512**	**22642**	**15366**	**7276**
20岁以下									
20-24岁									
20									
21									
22									
23									
24									
25-29岁									
25									
26									
27									
28									
29									
30-34岁	**6452**	**4133**	**2319**	**3921**	**2516**	**1405**	**2014**	**1262**	**752**
30	661	422	239						
31	1280	828	452	489	319	170			
32	1553	992	561	1008	627	381	359	241	118
33	1588	995	593	1354	865	489	797	487	310
34	1370	896	474	1070	705	365	858	534	324
35-39岁	**6027**	**4009**	**2018**	**4809**	**3145**	**1664**	**3866**	**2514**	**1352**
35	1324	843	481	958	608	350	777	514	263
36	1203	807	396	1010	659	351	741	458	283
37	1069	710	359	924	613	311	741	510	231
38	1343	920	423	985	671	314	890	569	321
39	1088	729	359	932	594	338	717	463	254
40-44岁	**5484**	**3812**	**1672**	**4428**	**3108**	**1320**	**3580**	**2525**	**1055**
40	1114	745	369	844	622	222	728	524	204
41	1155	792	363	894	614	280	668	469	199
42	1183	827	356	897	631	266	712	485	227
43	975	691	284	892	617	275	725	518	207
44	1057	757	300	901	624	277	747	529	218
45-49岁	**4439**	**3180**	**1259**	**3692**	**2684**	**1008**	**3164**	**2248**	**916**
45	1114	777	337	847	609	238	747	525	222
46	1009	742	267	875	636	239	756	536	220
47	895	631	264	722	541	181	657	466	191
48	759	544	215	638	455	183	531	391	140
49	662	486	176	610	443	167	473	330	143
50-54岁	**4407**	**2987**	**1420**	**3212**	**2212**	**1000**	**2386**	**1665**	**721**
50	911	628	283	550	378	172	477	362	115
51	844	589	255	626	473	153	358	256	102
52	1095	711	384	720	483	237	512	351	161
53	754	497	257	674	455	219	438	304	134
54	803	562	241	642	423	219	601	392	209
55-59岁	**2964**	**1998**	**966**	**2319**	**1538**	**781**	**1891**	**1245**	**646**
55	818	535	283	595	379	216	502	333	169
56	713	477	236	580	394	186	438	272	166
57	708	488	220	558	379	179	499	336	163
58	510	359	151	410	278	132	312	215	97
59	215	139	76	176	108	68	140	89	51
60-64岁	**2433**	**1688**	**745**	**1700**	**1190**	**510**	**1263**	**888**	**375**
60	378	244	134	230	155	75	194	125	69
61	363	258	105	220	150	70	149	117	32
62	519	366	153	376	280	96	262	182	80
63	586	423	163	440	308	132	343	246	97
64	587	397	190	434	297	137	315	218	97
65岁及以上	**7262**	**4808**	**2454**	**5624**	**3800**	**1824**	**4478**	**3019**	**1459**

5-5　续表 7　　单位：人

年　龄	初婚年龄								
	33岁			34岁			35岁		
	小计	男	女	小计	男	女	小计	男	女
总　计	**17543**	**11807**	**5736**	**14082**	**9493**	**4589**	**11099**	**7503**	**3596**
20岁以下									
20-24岁									
20									
21									
22									
23									
24									
25-29岁									
25									
26									
27									
28									
29									
30-34岁	**975**	**606**	**369**	**229**	**136**	**93**			
30									
31									
32									
33	319	200	119						
34	656	406	250	229	136	93			
35-39岁	**3182**	**2082**	**1100**	**2635**	**1656**	**979**	**1866**	**1207**	**659**
35	654	427	227	422	272	150	176	124	52
36	648	417	231	532	338	194	383	237	146
37	579	375	204	501	305	196	434	281	153
38	698	474	224	628	388	240	469	311	158
39	603	389	214	552	353	199	404	254	150
40-44岁	**3018**	**2024**	**994**	**2536**	**1696**	**840**	**2097**	**1345**	**752**
40	608	383	225	523	323	200	450	260	190
41	639	431	208	542	362	180	415	274	141
42	522	355	167	459	310	149	410	269	141
43	618	433	185	445	306	139	419	268	151
44	631	422	209	567	395	172	403	274	129
45-49岁	**2615**	**1851**	**764**	**2385**	**1692**	**693**	**2083**	**1440**	**643**
45	655	467	188	605	416	189	481	334	147
46	590	430	160	590	404	186	479	313	166
47	525	356	169	422	312	110	464	320	144
48	453	317	136	389	295	94	365	269	96
49	392	281	111	379	265	114	294	204	90
50-54岁	**1692**	**1203**	**489**	**1346**	**971**	**375**	**1104**	**794**	**310**
50	438	319	119	360	263	97	320	223	97
51	314	221	93	269	204	65	236	176	60
52	279	206	73	275	193	82	239	172	67
53	299	212	87	160	114	46	167	125	42
54	362	245	117	282	197	85	142	98	44
55-59岁	**1634**	**1083**	**551**	**1349**	**883**	**466**	**980**	**659**	**321**
55	466	299	167	307	213	94	202	141	61
56	373	249	124	356	228	128	244	167	77
57	386	256	130	325	211	114	269	175	94
58	281	185	96	233	145	88	189	124	65
59	128	94	34	128	86	42	76	52	24
60-64岁	**899**	**624**	**275**	**721**	**515**	**206**	**597**	**439**	**158**
60	141	103	38	126	88	38	107	76	31
61	149	111	38	115	80	35	95	68	27
62	168	113	55	163	118	45	148	109	39
63	235	156	79	145	108	37	154	110	44
64	206	141	65	172	121	51	93	76	17
65岁及以上	**3528**	**2334**	**1194**	**2881**	**1944**	**937**	**2372**	**1619**	**753**

5-5 续表 8

单位：人

年 龄	初婚年龄								
	36岁			37岁			38岁		
	小计	男	女	小计	男	女	小计	男	女
总 计	**8796**	**5813**	**2983**	**7239**	**4818**	**2421**	**5982**	**3955**	**2027**
20岁以下									
20-24岁									
20									
21									
22									
23									
24									
25-29岁									
25									
26									
27									
28									
29									
30-34岁									
30									
31									
32									
33									
34									
35-39岁	**1234**	**743**	**491**	**769**	**461**	**308**	**355**	**209**	**146**
35									
36	129	83	46						
37	284	178	106	118	74	44			
38	435	269	166	303	186	117	123	85	38
39	386	213	173	348	201	147	232	124	108
40-44岁	**1784**	**1154**	**630**	**1538**	**987**	**551**	**1348**	**810**	**538**
40	337	221	116	279	159	120	249	133	116
41	353	204	149	301	211	90	246	152	94
42	361	244	117	338	228	110	285	173	112
43	353	235	118	294	183	111	283	174	109
44	380	250	130	326	206	120	285	178	107
45-49岁	**1677**	**1163**	**514**	**1514**	**1061**	**453**	**1371**	**932**	**439**
45	328	219	109	337	236	101	329	222	107
46	398	270	128	316	226	90	307	204	103
47	362	248	114	324	228	96	228	165	63
48	312	226	86	274	183	91	239	156	83
49	277	200	77	263	188	75	268	185	83
50-54岁	**950**	**651**	**299**	**830**	**563**	**267**	**756**	**545**	**211**
50	256	176	80	228	145	83	195	135	60
51	194	139	55	160	110	50	151	106	45
52	216	144	72	184	132	52	163	118	45
53	144	97	47	126	95	31	128	93	35
54	140	95	45	132	81	51	119	93	26
55-59岁	**746**	**519**	**227**	**541**	**387**	**154**	**404**	**306**	**98**
55	136	92	44	120	82	38	94	71	23
56	165	119	46	91	71	20	71	57	14
57	184	124	60	158	108	50	103	81	22
58	176	122	54	99	80	19	88	63	25
59	85	62	23	73	46	27	48	34	14
60-64岁	**475**	**307**	**168**	**450**	**304**	**146**	**433**	**297**	**136**
60	86	54	32	79	44	35	82	56	26
61	71	53	18	74	52	22	65	50	15
62	106	65	41	105	74	31	93	57	36
63	111	75	36	115	82	33	104	72	32
64	101	60	41	77	52	25	89	62	27
65岁及以上	**1930**	**1276**	**654**	**1597**	**1055**	**542**	**1315**	**856**	**459**

5-5 续表 9 单位：人

年 龄	初婚年龄					
	39岁			40岁及以上		
	小计	男	女	小计	男	女
总 计	**5114**	**3330**	**1784**	**26685**	**16850**	**9835**
20岁以下						
20-24岁						
20						
21						
22						
23						
24						
25-29岁						
25						
26						
27						
28						
29						
30-34岁						
30						
31						
32						
33						
34						
35-39岁	**94**	**52**	**42**			
35						
36						
37						
38						
39	94	52	42			
40-44岁	**1183**	**705**	**478**	**2172**	**1315**	**857**
40	203	117	86	90	49	41
41	251	152	99	242	139	103
42	210	129	81	451	273	178
43	231	130	101	586	364	222
44	288	177	111	803	490	313
45-49岁	**1174**	**786**	**388**	**5342**	**3370**	**1972**
45	268	179	89	957	581	376
46	291	190	101	1124	717	407
47	243	167	76	1104	684	420
48	191	134	57	1078	670	408
49	181	116	65	1079	718	361
50-54岁	**767**	**529**	**238**	**5085**	**3361**	**1724**
50	214	141	73	1162	775	387
51	193	131	62	1054	688	366
52	164	119	45	1140	751	389
53	97	72	25	850	573	277
54	99	66	33	879	574	305
55-59岁	**380**	**280**	**100**	**3426**	**2254**	**1172**
55	97	79	18	862	574	288
56	116	81	35	867	557	310
57	73	59	14	847	584	263
58	55	39	16	552	345	207
59	39	22	17	298	194	104
60-64岁	**390**	**252**	**138**	**2264**	**1483**	**781**
60	47	30	17	340	220	120
61	69	46	23	354	228	126
62	86	61	25	484	328	156
63	117	76	41	552	361	191
64	71	39	32	534	346	188
65岁及以上	**1126**	**726**	**400**	**8396**	**5067**	**3329**

5-5a 全省分年龄、性别、初婚年龄的人口(城市)

单位：人

年 龄	初婚年龄					
	合 计			15岁以下		
	合计	男	女	小计	男	女
总 计	**579615**	**276161**	**303454**	**911**	**169**	**742**
20岁以下	**585**	**128**	**457**	**43**	**4**	**39**
20-24岁	**11436**	**3551**	**7885**	**65**	**8**	**57**
20	697	149	548	10	2	8
21	1198	323	875	13		13
22	2233	673	1560	19	1	18
23	3008	960	2048	7	1	6
24	4300	1446	2854	16	4	12
25-29岁	**45145**	**18475**	**26670**	**74**	**13**	**61**
25	6028	2242	3786	17		17
26	7282	2780	4502	15	4	11
27	9357	3878	5479	13	2	11
28	10649	4381	6268	12	3	9
29	11829	5194	6635	17	4	13
30-34岁	**80256**	**37453**	**42803**	**100**	**15**	**85**
30	15076	6873	8203	15	3	12
31	15802	7140	8662	18	5	13
32	16230	7525	8705	21	3	18
33	17627	8400	9227	31	3	28
34	15521	7515	8006	15	1	14
35-39岁	**67166**	**33213**	**33953**	**69**	**8**	**61**
35	13686	6696	6990	16	1	15
36	13468	6596	6872	13	1	12
37	12646	6288	6358	11	1	10
38	14553	7310	7243	16	3	13
39	12813	6323	6490	13	2	11
40-44岁	**65266**	**32911**	**32355**	**101**	**25**	**76**
40	12070	5989	6081	10	1	9
41	12747	6428	6319	17	3	14
42	12839	6580	6259	22	4	18
43	13089	6616	6473	22	8	14
44	14521	7298	7223	30	9	21
45-49岁	**76151**	**38711**	**37440**	**72**	**23**	**49**
45	15655	7956	7699	15	5	10
46	16468	8253	8215	18	7	11
47	15292	7766	7526	14	6	8
48	14330	7323	7007	8	1	7
49	14406	7413	6993	17	4	13
50-54岁	**66544**	**33016**	**33528**	**81**	**22**	**59**
50	14967	7472	7495	21	6	15
51	13612	6852	6760	13	3	10
52	14613	7220	7393	21	6	15
53	10849	5344	5505	12	1	11
54	12503	6128	6375	14	6	8
55-59岁	**52912**	**25787**	**27125**	**43**	**5**	**38**
55	12727	6292	6435	12		12
56	12657	6113	6544	12	2	10
57	13693	6657	7036	7	1	6
58	9106	4443	4663	8	1	7
59	4729	2282	2447	4	1	3
60-64岁	**33808**	**16327**	**17481**	**61**	**13**	**48**
60	6101	2949	3152	7	2	5
61	5746	2824	2922	7	3	4
62	7284	3554	3730	15	3	12
63	7774	3734	4040	15	2	13
64	6903	3266	3637	17	3	14
65岁及以上	**80346**	**36589**	**43757**	**202**	**33**	**169**

5-5a　续表 1　　　　单位：人

年　龄	初婚年龄								
	15岁			16岁			17岁		
	小计	男	女	小计	男	女	小计	男	女
总　计	**3497**	**817**	**2680**	**6138**	**1405**	**4733**	**10869**	**2592**	**8277**
20岁以下	**99**	**19**	**80**	**119**	**33**	**86**	**144**	**40**	**104**
20-24岁	**239**	**45**	**194**	**362**	**72**	**290**	**629**	**148**	**481**
20	36	4	32	47	4	43	102	30	72
21	43	12	31	71	16	55	118	38	80
22	56	10	46	70	17	53	140	32	108
23	48	8	40	85	13	72	123	16	107
24	56	11	45	89	22	67	146	32	114
25-29岁	**299**	**66**	**233**	**499**	**100**	**399**	**890**	**205**	**685**
25	77	19	58	116	23	93	170	41	129
26	71	21	50	101	17	84	168	45	123
27	55	6	49	89	16	73	179	46	133
28	50	13	37	88	20	68	210	44	166
29	46	7	39	105	24	81	163	29	134
30-34岁	**377**	**102**	**275**	**594**	**119**	**475**	**902**	**203**	**699**
30	79	21	58	129	30	99	177	37	140
31	73	18	55	120	25	95	174	29	145
32	76	20	56	114	15	99	192	50	142
33	80	22	58	125	32	93	191	51	140
34	69	21	48	106	17	89	168	36	132
35-39岁	**330**	**70**	**260**	**557**	**117**	**440**	**962**	**225**	**737**
35	91	26	65	87	18	69	161	39	122
36	83	15	68	126	35	91	159	38	121
37	53	12	41	123	24	99	224	47	177
38	46	11	35	127	26	101	213	58	155
39	57	6	51	94	14	80	205	43	162
40-44岁	**295**	**77**	**218**	**587**	**154**	**433**	**1003**	**274**	**729**
40	53	12	41	90	24	66	154	44	110
41	57	15	42	125	28	97	192	48	144
42	48	20	28	132	40	92	221	67	154
43	65	10	55	97	28	69	204	60	144
44	72	20	52	143	34	109	232	55	177
45-49岁	**361**	**109**	**252**	**678**	**199**	**479**	**1127**	**378**	**749**
45	90	30	60	129	46	83	197	57	140
46	96	26	70	168	43	125	213	78	135
47	70	21	49	145	37	108	258	80	178
48	59	21	38	121	36	85	228	86	142
49	46	11	35	115	37	78	231	77	154
50-54岁	**322**	**85**	**237**	**579**	**190**	**389**	**1175**	**336**	**839**
50	83	24	59	106	35	71	253	77	176
51	70	11	59	129	47	82	248	63	185
52	58	16	42	126	42	84	289	81	208
53	61	18	43	89	22	67	183	50	133
54	50	16	34	129	44	85	202	65	137
55-59岁	**201**	**50**	**151**	**387**	**95**	**292**	**767**	**188**	**579**
55	56	18	38	116	30	86	206	51	155
56	63	19	44	103	28	75	186	47	139
57	46	8	38	104	24	80	199	47	152
58	23	4	19	46	12	34	137	32	105
59	13	1	12	18	1	17	39	11	28
60-64岁	**154**	**33**	**121**	**266**	**52**	**214**	**429**	**109**	**320**
60	16	3	13	33	10	23	53	11	42
61	24	4	20	40	11	29	57	19	38
62	28	7	21	52	9	43	91	15	76
63	46	12	34	64	9	55	112	40	72
64	40	7	33	77	13	64	116	24	92
65岁及以上	**820**	**161**	**659**	**1510**	**274**	**1236**	**2841**	**486**	**2355**

5-5a 续表 2

单位：人

年龄	初婚年龄								
	18岁			19岁			20岁		
	小计	男	女	小计	男	女	小计	男	女
总计	**17716**	**4619**	**13097**	**29645**	**8523**	**21122**	**42978**	**12917**	**30061**
20岁以下	**127**	**22**	**105**	**53**	**10**	**43**			
20-24岁	**980**	**240**	**740**	**1543**	**428**	**1115**	**2042**	**474**	**1568**
20	196	44	152	189	45	144	117	20	97
21	180	47	133	296	99	197	312	68	244
22	185	49	136	375	111	264	521	129	392
23	198	45	153	318	78	240	518	117	401
24	221	55	166	365	95	270	574	140	434
25-29岁	**1423**	**385**	**1038**	**2203**	**601**	**1602**	**3434**	**823**	**2611**
25	248	73	175	370	101	269	650	159	491
26	278	65	213	404	110	294	664	136	528
27	268	79	189	461	128	333	693	168	525
28	302	86	216	467	105	362	716	167	549
29	327	82	245	501	157	344	711	193	518
30-34岁	**1500**	**411**	**1089**	**2784**	**728**	**2056**	**4681**	**1267**	**3414**
30	355	93	262	613	170	443	982	274	708
31	309	87	222	591	146	445	1034	274	760
32	276	73	203	533	127	406	1001	284	717
33	287	84	203	557	150	407	925	251	674
34	273	74	199	490	135	355	739	184	555
35-39岁	**1466**	**371**	**1095**	**2258**	**571**	**1687**	**3523**	**841**	**2682**
35	239	66	173	416	105	311	674	139	535
36	242	58	184	435	105	330	707	167	540
37	230	52	178	420	108	312	663	146	517
38	375	96	279	439	111	328	811	198	613
39	380	99	281	548	142	406	668	191	477
40-44岁	**1648**	**466**	**1182**	**3007**	**907**	**2100**	**4447**	**1406**	**3041**
40	313	80	233	597	150	447	783	224	559
41	301	82	219	571	176	395	879	249	630
42	327	95	232	575	161	414	875	294	581
43	331	109	222	566	199	367	894	314	580
44	376	100	276	698	221	477	1016	325	691
45-49岁	**2183**	**696**	**1487**	**3681**	**1252**	**2429**	**5548**	**1978**	**3570**
45	400	107	293	726	225	501	1125	407	718
46	458	146	312	754	254	500	1252	414	838
47	369	116	253	747	262	485	1073	386	687
48	471	155	316	661	226	435	1094	413	681
49	485	172	313	793	285	508	1004	358	646
50-54岁	**2189**	**645**	**1544**	**4067**	**1365**	**2702**	**5831**	**2058**	**3773**
50	426	118	308	816	293	523	1182	406	776
51	482	144	338	814	279	535	1185	428	757
52	483	156	327	919	310	609	1319	460	859
53	411	127	284	676	218	458	954	336	618
54	387	100	287	842	265	577	1191	428	763
55-59岁	**1438**	**417**	**1021**	**2713**	**816**	**1897**	**4366**	**1421**	**2945**
55	346	128	218	714	240	474	1212	424	788
56	349	85	264	634	186	448	1109	365	744
57	376	109	267	719	222	497	1040	326	714
58	267	67	200	414	115	299	706	224	482
59	100	28	72	232	53	179	299	82	217
60-64岁	**681**	**165**	**516**	**1195**	**332**	**863**	**1788**	**591**	**1197**
60	114	29	85	235	75	160	431	147	284
61	79	20	59	188	50	138	320	125	195
62	114	28	86	211	69	142	348	111	237
63	164	42	122	263	73	190	361	101	260
64	210	46	164	298	65	233	328	107	221
65岁及以上	**4081**	**801**	**3280**	**6141**	**1513**	**4628**	**7318**	**2058**	**5260**

5-5a 续表 3 单位：人

年龄	初婚年龄								
	21岁			22岁			23岁		
	小计	男	女	小计	男	女	小计	男	女
总计	**49422**	**18377**	**31045**	**57777**	**25418**	**32359**	**56145**	**24951**	**31194**
20岁以下									
20-24岁	**2026**	**674**	**1352**	**1925**	**823**	**1102**	**1206**	**476**	**730**
20									
21	165	43	122						
22	522	177	345	345	147	198			
23	665	235	430	686	300	386	360	147	213
24	674	219	455	894	376	518	846	329	517
25-29岁	**3992**	**1388**	**2604**	**5326**	**2395**	**2931**	**5542**	**2340**	**3202**
25	716	263	453	975	430	545	1064	440	624
26	701	261	440	952	415	537	1062	433	629
27	793	277	516	1130	497	633	1065	446	619
28	838	281	557	1159	515	644	1189	524	665
29	944	306	638	1110	538	572	1162	497	665
30-34岁	**5628**	**1982**	**3646**	**7296**	**3324**	**3972**	**7053**	**3286**	**3767**
30	1078	400	678	1398	664	734	1392	652	740
31	1152	396	756	1401	609	792	1409	648	761
32	1132	402	730	1472	691	781	1423	648	775
33	1301	432	869	1606	720	886	1451	689	762
34	965	352	613	1419	640	779	1378	649	729
35-39岁	**4214**	**1454**	**2760**	**5374**	**2387**	**2987**	**5747**	**2677**	**3070**
35	831	275	556	1134	499	635	1308	630	678
36	868	293	575	1023	460	563	1117	482	635
37	781	278	503	1045	476	569	1054	503	551
38	913	320	593	1115	476	639	1167	555	612
39	821	288	533	1057	476	581	1101	507	594
40-44岁	**5163**	**1998**	**3165**	**6115**	**2813**	**3302**	**5657**	**2602**	**3055**
40	746	279	467	951	397	554	1036	459	577
41	1021	398	623	1013	487	526	1034	457	577
42	1106	445	661	1278	616	662	893	417	476
43	1066	402	664	1405	639	766	1248	594	654
44	1224	474	750	1468	674	794	1446	675	771
45-49岁	**6696**	**2827**	**3869**	**7887**	**3703**	**4184**	**7617**	**3519**	**4098**
45	1336	554	782	1594	766	828	1514	697	817
46	1414	595	819	1651	733	918	1670	787	883
47	1351	566	785	1603	743	860	1594	700	894
48	1294	546	748	1510	725	785	1428	679	749
49	1301	566	735	1529	736	793	1411	656	755
50-54岁	**6725**	**2754**	**3971**	**7437**	**3439**	**3998**	**6852**	**3042**	**3810**
50	1295	526	769	1689	757	932	1537	655	882
51	1395	578	817	1196	585	611	1412	617	795
52	1566	648	918	1698	793	905	1319	597	722
53	1107	453	654	1361	625	736	1150	508	642
54	1362	549	813	1493	679	814	1434	665	769
55-59岁	**5540**	**2130**	**3410**	**6182**	**2639**	**3543**	**6123**	**2725**	**3398**
55	1407	544	863	1443	639	804	1438	650	788
56	1397	552	845	1472	635	837	1405	616	789
57	1388	534	854	1743	750	993	1574	715	859
58	913	347	566	1065	435	630	1176	540	636
59	435	153	282	459	180	279	530	204	326
60-64岁	**2461**	**795**	**1666**	**3336**	**1243**	**2093**	**3956**	**1500**	**2456**
60	489	162	327	665	236	429	674	264	410
61	534	157	377	606	240	366	705	263	442
62	552	179	373	783	294	489	836	312	524
63	485	166	319	733	270	463	1021	391	630
64	401	131	270	549	203	346	720	270	450
65岁及以上	**6977**	**2375**	**4602**	**6899**	**2652**	**4247**	**6392**	**2784**	**3608**

5-5a 续表 4

单位：人

年 龄	初婚年龄								
	24岁			25岁			26岁		
	小计	男	女	小计	男	女	小计	男	女
总 计	**54961**	**26119**	**28842**	**51714**	**26331**	**25383**	**44446**	**24832**	**19614**
20岁以下									
20-24岁	**419**	**163**	**256**						
20									
21									
22									
23									
24	419	163	256						
25-29岁	**6392**	**2894**	**3498**	**6019**	**2693**	**3326**	**4544**	**2240**	**2304**
25	1077	472	605	548	221	327			
26	1268	539	729	1112	487	625	486	247	239
27	1394	636	758	1474	685	789	1218	621	597
28	1271	577	694	1488	668	820	1425	667	758
29	1382	670	712	1397	632	765	1415	705	710
30-34岁	**7923**	**3604**	**4319**	**8694**	**4072**	**4622**	**8551**	**4389**	**4162**
30	1616	730	886	1798	840	958	1674	842	832
31	1542	700	842	1676	790	886	1819	885	934
32	1612	710	902	1726	799	927	1729	876	853
33	1712	782	930	1931	927	1004	1713	924	789
34	1441	682	759	1563	716	847	1616	862	754
35-39岁	**6099**	**2896**	**3203**	**6344**	**3226**	**3118**	**6105**	**3308**	**2797**
35	1326	629	697	1320	643	677	1336	689	647
36	1288	630	658	1301	689	612	1136	593	543
37	1125	534	591	1278	649	629	1168	657	511
38	1285	577	708	1326	671	655	1407	779	628
39	1075	526	549	1119	574	545	1058	590	468
40-44岁	**5333**	**2694**	**2639**	**4797**	**2470**	**2327**	**4579**	**2573**	**2006**
40	1005	502	503	955	484	471	959	532	427
41	1031	513	518	1001	533	468	911	510	401
42	1045	527	518	926	463	463	923	517	406
43	915	448	467	1002	518	484	885	488	397
44	1337	704	633	913	472	441	901	526	375
45-49岁	**7205**	**3523**	**3682**	**6468**	**3392**	**3076**	**5075**	**2919**	**2156**
45	1534	761	773	1259	647	612	869	495	374
46	1546	751	795	1456	735	721	1087	622	465
47	1416	693	723	1253	657	596	1108	652	456
48	1319	629	690	1273	681	592	971	544	427
49	1390	689	701	1227	672	555	1040	606	434
50-54岁	**5884**	**2911**	**2973**	**5058**	**2777**	**2281**	**4107**	**2442**	**1665**
50	1330	662	668	1239	685	554	1001	580	421
51	1219	606	613	1076	593	483	885	521	364
52	1338	674	664	1047	575	472	860	496	364
53	821	396	425	881	467	414	639	404	235
54	1176	573	603	815	457	358	722	441	281
55-59岁	**5576**	**2770**	**2806**	**4765**	**2657**	**2108**	**3484**	**2111**	**1373**
55	1260	615	645	1043	593	450	705	427	278
56	1336	661	675	1152	645	507	852	515	337
57	1432	700	732	1297	721	576	890	528	362
58	946	494	452	789	447	342	655	398	257
59	602	300	302	484	251	233	382	243	139
60-64岁	**4023**	**1789**	**2234**	**3780**	**1937**	**1843**	**2978**	**1777**	**1201**
60	686	321	365	715	377	338	511	314	197
61	645	265	380	592	326	266	537	319	218
62	939	409	530	829	438	391	593	360	233
63	876	396	480	893	423	470	696	421	275
64	877	398	479	751	373	378	641	363	278
65岁及以上	**6107**	**2875**	**3232**	**5789**	**3107**	**2682**	**5023**	**3073**	**1950**

5-5a　续表 5　　　　单位：人

年　龄	初婚年龄								
	27岁			28岁			29岁		
	小计	男	女	小计	男	女	小计	男	女
总　计	**36325**	**21567**	**14758**	**27615**	**17452**	**10163**	**20648**	**13774**	**6874**
20岁以下									
20-24岁									
20									
21									
22									
23									
24									
25-29岁	**2864**	**1454**	**1410**	**1329**	**691**	**638**	**315**	**187**	**128**
25									
26									
27	525	271	254						
28	1042	511	531	392	200	192			
29	1297	672	625	937	491	446	315	187	128
30-34岁	**7573**	**4021**	**3552**	**5975**	**3386**	**2589**	**4421**	**2709**	**1712**
30	1521	797	724	1175	668	507	767	467	300
31	1543	814	729	1192	655	537	930	541	389
32	1551	800	751	1155	662	493	895	544	351
33	1571	856	715	1363	785	578	952	601	351
34	1387	754	633	1090	616	474	877	556	321
35-39岁	**5419**	**3221**	**2198**	**4494**	**2758**	**1736**	**3564**	**2347**	**1217**
35	1213	711	502	938	558	380	729	474	255
36	1172	656	516	993	595	398	718	449	269
37	909	532	377	864	539	325	695	460	235
38	1177	727	450	890	554	336	774	525	249
39	948	595	353	809	512	297	648	439	209
40-44岁	**4169**	**2497**	**1672**	**3506**	**2211**	**1295**	**2934**	**1919**	**1015**
40	854	501	353	783	495	288	595	394	201
41	884	522	362	730	455	275	651	425	226
42	796	484	312	716	453	263	584	396	188
43	824	504	320	619	388	231	574	364	210
44	811	486	325	658	420	238	530	340	190
45-49岁	**3982**	**2431**	**1551**	**3040**	**1980**	**1060**	**2404**	**1600**	**804**
45	853	523	330	670	435	235	549	343	206
46	730	445	285	634	413	221	551	368	183
47	825	491	334	481	321	160	493	338	155
48	772	486	286	618	396	222	361	242	119
49	802	486	316	637	415	222	450	309	141
50-54岁	**3305**	**2053**	**1252**	**2518**	**1706**	**812**	**2000**	**1343**	**657**
50	838	518	320	599	387	212	491	329	162
51	717	450	267	571	394	177	460	307	153
52	728	443	285	545	359	186	422	289	133
53	487	307	180	402	283	119	286	185	101
54	535	335	200	401	283	118	341	233	108
55-59岁	**2523**	**1623**	**900**	**1722**	**1190**	**532**	**1305**	**952**	**353**
55	577	391	186	405	293	112	325	231	94
56	512	337	175	406	264	142	272	209	63
57	682	440	242	394	275	119	357	258	99
58	465	280	185	312	215	97	215	153	62
59	287	175	112	205	143	62	136	101	35
60-64岁	**2182**	**1400**	**782**	**1617**	**1127**	**490**	**1146**	**815**	**331**
60	361	219	142	257	176	81	171	125	46
61	352	243	109	260	192	68	208	159	49
62	524	354	170	362	238	124	223	171	52
63	480	294	186	413	297	116	267	177	90
64	465	290	175	325	224	101	277	183	94
65岁及以上	**4308**	**2867**	**1441**	**3414**	**2403**	**1011**	**2559**	**1902**	**657**

5-5a 续表 6 单位：人

年 龄	初婚年龄								
	30岁			31岁			32岁		
	小计	男	女	小计	男	女	小计	男	女
总 计	**15041**	**10151**	**4890**	**11133**	**7625**	**3508**	**8301**	**5645**	**2656**
20岁以下									
20-24岁									
20									
21									
22									
23									
24									
25-29岁									
25									
26									
27									
28									
29									
30-34岁	**2980**	**1832**	**1148**	**1828**	**1153**	**675**	**875**	**543**	**332**
30	307	185	122						
31	592	375	217	227	143	84			
32	704	435	269	456	280	176	162	106	56
33	723	429	294	618	383	235	346	199	147
34	654	408	246	527	347	180	367	238	129
35-39岁	**2749**	**1772**	**977**	**2109**	**1364**	**745**	**1681**	**1085**	**596**
35	608	383	225	421	265	156	332	220	112
36	553	349	204	451	299	152	318	202	116
37	493	318	175	415	274	141	325	219	106
38	629	430	199	433	299	134	368	233	135
39	466	292	174	389	227	162	338	211	127
40-44岁	**2286**	**1536**	**750**	**1849**	**1280**	**569**	**1499**	**1012**	**487**
40	451	288	163	376	275	101	313	214	99
41	487	327	160	366	249	117	284	189	95
42	470	329	141	358	246	112	304	203	101
43	424	293	131	363	238	125	294	200	94
44	454	299	155	386	272	114	304	206	98
45-49岁	**1800**	**1264**	**536**	**1544**	**1076**	**468**	**1325**	**906**	**419**
45	435	292	143	378	261	117	326	220	106
46	399	267	132	347	231	116	329	222	107
47	389	270	119	317	238	79	269	184	85
48	324	241	83	255	174	81	211	153	58
49	253	194	59	247	172	75	190	127	63
50-54岁	**1547**	**1063**	**484**	**1134**	**780**	**354**	**811**	**565**	**246**
50	359	241	118	214	140	74	182	132	50
51	331	233	98	234	175	59	132	96	36
52	363	233	130	291	188	103	179	122	57
53	236	164	72	205	145	60	141	98	43
54	258	192	66	190	132	58	177	117	60
55-59岁	**972**	**701**	**271**	**742**	**500**	**242**	**625**	**433**	**192**
55	268	184	84	184	125	59	172	123	49
56	219	160	59	203	139	64	144	86	58
57	244	172	72	176	118	58	162	112	50
58	173	134	39	115	83	32	99	73	26
59	68	51	17	64	35	29	48	39	9
60-64岁	**801**	**583**	**218**	**499**	**361**	**138**	**403**	**282**	**121**
60	143	100	43	87	61	26	73	52	21
61	124	91	33	59	39	20	53	45	8
62	167	124	43	114	92	22	75	49	26
63	194	144	50	115	82	33	108	71	37
64	173	124	49	124	87	37	94	65	29
65岁及以上	**1906**	**1400**	**506**	**1428**	**1111**	**317**	**1082**	**819**	**263**

5-5a 续表 7

单位：人

年 龄	初婚年龄								
	33岁			34岁			35岁		
	小计	男	女	小计	男	女	小计	男	女
总 计	**6365**	**4283**	**2082**	**5179**	**3467**	**1712**	**3992**	**2679**	**1313**
20岁以下									
20-24岁									
20									
21									
22									
23									
24									
25-29岁									
25									
26									
27									
28									
29									
30-34岁	**431**	**255**	**176**	**90**	**52**	**38**			
30									
31									
32									
33	144	80	64						
34	287	175	112	90	52	38			
35-39岁	**1278**	**796**	**482**	**1127**	**682**	**445**	**748**	**477**	**271**
35	260	163	97	180	115	65	66	48	18
36	286	180	106	278	175	103	153	92	61
37	228	132	96	204	114	90	176	113	63
38	286	189	97	243	145	98	190	123	67
39	218	132	86	222	133	89	163	101	62
40-44岁	**1299**	**860**	**439**	**1061**	**689**	**372**	**863**	**550**	**313**
40	242	149	93	210	133	77	176	103	73
41	294	195	99	230	154	76	174	120	54
42	246	171	75	196	124	72	175	112	63
43	257	164	93	181	115	66	162	101	61
44	260	181	79	244	163	81	176	114	62
45-49岁	**1102**	**755**	**347**	**1022**	**697**	**325**	**868**	**573**	**295**
45	272	182	90	268	170	98	204	139	65
46	257	176	81	260	178	82	186	116	70
47	240	166	74	177	131	46	204	137	67
48	184	129	55	165	119	46	153	99	54
49	149	102	47	152	99	53	121	82	39
50-54岁	**647**	**474**	**173**	**548**	**405**	**143**	**458**	**318**	**140**
50	174	128	46	156	112	44	142	94	48
51	129	94	35	115	92	23	101	73	28
52	106	77	29	112	84	28	98	68	30
53	113	83	30	61	43	18	68	50	18
54	125	92	33	104	74	30	49	33	16
55-59岁	**526**	**368**	**158**	**429**	**291**	**138**	**351**	**242**	**109**
55	152	109	43	107	73	34	83	55	28
56	119	81	38	98	66	32	98	66	32
57	123	81	42	104	70	34	94	68	26
58	93	65	28	72	47	25	59	40	19
59	39	32	7	48	35	13	17	13	4
60-64岁	**276**	**192**	**84**	**220**	**148**	**72**	**185**	**134**	**51**
60	49	39	10	37	21	16	38	27	11
61	54	40	14	37	20	17	36	27	9
62	43	30	13	47	32	15	42	28	14
63	79	50	29	36	28	8	42	29	13
64	51	33	18	63	47	16	27	23	4
65岁及以上	**806**	**583**	**223**	**682**	**503**	**179**	**519**	**385**	**134**

5-5a 续表 8 单位：人

年龄	初婚年龄								
	36岁			37岁			38岁		
	小计	男	女	小计	男	女	小计	男	女
总　计	**3081**	**2044**	**1037**	**2576**	**1746**	**830**	**2105**	**1411**	**694**
20岁以下									
20-24岁									
20									
21									
22									
23									
24									
25-29岁									
25									
26									
27									
28									
29									
30-34岁									
30									
31									
32									
33									
34									
35-39岁	**480**	**278**	**202**	**294**	**185**	**109**	**138**	**77**	**61**
35									
36	48	33	15						
37	122	70	52	40	30	10			
38	166	97	69	108	72	36	49	35	14
39	144	78	66	146	83	63	89	42	47
40-44岁	**732**	**458**	**274**	**618**	**390**	**228**	**521**	**313**	**208**
40	131	88	43	114	64	50	86	48	38
41	132	71	61	110	75	35	88	54	34
42	152	98	54	128	84	44	113	71	42
43	144	95	49	122	75	47	113	71	42
44	173	106	67	144	92	52	121	69	52
45-49岁	**691**	**461**	**230**	**601**	**408**	**193**	**569**	**393**	**176**
45	153	101	52	133	94	39	142	96	46
46	164	113	51	140	96	44	138	92	46
47	135	83	52	130	88	42	90	64	26
48	120	79	41	101	65	36	92	61	31
49	119	85	34	97	65	32	107	80	27
50-54岁	**373**	**257**	**116**	**336**	**237**	**99**	**271**	**192**	**79**
50	107	69	38	104	66	38	71	51	20
51	62	47	15	63	48	15	55	35	20
52	86	60	26	68	54	14	66	49	17
53	57	42	15	48	36	12	43	29	14
54	61	39	22	53	33	20	36	28	8
55-59岁	**266**	**187**	**79**	**202**	**142**	**60**	**149**	**113**	**36**
55	39	24	15	49	34	15	37	30	7
56	57	42	15	30	20	10	26	21	5
57	76	54	22	65	44	21	42	29	13
58	67	47	20	35	28	7	28	21	7
59	27	20	7	23	16	7	16	12	4
60-64岁	**144**	**98**	**46**	**150**	**102**	**48**	**142**	**97**	**45**
60	24	16	8	25	18	7	33	23	10
61	23	19	4	23	18	5	26	20	6
62	31	16	15	34	22	12	29	19	10
63	36	26	10	41	29	12	29	18	11
64	30	21	9	27	15	12	25	17	8
65岁及以上	**395**	**305**	**90**	**375**	**282**	**93**	**315**	**226**	**89**

5-5a 续表 9

单位：人

年龄	初婚年龄					
	39岁			40岁及以上		
	小计	男	女	小计	男	女
总　计	**1793**	**1189**	**604**	**9242**	**6058**	**3184**
20岁以下						
20-24岁						
20						
21						
22						
23						
24						
25-29岁						
25						
26						
27						
28						
29						
30-34岁						
30						
31						
32						
33						
34						
35-39岁	**37**	**20**	**17**			
35						
36						
37						
38						
39	37	20	17			
40-44岁	**456**	**273**	**183**	**741**	**464**	**277**
40	64	37	27	23	12	11
41	92	55	37	72	38	34
42	90	54	36	140	89	51
43	91	53	38	221	138	83
44	119	74	45	285	187	98
45-49岁	**482**	**314**	**168**	**2123**	**1335**	**788**
45	105	69	36	379	234	145
46	121	74	47	429	271	158
47	106	67	39	435	269	166
48	81	61	20	456	276	180
49	69	43	26	424	285	139
50-54岁	**308**	**218**	**90**	**1981**	**1339**	**642**
50	94	62	32	458	319	139
51	80	54	26	438	279	159
52	64	48	16	442	292	150
53	33	25	8	324	229	95
54	37	29	8	319	220	99
55-59岁	**141**	**103**	**38**	**1374**	**918**	**456**
55	41	34	7	330	227	103
56	44	28	16	359	238	121
57	23	20	3	336	231	105
58	14	10	4	214	131	83
59	19	11	8	135	91	44
60-64岁	**107**	**74**	**33**	**828**	**578**	**250**
60	17	10	7	157	111	46
61	25	20	5	132	89	43
62	23	18	5	179	127	52
63	21	14	7	184	129	55
64	21	12	9	176	122	54
65岁及以上	**262**	**187**	**75**	**2195**	**1424**	**771**

5-5b 全省分年龄、性别、初婚年龄的人口(镇)

单位：人

年龄	初婚年龄					
	合计			15岁以下		
	合计	男	女	小计	男	女
总计	**566778**	**268901**	**297877**	**1785**	**294**	**1491**
20岁以下	**1288**	**255**	**1033**	**87**	**7**	**80**
20-24岁	**14751**	**4483**	**10268**	**166**	**11**	**155**
20	1189	268	921	22	5	17
21	1813	485	1328	25		25
22	2906	893	2013	45	1	44
23	3858	1166	2692	35	2	33
24	4985	1671	3314	39	3	36
25-29岁	**43662**	**17158**	**26504**	**182**	**19**	**163**
25	6419	2296	4123	38	1	37
26	7334	2656	4678	40	4	36
27	9281	3585	5696	37	4	33
28	9992	4054	5938	34	5	29
29	10636	4567	6069	33	5	28
30-34岁	**68344**	**31104**	**37240**	**194**	**29**	**165**
30	13293	5801	7492	32	5	27
31	13450	5922	7528	46	9	37
32	13730	6233	7497	41	6	35
33	15038	6983	8055	37	3	34
34	12833	6165	6668	38	6	32
35-39岁	**60475**	**29855**	**30620**	**130**	**28**	**102**
35	11516	5613	5903	38	12	26
36	11864	5825	6039	32	4	28
37	11407	5599	5808	23	3	20
38	13499	6783	6716	21	5	16
39	12189	6035	6154	16	4	12
40-44岁	**64493**	**32707**	**31786**	**160**	**32**	**128**
40	11757	5824	5933	21	7	14
41	12531	6370	6161	32	4	28
42	12747	6463	6284	40	8	32
43	12812	6580	6232	31	6	25
44	14646	7470	7176	36	7	29
45-49岁	**74747**	**38549**	**36198**	**145**	**26**	**119**
45	15265	7904	7361	28	6	22
46	16246	8330	7916	27	4	23
47	15031	7819	7212	26	8	18
48	14118	7222	6896	28	3	25
49	14087	7274	6813	36	5	31
50-54岁	**68483**	**34069**	**34414**	**159**	**35**	**124**
50	14813	7566	7247	28	7	21
51	13312	6562	6750	33	11	22
52	15366	7596	7770	45	9	36
53	11444	5681	5763	27	4	23
54	13548	6664	6884	26	4	22
55-59岁	**51436**	**25407**	**26029**	**81**	**14**	**67**
55	12855	6327	6528	23	4	19
56	12678	6247	6431	19	5	14
57	12913	6394	6519	14	2	12
58	9092	4525	4567	20	3	17
59	3898	1914	1984	5		5
60-64岁	**30724**	**15005**	**15719**	**114**	**18**	**96**
60	4591	2262	2329	5		5
61	4998	2497	2501	24	7	17
62	6986	3464	3522	29	6	23
63	7334	3562	3772	29	3	26
64	6815	3220	3595	27	2	25
65岁及以上	**88375**	**40309**	**48066**	**367**	**75**	**292**

5-5b　续表 1　　单位：人

年　龄	初婚年龄								
	15岁			16岁			17岁		
	小计	男	女	小计	男	女	小计	男	女
总　计	**6129**	**1311**	**4818**	**10581**	**2470**	**8111**	**18158**	**4801**	**13357**
20岁以下	**218**	**38**	**180**	**329**	**64**	**265**	**317**	**59**	**258**
20-24岁	**519**	**67**	**452**	**772**	**138**	**634**	**1182**	**268**	**914**
20	84	16	68	121	20	101	180	49	131
21	93	17	76	136	31	105	192	48	144
22	95	10	85	149	26	123	240	55	185
23	117	7	110	168	25	143	294	56	238
24	130	17	113	198	36	162	276	60	216
25-29岁	**553**	**78**	**475**	**992**	**158**	**834**	**1728**	**379**	**1349**
25	115	16	99	183	25	158	360	77	283
26	117	15	102	203	33	170	334	80	254
27	126	18	108	226	38	188	340	71	269
28	106	13	93	208	39	169	356	81	275
29	89	16	73	172	23	149	338	70	268
30-34岁	**586**	**102**	**484**	**955**	**199**	**756**	**1552**	**307**	**1245**
30	116	18	98	172	35	137	320	67	253
31	135	18	117	225	40	185	314	61	253
32	109	23	86	181	39	142	322	66	256
33	132	25	107	197	38	159	315	54	261
34	94	18	76	180	47	133	281	59	222
35-39岁	**488**	**89**	**399**	**933**	**215**	**718**	**1464**	**372**	**1092**
35	86	19	67	169	33	136	240	62	178
36	128	16	112	211	58	153	229	58	171
37	107	25	82	183	35	148	288	86	202
38	76	12	64	205	55	150	399	93	306
39	91	17	74	165	34	131	308	73	235
40-44岁	**520**	**131**	**389**	**949**	**250**	**699**	**1638**	**478**	**1160**
40	85	22	63	150	31	119	305	77	228
41	123	31	92	200	51	149	327	87	240
42	106	29	77	197	50	147	310	93	217
43	107	29	78	187	59	128	329	100	229
44	99	20	79	215	59	156	367	121	246
45-49岁	**563**	**154**	**409**	**1057**	**324**	**733**	**1898**	**669**	**1229**
45	153	47	106	195	67	128	343	135	208
46	145	35	110	255	66	189	345	126	219
47	99	30	69	231	77	154	435	153	282
48	79	12	67	176	50	126	415	129	286
49	87	30	57	200	64	136	360	126	234
50-54岁	**611**	**175**	**436**	**1035**	**308**	**727**	**1903**	**626**	**1277**
50	132	33	99	194	56	138	347	133	214
51	154	42	112	231	60	171	404	128	276
52	126	37	89	233	65	168	461	145	316
53	94	28	66	160	60	100	314	108	206
54	105	35	70	217	67	150	377	112	265
55-59岁	**396**	**113**	**283**	**684**	**167**	**517**	**1461**	**378**	**1083**
55	130	49	81	163	49	114	364	113	251
56	96	27	69	210	49	161	323	75	248
57	87	18	69	181	46	135	419	106	313
58	62	14	48	90	16	74	260	59	201
59	21	5	16	40	7	33	95	25	70
60-64岁	**297**	**68**	**229**	**513**	**115**	**398**	**826**	**217**	**609**
60	24	4	20	49	10	39	77	16	61
61	43	8	35	82	23	59	106	32	74
62	75	20	55	97	28	69	211	57	154
63	86	23	63	139	28	111	208	55	153
64	69	13	56	146	26	120	224	57	167
65岁及以上	**1378**	**296**	**1082**	**2362**	**532**	**1830**	**4189**	**1048**	**3141**

5-5b 续表 2 单位：人

年 龄	初婚年龄								
	18岁			19岁			20岁		
	小计	男	女	小计	男	女	小计	男	女
总 计	**28413**	**8132**	**20281**	**43731**	**14163**	**29568**	**58240**	**20813**	**37427**
20岁以下	**246**	**66**	**180**	**91**	**21**	**70**			
20-24岁	**1802**	**476**	**1326**	**2150**	**580**	**1570**	**2613**	**747**	**1866**
20	325	76	249	287	61	226	170	41	129
21	332	86	246	429	111	318	433	127	306
22	372	105	267	450	142	308	666	206	460
23	378	95	283	451	114	337	678	188	490
24	395	114	281	533	152	381	666	185	481
25-29岁	**2498**	**677**	**1821**	**3376**	**983**	**2393**	**4460**	**1337**	**3123**
25	452	123	329	546	165	381	765	228	537
26	422	116	306	626	184	442	817	210	607
27	501	150	351	743	199	544	927	274	653
28	569	145	424	704	200	504	970	319	651
29	554	143	411	757	235	522	981	306	675
30-34岁	**2611**	**610**	**2001**	**4146**	**1122**	**3024**	**6001**	**1811**	**4190**
30	633	146	487	957	263	694	1211	397	814
31	576	152	424	916	246	670	1340	411	929
32	472	107	365	763	197	566	1293	376	917
33	517	105	412	782	213	569	1197	346	851
34	413	100	313	728	203	525	960	281	679
35-39岁	**2269**	**563**	**1706**	**3422**	**941**	**2481**	**4776**	**1391**	**3385**
35	373	83	290	568	137	431	953	278	675
36	392	89	303	678	184	494	918	255	663
37	368	109	259	629	183	446	895	244	651
38	605	161	444	711	203	508	1079	309	770
39	531	121	410	836	234	602	931	305	626
40-44岁	**2643**	**808**	**1835**	**4333**	**1384**	**2949**	**6298**	**2261**	**4037**
40	504	140	364	816	261	555	1125	358	767
41	492	143	349	855	267	588	1289	469	820
42	472	152	320	815	259	556	1260	460	800
43	567	182	385	847	249	598	1204	441	763
44	608	191	417	1000	348	652	1420	533	887
45-49岁	**3200**	**1090**	**2110**	**5113**	**1855**	**3258**	**7034**	**2749**	**4285**
45	583	212	371	1036	380	656	1425	531	894
46	651	211	440	1071	364	707	1502	561	941
47	590	197	393	1010	374	636	1457	588	869
48	656	234	422	892	320	572	1402	530	872
49	720	236	484	1104	417	687	1248	539	709
50-54岁	**3357**	**1085**	**2272**	**5652**	**2053**	**3599**	**7569**	**3065**	**4504**
50	668	224	444	1242	491	751	1621	663	958
51	628	212	416	1081	362	719	1515	621	894
52	779	235	544	1211	426	785	1689	680	1009
53	655	225	430	988	357	631	1200	485	715
54	627	189	438	1130	417	713	1544	616	928
55-59岁	**2370**	**711**	**1659**	**4086**	**1408**	**2678**	**5732**	**2228**	**3504**
55	549	153	396	1056	384	672	1537	585	952
56	602	196	406	993	342	651	1412	566	846
57	561	174	387	1035	344	691	1402	538	864
58	470	138	332	683	229	454	1006	394	612
59	188	50	138	319	109	210	375	145	230
60-64岁	**1264**	**343**	**921**	**2067**	**666**	**1401**	**2813**	**1047**	**1766**
60	145	36	109	317	101	216	509	180	329
61	158	36	122	337	100	237	494	172	322
62	253	71	182	379	121	258	610	244	366
63	380	112	268	462	158	304	591	227	364
64	328	88	240	572	186	386	609	224	385
65岁及以上	**6153**	**1703**	**4450**	**9295**	**3150**	**6145**	**10944**	**4177**	**6767**

5-5b 续表 3

单位：人

年龄	初婚年龄								
	21岁			22岁			23岁		
	小计	男	女	小计	男	女	小计	男	女
总 计	**61659**	**25931**	**35728**	**62642**	**29908**	**32734**	**55073**	**27640**	**27433**
20岁以下									
20-24岁	**2310**	**811**	**1499**	**1885**	**787**	**1098**	**1003**	**450**	**553**
20									
21	173	65	108						
22	576	209	367	313	139	174			
23	747	254	493	665	270	395	325	155	170
24	814	283	531	907	378	529	678	295	383
25-29岁	**4567**	**1666**	**2901**	**4964**	**2214**	**2750**	**5174**	**2281**	**2893**
25	842	309	533	894	383	511	1005	440	565
26	830	308	522	911	388	523	955	378	577
27	935	319	616	1033	444	589	1038	470	568
28	929	339	590	1025	465	560	1079	486	593
29	1031	391	640	1101	534	567	1097	507	590
30-34岁	**6551**	**2479**	**4072**	**7241**	**3348**	**3893**	**6478**	**3160**	**3318**
30	1220	481	739	1382	589	793	1264	627	637
31	1254	502	752	1375	661	714	1257	575	682
32	1415	544	871	1412	660	752	1207	559	648
33	1552	559	993	1572	729	843	1476	746	730
34	1110	393	717	1500	709	791	1274	653	621
35-39岁	**5381**	**2119**	**3262**	**5958**	**2741**	**3217**	**5858**	**3014**	**2844**
35	1017	409	608	1152	548	604	1264	638	626
36	1122	430	692	1108	490	618	1093	599	494
37	1003	381	622	1196	536	660	1092	545	547
38	1136	452	684	1349	629	720	1276	683	593
39	1103	447	656	1153	538	615	1133	549	584
40-44岁	**6690**	**2840**	**3850**	**6987**	**3390**	**3597**	**6074**	**3156**	**2918**
40	994	390	604	1160	537	623	1026	520	506
41	1277	549	728	1070	536	534	1142	591	551
42	1434	606	828	1472	719	753	1035	528	507
43	1397	620	777	1532	738	794	1289	678	611
44	1588	675	913	1753	860	893	1582	839	743
45-49岁	**8522**	**3886**	**4636**	**8884**	**4427**	**4457**	**8042**	**4132**	**3910**
45	1683	769	914	1760	830	930	1648	844	804
46	1899	845	1054	1969	988	981	1746	889	857
47	1717	801	916	1756	894	862	1575	806	769
48	1616	740	876	1752	895	857	1539	791	748
49	1607	731	876	1647	820	827	1534	802	732
50-54岁	**8358**	**3809**	**4549**	**8210**	**4004**	**4206**	**6841**	**3545**	**3296**
50	1531	673	858	1710	831	879	1539	798	741
51	1695	813	882	1344	635	709	1289	672	617
52	1993	891	1102	1903	950	953	1399	733	666
53	1452	639	813	1478	730	748	1164	602	562
54	1687	793	894	1775	858	917	1450	740	710
55-59岁	**6598**	**2878**	**3720**	**6624**	**3297**	**3327**	**5532**	**2902**	**2630**
55	1687	746	941	1516	732	784	1368	720	648
56	1685	758	927	1685	831	854	1324	680	644
57	1654	733	921	1750	900	850	1416	726	690
58	1097	467	630	1213	604	609	1021	554	467
59	475	174	301	460	230	230	403	222	181
60-64岁	**3247**	**1336**	**1911**	**3746**	**1741**	**2005**	**3520**	**1687**	**1833**
60	465	193	272	594	296	298	518	260	258
61	664	281	383	538	254	284	612	304	308
62	776	311	465	956	448	508	748	360	388
63	759	318	441	895	424	471	915	428	487
64	583	233	350	763	319	444	727	335	392
65岁及以上	**9435**	**4107**	**5328**	**8143**	**3959**	**4184**	**6551**	**3313**	**3238**

5-5b 续表 4

单位：人

年　龄	初婚年龄								
	24岁			25岁			26岁		
	小计	男	女	小计	男	女	小计	男	女
总　计	**48008**	**25605**	**22403**	**39875**	**22503**	**17372**	**31231**	**18756**	**12475**
20岁以下									
20-24岁	**349**	**148**	**201**						
20									
21									
22									
23									
24	349	148	201						
25-29岁	**5076**	**2316**	**2760**	**4362**	**2072**	**2290**	**3030**	**1513**	**1517**
25	799	349	450	420	180	240			
26	976	439	537	758	332	426	345	169	176
27	1140	515	625	1095	517	578	799	390	409
28	1051	491	560	1078	541	537	977	482	495
29	1110	522	588	1011	502	509	909	472	437
30-34岁	**6235**	**3087**	**3148**	**6134**	**3128**	**3006**	**5373**	**2963**	**2410**
30	1260	613	647	1323	668	655	1110	567	543
31	1171	547	624	1242	604	638	1128	628	500
32	1283	635	648	1235	659	576	1049	572	477
33	1311	676	635	1318	654	664	1114	641	473
34	1210	616	594	1016	543	473	972	555	417
35-39岁	**5560**	**3002**	**2558**	**5049**	**2882**	**2167**	**4191**	**2630**	**1561**
35	1129	597	532	936	535	401	782	466	316
36	1185	640	545	1055	596	459	835	509	326
37	984	523	461	1010	578	432	814	502	312
38	1147	641	506	1147	672	475	969	626	343
39	1115	601	514	901	501	400	791	527	264
40-44岁	**5327**	**2937**	**2390**	**4421**	**2652**	**1769**	**3587**	**2294**	**1293**
40	993	529	464	927	563	364	681	442	239
41	1035	565	470	900	541	359	740	462	278
42	1040	576	464	873	503	370	704	437	267
43	914	509	405	859	526	333	669	442	227
44	1345	758	587	862	519	343	793	511	282
45-49岁	**6927**	**3869**	**3058**	**5380**	**3187**	**2193**	**4010**	**2507**	**1503**
45	1528	847	681	1085	621	464	678	447	231
46	1472	825	647	1204	710	494	919	562	357
47	1389	760	629	1166	699	467	832	527	305
48	1254	696	558	973	597	376	814	485	329
49	1284	741	543	952	560	392	767	486	281
50-54岁	**5662**	**3180**	**2482**	**4365**	**2503**	**1862**	**3382**	**2074**	**1308**
50	1302	760	542	1084	609	475	828	528	300
51	1105	597	508	883	520	363	740	438	302
52	1317	729	588	992	582	410	682	420	262
53	824	488	336	706	381	325	527	322	205
54	1114	606	508	700	411	289	605	366	239
55-59岁	**4401**	**2501**	**1900**	**3348**	**2047**	**1301**	**2349**	**1505**	**844**
55	1108	627	481	830	512	318	510	305	205
56	1067	595	472	803	461	342	602	395	207
57	1031	585	446	855	532	323	596	390	206
58	806	480	326	594	378	216	438	283	155
59	389	214	175	266	164	102	203	132	71
60-64岁	**2997**	**1603**	**1394**	**2227**	**1353**	**874**	**1689**	**1116**	**573**
60	429	234	195	394	230	164	251	163	88
61	505	283	222	351	229	122	264	181	83
62	709	372	337	489	305	184	398	268	130
63	655	348	307	525	317	208	389	247	142
64	699	366	333	468	272	196	387	257	130
65岁及以上	**5474**	**2962**	**2512**	**4589**	**2679**	**1910**	**3620**	**2154**	**1466**

5-5b　续表 5　　　　单位：人

年　龄	初婚年龄								
	27岁			28岁			29岁		
	小计	男	女	小计	男	女	小计	男	女
总　计	**23945**	**15245**	**8700**	**17965**	**11879**	**6086**	**13258**	**9004**	**4254**
20岁以下									
20-24岁									
20									
21									
22									
23									
24									
25-29岁	**1781**	**931**	**850**	**728**	**414**	**314**	**191**	**120**	**71**
25									
26									
27	341	176	165						
28	631	307	324	275	141	134			
29	809	448	361	453	273	180	191	120	71
30-34岁	**4570**	**2657**	**1913**	**3533**	**2110**	**1423**	**2552**	**1602**	**950**
30	957	545	412	694	390	304	461	268	193
31	838	473	365	702	407	295	481	291	190
32	930	523	407	711	435	276	537	346	191
33	1050	620	430	786	482	304	556	343	213
34	795	496	299	640	396	244	517	354	163
35-39岁	**3508**	**2343**	**1165**	**2833**	**1915**	**918**	**2055**	**1384**	**671**
35	696	444	252	574	364	210	410	270	140
36	687	453	234	576	414	162	424	291	133
37	628	409	219	491	315	176	405	280	125
38	787	540	247	588	394	194	401	275	126
39	710	497	213	604	428	176	415	268	147
40-44岁	**2950**	**1997**	**953**	**2410**	**1724**	**686**	**1874**	**1358**	**516**
40	572	372	200	551	380	171	370	265	105
41	588	391	197	521	378	143	420	315	105
42	622	439	183	466	334	132	367	268	99
43	572	402	170	465	339	126	332	234	98
44	596	393	203	407	293	114	385	276	109
45-49岁	**2866**	**1930**	**936**	**2156**	**1502**	**654**	**1584**	**1134**	**450**
45	587	402	185	471	335	136	349	251	98
46	504	352	152	475	345	130	355	254	101
47	596	398	198	351	248	103	322	237	85
48	573	385	188	396	273	123	276	203	73
49	606	393	213	463	301	162	282	189	93
50-54岁	**2481**	**1613**	**868**	**1867**	**1251**	**616**	**1570**	**1064**	**506**
50	602	404	198	450	296	154	332	236	96
51	474	287	187	387	251	136	329	222	107
52	577	388	189	401	287	114	346	222	124
53	390	255	135	311	208	103	233	153	80
54	438	279	159	318	209	109	330	231	99
55-59岁	**1725**	**1146**	**579**	**1244**	**835**	**409**	**890**	**629**	**261**
55	439	281	158	330	224	106	223	160	63
56	379	270	109	283	181	102	225	155	70
57	453	287	166	277	190	87	249	179	70
58	313	214	99	236	167	69	123	85	38
59	141	94	47	118	73	45	70	50	20
60-64岁	**1211**	**832**	**379**	**900**	**615**	**285**	**686**	**487**	**199**
60	177	125	52	151	105	46	100	68	32
61	178	133	45	137	100	37	118	80	38
62	312	204	108	188	123	65	160	115	45
63	280	188	92	247	158	89	159	112	47
64	264	182	82	177	129	48	149	112	37
65岁及以上	**2853**	**1796**	**1057**	**2294**	**1513**	**781**	**1856**	**1226**	**630**

5-5b 续表 6

单位：人

年 龄	初婚年龄								
	30岁			31岁			32岁		
	小计	男	女	小计	男	女	小计	男	女
总 计	**9883**	**6684**	**3199**	**7514**	**5065**	**2449**	**5610**	**3733**	**1877**
20岁以下									
20-24岁									
20									
21									
22									
23									
24									
25-29岁									
25									
26									
27									
28									
29									
30-34岁	**1760**	**1189**	**571**	**1026**	**662**	**364**	**519**	**329**	**190**
30	181	122	59						
31	333	220	113	117	77	40			
32	419	267	152	266	163	103	85	56	29
33	450	314	136	379	247	132	202	125	77
34	377	266	111	264	175	89	232	148	84
35-39岁	**1585**	**1062**	**523**	**1338**	**862**	**476**	**1025**	**646**	**379**
35	337	209	128	279	177	102	192	119	73
36	302	202	100	268	167	101	198	114	84
37	307	209	98	270	179	91	209	139	70
38	350	239	111	268	181	87	254	156	98
39	289	203	86	253	158	95	172	118	54
40-44岁	**1502**	**1046**	**456**	**1217**	**851**	**366**	**923**	**647**	**276**
40	320	208	112	229	171	58	186	135	51
41	312	221	91	264	176	88	185	130	55
42	346	231	115	254	185	69	179	116	63
43	252	178	74	244	167	77	190	136	54
44	272	208	64	226	152	74	183	130	53
45-49岁	**1186**	**848**	**338**	**1000**	**739**	**261**	**831**	**598**	**233**
45	301	212	89	235	175	60	201	151	50
46	276	210	66	250	188	62	189	135	54
47	219	159	60	187	140	47	187	128	59
48	203	139	64	173	125	48	133	95	38
49	187	128	59	155	111	44	121	89	32
50-54岁	**1136**	**775**	**361**	**774**	**532**	**242**	**604**	**414**	**190**
50	235	171	64	131	88	43	118	90	28
51	204	128	76	159	117	42	87	60	27
52	291	191	100	158	108	50	142	94	48
53	189	129	60	169	112	57	101	75	26
54	217	156	61	157	107	50	156	95	61
55-59岁	**691**	**456**	**235**	**564**	**372**	**192**	**460**	**315**	**145**
55	183	116	67	148	92	56	128	85	43
56	178	112	66	128	95	33	115	78	37
57	164	116	48	135	83	52	116	84	32
58	111	77	34	117	77	40	67	47	20
59	55	35	20	36	25	11	34	21	13
60-64岁	**502**	**336**	**166**	**395**	**280**	**115**	**289**	**194**	**95**
60	72	40	32	43	31	12	39	27	12
61	76	57	19	49	33	16	28	18	10
62	114	79	35	98	70	28	63	40	23
63	125	83	42	86	62	24	81	59	22
64	115	77	38	119	84	35	78	50	28
65岁及以上	**1521**	**972**	**549**	**1200**	**767**	**433**	**959**	**590**	**369**

5-5b　续表 7　　　　单位：人

年　龄	初婚年龄								
	33岁			34岁			35岁		
	小计	男	女	小计	男	女	小计	男	女
总　计	**4306**	**2821**	**1485**	**3491**	**2308**	**1183**	**2720**	**1795**	**925**
20岁以下									
20-24岁									
20									
21									
22									
23									
24									
25-29岁									
25									
26									
27									
28									
29									
30-34岁	**257**	**167**	**90**	**70**	**43**	**27**			
30									
31									
32									
33	95	63	32						
34	162	104	58	70	43	27			
35-39岁	**849**	**551**	**298**	**689**	**430**	**259**	**492**	**303**	**189**
35	166	113	53	113	70	43	42	30	12
36	157	96	61	114	71	43	111	63	48
37	160	103	57	142	89	53	104	65	39
38	199	127	72	168	97	71	129	84	45
39	167	112	55	152	103	49	106	61	45
40-44岁	**783**	**490**	**293**	**683**	**439**	**244**	**557**	**348**	**209**
40	166	91	75	140	75	65	131	71	60
41	163	109	54	155	98	57	90	58	32
42	131	80	51	113	75	38	119	76	43
43	154	109	45	120	86	34	118	73	45
44	169	101	68	155	105	50	99	70	29
45-49岁	**643**	**448**	**195**	**591**	**424**	**167**	**506**	**346**	**160**
45	175	126	49	159	111	48	110	77	33
46	141	104	37	160	109	51	132	87	45
47	118	79	39	112	79	33	113	70	43
48	112	71	41	85	72	13	81	64	17
49	97	68	29	75	53	22	70	48	22
50-54岁	**425**	**284**	**141**	**318**	**214**	**104**	**241**	**172**	**69**
50	115	80	35	82	57	25	73	51	22
51	78	53	25	58	40	18	51	33	18
52	67	46	21	62	40	22	44	35	9
53	79	55	24	39	27	12	34	27	7
54	86	50	36	77	50	27	39	26	13
55-59岁	**388**	**240**	**148**	**329**	**213**	**116**	**229**	**153**	**76**
55	119	69	50	72	53	19	59	47	12
56	100	65	35	100	62	38	57	37	20
57	72	46	26	80	55	25	53	34	19
58	69	41	28	49	29	20	38	21	17
59	28	19	9	28	14	14	22	14	8
60-64岁	**197**	**138**	**59**	**154**	**117**	**37**	**148**	**105**	**43**
60	29	21	8	34	27	7	27	19	8
61	28	20	8	28	22	6	22	13	9
62	43	32	11	43	33	10	35	27	8
63	37	24	13	22	14	8	44	32	12
64	60	41	19	27	21	6	20	14	6
65岁及以上	**764**	**503**	**261**	**657**	**428**	**229**	**547**	**368**	**179**

5-5b 续表 8 单位：人

年 龄	初婚年龄								
	36岁			37岁			38岁		
	小计	男	女	小计	男	女	小计	男	女
总 计	**2132**	**1414**	**718**	**1746**	**1124**	**622**	**1411**	**912**	**499**
20岁以下									
20-24岁									
20									
21									
22									
23									
24									
25-29岁									
25									
26									
27									
28									
29									
30-34岁									
30									
31									
32									
33									
34									
35-39岁	**327**	**204**	**123**	**193**	**109**	**84**	**86**	**48**	**38**
35									
36	41	26	15						
37	72	48	24	27	13	14			
38	110	71	39	97	59	38	28	19	9
39	104	59	45	69	37	32	58	29	29
40-44岁	**454**	**304**	**150**	**371**	**229**	**142**	**331**	**193**	**138**
40	87	60	27	76	46	30	66	31	35
41	96	54	42	80	49	31	64	37	27
42	80	56	24	76	49	27	64	38	26
43	97	67	30	71	44	27	72	45	27
44	94	67	27	68	41	27	65	42	23
45-49岁	**424**	**295**	**129**	**378**	**256**	**122**	**328**	**213**	**115**
45	82	52	30	87	57	30	78	52	26
46	98	60	38	70	47	23	64	39	25
47	104	78	26	83	55	28	61	44	17
48	77	60	17	75	50	25	56	30	26
49	63	45	18	63	47	16	69	48	21
50-54岁	**200**	**136**	**64**	**203**	**135**	**68**	**189**	**126**	**63**
50	59	37	22	49	31	18	47	30	17
51	39	29	10	36	26	10	41	32	9
52	50	35	15	50	30	20	41	23	18
53	21	12	9	40	31	9	27	18	9
54	31	23	8	28	17	11	33	23	10
55-59岁	**177**	**119**	**58**	**123**	**90**	**33**	**100**	**83**	**17**
55	34	22	12	34	24	10	22	16	6
56	43	28	15	22	19	3	18	16	2
57	47	33	14	28	15	13	24	22	2
58	28	17	11	23	22	1	26	21	5
59	25	19	6	16	10	6	10	8	2
60-64岁	**107**	**65**	**42**	**120**	**81**	**39**	**109**	**76**	**33**
60	24	14	10	29	11	18	21	12	9
61	17	13	4	18	12	6	18	15	3
62	22	11	11	26	22	4	27	15	12
63	23	15	8	25	18	7	18	12	6
64	21	12	9	22	18	4	25	22	3
65岁及以上	**443**	**291**	**152**	**358**	**224**	**134**	**268**	**173**	**95**

5-5b 续表 9

单位：人

年 龄	初婚年龄					
	39岁			40岁及以上		
	小计	男	女	小计	男	女
总 计	**1175**	**775**	**400**	**6097**	**3815**	**2282**
20岁以下						
20-24岁						
20						
21						
22						
23						
24						
25-29岁						
25						
26						
27						
28						
29						
30-34岁						
30						
31						
32						
33						
34						
35-39岁	**16**	**11**	**5**			
35						
36						
37						
38						
39	16	11	5			
40-44岁	**269**	**167**	**102**	**542**	**301**	**241**
40	54	33	21	22	9	13
41	49	29	20	62	29	33
42	44	27	17	128	69	59
43	57	38	19	136	83	53
44	65	40	25	194	111	83
45-49岁	**259**	**171**	**88**	**1220**	**770**	**450**
45	59	37	22	226	130	96
46	70	49	21	257	165	92
47	47	30	17	248	160	88
48	46	31	15	236	142	94
49	37	24	13	253	173	80
50-54岁	**199**	**137**	**62**	**1172**	**754**	**418**
50	45	36	9	249	153	96
51	45	30	15	222	143	79
52	47	28	19	260	167	93
53	28	22	6	194	128	66
54	34	21	13	247	163	84
55-59岁	**90**	**74**	**16**	**764**	**533**	**231**
55	24	20	4	199	139	60
56	29	23	6	180	126	54
57	20	18	2	194	138	56
58	11	9	2	121	79	42
59	6	4	2	70	51	19
60-64岁	**87**	**54**	**33**	**499**	**315**	**184**
60	7	4	3	61	35	26
61	14	9	5	89	62	27
62	21	15	6	104	67	37
63	32	22	10	122	75	47
64	13	4	9	123	76	47
65岁及以上	**255**	**161**	**94**	**1900**	**1142**	**758**

5-5c 全省分年龄、性别、初婚年龄的人口(乡村)

单位：人

年龄	初婚年龄					
	合计			15岁以下		
	合计	男	女	小计	男	女
总计	**1050118**	**512385**	**537733**	**4848**	**878**	**3970**
20岁以下	**4017**	**868**	**3149**	**350**	**17**	**333**
20-24岁	**29292**	**9450**	**19842**	**439**	**34**	**405**
20	2988	701	2287	67	3	64
21	4185	1164	3021	93	4	89
22	6395	2023	4372	95	7	88
23	7281	2478	4803	94	10	84
24	8443	3084	5359	90	10	80
25-29岁	**57195**	**24639**	**32556**	**326**	**28**	**298**
25	9978	3779	6199	81	6	75
26	10356	4295	6061	73	7	66
27	11956	5100	6856	58	5	53
28	12617	5620	6997	58	3	55
29	12288	5845	6443	56	7	49
30-34岁	**78954**	**38709**	**40245**	**379**	**44**	**335**
30	15348	7287	8061	78	4	74
31	15845	7669	8176	62	9	53
32	15874	7720	8154	83	6	77
33	17045	8513	8532	79	11	68
34	14842	7520	7322	77	14	63
35-39岁	**75897**	**39607**	**36290**	**322**	**49**	**273**
35	13961	7150	6811	77	15	62
36	14499	7546	6953	69	9	60
37	13930	7266	6664	55	9	46
38	17119	9127	7992	56	11	45
39	16388	8518	7870	65	5	60
40-44岁	**95237**	**49717**	**45520**	**468**	**113**	**355**
40	16294	8491	7803	69	20	49
41	17833	9431	8402	107	22	85
42	18631	9621	9010	87	25	62
43	19251	10187	9064	93	18	75
44	23228	11987	11241	112	28	84
45-49岁	**128215**	**66751**	**61464**	**364**	**81**	**283**
45	24640	12862	11778	101	18	83
46	27009	14206	12803	77	18	59
47	25488	13222	12266	69	17	52
48	25047	12914	12133	57	16	41
49	26031	13547	12484	60	12	48
50-54岁	**137275**	**69208**	**68067**	**421**	**90**	**331**
50	27918	14197	13721	68	12	56
51	26709	13433	13276	89	19	70
52	30773	15506	15267	99	20	79
53	24063	12103	11960	72	17	55
54	27812	13969	13843	93	22	71
55-59岁	**108660**	**53821**	**54839**	**298**	**53**	**245**
55	26773	13258	13515	98	24	74
56	25957	12750	13207	53	9	44
57	27057	13551	13506	65	6	59
58	20063	9931	10132	56	10	46
59	8810	4331	4479	26	4	22
60-64岁	**78064**	**38621**	**39443**	**318**	**89**	**229**
60	11523	5643	5880	41	8	33
61	11921	6000	5921	38	7	31
62	16935	8469	8466	78	24	54
63	19291	9521	9770	71	20	51
64	18394	8988	9406	90	30	60
65岁及以上	**257312**	**120994**	**136318**	**1163**	**280**	**883**

5-5c　续表 1　　　　单位：人

年　龄	初婚年龄								
	15岁			16岁			17岁		
	小计	男	女	小计	男	女	小计	男	女
总　计	**17806**	**4021**	**13785**	**29692**	**7536**	**22156**	**47862**	**13786**	**34076**
20岁以下	**750**	**120**	**630**	**1013**	**224**	**789**	**989**	**237**	**752**
20-24岁	**1442**	**195**	**1247**	**2133**	**373**	**1760**	**2988**	**694**	**2294**
20	234	33	201	364	53	311	564	110	454
21	255	41	214	389	69	320	576	137	439
22	358	44	314	476	85	391	614	150	464
23	309	35	274	450	81	369	623	140	483
24	286	42	244	454	85	369	611	157	454
25-29岁	**1342**	**178**	**1164**	**2197**	**410**	**1787**	**3269**	**806**	**2463**
25	323	43	280	449	79	370	687	171	516
26	267	30	237	454	90	364	591	153	438
27	304	42	262	454	92	362	720	162	558
28	262	40	222	489	87	402	680	171	509
29	186	23	163	351	62	289	591	149	442
30-34岁	**1243**	**187**	**1056**	**1995**	**347**	**1648**	**2939**	**679**	**2260**
30	252	35	217	376	68	308	633	149	484
31	242	31	211	426	65	361	583	137	446
32	245	41	204	437	70	367	640	151	489
33	270	42	228	371	76	295	580	120	460
34	234	38	196	385	68	317	503	122	381
35-39岁	**1168**	**252**	**916**	**1972**	**454**	**1518**	**3103**	**793**	**2310**
35	258	56	202	356	81	275	513	119	394
36	239	58	181	415	94	321	554	136	418
37	233	45	188	368	86	282	631	147	484
38	232	46	186	400	103	297	731	206	525
39	206	47	159	433	90	343	674	185	489
40-44岁	**1448**	**374**	**1074**	**2405**	**700**	**1705**	**3968**	**1261**	**2707**
40	246	53	193	401	108	293	647	190	457
41	297	78	219	560	177	383	827	241	586
42	280	73	207	471	129	342	823	264	559
43	303	83	220	459	138	321	775	257	518
44	322	87	235	514	148	366	896	309	587
45-49岁	**1584**	**502**	**1082**	**2713**	**903**	**1810**	**4945**	**1690**	**3255**
45	371	115	256	461	130	331	887	280	607
46	360	122	238	683	231	452	908	302	606
47	322	107	215	556	186	370	1087	376	711
48	260	88	172	504	194	310	1048	350	698
49	271	70	201	509	162	347	1015	382	633
50-54岁	**1770**	**483**	**1287**	**3085**	**892**	**2193**	**5371**	**1761**	**3610**
50	320	83	237	564	170	394	982	312	670
51	397	111	286	731	211	520	1097	361	736
52	425	123	302	700	200	500	1371	424	947
53	320	87	233	510	140	370	883	322	561
54	308	79	229	580	171	409	1038	342	696
55-59岁	**1395**	**333**	**1062**	**2385**	**614**	**1771**	**4225**	**1263**	**2962**
55	446	133	313	515	149	366	1004	327	677
56	359	83	276	744	196	548	925	293	632
57	312	69	243	635	159	476	1241	354	887
58	188	37	151	360	82	278	768	223	545
59	90	11	79	131	28	103	287	66	221
60-64岁	**1106**	**255**	**851**	**1952**	**530**	**1422**	**2924**	**815**	**2109**
60	142	25	117	202	53	149	376	90	286
61	149	40	109	313	84	229	384	106	278
62	226	50	176	426	127	299	648	164	484
63	313	72	241	489	129	360	743	210	533
64	276	68	208	522	137	385	773	245	528
65岁及以上	**4558**	**1142**	**3416**	**7842**	**2089**	**5753**	**13141**	**3787**	**9354**

5-5c 续表 2 单位：人

年龄	初婚年龄								
	18岁			19岁			20岁		
	小计	男	女	小计	男	女	小计	男	女
总 计	**70415**	**22879**	**47536**	**103611**	**38487**	**65124**	**128695**	**52161**	**76534**
20岁以下	**673**	**193**	**480**	**242**	**77**	**165**			
20-24岁	**3853**	**1085**	**2768**	**4820**	**1576**	**3244**	**4970**	**1627**	**3343**
20	714	177	537	665	221	444	380	104	276
21	718	201	517	939	288	651	854	298	556
22	829	232	597	1149	394	755	1275	427	848
23	799	243	556	1023	330	693	1219	408	811
24	793	232	561	1044	343	701	1242	390	852
25-29岁	**4369**	**1342**	**3027**	**5462**	**1870**	**3592**	**6684**	**2369**	**4315**
25	857	270	587	1058	349	709	1340	420	920
26	824	254	570	1018	340	678	1280	463	817
27	869	260	609	1143	380	763	1344	473	871
28	949	297	652	1107	389	718	1445	507	938
29	870	261	609	1136	412	724	1275	506	769
30-34岁	**4583**	**1291**	**3292**	**6616**	**2161**	**4455**	**8496**	**2987**	**5509**
30	1049	297	752	1373	465	908	1719	606	1113
31	912	256	656	1451	476	975	1814	666	1148
32	880	257	623	1278	426	852	1758	627	1131
33	949	280	669	1336	429	907	1741	618	1123
34	793	201	592	1178	365	813	1464	470	994
35-39岁	**4345**	**1300**	**3045**	**5869**	**1903**	**3966**	**7381**	**2584**	**4797**
35	681	181	500	1078	341	737	1417	487	930
36	733	208	525	1042	326	716	1430	514	916
37	709	195	514	1079	342	737	1312	431	881
38	1164	372	792	1195	425	770	1668	615	1053
39	1058	344	714	1475	469	1006	1554	537	1017
40-44岁	**6126**	**2046**	**4080**	**9027**	**3332**	**5695**	**11243**	**4510**	**6733**
40	1005	295	710	1444	462	982	1915	740	1175
41	1130	392	738	1726	633	1093	1971	784	1187
42	1156	385	771	1727	631	1096	2199	840	1359
43	1330	459	871	1873	733	1140	2234	925	1309
44	1505	515	990	2257	873	1384	2924	1221	1703
45-49岁	**7837**	**2901**	**4936**	**11573**	**4576**	**6997**	**15145**	**6500**	**8645**
45	1513	551	962	2308	924	1384	3060	1316	1744
46	1604	597	1007	2341	919	1422	3200	1328	1872
47	1429	535	894	2209	862	1347	2997	1273	1724
48	1658	576	1082	2110	808	1302	2966	1270	1696
49	1633	642	991	2605	1063	1542	2922	1313	1609
50-54岁	**8851**	**3228**	**5623**	**13814**	**5565**	**8249**	**17966**	**7960**	**10006**
50	1705	604	1101	2727	1075	1652	3688	1633	2055
51	1640	585	1055	2683	1090	1593	3421	1463	1958
52	1970	733	1237	3030	1243	1787	4076	1826	2250
53	1773	672	1101	2416	1015	1401	3051	1354	1697
54	1763	634	1129	2958	1142	1816	3730	1684	2046
55-59岁	**6353**	**2161**	**4192**	**10258**	**4010**	**6248**	**13818**	**5917**	**7901**
55	1436	509	927	2601	1020	1581	3778	1699	2079
56	1603	557	1046	2324	918	1406	3289	1399	1890
57	1466	512	954	2624	1008	1616	3096	1320	1776
58	1306	418	888	1796	701	1095	2653	1108	1545
59	542	165	377	913	363	550	1002	391	611
60-64岁	**4310**	**1248**	**3062**	**6835**	**2503**	**4332**	**8854**	**3605**	**5249**
60	644	168	476	1013	360	653	1578	632	946
61	557	165	392	1105	398	707	1466	644	822
62	790	232	558	1275	486	789	1993	769	1224
63	1151	310	841	1549	578	971	1942	810	1132
64	1168	373	795	1893	681	1212	1875	750	1125
65岁及以上	**19115**	**6084**	**13031**	**29095**	**10914**	**18181**	**34138**	**14102**	**20036**

5-5c　续表 3　　单位：人

年龄	初婚年龄								
	21岁			22岁			23岁		
	小计	男	女	小计	男	女	小计	男	女
总　计	**123668**	**58826**	**64842**	**116954**	**62528**	**54426**	**91861**	**50900**	**40961**
20岁以下									
20-24岁	**3878**	**1538**	**2340**	**2931**	**1389**	**1542**	**1401**	**692**	**709**
20									
21	361	126	235						
22	1025	411	614	574	273	301			
23	1274	501	773	1028	496	532	462	234	228
24	1218	500	718	1329	620	709	939	458	481
25-29岁	**6310**	**2750**	**3560**	**6531**	**3352**	**3179**	**5807**	**3036**	**2771**
25	1213	484	729	1305	635	670	1192	578	614
26	1214	526	688	1250	619	631	1149	586	563
27	1302	575	727	1368	698	670	1159	609	550
28	1331	583	748	1285	692	593	1189	641	548
29	1250	582	668	1323	708	615	1118	622	496
30-34岁	**8690**	**3980**	**4710**	**8657**	**4791**	**3866**	**7167**	**4156**	**3011**
30	1529	717	812	1681	899	782	1364	782	582
31	1794	808	986	1603	872	731	1450	858	592
32	1852	861	991	1770	995	775	1286	710	576
33	2009	916	1093	1887	1025	862	1635	930	705
34	1506	678	828	1716	1000	716	1432	876	556
35-39岁	**7402**	**3371**	**4031**	**7906**	**4465**	**3441**	**6961**	**4200**	**2761**
35	1351	604	747	1472	821	651	1440	841	599
36	1466	686	780	1577	917	660	1284	758	526
37	1326	583	743	1502	811	691	1280	809	471
38	1637	721	916	1764	987	777	1588	983	605
39	1622	777	845	1591	929	662	1369	809	560
40-44岁	**10802**	**5315**	**5487**	**10285**	**5758**	**4527**	**7854**	**4557**	**3297**
40	1534	736	798	1657	917	740	1359	813	546
41	1952	982	970	1622	920	702	1384	804	580
42	2278	1114	1164	2093	1179	914	1352	772	580
43	2292	1168	1124	2102	1222	880	1724	1038	686
44	2746	1315	1431	2811	1520	1291	2035	1130	905
45-49岁	**16384**	**8029**	**8355**	**15659**	**8503**	**7156**	**12589**	**7108**	**5481**
45	3022	1466	1556	2916	1592	1324	2400	1373	1027
46	3633	1813	1820	3262	1754	1508	2564	1458	1106
47	3351	1651	1700	3183	1741	1442	2578	1492	1086
48	3065	1507	1558	3159	1685	1474	2498	1354	1144
49	3313	1592	1721	3139	1731	1408	2549	1431	1118
50-54岁	**17722**	**8718**	**9004**	**16736**	**8945**	**7791**	**12713**	**7010**	**5703**
50	3257	1535	1722	3393	1790	1603	2668	1481	1187
51	3654	1815	1839	2864	1532	1332	2480	1382	1098
52	4077	2064	2013	3848	2033	1815	2571	1444	1127
53	3241	1562	1679	3029	1619	1410	2252	1240	1012
54	3493	1742	1751	3602	1971	1631	2742	1463	1279
55-59岁	**14200**	**7046**	**7154**	**13905**	**7472**	**6433**	**10648**	**5736**	**4912**
55	3509	1723	1786	3185	1677	1508	2589	1373	1216
56	3609	1761	1848	3338	1775	1563	2435	1279	1156
57	3387	1696	1691	3803	2034	1769	2715	1495	1220
58	2517	1258	1259	2518	1415	1103	2127	1178	949
59	1178	608	570	1061	571	490	782	411	371
60-64岁	**9422**	**4396**	**5026**	**9626**	**4940**	**4686**	**7875**	**4242**	**3633**
60	1317	631	686	1442	778	664	1069	593	476
61	1784	836	948	1261	648	613	1188	682	506
62	2216	1045	1171	2394	1236	1158	1548	846	702
63	2366	1060	1306	2381	1195	1186	2204	1164	1040
64	1739	824	915	2148	1083	1065	1866	957	909
65岁及以上	**28858**	**13683**	**15175**	**24718**	**12913**	**11805**	**18846**	**10163**	**8683**

5-5c 续表 4

单位：人

年龄	初婚年龄								
	24岁			25岁			26岁		
	小计	男	女	小计	男	女	小计	男	女
总　计	**72083**	**42265**	**29818**	**55161**	**33950**	**21211**	**41325**	**26667**	**14658**
20岁以下									
20-24岁	**437**	**247**	**190**						
20									
21									
22									
23									
24	437	247	190						
25-29岁	**5296**	**2893**	**2403**	**4202**	**2302**	**1900**	**2779**	**1650**	**1129**
25	1020	510	510	453	234	219			
26	1108	599	509	791	419	372	337	209	128
27	1068	560	508	1037	571	466	753	434	319
28	1063	629	434	1005	560	445	875	491	384
29	1037	595	442	916	518	398	814	516	298
30-34岁	**5990**	**3671**	**2319**	**5082**	**3207**	**1875**	**4355**	**2832**	**1523**
30	1180	702	478	1105	640	465	915	580	335
31	1197	716	481	1037	654	383	896	556	340
32	1200	702	498	964	623	341	869	528	341
33	1212	772	440	1144	749	395	870	603	267
34	1201	779	422	832	541	291	805	565	240
35-39岁	**5814**	**3771**	**2043**	**4823**	**3348**	**1475**	**3890**	**2743**	**1147**
35	1115	715	400	878	609	269	654	454	200
36	1218	781	437	952	638	314	757	535	222
37	1035	692	343	974	698	276	740	511	229
38	1234	820	414	1090	775	315	943	666	277
39	1212	763	449	929	628	301	796	577	219
40-44岁	**6139**	**3889**	**2250**	**4846**	**3238**	**1608**	**3820**	**2661**	**1159**
40	1113	704	409	943	642	301	743	526	217
41	1146	753	393	994	684	310	797	565	232
42	1154	715	439	918	618	300	752	512	240
43	1090	676	414	967	638	329	673	452	221
44	1636	1041	595	1024	656	368	855	606	249
45-49岁	**9646**	**5672**	**3974**	**7057**	**4371**	**2686**	**4888**	**3247**	**1641**
45	1732	1035	697	1364	846	518	806	574	232
46	2057	1212	845	1381	872	509	1082	756	326
47	1949	1159	790	1398	859	539	951	605	346
48	1876	1080	796	1423	889	534	1065	701	364
49	2032	1186	846	1491	905	586	984	611	373
50-54岁	**9486**	**5524**	**3962**	**6820**	**4182**	**2638**	**5052**	**3184**	**1868**
50	2101	1271	830	1624	983	641	1071	693	378
51	1767	1052	715	1382	860	522	1059	644	415
52	2112	1214	898	1459	879	580	1110	693	417
53	1402	796	606	1195	743	452	848	516	332
54	2104	1191	913	1160	717	443	964	638	326
55-59岁	**8014**	**4552**	**3462**	**5818**	**3471**	**2347**	**3951**	**2472**	**1479**
55	1990	1118	872	1397	822	575	815	490	325
56	1928	1076	852	1355	809	546	1011	638	373
57	1928	1111	817	1519	948	571	954	629	325
58	1445	820	625	1040	586	454	806	476	330
59	723	427	296	507	306	201	365	239	126
60-64岁	**6105**	**3546**	**2559**	**4422**	**2740**	**1682**	**3275**	**2172**	**1103**
60	879	523	356	773	469	304	502	328	174
61	888	546	342	678	410	268	547	361	186
62	1258	741	517	938	600	338	709	458	251
63	1391	791	600	1047	639	408	759	523	236
64	1689	945	744	986	622	364	758	502	256
65岁及以上	**15156**	**8500**	**6656**	**12091**	**7091**	**5000**	**9315**	**5706**	**3609**

5-5c　续表 5　　　　单位：人

年　龄	初婚年龄								
	27岁			28岁			29岁		
	小计	男	女	小计	男	女	小计	男	女
总　计	**30629**	**20158**	**10471**	**23670**	**15864**	**7806**	**18376**	**12480**	**5896**
20岁以下									
20-24岁									
20									
21									
22									
23									
24									
25-29岁	**1696**	**1052**	**644**	**720**	**474**	**246**	**205**	**127**	**78**
25									
26									
27	377	239	138						
28	609	371	238	270	159	111			
29	710	442	268	450	315	135	205	127	78
30-34岁	**3613**	**2361**	**1252**	**3008**	**2008**	**1000**	**2386**	**1579**	**807**
30	769	490	279	718	452	266	434	286	148
31	787	497	290	595	399	196	496	337	159
32	710	467	243	591	388	203	483	315	168
33	737	486	251	594	402	192	530	347	183
34	610	421	189	510	367	143	443	294	149
35-39岁	**2962**	**2138**	**824**	**2423**	**1750**	**673**	**1960**	**1370**	**590**
35	500	357	143	467	315	152	389	278	111
36	542	385	157	481	319	162	372	252	120
37	568	418	150	404	309	95	358	249	109
38	667	491	176	536	401	135	415	288	127
39	685	487	198	535	406	129	426	303	123
40-44岁	**2893**	**2111**	**782**	**2426**	**1821**	**605**	**1876**	**1390**	**486**
40	577	432	145	495	376	119	384	282	102
41	591	447	144	490	369	121	382	297	85
42	584	411	173	468	346	122	367	266	101
43	551	385	166	486	370	116	361	275	86
44	590	436	154	487	360	127	382	270	112
45-49岁	**3463**	**2353**	**1110**	**2476**	**1769**	**707**	**1929**	**1429**	**500**
45	616	421	195	512	384	128	411	310	101
46	669	496	173	535	386	149	395	303	92
47	641	404	237	417	281	136	376	275	101
48	692	479	213	517	367	150	339	246	93
49	845	553	292	495	351	144	408	295	113
50-54岁	**3617**	**2321**	**1296**	**2951**	**1881**	**1070**	**2240**	**1510**	**730**
50	813	516	297	648	421	227	442	311	131
51	722	458	264	594	366	228	490	308	182
52	887	556	331	641	421	220	497	325	172
53	612	393	219	515	316	199	357	254	103
54	583	398	185	553	357	196	454	312	142
55-59岁	**2838**	**1808**	**1030**	**2025**	**1324**	**701**	**1587**	**1083**	**504**
55	689	436	253	547	354	193	459	307	152
56	548	353	195	460	299	161	329	241	88
57	778	506	272	431	292	139	371	254	117
58	541	342	199	392	254	138	274	187	87
59	282	171	111	195	125	70	154	94	60
60-64岁	**2390**	**1621**	**769**	**1873**	**1284**	**589**	**1514**	**1058**	**456**
60	323	201	122	266	166	100	215	142	73
61	347	239	108	242	165	77	229	158	71
62	589	415	174	410	272	138	307	219	88
63	587	398	189	541	396	145	355	245	110
64	544	368	176	414	285	129	408	294	114
65岁及以上	**7157**	**4393**	**2764**	**5768**	**3553**	**2215**	**4679**	**2934**	**1745**

5—5c 续表 6 单位：人

年龄	初婚年龄								
	30岁			31岁			32岁		
	小计	男	女	小计	男	女	小计	男	女
总计	**14544**	**9780**	**4764**	**11058**	**7503**	**3555**	**8731**	**5988**	**2743**
20岁以下									
20—24岁									
20									
21									
22									
23									
24									
25—29岁									
25									
26									
27									
28									
29									
30—34岁	**1712**	**1112**	**600**	**1067**	**701**	**366**	**620**	**390**	**230**
30	173	115	58						
31	355	233	122	145	99	46			
32	430	290	140	286	184	102	112	79	33
33	415	252	163	357	235	122	249	163	86
34	339	222	117	279	183	96	259	148	111
35—39岁	**1693**	**1175**	**518**	**1362**	**919**	**443**	**1160**	**783**	**377**
35	379	251	128	258	166	92	253	175	78
36	348	256	92	291	193	98	225	142	83
37	269	183	86	239	160	79	207	152	55
38	364	251	113	284	191	93	268	180	88
39	333	234	99	290	209	81	207	134	73
40—44岁	**1696**	**1230**	**466**	**1362**	**977**	**385**	**1158**	**866**	**292**
40	343	249	94	239	176	63	229	175	54
41	356	244	112	264	189	75	199	150	49
42	367	267	100	285	200	85	229	166	63
43	299	220	79	285	212	73	241	182	59
44	331	250	81	289	200	89	260	193	67
45—49岁	**1453**	**1068**	**385**	**1148**	**869**	**279**	**1008**	**744**	**264**
45	378	273	105	234	173	61	220	154	66
46	334	265	69	278	217	61	238	179	59
47	287	202	85	218	163	55	201	154	47
48	232	164	68	210	156	54	187	143	44
49	222	164	58	208	160	48	162	114	48
50—54岁	**1724**	**1149**	**575**	**1304**	**900**	**404**	**971**	**686**	**285**
50	317	216	101	205	150	55	177	140	37
51	309	228	81	233	181	52	139	100	39
52	441	287	154	271	187	84	191	135	56
53	329	204	125	300	198	102	196	131	65
54	328	214	114	295	184	111	268	180	88
55—59岁	**1301**	**841**	**460**	**1013**	**666**	**347**	**806**	**497**	**309**
55	367	235	132	263	162	101	202	125	77
56	316	205	111	249	160	89	179	108	71
57	300	200	100	247	178	69	221	140	81
58	226	148	78	178	118	60	146	95	51
59	92	53	39	76	48	28	58	29	29
60—64岁	**1130**	**769**	**361**	**806**	**549**	**257**	**571**	**412**	**159**
60	163	104	59	100	63	37	82	46	36
61	163	110	53	112	78	34	68	54	14
62	238	163	75	164	118	46	124	93	31
63	267	196	71	239	164	75	154	116	38
64	299	196	103	191	126	65	143	103	40
65岁及以上	**3835**	**2436**	**1399**	**2996**	**1922**	**1074**	**2437**	**1610**	**827**

5-5c 续表 7

单位：人

年 龄	初婚年龄								
	33岁			34岁			35岁		
	小计	男	女	小计	男	女	小计	男	女
总 计	**6872**	**4703**	**2169**	**5412**	**3718**	**1694**	**4387**	**3029**	**1358**
20岁以下									
20-24岁									
20									
21									
22									
23									
24									
25-29岁									
25									
26									
27									
28									
29									
30-34岁	**287**	**184**	**103**	**69**	**41**	**28**			
30									
31									
32									
33	80	57	23						
34	207	127	80	69	41	28			
35-39岁	**1055**	**735**	**320**	**819**	**544**	**275**	**626**	**427**	**199**
35	228	151	77	129	87	42	68	46	22
36	205	141	64	140	92	48	119	82	37
37	191	140	51	155	102	53	154	103	51
38	213	158	55	217	146	71	150	104	46
39	218	145	73	178	117	61	135	92	43
40-44岁	**936**	**674**	**262**	**792**	**568**	**224**	**677**	**447**	**230**
40	200	143	57	173	115	58	143	86	57
41	182	127	55	157	110	47	151	96	55
42	145	104	41	150	111	39	116	81	35
43	207	160	47	144	105	39	139	94	45
44	202	140	62	168	127	41	128	90	38
45-49岁	**870**	**648**	**222**	**772**	**571**	**201**	**709**	**521**	**188**
45	208	159	49	178	135	43	167	118	49
46	192	150	42	170	117	53	161	110	51
47	167	111	56	133	102	31	147	113	34
48	157	117	40	139	104	35	131	106	25
49	146	111	35	152	113	39	103	74	29
50-54岁	**620**	**445**	**175**	**480**	**352**	**128**	**405**	**304**	**101**
50	149	111	38	122	94	28	105	78	27
51	107	74	33	96	72	24	84	70	14
52	106	83	23	101	69	32	97	69	28
53	107	74	33	60	44	16	65	48	17
54	151	103	48	101	73	28	54	39	15
55-59岁	**720**	**475**	**245**	**591**	**379**	**212**	**400**	**264**	**136**
55	195	121	74	128	87	41	60	39	21
56	154	103	51	158	100	58	89	64	25
57	191	129	62	141	86	55	122	73	49
58	119	79	40	112	69	43	92	63	29
59	61	43	18	52	37	15	37	25	12
60-64岁	**426**	**294**	**132**	**347**	**250**	**97**	**264**	**200**	**64**
60	63	43	20	55	40	15	42	30	12
61	67	51	16	50	38	12	37	28	9
62	82	51	31	73	53	20	71	54	17
63	119	82	37	87	66	21	68	49	19
64	95	67	28	82	53	29	46	39	7
65岁及以上	**1958**	**1248**	**710**	**1542**	**1013**	**529**	**1306**	**866**	**440**

5-5c 续表 8

单位：人

年龄	初婚年龄								
	36岁			37岁			38岁		
	小计	男	女	小计	男	女	小计	男	女
总　计	**3583**	**2355**	**1228**	**2917**	**1948**	**969**	**2466**	**1632**	**834**
20岁以下									
20—24岁									
20									
21									
22									
23									
24									
25—29岁									
25									
26									
27									
28									
29									
30—34岁									
30									
31									
32									
33									
34									
35—39岁	**427**	**261**	**166**	**282**	**167**	**115**	**131**	**84**	**47**
35									
36	40	24	16						
37	90	60	30	51	31	20			
38	159	101	58	98	55	43	46	31	15
39	138	76	62	133	81	52	85	53	32
40—44岁	**598**	**392**	**206**	**549**	**368**	**181**	**496**	**304**	**192**
40	119	73	46	89	49	40	97	54	43
41	125	79	46	111	87	24	94	61	33
42	129	90	39	134	95	39	108	64	44
43	112	73	39	101	64	37	98	58	40
44	113	77	36	114	73	41	99	67	32
45—49岁	**562**	**407**	**155**	**535**	**397**	**138**	**474**	**326**	**148**
45	93	66	27	117	85	32	109	74	35
46	136	97	39	106	83	23	105	73	32
47	123	87	36	111	85	26	77	57	20
48	115	87	28	98	68	30	91	65	26
49	95	70	25	103	76	27	92	57	35
50—54岁	**377**	**258**	**119**	**291**	**191**	**100**	**296**	**227**	**69**
50	90	70	20	75	48	27	77	54	23
51	93	63	30	61	36	25	55	39	16
52	80	49	31	66	48	18	56	46	10
53	66	43	23	38	28	10	58	46	12
54	48	33	15	51	31	20	50	42	8
55—59岁	**303**	**213**	**90**	**216**	**155**	**61**	**155**	**110**	**45**
55	63	46	17	37	24	13	35	25	10
56	65	49	16	39	32	7	27	20	7
57	61	37	24	65	49	16	37	30	7
58	81	58	23	41	30	11	34	21	13
59	33	23	10	34	20	14	22	14	8
60—64岁	**224**	**144**	**80**	**180**	**121**	**59**	**182**	**124**	**58**
60	38	24	14	25	15	10	28	21	7
61	31	21	10	33	22	11	21	15	6
62	53	38	15	45	30	15	37	23	14
63	52	34	18	49	35	14	57	42	15
64	50	27	23	28	19	9	39	23	16
65岁及以上	**1092**	**680**	**412**	**864**	**549**	**315**	**732**	**457**	**275**

5-5c　续表 9　　　　单位：人

年　龄	初婚年龄					
	39岁			40岁及以上		
	小计	男	女	小计	男	女
总　计	**2146**	**1366**	**780**	**11346**	**6977**	**4369**
20岁以下						
20-24岁						
20						
21						
22						
23						
24						
25-29岁						
25						
26						
27						
28						
29						
30-34岁						
30						
31						
32						
33						
34						
35-39岁	**41**	**21**	**20**			
35						
36						
37						
38						
39	41	21	20			
40-44岁	**458**	**265**	**193**	**889**	**550**	**339**
40	85	47	38	45	28	17
41	110	68	42	108	72	36
42	76	48	28	183	115	68
43	83	39	44	229	143	86
44	104	63	41	324	192	132
45-49岁	**433**	**301**	**132**	**1999**	**1265**	**734**
45	104	73	31	352	217	135
46	100	67	33	438	281	157
47	90	70	20	421	255	166
48	64	42	22	386	252	134
49	75	49	26	402	260	142
50-54岁	**260**	**174**	**86**	**1932**	**1268**	**664**
50	75	43	32	455	303	152
51	68	47	21	394	266	128
52	53	43	10	438	292	146
53	36	25	11	332	216	116
54	28	16	12	313	191	122
55-59岁	**149**	**103**	**46**	**1288**	**803**	**485**
55	32	25	7	333	208	125
56	43	30	13	328	193	135
57	30	21	9	317	215	102
58	30	20	10	217	135	82
59	14	7	7	93	52	41
60-64岁	**196**	**124**	**72**	**937**	**590**	**347**
60	23	16	7	122	74	48
61	30	17	13	133	77	56
62	42	28	14	201	134	67
63	64	40	24	246	157	89
64	37	23	14	235	148	87
65岁及以上	**609**	**378**	**231**	**4301**	**2501**	**1800**

5-6 全省分性别、受教育程度、初婚年龄的人口

单位：人

受教育程度	初婚年龄					
	合计			15岁以下		
	合计	男	女	小计	男	女
总计	**2196511**	**1057447**	**1139064**	**7544**	**1341**	**6203**
未上过学	238089	43360	194729	1688	119	1569
学前教育	1615	382	1233	6		6
小学	748258	349417	398841	3349	679	2670
初中	775006	428987	346019	2197	447	1750
高中	180724	98944	81780	175	61	114
大学专科	129818	69547	60271	72	19	53
大学本科	116309	63189	53120	56	16	40
硕士研究生	5934	3132	2802	1		1
博士研究生	758	489	269			

5-6 续表 1

单位：人

受教育程度	初婚年龄								
	15岁			16岁			17岁		
	小计	男	女	小计	男	女	小计	男	女
总计	**27432**	**6149**	**21283**	**46411**	**11411**	**35000**	**76889**	**21179**	**55710**
未上过学	5999	445	5554	9729	779	8950	15487	1438	14049
学前教育	29	3	26	49	6	43	86	4	82
小学	11946	2922	9024	19929	5366	14563	33416	9803	23613
初中	8349	2369	5980	14731	4495	10236	24603	8632	15971
高中	687	256	431	1345	496	849	2363	892	1471
大学专科	256	93	163	458	194	264	679	298	381
大学本科	158	58	100	166	74	92	249	110	139
硕士研究生	7	3	4	3	1	2	6	2	4
博士研究生	1		1	1		1			

5-6　续表 2　　单位：人

受教育程度	初婚年龄								
	18岁			19岁			20岁		
	小计	男	女	小计	男	女	小计	男	女
总　计	**116544**	**35630**	**80914**	**176987**	**61173**	**115814**	**229913**	**85891**	**144022**
未上过学	21268	2124	19144	29052	3730	25322	32109	4835	27274
学前教育	137	20	117	163	18	145	225	39	186
小　学	49884	15926	33958	75450	27172	48278	93880	36500	57380
初　中	39268	15292	23976	61248	25953	35295	84571	37550	47021
高　中	4327	1631	2696	7637	3041	4596	12336	4739	7597
大学专科	1289	494	795	2658	959	1699	5115	1688	3427
大学本科	361	136	225	759	291	468	1644	524	1120
硕士研究生	8	5	3	17	9	8	30	14	16
博士研究生	2	2		3		3	3	2	1

5-6　续表 3　　单位：人

受教育程度	初婚年龄								
	21岁			22岁			23岁		
	小计	男	女	小计	男	女	小计	男	女
总　计	**234749**	**103134**	**131615**	**237373**	**117854**	**119519**	**203079**	**103491**	**99588**
未上过学	26202	4575	21627	21698	4295	17403	16193	3396	12797
学前教育	190	49	141	175	41	134	131	34	97
小　学	89671	39739	49932	82088	40237	41851	64216	32510	31706
初　中	91034	47368	43666	95350	55636	39714	78977	47161	31816
高　中	16336	7239	9097	20582	10383	10199	20612	10548	10064
大学专科	8038	3016	5022	11896	5051	6845	13990	6212	7778
大学本科	3227	1128	2099	5476	2158	3318	8733	3520	5213
硕士研究生	45	16	29	92	46	46	207	97	110
博士研究生	6	4	2	16	7	9	20	13	7

5−6 续表 4

单位：人

受教育程度	初婚年龄								
	24岁			25岁			26岁		
	小计	男	女	小计	男	女	小计	男	女
总 计	**175052**	**93989**	**81063**	**146750**	**82784**	**63966**	**117002**	**70255**	**46747**
未上过学	12269	2887	9382	9271	2490	6781	7003	2062	4941
学前教育	91	28	63	71	24	47	50	19	31
小 学	49877	27299	22578	37538	21894	15644	27766	17140	10626
初 中	63634	39459	24175	49760	32250	17510	37594	25416	12178
高 中	19577	10622	8955	17286	9960	7326	13770	8654	5116
大学专科	16099	7854	8245	15587	8076	7511	13358	7800	5558
大学本科	13055	5640	7415	16533	7763	8770	16533	8731	7802
硕士研究生	405	176	229	642	292	350	838	379	459
博士研究生	45	24	21	62	35	27	90	54	36

5−6 续表 5

单位：人

受教育程度	初婚年龄								
	27岁			28岁			29岁		
	小计	男	女	小计	男	女	小计	男	女
总 计	**90899**	**56970**	**33929**	**69250**	**45195**	**24055**	**52282**	**35258**	**17024**
未上过学	5388	1693	3695	4298	1366	2932	3459	1179	2280
学前教育	39	16	23	27	13	14	21	10	11
小 学	20809	13281	7528	16565	10911	5654	13075	8738	4337
初 中	27680	19151	8529	20944	14847	6097	16113	11466	4647
高 中	10671	7077	3594	7722	5267	2455	5807	4156	1651
大学专科	10860	6828	4032	7906	5323	2583	5716	4107	1609
大学本科	14417	8424	5993	10917	7010	3907	7419	5194	2225
硕士研究生	934	442	492	783	404	379	593	352	241
博士研究生	101	58	43	88	54	34	79	56	23

5-6　续表 6　　单位：人

受教育程度	初婚年龄								
	30岁			31岁			32岁		
	小计	男	女	小计	男	女	小计	男	女
总　计	**39468**	**26615**	**12853**	**29705**	**20193**	**9512**	**22642**	**15366**	**7276**
未上过学	2934	977	1957	2250	786	1464	1821	633	1188
学前教育	19	6	13	8	5	3	17	6	11
小　学	10666	7056	3610	8272	5624	2648	6772	4616	2156
初　中	12269	8750	3519	9610	6768	2842	7300	5201	2099
高　中	4283	3092	1191	3095	2223	872	2364	1688	676
大学专科	3872	2798	1074	2811	2062	749	2009	1446	563
大学本科	4993	3663	1330	3344	2523	821	2121	1607	514
硕士研究生	379	234	145	268	170	98	194	135	59
博士研究生	53	39	14	47	32	15	44	34	10

5-6　续表 7　　单位：人

受教育程度	初婚年龄								
	33岁			34岁			35岁		
	小计	男	女	小计	男	女	小计	男	女
总　计	**17543**	**11807**	**5736**	**14082**	**9493**	**4589**	**11099**	**7503**	**3596**
未上过学	1542	556	986	1238	470	768	1010	384	626
学前教育	9	3	6	12	8	4	6	5	1
小　学	5324	3633	1691	4335	2981	1354	3600	2514	1086
初　中	5767	4045	1722	4573	3216	1357	3555	2504	1051
高　中	1830	1303	527	1490	1047	443	1176	827	349
大学专科	1459	1037	422	1206	884	322	875	624	251
大学本科	1449	1106	343	1109	809	300	806	588	218
硕士研究生	140	106	34	96	62	34	55	42	13
博士研究生	23	18	5	23	16	7	16	15	1

5-6 续表 8

单位：人

受教育程度	初婚年龄								
	36岁			37岁			38岁		
	小计	男	女	小计	男	女	小计	男	女
总　计	**8796**	**5813**	**2983**	**7239**	**4818**	**2421**	**5982**	**3955**	**2027**
未上过学	865	317	548	709	250	459	606	224	382
学前教育	11	4	7	10	7	3	7	4	3
小　学	2899	1974	925	2571	1782	789	2106	1411	695
初　中	2790	1905	885	2257	1535	722	1817	1266	551
高　中	931	656	275	691	509	182	653	461	192
大学专科	670	486	184	501	356	145	418	304	114
大学本科	576	428	148	461	350	111	344	261	83
硕士研究生	45	36	9	32	24	8	26	20	6
博士研究生	9	7	2	7	5	2	5	4	1

5-6 续表 9

单位：人

受教育程度	初婚年龄					
	39岁			40岁及以上		
	小计	男	女	小计	男	女
总　计	**5114**	**3330**	**1784**	**26685**	**16850**	**9835**
未上过学	539	191	348	3462	1159	2303
学前教育	2		2	24	10	14
小　学	1929	1252	677	10325	6457	3868
初　中	1547	1074	473	7468	5231	2237
高　中	452	324	128	2526	1792	734
大学专科	346	270	76	1674	1268	406
大学本科	276	202	74	1127	875	252
硕士研究生	22	17	5	66	48	18
博士研究生	1		1	13	10	3

5–6a　全省分性别、受教育程度、初婚年龄的人口(城市)

单位：人

受教育程度	初婚年龄					
	合　计			15岁以下		
	合计	男	女	小计	男	女
总　计	**579615**	**276161**	**303454**	**911**	**169**	**742**
未上过学	17196	2798	14398	112	8	104
学前教育	181	54	127			
小　学	106661	43875	62786	321	58	263
初　中	213079	105623	107456	347	71	276
高　中	94969	47673	47296	61	18	43
大学专科	70714	35528	35186	39	7	32
大学本科	70935	37469	33466	31	7	24
硕士研究生	5212	2717	2495			
博士研究生	668	424	244			

5–6a　续表 1

单位：人

受教育程度	初婚年龄								
	15岁			16岁			17岁		
	小计	男	女	小计	男	女	小计	男	女
总　计	**3497**	**817**	**2680**	**6138**	**1405**	**4733**	**10869**	**2592**	**8277**
未上过学	400	31	369	633	35	598	1069	70	999
学前教育	2		2	3		3	14		14
小　学	1245	239	1006	2233	493	1740	4102	903	3199
初　中	1361	381	980	2500	633	1867	4484	1236	3248
高　中	279	100	179	471	133	338	824	247	577
大学专科	117	35	82	195	68	127	244	82	162
大学本科	86	28	58	100	42	58	128	52	76
硕士研究生	6	3	3	2	1	1	4	2	2
博士研究生	1		1	1		1			

5–6a　续表 2

单位：人

受教育程度	初婚年龄								
	18岁			19岁			20岁		
	小计	男	女	小计	男	女	小计	男	女
总　计	**17716**	**4619**	**13097**	**29645**	**8523**	**21122**	**42978**	**12917**	**30061**
未上过学	1486	116	1370	2030	198	1832	2269	256	2013
学前教育	14	1	13	18	2	16	23	5	18
小　学	6216	1476	4740	9881	2694	7187	12573	3704	8869
初　中	7799	2364	5435	13440	4334	9106	20043	6754	13289
高　中	1547	457	1090	2864	877	1987	5158	1441	3717
大学专科	465	141	324	1045	287	758	2114	520	1594
大学本科	183	59	124	356	128	228	779	229	550
硕士研究生	5	4	1	9	3	6	18	8	10
博士研究生	1	1		2		2	1		1

5–6a　续表 3

单位：人

受教育程度	初婚年龄								
	21岁			22岁			23岁		
	小计	男	女	小计	男	女	小计	男	女
总　计	**49422**	**18377**	**31045**	**57777**	**25418**	**32359**	**56145**	**24951**	**31194**
未上过学	1939	289	1650	1619	260	1359	1217	216	1001
学前教育	16	4	12	14	2	12	18	10	8
小　学	12463	4479	7984	12026	5122	6904	9667	4260	5407
初　中	22879	9601	13278	25795	12767	13028	22641	11409	11232
高　中	7135	2478	4657	9934	4182	5752	10611	4541	6070
大学专科	3411	1016	2395	5474	2029	3445	7048	2680	4368
大学本科	1535	495	1040	2832	1013	1819	4750	1745	3005
硕士研究生	39	12	27	70	38	32	176	80	96
博士研究生	5	3	2	13	5	8	17	10	7

5-6a　续表 4　　　　单位：人

受教育程度	初婚年龄								
	24岁			25岁			26岁		
	小计	男	女	小计	男	女	小计	男	女
总　计	**54961**	**26119**	**28842**	**51714**	**26331**	**25383**	**44446**	**24832**	**19614**
未上过学	948	195	753	674	186	488	544	163	381
学前教育	8	4	4	7	3	4	8	2	6
小　学	7685	3806	3879	6026	3226	2800	4518	2563	1955
初　中	19233	10235	8998	15960	9159	6801	12405	7596	4809
高　中	10598	5004	5594	9957	5136	4821	8127	4718	3409
大学专科	8564	3643	4921	8791	4089	4702	7807	4250	3557
大学本科	7532	3060	4472	9688	4252	5436	10206	5160	5046
硕士研究生	355	152	203	552	248	304	746	329	417
博士研究生	38	20	18	59	32	27	85	51	34

5-6a　续表 5　　　　单位：人

受教育程度	初婚年龄								
	27岁			28岁			29岁		
	小计	男	女	小计	男	女	小计	男	女
总　计	**36325**	**21567**	**14758**	**27615**	**17452**	**10163**	**20648**	**13774**	**6874**
未上过学	380	108	272	322	101	221	228	81	147
学前教育	7	4	3	7	4	3	3	3	
小　学	3303	1975	1328	2638	1659	979	2115	1317	798
初　中	9568	6027	3541	7333	4831	2502	5612	3783	1829
高　中	6436	4004	2432	4688	3059	1629	3573	2466	1107
大学专科	6546	3886	2660	4860	3076	1784	3605	2451	1154
大学本科	9160	5112	4048	6989	4317	2672	4924	3326	1598
硕士研究生	835	398	437	697	355	342	518	298	220
博士研究生	90	53	37	81	50	31	70	49	21

5-6a 续表 6

单位：人

受教育程度	初婚年龄								
	30岁			31岁			32岁		
	小计	男	女	小计	男	女	小计	男	女
总　计	**15041**	**10151**	**4890**	**11133**	**7625**	**3508**	**8301**	**5645**	**2656**
未上过学	216	74	142	155	66	89	126	47	79
学前教育	3	2	1	1		1	2	1	1
小　学	1711	1027	684	1289	832	457	1075	677	398
初　中	4243	2891	1352	3339	2212	1127	2605	1742	863
高　中	2698	1900	798	1945	1362	583	1495	1047	448
大学专科	2450	1680	770	1825	1285	540	1297	878	419
大学本科	3340	2340	1000	2296	1692	604	1504	1117	387
硕士研究生	335	204	131	243	150	93	159	108	51
博士研究生	45	33	12	40	26	14	38	28	10

5-6a 续表 7

单位：人

受教育程度	初婚年龄								
	33岁			34岁			35岁		
	小计	男	女	小计	男	女	小计	男	女
总　计	**6365**	**4283**	**2082**	**5179**	**3467**	**1712**	**3992**	**2679**	**1313**
未上过学	123	49	74	111	41	70	79	24	55
学前教育	1		1	1	1		2	2	
小　学	889	562	327	690	438	252	590	383	207
初　中	2057	1348	709	1679	1116	563	1354	900	454
高　中	1155	795	360	985	678	307	778	529	249
大学专科	967	669	298	811	566	245	551	381	170
大学本科	1027	750	277	797	558	239	574	410	164
硕士研究生	130	97	33	84	54	30	53	40	13
博士研究生	16	13	3	21	15	6	11	10	1

5–6a　续表 8　　　　单位：人

受教育程度	初婚年龄								
	36岁			37岁			38岁		
	小计	男	女	小计	男	女	小计	男	女
总　计	**3081**	**2044**	**1037**	**2576**	**1746**	**830**	**2105**	**1411**	**694**
未上过学	59	24	35	51	22	29	52	20	32
学前教育				1		1	2	1	1
小　学	424	277	147	437	289	148	326	206	120
初　中	1028	648	380	879	586	293	695	453	242
高　中	627	411	216	468	329	139	455	317	138
大学专科	458	326	132	362	248	114	288	206	82
大学本科	437	320	117	342	246	96	257	185	72
硕士研究生	40	32	8	29	21	8	25	19	6
博士研究生	8	6	2	7	5	2	5	4	1

5–6a　续表 9　　　　单位：人

受教育程度	初婚年龄					
	39岁			40岁及以上		
	小计	男	女	小计	男	女
总　计	**1793**	**1189**	**604**	**9242**	**6058**	**3184**
未上过学	39	13	26	315	105	210
学前教育				6	3	3
小　学	343	185	158	1875	1025	850
初　中	605	414	191	3195	2132	1063
高　中	328	226	102	1772	1218	554
大学专科	247	186	61	1133	843	290
大学本科	208	148	60	874	678	196
硕士研究生	22	17	5	60	44	16
博士研究生	1		1	12	10	2

5-6b 全省分性别、受教育程度、初婚年龄的人口(镇)

单位：人

受教育程度	初婚年龄					
	合计			15岁以下		
	合计	男	女	小计	男	女
总　计	**566778**	**268901**	**297877**	**1785**	**294**	**1491**
未上过学	47769	8691	39078	322	19	303
学前教育	320	63	257	2		2
小　学	170641	74455	96186	737	126	611
初　中	219335	114428	104907	617	115	502
高　中	50010	27631	22379	61	17	44
大学专科	41737	23108	18629	25	10	15
大学本科	36343	20155	16188	20	7	13
硕士研究生	555	322	233	1		1
博士研究生	68	48	20			

5-6b 续表 1

单位：人

受教育程度	初婚年龄								
	15岁			16岁			17岁		
	小计	男	女	小计	男	女	小计	男	女
总　计	**6129**	**1311**	**4818**	**10581**	**2470**	**8111**	**18158**	**4801**	**13357**
未上过学	1147	83	1064	1849	129	1720	2978	247	2731
学前教育	7		7	10		10	12		12
小　学	2487	555	1932	4190	1011	3179	7285	1953	5332
初　中	2154	551	1603	3898	1095	2803	6785	2177	4608
高　中	188	65	123	430	155	275	759	277	482
大学专科	87	33	54	152	58	94	242	103	139
大学本科	59	24	35	52	22	30	96	44	52
硕士研究生							1		1
博士研究生									

5-6b 续表 2　　单位：人

受教育程度	初婚年龄								
	18岁			19岁			20岁		
	小计	男	女	小计	男	女	小计	男	女
总　计	**28413**	**8132**	**20281**	**43731**	**14163**	**29568**	**58240**	**20813**	**37427**
未上过学	4174	409	3765	5892	723	5169	6410	928	5482
学前教育	27	4	23	31	2	29	50	9	41
小　学	11122	3147	7975	16815	5514	11301	20945	7525	13420
初　中	11124	3873	7251	17219	6521	10698	24465	9991	14474
高　中	1334	471	863	2477	949	1528	3779	1526	2253
大学专科	504	178	326	1003	353	650	1916	621	1295
大学本科	124	48	76	287	96	191	666	210	456
硕士研究生	3	1	2	6	5	1	9	3	6
博士研究生	1	1		1		1			

5-6b 续表 3　　单位：人

受教育程度	初婚年龄								
	21岁			22岁			23岁		
	小计	男	女	小计	男	女	小计	男	女
总　计	**61659**	**25931**	**35728**	**62642**	**29908**	**32734**	**55073**	**27640**	**27433**
未上过学	5257	842	4415	4368	891	3477	3227	663	2564
学前教育	43	12	31	31	7	24	27	4	23
小　学	20537	8295	12242	18693	8383	10310	15050	7137	7913
初　中	26331	12832	13499	27175	14830	12345	22650	12904	9746
高　中	5057	2277	2780	5962	3085	2877	5942	3181	2761
大学专科	3113	1206	1907	4377	1900	2477	4950	2371	2579
大学本科	1315	462	853	2015	804	1211	3207	1368	1839
硕士研究生	5	4	1	19	7	12	19	11	8
博士研究生	1	1		2	1	1	1	1	

5-6b 续表 4

单位：人

受教育程度	初婚年龄								
	24岁			25岁			26岁		
	小计	男	女	小计	男	女	小计	男	女
总　计	**48008**	**25605**	**22403**	**39875**	**22503**	**17372**	**31231**	**18756**	**12475**
未上过学	2478	611	1867	1864	529	1335	1416	415	1001
学前教育	17	4	13	16	4	12	7	3	4
小　学	11732	6007	5725	8712	4786	3926	6554	3785	2769
初　中	18498	10974	7524	14186	8809	5377	10514	6861	3653
高　中	5420	3118	2302	4561	2760	1801	3536	2306	1230
大学专科	5390	2879	2511	4918	2801	2117	4034	2512	1522
大学本科	4427	1988	2439	5545	2779	2766	5105	2837	2268
硕士研究生	41	21	20	71	33	38	62	35	27
博士研究生	5	3	2	2	2		3	2	1

5-6b 续表 5

单位：人

受教育程度	初婚年龄								
	27岁			28岁			29岁		
	小计	男	女	小计	男	女	小计	男	女
总　计	**23945**	**15245**	**8700**	**17965**	**11879**	**6086**	**13258**	**9004**	**4254**
未上过学	1129	377	752	828	275	553	690	230	460
学前教育	7	2	5	7	1	6	4	2	2
小　学	4902	2996	1906	3915	2447	1468	3075	1949	1126
初　中	7690	5188	2502	5818	4007	1811	4474	3057	1417
高　中	2734	1896	838	1917	1333	584	1413	1035	378
大学专科	3158	2113	1045	2255	1634	621	1542	1199	343
大学本科	4235	2629	1606	3159	2149	1010	1994	1483	511
硕士研究生	81	40	41	63	32	31	58	43	15
博士研究生	9	4	5	3	1	2	8	6	2

5-6b 续表 6　　　　单位：人

受教育程度	初婚年龄								
	30岁			31岁			32岁		
	小计	男	女	小计	男	女	小计	男	女
总　计	**9883**	**6684**	**3199**	**7514**	**5065**	**2449**	**5610**	**3733**	**1877**
未上过学	610	197	413	509	186	323	404	140	264
学前教育	6	2	4	2	1	1	3		3
小　学	2519	1611	908	1998	1288	710	1640	1034	606
初　中	3330	2254	1076	2638	1790	848	1950	1335	615
高　中	1002	713	289	751	538	213	561	398	163
大学专科	1036	812	224	744	578	166	513	397	116
大学本科	1337	1066	271	846	664	182	505	401	104
硕士研究生	36	24	12	20	15	5	28	22	6
博士研究生	7	5	2	6	5	1	6	6	

5-6b 续表 7　　　　单位：人

受教育程度	初婚年龄								
	33岁			34岁			35岁		
	小计	男	女	小计	男	女	小计	男	女
总　计	**4306**	**2821**	**1485**	**3491**	**2308**	**1183**	**2720**	**1795**	**925**
未上过学	334	121	213	286	112	174	231	83	148
学前教育	2		2	1	1		1	1	
小　学	1247	793	454	1045	669	376	850	570	280
初　中	1565	1041	524	1279	873	406	942	633	309
高　中	449	315	134	323	217	106	248	176	72
大学专科	355	257	98	290	226	64	250	184	66
大学本科	341	283	58	257	203	54	192	142	50
硕士研究生	7	6	1	9	7	2	2	2	
博士研究生	6	5	1	1		1	4	4	

5-6b 续表 8

单位：人

受教育程度	初婚年龄								
	36岁			37岁			38岁		
	小计	男	女	小计	男	女	小计	男	女
总　计	**2132**	**1414**	**718**	**1746**	**1124**	**622**	**1411**	**912**	**499**
未上过学	204	73	131	177	62	115	135	49	86
学前教育	2	1	1	1	1				
小　学	701	465	236	619	414	205	489	311	178
初　中	736	497	239	577	351	226	465	309	156
高　中	208	164	44	156	120	36	146	104	42
大学专科	156	118	38	112	86	26	105	77	28
大学本科	119	91	28	101	87	14	70	61	9
硕士研究生	5	4	1	3	3		1	1	
博士研究生	1	1							

5-6b 续表 9

单位：人

受教育程度	初婚年龄					
	39岁			40岁及以上		
	小计	男	女	小计	男	女
总　计	**1175**	**775**	**400**	**6097**	**3815**	**2282**
未上过学	112	42	70	738	255	483
学前教育				4	2	2
小　学	443	277	166	2339	1407	932
初　中	400	274	126	1855	1286	569
高　中	86	70	16	510	365	145
大学专科	81	69	12	429	333	96
大学本科	53	43	10	216	164	52
硕士研究生				5	3	2
博士研究生				1		1

5-6c　全省分性别、受教育程度、初婚年龄的人口(乡村)

单位：人

受教育程度	初婚年龄					
	合　计			15岁以下		
	合计	男	女	小计	男	女
总　计	**1050118**	**512385**	**537733**	**4848**	**878**	**3970**
未上过学	173124	31871	141253	1254	92	1162
学前教育	1114	265	849	4		4
小　学	470956	231087	239869	2291	495	1796
初　中	342592	208936	133656	1233	261	972
高　中	35745	23640	12105	53	26	27
大学专科	17367	10911	6456	8	2	6
大学本科	9031	5565	3466	5	2	3
硕士研究生	167	93	74			
博士研究生	22	17	5			

5-6c　续表 1

单位：人

受教育程度	初婚年龄								
	15岁			16岁			17岁		
	小计	男	女	小计	男	女	小计	男	女
总　计	**17806**	**4021**	**13785**	**29692**	**7536**	**22156**	**47862**	**13786**	**34076**
未上过学	4452	331	4121	7247	615	6632	11440	1121	10319
学前教育	20	3	17	36	6	30	60	4	56
小　学	8214	2128	6086	13506	3862	9644	22029	6947	15082
初　中	4834	1437	3397	8333	2767	5566	13334	5219	8115
高　中	220	91	129	444	208	236	780	368	412
大学专科	52	25	27	111	68	43	193	113	80
大学本科	13	6	7	14	10	4	25	14	11
硕士研究生	1		1	1		1	1		1
博士研究生									

5-6c 续表 2

单位：人

受教育程度	初婚年龄								
	18岁			19岁			20岁		
	小计	男	女	小计	男	女	小计	男	女
总　计	**70415**	**22879**	**47536**	**103611**	**38487**	**65124**	**128695**	**52161**	**76534**
未上过学	15608	1599	14009	21130	2809	18321	23430	3651	19779
学前教育	96	15	81	114	14	100	152	25	127
小　学	32546	11303	21243	48754	18964	29790	60362	25271	35091
初　中	20345	9055	11290	30589	15098	15491	40063	20805	19258
高　中	1446	703	743	2296	1215	1081	3399	1772	1627
大学专科	320	175	145	610	319	291	1085	547	538
大学本科	54	29	25	116	67	49	199	85	114
硕士研究生				2	1	1	3	3	
博士研究生							2	2	

5-6c 续表 3

单位：人

受教育程度	初婚年龄								
	21岁			22岁			23岁		
	小计	男	女	小计	男	女	小计	男	女
总　计	**123668**	**58826**	**64842**	**116954**	**62528**	**54426**	**91861**	**50900**	**40961**
未上过学	19006	3444	15562	15711	3144	12567	11749	2517	9232
学前教育	131	33	98	130	32	98	86	20	66
小　学	56671	26965	29706	51369	26732	24637	39499	21113	18386
初　中	41824	24935	16889	42380	28039	14341	33686	22848	10838
高　中	4144	2484	1660	4686	3116	1570	4059	2826	1233
大学专科	1514	794	720	2045	1122	923	1992	1161	831
大学本科	377	171	206	629	341	288	776	407	369
硕士研究生	1		1	3	1	2	12	6	6
博士研究生				1	1		2	2	

5-6c　续表 4　　　　单位：人

受教育程度	初婚年龄								
	24岁			25岁			26岁		
	小计	男	女	小计	男	女	小计	男	女
总　计	**72083**	**42265**	**29818**	**55161**	**33950**	**21211**	**41325**	**26667**	**14658**
未上过学	8843	2081	6762	6733	1775	4958	5043	1484	3559
学前教育	66	20	46	48	17	31	35	14	21
小　学	30460	17486	12974	22800	13882	8918	16694	10792	5902
初　中	25903	18250	7653	19614	14282	5332	14675	10959	3716
高　中	3559	2500	1059	2768	2064	704	2107	1630	477
大学专科	2145	1332	813	1878	1186	692	1517	1038	479
大学本科	1096	592	504	1300	732	568	1222	734	488
硕士研究生	9	3	6	19	11	8	30	15	15
博士研究生	2	1	1	1	1		2	1	1

5-6c　续表 5　　　　单位：人

受教育程度	初婚年龄								
	27岁			28岁			29岁		
	小计	男	女	小计	男	女	小计	男	女
总　计	**30629**	**20158**	**10471**	**23670**	**15864**	**7806**	**18376**	**12480**	**5896**
未上过学	3879	1208	2671	3148	990	2158	2541	868	1673
学前教育	25	10	15	13	8	5	14	5	9
小　学	12604	8310	4294	10012	6805	3207	7885	5472	2413
初　中	10422	7936	2486	7793	6009	1784	6027	4626	1401
高　中	1501	1177	324	1117	875	242	821	655	166
大学专科	1156	829	327	791	613	178	569	457	112
大学本科	1022	683	339	769	544	225	501	385	116
硕士研究生	18	4	14	23	17	6	17	11	6
博士研究生	2	1	1	4	3	1	1	1	

5-6c 续表 6 单位：人

受教育程度	初婚年龄								
	30岁			31岁			32岁		
	小计	男	女	小计	男	女	小计	男	女
总　计	**14544**	**9780**	**4764**	**11058**	**7503**	**3555**	**8731**	**5988**	**2743**
未上过学	2108	706	1402	1586	534	1052	1291	446	845
学前教育	10	2	8	5	4	1	12	5	7
小　学	6436	4418	2018	4985	3504	1481	4057	2905	1152
初　中	4696	3605	1091	3633	2766	867	2745	2124	621
高　中	583	479	104	399	323	76	308	243	65
大学专科	386	306	80	242	199	43	199	171	28
大学本科	316	257	59	202	167	35	112	89	23
硕士研究生	8	6	2	5	5		7	5	2
博士研究生	1	1		1	1				

5-6c 续表 7 单位：人

受教育程度	初婚年龄								
	33岁			34岁			35岁		
	小计	男	女	小计	男	女	小计	男	女
总　计	**6872**	**4703**	**2169**	**5412**	**3718**	**1694**	**4387**	**3029**	**1358**
未上过学	1085	386	699	841	317	524	700	277	423
学前教育	6	3	3	10	6	4	3	2	1
小　学	3188	2278	910	2600	1874	726	2160	1561	599
初　中	2145	1656	489	1615	1227	388	1259	971	288
高　中	226	193	33	182	152	30	150	122	28
大学专科	137	111	26	105	92	13	74	59	15
大学本科	81	73	8	55	48	7	40	36	4
硕士研究生	3	3		3	1	2			
博士研究生	1		1	1	1		1	1	

5-6c　续表 8　　　　单位：人

受教育程度	初婚年龄								
	36岁			37岁			38岁		
	小计	男	女	小计	男	女	小计	男	女
总　计	**3583**	**2355**	**1228**	**2917**	**1948**	**969**	**2466**	**1632**	**834**
未上过学	602	220	382	481	166	315	419	155	264
学前教育	9	3	6	8	6	2	5	3	2
小　学	1774	1232	542	1515	1079	436	1291	894	397
初　中	1026	760	266	801	598	203	657	504	153
高　中	96	81	15	67	60	7	52	40	12
大学专科	56	42	14	27	22	5	25	21	4
大学本科	20	17	3	18	17	1	17	15	2
硕士研究生									
博士研究生									

5-6c　续表 9　　　　单位：人

受教育程度	初婚年龄					
	39岁			40岁及以上		
	小计	男	女	小计	男	女
总　计	**2146**	**1366**	**780**	**11346**	**6977**	**4369**
未上过学	388	136	252	2409	799	1610
学前教育	2		2	14	5	9
小　学	1143	790	353	6111	4025	2086
初　中	542	386	156	2418	1813	605
高　中	38	28	10	244	209	35
大学专科	18	15	3	112	92	20
大学本科	15	11	4	37	33	4
硕士研究生				1	1	
博士研究生						

第二部分 长表数据资料

第六卷 生育

6-1 各地区分性别、孩次的出生人口
(2019.11.1-2020.10.31)

单位：人

地区	出生人数				第一孩			
	合计	男	女	性别比(女=100)	小计	男	女	性别比(女=100)
贵州	**48984**	**26050**	**22934**	**113.59**	**19010**	**10094**	**8916**	**113.21**
贵阳市	**7542**	**3937**	**3605**	**109.21**	**3395**	**1735**	**1660**	**104.52**
南明区	1250	656	594	110.44	619	332	287	115.68
云岩区	1347	669	678	98.67	695	321	374	85.83
花溪区	1121	625	496	126.01	523	291	232	125.43
乌当区	451	244	207	117.87	191	89	102	87.25
白云区	617	333	284	117.25	276	148	128	115.63
观山湖区	870	446	424	105.19	382	200	182	109.89
开阳县	458	244	214	114.02	174	88	86	102.33
息烽县	287	148	139	106.47	109	60	49	122.45
修文县	431	216	215	100.47	153	72	81	88.89
清镇市	710	356	354	100.56	273	134	139	96.40
六盘水市	**4989**	**2699**	**2290**	**117.86**	**1575**	**870**	**705**	**123.40**
钟山区	989	544	445	122.25	400	216	184	117.39
六枝特区	677	375	302	124.17	216	125	91	137.36
水城县	1151	607	544	111.58	365	204	161	126.71
盘州市	2172	1173	999	117.42	594	325	269	120.82
遵义市	**7688**	**4113**	**3575**	**115.05**	**3182**	**1725**	**1457**	**118.39**
红花岗区	1069	568	501	113.37	480	252	228	110.53
汇川区	764	410	354	115.82	350	182	168	108.33
播州区	990	534	456	117.11	400	225	175	128.57
桐梓县	533	276	257	107.39	200	111	89	124.72
绥阳县	368	217	151	143.71	144	83	61	136.07
正安县	436	230	206	111.65	178	95	83	114.46
道真仡佬族苗族自治县	251	140	111	126.13	116	66	50	132.00
务川仡佬族苗族自治县	389	202	187	108.02	147	76	71	107.04
凤冈县	366	183	183	100.00	158	80	78	102.56
湄潭县	413	215	198	108.59	177	96	81	118.52
余庆县	223	125	98	127.55	93	51	42	121.43
习水县	680	355	325	109.23	264	147	117	125.64
赤水市	252	128	124	103.23	108	56	52	107.69
仁怀市	954	530	424	125.00	367	205	162	126.54
安顺市	**3183**	**1665**	**1518**	**109.68**	**1291**	**667**	**624**	**106.89**
西秀区	1012	514	498	103.21	481	253	228	110.96
平坝区	479	252	227	111.01	189	99	90	110.00
普定县	487	263	224	117.41	181	99	82	120.73
镇宁布依族苗族自治县	368	205	163	125.77	145	78	67	116.42
关岭布依族苗族自治县	416	207	209	99.04	143	63	80	78.75
紫云苗族布依族自治县	421	224	197	113.71	152	75	77	97.40
毕节市	**8701**	**4617**	**4084**	**113.05**	**3053**	**1595**	**1458**	**109.40**
七星关区	1614	864	750	115.20	558	275	283	97.17
大方县	1050	532	518	102.70	332	181	151	119.87
黔西县	900	469	431	108.82	300	149	151	98.68
金沙县	590	330	260	126.92	223	121	102	118.63
织金县	1022	536	486	110.29	351	190	161	118.01
纳雍县	885	501	384	130.47	307	172	135	127.41
威宁彝族回族苗族自治县	1829	941	888	105.97	692	357	335	106.57
赫章县	811	444	367	120.98	290	150	140	107.14

6-1　续表 1　　　　单位：人

地　　区	出生人数				第　一　孩			
	合计	男	女	性别比(女=100)	小计	男	女	性别比(女=100)
铜仁市	**3555**	**1901**	**1654**	**114.93**	**1469**	**815**	**654**	**124.62**
碧江区	433	227	206	110.19	184	104	80	130.00
万山区	173	100	73	136.99	79	41	38	107.89
江口县	197	108	89	121.35	86	49	37	132.43
玉屏侗族自治县	165	82	83	98.80	75	36	39	92.31
石阡县	347	182	165	110.30	137	82	55	149.09
思南县	415	203	212	95.75	184	99	85	116.47
印江土家族苗族自治县	336	186	150	124.00	143	83	60	138.33
德江县	397	228	169	134.91	160	94	66	142.42
沿河土家族自治县	483	247	236	104.66	184	86	98	87.76
松桃苗族自治县	609	338	271	124.72	237	141	96	146.88
黔西南布依族苗族自治州	**4065**	**2159**	**1906**	**113.27**	**1608**	**863**	**745**	**115.84**
兴义市	1374	698	676	103.25	573	298	275	108.36
兴仁市	560	321	239	134.31	221	117	104	112.50
普安县	325	173	152	113.82	126	73	53	137.74
晴隆县	289	151	138	109.42	95	54	41	131.71
贞丰县	425	229	196	116.84	177	93	84	110.71
望谟县	286	162	124	130.65	125	75	50	150.00
册亨县	269	153	116	131.90	99	57	42	135.71
安龙县	537	272	265	102.64	192	96	96	100.00
黔东南苗族侗族自治州	**4935**	**2679**	**2256**	**118.75**	**1736**	**931**	**805**	**115.65**
凯里市	974	521	453	115.01	399	208	191	108.90
黄平县	225	119	106	112.26	87	45	42	107.14
施秉县	119	56	63	88.89	42	21	21	100.00
三穗县	194	120	74	162.16	70	47	23	204.35
镇远县	200	109	91	119.78	64	36	28	128.57
岑巩县	244	132	112	117.86	101	56	45	124.44
天柱县	281	166	115	144.35	87	50	37	135.14
锦屏县	185	92	93	98.92	68	34	34	100.00
剑河县	213	124	89	139.33	86	55	31	177.42
台江县	162	82	80	102.50	65	32	33	96.97
黎平县	587	322	265	121.51	180	95	85	111.76
榕江县	432	243	189	128.57	162	89	73	121.92
从江县	605	329	276	119.20	139	71	68	104.41
雷山县	162	81	81	100.00	53	25	28	89.29
麻江县	176	98	78	125.64	66	34	32	106.25
丹寨县	176	85	91	93.41	67	33	34	97.06
黔南布依族苗族自治州	**4326**	**2280**	**2046**	**111.44**	**1701**	**893**	**808**	**110.52**
都匀市	521	291	230	126.52	229	124	105	118.10
福泉市	426	220	206	106.80	132	62	70	88.57
荔波县	220	107	113	94.69	84	38	46	82.61
贵定县	271	137	134	102.24	109	59	50	118.00
瓮安县	486	249	237	105.06	190	91	99	91.92
独山县	284	149	135	110.37	118	56	62	90.32
平塘县	308	158	150	105.33	121	69	52	132.69
罗甸县	320	174	146	119.18	117	61	56	108.93
长顺县	260	118	142	83.10	107	51	56	91.07
龙里县	317	163	154	105.84	133	74	59	125.42
惠水县	540	292	248	117.74	223	127	96	132.29
三都水族自治县	373	222	151	147.02	138	81	57	142.11

6-1 续表 2

单位：人

地区	第二孩				第三孩			
	小计	男	女	性别比(女=100)	小计	男	女	性别比(女=100)
贵州	**20839**	**10911**	**9928**	**109.90**	**6742**	**3728**	**3014**	**123.69**
贵阳市	**3259**	**1728**	**1531**	**112.87**	**715**	**391**	**324**	**120.68**
南明区	528	271	257	105.45	86	43	43	100.00
云岩区	559	301	258	116.67	76	37	39	94.87
花溪区	478	269	209	128.71	95	54	41	131.71
乌当区	208	125	83	150.60	42	26	16	162.50
白云区	263	138	125	110.40	63	40	23	173.91
观山湖区	383	192	191	100.52	86	46	40	115.00
开阳县	207	109	98	111.22	64	42	22	190.91
息烽县	129	63	66	95.45	43	22	21	104.76
修文县	196	104	92	113.04	57	28	29	96.55
清镇市	308	156	152	102.63	103	53	50	106.00
六盘水市	**1966**	**1053**	**913**	**115.33**	**1075**	**566**	**509**	**111.20**
钟山区	403	223	180	123.89	137	77	60	128.33
六枝特区	275	148	127	116.54	129	74	55	134.55
水城县	417	213	204	104.41	240	120	120	100.00
盘州市	871	469	402	116.67	569	295	274	107.66
遵义市	**3645**	**1881**	**1764**	**106.63**	**698**	**419**	**279**	**150.18**
红花岗区	512	267	245	108.98	63	43	20	215.00
汇川区	368	195	173	112.72	37	26	11	236.36
播州区	482	243	239	101.67	96	57	39	146.15
桐梓县	265	131	134	97.76	59	29	30	96.67
绥阳县	179	104	75	138.67	37	24	13	184.62
正安县	201	95	106	89.62	45	34	11	309.09
道真仡佬族苗族自治县	122	68	54	125.93	10	5	5	100.00
务川仡佬族苗族自治县	186	89	97	91.75	45	30	15	200.00
凤冈县	168	81	87	93.10	34	18	16	112.50
湄潭县	211	105	106	99.06	23	12	11	109.09
余庆县	113	65	48	135.42	15	8	7	114.29
习水县	280	144	136	105.88	102	52	50	104.00
赤水市	118	61	57	107.02	23	9	14	64.29
仁怀市	440	233	207	112.56	109	72	37	194.59
安顺市	**1322**	**696**	**626**	**111.18**	**423**	**220**	**203**	**108.37**
西秀区	417	206	211	97.63	92	44	48	91.67
平坝区	217	112	105	106.67	58	33	25	132.00
普定县	180	100	80	125.00	90	43	47	91.49
镇宁布依族苗族自治县	156	91	65	140.00	44	21	23	91.30
关岭布依族苗族自治县	170	85	85	100.00	75	41	34	120.59
紫云苗族布依族自治县	182	102	80	127.50	64	38	26	146.15
毕节市	**3126**	**1669**	**1457**	**114.55**	**1605**	**863**	**742**	**116.31**
七星关区	563	311	252	123.41	300	172	128	134.38
大方县	373	183	190	96.32	221	99	122	81.15
黔西县	397	211	186	113.44	146	79	67	117.91
金沙县	242	138	104	132.69	94	54	40	135.00
织金县	362	191	171	111.70	195	96	99	96.97
纳雍县	294	161	133	121.05	172	102	70	145.71
威宁彝族回族苗族自治县	626	320	306	104.58	322	171	151	113.25
赫章县	269	154	115	133.91	155	90	65	138.46

6-1　续表 3　　　　　　　　　　　　　　　　　　　　　　　　　　单位：人

地　区	第　二　孩				第　三　孩			
	小计	男	女	性别比（女=100）	小计	男	女	性别比（女=100）
铜仁市	**1536**	**758**	**778**	**97.43**	**421**	**249**	**172**	**144.77**
碧江区	185	87	98	88.78	47	28	19	147.37
万山区	63	36	27	133.33	22	15	7	214.29
江口县	93	47	46	102.17	16	11	5	220.00
玉屏侗族自治县	69	33	36	91.67	21	13	8	162.50
石阡县	159	76	83	91.57	37	20	17	117.65
思南县	186	81	105	77.14	37	17	20	85.00
印江土家族苗族自治县	143	71	72	98.61	41	24	17	141.18
德江县	169	91	78	116.67	53	33	20	165.00
沿河土家族自治县	197	101	96	105.21	77	46	31	148.39
松桃苗族自治县	272	135	137	98.54	70	42	28	150.00
黔西南布依族苗族自治州	**1738**	**900**	**838**	**107.40**	**552**	**306**	**246**	**124.39**
兴义市	615	293	322	90.99	160	92	68	135.29
兴仁市	237	140	97	144.33	73	45	28	160.71
普安县	119	61	58	105.17	56	27	29	93.10
晴隆县	121	61	60	101.67	55	28	27	103.70
贞丰县	156	83	73	113.70	68	42	26	161.54
望谟县	128	71	57	124.56	25	12	13	92.31
册亨县	135	75	60	125.00	27	16	11	145.45
安龙县	227	116	111	104.50	88	44	44	100.00
黔东南苗族侗族自治州	**2258**	**1197**	**1061**	**112.82**	**741**	**430**	**311**	**138.26**
凯里市	449	238	211	112.80	107	64	43	148.84
黄平县	108	53	55	96.36	25	18	7	257.14
施秉县	53	21	32	65.63	20	12	8	150.00
三穗县	98	55	43	127.91	20	12	8	150.00
镇远县	105	56	49	114.29	28	16	12	133.33
岑巩县	114	60	54	111.11	25	14	11	127.27
天柱县	149	85	64	132.81	36	25	11	227.27
锦屏县	88	42	46	91.30	23	12	11	109.09
剑河县	91	48	43	111.63	29	16	13	123.08
台江县	57	31	26	119.23	27	12	15	80.00
黎平县	280	155	125	124.00	98	57	41	139.02
榕江县	179	98	81	120.99	72	48	24	200.00
从江县	255	140	115	121.74	148	75	73	102.74
雷山县	73	33	40	82.50	32	21	11	190.91
麻江县	82	47	35	134.29	24	13	11	118.18
丹寨县	77	35	42	83.33	27	15	12	125.00
黔南布依族苗族自治州	**1989**	**1029**	**960**	**107.19**	**512**	**284**	**228**	**124.56**
都匀市	262	150	112	133.93	28	16	12	133.33
福泉市	224	118	106	111.32	58	30	28	107.14
荔波县	107	53	54	98.15	25	13	12	108.33
贵定县	116	55	61	90.16	37	17	20	85.00
瓮安县	234	120	114	105.26	54	34	20	170.00
独山县	138	75	63	119.05	23	15	8	187.50
平塘县	144	68	76	89.47	35	19	16	118.75
罗甸县	147	74	73	101.37	46	33	13	253.85
长顺县	119	54	65	83.08	30	13	17	76.47
龙里县	130	57	73	78.08	40	27	13	207.69
惠水县	215	114	101	112.87	86	40	46	86.96
三都水族自治县	153	91	62	146.77	50	27	23	117.39

6-1 续表 4

单位：人

地　区	第 四 孩				第五孩及以上			
	小计	男	女	性别比 (女=100)	小计	男	女	性别比 (女=100)
贵　州	**1721**	**952**	**769**	**123.80**	**672**	**365**	**307**	**118.89**
贵阳市	**133**	**63**	**70**	**90.00**	**40**	**20**	**20**	**100.00**
南明区	13	6	7	85.71	4	4		
云岩区	15	9	6	150.00	2	1	1	100.00
花溪区	17	6	11	54.55	8	5	3	166.67
乌当区	9	4	5	80.00	1		1	
白云区	13	6	7	85.71	2	1	1	100.00
观山湖区	14	5	9	55.56	5	3	2	150.00
开阳县	10	4	6	66.67	3	1	2	50.00
息烽县	5	2	3	66.67	1	1		
修文县	19	12	7	171.43	6		6	
清镇市	18	9	9	100.00	8	4	4	100.00
六盘水市	**287**	**161**	**126**	**127.78**	**86**	**49**	**37**	**132.43**
钟山区	37	19	18	105.56	12	9	3	300.00
六枝特区	37	15	22	68.18	20	13	7	185.71
水城县	95	52	43	120.93	34	18	16	112.50
盘州市	118	75	43	174.42	20	9	11	81.82
遵义市	**131**	**77**	**54**	**142.59**	**32**	**11**	**21**	**52.38**
红花岗区	11	5	6	83.33	3	1	2	50.00
汇川区	9	7	2	350.00				
播州区	11	8	3	266.67	1	1		
桐梓县	7	5	2	250.00	2		2	
绥阳县	8	6	2	300.00				
正安县	10	6	4	150.00	2		2	
道真仡佬族苗族自治县	1	1			2		2	
务川仡佬族苗族自治县	10	6	4	150.00	1	1		
凤冈县	6	4	2	200.00				
湄潭县	2	2						
余庆县	1	1			1		1	
习水县	25	9	16	56.25	9	3	6	50.00
赤水市	2	2			1		1	
仁怀市	28	15	13	115.38	10	5	5	100.00
安顺市	**114**	**65**	**49**	**132.65**	**33**	**17**	**16**	**106.25**
西秀区	14	8	6	133.33	8	3	5	60.00
平坝区	12	5	7	71.43	3	3		
普定县	30	18	12	150.00	6	3	3	100.00
镇宁布依族苗族自治县	22	15	7	214.29	1		1	
关岭布依族苗族自治县	20	13	7	185.71	8	5	3	166.67
紫云苗族布依族自治县	16	6	10	60.00	7	3	4	75.00
毕节市	**594**	**317**	**277**	**114.44**	**323**	**173**	**150**	**115.33**
七星关区	125	69	56	123.21	68	37	31	119.35
大方县	91	49	42	116.67	33	20	13	153.85
黔西县	37	19	18	105.56	20	11	9	122.22
金沙县	25	15	10	150.00	6	2	4	50.00
织金县	77	38	39	97.44	37	21	16	131.25
纳雍县	56	32	24	133.33	56	34	22	154.55
威宁彝族回族苗族自治县	117	61	56	108.93	72	32	40	80.00
赫章县	66	34	32	106.25	31	16	15	106.67

6−1　续表 5　　单位：人

地　区	第四孩				第五孩及以上			
	小计	男	女	性别比(女=100)	小计	男	女	性别比(女=100)
铜仁市	**91**	**60**	**31**	**193.55**	**38**	**19**	**19**	**100.00**
碧江区	16	8	8	100.00	1		1	
万山区	6	6			3	2	1	200.00
江口县	2	1	1	100.00				
玉屏侗族自治县								
石阡县	10	4	6	66.67	4		4	
思南县	7	5	2	250.00	1	1		
印江土家族苗族自治县	8	7	1	700.00	1	1		
德江县	10	7	3	233.33	5	3	2	150.00
沿河土家族自治县	16	10	6	166.67	9	4	5	80.00
松桃苗族自治县	16	12	4	300.00	14	8	6	133.33
黔西南布依族苗族自治州	**126**	**64**	**62**	**103.23**	**41**	**26**	**15**	**173.33**
兴义市	21	11	10	110.00	5	4	1	400.00
兴仁市	18	9	9	100.00	11	10	1	1000.00
普安县	20	9	11	81.82	4	3	1	300.00
晴隆县	12	5	7	71.43	6	3	3	100.00
贞丰县	21	10	11	90.91	3	1	2	50.00
望谟县	7	4	3	133.33	1		1	
册亨县	6	4	2	200.00	2	1	1	100.00
安龙县	21	12	9	133.33	9	4	5	80.00
黔东南苗族侗族自治州	**147**	**89**	**58**	**153.45**	**53**	**32**	**21**	**152.38**
凯里市	16	8	8	100.00	3	3		
黄平县	2	2			3	1	2	50.00
施秉县	2	1	1	100.00	2	1	1	100.00
三穗县	3	3			3	3		
镇远县	3	1	2	50.00				
岑巩县	3	2	1	200.00	1		1	
天柱县	5	4	1	400.00	4	2	2	100.00
锦屏县	5	3	2	150.00	1	1		
剑河县	5	4	1	400.00	2	1	1	100.00
台江县	6	3	3	100.00	7	4	3	133.33
黎平县	25	14	11	127.27	4	1	3	33.33
榕江县	12	4	8	50.00	7	4	3	133.33
从江县	50	33	17	194.12	13	10	3	333.33
雷山县	3	2	1	200.00	1		1	
麻江县	4	4						
丹寨县	3	1	2	50.00	2	1	1	100.00
黔南布依族苗族自治州	**98**	**56**	**42**	**133.33**	**26**	**18**	**8**	**225.00**
都匀市	2	1	1	100.00				
福泉市	10	8	2	400.00	2	2		
荔波县	3	3			1		1	
贵定县	7	6	1	600.00	2		2	
瓮安县	7	4	3	133.33	1		1	
独山县	4	2	2	100.00	1	1		
平塘县	8	2	6	33.33				
罗甸县	6	3	3	100.00	4	3	1	300.00
长顺县	3		3		1		1	
龙里县	11	4	7	57.14	3	1	2	50.00
惠水县	14	9	5	180.00	2	2		
三都水族自治县	23	14	9	155.56	9	9		

6-1a 各地区分性别、孩次的出生人口
(2019.11.1-2020.10.31)(城市)

单位：人

地区	出生人数				第一孩			
	合计	男	女	性别比(女=100)	小计	男	女	性别比(女=100)
贵州	**13648**	**7271**	**6377**	**114.02**	**6088**	**3184**	**2904**	**109.64**
贵阳市	**5165**	**2684**	**2481**	**108.18**	**2539**	**1296**	**1243**	**104.26**
南明区	1178	619	559	110.73	591	315	276	114.13
云岩区	1347	669	678	98.67	695	321	374	85.83
花溪区	777	425	352	120.74	400	219	181	120.99
乌当区	264	131	133	98.50	133	59	74	79.73
白云区	586	320	266	120.30	263	144	119	121.01
观山湖区	706	362	344	105.23	334	180	154	116.88
开阳县								
息烽县								
修文县								
清镇市	307	158	149	106.04	123	58	65	89.23
六盘水市	**1542**	**871**	**671**	**129.81**	**547**	**304**	**243**	**125.10**
钟山区	812	458	354	129.38	332	183	149	122.82
六枝特区	223	120	103	116.50	70	36	34	105.88
水城县								
盘州市	507	293	214	136.92	145	85	60	141.67
遵义市	**2653**	**1428**	**1225**	**116.57**	**1169**	**630**	**539**	**116.88**
红花岗区	850	454	396	114.65	397	211	186	113.44
汇川区	573	287	286	100.35	280	139	141	98.58
播州区	507	277	230	120.43	206	117	89	131.46
桐梓县								
绥阳县								
正安县								
道真仡佬族苗族自治县								
务川仡佬族苗族自治县								
凤冈县								
湄潭县								
余庆县								
习水县								
赤水市	150	77	73	105.48	65	35	30	116.67
仁怀市	573	333	240	138.75	221	128	93	137.63
安顺市	**638**	**333**	**305**	**109.18**	**296**	**157**	**139**	**112.95**
西秀区	528	270	258	104.65	258	136	122	111.48
平坝区	110	63	47	134.04	38	21	17	123.53
普定县								
镇宁布依族苗族自治县								
关岭布依族苗族自治县								
紫云苗族布依族自治县								
毕节市	**849**	**464**	**385**	**120.52**	**315**	**148**	**167**	**88.62**
七星关区	849	464	385	120.52	315	148	167	88.62
大方县								
黔西县								
金沙县								
织金县								
纳雍县								
威宁彝族回族苗族自治县								
赫章县								

6-1a　续表 1　　　　单位：人

地　区	出生人数				第　一　孩			
	合计	男	女	性别比(女=100)	小计	男	女	性别比(女=100)
铜仁市	**457**	**252**	**205**	**122.93**	**204**	**117**	**87**	**134.48**
碧江区	349	184	165	111.52	151	86	65	132.31
万山区	108	68	40	170.00	53	31	22	140.91
江口县								
玉屏侗族自治县								
石阡县								
思南县								
印江土家族苗族自治县								
德江县								
沿河土家族自治县								
松桃苗族自治县								
黔西南布依族苗族自治州	**1106**	**581**	**525**	**110.67**	**475**	**247**	**228**	**108.33**
兴义市	891	454	437	103.89	387	199	188	105.85
兴仁市	215	127	88	144.32	88	48	40	120.00
普安县								
晴隆县								
贞丰县								
望谟县								
册亨县								
安龙县								
黔东南苗族侗族自治州	**744**	**387**	**357**	**108.40**	**325**	**166**	**159**	**104.40**
凯里市	744	387	357	108.40	325	166	159	104.40
黄平县								
施秉县								
三穗县								
镇远县								
岑巩县								
天柱县								
锦屏县								
剑河县								
台江县								
黎平县								
榕江县								
从江县								
雷山县								
麻江县								
丹寨县								
黔南布依族苗族自治州	**494**	**271**	**223**	**121.52**	**218**	**119**	**99**	**120.20**
都匀市	320	184	136	135.29	156	87	69	126.09
福泉市	174	87	87	100.00	62	32	30	106.67
荔波县								
贵定县								
瓮安县								
独山县								
平塘县								
罗甸县								
长顺县								
龙里县								
惠水县								
三都水族自治县								

6-1a 续表 2

单位：人

地　区	第二孩				第三孩			
	小计	男	女	性别比(女=100)	小计	男	女	性别比(女=100)
贵　州	**6100**	**3244**	**2856**	**113.59**	**1159**	**679**	**480**	**141.46**
贵阳市	**2190**	**1161**	**1029**	**112.83**	**358**	**192**	**166**	**115.66**
南明区	496	256	240	106.67	74	38	36	105.56
云岩区	559	301	258	116.67	76	37	39	94.87
花溪区	318	177	141	125.53	48	26	22	118.18
乌当区	114	65	49	132.65	15	6	9	66.67
白云区	250	133	117	113.68	61	39	22	177.27
观山湖区	305	147	158	93.04	54	31	23	134.78
开阳县								
息烽县								
修文县								
清镇市	148	82	66	124.24	30	15	15	100.00
六盘水市	**700**	**400**	**300**	**133.33**	**230**	**130**	**100**	**130.00**
钟山区	350	197	153	128.76	96	58	38	152.63
六枝特区	114	65	49	132.65	29	16	13	123.08
水城县								
盘州市	236	138	98	140.82	105	56	49	114.29
遵义市	**1278**	**658**	**620**	**106.13**	**169**	**117**	**52**	**225.00**
红花岗区	399	207	192	107.81	47	33	14	235.71
汇川区	265	128	137	93.43	24	17	7	242.86
播州区	262	133	129	103.10	32	22	10	220.00
桐梓县								
绥阳县								
正安县								
道真仡佬族苗族自治县								
务川仡佬族苗族自治县								
凤冈县								
湄潭县								
余庆县								
习水县								
赤水市	77	38	39	97.44	6	3	3	100.00
仁怀市	275	152	123	123.58	60	42	18	233.33
安顺市	**278**	**142**	**136**	**104.41**	**54**	**28**	**26**	**107.69**
西秀区	220	109	111	98.20	42	20	22	90.91
平坝区	58	33	25	132.00	12	8	4	200.00
普定县								
镇宁布依族苗族自治县								
关岭布依族苗族自治县								
紫云苗族布依族自治县								
毕节市	**335**	**195**	**140**	**139.29**	**129**	**79**	**50**	**158.00**
七星关区	335	195	140	139.29	129	79	50	158.00
大方县								
黔西县								
金沙县								
织金县								
纳雍县								
威宁彝族回族苗族自治县								
赫章县								

6–1a　续表 3

单位：人

地　区	第　二　孩				第　三　孩			
	小计	男	女	性别比(女=100)	小计	男	女	性别比(女=100)
铜仁市	**198**	**100**	**98**	**102.04**	**43**	**29**	**14**	**207.14**
碧江区	157	75	82	91.46	32	19	13	146.15
万山区	41	25	16	156.25	11	10	1	1000.00
江口县								
玉屏侗族自治县								
石阡县								
思南县								
印江土家族苗族自治县								
德江县								
沿河土家族自治县								
松桃苗族自治县								
黔西南布依族苗族自治州	**521**	**267**	**254**	**105.12**	**95**	**61**	**34**	**179.41**
兴义市	413	200	213	93.90	80	51	29	175.86
兴仁市	108	67	41	163.41	15	10	5	200.00
普安县								
晴隆县								
贞丰县								
望谟县								
册亨县								
安龙县								
黔东南苗族侗族自治州	**350**	**181**	**169**	**107.10**	**58**	**33**	**25**	**132.00**
凯里市	350	181	169	107.10	58	33	25	132.00
黄平县								
施秉县								
三穗县								
镇远县								
岑巩县								
天柱县								
锦屏县								
剑河县								
台江县								
黎平县								
榕江县								
从江县								
雷山县								
麻江县								
丹寨县								
黔南布依族苗族自治州	**250**	**140**	**110**	**127.27**	**23**	**10**	**13**	**76.92**
都匀市	152	91	61	149.18	12	6	6	100.00
福泉市	98	49	49	100.00	11	4	7	57.14
荔波县								
贵定县								
瓮安县								
独山县								
平塘县								
罗甸县								
长顺县								
龙里县								
惠水县								
三都水族自治县								

6−1a 续表 4

单位：人

地 区	第四孩				第五孩及以上			
	小计	男	女	性别比(女=100)	小计	男	女	性别比(女=100)
贵 州	**238**	**122**	**116**	**105.17**	**63**	**42**	**21**	**200.00**
贵阳市	**61**	**25**	**36**	**69.44**	**17**	**10**	**7**	**142.86**
南明区	13	6	7	85.71	4	4		
云岩区	15	9	6	150.00	2	1	1	100.00
花溪区	8	2	6	33.33	3	1	2	50.00
乌当区	2	1	1	100.00				
白云区	10	3	7	42.86	2	1	1	100.00
观山湖区	10	3	7	42.86	3	1	2	50.00
开阳县								
息烽县								
修文县								
清镇市	3	1	2	50.00	3	2	1	200.00
六盘水市	**54**	**30**	**24**	**125.00**	**11**	**7**	**4**	**175.00**
钟山区	26	14	12	116.67	8	6	2	300.00
六枝特区	9	3	6	50.00	1		1	
水城县								
盘州市	19	13	6	216.67	2	1	1	100.00
遵义市	**29**	**18**	**11**	**163.64**	**8**	**5**	**3**	**166.67**
红花岗区	5	2	3	66.67	2	1	1	100.00
汇川区	4	3	1	300.00				
播州区	6	4	2	200.00	1	1		
桐梓县								
绥阳县								
正安县								
道真仡佬族苗族自治县								
务川仡佬族苗族自治县								
凤冈县								
湄潭县								
余庆县								
习水县								
赤水市	1	1			1		1	
仁怀市	13	8	5	160.00	4	3	1	300.00
安顺市	**7**	**3**	**4**	**75.00**	**3**	**3**		
西秀区	6	3	3	100.00	2	2		
平坝区	1		1		1	1		
普定县								
镇宁布依族苗族自治县								
关岭布依族苗族自治县								
紫云苗族布依族自治县								
毕节市	**52**	**30**	**22**	**136.36**	**18**	**12**	**6**	**200.00**
七星关区	52	30	22	136.36	18	12	6	200.00
大方县								
黔西县								
金沙县								
织金县								
纳雍县								
威宁彝族回族苗族自治县								
赫章县								

6−1a　续表 5　　　单位：人

地　区	第　四　孩				第五孩及以上			
	小计	男	女	性别比(女=100)	小计	男	女	性别比(女=100)
铜仁市	**11**	**6**	**5**	**120.00**	**1**		**1**	
碧江区	9	4	5	80.00				
万山区	2	2			1		1	
江口县								
玉屏侗族自治县								
石阡县								
思南县								
印江土家族苗族自治县								
德江县								
沿河土家族自治县								
松桃苗族自治县								
黔西南布依族苗族自治州	**12**	**3**	**9**	**33.33**	**3**	**3**		
兴义市	9	2	7	28.57	2	2		
兴仁市	3	1	2	50.00	1	1		
普安县								
晴隆县								
贞丰县								
望谟县								
册亨县								
安龙县								
黔东南苗族侗族自治州	**9**	**5**	**4**	**125.00**	**2**	**2**		
凯里市	9	5	4	125.00	2	2		
黄平县								
施秉县								
三穗县								
镇远县								
岑巩县								
天柱县								
锦屏县								
剑河县								
台江县								
黎平县								
榕江县								
从江县								
雷山县								
麻江县								
丹寨县								
黔南布依族苗族自治州	**3**	**2**	**1**	**200.00**				
都匀市								
福泉市	3	2	1	200.00				
荔波县								
贵定县								
瓮安县								
独山县								
平塘县								
罗甸县								
长顺县								
龙里县								
惠水县								
三都水族自治县								

6-1b 各地区分性别、孩次的出生人口
(2019.11.1-2020.10.31)(镇)

单位：人

地　区	出生人数				第　一　孩			
	合计	男	女	性别比(女=100)	小计	男	女	性别比(女=100)
贵　州	**14169**	**7554**	**6615**	**114.20**	**5444**	**2900**	**2544**	**113.99**
贵阳市	**829**	**435**	**394**	**110.41**	**292**	**150**	**142**	**105.63**
南明区								
云岩区								
花溪区	63	44	19	231.58	20	13	7	185.71
乌当区	45	29	16	181.25	9	5	4	125.00
白云区	2		2		1		1	
观山湖区	22	11	11	100.00	6	2	4	50.00
开阳县	277	146	131	111.45	108	58	50	116.00
息烽县	172	80	92	86.96	67	37	30	123.33
修文县	196	103	93	110.75	63	26	37	70.27
清镇市	52	22	30	73.33	18	9	9	100.00
六盘水市	**882**	**457**	**425**	**107.53**	**288**	**154**	**134**	**114.93**
钟山区	81	37	44	84.09	31	13	18	72.22
六枝特区	73	36	37	97.30	24	14	10	140.00
水城县	416	222	194	114.43	142	81	61	132.79
盘州市	312	162	150	108.00	91	46	45	102.22
遵义市	**2479**	**1320**	**1159**	**113.89**	**1013**	**553**	**460**	**120.22**
红花岗区	65	34	31	109.68	31	14	17	82.35
汇川区	73	48	25	192.00	26	18	8	225.00
播州区	117	54	63	85.71	45	21	24	87.50
桐梓县	300	153	147	104.08	111	60	51	117.65
绥阳县	201	120	81	148.15	79	48	31	154.84
正安县	224	118	106	111.32	96	47	49	95.92
道真仡佬族苗族自治县	154	86	68	126.47	69	43	26	165.38
务川仡佬族苗族自治县	260	128	132	96.97	97	47	50	94.00
凤冈县	220	109	111	98.20	96	47	49	95.92
湄潭县	227	122	105	116.19	101	62	39	158.97
余庆县	125	74	51	145.10	50	28	22	127.27
习水县	377	209	168	124.40	147	89	58	153.45
赤水市	39	14	25	56.00	20	7	13	53.85
仁怀市	97	51	46	110.87	45	22	23	95.65
安顺市	**879**	**468**	**411**	**113.87**	**366**	**189**	**177**	**106.78**
西秀区	63	31	32	96.88	33	19	14	135.71
平坝区	126	69	57	121.05	63	39	24	162.50
普定县	198	100	98	102.04	80	43	37	116.22
镇宁布依族苗族自治县	162	92	70	131.43	70	35	35	100.00
关岭布依族苗族自治县	174	91	83	109.64	63	28	35	80.00
紫云苗族布依族自治县	156	85	71	119.72	57	25	32	78.13
毕节市	**3151**	**1662**	**1489**	**111.62**	**1157**	**594**	**563**	**105.51**
七星关区	100	50	50	100.00	28	13	15	86.67
大方县	438	221	217	101.84	130	68	62	109.68
黔西县	476	242	234	103.42	165	77	88	87.50
金沙县	334	186	148	125.68	136	70	66	106.06
织金县	505	263	242	108.68	190	104	86	120.93
纳雍县	382	218	164	132.93	138	76	62	122.58
威宁彝族回族苗族自治县	724	376	348	108.05	297	152	145	104.83
赫章县	192	106	86	123.26	73	34	39	87.18

6-1b　续表 1　　　　单位：人

地　　区	出生人数				第　一　孩			
	合计	男	女	性别比(女=100)	小计	男	女	性别比(女=100)
铜仁市	**1404**	**745**	**659**	**113.05**	**589**	**329**	**260**	**126.54**
碧江区	2	1	1	100.00				
万山区								
江口县	102	59	43	137.21	45	28	17	164.71
玉屏侗族自治县	90	40	50	80.00	44	18	26	69.23
石阡县	136	70	66	106.06	57	31	26	119.23
思南县	205	99	106	93.40	90	50	40	125.00
印江土家族苗族自治县	179	99	80	123.75	69	42	27	155.56
德江县	221	125	96	130.21	85	52	33	157.58
沿河土家族自治县	224	120	104	115.38	88	41	47	87.23
松桃苗族自治县	245	132	113	116.81	111	67	44	152.27
黔西南布依族苗族自治州	**1012**	**549**	**463**	**118.57**	**388**	**216**	**172**	**125.58**
兴义市	88	44	44	100.00	30	19	11	172.73
兴仁市	76	43	33	130.30	29	13	16	81.25
普安县	104	55	49	112.24	41	23	18	127.78
晴隆县	96	52	44	118.18	34	18	16	112.50
贞丰县	192	96	96	100.00	82	40	42	95.24
望谟县	116	69	47	146.81	51	30	21	142.86
册亨县	114	70	44	159.09	47	29	18	161.11
安龙县	226	120	106	113.21	74	44	30	146.67
黔东南苗族侗族自治州	**1685**	**937**	**748**	**125.27**	**597**	**320**	**277**	**115.52**
凯里市	39	28	11	254.55	15	11	4	275.00
黄平县	104	63	41	153.66	40	25	15	166.67
施秉县	61	29	32	90.63	21	10	11	90.91
三穗县	111	70	41	170.73	36	25	11	227.27
镇远县	109	58	51	113.73	40	20	20	100.00
岑巩县	137	68	69	98.55	59	29	30	96.67
天柱县	135	81	54	150.00	42	23	19	121.05
锦屏县	82	39	43	90.70	28	10	18	55.56
剑河县	101	57	44	129.55	44	28	16	175.00
台江县	64	40	24	166.67	24	12	12	100.00
黎平县	250	141	109	129.36	79	42	37	113.51
榕江县	133	80	53	150.94	57	30	27	111.11
从江县	128	69	59	116.95	32	17	15	113.33
雷山县	80	40	40	100.00	26	13	13	100.00
麻江县	70	38	32	118.75	24	12	12	100.00
丹寨县	81	36	45	80.00	30	13	17	76.47
黔南布依族苗族自治州	**1848**	**981**	**867**	**113.15**	**754**	**395**	**359**	**110.03**
都匀市	27	14	13	107.69	10	7	3	233.33
福泉市	61	28	33	84.85	16	5	11	45.45
荔波县	99	46	53	86.79	46	22	24	91.67
贵定县	148	78	70	111.43	61	35	26	134.62
瓮安县	329	175	154	113.64	125	64	61	104.92
独山县	143	75	68	110.29	60	29	31	93.55
平塘县	109	50	59	84.75	45	23	22	104.55
罗甸县	204	108	96	112.50	80	40	40	100.00
长顺县	123	54	69	78.26	51	22	29	75.86
龙里县	195	107	88	121.59	87	47	40	117.50
惠水县	271	157	114	137.72	117	66	51	129.41
三都水族自治县	139	89	50	178.00	56	35	21	166.67

6-1b 续表 2 单位：人

地　区	第二孩				第三孩			
	小计	男	女	性别比 (女=100)	小计	男	女	性别比 (女=100)
贵　州	**6344**	**3347**	**2997**	**111.68**	**1855**	**1023**	**832**	**122.96**
贵阳市	**407**	**213**	**194**	**109.79**	**109**	**62**	**47**	**131.91**
南明区								
云岩区								
花溪区	33	23	10	230.00	9	7	2	350.00
乌当区	29	19	10	190.00	6	5	1	500.00
白云区	1		1					
观山湖区	10	6	4	150.00	6	3	3	100.00
开阳县	128	65	63	103.17	37	21	16	131.25
息烽县	84	35	49	71.43	20	8	12	66.67
修文县	101	58	43	134.88	20	12	8	150.00
清镇市	21	7	14	50.00	11	6	5	120.00
六盘水市	**340**	**169**	**171**	**98.83**	**188**	**95**	**93**	**102.15**
钟山区	26	14	12	116.67	20	7	13	53.85
六枝特区	28	11	17	64.71	17	8	9	88.89
水城县	163	83	80	103.75	67	35	32	109.38
盘州市	123	61	62	98.39	84	45	39	115.38
遵义市	**1186**	**615**	**571**	**107.71**	**227**	**125**	**102**	**122.55**
红花岗区	32	19	13	146.15	2	1	1	100.00
汇川区	41	26	15	173.33	5	3	2	150.00
播州区	57	24	33	72.73	14	9	5	180.00
桐梓县	152	76	76	100.00	33	15	18	83.33
绥阳县	98	57	41	139.02	18	11	7	157.14
正安县	105	53	52	101.92	18	15	3	500.00
道真仡佬族苗族自治县	79	42	37	113.51	4	1	3	33.33
务川仡佬族苗族自治县	125	56	69	81.16	29	19	10	190.00
凤冈县	102	52	50	104.00	17	7	10	70.00
湄潭县	113	53	60	88.33	12	6	6	100.00
余庆县	65	40	25	160.00	8	5	3	166.67
习水县	167	90	77	116.88	50	25	25	100.00
赤水市	13	6	7	85.71	6	1	5	20.00
仁怀市	37	21	16	131.25	11	7	4	175.00
安顺市	**369**	**209**	**160**	**130.63**	**111**	**52**	**59**	**88.14**
西秀区	21	9	12	75.00	8	2	6	33.33
平坝区	49	23	26	88.46	10	4	6	66.67
普定县	77	42	35	120.00	31	10	21	47.62
镇宁布依族苗族自治县	69	43	26	165.38	17	10	7	142.86
关岭布依族苗族自治县	80	47	33	142.42	24	13	11	118.18
紫云苗族布依族自治县	73	45	28	160.71	21	13	8	162.50
毕节市	**1243**	**674**	**569**	**118.45**	**528**	**279**	**249**	**112.05**
七星关区	39	21	18	116.67	21	9	12	75.00
大方县	179	92	87	105.75	84	39	45	86.67
黔西县	220	114	106	107.55	73	43	30	143.33
金沙县	154	90	64	140.63	35	20	15	133.33
织金县	191	101	90	112.22	87	41	46	89.13
纳雍县	137	76	61	124.59	76	49	27	181.48
威宁彝族回族苗族自治县	249	135	114	118.42	121	59	62	95.16
赫章县	74	45	29	155.17	31	19	12	158.33

6-1b 续表 3

单位：人

地区	第二孩				第三孩			
	小计	男	女	性别比(女=100)	小计	男	女	性别比(女=100)
铜仁市	**652**	**313**	**339**	**92.33**	**140**	**85**	**55**	**154.55**
碧江区	1		1					
万山区								
江口县	50	26	24	108.33	6	4	2	200.00
玉屏侗族自治县	38	16	22	72.73	8	6	2	300.00
石阡县	66	31	35	88.57	12	8	4	200.00
思南县	95	38	57	66.67	18	9	9	100.00
印江土家族苗族自治县	92	46	46	100.00	17	10	7	142.86
德江县	100	52	48	108.33	29	17	12	141.67
沿河土家族自治县	104	57	47	121.28	28	19	9	211.11
松桃苗族自治县	106	47	59	79.66	22	12	10	120.00
黔西南布依族苗族自治州	**447**	**240**	**207**	**115.94**	**144**	**75**	**69**	**108.70**
兴义市	40	17	23	73.91	18	8	10	80.00
兴仁市	31	20	11	181.82	12	7	5	140.00
普安县	39	20	19	105.26	18	9	9	100.00
晴隆县	41	21	20	105.00	19	12	7	171.43
贞丰县	79	43	36	119.44	26	12	14	85.71
望谟县	55	34	21	161.90	7	3	4	75.00
册亨县	52	31	21	147.62	10	6	4	150.00
安龙县	110	54	56	96.43	34	18	16	112.50
黔东南苗族侗族自治州	**832**	**454**	**378**	**120.11**	**221**	**143**	**78**	**183.33**
凯里市	16	12	4	300.00	6	4	2	200.00
黄平县	53	31	22	140.91	11	7	4	175.00
施秉县	27	12	15	80.00	12	7	5	140.00
三穗县	59	33	26	126.92	12	8	4	200.00
镇远县	57	30	27	111.11	12	8	4	200.00
岑巩县	66	33	33	100.00	10	6	4	150.00
天柱县	80	49	31	158.06	12	9	3	300.00
锦屏县	40	22	18	122.22	13	6	7	85.71
剑河县	45	21	24	87.50	12	8	4	200.00
台江县	25	17	8	212.50	10	8	2	400.00
黎平县	132	72	60	120.00	31	24	7	342.86
榕江县	57	35	22	159.09	19	15	4	375.00
从江县	59	33	26	126.92	29	14	15	93.33
雷山县	38	15	23	65.22	15	11	4	275.00
麻江县	39	23	16	143.75	6	2	4	50.00
丹寨县	39	16	23	69.57	11	6	5	120.00
黔南布依族苗族自治州	**868**	**460**	**408**	**112.75**	**187**	**107**	**80**	**133.75**
都匀市	16	7	9	77.78	1		1	
福泉市	30	17	13	130.77	13	5	8	62.50
荔波县	49	23	26	88.46	4	1	3	33.33
贵定县	73	34	39	87.18	12	7	5	140.00
瓮安县	166	87	79	110.13	35	22	13	169.23
独山县	74	41	33	124.24	7	4	3	133.33
平塘县	51	22	29	75.86	11	5	6	83.33
罗甸县	92	46	46	100.00	24	17	7	242.86
长顺县	58	26	32	81.25	12	6	6	100.00
龙里县	82	44	38	115.79	21	15	6	250.00
惠水县	114	69	45	153.33	37	22	15	146.67
三都水族自治县	63	44	19	231.58	10	3	7	42.86

6-1b 续表 4

单位：人

地　区	第　四　孩				第五孩及以上			
	小计	男	女	性别比 (女=100)	小计	男	女	性别比 (女=100)
贵　州	**393**	**218**	**175**	**124.57**	**133**	**66**	**67**	**98.51**
贵阳市	**16**	**10**	**6**	**166.67**	**5**		**5**	
南明区								
云岩区								
花溪区	1	1						
乌当区					1		1	
白云区								
观山湖区								
开阳县	4	2	2	100.00				
息烽县	1		1					
修文县	10	7	3	233.33	2		2	
清镇市					2		2	
六盘水市	**54**	**31**	**23**	**134.78**	**12**	**8**	**4**	**200.00**
钟山区	4	3	1	300.00				
六枝特区	2	1	1	100.00	2	2		
水城县	35	18	17	105.88	9	5	4	125.00
盘州市	13	9	4	225.00	1	1		
遵义市	**41**	**23**	**18**	**127.78**	**12**	**4**	**8**	**50.00**
红花岗区								
汇川区	1	1						
播州区	1		1					
桐梓县	3	2	1	200.00	1		1	
绥阳县	6	4	2	200.00				
正安县	5	3	2	150.00				
道真仡佬族苗族自治县					2		2	
务川仡佬族苗族自治县	8	5	3	166.67	1	1		
凤冈县	5	3	2	150.00				
湄潭县	1	1						
余庆县	1	1			1		1	
习水县	9	3	6	50.00	4	2	2	100.00
赤水市								
仁怀市	1		1		3	1	2	50.00
安顺市	**27**	**16**	**11**	**145.45**	**6**	**2**	**4**	**50.00**
西秀区	1	1						
平坝区	4	3	1	300.00				
普定县	7	4	3	133.33	3	1	2	50.00
镇宁布依族苗族自治县	6	4	2	200.00				
关岭布依族苗族自治县	5	2	3	66.67	2	1	1	100.00
紫云苗族布依族自治县	4	2	2	100.00	1		1	
毕节市	**154**	**82**	**72**	**113.89**	**69**	**33**	**36**	**91.67**
七星关区	8	4	4	100.00	4	3	1	300.00
大方县	35	17	18	94.44	10	5	5	100.00
黔西县	14	7	7	100.00	4	1	3	33.33
金沙县	7	5	2	250.00	2	1	1	100.00
织金县	25	12	13	92.31	12	5	7	71.43
纳雍县	19	10	9	111.11	12	7	5	140.00
威宁彝族回族苗族自治县	37	22	15	146.67	20	8	12	66.67
赫章县	9	5	4	125.00	5	3	2	150.00

6-1b 续表 5 单位：人

地区	第四孩				第五孩及以上			
	小计	男	女	性别比(女=100)	小计	男	女	性别比(女=100)
铜仁市	**19**	**15**	**4**	**375.00**	**4**	**3**	**1**	**300.00**
碧江区	1	1						
万山区								
江口县	1	1						
玉屏侗族自治县								
石阡县					1		1	
思南县	2	2						
印江土家族苗族自治县	1	1						
德江县	6	3	3	100.00	1	1		
沿河土家族自治县	3	2	1	200.00	1	1		
松桃苗族自治县	5	5			1	1		
黔西南布依族苗族自治州	**24**	**12**	**12**	**100.00**	**9**	**6**	**3**	**200.00**
兴义市								
兴仁市	2	1	1	100.00	2	2		
普安县	5	2	3	66.67	1	1		
晴隆县	1		1		1	1		
贞丰县	4	1	3	33.33	1		1	
望谟县	2	2			1		1	
册亨县	4	3	1	300.00	1	1		
安龙县	6	3	3	100.00	2	1	1	100.00
黔东南苗族侗族自治州	**28**	**16**	**12**	**133.33**	**7**	**4**	**3**	**133.33**
凯里市	2	1	1	100.00				
黄平县								
施秉县	1		1					
三穗县	2	2			2	2		
镇远县								
岑巩县	1		1		1		1	
天柱县	1		1					
锦屏县	1	1						
剑河县								
台江县	4	2	2	100.00	1	1		
黎平县	6	3	3	100.00	2		2	
榕江县								
从江县	7	4	3	133.33	1	1		
雷山县	1	1						
麻江县	1	1						
丹寨县	1	1						
黔南布依族苗族自治州	**30**	**13**	**17**	**76.47**	**9**	**6**	**3**	**200.00**
都匀市								
福泉市	2	1	1	100.00				
荔波县								
贵定县	2	2						
瓮安县	2	2			1		1	
独山县	2	1	1	100.00				
平塘县	2		2					
罗甸县	4	2	2	100.00	4	3	1	300.00
长顺县	1		1		1		1	
龙里县	5	1	4	25.00				
惠水县	3		3					
三都水族自治县	7	4	3	133.33	3	3		

6-1c 各地区分性别、孩次的出生人口
(2019.11.1-2020.10.31)(乡村)

单位：人

地　　区	出生人数				第　一　孩			
	合计	男	女	性别比(女=100)	小计	男	女	性别比(女=100)
贵　州	**21167**	**11225**	**9942**	**112.90**	**7478**	**4010**	**3468**	**115.63**
贵阳市	**1548**	**818**	**730**	**112.05**	**564**	**289**	**275**	**105.09**
南明区	72	37	35	105.71	28	17	11	154.55
云岩区								
花溪区	281	156	125	124.80	103	59	44	134.09
乌当区	142	84	58	144.83	49	25	24	104.17
白云区	29	13	16	81.25	12	4	8	50.00
观山湖区	142	73	69	105.80	42	18	24	75.00
开阳县	181	98	83	118.07	66	30	36	83.33
息烽县	115	68	47	144.68	42	23	19	121.05
修文县	235	113	122	92.62	90	46	44	104.55
清镇市	351	176	175	100.57	132	67	65	103.08
六盘水市	**2565**	**1371**	**1194**	**114.82**	**740**	**412**	**328**	**125.61**
钟山区	96	49	47	104.26	37	20	17	117.65
六枝特区	381	219	162	135.19	122	75	47	159.57
水城县	735	385	350	110.00	223	123	100	123.00
盘州市	1353	718	635	113.07	358	194	164	118.29
遵义市	**2556**	**1365**	**1191**	**114.61**	**1000**	**542**	**458**	**118.34**
红花岗区	154	80	74	108.11	52	27	25	108.00
汇川区	118	75	43	174.42	44	25	19	131.58
播州区	366	203	163	124.54	149	87	62	140.32
桐梓县	233	123	110	111.82	89	51	38	134.21
绥阳县	167	97	70	138.57	65	35	30	116.67
正安县	212	112	100	112.00	82	48	34	141.18
道真仡佬族苗族自治县	97	54	43	125.58	47	23	24	95.83
务川仡佬族苗族自治县	129	74	55	134.55	50	29	21	138.10
凤冈县	146	74	72	102.78	62	33	29	113.79
湄潭县	186	93	93	100.00	76	34	42	80.95
余庆县	98	51	47	108.51	43	23	20	115.00
习水县	303	146	157	92.99	117	58	59	98.31
赤水市	63	37	26	142.31	23	14	9	155.56
仁怀市	284	146	138	105.80	101	55	46	119.57
安顺市	**1666**	**864**	**802**	**107.73**	**629**	**321**	**308**	**104.22**
西秀区	421	213	208	102.40	190	98	92	106.52
平坝区	243	120	123	97.56	88	39	49	79.59
普定县	289	163	126	129.37	101	56	45	124.44
镇宁布依族苗族自治县	206	113	93	121.51	75	43	32	134.38
关岭布依族苗族自治县	242	116	126	92.06	80	35	45	77.78
紫云苗族布依族自治县	265	139	126	110.32	95	50	45	111.11
毕节市	**4701**	**2491**	**2210**	**112.71**	**1581**	**853**	**728**	**117.17**
七星关区	665	350	315	111.11	215	114	101	112.87
大方县	612	311	301	103.32	202	113	89	126.97
黔西县	424	227	197	115.23	135	72	63	114.29
金沙县	256	144	112	128.57	87	51	36	141.67
织金县	517	273	244	111.89	161	86	75	114.67
纳雍县	503	283	220	128.64	169	96	73	131.51
威宁彝族回族苗族自治县	1105	565	540	104.63	395	205	190	107.89
赫章县	619	338	281	120.28	217	116	101	114.85

6-1c　续表 1　　单位：人

地　区	出生人数				第　一　孩			
	合计	男	女	性别比(女=100)	小计	男	女	性别比(女=100)
铜仁市	**1694**	**904**	**790**	**114.43**	**676**	**369**	**307**	**120.20**
碧江区	82	42	40	105.00	33	18	15	120.00
万山区	65	32	33	96.97	26	10	16	62.50
江口县	95	49	46	106.52	41	21	20	105.00
玉屏侗族自治县	75	42	33	127.27	31	18	13	138.46
石阡县	211	112	99	113.13	80	51	29	175.86
思南县	210	104	106	98.11	94	49	45	108.89
印江土家族苗族自治县	157	87	70	124.29	74	41	33	124.24
德江县	176	103	73	141.10	75	42	33	127.27
沿河土家族自治县	259	127	132	96.21	96	45	51	88.24
松桃苗族自治县	364	206	158	130.38	126	74	52	142.31
黔西南布依族苗族自治州	**1947**	**1029**	**918**	**112.09**	**745**	**400**	**345**	**115.94**
兴义市	395	200	195	102.56	156	80	76	105.26
兴仁市	269	151	118	127.97	104	56	48	116.67
普安县	221	118	103	114.56	85	50	35	142.86
晴隆县	193	99	94	105.32	61	36	25	144.00
贞丰县	233	133	100	133.00	95	53	42	126.19
望谟县	170	93	77	120.78	74	45	29	155.17
册亨县	155	83	72	115.28	52	28	24	116.67
安龙县	311	152	159	95.60	118	52	66	78.79
黔东南苗族侗族自治州	**2506**	**1355**	**1151**	**117.72**	**814**	**445**	**369**	**120.60**
凯里市	191	106	85	124.71	59	31	28	110.71
黄平县	121	56	65	86.15	47	20	27	74.07
施秉县	58	27	31	87.10	21	11	10	110.00
三穗县	83	50	33	151.52	34	22	12	183.33
镇远县	91	51	40	127.50	24	16	8	200.00
岑巩县	107	64	43	148.84	42	27	15	180.00
天柱县	146	85	61	139.34	45	27	18	150.00
锦屏县	103	53	50	106.00	40	24	16	150.00
剑河县	112	67	45	148.89	42	27	15	180.00
台江县	98	42	56	75.00	41	20	21	95.24
黎平县	337	181	156	116.03	101	53	48	110.42
榕江县	299	163	136	119.85	105	59	46	128.26
从江县	477	260	217	119.82	107	54	53	101.89
雷山县	82	41	41	100.00	27	12	15	80.00
麻江县	106	60	46	130.43	42	22	20	110.00
丹寨县	95	49	46	106.52	37	20	17	117.65
黔南布依族苗族自治州	**1984**	**1028**	**956**	**107.53**	**729**	**379**	**350**	**108.29**
都匀市	174	93	81	114.81	63	30	33	90.91
福泉市	191	105	86	122.09	54	25	29	86.21
荔波县	121	61	60	101.67	38	16	22	72.73
贵定县	123	59	64	92.19	48	24	24	100.00
瓮安县	157	74	83	89.16	65	27	38	71.05
独山县	141	74	67	110.45	58	27	31	87.10
平塘县	199	108	91	118.68	76	46	30	153.33
罗甸县	116	66	50	132.00	37	21	16	131.25
长顺县	137	64	73	87.67	56	29	27	107.41
龙里县	122	56	66	84.85	46	27	19	142.11
惠水县	269	135	134	100.75	106	61	45	135.56
三都水族自治县	234	133	101	131.68	82	46	36	127.78

6-1c 续表 2

单位：人

地区	第二孩				第三孩			
	小计	男	女	性别比（女=100）	小计	男	女	性别比（女=100）
贵州	**8395**	**4320**	**4075**	**106.01**	**3728**	**2026**	**1702**	**119.04**
贵阳市	**662**	**354**	**308**	**114.94**	**248**	**137**	**111**	**123.42**
南明区	32	15	17	88.24	12	5	7	71.43
云岩区								
花溪区	127	69	58	118.97	38	21	17	123.53
乌当区	65	41	24	170.83	21	15	6	250.00
白云区	12	5	7	71.43	2	1	1	100.00
观山湖区	68	39	29	134.48	26	12	14	85.71
开阳县	79	44	35	125.71	27	21	6	350.00
息烽县	45	28	17	164.71	23	14	9	155.56
修文县	95	46	49	93.88	37	16	21	76.19
清镇市	139	67	72	93.06	62	32	30	106.67
六盘水市	**926**	**484**	**442**	**109.50**	**657**	**341**	**316**	**107.91**
钟山区	27	12	15	80.00	21	12	9	133.33
六枝特区	133	72	61	118.03	83	50	33	151.52
水城县	254	130	124	104.84	173	85	88	96.59
盘州市	512	270	242	111.57	380	194	186	104.30
遵义市	**1181**	**608**	**573**	**106.11**	**302**	**177**	**125**	**141.60**
红花岗区	81	41	40	102.50	14	9	5	180.00
汇川区	62	41	21	195.24	8	6	2	300.00
播州区	163	86	77	111.69	50	26	24	108.33
桐梓县	113	55	58	94.83	26	14	12	116.67
绥阳县	81	47	34	138.24	19	13	6	216.67
正安县	96	42	54	77.78	27	19	8	237.50
道真仡佬族苗族自治县	43	26	17	152.94	6	4	2	200.00
务川仡佬族苗族自治县	61	33	28	117.86	16	11	5	220.00
凤冈县	66	29	37	78.38	17	11	6	183.33
湄潭县	98	52	46	113.04	11	6	5	120.00
余庆县	48	25	23	108.70	7	3	4	75.00
习水县	113	54	59	91.53	52	27	25	108.00
赤水市	28	17	11	154.55	11	5	6	83.33
仁怀市	128	60	68	88.24	38	23	15	153.33
安顺市	**675**	**345**	**330**	**104.55**	**258**	**140**	**118**	**118.64**
西秀区	176	88	88	100.00	42	22	20	110.00
平坝区	110	56	54	103.70	36	21	15	140.00
普定县	103	58	45	128.89	59	33	26	126.92
镇宁布依族苗族自治县	87	48	39	123.08	27	11	16	68.75
关岭布依族苗族自治县	90	38	52	73.08	51	28	23	121.74
紫云苗族布依族自治县	109	57	52	109.62	43	25	18	138.89
毕节市	**1548**	**800**	**748**	**106.95**	**948**	**505**	**443**	**114.00**
七星关区	189	95	94	101.06	150	84	66	127.27
大方县	194	91	103	88.35	137	60	77	77.92
黔西县	177	97	80	121.25	73	36	37	97.30
金沙县	88	48	40	120.00	59	34	25	136.00
织金县	171	90	81	111.11	108	55	53	103.77
纳雍县	157	85	72	118.06	96	53	43	123.26
威宁彝族回族苗族自治县	377	185	192	96.35	201	112	89	125.84
赫章县	195	109	86	126.74	124	71	53	133.96

6-1c 续表 3

单位：人

地 区	第二孩				第三孩			
	小计	男	女	性别比(女=100)	小计	男	女	性别比(女=100)
铜仁市	**686**	**345**	**341**	**101.17**	**238**	**135**	**103**	**131.07**
碧江区	27	12	15	80.00	15	9	6	150.00
万山区	22	11	11	100.00	11	5	6	83.33
江口县	43	21	22	95.45	10	7	3	233.33
玉屏侗族自治县	31	17	14	121.43	13	7	6	116.67
石阡县	93	45	48	93.75	25	12	13	92.31
思南县	91	43	48	89.58	19	8	11	72.73
印江土家族苗族自治县	51	25	26	96.15	24	14	10	140.00
德江县	69	39	30	130.00	24	16	8	200.00
沿河土家族自治县	93	44	49	89.80	49	27	22	122.73
松桃苗族自治县	166	88	78	112.82	48	30	18	166.67
黔西南布依族苗族自治州	**770**	**393**	**377**	**104.24**	**313**	**170**	**143**	**118.88**
兴义市	162	76	86	88.37	62	33	29	113.79
兴仁市	98	53	45	117.78	46	28	18	155.56
普安县	80	41	39	105.13	38	18	20	90.00
晴隆县	80	40	40	100.00	36	16	20	80.00
贞丰县	77	40	37	108.11	42	30	12	250.00
望谟县	73	37	36	102.78	18	9	9	100.00
册亨县	83	44	39	112.82	17	10	7	142.86
安龙县	117	62	55	112.73	54	26	28	92.86
黔东南苗族侗族自治州	**1076**	**562**	**514**	**109.34**	**462**	**254**	**208**	**122.12**
凯里市	83	45	38	118.42	43	27	16	168.75
黄平县	55	22	33	66.67	14	11	3	366.67
施秉县	26	9	17	52.94	8	5	3	166.67
三穗县	39	22	17	129.41	8	4	4	100.00
镇远县	48	26	22	118.18	16	8	8	100.00
岑巩县	48	27	21	128.57	15	8	7	114.29
天柱县	69	36	33	109.09	24	16	8	200.00
锦屏县	48	20	28	71.43	10	6	4	150.00
剑河县	46	27	19	142.11	17	8	9	88.89
台江县	32	14	18	77.78	17	4	13	30.77
黎平县	148	83	65	127.69	67	33	34	97.06
榕江县	122	63	59	106.78	53	33	20	165.00
从江县	196	107	89	120.22	119	61	58	105.17
雷山县	35	18	17	105.88	17	10	7	142.86
麻江县	43	24	19	126.32	18	11	7	157.14
丹寨县	38	19	19	100.00	16	9	7	128.57
黔南布依族苗族自治州	**871**	**429**	**442**	**97.06**	**302**	**167**	**135**	**123.70**
都匀市	94	52	42	123.81	15	10	5	200.00
福泉市	96	52	44	118.18	34	21	13	161.54
荔波县	58	30	28	107.14	21	12	9	133.33
贵定县	43	21	22	95.45	25	10	15	66.67
瓮安县	68	33	35	94.29	19	12	7	171.43
独山县	64	34	30	113.33	16	11	5	220.00
平塘县	93	46	47	97.87	24	14	10	140.00
罗甸县	55	28	27	103.70	22	16	6	266.67
长顺县	61	28	33	84.85	18	7	11	63.64
龙里县	48	13	35	37.14	19	12	7	171.43
惠水县	101	45	56	80.36	49	18	31	58.06
三都水族自治县	90	47	43	109.30	40	24	16	150.00

6-1c 续表 4

单位：人

地　区	第　四　孩				第五孩及以上			
	小计	男	女	性别比 (女=100)	小计	男	女	性别比 (女=100)
贵　州	**1090**	**612**	**478**	**128.03**	**476**	**257**	**219**	**117.35**
贵阳市	**56**	**28**	**28**	**100.00**	**18**	**10**	**8**	**125.00**
南明区								
云岩区								
花溪区	8	3	5	60.00	5	4	1	400.00
乌当区	7	3	4	75.00				
白云区	3	3						
观山湖区	4	2	2	100.00	2	2		
开阳县	6	2	4	50.00	3	1	2	50.00
息烽县	4	2	2	100.00	1	1		
修文县	9	5	4	125.00	4		4	
清镇市	15	8	7	114.29	3	2	1	200.00
六盘水市	**179**	**100**	**79**	**126.58**	**63**	**34**	**29**	**117.24**
钟山区	7	2	5	40.00	4	3	1	300.00
六枝特区	26	11	15	73.33	17	11	6	183.33
水城县	60	34	26	130.77	25	13	12	108.33
盘州市	86	53	33	160.61	17	7	10	70.00
遵义市	**61**	**36**	**25**	**144.00**	**12**	**2**	**10**	**20.00**
红花岗区	6	3	3	100.00	1		1	
汇川区	4	3	1	300.00				
播州区	4	4						
桐梓县	4	3	1	300.00	1		1	
绥阳县	2	2						
正安县	5	3	2	150.00	2		2	
道真仡佬族苗族自治县	1	1						
务川仡佬族苗族自治县	2	1	1	100.00				
凤冈县	1	1						
湄潭县	1	1						
余庆县								
习水县	16	6	10	60.00	5	1	4	25.00
赤水市	1	1						
仁怀市	14	7	7	100.00	3	1	2	50.00
安顺市	**80**	**46**	**34**	**135.29**	**24**	**12**	**12**	**100.00**
西秀区	7	4	3	133.33	6	1	5	20.00
平坝区	7	2	5	40.00	2	2		
普定县	23	14	9	155.56	3	2	1	200.00
镇宁布依族苗族自治县	16	11	5	220.00	1		1	
关岭布依族苗族自治县	15	11	4	275.00	6	4	2	200.00
紫云苗族布依族自治县	12	4	8	50.00	6	3	3	100.00
毕节市	**388**	**205**	**183**	**112.02**	**236**	**128**	**108**	**118.52**
七星关区	65	35	30	116.67	46	22	24	91.67
大方县	56	32	24	133.33	23	15	8	187.50
黔西县	23	12	11	109.09	16	10	6	166.67
金沙县	18	10	8	125.00	4	1	3	33.33
织金县	52	26	26	100.00	25	16	9	177.78
纳雍县	37	22	15	146.67	44	27	17	158.82
威宁彝族回族苗族自治县	80	39	41	95.12	52	24	28	85.71
赫章县	57	29	28	103.57	26	13	13	100.00

6-1c 续表 5

单位：人

地区	第四孩				第五孩及以上			
	小计	男	女	性别比(女=100)	小计	男	女	性别比(女=100)
铜仁市	**61**	**39**	**22**	**177.27**	**33**	**16**	**17**	**94.12**
碧江区	6	3	3	100.00	1		1	
万山区	4	4			2	2		
江口县	1		1					
玉屏侗族自治县								
石阡县	10	4	6	66.67	3		3	
思南县	5	3	2	150.00	1	1		
印江土家族苗族自治县	7	6	1	600.00	1	1		
德江县	4	4			4	2	2	100.00
沿河土家族自治县	13	8	5	160.00	8	3	5	60.00
松桃苗族自治县	11	7	4	175.00	13	7	6	116.67
黔西南布依族苗族自治州	**90**	**49**	**41**	**119.51**	**29**	**17**	**12**	**141.67**
兴义市	12	9	3	300.00	3	2	1	200.00
兴仁市	13	7	6	116.67	8	7	1	700.00
普安县	15	7	8	87.50	3	2	1	200.00
晴隆县	11	5	6	83.33	5	2	3	66.67
贞丰县	17	9	8	112.50	2	1	1	100.00
望谟县	5	2	3	66.67				
册亨县	2	1	1	100.00	1		1	
安龙县	15	9	6	150.00	7	3	4	75.00
黔东南苗族侗族自治州	**110**	**68**	**42**	**161.90**	**44**	**26**	**18**	**144.44**
凯里市	5	2	3	66.67	1	1		
黄平县	2	2			3	1	2	50.00
施秉县	1	1			2	1	1	100.00
三穗县	1	1			1	1		
镇远县	3	1	2	50.00				
岑巩县	2	2						
天柱县	4	4			4	2	2	100.00
锦屏县	4	2	2	100.00	1	1		
剑河县	5	4	1	400.00	2	1	1	100.00
台江县	2	1	1	100.00	6	3	3	100.00
黎平县	19	11	8	137.50	2	1	1	100.00
榕江县	12	4	8	50.00	7	4	3	133.33
从江县	43	29	14	207.14	12	9	3	300.00
雷山县	2	1	1	100.00	1		1	
麻江县	3	3						
丹寨县	2		2		2	1	1	100.00
黔南布依族苗族自治州	**65**	**41**	**24**	**170.83**	**17**	**12**	**5**	**240.00**
都匀市	2	1	1	100.00				
福泉市	5	5			2	2		
荔波县	3	3			1		1	
贵定县	5	4	1	400.00	2		2	
瓮安县	5	2	3	66.67				
独山县	2	1	1	100.00	1	1		
平塘县	6	2	4	50.00				
罗甸县	2	1	1	100.00				
长顺县	2		2					
龙里县	6	3	3	100.00	3	1	2	50.00
惠水县	11	9	2	450.00	2	2		
三都水族自治县	16	10	6	166.67	6	6		

6-2 全省按年龄、受教育程度、生育孩次

受教育程度 年龄	合计	生男孩的 妇女人数	生女孩的 妇女人数	一孩 小计	一孩 男	一孩 女
总计	**48984**	**26050**	**22934**	**19010**	**10094**	**8916**
15—19岁	**2274**	**1206**	**1068**	**1680**	**900**	**780**
15	53	26	27	52	25	27
16	173	94	79	157	83	74
17	372	197	175	312	167	145
18	659	358	301	490	273	217
19	1017	531	486	669	352	317
20—24岁	**12432**	**6535**	**5897**	**6400**	**3405**	**2995**
20	1587	833	754	990	551	439
21	1949	1031	918	1067	588	479
22	2750	1441	1309	1450	773	677
23	2993	1597	1396	1452	763	689
24	3153	1633	1520	1441	730	711
25—29岁	**16200**	**8559**	**7641**	**6902**	**3671**	**3231**
25	3339	1739	1600	1537	816	721
26	3296	1731	1565	1462	779	683
27	3456	1883	1573	1531	844	687
28	3223	1668	1555	1306	690	616
29	2886	1538	1348	1066	542	524
30—34岁	**11873**	**6377**	**5496**	**2988**	**1583**	**1405**
30	2985	1613	1372	913	501	412
31	2616	1372	1244	676	340	336
32	2397	1273	1124	569	302	267
33	2233	1240	993	515	279	236
34	1642	879	763	315	161	154
35—39岁	**4370**	**2341**	**2029**	**763**	**392**	**371**
35	1213	669	544	224	113	111
36	988	553	435	166	93	73
37	829	415	414	152	68	84
38	731	378	353	115	57	58
39	609	326	283	106	61	45
40—44岁	**1494**	**839**	**655**	**220**	**115**	**105**
40	499	283	216	73	38	35
41	365	189	176	55	25	30
42	288	173	115	45	24	21
43	195	114	81	27	13	14
44	147	80	67	20	15	5
45—49岁	**341**	**193**	**148**	**57**	**28**	**29**
45	106	54	52	13	4	9
46	103	59	44	19	9	10
47	47	28	19	6	3	3
48	44	24	20	5	3	2
49	41	28	13	14	9	5

分的育龄妇女人数(2019.11.1—2020.10.31)

单位：人

二孩			三孩及以上		
小计	男	女	小计	男	女
20839	**10911**	**9928**	**9135**	**5045**	**4090**
517	**271**	**246**	**77**	**35**	**42**
1	1				
15	10	5	1	1	
54	28	26	6	2	4
149	79	70	20	6	14
298	153	145	50	26	24
4510	**2319**	**2191**	**1522**	**811**	**711**
463	215	248	134	67	67
691	350	341	191	93	98
971	500	471	329	168	161
1122	613	509	419	221	198
1263	641	622	449	262	187
6542	**3347**	**3195**	**2756**	**1541**	**1215**
1254	616	638	548	307	241
1287	665	622	547	287	260
1394	729	665	531	310	221
1355	679	676	562	299	263
1252	658	594	568	338	230
6158	**3275**	**2883**	**2727**	**1519**	**1208**
1437	759	678	635	353	282
1376	712	664	564	320	244
1261	671	590	567	300	267
1201	658	543	517	303	214
883	475	408	444	243	201
2259	**1204**	**1055**	**1348**	**745**	**603**
654	368	286	335	188	147
502	269	233	320	191	129
431	221	210	246	126	120
375	189	186	241	132	109
297	157	140	206	108	98
700	**398**	**302**	**574**	**326**	**248**
237	134	103	189	111	78
176	97	79	134	67	67
127	74	53	116	75	41
89	57	32	79	44	35
71	36	35	56	29	27
153	**97**	**56**	**131**	**68**	**63**
49	32	17	44	18	26
46	31	15	38	19	19
22	13	9	19	12	7
22	12	10	17	9	8
14	9	5	13	10	3

6-2 续表 1

受教育程度 年龄	合计	生男孩的妇女人数	生女孩的妇女人数	一孩		
				小计	男	女
未上过学	**446**	**243**	**203**	**65**	**33**	**32**
15-19岁	**11**	**6**	**5**	**5**	**3**	**2**
15						
16						
17	1	1		1	1	
18	5	2	3	2		2
19	5	3	2	2	2	
20-24岁	**65**	**34**	**31**	**16**	**8**	**8**
20	5	3	2			
21	9	6	3	3	1	2
22	14	10	4	7	5	2
23	11	2	9	1		1
24	26	13	13	5	2	3
25-29岁	**65**	**41**	**24**	**8**	**6**	**2**
25	11	9	2	1	1	
26	11	7	4	2	1	1
27	11	6	5			
28	18	10	8	3	2	1
29	14	9	5	2	2	
30-34岁	**96**	**50**	**46**	**16**	**9**	**7**
30	18	7	11	5	3	2
31	16	6	10	2		2
32	18	13	5	2	2	
33	19	13	6	5	4	1
34	25	11	14	2		2
35-39岁	**97**	**53**	**44**	**7**	**3**	**4**
35	19	13	6	2	2	
36	13	6	7			
37	16	9	7	1		1
38	26	15	11	2		2
39	23	10	13	2	1	1
40-44岁	**81**	**43**	**38**	**10**	**3**	**7**
40	18	7	11	3		3
41	21	14	7	1	1	
42	17	8	9	2		2
43	18	10	8	2	1	1
44	7	4	3	2	1	1
45-49岁	**31**	**16**	**15**	**3**	**1**	**2**
45	6	1	5	2		2
46	10	6	4			
47	7	4	3			
48	6	3	3	1	1	
49	2	2				

单位：人

二孩			三孩及以上		
小计	男	女	小计	男	女
112	**59**	**53**	**269**	**151**	**118**
5	**2**	**3**	**1**	**1**	
2	1	1	1	1	
3	1	2			
21	**9**	**12**	**28**	**17**	**11**
5	3	2			
2	1	1	4	4	
3	2	1	4	3	1
3		3	7	2	5
8	3	5	13	8	5
14	**10**	**4**	**43**	**25**	**18**
1	1		9	7	2
4	3	1	5	3	2
2	2		9	4	5
5	3	2	10	5	5
2	1	1	10	6	4
29	**15**	**14**	**51**	**26**	**25**
6	1	5	7	3	4
5	1	4	9	5	4
4	4		12	7	5
6	5	1	8	4	4
8	4	4	15	7	8
24	**14**	**10**	**66**	**36**	**30**
2	2		15	9	6
5	2	3	8	4	4
3	2	1	12	7	5
6	4	2	18	11	7
8	4	4	13	5	8
15	**7**	**8**	**56**	**33**	**23**
1		1	14	7	7
4	2	2	16	11	5
5	3	2	10	5	5
4	2	2	12	7	5
1		1	4	3	1
4	**2**	**2**	**24**	**13**	**11**
1		1	3	1	2
2	2		8	4	4
1		1	6	4	2
			5	2	3
			2	2	

6-2 续表 2

受教育程度 年　　龄	合 计	生男孩的 妇女人数	生女孩的 妇女人数	一 孩		
				小计	男	女
学前教育	**8**	**5**	**3**	**5**	**3**	**2**
15-19岁						
15						
16						
17						
18						
19						
20-24岁	**2**	**2**		**2**	**2**	
20						
21	1	1		1	1	
22						
23						
24	1	1		1	1	
25-29岁	**4**	**2**	**2**	**2**	**1**	**1**
25	2	2		1	1	
26						
27	1		1			
28	1		1	1		1
29						
30-34岁	**1**		**1**	**1**		**1**
30						
31						
32						
33	1		1	1		1
34						
35-39岁	**1**	**1**				
35						
36	1	1				
37						
38						
39						
40-44岁						
40						
41						
42						
43						
44						
45-49岁						
45						
46						
47						
48						
49						

单位：人

二孩			三孩及以上		
小计	男	女	小计	男	女
1	**1**		**2**	**1**	**1**
1	**1**		**1**		**1**
1	1				
			1		1
			1	**1**	
			1	1	

6-2 续表 3

受教育程度 年龄	合计	生男孩的妇女人数	生女孩的妇女人数	一孩 小计	一孩 男	一孩 女
小 学	**5063**	**2707**	**2356**	**1032**	**558**	**474**
15-19岁	**201**	**102**	**99**	**110**	**54**	**56**
15	3		3	3		3
16	13	6	7	7	3	4
17	28	12	16	18	8	10
18	61	36	25	39	23	16
19	96	48	48	43	20	23
20-24岁	**968**	**544**	**424**	**285**	**180**	**105**
20	150	86	64	66	45	21
21	158	86	72	54	31	23
22	206	117	89	61	42	19
23	219	127	92	55	35	20
24	235	128	107	49	27	22
25-29岁	**1150**	**624**	**526**	**212**	**122**	**90**
25	250	146	104	55	32	23
26	226	113	113	35	20	15
27	249	140	109	45	28	17
28	225	120	105	47	26	21
29	200	105	95	30	16	14
30-34岁	**1255**	**674**	**581**	**212**	**102**	**110**
30	260	124	136	48	16	32
31	257	144	113	47	28	19
32	249	135	114	40	21	19
33	267	151	116	48	23	25
34	222	120	102	29	14	15
35-39岁	**860**	**432**	**428**	**131**	**61**	**70**
35	187	85	102	26	12	14
36	181	99	82	26	14	12
37	150	71	79	24	10	14
38	166	84	82	24	10	14
39	176	93	83	31	15	16
40-44岁	**486**	**257**	**229**	**61**	**31**	**30**
40	141	78	63	16	9	7
41	112	48	64	13	7	6
42	100	59	41	17	9	8
43	66	38	28	8	2	6
44	67	34	33	7	4	3
45-49岁	**143**	**74**	**69**	**21**	**8**	**13**
45	51	24	27	5	2	3
46	32	17	15	6	2	4
47	20	12	8	3	1	2
48	23	12	11			
49	17	9	8	7	3	4

单位：人

二孩			三孩及以上		
小计	男	女	小计	男	女
1767	**938**	**829**	**2264**	**1211**	**1053**
64	**38**	**26**	**27**	**10**	**17**
6	3	3			
7	3	4	3	1	2
16	12	4	6	1	5
35	20	15	18	8	10
374	**196**	**178**	**309**	**168**	**141**
52	22	30	32	19	13
66	39	27	38	16	22
70	35	35	75	40	35
96	53	43	68	39	29
90	47	43	96	54	42
410	**210**	**200**	**528**	**292**	**236**
74	40	34	121	74	47
77	36	41	114	57	57
100	53	47	104	59	45
79	41	38	99	53	46
80	40	40	90	49	41
424	**240**	**184**	**619**	**332**	**287**
80	43	37	132	65	67
97	54	43	113	62	51
89	56	33	120	58	62
91	51	40	128	77	51
67	36	31	126	70	56
290	**144**	**146**	**439**	**227**	**212**
72	31	41	89	42	47
60	31	29	95	54	41
54	26	28	72	35	37
51	25	26	91	49	42
53	31	22	92	47	45
151	**77**	**74**	**274**	**149**	**125**
48	20	28	77	49	28
35	16	19	64	25	39
23	12	11	60	38	22
21	16	5	37	20	17
24	13	11	36	17	19
54	**33**	**21**	**68**	**33**	**35**
18	11	7	28	11	17
10	5	5	16	10	6
10	8	2	7	3	4
12	6	6	11	6	5
4	3	1	6	3	3

6-2 续表 4

受教育程度 年龄	合计	生男孩的妇女人数	生女孩的妇女人数	一孩		
				小计	男	女
初 中	**25408**	**13477**	**11931**	**8671**	**4644**	**4027**
15-19岁	**1820**	**969**	**851**	**1351**	**732**	**619**
15	50	26	24	49	25	24
16	156	86	70	146	78	68
17	329	176	153	279	150	129
18	513	271	242	377	207	170
19	772	410	362	500	272	228
20-24岁	**7913**	**4144**	**3769**	**3585**	**1921**	**1664**
20	1140	581	559	683	368	315
21	1366	719	647	687	389	298
22	1769	920	849	820	435	385
23	1860	991	869	751	401	350
24	1778	933	845	644	328	316
25-29岁	**7832**	**4082**	**3750**	**2269**	**1198**	**1071**
25	1833	946	887	630	328	302
26	1666	874	792	515	279	236
27	1617	862	755	472	254	218
28	1425	721	704	350	181	169
29	1291	679	612	302	156	146
30-34岁	**5251**	**2817**	**2434**	**1008**	**536**	**472**
30	1342	726	616	267	153	114
31	1140	583	557	224	104	120
32	1051	560	491	197	103	94
33	970	544	426	178	103	75
34	748	404	344	142	73	69
35-39岁	**1905**	**1062**	**843**	**345**	**193**	**152**
35	519	305	214	90	49	41
36	442	251	191	83	49	34
37	363	186	177	70	31	39
38	321	174	147	57	34	23
39	260	146	114	45	30	15
40-44岁	**584**	**343**	**241**	**98**	**54**	**44**
40	227	131	96	39	21	18
41	135	78	57	23	10	13
42	103	65	38	17	10	7
43	75	42	33	13	7	6
44	44	27	17	6	6	
45-49岁	**103**	**60**	**43**	**15**	**10**	**5**
45	31	19	12	1	1	
46	36	19	17	6	3	3
47	12	7	5	2	1	1
48	10	5	5	2	1	1
49	14	10	4	4	4	

单位：人

二孩			三孩及以上		
小计	男	女	小计	男	女
11210	**5783**	**5427**	**5527**	**3050**	**2477**
421	**214**	**207**	**48**	**23**	**25**
1	1				
9	7	2	1	1	
47	25	22	3	1	2
123	60	63	13	4	9
241	121	120	31	17	14
3260	**1664**	**1596**	**1068**	**559**	**509**
362	169	193	95	44	51
538	261	277	141	69	72
718	371	347	231	114	117
804	432	372	305	158	147
838	431	407	296	174	122
3717	**1849**	**1868**	**1846**	**1035**	**811**
825	409	416	378	209	169
781	397	384	370	198	172
793	403	390	352	205	147
701	340	361	374	200	174
617	300	317	372	223	149
2590	**1368**	**1222**	**1653**	**913**	**740**
672	341	331	403	232	171
565	286	279	351	193	158
505	271	234	349	186	163
496	276	220	296	165	131
352	194	158	254	137	117
885	**490**	**395**	**675**	**379**	**296**
257	152	105	172	104	68
184	98	86	175	104	71
163	93	70	130	62	68
155	79	76	109	61	48
126	68	58	89	48	41
279	**165**	**114**	**207**	**124**	**83**
106	63	43	82	47	35
68	41	27	44	27	17
46	28	18	40	27	13
36	21	15	26	14	12
23	12	11	15	9	6
58	**33**	**25**	**30**	**17**	**13**
19	12	7	11	6	5
18	12	6	12	4	8
7	3	4	3	3	
7	3	4	1	1	
7	3	4	3	3	

6-2 续表 5

受教育程度 年 龄	合 计	生男孩的 妇女人数	生女孩的 妇女人数	一 孩		
				小计	男	女
高 中	**6069**	**3224**	**2845**	**2755**	**1478**	**1277**
15-19岁	**219**	**119**	**100**	**197**	**106**	**91**
15						
16	4	2	2	4	2	2
17	13	8	5	13	8	5
18	76	47	29	70	43	27
19	126	62	64	110	53	57
20-24岁	**1923**	**1007**	**916**	**1237**	**644**	**593**
20	228	126	102	186	106	80
21	297	157	140	221	115	106
22	469	238	231	318	160	158
23	453	239	214	270	137	133
24	476	247	229	242	126	116
25-29岁	**2056**	**1087**	**969**	**900**	**494**	**406**
25	460	223	237	240	130	110
26	394	202	192	171	87	84
27	438	244	194	206	118	88
28	408	205	203	156	82	74
29	356	213	143	127	77	50
30-34岁	**1320**	**719**	**601**	**311**	**180**	**131**
30	338	183	155	87	56	31
31	303	163	140	69	41	28
32	265	146	119	54	32	22
33	247	140	107	63	33	30
34	167	87	80	38	18	20
35-39岁	**402**	**208**	**194**	**83**	**41**	**42**
35	132	66	66	32	13	19
36	88	50	38	17	11	6
37	85	43	42	20	8	12
38	56	24	32	7	2	5
39	41	25	16	7	7	
40-44岁	**122**	**68**	**54**	**18**	**10**	**8**
40	43	23	20	6	3	3
41	33	17	16	4	1	3
42	23	13	10	2	1	1
43	14	10	4	2	2	
44	9	5	4	4	3	1
45-49岁	**27**	**16**	**11**	**9**	**3**	**6**
45	8	4	4	3	1	2
46	9	5	4	3	1	2
47	2	1	1			
48	2	1	1	1		1
49	6	5	1	2	1	1

单位：人

二孩			三孩及以上		
小计	男	女	小计	男	女
2673	**1372**	**1301**	**641**	**374**	**267**
21	**12**	**9**	**1**	**1**	
6	4	2			
15	8	7	1	1	
589	**307**	**282**	**97**	**56**	**41**
36	17	19	6	3	3
68	38	30	8	4	4
136	68	68	15	10	5
150	84	66	33	18	15
199	100	99	35	21	14
944	**478**	**466**	**212**	**115**	**97**
189	82	107	31	11	20
186	98	88	37	17	20
191	100	91	41	26	15
209	101	108	43	22	21
169	97	72	60	39	21
781	**399**	**382**	**228**	**140**	**88**
187	89	98	64	38	26
187	94	93	47	28	19
165	84	81	46	30	16
139	77	62	45	30	15
103	55	48	26	14	12
243	**120**	**123**	**76**	**47**	**29**
74	41	33	26	12	14
52	25	27	19	14	5
47	22	25	18	13	5
42	19	23	7	3	4
28	13	15	6	5	1
81	**46**	**35**	**23**	**12**	**11**
25	13	12	12	7	5
22	14	8	7	2	5
18	10	8	3	2	1
11	7	4	1	1	
5	2	3			
14	**10**	**4**	**4**	**3**	**1**
5	3	2			
6	4	2			
			2	1	1
1	1				
2	2		2	2	

6-2 续表 6

受教育程度 年　龄	合　计	生男孩的 妇女人数	生女孩的 妇女人数	一　孩		
				小计	男	女
大学专科	**5740**	**3054**	**2686**	**3020**	**1579**	**1441**
15-19岁	**22**	**10**	**12**	**16**	**5**	**11**
15						
16						
17	1		1	1		1
18	3	2	1	1		1
19	18	8	10	14	5	9
20-24岁	**1229**	**626**	**603**	**983**	**498**	**485**
20	60	34	26	51	29	22
21	106	56	50	90	45	45
22	255	133	122	209	110	99
23	361	192	169	298	153	145
24	447	211	236	335	161	174
25-29岁	**2375**	**1275**	**1100**	**1453**	**767**	**686**
25	482	255	227	347	185	162
26	542	302	240	363	202	161
27	495	270	225	303	160	143
28	460	235	225	256	127	129
29	396	213	183	184	93	91
30-34岁	**1523**	**811**	**712**	**461**	**251**	**210**
30	388	214	174	139	75	64
31	346	181	165	95	46	49
32	330	161	169	106	55	51
33	283	156	127	83	51	32
34	176	99	77	38	24	14
35-39岁	**460**	**251**	**209**	**82**	**41**	**41**
35	152	87	65	31	15	16
36	104	65	39	15	7	8
37	88	47	41	17	11	6
38	66	27	39	8	2	6
39	50	25	25	11	6	5
40-44岁	**109**	**65**	**44**	**20**	**13**	**7**
40	29	17	12	5	3	2
41	35	20	15	10	6	4
42	23	14	9	4	3	1
43	10	8	2			
44	12	6	6	1	1	
45-49岁	**22**	**16**	**6**	**5**	**4**	**1**
45	6	3	3	1		1
46	6	5	1	1	1	
47	6	4	2	1	1	
48	3	3		1	1	
49	1	1		1	1	

单位：人

二孩			三孩及以上		
小计	男	女	小计	男	女
2417	**1291**	**1126**	**303**	**184**	**119**
6	**5**	**1**			
2	2				
4	3	1			
228	**118**	**110**	**18**	**10**	**8**
8	4	4	1	1	
16	11	5			
43	23	20	3		3
58	35	23	5	4	1
103	45	58	9	5	4
829	**454**	**375**	**93**	**54**	**39**
126	64	62	9	6	3
162	91	71	17	9	8
178	100	78	14	10	4
175	93	82	29	15	14
188	106	82	24	14	10
941	**482**	**459**	**121**	**78**	**43**
224	126	98	25	13	12
224	114	110	27	21	6
194	91	103	30	15	15
173	86	87	27	19	8
126	65	61	12	10	2
320	**174**	**146**	**58**	**36**	**22**
100	58	42	21	14	7
76	49	27	13	9	4
62	29	33	9	7	2
47	20	27	11	5	6
35	18	17	4	1	3
80	**47**	**33**	**9**	**5**	**4**
21	14	7	3		3
24	13	11	1	1	
17	9	8	2	2	
8	6	2	2	2	
10	5	5	1		1
13	**11**	**2**	**4**	**1**	**3**
3	3		2		2
4	4		1		1
4	2	2	1	1	
2	2				

6-2 续表 7

受教育程度 年 龄	合 计	生男孩的 妇女人数	生女孩的 妇女人数	一 孩		
				小计	男	女
大学本科	**5911**	**3157**	**2754**	**3261**	**1699**	**1562**
15—19岁	**1**		**1**	**1**		**1**
15						
16						
17						
18	1		1	1		1
19						
20—24岁	**329**	**178**	**151**	**289**	**152**	**137**
20	4	3	1	4	3	1
21	12	6	6	11	6	5
22	37	23	14	35	21	14
23	88	46	42	76	37	39
24	188	100	88	163	85	78
25—29岁	**2633**	**1406**	**1227**	**1979**	**1043**	**936**
25	299	157	142	261	138	123
26	452	229	223	371	186	185
27	628	350	278	488	273	215
28	660	365	295	469	260	209
29	594	305	289	390	186	204
30—34岁	**2233**	**1199**	**1034**	**873**	**451**	**422**
30	587	327	260	325	173	152
31	508	274	234	213	111	102
32	442	234	208	155	80	75
33	413	216	197	121	58	63
34	283	148	135	59	29	30
35—39岁	**600**	**306**	**294**	**105**	**47**	**58**
35	189	102	87	39	19	20
36	145	75	70	22	11	11
37	120	54	66	17	6	11
38	91	51	40	17	9	8
39	55	24	31	10	2	8
40—44岁	**102**	**58**	**44**	**11**	**4**	**7**
40	36	25	11	3	2	1
41	26	10	16	3		3
42	20	13	7	3	1	2
43	12	6	6	2	1	1
44	8	4	4			
45—49岁	**13**	**10**	**3**	**3**	**2**	**1**
45	3	2	1	1		1
46	9	7	2	2	2	
47						
48						
49	1	1				

单位：人

二孩			三孩及以上		
小计	男	女	小计	男	女
2525	**1387**	**1138**	**125**	**71**	**54**
38	**25**	**13**	**2**	**1**	**1**
1		1			
1	1		1	1	
11	9	2	1		1
25	15	10			
621	**343**	**278**	**33**	**20**	**13**
38	19	19			
77	40	37	4	3	1
130	71	59	10	6	4
184	101	83	7	4	3
192	112	80	12	7	5
1307	**720**	**587**	**53**	**28**	**25**
258	152	106	4	2	2
279	153	126	16	10	6
277	150	127	10	4	6
280	151	129	12	7	5
213	114	99	11	5	6
463	**240**	**223**	**32**	**19**	**13**
138	76	62	12	7	5
115	59	56	8	5	3
98	46	52	5	2	3
69	39	30	5	3	2
43	20	23	2	2	
87	**52**	**35**	**4**	**2**	**2**
32	22	10	1	1	
22	10	12	1		1
16	11	5	1	1	
9	5	4	1		1
8	4	4			
9	**7**	**2**	**1**	**1**	
2	2				
6	4	2	1	1	
1	1				

6-2 续表 8

受教育程度 年 龄	合 计	生男孩的 妇女人数	生女孩的 妇女人数	一 孩		
				小计	男	女
硕士研究生	**313**	**169**	**144**	**186**	**93**	**93**
15-19岁						
15						
16						
17						
18						
19						
20-24岁	**3**		**3**	**3**		**3**
20						
21						
22						
23	1		1	1		1
24	2		2	2		2
25-29岁	**82**	**40**	**42**	**76**	**38**	**38**
25	2	1	1	2	1	1
26	5	4	1	5	4	1
27	15	9	6	15	9	6
28	25	12	13	23	12	11
29	35	14	21	31	12	19
30-34岁	**179**	**100**	**79**	**96**	**49**	**47**
30	47	30	17	38	23	15
31	45	21	24	25	10	15
32	38	21	17	13	7	6
33	29	18	11	13	6	7
34	20	10	10	7	3	4
35-39岁	**39**	**24**	**15**	**9**	**6**	**3**
35	15	11	4	4	3	1
36	12	4	8	3	1	2
37	6	5	1	2	2	
38	3	1	2			
39	3	3				
40-44岁	**9**	**5**	**4**	**1**		**1**
40	5	2	3	1		1
41	2	2				
42	2	1	1			
43						
44						
45-49岁	**1**		**1**	**1**		**1**
45						
46	1		1	1		1
47						
48						
49						

单位：人

二孩			三孩及以上		
小计	男	女	小计	男	女
123	**73**	**50**	**4**	**3**	**1**
6	**2**	**4**			
2		2			
4	2	2			
81	**49**	**32**	**2**	**2**	
9	7	2			
19	10	9	1	1	
25	14	11			
15	11	4	1	1	
13	7	6			
29	**18**	**11**	**1**		**1**
11	8	3			
8	3	5	1		1
4	3	1			
3	1	2			
3	3				
7	**4**	**3**	**1**	**1**	
4	2	2			
1	1		1	1	
2	1	1			

6-2 续表 9

受教育程度 年 龄	合 计	生男孩的 妇女人数	生女孩的 妇女人数	一 孩		
				小计	男	女
博士研究生	**26**	**14**	**12**	**15**	**7**	**8**
15-19岁						
15						
16						
17						
18						
19						
20-24岁						
20						
21						
22						
23						
24						
25-29岁	**3**	**2**	**1**	**3**	**2**	**1**
25						
26						
27	2	2		2	2	
28	1		1	1		1
29						
30-34岁	**15**	**7**	**8**	**10**	**5**	**5**
30	5	2	3	4	2	2
31	1		1	1		1
32	4	3	1	2	2	
33	4	2	2	3	1	2
34	1		1			
35-39岁	**6**	**4**	**2**	**1**		**1**
35						
36	2	2				
37	1		1	1		1
38	2	2				
39	1		1			
40-44岁	**1**		**1**	**1**		**1**
40						
41	1		1	1		1
42						
43						
44						
45-49岁	**1**	**1**				
45	1	1				
46						
47						
48						
49						

单位：人

二　孩			三孩及以上		
小计	男	女	小计	男	女
11	**7**	**4**			
5	**2**	**3**			
1		1			
2	1	1			
1	1				
1		1			
5	**4**	**1**			
2	2				
2	2				
1		1			
1	**1**				
1	1				

6-2a 全省按年龄、受教育程度、生育孩次

受教育程度 年 龄	合 计	生男孩的 妇女人数	生女孩的 妇女人数	一 孩		
				小计	男	女
总 计	**13648**	**7271**	**6377**	**6088**	**3184**	**2904**
15-19岁	**229**	**127**	**102**	**180**	**102**	**78**
15	2	1	1	2	1	1
16	13	8	5	12	8	4
17	25	13	12	21	11	10
18	57	33	24	43	26	17
19	132	72	60	102	56	46
20-24岁	**2246**	**1186**	**1060**	**1439**	**746**	**693**
20	219	118	101	160	88	72
21	292	170	122	200	117	83
22	491	256	235	308	162	146
23	571	294	277	368	181	187
24	673	348	325	403	198	205
25-29岁	**4806**	**2539**	**2267**	**2697**	**1416**	**1281**
25	774	404	370	459	251	208
26	907	478	429	534	273	261
27	1048	567	481	609	327	282
28	1067	543	524	565	280	285
29	1010	547	463	530	285	245
30-34岁	**4327**	**2330**	**1997**	**1374**	**726**	**648**
30	1041	586	455	428	226	202
31	973	514	459	333	161	172
32	867	458	409	263	148	115
33	827	454	373	221	123	98
34	619	318	301	129	68	61
35-39岁	**1542**	**813**	**729**	**303**	**150**	**153**
35	463	248	215	103	49	54
36	344	195	149	59	32	27
37	290	143	147	59	27	32
38	246	123	123	39	16	23
39	199	104	95	43	26	17
40-44岁	**406**	**223**	**183**	**74**	**35**	**39**
40	139	75	64	26	12	14
41	105	52	53	22	7	15
42	75	44	31	10	6	4
43	51	29	22	8	3	5
44	36	23	13	8	7	1
45-49岁	**92**	**53**	**39**	**21**	**9**	**12**
45	24	12	12	5	1	4
46	32	22	10	7	4	3
47	12	6	6	2	1	1
48	10	4	6	2	1	1
49	14	9	5	5	2	3

分的育龄妇女人数(2019.11.1—2020.10.31)(城市)

单位：人

二孩			三孩及以上		
小计	男	女	小计	男	女
6100	**3244**	**2856**	**1460**	**843**	**617**
45	**24**	**21**	**4**	**1**	**3**
1		1			
4	2	2			
13	7	6	1		1
27	15	12	3	1	2
675	**366**	**309**	**132**	**74**	**58**
43	21	22	16	9	7
76	45	31	16	8	8
157	81	76	26	13	13
172	97	75	31	16	15
227	122	105	43	28	15
1729	**902**	**827**	**380**	**221**	**159**
247	116	131	68	37	31
302	164	138	71	41	30
367	196	171	72	44	28
412	211	201	90	52	38
401	215	186	79	47	32
2410	**1281**	**1129**	**543**	**323**	**220**
507	292	215	106	68	38
524	279	245	116	74	42
506	256	250	98	54	44
490	258	232	116	73	43
383	196	187	107	54	53
958	**510**	**448**	**281**	**153**	**128**
280	157	123	80	42	38
212	120	92	73	43	30
192	96	96	39	20	19
155	78	77	52	29	23
119	59	60	37	19	18
236	**129**	**107**	**96**	**59**	**37**
84	47	37	29	16	13
61	31	30	22	14	8
43	22	21	22	16	6
31	20	11	12	6	6
17	9	8	11	7	4
47	**32**	**15**	**24**	**12**	**12**
15	10	5	4	1	3
16	15	1	9	3	6
5	1	4	5	4	1
5	2	3	3	1	2
6	4	2	3	3	

6-2a 续表 1

受教育程度 年龄	合计	生男孩的妇女人数	生女孩的妇女人数	一孩 小计	一孩 男	一孩 女
未上过学	**45**	**30**	**15**	**7**	**4**	**3**
15-19岁						
15						
16						
17						
18						
19						
20-24岁	**4**	**2**	**2**	**2**	**1**	**1**
20						
21						
22	1		1	1		1
23						
24	3	2	1	1	1	
25-29岁	**9**	**7**	**2**			
25	2	2				
26	1	1				
27	1	1				
28	3	2	1			
29	2	1	1			
30-34岁	**12**	**9**	**3**	**1**	**1**	
30	1	1				
31	2	1	1			
32	2	2				
33	4	3	1	1	1	
34	3	2	1			
35-39岁	**11**	**8**	**3**	**2**	**1**	**1**
35	2	2		1	1	
36	2	1	1			
37						
38	4	3	1	1		1
39	3	2	1			
40-44岁	**8**	**4**	**4**	**2**	**1**	**1**
40	2	1	1			
41	2	2		1	1	
42	2	1	1			
43	2		2	1		1
44						
45-49岁	**1**		**1**			
45						
46	1		1			
47						
48						
49						

单位：人

二孩			三孩及以上		
小计	男	女	小计	男	女
14	**10**	**4**	**24**	**16**	**8**
			2	**1**	**1**
			2	1	1
3	**3**		**6**	**4**	**2**
			2	2	
			1	1	
1	1				
2	2		1		1
			2	1	1
5	**3**	**2**	**6**	**5**	**1**
			1	1	
1		1	1	1	
1	1		1	1	
2	1	1	1	1	
1	1		2	1	1
4	**3**	**1**	**5**	**4**	**1**
			1	1	
2	1	1			
			3	3	
2	2		1		1
2	**1**	**1**	**4**	**2**	**2**
			2	1	1
1	1				
			2	1	1
1		1			
			1		**1**
			1		1

6-2a 续表 2

受教育程度 年龄	合计	生男孩的妇女人数	生女孩的妇女人数	一孩 小计	一孩 男	一孩 女
学前教育	**2**	**2**		**1**	**1**	
15—19岁						
15						
16						
17						
18						
19						
20—24岁						
20						
21						
22						
23						
24						
25—29岁	**2**	**2**		**1**	**1**	
25	2	2		1	1	
26						
27						
28						
29						
30—34岁						
30						
31						
32						
33						
34						
35—39岁						
35						
36						
37						
38						
39						
40—44岁						
40						
41						
42						
43						
44						
45—49岁						
45						
46						
47						
48						
49						

单位：人

二孩			三孩及以上		
小计	男	女	小计	男	女
1	**1**				
1	**1**				
1	1				

6-2a 续表 3

受教育程度 年龄	合计	生男孩的 妇女人数	生女孩的 妇女人数	一孩		
				小计	男	女
小学	**611**	**326**	**285**	**137**	**75**	**62**
15-19岁	**15**	**10**	**5**	**6**	**5**	**1**
15						
16	1		1			
17	2	1	1	1	1	
18	5	4	1	2	2	
19	7	5	2	3	2	1
20-24岁	**85**	**49**	**36**	**35**	**20**	**15**
20	9	6	3	5	3	2
21	15	7	8	7	3	4
22	18	13	5	12	8	4
23	21	10	11	7	4	3
24	22	13	9	4	2	2
25-29岁	**138**	**79**	**59**	**43**	**26**	**17**
25	32	17	15	12	6	6
26	16	10	6	5	4	1
27	34	20	14	10	8	2
28	26	16	10	10	5	5
29	30	16	14	6	3	3
30-34岁	**174**	**95**	**79**	**27**	**15**	**12**
30	36	19	17	11	4	7
31	39	21	18	5	3	2
32	37	23	14	5	4	1
33	31	18	13	4	2	2
34	31	14	17	2	2	
35-39岁	**124**	**59**	**65**	**15**	**6**	**9**
35	30	13	17	4	1	3
36	26	14	12	1		1
37	15	5	10	2		2
38	24	12	12	2	2	
39	29	15	14	6	3	3
40-44岁	**53**	**26**	**27**	**5**	**2**	**3**
40	14	5	9	2	1	1
41	11	5	6			
42	12	6	6	2	1	1
43	6	4	2	1		1
44	10	6	4			
45-49岁	**22**	**8**	**14**	**6**	**1**	**5**
45	5	3	2	2	1	1
46	5	2	3	1		1
47	4	1	3	1		1
48	5	1	4			
49	3	1	2	2		2

单位：人

二孩			三孩及以上		
小计	男	女	小计	男	女
246	**132**	**114**	**228**	**119**	**109**
8	**5**	**3**	**1**		**1**
1		1			
1		1			
3	2	1			
3	3		1		1
31	**20**	**11**	**19**	**9**	**10**
2	1	1	2	2	
5	3	2	3	1	2
3	3		3	2	1
9	4	5	5	2	3
12	9	3	6	2	4
49	**27**	**22**	**46**	**26**	**20**
6	1	5	14	10	4
5	3	2	6	3	3
16	10	6	8	2	6
6	5	1	10	6	4
16	8	8	8	5	3
77	**40**	**37**	**70**	**40**	**30**
11	5	6	14	10	4
21	11	10	13	7	6
19	12	7	13	7	6
13	6	7	14	10	4
13	6	7	16	6	10
51	**27**	**24**	**58**	**26**	**32**
14	5	9	12	7	5
9	5	4	16	9	7
7	4	3	6	1	5
10	5	5	12	5	7
11	8	3	12	4	8
22	**10**	**12**	**26**	**14**	**12**
7	1	6	5	3	2
4	2	2	7	3	4
5	3	2	5	2	3
2	2		3	2	1
4	2	2	6	4	2
8	**3**	**5**	**8**	**4**	**4**
1	1		2	1	1
1		1	3	2	1
2		2	1	1	
3	1	2	2		2
1	1				

6-2a 续表 4

受教育程度 年 龄	合 计	生男孩的 妇女人数	生女孩的 妇女人数	一 孩		
				小计	男	女
初 中	**4549**	**2461**	**2088**	**1606**	**858**	**748**
15-19岁	**178**	**99**	**79**	**141**	**81**	**60**
15	2	1	1	2	1	1
16	12	8	4	12	8	4
17	22	11	11	19	9	10
18	44	25	19	36	22	14
19	98	54	44	72	41	31
20-24岁	**1071**	**586**	**485**	**573**	**312**	**261**
20	144	72	72	94	48	46
21	168	100	68	104	65	39
22	240	119	121	119	61	58
23	247	136	111	128	68	60
24	272	159	113	128	70	58
25-29岁	**1417**	**717**	**700**	**509**	**250**	**259**
25	271	133	138	113	60	53
26	312	156	156	114	50	64
27	313	168	145	121	60	61
28	271	129	142	78	32	46
29	250	131	119	83	48	35
30-34岁	**1217**	**682**	**535**	**255**	**145**	**110**
30	291	169	122	61	33	28
31	265	140	125	65	32	33
32	230	127	103	50	30	20
33	246	146	100	43	28	15
34	185	100	85	36	22	14
35-39岁	**477**	**266**	**211**	**94**	**52**	**42**
35	134	75	59	26	13	13
36	107	61	46	23	12	11
37	82	43	39	18	9	9
38	81	44	37	10	5	5
39	73	43	30	17	13	4
40-44岁	**159**	**95**	**64**	**30**	**15**	**15**
40	58	30	28	13	6	7
41	43	29	14	8	3	5
42	26	17	9	3	2	1
43	20	9	11	2		2
44	12	10	2	4	4	
45-49岁	**30**	**16**	**14**	**4**	**3**	**1**
45	8	3	5			
46	11	7	4	2	1	1
47	4	2	2	1	1	
48	2	1	1			
49	5	3	2	1	1	

单位：人

二孩			三孩及以上		
小计	男	女	小计	男	女
2143	**1129**	**1014**	**800**	**474**	**326**
34	**17**	**17**	**3**	**1**	**2**
3	2	1			
7	3	4	1		1
24	12	12	2	1	1
406	**222**	**184**	**92**	**52**	**40**
37	18	19	13	6	7
51	28	23	13	7	6
101	49	52	20	9	11
100	58	42	19	10	9
117	69	48	27	20	7
684	**333**	**351**	**224**	**134**	**90**
116	52	64	42	21	21
152	77	75	46	29	17
148	80	68	44	28	16
141	63	78	52	34	18
127	61	66	40	22	18
660	**358**	**302**	**302**	**179**	**123**
165	97	68	65	39	26
132	64	68	68	44	24
130	68	62	50	29	21
143	82	61	60	36	24
90	47	43	59	31	28
258	**142**	**116**	**125**	**72**	**53**
77	46	31	31	16	15
47	28	19	37	21	16
47	26	21	17	8	9
48	23	25	23	16	7
39	19	20	17	11	6
82	**47**	**35**	**47**	**33**	**14**
32	16	16	13	8	5
24	17	7	11	9	2
11	5	6	12	10	2
11	6	5	7	3	4
4	3	1	4	3	1
19	**10**	**9**	**7**	**3**	**4**
7	3	4	1		1
6	6		3		3
2		2	1	1	
1		1	1	1	
3	1	2	1	1	

6-2a 续表 5

受教育程度 年龄	合计	生男孩的妇女人数	生女孩的妇女人数	一孩		
				小计	男	女
高中	**2270**	**1205**	**1065**	**980**	**521**	**459**
15—19岁	**29**	**15**	**14**	**27**	**14**	**13**
15						
16						
17	1	1		1	1	
18	7	3	4	5	2	3
19	21	11	10	21	11	10
20—24岁	**514**	**264**	**250**	**358**	**183**	**175**
20	47	29	18	45	27	18
21	72	42	30	58	34	24
22	127	63	64	88	42	46
23	125	59	66	86	42	44
24	143	71	72	81	38	43
25—29岁	**816**	**448**	**368**	**383**	**217**	**166**
25	166	94	72	93	58	35
26	141	77	64	68	40	28
27	186	98	88	87	46	41
28	175	88	87	72	35	37
29	148	91	57	63	38	25
30—34岁	**612**	**324**	**288**	**145**	**76**	**69**
30	137	74	63	41	22	19
31	143	77	66	33	19	14
32	121	60	61	27	16	11
33	124	69	55	26	12	14
34	87	44	43	18	7	11
35—39岁	**220**	**108**	**112**	**49**	**23**	**26**
35	68	30	38	19	7	12
36	43	28	15	10	8	2
37	51	24	27	11	4	7
38	35	15	20	6	1	5
39	23	11	12	3	3	
40—44岁	**61**	**33**	**28**	**14**	**7**	**7**
40	25	15	10	5	2	3
41	13	4	9	3		3
42	11	6	5	1	1	
43	8	6	2	2	2	
44	4	2	2	3	2	1
45—49岁	**18**	**13**	**5**	**4**	**1**	**3**
45	5	3	2	1		1
46	4	4		1	1	
47	2	1	1			
48	2	1	1	1		1
49	5	4	1	1		1

单位：人

二孩			三孩及以上		
小计	男	女	小计	男	女
1082	**565**	**517**	**208**	**119**	**89**
2	**1**	**1**			
2	1	1			
143	**73**	**70**	**13**	**8**	**5**
1	1		1	1	
14	8	6			
36	19	17	3	2	1
35	15	20	4	2	2
57	30	27	5	3	2
371	**195**	**176**	**62**	**36**	**26**
67	34	33	6	2	4
59	30	29	14	7	7
83	40	43	16	12	4
92	49	43	11	4	7
70	42	28	15	11	4
383	**201**	**182**	**84**	**47**	**37**
80	42	38	16	10	6
96	50	46	14	8	6
76	33	43	18	11	7
76	45	31	22	12	10
55	31	24	14	6	8
136	**66**	**70**	**35**	**19**	**16**
38	20	18	11	3	8
26	14	12	7	6	1
29	13	16	11	7	4
25	12	13	4	2	2
18	7	11	2	1	1
37	**20**	**17**	**10**	**6**	**4**
14	9	5	6	4	2
7	3	4	3	1	2
9	4	5	1	1	
6	4	2			
1		1			
10	**9**	**1**	**4**	**3**	**1**
4	3	1			
3	3				
			2	1	1
1	1				
2	2		2	2	

6-2a 续表 6

受教育程度 年 龄	合 计	生男孩的 妇女人数	生女孩的 妇女人数	一 孩		
				小计	男	女
大学专科	**2691**	**1404**	**1287**	**1397**	**712**	**685**
15-19岁	**7**	**3**	**4**	**6**	**2**	**4**
15						
16						
17						
18	1	1				
19	6	2	4	6	2	4
20-24岁	**430**	**209**	**221**	**343**	**164**	**179**
20	17	9	8	14	8	6
21	32	18	14	26	12	14
22	87	48	39	70	38	32
23	128	65	63	103	49	54
24	166	69	97	130	57	73
25-29岁	**1053**	**554**	**499**	**672**	**343**	**329**
25	182	94	88	134	70	64
26	218	120	98	158	81	77
27	216	118	98	141	75	66
28	230	108	122	134	57	77
29	207	114	93	105	60	45
30-34岁	**845**	**445**	**400**	**292**	**159**	**133**
30	205	112	93	87	43	44
31	182	99	83	65	31	34
32	188	90	98	64	35	29
33	156	85	71	51	35	16
34	114	59	55	25	15	10
35-39岁	**283**	**152**	**131**	**65**	**33**	**32**
35	96	57	39	24	12	12
36	60	35	25	11	5	6
37	58	31	27	14	9	5
38	38	15	23	7	2	5
39	31	14	17	9	5	4
40-44岁	**61**	**32**	**29**	**15**	**8**	**7**
40	19	9	10	4	2	2
41	20	8	12	7	3	4
42	12	7	5	3	2	1
43	5	5				
44	5	3	2	1	1	
45-49岁	**12**	**9**	**3**	**4**	**3**	**1**
45	3	1	2	1		1
46	5	4	1	1	1	
47	2	2				
48	1	1		1	1	
49	1	1		1	1	

单位：人

二孩			三孩及以上		
小计	男	女	小计	男	女
1158	**615**	**543**	**136**	**77**	**59**
1	**1**				
1	1				
81	**41**	**40**	**6**	**4**	**2**
3	1	2			
6	6				
17	10	7			
22	14	8	3	2	1
33	10	23	3	2	1
347	**195**	**152**	**34**	**16**	**18**
44	22	22	4	2	2
56	38	18	4	1	3
73	42	31	2	1	1
83	45	38	13	6	7
91	48	43	11	6	5
497	**249**	**248**	**56**	**37**	**19**
110	63	47	8	6	2
107	61	46	10	7	3
109	50	59	15	5	10
90	38	52	15	12	3
81	37	44	8	7	1
187	**102**	**85**	**31**	**17**	**14**
58	36	22	14	9	5
44	27	17	5	3	2
41	19	22	3	3	
25	12	13	6	1	5
19	8	11	3	1	2
40	**22**	**18**	**6**	**2**	**4**
12	7	5	3		3
13	5	8			
8	4	4	1	1	
4	4		1	1	
3	2	1	1		1
5	**5**		**3**	**1**	**2**
1	1		1		1
3	3		1		1
1	1		1	1	

6-2a 续表 7

受教育程度 年 龄	合 计	生男孩的 妇女人数	生女孩的 妇女人数	一 孩		
				小计	男	女
大学本科	**3191**	**1686**	**1505**	**1790**	**928**	**862**
15-19岁						
15						
16						
17						
18						
19						
20-24岁	**140**	**76**	**64**	**126**	**66**	**60**
20	2	2		2	2	
21	5	3	2	5	3	2
22	18	13	5	18	13	5
23	49	24	25	43	18	25
24	66	34	32	58	30	28
25-29岁	**1306**	**701**	**605**	**1028**	**549**	**479**
25	119	62	57	106	56	50
26	216	112	104	186	96	90
27	287	155	132	239	131	108
28	341	190	151	251	141	110
29	343	182	161	246	125	121
30-34岁	**1297**	**679**	**618**	**559**	**280**	**279**
30	325	182	143	189	100	89
31	301	158	143	141	67	74
32	253	133	120	106	55	51
33	238	116	122	81	38	43
34	180	90	90	42	20	22
35-39岁	**387**	**196**	**191**	**69**	**30**	**39**
35	120	62	58	25	12	13
36	94	51	43	11	6	5
37	78	36	42	12	4	8
38	59	31	28	13	6	7
39	36	16	20	8	2	6
40-44岁	**54**	**28**	**26**	**6**	**2**	**4**
40	16	13	3	1	1	
41	13	2	11	2		2
42	10	6	4	1		1
43	10	5	5	2	1	1
44	5	2	3			
45-49岁	**7**	**6**	**1**	**2**	**1**	**1**
45	2	1	1	1		1
46	5	5		1	1	
47						
48						
49						

单位：人

二孩			三孩及以上		
小计	男	女	小计	男	女
1339	**721**	**618**	**62**	**37**	**25**
14	**10**	**4**			
6	6				
8	4	4			
270	**147**	**123**	**8**	**5**	**3**
13	6	7			
30	16	14			
46	23	23	2	1	1
87	47	40	3	2	1
94	55	39	3	2	1
713	**384**	**329**	**25**	**15**	**10**
134	80	54	2	2	
150	84	66	10	7	3
146	77	69	1	1	
153	76	77	4	2	2
130	67	63	8	3	5
292	**151**	**141**	**26**	**15**	**11**
84	44	40	11	6	5
76	41	35	7	4	3
64	31	33	2	1	1
42	23	19	4	2	2
26	12	14	2	2	
46	**25**	**21**	**2**	**1**	**1**
15	12	3			
11	2	9			
8	5	3	1	1	
7	4	3	1		1
5	2	3			
4	**4**		**1**	**1**	
1	1				
3	3		1	1	

6-2a 续表 8

受教育程度 年　　龄	合 计	生男孩的 妇女人数	生女孩的 妇女人数	一 孩		
				小计	男	女
硕士研究生	**266**	**144**	**122**	**156**	**78**	**78**
15-19岁						
15						
16						
17						
18						
19						
20-24岁	**2**		**2**	**2**		**2**
20						
21						
22						
23	1		1	1		1
24	1		1	1		1
25-29岁	**62**	**29**	**33**	**58**	**28**	**30**
25						
26	3	2	1	3	2	1
27	9	5	4	9	5	4
28	20	10	10	19	10	9
29	30	12	18	27	11	16
30-34岁	**157**	**89**	**68**	**86**	**45**	**41**
30	43	27	16	36	22	14
31	40	18	22	23	9	14
32	32	20	12	9	6	3
33	24	15	9	12	6	6
34	18	9	9	6	2	4
35-39岁	**35**	**21**	**14**	**8**	**5**	**3**
35	13	9	4	4	3	1
36	11	4	7	3	1	2
37	5	4	1	1	1	
38	3	1	2			
39	3	3				
40-44岁	**9**	**5**	**4**	**1**		**1**
40	5	2	3	1		1
41	2	2				
42	2	1	1			
43						
44						
45-49岁	**1**		**1**	**1**		**1**
45						
46	1		1	1		1
47						
48						
49						

单位：人

二孩			三孩及以上		
小计	男	女	小计	男	女
108	**65**	**43**	**2**	**1**	**1**
4	**1**	**3**			
1		1			
3	1	2			
71	**44**	**27**			
7	5	2			
17	9	8			
23	14	9			
12	9	3			
12	7	5			
26	**16**	**10**	**1**		**1**
9	6	3			
7	3	4	1		1
4	3	1			
3	1	2			
3	3				
7	**4**	**3**	**1**	**1**	
4	2	2			
1	1		1	1	
2	1	1			

6-2a 续表 9

受教育程度 年　　龄	合　计	生男孩的 妇女人数	生女孩的 妇女人数	一　孩		
				小计	男	女
博士研究生	**23**	**13**	**10**	**14**	**7**	**7**
15-19岁						
15						
16						
17						
18						
19						
20-24岁						
20						
21						
22						
23						
24						
25-29岁	**3**	**2**	**1**	**3**	**2**	**1**
25						
26						
27	2	2		2	2	
28	1		1	1		1
29						
30-34岁	**13**	**7**	**6**	**9**	**5**	**4**
30	3	2	1	3	2	1
31	1		1	1		1
32	4	3	1	2	2	
33	4	2	2	3	1	2
34	1		1			
35-39岁	**5**	**3**	**2**	**1**		**1**
35						
36	1	1				
37	1		1	1		1
38	2	2				
39	1		1			
40-44岁	**1**		**1**	**1**		**1**
40						
41	1		1	1		1
42						
43						
44						
45-49岁	**1**	**1**				
45	1	1				
46						
47						
48						
49						

单位：人

二　孩			三孩及以上		
小计	男	女	小计	男	女
9	**6**	**3**			
4	**2**	**2**			
2	1	1			
1	1				
1		1			
4	**3**	**1**			
1	1				
2	2				
1		1			
1	**1**				
1	1				

6-2b 全省按年龄、受教育程度、生育孩次

受教育程度 年龄	合计	生男孩的妇女人数	生女孩的妇女人数	一孩		
				小计	男	女
总计	**14169**	**7554**	**6615**	**5444**	**2900**	**2544**
15-19岁	**500**	**262**	**238**	**384**	**195**	**189**
15	12	3	9	12	3	9
16	31	16	15	27	12	15
17	77	43	34	62	33	29
18	149	81	68	124	69	55
19	231	119	112	159	78	81
20-24岁	**3316**	**1734**	**1582**	**1837**	**973**	**864**
20	380	190	190	253	132	121
21	502	277	225	285	173	112
22	684	352	332	409	209	200
23	831	438	393	442	226	216
24	919	477	442	448	233	215
25-29岁	**4962**	**2620**	**2342**	**2131**	**1149**	**982**
25	984	505	479	465	240	225
26	1008	513	495	473	260	213
27	1114	627	487	494	280	214
28	958	497	461	397	225	172
29	898	478	420	302	144	158
30-34岁	**3614**	**1947**	**1667**	**837**	**447**	**390**
30	890	471	419	253	142	111
31	802	422	380	197	102	95
32	741	394	347	145	73	72
33	678	382	296	144	76	68
34	503	278	225	98	54	44
35-39岁	**1234**	**676**	**558**	**192**	**100**	**92**
35	324	183	141	54	26	28
36	297	164	133	50	27	23
37	231	123	108	37	18	19
38	223	114	109	31	16	15
39	159	92	67	20	13	7
40-44岁	**451**	**261**	**190**	**52**	**29**	**23**
40	142	80	62	19	11	8
41	109	61	48	11	8	3
42	88	55	33	11	3	8
43	62	39	23	9	5	4
44	50	26	24	2	2	
45-49岁	**92**	**54**	**38**	**11**	**7**	**4**
45	35	21	14	3	1	2
46	21	9	12	2	1	1
47	12	9	3	2	1	1
48	11	6	5	1	1	
49	13	9	4	3	3	

分的育龄妇女人数(2019.11.1–2020.10.31)(镇)

单位：人

二孩			三孩及以上		
小计	男	女	小计	男	女
6344	**3347**	**2997**	**2381**	**1307**	**1074**
102	**59**	**43**	**14**	**8**	**6**
3	3		1	1	
14	9	5	1	1	
22	12	10	3		3
63	35	28	9	6	3
1140	**586**	**554**	**339**	**175**	**164**
96	42	54	31	16	15
174	84	90	43	20	23
214	112	102	61	31	30
284	160	124	105	52	53
372	188	184	99	56	43
2079	**1067**	**1012**	**752**	**404**	**348**
398	204	194	121	61	60
381	181	200	154	72	82
457	246	211	163	101	62
415	200	215	146	72	74
428	236	192	168	98	70
2006	**1073**	**933**	**771**	**427**	**344**
473	244	229	164	85	79
443	229	214	162	91	71
421	230	191	175	91	84
383	211	172	151	95	56
286	159	127	119	65	54
705	**380**	**325**	**337**	**196**	**141**
197	115	82	73	42	31
164	82	82	83	55	28
128	67	61	66	38	28
131	68	63	61	30	31
85	48	37	54	31	23
261	**152**	**109**	**138**	**80**	**58**
79	44	35	44	25	19
67	38	29	31	15	16
49	33	16	28	19	9
36	22	14	17	12	5
30	15	15	18	9	9
51	**30**	**21**	**30**	**17**	**13**
18	12	6	14	8	6
12	6	6	7	2	5
7	5	2	3	3	
8	4	4	2	1	1
6	3	3	4	3	1

6-2b 续表 1

受教育程度 年 龄	合 计	生男孩的 妇女人数	生女孩的 妇女人数	一 孩		
				小计	男	女
未上过学	**102**	**48**	**54**	**14**	**5**	**9**
15-19岁	**4**	**2**	**2**	**2**	**2**	
15						
16						
17						
18						
19	4	2	2	2	2	
20-24岁	**12**	**5**	**7**	**3**		**3**
20						
21						
22	3	1	2	1		1
23	3	1	2	1		1
24	6	3	3	1		1
25-29岁	**21**	**10**	**11**	**3**	**2**	**1**
25	5	4	1	1	1	
26	3	1	2	1		1
27	4	3	1			
28	3		3			
29	6	2	4	1	1	
30-34岁	**17**	**7**	**10**	**1**		**1**
30	1		1			
31	4	2	2			
32	4	2	2			
33	2	2				
34	6	1	5	1		1
35-39岁	**20**	**9**	**11**			
35	2	1	1			
36	1		1			
37	2	2				
38	8	3	5			
39	7	3	4			
40-44岁	**21**	**10**	**11**	**4**	**1**	**3**
40	3	1	2	1		1
41	4	2	2			
42	6	2	4	2		2
43	5	3	2	1	1	
44	3	2	1			
45-49岁	**7**	**5**	**2**	**1**		**1**
45	1		1	1		1
46	1	1				
47	2	2				
48	2	1	1			
49	1	1				

单位：人

二孩			三孩及以上		
小计	男	女	小计	男	女
29	**12**	**17**	**59**	**31**	**28**
2		**2**			
2		2			
5	**2**	**3**	**4**	**3**	**1**
1		1	1	1	
1		1	1	1	
3	2	1	2	1	1
4	**1**	**3**	**14**	**7**	**7**
1	1		3	2	1
			2	1	1
			4	3	1
2		2	1		1
1		1	4	1	3
4	**1**	**3**	**12**	**6**	**6**
1		1			
			4	2	2
			4	2	2
1	1		1	1	
2		2	3	1	2
8	**4**	**4**	**12**	**5**	**7**
1	1		1		1
1		1			
2	2				
1		1	7	3	4
3	1	2	4	2	2
5	**3**	**2**	**12**	**6**	**6**
			2	1	1
2	1	1	2	1	1
2	1	1	2	1	1
1	1		3	1	2
			3	2	1
1	**1**		**5**	**4**	**1**
1	1				
			2	2	
			2	1	1
			1	1	

6-2b 续表 2

受教育程度 年 龄	合 计	生男孩的妇女人数	生女孩的妇女人数	一 孩		
				小计	男	女
学前教育	**1**		**1**	**1**		**1**
15-19岁						
15						
16						
17						
18						
19						
20-24岁						
20						
21						
22						
23						
24						
25-29岁						
25						
26						
27						
28						
29						
30-34岁	**1**		**1**	**1**		**1**
30						
31						
32						
33	1		1	1		1
34						
35-39岁						
35						
36						
37						
38						
39						
40-44岁						
40						
41						
42						
43						
44						
45-49岁						
45						
46						
47						
48						
49						

单位：人

二　孩			三孩及以上		
小计	男	女	小计	男	女

6-2b 续表 3

受教育程度 年龄	合计	生男孩的妇女人数	生女孩的妇女人数	一孩 小计	一孩 男	一孩 女
小　学	**1195**	**630**	**565**	**255**	**124**	**131**
15—19岁	**46**	**22**	**24**	**30**	**13**	**17**
15	1		1	1		1
16	5	3	2	3	1	2
17	8	3	5	6	2	4
18	12	9	3	9	7	2
19	20	7	13	11	3	8
20—24岁	**210**	**109**	**101**	**71**	**40**	**31**
20	35	19	16	18	10	8
21	27	14	13	10	6	4
22	41	26	15	14	11	3
23	52	27	25	15	7	8
24	55	23	32	14	6	8
25—29岁	**287**	**149**	**138**	**59**	**31**	**28**
25	56	31	25	15	8	7
26	63	28	35	12	7	5
27	68	39	29	11	6	5
28	43	23	20	8	5	3
29	57	28	29	13	5	8
30—34岁	**323**	**179**	**144**	**59**	**25**	**34**
30	64	34	30	12	4	8
31	65	37	28	14	7	7
32	63	34	29	10	1	9
33	72	44	28	12	7	5
34	59	30	29	11	6	5
35—39岁	**200**	**105**	**95**	**24**	**9**	**15**
35	43	21	22	4	2	2
36	43	24	19	4	1	3
37	33	16	17	5	2	3
38	39	20	19	5		5
39	42	24	18	6	4	2
40—44岁	**101**	**53**	**48**	**11**	**6**	**5**
40	27	16	11	3	3	
41	21	9	12	3	3	
42	16	8	8	2		2
43	17	11	6	3		3
44	20	9	11			
45—49岁	**28**	**13**	**15**	**1**		**1**
45	16	8	8			
46	3	1	2			
47	4	3	1	1		1
48	2		2			
49	3	1	2			

单位：人

二孩			三孩及以上		
小计	男	女	小计	男	女
479	**250**	**229**	**461**	**256**	**205**
11	**7**	**4**	**5**	**2**	**3**
2	2				
1		1	1	1	
2	2		1		1
6	3	3	3	1	2
78	**38**	**40**	**61**	**31**	**30**
10	5	5	7	4	3
12	7	5	5	1	4
10	6	4	17	9	8
26	15	11	11	5	6
20	5	15	21	12	9
129	**63**	**66**	**99**	**55**	**44**
21	12	9	20	11	9
27	11	16	24	10	14
33	17	16	24	16	8
20	10	10	15	8	7
28	13	15	16	10	6
121	**77**	**44**	**143**	**77**	**66**
23	18	5	29	12	17
29	19	10	22	11	11
23	16	7	30	17	13
29	17	12	31	20	11
17	7	10	31	17	14
87	**42**	**45**	**89**	**54**	**35**
23	10	13	16	9	7
19	10	9	20	13	7
17	6	11	11	8	3
16	9	7	18	11	7
12	7	5	24	13	11
41	**17**	**24**	**49**	**30**	**19**
12	3	9	12	10	2
8	2	6	10	4	6
4	2	2	10	6	4
8	6	2	6	5	1
9	4	5	11	5	6
12	**6**	**6**	**15**	**7**	**8**
7	4	3	9	4	5
			3	1	2
2	2		1	1	
2		2			
1		1	2	1	1

6-2b 续表 4

受教育程度 年龄	合计	生男孩的妇女人数	生女孩的妇女人数	一孩		
				小计	男	女
初中	**7022**	**3734**	**3288**	**2287**	**1230**	**1057**
15-19岁	**376**	**202**	**174**	**284**	**148**	**136**
15	11	3	8	11	3	8
16	24	13	11	22	11	11
17	63	38	25	50	29	21
18	111	56	55	90	47	43
19	167	92	75	111	58	53
20-24岁	**1969**	**1028**	**941**	**944**	**502**	**442**
20	265	129	136	166	85	81
21	345	189	156	176	112	64
22	416	213	203	221	108	113
23	491	256	235	220	112	108
24	452	241	211	161	85	76
25-29岁	**2270**	**1204**	**1066**	**621**	**344**	**277**
25	499	265	234	161	85	76
26	470	242	228	145	83	62
27	475	258	217	124	67	57
28	407	210	197	102	61	41
29	419	229	190	89	48	41
30-34岁	**1607**	**848**	**759**	**305**	**162**	**143**
30	396	202	194	77	45	32
31	347	175	172	76	31	45
32	342	181	161	50	30	20
33	283	160	123	54	32	22
34	239	130	109	48	24	24
35-39岁	**568**	**313**	**255**	**104**	**56**	**48**
35	128	71	57	25	12	13
36	139	77	62	27	17	10
37	119	66	53	20	8	12
38	111	57	54	23	14	9
39	71	42	29	9	5	4
40-44岁	**197**	**115**	**82**	**25**	**14**	**11**
40	73	40	33	11	5	6
41	47	25	22	5	3	2
42	35	24	11	3	1	2
43	28	18	10	5	4	1
44	14	8	6	1	1	
45-49岁	**35**	**24**	**11**	**4**	**4**	
45	11	9	2			
46	10	5	5	1	1	
47	2	2				
48	5	3	2	1	1	
49	7	5	2	2	2	

单位：人

二孩			三孩及以上		
小计	男	女	小计	男	女
3211	**1678**	**1533**	**1524**	**826**	**698**
84	**49**	**35**	**8**	**5**	**3**
1	1		1	1	
13	9	4			
19	9	10	2		2
51	30	21	5	4	1
785	**403**	**382**	**240**	**123**	**117**
77	33	44	22	11	11
134	59	75	35	18	17
156	87	69	39	18	21
189	105	84	82	39	43
229	119	110	62	37	25
1119	**575**	**544**	**530**	**285**	**245**
249	135	114	89	45	44
218	106	112	107	53	54
240	125	115	111	66	45
199	98	101	106	51	55
213	111	102	117	70	47
816	**418**	**398**	**486**	**268**	**218**
216	96	120	103	61	42
168	86	82	103	58	45
176	96	80	116	55	61
138	74	64	91	54	37
118	66	52	73	40	33
278	**155**	**123**	**186**	**102**	**84**
63	38	25	40	21	19
65	30	35	47	30	17
54	33	21	45	25	20
56	30	26	32	13	19
40	24	16	22	13	9
107	**64**	**43**	**65**	**37**	**28**
36	23	13	26	12	14
27	13	14	15	9	6
18	13	5	14	10	4
17	10	7	6	4	2
9	5	4	4	2	2
22	**14**	**8**	**9**	**6**	**3**
7	5	2	4	4	
5	3	2	4	1	3
2	2				
4	2	2			
4	2	2	1	1	

6-2b 续表 5

受教育程度 年 龄	合 计	生男孩的 妇女人数	生女孩的 妇女人数	一 孩		
				小计	男	女
高 中	**1865**	**980**	**885**	**847**	**460**	**387**
15-19岁	**69**	**34**	**35**	**64**	**30**	**34**
15						
16	2		2	2		2
17	5	2	3	5	2	3
18	26	16	10	25	15	10
19	36	16	20	32	13	19
20-24岁	**583**	**314**	**269**	**370**	**208**	**162**
20	60	32	28	50	28	22
21	91	55	36	65	38	27
22	140	68	72	102	52	50
23	143	79	64	85	47	38
24	149	80	69	68	43	25
25-29岁	**618**	**306**	**312**	**285**	**145**	**140**
25	131	54	77	68	31	37
26	118	51	67	59	26	33
27	139	83	56	69	40	29
28	128	60	68	53	27	26
29	102	58	44	36	21	15
30-34岁	**416**	**226**	**190**	**96**	**58**	**38**
30	104	53	51	26	18	8
31	97	49	48	25	15	10
32	82	47	35	11	5	6
33	77	43	34	21	10	11
34	56	34	22	13	10	3
35-39岁	**131**	**74**	**57**	**24**	**14**	**10**
35	49	28	21	9	4	5
36	32	16	16	7	3	4
37	22	13	9	5	4	1
38	16	7	9			
39	12	10	2	3	3	
40-44岁	**41**	**24**	**17**	**4**	**3**	**1**
40	11	4	7	1	1	
41	11	7	4	1	1	
42	10	7	3	1		1
43	6	4	2			
44	3	2	1	1	1	
45-49岁	**7**	**2**	**5**	**4**	**2**	**2**
45	3	1	2	2	1	1
46	3		3	1		1
47						
48						
49	1	1		1	1	

单位：人

二孩			三孩及以上		
小计	男	女	小计	男	女
813	**405**	**408**	**205**	**115**	**90**
4	**3**	**1**	**1**	**1**	
1	1				
3	2	1	1	1	
183	**91**	**92**	**30**	**15**	**15**
8	3	5	2	1	1
23	16	7	3	1	2
35	14	21	3	2	1
49	26	23	9	6	3
68	32	36	13	5	8
269	**127**	**142**	**64**	**34**	**30**
55	21	34	8	2	6
47	21	26	12	4	8
59	36	23	11	7	4
62	25	37	13	8	5
46	24	22	20	13	7
242	**125**	**117**	**78**	**43**	**35**
56	26	30	22	9	13
53	24	29	19	10	9
57	33	24	14	9	5
41	22	19	15	11	4
35	20	15	8	4	4
82	**41**	**41**	**25**	**19**	**6**
29	16	13	11	8	3
17	7	10	8	6	2
14	7	7	3	2	1
16	7	9			
6	4	2	3	3	
30	**18**	**12**	**7**	**3**	**4**
7	2	5	3	1	2
8	6	2	2		2
8	6	2	1	1	
5	3	2	1	1	
2	1	1			
3		**3**			
1		1			
2		2			

6-2b 续表 6

受教育程度 年 龄	合 计	生男孩的妇女人数	生女孩的妇女人数	一 孩 小计	一 孩 男	一 孩 女
大学专科	**1890**	**1014**	**876**	**953**	**500**	**453**
15-19岁	**5**	**2**	**3**	**4**	**2**	**2**
15						
16						
17	1		1	1		1
18						
19	4	2	2	3	2	1
20-24岁	**416**	**212**	**204**	**338**	**167**	**171**
20	19	9	10	18	8	10
21	37	18	19	32	16	16
22	75	40	35	63	35	28
23	117	61	56	99	47	52
24	168	84	84	126	61	65
25-29岁	**802**	**432**	**370**	**471**	**255**	**216**
25	174	89	85	119	61	58
26	185	104	81	123	74	49
27	174	95	79	100	55	45
28	147	81	66	79	46	33
29	122	63	59	50	19	31
30-34岁	**478**	**255**	**223**	**123**	**66**	**57**
30	120	68	52	36	21	15
31	119	60	59	24	12	12
32	102	50	52	31	15	16
33	87	45	42	21	10	11
34	50	32	18	11	8	3
35-39岁	**134**	**76**	**58**	**13**	**6**	**7**
35	44	25	19	6	2	4
36	37	25	12	4	2	2
37	19	9	10	2	1	1
38	22	10	12			
39	12	7	5	1	1	
40-44岁	**45**	**30**	**15**	**3**	**3**	
40	9	7	2	1	1	
41	13	10	3	1	1	
42	11	7	4	1	1	
43	5	3	2			
44	7	3	4			
45-49岁	**10**	**7**	**3**	**1**	**1**	
45	3	2	1			
46	1	1				
47	4	2	2	1	1	
48	2	2				
49						

单位：人

二孩			三孩及以上		
小计	男	女	小计	男	女
847	**459**	**388**	**90**	**55**	**35**
1		**1**			
1		1			
76	**43**	**33**	**2**	**2**	
1	1				
5	2	3			
12	5	7			
17	13	4	1	1	
41	22	19	1	1	
301	**161**	**140**	**30**	**16**	**14**
54	27	27	1	1	
56	28	28	6	2	4
65	33	32	9	7	2
61	32	29	7	3	4
65	41	24	7	3	4
320	**167**	**153**	**35**	**22**	**13**
74	44	30	10	3	7
85	40	45	10	8	2
63	29	34	8	6	2
60	31	29	6	4	2
38	23	15	1	1	
102	**58**	**44**	**19**	**12**	**7**
34	20	14	4	3	1
26	18	8	7	5	2
13	6	7	4	2	2
19	8	11	3	2	1
10	6	4	1		1
39	**24**	**15**	**3**	**3**	
8	6	2			
11	8	3	1	1	
9	5	4	1	1	
4	2	2	1	1	
7	3	4			
8	**6**	**2**	**1**		**1**
2	2		1		1
1	1				
3	1	2			
2	2				

6-2b 续表 7

受教育程度 年龄	合计	生男孩的妇女人数	生女孩的妇女人数	一孩 小计	一孩 男	一孩 女
大学本科	**2057**	**1126**	**931**	**1066**	**569**	**497**
15-19岁						
15						
16						
17						
18						
19						
20-24岁	**126**	**66**	**60**	**111**	**56**	**55**
20	1	1		1	1	
21	2	1	1	2	1	1
22	9	4	5	8	3	5
23	25	14	11	22	13	9
24	89	46	43	78	38	40
25-29岁	**949**	**510**	**439**	**679**	**364**	**315**
25	117	61	56	99	53	46
26	167	85	82	131	68	63
27	249	146	103	185	109	76
28	227	122	105	153	85	68
29	189	96	93	111	49	62
30-34岁	**755**	**423**	**332**	**245**	**133**	**112**
30	201	112	89	100	54	46
31	165	96	69	56	36	20
32	146	79	67	42	21	21
33	152	86	66	34	17	17
34	91	50	41	13	5	8
35-39岁	**176**	**95**	**81**	**26**	**14**	**12**
35	56	35	21	10	6	4
36	43	21	22	8	4	4
37	35	16	19	4	2	2
38	27	17	10	3	2	1
39	15	6	9	1		1
40-44岁	**46**	**29**	**17**	**5**	**2**	**3**
40	19	12	7	2	1	1
41	13	8	5	1		1
42	10	7	3	2	1	1
43	1		1			
44	3	2	1			
45-49岁	**5**	**3**	**2**			
45	1	1				
46	3	1	2			
47						
48						
49	1	1				

单位：人

二孩			三孩及以上		
小计	男	女	小计	男	女
950	**534**	**416**	**41**	**23**	**18**
13	**9**	**4**	**2**	**1**	**1**
			1	1	
2	1	1	1		1
11	8	3			
255	**139**	**116**	**15**	**7**	**8**
18	8	10			
33	15	18	3	2	1
60	35	25	4	2	2
70	35	35	4	2	2
74	46	28	4	1	3
494	**280**	**214**	**16**	**10**	**6**
101	58	43			
106	59	47	3	1	2
101	56	45	3	2	1
111	64	47	7	5	2
75	43	32	3	2	1
144	**77**	**67**	**6**	**4**	**2**
45	28	17	1	1	
34	16	18	1	1	
28	13	15	3	1	2
23	14	9	1	1	
14	6	8			
39	**26**	**13**	**2**	**1**	**1**
16	10	6	1	1	
11	8	3	1		1
8	6	2			
1		1			
3	2	1			
5	**3**	**2**			
1	1				
3	1	2			
1	1				

6-2b 续表 8

受教育程度 年龄	合计	生男孩的妇女人数	生女孩的妇女人数	一孩		
				小计	男	女
硕士研究生	**35**	**21**	**14**	**20**	**12**	**8**
15-19岁						
15						
16						
17						
18						
19						
20-24岁						
20						
21						
22						
23						
24						
25-29岁	**15**	**9**	**6**	**13**	**8**	**5**
25	2	1	1	2	1	1
26	2	2		2	2	
27	5	3	2	5	3	2
28	3	1	2	2	1	1
29	3	2	1	2	1	1
30-34岁	**16**	**9**	**7**	**6**	**3**	**3**
30	3	2	1	1		1
31	5	3	2	2	1	1
32	2	1	1	1	1	
33	4	2	2	1		1
34	2	1	1	1	1	
35-39岁	**4**	**3**	**1**	**1**	**1**	
35	2	2				
36	1		1			
37	1	1		1	1	
38						
39						
40-44岁						
40						
41						
42						
43						
44						
45-49岁						
45						
46						
47						
48						
49						

单位：人

二孩			三孩及以上		
小计	男	女	小计	男	女
14	**8**	**6**	**1**	**1**	
2	**1**	**1**			
1		1			
1	1				
9	**5**	**4**	**1**	**1**	
2	2				
2	1	1	1	1	
1		1			
3	2	1			
1		1			
3	**2**	**1**			
2	2				
1		1			

6-2b 续表 9

受教育程度 年 龄	合 计	生男孩的妇女人数	生女孩的妇女人数	一 孩		
				小计	男	女
博士研究生	**2**	**1**	**1**	**1**		**1**
15-19岁						
15						
16						
17						
18						
19						
20-24岁						
20						
21						
22						
23						
24						
25-29岁						
25						
26						
27						
28						
29						
30-34岁	**1**		**1**	**1**		**1**
30	1		1	1		1
31						
32						
33						
34						
35-39岁	**1**	**1**				
35						
36	1	1				
37						
38						
39						
40-44岁						
40						
41						
42						
43						
44						
45-49岁						
45						
46						
47						
48						
49						

单位：人

二孩			三孩及以上		
小计	男	女	小计	男	女
1	**1**				
1	**1**				
1	1				

6-2c 全省按年龄、受教育程度、生育孩次

受教育程度 年 龄	合 计	生男孩的 妇女人数	生女孩的 妇女人数	一 孩		
				小计	男	女
总 计	**21167**	**11225**	**9942**	**7478**	**4010**	**3468**
15-19岁	**1545**	**817**	**728**	**1116**	**603**	**513**
15	39	22	17	38	21	17
16	129	70	59	118	63	55
17	270	141	129	229	123	106
18	453	244	209	323	178	145
19	654	340	314	408	218	190
20-24岁	**6870**	**3615**	**3255**	**3124**	**1686**	**1438**
20	988	525	463	577	331	246
21	1155	584	571	582	298	284
22	1575	833	742	733	402	331
23	1591	865	726	642	356	286
24	1561	808	753	590	299	291
25-29岁	**6432**	**3400**	**3032**	**2074**	**1106**	**968**
25	1581	830	751	613	325	288
26	1381	740	641	455	246	209
27	1294	689	605	428	237	191
28	1198	628	570	344	185	159
29	978	513	465	234	113	121
30-34岁	**3932**	**2100**	**1832**	**777**	**410**	**367**
30	1054	556	498	232	133	99
31	841	436	405	146	77	69
32	789	421	368	161	81	80
33	728	404	324	150	80	70
34	520	283	237	88	39	49
35-39岁	**1594**	**852**	**742**	**268**	**142**	**126**
35	426	238	188	67	38	29
36	347	194	153	57	34	23
37	308	149	159	56	23	33
38	262	141	121	45	25	20
39	251	130	121	43	22	21
40-44岁	**637**	**355**	**282**	**94**	**51**	**43**
40	218	128	90	28	15	13
41	151	76	75	22	10	12
42	125	74	51	24	15	9
43	82	46	36	10	5	5
44	61	31	30	10	6	4
45-49岁	**157**	**86**	**71**	**25**	**12**	**13**
45	47	21	26	5	2	3
46	50	28	22	10	4	6
47	23	13	10	2	1	1
48	23	14	9	2	1	1
49	14	10	4	6	4	2

分的育龄妇女人数(2019.11.1—2020.10.31)(乡村)

单位：人

二孩			三孩及以上		
小计	男	女	小计	男	女
8395	**4320**	**4075**	**5294**	**2895**	**2399**
370	**188**	**182**	**59**	**26**	**33**
1	1				
11	7	4			
36	17	19	5	1	4
114	60	54	16	6	10
208	103	105	38	19	19
2695	**1367**	**1328**	**1051**	**562**	**489**
324	152	172	87	42	45
441	221	220	132	65	67
600	307	293	242	124	118
666	356	310	283	153	130
664	331	333	307	178	129
2734	**1378**	**1356**	**1624**	**916**	**708**
609	296	313	359	209	150
604	320	284	322	174	148
570	287	283	296	165	131
528	268	260	326	175	151
423	207	216	321	193	128
1742	**921**	**821**	**1413**	**769**	**644**
457	223	234	365	200	165
409	204	205	286	155	131
334	185	149	294	155	139
328	189	139	250	135	115
214	120	94	218	124	94
596	**314**	**282**	**730**	**396**	**334**
177	96	81	182	104	78
126	67	59	164	93	71
111	58	53	141	68	73
89	43	46	128	73	55
93	50	43	115	58	57
203	**117**	**86**	**340**	**187**	**153**
74	43	31	116	70	46
48	28	20	81	38	43
35	19	16	66	40	26
22	15	7	50	26	24
24	12	12	27	13	14
55	**35**	**20**	**77**	**39**	**38**
16	10	6	26	9	17
18	10	8	22	14	8
10	7	3	11	5	6
9	6	3	12	7	5
2	2		6	4	2

6-2c 续表 1

受教育程度 年龄	合计	生男孩的妇女人数	生女孩的妇女人数	一孩		
				小计	男	女
未上过学	**299**	**165**	**134**	**44**	**24**	**20**
15-19岁	**7**	**4**	**3**	**3**	**1**	**2**
15						
16						
17	1	1		1	1	
18	5	2	3	2		2
19	1	1				
20-24岁	**49**	**27**	**22**	**11**	**7**	**4**
20	5	3	2			
21	9	6	3	3	1	2
22	10	9	1	5	5	
23	8	1	7			
24	17	8	9	3	1	2
25-29岁	**35**	**24**	**11**	**5**	**4**	**1**
25	4	3	1			
26	7	5	2	1	1	
27	6	2	4			
28	12	8	4	3	2	1
29	6	6		1	1	
30-34岁	**67**	**34**	**33**	**14**	**8**	**6**
30	16	6	10	5	3	2
31	10	3	7	2		2
32	12	9	3	2	2	
33	13	8	5	4	3	1
34	16	8	8	1		1
35-39岁	**66**	**36**	**30**	**5**	**2**	**3**
35	15	10	5	1	1	
36	10	5	5			
37	14	7	7	1		1
38	14	9	5	1		1
39	13	5	8	2	1	1
40-44岁	**52**	**29**	**23**	**4**	**1**	**3**
40	13	5	8	2		2
41	15	10	5			
42	9	5	4			
43	11	7	4			
44	4	2	2	2	1	1
45-49岁	**23**	**11**	**12**	**2**	**1**	**1**
45	5	1	4	1		1
46	8	5	3			
47	5	2	3			
48	4	2	2	1	1	
49	1	1				

单位：人

二孩			三孩及以上		
小计	男	女	小计	男	女
69	**37**	**32**	**186**	**104**	**82**
3	**2**	**1**	**1**	**1**	
2	1	1	1	1	
1	1				
16	**7**	**9**	**22**	**13**	**9**
5	3	2			
2	1	1	4	4	
2	2		3	2	1
2		2	6	1	5
5	1	4	9	6	3
7	**6**	**1**	**23**	**14**	**9**
			4	3	1
4	3	1	2	1	1
1	1		5	1	4
1	1		8	5	3
1	1		4	4	
20	**11**	**9**	**33**	**15**	**18**
5	1	4	6	2	4
4	1	3	4	2	2
3	3		7	4	3
3	3		6	2	4
5	3	2	10	5	5
12	**7**	**5**	**49**	**27**	**22**
1	1		13	8	5
2	1	1	8	4	4
1		1	12	7	5
5	4	1	8	5	3
3	1	2	8	3	5
8	**3**	**5**	**40**	**25**	**15**
1		1	10	5	5
1		1	14	10	4
3	2	1	6	3	3
2	1	1	9	6	3
1		1	1	1	
3	**1**	**2**	**18**	**9**	**9**
1		1	3	1	2
1	1		7	4	3
1		1	4	2	2
			3	1	2
			1	1	

6-2c 续表 2

受教育程度 年龄	合计	生男孩的妇女人数	生女孩的妇女人数	一孩 小计	一孩 男	一孩 女
学前教育	**5**	**3**	**2**	**3**	**2**	**1**
15-19岁						
15						
16						
17						
18						
19						
20-24岁	**2**	**2**		**2**	**2**	
20						
21	1	1		1	1	
22						
23						
24	1	1		1	1	
25-29岁	**2**		**2**	**1**		**1**
25						
26						
27	1		1			
28	1		1	1		1
29						
30-34岁						
30						
31						
32						
33						
34						
35-39岁	**1**	**1**				
35						
36	1	1				
37						
38						
39						
40-44岁						
40						
41						
42						
43						
44						
45-49岁						
45						
46						
47						
48						
49						

单位：人

二孩			三孩及以上		
小计	男	女	小计	男	女
			2	**1**	**1**
			1		**1**
			1		1
			1	**1**	
			1	1	

6-2c 续表 3

受教育程度 年龄	合计	生男孩的妇女人数	生女孩的妇女人数	一孩		
				小计	男	女
小学	**3257**	**1751**	**1506**	**640**	**359**	**281**
15-19岁	**140**	**70**	**70**	**74**	**36**	**38**
15	2		2	2		2
16	7	3	4	4	2	2
17	18	8	10	11	5	6
18	44	23	21	28	14	14
19	69	36	33	29	15	14
20-24岁	**673**	**386**	**287**	**179**	**120**	**59**
20	106	61	45	43	32	11
21	116	65	51	37	22	15
22	147	78	69	35	23	12
23	146	90	56	33	24	9
24	158	92	66	31	19	12
25-29岁	**725**	**396**	**329**	**110**	**65**	**45**
25	162	98	64	28	18	10
26	147	75	72	18	9	9
27	147	81	66	24	14	10
28	156	81	75	29	16	13
29	113	61	52	11	8	3
30-34岁	**758**	**400**	**358**	**126**	**62**	**64**
30	160	71	89	25	8	17
31	153	86	67	28	18	10
32	149	78	71	25	16	9
33	164	89	75	32	14	18
34	132	76	56	16	6	10
35-39岁	**536**	**268**	**268**	**92**	**46**	**46**
35	114	51	63	18	9	9
36	112	61	51	21	13	8
37	102	50	52	17	8	9
38	103	52	51	17	8	9
39	105	54	51	19	8	11
40-44岁	**332**	**178**	**154**	**45**	**23**	**22**
40	100	57	43	11	5	6
41	80	34	46	10	4	6
42	72	45	27	13	8	5
43	43	23	20	4	2	2
44	37	19	18	7	4	3
45-49岁	**93**	**53**	**40**	**14**	**7**	**7**
45	30	13	17	3	1	2
46	24	14	10	5	2	3
47	12	8	4	1	1	
48	16	11	5			
49	11	7	4	5	3	2

单位：人

二孩			三孩及以上		
小计	男	女	小计	男	女
1042	**556**	**486**	**1575**	**836**	**739**
45	**26**	**19**	**21**	**8**	**13**
3	1	2			
5	3	2	2		2
11	8	3	5	1	4
26	14	12	14	7	7
265	**138**	**127**	**229**	**128**	**101**
40	16	24	23	13	10
49	29	20	30	14	16
57	26	31	55	29	26
61	34	27	52	32	20
58	33	25	69	40	29
232	**120**	**112**	**383**	**211**	**172**
47	27	20	87	53	34
45	22	23	84	44	40
51	26	25	72	41	31
53	26	27	74	39	35
36	19	17	66	34	32
226	**123**	**103**	**406**	**215**	**191**
46	20	26	89	43	46
47	24	23	78	44	34
47	28	19	77	34	43
49	28	21	83	47	36
37	23	14	79	47	32
152	**75**	**77**	**292**	**147**	**145**
35	16	19	61	26	35
32	16	16	59	32	27
30	16	14	55	26	29
25	11	14	61	33	28
30	16	14	56	30	26
88	**50**	**38**	**199**	**105**	**94**
29	16	13	60	36	24
23	12	11	47	18	29
14	7	7	45	30	15
11	8	3	28	13	15
11	7	4	19	8	11
34	**24**	**10**	**45**	**22**	**23**
10	6	4	17	6	11
9	5	4	10	7	3
6	6		5	1	4
7	5	2	9	6	3
2	2		4	2	2

6-2c 续表 4

受教育程度 年龄	合计	生男孩的妇女人数	生女孩的妇女人数	一孩		
				小计	男	女
初 中	**13837**	**7282**	**6555**	**4778**	**2556**	**2222**
15-19岁	**1266**	**668**	**598**	**926**	**503**	**423**
15	37	22	15	36	21	15
16	120	65	55	112	59	53
17	244	127	117	210	112	98
18	358	190	168	251	138	113
19	507	264	243	317	173	144
20-24岁	**4873**	**2530**	**2343**	**2068**	**1107**	**961**
20	731	380	351	423	235	188
21	853	430	423	407	212	195
22	1113	588	525	480	266	214
23	1122	599	523	403	221	182
24	1054	533	521	355	173	182
25-29岁	**4145**	**2161**	**1984**	**1139**	**604**	**535**
25	1063	548	515	356	183	173
26	884	476	408	256	146	110
27	829	436	393	227	127	100
28	747	382	365	170	88	82
29	622	319	303	130	60	70
30-34岁	**2427**	**1287**	**1140**	**448**	**229**	**219**
30	655	355	300	129	75	54
31	528	268	260	83	41	42
32	479	252	227	97	43	54
33	441	238	203	81	43	38
34	324	174	150	58	27	31
35-39岁	**860**	**483**	**377**	**147**	**85**	**62**
35	257	159	98	39	24	15
36	196	113	83	33	20	13
37	162	77	85	32	14	18
38	129	73	56	24	15	9
39	116	61	55	19	12	7
40-44岁	**228**	**133**	**95**	**43**	**25**	**18**
40	96	61	35	15	10	5
41	45	24	21	10	4	6
42	42	24	18	11	7	4
43	27	15	12	6	3	3
44	18	9	9	1	1	
45-49岁	**38**	**20**	**18**	**7**	**3**	**4**
45	12	7	5	1	1	
46	15	7	8	3	1	2
47	6	3	3	1		1
48	3	1	2	1		1
49	2	2		1	1	

单位：人

二孩			三孩及以上		
小计	男	女	小计	男	女
5856	**2976**	**2880**	**3203**	**1750**	**1453**
303	**148**	**155**	**37**	**17**	**20**
1	1				
8	6	2			
31	14	17	3	1	2
97	48	49	10	4	6
166	79	87	24	12	12
2069	**1039**	**1030**	**736**	**384**	**352**
248	118	130	60	27	33
353	174	179	93	44	49
461	235	226	172	87	85
515	269	246	204	109	95
492	243	249	207	117	90
1914	**941**	**973**	**1092**	**616**	**476**
460	222	238	247	143	104
411	214	197	217	116	101
405	198	207	197	111	86
361	179	182	216	115	101
277	128	149	215	131	84
1114	**592**	**522**	**865**	**466**	**399**
291	148	143	235	132	103
265	136	129	180	91	89
199	107	92	183	102	81
215	120	95	145	75	70
144	81	63	122	66	56
349	**193**	**156**	**364**	**205**	**159**
117	68	49	101	67	34
72	40	32	91	53	38
62	34	28	68	29	39
51	26	25	54	32	22
47	25	22	50	24	26
90	**54**	**36**	**95**	**54**	**41**
38	24	14	43	27	16
17	11	6	18	9	9
17	10	7	14	7	7
8	5	3	13	7	6
10	4	6	7	4	3
17	**9**	**8**	**14**	**8**	**6**
5	4	1	6	2	4
7	3	4	5	3	2
3	1	2	2	2	
2	1	1			
			1	1	

6-2c 续表 5

受教育程度 年龄	合计	生男孩的妇女人数	生女孩的妇女人数	一孩 小计	一孩 男	一孩 女
高 中	**1934**	**1039**	**895**	**928**	**497**	**431**
15-19岁	**121**	**70**	**51**	**106**	**62**	**44**
15						
16	2	2		2	2	
17	7	5	2	7	5	2
18	43	28	15	40	26	14
19	69	35	34	57	29	28
20-24岁	**826**	**429**	**397**	**509**	**253**	**256**
20	121	65	56	91	51	40
21	134	60	74	98	43	55
22	202	107	95	128	66	62
23	185	101	84	99	48	51
24	184	96	88	93	45	48
25-29岁	**622**	**333**	**289**	**232**	**132**	**100**
25	163	75	88	79	41	38
26	135	74	61	44	21	23
27	113	63	50	50	32	18
28	105	57	48	31	20	11
29	106	64	42	28	18	10
30-34岁	**292**	**169**	**123**	**70**	**46**	**24**
30	97	56	41	20	16	4
31	63	37	26	11	7	4
32	62	39	23	16	11	5
33	46	28	18	16	11	5
34	24	9	15	7	1	6
35-39岁	**51**	**26**	**25**	**10**	**4**	**6**
35	15	8	7	4	2	2
36	13	6	7			
37	12	6	6	4		4
38	5	2	3	1	1	
39	6	4	2	1	1	
40-44岁	**20**	**11**	**9**			
40	7	4	3			
41	9	6	3			
42	2		2			
43						
44	2	1	1			
45-49岁	**2**	**1**	**1**	**1**		**1**
45						
46	2	1	1	1		1
47						
48						
49						

单位：人

二孩			三孩及以上		
小计	男	女	小计	男	女
778	**402**	**376**	**228**	**140**	**88**
15	**8**	**7**			
3	2	1			
12	6	6			
263	**143**	**120**	**54**	**33**	**21**
27	13	14	3	1	2
31	14	17	5	3	2
65	35	30	9	6	3
66	43	23	20	10	10
74	38	36	17	13	4
304	**156**	**148**	**86**	**45**	**41**
67	27	40	17	7	10
80	47	33	11	6	5
49	24	25	14	7	7
55	27	28	19	10	9
53	31	22	25	15	10
156	**73**	**83**	**66**	**50**	**16**
51	21	30	26	19	7
38	20	18	14	10	4
32	18	14	14	10	4
22	10	12	8	7	1
13	4	9	4	4	
25	**13**	**12**	**16**	**9**	**7**
7	5	2	4	1	3
9	4	5	4	2	2
4	2	2	4	4	
1		1	3	1	2
4	2	2	1	1	
14	**8**	**6**	**6**	**3**	**3**
4	2	2	3	2	1
7	5	2	2	1	1
1		1	1		1
2	1	1			
1	**1**				
1	1				

6-2c 续表 6

受教育程度 年龄	合计	生男孩的妇女人数	生女孩的妇女人数	一孩		
				小计	男	女
大学专科	**1159**	**636**	**523**	**670**	**367**	**303**
15-19岁	**10**	**5**	**5**	**6**	**1**	**5**
15						
16						
17						
18	2	1	1	1		1
19	8	4	4	5	1	4
20-24岁	**383**	**205**	**178**	**302**	**167**	**135**
20	24	16	8	19	13	6
21	37	20	17	32	17	15
22	93	45	48	76	37	39
23	116	66	50	96	57	39
24	113	58	55	79	43	36
25-29岁	**520**	**289**	**231**	**310**	**169**	**141**
25	126	72	54	94	54	40
26	139	78	61	82	47	35
27	105	57	48	62	30	32
28	83	46	37	43	24	19
29	67	36	31	29	14	15
30-34岁	**200**	**111**	**89**	**46**	**26**	**20**
30	63	34	29	16	11	5
31	45	22	23	6	3	3
32	40	21	19	11	5	6
33	40	26	14	11	6	5
34	12	8	4	2	1	1
35-39岁	**43**	**23**	**20**	**4**	**2**	**2**
35	12	5	7	1	1	
36	7	5	2			
37	11	7	4	1	1	
38	6	2	4	1		1
39	7	4	3	1		1
40-44岁	**3**	**3**		**2**	**2**	
40	1	1				
41	2	2		2	2	
42						
43						
44						
45-49岁						
45						
46						
47						
48						
49						

单位：人

二孩			三孩及以上		
小计	男	女	小计	男	女
412	**217**	**195**	**77**	**52**	**25**
4	**4**				
1	1				
3	3				
71	**34**	**37**	**10**	**4**	**6**
4	2	2	1	1	
5	3	2			
14	8	6	3		3
19	8	11	1	1	
29	13	16	5	2	3
181	**98**	**83**	**29**	**22**	**7**
28	15	13	4	3	1
50	25	25	7	6	1
40	25	15	3	2	1
31	16	15	9	6	3
32	17	15	6	5	1
124	**66**	**58**	**30**	**19**	**11**
40	19	21	7	4	3
32	13	19	7	6	1
22	12	10	7	4	3
23	17	6	6	3	3
7	5	2	3	2	1
31	**14**	**17**	**8**	**7**	**1**
8	2	6	3	2	1
6	4	2	1	1	
8	4	4	2	2	
3		3	2	2	
6	4	2			
1	**1**				
1	1				

6-2c 续表 7

受教育程度 年龄	合计	生男孩的妇女人数	生女孩的妇女人数	一孩		
				小计	男	女
大学本科	**663**	**345**	**318**	**405**	**202**	**203**
15-19岁	**1**		**1**	**1**		**1**
15						
16						
17						
18	1		1	1		1
19						
20-24岁	**63**	**36**	**27**	**52**	**30**	**22**
20	1		1	1		1
21	5	2	3	4	2	2
22	10	6	4	9	5	4
23	14	8	6	11	6	5
24	33	20	13	27	17	10
25-29岁	**378**	**195**	**183**	**272**	**130**	**142**
25	63	34	29	56	29	27
26	69	32	37	54	22	32
27	92	49	43	64	33	31
28	92	53	39	65	34	31
29	62	27	35	33	12	21
30-34岁	**181**	**97**	**84**	**69**	**38**	**31**
30	61	33	28	36	19	17
31	42	20	22	16	8	8
32	43	22	21	7	4	3
33	23	14	9	6	3	3
34	12	8	4	4	4	
35-39岁	**37**	**15**	**22**	**10**	**3**	**7**
35	13	5	8	4	1	3
36	8	3	5	3	1	2
37	7	2	5	1		1
38	5	3	2	1	1	
39	4	2	2	1		1
40-44岁	**2**	**1**	**1**			
40	1		1			
41						
42						
43	1	1				
44						
45-49岁	**1**	**1**		**1**	**1**	
45						
46	1	1		1	1	
47						
48						
49						

单位：人

二孩			三孩及以上		
小计	男	女	小计	男	女
236	**132**	**104**	**22**	**11**	**11**
11	**6**	**5**			
1		1			
1	1				
3	2	1			
6	3	3			
96	**57**	**39**	**10**	**8**	**2**
7	5	2			
14	9	5	1	1	
24	13	11	4	3	1
27	19	8			
24	11	13	5	4	1
100	**56**	**44**	**12**	**3**	**9**
23	14	9	2		2
23	10	13	3	2	1
30	17	13	6	1	5
16	11	5	1		1
8	4	4			
27	**12**	**15**			
9	4	5			
5	2	3			
6	2	4			
4	2	2			
3	2	1			
2	**1**	**1**			
1		1			
1	1				

6-2c 续表 8

受教育程度 年龄	合计	生男孩的妇女人数	生女孩的妇女人数	一孩		
				小计	男	女
硕士研究生	**12**	**4**	**8**	**10**	**3**	**7**
15—19岁						
15						
16						
17						
18						
19						
20—24岁	**1**		**1**	**1**		**1**
20						
21						
22						
23						
24	1		1	1		1
25—29岁	**5**	**2**	**3**	**5**	**2**	**3**
25						
26						
27	1	1		1	1	
28	2	1	1	2	1	1
29	2		2	2		2
30—34岁	**6**	**2**	**4**	**4**	**1**	**3**
30	1	1		1	1	
31						
32	4		4	3		3
33	1	1				
34						
35—39岁						
35						
36						
37						
38						
39						
40—44岁						
40						
41						
42						
43						
44						
45—49岁						
45						
46						
47						
48						
49						

单位：人

二孩			三孩及以上		
小计	男	女	小计	男	女
1		**1**	**1**	**1**	
1		**1**	**1**	**1**	
1		1			
			1	1	

6-2c 续表 9

受教育程度 年龄	合计	生男孩的 妇女人数	生女孩的 妇女人数	一孩		
				小计	男	女
博士研究生	**1**		**1**			
15-19岁						
15						
16						
17						
18						
19						
20-24岁						
20						
21						
22						
23						
24						
25-29岁						
25						
26						
27						
28						
29						
30-34岁	**1**		**1**			
30	1		1			
31						
32						
33						
34						
35-39岁						
35						
36						
37						
38						
39						
40-44岁						
40						
41						
42						
43						
44						
45-49岁						
45						
46						
47						
48						
49						

单位：人

二孩			三孩及以上		
小计	男	女	小计	男	女
1			**1**		
1			**1**		
1			1		

6－3 全省育龄妇女分年龄、孩次的生育状况
(2019.11.1－2020.10.31)

单位：人、‰

年龄	平均育龄妇女人数	出生人数	生育率	第一孩		第二孩		第三孩及以上	
				出生数	生育率	出生数	生育率	出生数	生育率
总计	**827663**	**48991**	**59.19**	**18996**	**22.95**	**20848**	**25.19**	**9147**	**11.05**
15－19岁	**121163**	**2981**	**24.60**	**2150**	**17.74**	**705**	**5.82**	**126**	**1.04**
15	24048	103	4.28	98	4.08	4	0.17	1	0.04
16	27012	265	9.81	232	8.59	30	1.11	3	0.11
17	25675	509	19.82	394	15.35	98	3.82	17	0.66
18	21920	787	35.90	557	25.41	211	9.63	19	0.87
19	22508	1317	58.51	869	38.61	362	16.08	86	3.82
20－24岁	**116835**	**13539**	**115.88**	**6759**	**57.85**	**5008**	**42.86**	**1772**	**15.17**
20	23463	1775	75.65	998	42.54	597	25.44	180	7.67
21	23922	2388	99.82	1309	54.72	829	34.65	250	10.45
22	23979	2952	123.11	1481	61.76	1098	45.79	373	15.56
23	22704	3099	136.50	1467	64.61	1190	52.41	442	19.47
24	22767	3325	146.04	1504	66.06	1294	56.84	527	23.15
25－29岁	**111537**	**15891**	**142.47**	**6535**	**58.59**	**6590**	**59.08**	**2766**	**24.80**
25	21754	3215	147.79	1442	66.29	1255	57.69	518	23.81
26	21690	3326	153.34	1506	69.43	1263	58.23	557	25.68
27	22673	3411	150.44	1440	63.51	1436	63.34	535	23.60
28	22195	3035	136.74	1173	52.85	1292	58.21	570	25.68
29	23225	2904	125.04	974	41.94	1344	57.87	586	25.23
30－34岁	**124510**	**11013**	**88.45**	**2642**	**21.22**	**5771**	**46.35**	**2600**	**20.88**
30	26689	2852	106.86	823	30.84	1418	53.13	611	22.89
31	25610	2546	99.41	606	23.66	1364	53.26	576	22.49
32	26616	2311	86.83	524	19.69	1220	45.84	567	21.30
33	24288	1868	76.91	410	16.88	1008	41.50	450	18.53
34	21307	1436	67.40	279	13.09	761	35.72	396	18.59
35－39岁	**102171**	**3969**	**38.85**	**666**	**6.52**	**2036**	**19.93**	**1267**	**12.40**
35	20369	1077	52.87	175	8.59	589	28.92	313	15.37
36	19408	902	46.48	166	8.55	455	23.44	281	14.48
37	19836	755	38.06	125	6.30	395	19.91	235	11.85
38	22794	689	30.23	109	4.78	339	14.87	241	10.57
39	19764	546	27.63	91	4.60	258	13.05	197	9.97
40－44岁	**114373**	**1287**	**11.25**	**189**	**1.65**	**602**	**5.26**	**496**	**4.34**
40	21280	445	20.91	65	3.05	220	10.34	160	7.52
41	21129	325	15.38	56	2.65	147	6.96	122	5.77
42	21855	229	10.48	32	1.46	99	4.53	98	4.48
43	23755	167	7.03	23	0.97	75	3.16	69	2.90
44	26354	121	4.59	13	0.49	61	2.31	47	1.78
45－49岁	**137074**	**311**	**2.27**	**55**	**0.40**	**136**	**0.99**	**120**	**0.88**
45	28255	109	3.86	18	0.64	46	1.63	45	1.59
46	28135	78	2.77	14	0.50	37	1.32	27	0.96
47	27174	38	1.40	4	0.15	19	0.70	15	0.55
48	25933	46	1.77	12	0.46	18	0.69	16	0.62
49	27577	40	1.45	7	0.25	16	0.58	17	0.62

6-3a 全省育龄妇女分年龄、孩次的生育状况(2019.11.1-2020.10.31)(城市)

单位：人、‰

年龄	平均育龄妇女人数	出生人数	生育率	第一孩		第二孩		第三孩及以上	
				出生数	生育率	出生数	生育率	出生数	生育率
总计	**266001**	**13654**	**51.33**	**6089**	**22.89**	**6103**	**22.94**	**1462**	**5.50**
15-19岁	**33043**	**319**	**9.65**	**254**	**7.69**	**57**	**1.73**	**8**	**0.24**
15	5734	8	1.40	7	1.22	1	0.17		
16	7258	16	2.20	15	2.07	1	0.14		
17	6905	48	6.95	38	5.50	9	1.30	1	0.14
18	5909	84	14.22	64	10.83	19	3.22	1	0.17
19	7237	163	22.52	130	17.96	27	3.73	6	0.83
20-24岁	**41189**	**2546**	**61.81**	**1601**	**38.87**	**792**	**19.23**	**153**	**3.71**
20	8370	250	29.87	166	19.83	65	7.77	19	2.27
21	8696	402	46.23	266	30.59	118	13.57	18	2.07
22	8415	534	63.46	337	40.05	165	19.61	32	3.80
23	7793	634	81.36	400	51.33	198	25.41	36	4.62
24	7915	726	91.72	432	54.58	246	31.08	48	6.06
25-29岁	**39908**	**4943**	**123.86**	**2687**	**67.33**	**1851**	**46.38**	**405**	**10.15**
25	7769	839	107.99	486	62.56	277	35.65	76	9.78
26	7658	993	129.67	599	78.22	316	41.26	78	10.19
27	7904	1052	133.10	573	72.49	404	51.11	75	9.49
28	8122	1044	128.54	549	67.59	411	50.60	84	10.34
29	8455	1015	120.05	480	56.77	443	52.40	92	10.88
30-34岁	**45802**	**4066**	**88.77**	**1217**	**26.57**	**2311**	**50.46**	**538**	**11.75**
30	9776	1052	107.61	397	40.61	538	55.03	117	11.97
31	9481	901	95.03	276	29.11	516	54.42	109	11.50
32	9677	849	87.73	238	24.59	498	51.46	113	11.68
33	9066	728	80.30	178	19.63	442	48.75	108	11.91
34	7802	536	68.70	128	16.41	317	40.63	91	11.66
35-39岁	**34368**	**1338**	**38.93**	**247**	**7.19**	**842**	**24.50**	**249**	**7.25**
35	7249	393	54.21	64	8.83	256	35.32	73	10.07
36	6738	309	45.86	61	9.05	186	27.60	62	9.20
37	6807	251	36.87	48	7.05	171	25.12	32	4.70
38	7381	238	32.24	41	5.55	140	18.97	57	7.72
39	6193	147	23.74	33	5.33	89	14.37	25	4.04
40-44岁	**33761**	**359**	**10.63**	**62**	**1.84**	**210**	**6.22**	**87**	**2.58**
40	6579	137	20.82	25	3.80	81	12.31	31	4.71
41	6235	83	13.31	16	2.57	49	7.86	18	2.89
42	6533	61	9.34	9	1.38	37	5.66	15	2.30
43	6792	47	6.92	8	1.18	25	3.68	14	2.06
44	7622	31	4.07	4	0.52	18	2.36	9	1.18
45-49岁	**37930**	**83**	**2.19**	**21**	**0.55**	**40**	**1.05**	**22**	**0.58**
45	8074	25	3.10	7	0.87	13	1.61	5	0.62
46	7961	27	3.39	6	0.75	13	1.63	8	1.00
47	7464	4	0.54	1	0.13	1	0.13	2	0.27
48	7039	12	1.70	3	0.43	7	0.99	2	0.28
49	7392	15	2.03	4	0.54	6	0.81	5	0.68

6-3b 全省育龄妇女分年龄、孩次的生育状况 (2019.11.1-2020.10.31)(镇)

单位：人、‰

年 龄	平均育龄妇女人数	出生人数	生育率	第一孩		第二孩		第三孩及以上	
				出生数	生育率	出生数	生育率	出生数	生育率
总 计	**244301**	**14172**	**58.01**	**5440**	**22.27**	**6347**	**25.98**	**2385**	**9.76**
15-19岁	**39709**	**679**	**17.10**	**506**	**12.74**	**146**	**3.68**	**27**	**0.68**
15	7453	21	2.82	19	2.55	1	0.13	1	0.13
16	9294	50	5.38	44	4.73	6	0.65		
17	9149	104	11.37	82	8.96	19	2.08	3	0.33
18	7232	183	25.30	140	19.36	39	5.39	4	0.55
19	6581	321	48.78	221	33.58	81	12.31	19	2.89
20-24岁	**32609**	**3668**	**112.48**	**1974**	**60.54**	**1294**	**39.68**	**400**	**12.27**
20	6681	449	67.21	276	41.31	134	20.06	39	5.84
21	6586	573	87.00	344	52.23	180	27.33	49	7.44
22	6651	813	122.24	439	66.01	289	43.45	85	12.78
23	6386	859	134.51	442	69.21	321	50.27	96	15.03
24	6305	974	154.48	473	75.02	370	58.68	131	20.78
25-29岁	**33966**	**4886**	**143.85**	**2002**	**58.94**	**2132**	**62.77**	**752**	**22.14**
25	6377	973	152.58	437	68.53	402	63.04	134	21.01
26	6529	1017	155.77	484	74.13	388	59.43	145	22.21
27	7048	1086	154.09	468	66.40	462	65.55	156	22.13
28	6732	929	138.00	346	51.40	420	62.39	163	24.21
29	7280	881	121.02	267	36.68	460	63.19	154	21.15
30-34岁	**37882**	**3331**	**87.93**	**729**	**19.24**	**1864**	**49.21**	**738**	**19.48**
30	8180	854	104.40	222	27.14	461	56.36	171	20.90
31	7822	819	104.70	191	24.42	448	57.27	180	23.01
32	8158	687	84.21	127	15.57	393	48.17	167	20.47
33	7373	547	74.19	117	15.87	309	41.91	121	16.41
34	6349	424	66.78	72	11.34	253	39.85	99	15.59
35-39岁	**30971**	**1135**	**36.65**	**172**	**5.55**	**644**	**20.79**	**319**	**10.30**
35	6171	308	49.91	59	9.56	172	27.87	77	12.48
36	5939	261	43.95	37	6.23	155	26.10	69	11.62
37	6091	231	37.92	37	6.07	131	21.51	63	10.34
38	6832	188	27.52	23	3.37	107	15.66	58	8.49
39	5938	147	24.76	16	2.69	79	13.30	52	8.76
40-44岁	**32758**	**392**	**11.97**	**48**	**1.47**	**223**	**6.81**	**121**	**3.69**
40	6269	136	21.69	20	3.19	76	12.12	40	6.38
41	6274	101	16.10	14	2.23	58	9.24	29	4.62
42	6201	64	10.32	6	0.97	36	5.81	22	3.55
43	6801	52	7.65	6	0.88	27	3.97	19	2.79
44	7213	39	5.41	2	0.28	26	3.60	11	1.53
45-49岁	**36406**	**81**	**2.22**	**9**	**0.25**	**44**	**1.21**	**28**	**0.77**
45	7789	29	3.72	2	0.26	13	1.67	14	1.80
46	7593	15	1.98	2	0.26	9	1.19	4	0.53
47	7201	14	1.94	2	0.28	10	1.39	2	0.28
48	6834	11	1.61	2	0.29	6	0.88	3	0.44
49	6989	12	1.72	1	0.14	6	0.86	5	0.72

6-3c 全省育龄妇女分年龄、孩次的生育状况 (2019.11.1-2020.10.31)(乡村)

单位：人、‰

年 龄	平均育龄妇女人数	出生人数	生育率	第一孩		第二孩		第三孩及以上	
				出生数	生育率	出生数	生育率	出生数	生育率
总 计	**317361**	**21165**	**66.69**	**7467**	**23.53**	**8398**	**26.46**	**5300**	**16.70**
15-19岁	**48411**	**1983**	**40.96**	**1390**	**28.71**	**502**	**10.37**	**91**	**1.88**
15	10861	74	6.81	72	6.63	2	0.18		
16	10460	199	19.02	173	16.54	23	2.20	3	0.29
17	9621	357	37.11	274	28.48	70	7.28	13	1.35
18	8779	520	59.23	353	40.21	153	17.43	14	1.59
19	8690	833	95.86	518	59.61	254	29.23	61	7.02
20-24岁	**43037**	**7325**	**170.20**	**3184**	**73.98**	**2922**	**67.90**	**1219**	**28.32**
20	8412	1076	127.91	556	66.10	398	47.31	122	14.50
21	8640	1413	163.54	699	80.90	531	61.46	183	21.18
22	8913	1605	180.07	705	79.10	644	72.25	256	28.72
23	8525	1606	188.39	625	73.31	671	78.71	310	36.36
24	8547	1625	190.13	599	70.08	678	79.33	348	40.72
25-29岁	**37663**	**6062**	**160.95**	**1846**	**49.01**	**2607**	**69.22**	**1609**	**42.72**
25	7608	1403	184.41	519	68.22	576	75.71	308	40.48
26	7503	1316	175.40	423	56.38	559	74.50	334	44.52
27	7721	1273	164.88	399	51.68	570	73.82	304	39.37
28	7341	1062	144.67	278	37.87	461	62.80	323	44.00
29	7490	1008	134.58	227	30.31	441	58.88	340	45.39
30-34岁	**40826**	**3616**	**88.57**	**696**	**17.05**	**1596**	**39.09**	**1324**	**32.43**
30	8733	946	108.32	204	23.36	419	47.98	323	36.99
31	8307	826	99.43	139	16.73	400	48.15	287	34.55
32	8781	775	88.26	159	18.11	329	37.47	287	32.68
33	7849	593	75.55	115	14.65	257	32.74	221	28.16
34	7156	476	66.52	79	11.04	191	26.69	206	28.79
35-39岁	**36832**	**1496**	**40.62**	**247**	**6.71**	**550**	**14.93**	**699**	**18.98**
35	6949	376	54.11	52	7.48	161	23.17	163	23.46
36	6731	332	49.32	68	10.10	114	16.94	150	22.28
37	6938	273	39.35	40	5.77	93	13.40	140	20.18
38	8581	263	30.65	45	5.24	92	10.72	126	14.68
39	7633	252	33.01	42	5.50	90	11.79	120	15.72
40-44岁	**47854**	**536**	**11.20**	**79**	**1.65**	**169**	**3.53**	**288**	**6.02**
40	8432	172	20.40	20	2.37	63	7.47	89	10.56
41	8620	141	16.36	26	3.02	40	4.64	75	8.70
42	9121	104	11.40	17	1.86	26	2.85	61	6.69
43	10162	68	6.69	9	0.89	23	2.26	36	3.54
44	11519	51	4.43	7	0.61	17	1.48	27	2.34
45-49岁	**62738**	**147**	**2.34**	**25**	**0.40**	**52**	**0.83**	**70**	**1.12**
45	12392	55	4.44	9	0.73	20	1.61	26	2.10
46	12581	36	2.86	6	0.48	15	1.19	15	1.19
47	12509	20	1.60	1	0.08	8	0.64	11	0.88
48	12060	23	1.91	7	0.58	5	0.41	11	0.91
49	13196	13	0.99	2	0.15	4	0.30	7	0.53

6-4 各地区育龄妇女年龄别生育率

单位：‰

地区	15-19岁	20-24岁	25-29岁	30-34岁	35-39岁	40-44岁	45-49岁	总和生育率
贵州	**24.60**	**115.88**	**142.47**	**88.45**	**38.85**	**11.25**	**2.27**	**2118.88**
贵阳市	**11.84**	**54.43**	**114.46**	**88.01**	**38.58**	**10.06**	**2.13**	**1597.48**
南明区	11.84	41.52	100.02	86.97	36.46	11.20	2.69	1453.48
云岩区	11.48	46.41	97.01	81.14	40.11	7.64	1.51	1426.46
花溪区	8.14	35.58	121.92	75.32	37.97	10.31	2.09	1456.68
乌当区	8.49	67.55	126.07	88.47	40.14	9.30	0.76	1703.86
白云区	7.43	57.42	121.68	97.21	35.14	8.08	1.75	1643.53
观山湖区	10.83	57.19	106.63	99.13	38.30	10.97	2.37	1627.15
开阳县	30.40	127.86	152.13	96.45	40.42	5.73	4.61	2288.03
息烽县	19.35	136.07	132.72	110.96	48.99	15.68	2.15	2329.58
修文县	29.41	150.89	154.57	111.53	46.59	7.65		2503.19
清镇市	12.35	63.63	132.25	79.82	33.19	14.32	2.44	1689.98
六盘水市	**40.22**	**151.18**	**158.90**	**110.42**	**52.02**	**17.21**	**3.16**	**2665.62**
钟山区	31.62	89.48	130.10	95.14	42.16	11.91	2.40	2014.06
六枝特区	32.06	167.07	155.54	107.02	40.72	16.84	6.49	2628.72
水城县	58.61	172.90	131.73	87.49	49.33	12.43	2.25	2573.74
盘州市	33.86	177.22	196.60	133.38	64.48	24.05	2.93	3162.56
遵义市	**15.71**	**120.32**	**143.48**	**82.90**	**34.42**	**8.75**	**1.66**	**2036.20**
红花岗区	4.73	64.31	116.31	75.28	34.28	5.03	2.04	1509.94
汇川区	14.35	89.25	138.28	83.82	34.35	6.42	1.86	1841.71
播州区	16.90	148.55	143.03	83.40	33.25	12.98	1.01	2195.55
桐梓县	10.24	138.89	149.32	84.22	33.10	10.64	0.97	2136.95
绥阳县	9.61	134.74	160.58	83.16	27.58	8.42	2.30	2131.91
正安县	19.08	147.14	170.65	90.74	44.54	12.06	0.61	2424.07
道真仡佬族苗族自治县	20.70	130.24	177.78	88.37	33.00	2.18	0.82	2265.46
务川仡佬族苗族自治县	19.79	157.00	163.54	81.27	25.68	5.52	2.61	2277.08
凤冈县	10.60	171.30	167.93	109.59	43.94	2.97	1.46	2538.90
湄潭县	16.28	133.10	162.72	87.88	32.00	5.56	0.60	2190.68
余庆县	13.62	151.52	154.62	93.75	37.17	11.02	2.74	2322.21
习水县	24.81	156.93	129.25	75.42	28.74	10.80	2.57	2142.56
赤水市	19.89	131.15	126.17	83.89	41.34	12.97	1.64	2085.24
仁怀市	26.33	131.04	151.48	80.34	37.45	14.04	2.04	2213.56
安顺市	**28.50**	**132.15**	**150.34**	**82.75**	**36.91**	**8.91**	**2.37**	**2209.63**
西秀区	17.03	86.79	131.42	77.66	36.53	6.48	1.84	1788.80
平坝区	36.32	157.62	154.75	88.24	35.52	7.34	3.15	2414.67
普定县	27.96	156.84	145.74	71.70	41.05	10.14	2.43	2279.32
镇宁布依族苗族自治县	31.69	128.94	159.30	82.57	32.81	12.51	3.21	2255.16
关岭布依族苗族自治县	42.18	182.09	188.63	97.44	37.71	9.60	1.20	2794.26
紫云苗族布依族自治县	40.37	199.16	174.50	94.56	38.03	12.67	3.29	2812.89
毕节市	**37.91**	**154.13**	**150.94**	**77.36**	**35.09**	**11.30**	**3.21**	**2349.70**
七星关区	28.87	134.68	164.63	83.16	38.25	13.03	3.61	2331.14
大方县	32.44	157.94	156.02	84.33	38.21	16.52	1.97	2437.22
黔西县	33.46	168.97	147.72	78.53	42.47	15.62	3.40	2450.86
金沙县	25.66	140.43	157.60	87.65	40.58	8.31	3.84	2320.33
织金县	50.52	171.46	173.03	86.38	42.36	10.14	4.53	2692.10
纳雍县	48.05	170.59	150.32	73.80	26.97	8.09	2.89	2403.58
威宁彝族回族苗族自治县	39.89	146.11	134.39	65.73	25.11	7.68	4.01	2114.69
赫章县	43.57	170.92	135.43	58.57	25.26	11.27	0.47	2227.46

6-4 续表

单位：‰

地 区	15-19岁	20-24岁	25-29岁	30-34岁	35-39岁	40-44岁	45-49岁	总和生育率
铜仁市	**12.14**	**115.76**	**140.78**	**85.29**	**31.93**	**10.41**	**1.83**	**1990.73**
碧江区	4.85	42.31	126.54	82.35	36.21	14.40	1.49	1540.78
万山区	10.20	92.17	144.52	106.33	48.48	2.86		2022.84
江口县	23.26	125.67	138.07	87.18	27.31	6.24	1.68	2046.98
玉屏侗族自治县	32.35	112.72	128.00	94.41	37.13	7.37		2059.91
石阡县	20.98	123.74	154.82	97.31	28.38	12.59	0.84	2193.25
思南县	3.93	151.80	132.74	70.73	19.09	6.42	0.61	1926.62
印江土家族苗族自治县	13.67	171.67	166.67	67.80	33.51	5.04	1.90	2301.30
德江县	12.80	121.89	118.42	79.65	25.84	5.45	2.39	1832.24
沿河土家族自治县	13.54	156.68	163.85	82.01	24.37	8.35	0.78	2247.97
松桃苗族自治县	14.35	116.64	141.81	97.21	45.35	23.99	6.03	2226.91
黔西南布依族苗族自治州	**28.61**	**139.96**	**142.81**	**83.94**	**33.29**	**13.28**	**1.93**	**2219.07**
兴义市	17.76	102.51	131.39	79.25	33.12	11.44	2.05	1887.62
兴仁市	23.35	161.26	153.14	88.66	40.11	12.11		2393.15
普安县	42.30	165.44	161.82	74.73	22.62	23.92	3.72	2472.68
晴隆县	38.63	152.82	163.87	70.74	33.99	16.61		2383.34
贞丰县	40.84	183.51	146.40	87.84	25.17	10.60	3.06	2487.08
望谟县	27.46	151.34	133.80	88.08	22.84	14.37	2.62	2202.55
册亨县	28.66	120.55	172.10	103.33	46.88	9.45	1.55	2412.61
安龙县	47.52	191.88	136.23	92.45	37.23	14.90	2.50	2613.51
黔东南苗族侗族自治州	**28.62**	**143.81**	**163.13**	**107.03**	**50.38**	**12.27**	**2.33**	**2537.86**
凯里市	17.35	85.77	143.37	107.33	52.05	13.15	1.94	2104.75
黄平县	17.22	124.22	150.44	94.78	41.90	18.45	2.21	2246.14
施秉县	16.17	140.63	110.70	76.49	46.63	6.15		1983.86
三穗县	23.87	110.41	209.37	91.59	34.01	17.35	3.63	2451.17
镇远县	6.21	137.83	149.88	92.17	46.51	11.86	2.69	2235.81
岑巩县	20.41	185.68	175.44	99.80	57.47	15.22	3.44	2787.26
天柱县	24.33	128.42	157.22	113.80	54.46	14.33	2.53	2475.42
锦屏县	16.36	140.35	176.62	90.70	53.12	9.71		2434.26
剑河县	33.63	161.38	123.11	99.17	40.74	4.92	1.43	2321.95
台江县	21.90	141.59	147.29	102.80	65.57	10.31	4.63	2470.47
黎平县	33.26	184.44	175.36	132.04	57.06	6.83	1.27	2951.29
榕江县	46.57	191.86	175.97	109.48	41.26	8.82	2.80	2883.76
从江县	81.19	219.87	219.42	135.38	67.18	21.06	2.39	3732.47
雷山县	39.74	149.31	160.13	95.72	42.30	10.42	3.96	2507.81
麻江县	26.14	157.69	183.67	111.39	50.00	7.32		2681.10
丹寨县	27.40	135.80	143.26	86.39	36.86	17.39	8.40	2277.50
黔南布依族苗族自治州	**19.70**	**111.09**	**153.30**	**88.81**	**40.84**	**12.25**	**1.89**	**2139.42**
都匀市	9.87	51.68	127.49	82.21	40.39	8.81	2.13	1612.91
福泉市	11.44	129.54	167.16	86.77	46.98	15.73	5.76	2316.97
荔波县	17.41	164.86	145.53	98.90	43.91	9.82	1.68	2410.61
贵定县	8.91	70.88	129.17	88.32	40.42	12.66	2.30	1763.32
瓮安县	16.39	164.66	133.45	78.77	41.77	9.93	1.92	2234.43
独山县	20.44	137.07	141.67	80.83	37.85	17.88		2178.73
平塘县	30.39	176.70	181.35	111.32	44.83	10.80	1.32	2783.53
罗甸县	34.92	178.16	181.96	88.69	32.26	11.18	2.11	2646.38
长顺县	37.17	134.10	175.85	92.73	50.85	11.42	1.62	2518.62
龙里县	28.48	110.12	152.70	80.86	24.62	9.54	1.23	2037.70
惠水县	20.98	88.38	181.91	99.81	38.13	14.90	0.82	2224.63
三都水族自治县	24.90	150.71	157.75	99.28	47.86	15.85	1.12	2487.36

6-4a 各地区育龄妇女年龄别生育率(城市)

单位：‰

地 区	15-19岁	20-24岁	25-29岁	30-34岁	35-39岁	40-44岁	45-49岁	总和生育率
贵 州	**9.65**	**61.81**	**123.86**	**88.77**	**38.93**	**10.63**	**2.19**	**1679.27**
贵阳市	**7.89**	**44.96**	**107.87**	**86.22**	**37.48**	**9.77**	**2.17**	**1481.85**
南明区	12.01	39.29	98.28	86.74	36.12	11.24	2.84	1432.63
云岩区	11.48	46.41	97.01	81.14	40.11	7.64	1.51	1426.46
花溪区	7.57	44.13	128.21	74.22	35.77	9.43	2.07	1506.96
乌当区		40.70	127.14	84.81	32.55	8.09	1.35	1473.18
白云区	7.37	56.36	124.07	101.29	36.24	8.88	1.93	1680.70
观山湖区	7.24	47.41	103.71	99.30	39.25	11.28	2.30	1552.51
开阳县								
息烽县								
修文县								
清镇市	1.91	40.32	120.60	82.95	37.53	13.53	3.30	1500.67
六盘水市	**18.55**	**90.85**	**143.24**	**108.39**	**45.97**	**14.55**	**2.50**	**2120.27**
钟山区	27.65	76.12	129.40	96.99	43.20	13.39	2.07	1944.10
六枝特区	14.08	118.31	166.67	110.56	44.09	12.46	6.70	2364.33
水城县								
盘州市	8.91	119.59	160.46	128.58	51.79	17.94	1.01	2441.39
遵义市	**9.42**	**78.55**	**131.70**	**84.49**	**35.33**	**8.82**	**1.91**	**1751.10**
红花岗区	3.40	51.42	115.29	78.11	34.41	5.19	2.33	1450.74
汇川区	10.52	68.13	134.69	82.78	34.46	6.69	2.05	1696.58
播州区	11.42	126.44	146.19	87.51	30.78	13.40	0.83	2082.89
桐梓县								
绥阳县								
正安县								
道真仡佬族苗族自治县								
务川仡佬族苗族自治县								
凤冈县								
湄潭县								
余庆县								
习水县								
赤水市	12.61	115.54	123.08	110.59	57.63	13.62	1.83	2174.44
仁怀市	21.63	119.76	148.63	89.50	37.07	14.25	1.73	2162.88
安顺市	**9.70**	**60.64**	**120.61**	**79.05**	**39.44**	**7.69**	**2.29**	**1597.14**
西秀区	7.68	58.11	113.50	79.09	36.91	7.65	1.57	1522.53
平坝区	37.04	82.93	161.51	78.86	55.56	7.97	7.25	2155.55
普定县								
镇宁布依族苗族自治县								
关岭布依族苗族自治县								
紫云苗族布依族自治县								
毕节市	**15.77**	**92.49**	**151.13**	**86.48**	**37.62**	**12.32**	**3.80**	**1997.99**
七星关区	15.77	92.49	151.13	86.48	37.62	12.32	3.80	1997.99
大方县								
黔西县								
金沙县								
织金县								
纳雍县								
威宁彝族回族苗族自治县								
赫章县								

6-4a　续表　　　　单位：‰

地　　区	15-19岁	20-24岁	25-29岁	30-34岁	35-39岁	40-44岁	45-49岁	总　和 生育率
铜仁市	**4.48**	**41.72**	**132.78**	**87.95**	**38.87**	**13.67**	**0.80**	**1601.35**
碧江区	3.90	37.43	121.38	81.48	37.84	15.32	0.98	1491.62
万山区	6.36	64.89	179.39	119.40	44.94	5.46		2102.21
江口县								
玉屏侗族自治县								
石阡县								
思南县								
印江土家族苗族自治县								
德江县								
沿河土家族自治县								
松桃苗族自治县								
黔西南布依族苗族自治州	**10.27**	**84.21**	**137.50**	**85.00**	**37.59**	**14.64**	**2.62**	**1859.14**
兴义市	11.33	78.26	134.69	79.72	36.04	14.93	3.16	1790.60
兴仁市	5.23	121.59	152.03	109.48	45.25	13.26		2234.19
普安县								
晴隆县								
贞丰县								
望谟县								
册亨县								
安龙县								
黔东南苗族侗族自治州	**10.82**	**77.60**	**143.33**	**107.09**	**54.55**	**13.21**		**2032.98**
凯里市	10.82	77.60	143.33	107.09	54.55	13.21		2032.98
黄平县								
施秉县								
三穗县								
镇远县								
岑巩县								
天柱县								
锦屏县								
剑河县								
台江县								
黎平县								
榕江县								
从江县								
雷山县								
麻江县								
丹寨县								
黔南布依族苗族自治州	**2.88**	**45.88**	**138.03**	**88.03**	**35.34**	**7.41**	**4.02**	**1607.96**
都匀市	3.16	30.51	123.03	85.04	33.30	8.32	2.66	1430.10
福泉市	2.14	102.83	173.21	97.44	40.65	5.17	8.17	2148.02
荔波县								
贵定县								
瓮安县								
独山县								
平塘县								
罗甸县								
长顺县								
龙里县								
惠水县								
三都水族自治县								

6-4b 各地区育龄妇女年龄别生育率(镇)

单位：‰

地 区	15-19岁	20-24岁	25-29岁	30-34岁	35-39岁	40-44岁	45-49岁	总和生育率
贵 州	**17.10**	**112.48**	**143.85**	**87.93**	**36.65**	**11.97**	**2.22**	**2061.01**
贵阳市	**6.18**	**37.13**	**122.44**	**95.42**	**40.38**	**12.11**	**1.28**	**1574.66**
南明区								
云岩区								
花溪区		5.48	59.04	83.70	40.27	24.69		1065.88
乌当区	22.47	220.78	132.53	134.33	67.57	12.99		2953.32
白云区			250.00	166.67				2083.33
观山湖区	6.99	147.54	74.63	37.04	66.67			1664.32
开阳县	17.70	132.71	135.73	88.56	28.04	7.27	2.38	2061.96
息烽县	7.25	135.14	130.33	115.72	51.47	17.17	2.15	2296.06
修文县	10.80	87.63	148.07	100.68	45.45	8.97		2008.03
清镇市	3.82	21.69	82.28	80.25	29.41	20.55		1189.98
六盘水市	**38.42**	**165.12**	**147.93**	**108.38**	**49.02**	**15.58**		**2622.22**
钟山区	38.46	160.22	138.36	102.15	29.20	3.83		2361.13
六枝特区	46.15	131.15	190.08	114.65	34.19	41.10		2786.59
水城县	51.17	160.70	109.73	90.81	46.44	12.61		2357.27
盘州市	18.00	186.10	209.57	133.23	61.86	19.19		3139.73
遵义市	**12.79**	**141.60**	**147.31**	**84.51**	**35.34**	**7.80**	**1.65**	**2155.03**
红花岗区	18.99	157.30	87.56	47.37	27.47	4.81		1717.48
汇川区	12.99	169.01	160.84	87.43	54.42	4.93		2448.10
播州区	5.46	160.17	144.74	92.47	25.00	6.51		2171.77
桐梓县	5.19	128.70	139.98	89.07	25.94	9.65	0.99	1997.53
绥阳县	8.49	129.63	152.70	78.18	26.80	16.99	1.67	2072.30
正安县	19.09	124.34	157.28	94.06	48.15	8.45		2256.83
道真仡佬族苗族自治县	14.97	121.21	174.65	84.02	30.38	1.79	1.41	2142.12
务川仡佬族苗族自治县	11.43	159.33	172.78	82.28	19.03	5.20	1.54	2257.93
凤冈县	4.68	152.94	156.72	112.43	52.13	1.92	3.14	2419.80
湄潭县	10.79	118.37	145.16	74.02	37.24	2.95	1.19	1948.61
余庆县	6.49	127.36	138.80	89.67	43.23	10.28		2079.19
习水县	18.30	138.85	127.34	84.21	37.65	12.58	6.08	2125.01
赤水市	81.63	253.73	142.86	42.02	27.40	8.47		2780.55
仁怀市	46.24	196.43	173.08	60.24	57.85	15.79		2748.15
安顺市	**20.54**	**138.10**	**158.75**	**79.13**	**37.12**	**13.56**	**1.53**	**2243.58**
西秀区	44.44	96.15	161.11	59.52	7.87			1845.54
平坝区	23.62	152.60	150.35	75.19	29.29			2155.23
普定县	16.70	125.00	148.30	70.25	45.85	16.53	4.07	2133.48
镇宁布依族苗族自治县	14.79	123.64	155.06	79.52	33.06	22.79	2.78	2158.16
关岭布依族苗族自治县	24.90	168.58	161.52	89.95	37.50	14.04		2482.41
紫云苗族布依族自治县	11.99	150.00	182.97	91.69	46.98	17.54		2505.85
毕节市	**21.83**	**132.48**	**144.29**	**84.32**	**33.84**	**11.57**	**3.73**	**2160.29**
七星关区	19.66	142.86	183.78	77.27	30.97	16.88	4.05	2377.35
大方县	16.97	120.45	139.73	89.59	38.13	21.62	2.14	2143.13
黔西县	22.58	142.86	134.10	82.08	35.78	18.82	2.62	2194.21
金沙县	20.53	105.90	153.10	88.45	40.97	5.33	2.82	2085.54
织金县	27.37	155.33	163.20	88.94	49.63	10.66	5.47	2502.98
纳雍县	24.19	150.00	161.82	82.53	26.25	6.29	3.45	2272.61
威宁彝族回族苗族自治县	23.20	127.26	130.23	85.04	22.40	6.77	6.02	2004.64
赫章县	16.49	118.20	131.21	65.52	14.18	8.73	1.83	1780.83

6-4b　续表　　　　单位：‰

地　　区	15–19岁	20–24岁	25–29岁	30–34岁	35–39岁	40–44岁	45–49岁	总　和生育率
铜仁市	**8.82**	**111.89**	**135.13**	**84.33**	**28.63**	**14.31**	**2.37**	**1927.47**
碧江区			250.00	100.00				1750.00
万山区								
江口县	12.24	112.90	138.18	96.49	15.09	7.84	3.80	1932.80
玉屏侗族自治县	11.76	102.04	134.26	82.28	42.92	12.15		1927.04
石阡县	11.70	116.73	138.21	84.21	35.29	16.48	2.54	2025.83
思南县	1.06	146.73	135.27	73.87	16.13	9.73	1.53	1921.58
印江土家族苗族自治县	21.45	127.48	177.62	78.56	26.32	7.19	2.00	2203.04
德江县	9.08	91.82	110.60	87.88	21.17	9.98	1.69	1661.14
沿河土家族自治县	9.55	140.50	145.95	74.65	24.43	9.63		2023.53
松桃苗族自治县	8.27	72.14	120.00	96.42	49.10	38.46	7.14	1957.70
黔西南布依族苗族自治州	**21.22**	**135.27**	**140.65**	**87.99**	**30.32**	**16.32**	**1.35**	**2165.60**
兴义市	14.56	105.26	120.30	88.24	12.40	4.44	3.50	1743.50
兴仁市	31.25	178.29	166.67	110.47	21.58	11.70		2599.77
普安县	13.51	163.64	137.34	58.44	22.14	36.08	7.75	2194.53
晴隆县	22.79	123.81	142.22	56.94	31.82	25.97		2017.78
贞丰县	29.76	161.20	128.33	103.03	29.02	19.89		2356.17
望谟县	11.63	133.80	110.75	95.24	27.67	14.65		1968.69
册亨县	6.85	104.65	186.77	116.54	51.95	17.54		2421.52
安龙县	29.70	121.48	148.82	82.66	37.89	8.51		2145.31
黔东南苗族侗族自治州	**17.57**	**126.60**	**155.09**	**98.56**	**45.66**	**11.31**	**3.82**	**2293.05**
凯里市	86.96	177.42	117.65	83.33	37.04		8.70	2555.44
黄平县	12.94	69.87	143.41	93.02	39.87	18.38	5.03	1912.61
施秉县	10.70	131.15	108.11	79.60	48.08	6.10		1918.64
三穗县	26.74	120.00	202.76	83.58	28.11	19.01	3.48	2418.47
镇远县		114.75	139.78	80.94	38.71	11.05	5.13	1951.83
岑巩县	20.58	173.68	170.21	109.68	54.62	8.62	7.35	2723.73
天柱县	17.75	109.83	155.38	107.62	57.88	18.99	6.15	2367.99
锦屏县		99.17	161.90	87.79	45.08	9.57		2017.58
剑河县	9.76	129.63	134.10	98.64	43.48	7.46	3.88	2134.71
台江县	13.07	150.44	131.15	93.96	75.47	5.21	12.05	2406.75
黎平县	27.30	169.70	158.44	120.44	50.66	5.89		2662.11
榕江县	31.37	141.51	148.15	102.83	28.33	3.80		2279.94
从江县	32.39	151.35	163.35	108.11	58.82	31.09	3.92	2745.14
雷山县	13.25	106.87	162.01	110.00	56.99	5.99	4.78	2299.47
麻江县		79.21	186.17	82.52	49.45	5.24		2012.94
丹寨县	17.61	78.79	160.00	88.11	26.60	20.41	9.90	2007.02
黔南布依族苗族自治州	**15.15**	**95.13**	**140.21**	**83.58**	**37.63**	**13.33**	**1.26**	**1931.44**
都匀市	18.96	55.56	122.22	26.67	60.00			1417.01
福泉市	16.39	111.89	131.98	81.25	19.23	11.76		1862.53
荔波县	4.26	121.02	114.70	90.91	62.50	8.85		2011.14
贵定县	3.58	65.44	112.13	95.35	35.21	14.49	4.12	1651.58
瓮安县	15.28	142.86	122.43	80.07	33.93	12.54	2.04	2045.77
独山县	10.10	94.55	146.57	74.40	31.83	13.37		1854.08
平塘县	76.43	135.92	154.98	61.54	37.50	4.07	3.98	2372.12
罗甸县	29.89	146.50	169.85	94.42	31.55	15.73	2.09	2450.13
长顺县	30.49	122.27	149.25	84.56	61.15	18.45		2330.86
龙里县	21.74	104.22	143.82	74.88	27.46	13.70		1929.08
惠水县	8.35	54.70	163.37	99.69	38.93	17.11		1910.77
三都水族自治县	8.93	112.84	137.50	84.40	43.48	13.51		2003.30

6-4c 各地区育龄妇女年龄别生育率(乡村)

单位：‰

地　区	15-19岁	20-24岁	25-29岁	30-34岁	35-39岁	40-44岁	45-49岁	总和生育率
贵　州	**40.96**	**170.20**	**160.95**	**88.57**	**40.62**	**11.20**	**2.34**	**2574.25**
贵阳市	**36.38**	**137.23**	**142.61**	**92.64**	**42.42**	**9.99**	**2.42**	**2318.40**
南明区	8.77	94.97	137.06	92.31	43.75	10.47		1936.64
云岩区								
花溪区	38.07	165.47	123.91	76.92	45.22	9.54	2.78	2309.53
乌当区	19.13	109.27	122.40	90.67	52.63	10.99		2025.44
白云区	7.91	80.36	81.82	42.55	23.81			1182.22
观山湖区	24.39	81.24	131.43	114.01	23.62	12.15	3.41	1951.22
开阳县	63.58	119.05	185.39	113.82	72.41	2.78	7.36	2822.01
息烽县	37.04	137.25	136.55	102.66	45.45	13.77	2.15	2374.37
修文县	59.65	222.87	163.43	124.74	47.85	6.40		3124.71
清镇市	54.44	153.02	157.33	75.32	28.61	14.07	2.05	2424.21
六盘水市	**56.19**	**189.22**	**178.22**	**113.47**	**58.76**	**19.99**	**4.65**	**3102.52**
钟山区	38.96	158.33	130.43	59.52	40.82	5.99	8.47	2212.66
六枝特区	42.99	195.77	138.89	102.27	39.44	15.55	7.50	2712.02
水城县	62.77	180.39	147.61	84.95	51.12	12.33	3.21	2711.90
盘州市	66.87	197.20	213.08	136.36	72.80	28.23	4.31	3594.27
遵义市	**23.77**	**156.12**	**155.84**	**78.54**	**32.24**	**9.52**	**1.50**	**2287.66**
红花岗区	8.44	133.15	137.30	66.99	37.15	4.28	1.51	1944.08
汇川区	34.83	162.26	151.02	89.43	22.64	6.02	1.95	2340.80
播州区	27.82	172.50	137.11	72.88	40.12	14.55	1.41	2331.93
桐梓县	17.24	150.50	165.63	75.63	44.05	11.87	0.96	2329.42
绥阳县	11.49	139.84	172.13	90.21	28.65		2.84	2225.86
正安县	19.08	169.23	189.56	86.17	39.70	15.34	1.05	2600.63
道真仡佬族苗族自治县	27.21	142.86	183.78	99.48	37.91	2.78		2470.10
务川仡佬族苗族自治县	32.93	153.85	139.44	78.34	42.33	6.08	4.01	2284.89
凤冈县	18.29	191.56	191.41	103.14	29.41	4.09		2689.49
湄潭县	25.32	152.41	193.73	115.85	23.67	8.59		2597.84
余庆县	24.27	185.43	182.32	100.96	26.18	11.87	5.32	2681.75
习水县	31.64	175.99	131.98	63.09	18.05	8.99		2148.64
赤水市	15.04	105.88	126.37	53.14	14.29	13.99	1.98	1653.41
仁怀市	26.87	134.06	151.27	63.23	33.33	13.30	2.88	2124.73
安顺市	**45.58**	**173.09**	**162.65**	**87.62**	**35.22**	**7.16**	**2.79**	**2570.54**
西秀区	31.94	143.83	155.02	78.09	40.71	5.49	2.55	2288.13
平坝区	49.32	195.51	153.15	100.99	28.04	11.01	3.08	2705.46
普定县	36.93	176.38	143.58	72.95	36.59	5.71	1.35	2367.44
镇宁布依族苗族自治县	44.35	132.16	163.86	85.34	32.58	5.68	3.48	2337.20
关岭布依族苗族自治县	59.18	190.95	220.96	104.48	37.90	6.76	1.83	3110.36
紫云苗族布依族自治县	66.67	230.59	168.22	96.93	31.55	9.92	4.92	3044.02
毕节市	**56.68**	**183.35**	**157.04**	**67.88**	**35.54**	**10.96**	**2.82**	**2571.34**
七星关区	52.07	212.03	188.83	76.78	41.26	13.26	3.36	2937.95
大方县	53.60	190.64	171.92	79.61	38.29	12.93	1.87	2744.30
黔西县	50.51	201.07	168.36	72.32	51.38	12.25	4.13	2800.07
金沙县	34.69	181.44	166.67	86.15	40.00	12.05	4.90	2629.47
织金县	74.49	185.74	187.31	82.65	34.24	9.67	3.75	2889.35
纳雍县	69.90	184.79	138.34	64.13	27.70	9.43	2.49	2483.94
威宁彝族回族苗族自治县	54.63	159.12	137.86	50.13	26.99	8.21	3.01	2199.77
赫章县	54.95	191.20	137.44	54.70	31.09	12.21		2408.00

6−4c　续表　　　　单位：‰

地　　区	15−19岁	20−24岁	25−29岁	30−34岁	35−39岁	40−44岁	45−49岁	总　和 生育率
铜仁市	**17.72**	**148.32**	**149.84**	**85.21**	**32.90**	**6.11**	**1.70**	**2209.04**
碧江区	9.58	63.83	149.32	86.96	26.85	10.87	3.30	1753.54
万山区	18.69	133.72	89.82	86.21	52.63			1905.36
江口县	33.21	138.30	137.93	74.07	42.65	4.42		2152.96
玉屏侗族自治县	52.94	126.67	119.50	113.30	29.24			2208.22
石阡县	27.13	127.10	169.45	109.73	22.50	9.80		2328.58
思南县	7.17	155.48	129.67	66.95	22.37	3.47		1925.58
印江土家族苗族自治县	8.65	216.76	151.82	50.68	43.75	2.66	1.81	2380.64
德江县	16.71	166.67	133.53	65.45	33.16		3.00	2092.58
沿河土家族自治县	17.13	169.72	185.84	93.02	24.29	7.16	1.34	2492.51
松桃苗族自治县	20.77	144.85	161.56	97.99	41.92	13.37	5.36	2429.07
黔西南布依族苗族自治州	**43.93**	**183.58**	**148.85**	**80.19**	**32.00**	**11.12**	**1.88**	**2507.68**
兴义市	38.33	175.48	125.58	75.31	31.57	6.39		2263.32
兴仁市	35.29	186.47	150.21	60.81	40.67	11.58		2425.13
普安县	52.46	166.30	179.81	86.45	22.99	18.95	1.82	2643.91
晴隆县	48.65	168.37	179.49	82.11	35.40	10.78		2623.97
贞丰县	46.85	200.00	165.39	68.70	21.28	4.02	4.76	2555.05
望谟县	37.20	164.10	160.92	80.70	19.44	14.18	4.06	2403.03
册亨县	35.27	128.74	159.32	92.81	43.48	4.91	2.34	2334.41
安龙县	66.95	253.82	121.21	103.20	36.59	19.87	4.07	3028.52
黔东南苗族侗族自治州	**41.32**	**178.85**	**179.81**	**115.58**	**53.03**	**12.69**	**2.01**	**2916.48**
凯里市	28.41	99.37	150.00	114.91	45.13	15.38	6.08	2296.42
黄平县	19.84	173.23	159.79	97.22	44.64	18.52		2566.24
施秉县	21.74	149.25	113.82	72.37	44.94	6.21		2041.69
三穗县	21.05	98.59	219.18	105.00	41.67	15.15	3.79	2522.14
镇远县	15.00	164.56	168.92	114.58	58.25	13.16		2672.35
岑巩县	20.20	197.86	183.91	84.58	60.91	21.93		2846.96
天柱县	28.93	145.08	158.78	121.05	50.85	9.62		2571.51
锦屏县	28.93	170.73	192.71	94.97	63.49	9.85		2803.41
剑河县	53.94	189.19	108.91	99.68	37.88	2.92		2462.62
台江县	25.32	137.17	161.76	110.47	57.97	13.65		2531.69
黎平县	38.38	194.86	189.81	145.16	63.87	7.54	2.04	3208.32
榕江县	54.05	214.29	196.52	114.69	50.96	11.30	4.09	3229.44
从江县	103.97	242.11	243.57	149.23	70.52	18.34	2.00	4148.64
雷山县	66.23	184.71	157.48	81.22	21.74	13.82	3.38	2642.90
麻江县	55.94	207.55	180.65	142.86	50.63	9.13		3233.79
丹寨县	39.65	194.97	121.79	84.75	45.66	15.15	7.30	2546.35
黔南布依族苗族自治州	**32.33**	**159.47**	**177.58**	**96.49**	**46.80**	**12.64**	**1.87**	**2635.89**
都匀市	28.82	133.51	140.00	83.95	58.28	11.21	1.51	2286.42
福泉市	35.29	173.47	178.67	77.96	65.04	26.09	6.00	2812.57
荔波县	35.93	197.18	188.12	110.13	24.49	10.60	2.78	2846.15
贵定县	20.15	75.68	158.73	75.63	49.59	10.10		1949.38
瓮安县	19.53	209.56	164.52	74.07	66.23	3.01	1.70	2693.11
独山县	37.50	185.19	134.68	90.32	46.69	23.57		2589.75
平塘县	16.85	203.88	204.55	157.71	51.28	14.93		3245.98
罗甸县	42.70	225.96	220.00	74.47	33.65	5.56	2.14	3022.40
长顺县	46.41	143.34	210.78	100.72	39.53	5.85	2.79	2747.14
龙里县	32.34	118.96	171.43	95.83	18.78	3.38	2.84	2217.79
惠水县	42.33	170.09	207.85	100.00	37.21	12.77	1.54	2858.96
三都水族自治县	38.76	176.32	181.03	112.36	50.85	17.18	1.74	2891.17

6-5 各地区按活产子女数分的15-64岁妇女人数

单位：人

地区	15-64岁妇女人数	活产0个	活产1个	活产2个	活产3个	活产4个	活产5个及以上
贵州	**1142625**	**270973**	**233216**	**395856**	**165391**	**53874**	**23315**
贵阳市	**201607**	**59945**	**64734**	**57438**	**14649**	**3621**	**1220**
南明区	36301	10731	14692	8553	1728	439	158
云岩区	38021	11655	15068	8768	1870	486	174
花溪区	33507	12860	9262	8671	2025	525	164
乌当区	11484	3099	3923	3634	678	117	33
白云区	15912	5214	4409	4674	1252	281	82
观山湖区	21122	6015	7434	5884	1340	337	112
开阳县	10682	1679	2561	4634	1404	307	97
息烽县	6777	1065	1671	2920	871	188	62
修文县	8546	1549	1848	3602	1144	299	104
清镇市	19255	6078	3866	6098	2337	642	234
六盘水市	**91227**	**18801**	**15286**	**32450**	**16652**	**5685**	**2353**
钟山区	22060	5225	6108	6768	2792	894	273
六枝特区	14485	3020	2415	4729	2860	1020	441
水城县	21384	4654	2312	7426	4633	1628	731
盘州市	33298	5902	4451	13527	6367	2143	908
遵义市	**197744**	**40106**	**45885**	**79668**	**24034**	**6033**	**2018**
红花岗区	31842	7955	10152	10711	2398	468	158
汇川区	19815	4129	6439	7013	1713	401	120
播州区	22839	4233	5326	9689	2786	617	188
桐梓县	14857	3241	2764	5660	2312	633	247
绥阳县	10131	1908	1914	4402	1427	362	118
正安县	11297	2074	2056	4894	1687	439	147
道真仡佬族苗族自治县	7350	1187	1429	3811	723	167	33
务川仡佬族苗族自治县	8735	1720	1227	3858	1431	363	136
凤冈县	8811	1608	1628	4045	1182	276	72
湄潭县	11448	2088	2736	5197	1132	231	64
余庆县	6567	974	1661	3193	623	93	23
习水县	16915	3438	2506	6630	3047	958	336
赤水市	7567	1236	2709	2943	540	106	33
仁怀市	19570	4315	3338	7622	3033	919	343
安顺市	**71725**	**16400**	**13733**	**24886**	**11750**	**3627**	**1329**
西秀区	27188	7088	6868	8616	3480	852	284
平坝区	10094	1996	1876	4428	1367	327	100
普定县	10703	2404	1526	3272	2288	897	316
镇宁布依族苗族自治县	8268	1700	1348	3089	1460	492	179
关岭布依族苗族自治县	7681	1641	1015	2731	1557	523	214
紫云苗族布依族自治县	7791	1571	1100	2750	1598	536	236
毕节市	**187026**	**46002**	**21312**	**50080**	**40320**	**18968**	**10344**
七星关区	34563	8947	4534	8757	7041	3387	1897
大方县	22411	5373	2301	6325	5065	2278	1069
黔西县	19890	3907	2967	7127	3860	1401	628
金沙县	15344	3217	2780	5986	2372	688	301
织金县	20529	4435	2141	5904	4884	2133	1032
纳雍县	18530	4632	1759	4359	4364	2145	1271
威宁彝族回族苗族自治县	37815	10836	3288	7604	8495	4811	2781
赫章县	17944	4655	1542	4018	4239	2125	1365

6-5 续表

单位：人

地 区	15-64岁妇女人数	活产0个	活产1个	活产2个	活产3个	活产4个	活产5个及以上
铜仁市	**92824**	**24375**	**15622**	**33770**	**13551**	**3874**	**1632**
碧江区	13020	4339	3146	4190	1060	198	87
万山区	4453	1338	780	1639	536	118	42
江口县	5183	1044	1068	2135	731	158	47
玉屏侗族自治县	4253	808	952	1893	527	53	20
石阡县	8830	1849	1613	3923	1120	234	91
思南县	12651	3057	1864	5208	1957	444	121
印江土家族苗族自治县	8209	1847	1360	3383	1269	262	88
德江县	11052	3014	1441	3927	1860	592	218
沿河土家族自治县	11504	3111	1305	3420	2277	953	438
松桃苗族自治县	13669	3968	2093	4052	2214	862	480
黔西南布依族苗族自治州	**90640**	**21385**	**14531**	**33526**	**14719**	**4584**	**1895**
兴义市	32494	8386	6404	12443	4045	921	295
兴仁市	12251	2775	1649	4245	2369	847	366
普安县	7038	1535	762	2251	1635	595	260
晴隆县	6524	1566	731	1998	1427	518	284
贞丰县	8797	1900	1244	2999	1717	645	292
望谟县	7022	1929	1114	2546	1030	301	102
册亨县	5887	1282	1005	2628	712	199	61
安龙县	10627	2012	1622	4416	1784	558	235
黔东南苗族侗族自治州	**107182**	**20253**	**20062**	**44588**	**16751**	**4186**	**1342**
凯里市	21466	5071	5874	7700	2179	493	149
黄平县	6411	1421	1087	2442	1105	270	86
施秉县	3588	701	613	1503	565	147	59
三穗县	4573	832	797	1907	770	192	75
镇远县	5571	913	1124	2506	753	201	74
岑巩县	4867	912	901	2112	760	151	31
天柱县	6798	991	1338	3254	955	186	74
锦屏县	4579	798	724	2007	797	194	59
剑河县	5305	880	733	2268	1057	286	81
台江县	3728	998	521	1245	661	219	84
黎平县	11749	1822	1713	5251	2232	574	157
榕江县	8197	1401	1289	3233	1589	519	166
从江县	8769	1288	1224	4042	1640	419	156
雷山县	3564	653	619	1577	559	122	34
麻江县	3697	625	766	1620	539	112	35
丹寨县	4320	947	739	1921	590	101	22
黔南布依族苗族自治州	**102650**	**23706**	**22051**	**39450**	**12965**	**3296**	**1182**
都匀市	16403	4743	5206	5364	919	143	28
福泉市	8798	1701	1864	3573	1211	322	127
荔波县	4733	899	962	2113	594	131	34
贵定县	8039	2599	1649	2465	982	264	80
瓮安县	11858	2049	2707	5267	1427	309	99
独山县	7344	1346	1662	3029	1007	235	65
平塘县	6379	1206	1172	2938	836	179	48
罗甸县	7047	1313	1320	3099	988	251	76
长顺县	5506	1099	973	2241	874	243	76
龙里县	6926	1532	1499	2608	939	256	92
惠水县	11729	3513	1887	4089	1658	417	165
三都水族自治县	7888	1706	1150	2664	1530	546	292

6-6 全省按受教育程度、活产子女数分的15-64岁妇女人数

单位：人

受教育程度	15-64岁妇女人数	活产0个	活产1个	活产2个	活产3个	活产4个	活产5个及以上
总　计	**1142625**	**270973**	**233216**	**395856**	**165391**	**53874**	**23315**
未上过学	88438	2838	6497	31334	27696	13041	7032
学前教育	672	74	66	262	179	52	39
小　学	307561	9977	33274	141392	81738	28642	12538
初　中	377356	62492	88265	162147	49776	11174	3502
高　中	161983	90565	38990	27384	4182	696	166
大学专科	100434	47307	34085	17535	1296	182	29
大学本科	100584	54655	30230	15096	509	85	9
硕士研究生	5198	2891	1638	652	15	2	
博士研究生	399	174	171	54			

6-7 全省按职业、活产子女数分的15-64岁妇女人数

单位：人

职业大类	15-64岁妇女人数	活产0个	活产1个	活产2个	活产3个	活产4个	活产5个及以上	妇女平均活产子女数
总　计	**579051**	**84624**	**126679**	**230299**	**93147**	**30736**	**13566**	**1.83**
党的机关、国家机关、群众团体和社会组织、企事业单位负责人	7640	1031	2988	2871	608	114	28	1.46
专业技术人员	75448	25327	29752	18580	1421	286	82	0.96
办事人员和有关人员	38019	9897	16833	9840	1107	265	77	1.09
社会生产服务和生活服务人员	202978	31066	48765	86605	26734	7071	2737	1.70
农、林、牧、渔业生产及辅助人员	172830	7506	15312	74855	47838	18466	8853	2.47
生产制造及有关人员	80904	9254	12807	37221	15330	4509	1783	1.98
不便分类的其他从业人员	1232	543	222	327	109	25	6	1.08

6-8　各地区按存活子女数分的15-64岁妇女人数

单位：人

地　区	15-64岁妇女人数	存活0个	存活1个	存活2个	存活3个	存活4个	存活5个及以上
贵　州	**1142625**	**288427**	**232458**	**391130**	**160787**	**50274**	**19549**
贵阳市	**201607**	**63040**	**63884**	**56287**	**14043**	**3315**	**1038**
南明区	36301	11330	14475	8315	1646	398	137
云岩区	38021	12455	14750	8444	1767	451	154
花溪区	33507	13350	9154	8445	1927	485	146
乌当区	11484	3326	3841	3552	631	107	27
白云区	15912	5313	4397	4643	1215	266	78
观山湖区	21122	6325	7325	5779	1293	312	88
开阳县	10682	1761	2596	4611	1359	280	75
息烽县	6777	1222	1653	2880	815	165	42
修文县	8546	1697	1836	3541	1118	262	92
清镇市	19255	6261	3857	6077	2272	589	199
六盘水市	**91227**	**20355**	**15259**	**32196**	**16228**	**5301**	**1888**
钟山区	22060	5796	5982	6570	2667	826	219
六枝特区	14485	3306	2387	4663	2791	964	374
水城县	21384	4910	2391	7402	4541	1551	589
盘州市	33298	6343	4499	13561	6229	1960	706
遵义市	**197744**	**43116**	**45893**	**78470**	**23123**	**5500**	**1642**
红花岗区	31842	8512	10078	10474	2245	409	124
汇川区	19815	4408	6410	6896	1636	360	105
播州区	22839	4576	5345	9567	2648	564	139
桐梓县	14857	3470	2770	5557	2275	580	205
绥阳县	10131	2117	1911	4311	1384	320	88
正安县	11297	2212	2063	4896	1618	397	111
道真仡佬族苗族自治县	7350	1285	1430	3781	688	144	22
务川仡佬族苗族自治县	8735	1794	1251	3833	1400	340	117
凤冈县	8811	1753	1643	3986	1133	244	52
湄潭县	11448	2284	2763	5069	1073	213	46
余庆县	6567	1189	1636	3093	554	84	11
习水县	16915	3664	2531	6563	2984	889	284
赤水市	7567	1317	2716	2924	495	88	27
仁怀市	19570	4535	3346	7520	2990	868	311
安顺市	**71725**	**17450**	**13718**	**24676**	**11389**	**3370**	**1122**
西秀区	27188	7456	6819	8522	3374	786	231
平坝区	10094	2167	1887	4350	1315	294	81
普定县	10703	2603	1506	3258	2229	841	266
镇宁布依族苗族自治县	8268	1836	1357	3040	1426	448	161
关岭布依族苗族自治县	7681	1692	1034	2772	1487	501	195
紫云苗族布依族自治县	7791	1696	1115	2734	1558	500	188
毕节市	**187026**	**48372**	**21457**	**50134**	**39938**	**18104**	**9021**
七星关区	34563	9705	4405	8625	6948	3204	1676
大方县	22411	5500	2366	6356	5032	2190	967
黔西县	19890	4210	2977	7098	3782	1314	509
金沙县	15344	3394	2795	5963	2283	645	264
织金县	20529	4672	2190	5910	4816	2044	897
纳雍县	18530	4780	1786	4406	4392	2062	1104
威宁彝族回族苗族自治县	37815	11291	3317	7660	8400	4658	2489
赫章县	17944	4820	1621	4116	4285	1987	1115

6-8 续表

单位：人

地区	15-64岁妇女人数	存活0个	存活1个	存活2个	存活3个	存活4个	存活5个及以上
铜仁市	**92824**	**25835**	**15598**	**33343**	**13136**	**3609**	**1303**
碧江区	13020	4797	3026	3967	1000	174	56
万山区	4453	1399	784	1606	519	111	34
江口县	5183	1099	1087	2120	707	141	29
玉屏侗族自治县	4253	870	962	1861	505	41	14
石阡县	8830	1952	1628	3887	1087	216	60
思南县	12651	3166	1904	5196	1886	414	85
印江土家族苗族自治县	8209	1969	1373	3332	1229	238	68
德江县	11052	3115	1454	3938	1822	554	169
沿河土家族自治县	11504	3276	1295	3413	2243	906	371
松桃苗族自治县	13669	4192	2085	4023	2138	814	417
黔西南布依族苗族自治州	**90640**	**22802**	**14555**	**33179**	**14269**	**4284**	**1551**
兴义市	32494	9058	6297	12199	3879	841	220
兴仁市	12251	2921	1677	4217	2300	821	315
普安县	7038	1588	782	2279	1615	561	213
晴隆县	6524	1623	761	1979	1416	503	242
贞丰县	8797	1991	1256	3005	1687	605	253
望谟县	7022	2048	1121	2506	983	280	84
册亨县	5887	1345	1008	2606	691	184	53
安龙县	10627	2228	1653	4388	1698	489	171
黔东南苗族侗族自治州	**107182**	**21945**	**20138**	**44079**	**16185**	**3787**	**1048**
凯里市	21466	5542	5780	7478	2092	454	120
黄平县	6411	1497	1107	2433	1056	249	69
施秉县	3588	778	608	1473	556	128	45
三穗县	4573	893	804	1903	740	176	57
镇远县	5571	1023	1140	2474	710	177	47
岑巩县	4867	953	915	2092	749	134	24
天柱县	6798	1077	1336	3229	932	171	53
锦屏县	4579	875	724	1985	768	180	47
剑河县	5305	926	752	2255	1045	260	67
台江县	3728	1065	529	1220	639	208	67
黎平县	11749	1964	1754	5219	2170	516	126
榕江县	8197	1472	1311	3233	1554	483	144
从江县	8769	1451	1246	4006	1581	367	118
雷山县	3564	715	627	1568	528	101	25
麻江县	3697	677	770	1608	513	103	26
丹寨县	4320	1037	735	1903	552	80	13
黔南布依族苗族自治州	**102650**	**25512**	**21956**	**38766**	**12476**	**3004**	**936**
都匀市	16403	5233	5041	5130	861	119	19
福泉市	8798	1832	1857	3548	1169	289	103
荔波县	4733	953	956	2096	572	128	28
贵定县	8039	2694	1659	2437	946	241	62
瓮安县	11858	2253	2714	5177	1384	260	70
独山县	7344	1468	1677	2998	944	208	49
平塘县	6379	1270	1202	2918	801	157	31
罗甸县	7047	1447	1333	3064	929	220	54
长顺县	5506	1242	945	2185	846	234	54
龙里县	6926	1702	1491	2546	888	228	71
惠水县	11729	3623	1926	4024	1626	390	140
三都水族自治县	7888	1795	1155	2643	1510	530	255

6–9　全省按受教育程度、存活子女数分的15–64岁妇女人数

单位：人

受教育程度	15–64岁妇女人数	存活0个	存活1个	存活2个	存活3个	存活4个	存活5个及以上
总　计	**1142625**	**288427**	**232458**	**391130**	**160787**	**50274**	**19549**
未上过学	88438	4147	7266	31841	27208	12178	5798
学前教育	672	82	71	261	180	45	33
小　学	307561	15128	34649	140756	79547	26858	10623
初　中	377356	69109	87517	159207	48188	10384	2951
高　中	161983	92443	38136	26671	3998	611	124
大学专科	100434	48659	33399	17018	1199	142	17
大学本科	100584	55741	29633	14697	455	55	3
硕士研究生	5198	2940	1616	629	12	1	
博士研究生	399	178	171	50			

6–10　全省按职业、存活子女数分的15–64岁妇女人数

单位：人

职业大类	15–64岁妇女人数	存活0个	存活1个	存活2个	存活3个	存活4个	存活5个及以上	妇女平均存活子女数
总　计	**579051**	**93888**	**126346**	**227901**	**90639**	**28815**	**11462**	**1.77**
党的机关、国家机关、群众团体和社会组织、企事业单位负责人	7640	1180	2935	2816	581	104	24	1.42
专业技术人员	75448	26520	29157	18129	1336	239	67	0.94
办事人员和有关人员	38019	10556	16499	9629	1048	223	64	1.06
社会生产服务和生活服务人员	202978	34845	48319	85054	25923	6550	2287	1.64
农、林、牧、渔业生产及辅助人员	172830	9683	16391	75160	46716	17404	7476	2.39
生产制造及有关人员	80904	10539	12822	36805	14927	4271	1540	1.93
不便分类的其他从业人员	1232	565	223	308	108	24	4	1.04

6-11 各地区15-64岁妇女平均活产子女数和平均存活子女数

单位：人、%

地区	15-64岁妇女人数	活产子女总数			存活子女总数			存活子女数占活产子女数的百分比	妇女平均活产子女数	妇女平均存活子女数
		合计	男	女	合计	男	女			
贵州	**1142625**	**1865196**	**1008469**	**856727**	**1804252**	**970746**	**833506**	**96.73**	**1.63**	**1.58**
贵阳市	**201607**	**244648**	**130382**	**114266**	**237388**	**126018**	**111370**	**97.03**	**1.21**	**1.18**
南明区	36301	39601	21075	18526	38372	20328	18044	96.90	1.09	1.06
云岩区	38021	41094	21934	19160	39562	21056	18506	96.27	1.08	1.04
花溪区	33507	35664	19131	16533	34550	18440	16110	96.88	1.06	1.03
乌当区	11484	13868	7409	6459	13408	7114	6294	96.68	1.21	1.17
白云区	15912	19079	10175	8904	18811	10017	8794	98.60	1.20	1.18
观山湖区	21122	25183	13454	11729	24481	13016	11465	97.21	1.19	1.16
开阳县	10682	17787	9487	8300	17409	9255	8154	97.87	1.67	1.63
息烽县	6777	11211	5916	5295	10738	5652	5086	95.78	1.65	1.58
修文县	8546	14244	7535	6709	13808	7285	6523	96.94	1.67	1.62
清镇市	19255	26917	14266	12651	26249	13855	12394	97.52	1.40	1.36
六盘水市	**91227**	**165752**	**90054**	**75698**	**159667**	**86284**	**73383**	**96.33**	**1.82**	**1.75**
钟山区	22060	33068	18025	15043	31581	17108	14473	95.50	1.50	1.43
六枝特区	14485	26957	14612	12345	25969	14021	11948	96.33	1.86	1.79
水城县	21384	41586	22800	18786	40196	21922	18274	96.66	1.94	1.88
盘州市	33298	64141	34617	29524	61921	33233	28688	96.54	1.93	1.86
遵义市	**197744**	**312422**	**167984**	**144438**	**303010**	**162253**	**140757**	**96.99**	**1.58**	**1.53**
红花岗区	31842	41501	22311	19190	40054	21453	18601	96.51	1.30	1.26
汇川区	19815	27845	14839	13006	27106	14390	12716	97.35	1.41	1.37
播州区	22839	36530	19723	16807	35406	19019	16387	96.92	1.60	1.55
桐梓县	14857	24933	13438	11495	24165	12999	11166	96.92	1.68	1.63
绥阳县	10131	17087	9248	7839	16431	8837	7594	96.16	1.69	1.62
正安县	11297	19461	10547	8914	18897	10189	8708	97.10	1.72	1.67
道真仡佬族苗族自治县	7350	12064	6475	5589	11747	6268	5479	97.37	1.64	1.60
务川仡佬族苗族自治县	8735	15433	8377	7056	15103	8149	6954	97.86	1.77	1.73
凤冈县	8811	14751	7935	6816	14264	7639	6625	96.70	1.67	1.62
湄潭县	11448	17802	9483	8319	17226	9155	8071	96.76	1.56	1.50
余庆县	6567	10409	5635	4774	9877	5327	4550	94.89	1.59	1.50
习水县	16915	30565	16269	14296	29680	15734	13946	97.10	1.81	1.75
赤水市	7567	10823	5670	5153	10548	5499	5049	97.46	1.43	1.39
仁怀市	19570	33218	18034	15184	32506	17595	14911	97.86	1.70	1.66
安顺市	**71725**	**120539**	**64973**	**55566**	**116752**	**62629**	**54123**	**96.86**	**1.68**	**1.63**
西秀区	27188	39503	20943	18560	38378	20249	18129	97.15	1.45	1.41
平坝区	10094	16677	8988	7689	16137	8660	7477	96.76	1.65	1.60
普定县	10703	20249	10921	9328	19490	10454	9036	96.25	1.89	1.82
镇宁布依族苗族自治县	8268	14849	8152	6697	14368	7853	6515	96.76	1.80	1.74
关岭布依族苗族自治县	7681	14432	7872	6560	14113	7674	6439	97.79	1.88	1.84
紫云苗族布依族自治县	7791	14829	8097	6732	14266	7739	6527	96.20	1.90	1.83
毕节市	**187026**	**376030**	**201729**	**174301**	**363468**	**193896**	**169572**	**96.66**	**2.01**	**1.94**
七星关区	34563	67394	36011	31383	64599	34333	30266	95.85	1.95	1.87
大方县	22411	45163	24178	20985	44214	23564	20650	97.90	2.02	1.97
黔西县	19890	37917	20330	17587	36552	19435	17117	96.40	1.91	1.84
金沙县	15344	26235	14045	12190	25565	13624	11941	97.45	1.71	1.67
织金县	20529	42783	22885	19898	41503	22076	19427	97.01	2.08	2.02
纳雍县	18530	39373	21135	18238	38148	20354	17794	96.89	2.12	2.06
威宁彝族回族苗族自治县	37815	78660	42678	35982	76092	41070	35022	96.74	2.08	2.01
赫章县	17944	38505	20467	18038	36795	19440	17355	95.56	2.15	2.05

6-11　续表

单位：人、%

地　　区	15-64岁妇女人数	活产子女总数			存活子女总数			存活子女数占活产子女数的百分比	妇女平均活产子女数	妇女平均存活子女数
		合计	男	女	合计	男	女			
铜仁市	**92824**	**148305**	**81364**	**66941**	**143181**	**78013**	**65168**	**96.54**	**1.60**	**1.54**
碧江区	13020	15993	8864	7129	14958	8234	6724	93.53	1.23	1.15
万山区	4453	6366	3522	2844	6181	3401	2780	97.09	1.43	1.39
江口县	5183	8415	4636	3779	8162	4482	3680	96.99	1.62	1.57
玉屏侗族自治县	4253	6649	3793	2856	6436	3662	2774	96.80	1.56	1.51
石阡县	8830	14255	7958	6297	13851	7692	6159	97.17	1.61	1.57
思南县	12651	20585	11074	9511	20061	10710	9351	97.45	1.63	1.59
印江土家族苗族自治县	8209	13447	7315	6132	13033	7041	5992	96.92	1.64	1.59
德江县	11052	18447	10085	8362	17936	9719	8217	97.23	1.67	1.62
沿河土家族自治县	11504	21175	11550	9625	20475	11096	9379	96.69	1.84	1.78
松桃苗族自治县	13669	22973	12567	10406	22088	11976	10112	96.15	1.68	1.62
黔西南布依族苗族自治州	**90640**	**154528**	**83586**	**70942**	**149217**	**80325**	**68892**	**96.56**	**1.70**	**1.65**
兴义市	32494	48704	26450	22254	46871	25337	21534	96.24	1.50	1.44
兴仁市	12251	22661	12181	10480	22008	11781	10227	97.12	1.85	1.80
普安县	7038	14008	7491	6517	13589	7224	6365	97.01	1.99	1.93
晴隆县	6524	12640	6835	5805	12275	6607	5668	97.11	1.94	1.88
贞丰县	8797	16570	8912	7658	16085	8624	7461	97.07	1.88	1.83
望谟县	7022	11066	6073	4993	10661	5827	4834	96.34	1.58	1.52
册亨县	5887	9532	5209	4323	9318	5081	4237	97.75	1.62	1.58
安龙县	10627	19347	10435	8912	18410	9844	8566	95.16	1.82	1.73
黔东南苗族侗族自治州	**107182**	**183477**	**101515**	**81962**	**177598**	**97843**	**79755**	**96.80**	**1.71**	**1.66**
凯里市	21466	30581	16631	13950	29465	15981	13484	96.35	1.42	1.37
黄平县	6411	10821	5957	4864	10502	5759	4743	97.05	1.69	1.64
施秉县	3588	6220	3407	2813	5974	3272	2702	96.05	1.73	1.66
三穗县	4573	8085	4448	3637	7831	4277	3554	96.86	1.77	1.71
镇远县	5571	9603	5238	4365	9180	4976	4204	95.60	1.72	1.65
岑巩县	4867	8175	4676	3499	8006	4569	3437	97.93	1.68	1.64
天柱县	6798	11844	6757	5087	11548	6541	5007	97.50	1.74	1.70
锦屏县	4579	8223	4492	3731	7966	4329	3637	96.87	1.80	1.74
剑河县	5305	10023	5692	4331	9797	5543	4254	97.75	1.89	1.85
台江县	3728	6341	3525	2816	6085	3357	2728	95.96	1.70	1.63
黎平县	11749	22034	11979	10055	21428	11606	9822	97.25	1.88	1.82
榕江县	8197	15502	8488	7014	15141	8262	6879	97.67	1.89	1.85
从江县	8769	16783	9336	7447	16135	8941	7194	96.14	1.91	1.84
雷山县	3564	6116	3507	2609	5882	3350	2532	96.17	1.72	1.65
麻江县	3697	6254	3419	2835	6073	3305	2768	97.11	1.69	1.64
丹寨县	4320	6872	3963	2909	6585	3775	2810	95.82	1.59	1.52
黔南布依族苗族自治州	**102650**	**159495**	**86882**	**72613**	**153971**	**83485**	**70486**	**96.54**	**1.55**	**1.50**
都匀市	16403	19415	10694	8721	18460	10120	8340	95.08	1.18	1.13
福泉市	8798	14620	7777	6843	14157	7505	6652	96.83	1.66	1.61
荔波县	4733	7677	4152	3525	7526	4058	3468	98.03	1.62	1.59
贵定县	8039	11023	5883	5140	10665	5664	5001	96.75	1.37	1.33
瓮安县	11858	19299	10557	8742	18629	10126	8503	96.53	1.63	1.57
独山县	7344	12022	6622	5400	11594	6363	5231	96.44	1.64	1.58
平塘县	6379	10533	5761	4772	10237	5577	4660	97.19	1.65	1.60
罗甸县	7047	11895	6483	5412	11416	6202	5214	95.97	1.69	1.62
长顺县	5506	9459	5213	4246	9072	4974	4098	95.91	1.72	1.65
龙里县	6926	11075	5822	5253	10544	5492	5052	95.21	1.60	1.52
惠水县	11729	17602	9606	7996	17170	9336	7834	97.55	1.50	1.46
三都水族自治县	7888	14875	8312	6563	14501	8068	6433	97.49	1.89	1.84

6-12 全省按年龄分的15-64岁妇女平均活产子女数和平均存活子女数

单位：人、%

年 龄	15-64岁妇女人数	活产子女总数 合计	男	女	存活子女总数 合计	男	女	存活子女数占活产子女数的百分比	妇女平均活产子女数	妇女平均存活子女数
总 计	**1142625**	**1865196**	**1008469**	**856727**	**1804252**	**970746**	**833506**	**96.73**	**1.63**	**1.58**
15-19岁	**121753**	**4471**	**2316**	**2155**	**4401**	**2272**	**2129**	**98.43**	**0.04**	**0.04**
15	23032	70	34	36	70	34	36	100.00		
16	26290	256	139	117	253	136	117	98.83	0.01	0.01
17	26583	614	310	304	602	302	300	98.05	0.02	0.02
18	23525	1239	664	575	1218	654	564	98.31	0.05	0.05
19	22323	2292	1169	1123	2258	1146	1112	98.52	0.10	0.10
20-24岁	**115670**	**51125**	**26581**	**24544**	**49990**	**25870**	**24120**	**97.78**	**0.44**	**0.43**
20	22950	4411	2321	2090	4321	2262	2059	97.96	0.19	0.19
21	22726	6531	3380	3151	6376	3286	3090	97.63	0.29	0.28
22	24792	10480	5403	5077	10252	5273	4979	97.82	0.42	0.41
23	22893	13259	6966	6293	12971	6774	6197	97.83	0.58	0.57
24	22309	16444	8511	7933	16070	8275	7795	97.73	0.74	0.72
25-29岁	**111125**	**133800**	**70440**	**63360**	**130585**	**68498**	**62087**	**97.60**	**1.20**	**1.18**
25	22718	20454	10628	9826	19966	10324	9642	97.61	0.90	0.88
26	21630	22953	11937	11016	22416	11619	10797	97.66	1.06	1.04
27	22791	27881	14769	13112	27237	14366	12871	97.69	1.22	1.20
28	22507	30723	16289	14434	30005	15854	14151	97.66	1.37	1.33
29	21479	31789	16817	14972	30961	16335	14626	97.40	1.48	1.44
30-34岁	**126790**	**221848**	**118236**	**103612**	**216047**	**114657**	**101390**	**97.39**	**1.75**	**1.70**
30	25785	41427	21865	19562	40351	21194	19157	97.40	1.61	1.56
31	25950	43909	23268	20641	42760	22589	20171	97.38	1.69	1.65
32	25475	45091	24137	20954	43948	23413	20535	97.47	1.77	1.73
33	26815	48884	26160	22724	47609	25381	22228	97.39	1.82	1.78
34	22765	42537	22806	19731	41379	22080	19299	97.28	1.87	1.82
35-39岁	**102793**	**203381**	**109197**	**94184**	**197823**	**105789**	**92034**	**97.27**	**1.98**	**1.92**
35	20214	38809	20875	17934	37840	20298	17542	97.50	1.92	1.87
36	20281	39740	21433	18307	38658	20749	17909	97.28	1.96	1.91
37	19209	38050	20299	17751	37044	19705	17339	97.36	1.98	1.93
38	22306	44750	24009	20741	43425	23188	20237	97.04	2.01	1.95
39	20783	42032	22581	19451	40856	21849	19007	97.20	2.02	1.97
40-44岁	**110747**	**227902**	**122490**	**105412**	**221450**	**118517**	**102933**	**97.17**	**2.06**	**2.00**
40	20050	41153	22147	19006	40045	21459	18586	97.31	2.05	2.00
41	21083	43249	23166	20083	42016	22401	19615	97.15	2.05	1.99
42	21761	44973	24222	20751	43711	23451	20260	97.19	2.07	2.01
43	21993	45116	24182	20934	43880	23407	20473	97.26	2.05	2.00
44	25860	53411	28773	24638	51798	27799	23999	96.98	2.07	2.00
45-49岁	**136016**	**284355**	**153877**	**130478**	**275381**	**148386**	**126995**	**96.84**	**2.09**	**2.02**
45	27031	55663	30037	25626	54019	29047	24972	97.05	2.06	2.00
46	29143	60411	32854	27557	58542	31711	26831	96.91	2.07	2.01
47	27211	56694	30570	26124	54872	29466	25406	96.79	2.08	2.02
48	26198	55077	29782	25295	53304	28694	24610	96.78	2.10	2.03
49	26433	56510	30634	25876	54644	29468	25176	96.70	2.14	2.07
50-54岁	**136597**	**299965**	**164655**	**135310**	**289045**	**158004**	**131041**	**96.36**	**2.20**	**2.12**
50	28625	61354	33557	27797	59262	32261	27001	96.59	2.14	2.07
51	26920	58685	32084	26601	56607	30857	25750	96.46	2.18	2.10
52	30536	67382	36887	30495	64864	35349	29515	96.26	2.21	2.12
53	23321	51741	28710	23031	49836	27557	22279	96.32	2.22	2.14
54	27195	60803	33417	27386	58476	31980	26496	96.17	2.24	2.15
55-59岁	**108324**	**249664**	**137123**	**112541**	**239634**	**130766**	**108868**	**95.98**	**2.30**	**2.21**
55	26571	59477	32798	26679	57117	31273	25844	96.03	2.24	2.15
56	26260	60006	32989	27017	57680	31510	26170	96.12	2.29	2.20
57	27145	62728	34283	28445	60162	32643	27519	95.91	2.31	2.22
58	19413	46130	25334	20796	44205	24142	20063	95.83	2.38	2.28
59	8935	21323	11719	9604	20470	11198	9272	96.00	2.39	2.29
60-64岁	**72810**	**188685**	**103554**	**85131**	**179896**	**97987**	**81909**	**95.34**	**2.59**	**2.47**
60	11396	27825	15206	12619	26575	14431	12144	95.51	2.44	2.33
61	11373	28592	15642	12950	27364	14891	12473	95.71	2.51	2.41
62	15760	40529	22213	18316	38649	21003	17646	95.36	2.57	2.45
63	17612	46432	25662	20770	44152	24213	19939	95.09	2.64	2.51
64	16669	45307	24831	20476	43156	23449	19707	95.25	2.72	2.59

6-13　全省按受教育程度分的15-64岁妇女平均活产子女数和平均存活子女数

单位：人、%

受教育程度	15-64岁妇女人数	活产子女总数			存活子女总数			存活子女数占活产子女数的百分比	妇女平均活产子女数	妇女平均存活子女数
		合计	男	女	合计	男	女			
总　计	**1142625**	**1865196**	**1008469**	**856727**	**1804252**	**970746**	**833506**	**96.73**	**1.63**	**1.58**
未上过学	88438	243814	133693	110121	233103	127051	106052	95.61	2.76	2.64
学前教育	672	1544	879	665	1488	839	649	96.37	2.30	2.21
小　学	307561	744684	404066	340618	719713	388414	331299	96.65	2.42	2.34
初　中	377356	625620	335748	289872	607858	324793	283065	97.16	1.66	1.61
高　中	161983	109997	59193	50804	106588	57163	49425	96.90	0.68	0.66
大学专科	100434	73927	39678	34249	71690	38338	33352	96.97	0.74	0.71
大学本科	100584	62336	33533	28803	60627	32523	28104	97.26	0.62	0.60
硕士研究生	5198	2995	1531	1464	2914	1484	1430	97.30	0.58	0.56
博士研究生	399	279	148	131	271	141	130	97.13	0.70	0.68

第二部分　长表数据资料

第七卷　迁移和户口登记地

7-1　全省按现住地、户口登记地类型分的户口登记地在外乡镇街道人口

单位：人

现住地	合计					省内				
	合计	乡	镇的村委会	镇的居委会	街道	小计	乡	镇的村委会	镇的居委会	街道
贵州	**1020243**	**181957**	**534030**	**92705**	**211551**	**893029**	**159981**	**463711**	**79829**	**189508**
贵阳市	**298932**	**54125**	**138750**	**24616**	**81441**	**249845**	**44969**	**113043**	**20186**	**71647**
南明区	60939	10754	23581	4999	21605	49120	8453	17724	3840	19103
云岩区	64136	10491	27027	5439	21179	54141	8582	21786	4598	19175
花溪区	49620	9626	23703	4100	12191	40944	8113	19202	3253	10376
乌当区	16457	2760	7488	1791	4418	14216	2376	6316	1555	3969
白云区	27332	5534	15071	1844	4883	23250	4724	12652	1526	4348
观山湖区	32129	5037	13425	2935	10732	24762	3609	9936	2234	8983
开阳县	11026	2791	6605	654	976	10226	2634	6104	605	883
息烽县	5635	438	3765	536	896	4995	360	3344	499	792
修文县	7894	1159	5078	416	1241	6980	1051	4476	362	1091
清镇市	23764	5535	13007	1902	3320	21211	5067	11503	1714	2927
六盘水市	**81113**	**22161**	**33914**	**10000**	**15038**	**71465**	**20235**	**28938**	**8638**	**13654**
钟山区	35849	10713	12339	3949	8848	31992	9869	10565	3378	8180
六枝特区	9985	2738	4362	1233	1652	8987	2505	3889	1083	1510
水城县	14677	5201	5937	1210	2329	13285	4832	5212	1060	2181
盘州市	20602	3509	11276	3608	2209	17201	3029	9272	3117	1783
遵义市	**195754**	**15720**	**124254**	**21223**	**34557**	**175941**	**13690**	**111586**	**19039**	**31626**
红花岗区	46179	3615	27199	4434	10931	40876	2999	23733	3988	10156
汇川区	24937	1663	13675	3468	6131	22772	1480	12433	3187	5672
播州区	24538	1229	15020	3380	4909	22406	1071	13710	3078	4547
桐梓县	11686	1008	8049	1310	1319	10658	897	7414	1190	1157
绥阳县	6150	424	4740	615	371	5718	394	4451	536	337
正安县	7673	865	5779	625	404	7112	819	5400	546	347
道真仡佬族苗族自治县	5825	683	4665	339	138	5337	646	4312	292	87
务川仡佬族苗族自治县	6312	790	3959	673	890	5800	728	3694	576	802
凤冈县	5829	606	4404	634	185	5477	572	4163	586	156
湄潭县	7804	855	5333	648	968	7258	799	4973	589	897
余庆县	4630	373	3536	422	299	4166	326	3229	350	261
习水县	14146	1196	9681	1101	2168	12643	1023	8682	990	1948
赤水市	7342	558	4529	687	1568	5555	415	3354	474	1312
仁怀市	22703	1855	13685	2887	4276	20163	1521	12038	2657	3947
安顺市	**52607**	**9681**	**24926**	**4936**	**13064**	**45705**	**8368**	**21051**	**4342**	**11944**
西秀区	25708	4493	10309	2350	8556	22079	3776	8414	2044	7845
平坝区	8605	1641	4828	1105	1031	7416	1401	4095	983	937
普定县	5196	1166	2421	322	1287	4596	1049	2088	269	1190
镇宁布依族苗族自治县	5047	1191	2394	543	919	4561	1122	2121	498	820
关岭布依族苗族自治县	4284	552	2603	401	728	3750	472	2255	353	670
紫云苗族布依族自治县	3767	638	2371	215	543	3303	548	2078	195	482
毕节市	**107380**	**28488**	**49901**	**9702**	**19289**	**97139**	**26233**	**44806**	**8436**	**17664**
七星关区	28161	4136	14324	2264	7437	25448	3780	12782	1936	6950
大方县	11544	5083	3951	802	1708	10620	4799	3588	711	1522
黔西县	15497	4789	6757	1290	2661	14074	4456	6003	1175	2440
金沙县	10632	4346	4251	835	1200	9329	3967	3600	704	1058
织金县	11922	3480	4897	937	2608	10735	3198	4394	745	2398
纳雍县	9033	2761	3540	1212	1520	8204	2604	3176	1058	1366
威宁彝族回族苗族自治县	14307	1402	9879	1536	1490	13116	1197	9247	1353	1319
赫章县	6284	2491	2302	826	665	5613	2232	2016	754	611

7-1 续表 1

单位：人

现住地	合计					省内				
	合计	乡	镇的村委会	镇的居委会	街道	小计	乡	镇的村委会	镇的居委会	街道
铜仁市	**59087**	**14805**	**27908**	**4151**	**12223**	**53239**	**13468**	**25064**	**3610**	**11097**
碧江区	16104	4260	7337	1092	3415	14541	3864	6643	950	3084
万山区	3359	1517	814	309	719	2943	1329	691	274	649
江口县	3624	845	1879	157	743	3290	784	1706	131	669
玉屏侗族自治县	2696	311	1557	239	589	2203	248	1258	189	508
石阡县	3613	1146	1690	312	465	3125	1023	1429	255	418
思南县	5602	1358	2816	516	912	5183	1267	2597	473	846
印江土家族苗族自治县	5348	485	3633	311	919	4941	435	3350	294	862
德江县	7428	2731	2518	535	1644	6942	2569	2356	485	1532
沿河土家族自治县	5170	847	3171	273	879	4718	765	2904	243	806
松桃苗族自治县	6143	1305	2493	407	1938	5353	1184	2130	316	1723
黔西南布依族苗族自治州	**61540**	**7577**	**35797**	**5005**	**13161**	**54698**	**6641**	**31854**	**4279**	**11924**
兴义市	33356	4133	19287	3076	6860	29781	3594	17238	2725	6224
兴仁市	6128	478	3491	407	1752	5386	410	3056	337	1583
普安县	2406	477	1350	208	371	1897	401	1019	151	326
晴隆县	3748	825	1929	232	762	3425	746	1752	194	733
贞丰县	4062	529	2129	505	899	3516	471	1852	413	780
望谟县	3255	317	2259	92	587	2992	297	2083	76	536
册亨县	4090	542	2978	74	496	3822	495	2838	50	439
安龙县	4495	276	2374	411	1434	3879	227	2016	333	1303
黔东南苗族侗族自治州	**86798**	**17844**	**52559**	**6699**	**9696**	**77809**	**16273**	**47263**	**5883**	**8390**
凯里市	29698	3915	17362	2213	6208	26353	3412	15418	1948	5575
黄平县	3023	688	1888	294	153	2649	621	1668	253	107
施秉县	2364	775	1331	174	84	2208	727	1255	163	63
三穗县	3687	630	2476	265	316	3322	575	2248	228	271
镇远县	3368	758	1993	440	177	2910	671	1717	395	127
岑巩县	4555	895	3075	177	408	4139	818	2814	160	347
天柱县	3770	373	2703	322	372	3345	327	2407	272	339
锦屏县	3958	1664	1957	219	118	3603	1598	1736	196	73
剑河县	4678	1116	3105	167	290	4368	1057	2933	156	222
台江县	2230	793	959	247	231	2032	737	893	210	192
黎平县	9038	2656	5271	581	530	8233	2522	4750	510	451
榕江县	3908	983	2134	598	193	3449	890	1893	508	158
从江县	4313	1257	2497	422	137	3792	1085	2219	373	115
雷山县	3094	620	2181	162	131	2807	581	2001	142	83
麻江县	2031	283	1329	201	218	1724	238	1150	179	157
丹寨县	3083	438	2298	217	130	2875	414	2161	190	110
黔南布依族苗族自治州	**77032**	**11556**	**46021**	**6373**	**13082**	**67188**	**10104**	**40106**	**5416**	**11562**
都匀市	15101	1892	6952	1314	4943	13027	1542	5864	1149	4472
福泉市	6915	725	4107	771	1312	6063	580	3618	675	1190
荔波县	3844	848	2527	188	281	3116	686	2108	132	190
贵定县	5545	664	2807	649	1425	4837	585	2373	576	1303
瓮安县	12030	1935	7691	958	1446	11051	1810	7118	828	1295
独山县	3988	562	2652	349	425	3269	477	2157	286	349
平塘县	3024	263	2427	141	193	2601	222	2105	124	150
罗甸县	5102	1247	3347	208	300	4529	1152	2985	152	240
长顺县	2271	438	1400	205	228	1934	404	1190	164	176
龙里县	7310	1258	4369	684	999	6195	1100	3690	569	836
惠水县	7901	1265	4739	697	1200	6938	1119	4154	581	1084
三都水族自治县	4001	459	3003	209	330	3628	427	2744	180	277

7-1 续表 2

单位：人

现住地	省外									
	小计					北京				
	小计	乡	镇的村委会	镇的居委会	街道	小计	乡	镇的村委会	镇的居委会	街道
贵州	**127214**	**21976**	**70319**	**12876**	**22043**	**330**	**19**	**42**	**50**	**219**
贵阳市	**49087**	**9156**	**25707**	**4430**	**9794**	**193**	**8**	**7**	**34**	**144**
南明区	11819	2301	5857	1159	2502	42	1	5	5	31
云岩区	9995	1909	5241	841	2004	43	1	1	8	33
花溪区	8676	1513	4501	847	1815	30	2		3	25
乌当区	2241	384	1172	236	449	10			2	8
白云区	4082	810	2419	318	535	9			4	5
观山湖区	7367	1428	3489	701	1749	55	4	1	12	38
开阳县	800	157	501	49	93	1				1
息烽县	640	78	421	37	104					
修文县	914	108	602	54	150					
清镇市	2553	468	1504	188	393	3				3
六盘水市	**9648**	**1926**	**4976**	**1362**	**1384**	**8**		**2**		**6**
钟山区	3857	844	1774	571	668	2		1		1
六枝特区	998	233	473	150	142	1				1
水城县	1392	369	725	150	148	2		1		1
盘州市	3401	480	2004	491	426	3				3
遵义市	**19813**	**2030**	**12668**	**2184**	**2931**	**52**	**6**	**16**	**6**	**24**
红花岗区	5303	616	3466	446	775	9	1	3		5
汇川区	2165	183	1242	281	459	4		1	1	2
播州区	2132	158	1310	302	362	4		1		3
桐梓县	1028	111	635	120	162	3		3		
绥阳县	432	30	289	79	34					
正安县	561	46	379	79	57	6	3	2		1
道真仡佬族苗族自治县	488	37	353	47	51	5		2	3	
务川仡佬族苗族自治县	512	62	265	97	88	1				1
凤冈县	352	34	241	48	29					
湄潭县	546	56	360	59	71					
余庆县	464	47	307	72	38					
习水县	1503	173	999	111	220	9	2	4	1	2
赤水市	1787	143	1175	213	256	4				4
仁怀市	2540	334	1647	230	329	7			1	6
安顺市	**6902**	**1313**	**3875**	**594**	**1120**	**6**	**1**		**1**	**4**
西秀区	3629	717	1895	306	711	5	1		1	3
平坝区	1189	240	733	122	94					
普定县	600	117	333	53	97					
镇宁布依族苗族自治县	486	69	273	45	99	1				1
关岭布依族苗族自治县	534	80	348	48	58					
紫云苗族布依族自治县	464	90	293	20	61					
毕节市	**10241**	**2255**	**5095**	**1266**	**1625**	**9**	**2**	**2**		**5**
七星关区	2713	356	1542	328	487	3				3
大方县	924	284	363	91	186					
黔西县	1423	333	754	115	221	1		1		
金沙县	1303	379	651	131	142	2	1			1
织金县	1187	282	503	192	210	1	1			
纳雍县	829	157	364	154	154					
威宁彝族回族苗族自治县	1191	205	632	183	171	1		1		
赫章县	671	259	286	72	54	1				1

7−1 续表 3

单位：人

现住地	省外									
	小计					北京				
	小计	乡	镇的村委会	镇的居委会	街道	小计	乡	镇的村委会	镇的居委会	街道
铜仁市	**5848**	**1337**	**2844**	**541**	**1126**	**6**		**4**		**2**
碧江区	1563	396	694	142	331	2		1		1
万山区	416	188	123	35	70					
江口县	334	61	173	26	74					
玉屏侗族自治县	493	63	299	50	81					
石阡县	488	123	261	57	47					
思南县	419	91	219	43	66					
印江土家族苗族自治县	407	50	283	17	57	2		2		
德江县	486	162	162	50	112					
沿河土家族自治县	452	82	267	30	73	1				1
松桃苗族自治县	790	121	363	91	215	1		1		
黔西南布依族苗族自治州	**6842**	**936**	**3943**	**726**	**1237**	**9**		**5**	**2**	**2**
兴义市	3575	539	2049	351	636	5		3	1	1
兴仁市	742	68	435	70	169	2		1	1	
普安县	509	76	331	57	45					
晴隆县	323	79	177	38	29					
贞丰县	546	58	277	92	119					
望谟县	263	20	176	16	51	1				1
册亨县	268	47	140	24	57	1		1		
安龙县	616	49	358	78	131					
黔东南苗族侗族自治州	**8989**	**1571**	**5296**	**816**	**1306**	**21**		**3**	**5**	**13**
凯里市	3345	503	1944	265	633	11		2	3	6
黄平县	374	67	220	41	46	5			1	4
施秉县	156	48	76	11	21	1			1	
三穗县	365	55	228	37	45					
镇远县	458	87	276	45	50	1				1
岑巩县	416	77	261	17	61	2		1		1
天柱县	425	46	296	50	33					
锦屏县	355	66	221	23	45					
剑河县	310	59	172	11	68					
台江县	198	56	66	37	39	1				1
黎平县	805	134	521	71	79					
榕江县	459	93	241	90	35					
从江县	521	172	278	49	22					
雷山县	287	39	180	20	48					
麻江县	307	45	179	22	61					
丹寨县	208	24	137	27	20					
黔南布依族苗族自治州	**9844**	**1452**	**5915**	**957**	**1520**	**26**	**2**	**3**	**2**	**19**
都匀市	2074	350	1088	165	471	6				6
福泉市	852	145	489	96	122					
荔波县	728	162	419	56	91	2				2
贵定县	708	79	434	73	122	2				2
瓮安县	979	125	573	130	151	1			1	
独山县	719	85	495	63	76	2			1	1
平塘县	423	41	322	17	43					
罗甸县	573	95	362	56	60					
长顺县	337	34	210	41	52	1		1		
龙里县	1115	158	679	115	163	5		2		3
惠水县	963	146	585	116	116	3	2			1
三都水族自治县	373	32	259	29	53	4				4

7-1 续表 4　　单位：人

现住地	省外									
	天津					河北				
	小计	乡	镇的村委会	镇的居委会	街道	小计	乡	镇的村委会	镇的居委会	街道
贵　州	**180**	**6**	**40**	**29**	**105**	**2306**	**417**	**1236**	**186**	**467**
贵阳市	**107**	**4**	**18**	**19**	**66**	**1153**	**240**	**589**	**94**	**230**
南明区	25		2	5	18	219	48	109	22	40
云岩区	22		6	4	12	222	45	108	12	57
花溪区	19	1	3	5	10	261	66	111	22	62
乌当区	3				3	43	3	26	3	11
白云区	13	2	6	2	3	78	13	57	5	3
观山湖区	24	1	1	3	19	223	47	112	24	40
开阳县						12	4	7		1
息烽县						5		3	1	1
修文县	1				1	13	1	5		7
清镇市						77	13	51	5	8
六盘水市	**8**		**1**	**1**	**6**	**107**	**12**	**64**	**11**	**20**
钟山区	4			1	3	47	6	25	7	9
六枝特区						14	1	11		2
水城县	1				1	13	3	8	1	1
盘州市	3		1		2	33	2	20	3	8
遵义市	**21**	**1**	**5**	**5**	**10**	**301**	**45**	**185**	**22**	**49**
红花岗区	7	1	2	2	2	133	34	76	8	15
汇川区	4			2	2	27	1	17	3	6
播州区	4		1	1	2	32	4	14	3	11
桐梓县	1		1			12		11	1	
绥阳县						4		3		1
正安县	1		1			10		10		
道真仡佬族苗族自治县						17		15		2
务川仡佬族苗族自治县						18		4	3	11
凤冈县										
湄潭县						2	1		1	
余庆县						5		5		
习水县	3				3	9	1	7		1
赤水市						11		9	2	
仁怀市	1				1	21	4	14	1	2
安顺市	**10**		**1**	**2**	**7**	**93**	**19**	**57**		**17**
西秀区	8		1	1	6	51	11	29		11
平坝区	1				1	18	3	13		2
普定县	1			1		10	5	4		1
镇宁布依族苗族自治县						2				2
关岭布依族苗族自治县						3		2		1
紫云苗族布依族自治县						9		9		
毕节市	**2**		**1**		**1**	**145**	**21**	**78**	**17**	**29**
七星关区	1				1	44	2	29	3	10
大方县	1		1			9	3	3	1	2
黔西县						23	2	18	1	2
金沙县						18	6	5	6	1
织金县						18	3	5	3	7
纳雍县						17	1	10	3	3
威宁彝族回族苗族自治县						10		7		3
赫章县						6	4	1		1

7-1 续表 5

单位：人

现住地	省外									
	天津					河北				
	小计	乡	镇的村委会	镇的居委会	街道	小计	乡	镇的村委会	镇的居委会	街道
铜仁市	**13**	**1**	**5**	**1**	**6**	**79**	**16**	**51**	**4**	**8**
碧江区	2		1		1	19	4	12	2	1
万山区						17	4	10		3
江口县						3	2	1		
玉屏侗族自治县						20		17		3
石阡县	4	1	2		1					
思南县						3		2		1
印江土家族苗族自治县	1		1			5	1	4		
德江县	4		1		3					
沿河土家族自治县	1			1		1		1		
松桃苗族自治县	1				1	11	5	4	2	
黔西南布依族苗族自治州	**3**		**2**		**1**	**167**	**29**	**83**	**14**	**41**
兴义市	2		2			125	22	62	11	30
兴仁市						11	5	5		1
普安县	1				1	5		1		4
晴隆县						4		1	2	1
贞丰县						5	1		1	3
望谟县						2		1		1
册亨县						1	1			
安龙县						14		13		1
黔东南苗族侗族自治州	**12**		**6**	**1**	**5**	**92**	**10**	**45**	**13**	**24**
凯里市	7		3		4	38	5	21	3	9
黄平县	1			1		3	1	2		
施秉县						3	1	1		1
三穗县						3		3		
镇远县						4		4		
岑巩县	2		2			8	2	5		1
天柱县						5		1	3	1
锦屏县										
剑河县						3		2		1
台江县										
黎平县						2			2	
榕江县						5	1		3	1
从江县						2		2		
雷山县	1		1							
麻江县	1				1	15		4	1	10
丹寨县						1			1	
黔南布依族苗族自治州	**4**		**1**		**3**	**169**	**25**	**84**	**11**	**49**
都匀市	1				1	56	9	31	5	11
福泉市	2				2	9	5	2	1	1
荔波县						22	6	4	3	9
贵定县						6		3		3
瓮安县						27		8		19
独山县						12		12		
平塘县						4	1	2		1
罗甸县	1		1			2		2		
长顺县										
龙里县						8	1	5	1	1
惠水县						18	3	10	1	4
三都水族自治县						5		5		

7−1　续表 6　　　　单位：人

现住地	省外									
	山西					内蒙古				
	小计	乡	镇的村委会	镇的居委会	街道	小计	乡	镇的村委会	镇的居委会	街道
贵　州	**954**	**168**	**437**	**91**	**258**	**451**	**72**	**164**	**68**	**147**
贵阳市	**499**	**86**	**204**	**46**	**163**	**220**	**33**	**73**	**34**	**80**
南明区	73	13	34	3	23	44	5	14	6	19
云岩区	96	9	43	9	35	45	4	17	8	16
花溪区	150	35	52	10	53	52	11	15	4	22
乌当区	28	5	12	6	5	12		5	4	3
白云区	34	4	17	3	10	19	4	8	3	4
观山湖区	74	10	26	11	27	30	5	9	7	9
开阳县	3	3				2		2		
息烽县	3		2	1		8	2			6
修文县	10	3	5	1	1	1				1
清镇市	28	4	13	2	9	7	2	3	2	
六盘水市	**38**	**7**	**16**	**4**	**11**	**24**	**10**	**3**	**5**	**6**
钟山区	8	3	2		3	13	1	1	5	6
六枝特区	5			1	4					
水城县	8	3	3	1	1	6	6			
盘州市	17	1	11	2	3	5	3	2		
遵义市	**115**	**19**	**53**	**19**	**24**	**53**	**4**	**27**	**5**	**17**
红花岗区	26	2	10	8	6	24	1	16		7
汇川区	14	2	7	1	4	5		2	1	2
播州区	23	8	9	3	3	6		3	1	2
桐梓县	2	1		1		1				1
绥阳县	8		5		3	1		1		
正安县										
道真仡佬族苗族自治县	4		3	1						
务川仡佬族苗族自治县	5	5								
凤冈县	1		1			3			3	
湄潭县						2	2			
余庆县	2		1	1						
习水县	7		4	2	1	5		5		
赤水市	6		2		4	2	1			1
仁怀市	17	1	11	2	3	4				4
安顺市	**43**	**11**	**22**	**3**	**7**	**19**	**3**	**7**	**2**	**7**
西秀区	23	7	8	1	7	17	2	7	2	6
平坝区	8	4	2	2						
普定县	7		7							
镇宁布依族苗族自治县	1		1							
关岭布依族苗族自治县	1		1			1	1			
紫云苗族布依族自治县	3		3			1				1
毕节市	**62**	**12**	**36**	**2**	**12**	**26**	**8**	**4**	**7**	**7**
七星关区	10		6		4	5		2	2	1
大方县	2	2				2	1	1		
黔西县	13	3	10			10	3	1	2	4
金沙县	10	2	4	1	3					
织金县	8		6	1	1	2			2	
纳雍县	2		1		1	1	1			
威宁彝族回族苗族自治县	8	2	4		2	4	1		1	2
赫章县	9	3	5		1	2	2			

7-1 续表 7　　　　单位：人

现住地	省外									
	山西					内蒙古				
	小计	乡	镇的村委会	镇的居委会	街道	小计	乡	镇的村委会	镇的居委会	街道
铜仁市	**23**	**11**	**7**		**5**	**16**	**1**	**8**	**2**	**5**
碧江区	6	4	1		1	2		2		
万山区	5	2			3	1		1		
江口县	2	1	1			1		1		
玉屏侗族自治县	1		1			2		2		
石阡县	3	2	1							
思南县						3		1		2
印江土家族苗族自治县	3	2	1			4			2	2
德江县										
沿河土家族自治县						1				1
松桃苗族自治县	3		2		1	2	1	1		
黔西南布依族苗族自治州	**50**	**8**	**27**	**5**	**10**	**25**	**3**	**14**	**2**	**6**
兴义市	30	7	13	2	8	14		10	2	2
兴仁市	5		5			3	3			
普安县	9	1	5	1	2	3		3		
晴隆县						1				1
贞丰县	5		4	1		2				2
望谟县										
册亨县										
安龙县	1			1		2		1		1
黔东南苗族侗族自治州	**46**	**5**	**31**	**2**	**8**	**34**	**3**	**14**	**8**	**9**
凯里市	25	4	15		6	11	2	4		5
黄平县	6		6			10		3	6	1
施秉县						1		1		
三穗县	2		2							
镇远县	2	1	1							
岑巩县	1		1			5	1	1	2	1
天柱县										
锦屏县										
剑河县	1			1		1				1
台江县										
黎平县										
榕江县	2			1	1					
从江县										
雷山县	2		1		1	3		3		
麻江县	5		5			3		2		1
丹寨县										
黔南布依族苗族自治州	**78**	**9**	**41**	**10**	**18**	**34**	**7**	**14**	**3**	**10**
都匀市	36	6	13	6	11	6		3		3
福泉市	4	1	2		1	10	2	2	1	5
荔波县	3		3			2	1			1
贵定县	6		6			2		2		
瓮安县	5		1	2	2	2			1	1
独山县	3		3			1		1		
平塘县	1		1			2		2		
罗甸县	1		1							
长顺县	1				1					
龙里县	5	1	1	2	1	7	4	2	1	
惠水县	12	1	9		2	2		2		
三都水族自治县	1		1							

7-1　续表 8　　　　单位：人

现住地	省外									
	辽宁					吉林				
	小计	乡	镇的村委会	镇的居委会	街道	小计	乡	镇的村委会	镇的居委会	街道
贵　州	**735**	**68**	**274**	**83**	**310**	**742**	**101**	**290**	**119**	**232**
贵阳市	**399**	**43**	**132**	**42**	**182**	**389**	**56**	**158**	**58**	**117**
南明区	93	13	33	10	37	80	11	35	11	23
云岩区	94	7	27	11	49	77	5	37	11	24
花溪区	85	10	26	12	37	106	15	46	15	30
乌当区	14		10	1	3	16	4	4	4	4
白云区	24	7	8	1	8	16	4	2	7	3
观山湖区	57	6	14	4	33	58	11	18	6	23
开阳县	1				1					
息烽县	17		9	2	6	6			1	5
修文县	2		1		1	1				1
清镇市	12		4	1	7	29	6	16	3	4
六盘水市	**51**	**6**	**24**	**10**	**11**	**38**	**8**	**10**	**6**	**14**
钟山区	33	6	9	10	8	20	2	4	6	8
六枝特区	3		3			3		2		1
水城县	2				2	2	1			1
盘州市	13		12		1	13	5	4		4
遵义市	**82**	**4**	**45**	**11**	**22**	**73**	**2**	**29**	**21**	**21**
红花岗区	27	1	12	2	12	20		11	4	5
汇川区	6		3	2	1	14	1	7	4	2
播州区	19		16	2	1	6	1	2		3
桐梓县	2		1		1	3		1		2
绥阳县	1			1		10			10	
正安县	2		2			3		3		
道真仡佬族苗族自治县	4		4							
务川仡佬族苗族自治县	1				1					
凤冈县										
湄潭县	4	1	2		1					
余庆县	4		3	1		2		2		
习水县	3	1	1	1		6		2	2	2
赤水市						2				2
仁怀市	9	1	1	2	5	7		1	1	5
安顺市	**38**	**1**	**11**	**4**	**22**	**34**	**5**	**16**	**3**	**10**
西秀区	22	1	4	4	13	29	5	13	3	8
平坝区	6		1		5	3		2		1
普定县						1		1		
镇宁布依族苗族自治县	1				1	1				1
关岭布依族苗族自治县	2		1		1					
紫云苗族布依族自治县	7		5		2					
毕节市	**43**	**4**	**11**	**4**	**24**	**70**	**6**	**30**	**4**	**30**
七星关区	23	1	4	3	15	16		9	2	5
大方县	6	1	2	1	2	14		4	1	9
黔西县	2		2			16		13		3
金沙县						14	4	3	1	6
织金县	4		1		3	1				1
纳雍县	1		1			1				1
威宁彝族回族苗族自治县	5	1			4	6		1		5
赫章县	2	1	1			2	2			

7-1 续表 9 单位：人

现住地	省外									
	辽宁					吉林				
	小计	乡	镇的村委会	镇的居委会	街道	小计	乡	镇的村委会	镇的居委会	街道
铜仁市	**21**	**4**	**6**	**4**	**7**	**13**	**2**	**3**	**6**	**2**
碧江区	3		1	1	1	5		1	3	1
万山区	1		1			4	2	1	1	
江口县	1				1					
玉屏侗族自治县	1				1	2			2	
石阡县	1			1						
思南县	2				2					
印江土家族苗族自治县	8	2	3	2	1					
德江县	1	1								
沿河土家族自治县	1				1	2		1		1
松桃苗族自治县	2	1	1							
黔西南布依族苗族自治州	**26**	**1**	**16**	**2**	**7**	**45**	**8**	**10**	**6**	**21**
兴义市	18		12	1	5	34	6	5	5	18
兴仁市	1		1			3		2		1
普安县	3		2	1		1		1		
晴隆县						2			1	1
贞丰县	3	1	1		1	1	1			
望谟县										
册亨县										
安龙县	1				1	4	1	2		1
黔东南苗族侗族自治州	**31**	**1**	**9**	**2**	**19**	**37**	**5**	**13**	**8**	**11**
凯里市	13	1	2		10	23	4	6	6	7
黄平县	1			1		2		2		
施秉县	2				2					
三穗县										
镇远县	2				2	2		1		1
岑巩县	1				1	1		1		
天柱县						2		1	1	
锦屏县	1		1			1				1
剑河县	2				2	2		1		1
台江县										
黎平县	1		1			1				1
榕江县	4		3	1						
从江县										
雷山县	4		2		2	1		1		
麻江县						2	1		1	
丹寨县										
黔南布依族苗族自治州	**44**	**4**	**20**	**4**	**16**	**43**	**9**	**21**	**7**	**6**
都匀市	15	3	4		8	12	3	6	1	2
福泉市						3	1	2		
荔波县	4		4			9	1	6		2
贵定县	4		3	1		2		1	1	
瓮安县	1		1			3		1	2	
独山县	3		3							
平塘县	1		1			2	2			
罗甸县	2				2	1	1			
长顺县	2			1	1					
龙里县	6		2		4	5		2	1	2
惠水县	5	1	1	2	1	5	1	3	1	
三都水族自治县	1		1			1			1	

7-1　续表 10　　　　单位：人

现住地	省外									
	黑龙江					上海				
	小计	乡	镇的村委会	镇的居委会	街道	小计	乡	镇的村委会	镇的居委会	街道
贵　州	**1011**	**124**	**363**	**176**	**348**	**398**	**8**	**47**	**52**	**291**
贵阳市	**537**	**66**	**156**	**95**	**220**	**202**		**10**	**27**	**165**
南明区	141	26	36	18	61	50			5	45
云岩区	101	9	39	12	41	57		4	6	47
花溪区	127	13	29	30	55	26		2	6	18
乌当区	37	1	8	9	19	11			3	8
白云区	33	1	17	7	8	7				7
观山湖区	73	11	18	14	30	43		4	4	35
开阳县	2	2								
息烽县	2			2		2			2	
修文县	4		3		1	1			1	
清镇市	17	3	6	3	5	5				5
六盘水市	**66**	**15**	**28**	**9**	**14**	**13**	**1**	**2**	**1**	**9**
钟山区	28	6	13	6	3	8	1	1		6
六枝特区	8	1	3	1	3	3		1	1	1
水城县	13	2	7	1	3					
盘州市	17	6	5	1	5	2				2
遵义市	**102**	**7**	**51**	**21**	**23**	**73**	**2**	**11**	**9**	**51**
红花岗区	34	3	11	11	9	17		2	1	14
汇川区	23	2	12	5	4	31	1	1	5	24
播州区	12	1	9	1	1	5		2	1	2
桐梓县	7		4	1	2	4				4
绥阳县	1				1					
正安县	3		2		1					
道真仡佬族苗族自治县	1		1							
务川仡佬族苗族自治县	3				3	2		1		1
凤冈县	4		4							
湄潭县						4		3		1
余庆县	5		3	1	1	1				1
习水县	3		2	1		2	1	1		
赤水市	2		1	1		2			1	1
仁怀市	4	1	2		1	5		1	1	3
安顺市	**48**	**6**	**25**	**6**	**11**	**23**		**2**	**4**	**17**
西秀区	34	5	20	3	6	16			3	13
平坝区	5		3	2		2			1	1
普定县	2				2	3				3
镇宁布依族苗族自治县	5	1	1	1	2					
关岭布依族苗族自治县	1		1			2		2		
紫云苗族布依族自治县	1				1					
毕节市	**46**	**4**	**14**	**5**	**23**	**13**		**3**	**3**	**7**
七星关区	17		5	2	10	3		1		2
大方县	2				2	4		1	2	1
黔西县	9	1	4		4	1				1
金沙县	1	1				2			1	1
织金县	3		1	1	1	1				1
纳雍县	6			1	5	1				1
威宁彝族回族苗族自治县	4	2	2			1		1		
赫章县	4		2	1	1					

7-1 续表 11

单位：人

现住地	省外									
	黑龙江					上海				
	小计	乡	镇的村委会	镇的居委会	街道	小计	乡	镇的村委会	镇的居委会	街道
铜仁市	**21**	**6**	**7**	**3**	**5**	**18**	**3**	**10**	**1**	**4**
碧江区	11	2	4	3	2	2				2
万山区	1	1				1	1			
江口县	1				1	4	1	1	1	1
玉屏侗族自治县	2	1	1			1		1		
石阡县	1		1			2		2		
思南县	1				1					
印江土家族苗族自治县	1				1					
德江县	2	1	1			3	1	2		
沿河土家族自治县						3		3		
松桃苗族自治县	1	1				2		1		1
黔西南布依族苗族自治州	**77**	**11**	**35**	**10**	**21**	**12**		**4**	**2**	**6**
兴义市	45	4	17	6	18	9		4	2	3
兴仁市	5	1	1	2	1	1				1
普安县	6		6							
晴隆县	5	5								
贞丰县	11	1	6	2	2	2				2
望谟县										
册亨县										
安龙县	5		5							
黔东南苗族侗族自治州	**55**	**3**	**27**	**13**	**12**	**13**	**2**	**1**	**2**	**8**
凯里市	29		18	7	4	8			2	6
黄平县	2			1	1					
施秉县	1				1					
三穗县	4	2	1	1						
镇远县						2				2
岑巩县	1	1								
天柱县	3		3							
锦屏县	1			1						
剑河县	4		1		3					
台江县	1			1						
黎平县	5		2	1	2	1	1			
榕江县										
从江县	1			1						
雷山县	2		2							
麻江县	1				1					
丹寨县						2	1	1		
黔南布依族苗族自治州	**59**	**6**	**20**	**14**	**19**	**31**		**4**	**3**	**24**
都匀市	16	4	8	4		14		1	3	10
福泉市	4		2	2						
荔波县	3		1		2	1				1
贵定县						1		1		
瓮安县	9	1			8	2				2
独山县	5		3	2		2				2
平塘县	1				1	5				5
罗甸县	7		1		6	1				1
长顺县						1				1
龙里县	10		4	4	2	2				2
惠水县	4	1	1	2		2		2		
三都水族自治县										

7-1　续表 12　　　　单位：人

现住地	省外									
	江苏					浙江				
	小计	乡	镇的村委会	镇的居委会	街道	小计	乡	镇的村委会	镇的居委会	街道
贵　州	**2442**	**289**	**1229**	**323**	**601**	**4829**	**754**	**2654**	**517**	**904**
贵阳市	**973**	**104**	**445**	**116**	**308**	**1679**	**249**	**902**	**152**	**376**
南明区	218	27	89	17	85	369	55	182	43	89
云岩区	193	15	88	21	69	265	32	160	14	59
花溪区	182	21	73	31	57	239	37	128	21	53
乌当区	37	2	25	1	9	53	7	17	9	20
白云区	76	6	42	8	20	62	15	30	4	13
观山湖区	194	26	83	30	55	423	63	226	46	88
开阳县	14	1	11	1	1	28	6	19	1	2
息烽县	15		9	2	4	48	9	26	1	12
修文县	9		4	1	4	57	9	33	2	13
清镇市	35	6	21	4	4	135	16	81	11	27
六盘水市	**155**	**29**	**76**	**21**	**29**	**285**	**38**	**152**	**55**	**40**
钟山区	62	15	23	7	17	102	17	47	21	17
六枝特区	28	4	12	4	8	45	5	17	16	7
水城县	30	7	17	4	2	42	10	19	9	4
盘州市	35	3	24	6	2	96	6	69	9	12
遵义市	**336**	**24**	**178**	**48**	**86**	**603**	**58**	**377**	**62**	**106**
红花岗区	72	5	45	5	17	169	19	113	10	27
汇川区	56	3	24	13	16	80	5	47	5	23
播州区	46	6	29	6	5	94	7	51	17	19
桐梓县	33		21	7	5	26	9	12	5	
绥阳县	14		9	4	1	28	1	24	3	
正安县	3		2	1		21	1	11	8	1
道真仡佬族苗族自治县	16		1	2	13	9	2	2	2	3
务川仡佬族苗族自治县	9	1	5	1	2	29	6	14	2	7
凤冈县	9	1	6	2		16	3	10		3
湄潭县	3		2	1		13	2	9	2	
余庆县	6		4	2		10		7	1	2
习水县	17	1	11	1	4	22	1	11	4	6
赤水市	5		1		4	9		7		2
仁怀市	47	7	18	3	19	77	2	59	3	13
安顺市	**194**	**23**	**113**	**26**	**32**	**377**	**68**	**227**	**32**	**50**
西秀区	112	7	71	9	25	146	17	104	8	17
平坝区	23	3	10	9	1	56	23	24	5	4
普定县	26	6	15	4	1	71	15	38	1	17
镇宁布依族苗族自治县	21	4	13	1	3	35	8	15	8	4
关岭布依族苗族自治县	6		1	3	2	55	5	36	9	5
紫云苗族布依族自治县	6	3	3			14		10	1	3
毕节市	**194**	**37**	**98**	**25**	**34**	**553**	**153**	**263**	**61**	**76**
七星关区	50	6	24	13	7	102	17	68	7	10
大方县	20	5	8	1	6	49	15	22	5	7
黔西县	18	2	12		4	73	16	40	4	13
金沙县	31	6	22	3		119	52	42	18	7
织金县	29	5	15	3	6	61	17	26	3	15
纳雍县	15	1	5	1	8	57	10	30	8	9
威宁彝族回族苗族自治县	14	4	5	3	2	53	7	31	9	6
赫章县	17	8	7	1	1	39	19	4	7	9

7-1 续表 13　　　　单位：人

现住地	省外									
	江苏					浙江				
	小计	乡	镇的村委会	镇的居委会	街道	小计	乡	镇的村委会	镇的居委会	街道
铜仁市	**104**	**30**	**37**	**14**	**23**	**196**	**47**	**96**	**20**	**33**
碧江区	16	4	4	2	6	45	14	19	6	6
万山区	11	7	2		2	10	2	2	2	4
江口县	16	2	7	5	2	14	2	4		8
玉屏侗族自治县	5		3	1	1	7	3	2		2
石阡县	6	4	2			19	1	16	2	
思南县	14	1	9	1	3	12	4	4	2	2
印江土家族苗族自治县	5	3	2			10	2	4	3	1
德江县	13	9	2		2	39	13	19	3	4
沿河土家族自治县	6		4	1	1	15	1	12		2
松桃苗族自治县	12		2	4	6	25	5	14	2	4
黔西南布依族苗族自治州	**136**	**6**	**86**	**19**	**25**	**309**	**47**	**161**	**41**	**60**
兴义市	53	5	25	7	16	150	32	73	18	27
兴仁市	26	1	21	2	2	42		20	4	18
普安县	29		23	6		15		10	3	2
晴隆县	10		4	4	2	9	1	3	5	
贞丰县	9		9			32	4	20	2	6
望谟县	1				1	27	6	16	3	2
册亨县						13	3	5	2	3
安龙县	8		4		4	21	1	14	4	2
黔东南苗族侗族自治州	**152**	**7**	**102**	**19**	**24**	**385**	**47**	**222**	**38**	**78**
凯里市	51		33	4	14	116	7	58	16	35
黄平县	4	1	2		1	26	5	14		7
施秉县	2		1	1		5	2	2	1	
三穗县	6		4	2		16		12		4
镇远县	13		12	1		18	2	16		
岑巩县	16		9	4	3	20	6	8	2	4
天柱县	4		4			16		12	2	2
锦屏县	2		1		1	23	3	17	1	2
剑河县	2		2			8		6	1	1
台江县	7	1	4	1	1	15	4	4	3	4
黎平县	13	1	8	4		44	4	27	2	11
榕江县	6	1	5			12	2	6	4	
从江县	2		2			11	2	7	1	1
雷山县	7		7			11	1	7		3
麻江县	7		5	1	1	23	4	14	4	1
丹寨县	10	3	3	1	3	21	5	12	1	3
黔南布依族苗族自治州	**198**	**29**	**94**	**35**	**40**	**442**	**47**	**254**	**56**	**85**
都匀市	48	7	13	8	20	74	11	30	6	27
福泉市	34	7	15	11	1	64		52	7	5
荔波县	1		1			30	6	16	4	4
贵定县	10	2	3	4	1	30		21	3	6
瓮安县	15	1	12	1	1	60	3	33	11	13
独山县	21	3	9	4	5	32	4	16	5	7
平塘县	12	2	7		3	8	1	5		2
罗甸县	3	2	1			21	1	12	2	6
长顺县	10		6	1	3	14	2	9	1	2
龙里县	22	4	13	3	2	27	3	9	8	7
惠水县	18		12	2	4	62	9	42	6	5
三都水族自治县	4	1	2	1		20	7	9	3	1

7-1　续表 14　　　　单位：人

现住地	省外									
	安徽					福建				
	小计	乡	镇的村委会	镇的居委会	街道	小计	乡	镇的村委会	镇的居委会	街道
贵　州	**3291**	**536**	**1962**	**352**	**441**	**5518**	**674**	**3203**	**590**	**1051**
贵阳市	**1189**	**185**	**693**	**139**	**172**	**2186**	**239**	**1272**	**202**	**473**
南明区	285	42	156	32	55	631	81	334	50	166
云岩区	280	32	185	34	29	305	28	181	25	71
花溪区	198	40	107	25	26	516	39	309	54	114
乌当区	49	8	24	14	3	55	3	33	4	15
白云区	77	18	39	12	8	148	24	76	22	26
观山湖区	166	32	93	16	25	343	57	195	30	61
开阳县	19	1	15		3	47	1	43		3
息烽县	12	2	8	1	1	15		11	2	2
修文县	34	4	16	1	13	46		31	6	9
清镇市	69	6	50	4	9	80	6	59	9	6
六盘水市	**236**	**52**	**135**	**29**	**20**	**400**	**71**	**204**	**67**	**58**
钟山区	79	20	47	7	5	192	39	87	35	31
六枝特区	61	10	39	7	5	54	15	22	9	8
水城县	35	10	15	7	3	38	9	14	5	10
盘州市	61	12	34	8	7	116	8	81	18	9
遵义市	**423**	**42**	**282**	**52**	**47**	**641**	**64**	**450**	**40**	**87**
红花岗区	134	11	96	11	16	186	31	134	6	15
汇川区	50	2	24	12	12	73	5	54	2	12
播州区	54	6	38	8	2	100	7	63	8	22
桐梓县	23	1	17	1	4	49	11	35	2	1
绥阳县	14	1	11	2		13		12	1	
正安县	9	1	7		1	25		24	1	
道真仡佬族苗族自治县	12	1	9	1	1	17	1	13		3
务川仡佬族苗族自治县	20	3	11	4	2	12		9		3
凤冈县	7	1	5	1		16		9	7	
湄潭县	13		12		1	26	2	18	2	4
余庆县	11		10	1		24		21	3	
习水县	18	4	12		2	34	2	24	2	6
赤水市	5	2	3			11	1	9		1
仁怀市	53	9	27	11	6	55	4	25	6	20
安顺市	**248**	**48**	**148**	**13**	**39**	**272**	**28**	**179**	**29**	**36**
西秀区	117	31	59	6	21	138	15	80	20	23
平坝区	45	7	26	3	9	47	5	37	4	1
普定县	8	5	3			27	2	19	2	4
镇宁布依族苗族自治县	33		24	3	6	8		7		1
关岭布依族苗族自治县	25	1	23		1	32	1	26	2	3
紫云苗族布依族自治县	20	4	13	1	2	20	5	10	1	4
毕节市	**345**	**83**	**183**	**40**	**39**	**450**	**91**	**206**	**58**	**95**
七星关区	77	10	49	10	8	148	17	78	20	33
大方县	36	13	10	4	9	43	14	9	5	15
黔西县	39	9	20	7	3	53	21	21	3	8
金沙县	92	29	48	12	3	39	5	25	6	3
织金县	54	13	32	3	6	66	15	32	7	12
纳雍县	23	1	14	1	7	41	3	14	10	14
威宁彝族回族苗族自治县	10	2	6		2	35	3	19	4	9
赫章县	14	6	4	3	1	25	13	8	3	1

7-1 续表 15 单位：人

现住地	省外									
	安徽					福建				
	小计	乡	镇的村委会	镇的居委会	街道	小计	乡	镇的村委会	镇的居委会	街道
铜仁市	**147**	**30**	**83**	**15**	**19**	**283**	**37**	**157**	**28**	**61**
碧江区	41	5	20	6	10	66	9	28	9	20
万山区	20	14	3	2	1	12	2	7		3
江口县	7	1	4		2	18	1	10		7
玉屏侗族自治县	7	2	5			14		8	4	2
石阡县	16	3	10	2	1	33	2	22	4	5
思南县	6	1	4	1		31	8	10	4	9
印江土家族苗族自治县	10		8		2	29	1	23	1	4
德江县	11	3	6	1	1	21	12	4	1	4
沿河土家族自治县	13	1	10	2		9		9		
松桃苗族自治县	16		13	1	2	50	2	36	5	7
黔西南布依族苗族自治州	**148**	**17**	**88**	**15**	**28**	**360**	**25**	**221**	**41**	**73**
兴义市	72	11	39	11	11	177	11	124	10	32
兴仁市	14	1	11	1	1	40	2	18	1	19
普安县	17		10	1	6	31		21	6	4
晴隆县	13		11	2		21	4	16	1	
贞丰县	6		5		1	24	2	11	3	8
望谟县	6	2	2		2	14		8	6	
册亨县	2				2	24	4	11	3	6
安龙县	18	3	10		5	29	2	12	11	4
黔东南苗族侗族自治州	**262**	**46**	**154**	**26**	**36**	**455**	**77**	**232**	**60**	**86**
凯里市	107	21	61	8	17	171	35	75	23	38
黄平县	2		2			23	2	11	4	6
施秉县	2	1	1			13	2	5	1	5
三穗县	13		11	1	1	19	4	5	4	6
镇远县	5	1	2	2		15	1	8	6	
岑巩县	3	1	1		1	11	1	9		1
天柱县	17		13	3	1	9		7	1	1
锦屏县	8	3	5			24	2	10	4	8
剑河县	18	5	7		6	19	4	6		9
台江县	20	3	5	8	4	11		3	5	3
黎平县	18	4	14			47	10	34		3
榕江县	15	5	8	2		24	5	12	7	
从江县	16	1	11	2	2	26	6	18		2
雷山县	7		6		1	10	1	8		1
麻江县	6	1	3		2	13	2	6	2	3
丹寨县	5		4		1	20	2	15	3	
黔南布依族苗族自治州	**293**	**33**	**196**	**23**	**41**	**471**	**42**	**282**	**65**	**82**
都匀市	59	10	35		14	115	20	71	5	19
福泉市	13		8	4	1	18		14	1	3
荔波县	7	7				28	5	18		5
贵定县	27		16	5	6	24	1	22	1	
瓮安县	35	1	30	1	3	50	1	26	11	12
独山县	35	2	26	2	5	42	4	32	5	1
平塘县	9	2	7			15		5	2	8
罗甸县	24		15	4	5	20	5	5	10	
长顺县	7	1	5		1	16		16		
龙里县	31	8	17	3	3	29	2	21	1	5
惠水县	25	2	16	4	3	78	1	35	23	19
三都水族自治县	21		21			36	3	17	6	10

7-1　续表 16　　　　单位：人

现住地	省外									
	江西					山东				
	小计	乡	镇的村委会	镇的居委会	街道	小计	乡	镇的村委会	镇的居委会	街道
贵　州	**5218**	**931**	**3029**	**528**	**730**	**2491**	**343**	**1235**	**268**	**645**
贵阳市	**2068**	**412**	**1115**	**178**	**363**	**1033**	**137**	**522**	**90**	**284**
南明区	541	86	291	66	98	211	31	103	19	58
云岩区	334	69	181	28	56	210	40	96	19	55
花溪区	467	99	250	39	79	259	22	136	20	81
乌当区	87	17	47	7	16	45	1	32	3	9
白云区	153	37	77	6	33	74	12	39	6	17
观山湖区	333	69	174	22	68	149	22	60	20	47
开阳县	28	5	17	2	4	18		15	2	1
息烽县	17	5	8	4		4		4		
修文县	35	3	26	4	2	9	2	6		1
清镇市	73	22	44		7	54	7	31	1	15
六盘水市	**371**	**89**	**189**	**50**	**43**	**186**	**29**	**95**	**26**	**36**
钟山区	141	26	70	20	25	90	9	47	10	24
六枝特区	67	22	30	6	9	13	1	9	1	2
水城县	56	14	32	7	3	33	9	21	1	2
盘州市	107	27	57	17	6	50	10	18	14	8
遵义市	**713**	**93**	**502**	**77**	**41**	**290**	**25**	**166**	**39**	**60**
红花岗区	238	46	152	24	16	95	12	62	5	16
汇川区	79	4	59	15	1	38		20	3	15
播州区	88	9	58	18	3	40	6	19	8	7
桐梓县	21	1	18		2	20		16	4	
绥阳县	11	1	9	1		5		3		2
正安县	40	2	36		2	19		5	12	2
道真仡佬族苗族自治县	22	3	17	2		2		2		
务川仡佬族苗族自治县	18	1	10	5	2	4	1	2		1
凤冈县	25	1	24			7		3	2	2
湄潭县	26	3	23			4		2	2	
余庆县	26	2	20	1	3	11		10	1	
习水县	39	4	26	5	4	7	3	3	1	
赤水市	22	5	14	1	2	1	1			
仁怀市	58	11	36	5	6	37	2	19	1	15
安顺市	**241**	**50**	**113**	**38**	**40**	**102**	**17**	**49**	**8**	**28**
西秀区	140	33	59	19	29	50	5	27	4	14
平坝区	33	4	19	8	2	16	4	6	1	5
普定县	35	8	14	6	7	16	2	10	2	2
镇宁布依族苗族自治县	12		5	5	2	7	2	1		4
关岭布依族苗族自治县	7	3	4			7	2	5		
紫云苗族布依族自治县	14	2	12			6	2		1	3
毕节市	**403**	**77**	**222**	**52**	**52**	**404**	**69**	**181**	**60**	**94**
七星关区	118	20	69	7	22	26	1	22		3
大方县	44	10	25	7	2	65	10	21		34
黔西县	78	17	40	6	15	103	2	73	11	17
金沙县	25	5	16	3	1	57	16	25	3	13
织金县	51	14	31	2	4	65	31	9	21	4
纳雍县	59	6	21	25	7	69	3	23	21	22
威宁彝族回族苗族自治县	18	1	16		1	10	1	6	2	1
赫章县	10	4	4	2		9	5	2	2	

7-1 续表 17

单位：人

现住地	省外									
	江西					山东				
	小计	乡	镇的村委会	镇的居委会	街道	小计	乡	镇的村委会	镇的居委会	街道
铜仁市	**205**	**29**	**135**	**18**	**23**	**73**	**23**	**28**	**3**	**19**
碧江区	55	7	35	8	5	19	2	2	2	13
万山区	15	3	9		3	10	9			1
江口县	2		1	1		9		9		
玉屏侗族自治县	5		5			5		1	1	3
石阡县	15	5	8	1	1	7		7		
思南县	15	1	14			8	6	1		1
印江土家族苗族自治县	36	6	29	1		5	1	4		
德江县	14	5	5	2	2	5	4	1		
沿河土家族自治县	15	1	7	1	6	3		2		1
松桃苗族自治县	33	1	22	4	6	2	1	1		
黔西南布依族苗族自治州	**302**	**31**	**190**	**21**	**60**	**146**	**15**	**65**	**17**	**49**
兴义市	158	21	96	7	34	62	6	33	6	17
兴仁市	33		18	4	11	42	5	12	7	18
普安县	7	1	6			7	1	5		1
晴隆县	21	3	14	1	3	10		6	2	2
贞丰县	29	5	18	3	3	5		1	1	3
望谟县	12	1	9		2	3		1		2
册亨县	20		17		3	8		3		5
安龙县	22		12	6	4	9	3	4	1	1
黔东南苗族侗族自治州	**451**	**93**	**255**	**55**	**48**	**104**	**9**	**57**	**11**	**27**
凯里市	186	36	123	10	17	55	4	28	6	17
黄平县	21	2	15	1	3	4		4		
施秉县	5		2	3		2			1	1
三穗县	5		5			7		7		
镇远县	30	4	23	1	2	11	2	8	1	
岑巩县	26	5	13	1	7	7	1	6		
天柱县	9		6	2	1					
锦屏县	15	9	2	2	2	2		1		1
剑河县	17	4	9		4					
台江县	22	6	3	7	6	4			1	3
黎平县	43	12	21	8	2	4	1			3
榕江县	31	4	13	13	1	5		3	2	
从江县	17	9	4	2	2					
雷山县	11	2	9			1				1
麻江县	8		4	3	1	2	1			1
丹寨县	5		3	2						
黔南布依族苗族自治州	**464**	**57**	**308**	**39**	**60**	**153**	**19**	**72**	**14**	**48**
都匀市	97	9	64	8	16	33	2	11	3	17
福泉市	36	2	22	3	9	18	1	9	2	6
荔波县	26	3	11	8	4	4		4		
贵定县	25	2	16	1	6	16	3	6	2	5
瓮安县	48	6	32	7	3	28	7	6	5	10
独山县	52	2	45	2	3	7		7		
平塘县	16		14		2	8	1	6		1
罗甸县	38	13	23	1	1	2	1			1
长顺县	21		16	2	3	7		7		
龙里县	37	2	27	1	7	19	4	7	1	7
惠水县	59	18	30	5	6	6		5	1	
三都水族自治县	9		8	1		5		4		1

7-1 续表 18

单位：人

现住地	省外									
	河南					湖北				
	小计	乡	镇的村委会	镇的居委会	街道	小计	乡	镇的村委会	镇的居委会	街道
贵州	**5664**	**1179**	**3072**	**521**	**892**	**7045**	**1128**	**3936**	**718**	**1263**
贵阳市	**2339**	**508**	**1238**	**211**	**382**	**2801**	**478**	**1454**	**284**	**585**
南明区	456	84	238	56	78	517	116	198	70	133
云岩区	488	93	270	33	92	498	62	254	46	136
花溪区	526	115	285	50	76	482	61	256	49	116
乌当区	112	10	80	4	18	121	18	73	10	20
白云区	182	60	94	13	15	432	78	254	53	47
观山湖区	368	109	150	35	74	452	93	218	42	99
开阳县	43	5	26	6	6	66	15	40	4	7
息烽县	19	3	12		4	55	1	45	2	7
修文县	38	6	26	1	5	42	5	31	2	4
清镇市	107	23	57	13	14	136	29	85	6	16
六盘水市	**420**	**100**	**200**	**52**	**68**	**467**	**70**	**259**	**70**	**68**
钟山区	181	43	63	28	47	186	27	98	29	32
六枝特区	51	20	24	2	5	54	7	25	13	9
水城县	56	18	24	7	7	89	12	62	7	8
盘州市	132	19	89	15	9	138	24	74	21	19
遵义市	**717**	**93**	**463**	**62**	**99**	**805**	**90**	**517**	**87**	**111**
红花岗区	216	31	143	11	31	207	18	146	22	21
汇川区	75	7	49	3	16	102	11	60	12	19
播州区	131	17	82	15	17	101	6	64	14	17
桐梓县	25	5	15	1	4	55	5	32	6	12
绥阳县	21	1	18	2		19	3	11	1	4
正安县	34	4	27	2	1	33	1	24	4	4
道真仡佬族苗族自治县	23	1	14	8		12		10	2	
务川仡佬族苗族自治县	11	3	3	3	2	32	3	25	1	3
凤冈县	14	5	8	1		23	5	11	2	5
湄潭县	23		18	2	3	29	5	15	2	7
余庆县	25		17	5	3	25	5	18	1	1
习水县	35	5	17	2	11	47	10	32	1	4
赤水市	15		14	1		27	3	15	5	4
仁怀市	69	14	38	6	11	93	15	54	14	10
安顺市	**298**	**56**	**164**	**25**	**53**	**584**	**85**	**379**	**36**	**84**
西秀区	170	38	88	7	37	334	44	212	16	62
平坝区	52	7	32	11	2	108	21	74	8	5
普定县	31	8	15	1	7	36	1	25	8	2
镇宁布依族苗族自治县	14		13		1	44	5	23	3	13
关岭布依族苗族自治县	11	1	5	3	2	42	8	32	1	1
紫云苗族布依族自治县	20	2	11	3	4	20	6	13		1
毕节市	**573**	**136**	**267**	**73**	**97**	**561**	**109**	**274**	**79**	**99**
七星关区	95	9	53	13	20	120	16	50	35	19
大方县	54	12	17	8	17	72	19	39	6	8
黔西县	164	51	62	18	33	88	14	44	6	24
金沙县	87	27	51	4	5	51	14	27	3	7
织金县	76	17	38	11	10	89	23	20	14	32
纳雍县	36	4	21	4	7	56	12	35	3	6
威宁彝族回族苗族自治县	35	6	20	6	3	43	5	26	10	2
赫章县	26	10	5	9	2	42	6	33	2	1

7-1 续表 19 单位：人

现住地	省外									
	河南					湖北				
	小计	乡	镇的村委会	镇的居委会	街道	小计	乡	镇的村委会	镇的居委会	街道
铜仁市	**216**	**50**	**102**	**17**	**47**	**350**	**83**	**163**	**25**	**79**
碧江区	73	21	32	6	14	85	26	27	5	27
万山区	15	10	3	1	1	15	7	7	1	
江口县	9		7		2	36	6	15	1	14
玉屏侗族自治县	19	3	5	3	8	26	7	13	1	5
石阡县	15	1	10	1	3	33	9	15	4	5
思南县	9	2	5		2	40	4	30	2	4
印江土家族苗族自治县	19	1	14	1	3	12	1	7	1	3
德江县	11	3			8	47	14	18	8	7
沿河土家族自治县	15	3	11		1	22	4	14		4
松桃苗族自治县	31	6	15	5	5	34	5	17	2	10
黔西南布依族苗族自治州	**276**	**63**	**150**	**27**	**36**	**424**	**61**	**251**	**38**	**74**
兴义市	120	23	66	8	23	230	44	116	27	43
兴仁市	22	2	13	7		61	5	41	1	14
普安县	68	32	30	3	3	43	10	30	1	2
晴隆县	8	1	6	1		6		5	1	
贞丰县	18		15		3	32		19	6	7
望谟县	3		2		1	6		3		3
册亨县	6	1	2		3	14	2	9	1	2
安龙县	31	4	16	8	3	32		28	1	3
黔东南苗族侗族自治州	**367**	**95**	**195**	**22**	**55**	**421**	**60**	**232**	**55**	**74**
凯里市	155	27	93	6	29	155	14	81	22	38
黄平县	14	1	9	4		15	3	11	1	
施秉县	1		1			9	6	3		
三穗县	16	5	7		4	12		7	5	
镇远县	18	2	8		8	30	9	17	3	1
岑巩县	18	7	11			32	9	20	2	1
天柱县	14	4	9	1		20	3	9	4	4
锦屏县	7	1	5	1		23	1	19	1	2
剑河县	14	8	5	1		7	2	3		2
台江县	10	2	4		4	11	3	6	2	
黎平县	17	7	7		3	19	3	10	2	4
榕江县	13	2	5	6		38	3	18	9	8
从江县	7		5	2		17	2	11	2	2
雷山县	28	23	4		1	16	2	7		7
麻江县	22	6	11	1	4	13		8		5
丹寨县	13		11		2	4		2	2	
黔南布依族苗族自治州	**458**	**78**	**293**	**32**	**55**	**632**	**92**	**407**	**44**	**89**
都匀市	103	20	58	7	18	169	39	94	8	28
福泉市	49	10	30	8	1	47	6	29	2	10
荔波县	33	4	28		1	68	12	42	3	11
贵定县	20	6	8	3	3	44	5	29	9	1
瓮安县	42	10	16	6	10	77	13	57	3	4
独山县	38	7	25		6	40	2	27	5	6
平塘县	8	1	7			38	1	35		2
罗甸县	24	6	17		1	22	3	14		5
长顺县	20	2	18			36	5	19	6	6
龙里县	54	3	40	5	6	53	2	34	7	10
惠水县	51	7	38	2	4	34	4	25	1	4
三都水族自治县	16	2	8	1	5	4		2		2

7-1　续表 20　　　　　　　　　　　　　　　　　　　　　　　　单位：人

现住地	省外									
	湖南					广东				
	小计	乡	镇的村委会	镇的居委会	街道	小计	乡	镇的村委会	镇的居委会	街道
贵　州	**18206**	**3605**	**10247**	**1810**	**2544**	**3565**	**332**	**1598**	**491**	**1144**
贵阳市	**5131**	**1056**	**2751**	**444**	**880**	**1412**	**122**	**511**	**179**	**600**
南明区	1055	215	536	98	206	339	33	124	43	139
云岩区	961	199	506	90	166	300	25	97	41	137
花溪区	937	201	509	86	141	236	18	94	31	93
乌当区	198	36	101	19	42	74	12	16	17	29
白云区	375	87	213	29	46	79	4	38	10	27
观山湖区	1014	249	518	74	173	306	23	100	26	157
开阳县	99	22	54	12	11	8	1	5	2	
息烽县	62	3	47	1	11	4		1		3
修文县	92	5	69	7	11	15	2	9		4
清镇市	338	39	198	28	73	51	4	27	9	11
六盘水市	**1167**	**265**	**603**	**174**	**125**	**134**	**17**	**45**	**37**	**35**
钟山区	456	112	214	70	60	64	6	16	15	27
六枝特区	118	32	56	22	8	25	3	8	10	4
水城县	224	50	128	26	20	15	5	5	4	1
盘州市	369	71	205	56	37	30	3	16	8	3
遵义市	**1687**	**187**	**1126**	**192**	**182**	**455**	**25**	**239**	**74**	**117**
红花岗区	441	62	302	22	55	91	10	36	9	36
汇川区	160	18	94	26	22	56	3	17	8	28
播州区	207	6	132	41	28	44	1	27	8	8
桐梓县	94	10	68	9	7	41	1	26	9	5
绥阳县	71	6	46	17	2	37	3	26	7	1
正安县	87	8	56	12	11	10	2	6	1	1
道真仡佬族苗族自治县	46	8	34	2	2	15		8	6	1
务川仡佬族苗族自治县	102	12	62	19	9	7		4	3	
凤冈县	61	6	45	4	6	15		12	2	1
湄潭县	65	5	42	7	11	20		8	8	4
余庆县	93	17	57	14	5	13		7	2	4
习水县	91	20	55	7	9	44	4	32	2	6
赤水市	30	2	25		3	22	1	8	5	8
仁怀市	139	7	108	12	12	40		22	4	14
安顺市	**978**	**248**	**510**	**79**	**141**	**159**	**8**	**79**	**26**	**46**
西秀区	511	154	237	35	85	75	5	30	16	24
平坝区	159	39	92	20	8	30	1	19	6	4
普定县	67	13	44	2	8	17	2	8	1	6
镇宁布依族苗族自治县	96	17	50	12	17	10		3	2	5
关岭布依族苗族自治县	68	8	45	7	8	8		4		4
紫云苗族布依族自治县	77	17	42	3	15	19		15	1	3
毕节市	**1370**	**298**	**681**	**215**	**176**	**254**	**47**	**109**	**38**	**60**
七星关区	398	69	202	66	61	69	4	36	12	17
大方县	139	31	85	12	11	32	12	4	2	14
黔西县	157	35	92	9	21	27	5	15	1	6
金沙县	107	29	60	9	9	27	5	13	3	6
织金县	216	47	80	62	27	15	1	7	5	2
纳雍县	132	35	57	22	18	16	2	6	4	4
威宁彝族回族苗族自治县	113	17	58	15	23	44	7	22	9	6
赫章县	108	35	47	20	6	24	11	6	2	5

7-1 续表 21

单位：人

现住地	省外									
	湖南					广东				
	小计	乡	镇的村委会	镇的居委会	街道	小计	乡	镇的村委会	镇的居委会	街道
铜仁市	**2043**	**516**	**967**	**173**	**387**	**282**	**43**	**139**	**23**	**77**
碧江区	671	194	298	48	131	44	10	16	6	12
万山区	153	70	47	20	16	18	4	3	3	8
江口县	113	26	56	11	20	10	2	7		1
玉屏侗族自治县	286	34	183	29	40	7	1	2	2	2
石阡县	125	42	62	17	4	24	5	13		6
思南县	104	22	56	10	16	42	11	22	2	7
印江土家族苗族自治县	110	19	79	2	10	41		22	1	18
德江县	106	36	35	8	27	34	4	9	4	17
沿河土家族自治县	105	29	53	3	20	41	4	31	3	3
松桃苗族自治县	270	44	98	25	103	21	2	14	2	3
黔西南布依族苗族自治州	**997**	**162**	**557**	**128**	**150**	**237**	**29**	**134**	**22**	**52**
兴义市	470	90	278	42	60	112	13	69	7	23
兴仁市	98	9	51	12	26	17		8	2	7
普安县	65	6	48	9	2	8	3	3	1	1
晴隆县	74	22	39	9	4	6	3	2		1
贞丰县	123	26	49	34	14	21		13	1	7
望谟县	36		26	3	7	19	3	15		1
册亨县	44	3	24	7	10	17	7	3	1	6
安龙县	87	6	42	12	27	37		21	10	6
黔东南苗族侗族自治州	**2983**	**585**	**1866**	**220**	**312**	**353**	**28**	**199**	**48**	**78**
凯里市	943	193	565	63	122	115	4	48	16	47
黄平县	59	15	27	10	7	17	1	15	1	
施秉县	60	14	37	2	7	5		4	1	
三穗县	134	19	102	4	9	9	3	5		1
镇远县	194	38	119	11	26	24	5	15	2	2
岑巩县	149	18	109	2	20	8		7	1	
天柱县	200	30	140	14	16	24		12	10	2
锦屏县	162	34	101	9	18	12		8	1	3
剑河县	127	24	81	1	21	11		7	1	3
台江县	37	18	12	1	6	3		3		
黎平县	333	53	225	38	17	34	5	17	2	10
榕江县	148	28	92	22	6	14	1	8	2	3
从江县	247	94	123	23	7	26		21	3	2
雷山县	65	2	47	7	9	10	1	5	2	2
麻江县	70	3	48	2	17	15	6	6	1	2
丹寨县	55	2	38	11	4	26	2	18	5	1
黔南布依族苗族自治州	**1850**	**288**	**1186**	**185**	**191**	**279**	**13**	**143**	**44**	**79**
都匀市	382	69	222	33	58	80	3	27	7	43
福泉市	117	22	76	11	8	10		7	2	1
荔波县	114	49	53	5	7	28		22	3	3
贵定县	111	3	77	9	22	21	1	10	3	7
瓮安县	147	21	72	28	26	22	3	13	2	4
独山县	157	27	112	13	5	17		9	5	3
平塘县	106	11	85	3	7	21	3	15	1	2
罗甸县	147	17	110	16	4	14	2	7	1	4
长顺县	92	4	50	20	18	5		2	2	1
龙里县	168	15	117	20	16	20	1	10	6	3
惠水县	183	35	114	25	9	30		14	9	7
三都水族自治县	126	15	98	2	11	11		7	3	1

7-1　续表 22　　　　　　　　　　　　　　　　　　　　　　　　　　单位：人

现住地	省外									
	广西					海南				
	小计	乡	镇的村委会	镇的居委会	街道	小计	乡	镇的村委会	镇的居委会	街道
贵　州	**4137**	**774**	**2426**	**379**	**558**	**351**	**24**	**134**	**53**	**140**
贵阳市	**1082**	**221**	**545**	**104**	**212**	**174**	**8**	**51**	**29**	**86**
南明区	226	43	105	25	53	52	1	13	12	26
云岩区	222	46	109	13	54	37		11	5	21
花溪区	198	43	91	28	36	37	3	10	10	14
乌当区	66	12	39	11	4	7	1			6
白云区	118	18	71	5	24	5		4	1	
观山湖区	133	31	66	10	26	27	1	8	1	17
开阳县	11	5	5		1	1	1			
息烽县	11	1	6	1	3	1				1
修文县	43	10	22	6	5	2		2		
清镇市	54	12	31	5	6	5	1	3		1
六盘水市	**213**	**38**	**118**	**29**	**28**	**15**	**1**	**7**	**3**	**4**
钟山区	62	7	40	9	6					
六枝特区	33	4	22	4	3	3	1		2	
水城县	46	16	20	2	8	1		1		
盘州市	72	11	36	14	11	11		6	1	4
遵义市	**468**	**39**	**342**	**44**	**43**	**50**	**3**	**24**	**7**	**16**
红花岗区	82	6	63	4	9	22	2	10	3	7
汇川区	64	5	47	3	9	11	1	3	1	6
播州区	63	6	43	9	5	3		1	2	
桐梓县	42	1	31	7	3	3		2		1
绥阳县	24	2	17	5		1				1
正安县	31	1	25	1	4	1		1		
道真仡佬族苗族自治县	13	1	9	2	1	2		2		
务川仡佬族苗族自治县	13		10	3						
凤冈县	16	4	11	1		1			1	
湄潭县	26		24	2						
余庆县	10		9		1					
习水县	32	6	23		3	1				1
赤水市	22	4	13	1	4	2		2		
仁怀市	30	3	17	6	4	3		3		
安顺市	**227**	**54**	**136**	**10**	**27**	**12**		**5**	**3**	**4**
西秀区	84	17	51	3	13	10		4	2	4
平坝区	59	20	33	4	2					
普定县	20	7	9		4	1			1	
镇宁布依族苗族自治县	21		15	2	4					
关岭布依族苗族自治县	27	4	20	1	2	1		1		
紫云苗族布依族自治县	16	6	8		2					
毕节市	**316**	**82**	**166**	**42**	**26**	**18**	**2**	**8**	**3**	**5**
七星关区	103	21	61	16	5	5		1	2	2
大方县	39	22	8	2	7					
黔西县	49	10	31	4	4	2				2
金沙县	19	10	6		3	2		1	1	
织金县	35	11	16	8		4	2	2		
纳雍县	24	2	16	5	1	2		1		1
威宁彝族回族苗族自治县	31	2	19	6	4	1		1		
赫章县	16	4	9	1	2	2		2		

7-1 续表 23 单位：人

现住地	省外									
	广西					海南				
	小计	乡	镇的村委会	镇的居委会	街道	小计	乡	镇的村委会	镇的居委会	街道
铜仁市	**212**	**44**	**103**	**41**	**24**	**19**	**3**	**9**	**3**	**4**
碧江区	24	6	13	2	3	6	2	2		2
万山区	7	2		2	3					
江口县	26	8	13	2	3	1		1		
玉屏侗族自治县	8		7	1		1	1			
石阡县	23	6	13	3	1	2		2		
思南县	16	1	11	4		1			1	
印江土家族苗族自治县	24	3	20		1	3		3		
德江县	27	14	6	4	3	1		1		
沿河土家族自治县	6	1	2	3						
松桃苗族自治县	51	3	18	20	10	4			2	2
黔西南布依族苗族自治州	**419**	**50**	**282**	**27**	**60**	**19**	**1**	**8**	**3**	**7**
兴义市	192	19	126	17	30	9		4	3	2
兴仁市	40	5	30	1	4	2	1			1
普安县	9	4	5							
晴隆县	9	1	8							
贞丰县	30	1	16	7	6	4				4
望谟县	33	1	27		5					
册亨县	26	13	13							
安龙县	80	6	57	2	15	4		4		
黔东南苗族侗族自治州	**524**	**126**	**320**	**32**	**46**	**16**	**3**	**8**		**5**
凯里市	124	19	77	4	24	8	2	1		5
黄平县	25	9	15	1		1		1		
施秉县	3		3							
三穗县	15	2	8	3	2					
镇远县	8	3	3	1	1					
岑巩县	20	6	13		1					
天柱县	25	4	18	3		1		1		
锦屏县	10	2	7		1					
剑河县	14		14							
台江县	7		4	2	1					
黎平县	82	14	65	1	2	2		2		
榕江县	46	13	18	5	10					
从江县	109	54	45	10		1	1			
雷山县	18		15		3	1		1		
麻江县	16		13	2	1	1		1		
丹寨县	2		2			1		1		
黔南布依族苗族自治州	**676**	**120**	**414**	**50**	**92**	**28**	**3**	**14**	**2**	**9**
都匀市	111	23	56	12	20	6		1		5
福泉市	32	4	19	1	8	2				2
荔波县	161	36	95	16	14					
贵定县	55	16	30	1	8	2	1	1		
瓮安县	21	4	13	3	1	11		8	2	1
独山县	79	14	49	5	11	3		3		
平塘县	31	2	27		2	1		1		
罗甸县	62	10	43	1	8					
长顺县	21	4	10	2	5					
龙里县	39	2	25	2	10	2	2			
惠水县	31	4	20	4	3	1				1
三都水族自治县	33	1	27	3	2					

7-1　续表 24　　　　单位：人

现住地	省外									
	重庆					四川				
	小计	乡	镇的村委会	镇的居委会	街道	小计	乡	镇的村委会	镇的居委会	街道
贵州	**15753**	**2228**	**8608**	**1688**	**3229**	**30146**	**5994**	**17772**	**2655**	**3725**
贵阳市	**6088**	**1023**	**3143**	**554**	**1368**	**13838**	**3220**	**7944**	**1005**	**1669**
南明区	1847	386	913	151	397	3581	858	1951	309	463
云岩区	1230	201	627	118	284	3322	861	1891	237	333
花溪区	872	110	453	82	227	2042	449	1191	147	255
乌当区	230	30	112	28	60	744	156	426	60	102
白云区	508	102	294	39	73	1218	256	818	55	89
观山湖区	781	97	373	87	224	1544	355	784	129	276
开阳县	109	20	55	6	28	217	48	142	9	18
息烽县	105	8	70	8	19	182	37	129	4	12
修文县	86	8	54	7	17	287	39	199	10	39
清镇市	320	61	192	28	39	701	161	413	45	82
六盘水市	**988**	**146**	**483**	**145**	**214**	**2108**	**505**	**1129**	**251**	**223**
钟山区	464	76	188	85	115	1194	310	622	133	129
六枝特区	117	23	61	12	21	183	44	93	25	21
水城县	105	16	62	9	18	350	97	194	30	29
盘州市	302	31	172	39	60	381	54	220	63	44
遵义市	**4393**	**373**	**2654**	**543**	**823**	**6162**	**697**	**4168**	**618**	**679**
红花岗区	1514	135	1015	138	226	1213	156	816	100	141
汇川区	505	39	279	81	106	516	57	307	60	92
播州区	508	23	312	67	106	427	32	262	50	83
桐梓县	304	21	162	45	76	144	22	89	14	19
绥阳县	53	7	28	9	9	57	3	36	10	8
正安县	102	11	52	20	19	82	9	60	10	3
道真仡佬族苗族自治县	160	13	116	11	20	86	4	75	5	2
务川仡佬族苗族自治县	131	14	54	33	30	64	9	32	14	9
凤冈县	53	2	29	10	12	63	4	49	10	
湄潭县	117	11	72	16	18	125	16	81	11	17
余庆县	84	13	45	16	10	84	9	50	18	7
习水县	398	57	210	36	95	573	38	443	42	50
赤水市	207	14	121	23	49	1330	106	907	166	151
仁怀市	257	13	159	38	47	1398	232	961	108	97
安顺市	**720**	**134**	**397**	**70**	**119**	**1593**	**336**	**903**	**129**	**225**
西秀区	440	85	228	48	79	849	194	434	74	147
平坝区	129	14	89	12	14	257	59	165	14	19
普定县	44	8	21	7	8	113	15	67	11	20
镇宁布依族苗族自治县	36	7	20	1	8	93	13	57	6	17
关岭布依族苗族自治县	38	9	22	1	6	136	31	78	18	9
紫云苗族布依族自治县	33	11	17	1	4	145	24	102	6	13
毕节市	**779**	**128**	**399**	**79**	**173**	**1940**	**433**	**976**	**244**	**287**
七星关区	174	19	105	12	38	668	86	367	78	137
大方县	50	16	18	4	12	154	71	48	20	15
黔西县	138	27	86	7	18	236	70	115	25	26
金沙县	169	27	90	22	30	284	73	147	29	35
织金县	104	18	41	12	33	185	34	93	26	32
纳雍县	44	9	13	11	11	111	33	44	19	15
威宁彝族回族苗族自治县	74	1	37	7	29	205	29	114	40	22
赫章县	26	11	9	4	2	97	37	48	7	5

7-1 续表 25 单位：人

现住地	省外									
	重庆					四川				
	小计	乡	镇的村委会	镇的居委会	街道	小计	乡	镇的村委会	镇的居委会	街道
铜仁市	**750**	**182**	**348**	**71**	**149**	**544**	**122**	**269**	**59**	**94**
碧江区	145	30	69	16	30	131	29	65	14	23
万山区	56	28	16	2	10	26	12	8		6
江口县	24	4	9	3	8	31	3	22	2	4
玉屏侗族自治县	25	4	15	2	4	39	6	22	3	8
石阡县	75	20	33	10	12	71	18	35	12	6
思南县	55	15	27	5	8	43	11	18	8	6
印江土家族苗族自治县	31	3	23		5	32	2	21	3	6
德江县	64	10	25	9	20	66	29	14	10	13
沿河土家族自治县	130	30	68	10	22	57	8	37	5	7
松桃苗族自治县	145	38	63	14	30	48	4	27	2	15
黔西南布依族苗族自治州	**628**	**82**	**327**	**89**	**130**	**1017**	**144**	**595**	**107**	**171**
兴义市	338	37	184	50	67	579	102	327	54	96
兴仁市	99	10	58	13	18	66	5	48	3	10
普安县	19	3	6	5	5	51	2	34	13	2
晴隆县	20	9	7	1	3	45	9	21	7	8
贞丰县	44	1	20	14	9	80	11	43	10	16
望谟县	24	4	15		5	58	3	38	4	13
册亨县	22	2	12		8	57	11	33	9	4
安龙县	62	16	25	6	15	81	1	51	7	22
黔东南苗族侗族自治州	**533**	**57**	**334**	**48**	**94**	**1204**	**233**	**734**	**84**	**153**
凯里市	253	21	165	22	45	564	86	366	29	83
黄平县	15		6	3	6	72	24	41	2	5
施秉县	2				2	29	16	12		1
三穗县	23	5	13	2	3	61	15	27	6	13
镇远县	26	4	12	8	2	39	12	19	7	1
岑巩县	38	7	24		7	28	6	11	2	9
天柱县	23		20	1	2	43	3	34	4	2
锦屏县	12	2	10			32	9	18	1	4
剑河县	10	2	4		4	35	8	17	6	4
台江县	7	2	3	1	1	28	6	14	4	4
黎平县	40	4	24	2	10	76	11	51	9	5
榕江县	22	2	13	5	2	51	12	31	8	
从江县	19	2	11	2	4	14		14		
雷山县	26	3	20	1	2	45	4	26	2	13
麻江县	14	3	7	1	3	51	13	30	3	5
丹寨县	3		2		1	36	8	23	1	4
黔南布依族苗族自治州	**874**	**103**	**523**	**89**	**159**	**1740**	**304**	**1054**	**158**	**224**
都匀市	122	10	79	6	27	345	58	193	30	64
福泉市	69	4	48	4	13	199	35	101	33	30
荔波县	74	5	37	9	23	48	14	29	4	1
贵定县	72	6	41	9	16	149	26	84	10	29
瓮安县	88	8	54	16	10	202	27	145	18	12
独山县	62	7	40	7	8	71	11	46	3	11
平塘县	39		34		5	70	10	48	10	2
罗甸县	76	15	36	16	9	89	17	64	3	5
长顺县	27	7	15	4	1	43	6	29		8
龙里县	142	30	78	11	23	305	63	184	25	33
惠水县	92	10	55	6	21	164	36	96	16	16
三都水族自治县	11	1	6	1	3	55	1	35	6	13

7-1 续表 26

单位：人

现住地	省外				
	云南				
	小计	乡	镇的村委会	镇的居委会	街道
贵州	**7964**	**1631**	**4573**	**759**	**1001**
贵阳市	**1996**	**455**	**1131**	**150**	**260**
南明区	468	104	247	55	62
云岩区	336	78	189	21	48
花溪区	311	64	167	37	43
乌当区	126	47	58	7	14
白云区	219	44	142	7	26
观山湖区	251	61	146	16	28
开阳县	51	14	33	1	3
息烽县	37	6	25	1	5
修文县	60	6	49	1	4
清镇市	137	31	75	4	27
六盘水市	**1941**	**365**	**1032**	**278**	**266**
钟山区	319	85	111	50	73
六枝特区	86	32	31	11	12
水城县	202	76	81	25	20
盘州市	1334	172	809	192	161
遵义市	**659**	**82**	**451**	**53**	**73**
红花岗区	151	13	100	17	21
汇川区	77	10	53	6	8
播州区	58	6	44	6	2
桐梓县	66	21	40	3	2
绥阳县	22	2	15	5	
正安县	24	3	14	2	5
道真仡佬族苗族自治县	16	1	13		2
务川仡佬族苗族自治县	16	1	9	6	
凤冈县	14	2	11	1	
湄潭县	29	4	22	2	1
余庆县	15	1	14		
习水县	72	9	58		5
赤水市	27	3	15	3	6
仁怀市	72	6	43	2	21
安顺市	**370**	**73**	**219**	**19**	**59**
西秀区	131	25	63	8	35
平坝区	90	18	61	4	7
普定县	40	6	26	4	4
镇宁布依族苗族自治县	36	12	20	1	3
关岭布依族苗族自治县	45	6	31		8
紫云苗族布依族自治县	28	6	18	2	2
毕节市	**1413**	**388**	**765**	**132**	**128**
七星关区	393	47	280	24	42
大方县	58	20	26	7	5
黔西县	81	31	37	7	6
金沙县	103	55	42	4	2
织金县	72	20	38	5	9
纳雍县	101	34	44	13	10
威宁彝族回族苗族自治县	446	114	227	64	41
赫章县	159	67	71	8	13

7-1 续表 27

单位：人

现住地	省外				
	云南				
	小计	乡	镇的村委会	镇的居委会	街道
铜仁市	**87**	**14**	**54**	**4**	**15**
碧江区	28	6	17	2	3
万山区	4		2	1	1
江口县	5	2	3		
玉屏侗族自治县	3	1	2		
石阡县	7	1	5		1
思南县	7	2	4		1
印江土家族苗族自治县	3		3		
德江县	8	1	6		1
沿河土家族自治县	5		2	1	2
松桃苗族自治县	17	1	10		6
黔西南布依族苗族自治州	**808**	**118**	**517**	**70**	**103**
兴义市	478	78	304	42	54
兴仁市	81	9	56	7	9
普安县	90	12	63	6	9
晴隆县	39	11	25		3
贞丰县	38	3	21	6	8
望谟县	17		12		5
册亨县	9		5	1	3
安龙县	56	5	31	8	12
黔东南苗族侗族自治州	**241**	**50**	**128**	**24**	**39**
凯里市	94	6	56	10	22
黄平县	9	3	5		1
施秉县	5	3	2		
三穗县	12		6	5	1
镇远县	12	3	7	1	1
岑巩县	5	1	2	1	1
天柱县	7	1	4	1	1
锦屏县	7		6	1	
剑河县	11	1	5		5
台江县	12	9	1	1	1
黎平县	16	3	9		4
榕江县	16	13	3		
从江县	6	1	4	1	
雷山县	11		6	3	2
麻江县	15	5	10		
丹寨县	3	1	2		
黔南布依族苗族自治州	**449**	**86**	**276**	**29**	**58**
都匀市	66	22	20	3	21
福泉市	46	13	25		8
荔波县	41	9	31	1	
贵定县	46	4	29	6	7
瓮安县	46	12	28	3	3
独山县	18	1	14	1	2
平塘县	18	4	13	1	
罗甸县	11	2	7	1	1
长顺县	10	3	4	2	1
龙里县	91	6	66	7	12
惠水县	46	9	31	3	3
三都水族自治县	10	1	8	1	

7-1 续表 28

单位：人

现住地	省外									
	西藏					陕西				
	小计	乡	镇的村委会	镇的居委会	街道	小计	乡	镇的村委会	镇的居委会	街道
贵州	**129**	**14**	**23**	**15**	**77**	**1986**	**295**	**1124**	**182**	**385**
贵阳市	**30**	**4**	**1**	**5**	**20**	**742**	**94**	**384**	**71**	**193**
南明区	5				5	133	16	68	17	32
云岩区	4	1		1	2	122	17	60	10	35
花溪区	5	1			4	179	14	102	12	51
乌当区	3	1			2	28	5	12	6	5
白云区	2	1			1	74	8	47	7	12
观山湖区	6			2	4	119	23	46	12	38
开阳县	4			2	2	9	1	7	1	
息烽县	1		1			3		2		1
修文县						23	4	10	3	6
清镇市						52	6	30	3	13
六盘水市	**16**	**2**	**9**	**1**	**4**	**114**	**26**	**58**	**15**	**15**
钟山区	9		7		2	50	11	23	9	7
六枝特区	3	2		1		13	4	4	2	3
水城县						19	4	10	3	2
盘州市	4		2		2	32	7	21	1	3
遵义市	**39**	**1**	**5**	**3**	**30**	**290**	**15**	**203**	**33**	**39**
红花岗区	24		2	2	20	80	2	59	10	9
汇川区	9	1	2		6	51	3	38	2	8
播州区	1				1	37	3	21	7	6
桐梓县	2				2	30	1	20	4	5
绥阳县						9		8		1
正安县						9		6	2	1
道真仡佬族苗族自治县						4	1	2		1
务川仡佬族苗族自治县						10	3	7		
凤冈县						2		2		
湄潭县						6		4	1	1
余庆县	2		1	1		4		2	2	
习水县						11		9	1	1
赤水市	1				1	12		7	3	2
仁怀市						25	2	18	1	4
安顺市	**14**	**4**	**2**	**2**	**6**	**146**	**28**	**86**	**8**	**24**
西秀区	7	1	2	2	2	84	12	48	6	18
平坝区						27	7	20		
普定县	3	3				15	9	5		1
镇宁布依族苗族自治县	1				1	8		5		3
关岭布依族苗族自治县	3				3	10		7	2	1
紫云苗族布依族自治县						2		1		1
毕节市	**14**	**1**	**3**	**1**	**9**	**142**	**35**	**72**	**14**	**21**
七星关区	2				2	17	4	6	1	6
大方县	3	1			2	14	3	6	2	3
黔西县	4		1		3	25	8	14	3	
金沙县	1				1	36	7	22	2	5
织金县	1			1		13	6	2	2	3
纳雍县						4		1	2	1
威宁彝族回族苗族自治县	3		2		1	8		5	2	1
赫章县						25	7	16		2

7−1 续表 29 单位：人

现住地	省外									
	西藏					陕西				
	小计	乡	镇的村委会	镇的居委会	街道	小计	乡	镇的村委会	镇的居委会	街道
铜仁市	**4**	**2**			**2**	**69**	**20**	**35**	**4**	**10**
碧江区	3	2			1	28	11	13		4
万山区						6	3	1		2
江口县						1		1		
玉屏侗族自治县						4		2		2
石阡县						5	2	2		1
思南县						5	1	1	3	
印江土家族苗族自治县						7	1	6		
德江县						8	2	6		
沿河土家族自治县										
松桃苗族自治县	1				1	5		3	1	1
黔西南布依族苗族自治州	**2**		**1**		**1**	**127**	**13**	**80**	**9**	**25**
兴义市	2		1		1	44	2	32	5	5
兴仁市						23	1	13	2	7
普安县						20	1	18	1	
晴隆县						16	8	8		
贞丰县						15		4	1	10
望谟县										
册亨县										
安龙县						9	1	5		3
黔东南苗族侗族自治州	**3**		**2**		**1**	**121**	**9**	**73**	**10**	**29**
凯里市	2		2			55	4	33	4	14
黄平县	1				1	31		26	2	3
施秉县						3	2			1
三穗县						5			4	1
镇远县										
岑巩县						9		7		2
天柱县						1		1		
锦屏县						4		2		2
剑河县						1				1
台江县						1	1			
黎平县						3	1	1		1
榕江县						4	1			3
从江县										
雷山县						1		1		
麻江县						3		2		1
丹寨县										
黔南布依族苗族自治州	**7**			**3**	**4**	**235**	**55**	**133**	**18**	**29**
都匀市	6			2	4	64	14	33	6	11
福泉市	1			1		48	25	15	1	7
荔波县						12	2	9		1
贵定县						23	3	16	4	
瓮安县						24	7	12	1	4
独山县						11		10	1	
平塘县						5		5		
罗甸县						5		3	1	1
长顺县						2		2		
龙里县						24	3	13	4	4
惠水县						17	1	15		1
三都水族自治县										

7-1　续表 30　　　　单位：人

现住地	省外									
	甘肃					青海				
	小计	乡	镇的村委会	镇的居委会	街道	小计	乡	镇的村委会	镇的居委会	街道
贵　州	**810**	**167**	**395**	**97**	**151**	**181**	**25**	**78**	**32**	**46**
贵阳市	**357**	**67**	**176**	**37**	**77**	**90**	**14**	**29**	**13**	**34**
南明区	53	4	27	7	15	11	2			9
云岩区	76	14	37	3	22	25	10	10		5
花溪区	84	19	38	11	16	11		4	2	5
乌当区	18	4	10		4	6		2	1	3
白云区	28	4	19	3	2	7			5	2
观山湖区	67	14	26	11	16	23		10	4	9
开阳县	6	1	5							
息烽县	2		2			2			1	1
修文县	2	1		1		1		1		
清镇市	21	6	12	1	2	4	2	2		
六盘水市	**51**	**12**	**23**	**9**	**7**	**6**		**3**	**1**	**2**
钟山区	24	7	11	6		4		1	1	2
六枝特区	7	2			5					
水城县	3	1	1		1					
盘州市	17	2	11	3	1	2		2		
遵义市	**125**	**14**	**64**	**21**	**26**	**15**	**2**	**6**	**4**	**3**
红花岗区	47	8	21	9	9	7	2	2	2	1
汇川区	18		6	1	11	4		1	2	1
播州区	9		2	5	2	1		1		
桐梓县	12	1	9		2	1				1
绥阳县	8		7	1						
正安县	5		2	3						
道真仡佬族苗族自治县	2	1	1							
务川仡佬族苗族自治县	2		2							
凤冈县	2		1	1						
湄潭县	7	4	3							
余庆县	1			1		1		1		
习水县	5		4		1					
赤水市	2		1		1					
仁怀市	5		5			1		1		
安顺市	**37**	**4**	**20**	**10**	**3**	**4**	**1**	**2**	**1**	
西秀区	19	1	13	3	2	2	1	1		
平坝区	9	1	3	5		2		1	1	
普定县	5	1	2	2						
镇宁布依族苗族自治县										
关岭布依族苗族自治县	2		1		1					
紫云苗族布依族自治县	2	1	1							
毕节市	**60**	**24**	**28**	**2**	**6**	**11**	**1**	**4**	**4**	**2**
七星关区	20	7	10		3	2		2		
大方县	5	2	2	1		1				1
黔西县	7	5	1	1		1		1		
金沙县	4	3	1			1	1			
织金县	12	3	8		1					
纳雍县	4		3		1					
威宁彝族回族苗族自治县	2		1		1	6		1	4	1
赫章县	6	4	2							

7-1 续表 31

单位：人

现住地	省外									
	甘肃					青海				
	小计	乡	镇的村委会	镇的居委会	街道	小计	乡	镇的村委会	镇的居委会	街道
铜仁市	**31**	**10**	**11**	**1**	**9**	**7**	**1**	**4**		**2**
碧江区	18	7	6	1	4	4		2		2
万山区	5	2			3					
江口县										
玉屏侗族自治县						2		2		
石阡县										
思南县	1				1	1	1			
印江土家族苗族自治县	5	1	4							
德江县	1		1							
沿河土家族自治县										
松桃苗族自治县	1				1					
黔西南布依族苗族自治州	**37**	**4**	**18**	**3**	**12**	**22**	**4**	**11**	**6**	**1**
兴义市	16	1	9	1	5	19	1	11	6	1
兴仁市	4	2	2			1	1			
普安县	2		1		1					
晴隆县	2		1	1		2	2			
贞丰县	7	1	2		4					
望谟县										
册亨县	4		2		2					
安龙县	2		1	1						
黔东南苗族侗族自治州	**41**	**13**	**16**	**4**	**8**	**13**	**2**	**9**	**2**	
凯里市	20	7	7	1	5					
黄平县	2			2						
施秉县	2	1	1							
三穗县	2		2							
镇远县	1		1							
岑巩县	5	5								
天柱县	1		1			1	1			
锦屏县	2		2			7		6	1	
剑河县						3	1	2		
台江县										
黎平县	3		2		1					
榕江县										
从江县										
雷山县	1			1		2		1	1	
麻江县	1				1					
丹寨县	1				1					
黔南布依族苗族自治州	**71**	**19**	**39**	**10**	**3**	**13**		**10**	**1**	**2**
都匀市	20	8	8	2	2	5		3		2
福泉市	13	5	7	1		1		1		
荔波县	6	2	4			1		1		
贵定县	10		9	1						
瓮安县	5		3	1	1					
独山县	5	1	2	2						
平塘县	2		2							
罗甸县										
长顺县						1		1		
龙里县	4	2		2						
惠水县	6	1	4	1		5		4	1	
三都水族自治县										

7-1 续表 32 单位：人

现住地	省外									
	宁夏					新疆				
	小计	乡	镇的村委会	镇的居委会	街道	小计	乡	镇的村委会	镇的居委会	街道
贵州	**109**	**19**	**44**	**6**	**40**	**272**	**51**	**84**	**38**	**99**
贵阳市	**53**	**8**	**18**	**3**	**24**	**127**	**16**	**35**	**15**	**61**
南明区	13		2		11	41		12	4	25
云岩区	7	1	2		4	23	5	5	1	12
花溪区	13		7		6	26	4	7	5	10
乌当区	1				1	7	1		3	3
白云区	5		4	1		7	1	3		3
观山湖区	12	6	3	1	2	19	2	7	2	8
开阳县						1	1			
息烽县						2	1	1		
修文县										
清镇市	2	1		1		1	1			
六盘水市	**5**	**5**				**17**	**7**	**6**	**2**	**2**
钟山区	5	5				10	4	3	1	2
六枝特区										
水城县						1			1	
盘州市						6	3	3		
遵义市	**18**	**1**	**9**		**8**	**52**	**12**	**20**	**6**	**14**
红花岗区	11	1	6		4	6	3			3
汇川区						13	2	8	2	1
播州区						9	3	4	1	1
桐梓县	2		1		1					
绥阳县										
正安县						1		1		
道真仡佬族苗族自治县										
务川仡佬族苗族自治县						2		1		1
凤冈县										
湄潭县	2				2					
余庆县										
习水县	2		1		1	8	4	2		2
赤水市						8		1	1	6
仁怀市	1		1			5		3	2	
安顺市	**2**	**1**			**1**	**10**	**1**	**3**	**5**	**1**
西秀区	1				1	4		2	2	
平坝区						4		1	2	1
普定县						1	1			
镇宁布依族苗族自治县										
关岭布依族苗族自治县						1			1	
紫云苗族布依族自治县	1	1								
毕节市	**12**		**7**	**1**	**4**	**13**	**4**	**4**	**1**	**4**
七星关区	2		1		1	2		2		
大方县	3		2		1	3	1	1		1
黔西县	2				2	3	1			2
金沙县						2	1	1		
织金县						1	1			
纳雍县	5		4	1		1				1
威宁彝族回族苗族自治县						1			1	
赫章县										

7-1 续表 33 单位：人

现住地	省外									
	宁夏					新疆				
	小计	乡	镇的村委会	镇的居委会	街道	小计	乡	镇的村委会	镇的居委会	街道
铜仁市	**5**	**1**	**2**	**1**	**1**	**11**	**6**	**1**		**4**
碧江区	3		2		1	6	1	1		4
万山区						3	3			
江口县										
玉屏侗族自治县	1			1						
石阡县						1	1			
思南县										
印江土家族苗族自治县	1	1								
德江县										
沿河土家族自治县										
松桃苗族自治县						1	1			
黔西南布依族苗族自治州	**1**		**1**			**13**	**4**	**4**		**5**
兴义市						12	4	4		4
兴仁市										
普安县										
晴隆县										
贞丰县										
望谟县	1		1							
册亨县										
安龙县						1				1
黔东南苗族侗族自治州	**2**	**1**	**1**			**17**	**1**	**8**	**4**	**4**
凯里市	2	1	1			4				4
黄平县						3		3		
施秉县										
三穗县						1		1		
镇远县						1			1	
岑巩县										
天柱县										
锦屏县										
剑河县										
台江县						1	1			
黎平县						1		1		
榕江县						3		3		
从江县										
雷山县						3			3	
麻江县										
丹寨县										
黔南布依族苗族自治州	**11**	**2**	**6**	**1**	**2**	**12**		**3**	**5**	**4**
都匀市	4		3		1	3		1		2
福泉市	3	2	1							
荔波县										
贵定县										
瓮安县	1		1			7		1	5	1
独山县	1		1							
平塘县										
罗甸县										
长顺县										
龙里县										
惠水县	2			1	1	2		1		1
三都水族自治县										

7-1a　全省按现住地、户口登记地类型分的户口登记地在外乡镇街道人口(城市)

单位：人

现住地	合计					省内				
	合计	乡	镇的村委会	镇的居委会	街道	小计	乡	镇的村委会	镇的居委会	街道
贵州	**552504**	**84860**	**262856**	**54241**	**150547**	**478709**	**72452**	**223844**	**46723**	**135690**
贵阳市	**240768**	**41343**	**104026**	**21002**	**74397**	**198949**	**33654**	**82724**	**17000**	**65571**
南明区	58469	9916	22256	4884	21413	47154	7750	16703	3749	18952
云岩区	64136	10491	27027	5439	21179	54141	8582	21786	4598	19175
花溪区	36724	5690	17200	3418	10416	29951	4688	13632	2670	8961
乌当区	12089	1843	4766	1483	3997	10580	1585	4087	1297	3611
白云区	25880	5265	14060	1778	4777	22041	4497	11807	1474	4263
观山湖区	27918	4173	10952	2507	10286	21318	2953	7904	1864	8597
开阳县										
息烽县										
修文县										
清镇市	15552	3965	7765	1493	2329	13764	3599	6805	1348	2012
六盘水市	**53471**	**13960**	**21025**	**7154**	**11332**	**47665**	**12822**	**18232**	**6289**	**10322**
钟山区	33200	9975	11039	3697	8489	29588	9162	9431	3154	7841
六枝特区	7599	2057	3137	1018	1387	7055	1928	2895	931	1301
水城县										
盘州市	12672	1928	6849	2439	1456	11022	1732	5906	2204	1180
遵义市	**109812**	**7310**	**63506**	**13222**	**25774**	**98765**	**6239**	**56608**	**12021**	**23897**
红花岗区	43399	3313	25041	4255	10790	38491	2733	21880	3842	10036
汇川区	23531	1512	12705	3306	6008	21664	1371	11673	3046	5574
播州区	18968	772	11471	2511	4214	17633	687	10694	2315	3937
桐梓县										
绥阳县										
正安县										
道真仡佬族苗族自治县										
务川仡佬族苗族自治县										
凤冈县										
湄潭县										
余庆县										
习水县										
赤水市	5473	356	3366	537	1214	4273	263	2580	392	1038
仁怀市	18441	1357	10923	2613	3548	16704	1185	9781	2426	3312
安顺市	**24935**	**4011**	**9506**	**2745**	**8673**	**21824**	**3423**	**7969**	**2443**	**7989**
西秀区	21826	3415	7988	2195	8228	19006	2869	6622	1929	7586
平坝区	3109	596	1518	550	445	2818	554	1347	514	403
普定县										
镇宁布依族苗族自治县										
关岭布依族苗族自治县										
紫云苗族布依族自治县										
毕节市	**25302**	**3527**	**12756**	**1877**	**7142**	**23264**	**3271**	**11625**	**1662**	**6706**
七星关区	25302	3527	12756	1877	7142	23264	3271	11625	1662	6706
大方县										
黔西县										
金沙县										
织金县										
纳雍县										
威宁彝族回族苗族自治县										
赫章县										

7-1a 续表 1

单位：人

现住地	合计					省内				
	合计	乡	镇的村委会	镇的居委会	街道	小计	乡	镇的村委会	镇的居委会	街道
铜仁市	**17835**	**5130**	**7548**	**1298**	**3859**	**16074**	**4658**	**6795**	**1134**	**3487**
碧江区	15146	4039	6819	1047	3241	13675	3673	6169	908	2925
万山区	2689	1091	729	251	618	2399	985	626	226	562
江口县										
玉屏侗族自治县										
石阡县										
思南县										
印江土家族苗族自治县										
德江县										
沿河土家族自治县										
松桃苗族自治县										
黔西南布依族苗族自治州	**34899**	**3992**	**19789**	**3180**	**7938**	**31630**	**3533**	**17963**	**2845**	**7289**
兴义市	30086	3685	17144	2884	6373	27234	3252	15541	2593	5848
兴仁市	4813	307	2645	296	1565	4396	281	2422	252	1441
普安县										
晴隆县										
贞丰县										
望谟县										
册亨县										
安龙县										
黔东南苗族侗族自治州	**27643**	**3580**	**16011**	**2109**	**5943**	**24665**	**3124**	**14311**	**1857**	**5373**
凯里市	27643	3580	16011	2109	5943	24665	3124	14311	1857	5373
黄平县										
施秉县										
三穗县										
镇远县										
岑巩县										
天柱县										
锦屏县										
剑河县										
台江县										
黎平县										
榕江县										
从江县										
雷山县										
麻江县										
丹寨县										
黔南布依族苗族自治州	**17839**	**2007**	**8689**	**1654**	**5489**	**15873**	**1728**	**7617**	**1472**	**5056**
都匀市	13410	1589	6151	1191	4479	11813	1380	5262	1049	4122
福泉市	4429	418	2538	463	1010	4060	348	2355	423	934
荔波县										
贵定县										
瓮安县										
独山县										
平塘县										
罗甸县										
长顺县										
龙里县										
惠水县										
三都水族自治县										

7-1a 续表 2 单位：人

现住地	省外									
	小计					北京				
	小计	乡	镇的村委会	镇的居委会	街道	小计	乡	镇的村委会	镇的居委会	街道
贵州	**73795**	**12408**	**39012**	**7518**	**14857**	**240**	**8**	**16**	**36**	**180**
贵阳市	**41819**	**7689**	**21302**	**4002**	**8826**	**180**	**7**	**7**	**29**	**137**
南明区	11315	2166	5553	1135	2461	39	1	5	2	31
云岩区	9995	1909	5241	841	2004	43	1	1	8	33
花溪区	6773	1002	3568	748	1455	23	1		2	20
乌当区	1509	258	679	186	386	10			2	8
白云区	3839	768	2253	304	514	9			4	5
观山湖区	6600	1220	3048	643	1689	53	4	1	11	37
开阳县										
息烽县										
修文县										
清镇市	1788	366	960	145	317	3				3
六盘水市	**5806**	**1138**	**2793**	**865**	**1010**	**5**				**5**
钟山区	3612	813	1608	543	648	1				1
六枝特区	544	129	242	87	86	1				1
水城县										
盘州市	1650	196	943	235	276	3				3
遵义市	**11047**	**1071**	**6898**	**1201**	**1877**	**23**	**1**	**2**	**2**	**18**
红花岗区	4908	580	3161	413	754	7	1	1		5
汇川区	1867	141	1032	260	434	4		1	1	2
播州区	1335	85	777	196	277	3				3
桐梓县										
绥阳县										
正安县										
道真仡佬族苗族自治县										
务川仡佬族苗族自治县										
凤冈县										
湄潭县										
余庆县										
习水县										
赤水市	1200	93	786	145	176	3				3
仁怀市	1737	172	1142	187	236	6			1	5
安顺市	**3111**	**588**	**1537**	**302**	**684**	**4**			**1**	**3**
西秀区	2820	546	1366	266	642	4			1	3
平坝区	291	42	171	36	42					
普定县										
镇宁布依族苗族自治县										
关岭布依族苗族自治县										
紫云苗族布依族自治县										
毕节市	**2038**	**256**	**1131**	**215**	**436**	**3**				**3**
七星关区	2038	256	1131	215	436	3				3
大方县										
黔西县										
金沙县										
织金县										
纳雍县										
威宁彝族回族苗族自治县										
赫章县										

7-1a 续表 3

单位：人

现住地	省外									
	小计					北京				
	小计	乡	镇的村委会	镇的居委会	街道	小计	乡	镇的村委会	镇的居委会	街道
铜仁市	**1761**	**472**	**753**	**164**	**372**	**2**		**1**		**1**
碧江区	1471	366	650	139	316	2		1		1
万山区	290	106	103	25	56					
江口县										
玉屏侗族自治县										
石阡县										
思南县										
印江土家族苗族自治县										
德江县										
沿河土家族自治县										
松桃苗族自治县										
黔西南布依族苗族自治州	**3269**	**459**	**1826**	**335**	**649**	**6**		**4**	**1**	**1**
兴义市	2852	433	1603	291	525	5		3	1	1
兴仁市	417	26	223	44	124	1		1		
普安县										
晴隆县										
贞丰县										
望谟县										
册亨县										
安龙县										
黔东南苗族侗族自治州	**2978**	**456**	**1700**	**252**	**570**	**11**		**2**	**3**	**6**
凯里市	2978	456	1700	252	570	11		2	3	6
黄平县										
施秉县										
三穗县										
镇远县										
岑巩县										
天柱县										
锦屏县										
剑河县										
台江县										
黎平县										
榕江县										
从江县										
雷山县										
麻江县										
丹寨县										
黔南布依族苗族自治州	**1966**	**279**	**1072**	**182**	**433**	**6**				**6**
都匀市	1597	209	889	142	357	6				6
福泉市	369	70	183	40	76					
荔波县										
贵定县										
瓮安县										
独山县										
平塘县										
罗甸县										
长顺县										
龙里县										
惠水县										
三都水族自治县										

7-1a　续表 4　　　　单位：人

现住地	省外									
	天津					河北				
	小计	乡	镇的村委会	镇的居委会	街道	小计	乡	镇的村委会	镇的居委会	街道
贵　州	**141**	**4**	**25**	**24**	**88**	**1437**	**248**	**786**	**124**	**279**
贵阳市	**100**	**3**	**18**	**18**	**61**	**916**	**172**	**466**	**87**	**191**
南明区	25		2	5	18	212	47	104	22	39
云岩区	22		6	4	12	222	45	108	12	57
花溪区	14		3	4	7	159	22	75	19	43
乌当区	2				2	18	2	9	2	5
白云区	13	2	6	2	3	78	13	57	5	3
观山湖区	24	1	1	3	19	187	34	92	22	39
开阳县										
息烽县										
修文县										
清镇市						40	9	21	5	5
六盘水市	**6**			**1**	**5**	**63**	**6**	**37**	**8**	**12**
钟山区	4			1	3	45	6	25	7	7
六枝特区										
水城县										
盘州市	2				2	18		12	1	5
遵义市	**15**	**1**	**3**	**4**	**7**	**194**	**35**	**119**	**10**	**30**
红花岗区	6	1	2	1	2	124	31	75	3	15
汇川区	4			2	2	26	1	16	3	6
播州区	4		1	1	2	27	3	13	3	8
桐梓县										
绥阳县										
正安县										
道真仡佬族苗族自治县										
务川仡佬族苗族自治县										
凤冈县										
湄潭县										
余庆县										
习水县										
赤水市						10		9	1	
仁怀市	1				1	7		6		1
安顺市	**8**		**1**	**1**	**6**	**45**	**9**	**27**		**9**
西秀区	8		1	1	6	44	9	26		9
平坝区						1		1		
普定县										
镇宁布依族苗族自治县										
关岭布依族苗族自治县										
紫云苗族布依族自治县										
毕节市	**1**				**1**	**41**	**2**	**28**	**2**	**9**
七星关区	1				1	41	2	28	2	9
大方县										
黔西县										
金沙县										
织金县										
纳雍县										
威宁彝族回族苗族自治县										
赫章县										

7-1a 续表 5

单位：人

现住地	省外									
	天津					河北				
	小计	乡	镇的村委会	镇的居委会	街道	小计	乡	镇的村委会	镇的居委会	街道
铜仁市	**2**		**1**		**1**	**33**	**6**	**21**	**2**	**4**
碧江区	2		1		1	18	4	11	2	1
万山区						15	2	10		3
江口县										
玉屏侗族自治县										
石阡县										
思南县										
印江土家族苗族自治县										
德江县										
沿河土家族自治县										
松桃苗族自治县										
黔西南布依族苗族自治州	**2**		**2**			**74**	**6**	**48**	**9**	**11**
兴义市	2		2			66	3	43	9	11
兴仁市						8	3	5		
普安县										
晴隆县										
贞丰县										
望谟县										
册亨县										
安龙县										
黔东南苗族侗族自治州	**4**				**4**	**30**	**4**	**14**	**3**	**9**
凯里市	4				4	30	4	14	3	9
黄平县										
施秉县										
三穗县										
镇远县										
岑巩县										
天柱县										
锦屏县										
剑河县										
台江县										
黎平县										
榕江县										
从江县										
雷山县										
麻江县										
丹寨县										
黔南布依族苗族自治州	**3**				**3**	**41**	**8**	**26**	**3**	**4**
都匀市	1				1	35	3	25	3	4
福泉市	2				2	6	5	1		
荔波县										
贵定县										
瓮安县										
独山县										
平塘县										
罗甸县										
长顺县										
龙里县										
惠水县										
三都水族自治县										

7-1a　续表 6　　　　单位：人

现住地	省外									
	山西					内蒙古				
	小计	乡	镇的村委会	镇的居委会	街道	小计	乡	镇的村委会	镇的居委会	街道
贵　州	**575**	**87**	**245**	**54**	**189**	**294**	**35**	**116**	**42**	**101**
贵阳市	**397**	**57**	**167**	**39**	**134**	**191**	**26**	**67**	**31**	**67**
南明区	71	12	33	3	23	44	5	14	6	19
云岩区	96	9	43	9	35	45	4	17	8	16
花溪区	95	19	39	9	28	42	6	14	4	18
乌当区	19	3	8	4	4	10		4	4	2
白云区	32	4	16	2	10	19	4	8	3	4
观山湖区	64	9	17	11	27	26	5	7	6	8
开阳县										
息烽县										
修文县										
清镇市	20	1	11	1	7	5	2	3		
六盘水市	**16**	**2**	**8**	**1**	**5**	**15**	**2**	**2**	**5**	**6**
钟山区	6	2	1		3	13	1	1	5	6
六枝特区	1				1					
水城县										
盘州市	9		7	1	1	2	1	1		
遵义市	**52**	**4**	**25**	**8**	**15**	**34**	**1**	**20**		**13**
红花岗区	21	2	8	5	6	24	1	16		7
汇川区	13	2	7		4	4		2		2
播州区	9		5	3	1	2		2		
桐梓县										
绥阳县										
正安县										
道真仡佬族苗族自治县										
务川仡佬族苗族自治县										
凤冈县										
湄潭县										
余庆县										
习水县										
赤水市	5		1		4	1				1
仁怀市	4		4			3				3
安顺市	**21**	**6**	**6**	**2**	**7**	**14**	**2**	**4**	**2**	**6**
西秀区	20	6	6	1	7	14	2	4	2	6
平坝区	1			1						
普定县										
镇宁布依族苗族自治县										
关岭布依族苗族自治县										
紫云苗族布依族自治县										
毕节市	**9**		**5**		**4**	**5**		**2**	**2**	**1**
七星关区	9		5		4	5		2	2	1
大方县										
黔西县										
金沙县										
织金县										
纳雍县										
威宁彝族回族苗族自治县										
赫章县										

7-1a 续表 7

单位：人

现住地	省外									
	山西					内蒙古				
	小计	乡	镇的村委会	镇的居委会	街道	小计	乡	镇的村委会	镇的居委会	街道
铜仁市	**11**	**6**	**1**		**4**	**3**		**3**		
碧江区	6	4	1		1	2		2		
万山区	5	2			3	1		1		
江口县										
玉屏侗族自治县										
石阡县										
思南县										
印江土家族苗族自治县										
德江县										
沿河土家族自治县										
松桃苗族自治县										
黔西南布依族苗族自治州	**28**	**6**	**13**	**1**	**8**	**13**		**9**	**2**	**2**
兴义市	27	6	12	1	8	13		9	2	2
兴仁市	1		1							
普安县										
晴隆县										
贞丰县										
望谟县										
册亨县										
安龙县										
黔东南苗族侗族自治州	**23**	**4**	**13**		**6**	**11**	**2**	**4**		**5**
凯里市	23	4	13		6	11	2	4		5
黄平县										
施秉县										
三穗县										
镇远县										
岑巩县										
天柱县										
锦屏县										
剑河县										
台江县										
黎平县										
榕江县										
从江县										
雷山县										
麻江县										
丹寨县										
黔南布依族苗族自治州	**18**	**2**	**7**	**3**	**6**	**8**	**2**	**5**		**1**
都匀市	18	2	7	3	6	4		3		1
福泉市						4	2	2		
荔波县										
贵定县										
瓮安县										
独山县										
平塘县										
罗甸县										
长顺县										
龙里县										
惠水县										
三都水族自治县										

7-1a　续表 8　　　　单位：人

现住地	省外									
	辽宁					吉林				
	小计	乡	镇的村委会	镇的居委会	街道	小计	乡	镇的村委会	镇的居委会	街道
贵州	**508**	**46**	**173**	**61**	**228**	**539**	**77**	**210**	**86**	**166**
贵阳市	**338**	**37**	**107**	**37**	**157**	**356**	**53**	**148**	**54**	**101**
南明区	88	11	31	10	36	74	11	30	10	23
云岩区	94	7	27	11	49	77	5	37	11	24
花溪区	66	7	19	10	30	96	14	42	14	26
乌当区	8		7		1	13	4	4	4	1
白云区	20	6	6	1	7	15	4	2	6	3
观山湖区	55	6	14	4	31	53	9	18	6	20
开阳县										
息烽县										
修文县										
清镇市	7		3	1	3	28	6	15	3	4
六盘水市	**42**	**6**	**18**	**10**	**8**	**31**	**6**	**9**	**6**	**10**
钟山区	32	6	8	10	8	17	1	4	6	6
六枝特区	1		1			2		2		
水城县										
盘州市	9		9			12	5	3		4
遵义市	**46**	**1**	**24**	**6**	**15**	**44**	**1**	**18**	**8**	**17**
红花岗区	26	1	11	2	12	18		10	3	5
汇川区	6		3	2	1	13		7	4	2
播州区	11		10	1		5	1	1		3
桐梓县										
绥阳县										
正安县										
道真仡佬族苗族自治县										
务川仡佬族苗族自治县										
凤冈县										
湄潭县										
余庆县										
习水县										
赤水市						2				2
仁怀市	3			1	2	6			1	5
安顺市	**23**	**1**	**5**	**4**	**13**	**27**	**5**	**11**	**3**	**8**
西秀区	22	1	4	4	13	26	5	11	3	7
平坝区	1		1			1				1
普定县										
镇宁布依族苗族自治县										
关岭布依族苗族自治县										
紫云苗族布依族自治县										
毕节市	**16**		**3**	**2**	**11**	**13**		**8**	**2**	**3**
七星关区	16		3	2	11	13		8	2	3
大方县										
黔西县										
金沙县										
织金县										
纳雍县										
威宁彝族回族苗族自治县										
赫章县										

7-1a 续表 9

单位：人

现住地	省外									
	辽宁					吉林				
	小计	乡	镇的村委会	镇的居委会	街道	小计	乡	镇的村委会	镇的居委会	街道
铜仁市	**4**		**2**	**1**	**1**	**8**	**1**	**2**	**4**	**1**
碧江区	3		1	1	1	5		1	3	1
万山区	1		1			3	1	1	1	
江口县										
玉屏侗族自治县										
石阡县										
思南县										
印江土家族苗族自治县										
德江县										
沿河土家族自治县										
松桃苗族自治县										
黔西南布依族苗族自治州	**16**		**10**	**1**	**5**	**27**	**5**	**2**	**2**	**18**
兴义市	15		9	1	5	27	5	2	2	18
兴仁市	1		1							
普安县										
晴隆县										
贞丰县										
望谟县										
册亨县										
安龙县										
黔东南苗族侗族自治州	**13**	**1**	**2**		**10**	**21**	**3**	**5**	**6**	**7**
凯里市	13	1	2		10	21	3	5	6	7
黄平县										
施秉县										
三穗县										
镇远县										
岑巩县										
天柱县										
锦屏县										
剑河县										
台江县										
黎平县										
榕江县										
从江县										
雷山县										
麻江县										
丹寨县										
黔南布依族苗族自治州	**10**		**2**		**8**	**12**	**3**	**7**	**1**	**1**
都匀市	10		2		8	10	3	5	1	1
福泉市						2		2		
荔波县										
贵定县										
瓮安县										
独山县										
平塘县										
罗甸县										
长顺县										
龙里县										
惠水县										
三都水族自治县										

7-1a　续表 10　　　　单位：人

现住地	省外									
	黑龙江					上海				
	小计	乡	镇的村委会	镇的居委会	街道	小计	乡	镇的村委会	镇的居委会	街道
贵州	**741**	**81**	**252**	**137**	**271**	**313**	**2**	**19**	**43**	**249**
贵阳市	**487**	**51**	**140**	**88**	**208**	**196**		**10**	**24**	**162**
南明区	139	25	36	18	60	50			5	45
云岩区	101	9	39	12	41	57		4	6	47
花溪区	108	8	23	29	48	24		2	6	16
乌当区	33	1	7	7	18	11			3	8
白云区	32	1	17	6	8	7				7
观山湖区	64	5	15	14	30	42		4	4	34
开阳县										
息烽县										
修文县										
清镇市	10	2	3	2	3	5				5
六盘水市	**46**	**13**	**17**	**7**	**9**	**12**	**1**	**1**	**1**	**9**
钟山区	26	6	11	6	3	8	1	1		6
六枝特区	5	1	2	1	1	2			1	1
水城县										
盘州市	15	6	4		5	2				2
遵义市	**70**	**6**	**31**	**18**	**15**	**54**		**4**	**8**	**42**
红花岗区	34	3	11	11	9	17		2	1	14
汇川区	23	2	12	5	4	29			5	24
播州区	8		6	1	1	4		2	1	1
桐梓县										
绥阳县										
正安县										
道真仡佬族苗族自治县										
务川仡佬族苗族自治县										
凤冈县										
湄潭县										
余庆县										
习水县										
赤水市	1			1		1			1	
仁怀市	4	1	2		1	3				3
安顺市	**30**	**3**	**18**	**3**	**6**	**16**			**3**	**13**
西秀区	30	3	18	3	6	16			3	13
平坝区										
普定县										
镇宁布依族苗族自治县										
关岭布依族苗族自治县										
紫云苗族布依族自治县										
毕节市	**15**		**5**	**1**	**9**	**1**				**1**
七星关区	15		5	1	9	1				1
大方县										
黔西县										
金沙县										
织金县										
纳雍县										
威宁彝族回族苗族自治县										
赫章县										

7－1a 续表 11

单位：人

现住地	省外									
	黑龙江					上海				
	小计	乡	镇的村委会	镇的居委会	街道	小计	乡	镇的村委会	镇的居委会	街道
铜仁市	**11**	**2**	**4**	**3**	**2**	**3**	**1**			**2**
碧江区	11	2	4	3	2	2				2
万山区						1	1			
江口县										
玉屏侗族自治县										
石阡县										
思南县										
印江土家族苗族自治县										
德江县										
沿河土家族自治县										
松桃苗族自治县										
黔西南布依族苗族自治州	**40**	**5**	**12**	**5**	**18**	**9**		**3**	**2**	**4**
兴义市	36	4	12	3	17	8		3	2	3
兴仁市	4	1		2	1	1				1
普安县										
晴隆县										
贞丰县										
望谟县										
册亨县										
安龙县										
黔东南苗族侗族自治州	**29**		**18**	**7**	**4**	**8**			**2**	**6**
凯里市	29		18	7	4	8			2	6
黄平县										
施秉县										
三穗县										
镇远县										
岑巩县										
天柱县										
锦屏县										
剑河县										
台江县										
黎平县										
榕江县										
从江县										
雷山县										
麻江县										
丹寨县										
黔南布依族苗族自治州	**13**	**1**	**7**	**5**		**14**		**1**	**3**	**10**
都匀市	10	1	6	3		14		1	3	10
福泉市	3		1	2						
荔波县										
贵定县										
瓮安县										
独山县										
平塘县										
罗甸县										
长顺县										
龙里县										
惠水县										
三都水族自治县										

7-1a　续表 12　　　　单位：人

现住地	省外									
	江苏					浙江				
	小计	乡	镇的村委会	镇的居委会	街道	小计	乡	镇的村委会	镇的居委会	街道
贵　州	**1341**	**133**	**596**	**184**	**428**	**2433**	**281**	**1327**	**245**	**580**
贵阳市	**809**	**78**	**349**	**106**	**276**	**1391**	**174**	**743**	**139**	**335**
南明区	209	25	84	17	83	364	51	181	43	89
云岩区	193	15	88	21	69	265	32	160	14	59
花溪区	115	8	42	28	37	178	14	97	21	46
乌当区	24	1	13	1	9	29	5	5	3	16
白云区	72	6	39	7	20	58	12	30	4	12
观山湖区	178	18	75	30	55	397	48	218	44	87
开阳县										
息烽县										
修文县										
清镇市	18	5	8	2	3	100	12	52	10	26
六盘水市	**80**	**15**	**34**	**12**	**19**	**154**	**20**	**75**	**26**	**33**
钟山区	56	14	18	7	17	87	15	35	20	17
六枝特区	11		5	4	2	19	2	8	3	6
水城县										
盘州市	13	1	11	1		48	3	32	3	10
遵义市	**173**	**16**	**83**	**26**	**48**	**318**	**25**	**196**	**26**	**71**
红花岗区	64	5	37	5	17	149	18	96	10	25
汇川区	52	3	20	13	16	63	3	32	5	23
播州区	30	3	17	6	4	41	3	22	8	8
桐梓县										
绥阳县										
正安县										
道真仡佬族苗族自治县										
务川仡佬族苗族自治县										
凤冈县										
湄潭县										
余庆县										
习水县										
赤水市	2		1		1	6		4		2
仁怀市	25	5	8	2	10	59	1	42	3	13
安顺市	**74**	**5**	**35**	**9**	**25**	**124**	**10**	**89**	**5**	**20**
西秀区	67	5	30	7	25	112	10	81	5	16
平坝区	7		5	2		12		8		4
普定县										
镇宁布依族苗族自治县										
关岭布依族苗族自治县										
紫云苗族布依族自治县										
毕节市	**34**	**5**	**14**	**9**	**6**	**63**	**7**	**47**		**9**
七星关区	34	5	14	9	6	63	7	47		9
大方县										
黔西县										
金沙县										
织金县										
纳雍县										
威宁彝族回族苗族自治县										
赫章县										

7-1a 续表 13

单位：人

现住地	省外									
	江苏					浙江				
	小计	乡	镇的村委会	镇的居委会	街道	小计	乡	镇的村委会	镇的居委会	街道
铜仁市	**20**	**6**	**6**	**2**	**6**	**46**	**15**	**16**	**6**	**9**
碧江区	14	4	4	2	4	40	14	14	6	6
万山区	6	2	2		2	6	1	2		3
江口县										
玉屏侗族自治县										
石阡县										
思南县										
印江土家族苗族自治县										
德江县										
沿河土家族自治县										
松桃苗族自治县										
黔西南布依族苗族自治州	**51**	**3**	**28**	**6**	**14**	**143**	**17**	**67**	**18**	**41**
兴义市	44	3	22	5	14	113	17	58	14	24
兴仁市	7		6	1		30		9	4	17
普安县										
晴隆县										
贞丰县										
望谟县										
册亨县										
安龙县										
黔东南苗族侗族自治州	**45**		**28**	**4**	**13**	**104**	**5**	**52**	**16**	**31**
凯里市	45		28	4	13	104	5	52	16	31
黄平县										
施秉县										
三穗县										
镇远县										
岑巩县										
天柱县										
锦屏县										
剑河县										
台江县										
黎平县										
榕江县										
从江县										
雷山县										
麻江县										
丹寨县										
黔南布依族苗族自治州	**55**	**5**	**19**	**10**	**21**	**90**	**8**	**42**	**9**	**31**
都匀市	41		13	8	20	69	8	28	6	27
福泉市	14	5	6	2	1	21		14	3	4
荔波县										
贵定县										
瓮安县										
独山县										
平塘县										
罗甸县										
长顺县										
龙里县										
惠水县										
三都水族自治县										

7–1a　续表 14　　　　单位：人

现住地	省外									
	安徽					福建				
	小计	乡	镇的村委会	镇的居委会	街道	小计	乡	镇的村委会	镇的居委会	街道
贵　州	**1839**	**291**	**1067**	**214**	**267**	**3259**	**393**	**1850**	**332**	**684**
贵阳市	**1031**	**158**	**601**	**129**	**143**	**1852**	**207**	**1037**	**183**	**425**
南明区	277	39	152	31	55	595	72	314	44	165
云岩区	280	32	185	34	29	305	28	181	25	71
花溪区	162	31	88	23	20	391	24	234	50	83
乌当区	31	3	13	13	2	36	3	14	4	15
白云区	73	17	36	12	8	138	21	72	21	24
观山湖区	157	31	88	13	25	336	55	190	30	61
开阳县										
息烽县										
修文县										
清镇市	51	5	39	3	4	51	4	32	9	6
六盘水市	**124**	**27**	**76**	**13**	**8**	**290**	**53**	**148**	**48**	**41**
钟山区	72	20	41	6	5	190	39	86	34	31
六枝特区	28	4	19	3	2	36	9	15	7	5
水城县										
盘州市	24	3	16	4	1	64	5	47	7	5
遵义市	**240**	**23**	**150**	**33**	**34**	**344**	**36**	**241**	**19**	**48**
红花岗区	119	11	84	8	16	171	27	123	6	15
汇川区	41	1	20	9	11	68	3	51	2	12
播州区	36	3	25	6	2	61	2	44	5	10
桐梓县										
绥阳县										
正安县										
道真仡佬族苗族自治县										
务川仡佬族苗族自治县										
凤冈县										
湄潭县										
余庆县										
习水县										
赤水市	4	2	2			8		7		1
仁怀市	40	6	19	10	5	36	4	16	6	10
安顺市	**97**	**19**	**50**	**5**	**23**	**146**	**17**	**83**	**24**	**22**
西秀区	87	18	45	5	19	120	14	64	20	22
平坝区	10	1	5		4	26	3	19	4	
普定县										
镇宁布依族苗族自治县										
关岭布依族苗族自治县										
紫云苗族布依族自治县										
毕节市	**65**	**9**	**41**	**7**	**8**	**111**	**12**	**62**	**9**	**28**
七星关区	65	9	41	7	8	111	12	62	9	28
大方县										
黔西县										
金沙县										
织金县										
纳雍县										
威宁彝族回族苗族自治县										
赫章县										

7-1a 续表 15　　单位：人

现住地	省外									
	安徽					福建				
	小计	乡	镇的村委会	镇的居委会	街道	小计	乡	镇的村委会	镇的居委会	街道
铜仁市	**52**	**16**	**18**	**8**	**10**	**66**	**10**	**25**	**9**	**22**
碧江区	37	3	18	6	10	62	9	24	9	20
万山区	15	13		2		4	1	1		2
江口县										
玉屏侗族自治县										
石阡县										
思南县										
印江土家族苗族自治县										
德江县										
沿河土家族自治县										
松桃苗族自治县										
黔西南布依族苗族自治州	**70**	**9**	**38**	**11**	**12**	**200**	**11**	**129**	**11**	**49**
兴义市	65	9	34	11	11	165	11	114	10	30
兴仁市	5		4		1	35		15	1	19
普安县										
晴隆县										
贞丰县										
望谟县										
册亨县										
安龙县										
黔东南苗族侗族自治州	**105**	**21**	**59**	**8**	**17**	**152**	**34**	**62**	**23**	**33**
凯里市	105	21	59	8	17	152	34	62	23	33
黄平县										
施秉县										
三穗县										
镇远县										
岑巩县										
天柱县										
锦屏县										
剑河县										
台江县										
黎平县										
榕江县										
从江县										
雷山县										
麻江县										
丹寨县										
黔南布依族苗族自治州	**55**	**9**	**34**		**12**	**98**	**13**	**63**	**6**	**16**
都匀市	50	9	30		11	89	13	58	5	13
福泉市	5		4		1	9		5	1	3
荔波县										
贵定县										
瓮安县										
独山县										
平塘县										
罗甸县										
长顺县										
龙里县										
惠水县										
三都水族自治县										

7-1a　续表 16　　　　单位：人

现住地	省外									
	江西					山东				
	小计	乡	镇的村委会	镇的居委会	街道	小计	乡	镇的村委会	镇的居委会	街道
贵　州	**3116**	**588**	**1739**	**287**	**502**	**1388**	**169**	**665**	**138**	**416**
贵阳市	**1776**	**344**	**948**	**158**	**326**	**899**	**118**	**428**	**86**	**267**
南明区	528	85	282	63	98	210	31	102	19	58
云岩区	334	69	181	28	56	210	40	96	19	55
花溪区	363	69	202	37	55	200	14	99	18	69
乌当区	63	15	30	4	14	37		25	3	9
白云区	144	30	75	6	33	70	11	36	6	17
观山湖区	302	61	157	20	64	134	18	50	20	46
开阳县										
息烽县										
修文县										
清镇市	42	15	21		6	38	4	20	1	13
六盘水市	**232**	**59**	**119**	**29**	**25**	**115**	**15**	**53**	**19**	**28**
钟山区	134	25	66	20	23	80	9	40	9	22
六枝特区	43	15	25	2	1	3		2	1	
水城县										
盘州市	55	19	28	7	1	32	6	11	9	6
遵义市	**397**	**67**	**258**	**47**	**25**	**171**	**18**	**92**	**14**	**47**
红花岗区	219	46	134	23	16	86	12	54	4	16
汇川区	72	2	54	15	1	33		15	3	15
播州区	44	3	35	5	1	27	5	10	6	6
桐梓县										
绥阳县										
正安县										
道真仡佬族苗族自治县										
务川仡佬族苗族自治县										
凤冈县										
湄潭县										
余庆县										
习水县										
赤水市	15	5	8	1	1	1	1			
仁怀市	47	11	27	3	6	24		13	1	10
安顺市	**102**	**26**	**43**	**13**	**20**	**34**	**4**	**16**	**2**	**12**
西秀区	96	26	40	12	18	30	4	16	1	9
平坝区	6		3	1	2	4			1	3
普定县										
镇宁布依族苗族自治县										
关岭布依族苗族自治县										
紫云苗族布依族自治县										
毕节市	**106**	**20**	**58**	**6**	**22**	**19**	**1**	**15**		**3**
七星关区	106	20	58	6	22	19	1	15		3
大方县										
黔西县										
金沙县										
织金县										
纳雍县										
威宁彝族回族苗族自治县										
赫章县										

7-1a 续表 17

单位：人

现住地	省外									
	江西					山东				
	小计	乡	镇的村委会	镇的居委会	街道	小计	乡	镇的村委会	镇的居委会	街道
铜仁市	**58**	**9**	**37**	**7**	**5**	**22**	**4**	**2**	**2**	**14**
碧江区	48	7	29	7	5	19	2	2	2	13
万山区	10	2	8			3	2			1
江口县										
玉屏侗族自治县										
石阡县										
思南县										
印江土家族苗族自治县										
德江县										
沿河土家族自治县										
松桃苗族自治县										
黔西南布依族苗族自治州	**169**	**20**	**95**	**9**	**45**	**47**	**3**	**22**	**6**	**16**
兴义市	140	20	81	5	34	46	3	22	6	15
兴仁市	29		14	4	11	1				1
普安县										
晴隆县										
贞丰县										
望谟县										
册亨县										
安龙县										
黔东南苗族侗族自治州	**177**	**32**	**119**	**10**	**16**	**49**	**4**	**23**	**6**	**16**
凯里市	177	32	119	10	16	49	4	23	6	16
黄平县										
施秉县										
三穗县										
镇远县										
岑巩县										
天柱县										
锦屏县										
剑河县										
台江县										
黎平县										
榕江县										
从江县										
雷山县										
麻江县										
丹寨县										
黔南布依族苗族自治州	**99**	**11**	**62**	**8**	**18**	**32**	**2**	**14**	**3**	**13**
都匀市	85	9	57	8	11	28	2	10	3	13
福泉市	14	2	5		7	4		4		
荔波县										
贵定县										
瓮安县										
独山县										
平塘县										
罗甸县										
长顺县										
龙里县										
惠水县										
三都水族自治县										

7-1a　续表 18　　　　单位：人

现住地	省外									
	河南					湖北				
	小计	乡	镇的村委会	镇的居委会	街道	小计	乡	镇的村委会	镇的居委会	街道
贵　州	**3272**	**676**	**1732**	**302**	**562**	**3851**	**617**	**1926**	**443**	**865**
贵阳市	**1972**	**433**	**1028**	**179**	**332**	**2275**	**400**	**1080**	**256**	**539**
南明区	436	78	231	55	72	491	116	175	67	133
云岩区	488	93	270	33	92	498	62	254	46	136
花溪区	416	84	234	40	58	345	38	165	40	102
乌当区	52	5	34	3	10	73	11	36	9	17
白云区	175	55	92	13	15	387	74	219	49	45
观山湖区	333	99	132	29	73	404	79	191	40	94
开阳县										
息烽县										
修文县										
清镇市	72	19	35	6	12	77	20	40	5	12
六盘水市	**280**	**63**	**126**	**35**	**56**	**285**	**43**	**144**	**48**	**50**
钟山区	176	42	61	28	45	172	26	87	27	32
六枝特区	30	12	13	1	4	24	1	10	5	8
水城县										
盘州市	74	9	52	6	7	89	16	47	16	10
遵义市	**405**	**54**	**258**	**32**	**61**	**368**	**29**	**224**	**50**	**65**
红花岗区	200	29	129	11	31	181	18	123	21	19
汇川区	67	7	45	2	13	69	6	33	11	19
播州区	82	7	51	14	10	47	3	22	7	15
桐梓县										
绥阳县										
正安县										
道真仡佬族苗族自治县										
务川仡佬族苗族自治县										
凤冈县										
湄潭县										
余庆县										
习水县										
赤水市	11		10	1		19	2	8	5	4
仁怀市	45	11	23	4	7	52		38	6	8
安顺市	**126**	**28**	**62**	**6**	**30**	**224**	**38**	**113**	**15**	**58**
西秀区	120	27	58	5	30	206	38	100	12	56
平坝区	6	1	4	1		18		13	3	2
普定县										
镇宁布依族苗族自治县										
关岭布依族苗族自治县										
紫云苗族布依族自治县										
毕节市	**73**	**8**	**38**	**9**	**18**	**83**	**11**	**36**	**18**	**18**
七星关区	73	8	38	9	18	83	11	36	18	18
大方县										
黔西县										
金沙县										
织金县										
纳雍县										
威宁彝族回族苗族自治县										
赫章县										

7-1a 续表 19

单位：人

现住地	省外									
	河南					湖北				
	小计	乡	镇的村委会	镇的居委会	街道	小计	乡	镇的村委会	镇的居委会	街道
铜仁市	**79**	**26**	**31**	**7**	**15**	**87**	**24**	**33**	**5**	**25**
碧江区	66	18	28	6	14	78	22	26	5	25
万山区	13	8	3	1	1	9	2	7		
江口县										
玉屏侗族自治县										
石阡县										
思南县										
印江土家族苗族自治县										
德江县										
沿河土家族自治县										
松桃苗族自治县										
黔西南布依族苗族自治州	**120**	**19**	**65**	**15**	**21**	**235**	**41**	**123**	**25**	**46**
兴义市	107	19	59	8	21	201	40	102	24	35
兴仁市	13		6	7		34	1	21	1	11
普安县										
晴隆县										
贞丰县										
望谟县										
册亨县										
安龙县										
黔东南苗族侗族自治州	**117**	**25**	**69**	**5**	**18**	**146**	**14**	**76**	**19**	**37**
凯里市	117	25	69	5	18	146	14	76	19	37
黄平县										
施秉县										
三穗县										
镇远县										
岑巩县										
天柱县										
锦屏县										
剑河县										
台江县										
黎平县										
榕江县										
从江县										
雷山县										
麻江县										
丹寨县										
黔南布依族苗族自治州	**100**	**20**	**55**	**14**	**11**	**148**	**17**	**97**	**7**	**27**
都匀市	71	13	41	7	10	132	17	86	7	22
福泉市	29	7	14	7	1	16		11		5
荔波县										
贵定县										
瓮安县										
独山县										
平塘县										
罗甸县										
长顺县										
龙里县										
惠水县										
三都水族自治县										

7-1a 续表 20 单位：人

现住地	省外									
	湖南					广东				
	小计	乡	镇的村委会	镇的居委会	街道	小计	乡	镇的村委会	镇的居委会	街道
贵州	**9049**	**1858**	**4833**	**856**	**1502**	**1966**	**150**	**696**	**269**	**851**
贵阳市	**4385**	**901**	**2295**	**396**	**793**	**1276**	**95**	**444**	**166**	**571**
南明区	1021	205	518	97	201	332	32	122	41	137
云岩区	961	199	506	90	166	300	25	97	41	137
花溪区	757	134	430	75	118	192	5	78	26	83
乌当区	136	25	59	13	39	57	8	8	15	26
白云区	354	81	200	29	44	77	4	37	10	26
观山湖区	900	226	441	68	165	288	19	89	26	154
开阳县										
息烽县										
修文县										
清镇市	256	31	141	24	60	30	2	13	7	8
六盘水市	**667**	**156**	**319**	**107**	**85**	**77**	**10**	**15**	**20**	**32**
钟山区	429	107	201	63	58	58	6	10	15	27
六枝特区	70	20	28	19	3	10	3	3	1	3
水城县										
盘州市	168	29	90	25	24	9	1	2	4	2
遵义市	**773**	**79**	**504**	**82**	**108**	**202**	**12**	**80**	**27**	**83**
红花岗区	408	55	278	21	54	83	10	30	9	34
汇川区	135	16	75	24	20	48	1	14	7	26
播州区	130	5	71	30	24	31	1	18	5	7
桐梓县										
绥阳县										
正安县										
道真仡佬族苗族自治县										
务川仡佬族苗族自治县										
凤冈县										
湄潭县										
余庆县										
习水县										
赤水市	8		7		1	13		5	2	6
仁怀市	92	3	73	7	9	27		13	4	10
安顺市	**436**	**118**	**197**	**40**	**81**	**72**	**4**	**27**	**15**	**26**
西秀区	405	109	185	33	78	62	4	20	14	24
平坝区	31	9	12	7	3	10		7	1	2
普定县										
镇宁布依族苗族自治县										
关岭布依族苗族自治县										
紫云苗族布依族自治县										
毕节市	**320**	**51**	**168**	**47**	**54**	**37**	**2**	**15**	**6**	**14**
七星关区	320	51	168	47	54	37	2	15	6	14
大方县										
黔西县										
金沙县										
织金县										
纳雍县										
威宁彝族回族苗族自治县										
赫章县										

7-1a 续表 21

单位：人

现住地	省外									
	湖南					广东				
	小计	乡	镇的村委会	镇的居委会	街道	小计	乡	镇的村委会	镇的居委会	街道
铜仁市	**747**	**220**	**330**	**62**	**135**	**49**	**10**	**14**	**7**	**18**
碧江区	635	177	287	47	124	41	10	13	6	12
万山区	112	43	43	15	11	8		1	1	6
江口县										
玉屏侗族自治县										
石阡县										
思南县										
印江土家族苗族自治县										
德江县										
沿河土家族自治县										
松桃苗族自治县										
黔西南布依族苗族自治州	**453**	**93**	**261**	**29**	**70**	**88**	**10**	**47**	**7**	**24**
兴义市	388	84	234	26	44	82	10	45	6	21
兴仁市	65	9	27	3	26	6		2	1	3
普安县										
晴隆县										
贞丰县										
望谟县										
册亨县										
安龙县										
黔东南苗族侗族自治州	**883**	**176**	**525**	**63**	**119**	**90**	**4**	**30**	**16**	**40**
凯里市	883	176	525	63	119	90	4	30	16	40
黄平县										
施秉县										
三穗县										
镇远县										
岑巩县										
天柱县										
锦屏县										
剑河县										
台江县										
黎平县										
榕江县										
从江县										
雷山县										
麻江县										
丹寨县										
黔南布依族苗族自治州	**385**	**64**	**234**	**30**	**57**	**75**	**3**	**24**	**5**	**43**
都匀市	327	58	194	26	49	70	3	21	4	42
福泉市	58	6	40	4	8	5		3	1	1
荔波县										
贵定县										
瓮安县										
独山县										
平塘县										
罗甸县										
长顺县										
龙里县										
惠水县										
三都水族自治县										

7–1a 续表 22

单位：人

现住地	省外									
	广西					海南				
	小计	乡	镇的村委会	镇的居委会	街道	小计	乡	镇的村委会	镇的居委会	街道
贵州	**1651**	**268**	**899**	**166**	**318**	**232**	**11**	**68**	**41**	**112**
贵阳市	**870**	**170**	**428**	**83**	**189**	**149**	**4**	**41**	**26**	**78**
南明区	220	41	103	25	51	52	1	13	12	26
云岩区	222	46	109	13	54	37		11	5	21
花溪区	154	35	71	21	27	23	2	4	7	10
乌当区	27		15	8	4	5	1			4
白云区	112	18	65	5	24	5		4	1	
观山湖区	102	20	48	10	24	25		8	1	16
开阳县										
息烽县										
修文县										
清镇市	33	10	17	1	5	2		1		1
六盘水市	**95**	**12**	**52**	**16**	**15**	**11**	**1**	**4**	**3**	**3**
钟山区	60	7	39	9	5					
六枝特区	7	1	2	1	3	3	1		2	
水城县										
盘州市	28	4	11	6	7	8		4	1	3
遵义市	**190**	**12**	**138**	**19**	**21**	**34**	**3**	**14**	**5**	**12**
红花岗区	68	5	51	4	8	21	2	10	3	6
汇川区	56	2	42	3	9	10	1	2	1	6
播州区	41	4	29	7	1	1			1	
桐梓县										
绥阳县										
正安县										
道真仡佬族苗族自治县										
务川仡佬族苗族自治县										
凤冈县										
湄潭县										
余庆县										
习水县										
赤水市	10	1	8		1					
仁怀市	15		8	5	2	2		2		
安顺市	**56**	**12**	**29**	**4**	**11**	**10**		**4**	**2**	**4**
西秀区	47	11	24	3	9	10		4	2	4
平坝区	9	1	5	1	2					
普定县										
镇宁布依族苗族自治县										
关岭布依族苗族自治县										
紫云苗族布依族自治县										
毕节市	**63**	**14**	**38**	**8**	**3**	**4**			**2**	**2**
七星关区	63	14	38	8	3	4			2	2
大方县										
黔西县										
金沙县										
织金县										
纳雍县										
威宁彝族回族苗族自治县										
赫章县										

7−1a 续表 23 单位：人

现住地	省外									
	广西					海南				
	小计	乡	镇的村委会	镇的居委会	街道	小计	乡	镇的村委会	镇的居委会	街道
铜仁市	**27**	**6**	**12**	**4**	**5**	**6**	**2**	**2**		**2**
碧江区	22	6	12	2	2	6	2	2		2
万山区	5			2	3					
江口县										
玉屏侗族自治县										
石阡县										
思南县										
印江土家族苗族自治县										
德江县										
沿河土家族自治县										
松桃苗族自治县										
黔西南布依族苗族自治州	**153**	**12**	**95**	**17**	**29**	**7**		**2**	**3**	**2**
兴义市	135	11	81	17	26	7		2	3	2
兴仁市	18	1	14		3					
普安县										
晴隆县										
贞丰县										
望谟县										
册亨县										
安龙县										
黔东南苗族侗族自治州	**104**	**17**	**60**	**4**	**23**	**6**	**1**			**5**
凯里市	104	17	60	4	23	6	1			5
黄平县										
施秉县										
三穗县										
镇远县										
岑巩县										
天柱县										
锦屏县										
剑河县										
台江县										
黎平县										
榕江县										
从江县										
雷山县										
麻江县										
丹寨县										
黔南布依族苗族自治州	**93**	**13**	**47**	**11**	**22**	**5**		**1**		**4**
都匀市	76	11	41	10	14	3		1		2
福泉市	17	2	6	1	8	2				2
荔波县										
贵定县										
瓮安县										
独山县										
平塘县										
罗甸县										
长顺县										
龙里县										
惠水县										
三都水族自治县										

7−1a　续表 24

单位：人

现住地	省外									
	重庆					四川				
	小计	乡	镇的村委会	镇的居委会	街道	小计	乡	镇的村委会	镇的居委会	街道
贵州	**9962**	**1415**	**5349**	**1064**	**2134**	**20109**	**4057**	**11580**	**1766**	**2706**
贵阳市	**5246**	**914**	**2648**	**492**	**1192**	**11937**	**2771**	**6698**	**928**	**1540**
南明区	1760	373	844	151	392	3407	796	1851	307	453
云岩区	1230	201	627	118	284	3322	861	1891	237	333
花溪区	689	86	368	69	166	1649	322	963	134	230
乌当区	158	23	68	21	46	534	113	278	49	94
白云区	483	100	281	36	66	1144	249	757	53	85
观山湖区	693	77	334	74	208	1350	298	668	111	273
开阳县										
息烽县										
修文县										
清镇市	233	54	126	23	30	531	132	290	37	72
六盘水市	**702**	**105**	**311**	**108**	**178**	**1451**	**366**	**741**	**178**	**166**
钟山区	442	75	174	79	114	1127	301	573	127	126
六枝特区	95	15	50	11	19	114	35	48	19	12
水城县										
盘州市	165	15	87	18	45	210	30	120	32	28
遵义市	**2531**	**197**	**1557**	**302**	**475**	**3842**	**404**	**2559**	**393**	**486**
红花岗区	1459	132	974	132	221	1137	145	760	95	137
汇川区	462	32	249	79	102	447	48	264	53	82
播州区	328	15	183	43	87	308	22	178	34	74
桐梓县										
绥阳县										
正安县										
道真仡佬族苗族自治县										
务川仡佬族苗族自治县										
凤冈县										
湄潭县										
余庆县										
习水县										
赤水市	117	9	64	17	27	940	71	643	113	113
仁怀市	165	9	87	31	38	1010	118	714	98	80
安顺市	**413**	**72**	**223**	**42**	**76**	**796**	**179**	**396**	**76**	**145**
西秀区	372	68	195	39	70	720	164	350	71	135
平坝区	41	4	28	3	6	76	15	46	5	10
普定县										
镇宁布依族苗族自治县										
关岭布依族苗族自治县										
紫云苗族布依族自治县										
毕节市	**147**	**15**	**86**	**12**	**34**	**538**	**63**	**287**	**60**	**128**
七星关区	147	15	86	12	34	538	63	287	60	128
大方县										
黔西县										
金沙县										
织金县										
纳雍县										
威宁彝族回族苗族自治县										
赫章县										

7-1a 续表 25

单位：人

现住地	省外									
	重庆					四川				
	小计	乡	镇的村委会	镇的居委会	街道	小计	乡	镇的村委会	镇的居委会	街道
铜仁市	**180**	**42**	**83**	**18**	**37**	**147**	**35**	**70**	**13**	**29**
碧江区	140	28	68	16	28	127	28	63	13	23
万山区	40	14	15	2	9	20	7	7		6
江口县										
玉屏侗族自治县										
石阡县										
思南县										
印江土家族苗族自治县										
德江县										
沿河土家族自治县										
松桃苗族自治县										
黔西南布依族苗族自治州	**386**	**42**	**208**	**61**	**75**	**522**	**94**	**302**	**48**	**78**
兴义市	303	36	162	48	57	481	93	269	46	73
兴仁市	83	6	46	13	18	41	1	33	2	5
普安县										
晴隆县										
贞丰县										
望谟县										
册亨县										
安龙县										
黔东南苗族侗族自治州	**227**	**20**	**149**	**22**	**36**	**488**	**73**	**321**	**25**	**69**
凯里市	227	20	149	22	36	488	73	321	25	69
黄平县										
施秉县										
三穗县										
镇远县										
岑巩县										
天柱县										
锦屏县										
剑河县										
台江县										
黎平县										
榕江县										
从江县										
雷山县										
麻江县										
丹寨县										
黔南布依族苗族自治州	**130**	**8**	**84**	**7**	**31**	**388**	**72**	**206**	**45**	**65**
都匀市	103	7	70	6	20	280	43	163	29	45
福泉市	27	1	14	1	11	108	29	43	16	20
荔波县										
贵定县										
瓮安县										
独山县										
平塘县										
罗甸县										
长顺县										
龙里县										
惠水县										
三都水族自治县										

7-1a 续表 26 单位：人

现住地	省外				
	云南				
	小计	乡	镇的村委会	镇的居委会	街道
贵　州	**3460**	**612**	**1880**	**381**	**587**
贵阳市	**1568**	**341**	**866**	**137**	**224**
南明区	429	87	228	54	60
云岩区	336	78	189	21	48
花溪区	228	31	134	32	31
乌当区	74	26	29	5	14
白云区	205	42	130	7	26
观山湖区	204	53	112	15	24
开阳县					
息烽县					
修文县					
清镇市	92	24	44	3	21
六盘水市	**867**	**125**	**421**	**142**	**179**
钟山区	279	77	84	47	71
六枝特区	24	7	6	3	8
水城县					
盘州市	564	41	331	92	100
遵义市	**230**	**22**	**143**	**29**	**36**
红花岗区	115	9	70	17	19
汇川区	44	6	28	5	5
播州区	22	2	14	4	2
桐梓县					
绥阳县					
正安县					
道真仡佬族苗族自治县					
务川仡佬族苗族自治县					
凤冈县					
湄潭县					
余庆县					
习水县					
赤水市	12	2	4	2	4
仁怀市	37	3	27	1	6
安顺市	**108**	**20**	**42**	**9**	**37**
西秀区	84	12	30	8	34
平坝区	24	8	12	1	3
普定县					
镇宁布依族苗族自治县					
关岭布依族苗族自治县					
紫云苗族布依族自治县					
毕节市	**238**	**27**	**163**	**12**	**36**
七星关区	238	27	163	12	36
大方县					
黔西县					
金沙县					
织金县					
纳雍县					
威宁彝族回族苗族自治县					
赫章县					

7−1a 续表 27

单位：人

现住地	省外				
	云南				
	小计	乡	镇的村委会	镇的居委会	街道
铜仁市	**27**	**6**	**14**	**3**	**4**
碧江区	25	6	14	2	3
万山区	2			1	1
江口县					
玉屏侗族自治县					
石阡县					
思南县					
印江土家族苗族自治县					
德江县					
沿河土家族自治县					
松桃苗族自治县					
黔西南布依族苗族自治州	**330**	**55**	**188**	**42**	**45**
兴义市	307	54	175	38	40
兴仁市	23	1	13	4	5
普安县					
晴隆县					
贞丰县					
望谟县					
册亨县					
安龙县					
黔东南苗族侗族自治州	**61**	**5**	**32**	**5**	**19**
凯里市	61	5	32	5	19
黄平县					
施秉县					
三穗县					
镇远县					
岑巩县					
天柱县					
锦屏县					
剑河县					
台江县					
黎平县					
榕江县					
从江县					
雷山县					
麻江县					
丹寨县					
黔南布依族苗族自治州	**31**	**11**	**11**	**2**	**7**
都匀市	19	4	8	2	5
福泉市	12	7	3		2
荔波县					
贵定县					
瓮安县					
独山县					
平塘县					
罗甸县					
长顺县					
龙里县					
惠水县					
三都水族自治县					

7-1a　续表 28　　　　单位：人

现住地	省外									
	西藏					陕西				
	小计	乡	镇的村委会	镇的居委会	街道	小计	乡	镇的村委会	镇的居委会	街道
贵　州	**93**	**8**	**16**	**11**	**58**	**1086**	**131**	**588**	**105**	**262**
贵阳市	**23**	**3**		**3**	**17**	**638**	**81**	**318**	**65**	**174**
南明区	5				5	127	16	63	17	31
云岩区	4	1		1	2	122	17	60	10	35
花溪区	3				3	158	9	89	12	48
乌当区	3	1			2	21	4	6	6	5
白云区	2	1			1	71	8	45	7	11
观山湖区	6			2	4	110	23	37	12	38
开阳县										
息烽县										
修文县										
清镇市						29	4	18	1	6
六盘水市	**14**	**1**	**8**	**1**	**4**	**68**	**14**	**33**	**11**	**10**
钟山区	9		7		2	46	11	20	9	6
六枝特区	2	1		1		9	2	3	2	2
水城县										
盘州市	3		1		2	13	1	10		2
遵义市	**34**	**1**	**4**	**2**	**27**	**141**	**4**	**104**	**11**	**22**
红花岗区	24		2	2	20	66	2	48	8	8
汇川区	9	1	2		6	37	2	26	1	8
播州区	1				1	21		15	1	5
桐梓县										
绥阳县										
正安县										
道真仡佬族苗族自治县										
务川仡佬族苗族自治县										
凤冈县										
湄潭县										
余庆县										
习水县										
赤水市						3		3		
仁怀市						14		12	1	1
安顺市	**6**	**1**	**1**	**2**	**2**	**73**	**8**	**42**	**5**	**18**
西秀区	6	1	1	2	2	72	8	41	5	18
平坝区						1		1		
普定县										
镇宁布依族苗族自治县										
关岭布依族苗族自治县										
紫云苗族布依族自治县										
毕节市	**2**				**2**	**11**	**2**	**3**	**1**	**5**
七星关区	2				2	11	2	3	1	5
大方县										
黔西县										
金沙县										
织金县										
纳雍县										
威宁彝族回族苗族自治县										
赫章县										

7-1a 续表 29 单位：人

现住地	省外									
	西藏					陕西				
	小计	乡	镇的村委会	镇的居委会	街道	小计	乡	镇的村委会	镇的居委会	街道
铜仁市	**3**	**2**			**1**	**34**	**14**	**14**		**6**
碧江区	3	2			1	28	11	13		4
万山区						6	3	1		2
江口县										
玉屏侗族自治县										
石阡县										
思南县										
印江土家族苗族自治县										
德江县										
沿河土家族自治县										
松桃苗族自治县										
黔西南布依族苗族自治州	**2**		**1**		**1**	**45**	**2**	**33**	**4**	**6**
兴义市	2		1		1	38	1	30	3	4
兴仁市						7	1	3	1	2
普安县										
晴隆县										
贞丰县										
望谟县										
册亨县										
安龙县										
黔东南苗族侗族自治州	**2**		**2**			**48**	**3**	**28**	**4**	**13**
凯里市	2		2			48	3	28	4	13
黄平县										
施秉县										
三穗县										
镇远县										
岑巩县										
天柱县										
锦屏县										
剑河县										
台江县										
黎平县										
榕江县										
从江县										
雷山县										
麻江县										
丹寨县										
黔南布依族苗族自治州	**7**			**3**	**4**	**28**	**3**	**13**	**4**	**8**
都匀市	6			2	4	28	3	13	4	8
福泉市	1			1						
荔波县										
贵定县										
瓮安县										
独山县										
平塘县										
罗甸县										
长顺县										
龙里县										
惠水县										
三都水族自治县										

7-1a 续表 30 单位：人

现住地	省外									
	甘肃					青海				
	小计	乡	镇的村委会	镇的居委会	街道	小计	乡	镇的村委会	镇的居委会	街道
贵州	**529**	**101**	**242**	**63**	**123**	**116**	**16**	**42**	**18**	**40**
贵阳市	**319**	**57**	**153**	**35**	**74**	**84**	**14**	**25**	**12**	**33**
南明区	51	4	26	7	14	11	2			9
云岩区	76	14	37	3	22	25	10	10		5
花溪区	78	16	35	11	16	11		4	2	5
乌当区	13	3	6		4	5		1	1	3
白云区	27	4	18	3	2	7			5	2
观山湖区	62	14	24	10	14	23		10	4	9
开阳县										
息烽县										
修文县										
清镇市	12	2	7	1	2	2	2			
六盘水市	**38**	**8**	**17**	**8**	**5**	**5**		**2**	**1**	**2**
钟山区	24	7	11	6		4		1	1	2
六枝特区	4				4					
水城县										
盘州市	10	1	6	2	1	1		1		
遵义市	**68**	**8**	**27**	**11**	**22**	**11**	**2**	**3**	**4**	**2**
红花岗区	39	8	16	6	9	7	2	2	2	1
汇川区	15		3	1	11	4		1	2	1
播州区	7		2	4	1					
桐梓县										
绥阳县										
正安县										
道真仡佬族苗族自治县										
务川仡佬族苗族自治县										
凤冈县										
湄潭县										
余庆县										
习水县										
赤水市	2		1		1					
仁怀市	5		5							
安顺市	**16**	**1**	**9**	**4**	**2**	**3**		**2**	**1**	
西秀区	14	1	9	2	2	1		1		
平坝区	2			2		2		1	1	
普定县										
镇宁布依族苗族自治县										
关岭布依族苗族自治县										
紫云苗族布依族自治县										
毕节市	**15**	**7**	**5**		**3**	**2**		**2**		
七星关区	15	7	5		3	2		2		
大方县										
黔西县										
金沙县										
织金县										
纳雍县										
威宁彝族回族苗族自治县										
赫章县										

7－1a　续表 31　　　　单位：人

现住地	省外									
	甘肃					青海				
	小计	乡	镇的村委会	镇的居委会	街道	小计	乡	镇的村委会	镇的居委会	街道
铜仁市	**22**	**8**	**6**	**1**	**7**	**4**		**2**		**2**
碧江区	17	6	6	1	4	4		2		2
万山区	5	2			3					
江口县										
玉屏侗族自治县										
石阡县										
思南县										
印江土家族苗族自治县										
德江县										
沿河土家族自治县										
松桃苗族自治县										
黔西南布依族苗族自治州	**18**	**3**	**11**		**4**	**5**		**5**		
兴义市	14	1	9		4	5		5		
兴仁市	4	2	2							
普安县										
晴隆县										
贞丰县										
望谟县										
册亨县										
安龙县										
黔东南苗族侗族自治州	**18**	**7**	**6**	**1**	**4**					
凯里市	18	7	6	1	4					
黄平县										
施秉县										
三穗县										
镇远县										
岑巩县										
天柱县										
锦屏县										
剑河县										
台江县										
黎平县										
榕江县										
从江县										
雷山县										
麻江县										
丹寨县										
黔南布依族苗族自治州	**15**	**2**	**8**	**3**	**2**	**2**		**1**		**1**
都匀市	7		3	2	2	2		1		1
福泉市	8	2	5	1						
荔波县										
贵定县										
瓮安县										
独山县										
平塘县										
罗甸县										
长顺县										
龙里县										
惠水县										
三都水族自治县										

7–1a　续表 32　　单位：人

现住地	省外									
	宁夏					新疆				
	小计	乡	镇的村委会	镇的居委会	街道	小计	乡	镇的村委会	镇的居委会	街道
贵州	**74**	**17**	**28**	**2**	**27**	**181**	**28**	**47**	**24**	**82**
贵阳市	**47**	**8**	**17**	**2**	**20**	**111**	**12**	**25**	**14**	**60**
南明区	12		2		10	36		7	4	25
云岩区	7	1	2		4	23	5	5	1	12
花溪区	10		7		3	24	3	7	5	9
乌当区	1				1	6	1		2	3
白云区	5		4	1		5	1	1		3
观山湖区	11	6	2	1	2	17	2	5	2	8
开阳县										
息烽县										
修文县										
清镇市	1	1								
六盘水市	**5**	**5**				**10**	**4**	**3**	**1**	**2**
钟山区	5	5				10	4	3	1	2
六枝特区										
水城县										
盘州市										
遵义市	**10**	**1**	**5**		**4**	**33**	**8**	**12**	**5**	**8**
红花岗区	9	1	4		4	6	3			3
汇川区						13	2	8	2	1
播州区						4	3	1		
桐梓县										
绥阳县										
正安县										
道真仡佬族苗族自治县										
务川仡佬族苗族自治县										
凤冈县										
湄潭县										
余庆县										
习水县										
赤水市						6		1	1	4
仁怀市	1		1			4		2	2	
安顺市	**1**				**1**	**6**		**2**	**4**	
西秀区	1				1	4		2	2	
平坝区						2			2	
普定县										
镇宁布依族苗族自治县										
关岭布依族苗族自治县										
紫云苗族布依族自治县										
毕节市	**2**		**1**		**1**	**1**		**1**		
七星关区	2		1		1	1		1		
大方县										
黔西县										
金沙县										
织金县										
纳雍县										
威宁彝族回族苗族自治县										
赫章县										

7－1a　续表 33　　　　单位：人

现 住 地	省外									
	宁夏					新疆				
	小计	乡	镇的村委会	镇的居委会	街道	小计	乡	镇的村委会	镇的居委会	街道
铜仁市	**3**		**2**		**1**	**5**	**1**	**1**		**3**
碧江区	3		2		1	5	1	1		3
万山区										
江口县										
玉屏侗族自治县										
石阡县										
思南县										
印江土家族苗族自治县										
德江县										
沿河土家族自治县										
松桃苗族自治县										
黔西南布依族苗族自治州						**10**	**3**	**3**		**4**
兴义市						10	3	3		4
兴仁市										
普安县										
晴隆县										
贞丰县										
望谟县										
册亨县										
安龙县										
黔东南苗族侗族自治州	**2**	**1**	**1**			**4**				**4**
凯里市	2	1	1			4				4
黄平县										
施秉县										
三穗县										
镇远县										
岑巩县										
天柱县										
锦屏县										
剑河县										
台江县										
黎平县										
榕江县										
从江县										
雷山县										
麻江县										
丹寨县										
黔南布依族苗族自治州	**4**	**2**	**2**			**1**				**1**
都匀市	2		2			1				1
福泉市	2	2								
荔波县										
贵定县										
瓮安县										
独山县										
平塘县										
罗甸县										
长顺县										
龙里县										
惠水县										
三都水族自治县										

7-1b 全省按现住地、户口登记地类型分的户口登记地在外乡镇街道人口(镇)

单位：人

现住地	合计					省内				
	合计	乡	镇的村委会	镇的居委会	街道	小计	乡	镇的村委会	镇的居委会	街道
贵州	**334743**	**65973**	**193206**	**29621**	**45943**	**305155**	**61445**	**176081**	**26127**	**41502**
贵阳市	**34733**	**7102**	**20746**	**2282**	**4603**	**31500**	**6620**	**18775**	**2064**	**4041**
南明区										
云岩区										
花溪区	9220	2685	4619	523	1393	8161	2472	4088	457	1144
乌当区	779	60	585	50	84	603	47	440	47	69
白云区	77	30	21	10	16	73	28	20	10	15
观山湖区	666	105	351	139	71	529	89	270	114	56
开阳县	10067	2484	6120	575	888	9475	2393	5735	534	813
息烽县	4712	339	3036	492	845	4242	285	2738	462	757
修文县	5663	834	3514	333	982	5116	765	3183	288	880
清镇市	3549	565	2500	160	324	3301	541	2301	152	307
六盘水市	**14937**	**4321**	**6837**	**1605**	**2174**	**13343**	**3985**	**5980**	**1354**	**2024**
钟山区	1365	368	714	157	126	1230	347	633	136	114
六枝特区	676	145	388	81	62	566	141	315	62	48
水城县	9806	3225	3951	875	1755	8948	3013	3519	766	1650
盘州市	3090	583	1784	492	231	2599	484	1513	390	212
遵义市	**61226**	**5649**	**43472**	**6049**	**6056**	**56803**	**5259**	**40624**	**5439**	**5481**
红花岗区	1186	100	934	118	34	1072	93	844	102	33
汇川区	507	46	305	97	59	420	35	255	83	47
播州区	1597	67	1067	362	101	1420	56	958	322	84
桐梓县	9587	763	6592	1113	1119	8983	731	6225	1021	1006
绥阳县	4973	251	3939	491	292	4726	237	3779	439	271
正安县	5024	562	3743	443	276	4706	535	3528	402	241
道真仡佬族苗族自治县	4659	590	3691	285	93	4342	559	3462	248	73
务川仡佬族苗族自治县	5839	747	3667	605	820	5508	701	3487	554	766
凤冈县	5171	525	3913	567	166	4911	503	3740	528	140
湄潭县	6263	625	4261	511	866	5858	585	3993	472	808
余庆县	3367	304	2555	305	203	3070	272	2378	246	174
习水县	11064	856	7510	977	1721	10145	771	6909	899	1566
赤水市	508	94	304	57	53	360	83	217	27	33
仁怀市	1481	119	991	118	253	1282	98	849	96	239
安顺市	**18602**	**3575**	**10114**	**1748**	**3165**	**16636**	**3268**	**8929**	**1546**	**2893**
西秀区	948	252	555	48	93	791	229	453	36	73
平坝区	3458	570	2128	418	342	2926	474	1786	357	309
普定县	3960	847	1718	259	1136	3637	790	1567	223	1057
镇宁布依族苗族自治县	4076	1006	1947	490	633	3726	965	1734	456	571
关岭布依族苗族自治县	3523	406	2124	366	627	3188	375	1902	324	587
紫云苗族布依族自治县	2637	494	1642	167	334	2368	435	1487	150	296
毕节市	**65666**	**18329**	**30216**	**6478**	**10643**	**61078**	**17487**	**27989**	**5776**	**9826**
七星关区	1003	217	536	201	49	795	197	421	142	35
大方县	9030	3652	3226	626	1526	8509	3532	3009	571	1397
黔西县	12813	3737	5563	1148	2365	11933	3565	5084	1071	2213
金沙县	8369	3335	3289	707	1038	7693	3193	2940	613	947
织金县	10238	2858	4154	781	2445	9495	2737	3834	650	2274
纳雍县	7536	2131	3008	1061	1336	7006	2051	2774	946	1235
威宁彝族回族苗族自治县	12911	1083	9081	1353	1394	12129	981	8661	1220	1267
赫章县	3766	1316	1359	601	490	3518	1231	1266	563	458

7—1b 续表 1

单位：人

现住地	合计					省内				
	合计	乡	镇的村委会	镇的居委会	街道	小计	乡	镇的村委会	镇的居委会	街道
铜仁市	**32533**	**7367**	**16247**	**2322**	**6597**	**29907**	**6856**	**14974**	**2053**	**6024**
碧江区	12		7	4	1	9		4	4	1
万山区										
江口县	2863	664	1512	143	544	2646	618	1423	122	483
玉屏侗族自治县	2234	233	1263	206	532	1866	193	1046	166	461
石阡县	2931	926	1384	272	349	2616	846	1225	227	318
思南县	4541	1049	2337	452	703	4221	988	2175	412	646
印江土家族苗族自治县	4370	414	3060	288	608	4088	378	2857	274	579
德江县	6224	2269	2088	414	1453	5876	2153	1984	375	1364
沿河土家族自治县	4401	732	2710	236	723	4106	680	2549	210	667
松桃苗族自治县	4957	1080	1886	307	1684	4479	1000	1711	263	1505
黔西南布依族苗族自治州	**16302**	**1747**	**9348**	**1427**	**3780**	**14348**	**1510**	**8233**	**1148**	**3457**
兴义市	1106	177	733	91	105	870	130	585	67	88
兴仁市	507	56	317	70	64	368	40	227	57	44
普安县	1264	124	749	146	245	1012	109	579	103	221
晴隆县	2467	386	1351	169	561	2277	343	1241	147	546
贞丰县	3268	452	1629	494	693	2900	407	1459	405	629
望谟县	2019	72	1543	31	373	1838	66	1417	22	333
册亨县	2195	273	1432	63	427	1993	240	1326	46	381
安龙县	3476	207	1594	363	1312	3090	175	1399	301	1215
黔东南苗族侗族自治州	**43637**	**10372**	**26925**	**3750**	**2590**	**39750**	**9675**	**24574**	**3351**	**2150**
凯里市	452	30	350	24	48	362	20	279	21	42
黄平县	2270	572	1352	229	117	2032	524	1218	204	86
施秉县	1861	531	1125	139	66	1753	494	1071	135	53
三穗县	2995	523	1961	240	271	2722	479	1808	205	230
镇远县	3036	659	1802	418	157	2672	605	1580	374	113
岑巩县	3446	732	2169	167	378	3162	686	1993	153	330
天柱县	2996	345	2069	283	299	2752	309	1910	253	280
锦屏县	3151	1398	1540	158	55	2919	1356	1381	143	39
剑河县	3210	745	2117	144	204	2993	710	1982	137	164
台江县	1601	650	588	188	175	1459	611	547	157	144
黎平县	6008	1605	3736	404	263	5472	1524	3371	356	221
榕江县	2661	633	1453	447	128	2410	595	1312	397	106
从江县	3459	1048	1955	366	90	3115	920	1789	331	75
雷山县	1952	263	1471	150	68	1766	251	1337	134	44
麻江县	1692	235	1115	188	154	1470	203	979	169	119
丹寨县	2847	403	2122	205	117	2691	388	2017	182	104
黔南布依族苗族自治州	**47107**	**7511**	**29301**	**3960**	**6335**	**41790**	**6785**	**26003**	**3396**	**5606**
都匀市	521	43	252	23	203	454	38	227	17	172
福泉市	1284	125	713	243	203	1134	109	621	215	189
荔波县	2457	572	1536	156	193	2061	478	1315	125	143
贵定县	4364	402	2069	596	1297	3847	354	1771	532	1190
瓮安县	10402	1752	6545	817	1288	9651	1646	6103	710	1192
独山县	2906	332	1988	255	331	2345	270	1598	202	275
平塘县	2026	175	1609	115	127	1761	151	1410	102	98
罗甸县	4637	1123	3096	185	233	4128	1044	2765	136	183
长顺县	1734	319	1042	183	190	1535	310	923	151	151
龙里县	6128	1084	3572	570	902	5269	954	3048	500	767
惠水县	7024	1171	4137	623	1093	6250	1039	3680	539	992
三都水族自治县	3624	413	2742	194	275	3355	392	2542	167	254

7-1b　续表 2　　单位：人

现住地	省外									
	小计					北京				
	小计	乡	镇的村委会	镇的居委会	街道	小计	乡	镇的村委会	镇的居委会	街道
贵　州	**29588**	**4528**	**17125**	**3494**	**4441**	**62**	**5**	**16**	**9**	**32**
贵阳市	**3233**	**482**	**1971**	**218**	**562**	**9**			**2**	**7**
南明区										
云岩区										
花溪区	1059	213	531	66	249	6			1	5
乌当区	176	13	145	3	15					
白云区	4	2	1		1					
观山湖区	137	16	81	25	15	2			1	1
开阳县	592	91	385	41	75	1				1
息烽县	470	54	298	30	88					
修文县	547	69	331	45	102					
清镇市	248	24	199	8	17					
六盘水市	**1594**	**336**	**857**	**251**	**150**	**2**		**1**		**1**
钟山区	135	21	81	21	12	1		1		
六枝特区	110	4	73	19	14					
水城县	858	212	432	109	105	1				1
盘州市	491	99	271	102	19					
遵义市	**4423**	**390**	**2848**	**610**	**575**	**12**	**1**	**7**	**3**	**1**
红花岗区	114	7	90	16	1					
汇川区	87	11	50	14	12					
播州区	177	11	109	40	17	1		1		
桐梓县	604	32	367	92	113	2		2		
绥阳县	247	14	160	52	21					
正安县	318	27	215	41	35	3	1	2		
道真仡佬族苗族自治县	317	31	229	37	20	3			3	
务川仡佬族苗族自治县	331	46	180	51	54	1				1
凤冈县	260	22	173	39	26					
湄潭县	405	40	268	39	58					
余庆县	297	32	177	59	29					
习水县	919	85	601	78	155	2		2		
赤水市	148	11	87	30	20					
仁怀市	199	21	142	22	14					
安顺市	**1966**	**307**	**1185**	**202**	**272**	**1**				**1**
西秀区	157	23	102	12	20					
平坝区	532	96	342	61	33					
普定县	323	57	151	36	79					
镇宁布依族苗族自治县	350	41	213	34	62	1				1
关岭布依族苗族自治县	335	31	222	42	40					
紫云苗族布依族自治县	269	59	155	17	38					
毕节市	**4588**	**842**	**2227**	**702**	**817**	**6**	**2**	**2**		**2**
七星关区	208	20	115	59	14					
大方县	521	120	217	55	129					
黔西县	880	172	479	77	152	1		1		
金沙县	676	142	349	94	91	2	1			1
织金县	743	121	320	131	171	1	1			
纳雍县	530	80	234	115	101					
威宁彝族回族苗族自治县	782	102	420	133	127	1		1		
赫章县	248	85	93	38	32	1				1

7-1b 续表 3　　　　单位：人

现住地	省外									
	小计					北京				
	小计	乡	镇的村委会	镇的居委会	街道	小计	乡	镇的村委会	镇的居委会	街道
铜仁市	**2626**	**511**	**1273**	**269**	**573**	**3**		**2**		**1**
碧江区	3		3							
万山区										
江口县	217	46	89	21	61					
玉屏侗族自治县	368	40	217	40	71					
石阡县	315	80	159	45	31					
思南县	320	61	162	40	57					
印江土家族苗族自治县	282	36	203	14	29	2		2		
德江县	348	116	104	39	89					
沿河土家族自治县	295	52	161	26	56	1				1
松桃苗族自治县	478	80	175	44	179					
黔西南布依族苗族自治州	**1954**	**237**	**1115**	**279**	**323**	**2**			**1**	**1**
兴义市	236	47	148	24	17					
兴仁市	139	16	90	13	20	1			1	
普安县	252	15	170	43	24					
晴隆县	190	43	110	22	15					
贞丰县	368	45	170	89	64					
望谟县	181	6	126	9	40	1				1
册亨县	202	33	106	17	46					
安龙县	386	32	195	62	97					
黔东南苗族侗族自治州	**3887**	**697**	**2351**	**399**	**440**	**8**		**1**	**1**	**6**
凯里市	90	10	71	3	6					
黄平县	238	48	134	25	31	4				4
施秉县	108	37	54	4	13	1			1	
三穗县	273	44	153	35	41					
镇远县	364	54	222	44	44	1				1
岑巩县	284	46	176	14	48	2		1		1
天柱县	244	36	159	30	19					
锦屏县	232	42	159	15	16					
剑河县	217	35	135	7	40					
台江县	142	39	41	31	31					
黎平县	536	81	365	48	42					
榕江县	251	38	141	50	22					
从江县	344	128	166	35	15					
雷山县	186	12	134	16	24					
麻江县	222	32	136	19	35					
丹寨县	156	15	105	23	13					
黔南布依族苗族自治州	**5317**	**726**	**3298**	**564**	**729**	**19**	**2**	**3**	**2**	**12**
都匀市	67	5	25	6	31					
福泉市	150	16	92	28	14					
荔波县	396	94	221	31	50	1				1
贵定县	517	48	298	64	107	2				2
瓮安县	751	106	442	107	96	1			1	
独山县	561	62	390	53	56	2			1	1
平塘县	265	24	199	13	29					
罗甸县	509	79	331	49	50					
长顺县	199	9	119	32	39	1		1		
龙里县	859	130	524	70	135	5		2		3
惠水县	774	132	457	84	101	3	2			1
三都水族自治县	269	21	200	27	21	4				4

7-1b　续表 4　　　　单位：人

现住地	省外									
	天津					河北				
	小计	乡	镇的村委会	镇的居委会	街道	小计	乡	镇的村委会	镇的居委会	街道
贵州	**20**	**1**	**6**	**5**	**8**	**412**	**72**	**228**	**37**	**75**
贵阳市	**3**			**1**	**2**	**100**	**17**	**61**	**2**	**20**
南明区										
云岩区										
花溪区	3			1	2	43	5	28	1	9
乌当区						1				1
白云区										
观山湖区						14	5	8	1	
开阳县						12	4	7		1
息烽县						1				1
修文县						11	1	3		7
清镇市						18	2	15		1
六盘水市						**12**	**2**	**5**	**2**	**3**
钟山区						2				2
六枝特区										
水城县						8	1	5	1	1
盘州市						2	1		1	
遵义市	**5**		**1**	**1**	**3**	**31**		**27**	**2**	**2**
红花岗区	1			1						
汇川区										
播州区										
桐梓县	1		1			3		2	1	
绥阳县						2		1		1
正安县						10		10		
道真仡佬族苗族自治县						5		5		
务川仡佬族苗族自治县						3		3		
凤冈县										
湄潭县						1			1	
余庆县						2		2		
习水县	3				3	5		4		1
赤水市										
仁怀市										
安顺市	**2**			**1**	**1**	**32**	**7**	**19**		**6**
西秀区						3		3		
平坝区	1				1	17	3	12		2
普定县	1			1		7	4	2		1
镇宁布依族苗族自治县						2				2
关岭布依族苗族自治县						2		1		1
紫云苗族布依族自治县						1		1		
毕节市	**1**		**1**			**73**	**13**	**30**	**13**	**17**
七星关区						1			1	
大方县	1		1			6	3		1	2
黔西县						10		8		2
金沙县						17	6	4	6	1
织金县						13	3	2	2	6
纳雍县						16	1	10	3	2
威宁彝族回族苗族自治县						9		6		3
赫章县						1				1

7-1b 续表 5

单位：人

现住地	省外									
	天津					河北				
	小计	乡	镇的村委会	镇的居委会	街道	小计	乡	镇的村委会	镇的居委会	街道
铜仁市	**7**	**1**	**3**	**1**	**2**	**38**	**8**	**25**	**1**	**4**
碧江区										
万山区										
江口县						2	2			
玉屏侗族自治县						20		17		3
石阡县	4	1	2		1					
思南县						1				1
印江土家族苗族自治县	1		1			4	1	3		
德江县	1				1					
沿河土家族自治县	1			1		1		1		
松桃苗族自治县						10	5	4	1	
黔西南布依族苗族自治州						**47**	**17**	**21**	**5**	**4**
兴义市						30	16	12	2	
兴仁市						1	1			
普安县						3				3
晴隆县						2			2	
贞丰县						1			1	
望谟县										
册亨县										
安龙县						10		9		1
黔东南苗族侗族自治州	**1**			**1**		**34**	**1**	**14**	**9**	**10**
凯里市										
黄平县	1			1		2	1	1		
施秉县										
三穗县						3		3		
镇远县						4		4		
岑巩县						4		4		
天柱县						4			3	1
锦屏县										
剑河县						1		1		
台江县										
黎平县						2			2	
榕江县						3			3	
从江县										
雷山县										
麻江县						10		1		9
丹寨县						1			1	
黔南布依族苗族自治州	**1**		**1**			**45**	**7**	**26**	**3**	**9**
都匀市										
福泉市						1			1	
荔波县						3	2			1
贵定县						2		1		1
瓮安县						2		1		1
独山县						6		6		
平塘县						3	1	1		1
罗甸县	1		1							
长顺县										
龙里县						7	1	4	1	1
惠水县						16	3	8	1	4
三都水族自治县						5		5		

7-1b　续表 6　　　　单位：人

现住地	省外									
	山西					内蒙古				
	小计	乡	镇的村委会	镇的居委会	街道	小计	乡	镇的村委会	镇的居委会	街道
贵州	**154**	**27**	**81**	**15**	**31**	**82**	**17**	**22**	**15**	**28**
贵阳市	**47**	**12**	**16**	**2**	**17**	**20**	**5**	**3**	**1**	**11**
南明区										
云岩区										
花溪区	32	5	10		17	9	5			4
乌当区	2		2			1		1		
白云区										
观山湖区						2			1	1
开阳县	3	3				2		2		
息烽县	2		1	1		6				6
修文县	5	2	2	1						
清镇市	3	2	1							
六盘水市	**7**	**3**	**2**	**1**	**1**	**6**	**6**			
钟山区	2	1	1							
六枝特区										
水城县	3	2		1		6	6			
盘州市	2		1		1					
遵义市	**19**	**4**	**9**	**5**	**1**	**11**		**5**	**5**	**1**
红花岗区										
汇川区	1			1		1			1	
播州区	1		1			1			1	
桐梓县	1			1		1				1
绥阳县										
正安县										
道真仡佬族苗族自治县	4		3	1						
务川仡佬族苗族自治县	3	3								
凤冈县	1		1			3			3	
湄潭县										
余庆县	2		1	1						
习水县	5		3	1	1	5		5		
赤水市										
仁怀市	1	1								
安顺市	**7**	**2**	**5**			**1**				**1**
西秀区										
平坝区	3	2	1							
普定县	3		3							
镇宁布依族苗族自治县	1		1							
关岭布依族苗族自治县										
紫云苗族布依族自治县						1				1
毕节市	**24**	**2**	**16**	**2**	**4**	**11**	**1**	**1**	**3**	**6**
七星关区										
大方县	1	1								
黔西县	7	1	6			5		1		4
金沙县	4		2	1	1					
织金县	4		2	1	1	2			2	
纳雍县	2		1		1	1	1			
威宁彝族回族苗族自治县	5		4		1	3			1	2
赫章县	1		1							

7-1b 续表 7

单位：人

现住地	省外									
	山西					内蒙古				
	小计	乡	镇的村委会	镇的居委会	街道	小计	乡	镇的村委会	镇的居委会	街道
铜仁市	**3**		**2**		**1**	**9**		**4**	**2**	**3**
碧江区										
万山区										
江口县						1		1		
玉屏侗族自治县	1		1			2		2		
石阡县										
思南县						3		1		2
印江土家族苗族自治县						2			2	
德江县										
沿河土家族自治县						1				1
松桃苗族自治县	2		1		1					
黔西南布依族苗族自治州	**10**	**1**	**6**	**2**	**1**	**4**		**1**		**3**
兴义市	1	1								
兴仁市	2		2							
普安县	1				1	1		1		
晴隆县						1				1
贞丰县	5		4	1		2				2
望谟县										
册亨县										
安龙县	1			1						
黔东南苗族侗族自治州	**14**	**1**	**11**	**1**	**1**	**10**	**1**	**4**	**3**	**2**
凯里市										
黄平县	2		2			4			3	1
施秉县										
三穗县	1		1							
镇远县	2	1	1							
岑巩县	1		1			1	1			
天柱县										
锦屏县										
剑河县	1			1		1				1
台江县										
黎平县										
榕江县										
从江县										
雷山县	2		1		1	3		3		
麻江县	5		5			1		1		
丹寨县										
黔南布依族苗族自治州	**23**	**2**	**14**	**2**	**5**	**10**	**4**	**4**	**1**	**1**
都匀市						1				1
福泉市	3	1	1		1					
荔波县										
贵定县	2		2			1		1		
瓮安县	3		1	1	1	1			1	
独山县	2		2			1		1		
平塘县	1		1							
罗甸县	1		1							
长顺县	1				1					
龙里县	2	1		1		5	4	1		
惠水县	7		5		2	1		1		
三都水族自治县	1		1							

7-1b　续表 8　　　　单位：人

现住地	省外									
	辽宁					吉林				
	小计	乡	镇的村委会	镇的居委会	街道	小计	乡	镇的村委会	镇的居委会	街道
贵州	**115**	**9**	**42**	**15**	**49**	**75**	**8**	**24**	**15**	**28**
贵阳市	**38**	**3**	**15**	**4**	**16**	**14**	**1**	**1**	**2**	**10**
南明区										
云岩区										
花溪区	16	3	4	2	7	7	1	1	1	4
乌当区	2		2							
白云区										
观山湖区	1				1					
开阳县	1				1					
息烽县	17		9	2	6	6			1	5
修文县						1				1
清镇市	1				1					
六盘水市	**2**				**2**	**3**	**2**			**1**
钟山区						2	1			1
六枝特区										
水城县	2				2	1	1			
盘州市										
遵义市	**13**	**2**	**6**	**2**	**3**	**6**		**1**	**2**	**3**
红花岗区										
汇川区										
播州区										
桐梓县	1				1	2				2
绥阳县	1			1						
正安县	2		2							
道真仡佬族苗族自治县	1		1							
务川仡佬族苗族自治县										
凤冈县										
湄潭县	4	1	2		1					
余庆县						1		1		
习水县	2	1	1			3			2	1
赤水市										
仁怀市	2			1	1					
安顺市	**3**		**1**		**2**	**3**		**2**		**1**
西秀区						1		1		
平坝区	1				1	1		1		
普定县										
镇宁布依族苗族自治县	1				1	1				1
关岭布依族苗族自治县	1		1							
紫云苗族布依族自治县										
毕节市	**12**		**2**	**1**	**9**	**16**	**1**	**7**		**8**
七星关区										
大方县	4		1	1	2	1		1		
黔西县						4		2		2
金沙县						9	1	3		5
织金县	4		1		3					
纳雍县										
威宁彝族回族苗族自治县	4				4	2		1		1
赫章县										

7-1b 续表 9 单位：人

现住地	省外									
	辽宁					吉林				
	小计	乡	镇 的村委会	镇 的居委会	街道	小计	乡	镇 的村委会	镇 的居委会	街道
铜仁市	**13**	**3**	**2**	**2**	**6**	**4**		**1**	**2**	**1**
碧江区										
万山区										
江口县	1				1					
玉屏侗族自治县	1				1	2			2	
石阡县										
思南县	2				2					
印江土家族苗族自治县	7	2	2	2	1					
德江县	1	1								
沿河土家族自治县	1				1	2		1		1
松桃苗族自治县										
黔西南布依族苗族自治州	**2**		**1**	**1**		**4**	**2**		**1**	**1**
兴义市										
兴仁市						1				1
普安县	1			1						
晴隆县						1			1	
贞丰县	1		1			1	1			
望谟县										
册亨县										
安龙县						1	1			
黔东南苗族侗族自治州	**10**		**5**	**1**	**4**	**11**	**1**	**5**	**2**	**3**
凯里市						1		1		
黄平县						2		2		
施秉县										
三穗县										
镇远县	2				2	2		1		1
岑巩县	1				1					
天柱县						2		1	1	
锦屏县	1		1							
剑河县						1				1
台江县										
黎平县	1		1			1				1
榕江县	4		3	1						
从江县										
雷山县	1				1					
麻江县						2	1		1	
丹寨县										
黔南布依族苗族自治州	**22**	**1**	**10**	**4**	**7**	**14**	**1**	**7**	**6**	
都匀市										
福泉市										
荔波县						1		1		
贵定县	2		1	1		1			1	
瓮安县	1		1			3		1	2	
独山县	3		3							
平塘县	1		1							
罗甸县	2				2					
长顺县	2			1	1					
龙里县	5		2		3	3		2	1	
惠水县	5	1	1	2	1	5	1	3	1	
三都水族自治县	1		1			1			1	

7-1b　续表 10　　　　单位：人

现住地	省外									
	黑龙江					上海				
	小计	乡	镇的村委会	镇的居委会	街道	小计	乡	镇的村委会	镇的居委会	街道
贵州	**150**	**17**	**59**	**26**	**48**	**56**	**3**	**16**	**7**	**30**
贵阳市	**20**	**5**	**6**	**3**	**6**	**5**			**3**	**2**
南明区										
云岩区										
花溪区	16	5	4	1	6	1				1
乌当区										
白云区										
观山湖区						1				1
开阳县										
息烽县	2			2		2			2	
修文县	2		2			1			1	
清镇市										
六盘水市	**11**	**2**	**6**		**3**	**1**		**1**		
钟山区										
六枝特区						1		1		
水城县	10	2	5		3					
盘州市	1		1							
遵义市	**21**		**14**	**2**	**5**	**14**	**2**	**5**		**7**
红花岗区										
汇川区						1	1			
播州区	1		1							
桐梓县	6		4	1	1	4				4
绥阳县	1				1					
正安县	2		2							
道真仡佬族苗族自治县	1		1							
务川仡佬族苗族自治县	3				3	2		1		1
凤冈县	4		4							
湄潭县						4		3		1
余庆县						1				1
习水县	3		2	1		2	1	1		
赤水市										
仁怀市										
安顺市	**17**	**3**	**6**	**3**	**5**	**4**		**2**		**2**
西秀区	4	2	2							
平坝区	5		3	2		1				1
普定县	2				2	1				1
镇宁布依族苗族自治县	4	1		1	2					
关岭布依族苗族自治县	1		1			2		2		
紫云苗族布依族自治县	1				1					
毕节市	**21**	**1**	**8**	**4**	**8**	**10**		**2**	**3**	**5**
七星关区	1			1		1		1		
大方县	1				1	3			2	1
黔西县	6	1	4		1	1				1
金沙县						2			1	1
织金县	3		1	1	1	1				1
纳雍县	6			1	5	1				1
威宁彝族回族苗族自治县	2		2			1		1		
赫章县	2		1	1						

7－1b　续表 11　　　　单位：人

现住地	省外									
	黑龙江					上海				
	小计	乡	镇的村委会	镇的居委会	街道	小计	乡	镇的村委会	镇的居委会	街道
铜仁市	**7**	**2**	**2**		**3**	**9**	**1**	**5**	**1**	**2**
碧江区										
万山区										
江口县	1				1	4	1	1	1	1
玉屏侗族自治县										
石阡县	1		1							
思南县	1				1					
印江土家族苗族自治县	1				1					
德江县	2	1	1							
沿河土家族自治县						3		3		
松桃苗族自治县	1	1				2		1		1
黔西南布依族苗族自治州	**9**	**1**	**4**	**3**	**1**	**2**				**2**
兴义市	3		2	1						
兴仁市										
普安县										
晴隆县										
贞丰县	6	1	2	2	1	2				2
望谟县										
册亨县										
安龙县										
黔东南苗族侗族自治州	**16**	**2**	**4**	**3**	**7**	**2**				**2**
凯里市										
黄平县	1				1					
施秉县										
三穗县	4	2	1	1						
镇远县						2				2
岑巩县										
天柱县	1		1							
锦屏县	1			1						
剑河县	3				3					
台江县	1			1						
黎平县	3		1		2					
榕江县										
从江县										
雷山县	1		1							
麻江县	1				1					
丹寨县										
黔南布依族苗族自治州	**28**	**1**	**9**	**8**	**10**	**9**		**1**		**8**
都匀市										
福泉市										
荔波县	1				1					
贵定县						1		1		
瓮安县	1	1				2				2
独山县	5		3	2		2				2
平塘县	1				1					
罗甸县	7		1		6	1				1
长顺县						1				1
龙里县	10		4	4	2	2				2
惠水县	3		1	2						
三都水族自治县										

7-1b　续表 12　　　　单位：人

现住地	省外									
	江苏					浙江				
	小计	乡	镇的村委会	镇的居委会	街道	小计	乡	镇的村委会	镇的居委会	街道
贵　州	**502**	**57**	**261**	**85**	**99**	**1323**	**190**	**697**	**198**	**238**
贵阳市	**68**	**11**	**28**	**5**	**24**	**151**	**28**	**81**	**7**	**35**
南明区										
云岩区										
花溪区	39	10	10	2	17	21	3	12		6
乌当区	2		2			9	1	3	1	4
白云区										
观山湖区	1		1			9	4	2	2	1
开阳县	7	1	4	1	1	19	3	14	1	1
息烽县	8		5	1	2	41	9	21	1	10
修文县	7		3	1	3	41	8	18	2	13
清镇市	4		3		1	11		11		
六盘水市	**27**	**4**	**10**	**5**	**8**	**58**	**7**	**33**	**18**	
钟山区	4	1	3			1			1	
六枝特区	7		1		6	11		7	4	
水城县	12	3	4	3	2	22	5	10	7	
盘州市	4		2	2		24	2	16	6	
遵义市	**72**	**1**	**44**	**14**	**13**	**141**	**15**	**84**	**23**	**19**
红花岗区	2		2			2		2		
汇川区	2		2			11		11		
播州区	3		2		1	16	1	8	3	4
桐梓县	15		7	5	3	10	5	4	1	
绥阳县	13		8	4	1	20		17	3	
正安县	2		2			15	1	7	6	1
道真仡佬族苗族自治县	3			2	1	5	1	2	2	
务川仡佬族苗族自治县	7	1	4		2	22	3	13	2	4
凤冈县	5		5			8	3	3		2
湄潭县	1			1		9	1	7	1	
余庆县	4		2	2		7		4	1	2
习水县	14		10		4	12		2	4	6
赤水市	1				1	1		1		
仁怀市						3		3		
安顺市	**42**	**6**	**18**	**12**	**6**	**122**	**21**	**57**	**21**	**23**
西秀区	2	1	1			3			3	
平坝区	13	2	3	7	1	23	10	9	4	
普定县	3		2	1		29	9	5	1	14
镇宁布依族苗族自治县	16	2	10	1	3	22	2	10	8	2
关岭布依族苗族自治县	6		1	3	2	36		27	5	4
紫云苗族布依族自治县	2	1	1			9		6		3
毕节市	**83**	**14**	**41**	**10**	**18**	**253**	**40**	**120**	**42**	**51**
七星关区	5		3	1	1	12	2	4	6	
大方县	7	1	1	1	4	28	6	16	2	4
黔西县	11	2	5		4	46	9	24	4	9
金沙县	18	3	13	2		48	12	20	9	7
织金县	18	5	8	2	3	47	7	22	3	15
纳雍县	6	1	2		3	24		14	5	5
威宁彝族回族苗族自治县	12	2	5	3	2	30	1	17	7	5
赫章县	6		4	1	1	18	3	3	6	6

7−1b 续表 13 单位：人

现住地	省外									
	江苏					浙江				
	小计	乡	镇的村委会	镇的居委会	街道	小计	乡	镇的村委会	镇的居委会	街道
铜仁市	**52**	**9**	**22**	**11**	**10**	**86**	**17**	**37**	**11**	**21**
碧江区										
万山区										
江口县	11	1	5	5		9		1		8
玉屏侗族自治县	5		3	1	1	2				2
石阡县	1		1			9		7	2	
思南县	11		7	1	3	11	4	3	2	2
印江土家族苗族自治县	3	1	2			8	2	2	3	1
德江县	11	7	2		2	26	9	12	2	3
沿河土家族自治县	3		2	1		9		7		2
松桃苗族自治县	7			3	4	12	2	5	2	3
黔西南布依族苗族自治州	**34**		**26**	**6**	**2**	**78**	**5**	**48**	**17**	**8**
兴义市	1		1			6		5	1	
兴仁市	2		2			2		2		
普安县	24		18	6		8		4	2	2
晴隆县	2		2			7		2	5	
贞丰县	2		2			23	4	17	2	
望谟县						8		3	3	2
册亨县						9	1	5		3
安龙县	3		1		2	15		10	4	1
黔东南苗族侗族自治州	**47**	**4**	**29**	**10**	**4**	**199**	**28**	**113**	**20**	**38**
凯里市						7	1	3		3
黄平县	1		1			14	2	6		6
施秉县	2		1	1						
三穗县	4		2	2		13		9		4
镇远县	9		8	1		14	1	13		
岑巩县	4			4		15	5	6	2	2
天柱县	3		3			7		4	2	1
锦屏县	2		1		1	14	2	10		2
剑河县	1		1			8		6	1	1
台江县	4	1	2		1	10	3	1	3	3
黎平县	4		3	1		34	1	20	2	11
榕江县						10	2	4	4	
从江县						9	2	5	1	1
雷山县	4		4			8		6		2
麻江县	1				1	19	4	11	4	
丹寨县	8	3	3	1	1	17	5	9	1	2
黔南布依族苗族自治州	**77**	**8**	**43**	**12**	**14**	**235**	**29**	**124**	**39**	**43**
都匀市						1		1		
福泉市	2		2			12		9	3	
荔波县	1		1			20	6	10	2	2
贵定县	7		2	4	1	24		15	3	6
瓮安县	12		10	1	1	45	2	21	11	11
独山县	15	2	6	2	5	29	3	14	5	7
平塘县	10	2	6		2	5		3		2
罗甸县	3	2	1			14	1	7	2	4
长顺县	5		3	1	1	10	2	7	1	
龙里县	10	2	6	1	1	18	3	4	5	6
惠水县	10		5	2	3	45	9	27	4	5
三都水族自治县	2		1	1		12	3	6	3	

7-1b　续表 14　　　　单位：人

现住地	省外									
	安徽					福建				
	小计	乡	镇的村委会	镇的居委会	街道	小计	乡	镇的村委会	镇的居委会	街道
贵　州	**841**	**119**	**516**	**90**	**116**	**1358**	**150**	**787**	**182**	**239**
贵阳市	**82**	**12**	**49**	**5**	**16**	**181**	**10**	**119**	**10**	**42**
南明区										
云岩区										
花溪区	25	5	14	1	5	108	9	67	2	30
乌当区	6		6			5		5		
白云区										
观山湖区	3		1	2						
开阳县	16	1	12		3	19	1	15		3
息烽县	11	2	7	1	1	12		8	2	2
修文县	17	4	5	1	7	30		17	6	7
清镇市	4		4			7		7		
六盘水市	**57**	**19**	**25**	**7**	**6**	**58**	**10**	**28**	**12**	**8**
钟山区						1		1		
六枝特区	7		5	1	1	4	1	1	2	
水城县	31	10	12	6	3	33	9	12	4	8
盘州市	19	9	8		2	20		14	6	
遵义市	**95**	**9**	**74**	**9**	**3**	**149**	**11**	**109**	**13**	**16**
红花岗区	8		5	3		4	4			
汇川区	1			1		2	1	1		
播州区	5		4	1		4		1	1	2
桐梓县	16	1	14	1		26	3	20	2	1
绥阳县	5		4	1		10		9	1	
正安县	6	1	5			11		10	1	
道真仡佬族苗族自治县	8	1	7			3		2		1
务川仡佬族苗族自治县	11	2	8		1	12		9		3
凤冈县	6		5	1		8		5	3	
湄潭县	11		10		1	26	2	18	2	4
余庆县	6		5	1		19		17	2	
习水县	12	4	7		1	19		16	1	2
赤水市						1	1			
仁怀市						4		1		3
安顺市	**91**	**12**	**63**	**7**	**9**	**67**	**8**	**47**	**5**	**7**
西秀区	5		5			2	1			1
平坝区	22	6	12	3	1	12	1	10		1
普定县	4	2	2			9	1	4	2	2
镇宁布依族苗族自治县	29		21	3	5	7		6		1
关岭布依族苗族自治县	19		18		1	21	1	17	2	1
紫云苗族布依族自治县	12	4	5	1	2	16	4	10	1	1
毕节市	**130**	**29**	**53**	**23**	**25**	**216**	**33**	**99**	**33**	**51**
七星关区	1		1			14		4	5	5
大方县	20	4	7	1	8	16	2	7	2	5
黔西县	21	5	9	7		34	12	15	2	5
金沙县	30	7	12	9	2	32	4	22	3	3
织金县	25	8	8	3	6	47	7	24	6	10
纳雍县	19	1	10	1	7	39	3	13	9	14
威宁彝族回族苗族自治县	7		5		2	27	1	13	4	9
赫章县	7	4	1	2		7	4	1	2	

7-1b 续表 15　　　　单位：人

现住地	省外									
	安徽					福建				
	小计	乡	镇的村委会	镇的居委会	街道	小计	乡	镇的村委会	镇的居委会	街道
铜仁市	**58**	**7**	**40**	**5**	**6**	**133**	**21**	**70**	**15**	**27**
碧江区										
万山区										
江口县	3		1		2	8	1	3		4
玉屏侗族自治县	7	2	5			8		8		
石阡县	5	3		2		25	1	19	4	1
思南县	6	1	4	1		26	5	8	4	9
印江土家族苗族自治县	8		7		1	14	1	8	1	4
德江县	6	1	4		1	18	11	2	1	4
沿河土家族自治县	11		9	2		4		4		
松桃苗族自治县	12		10		2	30	2	18	5	5
黔西南布依族苗族自治州	**47**	**2**	**28**	**2**	**15**	**91**	**9**	**42**	**23**	**17**
兴义市	1		1			6		5		1
兴仁市	6	1	4	1						
普安县	11		4	1	6	4		2	2	
晴隆县	4		4			17	4	12	1	
贞丰县	3		3			13		3	3	7
望谟县	5	1	2		2	9		4	5	
册亨县	2				2	21	4	11	1	5
安龙县	15		10		5	21	1	5	11	4
黔东南苗族侗族自治州	**105**	**17**	**62**	**12**	**14**	**188**	**31**	**100**	**31**	**26**
凯里市										
黄平县	1		1			13	2	5	4	2
施秉县						11	1	4	1	5
三穗县	11		9	1	1	14	3	2	4	5
镇远县	5	1	2	2		14		8	6	
岑巩县	1				1	7	1	6		
天柱县	10		8	2		7		5	1	1
锦屏县	4	3	1			9		1	3	5
剑河县	15	2	7		6	7	4	3		
台江县	17	3	5	5	4	11		3	5	3
黎平县	14	4	10			27	9	18		
榕江县	6	3	3			11	2	7	2	
从江县	12	1	8	2	1	19	6	11		2
雷山县	3		3			7		7		
麻江县	1		1			13	2	6	2	3
丹寨县	5		4		1	18	1	14	3	
黔南布依族苗族自治州	**176**	**12**	**122**	**20**	**22**	**275**	**17**	**173**	**40**	**45**
都匀市	1				1	1				1
福泉市	4			4		4		4		
荔波县						18	2	12		4
贵定县	22		11	5	6	22	1	20	1	
瓮安县	29	1	25	1	2	49	1	26	10	12
独山县	33	2	25	2	4	39	4	29	5	1
平塘县	7		7			12		4		8
罗甸县	20		14	2	4	19	4	5	10	
长顺县	2	1	1			10		10		
龙里县	24	8	10	3	3	24	2	18		4
惠水县	17		12	3	2	53	1	29	9	14
三都水族自治县	17		17			24	2	16	5	1

7-1b 续表 16　　单位：人

现住地	省外									
	江西					山东				
	小计	乡	镇的村委会	镇的居委会	街道	小计	乡	镇的村委会	镇的居委会	街道
贵州	**1358**	**174**	**890**	**154**	**140**	**477**	**65**	**249**	**40**	**123**
贵阳市	**140**	**20**	**82**	**13**	**25**	**71**	**6**	**51**	**4**	**10**
南明区										
云岩区										
花溪区	45	9	19	2	15	44	3	30	2	9
乌当区	9		7	1	1	1		1		
白云区										
观山湖区	11		8		3	1		1		
开阳县	18	2	10	2	4	17		14	2	1
息烽县	11	5	2	4		1		1		
修文县	28	2	20	4	2	3	2	1		
清镇市	18	2	16			4	1	3		
六盘水市	**58**	**3**	**45**	**6**	**4**	**33**	**7**	**23**	**1**	**2**
钟山区	6	1	4		1	7		6		1
六枝特区	7		4		3	1		1		
水城县	22	1	15	6		18	5	12		1
盘州市	23	1	22			7	2	4	1	
遵义市	**225**	**18**	**179**	**18**	**10**	**37**	**2**	**21**	**8**	**6**
红花岗区	17		16	1		3		3		
汇川区	5	1	4							
播州区	17	4	10	3		1		1		
桐梓县	18	1	15		2	10		6	4	
绥阳县	8	1	6	1		2				2
正安县	19		18		1	3		1	1	1
道真仡佬族苗族自治县	22	3	17	2		2		2		
务川仡佬族苗族自治县	16	1	10	4	1	3	1	1		1
凤冈县	23	1	22			5		2	1	2
湄潭县	20	3	17			4		2	2	
余庆县	20	2	14	1	3					
习水县	30	1	21	5	3	4	1	3		
赤水市	3		3							
仁怀市	7		6	1						
安顺市	**62**	**8**	**31**	**16**	**7**	**32**	**7**	**14**	**3**	**8**
西秀区	3		1		2	11		5	3	3
平坝区	18	2	10	6		11	3	6		2
普定县	22	2	12	5	3	3		1		2
镇宁布依族苗族自治县	10		3	5	2	3	2			1
关岭布依族苗族自治县	5	2	3			3	1	2		
紫云苗族布依族自治县	4	2	2			1	1			
毕节市	**190**	**27**	**115**	**28**	**20**	**135**	**10**	**58**	**16**	**51**
七星关区	4		4							
大方县	30	2	21	5	2	36	5	2		29
黔西县	59	15	26	6	12	49	2	35	2	10
金沙县	15		13	2		15	1	7	1	6
织金县	35	7	24	1	3	11	1	7		3
纳雍县	32	2	14	13	3	19		5	11	3
威宁彝族回族苗族自治县	12		12			4	1	2	1	
赫章县	3	1	1	1		1			1	

7-1b　续表 17　　　　单位：人

现住地	省外									
	江西					山东				
	小计	乡	镇的村委会	镇的居委会	街道	小计	乡	镇的村委会	镇的居委会	街道
铜仁市	**103**	**16**	**67**	**7**	**13**	**33**	**11**	**17**		**5**
碧江区										
万山区										
江口县	2		1	1		8		8		
玉屏侗族自治县	3		3			4		1		3
石阡县	12	4	7	1		2		2		
思南县	13	1	12			7	6			1
印江土家族苗族自治县	33	6	26	1		4	1	3		
德江县	10	4	2	2	2	4	4			
沿河土家族自治县	13	1	5	1	6	3		2		1
松桃苗族自治县	17		11	1	5	1		1		
黔西南布依族苗族自治州	**93**	**7**	**69**	**9**	**8**	**41**	**7**	**14**	**2**	**18**
兴义市	2		2			1	1			
兴仁市	3		3			20	3	7		10
普安县	6	1	5			3		2		1
晴隆县	18	1	13	1	3					
贞丰县	26	5	18	3		4		1	1	2
望谟县	10		9		1					
册亨县	9		8		1	8		3		5
安龙县	19		11	5	3	5	3	1	1	
黔东南苗族侗族自治州	**195**	**32**	**105**	**34**	**24**	**21**	**2**	**12**	**2**	**5**
凯里市	2	2				1		1		
黄平县	18	1	13	1	3	3		3		
施秉县	2		2							
三穗县	4		4							
镇远县	27	3	21	1	2	7	1	6		
岑巩县	21	3	10	1	7					
天柱县	5		3	2						
锦屏县	4		1	2	1	1				1
剑河县	8	3	5							
台江县	20	4	3	7	6	1			1	
黎平县	28	4	16	6	2	3				3
榕江县	18	2	8	7	1	3		2	1	
从江县	16	8	4	2	2					
雷山县	11	2	9			1				1
麻江县	7		4	3		1	1			
丹寨县	4		2	2						
黔南布依族苗族自治州	**292**	**43**	**197**	**23**	**29**	**74**	**13**	**39**	**4**	**18**
都匀市	3		3			1				1
福泉市	11		7	3	1	5		1	1	3
荔波县	16	3	6	3	4	1		1		
贵定县	17	1	10	1	5	8	1	5		2
瓮安县	39	6	25	6	2	15	7	2	2	4
独山县	47	2	44	1		7		7		
平塘县	12		12			4		4		
罗甸县	37	12	23	1	1	2	1			1
长顺县	19		14	2	3	5		5		
龙里县	30	1	21	1	7	16	4	6		6
惠水县	53	18	25	4	6	5		4	1	
三都水族自治县	8		7	1		5		4		1

7-1b　续表 18　　　　　　　　　　　　　　　　　　　　　　　　　　　　　　单位：人

现 住 地	省外									
	河南					湖北				
	小计	乡	镇的村委会	镇的居委会	街道	小计	乡	镇的村委会	镇的居委会	街道
贵　州	**1216**	**220**	**677**	**132**	**187**	**1549**	**212**	**955**	**155**	**227**
贵阳市	**144**	**24**	**84**	**16**	**20**	**214**	**24**	**158**	**9**	**23**
南明区										
云岩区										
花溪区	57	11	28	8	10	72	7	50	3	12
乌当区	15		14		1	22	4	18		
白云区										
观山湖区	3	1	1		1	8		7		1
开阳县	25	2	17	5	1	53	8	39	4	2
息烽县	13	3	8		2	26		20	2	4
修文县	15	5	5	1	4	27	4	21		2
清镇市	16	2	11	2	1	6	1	3		2
六盘水市	**68**	**20**	**25**	**13**	**10**	**63**	**7**	**40**	**7**	**9**
钟山区	3	1			2	6	1	4	1	
六枝特区	3		1	1	1	5		5		
水城县	38	14	12	6	6	42	3	27	5	7
盘州市	24	5	12	6	1	10	3	4	1	2
遵义市	**153**	**17**	**90**	**22**	**24**	**203**	**23**	**128**	**23**	**29**
红花岗区	4		4			10		9	1	
汇川区	4			1	3	10	3	6	1	
播州区	7		4		3	7		4	3	
桐梓县	15	3	7	1	4	27	3	12	2	10
绥阳县	18	1	15	2		9	1	6	1	1
正安县	13	3	10			24		18	3	3
道真仡佬族苗族自治县	10		3	7		9		8	1	
务川仡佬族苗族自治县	9	3	3	1	2	13	2	7	1	3
凤冈县	12	5	6	1		18	2	9	2	5
湄潭县	16		12	2	2	20	5	10	2	3
余庆县	17		11	5	1	14	5	7	1	1
习水县	25	2	12	2	9	27	2	22		3
赤水市	1		1			5		5		
仁怀市	2		2			10		5	5	
安顺市	**102**	**11**	**61**	**13**	**17**	**144**	**28**	**87**	**9**	**20**
西秀区	19	1	11	2	5	17		13	2	2
平坝区	29	4	19	5	1	46	14	27	2	3
普定县	22	4	12		6	18		11	5	2
镇宁布依族苗族自治县	12		11		1	32	4	17		11
关岭布依族苗族自治县	6	1	1	3	1	14	4	9		1
紫云苗族布依族自治县	14	1	7	3	3	17	6	10		1
毕节市	**285**	**53**	**145**	**40**	**47**	**242**	**41**	**119**	**32**	**50**
七星关区	3		2	1		2		2		
大方县	36	9	16	3	8	32	8	17	2	5
黔西县	73	14	36	8	15	36	11	16	3	6
金沙县	52	13	31	4	4	28	6	14	3	5
织金县	56	9	27	11	9	61	4	16	12	29
纳雍县	30	4	16	4	6	41	8	28	1	4
威宁彝族回族苗族自治县	29	4	16	6	3	37	3	23	10	1
赫章县	6		1	3	2	5	1	3	1	

7-1b 续表 19 单位：人

现住地	省外									
	河南					湖北				
	小计	乡	镇的村委会	镇的居委会	街道	小计	乡	镇的村委会	镇的居委会	街道
铜仁市	**86**	**8**	**49**	**5**	**24**	**149**	**23**	**69**	**16**	**41**
碧江区										
万山区										
江口县	5		5			24	6	9		9
玉屏侗族自治县	15	2	3	2	8	9	1	2	1	5
石阡县	11	1	7		3	22	3	12	3	4
思南县	9	2	5		2	30	1	23	2	4
印江土家族苗族自治县	12		10		2	8	1	4		3
德江县	8	1			7	28	7	9	8	4
沿河土家族自治县	11	2	8		1	8		5		3
松桃苗族自治县	15		11	3	1	20	4	5	2	9
黔西南布依族苗族自治州	**48**	**7**	**30**	**4**	**7**	**108**	**5**	**76**	**10**	**17**
兴义市	2		1		1	7	1	3	1	2
兴仁市	4		4			16	2	13		1
普安县	15	4	8	3		21		18	1	2
晴隆县	5		5			5		4	1	
贞丰县	7		7			27		15	6	6
望谟县	2		1		1	4		1		3
册亨县	5	1	1		3	12	2	8		2
安龙县	8	2	3	1	2	16		14	1	1
黔东南苗族侗族自治州	**124**	**34**	**67**	**7**	**16**	**158**	**33**	**95**	**20**	**10**
凯里市	7		7			3		1	1	1
黄平县	7	1	4	2		13	3	9	1	
施秉县						8	6	2		
三穗县	15	5	6		4	10		5	5	
镇远县	8	1	4		3	26	8	14	3	1
岑巩县	12	5	7			19	3	14	2	
天柱县	4	3	1			7	3	3		1
锦屏县	4		4			13	1	12		
剑河县	6	3	2	1		5	2	2		1
台江县	9	2	4		3	10	3	5	2	
黎平县	13	7	4		2	10	2	6	2	
榕江县	6		5	1		15	1	9	2	3
从江县	6		4	2		7	1	6		
雷山县	7	2	4		1	5		3		2
麻江县	12	5	4	1	2	4		3		1
丹寨县	8		7		1	3		1	2	
黔南布依族苗族自治州	**206**	**46**	**126**	**12**	**22**	**268**	**28**	**183**	**29**	**28**
都匀市						1		1		
福泉市	5	3	2			9	4	3		2
荔波县	19	3	15		1	12	4	6	2	
贵定县	16	6	6	2	2	19		10	8	1
瓮安县	29	9	12	4	4	61	12	43	3	3
独山县	20	7	9		4	32	1	25	5	1
平塘县	5	1	4			25		24		1
罗甸县	21	5	15		1	19	2	14		3
长顺县	5	2	3			18		9	5	4
龙里县	40	3	29	3	5	40	2	24	5	9
惠水县	37	7	24	2	4	29	3	22	1	3
三都水族自治县	9		7	1	1	3		2		1

7-1b　续表 20　　　　单位：人

现住地	省外									
	湖南					广东				
	小计	乡	镇的村委会	镇的居委会	街道	小计	乡	镇的村委会	镇的居委会	街道
贵　州	**6422**	**1147**	**3803**	**713**	**759**	**721**	**49**	**377**	**124**	**171**
贵阳市	**360**	**56**	**231**	**26**	**47**	**64**	**7**	**34**	**7**	**16**
南明区										
云岩区										
花溪区	98	27	53	7	11	25	3	9	4	9
乌当区	12	2	9	1		1	1			
白云区										
观山湖区	22	3	14	4	1	6		6		
开阳县	84	18	46	9	11	7	1	5	1	
息烽县	54	3	39	1	11	4		1		3
修文县	57	2	42	4	9	10	2	6		2
清镇市	33	1	28		4	11		7	2	2
六盘水市	**258**	**60**	**138**	**39**	**21**	**15**		**8**	**6**	**1**
钟山区	19	5	7	7		5		5		
六枝特区	12		8	2	2	1		1		
水城县	166	35	95	19	17	5		1	3	1
盘州市	61	20	28	11	2	4		1	3	
遵义市	**565**	**73**	**361**	**82**	**49**	**126**	**6**	**71**	**30**	**19**
红花岗区	11	1	9	1		2		1		1
汇川区	6	1	4		1	4	1	1	1	1
播州区	25		16	7	2	5		3	2	
桐梓县	69	4	50	9	6	31	1	20	7	3
绥阳县	43	2	26	14	1	10		7	2	1
正安县	47	4	30	9	4	3		2	1	
道真仡佬族苗族自治县	33	7	23	2	1	11		5	5	1
务川仡佬族苗族自治县	73	11	46	10	6	4		2	2	
凤冈县	44	6	28	4	6	7		4	2	1
湄潭县	54	4	34	5	11	11		6	2	3
余庆县	69	15	39	12	3	9		3	2	4
习水县	64	14	37	5	8	23	4	15	1	3
赤水市	9	1	8			4			3	1
仁怀市	18	3	11	4		2		2		
安顺市	**348**	**68**	**218**	**27**	**35**	**43**	**1**	**21**	**7**	**14**
西秀区	17	8	9			2		2		
平坝区	95	16	69	7	3	12	1	4	5	2
普定县	52	11	32	2	7	8		2	1	5
镇宁布依族苗族自治县	74	16	43	8	7	6		2	1	3
关岭布依族苗族自治县	63	8	41	7	7	6		3		3
紫云苗族布依族自治县	47	9	24	3	11	9		8		1
毕节市	**736**	**146**	**372**	**125**	**93**	**100**	**13**	**37**	**16**	**34**
七星关区	52	10	21	15	6	4		1	3	
大方县	106	15	71	11	9	16	2	3		11
黔西县	121	21	76	9	15	19	3	10	1	5
金沙县	79	23	38	9	9	20	4	9	2	5
织金县	145	26	60	40	19	8		3	3	2
纳雍县	99	23	39	22	15	9	1	4	2	2
威宁彝族回族苗族自治县	83	7	45	11	20	17	3	5	4	5
赫章县	51	21	22	8		7		2	1	4

7－1b 续表 21

单位：人

现住地	省外									
	湖南					广东				
	小计	乡	镇的村委会	镇的居委会	街道	小计	乡	镇的村委会	镇的居委会	街道
铜仁市	**960**	**206**	**459**	**88**	**207**	**86**	**8**	**44**	**3**	**31**
碧江区	3		3							
万山区										
江口县	72	21	25	7	19	7	2	4		1
玉屏侗族自治县	224	27	136	27	34	4	1	1		2
石阡县	95	34	42	15	4	10		8		2
思南县	98	18	55	10	15	11	3	2	1	5
印江土家族苗族自治县	92	16	70	2	4	12		8	1	3
德江县	84	30	27	4	23	23	2	7		14
沿河土家族自治县	90	24	44	3	19	11		9	1	1
松桃苗族自治县	202	36	57	20	89	8		5		3
黔西南布依族苗族自治州	**425**	**56**	**221**	**91**	**57**	**49**	**1**	**24**	**10**	**14**
兴义市	47	3	23	14	7	4	1	3		
兴仁市	26		18	8		1			1	
普安县	51	5	35	9	2	3		1	1	1
晴隆县	61	18	32	7	4					
贞丰县	98	24	34	34	6	13		8	1	4
望谟县	33		26		7	4		3		1
册亨县	39	3	20	7	9	6			1	5
安龙县	70	3	33	12	22	18		9	6	3
黔东南苗族侗族自治州	**1604**	**313**	**1034**	**116**	**141**	**117**	**10**	**75**	**18**	**14**
凯里市	14	6	8			9		9		
黄平县	48	14	20	8	6	10		9	1	
施秉县	48	11	31	1	5	1		1		
三穗县	107	17	81	2	7	2	1			1
镇远县	165	25	103	11	26	15	1	10	2	2
岑巩县	123	15	87	2	19	2		2		
天柱县	139	27	84	13	15	4		2	2	
锦屏县	122	33	82	5	2	8		5	1	2
剑河县	106	15	74	1	16	4		3	1	
台江县	24	12	6	1	5	1		1		
黎平县	239	35	170	24	10	14	2	7	1	4
榕江县	113	22	69	19	3	9		6	1	2
从江县	186	75	91	14	6	8		5	2	1
雷山县	62	1	47	6	8	7	1	3	1	2
麻江县	60	3	44	2	11	11	5	5	1	
丹寨县	48	2	37	7	2	12		7	5	
黔南布依族苗族自治州	**1166**	**169**	**769**	**119**	**109**	**121**	**3**	**63**	**27**	**28**
都匀市	19	4	5	5	5	6		5		1
福泉市	34	8	20	6						
荔波县	101	43	48	5	5	18		14	3	1
贵定县	96	1	67	7	21	16		7	2	7
瓮安县	122	18	59	22	23	14	1	8	1	4
独山县	128	17	97	11	3	10		4	4	2
平塘县	72	4	60	3	5	6	2	3		1
罗甸县	133	16	101	12	4	7		4	1	2
长顺县	71		40	13	18	3			2	1
龙里县	129	11	91	14	13	13		8	4	1
惠水县	158	32	100	20	6	19		5	7	7
三都水族自治县	103	15	81	1	6	9		5	3	1

7-1b　续表 22　　　　　　　　　　　　　　　　　　　　　　　　单位：人

现住地	省外									
	广西					海南				
	小计	乡	镇的村委会	镇的居委会	街道	小计	乡	镇的村委会	镇的居委会	街道
贵　州	**1287**	**196**	**798**	**123**	**170**	**52**	**7**	**26**	**4**	**15**
贵阳市	**76**	**8**	**39**	**16**	**13**	**14**	**1**	**7**	**3**	**3**
南明区										
云岩区										
花溪区	30	4	13	7	6	12	1	5	3	3
乌当区	3		3							
白云区										
观山湖区	3		3							
开阳县	4	1	2		1					
息烽县	6		2	1	3					
修文县	25	3	13	6	3	2		2		
清镇市	5		3	2						
六盘水市	**52**	**5**	**31**	**7**	**9**					
钟山区										
六枝特区	9		9							
水城县	22	1	12	2	7					
盘州市	21	4	10	5	2					
遵义市	**130**	**11**	**93**	**16**	**10**	**8**		**4**	**1**	**3**
红花岗区	1		1							
汇川区	2	1	1			1		1		
播州区	5		5							
桐梓县	27	1	19	4	3	1				1
绥阳县	14	2	8	4		1				1
正安县	17		13	1	3					
道真仡佬族苗族自治县	7		6	1		2		2		
务川仡佬族苗族自治县	12		9	3						
凤冈县	9	2	6	1		1			1	
湄潭县	10		8	2						
余庆县	6		5		1					
习水县	16	3	10		3	1				1
赤水市	1		1			1		1		
仁怀市	3	2	1							
安顺市	**75**	**16**	**46**	**4**	**9**					
西秀区	5		5							
平坝区	19	7	11	1						
普定县	10	2	4		4					
镇宁布依族苗族自治县	16		11	2	3					
关岭布依族苗族自治县	14	1	10	1	2					
紫云苗族布依族自治县	11	6	5							
毕节市	**128**	**23**	**65**	**20**	**20**	**8**	**2**	**3**		**3**
七星关区	19	2	11	5	1					
大方县	15	4	4	1	6					
黔西县	34	6	20	4	4	2				2
金沙县	12	5	4		3	1		1		
织金县	13	3	6	4		2	2			
纳雍县	17	1	11	4	1	2		1		1
威宁彝族回族苗族自治县	14	2	6	2	4					
赫章县	4		3		1	1		1		

7-1b 续表 23

单位：人

现住地	省外									
	广西					海南				
	小计	乡	镇的村委会	镇的居委会	街道	小计	乡	镇的村委会	镇的居委会	街道
铜仁市	**109**	**24**	**53**	**16**	**16**	**7**	**1**	**4**		**2**
碧江区										
万山区										
江口县	18	7	6	2	3					
玉屏侗族自治县	8		7	1		1	1			
石阡县	16	2	11	2	1	1		1		
思南县	9		6	3						
印江土家族苗族自治县	18	2	16			3		3		
德江县	20	13	1	4	2					
沿河土家族自治县	5		2	3						
松桃苗族自治县	15		4	1	10	2				2
黔西南布依族苗族自治州	**150**	**21**	**101**	**7**	**21**	**2**		**2**		
兴义市	27	1	22		4					
兴仁市	6	3	3							
普安县	4	2	2							
晴隆县										
贞丰县	26	1	13	6	6					
望谟县	29	1	25		3					
册亨县	18	10	8							
安龙县	40	3	28	1	8	2		2		
黔东南苗族侗族自治州	**234**	**46**	**150**	**18**	**20**	**4**		**4**		
凯里市	11		11							
黄平县	10	3	7							
施秉县	2		2							
三穗县	11	2	4	3	2					
镇远县	5	1	2	1	1					
岑巩县	8	4	3		1					
天柱县	11		11							
锦屏县	2		2							
剑河县	10		10							
台江县	4		1	2	1					
黎平县	51	1	48	1	1	2		2		
榕江县	24	2	11	1	10					
从江县	60	33	18	9						
雷山县	10		7		3	1		1		
麻江县	13		11	1	1					
丹寨县	2		2			1		1		
黔南布依族苗族自治州	**333**	**42**	**220**	**19**	**52**	**9**	**3**	**2**		**4**
都匀市	8		4		4	2				2
福泉市	5		5							
荔波县	79	15	53	3	8					
贵定县	29	6	14	1	8	2	1	1		
瓮安县	15	3	8	3	1	1				1
独山县	47	7	28	2	10	1		1		
平塘县	12		11		1					
罗甸县	53	5	41		7					
长顺县	4		2	1	1					
龙里县	32	2	19	2	9	2	2			
惠水县	28	4	17	4	3	1				1
三都水族自治县	21		18	3						

7-1b　续表 24　　　　单位：人

现住地	省外									
	重庆					四川				
	小计	乡	镇的村委会	镇的居委会	街道	小计	乡	镇的村委会	镇的居委会	街道
贵州	**3388**	**434**	**1811**	**431**	**712**	**5646**	**922**	**3492**	**619**	**613**
贵阳市	**364**	**38**	**205**	**28**	**93**	**810**	**163**	**548**	**36**	**63**
南明区										
云岩区										
花溪区	79	15	32	6	26	202	66	113	7	16
乌当区	15		9		6	53	5	46		2
白云区						4	2	1		1
观山湖区	20		13	3	4	27	3	13	11	
开阳县	85	12	42	6	25	169	28	119	7	15
息烽县	88	6	56	7	19	129	26	96	1	6
修文县	41	3	21	5	12	182	28	122	9	23
清镇市	36	2	32	1	1	44	5	38	1	
六盘水市	**134**	**21**	**79**	**22**	**12**	**360**	**72**	**221**	**42**	**25**
钟山区	16		9	6	1	31	3	22	4	2
六枝特区	2		2			28		24	4	
水城县	68	14	36	7	11	250	62	144	21	23
盘州市	48	7	32	9		51	7	31	13	
遵义市	**980**	**78**	**539**	**154**	**209**	**1165**	**88**	**816**	**150**	**111**
红花岗区	15	1	11	3		25	1	21	3	
汇川区	8	1	6		1	16	1	5	7	3
播州区	43	2	26	12	3	25	3	14	6	2
桐梓县	192	4	106	36	46	78	1	50	11	16
绥阳县	35	5	19	5	6	38	2	21	9	6
正安县	64	7	30	13	14	50	7	36	4	3
道真仡佬族苗族自治县	110	13	74	9	14	63	3	58	2	
务川仡佬族苗族自治县	67	7	24	15	21	55	8	31	12	4
凤冈县	46	1	26	9	10	53	2	41	10	
湄潭县	93	8	59	10	16	101	11	67	7	16
余庆县	48	1	28	11	8	62	8	32	17	5
习水县	224	28	112	23	61	383	17	294	33	39
赤水市	24		12	3	9	88	9	49	23	7
仁怀市	11		6	5		128	15	97	6	10
安顺市	**171**	**34**	**93**	**17**	**27**	**437**	**55**	**289**	**42**	**51**
西秀区	14	5	8	1		35	4	24		7
平坝区	48	5	33	6	4	100	15	71	7	7
普定县	34	6	14	7	7	72	13	33	8	18
镇宁布依族苗族自治县	32	6	17	1	8	59	3	46	4	6
关岭布依族苗族自治县	22	1	15	1	5	83	10	52	17	4
紫云苗族布依族自治县	21	11	6	1	3	88	10	63	6	9
毕节市	**427**	**61**	**209**	**51**	**106**	**880**	**183**	**441**	**148**	**108**
七星关区	8	2	6			49	3	33	13	
大方县	31	10	9	1	11	86	35	27	14	10
黔西县	99	13	63	6	17	174	39	92	18	25
金沙县	108	15	58	17	18	139	30	73	22	14
织金县	70	11	26	11	22	136	17	68	23	28
纳雍县	34	5	10	8	11	80	22	32	19	7
威宁彝族回族苗族自治县	61		30	6	25	169	20	95	34	20
赫章县	16	5	7	2	2	47	17	21	5	4

7-1b 续表 25 单位：人

现住地	省外									
	重庆					四川				
	小计	乡	镇的村委会	镇的居委会	街道	小计	乡	镇的村委会	镇的居委会	街道
铜仁市	**373**	**85**	**160**	**42**	**86**	**253**	**49**	**116**	**36**	**52**
碧江区										
万山区										
江口县	17	1	5	3	8	21	3	12	2	4
玉屏侗族自治县	16		10	2	4	33	5	17	3	8
石阡县	61	17	25	10	9	34	11	13	6	4
思南县	39	11	20	5	3	35	6	15	8	6
印江土家族苗族自治县	17		14		3	27	1	18	2	6
德江县	54	7	21	9	17	47	18	11	9	9
沿河土家族自治县	81	21	40	8	12	34	4	19	5	6
松桃苗族自治县	88	28	25	5	30	22	1	11	1	9
黔西南布依族苗族自治州	**166**	**27**	**81**	**23**	**35**	**295**	**33**	**169**	**40**	**53**
兴义市	9		9			17	4	12	1	
兴仁市	7		7			14	2	8	1	3
普安县	11		4	3	4	36		25	11	
晴隆县	12	5	6		1	30	9	13	3	5
贞丰县	38		15	14	9	49	8	22	9	10
望谟县	17	4	12		1	48		34	1	13
册亨县	16	2	8		6	50	10	30	7	3
安龙县	56	16	20	6	14	51		25	7	19
黔东南苗族侗族自治州	**188**	**20**	**115**	**23**	**30**	**427**	**98**	**243**	**42**	**44**
凯里市	6		5		1	14	1	13		
黄平县	4			3	1	52	21	27		4
施秉县	2				2	25	16	8		1
三穗县	11	1	5	2	3	47	13	16	6	12
镇远县	21	3	8	8	2	25	5	12	7	1
岑巩县	27	2	19		6	24	3	11	2	8
天柱县	15		14	1		22	2	17	3	
锦屏县	8		8			22	3	16	1	2
剑河县	6		2		4	22	4	14	2	2
台江县	7	2	3	1	1	14	3	6	2	3
黎平县	20	4	13	1	2	57	9	37	8	3
榕江县	10		6	3	1	14	4	5	5	
从江县	12	2	6	2	2	7		7		
雷山县	25	3	19	1	2	19	3	14	2	
麻江县	12	3	6	1	2	39	7	25	3	4
丹寨县	2		1		1	24	4	15	1	4
黔南布依族苗族自治州	**585**	**70**	**330**	**71**	**114**	**1019**	**181**	**649**	**83**	**106**
都匀市	8		3		5	4		1		3
福泉市	11		9	2		27		17	8	2
荔波县	62	4	27	9	22	29	10	16	3	
贵定县	55	2	30	9	14	126	26	66	10	24
瓮安县	76	7	49	13	7	178	21	129	17	11
独山县	52	6	32	7	7	60	11	38	2	9
平塘县	25		20		5	55	10	33	10	2
罗甸县	73	15	34	16	8	84	14	62	3	5
长顺县	15	1	9	4	1	24	3	14		7
龙里县	117	26	65	4	22	252	50	162	14	26
惠水县	84	9	49	6	20	147	35	88	10	14
三都水族自治县	7		3	1	3	33	1	23	6	3

7–1b　续表 26　　单位：人

现住地	省外				
	云南				
	小计	乡	镇的村委会	镇的居委会	街道
贵　州	**1732**	**346**	**976**	**217**	**193**
贵阳市	**170**	**19**	**120**	**7**	**24**
南明区					
云岩区					
花溪区	50	12	21	5	12
乌当区	12		12		
白云区					
观山湖区	3		3		
开阳县	34	5	26	1	2
息烽县	24		19		5
修文县	29		26	1	2
清镇市	18	2	13		3
六盘水市	**292**	**83**	**128**	**59**	**22**
钟山区	28	7	17	2	2
六枝特区	12	3	3	5	1
水城县	83	35	24	14	10
盘州市	169	38	84	38	9
遵义市	**127**	**14**	**90**	**11**	**12**
红花岗区	3		3		
汇川区	8		4	1	3
播州区	5	1	4		
桐梓县	21	3	13	3	2
绥阳县	7		4	3	
正安县	19	3	11	1	4
道真仡佬族苗族自治县	9	1	7		1
务川仡佬族苗族自治县	3	1	1	1	
凤冈县	5		5		
湄潭县	10	1	7	2	
余庆县	4	1	3		
习水县	19	3	14		2
赤水市	6		6		
仁怀市	8		8		
安顺市	**110**	**14**	**76**	**7**	**13**
西秀区	9	1	8		
平坝区	35	2	27	3	3
普定县	16	1	9	2	4
镇宁布依族苗族自治县	17	5	11		1
关岭布依族苗族自治县	21	2	15		4
紫云苗族布依族自治县	12	3	6	2	1
毕节市	**516**	**134**	**254**	**79**	**49**
七星关区	30	1	20	8	1
大方县	31	10	10	7	4
黔西县	49	13	24	6	6
金沙县	28	8	18	2	
织金县	33	9	14	4	6
纳雍县	47	7	23	10	7
威宁彝族回族苗族自治县	236	58	124	38	16
赫章县	62	28	21	4	9

7-1b 续表 27　　单位：人

现住地	省外				
	云南				
	小计	乡	镇的村委会	镇的居委会	街道
铜仁市	**24**	**5**	**13**	**1**	**5**
碧江区					
万山区					
江口县	3	1	2		
玉屏侗族自治县	1	1			
石阡县	2	1			1
思南县	3	2	1		
印江土家族苗族自治县	1		1		
德江县	4		4		
沿河土家族自治县	2			1	1
松桃苗族自治县	8		5		3
黔西南布依族苗族自治州	**199**	**33**	**118**	**18**	**30**
兴义市	69	18	46	3	2
兴仁市	18	4	11	1	2
普安县	33	3	25	3	2
晴隆县	19	4	14		1
贞丰县	15	1	2	5	7
望谟县	11		6		5
册亨县	4		3	1	
安龙县	30	3	11	5	11
黔东南苗族侗族自治州	**91**	**13**	**53**	**15**	**10**
凯里市	14		11	2	1
黄平县	4		4		
施秉县	3	1	2		
三穗县	9		3	5	1
镇远县	8	3	4	1	
岑巩县	2			1	1
天柱县	2		2		
锦屏县	7		6	1	
剑河县	9	1	3		5
台江县	8	5	1	1	1
黎平县	8	2	6		
榕江县					
从江县	2		1	1	
雷山县	5		1	3	1
麻江县	8	1	7		
丹寨县	2		2		
黔南布依族苗族自治州	**203**	**31**	**124**	**20**	**28**
都匀市	5	1		1	3
福泉市	15		10		5
荔波县	8		7	1	
贵定县	33	2	20	4	7
瓮安县	28	11	13	2	2
独山县	8		7	1	
平塘县	4	4			
罗甸县	7	2	4	1	
长顺县	3		1	2	
龙里县	62	5	43	5	9
惠水县	26	6	16	2	2
三都水族自治县	4		3	1	

7-1b　续表 28　　　　单位：人

现住地	省外									
	西藏					陕西				
	小计	乡	镇的村委会	镇的居委会	街道	小计	乡	镇的村委会	镇的居委会	街道
贵　州	**25**	**1**	**3**	**3**	**18**	**333**	**35**	**208**	**37**	**53**
贵阳市	**4**			**1**	**3**	**41**	**5**	**22**	**4**	**10**
南明区										
云岩区										
花溪区	1				1	11	2	6		3
乌当区						5		5		
白云区										
观山湖区										
开阳县	3			1	2	7		6	1	
息烽县						3		2		1
修文县						12	2	2	3	5
清镇市						3	1	1		1
六盘水市	**1**		**1**			**13**	**2**	**6**	**3**	**2**
钟山区						1		1		
六枝特区										
水城县						12	2	5	3	2
盘州市	1		1							
遵义市	**4**		**1**	**1**	**2**	**56**	**5**	**41**	**5**	**5**
红花岗区						1		1		
汇川区						2		2		
播州区						4		4		
桐梓县	2				2	12	1	6	3	2
绥阳县						6		6		
正安县						5		4		1
道真仡佬族苗族自治县						4	1	2		1
务川仡佬族苗族自治县						8	3	5		
凤冈县										
湄潭县						4		4		
余庆县	2		1	1		2		1	1	
习水县						7		6		1
赤水市						1			1	
仁怀市										
安顺市	**4**				**4**	**33**	**5**	**22**	**3**	**3**
西秀区						3		2	1	
平坝区						14	3	11		
普定县						4	2	1		1
镇宁布依族苗族自治县	1				1	4		4		
关岭布依族苗族自治县	3				3	6		3	2	1
紫云苗族布依族自治县						2		1		1
毕节市	**10**	**1**	**1**	**1**	**7**	**36**	**1**	**17**	**5**	**13**
七星关区						2		2		
大方县	3	1			2	2				2
黔西县	3				3	6	1	5		
金沙县	1				1	11		5	1	5
织金县	1			1		5		1	1	3
纳雍县						3			2	1
威宁彝族回族苗族自治县	2		1		1	6		4	1	1
赫章县						1				1

7－1b 续表 29 单位：人

现住地	省外									
	西藏					陕西				
	小计	乡	镇的村委会	镇的居委会	街道	小计	乡	镇的村委会	镇的居委会	街道
铜仁市	**1**				**1**	**11**	**2**	**5**	**3**	**1**
碧江区										
万山区										
江口县										
玉屏侗族自治县						1		1		
石阡县						4	2	1		1
思南县						3			3	
印江土家族苗族自治县						2		2		
德江县										
沿河土家族自治县										
松桃苗族自治县	1				1	1		1		
黔西南布依族苗族自治州						**36**		**29**	**2**	**5**
兴义市						1			1	
兴仁市						9		6		3
普安县						16		16		
晴隆县						3		3		
贞丰县						4		1	1	2
望谟县										
册亨县										
安龙县						3		3		
黔东南苗族侗族自治州	**1**				**1**	**42**	**4**	**27**	**5**	**6**
凯里市										
黄平县	1				1	21		18	1	2
施秉县						2	2			
三穗县						5			4	1
镇远县										
岑巩县						6		5		1
天柱县										
锦屏县						1		1		
剑河县										
台江县						1	1			
黎平县						2	1	1		
榕江县						2				2
从江县										
雷山县										
麻江县						2		2		
丹寨县										
黔南布依族苗族自治州						**65**	**11**	**39**	**7**	**8**
都匀市						1				1
福泉市						2		2		
荔波县						4	1	3		
贵定县						6	1	1	4	
瓮安县						13	6	4	1	2
独山县						9		8	1	
平塘县						4		4		
罗甸县						5		3	1	1
长顺县										
龙里县						8	2	3		3
惠水县						13	1	11		1
三都水族自治县										

7-1b　续表 30　　　　单位：人

现住地	省外									
	甘肃					青海				
	小计	乡	镇的村委会	镇的居委会	街道	小计	乡	镇的村委会	镇的居委会	街道
贵州	**132**	**28**	**71**	**21**	**12**	**33**	**6**	**15**	**7**	**5**
贵阳市	**16**	**6**	**10**			**3**		**1**	**1**	**1**
南明区										
云岩区										
花溪区	3	1	2							
乌当区										
白云区										
观山湖区										
开阳县	6	1	5							
息烽县	1		1			2			1	1
修文县	1	1								
清镇市	5	3	2			1		1		
六盘水市	**2**	**1**	**1**							
钟山区										
六枝特区										
水城县	2	1	1							
盘州市										
遵义市	**37**	**6**	**22**	**7**	**2**	**2**		**1**		**1**
红花岗区	5		2	3						
汇川区	2		2							
播州区										
桐梓县	10	1	8		1	1				1
绥阳县	4		3	1						
正安县	2		1	1						
道真仡佬族苗族自治县	2	1	1							
务川仡佬族苗族自治县	2		2							
凤冈县	2		1	1						
湄潭县	6	4	2							
余庆县	1			1		1		1		
习水县	1				1					
赤水市										
仁怀市										
安顺市	**10**		**6**	**4**						
西秀区	2		2							
平坝区	5		2	3						
普定县	3		2	1						
镇宁布依族苗族自治县										
关岭布依族苗族自治县										
紫云苗族布依族自治县										
毕节市	**18**	**8**	**5**	**2**	**3**	**9**	**1**	**2**	**4**	**2**
七星关区										
大方县	5	2	2	1		1				1
黔西县	4	3		1		1		1		
金沙县	2	1	1			1	1			
织金县	2	1			1					
纳雍县	2		1		1					
威宁彝族回族苗族自治县	2		1		1	6		1	4	1
赫章县	1	1								

7-1b 续表 31

单位：人

现住地	省外									
	甘肃					青海				
	小计	乡	镇的村委会	镇的居委会	街道	小计	乡	镇的村委会	镇的居委会	街道
铜仁市	**5**	**1**	**2**		**2**	**1**	**1**			
碧江区										
万山区										
江口县										
玉屏侗族自治县										
石阡县										
思南县	1				1	1	1			
印江土家族苗族自治县	2	1	1							
德江县	1		1							
沿河土家族自治县										
松桃苗族自治县	1				1					
黔西南布依族苗族自治州	**7**		**3**	**2**	**2**	**2**	**2**			
兴义市										
兴仁市										
普安县										
晴隆县	1			1		2	2			
贞丰县	2		2							
望谟县										
册亨县	3		1		2					
安龙县	1			1						
黔东南苗族侗族自治州	**14**	**4**	**8**		**2**	**12**	**2**	**9**	**1**	
凯里市	1		1							
黄平县										
施秉县	1		1							
三穗县	1		1							
镇远县	1		1							
岑巩县	4	4								
天柱县						1	1			
锦屏县	2		2			7		6	1	
剑河县						3	1	2		
台江县										
黎平县	3		2		1					
榕江县										
从江县										
雷山县						1		1		
麻江县										
丹寨县	1				1					
黔南布依族苗族自治州	**23**	**2**	**14**	**6**	**1**	**4**		**2**	**1**	**1**
都匀市						2		1		1
福泉市										
荔波县	2	1	1							
贵定县	8		7	1						
瓮安县	3		2		1					
独山县	3		1	2						
平塘县	1		1							
罗甸县										
长顺县										
龙里县	3	1		2						
惠水县	3		2	1		2		1	1	
三都水族自治县										

7-1b　续表 32　　　　单位：人

现住地	省外									
	宁夏					新疆				
	小计	乡	镇的村委会	镇的居委会	街道	小计	乡	镇的村委会	镇的居委会	街道
贵　州	**17**	**2**	**4**	**2**	**9**	**50**	**9**	**15**	**13**	**13**
贵阳市	**3**				**3**	**1**	**1**			
南明区										
云岩区										
花溪区	3				3	1	1			
乌当区										
白云区										
观山湖区										
开阳县										
息烽县										
修文县										
清镇市										
六盘水市						**1**			**1**	
钟山区										
六枝特区										
水城县						1			1	
盘州市										
遵义市	**3**		**2**		**1**	**13**	**4**	**3**	**1**	**5**
红花岗区										
汇川区										
播州区						1			1	
桐梓县	2		1		1					
绥阳县										
正安县						1		1		
道真仡佬族苗族自治县										
务川仡佬族苗族自治县						2		1		1
凤冈县										
湄潭县										
余庆县										
习水县	1		1			7	4	1		2
赤水市						2				2
仁怀市										
安顺市	**1**	**1**				**2**		**1**	**1**	
西秀区										
平坝区						1		1		
普定县										
镇宁布依族苗族自治县										
关岭布依族苗族自治县						1			1	
紫云苗族布依族自治县	1	1								
毕节市	**4**		**1**		**3**	**8**	**2**	**1**	**1**	**4**
七星关区										
大方县	2		1		1	1				1
黔西县	2				2	3	1			2
金沙县						2	1	1		
织金县										
纳雍县						1				1
威宁彝族回族苗族自治县						1			1	
赫章县										

7−1b 续表 33 单位：人

现住地	省外									
	宁夏					新疆				
	小计	乡	镇的村委会	镇的居委会	街道	小计	乡	镇的村委会	镇的居委会	街道
铜仁市	**2**	**1**		**1**		**1**	**1**			
碧江区										
万山区										
江口县										
玉屏侗族自治县	1			1						
石阡县										
思南县										
印江土家族苗族自治县	1	1								
德江县										
沿河土家族自治县										
松桃苗族自治县						1	1			
黔西南布依族苗族自治州						**3**	**1**	**1**		**1**
兴义市						2	1	1		
兴仁市										
普安县										
晴隆县										
贞丰县										
望谟县										
册亨县										
安龙县						1				1
黔东南苗族侗族自治州						**10**		**6**	**4**	
凯里市										
黄平县						2		2		
施秉县										
三穗县						1		1		
镇远县						1			1	
岑巩县										
天柱县										
锦屏县										
剑河县										
台江县										
黎平县										
榕江县						3		3		
从江县										
雷山县						3			3	
麻江县										
丹寨县										
黔南布依族苗族自治州	**4**		**1**	**1**	**2**	**11**		**3**	**5**	**3**
都匀市	1				1	2		1		1
福泉市										
荔波县										
贵定县										
瓮安县	1		1			7		1	5	1
独山县										
平塘县										
罗甸县										
长顺县										
龙里县										
惠水县	2			1	1	2		1		1
三都水族自治县										

7-1c　全省按现住地、户口登记地类型分的户口登记地在外乡镇街道人口(乡村)

单位：人

现住地	合计					省内				
	合计	乡	镇的村委会	镇的居委会	街道	小计	乡	镇的村委会	镇的居委会	街道
贵州	**132996**	**31124**	**77968**	**8843**	**15061**	**109165**	**26084**	**63786**	**6979**	**12316**
贵阳市	**23431**	**5680**	**13978**	**1332**	**2441**	**19396**	**4695**	**11544**	**1122**	**2035**
南明区	2470	838	1325	115	192	1966	703	1021	91	151
云岩区										
花溪区	3676	1251	1884	159	382	2832	953	1482	126	271
乌当区	3589	857	2137	258	337	3033	744	1789	211	289
白云区	1375	239	990	56	90	1136	199	825	42	70
观山湖区	3545	759	2122	289	375	2915	567	1762	256	330
开阳县	959	307	485	79	88	751	241	369	71	70
息烽县	923	99	729	44	51	753	75	606	37	35
修文县	2231	325	1564	83	259	1864	286	1293	74	211
清镇市	4663	1005	2742	249	667	4146	927	2397	214	608
六盘水市	**12705**	**3880**	**6052**	**1241**	**1532**	**10457**	**3428**	**4726**	**995**	**1308**
钟山区	1284	370	586	95	233	1174	360	501	88	225
六枝特区	1710	536	837	134	203	1366	436	679	90	161
水城县	4871	1976	1986	335	574	4337	1819	1693	294	531
盘州市	4840	998	2643	677	522	3580	813	1853	523	391
遵义市	**24716**	**2761**	**17276**	**1952**	**2727**	**20373**	**2192**	**14354**	**1579**	**2248**
红花岗区	1594	202	1224	61	107	1313	173	1009	44	87
汇川区	899	105	665	65	64	688	74	505	58	51
播州区	3973	390	2482	507	594	3353	328	2058	441	526
桐梓县	2099	245	1457	197	200	1675	166	1189	169	151
绥阳县	1177	173	801	124	79	992	157	672	97	66
正安县	2649	303	2036	182	128	2406	284	1872	144	106
道真仡佬族苗族自治县	1166	93	974	54	45	995	87	850	44	14
务川仡佬族苗族自治县	473	43	292	68	70	292	27	207	22	36
凤冈县	658	81	491	67	19	566	69	423	58	16
湄潭县	1541	230	1072	137	102	1400	214	980	117	89
余庆县	1263	69	981	117	96	1096	54	851	104	87
习水县	3082	340	2171	124	447	2498	252	1773	91	382
赤水市	1361	108	859	93	301	922	69	557	55	241
仁怀市	2781	379	1771	156	475	2177	238	1408	135	396
安顺市	**9070**	**2095**	**5306**	**443**	**1226**	**7245**	**1677**	**4153**	**353**	**1062**
西秀区	2934	826	1766	107	235	2282	678	1339	79	186
平坝区	2038	475	1182	137	244	1672	373	962	112	225
普定县	1236	319	703	63	151	959	259	521	46	133
镇宁布依族苗族自治县	971	185	447	53	286	835	157	387	42	249
关岭布依族苗族自治县	761	146	479	35	101	562	97	353	29	83
紫云苗族布依族自治县	1130	144	729	48	209	935	113	591	45	186
毕节市	**16412**	**6632**	**6929**	**1347**	**1504**	**12797**	**5475**	**5192**	**998**	**1132**
七星关区	1856	392	1032	186	246	1389	312	736	132	209
大方县	2514	1431	725	176	182	2111	1267	579	140	125
黔西县	2684	1052	1194	142	296	2141	891	919	104	227
金沙县	2263	1011	962	128	162	1636	774	660	91	111
织金县	1684	622	743	156	163	1240	461	560	95	124
纳雍县	1497	630	532	151	184	1198	553	402	112	131
威宁彝族回族苗族自治县	1396	319	798	183	96	987	216	586	133	52
赫章县	2518	1175	943	225	175	2095	1001	750	191	153

7－1c 续表 1

单位：人

现住地	合计					省内				
	合计	乡	镇的村委会	镇的居委会	街道	小计	乡	镇的村委会	镇的居委会	街道
铜仁市	**8719**	**2308**	**4113**	**531**	**1767**	**7258**	**1954**	**3295**	**423**	**1586**
碧江区	946	221	511	41	173	857	191	470	38	158
万山区	670	426	85	58	101	544	344	65	48	87
江口县	761	181	367	14	199	644	166	283	9	186
玉屏侗族自治县	462	78	294	33	57	337	55	212	23	47
石阡县	682	220	306	40	116	509	177	204	28	100
思南县	1061	309	479	64	209	962	279	422	61	200
印江土家族苗族自治县	978	71	573	23	311	853	57	493	20	283
德江县	1204	462	430	121	191	1066	416	372	110	168
沿河土家族自治县	769	115	461	37	156	612	85	355	33	139
松桃苗族自治县	1186	225	607	100	254	874	184	419	53	218
黔西南布依族苗族自治州	**10339**	**1838**	**6660**	**398**	**1443**	**8720**	**1598**	**5658**	**286**	**1178**
兴义市	2164	271	1410	101	382	1677	212	1112	65	288
兴仁市	808	115	529	41	123	622	89	407	28	98
普安县	1142	353	601	62	126	885	292	440	48	105
晴隆县	1281	439	578	63	201	1148	403	511	47	187
贞丰县	794	77	500	11	206	616	64	393	8	151
望谟县	1236	245	716	61	214	1154	231	666	54	203
册亨县	1895	269	1546	11	69	1829	255	1512	4	58
安龙县	1019	69	780	48	122	789	52	617	32	88
黔东南苗族侗族自治州	**15518**	**3892**	**9623**	**840**	**1163**	**13394**	**3474**	**8378**	**675**	**867**
凯里市	1603	305	1001	80	217	1326	268	828	70	160
黄平县	753	116	536	65	36	617	97	450	49	21
施秉县	503	244	206	35	18	455	233	184	28	10
三穗县	692	107	515	25	45	600	96	440	23	41
镇远县	332	99	191	22	20	238	66	137	21	14
岑巩县	1109	163	906	10	30	977	132	821	7	17
天柱县	774	28	634	39	73	593	18	497	19	59
锦屏县	807	266	417	61	63	684	242	355	53	34
剑河县	1468	371	988	23	86	1375	347	951	19	58
台江县	629	143	371	59	56	573	126	346	53	48
黎平县	3030	1051	1535	177	267	2761	998	1379	154	230
榕江县	1247	350	681	151	65	1039	295	581	111	52
从江县	854	209	542	56	47	677	165	430	42	40
雷山县	1142	357	710	12	63	1041	330	664	8	39
麻江县	339	48	214	13	64	254	35	171	10	38
丹寨县	236	35	176	12	13	184	26	144	8	6
黔南布依族苗族自治州	**12086**	**2038**	**8031**	**759**	**1258**	**9525**	**1591**	**6486**	**548**	**900**
都匀市	1170	260	549	100	261	760	124	375	83	178
福泉市	1202	182	856	65	99	869	123	642	37	67
荔波县	1387	276	991	32	88	1055	208	793	7	47
贵定县	1181	262	738	53	128	990	231	602	44	113
瓮安县	1628	183	1146	141	158	1400	164	1015	118	103
独山县	1082	230	664	94	94	924	207	559	84	74
平塘县	998	88	818	26	66	840	71	695	22	52
罗甸县	465	124	251	23	67	401	108	220	16	57
长顺县	537	119	358	22	38	399	94	267	13	25
龙里县	1182	174	797	114	97	926	146	642	69	69
惠水县	877	94	602	74	107	688	80	474	42	92
三都水族自治县	377	46	261	15	55	273	35	202	13	23

7-1c　续表 2　　　　单位：人

现 住 地	省外									
	小计					北京				
	小计	乡	镇的村委会	镇的居委会	街道	小计	乡	镇的村委会	镇的居委会	街道
贵　州	**23831**	**5040**	**14182**	**1864**	**2745**	**28**	**6**	**10**	**5**	**7**
贵阳市	**4035**	**985**	**2434**	**210**	**406**	**4**	**1**		**3**	
南明区	504	135	304	24	41	3			3	
云岩区										
花溪区	844	298	402	33	111	1	1			
乌当区	556	113	348	47	48					
白云区	239	40	165	14	20					
观山湖区	630	192	360	33	45					
开阳县	208	66	116	8	18					
息烽县	170	24	123	7	16					
修文县	367	39	271	9	48					
清镇市	517	78	345	35	59					
六盘水市	**2248**	**452**	**1326**	**246**	**224**	**1**		**1**		
钟山区	110	10	85	7	8					
六枝特区	344	100	158	44	42					
水城县	534	157	293	41	43	1		1		
盘州市	1260	185	790	154	131					
遵义市	**4343**	**569**	**2922**	**373**	**479**	**17**	**4**	**7**	**1**	**5**
红花岗区	281	29	215	17	20	2		2		
汇川区	211	31	160	7	13					
播州区	620	62	424	66	68					
桐梓县	424	79	268	28	49	1		1		
绥阳县	185	16	129	27	13					
正安县	243	19	164	38	22	3	2			1
道真仡佬族苗族自治县	171	6	124	10	31	2		2		
务川仡佬族苗族自治县	181	16	85	46	34					
凤冈县	92	12	68	9	3					
湄潭县	141	16	92	20	13					
余庆县	167	15	130	13	9					
习水县	584	88	398	33	65	7	2	2	1	2
赤水市	439	39	302	38	60	1				1
仁怀市	604	141	363	21	79	1				1
安顺市	**1825**	**418**	**1153**	**90**	**164**	**1**	**1**			
西秀区	652	148	427	28	49	1	1			
平坝区	366	102	220	25	19					
普定县	277	60	182	17	18					
镇宁布依族苗族自治县	136	28	60	11	37					
关岭布依族苗族自治县	199	49	126	6	18					
紫云苗族布依族自治县	195	31	138	3	23					
毕节市	**3615**	**1157**	**1737**	**349**	**372**					
七星关区	467	80	296	54	37					
大方县	403	164	146	36	57					
黔西县	543	161	275	38	69					
金沙县	627	237	302	37	51					
织金县	444	161	183	61	39					
纳雍县	299	77	130	39	53					
威宁彝族回族苗族自治县	409	103	212	50	44					
赫章县	423	174	193	34	22					

7-1c 续表 3　　　　单位：人

现住地	省外									
	小计					北京				
	小计	乡	镇的村委会	镇的居委会	街道	小计	乡	镇的村委会	镇的居委会	街道
铜仁市	**1461**	**354**	**818**	**108**	**181**	**1**		**1**		
碧江区	89	30	41	3	15					
万山区	126	82	20	10	14					
江口县	117	15	84	5	13					
玉屏侗族自治县	125	23	82	10	10					
石阡县	173	43	102	12	16					
思南县	99	30	57	3	9					
印江土家族苗族自治县	125	14	80	3	28					
德江县	138	46	58	11	23					
沿河土家族自治县	157	30	106	4	17					
松桃苗族自治县	312	41	188	47	36	1		1		
黔西南布依族苗族自治州	**1619**	**240**	**1002**	**112**	**265**	**1**		**1**		
兴义市	487	59	298	36	94					
兴仁市	186	26	122	13	25					
普安县	257	61	161	14	21					
晴隆县	133	36	67	16	14					
贞丰县	178	13	107	3	55					
望谟县	82	14	50	7	11					
册亨县	66	14	34	7	11	1		1		
安龙县	230	17	163	16	34					
黔东南苗族侗族自治州	**2124**	**418**	**1245**	**165**	**296**	**2**			**1**	**1**
凯里市	277	37	173	10	57					
黄平县	136	19	86	16	15	1			1	
施秉县	48	11	22	7	8					
三穗县	92	11	75	2	4					
镇远县	94	33	54	1	6					
岑巩县	132	31	85	3	13					
天柱县	181	10	137	20	14					
锦屏县	123	24	62	8	29					
剑河县	93	24	37	4	28					
台江县	56	17	25	6	8	1				1
黎平县	269	53	156	23	37					
榕江县	208	55	100	40	13					
从江县	177	44	112	14	7					
雷山县	101	27	46	4	24					
麻江县	85	13	43	3	26					
丹寨县	52	9	32	4	7					
黔南布依族苗族自治州	**2561**	**447**	**1545**	**211**	**358**	**1**				**1**
都匀市	410	136	174	17	83					
福泉市	333	59	214	28	32					
荔波县	332	68	198	25	41	1				1
贵定县	191	31	136	9	15					
瓮安县	228	19	131	23	55					
独山县	158	23	105	10	20					
平塘县	158	17	123	4	14					
罗甸县	64	16	31	7	10					
长顺县	138	25	91	9	13					
龙里县	256	28	155	45	28					
惠水县	189	14	128	32	15					
三都水族自治县	104	11	59	2	32					

7−1c　续表 4　　单位：人

现住地	省外									
	天津					河北				
	小计	乡	镇的村委会	镇的居委会	街道	小计	乡	镇的村委会	镇的居委会	街道
贵　州	**19**	**1**	**9**		**9**	**457**	**97**	**222**	**25**	**113**
贵阳市	**4**	**1**			**3**	**137**	**51**	**62**	**5**	**19**
南明区						7	1	5		1
云岩区										
花溪区	2	1			1	59	39	8	2	10
乌当区	1				1	24	1	17	1	5
白云区										
观山湖区						22	8	12	1	1
开阳县										
息烽县						4		3	1	
修文县	1				1	2		2		
清镇市						19	2	15		2
六盘水市	**2**		**1**		**1**	**32**	**4**	**22**	**1**	**5**
钟山区										
六枝特区						14	1	11		2
水城县	1				1	5	2	3		
盘州市	1		1			13	1	8	1	3
遵义市	**1**		**1**			**76**	**10**	**39**	**10**	**17**
红花岗区						9	3	1	5	
汇川区						1		1		
播州区						5	1	1		3
桐梓县						9		9		
绥阳县						2		2		
正安县	1		1							
道真仡佬族苗族自治县						12		10		2
务川仡佬族苗族自治县						15		1	3	11
凤冈县										
湄潭县						1	1			
余庆县						3		3		
习水县						4	1	3		
赤水市						1			1	
仁怀市						14	4	8	1	1
安顺市						**16**	**3**	**11**		**2**
西秀区						4	2			2
平坝区										
普定县						3	1	2		
镇宁布依族苗族自治县										
关岭布依族苗族自治县						1		1		
紫云苗族布依族自治县						8		8		
毕节市						**31**	**6**	**20**	**2**	**3**
七星关区						2		1		1
大方县						3		3		
黔西县						13	2	10	1	
金沙县						1		1		
织金县						5		3	1	1
纳雍县						1				1
威宁彝族回族苗族自治县						1		1		
赫章县						5	4	1		

7-1c 续表 5 单位：人

现住地	省外									
	天津					河北				
	小计	乡	镇的村委会	镇的居委会	街道	小计	乡	镇的村委会	镇的居委会	街道
铜仁市	**4**		**1**		**3**	**8**	**2**	**5**	**1**	
碧江区						1		1		
万山区						2	2			
江口县						1		1		
玉屏侗族自治县										
石阡县										
思南县						2		2		
印江土家族苗族自治县						1		1		
德江县	3		1		2					
沿河土家族自治县										
松桃苗族自治县	1				1	1			1	
黔西南布依族苗族自治州	**1**				**1**	**46**	**6**	**14**		**26**
兴义市						29	3	7		19
兴仁市						2	1			1
普安县	1				1	2		1		1
晴隆县						2		1		1
贞丰县						4	1			3
望谟县						2		1		1
册亨县						1	1			
安龙县						4		4		
黔东南苗族侗族自治州	**7**		**6**		**1**	**28**	**5**	**17**	**1**	**5**
凯里市	3		3			8	1	7		
黄平县						1		1		
施秉县						3	1	1		1
三穗县										
镇远县										
岑巩县	2		2			4	2	1		1
天柱县						1		1		
锦屏县										
剑河县						2		1		1
台江县										
黎平县										
榕江县						2	1			1
从江县						2		2		
雷山县	1		1							
麻江县	1				1	5		3	1	1
丹寨县										
黔南布依族苗族自治州						**83**	**10**	**32**	**5**	**36**
都匀市						21	6	6	2	7
福泉市						2		1		1
荔波县						19	4	4	3	8
贵定县						4		2		2
瓮安县						25		7		18
独山县						6		6		
平塘县						1		1		
罗甸县						2		2		
长顺县										
龙里县						1		1		
惠水县						2		2		
三都水族自治县										

7-1c 续表 6

单位：人

现住地	省外									
	山西					内蒙古				
	小计	乡	镇的村委会	镇的居委会	街道	小计	乡	镇的村委会	镇的居委会	街道
贵　州	**225**	**54**	**111**	**22**	**38**	**75**	**20**	**26**	**11**	**18**
贵阳市	**55**	**17**	**21**	**5**	**12**	**9**	**2**	**3**	**2**	**2**
南明区	2	1	1							
云岩区										
花溪区	23	11	3	1	8	1		1		
乌当区	7	2	2	2	1	1				1
白云区	2		1	1						
观山湖区	10	1	9			2		2		
开阳县										
息烽县	1		1			2	2			
修文县	5	1	3		1	1				1
清镇市	5	1	1	1	2	2			2	
六盘水市	**15**	**2**	**6**	**2**	**5**	**3**	**2**	**1**		
钟山区										
六枝特区	4			1	3					
水城县	5	1	3		1					
盘州市	6	1	3	1	1	3	2	1		
遵义市	**44**	**11**	**19**	**6**	**8**	**8**	**3**	**2**		**3**
红花岗区	5		2	3						
汇川区										
播州区	13	8	3		2	3		1		2
桐梓县	1	1								
绥阳县	8		5		3	1		1		
正安县										
道真仡佬族苗族自治县										
务川仡佬族苗族自治县	2	2								
凤冈县										
湄潭县						2	2			
余庆县										
习水县	2		1	1						
赤水市	1		1			1	1			
仁怀市	12		7	2	3	1				1
安顺市	**15**	**3**	**11**	**1**		**4**	**1**	**3**		
西秀区	3	1	2			3		3		
平坝区	4	2	1	1						
普定县	4		4							
镇宁布依族苗族自治县										
关岭布依族苗族自治县	1		1			1	1			
紫云苗族布依族自治县	3		3							
毕节市	**29**	**10**	**15**		**4**	**10**	**7**	**1**	**2**	
七星关区	1		1							
大方县	1	1				2	1	1		
黔西县	6	2	4			5	3		2	
金沙县	6	2	2		2					
织金县	4		4							
纳雍县										
威宁彝族回族苗族自治县	3	2			1	1	1			
赫章县	8	3	4		1	2	2			

7-1c 续表 7

单位：人

现住地	省外									
	山西					内蒙古				
	小计	乡	镇的村委会	镇的居委会	街道	小计	乡	镇的村委会	镇的居委会	街道
铜仁市	**9**	**5**	**4**			**4**	**1**	**1**		**2**
碧江区										
万山区										
江口县	2	1	1							
玉屏侗族自治县										
石阡县	3	2	1							
思南县										
印江土家族苗族自治县	3	2	1			2				2
德江县										
沿河土家族自治县										
松桃苗族自治县	1		1			2	1	1		
黔西南布依族苗族自治州	**12**	**1**	**8**	**2**	**1**	**8**	**3**	**4**		**1**
兴义市	2		1	1		1		1		
兴仁市	2		2			3	3			
普安县	8	1	5	1	1	2		2		
晴隆县										
贞丰县										
望谟县										
册亨县										
安龙县						2		1		1
黔东南苗族侗族自治州	**9**		**7**	**1**	**1**	**13**		**6**	**5**	**2**
凯里市	2		2							
黄平县	4		4			6		3	3	
施秉县						1		1		
三穗县	1		1							
镇远县										
岑巩县						4		1	2	1
天柱县										
锦屏县										
剑河县										
台江县										
黎平县										
榕江县	2			1	1					
从江县										
雷山县										
麻江县						2		1		1
丹寨县										
黔南布依族苗族自治州	**37**	**5**	**20**	**5**	**7**	**16**	**1**	**5**	**2**	**8**
都匀市	18	4	6	3	5	1				1
福泉市	1		1			6			1	5
荔波县	3		3			2	1			1
贵定县	4		4			1		1		
瓮安县	2			1	1	1				1
独山县	1		1							
平塘县						2		2		
罗甸县										
长顺县										
龙里县	3		1	1	1	2		1	1	
惠水县	5	1	4			1		1		
三都水族自治县										

7-1c　续表 8　　　　单位：人

现住地	省外									
	辽宁					吉林				
	小计	乡	镇的村委会	镇的居委会	街道	小计	乡	镇的村委会	镇的居委会	街道
贵州	**112**	**13**	**59**	**7**	**33**	**128**	**16**	**56**	**18**	**38**
贵阳市	**23**	**3**	**10**	**1**	**9**	**19**	**2**	**9**	**2**	**6**
南明区	5	2	2		1	6		5	1	
云岩区										
花溪区	3		3			3		3		
乌当区	4		1	1	2	3				3
白云区	4	1	2		1	1			1	
观山湖区	1				1	5	2			3
开阳县										
息烽县										
修文县	2		1		1					
清镇市	4		1		3	1		1		
六盘水市	**7**		**6**		**1**	**4**		**1**		**3**
钟山区	1		1			1				1
六枝特区	2		2			1				1
水城县						1				1
盘州市	4		3		1	1		1		
遵义市	**23**	**1**	**15**	**3**	**4**	**23**	**1**	**10**	**11**	**1**
红花岗区	1		1			2		1	1	
汇川区						1	1			
播州区	8		6	1	1	1		1		
桐梓县	1		1			1		1		
绥阳县						10			10	
正安县						3		3		
道真仡佬族苗族自治县	3		3							
务川仡佬族苗族自治县	1				1					
凤冈县										
湄潭县										
余庆县	4		3	1		1		1		
习水县	1			1		3		2		1
赤水市										
仁怀市	4	1	1		2	1		1		
安顺市	**12**		**5**		**7**	**4**		**3**		**1**
西秀区						2		1		1
平坝区	4				4	1		1		
普定县						1		1		
镇宁布依族苗族自治县										
关岭布依族苗族自治县	1				1					
紫云苗族布依族自治县	7		5		2					
毕节市	**15**	**4**	**6**	**1**	**4**	**41**	**5**	**15**	**2**	**19**
七星关区	7	1	1	1	4	3		1		2
大方县	2	1	1			13		3	1	9
黔西县	2		2			12		11		1
金沙县						5	3		1	1
织金县						1				1
纳雍县	1		1			1				1
威宁彝族回族苗族自治县	1	1				4				4
赫章县	2	1	1			2	2			

7−1c　续表 9

单位：人

现住地	省外									
	辽宁					吉林				
	小计	乡	镇的村委会	镇的居委会	街道	小计	乡	镇的村委会	镇的居委会	街道
铜仁市	**4**	**1**	**2**	**1**		**1**	**1**			
碧江区										
万山区						1	1			
江口县										
玉屏侗族自治县										
石阡县	1			1						
思南县										
印江土家族苗族自治县	1		1							
德江县										
沿河土家族自治县										
松桃苗族自治县	2	1	1							
黔西南布依族苗族自治州	**8**	**1**	**5**		**2**	**14**	**1**	**8**	**3**	**2**
兴义市	3		3			7	1	3	3	
兴仁市						2		2		
普安县	2		2			1		1		
晴隆县						1				1
贞丰县	2	1			1					
望谟县										
册亨县										
安龙县	1				1	3		2		1
黔东南苗族侗族自治州	**8**		**2**	**1**	**5**	**5**	**1**	**3**		**1**
凯里市						1	1			
黄平县	1			1						
施秉县	2				2					
三穗县										
镇远县										
岑巩县						1		1		
天柱县										
锦屏县						1				1
剑河县	2				2	1		1		
台江县										
黎平县										
榕江县										
从江县										
雷山县	3		2		1	1		1		
麻江县										
丹寨县										
黔南布依族苗族自治州	**12**	**3**	**8**		**1**	**17**	**5**	**7**		**5**
都匀市	5	3	2			2		1		1
福泉市						1	1			
荔波县	4		4			8	1	5		2
贵定县	2		2			1		1		
瓮安县										
独山县										
平塘县						2	2			
罗甸县						1	1			
长顺县										
龙里县	1				1	2				2
惠水县										
三都水族自治县										

7-1c　续表 10　　　　单位：人

现住地	省外									
	黑龙江					上海				
	小计	乡	镇的村委会	镇的居委会	街道	小计	乡	镇的村委会	镇的居委会	街道
贵州	**120**	**26**	**52**	**13**	**29**	**29**	**3**	**12**	**2**	**12**
贵阳市	**30**	**10**	**10**	**4**	**6**	**1**				**1**
南明区	2	1			1					
云岩区										
花溪区	3		2		1	1				1
乌当区	4		1	2	1					
白云区	1			1						
观山湖区	9	6	3							
开阳县	2	2								
息烽县										
修文县	2		1		1					
清镇市	7	1	3	1	2					
六盘水市	**9**		**5**	**2**	**2**					
钟山区	2		2							
六枝特区	3		1		2					
水城县	3		2	1						
盘州市	1			1						
遵义市	**11**	**1**	**6**	**1**	**3**	**5**		**2**	**1**	**2**
红花岗区										
汇川区						1		1		
播州区	3	1	2			1				1
桐梓县	1				1					
绥阳县										
正安县	1				1					
道真仡佬族苗族自治县										
务川仡佬族苗族自治县										
凤冈县										
湄潭县										
余庆县	5		3	1	1					
习水县										
赤水市	1		1			1				1
仁怀市						2		1	1	
安顺市	**1**		**1**			**3**			**1**	**2**
西秀区										
平坝区						1			1	
普定县						2				2
镇宁布依族苗族自治县	1		1							
关岭布依族苗族自治县										
紫云苗族布依族自治县										
毕节市	**10**	**3**	**1**		**6**	**2**		**1**		**1**
七星关区	1				1	1				1
大方县	1				1	1		1		
黔西县	3				3					
金沙县	1	1								
织金县										
纳雍县										
威宁彝族回族苗族自治县	2	2								
赫章县	2		1		1					

7－1c　续表 11　　　　单位：人

现住地	省外									
	黑龙江					上海				
	小计	乡	镇的村委会	镇的居委会	街道	小计	乡	镇的村委会	镇的居委会	街道
铜仁市	**3**	**2**	**1**			**6**	**1**	**5**		
碧江区										
万山区	1	1								
江口县										
玉屏侗族自治县	2	1	1			1		1		
石阡县						2		2		
思南县										
印江土家族苗族自治县										
德江县						3	1	2		
沿河土家族自治县										
松桃苗族自治县										
黔西南布依族苗族自治州	**28**	**5**	**19**	**2**	**2**	**1**		**1**		
兴义市	6		3	2	1	1		1		
兴仁市	1		1							
普安县	6		6							
晴隆县	5	5								
贞丰县	5		4		1					
望谟县										
册亨县										
安龙县	5		5							
黔东南苗族侗族自治州	**10**	**1**	**5**	**3**	**1**	**3**	**2**	**1**		
凯里市										
黄平县	1			1						
施秉县	1				1					
三穗县										
镇远县										
岑巩县	1	1								
天柱县	2		2							
锦屏县										
剑河县	1		1							
台江县										
黎平县	2		1	1		1	1			
榕江县										
从江县	1			1						
雷山县	1		1							
麻江县										
丹寨县						2	1	1		
黔南布依族苗族自治州	**18**	**4**	**4**	**1**	**9**	**8**		**2**		**6**
都匀市	6	3	2	1						
福泉市	1		1							
荔波县	2		1		1	1				1
贵定县										
瓮安县	8				8					
独山县										
平塘县						5				5
罗甸县										
长顺县										
龙里县										
惠水县	1	1				2		2		
三都水族自治县										

7-1c 续表 12 单位：人

现住地	省外									
	江苏					浙江				
	小计	乡	镇的村委会	镇的居委会	街道	小计	乡	镇的村委会	镇的居委会	街道
贵州	**599**	**99**	**372**	**54**	**74**	**1073**	**283**	**630**	**74**	**86**
贵阳市	**96**	**15**	**68**	**5**	**8**	**137**	**47**	**78**	**6**	**6**
南明区	9	2	5		2	5	4	1		
云岩区										
花溪区	28	3	21	1	3	40	20	19		1
乌当区	11	1	10			15	1	9	5	
白云区	4		3	1		4	3			1
观山湖区	15	8	7			17	11	6		
开阳县	7		7			9	3	5		1
息烽县	7		4	1	2	7		5		2
修文县	2		1		1	16	1	15		
清镇市	13	1	10	2		24	4	18	1	1
六盘水市	**48**	**10**	**32**	**4**	**2**	**73**	**11**	**44**	**11**	**7**
钟山区	2		2			14	2	12		
六枝特区	10	4	6			15	3	2	9	1
水城县	18	4	13	1		20	5	9	2	4
盘州市	18	2	11	3	2	24	1	21		2
遵义市	**91**	**7**	**51**	**8**	**25**	**144**	**18**	**97**	**13**	**16**
红花岗区	6		6			18	1	15		2
汇川区	2		2			6	2	4		
播州区	13	3	10			37	3	21	6	7
桐梓县	18		14	2	2	16	4	8	4	
绥阳县	1		1			8	1	7		
正安县	1			1		6		4	2	
道真仡佬族苗族自治县	13		1		12	4	1			3
务川仡佬族苗族自治县	2		1	1		7	3	1		3
凤冈县	4	1	1	2		8		7		1
湄潭县	2		2			4	1	2	1	
余庆县	2		2			3		3		
习水县	3	1	1	1		10	1	9		
赤水市	2				2	2		2		
仁怀市	22	2	10	1	9	15	1	14		
安顺市	**78**	**12**	**60**	**5**	**1**	**131**	**37**	**81**	**6**	**7**
西秀区	43	1	40	2		31	7	23		1
平坝区	3	1	2			21	13	7	1	
普定县	23	6	13	3	1	42	6	33		3
镇宁布依族苗族自治县	5	2	3			13	6	5		2
关岭布依族苗族自治县						19	5	9	4	1
紫云苗族布依族自治县	4	2	2			5		4	1	
毕节市	**77**	**18**	**43**	**6**	**10**	**237**	**106**	**96**	**19**	**16**
七星关区	11	1	7	3		27	8	17	1	1
大方县	13	4	7		2	21	9	6	3	3
黔西县	7		7			27	7	16		4
金沙县	13	3	9	1		71	40	22	9	
织金县	11		7	1	3	14	10	4		
纳雍县	9		3	1	5	33	10	16	3	4
威宁彝族回族苗族自治县	2	2				23	6	14	2	1
赫章县	11	8	3			21	16	1	1	3

7－1c　续表 13　　　　单位：人

现住地	省外									
	江苏					浙江				
	小计	乡	镇的村委会	镇的居委会	街道	小计	乡	镇的村委会	镇的居委会	街道
铜仁市	**32**	**15**	**9**	**1**	**7**	**64**	**15**	**43**	**3**	**3**
碧江区	2				2	5		5		
万山区	5	5				4	1		2	1
江口县	5	1	2		2	5	2	3		
玉屏侗族自治县						5	3	2		
石阡县	5	4	1			10	1	9		
思南县	3	1	2			1		1		
印江土家族苗族自治县	2	2				2		2		
德江县	2	2				13	4	7	1	1
沿河土家族自治县	3		2		1	6	1	5		
松桃苗族自治县	5		2	1	2	13	3	9		1
黔西南布依族苗族自治州	**51**	**3**	**32**	**7**	**9**	**88**	**25**	**46**	**6**	**11**
兴义市	8	2	2	2	2	31	15	10	3	3
兴仁市	17	1	13	1	2	10		9		1
普安县	5		5			7		6	1	
晴隆县	8		2	4	2	2	1	1		
贞丰县	7		7			9		3		6
望谟县	1				1	19	6	13		
册亨县						4	2		2	
安龙县	5		3		2	6	1	4		1
黔东南苗族侗族自治州	**60**	**3**	**45**	**5**	**7**	**82**	**14**	**57**	**2**	**9**
凯里市	6		5		1	5	1	3		1
黄平县	3	1	1		1	12	3	8		1
施秉县						5	2	2	1	
三穗县	2		2			3		3		
镇远县	4		4			4	1	3		
岑巩县	12		9		3	5	1	2		2
天柱县	1		1			9		8		1
锦屏县						9	1	7	1	
剑河县	1		1							
台江县	3		2	1		5	1	3		1
黎平县	9	1	5	3		10	3	7		
榕江县	6	1	5			2		2		
从江县	2		2			2		2		
雷山县	3		3			3	1	1		1
麻江县	6		5	1		4		3		1
丹寨县	2				2	4		3		1
黔南布依族苗族自治州	**66**	**16**	**32**	**13**	**5**	**117**	**10**	**88**	**8**	**11**
都匀市	7	7				4	3	1		
福泉市	18	2	7	9		31		29	1	1
荔波县						10		6	2	2
贵定县	3	2	1			6		6		
瓮安县	3	1	2			15	1	12		2
独山县	6	1	3	2		3	1	2		
平塘县	2		1		1	3	1	2		
罗甸县						7		5		2
长顺县	5		3		2	4		2		2
龙里县	12	2	7	2	1	9		5	3	1
惠水县	8		7		1	17		15	2	
三都水族自治县	2	1	1			8	4	3		1

7-1c 续表 14　　　　单位：人

现 住 地	省外									
	安徽					福建				
	小计	乡	镇的村委会	镇的居委会	街道	小计	乡	镇的村委会	镇的居委会	街道
贵　州	**611**	**126**	**379**	**48**	**58**	**901**	**131**	**566**	**76**	**128**
贵阳市	**76**	**15**	**43**	**5**	**13**	**153**	**22**	**116**	**9**	**6**
南明区	8	3	4	1		36	9	20	6	1
云岩区										
花溪区	11	4	5	1	1	17	6	8	2	1
乌当区	12	5	5	1	1	14		14		
白云区	4	1	3			10	3	4	1	2
观山湖区	6	1	4	1		7	2	5		
开阳县	3		3			28		28		
息烽县	1		1			3		3		
修文县	17		11		6	16		14		2
清镇市	14	1	7	1	5	22	2	20		
六盘水市	**55**	**6**	**34**	**9**	**6**	**52**	**8**	**28**	**7**	**9**
钟山区	7		6	1		1			1	
六枝特区	26	6	15	3	2	14	5	6		3
水城县	4		3	1		5		2	1	2
盘州市	18		10	4	4	32	3	20	5	4
遵义市	**88**	**10**	**58**	**10**	**10**	**148**	**17**	**100**	**8**	**23**
红花岗区	7		7			11		11		
汇川区	8	1	4	2	1	3	1	2		
播州区	13	3	9	1		35	5	18	2	10
桐梓县	7		3		4	23	8	15		
绥阳县	9	1	7	1		3		3		
正安县	3		2		1	14		14		
道真仡佬族苗族自治县	4		2	1	1	14	1	11		2
务川仡佬族苗族自治县	9	1	3	4	1					
凤冈县	1	1				8		4	4	
湄潭县	2		2							
余庆县	5		5			5		4	1	
习水县	6		5		1	15	2	8	1	4
赤水市	1		1			2		2		
仁怀市	13	3	8	1	1	15		8		7
安顺市	**60**	**17**	**35**	**1**	**7**	**59**	**3**	**49**		**7**
西秀区	25	13	9	1	2	16		16		
平坝区	13		9		4	9	1	8		
普定县	4	3	1			18	1	15		2
镇宁布依族苗族自治县	4		3		1	1		1		
关岭布依族苗族自治县	6	1	5			11		9		2
紫云苗族布依族自治县	8		8			4	1			3
毕节市	**150**	**45**	**89**	**10**	**6**	**123**	**46**	**45**	**16**	**16**
七星关区	11	1	7	3		23	5	12	6	
大方县	16	9	3	3	1	27	12	2	3	10
黔西县	18	4	11		3	19	9	6	1	3
金沙县	62	22	36	3	1	7	1	3	3	
织金县	29	5	24			19	8	8	1	2
纳雍县	4		4			2		1	1	
威宁彝族回族苗族自治县	3	2	1			8	2	6		
赫章县	7	2	3	1	1	18	9	7	1	1

7-1c 续表 15

单位：人

现住地	省外									
	安徽					福建				
	小计	乡	镇的村委会	镇的居委会	街道	小计	乡	镇的村委会	镇的居委会	街道
铜仁市	**37**	**7**	**25**	**2**	**3**	**84**	**6**	**62**	**4**	**12**
碧江区	4	2	2			4		4		
万山区	5	1	3		1	8	1	6		1
江口县	4	1	3			10		7		3
玉屏侗族自治县						6			4	2
石阡县	11		10		1	8	1	3		4
思南县						5	3	2		
印江土家族苗族自治县	2		1		1	15		15		
德江县	5	2	2	1		3	1	2		
沿河土家族自治县	2	1	1			5		5		
松桃苗族自治县	4		3	1		20		18		2
黔西南布依族苗族自治州	**31**	**6**	**22**	**2**	**1**	**69**	**5**	**50**	**7**	**7**
兴义市	6	2	4			6		5		1
兴仁市	3		3			5	2	3		
普安县	6		6			27		19	4	4
晴隆县	9		7	2		4		4		
贞丰县	3		2		1	11	2	8		1
望谟县	1	1				5		4	1	
册亨县						3			2	1
安龙县	3	3				8	1	7		
黔东南苗族侗族自治州	**52**	**8**	**33**	**6**	**5**	**115**	**12**	**70**	**6**	**27**
凯里市	2		2			19	1	13		5
黄平县	1		1			10		6		4
施秉县	2	1	1			2	1	1		
三穗县	2		2			5	1	3		1
镇远县						1	1			
岑巩县	2	1	1			4		3		1
天柱县	7		5	1	1	2		2		
锦屏县	4		4			15	2	9	1	3
剑河县	3	3				12		3		9
台江县	3			3						
黎平县	4		4			20	1	16		3
榕江县	9	2	5	2		13	3	5	5	
从江县	4		3		1	7		7		
雷山县	4		3		1	3	1	1		1
麻江县	5	1	2		2					
丹寨县						2	1	1		
黔南布依族苗族自治州	**62**	**12**	**40**	**3**	**7**	**98**	**12**	**46**	**19**	**21**
都匀市	8	1	5		2	25	7	13		5
福泉市	4		4			5		5		
荔波县	7	7				10	3	6		1
贵定县	5		5			2		2		
瓮安县	6		5		1	1			1	
独山县	2		1		1	3		3		
平塘县	2	2				3		1	2	
罗甸县	4		1	2	1	1	1			
长顺县	5		4		1	6		6		
龙里县	7		7			5		3	1	1
惠水县	8	2	4	1	1	25		6	14	5
三都水族自治县	4		4			12	1	1	1	9

7-1c 续表 16 单位：人

现住地	省外									
	江西					山东				
	小计	乡	镇的村委会	镇的居委会	街道	小计	乡	镇的村委会	镇的居委会	街道
贵州	**744**	**169**	**400**	**87**	**88**	**626**	**109**	**321**	**90**	**106**
贵阳市	**152**	**48**	**85**	**7**	**12**	**63**	**13**	**43**		**7**
南明区	13	1	9	3		1		1		
云岩区										
花溪区	59	21	29		9	15	5	7		3
乌当区	15	2	10	2	1	7	1	6		
白云区	9	7	2			4	1	3		
观山湖区	20	8	9	2	1	14	4	9		1
开阳县	10	3	7			1		1		
息烽县	6		6			3		3		
修文县	7	1	6			6		5		1
清镇市	13	5	7		1	12	2	8		2
六盘水市	**81**	**27**	**25**	**15**	**14**	**38**	**7**	**19**	**6**	**6**
钟山区	1				1	3		1	1	1
六枝特区	17	7	1	4	5	9	1	6		2
水城县	34	13	17	1	3	15	4	9	1	1
盘州市	29	7	7	10	5	11	2	3	4	2
遵义市	**91**	**8**	**65**	**12**	**6**	**82**	**5**	**53**	**17**	**7**
红花岗区	2		2			6		5	1	
汇川区	2	1	1			5		5		
播州区	27	2	13	10	2	12	1	8	2	1
桐梓县	3		3			10		10		
绥阳县	3		3			3		3		
正安县	21	2	18		1	16		4	11	1
道真仡佬族苗族自治县										
务川仡佬族苗族自治县	2			1	1	1		1		
凤冈县	2		2			2		1	1	
湄潭县	6		6							
余庆县	6		6			11		10	1	
习水县	9	3	5		1	3	2		1	
赤水市	4		3		1					
仁怀市	4		3	1		13	2	6		5
安顺市	**77**	**16**	**39**	**9**	**13**	**36**	**6**	**19**	**3**	**8**
西秀区	41	7	18	7	9	9	1	6		2
平坝区	9	2	6	1		1	1			
普定县	13	6	2	1	4	13	2	9	2	
镇宁布依族苗族自治县	2		2			4		1		3
关岭布依族苗族自治县	2	1	1			4	1	3		
紫云苗族布依族自治县	10		10			5	1		1	3
毕节市	**107**	**30**	**49**	**18**	**10**	**250**	**58**	**108**	**44**	**40**
七星关区	8		7	1		7		7		
大方县	14	8	4	2		29	5	19		5
黔西县	19	2	14		3	54		38	9	7
金沙县	10	5	3	1	1	42	15	18	2	7
织金县	16	7	7	1	1	54	30	2	21	1
纳雍县	27	4	7	12	4	50	3	18	10	19
威宁彝族回族苗族自治县	6	1	4		1	6		4	1	1
赫章县	7	3	3	1		8	5	2	1	

7-1c 续表 17　　　　单位：人

现住地	省外									
	江西					山东				
	小计	乡	镇的村委会	镇的居委会	街道	小计	乡	镇的村委会	镇的居委会	街道
铜仁市	**44**	**4**	**31**	**4**	**5**	**18**	**8**	**9**	**1**	
碧江区	7		6	1						
万山区	5	1	1		3	7	7			
江口县						1		1		
玉屏侗族自治县	2		2			1			1	
石阡县	3	1	1		1	5		5		
思南县	2		2			1		1		
印江土家族苗族自治县	3		3			1		1		
德江县	4	1	3			1		1		
沿河土家族自治县	2		2							
松桃苗族自治县	16	1	11	3	1	1	1			
黔西南布依族苗族自治州	**40**	**4**	**26**	**3**	**7**	**58**	**5**	**29**	**9**	**15**
兴义市	16	1	13	2		15	2	11		2
兴仁市	1		1			21	2	5	7	7
普安县	1		1			4	1	3		
晴隆县	3	2	1			10		6	2	2
贞丰县	3				3	1				1
望谟县	2	1			1	3		1		2
册亨县	11		9		2					
安龙县	3		1	1	1	4		3		1
黔东南苗族侗族自治州	**79**	**29**	**31**	**11**	**8**	**34**	**3**	**22**	**3**	**6**
凯里市	7	2	4		1	5		4		1
黄平县	3	1	2			1		1		
施秉县	3			3		2			1	1
三穗县	1		1			7		7		
镇远县	3	1	2			4	1	2	1	
岑巩县	5	2	3			7	1	6		
天柱县	4		3		1					
锦屏县	11	9	1		1	1		1		
剑河县	9	1	4		4					
台江县	2	2				3				3
黎平县	15	8	5	2		1	1			
榕江县	13	2	5	6		2		1	1	
从江县	1	1								
雷山县										
麻江县	1				1	1				1
丹寨县	1		1							
黔南布依族苗族自治州	**73**	**3**	**49**	**8**	**13**	**47**	**4**	**19**	**7**	**17**
都匀市	9		4		5	4		1		3
福泉市	11		10		1	9	1	4	1	3
荔波县	10		5	5		3		3		
贵定县	8	1	6		1	8	2	1	2	3
瓮安县	9		7	1	1	13		4	3	6
独山县	5		1	1	3					
平塘县	4		2		2	4	1	2		1
罗甸县	1	1								
长顺县	2		2			2		2		
龙里县	7	1	6			3		1	1	1
惠水县	6		5	1		1		1		
三都水族自治县	1		1							

7-1c　续表 18　　　　　　　　　　　　　　　　　　　　　　　　　　　　　　　　单位：人

现住地	省外									
	河南					湖北				
	小计	乡	镇的村委会	镇的居委会	街道	小计	乡	镇的村委会	镇的居委会	街道
贵　州	**1176**	**283**	**663**	**87**	**143**	**1645**	**299**	**1055**	**120**	**171**
贵阳市	**223**	**51**	**126**	**16**	**30**	**312**	**54**	**216**	**19**	**23**
南明区	20	6	7	1	6	26		23	3	
云岩区										
花溪区	53	20	23	2	8	65	16	41	6	2
乌当区	45	5	32	1	7	26	3	19	1	3
白云区	7	5	2			45	4	35	4	2
观山湖区	32	9	17	6		40	14	20	2	4
开阳县	18	3	9	1	5	13	7	1		5
息烽县	6		4		2	29	1	25		3
修文县	23	1	21		1	15	1	10	2	2
清镇市	19	2	11	5	1	53	8	42	1	2
六盘水市	**72**	**17**	**49**	**4**	**2**	**119**	**20**	**75**	**15**	**9**
钟山区	2		2			8		7	1	
六枝特区	18	8	10			25	6	10	8	1
水城县	18	4	12	1	1	47	9	35	2	1
盘州市	34	5	25	3	1	39	5	23	4	7
遵义市	**159**	**22**	**115**	**8**	**14**	**234**	**38**	**165**	**14**	**17**
红花岗区	12	2	10			16		14		2
汇川区	4		4			23	2	21		
播州区	42	10	27	1	4	47	3	38	4	2
桐梓县	10	2	8			28	2	20	4	2
绥阳县	3		3			10	2	5		3
正安县	21	1	17	2	1	9	1	6	1	1
道真仡佬族苗族自治县	13	1	11	1		3		2	1	
务川仡佬族苗族自治县	2			2		19	1	18		
凤冈县	2		2			5	3	2		
湄潭县	7		6		1	9		5		4
余庆县	8		6		2	11		11		
习水县	10	3	5		2	20	8	10	1	1
赤水市	3		3			3	1	2		
仁怀市	22	3	13	2	4	31	15	11	3	2
安顺市	**70**	**17**	**41**	**6**	**6**	**216**	**19**	**179**	**12**	**6**
西秀区	31	10	19		2	111	6	99	2	4
平坝区	17	2	9	5	1	44	7	34	3	
普定县	9	4	3	1	1	18	1	14	3	
镇宁布依族苗族自治县	2		2			12	1	6	3	2
关岭布依族苗族自治县	5		4		1	28	4	23	1	
紫云苗族布依族自治县	6	1	4		1	3		3		
毕节市	**215**	**75**	**84**	**24**	**32**	**236**	**57**	**119**	**29**	**31**
七星关区	19	1	13	3	2	35	5	12	17	1
大方县	18	3	1	5	9	40	11	22	4	3
黔西县	91	37	26	10	18	52	3	28	3	18
金沙县	35	14	20		1	23	8	13		2
织金县	20	8	11		1	28	19	4	2	3
纳雍县	6		5		1	15	4	7	2	2
威宁彝族回族苗族自治县	6	2	4			6	2	3		1
赫章县	20	10	4	6		37	5	30	1	1

7-1c 续表 19 单位：人

现住地	省外									
	河南					湖北				
	小计	乡	镇的村委会	镇的居委会	街道	小计	乡	镇的村委会	镇的居委会	街道
铜仁市	**51**	**16**	**22**	**5**	**8**	**114**	**36**	**61**	**4**	**13**
碧江区	7	3	4			7	4	1		2
万山区	2	2				6	5		1	
江口县	4		2		2	12		6	1	5
玉屏侗族自治县	4	1	2	1		17	6	11		
石阡县	4		3	1		11	6	3	1	1
思南县						10	3	7		
印江土家族苗族自治县	7	1	4	1	1	4		3	1	
德江县	3	2			1	19	7	9		3
沿河土家族自治县	4	1	3			14	4	9		1
松桃苗族自治县	16	6	4	2	4	14	1	12		1
黔西南布依族苗族自治州	**108**	**37**	**55**	**8**	**8**	**81**	**15**	**52**	**3**	**11**
兴义市	11	4	6		1	22	3	11	2	6
兴仁市	5	2	3			11	2	7		2
普安县	53	28	22		3	22	10	12		
晴隆县	3	1	1	1		1		1		
贞丰县	11		8		3	5		4		1
望谟县	1		1			2		2		
册亨县	1		1			2		1	1	
安龙县	23	2	13	7	1	16		14		2
黔东南苗族侗族自治州	**126**	**36**	**59**	**10**	**21**	**117**	**13**	**61**	**16**	**27**
凯里市	31	2	17	1	11	6		4	2	
黄平县	7		5	2		2		2		
施秉县	1		1			1		1		
三穗县	1		1			2		2		
镇远县	10	1	4		5	4	1	3		
岑巩县	6	2	4			13	6	6		1
天柱县	10	1	8	1		13		6	4	3
锦屏县	3	1	1	1		10		7	1	2
剑河县	8	5	3			2		1		1
台江县	1				1	1		1		
黎平县	4		3		1	9	1	4		4
榕江县	7	2		5		23	2	9	7	5
从江县	1		1			10	1	5	2	2
雷山县	21	21				11	2	4		5
麻江县	10	1	7		2	9		5		4
丹寨县	5		4		1	1		1		
黔南布依族苗族自治州	**152**	**12**	**112**	**6**	**22**	**216**	**47**	**127**	**8**	**34**
都匀市	32	7	17		8	36	22	7	1	6
福泉市	15		14	1		22	2	15	2	3
荔波县	14	1	13			56	8	36	1	11
贵定县	4		2	1	1	25	5	19	1	
瓮安县	13	1	4	2	6	16	1	14		1
独山县	18		16		2	8	1	2		5
平塘县	3		3			13	1	11		1
罗甸县	3	1	2			3	1			2
长顺县	15		15			18	5	10	1	2
龙里县	14		11	2	1	13		10	2	1
惠水县	14		14			5	1	3		1
三都水族自治县	7	2	1		4	1				1

7-1c　续表 20　　　　单位：人

现住地	省外									
	湖南					广东				
	小计	乡	镇的村委会	镇的居委会	街道	小计	乡	镇的村委会	镇的居委会	街道
贵州	**2735**	**600**	**1611**	**241**	**283**	**878**	**133**	**525**	**98**	**122**
贵阳市	**386**	**99**	**225**	**22**	**40**	**72**	**20**	**33**	**6**	**13**
南明区	34	10	18	1	5	7	1	2	2	2
云岩区										
花溪区	82	40	26	4	12	19	10	7	1	1
乌当区	50	9	33	5	3	16	3	8	2	3
白云区	21	6	13		2	2		1		1
观山湖区	92	20	63	2	7	12	4	5		3
开阳县	15	4	8	3		1			1	
息烽县	8		8							
修文县	35	3	27	3	2	5		3		2
清镇市	49	7	29	4	9	10	2	7		1
六盘水市	**242**	**49**	**146**	**28**	**19**	**42**	**7**	**22**	**11**	**2**
钟山区	8		6		2	1		1		
六枝特区	36	12	20	1	3	14		4	9	1
水城县	58	15	33	7	3	10	5	4	1	
盘州市	140	22	87	20	11	17	2	13	1	1
遵义市	**349**	**35**	**261**	**28**	**25**	**127**	**7**	**88**	**17**	**15**
红花岗区	22	6	15		1	6		5		1
汇川区	19	1	15	2	1	4	1	2		1
播州区	52	1	45	4	2	8		6	1	1
桐梓县	25	6	18		1	10		6	2	2
绥阳县	28	4	20	3	1	27	3	19	5	
正安县	40	4	26	3	7	7	2	4		1
道真仡佬族苗族自治县	13	1	11		1	4		3	1	
务川仡佬族苗族自治县	29	1	16	9	3	3		2	1	
凤冈县	17		17			8		8		
湄潭县	11	1	8	2		9		2	6	1
余庆县	24	2	18	2	2	4		4		
习水县	27	6	18	2	1	21		17	1	3
赤水市	13	1	10		2	5	1	3		1
仁怀市	29	1	24	1	3	11		7		4
安顺市	**194**	**62**	**95**	**12**	**25**	**44**	**3**	**31**	**4**	**6**
西秀区	89	37	43	2	7	11	1	8	2	
平坝区	33	14	11	6	2	8		8		
普定县	15	2	12		1	9	2	6		1
镇宁布依族苗族自治县	22	1	7	4	10	4		1	1	2
关岭布依族苗族自治县	5		4		1	2		1		1
紫云苗族布依族自治县	30	8	18		4	10		7	1	2
毕节市	**314**	**101**	**141**	**43**	**29**	**117**	**32**	**57**	**16**	**12**
七星关区	26	8	13	4	1	28	2	20	3	3
大方县	33	16	14	1	2	16	10	1	2	3
黔西县	36	14	16		6	8	2	5		1
金沙县	28	6	22			7	1	4	1	1
织金县	71	21	20	22	8	7	1	4	2	
纳雍县	33	12	18		3	7	1	2	2	2
威宁彝族回族苗族自治县	30	10	13	4	3	27	4	17	5	1
赫章县	57	14	25	12	6	17	11	4	1	1

7-1c 续表 21 单位：人

现住地	省外									
	湖南					广东				
	小计	乡	镇的村委会	镇的居委会	街道	小计	乡	镇的村委会	镇的居委会	街道
铜仁市	**336**	**90**	**178**	**23**	**45**	**147**	**25**	**81**	**13**	**28**
碧江区	33	17	8	1	7	3		3		
万山区	41	27	4	5	5	10	4	2	2	2
江口县	41	5	31	4	1	3		3		
玉屏侗族自治县	62	7	47	2	6	3		1	2	
石阡县	30	8	20	2		14	5	5		4
思南县	6	4	1		1	31	8	20	1	2
印江土家族苗族自治县	18	3	9		6	29		14		15
德江县	22	6	8	4	4	11	2	2	4	3
沿河土家族自治县	15	5	9		1	30	4	22	2	2
松桃苗族自治县	68	8	41	5	14	13	2	9	2	
黔西南布依族苗族自治州	**119**	**13**	**75**	**8**	**23**	**100**	**18**	**63**	**5**	**14**
兴义市	35	3	21	2	9	26	2	21	1	2
兴仁市	7		6	1		10		6		4
普安县	14	1	13			5	3	2		
晴隆县	13	4	7	2		6	3	2		1
贞丰县	25	2	15		8	8		5		3
望谟县	3			3		15	3	12		
册亨县	5		4		1	11	7	3		1
安龙县	17	3	9		5	19		12	4	3
黔东南苗族侗族自治州	**496**	**96**	**307**	**41**	**52**	**146**	**14**	**94**	**14**	**24**
凯里市	46	11	32		3	16		9		7
黄平县	11	1	7	2	1	7	1	6		
施秉县	12	3	6	1	2	4		3	1	
三穗县	27	2	21	2	2	7	2	5		
镇远县	29	13	16			9	4	5		
岑巩县	26	3	22		1	6		5	1	
天柱县	61	3	56	1	1	20		10	8	2
锦屏县	40	1	19	4	16	4		3		1
剑河县	21	9	7		5	7		4		3
台江县	13	6	6		1	2		2		
黎平县	94	18	55	14	7	20	3	10	1	6
榕江县	35	6	23	3	3	5	1	2	1	1
从江县	61	19	32	9	1	18		16	1	1
雷山县	3	1		1	1	3		2	1	
麻江县	10		4		6	4	1	1		2
丹寨县	7		1	4	2	14	2	11		1
黔南布依族苗族自治州	**299**	**55**	**183**	**36**	**25**	**83**	**7**	**56**	**12**	**8**
都匀市	36	7	23	2	4	4		1	3	
福泉市	25	8	16	1		5		4	1	
荔波县	13	6	5		2	10		8		2
贵定县	15	2	10	2	1	5	1	3	1	
瓮安县	25	3	13	6	3	8	2	5	1	
独山县	29	10	15	2	2	7		5	1	1
平塘县	34	7	25		2	15	1	12	1	1
罗甸县	14	1	9	4		7	2	3		2
长顺县	21	4	10	7		2		2		
龙里县	39	4	26	6	3	7	1	2	2	2
惠水县	25	3	14	5	3	11		9	2	
三都水族自治县	23		17	1	5	2		2		

7-1c　续表 22　　　　单位：人

现住地	省外									
	广西					海南				
	小计	乡	镇的村委会	镇的居委会	街道	小计	乡	镇的村委会	镇的居委会	街道
贵州	**1199**	**310**	**729**	**90**	**70**	**67**	**6**	**40**	**8**	**13**
贵阳市	**136**	**43**	**78**	**5**	**10**	**11**	**3**	**3**		**5**
南明区	6	2	2		2					
云岩区										
花溪区	14	4	7		3	2		1		1
乌当区	36	12	21	3		2				2
白云区	6		6							
观山湖区	28	11	15		2	2	1			1
开阳县	7	4	3			1	1			
息烽县	5	1	4			1				1
修文县	18	7	9		2					
清镇市	16	2	11	2	1	3	1	2		
六盘水市	**66**	**21**	**35**	**6**	**4**	**4**		**3**		**1**
钟山区	2		1		1					
六枝特区	17	3	11	3						
水城县	24	15	8		1	1		1		
盘州市	23	3	15	3	2	3		2		1
遵义市	**148**	**16**	**111**	**9**	**12**	**8**		**6**	**1**	**1**
红花岗区	13	1	11		1	1				1
汇川区	6	2	4							
播州区	17	2	9	2	4	2		1	1	
桐梓县	15		12	3		2		2		
绥阳县	10		9	1						
正安县	14	1	12		1	1		1		
道真仡佬族苗族自治县	6	1	3	1	1					
务川仡佬族苗族自治县	1		1							
凤冈县	7	2	5							
湄潭县	16		16							
余庆县	4		4							
习水县	16	3	13							
赤水市	11	3	4	1	3	1		1		
仁怀市	12	1	8	1	2	1		1		
安顺市	**96**	**26**	**61**	**2**	**7**	**2**		**1**	**1**	
西秀区	32	6	22		4					
平坝区	31	12	17	2						
普定县	10	5	5			1			1	
镇宁布依族苗族自治县	5		4		1					
关岭布依族苗族自治县	13	3	10			1		1		
紫云苗族布依族自治县	5		3		2					
毕节市	**125**	**45**	**63**	**14**	**3**	**6**		**5**	**1**	
七星关区	21	5	12	3	1	1		1		
大方县	24	18	4	1	1					
黔西县	15	4	11							
金沙县	7	5	2			1			1	
织金县	22	8	10	4		2		2		
纳雍县	7	1	5	1						
威宁彝族回族苗族自治县	17		13	4		1		1		
赫章县	12	4	6	1	1	1		1		

7–1c　续表 23

单位：人

现住地	省外									
	广西					海南				
	小计	乡	镇的村委会	镇的居委会	街道	小计	乡	镇的村委会	镇的居委会	街道
铜仁市	**76**	**14**	**38**	**21**	**3**	**6**		**3**	**3**	
碧江区	2		1		1					
万山区	2	2								
江口县	8	1	7			1		1		
玉屏侗族自治县										
石阡县	7	4	2	1		1		1		
思南县	7	1	5	1		1			1	
印江土家族苗族自治县	6	1	4		1					
德江县	7	1	5		1	1		1		
沿河土家族自治县	1	1								
松桃苗族自治县	36	3	14	19		2			2	
黔西南布依族苗族自治州	**116**	**17**	**86**	**3**	**10**	**10**	**1**	**4**		**5**
兴义市	30	7	23			2		2		
兴仁市	16	1	13	1	1	2	1			1
普安县	5	2	3							
晴隆县	9	1	8							
贞丰县	4		3	1		4				4
望谟县	4		2		2					
册亨县	8	3	5							
安龙县	40	3	29	1	7	2		2		
黔东南苗族侗族自治州	**186**	**63**	**110**	**10**	**3**	**6**	**2**	**4**		
凯里市	9	2	6		1	2	1	1		
黄平县	15	6	8	1		1		1		
施秉县	1		1							
三穗县	4		4							
镇远县	3	2	1							
岑巩县	12	2	10							
天柱县	14	4	7	3		1		1		
锦屏县	8	2	5		1					
剑河县	4		4							
台江县	3		3							
黎平县	31	13	17		1					
榕江县	22	11	7	4						
从江县	49	21	27	1		1	1			
雷山县	8		8							
麻江县	3		2	1		1		1		
丹寨县										
黔南布依族苗族自治州	**250**	**65**	**147**	**20**	**18**	**14**		**11**	**2**	**1**
都匀市	27	12	11	2	2	1				1
福泉市	10	2	8							
荔波县	82	21	42	13	6					
贵定县	26	10	16							
瓮安县	6	1	5			10		8	2	
独山县	32	7	21	3	1	2		2		
平塘县	19	2	16		1	1		1		
罗甸县	9	5	2	1	1					
长顺县	17	4	8	1	4					
龙里县	7		6		1					
惠水县	3		3							
三都水族自治县	12	1	9		2					

7-1c　续表 24

单位：人

现住地	省外									
	重庆					四川				
	小计	乡	镇的村委会	镇的居委会	街道	小计	乡	镇的村委会	镇的居委会	街道
贵州	**2403**	**379**	**1448**	**193**	**383**	**4391**	**1015**	**2700**	**270**	**406**
贵阳市	**478**	**71**	**290**	**34**	**83**	**1091**	**286**	**698**	**41**	**66**
南明区	87	13	69		5	174	62	100	2	10
云岩区										
花溪区	104	9	53	7	35	191	61	115	6	9
乌当区	57	7	35	7	8	157	38	102	11	6
白云区	25	2	13	3	7	70	5	60	2	3
观山湖区	68	20	26	10	12	167	54	103	7	3
开阳县	24	8	13		3	48	20	23	2	3
息烽县	17	2	14	1		53	11	33	3	6
修文县	45	5	33	2	5	105	11	77	1	16
清镇市	51	5	34	4	8	126	24	85	7	10
六盘水市	**152**	**20**	**93**	**15**	**24**	**297**	**67**	**167**	**31**	**32**
钟山区	6	1	5			36	6	27	2	1
六枝特区	20	8	9	1	2	41	9	21	2	9
水城县	37	2	26	2	7	100	35	50	9	6
盘州市	89	9	53	12	15	120	17	69	18	16
遵义市	**882**	**98**	**558**	**87**	**139**	**1155**	**205**	**793**	**75**	**82**
红花岗区	40	2	30	3	5	51	10	35	2	4
汇川区	35	6	24	2	3	53	8	38		7
播州区	137	6	103	12	16	94	7	70	10	7
桐梓县	112	17	56	9	30	66	21	39	3	3
绥阳县	18	2	9	4	3	19	1	15	1	2
正安县	38	4	22	7	5	32	2	24	6	
道真仡佬族苗族自治县	50		42	2	6	23	1	17	3	2
务川仡佬族苗族自治县	64	7	30	18	9	9	1	1	2	5
凤冈县	7	1	3	1	2	10	2	8		
湄潭县	24	3	13	6	2	24	5	14	4	1
余庆县	36	12	17	5	2	22	1	18	1	2
习水县	174	29	98	13	34	190	21	149	9	11
赤水市	66	5	45	3	13	302	26	215	30	31
仁怀市	81	4	66	2	9	260	99	150	4	7
安顺市	**136**	**28**	**81**	**11**	**16**	**360**	**102**	**218**	**11**	**29**
西秀区	54	12	25	8	9	94	26	60	3	5
平坝区	40	5	28	3	4	81	29	48	2	2
普定县	10	2	7		1	41	2	34	3	2
镇宁布依族苗族自治县	4	1	3			34	10	11	2	11
关岭布依族苗族自治县	16	8	7		1	53	21	26	1	5
紫云苗族布依族自治县	12		11		1	57	14	39		4
毕节市	**205**	**52**	**104**	**16**	**33**	**522**	**187**	**248**	**36**	**51**
七星关区	19	2	13		4	81	20	47	5	9
大方县	19	6	9	3	1	68	36	21	6	5
黔西县	39	14	23	1	1	62	31	23	7	1
金沙县	61	12	32	5	12	145	43	74	7	21
织金县	34	7	15	1	11	49	17	25	3	4
纳雍县	10	4	3	3		31	11	12		8
威宁彝族回族苗族自治县	13	1	7	1	4	36	9	19	6	2
赫章县	10	6	2	2		50	20	27	2	1

7-1c 续表 25　　单位：人

现住地	省外									
	重庆					四川				
	小计	乡	镇的村委会	镇的居委会	街道	小计	乡	镇的村委会	镇的居委会	街道
铜仁市	**197**	**55**	**105**	**11**	**26**	**144**	**38**	**83**	**10**	**13**
碧江区	5	2	1		2	4	1	2	1	
万山区	16	14	1		1	6	5	1		
江口县	7	3	4			10		10		
玉屏侗族自治县	9	4	5			6	1	5		
石阡县	14	3	8		3	37	7	22	6	2
思南县	16	4	7		5	8	5	3		
印江土家族苗族自治县	14	3	9		2	5	1	3	1	
德江县	10	3	4		3	19	11	3	1	4
沿河土家族自治县	49	9	28	2	10	23	4	18		1
松桃苗族自治县	57	10	38	9		26	3	16	1	6
黔西南布依族苗族自治州	**76**	**13**	**38**	**5**	**20**	**200**	**17**	**124**	**19**	**40**
兴义市	26	1	13	2	10	81	5	46	7	23
兴仁市	9	4	5			11	2	7		2
普安县	8	3	2	2	1	15	2	9	2	2
晴隆县	8	4	1	1	2	15		8	4	3
贞丰县	6	1	5			31	3	21	1	6
望谟县	7		3		4	10	3	4	3	
册亨县	6		4		2	7	1	3	2	1
安龙县	6		5		1	30	1	26		3
黔东南苗族侗族自治州	**118**	**17**	**70**	**3**	**28**	**289**	**62**	**170**	**17**	**40**
凯里市	20	1	11		8	62	12	32	4	14
黄平县	11		6		5	20	3	14	2	1
施秉县						4		4		
三穗县	12	4	8			14	2	11		1
镇远县	5	1	4			14	7	7		
岑巩县	11	5	5		1	4	3			1
天柱县	8		6		2	21	1	17	1	2
锦屏县	4	2	2			10	6	2		2
剑河县	4	2	2			13	4	3	4	2
台江县						14	3	8	2	1
黎平县	20		11	1	8	19	2	14	1	2
榕江县	12	2	7	2	1	37	8	26	3	
从江县	7		5		2	7		7		
雷山县	1		1			26	1	12		13
麻江县	2		1		1	12	6	5		1
丹寨县	1		1			12	4	8		
黔南布依族苗族自治州	**159**	**25**	**109**	**11**	**14**	**333**	**51**	**199**	**30**	**53**
都匀市	11	3	6		2	61	15	29	1	16
福泉市	31	3	25	1	2	64	6	41	9	8
荔波县	12	1	10		1	19	4	13	1	1
贵定县	17	4	11		2	23		18		5
瓮安县	12	1	5	3	3	24	6	16	1	1
独山县	10	1	8		1	11		8	1	2
平塘县	14		14			15		15		
罗甸县	3		2		1	5	3	2		
长顺县	12	6	6			19	3	15		1
龙里县	25	4	13	7	1	53	13	22	11	7
惠水县	8	1	6		1	17	1	8	6	2
三都水族自治县	4	1	3			22		12		10

7-1c 续表 26 单位：人

现住地	省外				
	云南				
	小计	乡	镇的村委会	镇的居委会	街道
贵州	**2772**	**673**	**1717**	**161**	**221**
贵阳市	**258**	**95**	**145**	**6**	**12**
南明区	39	17	19	1	2
云岩区					
花溪区	33	21	12		
乌当区	40	21	17	2	
白云区	14	2	12		
观山湖区	44	8	31	1	4
开阳县	17	9	7		1
息烽县	13	6	6	1	
修文县	31	6	23		2
清镇市	27	5	18	1	3
六盘水市	**782**	**157**	**483**	**77**	**65**
钟山区	12	1	10	1	
六枝特区	50	22	22	3	3
水城县	119	41	57	11	10
盘州市	601	93	394	62	52
遵义市	**302**	**46**	**218**	**13**	**25**
红花岗区	33	4	27		2
汇川区	25	4	21		
播州区	31	3	26	2	
桐梓县	45	18	27		
绥阳县	15	2	11	2	
正安县	5		3	1	1
道真仡佬族苗族自治县	7		6		1
务川仡佬族苗族自治县	13		8	5	
凤冈县	9	2	6	1	
湄潭县	19	3	15		1
余庆县	11		11		
习水县	53	6	44		3
赤水市	9	1	5	1	2
仁怀市	27	3	8	1	15
安顺市	**152**	**39**	**101**	**3**	**9**
西秀区	38	12	25		1
平坝区	31	8	22		1
普定县	24	5	17	2	
镇宁布依族苗族自治县	19	7	9	1	2
关岭布依族苗族自治县	24	4	16		4
紫云苗族布依族自治县	16	3	12		1
毕节市	**659**	**227**	**348**	**41**	**43**
七星关区	125	19	97	4	5
大方县	27	10	16		1
黔西县	32	18	13	1	
金沙县	75	47	24	2	2
织金县	39	11	24	1	3
纳雍县	54	27	21	3	3
威宁彝族回族苗族自治县	210	56	103	26	25
赫章县	97	39	50	4	4

7-1c 续表 27

单位：人

现住地	省外				
	云南				
	小计	乡	镇的村委会	镇的居委会	街道
铜仁市	**36**	**3**	**27**		**6**
碧江区	3		3		
万山区	2		2		
江口县	2	1	1		
玉屏侗族自治县	2		2		
石阡县	5		5		
思南县	4		3		1
印江土家族苗族自治县	2		2		
德江县	4	1	2		1
沿河土家族自治县	3		2		1
松桃苗族自治县	9	1	5		3
黔西南布依族苗族自治州	**279**	**30**	**211**	**10**	**28**
兴义市	102	6	83	1	12
兴仁市	40	4	32	2	2
普安县	57	9	38	3	7
晴隆县	20	7	11		2
贞丰县	23	2	19	1	1
望谟县	6		6		
册亨县	5		2		3
安龙县	26	2	20	3	1
黔东南苗族侗族自治州	**89**	**32**	**43**	**4**	**10**
凯里市	19	1	13	3	2
黄平县	5	3	1		1
施秉县	2	2			
三穗县	3		3		
镇远县	4		3		1
岑巩县	3	1	2		
天柱县	5	1	2	1	1
锦屏县					
剑河县	2		2		
台江县	4	4			
黎平县	8	1	3		4
榕江县	16	13	3		
从江县	4	1	3		
雷山县	6		5		1
麻江县	7	4	3		
丹寨县	1	1			
黔南布依族苗族自治州	**215**	**44**	**141**	**7**	**23**
都匀市	42	17	12		13
福泉市	19	6	12		1
荔波县	33	9	24		
贵定县	13	2	9	2	
瓮安县	18	1	15	1	1
独山县	10	1	7		2
平塘县	14		13	1	
罗甸县	4		3		1
长顺县	7	3	3		1
龙里县	29	1	23	2	3
惠水县	20	3	15	1	1
三都水族自治县	6	1	5		

7－1c　续表 28　　　　　　　　　　　　　　　　　　　　　　　　　　单位：人

现住地	省外									
	西藏					陕西				
	小计	乡	镇的村委会	镇的居委会	街道	小计	乡	镇的村委会	镇的居委会	街道
贵州	**11**	**5**	**4**	**1**	**1**	**567**	**129**	**328**	**40**	**70**
贵阳市	**3**	**1**	**1**	**1**		**63**	**8**	**44**	**2**	**9**
南明区						6		5		1
云岩区										
花溪区	1	1				10	3	7		
乌当区						2	1	1		
白云区						3		2		1
观山湖区						9		9		
开阳县	1			1		2	1	1		
息烽县	1		1							
修文县						11	2	8		1
清镇市						20	1	11	2	6
六盘水市	**1**	**1**				**33**	**10**	**19**	**1**	**3**
钟山区						3		2		1
六枝特区	1	1				4	2	1		1
水城县						7	2	5		
盘州市						19	6	11	1	1
遵义市	**1**				**1**	**93**	**6**	**58**	**17**	**12**
红花岗区						13		10	2	1
汇川区						12	1	10	1	
播州区						12	3	2	6	1
桐梓县						18		14	1	3
绥阳县						3		2		1
正安县						4		2	2	
道真仡佬族苗族自治县										
务川仡佬族苗族自治县						2		2		
凤冈县						2		2		
湄潭县						2			1	1
余庆县						2		1	1	
习水县						4		3	1	
赤水市	1				1	8		4	2	2
仁怀市						11	2	6		3
安顺市	**4**	**3**	**1**			**40**	**15**	**22**		**3**
西秀区	1		1			9	4	5		
平坝区						12	4	8		
普定县	3	3				11	7	4		
镇宁布依族苗族自治县						4		1		3
关岭布依族苗族自治县						4		4		
紫云苗族布依族自治县										
毕节市	**2**		**2**			**95**	**32**	**52**	**8**	**3**
七星关区						4	2	1		1
大方县						12	3	6	2	1
黔西县	1		1			19	7	9	3	
金沙县						25	7	17	1	
织金县						8	6	1	1	
纳雍县						1		1		
威宁彝族回族苗族自治县	1		1			2		1	1	
赫章县						24	7	16		1

7–1c 续表 29

单位：人

现住地	省外									
	西藏					陕西				
	小计	乡	镇的村委会	镇的居委会	街道	小计	乡	镇的村委会	镇的居委会	街道
铜仁市						**24**	**4**	**16**	**1**	**3**
碧江区										
万山区										
江口县						1		1		
玉屏侗族自治县						3		1		2
石阡县						1		1		
思南县						2	1	1		
印江土家族苗族自治县						5	1	4		
德江县						8	2	6		
沿河土家族自治县										
松桃苗族自治县						4		2	1	1
黔西南布依族苗族自治州						**46**	**11**	**18**	**3**	**14**
兴义市						5	1	2	1	1
兴仁市						7		4	1	2
普安县						4	1	2	1	
晴隆县						13	8	5		
贞丰县						11		3		8
望谟县										
册亨县										
安龙县						6	1	2		3
黔东南苗族侗族自治州						**31**	**2**	**18**	**1**	**10**
凯里市						7	1	5		1
黄平县						10		8	1	1
施秉县						1				1
三穗县										
镇远县										
岑巩县						3		2		1
天柱县						1		1		
锦屏县						3		1		2
剑河县						1				1
台江县										
黎平县						1				1
榕江县						2	1			1
从江县										
雷山县						1		1		
麻江县						1				1
丹寨县										
黔南布依族苗族自治州						**142**	**41**	**81**	**7**	**13**
都匀市						35	11	20	2	2
福泉市						46	25	13	1	7
荔波县						8	1	6		1
贵定县						17	2	15		
瓮安县						11	1	8		2
独山县						2		2		
平塘县						1		1		
罗甸县										
长顺县						2		2		
龙里县						16	1	10	4	1
惠水县						4		4		
三都水族自治县										

7-1c　续表 30　　　　单位：人

现住地	省外									
	甘肃					青海				
	小计	乡	镇的村委会	镇的居委会	街道	小计	乡	镇的村委会	镇的居委会	街道
贵　州	**149**	**38**	**82**	**13**	**16**	**32**	**3**	**21**	**7**	**1**
贵阳市	**22**	**4**	**13**	**2**	**3**	**3**		**3**		
南明区	2		1		1					
云岩区										
花溪区	3	2	1							
乌当区	5	1	4			1		1		
白云区	1		1							
观山湖区	5		2	1	2					
开阳县										
息烽县	1		1							
修文县	1			1		1		1		
清镇市	4	1	3			1		1		
六盘水市	**11**	**3**	**5**	**1**	**2**	**1**		**1**		
钟山区										
六枝特区	3	2			1					
水城县	1				1					
盘州市	7	1	5	1		1		1		
遵义市	**20**		**15**	**3**	**2**	**2**		**2**		
红花岗区	3		3							
汇川区	1		1							
播州区	2			1	1	1		1		
桐梓县	2		1		1					
绥阳县	4		4							
正安县	3		1	2						
道真仡佬族苗族自治县										
务川仡佬族苗族自治县										
凤冈县										
湄潭县	1		1							
余庆县										
习水县	4		4							
赤水市										
仁怀市						1		1		
安顺市	**11**	**3**	**5**	**2**	**1**	**1**	**1**			
西秀区	3		2	1		1	1			
平坝区	2	1	1							
普定县	2	1		1						
镇宁布依族苗族自治县										
关岭布依族苗族自治县	2		1		1					
紫云苗族布依族自治县	2	1	1							
毕节市	**27**	**9**	**18**							
七星关区	5		5							
大方县										
黔西县	3	2	1							
金沙县	2	2								
织金县	10	2	8							
纳雍县	2		2							
威宁彝族回族苗族自治县										
赫章县	5	3	2							

7－1c　续表 31　　　　单位：人

现住地	省外									
	甘肃					青海				
	小计	乡	镇的村委会	镇的居委会	街道	小计	乡	镇的村委会	镇的居委会	街道
铜仁市	**4**	**1**	**3**			**2**		**2**		
碧江区	1	1								
万山区										
江口县										
玉屏侗族自治县						2		2		
石阡县										
思南县										
印江土家族苗族自治县	3		3							
德江县										
沿河土家族自治县										
松桃苗族自治县										
黔西南布依族苗族自治州	**12**	**1**	**4**	**1**	**6**	**15**	**2**	**6**	**6**	**1**
兴义市	2			1	1	14	1	6	6	1
兴仁市						1	1			
普安县	2		1		1					
晴隆县	1		1							
贞丰县	5	1			4					
望谟县										
册亨县	1		1							
安龙县	1		1							
黔东南苗族侗族自治州	**9**	**2**	**2**	**3**	**2**	**1**			**1**	
凯里市	1				1					
黄平县	2			2						
施秉县	1	1								
三穗县	1		1							
镇远县										
岑巩县	1	1								
天柱县	1		1							
锦屏县										
剑河县										
台江县										
黎平县										
榕江县										
从江县										
雷山县	1			1		1			1	
麻江县	1				1					
丹寨县										
黔南布依族苗族自治州	**33**	**15**	**17**	**1**		**7**		**7**		
都匀市	13	8	5			1		1		
福泉市	5	3	2			1		1		
荔波县	4	1	3			1		1		
贵定县	2		2							
瓮安县	2		1	1						
独山县	2	1	1							
平塘县	1		1							
罗甸县										
长顺县						1		1		
龙里县	1	1								
惠水县	3	1	2			3		3		
三都水族自治县										

7-1c　续表 32　　　　单位：人

现住地	省外									
	宁夏					新疆				
	小计	乡	镇的村委会	镇的居委会	街道	小计	乡	镇的村委会	镇的居委会	街道
贵州	**18**		**12**	**2**	**4**	**41**	**14**	**22**	**1**	**4**
贵阳市	**3**		**1**	**1**	**1**	**15**	**3**	**10**	**1**	**1**
南明区	1				1	5		5		
云岩区										
花溪区						1				1
乌当区						1			1	
白云区						2		2		
观山湖区	1		1			2		2		
开阳县						1	1			
息烽县						2	1	1		
修文县										
清镇市	1			1		1	1			
六盘水市						**6**	**3**	**3**		
钟山区										
六枝特区										
水城县										
盘州市						6	3	3		
遵义市	**5**		**2**		**3**	**6**		**5**		**1**
红花岗区	2		2							
汇川区										
播州区						4		3		1
桐梓县										
绥阳县										
正安县										
道真仡佬族苗族自治县										
务川仡佬族苗族自治县										
凤冈县										
湄潭县	2				2					
余庆县										
习水县	1				1	1		1		
赤水市										
仁怀市						1		1		
安顺市						**2**	**1**			**1**
西秀区										
平坝区						1				1
普定县						1	1			
镇宁布依族苗族自治县										
关岭布依族苗族自治县										
紫云苗族布依族自治县										
毕节市	**6**		**5**	**1**		**4**	**2**	**2**		
七星关区						1		1		
大方县	1		1			2	1	1		
黔西县										
金沙县										
织金县						1	1			
纳雍县	5		4	1						
威宁彝族回族苗族自治县										
赫章县										

7-1c 续表 33

单位：人

现住地	省外									
	宁夏					新疆				
	小计	乡	镇的村委会	镇的居委会	街道	小计	乡	镇的村委会	镇的居委会	街道
铜仁市						**5**	**4**			**1**
碧江区						1				1
万山区						3	3			
江口县										
玉屏侗族自治县										
石阡县						1	1			
思南县										
印江土家族苗族自治县										
德江县										
沿河土家族自治县										
松桃苗族自治县										
黔西南布依族苗族自治州	**1**		**1**							
兴义市										
兴仁市										
普安县										
晴隆县										
贞丰县										
望谟县	1		1							
册亨县										
安龙县										
黔东南苗族侗族自治州						**3**	**1**	**2**		
凯里市										
黄平县						1		1		
施秉县										
三穗县										
镇远县										
岑巩县										
天柱县										
锦屏县										
剑河县										
台江县						1	1			
黎平县						1		1		
榕江县										
从江县										
雷山县										
麻江县										
丹寨县										
黔南布依族苗族自治州	**3**		**3**							
都匀市	1		1							
福泉市	1		1							
荔波县										
贵定县										
瓮安县										
独山县	1		1							
平塘县										
罗甸县										
长顺县										
龙里县										
惠水县										
三都水族自治县										

7–2　全省按现住地、职业和性别分的户口登记地在本省其他乡镇街道人口

单位：人

现住地	合计			党的机关、国家机关、群众团体和社会组织、企事业单位负责人		
	合计	男	女	小计	男	女
贵　州	**365385**	**208590**	**156795**	**10965**	**7791**	**3174**
贵阳市	**111847**	**64291**	**47556**	**4125**	**2851**	**1274**
南明区	25031	14143	10888	1103	758	345
云岩区	25977	14735	11242	877	627	250
花溪区	15252	8929	6323	490	326	164
乌当区	6325	3530	2795	252	179	73
白云区	9907	6053	3854	337	229	108
观山湖区	12736	7210	5526	709	479	230
开阳县	4435	2653	1782	138	97	41
息烽县	2314	1207	1107	40	27	13
修文县	3224	1889	1335	46	37	9
清镇市	6646	3942	2704	133	92	41
六盘水市	**27719**	**16039**	**11680**	**830**	**606**	**224**
钟山区	12837	7301	5536	431	307	124
六枝特区	3065	1712	1353	85	55	30
水城县	5178	3009	2169	109	83	26
盘州市	6639	4017	2622	205	161	44
遵义市	**72130**	**41328**	**30802**	**1814**	**1311**	**503**
红花岗区	16670	9528	7142	370	259	111
汇川区	10497	5816	4681	362	256	106
播州区	9772	5448	4324	239	164	75
桐梓县	3756	2290	1466	112	80	32
绥阳县	2171	1260	911	69	59	10
正安县	2790	1616	1174	58	45	13
道真仡佬族苗族自治县	1544	908	636	24	21	3
务川仡佬族苗族自治县	1910	1115	795	62	52	10
凤冈县	2142	1206	936	73	44	29
湄潭县	2926	1649	1277	71	52	19
余庆县	1678	929	749	28	23	5
习水县	4962	2892	2070	120	94	26
赤水市	2187	1268	919	59	45	14
仁怀市	9125	5403	3722	167	117	50
安顺市	**18370**	**10022**	**8348**	**555**	**389**	**166**
西秀区	8915	4808	4107	319	215	104
平坝区	2977	1631	1346	79	56	23
普定县	1786	989	797	19	17	2
镇宁布依族苗族自治县	1943	1053	890	49	34	15
关岭布依族苗族自治县	1396	778	618	56	38	18
紫云苗族布依族自治县	1353	763	590	33	29	4
毕节市	**35046**	**19864**	**15182**	**875**	**636**	**239**
七星关区	8044	4542	3502	254	185	69
大方县	3314	1892	1422	70	53	17
黔西县	5531	3145	2386	152	100	52
金沙县	3758	2283	1475	47	42	5
织金县	4039	2263	1776	139	87	52
纳雍县	3142	1762	1380	99	80	19
威宁彝族回族苗族自治县	5171	2857	2314	67	52	15
赫章县	2047	1120	927	47	37	10

7-2 续表 1　　　　单位：人

现住地	合计			党的机关、国家机关、群众团体和社会组织、企事业单位负责人		
	合计	男	女	小计	男	女
铜仁市	**18468**	**10858**	**7610**	**407**	**298**	**109**
碧江区	4929	2853	2076	126	78	48
万山区	1135	646	489	34	28	6
江口县	1213	759	454	45	29	16
玉屏侗族自治县	1017	591	426	17	12	5
石阡县	1367	793	574	21	18	3
思南县	1764	999	765	35	31	4
印江土家族苗族自治县	1677	992	685	48	41	7
德江县	2258	1358	900	24	21	3
沿河土家族自治县	1564	918	646	37	28	9
松桃苗族自治县	1544	949	595	20	12	8
黔西南布依族苗族自治州	**23791**	**13122**	**10669**	**898**	**612**	**286**
兴义市	12556	6923	5633	644	435	209
兴仁市	2328	1246	1082	60	41	19
普安县	907	501	406	27	20	7
晴隆县	1567	897	670	37	26	11
贞丰县	1682	940	742	41	23	18
望谟县	1340	807	533	21	19	2
册亨县	1688	908	780	19	12	7
安龙县	1723	900	823	49	36	13
黔东南苗族侗族自治州	**31614**	**17869**	**13745**	**679**	**517**	**162**
凯里市	11791	6664	5127	269	204	65
黄平县	926	496	430	16	10	6
施秉县	868	472	396	30	22	8
三穗县	1188	647	541	45	27	18
镇远县	1189	666	523	28	20	8
岑巩县	1567	839	728	27	19	8
天柱县	1329	741	588	2	2	
锦屏县	1268	761	507	30	28	2
剑河县	1576	917	659	28	21	7
台江县	648	405	243	9	9	
黎平县	3253	1839	1414	54	46	8
榕江县	1406	800	606	28	24	4
从江县	1442	862	580	39	30	9
雷山县	1169	694	475	25	22	3
麻江县	793	397	396	32	19	13
丹寨县	1201	669	532	17	14	3
黔南布依族苗族自治州	**26400**	**15197**	**11203**	**782**	**571**	**211**
都匀市	5306	2933	2373	213	156	57
福泉市	2476	1500	976	93	65	28
荔波县	1466	851	615	69	45	24
贵定县	1632	914	718	39	23	16
瓮安县	4060	2504	1556	79	57	22
独山县	1406	774	632	30	22	8
平塘县	1095	566	529	42	32	10
罗甸县	1706	952	754	41	32	9
长顺县	741	384	357	15	10	5
龙里县	3035	1894	1141	45	33	12
惠水县	2072	1162	910	73	58	15
三都水族自治县	1405	763	642	43	38	5

7-2 续表 2

单位：人

现住地	专业技术人员			办事人员和有关人员			社会生产服务和生活服务人员		
	小计	男	女	小计	男	女	小计	男	女
贵　州	**57145**	**23887**	**33258**	**40516**	**25055**	**15461**	**155007**	**79992**	**75015**
贵阳市	**18160**	**7344**	**10816**	**13711**	**7909**	**5802**	**52222**	**28590**	**23632**
南明区	4139	1660	2479	3113	1772	1341	13232	7248	5984
云岩区	4856	1912	2944	3630	2077	1553	12906	7127	5779
花溪区	2246	922	1324	1599	914	685	7233	4078	3155
乌当区	1098	441	657	873	509	364	2679	1438	1241
白云区	1286	555	731	921	513	408	4285	2400	1885
观山湖区	2553	1075	1478	2089	1204	885	5180	2778	2402
开阳县	532	224	308	397	268	129	1807	937	870
息烽县	297	109	188	259	147	112	842	401	441
修文县	353	137	216	238	136	102	1181	645	536
清镇市	800	309	491	592	369	223	2877	1538	1339
六盘水市	**4326**	**1834**	**2492**	**2816**	**1769**	**1047**	**11952**	**5993**	**5959**
钟山区	1879	763	1116	1439	901	538	6282	3159	3123
六枝特区	522	210	312	357	223	134	1203	594	609
水城县	778	349	429	444	289	155	1918	964	954
盘州市	1147	512	635	576	356	220	2549	1276	1273
遵义市	**9551**	**3913**	**5638**	**6769**	**4210**	**2559**	**32003**	**16077**	**15926**
红花岗区	2344	891	1453	1706	1019	687	8472	4482	3990
汇川区	1658	634	1024	1198	694	504	4583	2253	2330
播州区	1179	489	690	865	542	323	4547	2171	2376
桐梓县	481	234	247	295	201	94	1535	760	775
绥阳县	293	136	157	120	70	50	892	456	436
正安县	404	181	223	295	207	88	1045	486	559
道真仡佬族苗族自治县	205	98	107	118	84	34	592	262	330
务川仡佬族苗族自治县	336	154	182	219	151	68	721	343	378
凤冈县	271	122	149	212	137	75	843	397	446
湄潭县	387	180	207	293	186	107	1312	647	665
余庆县	244	86	158	122	81	41	693	330	363
习水县	626	254	372	417	267	150	1863	890	973
赤水市	279	122	157	207	123	84	1012	508	504
仁怀市	844	332	512	702	448	254	3893	2092	1801
安顺市	**3112**	**1270**	**1842**	**2469**	**1478**	**991**	**7365**	**3704**	**3661**
西秀区	1590	629	961	1354	786	568	3789	1926	1863
平坝区	416	173	243	291	173	118	1062	522	540
普定县	301	124	177	175	112	63	754	372	382
镇宁布依族苗族自治县	311	129	182	237	153	84	722	360	362
关岭布依族苗族自治县	276	122	154	203	126	77	530	274	256
紫云苗族布依族自治县	218	93	125	209	128	81	508	250	258
毕节市	**6371**	**2822**	**3549**	**3845**	**2546**	**1299**	**13170**	**6737**	**6433**
七星关区	1568	672	896	1057	698	359	3531	1827	1704
大方县	517	213	304	383	256	127	1240	631	609
黔西县	880	384	496	535	320	215	2148	1125	1023
金沙县	518	238	280	335	220	115	1405	737	668
织金县	620	247	373	428	289	139	1623	806	817
纳雍县	668	297	371	377	266	111	1136	557	579
威宁彝族回族苗族自治县	1108	534	574	423	293	130	1396	706	690
赫章县	492	237	255	307	204	103	691	348	343

7-2 续表 3

单位：人

现住地	专业技术人员			办事人员和有关人员			社会生产服务和生活服务人员		
	小计	男	女	小计	男	女	小计	男	女
铜仁市	**3128**	**1399**	**1729**	**2134**	**1469**	**665**	**6616**	**3189**	**3427**
碧江区	787	324	463	529	328	201	1829	912	917
万山区	217	87	130	150	80	70	404	206	198
江口县	176	86	90	142	106	36	421	215	206
玉屏侗族自治县	125	55	70	157	101	56	370	181	189
石阡县	258	126	132	199	142	57	447	193	254
思南县	357	161	196	246	185	61	604	267	337
印江土家族苗族自治县	288	130	158	152	119	33	659	303	356
德江县	331	160	171	176	130	46	831	419	412
沿河土家族自治县	339	154	185	250	168	82	463	203	260
松桃苗族自治县	250	116	134	133	110	23	588	290	298
黔西南布依族苗族自治州	**4189**	**1785**	**2404**	**2703**	**1765**	**938**	**8396**	**4146**	**4250**
兴义市	2252	912	1340	1470	894	576	4822	2406	2416
兴仁市	441	211	230	241	162	79	833	395	438
普安县	176	62	114	128	90	38	253	121	132
晴隆县	218	103	115	154	116	38	467	210	257
贞丰县	338	153	185	173	123	50	587	311	276
望谟县	223	107	116	175	140	35	374	193	181
册亨县	209	95	114	179	125	54	480	234	246
安龙县	332	142	190	183	115	68	580	276	304
黔东南苗族侗族自治州	**4498**	**1867**	**2631**	**3339**	**2184**	**1155**	**12913**	**6332**	**6581**
凯里市	1682	642	1040	1415	851	564	5551	2859	2692
黄平县	176	73	103	120	72	48	295	142	153
施秉县	108	49	59	74	48	26	346	161	185
三穗县	157	61	96	115	84	31	483	212	271
镇远县	152	60	92	129	91	38	517	240	277
岑巩县	258	109	149	141	89	52	542	219	323
天柱县	180	81	99	104	74	30	576	278	298
锦屏县	182	85	97	147	107	40	475	221	254
剑河县	197	84	113	132	97	35	670	318	352
台江县	81	39	42	96	71	25	178	86	92
黎平县	464	205	259	257	174	83	1333	637	696
榕江县	205	77	128	154	114	40	466	220	246
从江县	197	94	103	122	93	29	473	260	213
雷山县	167	86	81	151	106	45	327	159	168
麻江县	149	59	90	110	61	49	294	131	163
丹寨县	143	63	80	72	52	20	387	189	198
黔南布依族苗族自治州	**3810**	**1653**	**2157**	**2730**	**1725**	**1005**	**10370**	**5224**	**5146**
都匀市	875	359	516	750	459	291	2330	1160	1170
福泉市	345	162	183	231	148	83	911	480	431
荔波县	181	89	92	114	83	31	598	281	317
贵定县	285	115	170	198	130	68	551	266	285
瓮安县	439	200	239	280	176	104	1727	914	813
独山县	223	95	128	139	97	42	540	258	282
平塘县	263	114	149	114	74	40	346	147	199
罗甸县	249	117	132	155	104	51	643	312	331
长顺县	98	39	59	86	54	32	273	125	148
龙里县	293	137	156	277	155	122	1154	639	515
惠水县	327	133	194	202	132	70	774	380	394
三都水族自治县	232	93	139	184	113	71	523	262	261

7-2　续表 4　　　　单位：人

现 住 地	农、林、牧、渔业生产及辅助人员			生产制造及有关人员			不便分类的其他从业人员		
	小计	男	女	小计	男	女	小计	男	女
贵　州	**15161**	**6534**	**8627**	**85408**	**64613**	**20795**	**1183**	**718**	**465**
贵阳市	**2057**	**911**	**1146**	**21021**	**16344**	**4677**	**551**	**342**	**209**
南明区	115	65	50	3327	2638	689	2	2	
云岩区	78	48	30	3493	2855	638	137	89	48
花溪区	211	121	90	3415	2530	885	58	38	20
乌当区	134	64	70	1224	862	362	65	37	28
白云区	168	97	71	2909	2258	651	1	1	
观山湖区	97	46	51	2030	1587	443	78	41	37
开阳县	332	148	184	1229	979	250			
息烽县	283	70	213	591	452	139	2	1	1
修文县	336	123	213	920	714	206	150	97	53
清镇市	303	129	174	1883	1469	414	58	36	22
六盘水市	**1073**	**387**	**686**	**6695**	**5431**	**1264**	**27**	**19**	**8**
钟山区	224	109	115	2577	2059	518	5	3	2
六枝特区	166	63	103	727	562	165	5	5	
水城县	410	117	293	1516	1205	311	3	2	1
盘州市	273	98	175	1875	1605	270	14	9	5
遵义市	**2446**	**1073**	**1373**	**19384**	**14643**	**4741**	**163**	**101**	**62**
红花岗区	180	80	100	3518	2747	771	80	50	30
汇川区	145	60	85	2505	1888	617	46	31	15
播州区	498	189	309	2429	1884	545	15	9	6
桐梓县	162	67	95	1167	946	221	4	2	2
绥阳县	163	75	88	634	464	170			
正安县	169	75	94	818	621	197	1	1	
道真仡佬族苗族自治县	71	41	30	534	402	132			
务川仡佬族苗族自治县	55	25	30	517	390	127			
凤冈县	104	51	53	637	455	182	2		2
湄潭县	236	107	129	627	477	150			
余庆县	176	80	96	415	329	86			
习水县	189	80	109	1740	1305	435	7	2	5
赤水市	138	77	61	492	393	99			
仁怀市	160	66	94	3351	2342	1009	8	6	2
安顺市	**1133**	**458**	**675**	**3697**	**2701**	**996**	**39**	**22**	**17**
西秀区	336	141	195	1504	1098	406	23	13	10
平坝区	268	104	164	853	598	255	8	5	3
普定县	122	43	79	410	319	91	5	2	3
镇宁布依族苗族自治县	219	92	127	403	284	119	2	1	1
关岭布依族苗族自治县	93	37	56	238	181	57			
紫云苗族布依族自治县	95	41	54	289	221	68	1	1	
毕节市	**2648**	**961**	**1687**	**8128**	**6158**	**1970**	**9**	**4**	**5**
七星关区	227	87	140	1406	1072	334	1	1	
大方县	265	96	169	839	643	196			
黔西县	465	169	296	1350	1047	303	1		1
金沙县	255	92	163	1193	952	241	5	2	3
织金县	242	67	175	987	767	220			
纳雍县	229	82	147	633	480	153			
威宁彝族回族苗族自治县	800	333	467	1375	938	437	2	1	1
赫章县	165	35	130	345	259	86			

7-2 续表 5 单位：人

现住地	农、林、牧、渔业生产及辅助人员			生产制造及有关人员			不便分类的其他从业人员		
	小计	男	女	小计	男	女	小计	男	女
铜仁市	**738**	**393**	**345**	**5276**	**4001**	**1275**	**169**	**109**	**60**
碧江区	116	76	40	1428	1060	368	114	75	39
万山区	35	21	14	294	223	71	1	1	
江口县	66	38	28	359	281	78	4	4	
玉屏侗族自治县	57	31	26	289	210	79	2	1	1
石阡县	65	24	41	368	285	83	9	5	4
思南县	98	37	61	418	314	104	6	4	2
印江土家族苗族自治县	41	23	18	479	371	108	10	5	5
德江县	142	73	69	744	547	197	10	8	2
沿河土家族自治县	42	25	17	422	334	88	11	6	5
松桃苗族自治县	76	45	31	475	376	99	2		2
黔西南布依族苗族自治州	**1894**	**840**	**1054**	**5641**	**3948**	**1693**	**70**	**26**	**44**
兴义市	514	242	272	2816	2027	789	38	7	31
兴仁市	189	68	121	558	366	192	6	3	3
普安县	102	38	64	221	170	51			
晴隆县	147	78	69	533	357	176	11	7	4
贞丰县	188	74	114	355	256	99			
望谟县	114	58	56	429	287	142	4	3	1
册亨县	435	217	218	361	222	139	5	3	2
安龙县	205	65	140	368	263	105	6	3	3
黔东南苗族侗族自治州	**1710**	**835**	**875**	**8389**	**6085**	**2304**	**86**	**49**	**37**
凯里市	175	88	87	2623	1976	647	76	44	32
黄平县	91	27	64	227	172	55	1		1
施秉县	118	52	66	192	140	52			
三穗县	69	33	36	318	230	88	1		1
镇远县	55	30	25	307	224	83	1	1	
岑巩县	109	51	58	486	349	137	4	3	1
天柱县	96	43	53	368	262	106	3	1	2
锦屏县	39	23	16	395	297	98			
剑河县	60	35	25	489	362	127			
台江县	25	16	9	259	184	75			
黎平县	174	108	66	971	669	302			
榕江县	81	43	38	472	322	150			
从江县	195	93	102	416	292	124			
雷山县	195	99	96	304	222	82			
麻江县	85	33	52	123	94	29			
丹寨县	143	61	82	439	290	149			
黔南布依族苗族自治州	**1462**	**676**	**786**	**7177**	**5302**	**1875**	**69**	**46**	**23**
都匀市	184	80	104	930	702	228	24	17	7
福泉市	141	65	76	754	579	175	1	1	
荔波县	134	74	60	367	276	91	3	3	
贵定县	99	32	67	445	338	107	15	10	5
瓮安县	194	105	89	1337	1050	287	4	2	2
独山县	104	51	53	366	248	118	4	3	1
平塘县	102	38	64	228	161	67			
罗甸县	101	53	48	514	332	182	3	2	1
长顺县	68	27	41	200	129	71	1		1
龙里县	76	36	40	1184	889	295	6	5	1
惠水县	109	46	63	583	412	171	4	1	3
三都水族自治县	150	69	81	269	186	83	4	2	2

7–3　全省按现住地、职业和性别分的户口登记地在外省人口

单位：人

现住地	合计			党的机关、国家机关、群众团体和社会组织、企事业单位负责人		
	合计	男	女	小计	男	女
贵　州	**78562**	**53626**	**24936**	**3930**	**3126**	**804**
贵阳市	**30162**	**21016**	**9146**	**1843**	**1486**	**357**
南明区	7681	5270	2411	406	333	73
云岩区	5823	3981	1842	317	242	75
花溪区	4753	3370	1383	252	210	42
乌当区	1356	970	386	84	70	14
白云区	2577	1866	711	155	124	31
观山湖区	4902	3428	1474	495	399	96
开阳县	529	352	177	38	30	8
息烽县	395	260	135	13	13	
修文县	658	456	202	20	16	4
清镇市	1488	1063	425	63	49	14
六盘水市	**5796**	**3890**	**1906**	**233**	**185**	**48**
钟山区	2270	1514	756	94	72	22
六枝特区	633	425	208	23	19	4
水城县	949	652	297	33	26	7
盘州市	1944	1299	645	83	68	15
遵义市	**11568**	**7698**	**3870**	**473**	**373**	**100**
红花岗区	2807	1865	942	125	99	26
汇川区	1280	868	412	60	41	19
播州区	1311	901	410	80	70	10
桐梓县	631	443	188	18	14	4
绥阳县	291	199	92	4	3	1
正安县	351	219	132	16	12	4
道真仡佬族苗族自治县	277	190	87	6	6	
务川仡佬族苗族自治县	341	257	84	19	15	4
凤冈县	184	104	80	17	13	4
湄潭县	295	189	106	14	10	4
余庆县	300	215	85	8	7	1
习水县	888	571	317	25	21	4
赤水市	1051	634	417	26	18	8
仁怀市	1561	1043	518	55	44	11
安顺市	**4525**	**3068**	**1457**	**200**	**152**	**48**
西秀区	2342	1585	757	112	89	23
平坝区	774	537	237	46	31	15
普定县	412	284	128	8	6	2
镇宁布依族苗族自治县	334	209	125	11	9	2
关岭布依族苗族自治县	363	259	104	14	10	4
紫云苗族布依族自治县	300	194	106	9	7	2
毕节市	**6461**	**4358**	**2103**	**238**	**188**	**50**
七星关区	1424	877	547	77	57	20
大方县	578	390	188	22	16	6
黔西县	893	631	262	27	25	2
金沙县	913	690	223	17	16	1
织金县	887	620	267	35	27	8
纳雍县	561	394	167	34	26	8
威宁彝族回族苗族自治县	751	454	297	14	10	4
赫章县	454	302	152	12	11	1

7-3 续表 1 单位：人

现住地	合计			党的机关、国家机关、群众团体和社会组织、企事业单位负责人		
	合计	男	女	小计	男	女
铜仁市	**3504**	**2294**	**1210**	**136**	**105**	**31**
碧江区	786	508	278	45	39	6
万山区	273	178	95	11	9	2
江口县	222	151	71	11	6	5
玉屏侗族自治县	319	223	96	9	7	2
石阡县	329	226	103	11	8	3
思南县	250	140	110	8	5	3
印江土家族苗族自治县	270	188	82	6	4	2
德江县	291	193	98	4	4	
沿河土家族自治县	310	186	124	5	4	1
松桃苗族自治县	454	301	153	26	19	7
黔西南布依族苗族自治州	**4652**	**3201**	**1451**	**253**	**181**	**72**
兴义市	2262	1557	705	159	112	47
兴仁市	529	358	171	9	4	5
普安县	418	341	77	6	4	2
晴隆县	248	172	76	12	8	4
贞丰县	380	264	116	29	24	5
望谟县	190	120	70	11	9	2
册亨县	199	131	68	9	6	3
安龙县	426	258	168	18	14	4
黔东南苗族侗族自治州	**5536**	**3678**	**1858**	**221**	**188**	**33**
凯里市	1961	1309	652	76	62	14
黄平县	263	177	86	14	9	5
施秉县	94	53	41	5	5	
三穗县	220	144	76	20	17	3
镇远县	300	186	114	10	9	1
岑巩县	295	192	103	17	14	3
天柱县	251	159	92	1	1	
锦屏县	237	174	63	8	7	1
剑河县	204	131	73	6	5	1
台江县	159	112	47	6	6	
黎平县	478	308	170	16	15	1
榕江县	285	209	76	6	5	1
从江县	295	183	112	9	7	2
雷山县	168	126	42	5	4	1
麻江县	197	134	63	19	19	
丹寨县	129	81	48	3	3	
黔南布依族苗族自治州	**6358**	**4423**	**1935**	**333**	**268**	**65**
都匀市	1313	953	360	62	53	9
福泉市	553	405	148	48	36	12
荔波县	530	392	138	38	27	11
贵定县	445	319	126	15	12	3
瓮安县	579	391	188	21	20	1
独山县	490	349	141	13	12	1
平塘县	267	175	92	24	17	7
罗甸县	365	219	146	17	13	4
长顺县	213	148	65	18	14	4
龙里县	771	538	233	38	34	4
惠水县	585	395	190	33	24	9
三都水族自治县	247	139	108	6	6	

7-3　续表 2　　单位：人

现住地	专业技术人员			办事人员和有关人员			社会生产服务和生活服务人员		
	小计	男	女	小计	男	女	小计	男	女
贵　州	**7901**	**4816**	**3085**	**5210**	**3548**	**1662**	**35644**	**21681**	**13963**
贵阳市	**3386**	**2062**	**1324**	**2554**	**1711**	**843**	**14397**	**9162**	**5235**
南明区	771	450	321	603	399	204	4075	2554	1521
云岩区	660	402	258	484	307	177	3043	1916	1127
花溪区	560	308	252	381	265	116	2153	1444	709
乌当区	189	115	74	139	104	35	579	384	195
白云区	259	161	98	183	125	58	1050	659	391
观山湖区	719	476	243	538	350	188	2183	1400	783
开阳县	38	30	8	36	22	14	208	107	101
息烽县	27	16	11	29	20	9	162	92	70
修文县	43	27	16	54	39	15	280	173	107
清镇市	120	77	43	107	80	27	664	433	231
六盘水市	**570**	**306**	**264**	**275**	**189**	**86**	**2620**	**1544**	**1076**
钟山区	242	133	109	113	76	37	1179	702	477
六枝特区	63	43	20	29	18	11	276	152	124
水城县	105	47	58	51	36	15	356	218	138
盘州市	160	83	77	82	59	23	809	472	337
遵义市	**1053**	**614**	**439**	**718**	**486**	**232**	**5128**	**2998**	**2130**
红花岗区	258	136	122	192	133	59	1508	905	603
汇川区	178	113	65	110	70	40	541	324	217
播州区	88	52	36	81	57	24	578	346	232
桐梓县	57	46	11	30	20	10	222	123	99
绥阳县	19	15	4	4	2	2	110	67	43
正安县	55	42	13	9	6	3	143	75	68
道真仡佬族苗族自治县	31	21	10	18	14	4	120	71	49
务川仡佬族苗族自治县	28	18	10	17	14	3	126	80	46
凤冈县	10	4	6	17	15	2	86	45	41
湄潭县	23	18	5	24	16	8	139	79	60
余庆县	12	6	6	8	4	4	134	83	51
习水县	90	45	45	55	39	16	315	175	140
赤水市	92	42	50	70	37	33	392	199	193
仁怀市	112	56	56	83	59	24	714	426	288
安顺市	**393**	**255**	**138**	**261**	**175**	**86**	**1942**	**1128**	**814**
西秀区	217	133	84	137	89	48	1037	593	444
平坝区	73	51	22	44	30	14	260	157	103
普定县	25	16	9	16	8	8	156	95	61
镇宁布依族苗族自治县	23	15	8	18	13	5	161	91	70
关岭布依族苗族自治县	36	27	9	36	27	9	146	85	61
紫云苗族布依族自治县	19	13	6	10	8	2	182	107	75
毕节市	**596**	**365**	**231**	**314**	**215**	**99**	**2505**	**1450**	**1055**
七星关区	167	89	78	61	28	33	690	404	286
大方县	31	20	11	28	20	8	204	106	98
黔西县	59	43	16	66	44	22	329	186	143
金沙县	66	45	21	56	44	12	294	188	106
织金县	51	31	20	38	25	13	329	180	149
纳雍县	52	40	12	13	9	4	193	116	77
威宁彝族回族苗族自治县	135	74	61	23	18	5	296	176	120
赫章县	35	23	12	29	27	2	170	94	76

7-3 续表 3

单位：人

现 住 地	专业技术人员			办事人员和有关人员			社会生产服务和生活服务人员		
	小计	男	女	小计	男	女	小计	男	女
铜仁市	**402**	**229**	**173**	**171**	**123**	**48**	**1614**	**953**	**661**
碧江区	106	61	45	40	30	10	371	224	147
万山区	45	22	23	13	6	7	106	63	43
江口县	36	20	16	10	6	4	98	65	33
玉屏侗族自治县	25	11	14	30	29	1	123	75	48
石阡县	20	16	4	11	7	4	166	96	70
思南县	19	7	12	14	12	2	145	79	66
印江土家族苗族自治县	20	16	4	8	4	4	125	70	55
德江县	20	11	9	12	9	3	160	96	64
沿河土家族自治县	40	15	25	25	13	12	133	77	56
松桃苗族自治县	71	50	21	8	7	1	187	108	79
黔西南布依族苗族自治州	**442**	**262**	**180**	**185**	**126**	**59**	**1915**	**1168**	**747**
兴义市	245	160	85	111	76	35	973	602	371
兴仁市	43	17	26	20	10	10	209	126	83
普安县	33	25	8	16	13	3	104	70	34
晴隆县	14	7	7	12	7	5	116	72	44
贞丰县	30	13	17	10	7	3	167	104	63
望谟县	14	4	10	6	4	2	83	50	33
册亨县	21	11	10	4	4		79	44	35
安龙县	42	25	17	6	5	1	184	100	84
黔东南苗族侗族自治州	**448**	**295**	**153**	**338**	**242**	**96**	**2845**	**1671**	**1174**
凯里市	174	104	70	167	112	55	1040	635	405
黄平县	15	11	4	39	32	7	101	55	46
施秉县	14	8	6	3	3		34	18	16
三穗县	12	6	6	14	11	3	123	72	51
镇远县	7	6	1	17	11	6	186	104	82
岑巩县	29	14	15	12	7	5	127	73	54
天柱县	9	5	4	4	3	1	141	79	62
锦屏县	17	12	5	4	3	1	107	68	39
剑河县	30	23	7	6	5	1	119	67	52
台江县	19	12	7	17	12	5	64	39	25
黎平县	45	35	10	13	9	4	271	159	112
榕江县	6	4	2	3	3		131	79	52
从江县	17	9	8	5	3	2	175	100	75
雷山县	31	28	3	8	6	2	75	45	30
麻江县	15	11	4	21	18	3	76	39	37
丹寨县	8	7	1	5	4	1	75	39	36
黔南布依族苗族自治州	**611**	**428**	**183**	**394**	**281**	**113**	**2678**	**1607**	**1071**
都匀市	155	97	58	105	81	24	582	369	213
福泉市	57	43	14	42	35	7	204	119	85
荔波县	52	39	13	19	12	7	201	122	79
贵定县	49	35	14	28	22	6	150	87	63
瓮安县	55	42	13	30	21	9	251	148	103
独山县	60	53	7	26	15	11	216	124	92
平塘县	14	9	5	20	16	4	140	84	56
罗甸县	28	12	16	8	4	4	201	119	82
长顺县	14	10	4	15	13	2	96	57	39
龙里县	75	57	18	60	33	27	261	159	102
惠水县	32	22	10	29	20	9	226	139	87
三都水族自治县	20	9	11	12	9	3	150	80	70

7-3　续表 4　　　　单位：人

现住地	农、林、牧、渔业生产及辅助人员			生产制造及有关人员			不便分类的其他从业人员		
	小计	男	女	小计	男	女	小计	男	女
贵　州	**1950**	**714**	**1236**	**23769**	**19630**	**4139**	**158**	**111**	**47**
贵阳市	**266**	**113**	**153**	**7645**	**6428**	**1217**	**71**	**54**	**17**
南明区	16	11	5	1809	1522	287	1	1	
云岩区	15	10	5	1283	1089	194	21	15	6
花溪区	23	12	11	1372	1121	251	12	10	2
乌当区	11	5	6	343	284	59	11	8	3
白云区	19	13	6	911	784	127			
观山湖区	22	13	9	925	775	150	20	15	5
开阳县	44	13	31	165	150	15			
息烽县	38	10	28	126	109	17			
修文县	38	14	24	221	185	36	2	2	
清镇市	40	12	28	490	409	81	4	3	1
六盘水市	**164**	**54**	**110**	**1926**	**1606**	**320**	**8**	**6**	**2**
钟山区	17	8	9	623	522	101	2	1	1
六枝特区	29	16	13	213	177	36			
水城县	24	8	16	380	317	63			
盘州市	94	22	72	710	590	120	6	5	1
遵义市	**413**	**141**	**272**	**3762**	**3074**	**688**	**21**	**12**	**9**
红花岗区	24	13	11	688	571	117	12	8	4
汇川区	31	16	15	354	302	52	6	2	4
播州区	67	24	43	416	352	64	1		1
桐梓县	38	9	29	266	231	35			
绥阳县	18	3	15	136	109	27			
正安县	20	5	15	108	79	29			
道真仡佬族苗族自治县	16	4	12	85	73	12	1	1	
务川仡佬族苗族自治县	9	4	5	142	126	16			
凤冈县	14	4	10	40	23	17			
湄潭县	28	11	17	67	55	12			
余庆县	17	10	7	121	105	16			
习水县	52	10	42	350	280	70	1	1	
赤水市	50	21	29	421	317	104			
仁怀市	29	7	22	568	451	117			
安顺市	**162**	**79**	**83**	**1560**	**1275**	**285**	**7**	**4**	**3**
西秀区	49	25	24	784	653	131	6	3	3
平坝区	31	17	14	319	250	69	1	1	
普定县	21	4	17	186	155	31			
镇宁布依族苗族自治县	23	12	11	98	69	29			
关岭布依族苗族自治县	15	9	6	116	101	15			
紫云苗族布依族自治县	23	12	11	57	47	10			
毕节市	**299**	**58**	**241**	**2506**	**2080**	**426**	**3**	**2**	**1**
七星关区	49	7	42	380	292	88			
大方县	38	10	28	255	218	37			
黔西县	37	7	30	375	326	49			
金沙县	35	4	31	445	393	52			
织金县	28	5	23	406	352	54			
纳雍县	25	6	19	244	197	47			
威宁彝族回族苗族自治县	60	14	46	220	160	60	3	2	1
赫章县	27	5	22	181	142	39			

7-3 续表 5

单位：人

现住地	农、林、牧、渔业生产及辅助人员			生产制造及有关人员			不便分类的其他从业人员		
	小计	男	女	小计	男	女	小计	男	女
铜仁市	**120**	**61**	**59**	**1042**	**811**	**231**	**19**	**12**	**7**
碧江区	15	8	7	196	138	58	13	8	5
万山区	4	1	3	94	77	17			
江口县	12	6	6	55	48	7			
玉屏侗族自治县	18	11	7	114	90	24			
石阡县	8	4	4	113	95	18			
思南县	20	9	11	44	28	16			
印江土家族苗族自治县	4	2	2	106	91	15	1	1	
德江县	6	3	3	86	68	18	3	2	1
沿河土家族自治县	6	3	3	101	74	27			
松桃苗族自治县	27	14	13	133	102	31	2	1	1
黔西南布依族苗族自治州	**184**	**63**	**121**	**1667**	**1397**	**270**	**6**	**4**	**2**
兴义市	49	14	35	723	591	132	2	2	
兴仁市	27	10	17	221	191	30			
普安县	16	7	9	243	222	21			
晴隆县	5	3	2	88	74	14	1	1	
贞丰县	21	9	12	123	107	16			
望谟县	5	3	2	71	50	21			
册亨县	11	6	5	74	59	15	1	1	
安龙县	50	11	39	124	103	21	2		2
黔东南苗族侗族自治州	**147**	**53**	**94**	**1527**	**1223**	**304**	**10**	**6**	**4**
凯里市	20	7	13	475	384	91	9	5	4
黄平县	20	8	12	74	62	12			
施秉县	11	2	9	27	17	10			
三穗县	8	6	2	43	32	11			
镇远县	7	1	6	73	55	18			
岑巩县	6	1	5	104	83	21			
天柱县	5		5	90	70	20	1	1	
锦屏县	2		2	99	84	15			
剑河县	2		2	41	31	10			
台江县	6	4	2	47	39	8			
黎平县	23	10	13	110	80	30			
榕江县	5	2	3	134	116	18			
从江县	14	4	10	75	60	15			
雷山县	1		1	48	43	5			
麻江县	11	5	6	55	42	13			
丹寨县	6	3	3	32	25	7			
黔南布依族苗族自治州	**195**	**92**	**103**	**2134**	**1736**	**398**	**13**	**11**	**2**
都匀市	11	7	4	396	344	52	2	2	
福泉市	17	12	5	185	160	25			
荔波县	15	8	7	203	183	20	2	1	1
贵定县	16	7	9	186	155	31	1	1	
瓮安县	30	18	12	192	142	50			
独山县	8	1	7	165	142	23	2	2	
平塘县	17	4	13	52	45	7			
罗甸县	13	6	7	97	64	33	1	1	
长顺县	8	4	4	62	50	12			
龙里县	12	7	5	324	247	77	1	1	
惠水县	35	15	20	226	172	54	4	3	1
三都水族自治县	13	3	10	46	32	14			

7-4 全省按现住地、户口登记地类型、受教育程度分的户口登记地在本省其他乡镇街道人口

单位：人

现住地	合计					未上过学				
	合计	乡	镇的村委会	镇的居委会	街道	小计	乡	镇的村委会	镇的居委会	街道
贵州	**865683**	**155189**	**449253**	**77365**	**183876**	**28285**	**6908**	**16251**	**1717**	**3409**
贵阳市	**243822**	**43830**	**110172**	**19763**	**70057**	**5021**	**1352**	**2761**	**229**	**679**
南明区	48010	8226	17308	3764	18712	964	302	440	38	184
云岩区	52831	8361	21224	4503	18743	1271	334	686	54	197
花溪区	40120	7959	18827	3183	10151	584	155	321	38	70
乌当区	13863	2314	6158	1520	3871	328	81	175	18	54
白云区	22600	4588	12281	1494	4237	523	154	309	17	43
观山湖区	24220	3525	9700	2197	8798	415	88	239	27	61
开阳县	9866	2541	5881	591	853	221	57	146	7	11
息烽县	4829	346	3234	483	766	125	10	102	9	4
修文县	6780	1025	4344	347	1064	194	40	127	7	20
清镇市	20703	4945	11215	1681	2862	396	131	216	14	35
六盘水市	**68699**	**19434**	**27782**	**8314**	**13169**	**2659**	**980**	**1070**	**243**	**366**
钟山区	30870	9490	10197	3273	7910	1103	465	405	88	145
六枝特区	8623	2413	3722	1035	1453	432	134	196	44	58
水城县	12791	4657	5006	1020	2108	704	290	234	52	128
盘州市	16415	2874	8857	2986	1698	420	91	235	59	35
遵义市	**170181**	**13304**	**107881**	**18398**	**30598**	**4457**	**446**	**3168**	**326**	**517**
红花岗区	39669	2926	22993	3865	9885	819	82	558	42	137
汇川区	22125	1450	12059	3103	5513	576	53	411	49	63
播州区	21605	1031	13226	2982	4366	482	22	319	54	87
桐梓县	10334	870	7181	1159	1124	316	25	245	28	18
绥阳县	5552	385	4321	522	324	171	14	142	13	2
正安县	6851	795	5198	524	334	155	21	125	5	4
道真仡佬族苗族自治县	5179	624	4187	286	82	240	33	192	14	1
务川仡佬族苗族自治县	5550	690	3534	554	772	220	35	131	20	34
凤冈县	5280	556	4013	558	153	206	15	167	19	5
湄潭县	7045	780	4824	566	875	185	26	128	14	17
余庆县	4022	316	3118	340	248	137	8	113	9	7
习水县	12225	991	8388	959	1887	331	42	242	10	37
赤水市	5384	408	3245	462	1269	174	16	107	8	43
仁怀市	19360	1482	11594	2518	3766	445	54	288	41	62
安顺市	**44360**	**8124**	**20436**	**4206**	**11594**	**1607**	**412**	**831**	**90**	**274**
西秀区	21534	3676	8207	1998	7653	629	166	287	37	139
平坝区	7186	1358	3971	952	905	230	65	127	16	22
普定县	4440	1025	2023	257	1135	144	47	63	4	30
镇宁布依族苗族自治县	4378	1083	2034	475	786	196	65	88	15	28
关岭布依族苗族自治县	3649	459	2199	341	650	174	33	115	4	22
紫云苗族布依族自治县	3173	523	2002	183	465	234	36	151	14	33
毕节市	**94059**	**25501**	**43449**	**8143**	**16966**	**5214**	**1514**	**2633**	**415**	**652**
七星关区	24657	3674	12400	1881	6702	933	151	503	64	215
大方县	10255	4638	3483	676	1458	463	220	177	21	45
黔西县	13588	4329	5785	1133	2341	632	255	260	36	81
金沙县	9089	3879	3509	683	1018	335	163	133	17	22
织金县	10366	3099	4271	721	2275	829	310	337	41	141
纳雍县	7958	2538	3084	1014	1322	490	164	179	73	74
威宁彝族回族苗族自治县	12709	1169	8955	1315	1270	1269	131	967	123	48
赫章县	5437	2175	1962	720	580	263	120	77	40	26

7-4 续表 1 单位：人

现住地	合计					未上过学				
	合计	乡	镇的村委会	镇的居委会	街道	小计	乡	镇的村委会	镇的居委会	街道
铜仁市	**51613**	**13070**	**24342**	**3498**	**10703**	**1496**	**412**	**747**	**71**	**266**
碧江区	14181	3759	6509	932	2981	391	131	171	26	63
万山区	2874	1297	671	267	639	46	12	13	7	14
江口县	3163	759	1639	122	643	131	33	73	6	19
玉屏侗族自治县	2128	238	1220	183	487	43	5	27		11
石阡县	3008	990	1375	247	396	99	25	62	2	10
思南县	5004	1233	2508	453	810	160	34	89	12	25
印江土家族苗族自治县	4756	418	3230	282	826	133	10	89	5	29
德江县	6711	2474	2286	472	1479	212	94	70	6	42
沿河土家族自治县	4590	745	2828	236	781	129	20	93	2	14
松桃苗族自治县	5198	1157	2076	304	1661	152	48	60	5	39
黔西南布依族苗族自治州	**52906**	**6431**	**30866**	**4143**	**11466**	**1973**	**349**	**1250**	**72**	**302**
兴义市	28921	3493	16755	2659	6014	716	100	500	39	77
兴仁市	5204	396	2973	325	1510	159	10	86	12	51
普安县	1829	391	983	148	307	73	16	32	7	18
晴隆县	3285	716	1684	186	699	293	76	136	3	78
贞丰县	3343	450	1760	383	750	70	12	39	1	18
望谟县	2909	285	2029	75	520	182	37	124	3	18
册亨县	3675	479	2731	49	416	380	84	279		17
安龙县	3740	221	1951	318	1250	100	14	54	7	25
黔东南苗族侗族自治州	**74971**	**15667**	**45561**	**5655**	**8088**	**3660**	**983**	**2366**	**151**	**160**
凯里市	25427	3284	14855	1895	5393	884	130	644	35	75
黄平县	2577	605	1623	244	105	71	17	50	4	
施秉县	2120	695	1211	156	58	118	48	64	5	1
三穗县	3192	557	2161	218	256	175	40	107	8	20
镇远县	2808	647	1667	374	120	147	42	94	7	4
岑巩县	3979	789	2700	154	336	243	45	187	3	8
天柱县	3213	311	2312	263	327	57	5	44	2	6
锦屏县	3487	1538	1685	191	73	201	110	89	2	
剑河县	4190	1013	2809	151	217	344	107	223	6	8
台江县	1964	712	865	200	187	118	46	59	7	6
黎平县	7872	2418	4551	485	418	405	149	224	13	19
榕江县	3334	864	1833	485	152	147	41	67	32	7
从江县	3630	1037	2129	352	112	302	89	192	20	1
雷山县	2733	568	1946	137	82	307	76	225	3	3
麻江县	1654	232	1107	170	145	33	17	14	1	1
丹寨县	2791	397	2107	180	107	108	21	83	3	1
黔南布依族苗族自治州	**65072**	**9828**	**38764**	**5245**	**11235**	**2198**	**460**	**1425**	**120**	**193**
都匀市	12676	1513	5680	1127	4356	296	44	170	16	66
福泉市	5853	565	3470	653	1165	135	14	88	12	21
荔波县	2993	666	2014	128	185	91	11	75	3	2
贵定县	4727	572	2313	563	1279	127	25	66	16	20
瓮安县	10652	1751	6869	788	1244	231	45	149	21	16
独山县	3159	467	2077	274	341	120	28	81	9	2
平塘县	2519	217	2037	120	145	97	12	79	4	2
罗甸县	4368	1117	2876	144	231	410	138	245	10	17
长顺县	1877	394	1157	159	167	89	18	61	5	5
龙里县	6009	1064	3584	558	803	200	48	122	11	19
惠水县	6744	1093	4039	561	1051	276	61	185	12	18
三都水族自治县	3495	409	2648	170	268	126	16	104	1	5

7-4 续表 2 单位：人

现住地	学前教育					小学				
	小计	乡	镇的村委会	镇的居委会	街道	小计	乡	镇的村委会	镇的居委会	街道
贵州	**36800**	**6566**	**19952**	**3055**	**7227**	**193357**	**41699**	**112665**	**12722**	**26271**
贵阳市	**7647**	**1425**	**3598**	**560**	**2064**	**41224**	**9841**	**22400**	**2138**	**6845**
南明区	1319	258	461	101	499	7459	1917	3332	391	1819
云岩区	1684	279	695	134	576	8807	2082	4438	472	1815
花溪区	1059	181	479	85	314	5333	1234	2848	311	940
乌当区	530	82	238	59	151	2182	493	1098	175	416
白云区	728	174	383	37	134	4364	1079	2646	200	439
观山湖区	583	84	251	44	204	3432	686	1947	206	593
开阳县	523	142	332	16	33	2908	889	1777	78	164
息烽县	236	15	169	22	30	1279	115	965	82	117
修文县	315	39	203	17	56	1786	327	1160	64	235
清镇市	670	171	387	45	67	3674	1019	2189	159	307
六盘水市	**3770**	**1108**	**1606**	**400**	**656**	**18143**	**6196**	**7785**	**1664**	**2498**
钟山区	1595	536	557	146	356	8349	3195	3111	654	1389
六枝特区	450	117	217	50	66	2446	820	1118	216	292
水城县	667	250	260	48	109	3699	1478	1433	273	515
盘州市	1058	205	572	156	125	3649	703	2123	521	302
遵义市	**7939**	**573**	**5211**	**760**	**1395**	**39215**	**3697**	**27777**	**3208**	**4533**
红花岗区	1645	115	1029	115	386	7412	654	5032	507	1219
汇川区	908	48	553	93	214	4566	359	3136	461	610
播州区	1061	30	679	129	223	4289	235	2876	476	702
桐梓县	373	33	255	37	48	2598	249	1982	184	183
绥阳县	305	14	255	27	9	1370	82	1145	105	38
正安县	382	52	261	41	28	2176	293	1712	110	61
道真仡佬族苗族自治县	231	28	183	16	4	1735	210	1428	79	18
务川仡佬族苗族自治县	316	46	204	24	42	1664	241	1079	158	186
凤冈县	264	35	203	26		1484	167	1199	111	7
湄潭县	280	18	209	25	28	1662	212	1227	90	133
余庆县	188	18	142	19	9	1048	93	834	79	42
习水县	682	59	459	42	122	3091	313	2221	162	395
赤水市	247	14	159	13	61	1449	128	984	108	229
仁怀市	1057	63	620	153	221	4671	461	2922	578	710
安顺市	**1847**	**345**	**853**	**161**	**488**	**10388**	**2372**	**5399**	**661**	**1956**
西秀区	746	132	285	60	269	4250	950	1918	274	1108
平坝区	293	66	154	36	37	1694	369	1012	147	166
普定县	231	46	96	16	73	1225	315	590	65	255
镇宁布依族苗族自治县	217	61	99	16	41	1386	425	680	89	192
关岭布依族苗族自治县	187	17	106	23	41	1003	141	663	52	147
紫云苗族布依族自治县	173	23	113	10	27	830	172	536	34	88
毕节市	**4089**	**994**	**1914**	**356**	**825**	**23124**	**6990**	**11107**	**1684**	**3343**
七星关区	1113	141	591	82	299	5315	834	2928	397	1156
大方县	404	188	142	21	53	2591	1246	917	116	312
黔西县	657	203	265	68	121	3691	1380	1619	196	496
金沙县	297	105	127	24	41	2364	1060	955	125	224
织金县	499	137	189	30	143	2974	995	1241	168	570
纳雍县	376	84	163	59	70	1977	656	782	263	276
威宁彝族回族苗族自治县	493	47	346	45	55	3015	295	2227	301	192
赫章县	250	89	91	27	43	1197	524	438	118	117

7-4 续表 3 单位：人

现住地	学前教育					小学				
	小计	乡	镇的村委会	镇的居委会	街道	小计	乡	镇的村委会	镇的居委会	街道
铜仁市	**2336**	**599**	**1103**	**145**	**489**	**12534**	**3363**	**6289**	**688**	**2194**
碧江区	586	168	250	43	125	3120	977	1446	188	509
万山区	111	48	28	9	26	555	256	132	56	111
江口县	169	53	79	4	33	942	262	503	23	154
玉屏侗族自治县	81	9	46	3	23	565	73	341	30	121
石阡县	148	42	79	11	16	711	220	390	37	64
思南县	198	49	98	15	36	1193	296	639	82	176
印江土家族苗族自治县	213	17	160	13	23	1338	134	981	44	179
德江县	341	132	117	25	67	1655	680	541	129	305
沿河土家族自治县	237	35	148	6	48	1148	217	763	41	127
松桃苗族自治县	252	46	98	16	92	1307	248	553	58	448
黔西南布依族苗族自治州	**2437**	**291**	**1445**	**158**	**543**	**12858**	**1787**	**8251**	**730**	**2090**
兴义市	1299	154	774	93	278	6079	866	3974	405	834
兴仁市	245	15	145	13	72	1162	97	703	72	290
普安县	90	6	66	4	14	376	57	230	29	60
晴隆县	170	39	83	11	37	1084	232	564	39	249
贞丰县	198	36	100	22	40	1030	184	580	93	173
望谟县	117	7	81	2	27	979	100	705	22	152
册亨县	156	30	110	2	14	1282	187	1003	7	85
安龙县	162	4	86	11	61	866	64	492	63	247
黔东南苗族侗族自治州	**3737**	**781**	**2305**	**279**	**372**	**20555**	**4785**	**13538**	**1021**	**1211**
凯里市	1157	153	706	71	227	5671	817	3877	281	696
黄平县	121	27	74	15	5	621	162	410	32	17
施秉县	121	47	67	4	3	606	202	362	33	9
三穗县	131	18	91	8	14	1133	221	777	54	81
镇远县	109	27	67	8	7	811	208	493	90	20
岑巩县	215	29	155	9	22	1163	232	847	27	57
天柱县	202	13	150	16	23	870	94	660	50	66
锦屏县	182	96	76	8	2	1035	500	499	28	8
剑河县	238	56	169	7	6	1449	360	1021	31	37
台江县	69	27	24	8	10	502	215	217	31	39
黎平县	468	145	272	30	21	2426	775	1482	77	92
榕江县	159	28	88	36	7	849	208	512	104	25
从江县	195	48	117	26	4	1169	355	708	99	7
雷山县	107	26	73	6	2	835	193	618	17	7
麻江县	103	15	62	15	11	417	64	306	23	24
丹寨县	160	26	114	12	8	998	179	749	44	26
黔南布依族苗族自治州	**2998**	**450**	**1917**	**236**	**395**	**15316**	**2668**	**10119**	**928**	**1601**
都匀市	385	31	186	38	130	2007	227	1124	157	499
福泉市	273	27	182	35	29	1522	180	1035	131	176
荔波县	180	42	119	10	9	891	240	604	15	32
贵定县	145	21	73	18	33	901	120	529	65	187
瓮安县	585	94	364	48	79	2809	461	1878	205	265
独山县	143	19	103	15	6	747	146	535	38	28
平塘县	175	12	154	5	4	657	68	544	22	23
罗甸县	298	80	203	7	8	1399	402	939	21	37
长顺县	90	18	51	8	13	474	125	293	29	27
龙里县	271	41	171	29	30	1731	345	1098	126	162
惠水县	257	39	162	18	38	1166	192	775	72	127
三都水族自治县	196	26	149	5	16	1012	162	765	47	38

7-4　续表 4　　　　单位：人

现住地	初中					高中				
	小计	乡	镇的村委会	镇的居委会	街道	小计	乡	镇的村委会	镇的居委会	街道
贵　州	**258374**	**47989**	**146371**	**20274**	**43740**	**156879**	**25248**	**77834**	**15123**	**38674**
贵阳市	**66500**	**13533**	**34051**	**4369**	**14547**	**43763**	**6135**	**17583**	**4143**	**15902**
南明区	13635	2853	5475	922	4385	9265	1277	2779	893	4316
云岩区	13796	2628	6274	957	3937	9496	1188	3291	880	4137
花溪区	10168	2052	5421	668	2027	6217	881	2542	616	2178
乌当区	3804	697	2006	322	779	2836	420	1259	320	837
白云区	6665	1564	3887	360	854	4656	795	2239	337	1285
观山湖区	5621	1115	2776	457	1273	4281	534	1437	411	1899
开阳县	3372	893	2089	145	245	1506	323	926	104	153
息烽县	1667	142	1237	102	186	775	28	394	104	249
修文县	2396	378	1611	109	298	1352	154	878	70	250
清镇市	5376	1211	3275	327	563	3379	535	1838	408	598
六盘水市	**20513**	**5995**	**8914**	**2343**	**3261**	**12210**	**2973**	**4823**	**1645**	**2769**
钟山区	9002	2998	3255	948	1801	4734	1097	1361	606	1670
六枝特区	2668	694	1177	328	469	1444	417	622	154	251
水城县	3708	1385	1496	279	548	2379	820	985	175	399
盘州市	5135	918	2986	788	443	3653	639	1855	710	449
遵义市	**60973**	**4880**	**41742**	**5661**	**8690**	**30010**	**1813**	**17764**	**3727**	**6706**
红花岗区	14237	1054	9178	1219	2786	6367	344	3027	779	2217
汇川区	7499	488	4903	860	1248	3611	213	1586	659	1153
播州区	8390	411	5367	1015	1597	4382	180	2666	668	868
桐梓县	4033	399	2891	380	363	1984	85	1281	357	261
绥阳县	1974	105	1601	179	89	1108	88	830	85	105
正安县	2287	265	1801	134	87	1050	80	817	104	49
道真仡佬族苗族自治县	1781	229	1466	61	25	750	81	615	39	15
务川仡佬族苗族自治县	1673	228	1061	174	210	926	66	684	56	120
凤冈县	1873	226	1467	163	17	844	57	583	105	99
湄潭县	2697	317	1950	205	225	1336	143	784	78	331
余庆县	1225	104	975	80	66	878	60	742	49	27
习水县	4187	369	3061	250	507	2528	128	1772	239	389
赤水市	1887	140	1251	124	372	970	79	554	91	246
仁怀市	7230	545	4770	817	1098	3276	209	1823	418	826
安顺市	**13137**	**2614**	**6510**	**1024**	**2989**	**7807**	**1244**	**3450**	**854**	**2259**
西秀区	6114	1121	2622	456	1915	4126	669	1452	506	1499
平坝区	2348	497	1373	257	221	1098	166	526	173	233
普定县	1456	386	643	74	353	759	122	430	34	173
镇宁布依族苗族自治县	1351	307	690	120	234	542	120	234	74	114
关岭布依族苗族自治县	979	141	596	83	159	718	87	441	38	152
紫云苗族布依族自治县	889	162	586	34	107	564	80	367	29	88
毕节市	**26547**	**7445**	**12487**	**2271**	**4344**	**18611**	**5139**	**8929**	**1377**	**3166**
七星关区	7172	984	3926	557	1705	4612	658	2321	344	1289
大方县	2825	1308	987	159	371	2207	1056	679	162	310
黔西县	4341	1540	1845	308	648	2408	590	1238	196	384
金沙县	3199	1322	1284	257	336	1846	900	655	109	182
织金县	2782	840	1189	191	562	1818	494	821	140	363
纳雍县	2076	619	852	280	325	1649	709	626	102	212
威宁彝族回族苗族自治县	2770	249	1940	307	274	2793	204	2016	222	351
赫章县	1382	583	464	212	123	1278	528	573	102	75

7-4 续表 5 单位：人

现住地	初中					高中				
	小计	乡	镇的村委会	镇的居委会	街道	小计	乡	镇的村委会	镇的居委会	街道
铜仁市	**14434**	**3804**	**7011**	**907**	**2712**	**10775**	**3055**	**4926**	**639**	**2155**
碧江区	3669	1176	1542	271	680	2429	558	1090	177	604
万山区	738	326	198	77	137	874	500	173	41	160
江口县	1007	254	531	38	184	483	68	281	16	118
玉屏侗族自治县	774	100	464	63	147	284	14	150	36	84
石阡县	835	253	417	58	107	563	291	188	28	56
思南县	1271	284	709	94	184	1372	449	673	85	165
印江土家族苗族自治县	1510	154	1108	62	186	900	46	557	49	248
德江县	1968	804	637	119	408	1343	452	529	93	269
沿河土家族自治县	1296	192	864	51	189	996	204	639	34	119
松桃苗族自治县	1366	261	541	74	490	1531	473	646	80	332
黔西南布依族苗族自治州	**14631**	**1816**	**9145**	**980**	**2690**	**9916**	**1209**	**5588**	**964**	**2155**
兴义市	7638	1004	4922	554	1158	6394	776	3368	800	1450
兴仁市	1712	154	980	105	473	980	51	683	28	218
普安县	500	63	314	49	74	388	200	129	27	32
晴隆县	905	197	493	41	174	309	74	181	18	36
贞丰县	1104	136	642	100	226	299	26	139	40	94
望谟县	742	69	541	20	112	382	20	281	5	76
册亨县	844	106	621	13	104	536	36	459	5	36
安龙县	1186	87	632	98	369	628	26	348	41	213
黔东南苗族侗族自治州	**22438**	**4953**	**14236**	**1301**	**1948**	**12692**	**2429**	**7739**	**943**	**1581**
凯里市	7473	1023	4775	435	1240	4751	582	2561	396	1212
黄平县	704	180	468	41	15	719	163	466	65	25
施秉县	676	242	383	39	12	334	110	193	24	7
三穗县	1034	187	721	52	74	348	62	244	24	18
镇远县	903	219	562	98	24	423	56	286	65	16
岑巩县	1161	201	815	29	116	654	181	411	27	35
天柱县	1316	125	963	91	137	369	38	256	40	35
锦屏县	1066	496	525	26	19	610	193	380	30	7
剑河县	1276	343	841	35	57	437	70	322	17	28
台江县	527	214	224	41	48	474	140	254	57	23
黎平县	2467	810	1439	123	95	1153	320	682	63	88
榕江县	1000	275	575	122	28	703	238	391	41	33
从江县	950	280	578	78	14	622	177	394	35	16
雷山县	741	178	526	21	16	385	43	310	20	12
麻江县	448	69	313	36	30	298	29	231	21	17
丹寨县	696	111	528	34	23	412	27	358	18	9
黔南布依族苗族自治州	**19201**	**2949**	**12275**	**1418**	**2559**	**11095**	**1251**	**7032**	**831**	**1981**
都匀市	3371	351	1702	289	1029	2504	215	1222	232	835
福泉市	1894	208	1269	196	221	861	77	559	101	124
荔波县	933	220	640	23	50	521	79	383	22	37
贵定县	1038	119	547	110	262	760	34	451	79	196
瓮安县	3977	697	2645	287	348	1797	273	1174	82	268
独山县	1144	148	838	96	62	566	80	286	45	155
平塘县	702	74	579	22	27	442	15	399	14	14
罗甸县	1123	261	790	29	43	616	164	375	32	45
长顺县	553	127	323	51	52	436	80	299	33	24
龙里县	2219	432	1408	159	220	825	89	488	109	139
惠水县	1530	217	988	121	204	917	64	714	56	83
三都水族自治县	717	95	546	35	41	850	81	682	26	61

7-4　续表 6

单位：人

现住地	大学专科					大学本科				
	小计	乡	镇的村委会	镇的居委会	街道	小计	乡	镇的村委会	镇的居委会	街道
贵州	**93213**	**13438**	**39807**	**11595**	**28373**	**94349**	**13017**	**35473**	**12318**	**33541**
贵阳市	**35965**	**5571**	**14411**	**3816**	**12167**	**40669**	**5758**	**14783**	**4170**	**15958**
南明区	7263	851	2360	739	3313	7569	750	2363	644	3812
云岩区	7684	895	2837	818	3134	9277	916	2883	1084	4394
花溪区	4724	825	1906	480	1513	11200	2505	5042	895	2758
乌当区	1762	217	609	271	665	2273	320	758	323	872
白云区	2028	285	919	225	599	3540	531	1884	301	824
观山湖区	4736	585	2035	469	1647	4634	416	965	536	2717
开阳县	804	162	391	140	111	513	73	217	98	125
息烽县	388	18	199	85	86	349	18	167	77	87
修文县	319	37	160	29	93	411	50	203	50	108
清镇市	6257	1696	2995	560	1006	903	179	301	162	261
六盘水市	**5765**	**1041**	**1954**	**1021**	**1749**	**5480**	**1120**	**1606**	**980**	**1774**
钟山区	2937	488	806	416	1227	3047	701	685	407	1254
六枝特区	575	133	176	115	151	600	96	216	127	161
水城县	898	245	356	104	193	706	182	236	86	202
盘州市	1355	175	616	386	178	1127	141	469	360	157
遵义市	**14004**	**996**	**6495**	**2361**	**4152**	**13081**	**870**	**5594**	**2259**	**4358**
红花岗区	4846	411	2210	622	1603	4152	259	1912	551	1430
汇川区	2229	88	745	469	927	2557	186	699	478	1194
播州区	1663	89	781	337	456	1310	63	531	292	424
桐梓县	503	36	261	83	123	518	42	259	90	127
绥阳县	345	41	204	64	36	273	41	140	48	44
正安县	409	51	252	64	42	386	32	227	66	61
道真仡佬族苗族自治县	237	25	173	31	8	203	18	129	45	11
务川仡佬族苗族自治县	373	37	194	66	76	375	37	180	55	103
凤冈县	331	31	227	61	12	268	24	159	72	13
湄潭县	490	40	302	75	73	386	24	218	76	68
余庆县	298	19	191	59	29	247	14	121	45	67
习水县	718	42	346	114	216	673	36	281	139	217
赤水市	406	25	123	70	188	246	6	66	47	127
仁怀市	1156	61	486	246	363	1487	88	672	255	472
安顺市	**4801**	**534**	**1912**	**678**	**1677**	**4650**	**597**	**1461**	**715**	**1877**
西秀区	2622	248	837	301	1236	2963	387	794	352	1430
平坝区	991	126	582	153	130	512	67	191	164	90
普定县	342	66	99	38	139	278	43	100	26	109
镇宁布依族苗族自治县	376	55	148	94	79	310	50	95	67	98
关岭布依族苗族自治县	249	13	128	58	50	330	26	150	79	75
紫云苗族布依族自治县	221	26	118	34	43	257	24	131	27	75
毕节市	**8047**	**1649**	**3425**	**916**	**2057**	**8287**	**1753**	**2919**	**1104**	**2511**
七星关区	2546	331	1123	217	875	2892	567	996	213	1116
大方县	1160	405	468	96	191	592	213	112	96	171
黔西县	927	202	298	152	275	921	156	259	174	332
金沙县	514	157	197	62	98	531	171	157	88	115
织金县	712	165	258	63	226	742	157	232	87	266
纳雍县	682	144	231	116	191	701	162	248	120	171
威宁彝族回族苗族自治县	1035	97	700	110	128	1321	146	752	206	217
赫章县	471	148	150	100	73	587	181	163	120	123

7-4 续表 7 单位：人

现住地	大学专科					大学本科				
	小计	乡	镇的村委会	镇的居委会	街道	小计	乡	镇的村委会	镇的居委会	街道
铜仁市	**5871**	**1104**	**2824**	**524**	**1419**	**4088**	**716**	**1427**	**518**	**1427**
碧江区	2503	443	1472	126	462	1437	298	529	98	512
万山区	270	87	60	41	82	277	67	67	36	107
江口县	239	51	101	17	70	190	38	70	18	64
玉屏侗族自治县	209	18	110	30	51	168	18	80	20	50
石阡县	353	98	135	44	76	296	60	104	67	65
思南县	404	59	172	76	97	404	62	128	89	125
印江土家族苗族自治县	347	32	189	53	73	311	25	145	55	86
德江县	845	227	307	63	248	343	82	85	36	140
沿河土家族自治县	375	41	175	42	117	403	35	146	60	162
松桃苗族自治县	326	48	103	32	143	259	31	73	39	116
黔西南布依族苗族自治州	**5459**	**484**	**2818**	**532**	**1625**	**5507**	**491**	**2337**	**693**	**1986**
兴义市	3263	287	1781	316	879	3435	302	1415	442	1276
兴仁市	518	44	192	49	233	422	25	181	45	171
普安县	192	27	104	13	48	209	22	107	19	61
晴隆县	220	38	103	29	50	301	60	124	44	73
贞丰县	320	25	144	59	92	317	31	115	67	104
望谟县	279	26	174	14	65	227	26	122	9	70
册亨县	242	18	130	7	87	234	18	129	15	72
安龙县	425	19	190	45	171	362	7	144	52	159
黔东南苗族侗族自治州	**6204**	**953**	**3080**	**921**	**1250**	**5579**	**780**	**2267**	**1019**	**1513**
凯里市	2992	342	1415	344	891	2428	237	862	323	1006
黄平县	161	26	76	50	9	179	30	78	37	34
施秉县	141	24	85	22	10	119	22	56	26	15
三穗县	168	18	100	28	22	201	11	120	44	26
镇远县	210	49	91	46	24	204	46	74	59	25
岑巩县	212	25	123	27	37	329	75	161	32	61
天柱县	212	19	131	33	29	185	16	107	31	31
锦屏县	204	79	63	39	23	187	64	52	57	14
剑河县	223	45	123	29	26	221	32	109	26	54
台江县	153	43	59	19	32	119	27	27	37	28
黎平县	467	121	230	77	39	483	98	221	100	64
榕江县	246	41	111	77	17	229	33	88	73	35
从江县	216	53	86	40	37	172	34	53	52	33
雷山县	161	32	91	26	12	195	20	103	43	29
麻江县	157	19	92	25	21	194	19	85	49	41
丹寨县	281	17	204	39	21	134	16	71	30	17
黔南布依族苗族自治州	**7097**	**1106**	**2888**	**826**	**2277**	**7008**	**932**	**3079**	**860**	**2137**
都匀市	2148	477	616	166	889	1877	165	649	217	846
福泉市	754	34	190	91	439	410	25	147	85	153
荔波县	193	41	101	26	25	183	33	92	28	30
贵定县	1452	234	546	204	468	293	17	100	69	107
瓮安县	674	101	379	81	113	563	75	274	63	151
独山县	239	25	130	40	44	194	21	103	31	39
平塘县	182	23	113	22	24	263	13	168	31	51
罗甸县	240	44	150	16	30	276	27	172	28	49
长顺县	116	11	70	17	18	117	15	59	16	27
龙里县	412	62	171	61	118	342	46	125	61	110
惠水县	452	43	268	77	64	2135	477	945	200	513
三都水族自治县	235	11	154	25	45	355	18	245	31	61

7-4　续表 8　　　　单位：人

现住地	硕士研究生					博士研究生				
	小计	乡	镇的村委会	镇的居委会	街道	小计	乡	镇的村委会	镇的居委会	街道
贵　州	**4069**	**312**	**861**	**522**	**2374**	**357**	**12**	**39**	**39**	**267**
贵阳市	**2753**	**207**	**558**	**305**	**1683**	**280**	**8**	**27**	**33**	**212**
南明区	497	18	96	34	349	39		2	2	35
云岩区	735	38	115	95	487	81	1	5	9	66
花溪区	748	121	259	80	288	87	5	9	10	63
乌当区	141	4	15	28	94	7			4	3
白云区	87	6	13	15	53	9		1	2	6
观山湖区	467	15	41	42	369	51	2	9	5	35
开阳县	16	2	2	3	9	3		1		2
息烽县	10		1	2	7					
修文县	7		2	1	4					
清镇市	45	3	14	5	23	3			1	2
六盘水市	**145**	**21**	**22**	**17**	**85**	**14**		**2**	**1**	**11**
钟山区	93	10	17	7	59	10			1	9
六枝特区	8	2		1	5					
水城县	27	7	4	3	13	3		2		1
盘州市	17	2	1	6	8	1				1
遵义市	**469**	**29**	**127**	**91**	**222**	**33**		**3**	**5**	**25**
红花岗区	174	7	46	26	95	17		1	4	12
汇川区	166	15	26	34	91	13				13
播州区	28	1	7	11	9					
桐梓县	8	1	6		1	1		1		
绥阳县	6		4	1	1					
正安县	6	1	3		2					
道真仡佬族苗族自治县	2		1	1						
务川仡佬族苗族自治县	3		1	1	1					
凤冈县	10	1	8	1						
湄潭县	9		6	3						
余庆县	1				1					
习水县	15	2	6	3	4					
赤水市	5		1	1	3					
仁怀市	36	1	12	9	14	2		1	1	
安顺市	**118**	**6**	**18**	**23**	**71**	**5**		**2**		**3**
西秀区	81	3	11	12	55	3		1		2
平坝区	19	2	5	6	6	1		1		
普定县	5		2		3					
镇宁布依族苗族自治县										
关岭布依族苗族自治县	8	1		4	3	1				1
紫云苗族布依族自治县	5			1	4					
毕节市	**133**	**15**	**33**	**20**	**65**	**7**	**2**	**2**		**3**
七星关区	70	8	11	7	44	4		1		3
大方县	13	2	1	5	5					
黔西县	11	3	1	3	4					
金沙县	2	1		1		1		1		
织金县	10	1	4	1	4					
纳雍县	7		3	1	3					
威宁彝族回族苗族自治县	13		7	1	5					
赫章县	7		6	1		2	2			

7-4 续表 9

单位：人

现住地	硕士研究生					博士研究生				
	小计	乡	镇的村委会	镇的居委会	街道	小计	乡	镇的村委会	镇的居委会	街道
铜仁市	**74**	**16**	**14**	**6**	**38**	**5**	**1**	**1**		**3**
碧江区	42	7	8	3	24	4	1	1		2
万山区	3	1			2					
江口县	2		1		1					
玉屏侗族自治县	4	1	2	1						
石阡县	3	1			2					
思南县	2				2					
印江土家族苗族自治县	4		1	1	2					
德江县	4	3		1						
沿河土家族自治县	6	1			5					
松桃苗族自治县	4	2	2			1				1
黔西南布依族苗族自治州	**121**	**4**	**31**	**14**	**72**	**4**		**1**		**3**
兴义市	93	4	20	10	59	4		1		3
兴仁市	6		3	1	2					
普安县	1		1							
晴隆县	3			1	2					
贞丰县	5		1	1	3					
望谟县	1		1							
册亨县	1				1					
安龙县	11		5	1	5					
黔东南苗族侗族自治州	**99**	**3**	**29**	**20**	**47**	**7**		**1**		**6**
凯里市	64		14	10	40	7		1		6
黄平县	1		1							
施秉县	5		1	3	1					
三穗县	2		1		1					
镇远县	1			1						
岑巩县	2	1	1							
天柱县	2	1	1							
锦屏县	2		1	1						
剑河县	2		1		1					
台江县	2		1		1					
黎平县	3		1	2						
榕江县	1		1							
从江县	4	1	1	2						
雷山县	2			1	1					
麻江县	4		4							
丹寨县	2				2					
黔南布依族苗族自治州	**157**	**11**	**29**	**26**	**91**	**2**	**1**			**1**
都匀市	87	3	11	12	61	1				1
福泉市	4			2	2					
荔波县	1			1						
贵定县	11	2	1	2	6					
瓮安县	15	4	6	1	4	1	1			
独山县	6		1		5					
平塘县	1		1							
罗甸县	6	1	2	1	2					
长顺县	2		1		1					
龙里县	9	1	1	2	5					
惠水县	11		2	5	4					
三都水族自治县	4		3		1					

7-5　全省按现住地、户口登记地类型、受教育程度分的户口登记地在外省人口

单位：人

现住地	合计					未上过学				
	合计	乡	镇的村委会	镇的居委会	街道	小计	乡	镇的村委会	镇的居委会	街道
贵　州	**124441**	**21513**	**68730**	**12638**	**21560**	**1970**	**429**	**1163**	**167**	**211**
贵阳市	**48059**	**8961**	**25132**	**4357**	**9609**	**731**	**177**	**436**	**43**	**75**
南明区	11602	2251	5742	1142	2467	166	44	90	11	21
云岩区	9798	1874	5124	826	1974	171	44	100	10	17
花溪区	8489	1482	4405	833	1769	122	29	75	6	12
乌当区	2194	380	1144	230	440	39	8	20	4	7
白云区	3984	787	2360	312	525	70	13	53	1	3
观山湖区	7201	1393	3404	691	1713	94	28	47	8	11
开阳县	786	154	492	48	92	9	1	8		
息烽县	620	75	407	37	101	10		8	2	
修文县	889	108	584	53	144	11	1	9		1
清镇市	2496	457	1470	185	384	39	9	26	1	3
六盘水市	**9376**	**1867**	**4835**	**1324**	**1350**	**168**	**37**	**94**	**21**	**16**
钟山区	3745	816	1723	554	652	72	14	41	7	10
六枝特区	977	227	462	149	139	16	5	9	2	
水城县	1360	360	709	146	145	34	12	17	5	
盘州市	3294	464	1941	475	414	46	6	27	7	6
遵义市	**19385**	**1994**	**12387**	**2145**	**2859**	**300**	**35**	**208**	**31**	**26**
红花岗区	5182	605	3384	436	757	88	17	65	3	3
汇川区	2120	178	1214	278	450	30	4	16	7	3
播州区	2086	156	1279	295	356	32	1	20	6	5
桐梓县	1000	111	619	115	155	19		15	2	2
绥阳县	427	29	286	78	34	6		5	1	
正安县	549	46	371	77	55	5		5		
道真仡佬族苗族自治县	483	36	350	47	50	6		6		
务川仡佬族苗族自治县	503	61	258	97	87	7		4	1	2
凤冈县	342	32	237	46	27	3		1	1	1
湄潭县	529	53	348	58	70	9		8	1	
余庆县	451	46	300	70	35	8	1	6		1
习水县	1472	171	980	110	211	17	2	14	1	
赤水市	1748	140	1150	209	249	36	2	23	7	4
仁怀市	2493	330	1611	229	323	34	8	20	1	5
安顺市	**6743**	**1284**	**3783**	**581**	**1095**	**129**	**28**	**80**	**6**	**15**
西秀区	3552	699	1856	299	698	60	11	38	3	8
平坝区	1163	238	713	120	92	22	5	15	1	1
普定县	589	116	326	52	95	9	3	5		1
镇宁布依族苗族自治县	470	69	263	43	95	7	1	4		2
关岭布依族苗族自治县	521	76	341	47	57	18	6	10	2	
紫云苗族布依族自治县	448	86	284	20	58	13	2	8		3
毕节市	**10022**	**2215**	**4976**	**1246**	**1585**	**229**	**56**	**118**	**26**	**29**
七星关区	2649	350	1504	319	476	61	6	41	6	8
大方县	903	277	352	90	184	14	8	3	1	2
黔西县	1398	329	738	114	217	29	11	11	2	5
金沙县	1285	376	639	130	140	23	4	17	1	1
织金县	1159	277	491	191	200	25	5	10	8	2
纳雍县	812	152	357	152	151	19	3	7	3	6
威宁彝族回族苗族自治县	1157	201	615	178	163	43	11	23	5	4
赫章县	659	253	280	72	54	15	8	6		1

7-5 续表 1 单位：人

现住地	合计					未上过学				
	合计	乡	镇的村委会	镇的居委会	街道	小计	乡	镇的村委会	镇的居委会	街道
铜仁市	**5717**	**1305**	**2782**	**532**	**1098**	**72**	**18**	**36**	**7**	**11**
碧江区	1533	388	684	139	322	22	2	16	2	2
万山区	409	186	120	35	68	2	2			
江口县	325	57	170	26	72	2		2		
玉屏侗族自治县	487	62	297	49	79	8		6	1	1
石阡县	474	121	253	54	46	5	3	1	1	
思南县	403	88	209	42	64	8	2	5		1
印江土家族苗族自治县	399	48	280	16	55	1				1
德江县	477	160	156	50	111	9	7		1	1
沿河土家族自治县	437	77	259	30	71	8	1	4	2	1
松桃苗族自治县	773	118	354	91	210	7	1	2		4
黔西南布依族苗族自治州	**6697**	**919**	**3862**	**714**	**1202**	**77**	**17**	**42**	**12**	**6**
兴义市	3501	525	2015	345	616	40	10	23	5	2
兴仁市	724	68	423	70	163	2		1		1
普安县	499	76	325	55	43	4		3		1
晴隆县	314	78	170	38	28	3	1	1	1	
贞丰县	537	57	271	90	119	5	1	3	1	
望谟县	255	20	169	16	50	3		2	1	
册亨县	264	46	139	24	55	8	3	3	1	1
安龙县	603	49	350	76	128	12	2	6	3	1
黔东南苗族侗族自治州	**8777**	**1533**	**5172**	**805**	**1267**	**131**	**30**	**78**	**8**	**15**
凯里市	3260	490	1896	261	613	45	6	33	1	5
黄平县	365	65	214	41	45	1		1		
施秉县	151	47	72	11	21					
三穗县	359	54	224	37	44	3		3		
镇远县	452	87	273	45	47	8	2	4	1	1
岑巩县	411	77	256	17	61	7	2	5		
天柱县	414	43	290	49	32	6		5	1	
锦屏县	347	66	214	23	44	2	1	1		
剑河县	304	58	169	11	66	6		1	1	4
台江县	195	55	66	36	38	2	1			1
黎平县	782	128	509	70	75	18	8	6	2	2
榕江县	449	91	236	88	34	5	1	4		
从江县	506	168	269	48	21	14	7	6	1	
雷山县	282	39	178	19	46	8	1	5	1	1
麻江县	299	41	175	22	61	2		2		
丹寨县	201	24	131	27	19	4	1	2		1
黔南布依族苗族自治州	**9665**	**1435**	**5801**	**934**	**1495**	**133**	**31**	**71**	**13**	**18**
都匀市	2046	341	1077	164	464	19	5	9		5
福泉市	836	144	476	94	122	12	4	5	3	
荔波县	718	161	412	56	89	8	2	5		1
贵定县	691	78	421	73	119	12	1	7		4
瓮安县	955	124	559	125	147	13	1	5	3	4
独山县	705	84	484	62	75	9	2	3	3	1
平塘县	414	41	313	17	43	5	1	3	1	
罗甸县	558	93	354	53	58	13	4	8		1
长顺县	333	34	208	39	52	3	1	1	1	
龙里县	1106	158	674	113	161	16	4	10	1	1
惠水县	945	145	575	112	113	21	6	14	1	
三都水族自治县	358	32	248	26	52	2		1		1

7–5　续表 2　　　　单位：人

现住地	学前教育					小学				
	小计	乡	镇的村委会	镇的居委会	街道	小计	乡	镇的村委会	镇的居委会	街道
贵　州	**4232**	**684**	**2417**	**432**	**699**	**23861**	**4820**	**14501**	**1933**	**2607**
贵阳市	**1368**	**239**	**756**	**120**	**253**	**8064**	**1866**	**4859**	**483**	**856**
南明区	326	68	148	35	75	2016	497	1146	127	246
云岩区	274	47	154	26	47	1768	414	1078	107	169
花溪区	238	31	151	16	40	1188	268	707	80	133
乌当区	54	6	29	10	9	367	103	195	24	45
白云区	103	21	57	11	14	728	166	483	29	50
观山湖区	216	42	117	13	44	985	225	578	62	120
开阳县	26	4	18	1	3	182	40	114	8	20
息烽县	24		21		3	142	19	103	4	16
修文县	22	2	15	2	3	188	26	130	13	19
清镇市	85	18	46	6	15	500	108	325	29	38
六盘水市	**396**	**75**	**205**	**57**	**59**	**2073**	**453**	**1149**	**261**	**210**
钟山区	150	40	58	23	29	789	187	403	101	98
六枝特区	38	7	21	7	3	229	58	118	35	18
水城县	43	13	19	6	5	276	95	133	23	25
盘州市	165	15	107	21	22	779	113	495	102	69
遵义市	**738**	**66**	**479**	**74**	**119**	**3944**	**471**	**2761**	**330**	**382**
红花岗区	214	16	145	16	37	1015	141	752	54	68
汇川区	78	7	36	7	28	395	34	267	39	55
播州区	102	7	68	13	14	351	17	238	50	46
桐梓县	25	1	17	2	5	218	44	126	22	26
绥阳县	10	1	4	3	2	64	5	49	7	3
正安县	18	1	15	1	1	105	11	78	7	9
道真仡佬族苗族自治县	18	2	16			103	14	74	8	7
务川仡佬族苗族自治县	18	1	11	3	3	84	8	47	14	15
凤冈县	8		6		2	94	9	73	9	3
湄潭县	30	3	19	4	4	117	16	83	6	12
余庆县	26	6	18	2		69	7	54	6	2
习水县	63	4	47	4	8	332	48	233	17	34
赤水市	56	4	36	9	7	452	40	315	47	50
仁怀市	72	13	41	10	8	545	77	372	44	52
安顺市	**233**	**44**	**135**	**15**	**39**	**1353**	**293**	**799**	**93**	**168**
西秀区	126	25	65	7	29	671	143	380	47	101
平坝区	27	7	15	3	2	259	53	173	22	11
普定县	21	7	10	1	3	108	24	58	6	20
镇宁布依族苗族自治县	19		14	3	2	101	24	55	7	15
关岭布依族苗族自治县	23	1	19	1	2	111	26	72	7	6
紫云苗族布依族自治县	17	4	12		1	103	23	61	4	15
毕节市	**334**	**66**	**166**	**45**	**57**	**2103**	**567**	**1079**	**220**	**237**
七星关区	100	15	50	14	21	599	82	369	63	85
大方县	30	6	14	5	5	184	82	70	14	18
黔西县	60	14	31	3	12	295	94	142	18	41
金沙县	28	6	14	3	5	255	76	134	30	15
织金县	30	5	14	4	7	211	58	99	24	30
纳雍县	21	5	5	8	3	148	40	77	16	15
威宁彝族回族苗族自治县	41	8	23	6	4	251	62	125	39	25
赫章县	24	7	15	2		160	73	63	16	8

7–5 续表 3

单位：人

现住地	学前教育					小学				
	小计	乡	镇的村委会	镇的居委会	街道	小计	乡	镇的村委会	镇的居委会	街道
铜仁市	**212**	**56**	**95**	**14**	**47**	**1136**	**276**	**601**	**99**	**160**
碧江区	55	16	24	4	11	287	95	126	21	45
万山区	15	5	9	1		60	26	19	11	4
江口县	16	4	6		6	53	13	32	2	6
玉屏侗族自治县	12	2	5	3	2	109	15	72	9	13
石阡县	10	5	4		1	92	23	54	8	7
思南县	20	6	10		4	86	23	45	7	11
印江土家族苗族自治县	12	2	9	1		97	9	74	2	12
德江县	22	7	6	3	6	105	31	43	7	24
沿河土家族自治县	12	3	6		3	88	20	57	4	7
松桃苗族自治县	38	6	16	2	14	159	21	79	28	31
黔西南布依族苗族自治州	**220**	**23**	**137**	**16**	**44**	**1401**	**226**	**844**	**143**	**188**
兴义市	127	14	78	9	26	743	127	460	65	91
兴仁市	23	3	16	2	2	148	7	94	12	35
普安县	8	1	4	1	2	76	10	50	6	10
晴隆县	9	1	6	1	1	69	26	32	7	4
贞丰县	25	3	13	2	7	111	10	58	24	19
望谟县	7		6		1	72	12	46	5	9
册亨县	5	1	4			51	21	19	7	4
安龙县	16		10	1	5	131	13	85	17	16
黔东南苗族侗族自治州	**366**	**56**	**225**	**42**	**43**	**1790**	**345**	**1136**	**124**	**185**
凯里市	137	25	75	15	22	673	106	423	40	104
黄平县	11	1	7	1	2	58	13	37	1	7
施秉县	9	4	4		1	29	11	17		1
三穗县	21	3	11	3	4	82	14	55	6	7
镇远县	17	2	10	3	2	99	20	62	14	3
岑巩县	11	3	6		2	55	12	34	1	8
天柱县	13		11	2		77	15	50	7	5
锦屏县	19	3	15	1		65	7	50	3	5
剑河县	13	1	6	1	5	64	10	39	2	13
台江县	3			3		42	18	13	4	7
黎平县	37	1	29	5	2	151	31	107	9	4
榕江县	17	3	9	5		95	17	56	14	8
从江县	25	8	15	2		120	45	64	8	3
雷山县	11		10		1	62	6	49	5	2
麻江县	12	1	9		2	70	13	47	4	6
丹寨县	10	1	8	1		48	7	33	6	2
黔南布依族苗族自治州	**365**	**59**	**219**	**49**	**38**	**1997**	**323**	**1273**	**180**	**221**
都匀市	72	8	46	8	10	355	63	220	23	49
福泉市	40	11	22	5	2	180	23	113	20	24
荔波县	20	9	4	3	4	153	32	103	10	8
贵定县	20		15	2	3	167	24	104	11	28
瓮安县	41	7	22	7	5	182	29	101	31	21
独山县	29	3	23	3		151	21	105	20	5
平塘县	17	3	11	2	1	82	14	57	4	7
罗甸县	33	8	17	4	4	126	17	81	15	13
长顺县	16		9	5	2	60	8	37	4	11
龙里县	34	5	21	4	4	250	39	166	17	28
惠水县	26	4	14	6	2	210	38	131	21	20
三都水族自治县	17	1	15		1	81	15	55	4	7

7-5　续表 4　　　　单位：人

现住地	初中					高中				
	小计	乡	镇的村委会	镇的居委会	街道	小计	乡	镇的村委会	镇的居委会	街道
贵　州	**48940**	**9211**	**29571**	**4243**	**5915**	**20318**	**3217**	**10702**	**2406**	**3993**
贵阳市	**16652**	**3635**	**9847**	**1138**	**2032**	**8571**	**1470**	**4335**	**908**	**1858**
南明区	4052	891	2266	320	575	2281	408	1067	257	549
云岩区	3316	761	1912	210	433	1793	319	922	177	375
花溪区	2969	595	1782	218	374	1289	209	643	165	272
乌当区	761	135	489	54	83	378	63	187	54	74
白云区	1439	339	920	77	103	695	125	395	50	125
观山湖区	2115	549	1208	142	216	1354	249	639	153	313
开阳县	347	84	215	20	28	108	12	75	5	16
息烽县	277	35	197	12	33	99	12	54	8	25
修文县	385	56	267	12	50	153	17	100	9	27
清镇市	991	190	591	73	137	421	56	253	30	82
六盘水市	**3899**	**799**	**2145**	**539**	**416**	**1419**	**247**	**699**	**220**	**253**
钟山区	1448	325	732	207	184	650	123	291	105	131
六枝特区	417	102	201	67	47	135	30	57	18	30
水城县	595	150	344	64	37	190	40	98	19	33
盘州市	1439	222	868	201	148	444	54	253	78	59
遵义市	**8324**	**896**	**5728**	**783**	**917**	**2903**	**252**	**1745**	**401**	**505**
红花岗区	2032	246	1430	142	214	782	76	474	88	144
汇川区	790	79	541	69	101	315	23	178	55	59
播州区	943	82	606	105	150	367	25	214	66	62
桐梓县	478	49	328	54	47	119	11	63	21	24
绥阳县	216	12	163	31	10	83	7	43	21	12
正安县	265	21	194	30	20	88	10	48	16	14
道真仡佬族苗族自治县	246	11	186	21	28	63	5	45	8	5
务川仡佬族苗族自治县	199	24	109	46	20	103	8	63	14	18
凤冈县	170	21	118	20	11	36	1	21	9	5
湄潭县	240	26	159	22	33	80	6	52	9	13
余庆县	203	23	137	27	16	82	7	57	10	8
习水县	660	75	481	41	63	173	14	107	20	32
赤水市	724	57	511	79	77	279	27	174	25	53
仁怀市	1158	170	765	96	127	333	32	206	39	56
安顺市	**2862**	**612**	**1715**	**192**	**343**	**1030**	**165**	**534**	**122**	**209**
西秀区	1398	336	781	83	198	578	96	278	62	142
平坝区	506	123	316	39	28	181	30	105	28	18
普定县	308	60	190	22	36	83	15	40	13	15
镇宁布依族苗族自治县	223	25	132	24	42	60	7	38	7	8
关岭布依族苗族自治县	230	31	163	19	17	65	7	34	9	15
紫云苗族布依族自治县	197	37	133	5	22	63	10	39	3	11
毕节市	**4378**	**1029**	**2280**	**525**	**544**	**1454**	**273**	**710**	**214**	**257**
七星关区	1052	147	639	128	138	358	51	189	53	65
大方县	405	123	172	41	69	128	34	52	14	28
黔西县	589	145	350	38	56	232	39	130	24	39
金沙县	647	216	321	55	55	182	36	96	20	30
织金县	553	145	237	97	74	210	46	83	38	43
纳雍县	364	63	181	62	58	122	23	44	34	21
威宁彝族回族苗族自治县	480	74	269	72	65	141	18	77	21	25
赫章县	288	116	111	32	29	81	26	39	10	6

7－5 续表 5 单位：人

现住地	初中					高中				
	小计	乡	镇的村委会	镇的居委会	街道	小计	乡	镇的村委会	镇的居委会	街道
铜仁市	**2309**	**516**	**1175**	**188**	**430**	**885**	**229**	**401**	**94**	**161**
碧江区	502	136	229	40	97	261	72	114	29	46
万山区	154	66	43	10	35	86	52	25	5	4
江口县	134	17	82	7	28	50	12	19	10	9
玉屏侗族自治县	219	28	143	16	32	77	8	49	8	12
石阡县	222	61	120	21	20	69	13	30	14	12
思南县	167	33	88	18	28	72	16	36	8	12
印江土家族苗族自治县	189	21	133	5	30	45	5	30	3	7
德江县	208	76	67	22	43	59	18	15	6	20
沿河土家族自治县	192	36	113	11	32	51	10	32	1	8
松桃苗族自治县	322	42	157	38	85	115	23	51	10	31
黔西南布依族苗族自治州	**2903**	**401**	**1789**	**289**	**424**	**994**	**131**	**523**	**107**	**233**
兴义市	1389	214	871	120	184	551	84	275	68	124
兴仁市	351	34	202	34	81	99	10	51	10	28
普安县	271	56	184	21	10	61	4	45	6	6
晴隆县	165	38	94	17	16	33	9	15	5	4
贞丰县	226	18	128	44	36	97	13	46	8	30
望谟县	113	6	73	10	24	30	1	24		5
册亨县	110	12	70	9	19	48	5	25	3	15
安龙县	278	23	167	34	54	75	5	42	7	21
黔东南苗族侗族自治州	**3618**	**705**	**2276**	**287**	**350**	**1548**	**260**	**867**	**167**	**254**
凯里市	1156	186	745	76	149	621	105	335	61	120
黄平县	163	33	104	12	14	60	14	30	10	6
施秉县	70	21	34	5	10	22	9	10	2	1
三穗县	156	20	92	19	25	48	11	32	2	3
镇远县	225	49	151	19	6	59	9	32	5	13
岑巩县	187	39	120	5	23	94	14	57	8	15
天柱县	236	23	171	26	16	51	3	40	3	5
锦屏县	148	40	85	7	16	53	7	37	7	2
剑河县	121	27	75	2	17	63	16	32	4	11
台江县	76	17	33	13	13	38	9	11	5	13
黎平县	362	58	253	30	21	145	21	78	19	27
榕江县	205	52	106	37	10	91	15	45	23	8
从江县	237	90	121	20	6	60	10	43	4	3
雷山县	93	23	62	1	7	43	7	26	3	7
麻江县	99	15	68	5	11	69	7	38	6	18
丹寨县	84	12	56	10	6	31	3	21	5	2
黔南布依族苗族自治州	**3995**	**618**	**2616**	**302**	**459**	**1514**	**190**	**888**	**173**	**263**
都匀市	715	155	405	42	113	351	43	196	30	82
福泉市	328	60	196	36	36	134	18	75	14	27
荔波县	332	80	197	21	34	125	26	66	15	18
贵定县	260	35	173	20	32	102	6	68	13	15
瓮安县	443	55	286	46	56	147	16	87	16	28
独山县	297	25	224	18	30	132	25	75	8	24
平塘县	199	15	170	5	9	50	2	38		10
罗甸县	232	41	160	13	18	91	17	49	13	12
长顺县	159	17	101	15	26	50	1	37	9	3
龙里县	473	69	321	35	48	165	18	88	37	22
惠水县	404	55	273	41	35	112	17	68	13	14
三都水族自治县	153	11	110	10	22	55	1	41	5	8

7-5　续表 6　　　　单位：人

现住地	大学专科					大学本科				
	小计	乡	镇的村委会	镇的居委会	街道	小计	乡	镇的村委会	镇的居委会	街道
贵　州	**12030**	**1627**	**5496**	**1638**	**3269**	**11412**	**1352**	**4355**	**1605**	**4100**
贵阳市	**5399**	**744**	**2362**	**715**	**1578**	**6032**	**689**	**2165**	**800**	**2378**
南明区	1415	200	572	192	451	1174	133	402	179	460
云岩区	995	134	439	115	307	1254	120	456	156	522
花溪区	768	77	363	117	211	1379	196	498	170	515
乌当区	238	32	98	30	78	309	31	120	45	113
白云区	447	61	227	69	90	466	59	214	68	125
观山湖区	1057	172	414	151	320	1180	115	353	141	571
开阳县	65	5	39	7	14	45	8	23	6	8
息烽县	30	5	9	5	11	37	4	15	6	12
修文县	72	6	36	4	26	53		25	11	17
清镇市	312	52	165	25	70	135	23	59	18	35
六盘水市	**728**	**132**	**296**	**130**	**170**	**641**	**118**	**224**	**92**	**207**
钟山区	306	58	105	59	84	303	66	84	49	104
六枝特区	76	10	27	17	22	63	14	28	3	18
水城县	101	25	45	14	17	103	23	41	14	25
盘州市	245	39	119	40	47	172	15	71	26	60
遵义市	**1586**	**146**	**790**	**259**	**391**	**1427**	**119**	**615**	**243**	**450**
红花岗区	483	58	256	50	119	497	48	234	75	140
汇川区	210	7	79	45	79	255	20	79	46	110
播州区	188	19	89	39	41	97	5	41	16	35
桐梓县	59	4	32	5	18	76	2	34	9	31
绥阳县	33	3	17	10	3	14	1	5	4	4
正安县	37		19	13	5	30	3	12	10	5
道真仡佬族苗族自治县	29	3	15	3	8	17	1	8	6	2
务川仡佬族苗族自治县	44	9	14	11	10	44	11	10	8	15
凤冈县	19	1	11	5	2	12		7	2	3
湄潭县	26	1	15	6	4	24	1	11	9	3
余庆县	42	2	23	12	5	21		5	13	3
习水县	135	17	71	13	34	86	10	25	12	39
赤水市	131	9	60	28	34	67	1	29	14	23
仁怀市	150	13	89	19	29	187	16	115	19	37
安顺市	**664**	**84**	**331**	**91**	**158**	**444**	**56**	**182**	**56**	**150**
西秀区	415	51	201	60	103	284	37	108	34	105
平坝区	101	12	60	13	16	61	7	27	11	16
普定县	43	6	20	6	11	16	1	3	4	8
镇宁布依族苗族自治县	40	7	12	2	19	20	5	8		7
关岭布依族苗族自治县	33	2	22	3	6	41	3	21	6	11
紫云苗族布依族自治县	32	6	16	7	3	22	3	15	1	3
毕节市	**814**	**143**	**343**	**103**	**225**	**678**	**80**	**266**	**110**	**222**
七星关区	213	24	108	26	55	247	25	101	27	94
大方县	89	16	29	7	37	48	8	11	7	22
黔西县	119	17	48	16	38	72	9	24	13	26
金沙县	88	31	34	10	13	61	6	23	11	21
织金县	83	14	34	12	23	46	4	13	8	21
纳雍县	101	14	34	19	34	36	4	8	10	14
威宁彝族回族苗族自治县	65	14	26	6	19	134	14	70	29	21
赫章县	56	13	30	7	6	34	10	16	5	3

7-5 续表 7

单位：人

现住地	大学专科					大学本科				
	小计	乡	镇的村委会	镇的居委会	街道	小计	乡	镇的村委会	镇的居委会	街道
铜仁市	**598**	**114**	**287**	**64**	**133**	**469**	**89**	**173**	**63**	**144**
碧江区	224	37	111	19	57	159	25	58	22	54
万山区	47	17	13	3	14	45	18	11	5	11
江口县	29	4	12	5	8	41	7	17	2	15
玉屏侗族自治县	34	6	15	4	9	24	3	5	8	8
石阡县	43	10	27	2	4	33	6	17	8	2
思南县	26	4	16	3	3	23	4	9	5	5
印江土家族苗族自治县	37	4	26	5	2	16	7	6		3
德江县	46	13	18	10	5	25	6	6	1	12
沿河土家族自治县	35	4	22	4	5	49	3	23	8	15
松桃苗族自治县	77	15	27	9	26	54	10	21	4	19
黔西南布依族苗族自治州	**617**	**67**	**302**	**80**	**168**	**451**	**53**	**211**	**64**	**123**
兴义市	377	45	183	45	104	245	30	112	31	72
兴仁市	49	4	33	5	7	52	10	26	7	9
普安县	41	3	18	10	10	36	2	20	10	4
晴隆县	13	1	9	3		22	2	13	4	3
贞丰县	48	6	18	7	17	25	6	5	4	10
望谟县	15	1	8		6	14		10		4
册亨县	19	2	10	2	5	22	2	8	2	10
安龙县	55	5	23	8	19	35	1	17	6	11
黔东南苗族侗族自治州	**745**	**83**	**368**	**97**	**197**	**543**	**52**	**216**	**75**	**200**
凯里市	360	36	178	45	101	251	24	104	21	102
黄平县	35	1	22	6	6	37	3	13	11	10
施秉县	17	2	6	2	7	4		1	2	1
三穗县	28	5	17	3	3	21	1	14	4	2
镇远县	18	3	7	1	7	22	2	7	2	11
岑巩县	30	2	21		7	26	5	12	3	6
天柱县	14		6	5	3	17	2	7	5	3
锦屏县	36	6	20	3	7	20	2	5	2	11
剑河县	21	3	7		11	16	1	9	1	5
台江县	25	10	7	8		6		2	1	3
黎平县	41	5	23	4	9	27	4	12	1	10
榕江县	17	1	9	3	4	18	2	7	5	4
从江县	28	4	14	6	4	22	4	6	7	5
雷山县	34	1	12	3	18	30	1	14	6	9
麻江县	25	4	8	4	9	20	1	3	3	13
丹寨县	16		11	4	1	6			1	5
黔南布依族苗族自治州	**879**	**114**	**417**	**99**	**249**	**727**	**96**	**303**	**102**	**226**
都匀市	273	39	102	23	109	233	27	97	27	82
福泉市	98	18	52	8	20	40	9	12	7	12
荔波县	54	9	26	6	13	25	3	11	1	10
贵定县	66	8	25	10	23	60	4	27	16	13
瓮安县	70	7	35	11	17	58	9	22	11	16
独山县	50	5	31	8	6	37	3	23	2	9
平塘县	35	3	21	2	9	25	3	12	3	7
罗甸县	38	3	23	8	4	25	3	16		6
长顺县	28	3	19	1	5	16	4	4	4	4
龙里县	92	13	41	8	30	74	9	27	11	27
惠水县	46	4	27	9	6	114	21	41	18	34
三都水族自治县	29	2	15	5	7	20	1	11	2	6

7-5　续表 8　　　　　　　　　　　　　　　　　　　　　　　　　单位：人

现住地	硕士研究生					博士研究生				
	小计	乡	镇的村委会	镇的居委会	街道	小计	乡	镇的村委会	镇的居委会	街道
贵　州	**1490**	**161**	**480**	**190**	**659**	**188**	**12**	**45**	**24**	**107**
贵阳市	**1095**	**131**	**338**	**135**	**491**	**147**	**10**	**34**	**15**	**88**
南明区	158	10	48	20	80	14		3	1	10
云岩区	201	31	60	24	86	26	4	3	1	18
花溪区	470	75	167	49	179	66	2	19	12	33
乌当区	45	2	6	9	28	3				3
白云区	33	2	11	6	14	3	1		1	1
观山湖区	167	10	40	21	96	33	3	8		22
开阳县	3			1	2	1				1
息烽县	1				1					
修文县	5		2	2	1					
清镇市	12	1	4	3	4	1		1		
六盘水市	**47**	**6**	**20**	**4**	**17**	**5**		**3**		**2**
钟山区	26	3	9	3	11	1				1
六枝特区	2	1	1			1				1
水城县	15	2	9	1	3	3		3		
盘州市	4		1		3					
遵义市	**144**	**8**	**58**	**19**	**59**	**19**	**1**	**3**	**5**	**10**
红花岗区	63	3	26	7	27	8		2	1	5
汇川区	42	3	18	8	13	5	1		2	2
播州区	5		3		2	1				1
桐梓县	5		4		1	1				1
绥阳县						1			1	
正安县	1				1					
道真仡佬族苗族自治县	1			1						
务川仡佬族苗族自治县	4				4					
凤冈县										
湄潭县	3		1	1	1					
余庆县										
习水县	5	1	2	1	1	1			1	
赤水市	3		2		1					
仁怀市	12	1	2	1	8	2		1		1
安顺市	**26**	**2**	**7**	**5**	**12**	**2**			**1**	**1**
西秀区	19		5	3	11	1				1
平坝区	5	1	2	2		1			1	
普定县	1				1					
镇宁布依族苗族自治县										
关岭布依族苗族自治县										
紫云苗族布依族自治县	1	1								
毕节市	**31**	**1**	**13**	**3**	**14**	**1**		**1**		
七星关区	18		6	2	10	1		1		
大方县	5		1	1	3					
黔西县	2		2							
金沙县	1	1								
织金县	1		1							
纳雍县	1		1							
威宁彝族回族苗族自治县	2		2							
赫章县	1				1					

7−5 续表 9 单位：人

现住地	硕士研究生					博士研究生				
	小计	乡	镇的村委会	镇的居委会	街道	小计	乡	镇的村委会	镇的居委会	街道
铜仁市	**31**	**6**	**11**	**3**	**11**	**5**	**1**	**3**		**1**
碧江区	20	4	4	2	10	3	1	2		
万山区										
江口县										
玉屏侗族自治县	3		2		1	1				1
石阡县										
思南县	1			1						
印江土家族苗族自治县	2		2							
德江县	3	2	1							
沿河土家族自治县	1		1			1		1		
松桃苗族自治县	1		1							
黔西南布依族苗族自治州	**30**	**1**	**13**	**3**	**13**	**4**		**1**		**3**
兴义市	26	1	12	2	11	3		1		2
兴仁市										
普安县	2		1	1						
晴隆县										
贞丰县										
望谟县						1				1
册亨县	1				1					
安龙县	1				1					
黔东南苗族侗族自治州	**34**	**2**	**6**	**4**	**22**	**2**			**1**	**1**
凯里市	16	2	3	2	9	1				1
黄平县										
施秉县										
三穗县										
镇远县	4				4					
岑巩县	1		1							
天柱县										
锦屏县	4		1		3					
剑河县										
台江县	2			1	1	1			1	
黎平县	1		1							
榕江县	1			1						
从江县										
雷山县	1				1					
麻江县	2				2					
丹寨县	2				2					
黔南布依族苗族自治州	**52**	**4**	**14**	**14**	**20**	**3**			**2**	**1**
都匀市	25	1	2	9	13	3			2	1
福泉市	4	1	1	1	1					
荔波县	1				1					
贵定县	4		2	1	1					
瓮安县	1		1							
独山县										
平塘县	1		1							
罗甸县										
长顺县	1				1					
龙里县	2	1			1					
惠水县	12		7	3	2					
三都水族自治县	1	1								

7–6　全省按现住地和出生地分的人口

单位：人

现住地	出生地							
	合计	省内		省外				
		本县市区	本省其他县市区	北京	天津	河北	山西	内蒙古
贵　州	**3646503**	**3054205**	**424920**	**649**	**288**	**3036**	**1261**	**588**
贵阳市	**575569**	**307785**	**201295**	**396**	**160**	**1596**	**672**	**306**
南明区	99324	43153	40470	97	54	323	122	65
云岩区	104303	45013	45461	100	30	337	144	65
花溪区	91903	45094	34978	78	34	341	160	65
乌当区	32755	17585	12064	32	9	58	36	14
白云区	44176	18055	20404	20	8	126	50	27
观山湖区	59442	24291	24682	64	20	301	110	48
开阳县	34680	32003	1680			9	4	5
息烽县	22278	18983	2391			5	3	7
修文县	28238	22846	4299		2	10	13	1
清镇市	58470	40762	14866	5	3	86	30	9
六盘水市	**295474**	**248521**	**33380**	**17**	**8**	**202**	**60**	**30**
钟山区	65054	37750	21979	11	3	78	21	19
六枝特区	50471	46002	2637		2	29	9	2
水城县	73194	65734	5667	3		20	9	4
盘州市	106755	99035	3097	3	3	75	21	5
遵义市	**621804**	**544724**	**52132**	**81**	**52**	**384**	**171**	**77**
红花岗区	90179	65348	18728	10	9	143	36	30
汇川区	58858	42908	12598	18	34	61	42	12
播州区	72087	61768	8109	5	4	41	28	11
桐梓县	48922	46435	1330	4	1	12	5	2
绥阳县	33251	31951	781			8	8	
正安县	37887	36051	793	1		12	5	1
道真仡佬族苗族自治县	22861	21568	510	14	1	22	3	2
务川仡佬族苗族自治县	28826	27672	518	2		19	5	
凤冈县	28304	26592	1006		1	1		4
湄潭县	35442	33428	1389			6		2
余庆县	21421	19433	1329		1	11	2	
习水县	56836	52893	1658	17		11	9	5
赤水市	24556	21360	721	4		11	10	6
仁怀市	62374	57317	2662	6	1	26	18	2
安顺市	**236362**	**208187**	**19070**	**33**	**13**	**121**	**57**	**21**
西秀区	82641	68144	9637	24	9	69	31	15
平坝区	33129	27212	4280	6	3	29	11	1
普定县	37102	34685	1700	1	1	11	6	1
镇宁布依族苗族自治县	28306	26200	1549	1		2	2	2
关岭布依族苗族自治县	27227	25327	1101			3		1
紫云苗族布依族自治县	27957	26619	803	1		7	7	1
毕节市	**638581**	**603479**	**20622**	**13**	**10**	**154**	**77**	**25**
七星关区	117856	108513	5409	2	3	42	13	7
大方县	78584	74350	3079		1	6	4	2
黔西县	67593	62911	2985	2	3	28	13	7
金沙县	51913	47976	2506	1	1	15	12	2
织金县	73995	70160	2025	2		21	16	2
纳雍县	66352	63314	1493	2		16	2	1
威宁彝族回族苗族自治县	121061	117770	1768		1	8	5	3
赫章县	61227	58485	1357	4	1	18	12	1

7-6 续表 1　　　　　　　　　　　　　　　　　　　　　　　　　　　　单位：人

现住地	出生地							
	合计	省内		省外				
		本县市区	本省其他县市区	北京	天津	河北	山西	内蒙古
铜仁市	**299500**	**272972**	**19493**	**11**	**6**	**103**	**31**	**21**
碧江区	36023	24678	9607	5	1	24	6	5
万山区	14352	10969	2842			21	7	
江口县	17199	16118	684			4	2	1
玉屏侗族自治县	14046	11519	1804		1	25	3	3
石阡县	28630	27535	597	3	2	4	2	
思南县	41564	40034	892			1	2	4
印江土家族苗族自治县	26929	25930	553			7	4	4
德江县	35334	33513	1288		1	2		
沿河土家族自治县	39237	38117	445	2	1	2	3	2
松桃苗族自治县	46186	44559	781	1		13	2	2
黔西南布依族苗族自治州	**290767**	**261882**	**21579**	**12**	**4**	**160**	**39**	**30**
兴义市	96195	76653	15803	10	3	118	24	18
兴仁市	40876	38777	1313	1		10	6	3
普安县	23371	21893	844		1	7	8	4
晴隆县	22568	21476	666	1		5		1
贞丰县	29788	28416	780			4		2
望谟县	23548	22885	420			1		
册亨县	18975	18364	356			1		
安龙县	35446	33418	1397			14	1	2
黔东南苗族侗族自治州	**357794**	**315079**	**30588**	**43**	**21**	**121**	**71**	**37**
凯里市	64931	41473	19038	25	13	65	36	13
黄平县	22458	21156	851	6	1	5	5	7
施秉县	12020	11145	638	2	2	3	2	1
三穗县	15960	14562	827	1	1	6	2	
镇远县	18493	16518	1336	1		2	7	1
岑巩县	16150	14725	931	4	2	6	1	7
天柱县	24499	23446	421	1	1	3	1	
锦屏县	15414	14168	685			2		
剑河县	18274	16930	740	2		5	5	2
台江县	12370	11531	525					
黎平县	39937	37847	1037			1	1	
榕江县	27337	26218	634			3	3	
从江县	30390	29208	529			2		
雷山县	12107	11141	636			3	3	2
麻江县	12824	11496	968		1	14	5	4
丹寨县	14630	13515	792	1		1		
黔南布依族苗族自治州	**330652**	**291576**	**26761**	**43**	**14**	**195**	**83**	**41**
都匀市	47792	35839	8773	24	7	74	39	12
福泉市	28258	25189	2144		2	11	4	10
荔波县	15406	13813	728	2		21	2	3
贵定县	23937	20702	2455	1	1	8	4	3
瓮安县	38216	35563	1602	2		23	4	2
独山县	24885	22938	1002	3		16	4	1
平塘县	22164	20994	671	1		3	2	2
罗甸县	24638	22941	833			3	2	
长顺县	18799	17607	859			2	4	
龙里县	22041	17611	3148	5	1	8	5	7
惠水县	37293	32402	3807		3	18	10	1
三都水族自治县	27223	25977	739	5		8	3	

7-6　续表 2　　　　　　　　　　　　　　　　　　　　　　单位：人

现 住 地	出 生 地								
	省 外								
	辽宁	吉林	黑龙江	上海	江苏	浙江	安徽	福建	江西
贵　州	**2487**	**1268**	**1992**	**1371**	**4095**	**10482**	**3796**	**6935**	**5786**
贵阳市	**1400**	**760**	**1024**	**737**	**1699**	**2447**	**1580**	**2416**	**2508**
南明区	224	151	226	196	370	490	356	652	607
云岩区	212	142	203	201	369	400	383	348	440
花溪区	392	188	275	148	313	375	255	558	581
乌当区	36	35	53	39	98	92	77	63	104
白云区	225	40	54	43	138	139	101	161	167
观山湖区	218	130	175	88	284	478	258	415	456
开阳县	7	2		3	27	110	20	47	28
息烽县	23	12	5	2	46	101	15	29	16
修文县	2	3	7	4	21	104	39	55	35
清镇市	61	57	26	13	33	158	76	88	74
六盘水市	**285**	**109**	**234**	**37**	**389**	**933**	**323**	**459**	**398**
钟山区	152	48	136	13	152	146	131	178	152
六枝特区	36	12	13	10	112	332	81	76	81
水城县	15	5	13	4	62	187	53	63	71
盘州市	82	44	72	10	63	268	58	142	94
遵义市	**190**	**94**	**159**	**265**	**465**	**1585**	**412**	**1090**	**704**
红花岗区	69	32	68	51	96	211	136	191	221
汇川区	62	19	42	75	98	140	81	74	97
播州区	20	8	14	11	43	146	48	117	85
桐梓县	2	4	6	7	30	47	23	115	16
绥阳县	2	11	1	2	13	56	12	25	13
正安县		3	1	29	10	200	7	82	35
道真仡佬族苗族自治县	3		3	11	32	65	9	29	22
务川仡佬族苗族自治县	1		2	29	4	111	14	15	11
凤冈县			1	4	13	145	5	59	29
湄潭县	6		3	4	4	104	9	30	22
余庆县	4	1	5	3	24	75	6	57	22
习水县	9	6	6	14	30	142	19	126	48
赤水市	3	5	2	3	7	31	6	93	28
仁怀市	9	5	5	22	61	112	37	77	55
安顺市	**374**	**65**	**221**	**64**	**298**	**747**	**271**	**321**	**299**
西秀区	259	51	157	38	166	209	136	152	188
平坝区	102	10	49	14	51	81	57	49	41
普定县	2	2	4	5	42	113	6	38	36
镇宁布依族苗族自治县	2	1	5		16	88	30	14	12
关岭布依族苗族自治县	2	1	5	5	16	214	20	49	13
紫云苗族布依族自治县	7		1	2	7	42	22	19	9
毕节市	**38**	**69**	**51**	**64**	**432**	**2183**	**340**	**888**	**464**
七星关区	23	18	16	12	92	523	81	325	110
大方县	5	12	4	6	37	201	33	69	38
黔西县	3	16	10	7	34	216	32	87	76
金沙县	1	10	3	1	31	201	65	47	23
织金县	1	4	3	26	104	324	53	187	86
纳雍县		1	9	3	54	389	19	79	84
威宁彝族回族苗族自治县	4	6	5	2	16	59	17	54	19
赫章县	1	2	1	7	64	270	40	40	28

7-6 续表 3

单位：人

现住地	出生地								
	省外								
	辽宁	吉林	黑龙江	上海	江苏	浙江	安徽	福建	江西
铜仁市	**21**	**12**	**30**	**42**	**122**	**432**	**132**	**332**	**215**
碧江区	1	5	15	10	26	96	26	66	48
万山区	2	4	3	5	10	33	18	14	18
江口县	1		1	2	11	39	11	17	11
玉屏侗族自治县	3	2	5	3	9	10	6	14	9
石阡县	1		1		11	24	18	29	15
思南县	4			1	13	28	11	71	15
印江土家族苗族自治县	5		4	4	5	16	9	31	34
德江县	1			1	15	92	5	26	19
沿河土家族自治县	1	1		12	11	74	9	10	17
松桃苗族自治县	2		1	4	11	20	19	54	29
黔西南布依族苗族自治州	**26**	**48**	**79**	**21**	**126**	**493**	**146**	**405**	**268**
兴义市	18	40	42	11	44	143	69	169	129
兴仁市		2	7		27	96	14	45	25
普安县	3		6	6	31	55	19	34	9
晴隆县		1	5	1	10	39	17	63	21
贞丰县	3	1	13	1	6	90	8	24	33
望谟县				1	1	16	3	18	13
册亨县					1	14	2	21	15
安龙县	2	4	6	1	6	40	14	31	23
黔东南苗族侗族自治州	**48**	**40**	**100**	**66**	**225**	**863**	**293**	**524**	**466**
凯里市	24	26	56	26	87	202	122	182	205
黄平县	2	2	4	1	3	36	11	28	18
施秉县	2		2	7	3	30	5	15	9
三穗县	1	1	8	4	4	73	14	21	12
镇远县	2	3	2	2	23	58	5	18	21
岑巩县	1	2	3	3	21	34	4	14	31
天柱县	4	2	2	1	10	43	17	18	12
锦屏县	1		4	2	8	69	11	41	19
剑河县	3	1	3	3	1	44	10	30	19
台江县			1	7	9	36	23	13	17
黎平县	1	1	7	7	22	77	21	48	40
榕江县	2		1	2	3	35	13	20	26
从江县			1		3	33	18	23	11
雷山县	5	1	5		7	15	8	11	12
麻江县		1	1		14	42	6	16	6
丹寨县				1	7	36	5	26	8
黔南布依族苗族自治州	**105**	**71**	**94**	**75**	**339**	**799**	**299**	**500**	**464**
都匀市	69	28	41	32	104	100	75	113	111
福泉市	3	8	6	5	39	89	14	23	33
荔波县	4	8	4	3	9	33	10	23	28
贵定县	3	2	2	4	12	39	32	25	25
瓮安县	4	2	10	5	8	101	30	62	43
独山县	4	1	5	4	23	57	39	49	42
平塘县		2	1	5	12	40	8	18	20
罗甸县	3	1	9	3	21	106	21	18	46
长顺县	2			2	8	26	5	18	19
龙里县	7	6	13	3	24	61	30	40	38
惠水县	6	12	2	5	23	111	21	78	50
三都水族自治县		1	1	4	56	36	14	33	9

7-6　续表 4　　　　　　　　　　　　　　　　　　　　单位：人

现 住 地	出 生 地								
	省　外								
	山东	河南	湖北	湖南	广东	广西	海南	重庆	四川
贵　州	**4323**	**7234**	**8109**	**20678**	**8080**	**5724**	**532**	**16677**	**36002**
贵阳市	**1950**	**3395**	**3664**	**7106**	**1838**	**1539**	**194**	**6938**	**17459**
南明区	405	705	681	1463	430	340	60	2100	4622
云岩区	414	733	686	1441	388	339	29	1464	4066
花溪区	429	705	590	1268	292	267	48	999	2616
乌当区	65	138	151	295	105	90	6	269	961
白云区	174	308	554	555	151	163	11	570	1468
观山湖区	303	589	694	1482	311	197	28	979	2114
开阳县	32	42	59	92	32	21	2	107	254
息烽县	17	21	54	65	24	14	1	106	262
修文县	14	39	48	101	32	47	2	80	324
清镇市	97	115	147	344	73	61	7	264	772
六盘水市	**613**	**540**	**482**	**1303**	**304**	**288**	**25**	**1073**	**2477**
钟山区	370	238	205	575	91	97	5	563	1431
六枝特区	36	76	52	150	77	37	3	138	290
水城县	54	60	91	228	54	65		107	321
盘州市	153	166	134	350	82	89	17	265	435
遵义市	**426**	**877**	**868**	**1754**	**1769**	**621**	**65**	**4415**	**7008**
红花岗区	153	309	245	496	156	108	21	1453	1472
汇川区	102	155	140	274	109	122	11	597	762
播州区	35	113	85	180	102	67	2	456	455
桐梓县	16	26	55	84	47	41	3	326	173
绥阳县	8	19	26	59	75	25	1	56	57
正安县	21	23	26	92	237	51	4	78	80
道真仡佬族苗族自治县	12	28	21	43	135	22	4	179	87
务川仡佬族苗族自治县	6	13	32	85	32	11	1	144	57
凤冈县	8	13	18	55	205	16	1	37	66
湄潭县	5	30	30	63	41	28	3	78	107
余庆县	11	20	28	94	79	17	2	87	83
习水县	11	42	49	87	364	56	6	470	637
赤水市	5	23	29	35	123	28	2	235	1719
仁怀市	33	63	84	107	64	29	4	219	1253
安顺市	**226**	**417**	**644**	**1023**	**289**	**254**	**22**	**696**	**1821**
西秀区	151	229	335	555	98	102	12	458	1039
平坝区	41	107	115	187	44	55	6	114	317
普定县	15	26	62	57	26	21	2	36	121
镇宁布依族苗族自治县	9	17	40	100	13	22		30	80
关岭布依族苗族自治县	5	18	74	58	40	31	1	36	129
紫云苗族布依族自治县	5	20	18	66	68	23	1	22	135
毕节市	**405**	**534**	**546**	**1299**	**787**	**350**	**80**	**705**	**1887**
七星关区	39	102	119	358	262	126	29	151	692
大方县	56	52	69	132	80	29	17	46	143
黔西县	105	157	84	171	68	65	4	125	225
金沙县	61	75	50	102	97	24	4	151	297
织金县	67	64	86	197	67	39	5	96	179
纳雍县	53	34	54	123	63	23	16	32	95
威宁彝族回族苗族自治县	13	33	42	110	52	25	2	71	161
赫章县	11	17	42	106	98	19	3	33	95

7—6 续表 5

单位：人

现住地	出生地								
	省外								
	山东	河南	湖北	湖南	广东	广西	海南	重庆	四川
铜仁市	**91**	**220**	**335**	**2093**	**766**	**243**	**21**	**880**	**626**
碧江区	30	69	80	682	121	40	6	132	152
万山区	11	13	22	175	49	13		69	36
江口县	7	16	24	111	25	25	1	41	34
玉屏侗族自治县	11	24	27	399	27	14	4	40	64
石阡县	8	16	33	118	47	21	3	63	70
思南县	6	14	46	100	162	25	5	54	54
印江土家族苗族自治县	9	20	15	82	97	21		27	31
德江县	2	12	30	91	78	22	2	52	70
沿河土家族自治县	3	10	24	90	122	6		200	64
松桃苗族自治县	4	26	34	245	38	56		202	51
黔西南布依族苗族自治州	**159**	**302**	**384**	**905**	**301**	**534**	**23**	**556**	**1099**
兴义市	84	132	214	444	98	260	9	326	640
兴仁市	38	24	58	96	22	37		82	64
普安县	7	66	43	53	48	21	2	14	57
晴隆县	11	11	7	66	29	17	3	13	46
贞丰县	7	17	27	108	38	31	5	39	75
望谟县	3	7	3	29	4	35		25	62
册亨县	4	8	9	36	15	36	1	10	66
安龙县	5	37	23	73	47	97	3	47	89
黔东南苗族侗族自治州	**189**	**427**	**482**	**3249**	**1316**	**796**	**47**	**584**	**1508**
凯里市	124	199	180	1023	244	178	17	293	787
黄平县	5	20	13	66	52	29		15	74
施秉县	3	7	12	55	22	8		5	31
三穗县	6	18	16	155	95	23		20	64
镇远县	12	25	29	221	66	17	4	33	65
岑巩县	4	12	32	143	40	24	2	41	42
天柱县	1	25	24	301	48	36	2	17	45
锦屏县	1	11	38	181	70	27	2	16	38
剑河县	3	15	11	140	231	19	1	9	34
台江县	5	11	13	42	70	10	2	6	32
黎平县	6	17	22	329	125	164	5	39	95
榕江县	6	14	33	122	45	56		23	51
从江县	4	7	19	262	59	155	4	21	19
雷山县	1	13	15	76	36	20	3	24	47
麻江县	4	24	14	68	25	18	4	14	53
丹寨县	4	9	11	65	88	12	1	8	31
黔南布依族苗族自治州	**264**	**522**	**704**	**1946**	**710**	**1099**	**55**	**830**	**2117**
都匀市	126	157	222	543	118	217	17	182	547
福泉市	16	38	56	112	29	30	2	61	217
荔波县	4	33	73	120	47	261		68	54
贵定县	23	23	47	106	28	53	7	60	175
瓮安县	34	48	68	138	72	29	11	67	209
独山县	8	42	41	152	55	199	3	48	96
平塘县	6	12	38	82	53	61	3	36	71
罗甸县	4	25	23	155	130	91	1	54	116
长顺县	5	22	31	66	15	25	1	27	37
龙里县	25	59	63	174	37	37	5	137	348
惠水县	5	45	39	176	90	46	4	71	188
三都水族自治县	8	18	3	122	36	50	1	19	59

7–6 续表 6 单位：人

现住地	出生地							
	省外							港澳台或国外
	云南	西藏	陕西	甘肃	青海	宁夏	新疆	
贵　州	**11504**	**64**	**2423**	**1090**	**217**	**142**	**451**	**94**
贵阳市	**2608**	**22**	**1073**	**543**	**114**	**61**	**245**	**39**
南明区	611	6	166	85	17	14	57	6
云岩区	473	5	201	120	30	10	47	9
花溪区	391	4	268	118	16	10	44	3
乌当区	150	1	58	35	7	5	18	6
白云区	268	1	116	46	8	6	18	1
观山湖区	351	1	174	99	27	14	51	10
开阳县	71	4	7	7	1		2	2
息烽县	55		5	8	3		4	1
修文县	82		22	3	1		2	
清镇市	156		56	22	4	2	2	1
六盘水市	**2746**	**5**	**126**	**67**	**9**	**5**	**22**	**4**
钟山区	382	2	66	31	7	4	18	
六枝特区	159	2	8	8			1	
水城县	271		24	5		1	2	1
盘州市	1934	1	28	23	2		1	3
遵义市	**814**	**19**	**322**	**138**	**18**	**24**	**70**	**11**
红花岗区	174	15	95	55	9	10	24	5
汇川区	106	1	79	20	5	1	11	2
播州区	76		37	13		1	6	1
桐梓县	67	1	26	12		3	1	2
绥阳县	27		4	10			1	
正安县	31		9	3			2	
道真仡佬族苗族自治县	27		5	1		3		
务川仡佬族苗族自治县	20	1	14	3			4	
凤冈县	19		3	3				
湄潭县	36		7	4	2		1	
余庆县	18		4	1		1	3	
习水县	93		8	8		3	9	
赤水市	43	1	13	2		1	7	
仁怀市	77		18	3	2	1	1	1
安顺市	**484**	**4**	**212**	**59**	**10**	**14**	**21**	**4**
西秀区	187	4	132	34	6	2	12	
平坝区	85		40	13	3		6	
普定县	57		15	7	1		1	2
镇宁布依族苗族自治县	58		12					1
关岭布依族苗族自治县	63		10	2		1	2	
紫云苗族布依族自治县	34		3	3		11		1
毕节市	**2810**	**3**	**139**	**69**	**17**	**9**	**17**	**15**
七星关区	738	1	17	20	3	1	6	3
大方县	81	2	14	5	2	3	3	3
黔西县	119		25	10	2		2	1
金沙县	112		35	3	4		2	1
织金县	148		10	16	1		2	4
纳雍县	378		5	6		3	1	
威宁彝族回族苗族自治县	796		7	4	5	1		2
赫章县	438		26	5		1	1	1

7－6 续表 7

单位：人

现住地	出生地							
	省外							港澳台或国外
	云南	西藏	陕西	甘肃	青海	宁夏	新疆	
铜仁市	**139**	**2**	**53**	**29**	**7**	**8**	**9**	**3**
碧江区	42	1	20	17	4	3	5	
万山区	10		6	2				
江口县	9		1					3
玉屏侗族自治县	9		6		2	1	2	
石阡县	6		2				1	
思南县	17		3	2				
印江土家族苗族自治县	6		8	4	1	1	1	
德江县	10		1	1				
沿河土家族自治县	7		1			3		
松桃苗族自治县	23	1	5	3				
黔西南布依族苗族自治州	**966**	**4**	**126**	**44**	**20**	**3**	**19**	**4**
兴义市	587	4	48	21	19	1	14	
兴仁市	101		24	4				
普安县	118		18	2			1	1
晴隆县	42		14	2	1			
贞丰县	37		15	7		1		
望谟县	20		1			1		
册亨县	11		1	2				2
安龙县	50		5	6			4	1
黔东南苗族侗族自治州	**371**	**3**	**131**	**55**	**11**	**5**	**23**	**12**
凯里市	176	2	65	24		3	15	8
黄平县	14		29	3		1	1	
施秉县	6		1	4				
三穗县	14	1	3	3			2	3
镇远县	17		1	2			1	1
岑巩县	14		4	3				
天柱县	10		5	1	1	1		
锦屏县	7		6	2	5			
剑河县	9		1		3			
台江县	15		1				1	
黎平县	15		5	5				
榕江县	18		6	1			2	
从江县	9			2			1	
雷山县	17		1	3	2			
麻江县	22		3	1				
丹寨县	8			1				
黔南布依族苗族自治州	**566**	**2**	**241**	**86**	**11**	**13**	**25**	**2**
都匀市	110	1	72	24	4	3	8	
福泉市	51	1	44	15	1	2	3	
荔波县	38		9	6	1		1	
贵定县	61		25	10		1		
瓮安县	43		22	5		2	7	
独山县	27		13	10		1	1	1
平塘县	17		3	2		1		
罗甸县	23		7	1		1		
长顺县	13		3	1	1			
龙里县	115		27	6			1	
惠水县	50		16	6	4	2	1	1
三都水族自治县	18						3	

7-7　全省按现住地和五年前常住地分的人口

单位：人

现住地	五年前常住地							
	合计	省内		省外				
		本县市区	本省其他县市区	北京	天津	河北	山西	内蒙古
贵　州	**3362478**	**3116527**	**160298**	**998**	**335**	**1405**	**664**	**278**
贵阳市	**535832**	**437703**	**72270**	**542**	**164**	**584**	**312**	**125**
南明区	93684	76077	12241	101	38	96	44	19
云岩区	97838	79608	13529	141	30	88	63	21
花溪区	86055	65480	15451	77	37	171	98	37
乌当区	30316	24923	4356	18	4	24	17	3
白云区	41139	31633	7277	31	10	47	19	12
观山湖区	54849	42126	8267	159	40	95	39	19
开阳县	31842	30587	679	2	2	8	5	3
息烽县	20396	19129	819	1	1	2	3	6
修文县	25725	23405	1720	1	1	7	9	1
清镇市	53988	44735	7931	11	1	46	15	4
六盘水市	**266895**	**250128**	**10862**	**35**	**20**	**65**	**22**	**13**
钟山区	59733	52204	6043	18	7	21	6	5
六枝特区	46202	44375	867	1	4	11	6	
水城县	66331	62508	2639	9	6	10	3	3
盘州市	94629	91041	1313	7	3	23	7	5
遵义市	**576190**	**545389**	**17133**	**127**	**46**	**230**	**81**	**46**
红花岗区	83967	75854	5712	25	10	62	17	17
汇川区	54679	51133	2420	15	10	21	6	7
播州区	66259	61345	3572	12	4	24	7	3
桐梓县	45531	44308	560	2	1	15	5	1
绥阳县	30730	29868	381	1		7	7	2
正安县	35181	33657	499	9	2	11	1	1
道真仡佬族苗族自治县	21469	20786	226	17		24	1	1
务川仡佬族苗族自治县	26529	25741	253	3	1	18	6	
凤冈县	26177	24997	426	6	4	2	3	2
湄潭县	33020	32016	506	2		1		2
余庆县	19983	19112	423	2	3	7	2	
习水县	52435	50446	701	17	7	7	6	
赤水市	23094	21503	281	8	1	10	7	8
仁怀市	57136	54623	1173	8	3	21	13	2
安顺市	**217795**	**205830**	**6832**	**33**	**17**	**69**	**49**	**8**
西秀区	76686	71471	3241	20	11	23	19	3
平坝区	30545	28094	1639	1	3	18	6	1
普定县	34050	32932	574	5		8	6	
镇宁布依族苗族自治县	26135	24960	612	3	2	4	1	1
关岭布依族苗族自治县	24936	23640	486	1	1	11	11	3
紫云苗族布依族自治县	25443	24733	280	3		5	6	
毕节市	**584182**	**564339**	**10172**	**60**	**19**	**84**	**48**	**15**
七星关区	106982	102002	2597	13	7	15	8	3
大方县	71897	68893	2084	5	3	2	2	2
黔西县	61879	59473	1254	12	3	13	6	4
金沙县	48571	46835	893	1		11	9	1
织金县	67560	65000	1177	8	4	11	11	
纳雍县	60516	58572	795	4	1	18	2	
威宁彝族回族苗族自治县	110963	109347	720	6	1	5	3	2
赫章县	55814	54217	652	11		9	7	3

7-7 续表 1 单位：人

现住地	五年前常住地							
	合计	省内		省外				
		本县市区	本省其他县市区	北京	天津	河北	山西	内蒙古
铜仁市	**278204**	**263685**	**9757**	**34**	**11**	**80**	**21**	**9**
碧江区	33629	28296	4465	6	2	9	4	
万山区	13412	11284	1758	7		16	6	
江口县	15982	15462	238			4	2	
玉屏侗族自治县	13086	11800	968	3		17	2	2
石阡县	26604	25933	314	5		7		
思南县	38771	37704	510	2	2	5	1	3
印江土家族苗族自治县	25100	24469	262	1	3	4	3	2
德江县	32757	31711	627		1	2		
沿河土家族自治县	36248	35406	256	5	3	5		1
松桃苗族自治县	42615	41620	359	5		11	3	1
黔西南布依族苗族自治州	**267524**	**253403**	**9769**	**18**	**16**	**106**	**32**	**21**
兴义市	88739	79863	7264	12	6	76	15	12
兴仁市	37439	36323	546	1	1	10	5	2
普安县	21426	20639	305		1	2	7	3
晴隆县	20796	20172	327	1	2	3	2	1
贞丰县	27286	26539	299	1	1	6		2
望谟县	21862	21437	187		1			
册亨县	17437	17087	176	1	1	3	1	
安龙县	32539	31343	665	2	3	6	2	1
黔东南苗族侗族自治州	**330110**	**311525**	**10137**	**88**	**26**	**72**	**39**	**24**
凯里市	60202	52604	5593	32	13	25	13	10
黄平县	21002	19974	510	5		4	5	6
施秉县	11124	10835	134	1		4		
三穗县	14821	14034	326	1	2	2	2	
镇远县	17238	16396	381	5	1	3	1	
岑巩县	14866	14095	376	5	3	9		4
天柱县	22628	22043	153	1	2	2		2
锦屏县	14325	13458	270	1	2	3	1	
剑河县	16900	16130	302	7	2	2		1
台江县	11484	11001	228	2				
黎平县	36442	35021	461	2	1	1		
榕江县	25119	24448	252	1		2	6	
从江县	27202	26547	229	2		2	5	
雷山县	11239	10703	270	1			3	
麻江县	11840	11251	287	20		12	2	1
丹寨县	13678	12985	365	2		1	1	
黔南布依族苗族自治州	**305746**	**284525**	**13366**	**61**	**16**	**115**	**60**	**17**
都匀市	44932	39830	3795	12	5	37	28	4
福泉市	26058	24683	829	4	3	3	1	2
荔波县	14169	13237	341	2		18	3	1
贵定县	22279	20097	1680	7	1	7	5	1
瓮安县	35164	33820	703	4	1	19	4	1
独山县	23025	21923	444	10		7	1	
平塘县	20292	19474	314	4	3	1	1	2
罗甸县	22705	21455	379	3			3	
长顺县	17223	16570	402				2	
龙里县	20440	18194	1521	6	1	7	4	6
惠水县	34335	30966	2616	3		12	7	
三都水族自治县	25124	24276	342	6	2	4	1	

7–7 续表 2

单位：人

现住地	五年前常住地								
	省外								
	辽宁	吉林	黑龙江	上海	江苏	浙江	安徽	福建	江西
贵州	**693**	**460**	**651**	**1335**	**2979**	**12793**	**1424**	**5298**	**2425**
贵阳市	**370**	**238**	**351**	**440**	**851**	**2028**	**495**	**1224**	**920**
南明区	69	45	75	90	150	375	92	259	206
云岩区	87	56	61	113	172	341	101	212	146
花溪区	96	56	86	53	160	248	97	277	243
乌当区	15	11	29	17	26	66	20	43	36
白云区	21	6	23	37	76	181	40	113	61
观山湖区	60	39	66	93	150	259	89	154	162
开阳县			1	6	16	180	7	32	14
息烽县	8	2	2	6	29	122	3	30	3
修文县	2	1	1	5	23	114	15	44	16
清镇市	12	22	7	20	49	142	31	60	33
六盘水市	**45**	**27**	**34**	**48**	**218**	**969**	**105**	**266**	**194**
钟山区	22	12	12	16	48	154	34	49	56
六枝特区	4		6	6	63	301	36	59	40
水城县	4	3	11	7	63	219	18	54	57
盘州市	15	12	5	19	44	295	17	104	41
遵义市	**81**	**46**	**54**	**307**	**374**	**1970**	**148**	**981**	**304**
红花岗区	21	14	18	49	65	232	49	112	88
汇川区	22	3	10	33	53	148	19	56	28
播州区	5	5	2	33	51	201	17	110	32
桐梓县	1	3	3	3	28	55	4	86	10
绥阳县		3	2	4	14	92	4	41	6
正安县	1	2	2	55	14	219	2	110	18
道真仡佬族苗族自治县	4	1	4	15	24	44	3	28	8
务川仡佬族苗族自治县	2		2	30	10	177	10	17	10
凤冈县		1	1	13	9	220	2	66	14
湄潭县		3		5	17	159	4	26	11
余庆县	4	2	6	4	13	120		48	9
习水县	6	5		20	18	133	12	87	29
赤水市	2		1	9	15	45	4	100	11
仁怀市	13	4	3	34	43	125	18	94	30
安顺市	**41**	**16**	**35**	**53**	**246**	**1145**	**102**	**277**	**128**
西秀区	22	11	24	26	113	225	33	91	75
平坝区	4	2	5	11	39	120	28	28	14
普定县	1	1	1	2	53	148	4	50	20
镇宁布依族苗族自治县			4	1	13	202	16	42	7
关岭布依族苗族自治县	6	2	1	9	17	375	10	51	5
紫云苗族布依族自治县	8			4	11	75	11	15	7
毕节市	**32**	**42**	**29**	**124**	**383**	**2406**	**170**	**951**	**267**
七星关区	18	10	7	32	70	514	23	339	68
大方县	4	3	2	13	41	280	24	105	17
黔西县	2	13	6	18	43	267	12	115	36
金沙县		4	1	7	25	175	44	44	15
织金县	3	2	3	39	93	340	33	176	59
纳雍县	2	1	6	4	39	406	6	60	51
威宁彝族回族苗族自治县	1	7	2	7	24	86	9	56	14
赫章县	2	2	2	4	48	338	19	56	7

7-7 续表 3　　　　单位：人

现住地	五年前常住地								
	省外								
	辽宁	吉林	黑龙江	上海	江苏	浙江	安徽	福建	江西
铜仁市	**15**	**6**	**18**	**92**	**161**	**592**	**73**	**398**	**114**
碧江区	3	1	7	32	34	105	10	46	18
万山区	2	2	2	11	18	37	16	19	7
江口县			1	4	14	76	4	20	6
玉屏侗族自治县	2		1	2	7	24	3	15	4
石阡县	1	1			11	24	9	32	6
思南县	2		2	6	17	44	6	69	13
印江土家族苗族自治县	2		3	6	6	10	7	38	25
德江县	1			1	13	94	3	28	13
沿河土家族自治县	1	2	1	22	16	99	9	20	7
松桃苗族自治县	1		1	8	25	79	6	111	15
黔西南布依族苗族自治州	**24**	**22**	**39**	**32**	**85**	**677**	**73**	**319**	**98**
兴义市	16	12	16	18	23	105	23	95	48
兴仁市		2	1	3	17	164	12	23	2
普安县	3	1	6	4	27	61	18	36	5
晴隆县		1	1	1	5	39	7	85	11
贞丰县	3		9	1	5	141	2	13	7
望谟县			1	1	1	61	3	24	6
册亨县	1	2				20	1	8	11
安龙县	1	4	5	4	7	86	7	35	8
黔东南苗族侗族自治州	**39**	**27**	**34**	**125**	**293**	**1654**	**101**	**495**	**181**
凯里市	6	13	19	43	76	272	40	100	58
黄平县	5	3	2	4	29	133	7	33	9
施秉县	3			11	6	40		10	5
三穗县	1	2	1	7	10	88	4	39	9
镇远县		2	2	11	25	107	2	30	11
岑巩县	3	2	1	5	25	72	4	16	16
天柱县	3	1		3	9	118	4	26	1
锦屏县	1	1	2	7	10	150	3	67	13
剑河县	3	1	3	6	4	67	3	29	10
台江县				9	9	36	20	4	3
黎平县	6		1	8	22	202	5	37	22
榕江县				2	15	108	2	34	10
从江县			1	2	5	55	3	15	4
雷山县	5	1	1		7	46	2	12	4
麻江县		1	1	3	32	87		18	3
丹寨县	3			4	9	73	2	25	3
黔南布依族苗族自治州	**46**	**36**	**57**	**114**	**368**	**1352**	**157**	**387**	**219**
都匀市	19	8	15	25	38	119	31	66	34
福泉市	3	4	1	9	53	127	9	28	12
荔波县	4	5	2	6	20	60	6	21	16
贵定县	3	1	3	9	15	84	18	25	12
瓮安县		2	8	7	9	117	11	42	15
独山县	3		3	5	23	107	28	36	23
平塘县		2	2	7	10	117	4	21	14
罗甸县	3	1	5	11	60	246	13	29	21
长顺县	2	1		3	5	37	4	18	17
龙里县	4	3	17	14	15	60	15	35	18
惠水县	3	9	1	10	29	148	8	41	29
三都水族自治县	2			8	91	130	10	25	8

7-7　续表 4　　　　　　单位：人

现 住 地	五年前常住地								
	省　外								
	山东	河南	湖北	湖南	广东	广西	海南	重庆	四川
贵　州	**1580**	**2563**	**3356**	**6703**	**11833**	**2430**	**450**	**6252**	**10356**
贵阳市	**609**	**1054**	**1317**	**2096**	**2173**	**630**	**177**	**2382**	**4414**
南明区	105	205	243	409	511	128	38	576	986
云岩区	107	179	199	332	490	100	37	409	784
花溪区	185	290	265	468	322	123	41	419	836
乌当区	21	47	52	86	68	53	8	78	184
白云区	51	68	169	156	191	68	10	234	402
观山湖区	94	167	264	440	393	92	25	423	699
开阳县	6	28	31	39	30	9	7	46	68
息烽县	1	6	22	15	47	9	3	30	63
修文县	12	14	16	46	37	13	3	28	138
清镇市	27	50	56	105	84	35	5	139	254
六盘水市	**109**	**155**	**206**	**468**	**329**	**133**	**28**	**342**	**638**
钟山区	31	62	70	144	65	25	2	135	265
六枝特区	14	20	15	60	86	15	3	27	67
水城县	32	23	50	100	68	38	3	62	150
盘州市	32	50	71	164	110	55	20	118	156
遵义市	**225**	**284**	**346**	**606**	**2324**	**256**	**68**	**1708**	**2228**
红花岗区	77	79	66	142	212	65	16	367	379
汇川区	23	25	54	62	148	27	6	104	143
播州区	23	50	49	70	203	36	4	197	124
桐梓县	8	11	27	41	54	21	5	142	69
绥阳县	3	4	14	50	142	10	3	27	25
正安县	21	18	14	33	356	20	2	45	27
道真仡佬族苗族自治县	8	14	4	10	110	12	6	66	29
务川仡佬族苗族自治县	6	4	5	50	49	5		82	27
凤冈县	10	4	5	9	305	7		28	21
湄潭县	2	14	13	20	82	7	7	40	48
余庆县	2	6	3	34	78	4	2	39	33
习水县	13	22	20	34	320	21	5	246	192
赤水市	5	7	16	10	169	12	4	219	609
仁怀市	24	26	56	41	96	9	8	106	502
安顺市	**69**	**133**	**343**	**366**	**447**	**133**	**17**	**273**	**586**
西秀区	32	82	163	165	84	45	10	164	298
平坝区	9	26	74	64	79	23		51	115
普定县	7	8	44	28	35	9	2	16	45
镇宁布依族苗族自治县	5	7	16	53	60	18	3	15	22
关岭布依族苗族自治县	10	3	42	28	72	23	1	19	58
紫云苗族布依族自治县	6	7	4	28	117	15	1	8	48
毕节市	**194**	**255**	**293**	**536**	**1018**	**157**	**28**	**388**	**779**
七星关区	23	44	51	156	289	45	10	98	289
大方县	17	17	45	56	127	12	3	24	53
黔西县	61	67	33	44	124	29	1	71	75
金沙县	37	40	24	49	72	12	3	71	116
织金县	19	34	62	108	92	18	1	47	97
纳雍县	20	24	35	52	60	15	7	26	36
威宁彝族回族苗族自治县	9	13	20	30	103	18	2	31	77
赫章县	8	16	23	41	151	8	1	20	36

7−7 续表 5 单位：人

现住地	五年前常住地								
	省外								
	山东	河南	湖北	湖南	广东	广西	海南	重庆	四川
铜仁市	**54**	**98**	**143**	**677**	**1181**	**128**	**25**	**377**	**270**
碧江区	14	31	27	148	176	13	2	57	61
万山区	9	8	8	65	65	5	2	40	16
江口县	2	5	9	51	41	14		7	10
玉屏侗族自治县	6	7	18	119	34	8	2	15	17
石阡县	9	5	22	47	76	13	5	39	37
思南县	2	8	14	40	233	12	5	34	18
印江土家族苗族自治县	7	12	5	42	135	12		13	16
德江县		5	12	43	106	18		30	38
沿河土家族自治县	2	6	13	31	221	1		72	34
松桃苗族自治县	3	11	15	91	94	32	9	70	23
黔西南布依族苗族自治州	**99**	**180**	**144**	**344**	**625**	**219**	**25**	**209**	**314**
兴义市	42	57	59	139	159	71	5	99	180
兴仁市	33	19	28	41	55	21	3	31	27
普安县	3	56	24	36	51	13	8	15	9
晴隆县	6	1	1	24	34	19	1	6	11
贞丰县	8	9	12	33	107	14	2	12	25
望谟县		3	2	10	68	18		6	16
册亨县	2	5	4	33	33	19	1	12	6
安龙县	5	30	14	28	118	44	5	28	40
黔东南苗族侗族自治州	**83**	**160**	**223**	**928**	**2370**	**352**	**45**	**225**	**457**
凯里市	34	58	71	261	374	58	22	94	179
黄平县	4	11	8	35	121	11		7	32
施秉县	2	3	4	7	33	8		3	6
三穗县	6	8	6	44	176	8		10	17
镇远县	9	5	12	51	129	9	2	7	18
岑巩县	5	7	16	54	74	11	1	23	19
天柱县		9	9	77	107	5	2	10	24
锦屏县	1	7	23	74	184	9	3	7	13
剑河县	2	11	3	43	231	4	5	3	19
台江县	4	10	3	17	79	15		7	21
黎平县	4	6	9	114	368	90	5	20	18
榕江县	6	3	28	34	87	28	1	10	22
从江县		4	7	59	147	80	1	9	7
雷山县	1	7	14	21	66	6	2	9	33
麻江县	3	8	7	25	44	4		5	13
丹寨县	2	3	3	12	150	6	1	1	16
黔南布依族苗族自治州	**138**	**244**	**341**	**682**	**1366**	**422**	**37**	**348**	**670**
都匀市	25	60	66	128	176	59	14	55	136
福泉市	17	10	17	32	59	11	1	23	57
荔波县	4	20	52	43	113	109	3	19	22
贵定县	8	8	27	39	49	39	7	32	50
瓮安县	26	25	41	48	82	15	5	39	75
独山县	8	22	32	53	170	36		19	36
平塘县	10	11	20	28	146	35	2	19	28
罗甸县	10	7	9	67	282	28	2	16	20
长顺县	3	16	23	42	25	17		7	15
龙里县	15	34	25	75	70	15	2	71	131
惠水县	6	22	25	89	112	27		41	73
三都水族自治县	6	9	4	38	82	31	1	7	27

7-7 续表 6

单位：人

现住地	五年前常住地							
	省外							港澳台或国外
	云南	西藏	陕西	甘肃	青海	宁夏	新疆	
贵州	**5630**	**140**	**1276**	**506**	**138**	**135**	**264**	**303**
贵阳市	**1289**	**36**	**458**	**220**	**58**	**47**	**118**	**137**
南明区	327	6	78	29	5	4	31	26
云岩区	218	6	75	40	18	11	18	46
花溪区	210	3	103	66	9	12	23	13
乌当区	68		18	11	1	1	7	5
白云区	103	5	47	14	6	7	10	11
观山湖区	216	7	94	40	13	11	24	30
开阳县	21	6	3	3			2	1
息烽县	25	2	1	1	3			2
修文县	38	1	8	3			2	1
清镇市	63		31	13	3	1	1	2
六盘水市	**1297**	**12**	**61**	**31**	**8**	**6**	**10**	**11**
钟山区	173	5	29	6	2	4	4	4
六枝特区	93	3	7	5	4		1	3
水城县	169	1	11	5		2	2	1
盘州市	862	3	14	15	2		3	3
遵义市	**456**	**29**	**164**	**63**	**9**	**20**	**45**	**42**
红花岗区	93	13	52	28	6	7	12	8
汇川区	56	3	30	5			5	4
播州区	51	1	17	4		1	4	2
桐梓县	37	2	17	6		1	1	4
绥阳县	8	1	1	6				4
正安县	21	1	9	2			3	6
道真仡佬族苗族自治县	14		3			4	2	1
务川仡佬族苗族自治县	14	2	3	1			1	
凤冈县	16			1			2	3
湄潭县	22	2	4	3		2		2
余庆县	15	3	4			1	1	3
习水县	48		6	5		3	5	1
赤水市	21	1	5	1	2		6	2
仁怀市	40		13	1	1	1	3	2
安顺市	**339**	**10**	**114**	**31**	**1**	**16**	**12**	**24**
西秀区	133	3	69	13		1	5	11
平坝区	53	2	21	9			3	3
普定县	29		15	3	1		1	2
镇宁布依族苗族自治县	61		2				1	4
关岭布依族苗族自治县	40	4	4	1		1	1	
紫云苗族布依族自治县	23	1	3	5		14	1	4
毕节市	**1176**	**23**	**101**	**43**	**7**	**7**	**11**	**25**
七星关区	213	3	15	11	1		2	6
大方县	42	1	10	2		2	2	4
黔西县	69	1	18	4		2		3
金沙县	50	1	20	1	5		1	4
织金县	92	4	7	14			2	4
纳雍县	258	1	3	7		2	2	1
威宁彝族回族苗族自治县	351	10	3	1	1	1		3
赫章县	101	2	25	3			2	

7-7 续表 7

单位：人

现住地	五年前常住地							
	省外							港澳台或国外
	云南	西藏	陕西	甘肃	青海	宁夏	新疆	
铜仁市	**76**	**9**	**33**	**28**	**8**	**6**	**14**	**11**
碧江区	27	2	6	13	4	3	7	
万山区	3		4	1			1	
江口县	3		2	3			1	3
玉屏侗族自治县			4		2	2		2
石阡县	3	1	2			1	1	
思南县	8	1	3	3			1	3
印江土家族苗族自治县	1	2	7	5	1			1
德江县	7	2		1				1
沿河土家族自治县	9		2	1	1		1	1
松桃苗族自治县	15	1	3	1			2	
黔西南布依族苗族自治州	**493**	**2**	**69**	**16**	**19**	**2**	**17**	**13**
兴义市	251	1	28	10	14		13	7
兴仁市	50		16		2		1	
普安县	81		9				1	2
晴隆县	26		5		3			1
贞丰县	26		7	1			1	
望谟县	15		1			1		
册亨县	6			3				1
安龙县	38	1	3	2		1	1	2
黔东南苗族侗族自治州	**209**	**7**	**89**	**32**	**10**	**14**	**20**	**26**
凯里市	69	3	31	13	1	2	7	8
黄平县	8	1	28	1			3	3
施秉县	5	1	1	1	1			
三穗县	9	1	2	3				3
镇远县	12		2			2	2	1
岑巩县	9	1	4	1	3		1	1
天柱县	8		4	1		4		
锦屏县	4		4	1	4			2
剑河县	7			1				1
台江县	16							
黎平县	9		2	3				5
榕江县	15		4	1				
从江县	12			3			3	
雷山县	15		3	1	1		4	1
麻江县	9		3	1				
丹寨县	2		1	1		6		1
黔南布依族苗族自治州	**295**	**12**	**187**	**42**	**18**	**17**	**17**	**14**
都匀市	68	3	47	12	5	3	5	4
福泉市	16	2	36	4	1	1		
荔波县	23		11	6	2			
贵定县	21	1	23	5				2
瓮安县	19	2	16	3	1	1	2	1
独山县	16		12	3		1	2	2
平塘县	13		2			1		1
罗甸县	19		5	1		7		3
长顺县	10		1		3			
龙里县	51	2	23	3		1	2	
惠水县	30	1	11	5	6	2	2	1
三都水族自治县	9	1					4	

第二部分 长表数据资料

第八卷 老年人口

8-1　各地区分性别、健康状况的60岁及以上老年人口

单位：人

地　　区	60岁及以上人口			健　　康		
	合计	男	女	小计	男	女
贵　州	**575342**	**274049**	**301293**	**364939**	**179584**	**185355**
贵阳市	**78145**	**37025**	**41120**	**54224**	**26312**	**27912**
南明区	15241	7038	8203	11225	5323	5902
云岩区	15210	7106	8104	10698	5078	5620
花溪区	10895	5052	5843	7149	3417	3732
乌当区	4478	2141	2337	3293	1597	1696
白云区	4419	2079	2340	2944	1416	1528
观山湖区	6420	3035	3385	4996	2413	2583
开阳县	6271	3071	3200	4162	2084	2078
息烽县	3913	1962	1951	2582	1331	1251
修文县	4154	2072	2082	2428	1273	1155
清镇市	7144	3469	3675	4747	2380	2367
六盘水市	**40268**	**19209**	**21059**	**28054**	**13703**	**14351**
钟山区	6747	3116	3631	4879	2314	2565
六枝特区	8438	3962	4476	5540	2676	2864
水城县	9794	4689	5105	6881	3345	3536
盘州市	15289	7442	7847	10754	5368	5386
遵义市	**109835**	**53373**	**56462**	**62533**	**31604**	**30929**
红花岗区	12971	6145	6826	7145	3534	3611
汇川区	9341	4479	4862	5674	2812	2862
播州区	11953	5733	6220	6662	3336	3326
桐梓县	9188	4420	4768	5578	2792	2786
绥阳县	6789	3366	3423	3465	1796	1669
正安县	8055	3974	4081	5814	2916	2898
道真仡佬族苗族自治县	4993	2467	2526	3129	1602	1527
务川仡佬族苗族自治县	5532	2768	2764	3336	1704	1632
凤冈县	5461	2650	2811	2822	1443	1379
湄潭县	7097	3473	3624	3555	1828	1727
余庆县	4510	2161	2349	2548	1287	1261
习水县	9653	4722	4931	5302	2717	2585
赤水市	5345	2615	2730	2725	1395	1330
仁怀市	8947	4400	4547	4778	2442	2336
安顺市	**38156**	**17715**	**20441**	**26311**	**12523**	**13788**
西秀区	13498	6218	7280	9307	4410	4897
平坝区	5425	2524	2901	3324	1597	1727
普定县	5612	2698	2914	3660	1820	1840
镇宁布依族苗族自治县	4788	2182	2606	3619	1692	1927
关岭布依族苗族自治县	4313	2078	2235	3348	1623	1725
紫云苗族布依族自治县	4520	2015	2505	3053	1381	1672
毕节市	**90988**	**44123**	**46865**	**57027**	**28508**	**28519**
七星关区	16833	8130	8703	10338	5168	5170
大方县	11742	5719	6023	6936	3469	3467
黔西县	10627	5139	5488	6893	3449	3444
金沙县	8252	4115	4137	4950	2556	2394
织金县	11624	5549	6075	7829	3811	4018
纳雍县	9600	4583	5017	6496	3165	3331
威宁彝族回族苗族自治县	13778	6763	7015	8440	4296	4144
赫章县	8532	4125	4407	5145	2594	2551

8－1 续表 1

单位：人

地区	60岁及以上人口			健康		
	合计	男	女	小计	男	女
铜仁市	**54829**	**26580**	**28249**	**30752**	**15624**	**15128**
碧江区	4542	2162	2380	2462	1197	1265
万山区	2488	1234	1254	1394	720	674
江口县	3254	1588	1666	1802	934	868
玉屏侗族自治县	2370	1098	1272	1394	689	705
石阡县	5780	2769	3011	3182	1624	1558
思南县	8921	4324	4597	5060	2568	2492
印江土家族苗族自治县	5619	2724	2895	3144	1595	1549
德江县	5999	2850	3149	3755	1860	1895
沿河土家族自治县	7055	3417	3638	3883	1990	1893
松桃苗族自治县	8801	4414	4387	4676	2447	2229
黔西南布依族苗族自治州	**43179**	**19891**	**23288**	**29401**	**13994**	**15407**
兴义市	12220	5678	6542	8099	3873	4226
兴仁市	6097	2862	3235	4214	2071	2143
普安县	3682	1770	1912	2559	1258	1301
晴隆县	3601	1681	1920	2328	1112	1216
贞丰县	4895	2284	2611	3483	1665	1818
望谟县	3763	1623	2140	2560	1131	1429
册亨县	2922	1243	1679	1863	844	1019
安龙县	5999	2750	3249	4295	2040	2255
黔东南苗族侗族自治州	**62930**	**29860**	**33070**	**37419**	**18636**	**18783**
凯里市	9101	4217	4884	5579	2733	2846
黄平县	4968	2369	2599	3279	1624	1655
施秉县	2392	1143	1249	1406	710	696
三穗县	2991	1436	1555	1477	759	718
镇远县	3750	1770	1980	1815	915	900
岑巩县	3179	1569	1610	1802	924	878
天柱县	5564	2677	2887	2996	1502	1494
锦屏县	3082	1469	1613	1727	848	879
剑河县	2914	1356	1558	1601	805	796
台江县	1971	925	1046	1170	570	600
黎平县	7264	3459	3805	4822	2410	2412
榕江县	4138	2016	2122	2518	1283	1235
从江县	4539	2123	2416	2962	1442	1520
雷山县	2027	988	1039	1142	591	551
麻江县	2551	1177	1374	1582	778	804
丹寨县	2499	1166	1333	1541	742	799
黔南布依族苗族自治州	**57012**	**26273**	**30739**	**39218**	**18680**	**20538**
都匀市	8734	3945	4789	5784	2756	3028
福泉市	4521	2204	2317	3091	1561	1530
荔波县	2487	1137	1350	1512	719	793
贵定县	4228	1965	2263	2734	1328	1406
瓮安县	6497	3145	3352	4446	2197	2249
独山县	5075	2356	2719	3171	1528	1643
平塘县	4463	2010	2453	3388	1570	1818
罗甸县	4569	1991	2578	3633	1605	2028
长顺县	3384	1551	1833	2572	1212	1360
龙里县	3083	1535	1548	2116	1061	1055
惠水县	5979	2654	3325	3932	1842	2090
三都水族自治县	3992	1780	2212	2839	1301	1538

8-1　续表 2　　单位：人

地　区	基本健康			不健康，但生活能自理			不健康，生活不能自理		
	小计	男	女	小计	男	女	小计	男	女
贵　州	**157235**	**69575**	**87660**	**42272**	**19742**	**22530**	**10896**	**5148**	**5748**
贵阳市	**18317**	**8089**	**10228**	**4307**	**2041**	**2266**	**1297**	**583**	**714**
南明区	3233	1374	1859	572	257	315	211	84	127
云岩区	3482	1553	1929	771	364	407	259	111	148
花溪区	2912	1247	1665	640	302	338	194	86	108
乌当区	889	398	491	209	105	104	87	41	46
白云区	1112	492	620	265	129	136	98	42	56
观山湖区	1114	482	632	238	111	127	72	29	43
开阳县	1509	693	816	508	246	262	92	48	44
息烽县	1002	474	528	265	125	140	64	32	32
修文县	1285	582	703	346	164	182	95	53	42
清镇市	1779	794	985	493	238	255	125	57	68
六盘水市	**9033**	**3970**	**5063**	**2441**	**1167**	**1274**	**740**	**369**	**371**
钟山区	1395	577	818	340	158	182	133	67	66
六枝特区	2159	939	1220	586	268	318	153	79	74
水城县	2200	978	1222	565	299	266	148	67	81
盘州市	3279	1476	1803	950	442	508	306	156	150
遵义市	**36034**	**16413**	**19621**	**9185**	**4357**	**4828**	**2083**	**999**	**1084**
红花岗区	4461	1960	2501	1113	516	597	252	135	117
汇川区	2810	1260	1550	624	291	333	233	116	117
播州区	3869	1718	2151	1205	570	635	217	109	108
桐梓县	2792	1256	1536	654	290	364	164	82	82
绥阳县	2565	1203	1362	651	316	335	108	51	57
正安县	1814	853	961	340	166	174	87	39	48
道真仡佬族苗族自治县	1515	693	822	272	132	140	77	40	37
务川仡佬族苗族自治县	1644	789	855	457	231	226	95	44	51
凤冈县	2069	950	1119	474	214	260	96	43	53
湄潭县	2696	1249	1447	706	335	371	140	61	79
余庆县	1386	614	772	489	228	261	87	32	55
习水县	3292	1497	1795	876	423	453	183	85	98
赤水市	1958	899	1059	516	250	266	146	71	75
仁怀市	3163	1472	1691	808	395	413	198	91	107
安顺市	**8836**	**3768**	**5068**	**2341**	**1101**	**1240**	**668**	**323**	**345**
西秀区	3228	1371	1857	747	345	402	216	92	124
平坝区	1569	680	889	435	204	231	97	43	54
普定县	1395	591	804	420	216	204	137	71	66
镇宁布依族苗族自治县	840	343	497	265	116	149	64	31	33
关岭布依族苗族自治县	700	315	385	201	104	97	64	36	28
紫云苗族布依族自治县	1104	468	636	273	116	157	90	50	40
毕节市	**24647**	**11221**	**13426**	**7400**	**3485**	**3915**	**1914**	**909**	**1005**
七星关区	4742	2137	2605	1371	634	737	382	191	191
大方县	3490	1605	1885	1076	526	550	240	119	121
黔西县	2660	1171	1489	858	408	450	216	111	105
金沙县	2547	1209	1338	582	271	311	173	79	94
织金县	2694	1221	1473	866	404	462	235	113	122
纳雍县	2252	1021	1231	678	318	360	174	79	95
威宁彝族回族苗族自治县	3906	1812	2094	1154	532	622	278	123	155
赫章县	2356	1045	1311	815	392	423	216	94	122

8-1 续表 3　　单位：人

地区	基本健康			不健康，但生活能自理			不健康，生活不能自理		
	小计	男	女	小计	男	女	小计	男	女
铜仁市	**17685**	**7924**	**9761**	**5264**	**2505**	**2759**	**1128**	**527**	**601**
碧江区	1549	721	828	418	188	230	113	56	57
万山区	796	371	425	246	123	123	52	20	32
江口县	1076	470	606	310	154	156	66	30	36
玉屏侗族自治县	734	307	427	195	80	115	47	22	25
石阡县	1948	863	1085	542	234	308	108	48	60
思南县	2829	1267	1562	861	410	451	171	79	92
印江土家族苗族自治县	1857	821	1036	503	251	252	115	57	58
德江县	1606	681	925	500	245	255	138	64	74
沿河土家族自治县	2251	997	1254	768	360	408	153	70	83
松桃苗族自治县	3039	1426	1613	921	460	461	165	81	84
黔西南布依族苗族自治州	**10404**	**4374**	**6030**	**2604**	**1181**	**1423**	**770**	**342**	**428**
兴义市	3201	1361	1840	669	322	347	251	122	129
兴仁市	1365	575	790	415	179	236	103	37	66
普安县	786	357	429	260	120	140	77	35	42
晴隆县	930	413	517	265	119	146	78	37	41
贞丰县	1098	469	629	239	110	129	75	40	35
望谟县	908	365	543	241	105	136	54	22	32
册亨县	820	308	512	195	75	120	44	16	28
安龙县	1296	526	770	320	151	169	88	33	55
黔东南苗族侗族自治州	**18910**	**8225**	**10685**	**5292**	**2387**	**2905**	**1309**	**612**	**697**
凯里市	2631	1103	1528	691	292	399	200	89	111
黄平县	1177	504	673	429	208	221	83	33	50
施秉县	740	317	423	198	94	104	48	22	26
三穗县	1205	550	655	248	103	145	61	24	37
镇远县	1405	607	798	427	198	229	103	50	53
岑巩县	1048	491	557	274	128	146	55	26	29
天柱县	1882	865	1017	552	248	304	134	62	72
锦屏县	988	452	536	298	135	163	69	34	35
剑河县	952	404	548	283	116	167	78	31	47
台江县	595	248	347	174	82	92	32	25	7
黎平县	1873	798	1075	459	202	257	110	49	61
榕江县	1162	496	666	357	184	173	101	53	48
从江县	1194	504	690	295	137	158	88	40	48
雷山县	666	292	374	185	85	100	34	20	14
麻江县	704	290	414	214	85	129	51	24	27
丹寨县	688	304	384	208	90	118	62	30	32
黔南布依族苗族自治州	**13369**	**5591**	**7778**	**3438**	**1518**	**1920**	**987**	**484**	**503**
都匀市	2320	913	1407	482	201	281	148	75	73
福泉市	1079	483	596	263	112	151	88	48	40
荔波县	717	295	422	195	89	106	63	34	29
贵定县	1094	459	635	336	147	189	64	31	33
瓮安县	1546	699	847	402	197	205	103	52	51
独山县	1385	592	793	426	187	239	93	49	44
平塘县	775	318	457	239	107	132	61	15	46
罗甸县	715	284	431	159	69	90	62	33	29
长顺县	618	261	357	155	55	100	39	23	16
龙里县	731	348	383	169	88	81	67	38	29
惠水县	1546	610	936	384	159	225	117	43	74
三都水族自治县	843	329	514	228	107	121	82	43	39

8-1a 各地区分性别、健康状况的60岁及以上老年人口(城市)

单位：人

地 区	60岁及以上人口			健 康		
	合计	男	女	小计	男	女
贵 州	**114813**	**53374**	**61439**	**78250**	**37417**	**40833**
贵阳市	**51909**	**24179**	**27730**	**37650**	**17907**	**19743**
南明区	14737	6805	7932	10942	5186	5756
云岩区	15210	7106	8104	10698	5078	5620
花溪区	7964	3689	4275	5445	2582	2863
乌当区	2535	1201	1334	2032	972	1060
白云区	3949	1851	2098	2681	1282	1399
观山湖区	5112	2403	2709	4119	1969	2150
开阳县						
息烽县						
修文县						
清镇市	2402	1124	1278	1733	838	895
六盘水市	**9584**	**4427**	**5157**	**7041**	**3336**	**3705**
钟山区	5256	2434	2822	3940	1871	2069
六枝特区	1945	849	1096	1276	570	706
水城县						
盘州市	2383	1144	1239	1825	895	930
遵义市	**20103**	**9449**	**10654**	**11951**	**5839**	**6112**
红花岗区	8248	3904	4344	4693	2320	2373
汇川区	5336	2510	2826	3386	1638	1748
播州区	2613	1208	1405	1608	771	837
桐梓县						
绥阳县						
正安县						
道真仡佬族苗族自治县						
务川仡佬族苗族自治县						
凤冈县						
湄潭县						
余庆县						
习水县						
赤水市	1701	801	900	958	482	476
仁怀市	2205	1026	1179	1306	628	678
安顺市	**7343**	**3340**	**4003**	**5129**	**2416**	**2713**
西秀区	6461	2934	3527	4561	2145	2416
平坝区	882	406	476	568	271	297
普定县						
镇宁布依族苗族自治县						
关岭布依族苗族自治县						
紫云苗族布依族自治县						
毕节市	**5780**	**2735**	**3045**	**3578**	**1759**	**1819**
七星关区	5780	2735	3045	3578	1759	1819
大方县						
黔西县						
金沙县						
织金县						
纳雍县						
威宁彝族回族苗族自治县						
赫章县						

8-1a 续表 1

单位：人

地区	60岁及以上人口			健康		
	合计	男	女	小计	男	女
铜仁市	**3371**	**1550**	**1821**	**1874**	**884**	**990**
碧江区	2805	1288	1517	1631	772	859
万山区	566	262	304	243	112	131
江口县						
玉屏侗族自治县						
石阡县						
思南县						
印江土家族苗族自治县						
德江县						
沿河土家族自治县						
松桃苗族自治县						
黔西南布依族苗族自治州	**6309**	**2908**	**3401**	**4191**	**1983**	**2208**
兴义市	5111	2362	2749	3573	1683	1890
兴仁市	1198	546	652	618	300	318
普安县						
晴隆县						
贞丰县						
望谟县						
册亨县						
安龙县						
黔东南苗族侗族自治州	**4806**	**2207**	**2599**	**3025**	**1459**	**1566**
凯里市	4806	2207	2599	3025	1459	1566
黄平县						
施秉县						
三穗县						
镇远县						
岑巩县						
天柱县						
锦屏县						
剑河县						
台江县						
黎平县						
榕江县						
从江县						
雷山县						
麻江县						
丹寨县						
黔南布依族苗族自治州	**5608**	**2579**	**3029**	**3811**	**1834**	**1977**
都匀市	4567	2078	2489	3061	1461	1600
福泉市	1041	501	540	750	373	377
荔波县						
贵定县						
瓮安县						
独山县						
平塘县						
罗甸县						
长顺县						
龙里县						
惠水县						
三都水族自治县						

8-1a 续表 2

单位：人

地 区	基本健康			不健康，但生活能自理			不健康，生活不能自理		
	小计	男	女	小计	男	女	小计	男	女
贵 州	**28062**	**12126**	**15936**	**6350**	**2856**	**3494**	**2151**	**975**	**1176**
贵阳市	**11209**	**4884**	**6325**	**2270**	**1056**	**1214**	**780**	**332**	**448**
南明区	3077	1306	1771	533	240	293	185	73	112
云岩区	3482	1553	1929	771	364	407	259	111	148
花溪区	1949	848	1101	434	198	236	136	61	75
乌当区	404	178	226	71	36	35	28	15	13
白云区	962	427	535	216	104	112	90	38	52
观山湖区	810	349	461	136	66	70	47	19	28
开阳县									
息烽县									
修文县									
清镇市	525	223	302	109	48	61	35	15	20
六盘水市	**1866**	**781**	**1085**	**491**	**218**	**273**	**186**	**92**	**94**
钟山区	960	397	563	254	113	141	102	53	49
六枝特区	496	206	290	136	56	80	37	17	20
水城县									
盘州市	410	178	232	101	49	52	47	22	25
遵义市	**6265**	**2745**	**3520**	**1405**	**626**	**779**	**482**	**239**	**243**
红花岗区	2759	1211	1548	612	277	335	184	96	88
汇川区	1455	643	812	341	152	189	154	77	77
播州区	780	341	439	180	75	105	45	21	24
桐梓县									
绥阳县									
正安县									
道真仡佬族苗族自治县									
务川仡佬族苗族自治县									
凤冈县									
湄潭县									
余庆县									
习水县									
赤水市	581	248	333	110	47	63	52	24	28
仁怀市	690	302	388	162	75	87	47	21	26
安顺市	**1721**	**703**	**1018**	**376**	**167**	**209**	**117**	**54**	**63**
西秀区	1489	601	888	321	147	174	90	41	49
平坝区	232	102	130	55	20	35	27	13	14
普定县									
镇宁布依族苗族自治县									
关岭布依族苗族自治县									
紫云苗族布依族自治县									
毕节市	**1619**	**713**	**906**	**445**	**201**	**244**	**138**	**62**	**76**
七星关区	1619	713	906	445	201	244	138	62	76
大方县									
黔西县									
金沙县									
织金县									
纳雍县									
威宁彝族回族苗族自治县									
赫章县									

8-1a 续表 3

单位：人

地区	基本健康			不健康，但生活能自理			不健康，生活不能自理		
	小计	男	女	小计	男	女	小计	男	女
铜仁市	**1113**	**494**	**619**	**300**	**130**	**170**	**84**	**42**	**42**
碧江区	883	392	491	222	89	133	69	35	34
万山区	230	102	128	78	41	37	15	7	8
江口县									
玉屏侗族自治县									
石阡县									
思南县									
印江土家族苗族自治县									
德江县									
沿河土家族自治县									
松桃苗族自治县									
黔西南布依族苗族自治州	**1582**	**687**	**895**	**393**	**177**	**216**	**143**	**61**	**82**
兴义市	1180	513	667	245	115	130	113	51	62
兴仁市	402	174	228	148	62	86	30	10	20
普安县									
晴隆县									
贞丰县									
望谟县									
册亨县									
安龙县									
黔东南苗族侗族自治州	**1275**	**538**	**737**	**376**	**157**	**219**	**130**	**53**	**77**
凯里市	1275	538	737	376	157	219	130	53	77
黄平县									
施秉县									
三穗县									
镇远县									
岑巩县									
天柱县									
锦屏县									
剑河县									
台江县									
黎平县									
榕江县									
从江县									
雷山县									
麻江县									
丹寨县									
黔南布依族苗族自治州	**1412**	**581**	**831**	**294**	**124**	**170**	**91**	**40**	**51**
都匀市	1191	480	711	234	100	134	81	37	44
福泉市	221	101	120	60	24	36	10	3	7
荔波县									
贵定县									
瓮安县									
独山县									
平塘县									
罗甸县									
长顺县									
龙里县									
惠水县									
三都水族自治县									

8-1b　各地区分性别、健康状况的60岁及以上老年人口(镇)

单位：人

地　区	60岁及以上人口			健　康		
	合计	男	女	小计	男	女
贵　州	**120418**	**56488**	**63930**	**73602**	**35809**	**37793**
贵阳市	**6779**	**3194**	**3585**	**4404**	**2143**	**2261**
南明区						
云岩区						
花溪区	445	205	240	267	131	136
乌当区	273	133	140	172	83	89
白云区	74	34	40	45	22	23
观山湖区	423	191	232	301	144	157
开阳县	2273	1048	1225	1600	750	850
息烽县	1327	634	693	836	408	428
修文县	1423	691	732	839	435	404
清镇市	541	258	283	344	170	174
六盘水市	**5462**	**2562**	**2900**	**3611**	**1734**	**1877**
钟山区	787	361	426	445	208	237
六枝特区	687	323	364	458	223	235
水城县	2175	1007	1168	1501	694	807
盘州市	1813	871	942	1207	609	598
遵义市	**24296**	**11632**	**12664**	**13449**	**6682**	**6767**
红花岗区	871	415	456	443	231	212
汇川区	981	477	504	526	266	260
播州区	1392	649	743	710	350	360
桐梓县	3400	1618	1782	2128	1049	1079
绥阳县	2181	1077	1104	1076	562	514
正安县	2334	1112	1222	1575	747	828
道真仡佬族苗族自治县	1798	844	954	1100	530	570
务川仡佬族苗族自治县	1813	867	946	1070	523	547
凤冈县	1602	749	853	820	405	415
湄潭县	2656	1284	1372	1416	713	703
余庆县	1441	690	751	725	363	362
习水县	2294	1090	1204	1202	602	600
赤水市	672	332	340	291	147	144
仁怀市	861	428	433	367	194	173
安顺市	**7150**	**3313**	**3837**	**4757**	**2260**	**2497**
西秀区	697	320	377	420	195	225
平坝区	1358	629	729	823	389	434
普定县	1695	790	905	1147	549	598
镇宁布依族苗族自治县	1292	603	689	941	458	483
关岭布依族苗族自治县	1113	541	572	764	378	386
紫云苗族布依族自治县	995	430	565	662	291	371
毕节市	**24566**	**11811**	**12755**	**15386**	**7641**	**7745**
七星关区	1101	539	562	633	312	321
大方县	3242	1539	1703	2054	1005	1049
黔西县	3883	1851	2032	2405	1194	1211
金沙县	3354	1652	1702	2124	1080	1044
织金县	4063	1919	2144	2622	1276	1346
纳雍县	3209	1533	1676	2125	1033	1092
威宁彝族回族苗族自治县	3870	1891	1979	2390	1216	1174
赫章县	1844	887	957	1033	525	508

8-1b 续表 1

单位：人

地 区	60岁及以上人口			健 康		
	合计	男	女	小计	男	女
铜仁市	**11390**	**5282**	**6108**	**6249**	**3033**	**3216**
碧江区	82	39	43	33	15	18
万山区						
江口县	997	464	533	534	273	261
玉屏侗族自治县	955	418	537	519	242	277
石阡县	1213	544	669	588	278	310
思南县	1999	915	1084	1147	535	612
印江土家族苗族自治县	1265	575	690	658	320	338
德江县	1322	599	723	833	389	444
沿河土家族自治县	1586	753	833	827	417	410
松桃苗族自治县	1971	975	996	1110	564	546
黔西南布依族苗族自治州	**8474**	**3897**	**4577**	**5725**	**2729**	**2996**
兴义市	1101	514	587	701	342	359
兴仁市	608	283	325	479	233	246
普安县	810	398	412	513	268	245
晴隆县	876	416	460	542	263	279
贞丰县	1294	615	679	948	448	500
望谟县	1064	470	594	699	321	378
册亨县	811	339	472	493	220	273
安龙县	1910	862	1048	1350	634	716
黔东南苗族侗族自治州	**15510**	**7164**	**8346**	**8691**	**4268**	**4423**
凯里市	489	225	264	293	144	149
黄平县	1399	663	736	887	439	448
施秉县	650	305	345	343	171	172
三穗县	1001	449	552	463	225	238
镇远县	1341	625	716	701	356	345
岑巩县	850	382	468	519	237	282
天柱县	1587	758	829	772	389	383
锦屏县	898	399	499	499	230	269
剑河县	831	362	469	401	204	197
台江县	483	211	272	265	123	142
黎平县	2317	1062	1255	1465	719	746
榕江县	1001	473	528	562	272	290
从江县	718	334	384	406	199	207
雷山县	568	264	304	305	161	144
麻江县	686	322	364	410	207	203
丹寨县	691	330	361	400	192	208
黔南布依族苗族自治州	**16791**	**7633**	**9158**	**11330**	**5319**	**6011**
都匀市	367	159	208	263	122	141
福泉市	612	282	330	400	198	202
荔波县	695	312	383	432	198	234
贵定县	1935	902	1033	1106	544	562
瓮安县	2896	1371	1525	1987	960	1027
独山县	2020	948	1072	1280	616	664
平塘县	1023	451	572	742	341	401
罗甸县	1776	730	1046	1436	603	833
长顺县	1118	495	623	842	385	457
龙里县	1196	584	612	820	413	407
惠水县	2063	908	1155	1358	628	730
三都水族自治县	1090	491	599	664	311	353

8-1b　续表 2　　　　单位：人

地　　区	基本健康			不健康，但生活能自理			不健康，生活不能自理		
	小计	男	女	小计	男	女	小计	男	女
贵　州	**34861**	**15155**	**19706**	**9386**	**4308**	**5078**	**2569**	**1216**	**1353**
贵阳市	**1766**	**771**	**995**	**465**	**209**	**256**	**144**	**71**	**73**
南明区									
云岩区									
花溪区	154	64	90	9	3	6	15	7	8
乌当区	55	26	29	28	16	12	18	8	10
白云区	24	11	13	4	1	3	1		1
观山湖区	99	37	62	16	8	8	7	2	5
开阳县	493	220	273	147	60	87	33	18	15
息烽县	368	167	201	100	47	53	23	12	11
修文县	429	185	244	121	54	67	34	17	17
清镇市	144	61	83	40	20	20	13	7	6
六盘水市	**1376**	**596**	**780**	**378**	**183**	**195**	**97**	**49**	**48**
钟山区	284	121	163	46	26	20	12	6	6
六枝特区	177	72	105	41	21	20	11	7	4
水城县	483	219	264	158	79	79	33	15	18
盘州市	432	184	248	133	57	76	41	21	20
遵义市	**8353**	**3796**	**4557**	**2018**	**935**	**1083**	**476**	**219**	**257**
红花岗区	290	122	168	118	52	66	20	10	10
汇川区	390	177	213	54	26	28	11	8	3
播州区	506	217	289	140	61	79	36	21	15
桐梓县	929	420	509	281	119	162	62	30	32
绥阳县	866	395	471	207	103	104	32	17	15
正安县	653	315	338	84	42	42	22	8	14
道真仡佬族苗族自治县	582	259	323	85	40	45	31	15	16
务川仡佬族苗族自治县	561	262	299	144	66	78	38	16	22
凤冈县	613	271	342	136	59	77	33	14	19
湄潭县	980	444	536	212	104	108	48	23	25
余庆县	513	234	279	170	83	87	33	10	23
习水县	823	362	461	214	104	110	55	22	33
赤水市	280	139	141	76	30	46	25	16	9
仁怀市	367	179	188	97	46	51	30	9	21
安顺市	**1760**	**742**	**1018**	**471**	**226**	**245**	**162**	**85**	**77**
西秀区	209	92	117	57	27	30	11	6	5
平坝区	392	174	218	115	54	61	28	12	16
普定县	375	152	223	116	58	58	57	31	26
镇宁布依族苗族自治县	269	103	166	65	33	32	17	9	8
关岭布依族苗族自治县	271	120	151	53	29	24	25	14	11
紫云苗族布依族自治县	244	101	143	65	25	40	24	13	11
毕节市	**6678**	**3009**	**3669**	**1938**	**900**	**1038**	**564**	**261**	**303**
七星关区	370	175	195	68	33	35	30	19	11
大方县	882	385	497	238	115	123	68	34	34
黔西县	1051	454	597	350	165	185	77	38	39
金沙县	941	441	500	220	97	123	69	34	35
织金县	1012	455	557	337	150	187	92	38	54
纳雍县	789	354	435	230	113	117	65	33	32
威宁彝族回族苗族自治县	1082	496	586	301	138	163	97	41	56
赫章县	551	249	302	194	89	105	66	24	42

8-1b 续表 3 单位：人

地　区	基本健康			不健康，但生活能自理			不健康，生活不能自理		
	小计	男	女	小计	男	女	小计	男	女
铜仁市	**3800**	**1624**	**2176**	**1063**	**501**	**562**	**278**	**124**	**154**
碧江区	33	15	18	12	8	4	4	1	3
万山区									
江口县	346	134	212	94	45	49	23	12	11
玉屏侗族自治县	325	128	197	89	34	55	22	14	8
石阡县	441	187	254	144	61	83	40	18	22
思南县	620	265	355	183	89	94	49	26	23
印江土家族苗族自治县	441	179	262	131	64	67	35	12	23
德江县	376	162	214	80	35	45	33	13	20
沿河土家族自治县	558	241	317	166	86	80	35	9	26
松桃苗族自治县	660	313	347	164	79	85	37	19	18
黔西南布依族苗族自治州	**2065**	**868**	**1197**	**512**	**225**	**287**	**172**	**75**	**97**
兴义市	298	123	175	74	37	37	28	12	16
兴仁市	94	41	53	22	6	16	13	3	10
普安县	216	94	122	63	29	34	18	7	11
晴隆县	242	114	128	71	30	41	21	9	12
贞丰县	259	120	139	59	29	30	28	18	10
望谟县	281	115	166	68	29	39	16	5	11
册亨县	261	95	166	44	18	26	13	6	7
安龙县	414	166	248	111	47	64	35	15	20
黔东南苗族侗族自治州	**5025**	**2086**	**2939**	**1453**	**641**	**812**	**341**	**169**	**172**
凯里市	144	58	86	40	18	22	12	5	7
黄平县	376	156	220	109	54	55	27	14	13
施秉县	229	97	132	60	27	33	18	10	8
三穗县	402	171	231	108	41	67	28	12	16
镇远县	452	181	271	148	68	80	40	20	20
岑巩县	246	107	139	75	35	40	10	3	7
天柱县	622	284	338	158	71	87	35	14	21
锦屏县	281	118	163	96	42	54	22	9	13
剑河县	309	113	196	101	38	63	20	7	13
台江县	147	54	93	60	26	34	11	8	3
黎平县	650	258	392	162	65	97	40	20	20
榕江县	330	140	190	86	44	42	23	17	6
从江县	223	88	135	72	37	35	17	10	7
雷山县	203	80	123	54	21	33	6	2	4
麻江县	208	87	121	57	21	36	11	7	4
丹寨县	203	94	109	67	33	34	21	11	10
黔南布依族苗族自治州	**4038**	**1663**	**2375**	**1088**	**488**	**600**	**335**	**163**	**172**
都匀市	93	32	61	9	4	5	2	1	1
福泉市	139	57	82	57	24	33	16	3	13
荔波县	178	75	103	64	29	35	21	10	11
贵定县	600	248	352	196	92	104	33	18	15
瓮安县	661	289	372	195	92	103	53	30	23
独山县	553	247	306	144	58	86	43	27	16
平塘县	187	71	116	71	32	39	23	7	16
罗甸县	250	86	164	63	26	37	27	15	12
长顺县	212	81	131	50	18	32	14	11	3
龙里县	291	128	163	64	35	29	21	8	13
惠水县	545	220	325	107	43	64	53	17	36
三都水族自治县	329	129	200	68	35	33	29	16	13

8-1c　各地区分性别、健康状况的60岁及以上老年人口(乡村)

单位：人

地　区	60岁及以上人口			健　康		
	合计	男	女	小计	男	女
贵　州	**340111**	**164187**	**175924**	**213087**	**106358**	**106729**
贵阳市	**19457**	**9652**	**9805**	**12170**	**6262**	**5908**
南明区	504	233	271	283	137	146
云岩区						
花溪区	2486	1158	1328	1437	704	733
乌当区	1670	807	863	1089	542	547
白云区	396	194	202	218	112	106
观山湖区	885	441	444	576	300	276
开阳县	3998	2023	1975	2562	1334	1228
息烽县	2586	1328	1258	1746	923	823
修文县	2731	1381	1350	1589	838	751
清镇市	4201	2087	2114	2670	1372	1298
六盘水市	**25222**	**12220**	**13002**	**17402**	**8633**	**8769**
钟山区	704	321	383	494	235	259
六枝特区	5806	2790	3016	3806	1883	1923
水城县	7619	3682	3937	5380	2651	2729
盘州市	11093	5427	5666	7722	3864	3858
遵义市	**65436**	**32292**	**33144**	**37133**	**19083**	**18050**
红花岗区	3852	1826	2026	2009	983	1026
汇川区	3024	1492	1532	1762	908	854
播州区	7948	3876	4072	4344	2215	2129
桐梓县	5788	2802	2986	3450	1743	1707
绥阳县	4608	2289	2319	2389	1234	1155
正安县	5721	2862	2859	4239	2169	2070
道真仡佬族苗族自治县	3195	1623	1572	2029	1072	957
务川仡佬族苗族自治县	3719	1901	1818	2266	1181	1085
凤冈县	3859	1901	1958	2002	1038	964
湄潭县	4441	2189	2252	2139	1115	1024
余庆县	3069	1471	1598	1823	924	899
习水县	7359	3632	3727	4100	2115	1985
赤水市	2972	1482	1490	1476	766	710
仁怀市	5881	2946	2935	3105	1620	1485
安顺市	**23663**	**11062**	**12601**	**16425**	**7847**	**8578**
西秀区	6340	2964	3376	4326	2070	2256
平坝区	3185	1489	1696	1933	937	996
普定县	3917	1908	2009	2513	1271	1242
镇宁布依族苗族自治县	3496	1579	1917	2678	1234	1444
关岭布依族苗族自治县	3200	1537	1663	2584	1245	1339
紫云苗族布依族自治县	3525	1585	1940	2391	1090	1301
毕节市	**60642**	**29577**	**31065**	**38063**	**19108**	**18955**
七星关区	9952	4856	5096	6127	3097	3030
大方县	8500	4180	4320	4882	2464	2418
黔西县	6744	3288	3456	4488	2255	2233
金沙县	4898	2463	2435	2826	1476	1350
织金县	7561	3630	3931	5207	2535	2672
纳雍县	6391	3050	3341	4371	2132	2239
威宁彝族回族苗族自治县	9908	4872	5036	6050	3080	2970
赫章县	6688	3238	3450	4112	2069	2043

8-1c 续表 1 单位：人

地　区	60岁及以上人口			健　康		
	合计	男	女	小计	男	女
铜仁市	**40068**	**19748**	**20320**	**22629**	**11707**	**10922**
碧江区	1655	835	820	798	410	388
万山区	1922	972	950	1151	608	543
江口县	2257	1124	1133	1268	661	607
玉屏侗族自治县	1415	680	735	875	447	428
石阡县	4567	2225	2342	2594	1346	1248
思南县	6922	3409	3513	3913	2033	1880
印江土家族苗族自治县	4354	2149	2205	2486	1275	1211
德江县	4677	2251	2426	2922	1471	1451
沿河土家族自治县	5469	2664	2805	3056	1573	1483
松桃苗族自治县	6830	3439	3391	3566	1883	1683
黔西南布依族苗族自治州	**28396**	**13086**	**15310**	**19485**	**9282**	**10203**
兴义市	6008	2802	3206	3825	1848	1977
兴仁市	4291	2033	2258	3117	1538	1579
普安县	2872	1372	1500	2046	990	1056
晴隆县	2725	1265	1460	1786	849	937
贞丰县	3601	1669	1932	2535	1217	1318
望谟县	2699	1153	1546	1861	810	1051
册亨县	2111	904	1207	1370	624	746
安龙县	4089	1888	2201	2945	1406	1539
黔东南苗族侗族自治州	**42614**	**20489**	**22125**	**25703**	**12909**	**12794**
凯里市	3806	1785	2021	2261	1130	1131
黄平县	3569	1706	1863	2392	1185	1207
施秉县	1742	838	904	1063	539	524
三穗县	1990	987	1003	1014	534	480
镇远县	2409	1145	1264	1114	559	555
岑巩县	2329	1187	1142	1283	687	596
天柱县	3977	1919	2058	2224	1113	1111
锦屏县	2184	1070	1114	1228	618	610
剑河县	2083	994	1089	1200	601	599
台江县	1488	714	774	905	447	458
黎平县	4947	2397	2550	3357	1691	1666
榕江县	3137	1543	1594	1956	1011	945
从江县	3821	1789	2032	2556	1243	1313
雷山县	1459	724	735	837	430	407
麻江县	1865	855	1010	1172	571	601
丹寨县	1808	836	972	1141	550	591
黔南布依族苗族自治州	**34613**	**16061**	**18552**	**24077**	**11527**	**12550**
都匀市	3800	1708	2092	2460	1173	1287
福泉市	2868	1421	1447	1941	990	951
荔波县	1792	825	967	1080	521	559
贵定县	2293	1063	1230	1628	784	844
瓮安县	3601	1774	1827	2459	1237	1222
独山县	3055	1408	1647	1891	912	979
平塘县	3440	1559	1881	2646	1229	1417
罗甸县	2793	1261	1532	2197	1002	1195
长顺县	2266	1056	1210	1730	827	903
龙里县	1887	951	936	1296	648	648
惠水县	3916	1746	2170	2574	1214	1360
三都水族自治县	2902	1289	1613	2175	990	1185

8-1c　续表 2　　　　单位：人

地　区	基本健康			不健康，但生活能自理			不健康，生活不能自理		
	小计	男	女	小计	男	女	小计	男	女
贵　州	**94312**	**42294**	**52018**	**26536**	**12578**	**13958**	**6176**	**2957**	**3219**
贵阳市	**5342**	**2434**	**2908**	**1572**	**776**	**796**	**373**	**180**	**193**
南明区	156	68	88	39	17	22	26	11	15
云岩区									
花溪区	809	335	474	197	101	96	43	18	25
乌当区	430	194	236	110	53	57	41	18	23
白云区	126	54	72	45	24	21	7	4	3
观山湖区	205	96	109	86	37	49	18	8	10
开阳县	1016	473	543	361	186	175	59	30	29
息烽县	634	307	327	165	78	87	41	20	21
修文县	856	397	459	225	110	115	61	36	25
清镇市	1110	510	600	344	170	174	77	35	42
六盘水市	**5791**	**2593**	**3198**	**1572**	**766**	**806**	**457**	**228**	**229**
钟山区	151	59	92	40	19	21	19	8	11
六枝特区	1486	661	825	409	191	218	105	55	50
水城县	1717	759	958	407	220	187	115	52	63
盘州市	2437	1114	1323	716	336	380	218	113	105
遵义市	**21416**	**9872**	**11544**	**5762**	**2796**	**2966**	**1125**	**541**	**584**
红花岗区	1412	627	785	383	187	196	48	29	19
汇川区	965	440	525	229	113	116	68	31	37
播州区	2583	1160	1423	885	434	451	136	67	69
桐梓县	1863	836	1027	373	171	202	102	52	50
绥阳县	1699	808	891	444	213	231	76	34	42
正安县	1161	538	623	256	124	132	65	31	34
道真仡佬族苗族自治县	933	434	499	187	92	95	46	25	21
务川仡佬族苗族自治县	1083	527	556	313	165	148	57	28	29
凤冈县	1456	679	777	338	155	183	63	29	34
湄潭县	1716	805	911	494	231	263	92	38	54
余庆县	873	380	493	319	145	174	54	22	32
习水县	2469	1135	1334	662	319	343	128	63	65
赤水市	1097	512	585	330	173	157	69	31	38
仁怀市	2106	991	1115	549	274	275	121	61	60
安顺市	**5355**	**2323**	**3032**	**1494**	**708**	**786**	**389**	**184**	**205**
西秀区	1530	678	852	369	171	198	115	45	70
平坝区	945	404	541	265	130	135	42	18	24
普定县	1020	439	581	304	158	146	80	40	40
镇宁布依族苗族自治县	571	240	331	200	83	117	47	22	25
关岭布依族苗族自治县	429	195	234	148	75	73	39	22	17
紫云苗族布依族自治县	860	367	493	208	91	117	66	37	29
毕节市	**16350**	**7499**	**8851**	**5017**	**2384**	**2633**	**1212**	**586**	**626**
七星关区	2753	1249	1504	858	400	458	214	110	104
大方县	2608	1220	1388	838	411	427	172	85	87
黔西县	1609	717	892	508	243	265	139	73	66
金沙县	1606	768	838	362	174	188	104	45	59
织金县	1682	766	916	529	254	275	143	75	68
纳雍县	1463	667	796	448	205	243	109	46	63
威宁彝族回族苗族自治县	2824	1316	1508	853	394	459	181	82	99
赫章县	1805	796	1009	621	303	318	150	70	80

8-1c 续表 3

单位：人

地区	基本健康			不健康，但生活能自理			不健康，生活不能自理		
	小计	男	女	小计	男	女	小计	男	女
铜仁市	**12772**	**5806**	**6966**	**3901**	**1874**	**2027**	**766**	**361**	**405**
碧江区	633	314	319	184	91	93	40	20	20
万山区	566	269	297	168	82	86	37	13	24
江口县	730	336	394	216	109	107	43	18	25
玉屏侗族自治县	409	179	230	106	46	60	25	8	17
石阡县	1507	676	831	398	173	225	68	30	38
思南县	2209	1002	1207	678	321	357	122	53	69
印江土家族苗族自治县	1416	642	774	372	187	185	80	45	35
德江县	1230	519	711	420	210	210	105	51	54
沿河土家族自治县	1693	756	937	602	274	328	118	61	57
松桃苗族自治县	2379	1113	1266	757	381	376	128	62	66
黔西南布依族苗族自治州	**6757**	**2819**	**3938**	**1699**	**779**	**920**	**455**	**206**	**249**
兴义市	1723	725	998	350	170	180	110	59	51
兴仁市	869	360	509	245	111	134	60	24	36
普安县	570	263	307	197	91	106	59	28	31
晴隆县	688	299	389	194	89	105	57	28	29
贞丰县	839	349	490	180	81	99	47	22	25
望谟县	627	250	377	173	76	97	38	17	21
册亨县	559	213	346	151	57	94	31	10	21
安龙县	882	360	522	209	104	105	53	18	35
黔东南苗族侗族自治州	**12610**	**5601**	**7009**	**3463**	**1589**	**1874**	**838**	**390**	**448**
凯里市	1212	507	705	275	117	158	58	31	27
黄平县	801	348	453	320	154	166	56	19	37
施秉县	511	220	291	138	67	71	30	12	18
三穗县	803	379	424	140	62	78	33	12	21
镇远县	953	426	527	279	130	149	63	30	33
岑巩县	802	384	418	199	93	106	45	23	22
天柱县	1260	581	679	394	177	217	99	48	51
锦屏县	707	334	373	202	93	109	47	25	22
剑河县	643	291	352	182	78	104	58	24	34
台江县	448	194	254	114	56	58	21	17	4
黎平县	1223	540	683	297	137	160	70	29	41
榕江县	832	356	476	271	140	131	78	36	42
从江县	971	416	555	223	100	123	71	30	41
雷山县	463	212	251	131	64	67	28	18	10
麻江县	496	203	293	157	64	93	40	17	23
丹寨县	485	210	275	141	57	84	41	19	22
黔南布依族苗族自治州	**7919**	**3347**	**4572**	**2056**	**906**	**1150**	**561**	**281**	**280**
都匀市	1036	401	635	239	97	142	65	37	28
福泉市	719	325	394	146	64	82	62	42	20
荔波县	539	220	319	131	60	71	42	24	18
贵定县	494	211	283	140	55	85	31	13	18
瓮安县	885	410	475	207	105	102	50	22	28
独山县	832	345	487	282	129	153	50	22	28
平塘县	588	247	341	168	75	93	38	8	30
罗甸县	465	198	267	96	43	53	35	18	17
长顺县	406	180	226	105	37	68	25	12	13
龙里县	440	220	220	105	53	52	46	30	16
惠水县	1001	390	611	277	116	161	64	26	38
三都水族自治县	514	200	314	160	72	88	53	27	26

8-2 全省分年龄、性别、健康状况的60岁及以上老年人口

单位：人

年 龄	60岁及以上人口			健 康		
	合计	男	女	小计	男	女
总 计	**575342**	**274049**	**301293**	**364939**	**179584**	**185355**
60-64岁	**144662**	**71852**	**72810**	**111724**	**56375**	**55349**
60	22541	11145	11396	18219	9100	9119
61	23005	11632	11373	18225	9334	8891
62	31672	15912	15760	24471	12490	11981
63	34924	17312	17612	26580	13418	13162
64	32520	15851	16669	24229	12033	12196
65-69岁	**160262**	**77724**	**82538**	**111199**	**55118**	**56081**
65	34935	17254	17681	25450	12830	12620
66	36056	17312	18744	25794	12622	13172
67	33032	15880	17152	22805	11197	11608
68	32034	15596	16438	21375	10657	10718
69	24205	11682	12523	15775	7812	7963
70-74岁	**115598**	**55554**	**60044**	**68958**	**34140**	**34818**
70	24504	11794	12710	15579	7662	7917
71	25752	12615	13137	15805	8007	7798
72	22440	10765	11675	13144	6493	6651
73	22326	10665	11661	12803	6309	6494
74	20576	9715	10861	11627	5669	5958
75-79岁	**78926**	**36482**	**42444**	**41001**	**19594**	**21407**
75	16113	7509	8604	8838	4269	4569
76	17299	8224	9075	9077	4463	4614
77	16502	7641	8861	8587	4137	4450
78	15155	6799	8356	7771	3579	4192
79	13857	6309	7548	6728	3146	3582
80-84岁	**49179**	**21701**	**27478**	**22031**	**10084**	**11947**
80	11886	5340	6546	5683	2684	2999
81	10338	4595	5743	4722	2133	2589
82	10862	4816	6046	4820	2220	2600
83	8778	3822	4956	3765	1686	2079
84	7315	3128	4187	3041	1361	1680
85-89岁	**20231**	**8319**	**11912**	**7913**	**3436**	**4477**
85	5650	2338	3312	2352	1019	1333
86	4430	1792	2638	1773	761	1012
87	4226	1822	2404	1582	707	875
88	3294	1306	1988	1219	524	695
89	2631	1061	1570	987	425	562
90-94岁	**5491**	**2104**	**3387**	**1827**	**736**	**1091**
90	2075	777	1298	741	279	462
91	1211	478	733	376	160	216
92	1105	420	685	361	138	223
93	685	273	412	222	100	122
94	415	156	259	127	59	68
95-99岁	**857**	**274**	**583**	**251**	**91**	**160**
95	304	98	206	86	28	58
96	183	64	119	55	25	30
97	184	53	131	52	16	36
98	106	32	74	32	12	20
99	80	27	53	26	10	16
100岁及以上	**136**	**39**	**97**	**35**	**10**	**25**

8-2 续表 单位：人

年 龄	基本健康			不健康，但生活能自理			不健康，生活不能自理		
	小计	男	女	小计	男	女	小计	男	女
总 计	**157235**	**69575**	**87660**	**42272**	**19742**	**22530**	**10896**	**5148**	**5748**
60-64岁	**25613**	**11592**	**14021**	**6219**	**3259**	**2960**	**1106**	**626**	**480**
60	3298	1494	1804	877	469	408	147	82	65
61	3715	1756	1959	904	449	455	161	93	68
62	5634	2554	3080	1354	745	609	213	123	90
63	6484	2920	3564	1548	808	740	312	166	146
64	6482	2868	3614	1536	788	748	273	162	111
65-69岁	**38600**	**17264**	**21336**	**8879**	**4464**	**4415**	**1584**	**878**	**706**
65	7513	3417	4096	1699	852	847	273	155	118
66	8096	3573	4523	1828	931	897	338	186	152
67	8012	3552	4460	1887	952	935	328	179	149
68	8369	3783	4586	1937	952	985	353	204	149
69	6610	2939	3671	1528	777	751	292	154	138
70-74岁	**35773**	**16217**	**19556**	**8936**	**4186**	**4750**	**1931**	**1011**	**920**
70	6887	3147	3740	1702	798	904	336	187	149
71	7715	3514	4201	1860	897	963	372	197	175
72	7153	3263	3890	1778	827	951	365	182	183
73	7266	3302	3964	1837	845	992	420	209	211
74	6752	2991	3761	1759	819	940	438	236	202
75-79岁	**28152**	**12361**	**15791**	**7899**	**3640**	**4259**	**1874**	**887**	**987**
75	5549	2432	3117	1436	667	769	290	141	149
76	6144	2777	3367	1703	805	898	375	179	196
77	5820	2524	3296	1688	784	904	407	196	211
78	5466	2360	3106	1519	675	844	399	185	214
79	5173	2268	2905	1553	709	844	403	186	217
80-84岁	**18659**	**8013**	**10646**	**6343**	**2683**	**3660**	**2146**	**921**	**1225**
80	4410	1885	2525	1379	587	792	414	184	230
81	3943	1745	2198	1275	553	722	398	164	234
82	4108	1773	2335	1465	600	865	469	223	246
83	3399	1462	1937	1186	505	681	428	169	259
84	2799	1148	1651	1038	438	600	437	181	256
85-89岁	**8027**	**3216**	**4811**	**2881**	**1127**	**1754**	**1410**	**540**	**870**
85	2222	888	1334	768	302	466	308	129	179
86	1754	693	1061	611	233	378	292	105	187
87	1696	716	980	620	271	349	328	128	200
88	1337	514	823	486	175	311	252	93	159
89	1018	405	613	396	146	250	230	85	145
90-94岁	**2083**	**811**	**1272**	**937**	**333**	**604**	**644**	**224**	**420**
90	790	300	490	358	136	222	186	62	124
91	470	193	277	211	74	137	154	51	103
92	415	168	247	187	64	123	142	50	92
93	256	99	157	112	38	74	95	36	59
94	152	51	101	69	21	48	67	25	42
95-99岁	**275**	**86**	**189**	**162**	**45**	**117**	**169**	**52**	**117**
95	108	37	71	61	18	43	49	15	34
96	66	16	50	31	10	21	31	13	18
97	52	17	35	41	10	31	39	10	29
98	28	7	21	18	4	14	28	9	19
99	21	9	12	11	3	8	22	5	17
100岁及以上	**53**	**15**	**38**	**16**	**5**	**11**	**32**	**9**	**23**

8-2a 全省分年龄、性别、健康状况的60岁及以上老年人口(城市)

单位：人

年 龄	60岁及以上人口			健 康		
	合计	男	女	小计	男	女
总 计	**114813**	**53374**	**61439**	**78250**	**37417**	**40833**
60–64岁	**34094**	**16519**	**17575**	**27241**	**13303**	**13938**
60	6161	2985	3176	5076	2459	2617
61	5799	2860	2939	4697	2321	2376
62	7342	3591	3751	5840	2880	2960
63	7834	3776	4058	6222	3012	3210
64	6958	3307	3651	5406	2631	2775
65–69岁	**29870**	**13594**	**16276**	**21993**	**10194**	**11799**
65	6950	3301	3649	5271	2545	2726
66	6934	3134	3800	5251	2399	2852
67	5903	2629	3274	4289	1951	2338
68	5667	2547	3120	4056	1860	2196
69	4416	1983	2433	3126	1439	1687
70–74岁	**21681**	**10195**	**11486**	**14069**	**6808**	**7261**
70	4603	2141	2462	3179	1522	1657
71	4838	2263	2575	3166	1506	1660
72	4213	1969	2244	2726	1330	1396
73	4154	1953	2201	2603	1264	1339
74	3873	1869	2004	2395	1186	1209
75–79岁	**14104**	**6480**	**7624**	**8107**	**3906**	**4201**
75	2875	1381	1494	1744	895	849
76	3091	1443	1648	1783	851	932
77	2918	1318	1600	1678	794	884
78	2727	1228	1499	1526	727	799
79	2493	1110	1383	1376	639	737
80–84岁	**9550**	**4170**	**5380**	**4643**	**2187**	**2456**
80	2328	1022	1306	1227	585	642
81	2048	923	1125	1014	489	525
82	2090	909	1181	1007	479	528
83	1679	747	932	774	369	405
84	1405	569	836	621	265	356
85–89岁	**4136**	**1802**	**2334**	**1751**	**806**	**945**
85	1107	461	646	519	227	292
86	955	390	565	392	176	216
87	950	438	512	374	179	195
88	639	287	352	265	127	138
89	485	226	259	201	97	104
90–94岁	**1181**	**537**	**644**	**397**	**191**	**206**
90	430	171	259	159	64	95
91	282	135	147	84	46	38
92	229	111	118	80	40	40
93	140	73	67	42	23	19
94	100	47	53	32	18	14
95–99岁	**173**	**65**	**108**	**45**	**20**	**25**
95	58	22	36	9	2	7
96	35	14	21	12	7	5
97	43	14	29	13	5	8
98	19	9	10	5	4	1
99	18	6	12	6	2	4
100岁及以上	**24**	**12**	**12**	**4**	**2**	**2**

8−2a 续表 单位：人

年 龄	基本健康			不健康，但生活能自理			不健康，生活不能自理		
	小计	男	女	小计	男	女	小计	男	女
总 计	**28062**	**12126**	**15936**	**6350**	**2856**	**3494**	**2151**	**975**	**1176**
60−64岁	**5575**	**2532**	**3043**	**1074**	**555**	**519**	**204**	**129**	**75**
60	863	398	465	189	107	82	33	21	12
61	896	430	466	174	88	86	32	21	11
62	1231	565	666	226	119	107	45	27	18
63	1316	603	713	245	131	114	51	30	21
64	1269	536	733	240	110	130	43	30	13
65−69岁	**6419**	**2700**	**3719**	**1207**	**569**	**638**	**251**	**131**	**120**
65	1392	609	783	242	118	124	45	29	16
66	1382	585	797	242	122	120	59	28	31
67	1297	527	770	268	127	141	49	24	25
68	1306	545	761	253	115	138	52	27	25
69	1042	434	608	202	87	115	46	23	23
70−74岁	**6011**	**2636**	**3375**	**1242**	**572**	**670**	**359**	**179**	**180**
70	1137	480	657	225	104	121	62	35	27
71	1336	591	745	279	139	140	57	27	30
72	1163	501	662	249	102	147	75	36	39
73	1207	528	679	255	119	136	89	42	47
74	1168	536	632	234	108	126	76	39	37
75−79岁	**4563**	**1973**	**2590**	**1090**	**467**	**623**	**344**	**134**	**210**
75	888	386	502	189	80	109	54	20	34
76	1008	456	552	232	112	120	68	24	44
77	922	384	538	240	108	132	78	32	46
78	925	394	531	206	76	130	70	31	39
79	820	353	467	223	91	132	74	27	47
80−84岁	**3403**	**1366**	**2037**	**1037**	**425**	**612**	**467**	**192**	**275**
80	786	303	483	228	96	132	87	38	49
81	734	307	427	207	87	120	93	40	53
82	726	283	443	255	101	154	102	46	56
83	635	273	362	185	74	111	85	31	54
84	522	200	322	162	67	95	100	37	63
85−89岁	**1581**	**685**	**896**	**485**	**181**	**304**	**319**	**130**	**189**
85	428	166	262	101	45	56	59	23	36
86	363	146	217	126	43	83	74	25	49
87	374	178	196	116	45	71	86	36	50
88	240	109	131	88	29	59	46	22	24
89	176	86	90	54	19	35	54	24	30
90−94岁	**452**	**211**	**241**	**176**	**73**	**103**	**156**	**62**	**94**
90	159	66	93	69	27	42	43	14	29
91	118	56	62	44	18	26	36	15	21
92	82	44	38	32	12	20	35	15	20
93	51	28	23	22	10	12	25	12	13
94	42	17	25	9	6	3	17	6	11
95−99岁	**51**	**19**	**32**	**35**	**13**	**22**	**42**	**13**	**29**
95	23	9	14	13	6	7	13	5	8
96	13	4	9	5	1	4	5	2	3
97	7	2	5	11	5	6	12	2	10
98	3	2	1	3		3	8	3	5
99	5	2	3	3	1	2	4	1	3
100岁及以上	**7**	**4**	**3**	**4**	**1**	**3**	**9**	**5**	**4**

8-2b　全省分年龄、性别、健康状况的60岁及以上老年人口(镇)

单位：人

年　龄	60岁及以上人口			健　康		
	合计	男	女	小计	男	女
总　计	**120418**	**56488**	**63930**	**73602**	**35809**	**37793**
60–64岁	**31073**	**15313**	**15760**	**23327**	**11714**	**11613**
60	4646	2312	2334	3625	1811	1814
61	5057	2548	2509	3909	1990	1919
62	7063	3528	3535	5347	2729	2618
63	7430	3651	3779	5482	2756	2726
64	6877	3274	3603	4964	2428	2536
65–69岁	**33950**	**16207**	**17743**	**22765**	**11100**	**11665**
65	7570	3662	3908	5376	2661	2715
66	7697	3599	4098	5299	2506	2793
67	6840	3302	3538	4588	2279	2309
68	6780	3207	3573	4347	2080	2267
69	5063	2437	2626	3155	1574	1581
70–74岁	**23710**	**11184**	**12526**	**13406**	**6540**	**6866**
70	5073	2392	2681	3016	1469	1547
71	5200	2515	2685	3056	1556	1500
72	4581	2170	2411	2570	1230	1340
73	4605	2161	2444	2497	1223	1274
74	4251	1946	2305	2267	1062	1205
75–79岁	**16278**	**7378**	**8900**	**8060**	**3770**	**4290**
75	3318	1549	1769	1740	833	907
76	3626	1693	1933	1799	864	935
77	3372	1522	1850	1706	806	900
78	3145	1381	1764	1569	709	860
79	2817	1233	1584	1246	558	688
80–84岁	**9867**	**4270**	**5597**	**4124**	**1876**	**2248**
80	2409	1072	1337	1093	518	575
81	2108	925	1183	890	394	496
82	2213	963	1250	875	415	460
83	1672	713	959	702	304	398
84	1465	597	868	564	245	319
85–89岁	**4203**	**1658**	**2545**	**1513**	**645**	**868**
85	1176	451	725	443	183	260
86	913	369	544	354	159	195
87	900	357	543	302	117	185
88	661	256	405	232	109	123
89	553	225	328	182	77	105
90–94岁	**1127**	**412**	**715**	**354**	**144**	**210**
90	425	165	260	135	51	84
91	238	88	150	69	29	40
92	248	86	162	75	29	46
93	139	45	94	47	22	25
94	77	28	49	28	13	15
95–99岁	**179**	**60**	**119**	**45**	**19**	**26**
95	65	26	39	12	7	5
96	33	12	21	12	5	7
97	45	8	37	14	3	11
98	25	10	15	6	3	3
99	11	4	7	1	1	
100岁及以上	**31**	**6**	**25**	**8**	**1**	**7**

8-2b 续表 单位：人

年龄	基本健康			不健康，但生活能自理			不健康，生活不能自理		
	小计	男	女	小计	男	女	小计	男	女
总计	**34861**	**15155**	**19706**	**9386**	**4308**	**5078**	**2569**	**1216**	**1353**
60-64岁	**6027**	**2667**	**3360**	**1457**	**779**	**678**	**262**	**153**	**109**
60	757	352	405	223	127	96	41	22	19
61	882	420	462	222	109	113	44	29	15
62	1340	588	752	332	185	147	44	26	18
63	1510	664	846	360	186	174	78	45	33
64	1538	643	895	320	172	148	55	31	24
65-69岁	**8752**	**3860**	**4892**	**2033**	**1015**	**1018**	**400**	**232**	**168**
65	1735	770	965	399	200	199	60	31	29
66	1868	829	1039	450	217	233	80	47	33
67	1744	759	985	419	211	208	89	53	36
68	1917	853	1064	421	217	204	95	57	38
69	1488	649	839	344	170	174	76	44	32
70-74岁	**7921**	**3542**	**4379**	**1938**	**867**	**1071**	**445**	**235**	**210**
70	1595	721	874	389	168	221	73	34	39
71	1670	723	947	394	194	200	80	42	38
72	1551	727	824	369	165	204	91	48	43
73	1620	732	888	398	161	237	90	45	45
74	1485	639	846	388	179	209	111	66	45
75-79岁	**6087**	**2640**	**3447**	**1707**	**778**	**929**	**424**	**190**	**234**
75	1184	534	650	320	147	173	74	35	39
76	1375	618	757	363	167	196	89	44	45
77	1235	512	723	345	163	182	86	41	45
78	1184	503	681	307	136	171	85	33	52
79	1109	473	636	372	165	207	90	37	53
80-84岁	**3858**	**1629**	**2229**	**1369**	**553**	**816**	**516**	**212**	**304**
80	900	385	515	310	120	190	106	49	57
81	817	362	455	306	131	175	95	38	57
82	894	373	521	320	124	196	124	51	73
83	657	282	375	223	92	131	90	35	55
84	590	227	363	210	86	124	101	39	62
85-89岁	**1727**	**651**	**1076**	**631**	**232**	**399**	**332**	**130**	**202**
85	476	169	307	178	65	113	79	34	45
86	370	136	234	127	51	76	62	23	39
87	375	153	222	145	58	87	78	29	49
88	272	93	179	97	31	66	60	23	37
89	234	100	134	84	27	57	53	21	32
90-94岁	**426**	**147**	**279**	**207**	**71**	**136**	**140**	**50**	**90**
90	174	68	106	73	30	43	43	16	27
91	99	34	65	42	15	27	28	10	18
92	93	29	64	44	14	30	36	14	22
93	44	10	34	28	7	21	20	6	14
94	16	6	10	20	5	15	13	4	9
95-99岁	**51**	**17**	**34**	**40**	**12**	**28**	**43**	**12**	**31**
95	22	10	12	19	5	14	12	4	8
96	8	1	7	7	5	2	6	1	5
97	10	2	8	10	1	9	11	2	9
98	7	2	5	4	1	3	8	4	4
99	4	2	2				6	1	5
100岁及以上	**12**	**2**	**10**	**4**	**1**	**3**	**7**	**2**	**5**

8-2c 全省分年龄、性别、健康状况的60岁及以上老年人口(乡村)

单位：人

年 龄	60岁及以上人口			健 康		
	合计	男	女	小计	男	女
总 计	**340111**	**164187**	**175924**	**213087**	**106358**	**106729**
60-64岁	**79495**	**40020**	**39475**	**61156**	**31358**	**29798**
60	11734	5848	5886	9518	4830	4688
61	12149	6224	5925	9619	5023	4596
62	17267	8793	8474	13284	6881	6403
63	19660	9885	9775	14876	7650	7226
64	18685	9270	9415	13859	6974	6885
65-69岁	**96442**	**47923**	**48519**	**66441**	**33824**	**32617**
65	20415	10291	10124	14803	7624	7179
66	21425	10579	10846	15244	7717	7527
67	20289	9949	10340	13928	6967	6961
68	19587	9842	9745	12972	6717	6255
69	14726	7262	7464	9494	4799	4695
70-74岁	**70207**	**34175**	**36032**	**41483**	**20792**	**20691**
70	14828	7261	7567	9384	4671	4713
71	15714	7837	7877	9583	4945	4638
72	13646	6626	7020	7848	3933	3915
73	13567	6551	7016	7703	3822	3881
74	12452	5900	6552	6965	3421	3544
75-79岁	**48544**	**22624**	**25920**	**24834**	**11918**	**12916**
75	9920	4579	5341	5354	2541	2813
76	10582	5088	5494	5495	2748	2747
77	10212	4801	5411	5203	2537	2666
78	9283	4190	5093	4676	2143	2533
79	8547	3966	4581	4106	1949	2157
80-84岁	**29762**	**13261**	**16501**	**13264**	**6021**	**7243**
80	7149	3246	3903	3363	1581	1782
81	6182	2747	3435	2818	1250	1568
82	6559	2944	3615	2938	1326	1612
83	5427	2362	3065	2289	1013	1276
84	4445	1962	2483	1856	851	1005
85-89岁	**11892**	**4859**	**7033**	**4649**	**1985**	**2664**
85	3367	1426	1941	1390	609	781
86	2562	1033	1529	1027	426	601
87	2376	1027	1349	906	411	495
88	1994	763	1231	722	288	434
89	1593	610	983	604	251	353
90-94岁	**3183**	**1155**	**2028**	**1076**	**401**	**675**
90	1220	441	779	447	164	283
91	691	255	436	223	85	138
92	628	223	405	206	69	137
93	406	155	251	133	55	78
94	238	81	157	67	28	39
95-99岁	**505**	**149**	**356**	**161**	**52**	**109**
95	181	50	131	65	19	46
96	115	38	77	31	13	18
97	96	31	65	25	8	17
98	62	13	49	21	5	16
99	51	17	34	19	7	12
100岁及以上	**81**	**21**	**60**	**23**	**7**	**16**

8-2c 续表

单位：人

年 龄	基本健康			不健康，但生活能自理			不健康，生活不能自理		
	小计	男	女	小计	男	女	小计	男	女
总 计	**94312**	**42294**	**52018**	**26536**	**12578**	**13958**	**6176**	**2957**	**3219**
60-64岁	**14011**	**6393**	**7618**	**3688**	**1925**	**1763**	**640**	**344**	**296**
60	1678	744	934	465	235	230	73	39	34
61	1937	906	1031	508	252	256	85	43	42
62	3063	1401	1662	796	441	355	124	70	54
63	3658	1653	2005	943	491	452	183	91	92
64	3675	1689	1986	976	506	470	175	101	74
65-69岁	**23429**	**10704**	**12725**	**5639**	**2880**	**2759**	**933**	**515**	**418**
65	4386	2038	2348	1058	534	524	168	95	73
66	4846	2159	2687	1136	592	544	199	111	88
67	4971	2266	2705	1200	614	586	190	102	88
68	5146	2385	2761	1263	620	643	206	120	86
69	4080	1856	2224	982	520	462	170	87	83
70-74岁	**21841**	**10039**	**11802**	**5756**	**2747**	**3009**	**1127**	**597**	**530**
70	4155	1946	2209	1088	526	562	201	118	83
71	4709	2200	2509	1187	564	623	235	128	107
72	4439	2035	2404	1160	560	600	199	98	101
73	4439	2042	2397	1184	565	619	241	122	119
74	4099	1816	2283	1137	532	605	251	131	120
75-79岁	**17502**	**7748**	**9754**	**5102**	**2395**	**2707**	**1106**	**563**	**543**
75	3477	1512	1965	927	440	487	162	86	76
76	3761	1703	2058	1108	526	582	218	111	107
77	3663	1628	2035	1103	513	590	243	123	120
78	3357	1463	1894	1006	463	543	244	121	123
79	3244	1442	1802	958	453	505	239	122	117
80-84岁	**11398**	**5018**	**6380**	**3937**	**1705**	**2232**	**1163**	**517**	**646**
80	2724	1197	1527	841	371	470	221	97	124
81	2392	1076	1316	762	335	427	210	86	124
82	2488	1117	1371	890	375	515	243	126	117
83	2107	907	1200	778	339	439	253	103	150
84	1687	721	966	666	285	381	236	105	131
85-89岁	**4719**	**1880**	**2839**	**1765**	**714**	**1051**	**759**	**280**	**479**
85	1318	553	765	489	192	297	170	72	98
86	1021	411	610	358	139	219	156	57	99
87	947	385	562	359	168	191	164	63	101
88	825	312	513	301	115	186	146	48	98
89	608	219	389	258	100	158	123	40	83
90-94岁	**1205**	**453**	**752**	**554**	**189**	**365**	**348**	**112**	**236**
90	457	166	291	216	79	137	100	32	68
91	253	103	150	125	41	84	90	26	64
92	240	95	145	111	38	73	71	21	50
93	161	61	100	62	21	41	50	18	32
94	94	28	66	40	10	30	37	15	22
95-99岁	**173**	**50**	**123**	**87**	**20**	**67**	**84**	**27**	**57**
95	63	18	45	29	7	22	24	6	18
96	45	11	34	19	4	15	20	10	10
97	35	13	22	20	4	16	16	6	10
98	18	3	15	11	3	8	12	2	10
99	12	5	7	8	2	6	12	3	9
100岁及以上	**34**	**9**	**25**	**8**	**3**	**5**	**16**	**2**	**14**

8-3　全省分性别、婚姻状况、健康状况的60岁及以上老年人口

单位：人

婚姻状况	60岁及以上人口			健　康		
	合计	男	女	小计	男	女
总　计	**575342**	**274049**	**301293**	**364939**	**179584**	**185355**
未　婚	6713	6204	509	3498	3219	279
有配偶	408138	219981	188157	276958	150998	125960
离　婚	8241	4679	3562	5517	3008	2509
丧　偶	152250	43185	109065	78966	22359	56607

8-3　续表　　单位：人

婚姻状况	基本健康			不健康，但生活能自理			不健康，生活不能自理		
	小计	男	女	小计	男	女	小计	男	女
总　计	**157235**	**69575**	**87660**	**42272**	**19742**	**22530**	**10896**	**5148**	**5748**
未　婚	1979	1846	133	907	858	49	329	281	48
有配偶	100970	51969	49001	24605	13659	10946	5605	3355	2250
离　婚	1973	1171	802	627	412	215	124	88	36
丧　偶	52313	14589	37724	16133	4813	11320	4838	1424	3414

8-3a　全省分性别、婚姻状况、健康状况的60岁及以上老年人口(城市)

单位：人

婚姻状况	60岁及以上人口			健　康		
	合计	男	女	小计	男	女
总　计	**114813**	**53374**	**61439**	**78250**	**37417**	**40833**
未　婚	659	458	201	402	269	133
有配偶	83935	45444	38491	60921	33036	27885
离　婚	4522	2093	2429	3168	1382	1786
丧　偶	25697	5379	20318	13759	2730	11029

8-3a　续表　　单位：人

婚姻状况	基本健康			不健康，但生活能自理			不健康，生活不能自理		
	小计	男	女	小计	男	女	小计	男	女
总　计	**28062**	**12126**	**15936**	**6350**	**2856**	**3494**	**2151**	**975**	**1176**
未　婚	156	114	42	56	40	16	45	35	10
有配偶	18395	9681	8714	3621	2085	1536	998	642	356
离　婚	1011	509	502	279	158	121	64	44	20
丧　偶	8500	1822	6678	2394	573	1821	1044	254	790

8-3b 全省分性别、婚姻状况、健康状况的60岁及以上老年人口(镇)

单位：人

婚姻状况	60岁及以上人口			健康		
	合计	男	女	小计	男	女
总计	**120418**	**56488**	**63930**	**73602**	**35809**	**37793**
未婚	1319	1174	145	603	527	76
有配偶	85182	45887	39295	56190	30601	25589
离婚	1450	844	606	911	529	382
丧偶	32467	8583	23884	15898	4152	11746

8-3b 续表

单位：人

婚姻状况	基本健康			不健康，但生活能自理			不健康，生活不能自理		
	小计	男	女	小计	男	女	小计	男	女
总计	**34861**	**15155**	**19706**	**9386**	**4308**	**5078**	**2569**	**1216**	**1353**
未婚	472	430	42	163	151	12	81	66	15
有配偶	22227	11418	10809	5470	3072	2398	1295	796	499
离婚	379	212	167	135	86	49	25	17	8
丧偶	11783	3095	8688	3618	999	2619	1168	337	831

8-3c 全省分性别、婚姻状况、健康状况的60岁及以上老年人口(乡村)

单位：人

婚姻状况	60岁及以上人口			健康		
	合计	男	女	小计	男	女
总计	**340111**	**164187**	**175924**	**213087**	**106358**	**106729**
未婚	4735	4572	163	2493	2423	70
有配偶	239021	128650	110371	159847	87361	72486
离婚	2269	1742	527	1438	1097	341
丧偶	94086	29223	64863	49309	15477	33832

8-3c 续表

单位：人

婚姻状况	基本健康			不健康，但生活能自理			不健康，生活不能自理		
	小计	男	女	小计	男	女	小计	男	女
总计	**94312**	**42294**	**52018**	**26536**	**12578**	**13958**	**6176**	**2957**	**3219**
未婚	1351	1302	49	688	667	21	203	180	23
有配偶	60348	30870	29478	15514	8502	7012	3312	1917	1395
离婚	583	450	133	213	168	45	35	27	8
丧偶	32030	9672	22358	10121	3241	6880	2626	833	1793

8−4　全省分性别、主要生活来源、健康状况的60岁及以上老年人口

单位：人

主要生活来源	60岁及以上人口			健　康		
	合计	男	女	小计	男	女
总　计	**575342**	**274049**	**301293**	**364939**	**179584**	**185355**
劳动收入	114499	67418	47081	95020	56456	38564
离退休金/养老金	109143	59877	49266	75572	42066	33506
最低生活保障金	39644	20467	19177	17318	9032	8286
失业保险金	47	22	25	35	16	19
财产性收入	4318	2256	2062	2897	1536	1361
家庭其他成员供养	271659	106751	164908	150327	58934	91393
其　他	36032	17258	18774	23770	11544	12226

8−4　续表　　单位：人

主要生活来源	基本健康			不健康，但生活能自理			不健康，生活不能自理		
	小计	男	女	小计	男	女	小计	男	女
总　计	**157235**	**69575**	**87660**	**42272**	**19742**	**22530**	**10896**	**5148**	**5748**
劳动收入	17810	9955	7855	1539	935	604	130	72	58
离退休金/养老金	26430	13796	12634	5366	2960	2406	1775	1055	720
最低生活保障金	13688	6820	6868	6915	3711	3204	1723	904	819
失业保险金	9	5	4	3	1	2			
财产性收入	1135	581	554	252	120	132	34	19	15
家庭其他成员供养	88753	34093	54660	26031	10967	15064	6548	2757	3791
其　他	9410	4325	5085	2166	1048	1118	686	341	345

8-4a 全省分性别、主要生活来源、健康状况的60岁及以上老年人口(城市)

单位：人

主要生活来源	60岁及以上人口			健康		
	合计	男	女	小计	男	女
总　计	**114813**	**53374**	**61439**	**78250**	**37417**	**40833**
劳动收入	6687	4316	2371	5728	3734	1994
离退休金/养老金	68015	34367	33648	48768	24993	23775
最低生活保障金	2630	1263	1367	1077	528	549
失业保险金	13	7	6	5	3	2
财产性收入	1680	800	880	1144	552	592
家庭其他成员供养	30321	10194	20127	17782	5870	11912
其　他	5467	2427	3040	3746	1737	2009

8-4a 续表

单位：人

主要生活来源	基本健康			不健康，但生活能自理			不健康，生活不能自理		
	小计	男	女	小计	男	女	小计	男	女
总　计	**28062**	**12126**	**15936**	**6350**	**2856**	**3494**	**2151**	**975**	**1176**
劳动收入	874	526	348	72	46	26	13	10	3
离退休金/养老金	15339	7341	7998	2886	1484	1402	1022	549	473
最低生活保障金	930	419	511	475	240	235	148	76	72
失业保险金	7	4	3	1		1			
财产性收入	429	200	229	93	42	51	14	6	8
家庭其他成员供养	9180	3125	6055	2527	918	1609	832	281	551
其　他	1303	511	792	296	126	170	122	53	69

8–4b　全省分性别、主要生活来源、健康状况的60岁及以上老年人口(镇)

单位：人

主要生活来源	60岁及以上人口			健康		
	合计	男	女	小计	男	女
总　计	**120418**	**56488**	**63930**	**73602**	**35809**	**37793**
劳动收入	17573	10670	6903	14644	8970	5674
离退休金/养老金	21512	13060	8452	14437	8953	5484
最低生活保障金	7698	3894	3804	3185	1607	1578
失业保险金	6	2	4	3	1	2
财产性收入	1277	675	602	841	452	389
家庭其他成员供养	63308	23882	39426	34732	13082	21650
其　他	9044	4305	4739	5760	2744	3016

8–4b　续表

单位：人

主要生活来源	基本健康			不健康，但生活能自理			不健康，生活不能自理		
	小计	男	女	小计	男	女	小计	男	女
总　计	**34861**	**15155**	**19706**	**9386**	**4308**	**5078**	**2569**	**1216**	**1353**
劳动收入	2625	1519	1106	280	165	115	24	16	8
离退休金/养老金	5537	3172	2365	1125	660	465	413	275	138
最低生活保障金	2806	1399	1407	1338	704	634	369	184	185
失业保险金	1		1	2	1	1			
财产性收入	352	187	165	77	32	45	7	4	3
家庭其他成员供养	21070	7711	13359	5955	2457	3498	1551	632	919
其　他	2470	1167	1303	609	289	320	205	105	100

8-4c 全省分性别、主要生活来源、健康状况的60岁及以上老年人口(乡村)

单位：人

主要生活来源	60岁及以上人口			健康		
	合计	男	女	小计	男	女
总　计	**340111**	**164187**	**175924**	**213087**	**106358**	**106729**
劳动收入	90239	52432	37807	74648	43752	30896
离退休金/养老金	19616	12450	7166	12367	8120	4247
最低生活保障金	29316	15310	14006	13056	6897	6159
失业保险金	28	13	15	27	12	15
财产性收入	1361	781	580	912	532	380
家庭其他成员供养	178030	72675	105355	97813	39982	57831
其　他	21521	10526	10995	14264	7063	7201

8-4c 续表

单位：人

主要生活来源	基本健康			不健康，但生活能自理			不健康，生活不能自理		
	小计	男	女	小计	男	女	小计	男	女
总　计	**94312**	**42294**	**52018**	**26536**	**12578**	**13958**	**6176**	**2957**	**3219**
劳动收入	14311	7910	6401	1187	724	463	93	46	47
离退休金/养老金	5554	3283	2271	1355	816	539	340	231	109
最低生活保障金	9952	5002	4950	5102	2767	2335	1206	644	562
失业保险金	1	1							
财产性收入	354	194	160	82	46	36	13	9	4
家庭其他成员供养	58503	23257	35246	17549	7592	9957	4165	1844	2321
其　他	5637	2647	2990	1261	633	628	359	183	176

8-5　全省分性别、居住状况、健康状况的60岁及以上老年人口

单位：人

居住状况	60岁及以上人口			健　康		
	合计	男	女	小计	男	女
总　计	**575342**	**274049**	**301293**	**364939**	**179584**	**185355**
与配偶和子女同住	144003	78830	65173	99748	55097	44651
与配偶同住	210259	113178	97081	140358	76650	63708
与子女同住	131548	41361	90187	71843	23102	48741
独居(有保姆)	665	265	400	248	116	132
独居(无保姆)	60283	26355	33928	35492	16091	19401
养老机构	2127	1575	552	652	533	119
其　他	26457	12485	13972	16598	7995	8603

8-5　续表

单位：人

居住状况	基本健康			不健康，但生活能自理			不健康，生活不能自理		
	小计	男	女	小计	男	女	小计	男	女
总　计	**157235**	**69575**	**87660**	**42272**	**19742**	**22530**	**10896**	**5148**	**5748**
与配偶和子女同住	33422	17502	15920	8714	4948	3766	2119	1283	836
与配偶同住	54369	27871	26498	12853	7053	5800	2679	1604	1075
与子女同住	42706	12803	29903	12708	4114	8594	4291	1342	2949
独居(有保姆)	187	71	116	102	36	66	128	42	86
独居(无保姆)	18820	7706	11114	5539	2382	3157	432	176	256
养老机构	686	549	137	347	258	89	442	235	207
其　他	7045	3073	3972	2009	951	1058	805	466	339

8-5a 全省分性别、居住状况、健康状况的60岁及以上老年人口(城市)

单位：人

居住状况	60岁及以上人口			健康		
	合计	男	女	小计	男	女
总　计	**114813**	**53374**	**61439**	**78250**	**37417**	**40833**
与配偶和子女同住	32461	18135	14326	24128	13498	10630
与配偶同住	39761	21848	17913	28287	15602	12685
与子女同住	26937	7109	19828	16141	4288	11853
独居(有保姆)	320	102	218	113	44	69
独居(无保姆)	10804	3985	6819	6695	2528	4167
养老机构	409	201	208	85	50	35
其　他	4121	1994	2127	2801	1407	1394

8-5a 续表

单位：人

居住状况	基本健康			不健康，但生活能自理			不健康，生活不能自理		
	小计	男	女	小计	男	女	小计	男	女
总　计	**28062**	**12126**	**15936**	**6350**	**2856**	**3494**	**2151**	**975**	**1176**
与配偶和子女同住	6614	3578	3036	1355	816	539	364	243	121
与配偶同住	9260	4926	4334	1761	1028	733	453	292	161
与子女同住	7951	2037	5914	2015	562	1453	830	222	608
独居(有保姆)	86	28	58	45	13	32	76	17	59
独居(无保姆)	3167	1138	2029	861	296	565	81	23	58
养老机构	52	23	29	63	33	30	209	95	114
其　他	932	396	536	250	108	142	138	83	55

8-5b　全省分性别、居住状况、健康状况的60岁及以上老年人口(镇)

单位：人

居住状况	60岁及以上人口			健　康		
	合计	男	女	小计	男	女
总　计	**120418**	**56488**	**63930**	**73602**	**35809**	**37793**
与配偶和子女同住	33578	18455	15123	22475	12477	9998
与配偶同住	38096	20752	17344	24764	13692	11072
与子女同住	31118	9500	21618	16338	5116	11222
独居(有保姆)	153	73	80	53	31	22
独居(无保姆)	10424	4311	6113	5864	2571	3293
养老机构	821	664	157	245	207	38
其　他	6228	2733	3495	3863	1715	2148

8-5b　续表

单位：人

居住状况	基本健康			不健康，但生活能自理			不健康，生活不能自理		
	小计	男	女	小计	男	女	小计	男	女
总　计	**34861**	**15155**	**19706**	**9386**	**4308**	**5078**	**2569**	**1216**	**1353**
与配偶和子女同住	8365	4379	3986	2225	1287	938	513	312	201
与配偶同住	10331	5355	4976	2441	1357	1084	560	348	212
与子女同住	10592	3069	7523	3107	976	2131	1081	339	742
独居(有保姆)	45	21	24	25	9	16	30	12	18
独居(无保姆)	3443	1309	2134	1035	397	638	82	34	48
养老机构	380	323	57	103	85	18	93	49	44
其　他	1705	699	1006	450	197	253	210	122	88

8-5c 全省分性别、居住状况、健康状况的60岁及以上老年人口(乡村)

单位：人

居住状况	60岁及以上人口			健康		
	合计	男	女	小计	男	女
总　计	**340111**	**164187**	**175924**	**213087**	**106358**	**106729**
与配偶和子女同住	77964	42240	35724	53145	29122	24023
与配偶同住	132402	70578	61824	87307	47356	39951
与子女同住	73493	24752	48741	39364	13698	25666
独居(有保姆)	192	90	102	82	41	41
独居(无保姆)	39055	18059	20996	22933	10992	11941
养老机构	897	710	187	322	276	46
其　他	16108	7758	8350	9934	4873	5061

8-5c 续表

单位：人

居住状况	基本健康			不健康，但生活能自理			不健康，生活不能自理		
	小计	男	女	小计	男	女	小计	男	女
总　计	**94312**	**42294**	**52018**	**26536**	**12578**	**13958**	**6176**	**2957**	**3219**
与配偶和子女同住	18443	9545	8898	5134	2845	2289	1242	728	514
与配偶同住	34778	17590	17188	8651	4668	3983	1666	964	702
与子女同住	24163	7697	16466	7586	2576	5010	2380	781	1599
独居(有保姆)	56	22	34	32	14	18	22	13	9
独居(无保姆)	12210	5259	6951	3643	1689	1954	269	119	150
养老机构	254	203	51	181	140	41	140	91	49
其　他	4408	1978	2430	1309	646	663	457	261	196

8-6 各地区分性别、主要生活来源的60岁及以上老年人口

单位：人

地区	60岁及以上人口			劳动收入		
	合计	男	女	小计	男	女
贵州	**575342**	**274049**	**301293**	**114499**	**67418**	**47081**
贵阳市	**78145**	**37025**	**41120**	**8451**	**5186**	**3265**
南明区	15241	7038	8203	759	489	270
云岩区	15210	7106	8104	612	406	206
花溪区	10895	5052	5843	893	556	337
乌当区	4478	2141	2337	517	310	207
白云区	4419	2079	2340	309	200	109
观山湖区	6420	3035	3385	412	279	133
开阳县	6271	3071	3200	1711	1003	708
息烽县	3913	1962	1951	1056	611	445
修文县	4154	2072	2082	973	599	374
清镇市	7144	3469	3675	1209	733	476
六盘水市	**40268**	**19209**	**21059**	**7069**	**4244**	**2825**
钟山区	6747	3116	3631	576	360	216
六枝特区	8438	3962	4476	1584	950	634
水城县	9794	4689	5105	1780	1058	722
盘州市	15289	7442	7847	3129	1876	1253
遵义市	**109835**	**53373**	**56462**	**23994**	**14017**	**9977**
红花岗区	12971	6145	6826	1713	1026	687
汇川区	9341	4479	4862	1343	792	551
播州区	11953	5733	6220	3005	1694	1311
桐梓县	9188	4420	4768	1750	1058	692
绥阳县	6789	3366	3423	1707	969	738
正安县	8055	3974	4081	2109	1238	871
道真仡佬族苗族自治县	4993	2467	2526	1013	618	395
务川仡佬族苗族自治县	5532	2768	2764	1376	815	561
凤冈县	5461	2650	2811	1634	968	666
湄潭县	7097	3473	3624	2016	1145	871
余庆县	4510	2161	2349	1843	995	848
习水县	9653	4722	4931	1468	898	570
赤水市	5345	2615	2730	1251	715	536
仁怀市	8947	4400	4547	1766	1086	680
安顺市	**38156**	**17715**	**20441**	**8380**	**4751**	**3629**
西秀区	13498	6218	7280	2228	1277	951
平坝区	5425	2524	2901	1128	645	483
普定县	5612	2698	2914	1537	866	671
镇宁布依族苗族自治县	4788	2182	2606	1493	815	678
关岭布依族苗族自治县	4313	2078	2235	1172	682	490
紫云苗族布依族自治县	4520	2015	2505	822	466	356
毕节市	**90988**	**44123**	**46865**	**18801**	**11163**	**7638**
七星关区	16833	8130	8703	2337	1449	888
大方县	11742	5719	6023	2540	1499	1041
黔西县	10627	5139	5488	2402	1451	951
金沙县	8252	4115	4137	1462	879	583
织金县	11624	5549	6075	2400	1402	998
纳雍县	9600	4583	5017	1774	1046	728
威宁彝族回族苗族自治县	13778	6763	7015	4107	2362	1745
赫章县	8532	4125	4407	1779	1075	704

8-6 续表 1

单位：人

地 区	60岁及以上人口			劳动收入		
	合计	男	女	小计	男	女
铜仁市	**54829**	**26580**	**28249**	**13823**	**8300**	**5523**
碧江区	4542	2162	2380	639	416	223
万山区	2488	1234	1254	481	310	171
江口县	3254	1588	1666	824	553	271
玉屏侗族自治县	2370	1098	1272	424	266	158
石阡县	5780	2769	3011	1625	963	662
思南县	8921	4324	4597	2680	1544	1136
印江土家族苗族自治县	5619	2724	2895	1165	716	449
德江县	5999	2850	3149	2128	1187	941
沿河土家族自治县	7055	3417	3638	2081	1184	897
松桃苗族自治县	8801	4414	4387	1776	1161	615
黔西南布依族苗族自治州	**43179**	**19891**	**23288**	**9778**	**5414**	**4364**
兴义市	12220	5678	6542	2379	1326	1053
兴仁市	6097	2862	3235	2015	1093	922
普安县	3682	1770	1912	906	518	388
晴隆县	3601	1681	1920	776	452	324
贞丰县	4895	2284	2611	1213	669	544
望谟县	3763	1623	2140	482	264	218
册亨县	2922	1243	1679	399	217	182
安龙县	5999	2750	3249	1608	875	733
黔东南苗族侗族自治州	**62930**	**29860**	**33070**	**11136**	**6916**	**4220**
凯里市	9101	4217	4884	1415	862	553
黄平县	4968	2369	2599	1149	695	454
施秉县	2392	1143	1249	825	483	342
三穗县	2991	1436	1555	629	402	227
镇远县	3750	1770	1980	672	415	257
岑巩县	3179	1569	1610	578	369	209
天柱县	5564	2677	2887	908	546	362
锦屏县	3082	1469	1613	328	231	97
剑河县	2914	1356	1558	403	268	135
台江县	1971	925	1046	311	197	114
黎平县	7264	3459	3805	1024	689	335
榕江县	4138	2016	2122	579	386	193
从江县	4539	2123	2416	421	298	123
雷山县	2027	988	1039	378	240	138
麻江县	2551	1177	1374	836	458	378
丹寨县	2499	1166	1333	680	377	303
黔南布依族苗族自治州	**57012**	**26273**	**30739**	**13067**	**7427**	**5640**
都匀市	8734	3945	4789	1909	1016	893
福泉市	4521	2204	2317	1331	786	545
荔波县	2487	1137	1350	409	249	160
贵定县	4228	1965	2263	1174	668	506
瓮安县	6497	3145	3352	1548	915	633
独山县	5075	2356	2719	1220	703	517
平塘县	4463	2010	2453	1340	708	632
罗甸县	4569	1991	2578	674	398	276
长顺县	3384	1551	1833	617	367	250
龙里县	3083	1535	1548	573	354	219
惠水县	5979	2654	3325	1290	726	564
三都水族自治县	3992	1780	2212	982	537	445

8-6 续表 2 单位：人

地区	离退休金/养老金			最低生活保障金			失业保险金		
	小计	男	女	小计	男	女	小计	男	女
贵州	**109143**	**59877**	**49266**	**39644**	**20467**	**19177**	**47**	**22**	**25**
贵阳市	**44775**	**21863**	**22912**	**1846**	**996**	**850**	**7**	**4**	**3**
南明区	11864	5633	6231	269	138	131			
云岩区	11801	5609	6192	375	206	169			
花溪区	6377	3118	3259	215	91	124			
乌当区	2488	1231	1257	53	29	24			
白云区	2382	1205	1177	51	18	33	2	1	1
观山湖区	4012	1994	2018	77	27	50			
开阳县	1707	869	838	199	120	79			
息烽县	1090	594	496	138	88	50	1		1
修文县	984	528	456	215	121	94	1	1	
清镇市	2070	1082	988	254	158	96	3	2	1
六盘水市	**7029**	**4317**	**2712**	**3846**	**1877**	**1969**			
钟山区	3288	1828	1460	143	68	75			
六枝特区	1235	761	474	818	381	437			
水城县	773	499	274	1201	589	612			
盘州市	1733	1229	504	1684	839	845			
遵义市	**17371**	**9991**	**7380**	**5525**	**3195**	**2330**	**3**	**2**	**1**
红花岗区	5042	2639	2403	310	182	128			
汇川区	3324	1751	1573	271	167	104			
播州区	1561	936	625	516	283	233	1	1	
桐梓县	1040	617	423	656	363	293			
绥阳县	624	409	215	310	197	113			
正安县	635	381	254	602	365	237			
道真仡佬族苗族自治县	334	260	74	239	133	106			
务川仡佬族苗族自治县	352	241	111	422	237	185	1		1
凤冈县	465	308	157	224	124	100			
湄潭县	856	499	357	282	169	113			
余庆县	297	207	90	133	74	59	1	1	
习水县	880	543	337	720	415	305			
赤水市	1094	639	455	328	196	132			
仁怀市	867	561	306	512	290	222			
安顺市	**6891**	**3779**	**3112**	**2268**	**1104**	**1164**	**3**	**2**	**1**
西秀区	4215	2187	2028	542	267	275			
平坝区	1109	624	485	191	92	99	3	2	1
普定县	470	305	165	600	298	302			
镇宁布依族苗族自治县	430	262	168	222	86	136			
关岭布依族苗族自治县	352	228	124	271	154	117			
紫云苗族布依族自治县	315	173	142	442	207	235			
毕节市	**7820**	**5005**	**2815**	**10818**	**5381**	**5437**	**15**	**7**	**8**
七星关区	2210	1380	830	1298	683	615	2		2
大方县	708	496	212	1747	864	883	1	1	
黔西县	820	513	307	1100	568	532	11	5	6
金沙县	712	489	223	643	375	268			
织金县	783	501	282	1973	954	1019			
纳雍县	648	423	225	1747	811	936			
威宁彝族回族苗族自治县	1356	799	557	1302	618	684			
赫章县	583	404	179	1008	508	500	1	1	

8-6 续表 3　　单位：人

地　区	离退休金/养老金			最低生活保障金			失业保险金		
	小计	男	女	小计	男	女	小计	男	女
铜仁市	**4452**	**2873**	**1579**	**4601**	**2433**	**2168**	**2**		**2**
碧江区	1116	596	520	298	154	144			
万山区	279	165	114	226	142	84			
江口县	261	167	94	244	134	110			
玉屏侗族自治县	298	180	118	173	92	81			
石阡县	366	244	122	424	206	218	2		2
思南县	503	359	144	625	321	304			
印江土家族苗族自治县	391	266	125	436	237	199			
德江县	287	218	69	441	208	233			
沿河土家族自治县	412	308	104	865	415	450			
松桃苗族自治县	539	370	169	869	524	345			
黔西南布依族苗族自治州	**4666**	**2749**	**1917**	**3093**	**1517**	**1576**			
兴义市	2245	1236	1009	545	314	231			
兴仁市	570	357	213	307	142	165			
普安县	210	145	65	373	184	189			
晴隆县	181	129	52	608	290	318			
贞丰县	378	243	135	437	224	213			
望谟县	381	215	166	266	107	159			
册亨县	180	104	76	254	110	144			
安龙县	521	320	201	303	146	157			
黔东南苗族侗族自治州	**7692**	**4615**	**3077**	**4125**	**2190**	**1935**	**1**		**1**
凯里市	2796	1512	1284	247	121	126	1		1
黄平县	505	327	178	290	134	156			
施秉县	238	144	94	135	61	74			
三穗县	255	173	82	181	103	78			
镇远县	496	299	197	198	106	92			
岑巩县	205	143	62	212	131	81			
天柱县	416	287	129	360	215	145			
锦屏县	251	165	86	210	118	92			
剑河县	279	174	105	281	149	132			
台江县	226	148	78	182	83	99			
黎平县	560	368	192	545	308	237			
榕江县	398	244	154	293	163	130			
从江县	347	195	152	473	227	246			
雷山县	225	146	79	168	90	78			
麻江县	246	142	104	143	72	71			
丹寨县	249	148	101	207	109	98			
黔南布依族苗族自治州	**8447**	**4685**	**3762**	**3522**	**1774**	**1748**	**16**	**7**	**9**
都匀市	3464	1734	1730	287	129	158	2	2	
福泉市	465	283	182	232	125	107			
荔波县	221	128	93	270	145	125	1	1	
贵定县	676	389	287	306	154	152			
瓮安县	820	469	351	319	171	148	12	4	8
独山县	538	323	215	334	163	171			
平塘县	423	243	180	235	129	106			
罗甸县	237	174	63	279	128	151			
长顺县	303	177	126	327	156	171			
龙里县	399	234	165	133	82	51	1		1
惠水县	642	379	263	332	156	176			
三都水族自治县	259	152	107	468	236	232			

8-6　续表 4　　　　单位：人

地　区	财产性收入			家庭其他成员供养			其　他		
	小计	男	女	小计	男	女	小计	男	女
贵　州	**4318**	**2256**	**2062**	**271659**	**106751**	**164908**	**36032**	**17258**	**18774**
贵阳市	**880**	**441**	**439**	**18547**	**6806**	**11741**	**3639**	**1729**	**1910**
南明区	176	75	101	1783	533	1250	390	170	220
云岩区	169	86	83	1783	590	1193	470	209	261
花溪区	164	89	75	2734	971	1763	512	227	285
乌当区	60	28	32	1101	405	696	259	138	121
白云区	70	32	38	1382	511	871	223	112	111
观山湖区	105	54	51	1481	527	954	333	154	179
开阳县	25	14	11	2285	900	1385	344	165	179
息烽县	17	10	7	1457	587	870	154	72	82
修文县	38	24	14	1730	695	1035	213	104	109
清镇市	56	29	27	2811	1087	1724	741	378	363
六盘水市	**418**	**225**	**193**	**19163**	**7310**	**11853**	**2743**	**1236**	**1507**
钟山区	129	61	68	2357	714	1643	254	85	169
六枝特区	54	31	23	4193	1598	2595	554	241	313
水城县	86	55	31	5241	2137	3104	713	351	362
盘州市	149	78	71	7372	2861	4511	1222	559	663
遵义市	**828**	**453**	**375**	**55840**	**22591**	**33249**	**6274**	**3124**	**3150**
红花岗区	183	96	87	4910	1838	3072	813	364	449
汇川区	96	42	54	3704	1430	2274	603	297	306
播州区	80	41	39	6337	2541	3796	453	237	216
桐梓县	56	34	22	5320	2172	3148	366	176	190
绥阳县	56	29	27	3753	1585	2168	339	177	162
正安县	17	12	5	4305	1782	2523	387	196	191
道真仡佬族苗族自治县	28	20	8	3065	1270	1795	314	166	148
务川仡佬族苗族自治县	27	18	9	2936	1236	1700	418	221	197
凤冈县	17	12	5	2875	1125	1750	246	113	133
湄潭县	56	33	23	3361	1366	1995	526	261	265
余庆县	34	20	14	2044	779	1265	158	85	73
习水县	63	38	25	5753	2429	3324	769	399	370
赤水市	18	8	10	2460	967	1493	194	90	104
仁怀市	97	50	47	5017	2071	2946	688	342	346
安顺市	**251**	**125**	**126**	**17997**	**6847**	**11150**	**2366**	**1107**	**1259**
西秀区	94	38	56	5638	2097	3541	781	352	429
平坝区	50	27	23	2580	954	1626	364	180	184
普定县	47	28	19	2583	1027	1556	375	174	201
镇宁布依族苗族自治县	26	13	13	2314	870	1444	303	136	167
关岭布依族苗族自治县	24	12	12	2285	904	1381	209	98	111
紫云苗族布依族自治县	10	7	3	2597	995	1602	334	167	167
毕节市	**599**	**318**	**281**	**45516**	**18672**	**26844**	**7419**	**3577**	**3842**
七星关区	114	60	54	9520	3892	5628	1352	666	686
大方县	75	40	35	5639	2336	3303	1032	483	549
黔西县	68	40	28	5396	2141	3255	830	421	409
金沙县	72	37	35	4794	2050	2744	569	285	284
织金县	94	52	42	5520	2250	3270	854	390	464
纳雍县	39	20	19	4452	1827	2625	940	456	484
威宁彝族回族苗族自治县	92	47	45	5623	2314	3309	1298	623	675
赫章县	45	22	23	4572	1862	2710	544	253	291

8–6 续表 5 单位：人

地区	财产性收入			家庭其他成员供养			其他		
	小计	男	女	小计	男	女	小计	男	女
铜仁市	**247**	**139**	**108**	**26969**	**10630**	**16339**	**4735**	**2205**	**2530**
碧江区	27	15	12	2011	787	1224	451	194	257
万山区	12	7	5	1247	497	750	243	113	130
江口县	24	16	8	1715	637	1078	186	81	105
玉屏侗族自治县	15	7	8	1256	460	796	204	93	111
石阡县	16	8	8	3015	1189	1826	332	159	173
思南县	36	19	17	4323	1727	2596	754	354	400
印江土家族苗族自治县	23	16	7	3081	1231	1850	523	258	265
德江县	40	19	21	2607	993	1614	496	225	271
沿河土家族自治县	35	20	15	3051	1215	1836	611	275	336
松桃苗族自治县	19	12	7	4663	1894	2769	935	453	482
黔西南布依族苗族自治州	**423**	**206**	**217**	**23158**	**9062**	**14096**	**2061**	**943**	**1118**
兴义市	204	98	106	6313	2450	3863	534	254	280
兴仁市	73	33	40	2917	1135	1782	215	102	113
普安县	9	3	6	1984	827	1157	200	93	107
晴隆县	16	9	7	1761	679	1082	259	122	137
贞丰县	44	21	23	2674	1060	1614	149	67	82
望谟县	22	10	12	2362	929	1433	250	98	152
册亨县	4	3	1	1859	721	1138	226	88	138
安龙县	51	29	22	3288	1261	2027	228	119	109
黔东南苗族侗族自治州	**363**	**196**	**167**	**35896**	**14105**	**21791**	**3717**	**1838**	**1879**
凯里市	110	51	59	4008	1420	2588	524	251	273
黄平县	7	4	3	2736	1076	1660	281	133	148
施秉县	4	4		1152	431	721	38	20	18
三穗县	5	3	2	1838	715	1123	83	40	43
镇远县	13	9	4	2231	878	1353	140	63	77
岑巩县	21	11	10	1952	808	1144	211	107	104
天柱县	27	18	9	3518	1436	2082	335	175	160
锦屏县	11	5	6	2147	878	1269	135	72	63
剑河县	17	7	10	1677	639	1038	257	119	138
台江县	3	3		1073	422	651	176	72	104
黎平县	29	18	11	4687	1856	2831	419	220	199
榕江县	30	18	12	2487	1019	1468	351	186	165
从江县	23	14	9	2905	1220	1685	370	169	201
雷山县	30	14	16	1051	404	647	175	94	81
麻江县	27	12	15	1198	442	756	101	51	50
丹寨县	6	5	1	1236	461	775	121	66	55
黔南布依族苗族自治州	**309**	**153**	**156**	**28573**	**10728**	**17845**	**3078**	**1499**	**1579**
都匀市	39	18	21	2768	939	1829	265	107	158
福泉市	59	30	29	2194	846	1348	240	134	106
荔波县	6	3	3	1472	556	916	108	55	53
贵定县	12	4	8	1900	662	1238	160	88	72
瓮安县	35	14	21	2929	1161	1768	834	411	423
独山县	16	8	8	2713	1033	1680	254	126	128
平塘县	12	6	6	2276	839	1437	177	85	92
罗甸县	13	7	6	3229	1212	2017	137	72	65
长顺县	26	15	11	1927	757	1170	184	79	105
龙里县	40	23	17	1681	711	970	256	131	125
惠水县	44	21	23	3410	1248	2162	261	124	137
三都水族自治县	7	4	3	2074	764	1310	202	87	115

8-6a　各地区分性别、主要生活来源的60岁及以上老年人口(城市)

单位：人

地　区	60岁及以上人口			劳动收入		
	合计	男	女	小计	男	女
贵　州	**114813**	**53374**	**61439**	**6687**	**4316**	**2371**
贵阳市	**51909**	**24179**	**27730**	**2200**	**1475**	**725**
南明区	14737	6805	7932	631	416	215
云岩区	15210	7106	8104	612	406	206
花溪区	7964	3689	4275	304	208	96
乌当区	2535	1201	1334	92	61	31
白云区	3949	1851	2098	232	153	79
观山湖区	5112	2403	2709	205	145	60
开阳县						
息烽县						
修文县						
清镇市	2402	1124	1278	124	86	38
六盘水市	**9584**	**4427**	**5157**	**583**	**377**	**206**
钟山区	5256	2434	2822	320	211	109
六枝特区	1945	849	1096	69	45	24
水城县						
盘州市	2383	1144	1239	194	121	73
遵义市	**20103**	**9449**	**10654**	**1167**	**777**	**390**
红花岗区	8248	3904	4344	428	292	136
汇川区	5336	2510	2826	283	173	110
播州区	2613	1208	1405	218	141	77
桐梓县						
绥阳县						
正安县						
道真仡佬族苗族自治县						
务川仡佬族苗族自治县						
凤冈县						
湄潭县						
余庆县						
习水县						
赤水市	1701	801	900	86	58	28
仁怀市	2205	1026	1179	152	113	39
安顺市	**7343**	**3340**	**4003**	**567**	**336**	**231**
西秀区	6461	2934	3527	463	276	187
平坝区	882	406	476	104	60	44
普定县						
镇宁布依族苗族自治县						
关岭布依族苗族自治县						
紫云苗族布依族自治县						
毕节市	**5780**	**2735**	**3045**	**402**	**258**	**144**
七星关区	5780	2735	3045	402	258	144
大方县						
黔西县						
金沙县						
织金县						
纳雍县						
威宁彝族回族苗族自治县						
赫章县						

8-6a 续表 1 单位：人

地区	60岁及以上人口			劳动收入		
	合计	男	女	小计	男	女
铜仁市	**3371**	**1550**	**1821**	**287**	**194**	**93**
碧江区	2805	1288	1517	259	174	85
万山区	566	262	304	28	20	8
江口县						
玉屏侗族自治县						
石阡县						
思南县						
印江土家族苗族自治县						
德江县						
沿河土家族自治县						
松桃苗族自治县						
黔西南布依族苗族自治州	**6309**	**2908**	**3401**	**617**	**370**	**247**
兴义市	5111	2362	2749	443	271	172
兴仁市	1198	546	652	174	99	75
普安县						
晴隆县						
贞丰县						
望谟县						
册亨县						
安龙县						
黔东南苗族侗族自治州	**4806**	**2207**	**2599**	**409**	**258**	**151**
凯里市	4806	2207	2599	409	258	151
黄平县						
施秉县						
三穗县						
镇远县						
岑巩县						
天柱县						
锦屏县						
剑河县						
台江县						
黎平县						
榕江县						
从江县						
雷山县						
麻江县						
丹寨县						
黔南布依族苗族自治州	**5608**	**2579**	**3029**	**455**	**271**	**184**
都匀市	4567	2078	2489	318	177	141
福泉市	1041	501	540	137	94	43
荔波县						
贵定县						
瓮安县						
独山县						
平塘县						
罗甸县						
长顺县						
龙里县						
惠水县						
三都水族自治县						

8-6a　续表 2　　单位：人

地　区	离退休金/养老金			最低生活保障金			失业保险金		
	小计	男	女	小计	男	女	小计	男	女
贵　州	**68015**	**34367**	**33648**	**2630**	**1263**	**1367**	**13**	**7**	**6**
贵阳市	**38441**	**18548**	**19893**	**886**	**435**	**451**	**5**	**3**	**2**
南明区	11701	5550	6151	255	133	122			
云岩区	11801	5609	6192	375	206	169			
花溪区	5859	2851	3008	117	46	71			
乌当区	1929	953	976	15	8	7			
白云区	2245	1133	1112	45	15	30	2	1	1
观山湖区	3543	1748	1795	50	17	33			
开阳县									
息烽县									
修文县									
清镇市	1363	704	659	29	10	19	3	2	1
六盘水市	**4795**	**2749**	**2046**	**252**	**112**	**140**			
钟山区	3016	1647	1369	69	34	35			
六枝特区	937	533	404	44	14	30			
水城县									
盘州市	842	569	273	139	64	75			
遵义市	**9867**	**5220**	**4647**	**376**	**200**	**176**			
红花岗区	4577	2360	2217	165	94	71			
汇川区	3035	1565	1470	85	47	38			
播州区	893	503	390	36	19	17			
桐梓县									
绥阳县									
正安县									
道真仡佬族苗族自治县									
务川仡佬族苗族自治县									
凤冈县									
湄潭县									
余庆县									
习水县									
赤水市	885	490	395	27	9	18			
仁怀市	477	302	175	63	31	32			
安顺市	**4033**	**2019**	**2014**	**213**	**89**	**124**	**3**	**2**	**1**
西秀区	3699	1843	1856	189	79	110			
平坝区	334	176	158	24	10	14	3	2	1
普定县									
镇宁布依族苗族自治县									
关岭布依族苗族自治县									
紫云苗族布依族自治县									
毕节市	**1767**	**1048**	**719**	**319**	**153**	**166**	**2**		**2**
七星关区	1767	1048	719	319	153	166	2		2
大方县									
黔西县									
金沙县									
织金县									
纳雍县									
威宁彝族回族苗族自治县									
赫章县									

8-6a 续表 3

单位：人

地　区	离退休金/养老金			最低生活保障金			失业保险金		
	小计	男	女	小计	男	女	小计	男	女
铜仁市	**1129**	**606**	**523**	**131**	**57**	**74**			
碧江区	1002	529	473	87	36	51			
万山区	127	77	50	44	21	23			
江口县									
玉屏侗族自治县									
石阡县									
思南县									
印江土家族苗族自治县									
德江县									
沿河土家族自治县									
松桃苗族自治县									
黔西南布依族苗族自治州	**2076**	**1126**	**950**	**288**	**151**	**137**			
兴义市	1807	968	839	202	108	94			
兴仁市	269	158	111	86	43	43			
普安县									
晴隆县									
贞丰县									
望谟县									
册亨县									
安龙县									
黔东南苗族侗族自治州	**2499**	**1333**	**1166**	**62**	**30**	**32**	**1**		**1**
凯里市	2499	1333	1166	62	30	32	1		1
黄平县									
施秉县									
三穗县									
镇远县									
岑巩县									
天柱县									
锦屏县									
剑河县									
台江县									
黎平县									
榕江县									
从江县									
雷山县									
麻江县									
丹寨县									
黔南布依族苗族自治州	**3408**	**1718**	**1690**	**103**	**36**	**67**	**2**	**2**	
都匀市	3141	1560	1581	67	22	45	2	2	
福泉市	267	158	109	36	14	22			
荔波县									
贵定县									
瓮安县									
独山县									
平塘县									
罗甸县									
长顺县									
龙里县									
惠水县									
三都水族自治县									

8-6a 续表 4 单位：人

地区	财产性收入			家庭其他成员供养			其他		
	小计	男	女	小计	男	女	小计	男	女
贵州	**1680**	**800**	**880**	**30321**	**10194**	**20127**	**5467**	**2427**	**3040**
贵阳市	**624**	**301**	**323**	**7799**	**2530**	**5269**	**1954**	**887**	**1067**
南明区	154	66	88	1617	475	1142	379	165	214
云岩区	169	86	83	1783	590	1193	470	209	261
花溪区	118	61	57	1262	395	867	304	128	176
乌当区	24	11	13	369	111	258	106	57	49
白云区	60	29	31	1152	416	736	213	104	109
观山湖区	78	38	40	992	344	648	244	111	133
开阳县									
息烽县									
修文县									
清镇市	21	10	11	624	199	425	238	113	125
六盘水市	**158**	**75**	**83**	**3301**	**934**	**2367**	**495**	**180**	**315**
钟山区	114	54	60	1574	437	1137	163	51	112
六枝特区	12	6	6	741	199	542	142	52	90
水城县									
盘州市	32	15	17	986	298	688	190	77	113
遵义市	**359**	**176**	**183**	**7219**	**2567**	**4652**	**1115**	**509**	**606**
红花岗区	142	72	70	2481	887	1594	455	199	256
汇川区	84	36	48	1595	573	1022	254	116	138
播州区	56	30	26	1328	472	856	82	43	39
桐梓县									
绥阳县									
正安县									
道真仡佬族苗族自治县									
务川仡佬族苗族自治县									
凤冈县									
湄潭县									
余庆县									
习水县									
赤水市	9	3	6	625	213	412	69	28	41
仁怀市	68	35	33	1190	422	768	255	123	132
安顺市	**90**	**37**	**53**	**2033**	**674**	**1359**	**404**	**183**	**221**
西秀区	72	28	44	1674	544	1130	364	164	200
平坝区	18	9	9	359	130	229	40	19	21
普定县									
镇宁布依族苗族自治县									
关岭布依族苗族自治县									
紫云苗族布依族自治县									
毕节市	**76**	**38**	**38**	**2677**	**973**	**1704**	**537**	**265**	**272**
七星关区	76	38	38	2677	973	1704	537	265	272
大方县									
黔西县									
金沙县									
织金县									
纳雍县									
威宁彝族回族苗族自治县									
赫章县									

8-6a 续表 5

单位：人

地区	财产性收入			家庭其他成员供养			其他		
	小计	男	女	小计	男	女	小计	男	女
铜仁市	**35**	**20**	**15**	**1450**	**537**	**913**	**339**	**136**	**203**
碧江区	24	13	11	1148	421	727	285	115	170
万山区	11	7	4	302	116	186	54	21	33
江口县									
玉屏侗族自治县									
石阡县									
思南县									
印江土家族苗族自治县									
德江县									
沿河土家族自治县									
松桃苗族自治县									
黔西南布依族苗族自治州	**182**	**81**	**101**	**2886**	**1061**	**1825**	**260**	**119**	**141**
兴义市	154	69	85	2296	854	1442	209	92	117
兴仁市	28	12	16	590	207	383	51	27	24
普安县									
晴隆县									
贞丰县									
望谟县									
册亨县									
安龙县									
黔东南苗族侗族自治州	**82**	**37**	**45**	**1583**	**480**	**1103**	**170**	**69**	**101**
凯里市	82	37	45	1583	480	1103	170	69	101
黄平县									
施秉县									
三穗县									
镇远县									
岑巩县									
天柱县									
锦屏县									
剑河县									
台江县									
黎平县									
榕江县									
从江县									
雷山县									
麻江县									
丹寨县									
黔南布依族苗族自治州	**74**	**35**	**39**	**1373**	**438**	**935**	**193**	**79**	**114**
都匀市	26	10	16	899	263	636	114	44	70
福泉市	48	25	23	474	175	299	79	35	44
荔波县									
贵定县									
瓮安县									
独山县									
平塘县									
罗甸县									
长顺县									
龙里县									
惠水县									
三都水族自治县									

8-6b　各地区分性别、主要生活来源的60岁及以上老年人口(镇)

单位：人

地　区	60岁及以上人口			劳动收入		
	合计	男	女	小计	男	女
贵　州	**120418**	**56488**	**63930**	**17573**	**10670**	**6903**
贵阳市	**6779**	**3194**	**3585**	**878**	**538**	**340**
南明区						
云岩区						
花溪区	445	205	240	65	39	26
乌当区	273	133	140	57	34	23
白云区	74	34	40	1	1	
观山湖区	423	191	232	21	13	8
开阳县	2273	1048	1225	337	201	136
息烽县	1327	634	693	132	84	48
修文县	1423	691	732	195	126	69
清镇市	541	258	283	70	40	30
六盘水市	**5462**	**2562**	**2900**	**681**	**415**	**266**
钟山区	787	361	426	80	48	32
六枝特区	687	323	364	110	71	39
水城县	2175	1007	1168	226	133	93
盘州市	1813	871	942	265	163	102
遵义市	**24296**	**11632**	**12664**	**3573**	**2213**	**1360**
红花岗区	871	415	456	153	98	55
汇川区	981	477	504	216	136	80
播州区	1392	649	743	313	162	151
桐梓县	3400	1618	1782	317	216	101
绥阳县	2181	1077	1104	327	192	135
正安县	2334	1112	1222	365	221	144
道真仡佬族苗族自治县	1798	844	954	202	131	71
务川仡佬族苗族自治县	1813	867	946	252	150	102
凤冈县	1602	749	853	234	152	82
湄潭县	2656	1284	1372	392	241	151
余庆县	1441	690	751	327	197	130
习水县	2294	1090	1204	172	117	55
赤水市	672	332	340	152	97	55
仁怀市	861	428	433	151	103	48
安顺市	**7150**	**3313**	**3837**	**1178**	**693**	**485**
西秀区	697	320	377	87	53	34
平坝区	1358	629	729	178	109	69
普定县	1695	790	905	340	188	152
镇宁布依族苗族自治县	1292	603	689	212	129	83
关岭布依族苗族自治县	1113	541	572	203	127	76
紫云苗族布依族自治县	995	430	565	158	87	71
毕节市	**24566**	**11811**	**12755**	**3563**	**2164**	**1399**
七星关区	1101	539	562	157	100	57
大方县	3242	1539	1703	522	319	203
黔西县	3883	1851	2032	532	339	193
金沙县	3354	1652	1702	442	274	168
织金县	4063	1919	2144	540	326	214
纳雍县	3209	1533	1676	400	249	151
威宁彝族回族苗族自治县	3870	1891	1979	763	429	334
赫章县	1844	887	957	207	128	79

8-6b 续表 1 单位：人

地区	60岁及以上人口			劳动收入		
	合计	男	女	小计	男	女
铜仁市	**11390**	**5282**	**6108**	**1624**	**1021**	**603**
碧江区	82	39	43	13	10	3
万山区						
江口县	997	464	533	163	117	46
玉屏侗族自治县	955	418	537	115	72	43
石阡县	1213	544	669	145	88	57
思南县	1999	915	1084	262	158	104
印江土家族苗族自治县	1265	575	690	117	78	39
德江县	1322	599	723	236	142	94
沿河土家族自治县	1586	753	833	286	177	109
松桃苗族自治县	1971	975	996	287	179	108
黔西南布依族苗族自治州	**8474**	**3897**	**4577**	**1632**	**925**	**707**
兴义市	1101	514	587	257	149	108
兴仁市	608	283	325	207	111	96
普安县	810	398	412	163	100	63
晴隆县	876	416	460	153	89	64
贞丰县	1294	615	679	211	128	83
望谟县	1064	470	594	150	82	68
册亨县	811	339	472	118	63	55
安龙县	1910	862	1048	373	203	170
黔东南苗族侗族自治州	**15510**	**7164**	**8346**	**1831**	**1179**	**652**
凯里市	489	225	264	73	49	24
黄平县	1399	663	736	213	135	78
施秉县	650	305	345	146	89	57
三穗县	1001	449	552	112	74	38
镇远县	1341	625	716	141	80	61
岑巩县	850	382	468	136	84	52
天柱县	1587	758	829	182	110	72
锦屏县	898	399	499	68	49	19
剑河县	831	362	469	60	40	20
台江县	483	211	272	28	18	10
黎平县	2317	1062	1255	278	192	86
榕江县	1001	473	528	98	65	33
从江县	718	334	384	39	31	8
雷山县	568	264	304	39	30	9
麻江县	686	322	364	124	76	48
丹寨县	691	330	361	94	57	37
黔南布依族苗族自治州	**16791**	**7633**	**9158**	**2613**	**1522**	**1091**
都匀市	367	159	208	128	63	65
福泉市	612	282	330	131	79	52
荔波县	695	312	383	113	65	48
贵定县	1935	902	1033	291	174	117
瓮安县	2896	1371	1525	441	273	168
独山县	2020	948	1072	389	219	170
平塘县	1023	451	572	228	127	101
罗甸县	1776	730	1046	169	102	67
长顺县	1118	495	623	160	94	66
龙里县	1196	584	612	110	68	42
惠水县	2063	908	1155	269	152	117
三都水族自治县	1090	491	599	184	106	78

8-6b 续表 2

单位：人

地 区	离退休金/养老金			最低生活保障金			失业保险金		
	小计	男	女	小计	男	女	小计	男	女
贵 州	**21512**	**13060**	**8452**	**7698**	**3894**	**3804**	**6**	**2**	**4**
贵阳市	**2853**	**1512**	**1341**	**222**	**103**	**119**	**2**	**1**	**1**
南明区									
云岩区									
花溪区	94	52	42	4	1	3			
乌当区	108	56	52	5	4	1			
白云区	64	32	32						
观山湖区	311	164	147	7	1	6			
开阳县	881	450	431	74	33	41			
息烽县	677	368	309	41	21	20	1		1
修文县	548	299	249	74	32	42	1	1	
清镇市	170	91	79	17	11	6			
六盘水市	**790**	**538**	**252**	**683**	**318**	**365**			
钟山区	205	138	67	32	15	17			
六枝特区	70	47	23	72	34	38			
水城县	277	191	86	300	136	164			
盘州市	238	162	76	279	133	146			
遵义市	**3963**	**2481**	**1482**	**1133**	**644**	**489**			
红花岗区	122	72	50	22	13	9			
汇川区	98	60	38	30	18	12			
播州区	164	109	55	60	36	24			
桐梓县	790	451	339	181	96	85			
绥阳县	418	274	144	88	50	38			
正安县	276	174	102	145	95	50			
道真仡佬族苗族自治县	213	170	43	57	29	28			
务川仡佬族苗族自治县	197	137	60	95	56	39			
凤冈县	260	175	85	82	44	38			
湄潭县	652	372	280	100	49	51			
余庆县	154	114	40	33	18	15			
习水县	463	270	193	134	76	58			
赤水市	75	53	22	63	43	20			
仁怀市	81	50	31	43	21	22			
安顺市	**1483**	**867**	**616**	**403**	**193**	**210**			
西秀区	125	73	52	52	26	26			
平坝区	485	251	234	45	18	27			
普定县	313	201	112	99	42	57			
镇宁布依族苗族自治县	256	160	96	47	23	24			
关岭布依族苗族自治县	176	113	63	61	33	28			
紫云苗族布依族自治县	128	69	59	99	51	48			
毕节市	**3315**	**2118**	**1197**	**2304**	**1167**	**1137**			
七星关区	68	52	16	100	58	42			
大方县	388	256	132	270	130	140			
黔西县	644	381	263	290	150	140			
金沙县	483	328	155	172	104	68			
织金县	476	301	175	450	232	218			
纳雍县	332	219	113	455	216	239			
威宁彝族回族苗族自治县	637	389	248	304	149	155			
赫章县	287	192	95	263	128	135			

8-6b 续表 3

单位：人

地 区	离退休金/养老金			最低生活保障金			失业保险金		
	小计	男	女	小计	男	女	小计	男	女
铜仁市	**1804**	**1179**	**625**	**664**	**351**	**313**	**2**		**2**
碧江区	5	4	1	6	4	2			
万山区									
江口县	173	108	65	77	32	45			
玉屏侗族自治县	228	133	95	64	32	32			
石阡县	221	146	75	46	23	23	2		2
思南县	277	183	94	102	57	45			
印江土家族苗族自治县	211	145	66	49	21	28			
德江县	173	123	50	43	18	25			
沿河土家族自治县	233	158	75	122	58	64			
松桃苗族自治县	283	179	104	155	106	49			
黔西南布依族苗族自治州	**1102**	**693**	**409**	**609**	**304**	**305**			
兴义市	68	46	22	50	32	18			
兴仁市	62	38	24	25	14	11			
普安县	111	71	40	33	17	16			
晴隆县	89	62	27	121	67	54			
贞丰县	226	147	79	117	59	58			
望谟县	139	86	53	54	25	29			
册亨县	86	53	33	127	49	78			
安龙县	321	190	131	82	41	41			
黔东南苗族侗族自治州	**2904**	**1805**	**1099**	**827**	**382**	**445**			
凯里市	64	40	24	13	6	7			
黄平县	318	199	119	66	31	35			
施秉县	158	93	65	42	18	24			
三穗县	159	98	61	42	17	25			
镇远县	376	223	153	58	26	32			
岑巩县	121	77	44	47	27	20			
天柱县	220	153	67	81	42	39			
锦屏县	171	108	63	45	20	25			
剑河县	186	114	72	61	27	34			
台江县	93	62	31	37	12	25			
黎平县	297	194	103	112	58	54			
榕江县	193	113	80	38	16	22			
从江县	122	72	50	78	36	42			
雷山县	115	77	38	36	12	24			
麻江县	156	89	67	36	18	18			
丹寨县	155	93	62	35	16	19			
黔南布依族苗族自治州	**3298**	**1867**	**1431**	**853**	**432**	**421**	**2**	**1**	**1**
都匀市	20	13	7	13	7	6			
福泉市	88	54	34	38	22	16			
荔波县	168	94	74	35	20	15	1	1	
贵定县	576	316	260	117	62	55			
瓮安县	525	312	213	117	56	61	1		1
独山县	430	234	196	108	59	49			
平塘县	146	76	70	41	23	18			
罗甸县	161	112	49	101	43	58			
长顺县	185	97	88	84	46	38			
龙里县	338	190	148	36	24	12			
惠水县	485	272	213	81	32	49			
三都水族自治县	176	97	79	82	38	44			

8-6b　续表 4　　单位：人

地　区	财产性收入			家庭其他成员供养			其　他		
	小计	男	女	小计	男	女	小计	男	女
贵　州	**1277**	**675**	**602**	**63308**	**23882**	**39426**	**9044**	**4305**	**4739**
贵阳市	**69**	**36**	**33**	**2330**	**819**	**1511**	**425**	**185**	**240**
南明区									
云岩区									
花溪区	8	5	3	234	90	144	40	18	22
乌当区	6	3	3	93	34	59	4	2	2
白云区	4		4	4	1	3	1		1
观山湖区	2	1	1	60	9	51	22	3	19
开阳县	17	8	9	805	284	521	159	72	87
息烽县	11	6	5	396	125	271	69	30	39
修文县	18	11	7	500	182	318	87	40	47
清镇市	3	2	1	238	94	144	43	20	23
六盘水市	**83**	**45**	**38**	**2829**	**1062**	**1767**	**396**	**184**	**212**
钟山区	9	4	5	410	136	274	51	20	31
六枝特区	7	5	2	380	143	237	48	23	25
水城县	33	19	14	1196	467	729	143	61	82
盘州市	34	17	17	843	316	527	154	80	74
遵义市	**263**	**148**	**115**	**13782**	**5339**	**8443**	**1582**	**807**	**775**
红花岗区	13	9	4	496	191	305	65	32	33
汇川区	5	3	2	557	217	340	75	43	32
播州区	15	6	9	802	317	485	38	19	19
桐梓县	34	20	14	1930	764	1166	148	71	77
绥阳县	32	16	16	1147	462	685	169	83	86
正安县	13	8	5	1346	516	830	189	98	91
道真仡佬族苗族自治县	11	8	3	1196	446	750	119	60	59
务川仡佬族苗族自治县	22	14	8	1101	431	670	146	79	67
凤冈县	12	8	4	934	333	601	80	37	43
湄潭县	38	20	18	1238	486	752	236	116	120
余庆县	22	11	11	837	317	520	68	33	35
习水县	30	17	13	1341	528	813	154	82	72
赤水市				353	128	225	29	11	18
仁怀市	16	8	8	504	203	301	66	43	23
安顺市	**54**	**25**	**29**	**3525**	**1295**	**2230**	**507**	**240**	**267**
西秀区	1		1	380	145	235	52	23	29
平坝区	8	4	4	544	196	348	98	51	47
普定县	18	8	10	829	309	520	96	42	54
镇宁布依族苗族自治县	15	7	8	680	246	434	82	38	44
关岭布依族苗族自治县	6	2	4	570	220	350	97	46	51
紫云苗族布依族自治县	6	4	2	522	179	343	82	40	42
毕节市	**317**	**169**	**148**	**12703**	**5064**	**7639**	**2364**	**1129**	**1235**
七星关区	4	3	1	658	272	386	114	54	60
大方县	39	20	19	1702	671	1031	321	143	178
黔西县	42	24	18	2118	830	1288	257	127	130
金沙县	60	30	30	1919	774	1145	278	142	136
织金县	58	33	25	2098	827	1271	441	200	241
纳雍县	26	12	14	1631	662	969	365	175	190
威宁彝族回族苗族自治县	63	35	28	1629	655	974	474	234	240
赫章县	25	12	13	948	373	575	114	54	60

8-6b 续表 5 单位：人

地区	财产性收入			家庭其他成员供养			其他		
	小计	男	女	小计	男	女	小计	男	女
铜仁市	**118**	**63**	**55**	**6010**	**2167**	**3843**	**1168**	**501**	**667**
碧江区				50	20	30	8	1	7
万山区									
江口县	16	10	6	531	180	351	37	17	20
玉屏侗族自治县	5	2	3	465	149	316	78	30	48
石阡县	10	3	7	689	240	449	100	44	56
思南县	23	14	9	1107	408	699	228	95	133
印江土家族苗族自治县	16	10	6	765	278	487	107	43	64
德江县	29	14	15	716	254	462	125	48	77
沿河土家族自治县	16	9	7	764	277	487	165	74	91
松桃苗族自治县	3	1	2	923	361	562	320	149	171
黔西南布依族苗族自治州	**100**	**47**	**53**	**4569**	**1717**	**2852**	**462**	**211**	**251**
兴义市	10	7	3	687	266	421	29	14	15
兴仁市	5	1	4	283	108	175	26	11	15
普安县	6	1	5	453	184	269	44	25	19
晴隆县	11	4	7	427	161	266	75	33	42
贞丰县	25	12	13	685	254	431	30	15	15
望谟县	16	6	10	622	236	386	83	35	48
册亨县				395	141	254	85	33	52
安龙县	27	16	11	1017	367	650	90	45	45
黔东南苗族侗族自治州	**135**	**75**	**60**	**8832**	**3243**	**5589**	**981**	**480**	**501**
凯里市	5	3	2	315	117	198	19	10	9
黄平县	4	2	2	679	242	437	119	54	65
施秉县	2	2		294	99	195	8	4	4
三穗县	4	2	2	659	246	413	25	12	13
镇远县	8	6	2	729	277	452	29	13	16
岑巩县	17	9	8	473	160	313	56	25	31
天柱县	11	7	4	999	398	601	94	48	46
锦屏县	9	3	6	566	197	369	39	22	17
剑河县	11	5	6	459	153	306	54	23	31
台江县	1	1		269	98	171	55	20	35
黎平县	14	9	5	1464	533	931	152	76	76
榕江县	9	6	3	577	229	348	86	44	42
从江县	12	7	5	393	156	237	74	32	42
雷山县	22	9	13	280	90	190	76	46	30
麻江县	2	1	1	328	118	210	40	20	20
丹寨县	4	3	1	348	130	218	55	31	24
黔南布依族苗族自治州	**138**	**67**	**71**	**8728**	**3176**	**5552**	**1159**	**568**	**591**
都匀市	5	3	2	187	66	121	14	7	7
福泉市	5	1	4	318	110	208	32	16	16
荔波县	2	1	1	343	117	226	33	14	19
贵定县	9	3	6	836	287	549	106	60	46
瓮安县	26	10	16	1385	519	866	401	201	200
独山县	8	4	4	964	365	599	121	67	54
平塘县	7	3	4	567	205	362	34	17	17
罗甸县	12	7	5	1259	432	827	74	34	40
长顺县	21	11	10	601	224	377	67	23	44
龙里县	28	17	11	561	224	337	123	61	62
惠水县	10	4	6	1140	412	728	78	36	42
三都水族自治县	5	3	2	567	215	352	76	32	44

8-6c　各地区分性别、主要生活来源的60岁及以上老年人口(乡村)

单位：人

地　区	60岁及以上人口			劳动收入		
	合计	男	女	小计	男	女
贵　州	**340111**	**164187**	**175924**	**90239**	**52432**	**37807**
贵阳市	**19457**	**9652**	**9805**	**5373**	**3173**	**2200**
南明区	504	233	271	128	73	55
云岩区						
花溪区	2486	1158	1328	524	309	215
乌当区	1670	807	863	368	215	153
白云区	396	194	202	76	46	30
观山湖区	885	441	444	186	121	65
开阳县	3998	2023	1975	1374	802	572
息烽县	2586	1328	1258	924	527	397
修文县	2731	1381	1350	778	473	305
清镇市	4201	2087	2114	1015	607	408
六盘水市	**25222**	**12220**	**13002**	**5805**	**3452**	**2353**
钟山区	704	321	383	176	101	75
六枝特区	5806	2790	3016	1405	834	571
水城县	7619	3682	3937	1554	925	629
盘州市	11093	5427	5666	2670	1592	1078
遵义市	**65436**	**32292**	**33144**	**19254**	**11027**	**8227**
红花岗区	3852	1826	2026	1132	636	496
汇川区	3024	1492	1532	844	483	361
播州区	7948	3876	4072	2474	1391	1083
桐梓县	5788	2802	2986	1433	842	591
绥阳县	4608	2289	2319	1380	777	603
正安县	5721	2862	2859	1744	1017	727
道真仡佬族苗族自治县	3195	1623	1572	811	487	324
务川仡佬族苗族自治县	3719	1901	1818	1124	665	459
凤冈县	3859	1901	1958	1400	816	584
湄潭县	4441	2189	2252	1624	904	720
余庆县	3069	1471	1598	1516	798	718
习水县	7359	3632	3727	1296	781	515
赤水市	2972	1482	1490	1013	560	453
仁怀市	5881	2946	2935	1463	870	593
安顺市	**23663**	**11062**	**12601**	**6635**	**3722**	**2913**
西秀区	6340	2964	3376	1678	948	730
平坝区	3185	1489	1696	846	476	370
普定县	3917	1908	2009	1197	678	519
镇宁布依族苗族自治县	3496	1579	1917	1281	686	595
关岭布依族苗族自治县	3200	1537	1663	969	555	414
紫云苗族布依族自治县	3525	1585	1940	664	379	285
毕节市	**60642**	**29577**	**31065**	**14836**	**8741**	**6095**
七星关区	9952	4856	5096	1778	1091	687
大方县	8500	4180	4320	2018	1180	838
黔西县	6744	3288	3456	1870	1112	758
金沙县	4898	2463	2435	1020	605	415
织金县	7561	3630	3931	1860	1076	784
纳雍县	6391	3050	3341	1374	797	577
威宁彝族回族苗族自治县	9908	4872	5036	3344	1933	1411
赫章县	6688	3238	3450	1572	947	625

8–6c 续表 1 单位：人

地区	60岁及以上人口			劳动收入		
	合计	男	女	小计	男	女
铜仁市	**40068**	**19748**	**20320**	**11912**	**7085**	**4827**
碧江区	1655	835	820	367	232	135
万山区	1922	972	950	453	290	163
江口县	2257	1124	1133	661	436	225
玉屏侗族自治县	1415	680	735	309	194	115
石阡县	4567	2225	2342	1480	875	605
思南县	6922	3409	3513	2418	1386	1032
印江土家族苗族自治县	4354	2149	2205	1048	638	410
德江县	4677	2251	2426	1892	1045	847
沿河土家族自治县	5469	2664	2805	1795	1007	788
松桃苗族自治县	6830	3439	3391	1489	982	507
黔西南布依族苗族自治州	**28396**	**13086**	**15310**	**7529**	**4119**	**3410**
兴义市	6008	2802	3206	1679	906	773
兴仁市	4291	2033	2258	1634	883	751
普安县	2872	1372	1500	743	418	325
晴隆县	2725	1265	1460	623	363	260
贞丰县	3601	1669	1932	1002	541	461
望谟县	2699	1153	1546	332	182	150
册亨县	2111	904	1207	281	154	127
安龙县	4089	1888	2201	1235	672	563
黔东南苗族侗族自治州	**42614**	**20489**	**22125**	**8896**	**5479**	**3417**
凯里市	3806	1785	2021	933	555	378
黄平县	3569	1706	1863	936	560	376
施秉县	1742	838	904	679	394	285
三穗县	1990	987	1003	517	328	189
镇远县	2409	1145	1264	531	335	196
岑巩县	2329	1187	1142	442	285	157
天柱县	3977	1919	2058	726	436	290
锦屏县	2184	1070	1114	260	182	78
剑河县	2083	994	1089	343	228	115
台江县	1488	714	774	283	179	104
黎平县	4947	2397	2550	746	497	249
榕江县	3137	1543	1594	481	321	160
从江县	3821	1789	2032	382	267	115
雷山县	1459	724	735	339	210	129
麻江县	1865	855	1010	712	382	330
丹寨县	1808	836	972	586	320	266
黔南布依族苗族自治州	**34613**	**16061**	**18552**	**9999**	**5634**	**4365**
都匀市	3800	1708	2092	1463	776	687
福泉市	2868	1421	1447	1063	613	450
荔波县	1792	825	967	296	184	112
贵定县	2293	1063	1230	883	494	389
瓮安县	3601	1774	1827	1107	642	465
独山县	3055	1408	1647	831	484	347
平塘县	3440	1559	1881	1112	581	531
罗甸县	2793	1261	1532	505	296	209
长顺县	2266	1056	1210	457	273	184
龙里县	1887	951	936	463	286	177
惠水县	3916	1746	2170	1021	574	447
三都水族自治县	2902	1289	1613	798	431	367

8-6c 续表 2

单位：人

地区	离退休金/养老金			最低生活保障金			失业保险金		
	小计	男	女	小计	男	女	小计	男	女
贵州	**19616**	**12450**	**7166**	**29316**	**15310**	**14006**	**28**	**13**	**15**
贵阳市	**3481**	**1803**	**1678**	**738**	**458**	**280**			
南明区	163	83	80	14	5	9			
云岩区									
花溪区	424	215	209	94	44	50			
乌当区	451	222	229	33	17	16			
白云区	73	40	33	6	3	3			
观山湖区	158	82	76	20	9	11			
开阳县	826	419	407	125	87	38			
息烽县	413	226	187	97	67	30			
修文县	436	229	207	141	89	52			
清镇市	537	287	250	208	137	71			
六盘水市	**1444**	**1030**	**414**	**2911**	**1447**	**1464**			
钟山区	67	43	24	42	19	23			
六枝特区	228	181	47	702	333	369			
水城县	496	308	188	901	453	448			
盘州市	653	498	155	1266	642	624			
遵义市	**3541**	**2290**	**1251**	**4016**	**2351**	**1665**	**3**	**2**	**1**
红花岗区	343	207	136	123	75	48			
汇川区	191	126	65	156	102	54			
播州区	504	324	180	420	228	192	1	1	
桐梓县	250	166	84	475	267	208			
绥阳县	206	135	71	222	147	75			
正安县	359	207	152	457	270	187			
道真仡佬族苗族自治县	121	90	31	182	104	78			
务川仡佬族苗族自治县	155	104	51	327	181	146	1		1
凤冈县	205	133	72	142	80	62			
湄潭县	204	127	77	182	120	62			
余庆县	143	93	50	100	56	44	1	1	
习水县	417	273	144	586	339	247			
赤水市	134	96	38	238	144	94			
仁怀市	309	209	100	406	238	168			
安顺市	**1375**	**893**	**482**	**1652**	**822**	**830**			
西秀区	391	271	120	301	162	139			
平坝区	290	197	93	122	64	58			
普定县	157	104	53	501	256	245			
镇宁布依族苗族自治县	174	102	72	175	63	112			
关岭布依族苗族自治县	176	115	61	210	121	89			
紫云苗族布依族自治县	187	104	83	343	156	187			
毕节市	**2738**	**1839**	**899**	**8195**	**4061**	**4134**	**13**	**7**	**6**
七星关区	375	280	95	879	472	407			
大方县	320	240	80	1477	734	743	1	1	
黔西县	176	132	44	810	418	392	11	5	6
金沙县	229	161	68	471	271	200			
织金县	307	200	107	1523	722	801			
纳雍县	316	204	112	1292	595	697			
威宁彝族回族苗族自治县	719	410	309	998	469	529			
赫章县	296	212	84	745	380	365	1	1	

8-6c 续表 3

单位：人

地 区	离退休金/养老金			最低生活保障金			失业保险金		
	小计	男	女	小计	男	女	小计	男	女
铜仁市	**1519**	**1088**	**431**	**3806**	**2025**	**1781**			
碧江区	109	63	46	205	114	91			
万山区	152	88	64	182	121	61			
江口县	88	59	29	167	102	65			
玉屏侗族自治县	70	47	23	109	60	49			
石阡县	145	98	47	378	183	195			
思南县	226	176	50	523	264	259			
印江土家族苗族自治县	180	121	59	387	216	171			
德江县	114	95	19	398	190	208			
沿河土家族自治县	179	150	29	743	357	386			
松桃苗族自治县	256	191	65	714	418	296			
黔西南布依族苗族自治州	**1488**	**930**	**558**	**2196**	**1062**	**1134**			
兴义市	370	222	148	293	174	119			
兴仁市	239	161	78	196	85	111			
普安县	99	74	25	340	167	173			
晴隆县	92	67	25	487	223	264			
贞丰县	152	96	56	320	165	155			
望谟县	242	129	113	212	82	130			
册亨县	94	51	43	127	61	66			
安龙县	200	130	70	221	105	116			
黔东南苗族侗族自治州	**2289**	**1477**	**812**	**3236**	**1778**	**1458**			
凯里市	233	139	94	172	85	87			
黄平县	187	128	59	224	103	121			
施秉县	80	51	29	93	43	50			
三穗县	96	75	21	139	86	53			
镇远县	120	76	44	140	80	60			
岑巩县	84	66	18	165	104	61			
天柱县	196	134	62	279	173	106			
锦屏县	80	57	23	165	98	67			
剑河县	93	60	33	220	122	98			
台江县	133	86	47	145	71	74			
黎平县	263	174	89	433	250	183			
榕江县	205	131	74	255	147	108			
从江县	225	123	102	395	191	204			
雷山县	110	69	41	132	78	54			
麻江县	90	53	37	107	54	53			
丹寨县	94	55	39	172	93	79			
黔南布依族苗族自治州	**1741**	**1100**	**641**	**2566**	**1306**	**1260**	**12**	**4**	**8**
都匀市	303	161	142	207	100	107			
福泉市	110	71	39	158	89	69			
荔波县	53	34	19	235	125	110			
贵定县	100	73	27	189	92	97			
瓮安县	295	157	138	202	115	87	11	4	7
独山县	108	89	19	226	104	122			
平塘县	277	167	110	194	106	88			
罗甸县	76	62	14	178	85	93			
长顺县	118	80	38	243	110	133			
龙里县	61	44	17	97	58	39	1		1
惠水县	157	107	50	251	124	127			
三都水族自治县	83	55	28	386	198	188			

8-6c 续表 4 单位：人

地 区	财产性收入			家庭其他成员供养			其 他		
	小计	男	女	小计	男	女	小计	男	女
贵 州	**1361**	**781**	**580**	**178030**	**72675**	**105355**	**21521**	**10526**	**10995**
贵阳市	**187**	**104**	**83**	**8418**	**3457**	**4961**	**1260**	**657**	**603**
南明区	22	9	13	166	58	108	11	5	6
云岩区									
花溪区	38	23	15	1238	486	752	168	81	87
乌当区	30	14	16	639	260	379	149	79	70
白云区	6	3	3	226	94	132	9	8	1
观山湖区	25	15	10	429	174	255	67	40	27
开阳县	8	6	2	1480	616	864	185	93	92
息烽县	6	4	2	1061	462	599	85	42	43
修文县	20	13	7	1230	513	717	126	64	62
清镇市	32	17	15	1949	794	1155	460	245	215
六盘水市	**177**	**105**	**72**	**13033**	**5314**	**7719**	**1852**	**872**	**980**
钟山区	6	3	3	373	141	232	40	14	26
六枝特区	35	20	15	3072	1256	1816	364	166	198
水城县	53	36	17	4045	1670	2375	570	290	280
盘州市	83	46	37	5543	2247	3296	878	402	476
遵义市	**206**	**129**	**77**	**34839**	**14685**	**20154**	**3577**	**1808**	**1769**
红花岗区	28	15	13	1933	760	1173	293	133	160
汇川区	7	3	4	1552	640	912	274	138	136
播州区	9	5	4	4207	1752	2455	333	175	158
桐梓县	22	14	8	3390	1408	1982	218	105	113
绥阳县	24	13	11	2606	1123	1483	170	94	76
正安县	4	4		2959	1266	1693	198	98	100
道真仡佬族苗族自治县	17	12	5	1869	824	1045	195	106	89
务川仡佬族苗族自治县	5	4	1	1835	805	1030	272	142	130
凤冈县	5	4	1	1941	792	1149	166	76	90
湄潭县	18	13	5	2123	880	1243	290	145	145
余庆县	12	9	3	1207	462	745	90	52	38
习水县	33	21	12	4412	1901	2511	615	317	298
赤水市	9	5	4	1482	626	856	96	51	45
仁怀市	13	7	6	3323	1446	1877	367	176	191
安顺市	**107**	**63**	**44**	**12439**	**4878**	**7561**	**1455**	**684**	**771**
西秀区	21	10	11	3584	1408	2176	365	165	200
平坝区	24	14	10	1677	628	1049	226	110	116
普定县	29	20	9	1754	718	1036	279	132	147
镇宁布依族苗族自治县	11	6	5	1634	624	1010	221	98	123
关岭布依族苗族自治县	18	10	8	1715	684	1031	112	52	60
紫云苗族布依族自治县	4	3	1	2075	816	1259	252	127	125
毕节市	**206**	**111**	**95**	**30136**	**12635**	**17501**	**4518**	**2183**	**2335**
七星关区	34	19	15	6185	2647	3538	701	347	354
大方县	36	20	16	3937	1665	2272	711	340	371
黔西县	26	16	10	3278	1311	1967	573	294	279
金沙县	12	7	5	2875	1276	1599	291	143	148
织金县	36	19	17	3422	1423	1999	413	190	223
纳雍县	13	8	5	2821	1165	1656	575	281	294
威宁彝族回族苗族自治县	29	12	17	3994	1659	2335	824	389	435
赫章县	20	10	10	3624	1489	2135	430	199	231

8–6c 续表 5 单位：人

地区	财产性收入			家庭其他成员供养			其他		
	小计	男	女	小计	男	女	小计	男	女
铜仁市	**94**	**56**	**38**	**19509**	**7926**	**11583**	**3228**	**1568**	**1660**
碧江区	3	2	1	813	346	467	158	78	80
万山区	1		1	945	381	564	189	92	97
江口县	8	6	2	1184	457	727	149	64	85
玉屏侗族自治县	10	5	5	791	311	480	126	63	63
石阡县	6	5	1	2326	949	1377	232	115	117
思南县	13	5	8	3216	1319	1897	526	259	267
印江土家族苗族自治县	7	6	1	2316	953	1363	416	215	201
德江县	11	5	6	1891	739	1152	371	177	194
沿河土家族自治县	19	11	8	2287	938	1349	446	201	245
松桃苗族自治县	16	11	5	3740	1533	2207	615	304	311
黔西南布依族苗族自治州	**141**	**78**	**63**	**15703**	**6284**	**9419**	**1339**	**613**	**726**
兴义市	40	22	18	3330	1330	2000	296	148	148
兴仁市	40	20	20	2044	820	1224	138	64	74
普安县	3	2	1	1531	643	888	156	68	88
晴隆县	5	5		1334	518	816	184	89	95
贞丰县	19	9	10	1989	806	1183	119	52	67
望谟县	6	4	2	1740	693	1047	167	63	104
册亨县	4	3	1	1464	580	884	141	55	86
安龙县	24	13	11	2271	894	1377	138	74	64
黔东南苗族侗族自治州	**146**	**84**	**62**	**25481**	**10382**	**15099**	**2566**	**1289**	**1277**
凯里市	23	11	12	2110	823	1287	335	172	163
黄平县	3	2	1	2057	834	1223	162	79	83
施秉县	2	2		858	332	526	30	16	14
三穗县	1	1		1179	469	710	58	28	30
镇远县	5	3	2	1502	601	901	111	50	61
岑巩县	4	2	2	1479	648	831	155	82	73
天柱县	16	11	5	2519	1038	1481	241	127	114
锦屏县	2	2		1581	681	900	96	50	46
剑河县	6	2	4	1218	486	732	203	96	107
台江县	2	2		804	324	480	121	52	69
黎平县	15	9	6	3223	1323	1900	267	144	123
榕江县	21	12	9	1910	790	1120	265	142	123
从江县	11	7	4	2512	1064	1448	296	137	159
雷山县	8	5	3	771	314	457	99	48	51
麻江县	25	11	14	870	324	546	61	31	30
丹寨县	2	2		888	331	557	66	35	31
黔南布依族苗族自治州	**97**	**51**	**46**	**18472**	**7114**	**11358**	**1726**	**852**	**874**
都匀市	8	5	3	1682	610	1072	137	56	81
福泉市	6	4	2	1402	561	841	129	83	46
荔波县	4	2	2	1129	439	690	75	41	34
贵定县	3	1	2	1064	375	689	54	28	26
瓮安县	9	4	5	1544	642	902	433	210	223
独山县	8	4	4	1749	668	1081	133	59	74
平塘县	5	3	2	1709	634	1075	143	68	75
罗甸县	1		1	1970	780	1190	63	38	25
长顺县	5	4	1	1326	533	793	117	56	61
龙里县	12	6	6	1120	487	633	133	70	63
惠水县	34	17	17	2270	836	1434	183	88	95
三都水族自治县	2	1	1	1507	549	958	126	55	71

8-7　全省分年龄、性别、主要生活来源的人口

单位：人

年　龄	15岁及以上人口			劳动收入		
	合计	男	女	小计	男	女
总　计	**2769151**	**1398043**	**1371108**	**1493729**	**883601**	**610128**
45岁以下	**1409663**	**720785**	**688878**	**840201**	**496258**	**343943**
45-49岁	**288221**	**152205**	**136016**	**223358**	**129881**	**93477**
45	57513	30482	27031	45280	26295	18985
46	61760	32617	29143	48433	28047	20386
47	57671	30460	27211	44726	25963	18763
48	55143	28945	26198	42476	24610	17866
49	56134	29701	26433	42443	24966	17477
50-54岁	**278922**	**142325**	**136597**	**192365**	**113944**	**78421**
50	59360	30735	28625	43108	25386	17722
51	55014	28094	26920	38860	22953	15907
52	62149	31613	30536	42779	25306	17473
53	47343	24022	23321	31858	18861	12997
54	55056	27861	27195	35760	21438	14322
55-59岁	**217003**	**108679**	**108324**	**123306**	**76100**	**47206**
55	53512	26941	26571	32592	19828	12764
56	52341	26081	26260	30329	18692	11637
57	54640	27495	27145	30478	19060	11418
58	38840	19427	19413	21133	13062	8071
59	17670	8735	8935	8774	5458	3316
60-64岁	**144662**	**71852**	**72810**	**50854**	**30024**	**20830**
60	22541	11145	11396	9321	5443	3878
61	23005	11632	11373	8563	5153	3410
62	31672	15912	15760	11094	6588	4506
63	34924	17312	17612	11599	6855	4744
64	32520	15851	16669	10277	5985	4292
65-69岁	**160262**	**77724**	**82538**	**41601**	**24387**	**17214**
65	34935	17254	17681	10286	6055	4231
66	36056	17312	18744	10082	5789	4293
67	33032	15880	17152	8503	4947	3556
68	32034	15596	16438	7647	4578	3069
69	24205	11682	12523	5083	3018	2065

8-7 续表 1　　单位：人

年　龄	15岁及以上人口			劳动收入		
	合计	男	女	小计	男	女
70-74岁	**115598**	**55554**	**60044**	**15496**	**9226**	**6270**
70	24504	11794	12710	4455	2586	1869
71	25752	12615	13137	3722	2235	1487
72	22440	10765	11675	2880	1722	1158
73	22326	10665	11661	2435	1496	939
74	20576	9715	10861	2004	1187	817
75-79岁	**78926**	**36482**	**42444**	**5055**	**2973**	**2082**
75	16113	7509	8604	1371	807	564
76	17299	8224	9075	1281	761	520
77	16502	7641	8861	991	595	396
78	15155	6799	8356	791	449	342
79	13857	6309	7548	621	361	260
80-84岁	**49179**	**21701**	**27478**	**1200**	**670**	**530**
80	11886	5340	6546	409	238	171
81	10338	4595	5743	249	137	112
82	10862	4816	6046	247	129	118
83	8778	3822	4956	190	104	86
84	7315	3128	4187	105	62	43
85-89岁	**20231**	**8319**	**11912**	**247**	**121**	**126**
85	5650	2338	3312	69	40	29
86	4430	1792	2638	57	26	31
87	4226	1822	2404	48	25	23
88	3294	1306	1988	35	14	21
89	2631	1061	1570	38	16	22
90-94岁	**5491**	**2104**	**3387**	**41**	**16**	**25**
90	2075	777	1298	21	7	14
91	1211	478	733	10	5	5
92	1105	420	685	4	2	2
93	685	273	412	5	2	3
94	415	156	259	1		1
95-99岁	**857**	**274**	**583**	**4**	**1**	**3**
95	304	98	206	1		1
96	183	64	119			
97	184	53	131	1		1
98	106	32	74	1	1	
99	80	27	53	1		1
100岁及以上	**136**	**39**	**97**	**1**		**1**

8-7 续表 2 单位：人

年 龄	离退休金/养老金			最低生活保障金			失业保险金		
	小计	男	女	小计	男	女	小计	男	女
总 计	**140783**	**67678**	**73105**	**72125**	**40379**	**31746**	**613**	**380**	**233**
45岁以下	**65**	**33**	**32**	**14631**	**8499**	**6132**	**347**	**198**	**149**
45—49岁	**1024**	**105**	**919**	**5546**	**3693**	**1853**	**113**	**71**	**42**
45	107	12	95	1036	687	349	30	23	7
46	143	10	133	1099	738	361	17	8	9
47	197	21	176	1104	738	366	18	9	9
48	244	22	222	1121	740	381	25	19	6
49	333	40	293	1186	790	396	23	12	11
50—54岁	**8996**	**1539**	**7457**	**6166**	**4000**	**2166**	**75**	**59**	**16**
50	1452	129	1323	1267	858	409	22	16	6
51	1605	223	1382	1200	782	418	12	11	1
52	1910	321	1589	1328	837	491	17	13	4
53	1618	340	1278	1054	667	387	14	13	1
54	2411	526	1885	1317	856	461	10	6	4
55—59岁	**21555**	**6124**	**15431**	**6138**	**3720**	**2418**	**31**	**30**	**1**
55	4096	994	3102	1484	948	536	8	8	
56	4864	1268	3596	1439	900	539	6	6	
57	5791	1656	4135	1580	942	638	7	6	1
58	4185	1284	2901	1135	651	484	7	7	
59	2619	922	1697	500	279	221	3	3	
60—64岁	**28816**	**15224**	**13592**	**6858**	**3902**	**2956**	**13**	**5**	**8**
60	4828	2430	2398	873	508	365	2	1	1
61	4963	2659	2304	986	552	434	3	1	2
62	6380	3459	2921	1490	865	625	3	1	2
63	6655	3484	3171	1794	1027	767	3	2	1
64	5990	3192	2798	1715	950	765	2		2
65—69岁	**27178**	**14393**	**12785**	**9921**	**5400**	**4521**	**18**	**11**	**7**
65	6111	3315	2796	1989	1088	901	3		3
66	6234	3291	2943	2117	1173	944	2	1	1
67	5315	2775	2540	2090	1136	954	4	4	
68	5305	2794	2511	2104	1124	980	5	3	2
69	4213	2218	1995	1621	879	742	4	3	1

8-7 续表 3

单位：人

年 龄	离退休金/养老金			最低生活保障金			失业保险金		
	小计	男	女	小计	男	女	小计	男	女
70-74岁	**22347**	**12808**	**9539**	**8809**	**4658**	**4151**	**9**	**3**	**6**
70	4471	2493	1978	1737	944	793	1		1
71	4952	2818	2134	1892	1045	847	2	1	1
72	4378	2480	1898	1750	895	855	3	1	2
73	4431	2597	1834	1749	897	852	2		2
74	4115	2420	1695	1681	877	804	1	1	
75-79岁	**15411**	**8906**	**6505**	**6892**	**3396**	**3496**	**2**	**2**	
75	3070	1806	1264	1361	673	688			
76	3450	2069	1381	1474	735	739			
77	3190	1836	1354	1455	712	743	2	2	
78	2965	1682	1283	1372	659	713			
79	2736	1513	1223	1230	617	613			
80-84岁	**9988**	**5464**	**4524**	**4636**	**2131**	**2505**	**3**	**1**	**2**
80	2485	1404	1081	1079	507	572	1		1
81	2177	1174	1003	991	480	511	1		1
82	2151	1169	982	1052	479	573	1	1	
83	1722	970	752	843	371	472			
84	1453	747	706	671	294	377			
85-89岁	**4161**	**2352**	**1809**	**1888**	**768**	**1120**			
85	1172	625	547	532	225	307			
86	918	503	415	397	148	249			
87	953	562	391	366	160	206			
88	623	355	268	336	143	193			
89	495	307	188	257	92	165			
90-94岁	**1077**	**632**	**445**	**518**	**181**	**337**	**1**		**1**
90	396	222	174	202	72	130			
91	267	163	104	117	41	76			
92	215	126	89	98	33	65	1		1
93	112	70	42	67	22	45			
94	87	51	36	34	13	21			
95-99岁	**144**	**82**	**62**	**104**	**29**	**75**	**1**		**1**
95	55	30	25	33	12	21	1		1
96	26	14	12	25	7	18			
97	35	19	16	23	9	14			
98	14	11	3	15		15			
99	14	8	6	8	1	7			
100岁及以上	**21**	**16**	**5**	**18**	**2**	**16**			

8-7 续表 4 单位：人

年 龄	财产性收入			家庭其他成员供养			其 他		
	小计	男	女	小计	男	女	小计	男	女
总 计	**22845**	**12452**	**10393**	**857260**	**303572**	**553688**	**181796**	**89981**	**91815**
45岁以下	**9058**	**4929**	**4129**	**451147**	**163851**	**287296**	**94214**	**47017**	**47197**
45—49岁	**3407**	**1902**	**1505**	**35907**	**7018**	**28889**	**18866**	**9535**	**9331**
45	646	390	256	6640	1158	5482	3774	1917	1857
46	774	440	334	7310	1330	5980	3984	2044	1940
47	653	351	302	7112	1408	5704	3861	1970	1891
48	627	332	295	7065	1452	5613	3585	1770	1815
49	707	389	318	7780	1670	6110	3662	1834	1828
50—54岁	**3450**	**1897**	**1553**	**49220**	**11626**	**37594**	**18650**	**9260**	**9390**
50	718	406	312	8886	1968	6918	3907	1972	1935
51	671	357	314	8995	1981	7014	3671	1787	1884
52	798	427	371	11117	2627	8490	4200	2082	2118
53	586	333	253	9029	2215	6814	3184	1593	1591
54	677	374	303	11193	2835	8358	3688	1826	1862
55—59岁	**2612**	**1468**	**1144**	**49327**	**14326**	**35001**	**14034**	**6911**	**7123**
55	665	366	299	11179	3066	8113	3488	1731	1757
56	632	344	288	11689	3264	8425	3382	1607	1775
57	656	378	278	12597	3663	8934	3531	1790	1741
58	459	270	189	9436	2912	6524	2485	1241	1244
59	200	110	90	4426	1421	3005	1148	542	606
60—64岁	**1467**	**797**	**670**	**47277**	**17267**	**30010**	**9377**	**4633**	**4744**
60	232	130	102	5987	2006	3981	1298	627	671
61	265	145	120	6753	2390	4363	1472	732	740
62	304	162	142	10295	3789	6506	2106	1048	1058
63	364	198	166	12200	4599	7601	2309	1147	1162
64	302	162	140	12042	4483	7559	2192	1079	1113
65—69岁	**1495**	**771**	**724**	**69453**	**27550**	**41903**	**10596**	**5212**	**5384**
65	380	196	184	13816	5383	8433	2350	1217	1133
66	321	164	157	14918	5784	9134	2382	1110	1272
67	278	138	140	14589	5769	8820	2253	1111	1142
68	314	173	141	14594	5914	8680	2065	1010	1055
69	202	100	102	11536	4700	6836	1546	764	782

8-7 续表 5

单位：人

年　龄	财产性收入			家庭其他成员供养			其　他		
	小计	男	女	小计	男	女	小计	男	女
70—74岁	**747**	**376**	**371**	**61071**	**25085**	**35986**	**7119**	**3398**	**3721**
70	184	89	95	12104	4909	7195	1552	773	779
71	198	100	98	13436	5641	7795	1550	775	775
72	131	65	66	11878	4957	6921	1420	645	775
73	120	58	62	12235	4997	7238	1354	620	734
74	114	64	50	11418	4581	6837	1243	585	658
75—79岁	**368**	**192**	**176**	**46503**	**18805**	**27698**	**4695**	**2208**	**2487**
75	90	53	37	9256	3711	5545	965	459	506
76	81	41	40	9969	4105	5864	1044	513	531
77	90	50	40	9764	3975	5789	1010	471	539
78	54	26	28	9082	3578	5504	891	405	486
79	53	22	31	8432	3436	4996	785	360	425
80—84岁	**167**	**83**	**84**	**30493**	**12167**	**18326**	**2692**	**1185**	**1507**
80	60	24	36	7190	2890	4300	662	277	385
81	31	18	13	6310	2522	3788	579	264	315
82	28	15	13	6793	2754	4039	590	269	321
83	24	12	12	5539	2173	3366	460	192	268
84	24	14	10	4661	1828	2833	401	183	218
85—89岁	**56**	**27**	**29**	**12717**	**4582**	**8135**	**1162**	**469**	**693**
85	18	9	9	3520	1295	2225	339	144	195
86	14	8	6	2795	1011	1784	249	96	153
87	10	4	6	2611	979	1632	238	92	146
88	7	3	4	2110	717	1393	183	74	109
89	7	3	4	1681	580	1101	153	63	90
90—94岁	**16**	**10**	**6**	**3514**	**1137**	**2377**	**324**	**128**	**196**
90	4	4		1321	420	901	131	52	79
91	4	3	1	747	243	504	66	23	43
92	3	1	2	729	236	493	55	22	33
93	2	1	1	453	157	296	46	21	25
94	3	1	2	264	81	183	26	10	16
95—99岁	**1**		**1**	**542**	**139**	**403**	**61**	**23**	**38**
95				192	46	146	22	10	12
96				118	37	81	14	6	8
97	1		1	111	21	90	13	4	9
98				68	18	50	8	2	6
99				53	17	36	4	1	3
100岁及以上	**1**		**1**	**89**	**19**	**70**	**6**	**2**	**4**

8-7a　全省分年龄、性别、主要生活来源的人口(城市)

单位：人

年　龄	15岁及以上人口			劳动收入		
	合计	男	女	小计	男	女
总　计	**763383**	**376130**	**387253**	**399260**	**232100**	**167160**
45岁以下	**449081**	**222366**	**226715**	**273099**	**153338**	**119761**
45-49岁	**78107**	**40149**	**37958**	**58551**	**33605**	**24946**
45	16063	8262	7801	12194	6961	5233
46	16901	8563	8338	12819	7225	5594
47	15712	8066	7646	11854	6790	5064
48	14686	7587	7099	11016	6351	4665
49	14745	7671	7074	10668	6278	4390
50-54岁	**67850**	**34002**	**33848**	**40467**	**25590**	**14877**
50	15338	7754	7584	10139	6183	3956
51	13900	7064	6836	8753	5512	3241
52	14886	7429	7457	8775	5528	3247
53	11016	5468	5548	6155	3953	2202
54	12710	6287	6423	6645	4414	2231
55-59岁	**53532**	**26239**	**27293**	**20456**	**15251**	**5205**
55	12900	6428	6472	5695	4132	1563
56	12813	6232	6581	5221	3842	1379
57	13837	6751	7086	5093	3847	1246
58	9192	4500	4692	3099	2373	726
59	4790	2328	2462	1348	1057	291
60-64岁	**34094**	**16519**	**17575**	**3892**	**2572**	**1320**
60	6161	2985	3176	938	632	306
61	5799	2860	2939	719	481	238
62	7342	3591	3751	796	524	272
63	7834	3776	4058	785	512	273
64	6958	3307	3651	654	423	231
65-69岁	**29870**	**13594**	**16276**	**1950**	**1225**	**725**
65	6950	3301	3649	596	389	207
66	6934	3134	3800	495	307	188
67	5903	2629	3274	340	198	142
68	5667	2547	3120	300	182	118
69	4416	1983	2433	219	149	70

8-7a 续表 1 单位：人

年 龄	15岁及以上人口			劳动收入		
	合计	男	女	小计	男	女
70-74岁	**21681**	**10195**	**11486**	**597**	**380**	**217**
70	4603	2141	2462	180	122	58
71	4838	2263	2575	137	85	52
72	4213	1969	2244	117	77	40
73	4154	1953	2201	80	48	32
74	3873	1869	2004	83	48	35
75-79岁	**14104**	**6480**	**7624**	**175**	**107**	**68**
75	2875	1381	1494	41	20	21
76	3091	1443	1648	41	25	16
77	2918	1318	1600	35	25	10
78	2727	1228	1499	33	21	12
79	2493	1110	1383	25	16	9
80-84岁	**9550**	**4170**	**5380**	**50**	**25**	**25**
80	2328	1022	1306	18	7	11
81	2048	923	1125	16	7	9
82	2090	909	1181	6	6	
83	1679	747	932	6	3	3
84	1405	569	836	4	2	2
85-89岁	**4136**	**1802**	**2334**	**19**	**6**	**13**
85	1107	461	646	5	2	3
86	955	390	565	4		4
87	950	438	512	3	1	2
88	639	287	352	4	1	3
89	485	226	259	3	2	1
90-94岁	**1181**	**537**	**644**	**3**		**3**
90	430	171	259	2		2
91	282	135	147			
92	229	111	118			
93	140	73	67			
94	100	47	53	1		1
95-99岁	**173**	**65**	**108**	**1**	**1**	
95	58	22	36			
96	35	14	21			
97	43	14	29			
98	19	9	10	1	1	
99	18	6	12			
100岁及以上	**24**	**12**	**12**			

8-7a 续表 2 单位：人

年 龄	离退休金/养老金			最低生活保障金			失业保险金		
	小计	男	女	小计	男	女	小计	男	女
总 计	**91667**	**39811**	**51856**	**6833**	**3659**	**3174**	**427**	**261**	**166**
45岁以下	**55**	**24**	**31**	**1530**	**819**	**711**	**268**	**147**	**121**
45—49岁	**822**	**64**	**758**	**810**	**470**	**340**	**78**	**51**	**27**
45	90	10	80	146	82	64	23	19	4
46	116	4	112	132	79	53	12	5	7
47	150	12	138	168	100	68	11	5	6
48	186	13	173	169	93	76	18	13	5
49	280	25	255	195	116	79	14	9	5
50—54岁	**6872**	**1039**	**5833**	**925**	**559**	**366**	**49**	**37**	**12**
50	1141	82	1059	169	116	53	16	10	6
51	1242	158	1084	189	105	84	7	7	
52	1479	214	1265	219	132	87	12	9	3
53	1209	228	981	158	90	68	7	7	
54	1801	357	1444	190	116	74	7	4	3
55—59岁	**15903**	**4317**	**11586**	**938**	**548**	**390**	**19**	**19**	
55	2993	698	2295	223	132	91	4	4	
56	3566	883	2683	209	128	81	4	4	
57	4292	1194	3098	238	137	101	5	5	
58	3056	876	2180	171	96	75	5	5	
59	1996	666	1330	97	55	42	1	1	
60—64岁	**19659**	**9740**	**9919**	**724**	**411**	**313**	**4**	**2**	**2**
60	3536	1671	1865	129	83	46	1	1	
61	3402	1719	1683	127	58	69	2	1	1
62	4289	2165	2124	153	90	63			
63	4491	2209	2282	166	97	69			
64	3941	1976	1965	149	83	66	1		1
65—69岁	**16748**	**8183**	**8565**	**653**	**320**	**333**	**5**	**3**	**2**
65	3890	1982	1908	154	76	78	1		1
66	3924	1900	2024	145	72	73	2	1	1
67	3214	1538	1676	120	59	61			
68	3178	1527	1651	141	71	70			
69	2542	1236	1306	93	42	51	2	2	

8-7a 续表 3

单位：人

年 龄	离退休金/养老金			最低生活保障金			失业保险金		
	小计	男	女	小计	男	女	小计	男	女
70—74岁	**13215**	**6923**	**6292**	**513**	**246**	**267**	**2**	**1**	**1**
70	2702	1386	1316	99	46	53			
71	2931	1512	1419	93	46	47			
72	2620	1358	1262	103	54	49	1		1
73	2602	1371	1231	114	51	63			
74	2360	1296	1064	104	49	55	1	1	
75—79岁	**8835**	**4592**	**4243**	**348**	**144**	**204**			
75	1775	966	809	61	28	33			
76	1931	1032	899	72	26	46			
77	1808	931	877	83	33	50			
78	1709	868	841	71	28	43			
79	1612	795	817	61	29	32			
80—84岁	**6134**	**3074**	**3060**	**254**	**104**	**150**	**2**	**1**	**1**
80	1540	783	757	51	18	33			
81	1338	669	669	48	28	20	1		1
82	1306	650	656	67	30	37	1	1	
83	1059	557	502	44	12	32			
84	891	415	476	44	16	28			
85—89岁	**2602**	**1383**	**1219**	**102**	**30**	**72**			
85	738	366	372	22	11	11			
86	594	297	297	30	5	25			
87	609	338	271	23	7	16			
88	384	214	170	14	4	10			
89	277	168	109	13	3	10			
90—94岁	**716**	**412**	**304**	**30**	**7**	**23**			
90	253	129	124	11	4	7			
91	183	109	74	11	2	9			
92	144	87	57	5	1	4			
93	76	51	25	2		2			
94	60	36	24	1		1			
95—99岁	**95**	**49**	**46**	**4**	**1**	**3**			
95	35	16	19						
96	18	10	8						
97	24	12	12	3	1	2			
98	8	7	1						
99	10	4	6	1		1			
100岁及以上	**11**	**11**		**2**		**2**			

8-7a　续表 4　　单位：人

年　龄	财产性收入			家庭其他成员供养			其　他		
	小计	男	女	小计	男	女	小计	男	女
总　计	**9309**	**4935**	**4374**	**209494**	**71797**	**137697**	**46393**	**23567**	**22826**
45岁以下	**3483**	**1894**	**1589**	**143569**	**52440**	**91129**	**27077**	**13704**	**13373**
45-49岁	**1513**	**813**	**700**	**10792**	**2257**	**8535**	**5541**	**2889**	**2652**
45	311	182	129	2129	399	1730	1170	609	561
46	317	176	141	2319	445	1874	1186	629	557
47	294	153	141	2128	429	1699	1107	577	530
48	287	138	149	2021	476	1545	989	503	486
49	304	164	140	2195	508	1687	1089	571	518
50-54岁	**1527**	**820**	**707**	**13047**	**3233**	**9814**	**4963**	**2724**	**2239**
50	300	170	130	2449	572	1877	1124	621	503
51	316	171	145	2402	577	1825	991	534	457
52	360	185	175	2904	722	2182	1137	639	498
53	266	144	122	2394	611	1783	827	435	392
54	285	150	135	2898	751	2147	884	495	389
55-59岁	**1106**	**608**	**498**	**11765**	**3673**	**8092**	**3345**	**1823**	**1522**
55	279	152	127	2838	839	1999	868	471	397
56	273	150	123	2755	811	1944	785	414	371
57	282	151	131	3079	953	2126	848	464	384
58	177	106	71	2103	721	1382	581	323	258
59	95	49	46	990	349	641	263	151	112
60-64岁	**608**	**301**	**307**	**7458**	**2598**	**4860**	**1749**	**895**	**854**
60	97	51	46	1182	403	779	278	144	134
61	105	51	54	1151	409	742	293	141	152
62	126	66	60	1569	527	1042	409	219	190
63	153	69	84	1830	686	1144	409	203	206
64	127	64	63	1726	573	1153	360	188	172
65-69岁	**583**	**275**	**308**	**8336**	**2894**	**5442**	**1595**	**694**	**901**
65	133	61	72	1788	620	1168	388	173	215
66	128	59	69	1866	639	1227	374	156	218
67	120	57	63	1777	624	1153	332	153	179
68	114	59	55	1638	582	1056	296	126	170
69	88	39	49	1267	429	838	205	86	119

8-7a 续表 5 单位：人

年龄	财产性收入			家庭其他成员供养			其他		
	小计	男	女	小计	男	女	小计	男	女
70-74岁	**291**	**133**	**158**	**6122**	**2105**	**4017**	**941**	**407**	**534**
70	64	27	37	1325	449	876	233	111	122
71	80	32	48	1395	495	900	202	93	109
72	44	22	22	1151	383	768	177	75	102
73	51	24	27	1146	397	749	161	62	99
74	52	28	24	1105	381	724	168	66	102
75-79岁	**129**	**63**	**66**	**4027**	**1335**	**2692**	**590**	**239**	**351**
75	31	15	16	838	294	544	129	58	71
76	30	11	19	882	299	583	135	50	85
77	28	19	9	851	263	588	113	47	66
78	22	11	11	767	249	518	125	51	74
79	18	7	11	689	230	459	88	33	55
80-84岁	**49**	**22**	**27**	**2703**	**828**	**1875**	**358**	**116**	**242**
80	19	5	14	618	186	432	82	23	59
81	10	5	5	560	185	375	75	29	46
82	3	2	1	623	191	432	84	29	55
83	9	6	3	494	149	345	67	20	47
84	8	4	4	408	117	291	50	15	35
85-89岁	**15**	**3**	**12**	**1229**	**327**	**902**	**169**	**53**	**116**
85	4		4	299	68	231	39	14	25
86	6	1	5	282	73	209	39	14	25
87	2	1	1	274	81	193	39	10	29
88	1	1		208	58	150	28	9	19
89	2		2	166	47	119	24	6	18
90-94岁	**5**	**3**	**2**	**371**	**95**	**276**	**56**	**20**	**36**
90	2	2		139	28	111	23	8	15
91	1	1		73	18	55	14	5	9
92	2		2	73	21	52	5	2	3
93				54	18	36	8	4	4
94				32	10	22	6	1	5
95-99岁				**64**	**11**	**53**	**9**	**3**	**6**
95				20	5	15	3	1	2
96				14	2	12	3	2	1
97				15	1	14	1		1
98				8	1	7	2		2
99				7	2	5			
100岁及以上				**11**	**1**	**10**			

8-7b 全省分年龄、性别、主要生活来源的人口(镇)

单位：人

年 龄	15岁及以上人口			劳动收入		
	合计	男	女	小计	男	女
总 计	**727752**	**359107**	**368645**	**376729**	**221202**	**155527**
45岁以下	**409390**	**201773**	**207617**	**229806**	**132222**	**97584**
45-49岁	**76347**	**39915**	**36432**	**57607**	**33754**	**23853**
45	15590	8173	7417	11996	7022	4974
46	16656	8690	7966	12740	7385	5355
47	15341	8077	7264	11564	6808	4756
48	14410	7473	6937	10784	6303	4481
49	14350	7502	6848	10523	6236	4287
50-54岁	**69515**	**34968**	**34547**	**45240**	**27326**	**17914**
50	15076	7786	7290	10582	6340	4242
51	13526	6747	6779	9092	5438	3654
52	15579	7792	7787	10057	6080	3977
53	11596	5811	5785	7237	4383	2854
54	13738	6832	6906	8272	5085	3187
55-59岁	**52082**	**25963**	**26119**	**26503**	**17230**	**9273**
55	13055	6500	6555	7196	4553	2643
56	12849	6397	6452	6678	4385	2293
57	13067	6524	6543	6580	4297	2283
58	9183	4604	4579	4373	2894	1479
59	3928	1938	1990	1676	1101	575
60-64岁	**31073**	**15313**	**15760**	**8429**	**5118**	**3311**
60	4646	2312	2334	1567	960	607
61	5057	2548	2509	1491	928	563
62	7063	3528	3535	1893	1163	730
63	7430	3651	3779	1864	1119	745
64	6877	3274	3603	1614	948	666
65-69岁	**33950**	**16207**	**17743**	**6163**	**3736**	**2427**
65	7570	3662	3908	1592	973	619
66	7697	3599	4098	1477	876	601
67	6840	3302	3538	1234	747	487
68	6780	3207	3573	1125	673	452
69	5063	2437	2626	735	467	268

8-7b 续表 1

单位：人

年 龄	15岁及以上人口			劳动收入		
	合计	男	女	小计	男	女
70-74岁	**23710**	**11184**	**12526**	**2070**	**1277**	**793**
70	5073	2392	2681	602	355	247
71	5200	2515	2685	479	301	178
72	4581	2170	2411	378	234	144
73	4605	2161	2444	338	212	126
74	4251	1946	2305	273	175	98
75-79岁	**16278**	**7378**	**8900**	**691**	**434**	**257**
75	3318	1549	1769	181	126	55
76	3626	1693	1933	170	104	66
77	3372	1522	1850	140	86	54
78	3145	1381	1764	110	61	49
79	2817	1233	1584	90	57	33
80-84岁	**9867**	**4270**	**5597**	**173**	**85**	**88**
80	2409	1072	1337	63	33	30
81	2108	925	1183	39	21	18
82	2213	963	1250	34	14	20
83	1672	713	959	25	13	12
84	1465	597	868	12	4	8
85-89岁	**4203**	**1658**	**2545**	**41**	**19**	**22**
85	1176	451	725	11	6	5
86	913	369	544	10	4	6
87	900	357	543	9	5	4
88	661	256	405	7	3	4
89	553	225	328	4	1	3
90-94岁	**1127**	**412**	**715**	**6**	**1**	**5**
90	425	165	260	3		3
91	238	88	150	2	1	1
92	248	86	162			
93	139	45	94	1		1
94	77	28	49			
95-99岁	**179**	**60**	**119**			
95	65	26	39			
96	33	12	21			
97	45	8	37			
98	25	10	15			
99	11	4	7			
100岁及以上	**31**	**6**	**25**			

8-7b　续表 2　　单位：人

年　龄	离退休金/养老金			最低生活保障金			失业保险金		
	小计	男	女	小计	男	女	小计	男	女
总　计	**28245**	**14920**	**13325**	**15328**	**8345**	**6983**	**107**	**72**	**35**
45岁以下	**7**	**7**		**3812**	**2110**	**1702**	**49**	**32**	**17**
45-49岁	**179**	**40**	**139**	**1187**	**766**	**421**	**23**	**11**	**12**
45	16	2	14	210	140	70	5	2	3
46	23	6	17	264	175	89	2	1	1
47	42	9	33	252	160	92	7	4	3
48	56	9	47	223	144	79	3	3	
49	42	14	28	238	147	91	6	1	5
50-54岁	**1867**	**411**	**1456**	**1337**	**814**	**523**	**20**	**18**	**2**
50	283	41	242	290	187	103	5	5	
51	316	53	263	241	160	81	4	3	1
52	374	87	287	293	157	136	3	2	1
53	354	92	262	223	140	83	6	6	
54	540	138	402	290	170	120	2	2	
55-59岁	**4680**	**1402**	**3278**	**1294**	**761**	**533**	**9**	**9**	
55	943	236	707	308	194	114	4	4	
56	1094	307	787	312	177	135	1	1	
57	1236	355	881	321	184	137			
58	900	304	596	245	148	97	2	2	
59	507	200	307	108	58	50	2	2	
60-64岁	**5798**	**3422**	**2376**	**1447**	**781**	**666**	**4**	**1**	**3**
60	892	510	382	190	113	77			
61	1049	624	425	214	117	97			
62	1343	827	516	324	168	156	2		2
63	1310	767	543	374	207	167	1	1	
64	1204	694	510	345	176	169	1		1
65-69岁	**5507**	**3203**	**2304**	**2014**	**1069**	**945**	**1**	**1**	
65	1249	736	513	432	228	204			
66	1259	749	510	427	230	197			
67	1063	617	446	400	213	187			
68	1065	612	453	422	224	198	1	1	
69	871	489	382	333	174	159			

8-7b 续表 3 单位：人

年 龄	离退休金/养老金			最低生活保障金			失业保险金		
	小计	男	女	小计	男	女	小计	男	女
70－74岁	**4381**	**2776**	**1605**	**1625**	**858**	**767**	**1**		**1**
70	882	548	334	324	175	149			
71	959	615	344	382	216	166			
72	852	530	322	318	163	155			
73	856	560	296	295	152	143	1		1
74	832	523	309	306	152	154			
75－79岁	**2972**	**1887**	**1085**	**1334**	**659**	**675**			
75	613	396	217	275	135	140			
76	690	460	230	280	133	147			
77	617	388	229	289	137	152			
78	543	337	206	283	144	139			
79	509	306	203	207	110	97			
80－84岁	**1872**	**1146**	**726**	**821**	**359**	**462**			
80	429	273	156	187	87	100			
81	408	244	164	191	89	102			
82	413	260	153	185	88	97			
83	328	204	124	149	54	95			
84	294	165	129	109	41	68			
85－89岁	**757**	**472**	**285**	**340**	**124**	**216**			
85	206	115	91	107	35	72			
86	160	106	54	61	23	38			
87	164	103	61	67	22	45			
88	118	72	46	57	22	35			
89	109	76	33	48	22	26			
90－94岁	**191**	**129**	**62**	**97**	**37**	**60**			
90	81	59	22	30	13	17			
91	47	32	15	20	6	14			
92	38	21	17	21	10	11			
93	17	12	5	14	3	11			
94	8	5	3	12	5	7			
95－99岁	**30**	**22**	**8**	**16**	**7**	**9**			
95	14	11	3	6	3	3			
96	6	4	2	6	3	3			
97	5	2	3	3	1	2			
98	3	3		1		1			
99	2	2							
100岁及以上	**4**	**3**	**1**	**4**		**4**			

8-7b　续表 4　　单位：人

年　龄	财产性收入			家庭其他成员供养			其　　他		
	小计	男	女	小计	男	女	小计	男	女
总　计	**7208**	**3896**	**3312**	**248704**	**85473**	**163231**	**51431**	**25199**	**26232**
45岁以下	**3049**	**1605**	**1444**	**144284**	**51891**	**92393**	**28383**	**13906**	**14477**
45-49岁	**1017**	**591**	**426**	**11074**	**2084**	**8990**	**5260**	**2669**	**2591**
45	184	114	70	2105	341	1764	1074	552	522
46	246	144	102	2267	406	1861	1114	573	541
47	192	108	84	2182	421	1761	1102	567	535
48	169	99	70	2175	419	1756	1000	496	504
49	226	126	100	2345	497	1848	970	481	489
50-54岁	**1062**	**587**	**475**	**15059**	**3382**	**11677**	**4930**	**2430**	**2500**
50	223	127	96	2680	580	2100	1013	506	507
51	213	107	106	2716	544	2172	944	442	502
52	248	135	113	3462	764	2698	1142	567	575
53	186	112	74	2756	651	2105	834	427	407
54	192	106	86	3445	843	2602	997	488	509
55-59岁	**803**	**438**	**365**	**14979**	**4234**	**10745**	**3814**	**1889**	**1925**
55	211	109	102	3427	926	2501	966	478	488
56	194	98	96	3622	982	2640	948	447	501
57	201	118	83	3763	1054	2709	966	516	450
58	143	78	65	2888	868	2020	632	310	322
59	54	35	19	1279	404	875	302	138	164
60-64岁	**443**	**242**	**201**	**12536**	**4564**	**7972**	**2416**	**1185**	**1231**
60	64	38	26	1615	536	1079	318	155	163
61	80	39	41	1827	643	1184	396	197	199
62	106	58	48	2846	1060	1786	549	252	297
63	102	57	45	3173	1188	1985	606	312	294
64	91	50	41	3075	1137	1938	547	269	278
65-69岁	**437**	**224**	**213**	**17068**	**6594**	**10474**	**2760**	**1380**	**1380**
65	132	64	68	3564	1345	2219	601	316	285
66	87	46	41	3816	1414	2402	631	284	347
67	69	35	34	3492	1401	2091	582	289	293
68	92	48	44	3501	1347	2154	574	302	272
69	57	31	26	2695	1087	1608	372	189	183

8-7b 续表 5 单位：人

年龄	财产性收入			家庭其他成员供养			其他		
	小计	男	女	小计	男	女	小计	男	女
70-74岁	**204**	**111**	**93**	**13742**	**5365**	**8377**	**1687**	**797**	**890**
70	51	29	22	2832	1090	1742	382	195	187
71	57	27	30	2957	1175	1782	366	181	185
72	42	22	20	2664	1075	1589	327	146	181
73	29	14	15	2759	1070	1689	327	153	174
74	25	19	6	2530	955	1575	285	122	163
75-79岁	**108**	**54**	**54**	**10037**	**3830**	**6207**	**1136**	**514**	**622**
75	26	17	9	1989	768	1221	234	107	127
76	22	13	9	2186	841	1345	278	142	136
77	27	12	15	2098	819	1279	201	80	121
78	16	7	9	1975	744	1231	218	88	130
79	17	5	12	1789	658	1131	205	97	108
80-84岁	**56**	**29**	**27**	**6297**	**2373**	**3924**	**648**	**278**	**370**
80	20	11	9	1537	597	940	173	71	102
81	7	4	3	1320	508	812	143	59	84
82	15	8	7	1428	532	896	138	61	77
83	8	2	6	1062	400	662	100	40	60
84	6	4	2	950	336	614	94	47	47
85-89岁	**22**	**13**	**9**	**2752**	**919**	**1833**	**291**	**111**	**180**
85	10	7	3	757	256	501	85	32	53
86	3	3		623	211	412	56	22	34
87	4	2	2	589	205	384	67	20	47
88	3		3	426	139	287	50	20	30
89	2	1	1	357	108	249	33	17	16
90-94岁	**5**	**2**	**3**	**746**	**212**	**534**	**82**	**31**	**51**
90				278	79	199	33	14	19
91	1	1		154	44	110	14	4	10
92				176	52	124	13	3	10
93	2	1	1	93	23	70	12	6	6
94	2		2	45	14	31	10	4	6
95-99岁	**1**		**1**	**112**	**24**	**88**	**20**	**7**	**13**
95				39	10	29	6	2	4
96				16	3	13	5	2	3
97	1		1	30	3	27	6	2	4
98				18	6	12	3	1	2
99				9	2	7			
100岁及以上	**1**		**1**	**18**	**1**	**17**	**4**	**2**	**2**

8-7c　全省分年龄、性别、主要生活来源的人口(乡村)

单位：人

年　龄	15岁及以上人口			劳动收入		
	合计	男	女	小计	男	女
总　计	**1278016**	**662806**	**615210**	**717740**	**430299**	**287441**
45岁以下	**551192**	**296646**	**254546**	**337296**	**210698**	**126598**
45-49岁	**133767**	**72141**	**61626**	**107200**	**62522**	**44678**
45	25860	14047	11813	21090	12312	8778
46	28203	15364	12839	22874	13437	9437
47	26618	14317	12301	21308	12365	8943
48	26047	13885	12162	20676	11956	8720
49	27039	14528	12511	21252	12452	8800
50-54岁	**141557**	**73355**	**68202**	**106658**	**61028**	**45630**
50	28946	15195	13751	22387	12863	9524
51	27588	14283	13305	21015	12003	9012
52	31684	16392	15292	23947	13698	10249
53	24731	12743	11988	18466	10525	7941
54	28608	14742	13866	20843	11939	8904
55-59岁	**111389**	**56477**	**54912**	**76347**	**43619**	**32728**
55	27557	14013	13544	19701	11143	8558
56	26679	13452	13227	18430	10465	7965
57	27736	14220	13516	18805	10916	7889
58	20465	10323	10142	13661	7795	5866
59	8952	4469	4483	5750	3300	2450
60-64岁	**79495**	**40020**	**39475**	**38533**	**22334**	**16199**
60	11734	5848	5886	6816	3851	2965
61	12149	6224	5925	6353	3744	2609
62	17267	8793	8474	8405	4901	3504
63	19660	9885	9775	8950	5224	3726
64	18685	9270	9415	8009	4614	3395
65-69岁	**96442**	**47923**	**48519**	**33488**	**19426**	**14062**
65	20415	10291	10124	8098	4693	3405
66	21425	10579	10846	8110	4606	3504
67	20289	9949	10340	6929	4002	2927
68	19587	9842	9745	6222	3723	2499
69	14726	7262	7464	4129	2402	1727

8-7c 续表 1

单位：人

年 龄	15岁及以上人口			劳动收入		
	合计	男	女	小计	男	女
70-74岁	**70207**	**34175**	**36032**	**12829**	**7569**	**5260**
70	14828	7261	7567	3673	2109	1564
71	15714	7837	7877	3106	1849	1257
72	13646	6626	7020	2385	1411	974
73	13567	6551	7016	2017	1236	781
74	12452	5900	6552	1648	964	684
75-79岁	**48544**	**22624**	**25920**	**4189**	**2432**	**1757**
75	9920	4579	5341	1149	661	488
76	10582	5088	5494	1070	632	438
77	10212	4801	5411	816	484	332
78	9283	4190	5093	648	367	281
79	8547	3966	4581	506	288	218
80-84岁	**29762**	**13261**	**16501**	**977**	**560**	**417**
80	7149	3246	3903	328	198	130
81	6182	2747	3435	194	109	85
82	6559	2944	3615	207	109	98
83	5427	2362	3065	159	88	71
84	4445	1962	2483	89	56	33
85-89岁	**11892**	**4859**	**7033**	**187**	**96**	**91**
85	3367	1426	1941	53	32	21
86	2562	1033	1529	43	22	21
87	2376	1027	1349	36	19	17
88	1994	763	1231	24	10	14
89	1593	610	983	31	13	18
90-94岁	**3183**	**1155**	**2028**	**32**	**15**	**17**
90	1220	441	779	16	7	9
91	691	255	436	8	4	4
92	628	223	405	4	2	2
93	406	155	251	4	2	2
94	238	81	157			
95-99岁	**505**	**149**	**356**	**3**		**3**
95	181	50	131	1		1
96	115	38	77			
97	96	31	65	1		1
98	62	13	49			
99	51	17	34	1		1
100岁及以上	**81**	**21**	**60**	**1**		**1**

8-7c　续表 2　　单位：人

年　龄	离退休金/养老金			最低生活保障金			失业保险金		
	小计	男	女	小计	男	女	小计	男	女
总　计	**20871**	**12947**	**7924**	**49964**	**28375**	**21589**	**79**	**47**	**32**
45岁以下	**3**	**2**	**1**	**9289**	**5570**	**3719**	**30**	**19**	**11**
45-49岁	**23**	**1**	**22**	**3549**	**2457**	**1092**	**12**	**9**	**3**
45	1		1	680	465	215	2	2	
46	4		4	703	484	219	3	2	1
47	5		5	684	478	206			
48	2		2	729	503	226	4	3	1
49	11	1	10	753	527	226	3	2	1
50-54岁	**257**	**89**	**168**	**3904**	**2627**	**1277**	**6**	**4**	**2**
50	28	6	22	808	555	253	1	1	
51	47	12	35	770	517	253	1	1	
52	57	20	37	816	548	268	2	2	
53	55	20	35	673	437	236	1		1
54	70	31	39	837	570	267	1		1
55-59岁	**972**	**405**	**567**	**3906**	**2411**	**1495**	**3**	**2**	**1**
55	160	60	100	953	622	331			
56	204	78	126	918	595	323	1	1	
57	263	107	156	1021	621	400	2	1	1
58	229	104	125	719	407	312			
59	116	56	60	295	166	129			
60-64岁	**3359**	**2062**	**1297**	**4687**	**2710**	**1977**	**5**	**2**	**3**
60	400	249	151	554	312	242	1		1
61	512	316	196	645	377	268	1		1
62	748	467	281	1013	607	406	1	1	
63	854	508	346	1254	723	531	2	1	1
64	845	522	323	1221	691	530			
65-69岁	**4923**	**3007**	**1916**	**7254**	**4011**	**3243**	**12**	**7**	**5**
65	972	597	375	1403	784	619	2		2
66	1051	642	409	1545	871	674			
67	1038	620	418	1570	864	706	4	4	
68	1062	655	407	1541	829	712	4	2	2
69	800	493	307	1195	663	532	2	1	1

8-7c 续表 3 单位：人

年 龄	离退休金/养老金			最低生活保障金			失业保险金		
	小计	男	女	小计	男	女	小计	男	女
70-74岁	**4751**	**3109**	**1642**	**6671**	**3554**	**3117**	**6**	**2**	**4**
70	887	559	328	1314	723	591	1		1
71	1062	691	371	1417	783	634	2	1	1
72	906	592	314	1329	678	651	2	1	1
73	973	666	307	1340	694	646	1		1
74	923	601	322	1271	676	595			
75-79岁	**3604**	**2427**	**1177**	**5210**	**2593**	**2617**	**2**	**2**	
75	682	444	238	1025	510	515			
76	829	577	252	1122	576	546			
77	765	517	248	1083	542	541	2	2	
78	713	477	236	1018	487	531			
79	615	412	203	962	478	484			
80-84岁	**1982**	**1244**	**738**	**3561**	**1668**	**1893**	**1**		**1**
80	516	348	168	841	402	439	1		1
81	431	261	170	752	363	389			
82	432	259	173	800	361	439			
83	335	209	126	650	305	345			
84	268	167	101	518	237	281			
85-89岁	**802**	**497**	**305**	**1446**	**614**	**832**			
85	228	144	84	403	179	224			
86	164	100	64	306	120	186			
87	180	121	59	276	131	145			
88	121	69	52	265	117	148			
89	109	63	46	196	67	129			
90-94岁	**170**	**91**	**79**	**391**	**137**	**254**	**1**		**1**
90	62	34	28	161	55	106			
91	37	22	15	86	33	53			
92	33	18	15	72	22	50	1		1
93	19	7	12	51	19	32			
94	19	10	9	21	8	13			
95-99岁	**19**	**11**	**8**	**84**	**21**	**63**	**1**		**1**
95	6	3	3	27	9	18	1		1
96	2		2	19	4	15			
97	6	5	1	17	7	10			
98	3	1	2	14		14			
99	2	2		7	1	6			
100岁及以上	**6**	**2**	**4**	**12**	**2**	**10**			

8-7c　续表 4　　　　单位：人

年　龄	财产性收入			家庭其他成员供养			其　他		
	小计	男	女	小计	男	女	小计	男	女
总　计	**6328**	**3621**	**2707**	**399062**	**146302**	**252760**	**83972**	**41215**	**42757**
45岁以下	**2526**	**1430**	**1096**	**163294**	**59520**	**103774**	**38754**	**19407**	**19347**
45—49岁	**877**	**498**	**379**	**14041**	**2677**	**11364**	**8065**	**3977**	**4088**
45	151	94	57	2406	418	1988	1530	756	774
46	211	120	91	2724	479	2245	1684	842	842
47	167	90	77	2802	558	2244	1652	826	826
48	171	95	76	2869	557	2312	1596	771	825
49	177	99	78	3240	665	2575	1603	782	821
50—54岁	**861**	**490**	**371**	**21114**	**5011**	**16103**	**8757**	**4106**	**4651**
50	195	109	86	3757	816	2941	1770	845	925
51	142	79	63	3877	860	3017	1736	811	925
52	190	107	83	4751	1141	3610	1921	876	1045
53	134	77	57	3879	953	2926	1523	731	792
54	200	118	82	4850	1241	3609	1807	843	964
55—59岁	**703**	**422**	**281**	**22583**	**6419**	**16164**	**6875**	**3199**	**3676**
55	175	105	70	4914	1301	3613	1654	782	872
56	165	96	69	5312	1471	3841	1649	746	903
57	173	109	64	5755	1656	4099	1717	810	907
58	139	86	53	4445	1323	3122	1272	608	664
59	51	26	25	2157	668	1489	583	253	330
60—64岁	**416**	**254**	**162**	**27283**	**10105**	**17178**	**5212**	**2553**	**2659**
60	71	41	30	3190	1067	2123	702	328	374
61	80	55	25	3775	1338	2437	783	394	389
62	72	38	34	5880	2202	3678	1148	577	571
63	109	72	37	7197	2725	4472	1294	632	662
64	84	48	36	7241	2773	4468	1285	622	663
65—69岁	**475**	**272**	**203**	**44049**	**18062**	**25987**	**6241**	**3138**	**3103**
65	115	71	44	8464	3418	5046	1361	728	633
66	106	59	47	9236	3731	5505	1377	670	707
67	89	46	43	9320	3744	5576	1339	669	670
68	108	66	42	9455	3985	5470	1195	582	613
69	57	30	27	7574	3184	4390	969	489	480

8—7c 续表 5 单位：人

年 龄	财产性收入			家庭其他成员供养			其 他		
	小计	男	女	小计	男	女	小计	男	女
70—74岁	**252**	**132**	**120**	**41207**	**17615**	**23592**	**4491**	**2194**	**2297**
70	69	33	36	7947	3370	4577	937	467	470
71	61	41	20	9084	3971	5113	982	501	481
72	45	21	24	8063	3499	4564	916	424	492
73	40	20	20	8330	3530	4800	866	405	461
74	37	17	20	7783	3245	4538	790	397	393
75—79岁	**131**	**75**	**56**	**32439**	**13640**	**18799**	**2969**	**1455**	**1514**
75	33	21	12	6429	2649	3780	602	294	308
76	29	17	12	6901	2965	3936	631	321	310
77	35	19	16	6815	2893	3922	696	344	352
78	16	8	8	6340	2585	3755	548	266	282
79	18	10	8	5954	2548	3406	492	230	262
80—84岁	**62**	**32**	**30**	**21493**	**8966**	**12527**	**1686**	**791**	**895**
80	21	8	13	5035	2107	2928	407	183	224
81	14	9	5	4430	1829	2601	361	176	185
82	10	5	5	4742	2031	2711	368	179	189
83	7	4	3	3983	1624	2359	293	132	161
84	10	6	4	3303	1375	1928	257	121	136
85—89岁	**19**	**11**	**8**	**8736**	**3336**	**5400**	**702**	**305**	**397**
85	4	2	2	2464	971	1493	215	98	117
86	5	4	1	1890	727	1163	154	60	94
87	4	1	3	1748	693	1055	132	62	70
88	3	2	1	1476	520	956	105	45	60
89	3	2	1	1158	425	733	96	40	56
90—94岁	**6**	**5**	**1**	**2397**	**830**	**1567**	**186**	**77**	**109**
90	2	2		904	313	591	75	30	45
91	2	1	1	520	181	339	38	14	24
92	1	1		480	163	317	37	17	20
93				306	116	190	26	11	15
94	1	1		187	57	130	10	5	5
95—99岁				**366**	**104**	**262**	**32**	**13**	**19**
95				133	31	102	13	7	6
96				88	32	56	6	2	4
97				66	17	49	6	2	4
98				42	11	31	3	1	2
99				37	13	24	4	1	3
100岁及以上				**60**	**17**	**43**	**2**		**2**

8–8　全省分性别、婚姻状况、主要生活来源的60岁及以上老年人口

单位：人

婚姻状况	60岁及以上人口			劳动收入		
	合计	男	女	小计	男	女
总　计	**575342**	**274049**	**301293**	**114499**	**67418**	**47081**
未　婚	6713	6204	509	530	472	58
有配偶	408138	219981	188157	100235	61344	38891
离　婚	8241	4679	3562	1158	884	274
丧　偶	152250	43185	109065	12576	4718	7858

8–8　续表 1

单位：人

婚姻状况	离退休金/养老金			最低生活保障金			失业保险金		
	小计	男	女	小计	男	女	小计	男	女
总　计	**109143**	**59877**	**49266**	**39644**	**20467**	**19177**	**47**	**22**	**25**
未　婚	417	268	149	4492	4353	139			
有配偶	83388	51517	31871	20990	11329	9661	33	19	14
离　婚	3931	1794	2137	834	668	166	4	2	2
丧　偶	21407	6298	15109	13328	4117	9211	10	1	9

8–8　续表 2

单位：人

婚姻状况	财产性收入			家庭其他成员供养			其　他		
	小计	男	女	小计	男	女	小计	男	女
总　计	**4318**	**2256**	**2062**	**271659**	**106751**	**164908**	**36032**	**17258**	**18774**
未　婚	31	28	3	375	304	71	868	779	89
有配偶	3461	2005	1456	173985	80098	93887	26046	13669	12377
离　婚	91	43	48	1777	1010	767	446	278	168
丧　偶	735	180	555	95522	25339	70183	8672	2532	6140

8－8a 全省分性别、婚姻状况、主要生活来源的60岁及以上老年人口(城市)

单位：人

婚姻状况	60岁及以上人口			劳动收入		
	合计	男	女	小计	男	女
总　计	**114813**	**53374**	**61439**	**6687**	**4316**	**2371**
未　婚	659	458	201	88	71	17
有配偶	83935	45444	38491	5719	3902	1817
离　婚	4522	2093	2429	246	156	90
丧　偶	25697	5379	20318	634	187	447

8－8a 续表 1

单位：人

婚姻状况	离退休金/养老金			最低生活保障金			失业保险金		
	小计	男	女	小计	男	女	小计	男	女
总　计	**68015**	**34367**	**33648**	**2630**	**1263**	**1367**	**13**	**7**	**6**
未　婚	256	136	120	163	146	17			
有配偶	51872	29930	21942	1382	769	613	8	6	2
离　婚	3316	1437	1879	241	171	70	2		2
丧　偶	12571	2864	9707	844	177	667	3	1	2

8－8a 续表 2

单位：人

婚姻状况	财产性收入			家庭其他成员供养			其　他		
	小计	男	女	小计	男	女	小计	男	女
总　计	**1680**	**800**	**880**	**30321**	**10194**	**20127**	**5467**	**2427**	**3040**
未　婚	3	2	1	68	48	20	81	55	26
有配偶	1306	727	579	19771	8089	11682	3877	2021	1856
离　婚	50	21	29	493	214	279	174	94	80
丧　偶	321	50	271	9989	1843	8146	1335	257	1078

8-8b　全省分性别、婚姻状况、主要生活来源的60岁及以上老年人口(镇)

单位：人

婚姻状况	60岁及以上人口			劳动收入		
	合计	男	女	小计	男	女
总　计	**120418**	**56488**	**63930**	**17573**	**10670**	**6903**
未　婚	1319	1174	145	89	64	25
有配偶	85182	45887	39295	15416	9775	5641
离　婚	1450	844	606	250	173	77
丧　偶	32467	8583	23884	1818	658	1160

8-8b　续表 1

单位：人

婚姻状况	离退休金/养老金			最低生活保障金			失业保险金		
	小计	男	女	小计	男	女	小计	男	女
总　计	**21512**	**13060**	**8452**	**7698**	**3894**	**3804**	**6**	**2**	**4**
未　婚	57	36	21	774	737	37			
有配偶	16898	11427	5471	4323	2352	1971	3	1	2
离　婚	446	232	214	154	116	38	1	1	
丧　偶	4111	1365	2746	2447	689	1758	2		2

8-8b　续表 2

单位：人

婚姻状况	财产性收入			家庭其他成员供养			其　他		
	小计	男	女	小计	男	女	小计	男	女
总　计	**1277**	**675**	**602**	**63308**	**23882**	**39426**	**9044**	**4305**	**4739**
未　婚	4	3	1	105	80	25	290	254	36
有配偶	1055	615	440	41053	18328	22725	6434	3389	3045
离　婚	24	10	14	445	229	216	130	83	47
丧　偶	194	47	147	21705	5245	16460	2190	579	1611

8-8c 全省分性别、婚姻状况、主要生活来源的60岁及以上老年人口(乡村)

单位：人

婚姻状况	60岁及以上人口			劳动收入		
	合计	男	女	小计	男	女
总　计	**340111**	**164187**	**175924**	**90239**	**52432**	**37807**
未　婚	4735	4572	163	353	337	16
有配偶	239021	128650	110371	79100	47667	31433
离　婚	2269	1742	527	662	555	107
丧　偶	94086	29223	64863	10124	3873	6251

8-8c 续表 1

单位：人

婚姻状况	离退休金/养老金			最低生活保障金			失业保险金		
	小计	男	女	小计	男	女	小计	男	女
总　计	**19616**	**12450**	**7166**	**29316**	**15310**	**14006**	**28**	**13**	**15**
未　婚	104	96	8	3555	3470	85			
有配偶	14618	10160	4458	15285	8208	7077	22	12	10
离　婚	169	125	44	439	381	58	1	1	
丧　偶	4725	2069	2656	10037	3251	6786	5		5

8-8c 续表 2

单位：人

婚姻状况	财产性收入			家庭其他成员供养			其　他		
	小计	男	女	小计	男	女	小计	男	女
总　计	**1361**	**781**	**580**	**178030**	**72675**	**105355**	**21521**	**10526**	**10995**
未　婚	24	23	1	202	176	26	497	470	27
有配偶	1100	663	437	113161	53681	59480	15735	8259	7476
离　婚	17	12	5	839	567	272	142	101	41
丧　偶	220	83	137	63828	18251	45577	5147	1696	3451

8-9　全省分性别、居住状况、主要生活来源的60岁及以上老年人口

单位：人

居住状况	60岁及以上人口			劳动收入		
	合计	男	女	小计	男	女
总　计	**575342**	**274049**	**301293**	**114499**	**67418**	**47081**
与配偶和子女同住	144003	78830	65173	34305	21177	13128
与配偶同住	210259	113178	97081	55001	32811	22190
与子女同住	131548	41361	90187	11805	5389	6416
独居(有保姆)	665	265	400	45	23	22
独居(无保姆)	60283	26355	33928	8825	5111	3714
养老机构	2127	1575	552	17	9	8
其　他	26457	12485	13972	4501	2898	1603

8-9　续表 1

单位：人

居住状况	离退休金/养老金			最低生活保障金			失业保险金		
	小计	男	女	小计	男	女	小计	男	女
总　计	**109143**	**59877**	**49266**	**39644**	**20467**	**19177**	**47**	**22**	**25**
与配偶和子女同住	28577	17930	10647	6534	3608	2926	17	9	8
与配偶同住	45955	28163	17792	12381	6611	5770	15	9	6
与子女同住	19133	6574	12559	8473	2700	5773	7	1	6
独居(有保姆)	349	139	210	61	34	27			
独居(无保姆)	11447	5043	6404	8221	4795	3426	7	3	4
养老机构	332	167	165	1011	893	118			
其　他	3350	1861	1489	2963	1826	1137	1		1

8-9　续表 2

单位：人

居住状况	财产性收入			家庭其他成员供养			其　他		
	小计	男	女	小计	男	女	小计	男	女
总　计	**4318**	**2256**	**2062**	**271659**	**106751**	**164908**	**36032**	**17258**	**18774**
与配偶和子女同住	1399	832	567	65413	31004	34409	7758	4270	3488
与配偶同住	1702	962	740	81585	37593	43992	13620	7029	6591
与子女同住	686	236	450	84944	24236	60708	6500	2225	4275
独居(有保姆)	1		1	186	52	134	23	17	6
独居(无保姆)	375	140	235	27844	9787	18057	3564	1476	2088
养老机构	5	3	2	270	113	157	492	390	102
其　他	150	83	67	11417	3966	7451	4075	1851	2224

8-9a 全省分性别、居住状况、主要生活来源的60岁及以上老年人口(城市)

单位：人

居住状况	60岁及以上人口			劳动收入		
	合计	男	女	小计	男	女
总　计	**114813**	**53374**	**61439**	**6687**	**4316**	**2371**
与配偶和子女同住	32461	18135	14326	2282	1562	720
与配偶同住	39761	21848	17913	2176	1480	696
与子女同住	26937	7109	19828	754	330	424
独居(有保姆)	320	102	218	8	2	6
独居(无保姆)	10804	3985	6819	764	486	278
养老机构	409	201	208	1		1
其　他	4121	1994	2127	702	456	246

8-9a 续表 1

单位：人

居住状况	离退休金/养老金			最低生活保障金			失业保险金		
	小计	男	女	小计	男	女	小计	男	女
总　计	**68015**	**34367**	**33648**	**2630**	**1263**	**1367**	**13**	**7**	**6**
与配偶和子女同住	18350	10872	7478	549	314	235	4	3	1
与配偶同住	28631	16459	12172	638	358	280	4	3	1
与子女同住	11755	3392	8363	744	211	533	2		2
独居(有保姆)	260	88	172	1	1				
独居(无保姆)	6955	2568	4387	469	231	238	3	1	2
养老机构	226	106	120	47	37	10			
其　他	1838	882	956	182	111	71			

8-9a 续表 2

单位：人

居住状况	财产性收入			家庭其他成员供养			其　他		
	小计	男	女	小计	男	女	小计	男	女
总　计	**1680**	**800**	**880**	**30321**	**10194**	**20127**	**5467**	**2427**	**3040**
与配偶和子女同住	598	344	254	9199	4205	4994	1479	835	644
与配偶同住	573	312	261	6203	2445	3758	1536	791	745
与子女同住	312	80	232	12001	2714	9287	1369	382	987
独居(有保姆)	1		1	47	10	37	3	1	2
独居(无保姆)	145	43	102	1914	491	1423	554	165	389
养老机构	1	1		93	37	56	41	20	21
其　他	50	20	30	864	292	572	485	233	252

8-9b　全省分性别、居住状况、主要生活来源的60岁及以上老年人口(镇)

单位：人

居住状况	60岁及以上人口			劳动收入		
	合计	男	女	小计	男	女
总　计	**120418**	**56488**	**63930**	**17573**	**10670**	**6903**
与配偶和子女同住	33578	18455	15123	6132	3919	2213
与配偶同住	38096	20752	17344	7371	4580	2791
与子女同住	31118	9500	21618	2046	939	1107
独居(有保姆)	153	73	80	10	7	3
独居(无保姆)	10424	4311	6113	1225	713	512
养老机构	821	664	157	3	1	2
其　他	6228	2733	3495	786	511	275

8-9b　续表 1

单位：人

居住状况	离退休金/养老金			最低生活保障金			失业保险金		
	小计	男	女	小计	男	女	小计	男	女
总　计	**21512**	**13060**	**8452**	**7698**	**3894**	**3804**	**6**	**2**	**4**
与配偶和子女同住	5900	4108	1792	1640	912	728	1	1	
与配偶同住	8952	5931	3021	2150	1155	995	2		2
与子女同住	3704	1502	2202	1811	565	1246	2		2
独居(有保姆)	71	40	31	14	5	9			
独居(无保姆)	2129	1033	1096	1125	558	567	1	1	
养老机构	57	35	22	450	405	45			
其　他	699	411	288	508	294	214			

8-9b　续表 2

单位：人

居住状况	财产性收入			家庭其他成员供养			其　他		
	小计	男	女	小计	男	女	小计	男	女
总　计	**1277**	**675**	**602**	**63308**	**23882**	**39426**	**9044**	**4305**	**4739**
与配偶和子女同住	459	278	181	17353	8095	9258	2093	1142	951
与配偶同住	494	276	218	16148	7262	8886	2979	1548	1431
与子女同住	184	67	117	21715	5867	15848	1656	560	1096
独居(有保姆)				50	14	36	8	7	1
独居(无保姆)	108	35	73	4993	1667	3326	843	304	539
养老机构	1	1		65	26	39	245	196	49
其　他	31	18	13	2984	951	2033	1220	548	672

8-9c 全省分性别、居住状况、主要生活来源的60岁及以上老年人口(乡村)

单位：人

居住状况	60岁及以上人口			劳动收入		
	合计	男	女	小计	男	女
总 计	**340111**	**164187**	**175924**	**90239**	**52432**	**37807**
与配偶和子女同住	77964	42240	35724	25891	15696	10195
与配偶同住	132402	70578	61824	45454	26751	18703
与子女同住	73493	24752	48741	9005	4120	4885
独居(有保姆)	192	90	102	27	14	13
独居(无保姆)	39055	18059	20996	6836	3912	2924
养老机构	897	710	187	13	8	5
其 他	16108	7758	8350	3013	1931	1082

8-9c 续表 1

单位：人

居住状况	离退休金/养老金			最低生活保障金			失业保险金		
	小计	男	女	小计	男	女	小计	男	女
总 计	**19616**	**12450**	**7166**	**29316**	**15310**	**14006**	**28**	**13**	**15**
与配偶和子女同住	4327	2950	1377	4345	2382	1963	12	5	7
与配偶同住	8372	5773	2599	9593	5098	4495	9	6	3
与子女同住	3674	1680	1994	5918	1924	3994	3	1	2
独居(有保姆)	18	11	7	46	28	18			
独居(无保姆)	2363	1442	921	6627	4006	2621	3	1	2
养老机构	49	26	23	514	451	63			
其 他	813	568	245	2273	1421	852	1		1

8-9c 续表 2

单位：人

居住状况	财产性收入			家庭其他成员供养			其 他		
	小计	男	女	小计	男	女	小计	男	女
总 计	**1361**	**781**	**580**	**178030**	**72675**	**105355**	**21521**	**10526**	**10995**
与配偶和子女同住	342	210	132	38861	18704	20157	4186	2293	1893
与配偶同住	635	374	261	59234	27886	31348	9105	4690	4415
与子女同住	190	89	101	51228	15655	35573	3475	1283	2192
独居(有保姆)				89	28	61	12	9	3
独居(无保姆)	122	62	60	20937	7629	13308	2167	1007	1160
养老机构	3	1	2	112	50	62	206	174	32
其 他	69	45	24	7569	2723	4846	2370	1070	1300

8-10　各地区分性别、居住状况的60岁及以上老年人口

单位：人

地　区	60岁及以上人口			与配偶和子女同住		
	合计	男	女	小计	男	女
贵　州	**575342**	**274049**	**301293**	**144003**	**78830**	**65173**
贵阳市	**78145**	**37025**	**41120**	**21890**	**12226**	**9664**
南明区	15241	7038	8203	4268	2399	1869
云岩区	15210	7106	8104	4212	2387	1825
花溪区	10895	5052	5843	3299	1820	1479
乌当区	4478	2141	2337	1160	647	513
白云区	4419	2079	2340	1137	646	491
观山湖区	6420	3035	3385	2251	1252	999
开阳县	6271	3071	3200	1300	715	585
息烽县	3913	1962	1951	966	538	428
修文县	4154	2072	2082	1190	660	530
清镇市	7144	3469	3675	2107	1162	945
六盘水市	**40268**	**19209**	**21059**	**9029**	**5010**	**4019**
钟山区	6747	3116	3631	1887	1062	825
六枝特区	8438	3962	4476	2165	1169	996
水城县	9794	4689	5105	2456	1368	1088
盘州市	15289	7442	7847	2521	1411	1110
遵义市	**109835**	**53373**	**56462**	**24964**	**13396**	**11568**
红花岗区	12971	6145	6826	3244	1786	1458
汇川区	9341	4479	4862	2346	1274	1072
播州区	11953	5733	6220	3004	1618	1386
桐梓县	9188	4420	4768	2232	1178	1054
绥阳县	6789	3366	3423	1412	744	668
正安县	8055	3974	4081	1478	784	694
道真仡佬族苗族自治县	4993	2467	2526	1098	576	522
务川仡佬族苗族自治县	5532	2768	2764	929	506	423
凤冈县	5461	2650	2811	1191	635	556
湄潭县	7097	3473	3624	1335	727	608
余庆县	4510	2161	2349	1093	573	520
习水县	9653	4722	4931	2214	1180	1034
赤水市	5345	2615	2730	1155	631	524
仁怀市	8947	4400	4547	2233	1184	1049
安顺市	**38156**	**17715**	**20441**	**10964**	**5905**	**5059**
西秀区	13498	6218	7280	4038	2177	1861
平坝区	5425	2524	2901	1572	848	724
普定县	5612	2698	2914	1185	647	538
镇宁布依族苗族自治县	4788	2182	2606	1528	811	717
关岭布依族苗族自治县	4313	2078	2235	1281	693	588
紫云苗族布依族自治县	4520	2015	2505	1360	729	631
毕节市	**90988**	**44123**	**46865**	**18706**	**10531**	**8175**
七星关区	16833	8130	8703	3355	1907	1448
大方县	11742	5719	6023	1533	874	659
黔西县	10627	5139	5488	2457	1363	1094
金沙县	8252	4115	4137	1690	935	755
织金县	11624	5549	6075	1895	1065	830
纳雍县	9600	4583	5017	1563	887	676
威宁彝族回族苗族自治县	13778	6763	7015	3906	2223	1683
赫章县	8532	4125	4407	2307	1277	1030

8-10 续表 1 单位：人

地　区	60岁及以上人口			与配偶和子女同住		
	合计	男	女	小计	男	女
铜仁市	**54829**	**26580**	**28249**	**11631**	**6323**	**5308**
碧江区	4542	2162	2380	1329	726	603
万山区	2488	1234	1254	478	264	214
江口县	3254	1588	1666	751	412	339
玉屏侗族自治县	2370	1098	1272	628	342	286
石阡县	5780	2769	3011	1380	751	629
思南县	8921	4324	4597	1547	827	720
印江土家族苗族自治县	5619	2724	2895	914	492	422
德江县	5999	2850	3149	1067	558	509
沿河土家族自治县	7055	3417	3638	890	498	392
松桃苗族自治县	8801	4414	4387	2647	1453	1194
黔西南布依族苗族自治州	**43179**	**19891**	**23288**	**12856**	**6910**	**5946**
兴义市	12220	5678	6542	3876	2116	1760
兴仁市	6097	2862	3235	1634	877	757
普安县	3682	1770	1912	1013	560	453
晴隆县	3601	1681	1920	873	469	404
贞丰县	4895	2284	2611	1463	782	681
望谟县	3763	1623	2140	1075	562	513
册亨县	2922	1243	1679	754	388	366
安龙县	5999	2750	3249	2168	1156	1012
黔东南苗族侗族自治州	**62930**	**29860**	**33070**	**18877**	**10343**	**8534**
凯里市	9101	4217	4884	2767	1549	1218
黄平县	4968	2369	2599	1299	731	568
施秉县	2392	1143	1249	770	424	346
三穗县	2991	1436	1555	821	443	378
镇远县	3750	1770	1980	1103	590	513
岑巩县	3179	1569	1610	786	421	365
天柱县	5564	2677	2887	1413	751	662
锦屏县	3082	1469	1613	810	424	386
剑河县	2914	1356	1558	761	421	340
台江县	1971	925	1046	628	353	275
黎平县	7264	3459	3805	2245	1218	1027
榕江县	4138	2016	2122	1411	782	629
从江县	4539	2123	2416	1757	963	794
雷山县	2027	988	1039	650	377	273
麻江县	2551	1177	1374	848	456	392
丹寨县	2499	1166	1333	808	440	368
黔南布依族苗族自治州	**57012**	**26273**	**30739**	**15086**	**8186**	**6900**
都匀市	8734	3945	4789	2212	1201	1011
福泉市	4521	2204	2317	1243	686	557
荔波县	2487	1137	1350	757	419	338
贵定县	4228	1965	2263	1201	657	544
瓮安县	6497	3145	3352	1203	656	547
独山县	5075	2356	2719	1358	747	611
平塘县	4463	2010	2453	1143	610	533
罗甸县	4569	1991	2578	1183	622	561
长顺县	3384	1551	1833	1131	606	525
龙里县	3083	1535	1548	952	532	420
惠水县	5979	2654	3325	1731	917	814
三都水族自治县	3992	1780	2212	972	533	439

8-10 续表 2

单位：人

地 区	与配偶同住			与子女同住			独居(有保姆)		
	小计	男	女	小计	男	女	小计	男	女
贵 州	**210259**	**113178**	**97081**	**131548**	**41361**	**90187**	**665**	**265**	**400**
贵阳市	**27756**	**15223**	**12533**	**17336**	**4744**	**12592**	**182**	**60**	**122**
南明区	5341	2942	2399	3230	734	2496	51	14	37
云岩区	5221	2890	2331	3355	827	2528	61	17	44
花溪区	3747	2020	1727	2576	706	1870	23	8	15
乌当区	1716	939	777	1026	305	721	6	3	3
白云区	1587	880	707	1074	308	766	6	2	4
观山湖区	1976	1077	899	1589	455	1134	15	5	10
开阳县	2707	1464	1243	1198	395	803	6	4	2
息烽县	1511	832	679	834	288	546	3	2	1
修文县	1518	834	684	885	267	618	5	3	2
清镇市	2432	1345	1087	1569	459	1110	6	2	4
六盘水市	**16602**	**9023**	**7579**	**8318**	**2527**	**5791**	**38**	**12**	**26**
钟山区	2308	1284	1024	1604	395	1209	13	4	9
六枝特区	3258	1733	1525	1684	517	1167	5	2	3
水城县	3604	1958	1646	2323	726	1597	5	2	3
盘州市	7432	4048	3384	2707	889	1818	15	4	11
遵义市	**43815**	**23294**	**20521**	**24190**	**8260**	**15930**	**120**	**60**	**60**
红花岗区	4826	2617	2209	3060	930	2130	16	9	7
汇川区	3593	1909	1684	2176	710	1466	17	2	15
播州区	4708	2502	2206	2706	900	1806	7	4	3
桐梓县	3480	1838	1642	2214	766	1448	8	6	2
绥阳县	2842	1516	1326	1320	489	831	3	3	
正安县	3414	1778	1636	1668	610	1058	17	12	5
道真仡佬族苗族自治县	1909	1017	892	1200	450	750			
务川仡佬族苗族自治县	2515	1331	1184	1074	411	663	12	9	3
凤冈县	2303	1227	1076	1152	388	764	6	3	3
湄潭县	3167	1691	1476	1408	507	901	4	1	3
余庆县	1927	1026	901	883	281	602	1		1
习水县	3675	1947	1728	2109	722	1387	9	3	6
赤水市	1985	1074	911	1166	359	807	9	5	4
仁怀市	3471	1821	1650	2054	737	1317	11	3	8
安顺市	**12625**	**6696**	**5929**	**8917**	**2733**	**6184**	**40**	**11**	**29**
西秀区	4471	2350	2121	3065	901	2164	24	7	17
平坝区	1950	1034	916	1136	327	809	5		5
普定县	2508	1339	1169	845	258	587	6	1	5
镇宁布依族苗族自治县	1378	733	645	1197	353	844			
关岭布依族苗族自治县	1259	680	579	1140	405	735	3	2	1
紫云苗族布依族自治县	1059	560	499	1534	489	1045	2	1	1
毕节市	**39517**	**21333**	**18184**	**16790**	**5358**	**11432**	**67**	**25**	**42**
七星关区	7527	4058	3469	2929	884	2045	21	9	12
大方县	6106	3290	2816	1542	487	1055	3	1	2
黔西县	4460	2419	2041	2024	588	1436	6	2	4
金沙县	3512	1884	1628	1721	606	1115	9	3	6
织金县	5580	3004	2576	1884	584	1300	9	4	5
纳雍县	4649	2501	2148	1434	432	1002	8	3	5
威宁彝族回族苗族自治县	4701	2560	2141	3267	1131	2136	7	2	5
赫章县	2982	1617	1365	1989	646	1343	4	1	3

8-10 续表 3 单位：人

地　区	与配偶同住			与子女同住			独居(有保姆)		
	小计	男	女	小计	男	女	小计	男	女
铜仁市	**22126**	**11742**	**10384**	**10820**	**3695**	**7125**	**56**	**30**	**26**
碧江区	1470	803	667	1106	337	769	13	5	8
万山区	1031	556	475	473	160	313	1	1	
江口县	1307	708	599	621	186	435			
玉屏侗族自治县	825	435	390	535	148	387	3	2	1
石阡县	2198	1173	1025	1284	445	839	7	3	4
思南县	3969	2114	1855	1707	604	1103	7	4	3
印江土家族苗族自治县	2491	1328	1163	995	341	654	8	6	2
德江县	2748	1408	1340	1106	392	714	4	1	3
沿河土家族自治县	3409	1790	1619	1029	376	653	9	5	4
松桃苗族自治县	2678	1427	1251	1964	706	1258	4	3	1
黔西南布依族苗族自治州	**12992**	**6916**	**6076**	**12061**	**3799**	**8262**	**44**	**14**	**30**
兴义市	3754	2011	1743	3278	981	2297	21	5	16
兴仁市	2355	1250	1105	1315	413	902	7	2	5
普安县	1376	744	632	790	243	547	2		2
晴隆县	1338	711	627	760	238	522	2	1	1
贞丰县	1470	772	698	1357	452	905	5	3	2
望谟县	658	351	307	1560	513	1047	2		2
册亨县	499	262	237	1342	456	886	2	1	1
安龙县	1542	815	727	1659	503	1156	3	2	1
黔东南苗族侗族自治州	**18006**	**9865**	**8141**	**16923**	**5291**	**11632**	**71**	**35**	**36**
凯里市	2605	1460	1145	2570	724	1846	12	3	9
黄平县	1749	956	793	1022	297	725	4	2	2
施秉县	747	411	336	612	193	419			
三穗县	910	504	406	778	239	539	3	3	
镇远县	1253	669	584	876	272	604	4	1	3
岑巩县	1145	611	534	695	234	461	3	3	
天柱县	1809	966	843	1273	411	862	2	1	1
锦屏县	963	529	434	798	256	542	5	3	2
剑河县	869	480	389	779	225	554	2	1	1
台江县	568	317	251	477	129	348			
黎平县	1785	972	813	2206	738	1468	2	1	1
榕江县	1053	585	468	1184	394	790	4		4
从江县	806	442	364	1563	535	1028	2	2	
雷山县	473	269	204	640	204	436	2	2	
麻江县	700	378	322	705	208	497			
丹寨县	571	316	255	745	232	513	26	13	13
黔南布依族苗族自治州	**16820**	**9086**	**7734**	**16193**	**4954**	**11239**	**47**	**18**	**29**
都匀市	2978	1618	1360	2182	572	1610	15	3	12
福泉市	1583	879	704	1084	352	732	5	3	2
荔波县	574	312	262	820	239	581	2	2	
贵定县	1242	668	574	1189	331	858	3	2	1
瓮安县	2815	1525	1290	1267	410	857	4	1	3
独山县	1463	778	685	1416	454	962	3	1	2
平塘县	1132	603	529	1458	465	993	1		1
罗甸县	888	471	417	1642	536	1106			
长顺县	816	433	383	1023	325	698			
龙里县	835	451	384	836	286	550	7	4	3
惠水县	1390	750	640	1980	609	1371	4	1	3
三都水族自治县	1104	598	506	1296	375	921	3	1	2

8-10 续表 4 单位：人

地 区	独居(无保姆)			养老机构			其 他		
	小计	男	女	小计	男	女	小计	男	女
贵 州	**60283**	**26355**	**33928**	**2127**	**1575**	**552**	**26457**	**12485**	**13972**
贵阳市	**7766**	**3137**	**4629**	**329**	**162**	**167**	**2886**	**1473**	**1413**
南明区	1676	626	1050	67	26	41	608	297	311
云岩区	1576	610	966	76	32	44	709	343	366
花溪区	929	349	580	68	32	36	253	117	136
乌当区	400	151	249	35	18	17	135	78	57
白云区	444	145	299	16	9	7	155	89	66
观山湖区	378	129	249	7	4	3	204	113	91
开阳县	786	368	418	15	9	6	259	116	143
息烽县	443	218	225	9	7	2	147	77	70
修文县	426	224	202	20	15	5	110	69	41
清镇市	708	317	391	16	10	6	306	174	132
六盘水市	**4515**	**1796**	**2719**	**125**	**107**	**18**	**1641**	**734**	**907**
钟山区	675	235	440	40	31	9	220	105	115
六枝特区	938	378	560	6	4	2	382	159	223
水城县	986	427	559	33	27	6	387	181	206
盘州市	1916	756	1160	46	45	1	652	289	363
遵义市	**10860**	**5250**	**5610**	**658**	**532**	**126**	**5228**	**2581**	**2647**
红花岗区	1298	546	752	47	26	21	480	231	249
汇川区	789	361	428	89	54	35	331	169	162
播州区	1052	467	585	15	11	4	461	231	230
桐梓县	719	355	364	34	32	2	501	245	256
绥阳县	824	413	411	26	25	1	362	176	186
正安县	806	447	359	112	100	12	560	243	317
道真仡佬族苗族自治县	510	287	223	11	8	3	265	129	136
务川仡佬族苗族自治县	629	316	313	37	36	1	336	159	177
凤冈县	566	264	302	22	18	4	221	115	106
湄潭县	856	383	473	34	25	9	293	139	154
余庆县	483	221	262	9	7	2	114	53	61
习水县	879	427	452	97	90	7	670	353	317
赤水市	680	355	325	72	56	16	278	135	143
仁怀市	769	408	361	53	44	9	356	203	153
安顺市	**3927**	**1606**	**2321**	**94**	**51**	**43**	**1589**	**713**	**876**
西秀区	1338	522	816	49	23	26	513	238	275
平坝区	599	239	360	10	4	6	153	72	81
普定县	835	346	489	22	15	7	211	92	119
镇宁布依族苗族自治县	435	179	256	7	4	3	243	102	141
关岭布依族苗族自治县	357	177	180	4	3	1	269	118	151
紫云苗族布依族自治县	363	143	220	2	2		200	91	109
毕节市	**11347**	**4656**	**6691**	**302**	**259**	**43**	**4259**	**1961**	**2298**
七星关区	2208	900	1308	38	28	10	755	344	411
大方县	2034	816	1218	46	43	3	478	208	270
黔西县	1129	490	639	29	26	3	522	251	271
金沙县	894	472	422	33	28	5	393	187	206
织金县	1732	670	1062	35	35		489	187	302
纳雍县	1403	510	893	24	17	7	519	233	286
威宁彝族回族苗族自治县	1124	451	673	58	48	10	715	348	367
赫章县	823	347	476	39	34	5	388	203	185

8-10 续表 5 单位：人

地区	独居(无保姆)			养老机构			其他		
	小计	男	女	小计	男	女	小计	男	女
铜仁市	**6576**	**3025**	**3551**	**235**	**174**	**61**	**3385**	**1591**	**1794**
碧江区	413	182	231	8	6	2	203	103	100
万山区	316	152	164	12	8	4	177	93	84
江口县	407	191	216	11	9	2	157	82	75
玉屏侗族自治县	255	109	146	4	3	1	120	59	61
石阡县	527	219	308	18	9	9	366	169	197
思南县	1173	544	629	38	23	15	480	208	272
印江土家族苗族自治县	904	413	491	18	13	5	289	131	158
德江县	745	343	402	22	13	9	307	135	172
沿河土家族自治县	1102	486	616	18	15	3	598	247	351
松桃苗族自治县	734	386	348	86	75	11	688	364	324
黔西南布依族苗族自治州	**3517**	**1461**	**2056**	**103**	**80**	**23**	**1606**	**711**	**895**
兴义市	826	327	499	44	36	8	421	202	219
兴仁市	643	247	396	8	4	4	135	69	66
普安县	377	163	214	4	4		120	56	64
晴隆县	455	185	270	18	16	2	155	61	94
贞丰县	408	188	220	6	5	1	186	82	104
望谟县	255	113	142	7	4	3	206	80	126
册亨县	128	46	82	14	9	5	183	81	102
安龙县	425	192	233	2	2		200	80	120
黔东南苗族侗族自治州	**5888**	**2821**	**3067**	**153**	**118**	**35**	**3012**	**1387**	**1625**
凯里市	806	319	487	13	5	8	328	157	171
黄平县	642	279	363	5	4	1	247	100	147
施秉县	204	96	108	6	4	2	53	15	38
三穗县	322	169	153	6	5	1	151	73	78
镇远县	383	190	193	1	1		130	47	83
岑巩县	318	176	142	6	4	2	226	120	106
天柱县	729	395	334	12	9	3	326	144	182
锦屏县	329	173	156	7	6	1	170	78	92
剑河县	333	159	174	4	4		166	66	100
台江县	169	73	96	1		1	128	53	75
黎平县	657	332	325	28	21	7	341	177	164
榕江县	275	139	136	9	9		202	107	95
从江县	225	94	131	9	9		177	78	99
雷山县	157	79	78	6	5	1	99	52	47
麻江县	188	82	106				110	53	57
丹寨县	151	66	85	40	32	8	158	67	91
黔南布依族苗族自治州	**5887**	**2603**	**3284**	**128**	**92**	**36**	**2851**	**1334**	**1517**
都匀市	991	388	603	24	15	9	332	148	184
福泉市	449	186	263	4	4		153	94	59
荔波县	212	97	115	15	12	3	107	56	51
贵定县	410	198	212	7	6	1	176	103	73
瓮安县	787	366	421	5	3	2	416	184	232
独山县	552	249	303	24	19	5	259	108	151
平塘县	456	210	246	5	3	2	268	119	149
罗甸县	499	213	286	4	4		353	145	208
长顺县	300	138	162	2	1	1	112	48	64
龙里县	295	159	136	15	13	2	143	90	53
惠水县	550	232	318	21	10	11	303	135	168
三都水族自治县	386	167	219	2	2		229	104	125

8-10a 各地区分性别、居住状况的60岁及以上老年人口(城市)

单位：人

地区	60岁及以上人口			与配偶和子女同住		
	合计	男	女	小计	男	女
贵州	**114813**	**53374**	**61439**	**32461**	**18135**	**14326**
贵阳市	**51909**	**24179**	**27730**	**14612**	**8206**	**6406**
南明区	14737	6805	7932	4146	2334	1812
云岩区	15210	7106	8104	4212	2387	1825
花溪区	7964	3689	4275	2083	1158	925
乌当区	2535	1201	1334	635	359	276
白云区	3949	1851	2098	1000	564	436
观山湖区	5112	2403	2709	1877	1037	840
开阳县						
息烽县						
修文县						
清镇市	2402	1124	1278	659	367	292
六盘水市	**9584**	**4427**	**5157**	**2336**	**1305**	**1031**
钟山区	5256	2434	2822	1388	782	606
六枝特区	1945	849	1096	484	254	230
水城县						
盘州市	2383	1144	1239	464	269	195
遵义市	**20103**	**9449**	**10654**	**5757**	**3188**	**2569**
红花岗区	8248	3904	4344	2283	1272	1011
汇川区	5336	2510	2826	1472	815	657
播州区	2613	1208	1405	788	433	355
桐梓县						
绥阳县						
正安县						
道真仡佬族苗族自治县						
务川仡佬族苗族自治县						
凤冈县						
湄潭县						
余庆县						
习水县						
赤水市	1701	801	900	472	265	207
仁怀市	2205	1026	1179	742	403	339
安顺市	**7343**	**3340**	**4003**	**2060**	**1136**	**924**
西秀区	6461	2934	3527	1794	987	807
平坝区	882	406	476	266	149	117
普定县						
镇宁布依族苗族自治县						
关岭布依族苗族自治县						
紫云苗族布依族自治县						
毕节市	**5780**	**2735**	**3045**	**1619**	**921**	**698**
七星关区	5780	2735	3045	1619	921	698
大方县						
黔西县						
金沙县						
织金县						
纳雍县						
威宁彝族回族苗族自治县						
赫章县						

8-10a 续表 1

单位：人

地区	60岁及以上人口			与配偶和子女同住		
	合计	男	女	小计	男	女
铜仁市	**3371**	**1550**	**1821**	**1051**	**577**	**474**
碧江区	2805	1288	1517	898	492	406
万山区	566	262	304	153	85	68
江口县						
玉屏侗族自治县						
石阡县						
思南县						
印江土家族苗族自治县						
德江县						
沿河土家族自治县						
松桃苗族自治县						
黔西南布依族苗族自治州	**6309**	**2908**	**3401**	**2059**	**1130**	**929**
兴义市	5111	2362	2749	1786	972	814
兴仁市	1198	546	652	273	158	115
普安县						
晴隆县						
贞丰县						
望谟县						
册亨县						
安龙县						
黔东南苗族侗族自治州	**4806**	**2207**	**2599**	**1461**	**829**	**632**
凯里市	4806	2207	2599	1461	829	632
黄平县						
施秉县						
三穗县						
镇远县						
岑巩县						
天柱县						
锦屏县						
剑河县						
台江县						
黎平县						
榕江县						
从江县						
雷山县						
麻江县						
丹寨县						
黔南布依族苗族自治州	**5608**	**2579**	**3029**	**1506**	**843**	**663**
都匀市	4567	2078	2489	1164	650	514
福泉市	1041	501	540	342	193	149
荔波县						
贵定县						
瓮安县						
独山县						
平塘县						
罗甸县						
长顺县						
龙里县						
惠水县						
三都水族自治县						

8-10a　续表 2　　单位：人

地　区	与配偶同住			与子女同住			独居(有保姆)		
	小计	男	女	小计	男	女	小计	男	女
贵　州	**39761**	**21848**	**17913**	**26937**	**7109**	**19828**	**320**	**102**	**218**
贵阳市	**18516**	**10185**	**8331**	**11402**	**2847**	**8555**	**157**	**47**	**110**
南明区	5201	2867	2334	3080	689	2391	50	14	36
云岩区	5221	2890	2331	3355	827	2528	61	17	44
花溪区	3207	1737	1470	1663	423	1240	20	7	13
乌当区	1055	585	470	551	147	404	3	1	2
白云区	1434	797	637	955	272	683	6	2	4
观山湖区	1548	841	707	1260	352	908	14	4	10
开阳县									
息烽县									
修文县									
清镇市	850	468	382	538	137	401	3	2	1
六盘水市	**3688**	**2041**	**1647**	**2112**	**539**	**1573**	**20**	**7**	**13**
钟山区	1906	1064	842	1200	294	906	13	4	9
六枝特区	689	370	319	466	120	346	3	1	2
水城县									
盘州市	1093	607	486	446	125	321	4	2	2
遵义市	**6750**	**3691**	**3059**	**5189**	**1543**	**3646**	**45**	**18**	**27**
红花岗区	2812	1556	1256	2073	609	1464	13	8	5
汇川区	1955	1052	903	1304	391	913	15	1	14
播州区	832	453	379	718	214	504	4	3	1
桐梓县									
绥阳县									
正安县									
道真仡佬族苗族自治县									
务川仡佬族苗族自治县									
凤冈县									
湄潭县									
余庆县									
习水县									
赤水市	583	325	258	415	108	307	6	4	2
仁怀市	568	305	263	679	221	458	7	2	5
安顺市	**2589**	**1398**	**1191**	**1596**	**386**	**1210**	**23**	**7**	**16**
西秀区	2288	1231	1057	1428	354	1074	20	7	13
平坝区	301	167	134	168	32	136	3		3
普定县									
镇宁布依族苗族自治县									
关岭布依族苗族自治县									
紫云苗族布依族自治县									
毕节市	**2108**	**1153**	**955**	**1266**	**330**	**936**	**14**	**6**	**8**
七星关区	2108	1153	955	1266	330	936	14	6	8
大方县									
黔西县									
金沙县									
织金县									
纳雍县									
威宁彝族回族苗族自治县									
赫章县									

8-10a 续表 3

单位：人

地区	与配偶同住			与子女同住			独居(有保姆)		
	小计	男	女	小计	男	女	小计	男	女
铜仁市	**924**	**509**	**415**	**947**	**278**	**669**	**11**	**4**	**7**
碧江区	769	424	345	782	225	557	11	4	7
万山区	155	85	70	165	53	112			
江口县									
玉屏侗族自治县									
石阡县									
思南县									
印江土家族苗族自治县									
德江县									
沿河土家族自治县									
松桃苗族自治县									
黔西南布依族苗族自治州	**1824**	**993**	**831**	**1710**	**490**	**1220**	**22**	**5**	**17**
兴义市	1389	759	630	1393	400	993	19	4	15
兴仁市	435	234	201	317	90	227	3	1	2
普安县									
晴隆县									
贞丰县									
望谟县									
册亨县									
安龙县									
黔东南苗族侗族自治州	**1329**	**756**	**573**	**1443**	**383**	**1060**	**11**	**3**	**8**
凯里市	1329	756	573	1443	383	1060	11	3	8
黄平县									
施秉县									
三穗县									
镇远县									
岑巩县									
天柱县									
锦屏县									
剑河县									
台江县									
黎平县									
榕江县									
从江县									
雷山县									
麻江县									
丹寨县									
黔南布依族苗族自治州	**2033**	**1122**	**911**	**1272**	**313**	**959**	**17**	**5**	**12**
都匀市	1707	940	767	1021	235	786	14	3	11
福泉市	326	182	144	251	78	173	3	2	1
荔波县									
贵定县									
瓮安县									
独山县									
平塘县									
罗甸县									
长顺县									
龙里县									
惠水县									
三都水族自治县									

8-10a 续表 4 单位：人

地区	独居(无保姆)			养老机构			其他		
	小计	男	女	小计	男	女	小计	男	女
贵州	**10804**	**3985**	**6819**	**409**	**201**	**208**	**4121**	**1994**	**2127**
贵阳市	**5068**	**1842**	**3226**	**167**	**75**	**92**	**1987**	**977**	**1010**
南明区	1641	607	1034	31	11	20	588	283	305
云岩区	1576	610	966	76	32	44	709	343	366
花溪区	759	263	496	30	14	16	202	87	115
乌当区	220	73	147	3	2	1	68	34	34
白云区	398	128	270	15	8	7	141	80	61
观山湖区	242	76	166	4	3	1	167	90	77
开阳县									
息烽县									
修文县									
清镇市	232	85	147	8	5	3	112	60	52
六盘水市	**1026**	**343**	**683**	**34**	**26**	**8**	**368**	**166**	**202**
钟山区	540	182	358	27	20	7	182	88	94
六枝特区	213	72	141	1		1	89	32	57
水城县									
盘州市	273	89	184	6	6		97	46	51
遵义市	**1601**	**640**	**961**	**128**	**64**	**64**	**633**	**305**	**328**
红花岗区	763	312	451	40	21	19	264	126	138
汇川区	385	153	232	69	35	34	136	63	73
播州区	186	68	118				85	37	48
桐梓县									
绥阳县									
正安县									
道真仡佬族苗族自治县									
务川仡佬族苗族自治县									
凤冈县									
湄潭县									
余庆县									
习水县									
赤水市	145	59	86	19	8	11	61	32	29
仁怀市	122	48	74				87	47	40
安顺市	**798**	**296**	**502**	**19**	**6**	**13**	**258**	**111**	**147**
西秀区	699	255	444	13	3	10	219	97	122
平坝区	99	41	58	6	3	3	39	14	25
普定县									
镇宁布依族苗族自治县									
关岭布依族苗族自治县									
紫云苗族布依族自治县									
毕节市	**546**	**214**	**332**	**11**	**2**	**9**	**216**	**109**	**107**
七星关区	546	214	332	11	2	9	216	109	107
大方县									
黔西县									
金沙县									
织金县									
纳雍县									
威宁彝族回族苗族自治县									
赫章县									

8-10a 续表 5　　单位：人

地　　区	独居(无保姆)			养老机构			其　　他		
	小计	男	女	小计	男	女	小计	男	女
铜仁市	**270**	**101**	**169**	**5**	**3**	**2**	**163**	**78**	**85**
碧江区	209	79	130	3	2	1	133	62	71
万山区	61	22	39	2	1	1	30	16	14
江口县									
玉屏侗族自治县									
石阡县									
思南县									
印江土家族苗族自治县									
德江县									
沿河土家族自治县									
松桃苗族自治县									
黔西南布依族苗族自治州	**503**	**187**	**316**	**21**	**16**	**5**	**170**	**87**	**83**
兴义市	361	139	222	21	16	5	142	72	70
兴仁市	142	48	94				28	15	13
普安县									
晴隆县									
贞丰县									
望谟县									
册亨县									
安龙县									
黔东南苗族侗族自治州	**391**	**152**	**239**	**12**	**4**	**8**	**159**	**80**	**79**
凯里市	391	152	239	12	4	8	159	80	79
黄平县									
施秉县									
三穗县									
镇远县									
岑巩县									
天柱县									
锦屏县									
剑河县									
台江县									
黎平县									
榕江县									
从江县									
雷山县									
麻江县									
丹寨县									
黔南布依族苗族自治州	**601**	**210**	**391**	**12**	**5**	**7**	**167**	**81**	**86**
都匀市	510	178	332	12	5	7	139	67	72
福泉市	91	32	59				28	14	14
荔波县									
贵定县									
瓮安县									
独山县									
平塘县									
罗甸县									
长顺县									
龙里县									
惠水县									
三都水族自治县									

8-10b　各地区分性别、居住状况的60岁及以上老年人口(镇)

单位：人

地　　区	60岁及以上人口			与配偶和子女同住		
	合计	男	女	小计	男	女
贵　州	**120418**	**56488**	**63930**	**33578**	**18455**	**15123**
贵阳市	**6779**	**3194**	**3585**	**1902**	**1052**	**850**
南明区						
云岩区						
花溪区	445	205	240	170	92	78
乌当区	273	133	140	70	39	31
白云区	74	34	40	16	9	7
观山湖区	423	191	232	68	38	30
开阳县	2273	1048	1225	594	331	263
息烽县	1327	634	693	405	221	184
修文县	1423	691	732	436	246	190
清镇市	541	258	283	143	76	67
六盘水市	**5462**	**2562**	**2900**	**1444**	**812**	**632**
钟山区	787	361	426	278	155	123
六枝特区	687	323	364	226	128	98
水城县	2175	1007	1168	638	359	279
盘州市	1813	871	942	302	170	132
遵义市	**24296**	**11632**	**12664**	**6452**	**3468**	**2984**
红花岗区	871	415	456	240	132	108
汇川区	981	477	504	262	137	125
播州区	1392	649	743	344	187	157
桐梓县	3400	1618	1782	993	536	457
绥阳县	2181	1077	1104	565	297	268
正安县	2334	1112	1222	514	279	235
道真仡佬族苗族自治县	1798	844	954	572	297	275
务川仡佬族苗族自治县	1813	867	946	452	246	206
凤冈县	1602	749	853	454	243	211
湄潭县	2656	1284	1372	568	311	257
余庆县	1441	690	751	460	245	215
习水县	2294	1090	1204	664	361	303
赤水市	672	332	340	139	77	62
仁怀市	861	428	433	225	120	105
安顺市	**7150**	**3313**	**3837**	**2099**	**1144**	**955**
西秀区	697	320	377	235	121	114
平坝区	1358	629	729	328	180	148
普定县	1695	790	905	453	250	203
镇宁布依族苗族自治县	1292	603	689	446	243	203
关岭布依族苗族自治县	1113	541	572	352	191	161
紫云苗族布依族自治县	995	430	565	285	159	126
毕节市	**24566**	**11811**	**12755**	**5944**	**3345**	**2599**
七星关区	1101	539	562	198	111	87
大方县	3242	1539	1703	644	364	280
黔西县	3883	1851	2032	1101	623	478
金沙县	3354	1652	1702	826	459	367
织金县	4063	1919	2144	806	458	348
纳雍县	3209	1533	1676	603	343	260
威宁彝族回族苗族自治县	3870	1891	1979	1232	689	543
赫章县	1844	887	957	534	298	236

8-10b 续表 1 单位：人

地区	60岁及以上人口			与配偶和子女同住		
	合计	男	女	小计	男	女
铜仁市	**11390**	**5282**	**6108**	**3038**	**1670**	**1368**
碧江区	82	39	43	10	5	5
万山区						
江口县	997	464	533	341	191	150
玉屏侗族自治县	955	418	537	264	148	116
石阡县	1213	544	669	368	198	170
思南县	1999	915	1084	439	235	204
印江土家族苗族自治县	1265	575	690	349	190	159
德江县	1322	599	723	293	156	137
沿河土家族自治县	1586	753	833	261	150	111
松桃苗族自治县	1971	975	996	713	397	316
黔西南布依族苗族自治州	**8474**	**3897**	**4577**	**2753**	**1480**	**1273**
兴义市	1101	514	587	338	189	149
兴仁市	608	283	325	209	108	101
普安县	810	398	412	261	144	117
晴隆县	876	416	460	222	120	102
贞丰县	1294	615	679	388	213	175
望谟县	1064	470	594	395	210	185
册亨县	811	339	472	255	129	126
安龙县	1910	862	1048	685	367	318
黔东南苗族侗族自治州	**15510**	**7164**	**8346**	**5145**	**2858**	**2287**
凯里市	489	225	264	110	62	48
黄平县	1399	663	736	349	200	149
施秉县	650	305	345	233	134	99
三穗县	1001	449	552	309	169	140
镇远县	1341	625	716	461	253	208
岑巩县	850	382	468	228	124	104
天柱县	1587	758	829	510	279	231
锦屏县	898	399	499	303	160	143
剑河县	831	362	469	257	142	115
台江县	483	211	272	161	92	69
黎平县	2317	1062	1255	835	457	378
榕江县	1001	473	528	393	225	168
从江县	718	334	384	276	153	123
雷山县	568	264	304	231	135	96
麻江县	686	322	364	222	123	99
丹寨县	691	330	361	267	150	117
黔南布依族苗族自治州	**16791**	**7633**	**9158**	**4801**	**2626**	**2175**
都匀市	367	159	208	106	55	51
福泉市	612	282	330	147	84	63
荔波县	695	312	383	234	133	101
贵定县	1935	902	1033	545	299	246
瓮安县	2896	1371	1525	675	371	304
独山县	2020	948	1072	593	324	269
平塘县	1023	451	572	277	153	124
罗甸县	1776	730	1046	490	255	235
长顺县	1118	495	623	383	206	177
龙里县	1196	584	612	413	229	184
惠水县	2063	908	1155	645	348	297
三都水族自治县	1090	491	599	293	169	124

8-10b　续表 2　　　　单位：人

地　区	与配偶同住			与子女同住			独居(有保姆)		
	小计	男	女	小计	男	女	小计	男	女
贵　州	**38096**	**20752**	**17344**	**31118**	**9500**	**21618**	**153**	**73**	**80**
贵阳市	**2273**	**1271**	**1002**	**1649**	**477**	**1172**	**10**	**7**	**3**
南明区									
云岩区									
花溪区	84	46	38	145	45	100	1	1	
乌当区	104	56	48	55	18	37			
白云区	32	18	14	8	1	7			
观山湖区	184	104	80	86	19	67	1	1	
开阳县	778	431	347	565	168	397	4	2	2
息烽县	425	246	179	327	96	231	3	2	1
修文县	476	267	209	330	86	244	1	1	
清镇市	190	103	87	133	44	89			
六盘水市	**1963**	**1079**	**884**	**1186**	**322**	**864**	**4**	**1**	**3**
钟山区	206	113	93	200	44	156			
六枝特区	225	120	105	138	38	100			
水城县	669	372	297	573	169	404	2	1	1
盘州市	863	474	389	275	71	204	2		2
遵义市	**8217**	**4435**	**3782**	**6176**	**2061**	**4115**	**31**	**19**	**12**
红花岗区	305	161	144	203	61	142			
汇川区	367	194	173	206	69	137			
播州区	511	271	240	353	110	243			
桐梓县	1125	602	523	929	316	613	3	3	
绥阳县	760	416	344	480	172	308	3	3	
正安县	808	425	383	613	209	404	3	3	
道真仡佬族苗族自治县	497	268	229	514	170	344			
务川仡佬族苗族自治县	568	305	263	498	183	315	7	5	2
凤冈县	530	291	239	429	125	304	4	1	3
湄潭县	1127	610	517	573	194	379	4	1	3
余庆县	482	264	218	343	114	229			
习水县	595	328	267	676	222	454	5	2	3
赤水市	216	122	94	179	58	121	1	1	
仁怀市	326	178	148	180	58	122	1		1
安顺市	**2242**	**1216**	**1026**	**1676**	**508**	**1168**	**9**	**1**	**8**
西秀区	218	116	102	133	34	99	2		2
平坝区	532	282	250	275	83	192	1		1
普定县	642	346	296	309	85	224	4		4
镇宁布依族苗族自治县	343	190	153	324	96	228			
关岭布依族苗族自治县	280	158	122	279	101	178			
紫云苗族布依族自治县	227	124	103	356	109	247	2	1	1
毕节市	**9484**	**5144**	**4340**	**5081**	**1557**	**3524**	**27**	**7**	**20**
七星关区	481	253	228	167	54	113	1		1
大方县	1431	771	660	541	153	388	1		1
黔西县	1408	764	644	827	221	606	4		4
金沙县	1241	678	563	812	275	537	6	2	4
织金县	1750	942	808	761	221	540	5	2	3
纳雍县	1474	803	671	539	161	378	4	2	2
威宁彝族回族苗族自治县	1111	611	500	958	322	636	5	1	4
赫章县	588	322	266	476	150	326	1		1

8-10b 续表 3 单位：人

地　区	与配偶同住			与子女同住			独居(有保姆)		
	小计	男	女	小计	男	女	小计	男	女
铜仁市	**3644**	**1944**	**1700**	**2901**	**903**	**1998**	**19**	**11**	**8**
碧江区	36	20	16	22	8	14			
万山区									
江口县	315	172	143	226	60	166			
玉屏侗族自治县	306	166	140	236	52	184	3	2	1
石阡县	328	176	152	349	103	246	2		2
思南县	732	395	337	518	167	351	3	3	
印江土家族苗族自治县	380	203	177	376	133	243	6	5	1
德江县	499	257	242	345	106	239	2		2
沿河土家族自治县	629	332	297	307	101	206	3	1	2
松桃苗族自治县	419	223	196	522	173	349			
黔西南布依族苗族自治州	**2190**	**1189**	**1001**	**2516**	**773**	**1743**	**9**	**6**	**3**
兴义市	348	184	164	293	96	197	1	1	
兴仁市	181	101	80	126	41	85	2	1	1
普安县	236	135	101	203	62	141			
晴隆县	302	163	139	191	52	139			
贞丰县	381	209	172	372	115	257	2	2	
望谟县	144	80	64	419	133	286	1		1
册亨县	121	64	57	363	114	249			
安龙县	477	253	224	549	160	389	3	2	1
黔东南苗族侗族自治州	**3772**	**2104**	**1668**	**4701**	**1365**	**3336**	**23**	**10**	**13**
凯里市	151	84	67	167	56	111	1		1
黄平县	484	276	208	359	95	264	3	1	2
施秉县	134	79	55	220	68	152			
三穗县	209	115	94	346	103	243	1	1	
镇远县	350	195	155	386	120	266	1		1
岑巩县	257	139	118	246	65	181	1	1	
天柱县	402	222	180	440	140	300			
锦屏县	207	121	86	290	75	215	3	2	1
剑河县	203	112	91	260	73	187	2	1	1
台江县	102	58	44	139	35	104			
黎平县	493	263	230	736	223	513	1		1
榕江县	222	128	94	299	82	217	3		3
从江县	124	68	56	249	79	170			
雷山县	84	49	35	193	52	141	2	2	
麻江县	203	113	90	181	46	135			
丹寨县	147	82	65	190	53	137	5	2	3
黔南布依族苗族自治州	**4311**	**2370**	**1941**	**5232**	**1534**	**3698**	**21**	**11**	**10**
都匀市	80	40	40	148	45	103			
福泉市	205	113	92	172	49	123	1		1
荔波县	161	92	69	211	49	162	2	2	
贵定县	622	339	283	498	129	369	2	2	
瓮安县	1017	563	454	675	199	476	4	1	3
独山县	545	296	249	580	184	396			
平塘县	221	121	100	385	115	270			
罗甸县	247	138	109	756	224	532			
长顺县	219	117	102	385	112	273			
龙里县	293	163	130	340	118	222	7	4	3
惠水县	432	236	196	683	192	491	3	1	2
三都水族自治县	269	152	117	399	118	281	2	1	1

8-10b 续表 4

单位：人

地区	独居(无保姆)			养老机构			其他		
	小计	男	女	小计	男	女	小计	男	女
贵州	**10424**	**4311**	**6113**	**821**	**664**	**157**	**6228**	**2733**	**3495**
贵阳市	**626**	**240**	**386**	**64**	**35**	**29**	**255**	**112**	**143**
南明区									
云岩区									
花溪区	20	8	12	18	8	10	7	5	2
乌当区	20	8	12	15	7	8	9	5	4
白云区	14	4	10				4	2	2
观山湖区	78	27	51				6	2	4
开阳县	214	76	138	1		1	117	40	77
息烽县	120	46	74	8	6	2	39	17	22
修文县	117	55	62	15	10	5	48	26	22
清镇市	43	16	27	7	4	3	25	15	10
六盘水市	**593**	**231**	**362**	**36**	**29**	**7**	**236**	**88**	**148**
钟山区	75	34	41	12	11	1	16	4	12
六枝特区	59	24	35	1	1		38	12	26
水城县	196	72	124	7	1	6	90	33	57
盘州市	263	101	162	16	16		92	39	53
遵义市	**1887**	**856**	**1031**	**269**	**234**	**35**	**1264**	**559**	**705**
红花岗区	84	39	45	6	4	2	33	18	15
汇川区	87	41	46	20	19	1	39	17	22
播州区	114	46	68	2	2		68	33	35
桐梓县	205	89	116	23	22	1	122	50	72
绥阳县	230	120	110	6	6		137	63	74
正安县	122	53	69	74	65	9	200	78	122
道真仡佬族苗族自治县	120	71	49	7	5	2	88	33	55
务川仡佬族苗族自治县	113	43	70	18	17	1	157	68	89
凤冈县	121	50	71	21	17	4	43	22	21
湄潭县	264	107	157	15	8	7	105	53	52
余庆县	113	47	66	6	4	2	37	16	21
习水县	169	76	93	24	24		161	77	84
赤水市	78	44	34	17	16	1	42	14	28
仁怀市	67	30	37	30	25	5	32	17	15
安顺市	**703**	**270**	**433**	**22**	**16**	**6**	**399**	**158**	**241**
西秀区	75	33	42				34	16	18
平坝区	174	62	112				48	22	26
普定县	180	68	112	17	11	6	90	30	60
镇宁布依族苗族自治县	112	47	65	1	1		66	26	40
关岭布依族苗族自治县	82	35	47	2	2		118	54	64
紫云苗族布依族自治县	80	25	55	2	2		43	10	33
毕节市	**2621**	**1043**	**1578**	**145**	**130**	**15**	**1264**	**585**	**679**
七星关区	139	64	75	17	17		98	40	58
大方县	449	167	282	19	18	1	157	66	91
黔西县	363	148	215	10	9	1	170	86	84
金沙县	275	136	139	25	22	3	169	80	89
织金县	509	194	315	27	27		205	75	130
纳雍县	425	150	275	1		1	163	74	89
威宁彝族回族苗族自治县	323	130	193	32	25	7	209	113	96
赫章县	138	54	84	14	12	2	93	51	42

8-10b 续表 5

单位：人

地区	独居(无保姆)			养老机构			其他		
	小计	男	女	小计	男	女	小计	男	女
铜仁市	**927**	**325**	**602**	**91**	**72**	**19**	**770**	**357**	**413**
碧江区	10	5	5				4	1	3
万山区									
江口县	80	25	55				35	16	19
玉屏侗族自治县	98	26	72	3	3		45	21	24
石阡县	69	21	48	13	5	8	84	41	43
思南县	181	58	123	20	14	6	106	43	63
印江土家族苗族自治县	106	27	79				48	17	31
德江县	113	51	62				70	29	41
沿河土家族自治县	184	73	111				202	96	106
松桃苗族自治县	86	39	47	55	50	5	176	93	83
黔西南布依族苗族自治州	**604**	**270**	**334**	**39**	**32**	**7**	**363**	**147**	**216**
兴义市	59	19	40	10	8	2	52	17	35
兴仁市	61	20	41	7	4	3	22	8	14
普安县	77	41	36	4	4		29	12	17
晴隆县	95	43	52	15	14	1	51	24	27
贞丰县	99	50	49	2	1	1	50	25	25
望谟县	47	24	23	1	1		57	22	35
册亨县	26	13	13				46	19	27
安龙县	140	60	80				56	20	36
黔东南苗族侗族自治州	**1033**	**450**	**583**	**88**	**69**	**19**	**748**	**308**	**440**
凯里市	37	17	20				23	6	17
黄平县	144	65	79	4	3	1	56	23	33
施秉县	45	19	26	6	4	2	12	1	11
三穗县	64	28	36	5	5		67	28	39
镇远县	90	39	51				53	18	35
岑巩县	59	26	33	4	3	1	55	24	31
天柱县	132	69	63	11	8	3	92	40	52
锦屏县	51	25	26	1		1	43	16	27
剑河县	54	18	36	2	2		53	14	39
台江县	31	8	23	1		1	49	18	31
黎平县	149	68	81	15	11	4	88	40	48
榕江县	46	16	30	7	7		31	15	16
从江县	28	13	15	4	4		37	17	20
雷山县	32	10	22	5	4	1	21	12	9
麻江县	49	24	25				31	16	15
丹寨县	22	5	17	23	18	5	37	20	17
黔南布依族苗族自治州	**1430**	**626**	**804**	**67**	**47**	**20**	**929**	**419**	**510**
都匀市	23	14	9				10	5	5
福泉市	62	21	41	4	4		21	11	10
荔波县	55	22	33	4	4		28	10	18
贵定县	180	81	99	4	4		84	48	36
瓮安县	271	119	152	4	2	2	250	116	134
独山县	201	93	108	21	17	4	80	34	46
平塘县	83	39	44	4	2	2	53	21	32
罗甸县	132	55	77				151	58	93
长顺县	98	47	51	2	1	1	31	12	19
龙里县	94	39	55	1	1		48	30	18
惠水县	153	68	85	21	10	11	126	53	73
三都水族自治县	78	28	50	2	2		47	21	26

8-10c 各地区分性别、居住状况的60岁及以上老年人口(乡村)

单位：人

地 区	60岁及以上人口			与配偶和子女同住		
	合计	男	女	小计	男	女
贵 州	**340111**	**164187**	**175924**	**77964**	**42240**	**35724**
贵阳市	**19457**	**9652**	**9805**	**5376**	**2968**	**2408**
南明区	504	233	271	122	65	57
云岩区						
花溪区	2486	1158	1328	1046	570	476
乌当区	1670	807	863	455	249	206
白云区	396	194	202	121	73	48
观山湖区	885	441	444	306	177	129
开阳县	3998	2023	1975	706	384	322
息烽县	2586	1328	1258	561	317	244
修文县	2731	1381	1350	754	414	340
清镇市	4201	2087	2114	1305	719	586
六盘水市	**25222**	**12220**	**13002**	**5249**	**2893**	**2356**
钟山区	704	321	383	221	125	96
六枝特区	5806	2790	3016	1455	787	668
水城县	7619	3682	3937	1818	1009	809
盘州市	11093	5427	5666	1755	972	783
遵义市	**65436**	**32292**	**33144**	**12755**	**6740**	**6015**
红花岗区	3852	1826	2026	721	382	339
汇川区	3024	1492	1532	612	322	290
播州区	7948	3876	4072	1872	998	874
桐梓县	5788	2802	2986	1239	642	597
绥阳县	4608	2289	2319	847	447	400
正安县	5721	2862	2859	964	505	459
道真仡佬族苗族自治县	3195	1623	1572	526	279	247
务川仡佬族苗族自治县	3719	1901	1818	477	260	217
凤冈县	3859	1901	1958	737	392	345
湄潭县	4441	2189	2252	767	416	351
余庆县	3069	1471	1598	633	328	305
习水县	7359	3632	3727	1550	819	731
赤水市	2972	1482	1490	544	289	255
仁怀市	5881	2946	2935	1266	661	605
安顺市	**23663**	**11062**	**12601**	**6805**	**3625**	**3180**
西秀区	6340	2964	3376	2009	1069	940
平坝区	3185	1489	1696	978	519	459
普定县	3917	1908	2009	732	397	335
镇宁布依族苗族自治县	3496	1579	1917	1082	568	514
关岭布依族苗族自治县	3200	1537	1663	929	502	427
紫云苗族布依族自治县	3525	1585	1940	1075	570	505
毕节市	**60642**	**29577**	**31065**	**11143**	**6265**	**4878**
七星关区	9952	4856	5096	1538	875	663
大方县	8500	4180	4320	889	510	379
黔西县	6744	3288	3456	1356	740	616
金沙县	4898	2463	2435	864	476	388
织金县	7561	3630	3931	1089	607	482
纳雍县	6391	3050	3341	960	544	416
威宁彝族回族苗族自治县	9908	4872	5036	2674	1534	1140
赫章县	6688	3238	3450	1773	979	794

8-10c 续表 1 单位：人

地区	60岁及以上人口			与配偶和子女同住		
	合计	男	女	小计	男	女
铜仁市	**40068**	**19748**	**20320**	**7542**	**4076**	**3466**
碧江区	1655	835	820	421	229	192
万山区	1922	972	950	325	179	146
江口县	2257	1124	1133	410	221	189
玉屏侗族自治县	1415	680	735	364	194	170
石阡县	4567	2225	2342	1012	553	459
思南县	6922	3409	3513	1108	592	516
印江土家族苗族自治县	4354	2149	2205	565	302	263
德江县	4677	2251	2426	774	402	372
沿河土家族自治县	5469	2664	2805	629	348	281
松桃苗族自治县	6830	3439	3391	1934	1056	878
黔西南布依族苗族自治州	**28396**	**13086**	**15310**	**8044**	**4300**	**3744**
兴义市	6008	2802	3206	1752	955	797
兴仁市	4291	2033	2258	1152	611	541
普安县	2872	1372	1500	752	416	336
晴隆县	2725	1265	1460	651	349	302
贞丰县	3601	1669	1932	1075	569	506
望谟县	2699	1153	1546	680	352	328
册亨县	2111	904	1207	499	259	240
安龙县	4089	1888	2201	1483	789	694
黔东南苗族侗族自治州	**42614**	**20489**	**22125**	**12271**	**6656**	**5615**
凯里市	3806	1785	2021	1196	658	538
黄平县	3569	1706	1863	950	531	419
施秉县	1742	838	904	537	290	247
三穗县	1990	987	1003	512	274	238
镇远县	2409	1145	1264	642	337	305
岑巩县	2329	1187	1142	558	297	261
天柱县	3977	1919	2058	903	472	431
锦屏县	2184	1070	1114	507	264	243
剑河县	2083	994	1089	504	279	225
台江县	1488	714	774	467	261	206
黎平县	4947	2397	2550	1410	761	649
榕江县	3137	1543	1594	1018	557	461
从江县	3821	1789	2032	1481	810	671
雷山县	1459	724	735	419	242	177
麻江县	1865	855	1010	626	333	293
丹寨县	1808	836	972	541	290	251
黔南布依族苗族自治州	**34613**	**16061**	**18552**	**8779**	**4717**	**4062**
都匀市	3800	1708	2092	942	496	446
福泉市	2868	1421	1447	754	409	345
荔波县	1792	825	967	523	286	237
贵定县	2293	1063	1230	656	358	298
瓮安县	3601	1774	1827	528	285	243
独山县	3055	1408	1647	765	423	342
平塘县	3440	1559	1881	866	457	409
罗甸县	2793	1261	1532	693	367	326
长顺县	2266	1056	1210	748	400	348
龙里县	1887	951	936	539	303	236
惠水县	3916	1746	2170	1086	569	517
三都水族自治县	2902	1289	1613	679	364	315

8-10c　续表 2　　　　单位：人

地　区	与配偶同住			与子女同住			独居(有保姆)		
	小计	男	女	小计	男	女	小计	男	女
贵　州	**132402**	**70578**	**61824**	**73493**	**24752**	**48741**	**192**	**90**	**102**
贵阳市	**6967**	**3767**	**3200**	**4285**	**1420**	**2865**	**15**	**6**	**9**
南明区	140	75	65	150	45	105	1		1
云岩区									
花溪区	456	237	219	768	238	530	2		2
乌当区	557	298	259	420	140	280	3	2	1
白云区	121	65	56	111	35	76			
观山湖区	244	132	112	243	84	159			
开阳县	1929	1033	896	633	227	406	2	2	
息烽县	1086	586	500	507	192	315			
修文县	1042	567	475	555	181	374	4	2	2
清镇市	1392	774	618	898	278	620	3		3
六盘水市	**10951**	**5903**	**5048**	**5020**	**1666**	**3354**	**14**	**4**	**10**
钟山区	196	107	89	204	57	147			
六枝特区	2344	1243	1101	1080	359	721	2	1	1
水城县	2935	1586	1349	1750	557	1193	3	1	2
盘州市	5476	2967	2509	1986	693	1293	9	2	7
遵义市	**28848**	**15168**	**13680**	**12825**	**4656**	**8169**	**44**	**23**	**21**
红花岗区	1709	900	809	784	260	524	3	1	2
汇川区	1271	663	608	666	250	416	2	1	1
播州区	3365	1778	1587	1635	576	1059	3	1	2
桐梓县	2355	1236	1119	1285	450	835	5	3	2
绥阳县	2082	1100	982	840	317	523			
正安县	2606	1353	1253	1055	401	654	14	9	5
道真仡佬族苗族自治县	1412	749	663	686	280	406			
务川仡佬族苗族自治县	1947	1026	921	576	228	348	5	4	1
凤冈县	1773	936	837	723	263	460	2	2	
湄潭县	2040	1081	959	835	313	522			
余庆县	1445	762	683	540	167	373	1		1
习水县	3080	1619	1461	1433	500	933	4	1	3
赤水市	1186	627	559	572	193	379	2		2
仁怀市	2577	1338	1239	1195	458	737	3	1	2
安顺市	**7794**	**4082**	**3712**	**5645**	**1839**	**3806**	**8**	**3**	**5**
西秀区	1965	1003	962	1504	513	991	2		2
平坝区	1117	585	532	693	212	481	1		1
普定县	1866	993	873	536	173	363	2	1	1
镇宁布依族苗族自治县	1035	543	492	873	257	616			
关岭布依族苗族自治县	979	522	457	861	304	557	3	2	1
紫云苗族布依族自治县	832	436	396	1178	380	798			
毕节市	**27925**	**15036**	**12889**	**10443**	**3471**	**6972**	**26**	**12**	**14**
七星关区	4938	2652	2286	1496	500	996	6	3	3
大方县	4675	2519	2156	1001	334	667	2	1	1
黔西县	3052	1655	1397	1197	367	830	2	2	
金沙县	2271	1206	1065	909	331	578	3	1	2
织金县	3830	2062	1768	1123	363	760	4	2	2
纳雍县	3175	1698	1477	895	271	624	4	1	3
威宁彝族回族苗族自治县	3590	1949	1641	2309	809	1500	2	1	1
赫章县	2394	1295	1099	1513	496	1017	3	1	2

8-10c 续表 3

单位：人

地区	与配偶同住			与子女同住			独居(有保姆)		
	小计	男	女	小计	男	女	小计	男	女
铜仁市	**17558**	**9289**	**8269**	**6972**	**2514**	**4458**	**26**	**15**	**11**
碧江区	665	359	306	302	104	198	2	1	1
万山区	876	471	405	308	107	201	1	1	
江口县	992	536	456	395	126	269			
玉屏侗族自治县	519	269	250	299	96	203			
石阡县	1870	997	873	935	342	593	5	3	2
思南县	3237	1719	1518	1189	437	752	4	1	3
印江土家族苗族自治县	2111	1125	986	619	208	411	2	1	1
德江县	2249	1151	1098	761	286	475	2	1	1
沿河土家族自治县	2780	1458	1322	722	275	447	6	4	2
松桃苗族自治县	2259	1204	1055	1442	533	909	4	3	1
黔西南布依族苗族自治州	**8978**	**4734**	**4244**	**7835**	**2536**	**5299**	**13**	**3**	**10**
兴义市	2017	1068	949	1592	485	1107	1		1
兴仁市	1739	915	824	872	282	590	2		2
普安县	1140	609	531	587	181	406	2		2
晴隆县	1036	548	488	569	186	383	2	1	1
贞丰县	1089	563	526	985	337	648	3	1	2
望谟县	514	271	243	1141	380	761	1		1
册亨县	378	198	180	979	342	637	2	1	1
安龙县	1065	562	503	1110	343	767			
黔东南苗族侗族自治州	**12905**	**7005**	**5900**	**10779**	**3543**	**7236**	**37**	**22**	**15**
凯里市	1125	620	505	960	285	675			
黄平县	1265	680	585	663	202	461	1	1	
施秉县	613	332	281	392	125	267			
三穗县	701	389	312	432	136	296	2	2	
镇远县	903	474	429	490	152	338	3	1	2
岑巩县	888	472	416	449	169	280	2	2	
天柱县	1407	744	663	833	271	562	2	1	1
锦屏县	756	408	348	508	181	327	2	1	1
剑河县	666	368	298	519	152	367			
台江县	466	259	207	338	94	244			
黎平县	1292	709	583	1470	515	955	1	1	
榕江县	831	457	374	885	312	573	1		1
从江县	682	374	308	1314	456	858	2	2	
雷山县	389	220	169	447	152	295			
麻江县	497	265	232	524	162	362			
丹寨县	424	234	190	555	179	376	21	11	10
黔南布依族苗族自治州	**10476**	**5594**	**4882**	**9689**	**3107**	**6582**	**9**	**2**	**7**
都匀市	1191	638	553	1013	292	721	1		1
福泉市	1052	584	468	661	225	436	1	1	
荔波县	413	220	193	609	190	419			
贵定县	620	329	291	691	202	489	1		1
瓮安县	1798	962	836	592	211	381			
独山县	918	482	436	836	270	566	3	1	2
平塘县	911	482	429	1073	350	723	1		1
罗甸县	641	333	308	886	312	574			
长顺县	597	316	281	638	213	425			
龙里县	542	288	254	496	168	328			
惠水县	958	514	444	1297	417	880	1		1
三都水族自治县	835	446	389	897	257	640	1		1

8-10c　续表 4　　　　单位：人

地　区	独居(无保姆)			养老机构			其　他		
	小计	男	女	小计	男	女	小计	男	女
贵　州	**39055**	**18059**	**20996**	**897**	**710**	**187**	**16108**	**7758**	**8350**
贵阳市	**2072**	**1055**	**1017**	**98**	**52**	**46**	**644**	**384**	**260**
南明区	35	19	16	36	15	21	20	14	6
云岩区									
花溪区	150	78	72	20	10	10	44	25	19
乌当区	160	70	90	17	9	8	58	39	19
白云区	32	13	19	1	1		10	7	3
观山湖区	58	26	32	3	1	2	31	21	10
开阳县	572	292	280	14	9	5	142	76	66
息烽县	323	172	151	1	1		108	60	48
修文县	309	169	140	5	5		62	43	19
清镇市	433	216	217	1	1		169	99	70
六盘水市	**2896**	**1222**	**1674**	**55**	**52**	**3**	**1037**	**480**	**557**
钟山区	60	19	41	1		1	22	13	9
六枝特区	666	282	384	4	3	1	255	115	140
水城县	790	355	435	26	26		297	148	149
盘州市	1380	566	814	24	23	1	463	204	259
遵义市	**7372**	**3754**	**3618**	**261**	**234**	**27**	**3331**	**1717**	**1614**
红花岗区	451	195	256	1	1		183	87	96
汇川区	317	167	150				156	89	67
播州区	752	353	399	13	9	4	308	161	147
桐梓县	514	266	248	11	10	1	379	195	184
绥阳县	594	293	301	20	19	1	225	113	112
正安县	684	394	290	38	35	3	360	165	195
道真仡佬族苗族自治县	390	216	174	4	3	1	177	96	81
务川仡佬族苗族自治县	516	273	243	19	19		179	91	88
凤冈县	445	214	231	1	1		178	93	85
湄潭县	592	276	316	19	17	2	188	86	102
余庆县	370	174	196	3	3		77	37	40
习水县	710	351	359	73	66	7	509	276	233
赤水市	457	252	205	36	32	4	175	89	86
仁怀市	580	330	250	23	19	4	237	139	98
安顺市	**2426**	**1040**	**1386**	**53**	**29**	**24**	**932**	**444**	**488**
西秀区	564	234	330	36	20	16	260	125	135
平坝区	326	136	190	4	1	3	66	36	30
普定县	655	278	377	5	4	1	121	62	59
镇宁布依族苗族自治县	323	132	191	6	3	3	177	76	101
关岭布依族苗族自治县	275	142	133	2	1	1	151	64	87
紫云苗族布依族自治县	283	118	165				157	81	76
毕节市	**8180**	**3399**	**4781**	**146**	**127**	**19**	**2779**	**1267**	**1512**
七星关区	1523	622	901	10	9	1	441	195	246
大方县	1585	649	936	27	25	2	321	142	179
黔西县	766	342	424	19	17	2	352	165	187
金沙县	619	336	283	8	6	2	224	107	117
织金县	1223	476	747	8	8		284	112	172
纳雍县	978	360	618	23	17	6	356	159	197
威宁彝族回族苗族自治县	801	321	480	26	23	3	506	235	271
赫章县	685	293	392	25	22	3	295	152	143

8-10c 续表 5

单位：人

地　　区	独居(无保姆)			养老机构			其　　他		
	小计	男	女	小计	男	女	小计	男	女
铜仁市	**5379**	**2599**	**2780**	**139**	**99**	**40**	**2452**	**1156**	**1296**
碧江区	194	98	96	5	4	1	66	40	26
万山区	255	130	125	10	7	3	147	77	70
江口县	327	166	161	11	9	2	122	66	56
玉屏侗族自治县	157	83	74	1		1	75	38	37
石阡县	458	198	260	5	4	1	282	128	154
思南县	992	486	506	18	9	9	374	165	209
印江土家族苗族自治县	798	386	412	18	13	5	241	114	127
德江县	632	292	340	22	13	9	237	106	131
沿河土家族自治县	918	413	505	18	15	3	396	151	245
松桃苗族自治县	648	347	301	31	25	6	512	271	241
黔西南布依族苗族自治州	**2410**	**1004**	**1406**	**43**	**32**	**11**	**1073**	**477**	**596**
兴义市	406	169	237	13	12	1	227	113	114
兴仁市	440	179	261	1		1	85	46	39
普安县	300	122	178				91	44	47
晴隆县	360	142	218	3	2	1	104	37	67
贞丰县	309	138	171	4	4		136	57	79
望谟县	208	89	119	6	3	3	149	58	91
册亨县	102	33	69	14	9	5	137	62	75
安龙县	285	132	153	2	2		144	60	84
黔东南苗族侗族自治州	**4464**	**2219**	**2245**	**53**	**45**	**8**	**2105**	**999**	**1106**
凯里市	378	150	228	1	1		146	71	75
黄平县	498	214	284	1	1		191	77	114
施秉县	159	77	82				41	14	27
三穗县	258	141	117	1		1	84	45	39
镇远县	293	151	142	1	1		77	29	48
岑巩县	259	150	109	2	1	1	171	96	75
天柱县	597	326	271	1	1		234	104	130
锦屏县	278	148	130	6	6		127	62	65
剑河县	279	141	138	2	2		113	52	61
台江县	138	65	73				79	35	44
黎平县	508	264	244	13	10	3	253	137	116
榕江县	229	123	106	2	2		171	92	79
从江县	197	81	116	5	5		140	61	79
雷山县	125	69	56	1	1		78	40	38
麻江县	139	58	81				79	37	42
丹寨县	129	61	68	17	14	3	121	47	74
黔南布依族苗族自治州	**3856**	**1767**	**2089**	**49**	**40**	**9**	**1755**	**834**	**921**
都匀市	458	196	262	12	10	2	183	76	107
福泉市	296	133	163				104	69	35
荔波县	157	75	82	11	8	3	79	46	33
贵定县	230	117	113	3	2	1	92	55	37
瓮安县	516	247	269	1	1		166	68	98
独山县	351	156	195	3	2	1	179	74	105
平塘县	373	171	202	1	1		215	98	117
罗甸县	367	158	209	4	4		202	87	115
长顺县	202	91	111				81	36	45
龙里县	201	120	81	14	12	2	95	60	35
惠水县	397	164	233				177	82	95
三都水族自治县	308	139	169				182	83	99

8-11　全省分年龄、性别、居住状况的60岁及以上老年人口

单位：人

年　龄	60岁及以上人口			与配偶和子女同住		
	合计	男	女	小计	男	女
总　计	**575342**	**274049**	**301293**	**144003**	**78830**	**65173**
60–64岁	**144662**	**71852**	**72810**	**47622**	**25373**	**22249**
60	22541	11145	11396	7800	4091	3709
61	23005	11632	11373	7871	4192	3679
62	31672	15912	15760	10643	5754	4889
63	34924	17312	17612	11256	5969	5287
64	32520	15851	16669	10052	5367	4685
65–69岁	**160262**	**77724**	**82538**	**45478**	**24146**	**21332**
65	34935	17254	17681	10703	5705	4998
66	36056	17312	18744	10481	5451	5030
67	33032	15880	17152	9230	4851	4379
68	32034	15596	16438	8652	4638	4014
69	24205	11682	12523	6412	3501	2911
70–74岁	**115598**	**55554**	**60044**	**26892**	**14891**	**12001**
70	24504	11794	12710	6153	3352	2801
71	25752	12615	13137	6204	3405	2799
72	22440	10765	11675	5121	2791	2330
73	22326	10665	11661	4991	2819	2172
74	20576	9715	10861	4423	2524	1899
75–79岁	**78926**	**36482**	**42444**	**14718**	**8509**	**6209**
75	16113	7509	8604	3321	1891	1430
76	17299	8224	9075	3344	1945	1399
77	16502	7641	8861	3060	1782	1278
78	15155	6799	8356	2645	1485	1160
79	13857	6309	7548	2348	1406	942
80–84岁	**49179**	**21701**	**27478**	**6840**	**4262**	**2578**
80	11886	5340	6546	1895	1155	740
81	10338	4595	5743	1466	917	549
82	10862	4816	6046	1536	976	560
83	8778	3822	4956	1103	683	420
84	7315	3128	4187	840	531	309
85–89岁	**20231**	**8319**	**11912**	**2013**	**1346**	**667**
85	5650	2338	3312	640	407	233
86	4430	1792	2638	500	331	169
87	4226	1822	2404	382	264	118
88	3294	1306	1988	275	196	79
89	2631	1061	1570	216	148	68
90–94岁	**5491**	**2104**	**3387**	**384**	**268**	**116**
90	2075	777	1298	151	106	45
91	1211	478	733	95	65	30
92	1105	420	685	70	53	17
93	685	273	412	42	27	15
94	415	156	259	26	17	9
95–99岁	**857**	**274**	**583**	**47**	**31**	**16**
95	304	98	206	15	11	4
96	183	64	119	9	6	3
97	184	53	131	10	6	4
98	106	32	74	6	4	2
99	80	27	53	7	4	3
100岁及以上	**136**	**39**	**97**	**9**	**4**	**5**

8-11 续表 1 单位：人

年龄	与配偶同住			与子女同住			独居(有保姆)		
	小计	男	女	小计	男	女	小计	男	女
总 计	**210259**	**113178**	**97081**	**131548**	**41361**	**90187**	**665**	**265**	**400**
60-64岁	**57542**	**29418**	**28124**	**20988**	**6855**	**14133**	**66**	**35**	**31**
60	8768	4442	4326	3031	962	2069	5	3	2
61	8952	4635	4317	3219	1104	2115	14	6	8
62	12429	6369	6060	4550	1503	3047	12	7	5
63	14080	7221	6859	5152	1695	3457	18	10	8
64	13313	6751	6562	5036	1591	3445	17	9	8
65-69岁	**66884**	**34423**	**32461**	**26676**	**8725**	**17951**	**86**	**44**	**42**
65	14506	7459	7047	5374	1843	3531	17	13	4
66	15074	7679	7395	5768	1845	3923	16	8	8
67	13811	7037	6774	5583	1848	3735	14	8	6
68	13542	7023	6519	5478	1760	3718	26	13	13
69	9951	5225	4726	4473	1429	3044	13	2	11
70-74岁	**45459**	**24767**	**20692**	**25272**	**7942**	**17330**	**81**	**39**	**42**
70	10034	5309	4725	4834	1523	3311	14	5	9
71	10335	5639	4696	5348	1753	3595	16	7	9
72	8914	4885	4029	4898	1576	3322	13	5	8
73	8569	4752	3817	5090	1583	3507	19	11	8
74	7607	4182	3425	5102	1507	3595	19	11	8
75-79岁	**25613**	**14916**	**10697**	**23617**	**7138**	**16479**	**115**	**35**	**80**
75	5720	3201	2519	4197	1280	2917	23	10	13
76	5849	3435	2414	4930	1506	3424	25	5	20
77	5399	3135	2264	4938	1489	3449	18	5	13
78	4616	2710	1906	4840	1412	3428	19	5	14
79	4029	2435	1594	4712	1451	3261	30	10	20
80-84岁	**11282**	**7177**	**4105**	**20401**	**6301**	**14100**	**124**	**37**	**87**
80	3134	1905	1229	4416	1351	3065	19	7	12
81	2516	1601	915	4161	1286	2875	25	10	15
82	2448	1579	869	4484	1366	3118	33	10	23
83	1810	1185	625	3912	1215	2697	17	4	13
84	1374	907	467	3428	1083	2345	30	6	24
85-89岁	**2911**	**2051**	**860**	**10595**	**3225**	**7370**	**129**	**45**	**84**
85	937	635	302	2751	850	1901	36	9	27
86	624	425	199	2254	659	1595	30	12	18
87	613	460	153	2253	734	1519	34	11	23
88	430	300	130	1841	551	1290	14	4	10
89	307	231	76	1496	431	1065	15	9	6
90-94岁	**526**	**394**	**132**	**3331**	**1000**	**2331**	**52**	**24**	**28**
90	228	155	73	1216	355	861	20	12	8
91	118	93	25	723	222	501	13	4	9
92	85	69	16	716	209	507	10	3	7
93	64	53	11	417	131	286	8	5	3
94	31	24	7	259	83	176	1		1
95-99岁	**38**	**28**	**10**	**569**	**150**	**419**	**11**	**6**	**5**
95	15	12	3	205	54	151	4	1	3
96	11	7	4	118	32	86	2	2	
97	5	3	2	119	29	90	4	2	2
98	6	5	1	71	18	53	1	1	
99	1	1		56	17	39			
100岁及以上	**4**	**4**		**99**	**25**	**74**	**1**		**1**

8-11　续表 2　　　　单位：人

年　龄	独居(无保姆)			养老机构			其　他		
	小计	男	女	小计	男	女	小计	男	女
总　计	**60283**	**26355**	**33928**	**2127**	**1575**	**552**	**26457**	**12485**	**13972**
60–64岁	**11166**	**6054**	**5112**	**286**	**251**	**35**	**6992**	**3866**	**3126**
60	1697	928	769	31	25	6	1209	694	515
61	1735	966	769	51	47	4	1163	682	481
62	2421	1349	1072	71	64	7	1546	866	680
63	2726	1480	1246	68	61	7	1624	876	748
64	2587	1331	1256	65	54	11	1450	748	702
65–69岁	**13863**	**6686**	**7177**	**438**	**376**	**62**	**6837**	**3324**	**3513**
65	2718	1387	1331	76	61	15	1541	786	755
66	3112	1542	1570	89	75	14	1516	712	804
67	2867	1355	1512	103	90	13	1424	691	733
68	2922	1415	1507	90	81	9	1324	666	658
69	2244	987	1257	80	69	11	1032	469	563
70–74岁	**12612**	**5369**	**7243**	**439**	**367**	**72**	**4843**	**2179**	**2664**
70	2390	1070	1320	82	67	15	997	468	529
71	2701	1230	1471	93	80	13	1055	501	554
72	2442	1006	1436	86	73	13	966	429	537
73	2580	1021	1559	100	80	20	977	399	578
74	2499	1042	1457	78	67	11	848	382	466
75–79岁	**10908**	**4113**	**6795**	**372**	**263**	**109**	**3583**	**1508**	**2075**
75	2098	798	1300	64	46	18	690	283	407
76	2328	955	1373	81	55	26	742	323	419
77	2202	837	1365	79	57	22	806	336	470
78	2249	831	1418	87	70	17	699	286	413
79	2031	692	1339	61	35	26	646	280	366
80–84岁	**7667**	**2723**	**4944**	**338**	**205**	**133**	**2527**	**996**	**1531**
80	1780	642	1138	77	52	25	565	228	337
81	1604	541	1063	61	38	23	505	202	303
82	1766	629	1137	75	49	26	520	207	313
83	1377	505	872	69	39	30	490	191	299
84	1140	406	734	56	27	29	447	168	279
85–89岁	**3199**	**1114**	**2085**	**172**	**76**	**96**	**1212**	**462**	**750**
85	952	316	636	37	19	18	297	102	195
86	721	246	475	30	8	22	271	111	160
87	636	229	407	45	18	27	263	106	157
88	494	165	329	25	13	12	215	77	138
89	396	158	238	35	18	17	166	66	100
90–94岁	**748**	**258**	**490**	**62**	**28**	**34**	**388**	**132**	**256**
90	298	99	199	32	14	18	130	36	94
91	170	60	110	8	4	4	84	30	54
92	133	50	83	13	7	6	78	29	49
93	96	30	66	3	2	1	55	25	30
94	51	19	32	6	1	5	41	12	29
95–99岁	**110**	**34**	**76**	**18**	**9**	**9**	**64**	**16**	**48**
95	40	14	26	4	2	2	21	4	17
96	25	10	15	5	4	1	13	3	10
97	23	5	18	7	3	4	16	5	11
98	14	2	12	1		1	7	2	5
99	8	3	5	1		1	7	2	5
100岁及以上	**10**	**4**	**6**	**2**		**2**	**11**	**2**	**9**

8-11a 全省分年龄、性别、居住状况的60岁及以上老年人口(城市)

单位：人

年 龄	60岁及以上人口			与配偶和子女同住		
	合计	男	女	小计	男	女
总 计	**114813**	**53374**	**61439**	**32461**	**18135**	**14326**
60-64岁	**34094**	**16519**	**17575**	**11820**	**6413**	**5407**
60	6161	2985	3176	2192	1188	1004
61	5799	2860	2939	2111	1120	991
62	7342	3591	3751	2553	1406	1147
63	7834	3776	4058	2674	1447	1227
64	6958	3307	3651	2290	1252	1038
65-69岁	**29870**	**13594**	**16276**	**9732**	**5134**	**4598**
65	6950	3301	3649	2388	1281	1107
66	6934	3134	3800	2263	1161	1102
67	5903	2629	3274	1911	995	916
68	5667	2547	3120	1796	952	844
69	4416	1983	2433	1374	745	629
70-74岁	**21681**	**10195**	**11486**	**5798**	**3288**	**2510**
70	4603	2141	2462	1340	749	591
71	4838	2263	2575	1307	715	592
72	4213	1969	2244	1083	592	491
73	4154	1953	2201	1101	650	451
74	3873	1869	2004	967	582	385
75-79岁	**14104**	**6480**	**7624**	**3052**	**1896**	**1156**
75	2875	1381	1494	715	441	274
76	3091	1443	1648	708	428	280
77	2918	1318	1600	639	386	253
78	2727	1228	1499	544	333	211
79	2493	1110	1383	446	308	138
80-84岁	**9550**	**4170**	**5380**	**1476**	**964**	**512**
80	2328	1022	1306	438	266	172
81	2048	923	1125	349	238	111
82	2090	909	1181	312	202	110
83	1679	747	932	223	149	74
84	1405	569	836	154	109	45
85-89岁	**4136**	**1802**	**2334**	**473**	**352**	**121**
85	1107	461	646	146	104	42
86	955	390	565	121	86	35
87	950	438	512	91	74	17
88	639	287	352	71	52	19
89	485	226	259	44	36	8
90-94岁	**1181**	**537**	**644**	**100**	**80**	**20**
90	430	171	259	31	21	10
91	282	135	147	23	18	5
92	229	111	118	23	22	1
93	140	73	67	14	13	1
94	100	47	53	9	6	3
95-99岁	**173**	**65**	**108**	**10**	**8**	**2**
95	58	22	36	3	2	1
96	35	14	21			
97	43	14	29	1	1	
98	19	9	10	2	2	
99	18	6	12	4	3	1
100岁及以上	**24**	**12**	**12**			

8-11a　续表 1　　　　单位：人

年　龄	与配偶同住			与子女同住			独居(有保姆)		
	小计	男	女	小计	男	女	小计	男	女
总　计	**39761**	**21848**	**17913**	**26937**	**7109**	**19828**	**320**	**102**	**218**
60-64岁	**12160**	**6332**	**5828**	**5763**	**1617**	**4146**	**24**	**11**	**13**
60	2135	1105	1030	973	268	705	2	1	1
61	2020	1074	946	925	273	652	5	2	3
62	2628	1369	1259	1231	362	869	4	2	2
63	2871	1471	1400	1329	383	946	9	4	5
64	2506	1313	1193	1305	331	974	4	2	2
65-69岁	**10806**	**5406**	**5400**	**5966**	**1603**	**4363**	**27**	**10**	**17**
65	2454	1248	1206	1305	390	915	4	4	
66	2568	1282	1286	1324	345	979	2		2
67	2111	1048	1063	1227	328	899	5		5
68	2040	1002	1038	1198	323	875	10	5	5
69	1633	826	807	912	217	695	6	1	5
70-74岁	**8239**	**4540**	**3699**	**4979**	**1310**	**3669**	**23**	**10**	**13**
70	1706	924	782	1004	258	746	3	1	2
71	1869	1024	845	1082	304	778	5	2	3
72	1644	903	741	949	260	689	5	2	3
73	1573	868	705	959	230	729	5	3	2
74	1447	821	626	985	258	727	5	2	3
75-79岁	**4835**	**2940**	**1895**	**4042**	**975**	**3067**	**53**	**13**	**40**
75	1034	634	400	732	178	554	10	4	6
76	1088	657	431	825	204	621	9	2	7
77	962	575	387	891	219	672	11	2	9
78	915	561	354	823	196	627	8	1	7
79	836	513	323	771	178	593	15	4	11
80-84岁	**2679**	**1808**	**871**	**3543**	**868**	**2675**	**72**	**15**	**57**
80	718	459	259	765	186	579	9	2	7
81	584	393	191	734	182	552	12	4	8
82	551	385	166	796	197	599	22	6	16
83	458	331	127	671	170	501	7	1	6
84	368	240	128	577	133	444	22	2	20
85-89岁	**854**	**659**	**195**	**1865**	**497**	**1368**	**81**	**26**	**55**
85	241	174	67	462	126	336	22	7	15
86	198	148	50	449	114	335	18	7	11
87	196	163	33	437	125	312	23	5	18
88	128	100	28	283	67	216	9	1	8
89	91	74	17	234	65	169	9	6	3
90-94岁	**181**	**157**	**24**	**648**	**197**	**451**	**30**	**12**	**18**
90	69	55	14	238	60	178	8	4	4
91	39	36	3	162	56	106	7	1	6
92	36	33	3	122	38	84	8	3	5
93	25	22	3	68	23	45	7	4	3
94	12	11	1	58	20	38			
95-99岁	**7**	**6**	**1**	**112**	**33**	**79**	**9**	**5**	**4**
95	2	2		38	14	24	4	1	3
96	2	2		23	4	19	2	2	
97	3	2	1	26	6	20	2	1	1
98				13	6	7	1	1	
99				12	3	9			
100岁及以上				**19**	**9**	**10**	**1**		**1**

8-11a 续表 2 单位：人

年 龄	独居(无保姆)			养老机构			其 他		
	小计	男	女	小计	男	女	小计	男	女
总 计	**10804**	**3985**	**6819**	**409**	**201**	**208**	**4121**	**1994**	**2127**
60-64岁	**2694**	**1256**	**1438**	**27**	**18**	**9**	**1606**	**872**	**734**
60	496	235	261	5	2	3	358	186	172
61	466	229	237	7	7		265	155	110
62	556	246	310	4	3	1	366	203	163
63	598	278	320	4	1	3	349	192	157
64	578	268	310	7	5	2	268	136	132
65-69岁	**2282**	**924**	**1358**	**34**	**22**	**12**	**1023**	**495**	**528**
65	515	226	289	6	4	2	278	148	130
66	542	236	306	9	4	5	226	106	120
67	449	165	284	8	5	3	192	88	104
68	439	179	260	7	5	2	177	81	96
69	337	118	219	4	4		150	72	78
70-74岁	**1993**	**729**	**1264**	**50**	**32**	**18**	**599**	**286**	**313**
70	395	140	255	9	5	4	146	64	82
71	446	154	292	5	3	2	124	61	63
72	404	144	260	13	9	4	115	59	56
73	383	141	242	14	9	5	119	52	67
74	365	150	215	9	6	3	95	50	45
75-79岁	**1671**	**464**	**1207**	**73**	**33**	**40**	**378**	**159**	**219**
75	294	84	210	8	3	5	82	37	45
76	368	119	249	12	4	8	81	29	52
77	319	88	231	22	10	12	74	38	36
78	338	94	244	14	8	6	85	35	50
79	352	79	273	17	8	9	56	20	36
80-84岁	**1372**	**358**	**1014**	**117**	**55**	**62**	**291**	**102**	**189**
80	307	76	231	23	11	12	68	22	46
81	290	72	218	19	8	11	60	26	34
82	327	82	245	22	13	9	60	24	36
83	239	66	173	31	14	17	50	16	34
84	209	62	147	22	9	13	53	14	39
85-89岁	**635**	**191**	**444**	**72**	**25**	**47**	**156**	**52**	**104**
85	185	35	150	18	7	11	33	8	25
86	126	28	98	9		9	34	7	27
87	145	52	93	19	5	14	39	14	25
88	111	49	62	12	6	6	25	12	13
89	68	27	41	14	7	7	25	11	14
90-94岁	**133**	**53**	**80**	**27**	**13**	**14**	**62**	**25**	**37**
90	49	17	32	15	7	8	20	7	13
91	31	15	16	1	1		19	8	11
92	25	8	17	8	4	4	7	3	4
93	16	7	9	2	1	1	8	3	5
94	12	6	6	1		1	8	4	4
95-99岁	**21**	**7**	**14**	**8**	**3**	**5**	**6**	**3**	**3**
95	9	3	6	1		1	1		1
96	4	3	1	1	1		3	2	1
97	5	1	4	5	2	3	1	1	
98	3		3						
99				1		1	1		1
100岁及以上	**3**	**3**		**1**		**1**			

8-11b　全省分年龄、性别、居住状况的60岁及以上老年人口(镇)

单位：人

年龄	60岁及以上人口			与配偶和子女同住		
	合计	男	女	小计	男	女
总　计	**120418**	**56488**	**63930**	**33578**	**18455**	**15123**
60—64岁	**31073**	**15313**	**15760**	**11336**	**6046**	**5290**
60	4646	2312	2334	1730	933	797
61	5057	2548	2509	1905	1024	881
62	7063	3528	3535	2629	1404	1225
63	7430	3651	3779	2697	1424	1273
64	6877	3274	3603	2375	1261	1114
65—69岁	**33950**	**16207**	**17743**	**10727**	**5755**	**4972**
65	7570	3662	3908	2542	1379	1163
66	7697	3599	4098	2515	1332	1183
67	6840	3302	3538	2155	1158	997
68	6780	3207	3573	2048	1057	991
69	5063	2437	2626	1467	829	638
70—74岁	**23710**	**11184**	**12526**	**6235**	**3466**	**2769**
70	5073	2392	2681	1428	778	650
71	5200	2515	2685	1423	778	645
72	4581	2170	2411	1204	664	540
73	4605	2161	2444	1162	672	490
74	4251	1946	2305	1018	574	444
75—79岁	**16278**	**7378**	**8900**	**3320**	**1929**	**1391**
75	3318	1549	1769	745	418	327
76	3626	1693	1933	769	464	305
77	3372	1522	1850	673	397	276
78	3145	1381	1764	609	331	278
79	2817	1233	1584	524	319	205
80—84岁	**9867**	**4270**	**5597**	**1410**	**897**	**513**
80	2409	1072	1337	418	270	148
81	2108	925	1183	285	182	103
82	2213	963	1250	320	206	114
83	1672	713	959	205	125	80
84	1465	597	868	182	114	68
85—89岁	**4203**	**1658**	**2545**	**436**	**287**	**149**
85	1176	451	725	114	68	46
86	913	369	544	119	82	37
87	900	357	543	89	56	33
88	661	256	405	60	45	15
89	553	225	328	54	36	18
90—94岁	**1127**	**412**	**715**	**100**	**66**	**34**
90	425	165	260	41	30	11
91	238	88	150	30	17	13
92	248	86	162	17	11	6
93	139	45	94	7	4	3
94	77	28	49	5	4	1
95—99岁	**179**	**60**	**119**	**13**	**9**	**4**
95	65	26	39	5	4	1
96	33	12	21	2	2	
97	45	8	37	2	1	1
98	25	10	15	4	2	2
99	11	4	7			
100岁及以上	**31**	**6**	**25**	**1**		**1**

8-11b 续表 1

单位：人

年 龄	与配偶同住			与子女同住			独居(有保姆)		
	小计	男	女	小计	男	女	小计	男	女
总 计	**38096**	**20752**	**17344**	**31118**	**9500**	**21618**	**153**	**73**	**80**
60-64岁	**10813**	**5630**	**5183**	**5214**	**1662**	**3552**	**16**	**7**	**9**
60	1637	838	799	699	211	488	1		1
61	1714	906	808	818	270	548	4	1	3
62	2463	1314	1149	1140	359	781	5	3	2
63	2550	1336	1214	1325	447	878	2	2	
64	2449	1236	1213	1232	375	857	4	1	3
65-69岁	**12098**	**6238**	**5860**	**6692**	**2135**	**4557**	**14**	**9**	**5**
65	2675	1360	1315	1420	461	959	5	5	
66	2697	1347	1350	1469	447	1022	6	3	3
67	2468	1304	1164	1329	435	894	1		1
68	2448	1275	1173	1377	436	941	1	1	
69	1810	952	858	1097	356	741	1		1
70-74岁	**7929**	**4371**	**3558**	**6045**	**1859**	**4186**	**24**	**14**	**10**
70	1743	940	803	1217	376	841	5	3	2
71	1772	995	777	1277	404	873	7	3	4
72	1526	833	693	1165	384	781	2	1	1
73	1508	842	666	1202	359	843	6	5	1
74	1380	761	619	1184	336	848	4	2	2
75-79岁	**4637**	**2768**	**1869**	**5441**	**1583**	**3858**	**26**	**10**	**16**
75	1079	631	448	952	277	675	5	2	3
76	1058	629	429	1178	347	831	9	3	6
77	961	578	383	1146	327	819	4	1	3
78	856	521	335	1096	312	784	4	2	2
79	683	409	274	1069	320	749	4	2	2
80-84岁	**2034**	**1314**	**720**	**4497**	**1319**	**3178**	**30**	**12**	**18**
80	546	332	214	1004	289	715	4	2	2
81	479	310	169	931	276	655	8	4	4
82	458	292	166	1003	289	714	6	2	4
83	320	223	97	814	244	570	8	3	5
84	231	157	74	745	221	524	4	1	3
85-89岁	**473**	**346**	**127**	**2385**	**707**	**1678**	**30**	**13**	**17**
85	161	112	49	636	187	449	9	2	7
86	103	75	28	493	136	357	6	1	5
87	90	66	24	524	172	352	7	5	2
88	63	49	14	399	117	282	3	2	1
89	56	44	12	333	95	238	5	3	2
90-94岁	**103**	**78**	**25**	**713**	**205**	**508**	**11**	**7**	**4**
90	42	30	12	253	76	177	7	4	3
91	29	22	7	133	38	95	3	3	
92	18	16	2	177	46	131	1		1
93	9	6	3	101	31	70			
94	5	4	1	49	14	35			
95-99岁	**9**	**7**	**2**	**112**	**26**	**86**	**2**	**1**	**1**
95	2	2		43	14	29			
96	3	1	2	20	5	15			
97				27	2	25	2	1	1
98	3	3		14	3	11			
99	1	1		8	2	6			
100岁及以上				**19**	**4**	**15**			

8-11b　续表 2　　单位：人

年　龄	独居(无保姆)			养老机构			其　他		
	小计	男	女	小计	男	女	小计	男	女
总　计	**10424**	**4311**	**6113**	**821**	**664**	**157**	**6228**	**2733**	**3495**
60-64岁	**1918**	**1024**	**894**	**108**	**96**	**12**	**1668**	**848**	**820**
60	288	162	126	12	12		279	156	123
61	321	175	146	21	17	4	274	155	119
62	444	248	196	28	24	4	354	176	178
63	431	222	209	30	28	2	395	192	203
64	434	217	217	17	15	2	366	169	197
65-69岁	**2487**	**1131**	**1356**	**195**	**173**	**22**	**1737**	**766**	**971**
65	507	256	251	33	28	5	388	173	215
66	567	267	300	38	35	3	405	168	237
67	493	217	276	46	43	3	348	145	203
68	514	227	287	41	38	3	351	173	178
69	406	164	242	37	29	8	245	107	138
70-74岁	**2115**	**818**	**1297**	**192**	**166**	**26**	**1170**	**490**	**680**
70	396	161	235	30	25	5	254	109	145
71	437	192	245	45	38	7	239	105	134
72	399	155	244	39	36	3	246	97	149
73	442	149	293	43	36	7	242	98	144
74	441	161	280	35	31	4	189	81	108
75-79岁	**1924**	**669**	**1255**	**153**	**116**	**37**	**777**	**303**	**474**
75	367	140	227	37	29	8	133	52	81
76	411	158	253	38	28	10	163	64	99
77	382	134	248	25	17	8	181	68	113
78	390	123	267	32	27	5	158	65	93
79	374	114	260	21	15	6	142	54	88
80-84岁	**1279**	**446**	**833**	**103**	**77**	**26**	**514**	**205**	**309**
80	299	113	186	26	24	2	112	42	70
81	285	97	188	19	15	4	101	41	60
82	285	109	176	27	20	7	114	45	69
83	221	73	148	19	13	6	85	32	53
84	189	54	135	12	5	7	102	45	57
85-89岁	**568**	**184**	**384**	**44**	**23**	**21**	**267**	**98**	**169**
85	172	52	120	9	6	3	75	24	51
86	118	41	77	9	4	5	65	30	35
87	120	33	87	11	6	5	59	19	40
88	88	25	63	4	1	3	44	17	27
89	70	33	37	11	6	5	24	8	16
90-94岁	**112**	**31**	**81**	**20**	**10**	**10**	**68**	**15**	**53**
90	52	17	35	11	6	5	19	2	17
91	24	4	20	4	2	2	15	2	13
92	17	6	11	2	1	1	16	6	10
93	13	1	12				9	3	6
94	6	3	3	3	1	2	9	2	7
95-99岁	**18**	**8**	**10**	**5**	**3**	**2**	**20**	**6**	**14**
95	9	5	4	1		1	5	1	4
96	3	1	2	2	2		3	1	2
97	6	2	4	2	1	1	6	1	5
98							4	2	2
99							2	1	1
100岁及以上	**3**		**3**	**1**		**1**	**7**	**2**	**5**

8-11c 全省分年龄、性别、居住状况的60岁及以上老年人口(乡村)

单位：人

年 龄	60岁及以上人口			与配偶和子女同住		
	合计	男	女	小计	男	女
总 计	**340111**	**164187**	**175924**	**77964**	**42240**	**35724**
60-64岁	**79495**	**40020**	**39475**	**24466**	**12914**	**11552**
60	11734	5848	5886	3878	1970	1908
61	12149	6224	5925	3855	2048	1807
62	17267	8793	8474	5461	2944	2517
63	19660	9885	9775	5885	3098	2787
64	18685	9270	9415	5387	2854	2533
65-69岁	**96442**	**47923**	**48519**	**25019**	**13257**	**11762**
65	20415	10291	10124	5773	3045	2728
66	21425	10579	10846	5703	2958	2745
67	20289	9949	10340	5164	2698	2466
68	19587	9842	9745	4808	2629	2179
69	14726	7262	7464	3571	1927	1644
70-74岁	**70207**	**34175**	**36032**	**14859**	**8137**	**6722**
70	14828	7261	7567	3385	1825	1560
71	15714	7837	7877	3474	1912	1562
72	13646	6626	7020	2834	1535	1299
73	13567	6551	7016	2728	1497	1231
74	12452	5900	6552	2438	1368	1070
75-79岁	**48544**	**22624**	**25920**	**8346**	**4684**	**3662**
75	9920	4579	5341	1861	1032	829
76	10582	5088	5494	1867	1053	814
77	10212	4801	5411	1748	999	749
78	9283	4190	5093	1492	821	671
79	8547	3966	4581	1378	779	599
80-84岁	**29762**	**13261**	**16501**	**3954**	**2401**	**1553**
80	7149	3246	3903	1039	619	420
81	6182	2747	3435	832	497	335
82	6559	2944	3615	904	568	336
83	5427	2362	3065	675	409	266
84	4445	1962	2483	504	308	196
85-89岁	**11892**	**4859**	**7033**	**1104**	**707**	**397**
85	3367	1426	1941	380	235	145
86	2562	1033	1529	260	163	97
87	2376	1027	1349	202	134	68
88	1994	763	1231	144	99	45
89	1593	610	983	118	76	42
90-94岁	**3183**	**1155**	**2028**	**184**	**122**	**62**
90	1220	441	779	79	55	24
91	691	255	436	42	30	12
92	628	223	405	30	20	10
93	406	155	251	21	10	11
94	238	81	157	12	7	5
95-99岁	**505**	**149**	**356**	**24**	**14**	**10**
95	181	50	131	7	5	2
96	115	38	77	7	4	3
97	96	31	65	7	4	3
98	62	13	49			
99	51	17	34	3	1	2
100岁及以上	**81**	**21**	**60**	**8**	**4**	**4**

8-11c　续表 1　　单位：人

年　龄	与配偶同住			与子女同住			独居(有保姆)		
	小计	男	女	小计	男	女	小计	男	女
总　计	**132402**	**70578**	**61824**	**73493**	**24752**	**48741**	**192**	**90**	**102**
60-64岁	**34569**	**17456**	**17113**	**10011**	**3576**	**6435**	**26**	**17**	**9**
60	4996	2499	2497	1359	483	876	2	2	
61	5218	2655	2563	1476	561	915	5	3	2
62	7338	3686	3652	2179	782	1397	3	2	1
63	8659	4414	4245	2498	865	1633	7	4	3
64	8358	4202	4156	2499	885	1614	9	6	3
65-69岁	**43980**	**22779**	**21201**	**14018**	**4987**	**9031**	**45**	**25**	**20**
65	9377	4851	4526	2649	992	1657	8	4	4
66	9809	5050	4759	2975	1053	1922	8	5	3
67	9232	4685	4547	3027	1085	1942	8	8	
68	9054	4746	4308	2903	1001	1902	15	7	8
69	6508	3447	3061	2464	856	1608	6	1	5
70-74岁	**29291**	**15856**	**13435**	**14248**	**4773**	**9475**	**34**	**15**	**19**
70	6585	3445	3140	2613	889	1724	6	1	5
71	6694	3620	3074	2989	1045	1944	4	2	2
72	5744	3149	2595	2784	932	1852	6	2	4
73	5488	3042	2446	2929	994	1935	8	3	5
74	4780	2600	2180	2933	913	2020	10	7	3
75-79岁	**16141**	**9208**	**6933**	**14134**	**4580**	**9554**	**36**	**12**	**24**
75	3607	1936	1671	2513	825	1688	8	4	4
76	3703	2149	1554	2927	955	1972	7		7
77	3476	1982	1494	2901	943	1958	3	2	1
78	2845	1628	1217	2921	904	2017	7	2	5
79	2510	1513	997	2872	953	1919	11	4	7
80-84岁	**6569**	**4055**	**2514**	**12361**	**4114**	**8247**	**22**	**10**	**12**
80	1870	1114	756	2647	876	1771	6	3	3
81	1453	898	555	2496	828	1668	5	2	3
82	1439	902	537	2685	880	1805	5	2	3
83	1032	631	401	2427	801	1626	2		2
84	775	510	265	2106	729	1377	4	3	1
85-89岁	**1584**	**1046**	**538**	**6345**	**2021**	**4324**	**18**	**6**	**12**
85	535	349	186	1653	537	1116	5		5
86	323	202	121	1312	409	903	6	4	2
87	327	231	96	1292	437	855	4	1	3
88	239	151	88	1159	367	792	2	1	1
89	160	113	47	929	271	658	1		1
90-94岁	**242**	**159**	**83**	**1970**	**598**	**1372**	**11**	**5**	**6**
90	117	70	47	725	219	506	5	4	1
91	50	35	15	428	128	300	3		3
92	31	20	11	417	125	292	1		1
93	30	25	5	248	77	171	1	1	
94	14	9	5	152	49	103	1		1
95-99岁	**22**	**15**	**7**	**345**	**91**	**254**			
95	11	8	3	124	26	98			
96	6	4	2	75	23	52			
97	2	1	1	66	21	45			
98	3	2	1	44	9	35			
99				36	12	24			
100岁及以上	**4**	**4**		**61**	**12**	**49**			

8−11c 续表 2 单位：人

年龄	独居(无保姆)			养老机构			其他		
	小计	男	女	小计	男	女	小计	男	女
总计	**39055**	**18059**	**20996**	**897**	**710**	**187**	**16108**	**7758**	**8350**
60−64岁	**6554**	**3774**	**2780**	**151**	**137**	**14**	**3718**	**2146**	**1572**
60	913	531	382	14	11	3	572	352	220
61	948	562	386	23	23		624	372	252
62	1421	855	566	39	37	2	826	487	339
63	1697	980	717	34	32	2	880	492	388
64	1575	846	729	41	34	7	816	443	373
65−69岁	**9094**	**4631**	**4463**	**209**	**181**	**28**	**4077**	**2063**	**2014**
65	1696	905	791	37	29	8	875	465	410
66	2003	1039	964	42	36	6	885	438	447
67	1925	973	952	49	42	7	884	458	426
68	1969	1009	960	42	38	4	796	412	384
69	1501	705	796	39	36	3	637	290	347
70−74岁	**8504**	**3822**	**4682**	**197**	**169**	**28**	**3074**	**1403**	**1671**
70	1599	769	830	43	37	6	597	295	302
71	1818	884	934	43	39	4	692	335	357
72	1639	707	932	34	28	6	605	273	332
73	1755	731	1024	43	35	8	616	249	367
74	1693	731	962	34	30	4	564	251	313
75−79岁	**7313**	**2980**	**4333**	**146**	**114**	**32**	**2428**	**1046**	**1382**
75	1437	574	863	19	14	5	475	194	281
76	1549	678	871	31	23	8	498	230	268
77	1501	615	886	32	30	2	551	230	321
78	1521	614	907	41	35	6	456	186	270
79	1305	499	806	23	12	11	448	206	242
80−84岁	**5016**	**1919**	**3097**	**118**	**73**	**45**	**1722**	**689**	**1033**
80	1174	453	721	28	17	11	385	164	221
81	1029	372	657	23	15	8	344	135	209
82	1154	438	716	26	16	10	346	138	208
83	917	366	551	19	12	7	355	143	212
84	742	290	452	22	13	9	292	109	183
85−89岁	**1996**	**739**	**1257**	**56**	**28**	**28**	**789**	**312**	**477**
85	595	229	366	10	6	4	189	70	119
86	477	177	300	12	4	8	172	74	98
87	371	144	227	15	7	8	165	73	92
88	295	91	204	9	6	3	146	48	98
89	258	98	160	10	5	5	117	47	70
90−94岁	**503**	**174**	**329**	**15**	**5**	**10**	**258**	**92**	**166**
90	197	65	132	6	1	5	91	27	64
91	115	41	74	3	1	2	50	20	30
92	91	36	55	3	2	1	55	20	35
93	67	22	45	1	1		38	19	19
94	33	10	23	2		2	24	6	18
95−99岁	**71**	**19**	**52**	**5**	**3**	**2**	**38**	**7**	**31**
95	22	6	16	2	2		15	3	12
96	18	6	12	2	1	1	7		7
97	12	2	10				9	3	6
98	11	2	9	1		1	3		3
99	8	3	5				4	1	3
100岁及以上	**4**	**1**	**3**				**4**		**4**

8-12　全省分性别、婚姻状况、居住状况的60岁及以上老年人口

单位：人

居住状况	60岁及以上人口			未　婚		
	合计	男	女	小计	男	女
总　计	**575342**	**274049**	**301293**	**6713**	**6204**	**509**
与配偶和子女同住	144003	78830	65173			
与配偶同住	210259	113178	97081			
与子女同住	131548	41361	90187	130	105	25
独居(有保姆)	665	265	400	34	30	4
独居(无保姆)	60283	26355	33928	3216	3040	176
养老机构	2127	1575	552	1208	1123	85
其　他	26457	12485	13972	2125	1906	219

8-12　续表

单位：人

居住状况	有配偶			离　婚			丧　偶		
	小计	男	女	小计	男	女	小计	男	女
总　计	**408138**	**219981**	**188157**	**8241**	**4679**	**3562**	**152250**	**43185**	**109065**
与配偶和子女同住	144003	78830	65173						
与配偶同住	210259	113178	97081						
与子女同住	31931	14687	17244	3396	1592	1804	96091	24977	71114
独居(有保姆)	130	67	63	27	15	12	474	153	321
独居(无保姆)	11074	7189	3885	3603	2293	1310	42390	13833	28557
养老机构	275	169	106	53	43	10	591	240	351
其　他	10466	5861	4605	1162	736	426	12704	3982	8722

8-12a 全省分性别、婚姻状况、居住状况的60岁及以上老年人口(城市)

单位：人

居住状况	60岁及以上人口			未婚		
	合计	男	女	小计	男	女
总　计	**114813**	**53374**	**61439**	**659**	**458**	**201**
与配偶和子女同住	32461	18135	14326			
与配偶同住	39761	21848	17913			
与子女同住	26937	7109	19828	20	14	6
独居(有保姆)	320	102	218	5	3	2
独居(无保姆)	10804	3985	6819	280	190	90
养老机构	409	201	208	67	47	20
其　他	4121	1994	2127	287	204	83

8-12a 续表

单位：人

居住状况	有配偶			离婚			丧偶		
	小计	男	女	小计	男	女	小计	男	女
总　计	**83935**	**45444**	**38491**	**4522**	**2093**	**2429**	**25697**	**5379**	**20318**
与配偶和子女同住	32461	18135	14326						
与配偶同住	39761	21848	17913						
与子女同住	7627	3060	4567	1885	652	1233	17405	3383	14022
独居(有保姆)	45	17	28	18	10	8	252	72	180
独居(无保姆)	2101	1260	841	1960	1040	920	6463	1495	4968
养老机构	93	61	32	20	17	3	229	76	153
其　他	1847	1063	784	639	374	265	1348	353	995

8-12b　全省分性别、婚姻状况、居住状况的60岁及以上老年人口(镇)

单位：人

居住状况	60岁及以上人口			未　婚		
	合计	男	女	小计	男	女
总　计	**120418**	**56488**	**63930**	**1319**	**1174**	**145**
与配偶和子女同住	33578	18455	15123			
与配偶同住	38096	20752	17344			
与子女同住	31118	9500	21618	28	18	10
独居(有保姆)	153	73	80	7	5	2
独居(无保姆)	10424	4311	6113	349	314	35
养老机构	821	664	157	548	518	30
其　他	6228	2733	3495	387	319	68

8-12b　续表

单位：人

居住状况	有配偶			离　婚			丧　偶		
	小计	男	女	小计	男	女	小计	男	女
总　计	**85182**	**45887**	**39295**	**1450**	**844**	**606**	**32467**	**8583**	**23884**
与配偶和子女同住	33578	18455	15123						
与配偶同住	38096	20752	17344						
与子女同住	8272	3661	4611	625	306	319	22193	5515	16678
独居(有保姆)	32	18	14	4	3	1	110	47	63
独居(无保姆)	2203	1427	776	612	403	209	7260	2167	5093
养老机构	73	43	30	14	11	3	186	92	94
其　他	2928	1531	1397	195	121	74	2718	762	1956

8-12c 全省分性别、婚姻状况、居住状况的60岁及以上老年人口(乡村)

单位：人

居住状况	60岁及以上人口			未婚		
	合计	男	女	小计	男	女
总　计	**340111**	**164187**	**175924**	**4735**	**4572**	**163**
与配偶和子女同住	77964	42240	35724			
与配偶同住	132402	70578	61824			
与子女同住	73493	24752	48741	82	73	9
独居(有保姆)	192	90	102	22	22	
独居(无保姆)	39055	18059	20996	2587	2536	51
养老机构	897	710	187	593	558	35
其　他	16108	7758	8350	1451	1383	68

8-12c 续表

单位：人

居住状况	有配偶			离婚			丧偶		
	小计	男	女	小计	男	女	小计	男	女
总　计	**239021**	**128650**	**110371**	**2269**	**1742**	**527**	**94086**	**29223**	**64863**
与配偶和子女同住	77964	42240	35724						
与配偶同住	132402	70578	61824						
与子女同住	16032	7966	8066	886	634	252	56493	16079	40414
独居(有保姆)	53	32	21	5	2	3	112	34	78
独居(无保姆)	6770	4502	2268	1031	850	181	28667	10171	18496
养老机构	109	65	44	19	15	4	176	72	104
其　他	5691	3267	2424	328	241	87	8638	2867	5771

第二部分　长表数据资料

第九卷　住房

9-1　各地区按建筑层数、承重类型分的家庭户户数

单位：户

地　区	合　计	建筑层数				承重类型				
		平房	多层（7层及以下）	高层（8－33层）	超高层（34层及以上）	钢及钢筋混凝土结构	混合结构	砖木结构	竹草土坯结构	其他结构
贵　州	**1145420**	**331980**	**627165**	**170963**	**15312**	**676419**	**326591**	**110248**	**2226**	**29936**
贵阳市	**181100**	**17568**	**88561**	**60610**	**14361**	**127749**	**48558**	**4196**	**44**	**553**
南明区	36034	954	12477	13758	8845	28215	7537	262		20
云岩区	37976	938	16760	16308	3970	27815	9472	622		67
花溪区	24942	2353	14226	7467	896	18777	5767	325	8	65
乌当区	10209	1037	5473	3500	199	6500	3411	249	3	46
白云区	12588	655	7641	4265	27	8474	3958	122		34
观山湖区	17564	780	6387	9973	424	16001	1478	46	1	38
开阳县	11553	3810	6478	1265		6037	3350	2004	17	145
息烽县	7234	1762	4785	687		2671	4210	284	7	62
修文县	8062	1754	5635	673		3317	4628	98	5	14
清镇市	14938	3525	8699	2714		9942	4747	184	3	62
六盘水市	**91902**	**34982**	**45991**	**10872**	**57**	**53817**	**32023**	**5477**	**9**	**576**
钟山区	19803	2193	11434	6167	9	15581	4090	100	2	30
六枝特区	15727	5812	8513	1402		8041	7022	517	5	142
水城县	20437	8847	10524	1066		13051	6658	595		133
盘州市	35935	18130	15520	2237	48	17144	14253	4265	2	271
遵义市	**199477**	**49983**	**111074**	**37892**	**528**	**112659**	**58289**	**22798**	**1396**	**4335**
红花岗区	27992	3472	11873	12384	263	17784	8456	1294	14	444
汇川区	18855	2866	9777	6008	204	11278	5908	1480		189
播州区	22364	4771	13087	4505	1	12973	7412	1599	4	376
桐梓县	15322	4274	9706	1334	8	8010	5526	1278	21	487
绥阳县	11076	4210	5683	1183		4597	3376	2507	6	590
正安县	13220	5012	6849	1333	26	7427	3580	2160	2	51
道真仡佬族苗族自治县	8041	2611	4449	981		3597	2453	1891	1	99
务川仡佬族苗族自治县	9638	3020	5548	1069	1	5337	1954	1716	9	622
凤冈县	9715	3124	5656	934	1	5773	1981	1562	1	398
湄潭县	12391	3236	7903	1252		6807	3187	2353		44
余庆县	7394	2074	4847	473		3194	1874	2184	3	139
习水县	16918	4823	10201	1894		10516	4280	1445	216	461
赤水市	8480	1719	5703	1058		2949	3530	782	1079	140
仁怀市	18071	4771	9792	3484	24	12417	4772	547	40	295
安顺市	**71365**	**25383**	**39765**	**6210**	**7**	**44604**	**23981**	**2201**	**10**	**569**
西秀区	24947	5791	15037	4112	7	14791	9091	875	3	187
平坝区	9699	3392	5678	629		5126	4273	251	1	48
普定县	11667	6018	5200	449		6514	4477	523	3	150
镇宁布依族苗族自治县	8732	4145	4092	495		6275	2142	254	2	59
关岭布依族苗族自治县	7964	3433	4264	267		6185	1592	147		40
紫云苗族布依族自治县	8356	2604	5494	258		5713	2406	151	1	85
毕节市	**193497**	**90716**	**90096**	**12558**	**127**	**92766**	**82750**	**15296**	**534**	**2151**
七星关区	35749	14505	15344	5807	93	24317	9142	1920	35	335
大方县	26240	11714	13856	670		8731	15744	1502	30	233
黔西县	20946	9009	10749	1188		10089	9683	741	162	271
金沙县	16089	5485	9735	868	1	9229	6027	407	177	249
织金县	24403	11829	11378	1164	32	10988	12410	876	3	126
纳雍县	20311	10725	8591	995		6181	5708	8093	6	323
威宁彝族回族苗族自治县	32344	20104	11032	1208		15321	15480	1009	87	447
赫章县	17415	7345	9411	658	1	7910	8556	748	34	167

注：本表数据为居住在普通住宅的家庭户，下表同。

9—1 续表 单位：户

地区	合计	建筑层数				承重类型				
		平房	多层（7层及以下）	高层（8—33层）	超高层（34层及以上）	钢及钢筋混凝土结构	混合结构	砖木结构	竹草土坯结构	其他结构
铜仁市	**100668**	**33248**	**57033**	**10315**	**72**	**62264**	**15927**	**15312**	**100**	**7065**
碧江区	10754	1437	5951	3337	29	8888	923	777	8	158
万山区	4656	932	2931	792	1	2655	1270	577	1	153
江口县	5869	2259	3058	552		3090	614	1638	16	511
玉屏侗族自治县	4511	396	3774	341		2828	1396	226		61
石阡县	9527	3863	5269	373	22	3754	1753	2880	12	1128
思南县	14592	6567	7083	942		8634	959	2868	12	2119
印江土家族苗族自治县	9733	3999	4701	1030	3	6551	729	1506	13	934
德江县	11717	3312	7292	1113		7340	3318	854	2	203
沿河土家族自治县	14329	4706	8796	813	14	9714	2382	1506	19	708
松桃苗族自治县	14980	5777	8178	1022	3	8810	2583	2480	17	1090
黔西南布依族苗族自治州	**88278**	**34400**	**45857**	**7989**	**32**	**60541**	**22036**	**5347**	**10**	**344**
兴义市	28265	8048	14958	5227	32	22628	3646	1772	9	210
兴仁市	12904	6306	5915	683		8799	2316	1760		29
普安县	7262	4161	2874	227		4654	2153	419		36
晴隆县	7071	3693	3274	104		4446	2381	235		9
贞丰县	9365	4194	4415	756		4251	4581	526		7
望谟县	6847	2031	4627	189		5495	1231	100	1	20
册亨县	5942	1646	3884	412		4544	1361	32		5
安龙县	10622	4321	5910	391		5724	4367	503		28
黔东南苗族侗族自治州	**115045**	**20492**	**84437**	**10031**	**85**	**54647**	**15465**	**32229**	**82**	**12622**
凯里市	21098	3216	12610	5187	85	14052	3547	2450	10	1039
黄平县	7666	2753	4665	248		3769	1487	1592	13	805
施秉县	3914	1474	2251	189		1688	726	1365	1	134
三穗县	5350	522	4323	505		2025	2249	831		245
镇远县	6381	1450	4791	140		2681	1366	1762	9	563
岑巩县	5516	1703	3172	641		3176	917	764	2	657
天柱县	9010	1167	7211	632		5004	821	3184		1
锦屏县	5153	388	4370	395		2391	393	2134	2	233
剑河县	6025	719	4653	653		2446	761	1505	20	1293
台江县	3639	1203	2281	155		1441	271	1245	2	680
黎平县	12382	953	10901	528		5157	550	4389	13	2273
榕江县	8076	1398	6240	438		3079	251	1928	3	2815
从江县	8243	752	7330	161		2577	366	4743	1	556
雷山县	3788	671	3115	2		1465	138	1395	5	785
麻江县	4248	1575	2573	100		1966	1240	661		381
丹寨县	4556	548	3951	57		1730	382	2281	1	162
黔南布依族苗族自治州	**104088**	**25208**	**64351**	**14486**	**43**	**67372**	**27562**	**7392**	**41**	**1721**
都匀市	15602	2461	7828	5274	39	11717	2782	882	3	218
福泉市	8646	2394	5026	1225	1	5262	2527	722	1	134
荔波县	4875	751	3380	744		3864	893	105	2	11
贵定县	7391	2134	4616	641		5075	1853	385	3	75
瓮安县	12662	3814	6849	1999		7822	2198	2072	10	560
独山县	7981	1806	5473	702		5542	1974	360	18	87
平塘县	7307	1445	5501	361		5092	1972	196	1	46
罗甸县	8245	1911	5507	827		3632	4573	31		9
长顺县	5880	2013	3589	278		4275	1503	96	1	5
龙里县	6319	1423	3764	1130	2	4335	1549	411		24
惠水县	10742	3329	6598	815		5564	4700	424	1	53
三都水族自治县	8438	1727	6220	490	1	5192	1038	1708	1	499

9–1a　各地区按建筑层数、承重类型分的家庭户户数(城市)

单位：户

地　　区	合　计	建筑层数				承重类型				
		平房	多层(7层及以下)	高层(8–33层)	超高层(34层及以上)	钢及钢筋混凝土结构	混合结构	砖木结构	竹草土坯结构	其他结构
贵　州	**301957**	**14885**	**147723**	**124306**	**15043**	**236278**	**61940**	**3138**	**22**	**579**
贵阳市	**130987**	**3923**	**56356**	**56494**	**14214**	**103567**	**26075**	**1188**	**2**	**155**
南明区	34551	724	11497	13485	8845	27350	6954	235		12
云岩区	37976	938	16760	16308	3970	27815	9472	622		67
花溪区	19009	813	10488	6825	883	15286	3500	195		28
乌当区	6394	165	2669	3361	199	5195	1164	25	1	9
白云区	11651	491	6869	4264	27	8036	3518	76		21
观山湖区	14840	351	4448	9751	290	14038	774	11	1	16
开阳县										
息烽县										
修文县										
清镇市	6566	441	3625	2500		5847	693	24		2
六盘水市	**29208**	**2626**	**17186**	**9339**	**57**	**20092**	**8749**	**292**	**2**	**73**
钟山区	16525	1008	9354	6154	9	13384	3055	66	1	19
六枝特区	4552	353	2920	1279		2895	1622	22	1	12
水城县										
盘州市	8131	1265	4912	1906	48	3813	4072	204		42
遵义市	**54269**	**1687**	**25219**	**26871**	**492**	**41009**	**12872**	**275**	**11**	**102**
红花岗区	20950	742	7723	12222	263	15206	5556	117	1	70
汇川区	13090	308	6579	5999	204	9871	3156	54		9
播州区	8636	214	4021	4400	1	7036	1582	12		6
桐梓县										
绥阳县										
正安县										
道真仡佬族苗族自治县										
务川仡佬族苗族自治县										
凤冈县										
湄潭县										
余庆县										
习水县										
赤水市	3445	81	2397	967		2012	1401	21	8	3
仁怀市	8148	342	4499	3283	24	6884	1177	71	2	14
安顺市	**15918**	**1380**	**9950**	**4581**	**7**	**10908**	**4732**	**224**	**2**	**52**
西秀区	13785	1063	8639	4076	7	9195	4346	194	2	48
平坝区	2133	317	1311	505		1713	386	30		4
普定县										
镇宁布依族苗族自治县										
关岭布依族苗族自治县										
紫云苗族布依族自治县										
毕节市	**15093**	**2185**	**7023**	**5792**	**93**	**11334**	**3449**	**243**	**4**	**63**
七星关区	15093	2185	7023	5792	93	11334	3449	243	4	63
大方县										
黔西县										
金沙县										
织金县										
纳雍县										
威宁彝族回族苗族自治县										
赫章县										

9-1a 续表 单位：户

地区	合计	建筑层数				承重类型				
		平房	多层（7层及以下）	高层（8-33层）	超高层（34层及以上）	钢及钢筋混凝土结构	混合结构	砖木结构	竹草土坯结构	其他结构
铜仁市	**9868**	**322**	**5548**	**3975**	**23**	**9032**	**717**	**101**		**18**
碧江区	8057	277	4571	3187	22	7510	456	75		16
万山区	1811	45	977	788	1	1522	261	26		2
江口县										
玉屏侗族自治县										
石阡县										
思南县										
印江土家族苗族自治县										
德江县										
沿河土家族自治县										
松桃苗族自治县										
黔西南布依族苗族自治州	**19788**	**1839**	**12084**	**5833**	**32**	**17910**	**1480**	**361**	**1**	**36**
兴义市	16222	1275	9758	5157	32	14816	1181	191	1	33
兴仁市	3566	564	2326	676		3094	299	170		3
普安县										
晴隆县										
贞丰县										
望谟县										
册亨县										
安龙县										
黔东南苗族侗族自治州	**14654**	**378**	**9011**	**5180**	**85**	**11726**	**2539**	**345**		**44**
凯里市	14654	378	9011	5180	85	11726	2539	345		44
黄平县										
施秉县										
三穗县										
镇远县										
岑巩县										
天柱县										
锦屏县										
剑河县										
台江县										
黎平县										
榕江县										
从江县										
雷山县										
麻江县										
丹寨县										
黔南布依族苗族自治州	**12172**	**545**	**5346**	**6241**	**40**	**10700**	**1327**	**109**		**36**
都匀市	9430	372	3842	5177	39	8251	1134	30		15
福泉市	2742	173	1504	1064	1	2449	193	79		21
荔波县										
贵定县										
瓮安县										
独山县										
平塘县										
罗甸县										
长顺县										
龙里县										
惠水县										
三都水族自治县										

9-1b　各地区按建筑层数、承重类型分的家庭户户数(镇)

单位：户

地　　区	合　计	建筑层数				承重类型				
		平房	多层(7层及以下)	高层(8-33层)	超高层(34层及以上)	钢及钢筋混凝土结构	混合结构	砖木结构	竹草土坯结构	其他结构
贵　州	**283253**	**49039**	**192331**	**41783**	**100**	**194537**	**72082**	**13390**	**240**	**3004**
贵阳市	**16444**	**1735**	**11710**	**2986**	**13**	**10385**	**5774**	**252**	**2**	**31**
南明区										
云岩区										
花溪区	1142	224	635	270	13	707	421	10		4
乌当区	618	86	532			288	311	16	1	2
白云区	99	7	92			71	28			
观山湖区	716	35	680	1		545	151	16		4
开阳县	5875	634	3980	1261		4135	1576	148		16
息烽县	3366	248	2432	686		2186	1157	19		4
修文县	3577	331	2575	671		2026	1529	21		1
清镇市	1051	170	784	97		427	601	22	1	
六盘水市	**14139**	**3954**	**9056**	**1129**		**9832**	**3689**	**541**	**1**	**76**
钟山区	1772	393	1377	2		1223	525	15	1	8
六枝特区	1417	429	876	112		777	584	46		10
水城县	6309	1051	4324	934		5087	1152	46		24
盘州市	4641	2081	2479	81		2745	1428	434		34
遵义市	**53594**	**6659**	**36824**	**10101**	**10**	**37213**	**12993**	**2943**	**92**	**353**
红花岗区	1660	298	1227	135		1170	398	87		5
汇川区	1654	479	1172	3		429	902	311		12
播州区	2613	397	2149	67		1755	708	140		10
桐梓县	6953	611	5049	1285	8	4770	2034	113	1	35
绥阳县	4515	743	2610	1162		2779	1234	419	1	82
正安县	5047	735	3321	991		3755	1009	279		4
道真仡佬族苗族自治县	3981	526	2547	908		2441	1271	254	1	14
务川仡佬族苗族自治县	4684	414	3204	1065	1	3605	808	179		92
凤冈县	4129	449	2750	929	1	3377	476	245		31
湄潭县	5821	560	4063	1198		4378	1059	384		
余庆县	3287	204	2707	376		2183	836	252		16
习水县	6443	536	4138	1769		5173	1094	138	9	29
赤水市	1144	151	975	18		318	654	78	80	14
仁怀市	1663	556	912	195		1080	510	64		9
安顺市	**15944**	**3849**	**10615**	**1480**		**11776**	**3777**	**303**	**2**	**86**
西秀区	1307	416	888	3		701	546	56		4
平坝区	2379	563	1729	87		1138	1160	63	1	17
普定县	4057	1170	2449	438		3012	893	114	1	37
镇宁布依族苗族自治县	3045	774	1777	494		2657	331	40		17
关岭布依族苗族自治县	2741	537	1950	254		2397	327	11		6
紫云苗族布依族自治县	2415	389	1822	204		1871	520	19		5
毕节市	**61153**	**17035**	**37439**	**6645**	**34**	**32789**	**24437**	**3364**	**117**	**446**
七星关区	2413	1017	1394	2		1749	518	133	1	12
大方县	8628	2265	5706	657		3811	4571	200	3	43
黔西县	9451	1997	6272	1182		5656	3492	174	35	94
金沙县	7693	1246	5580	866	1	5092	2364	143	62	32
织金县	9987	2902	5893	1160	32	5289	4366	295		37
纳雍县	7931	2784	4157	990		3683	2086	2051	1	110
威宁彝族回族苗族自治县	10763	4119	5459	1185		5055	5326	273	4	105
赫章县	4287	705	2978	603	1	2454	1714	95	11	13

9-1b 续表

单位：户

地区	合计	建筑层数				承重类型				
		平房	多层（7层及以下）	高层（8—33层）	超高层（34层及以上）	钢及钢筋混凝土结构	混合结构	砖木结构	竹草土坯结构	其他结构
铜仁市	**30311**	**3360**	**21227**	**5683**	**41**	**24484**	**4391**	**1110**	**6**	**320**
碧江区	131	60	71			104	2	25		
万山区										
江口县	2327	282	1550	495		1944	177	166		40
玉屏侗族自治县	2281	62	1882	337		1827	416	28		10
石阡县	2804	237	2182	363	22	1941	614	212	1	36
思南县	4798	725	3155	918		4144	308	244	2	100
印江土家族苗族自治县	3452	285	2224	940	3	3120	237	77		18
德江县	4785	391	3514	880		3680	1055	42		8
沿河土家族自治县	4861	553	3515	779	14	3828	852	143	2	36
松桃苗族自治县	4872	765	3134	971	2	3896	730	173	1	72
黔西南布依族苗族自治州	**18987**	**5066**	**12048**	**1873**		**14002**	**4326**	**582**	**1**	**76**
兴义市	2108	864	1179	65		1638	269	174		27
兴仁市	1278	516	761	1		945	181	145		7
普安县	2074	782	1082	210		1527	479	49		19
晴隆县	2035	660	1279	96		1552	461	20		2
贞丰县	3403	603	2061	739		2118	1201	78		6
望谟县	2182	354	1710	118		1879	277	21	1	4
册亨县	1885	216	1412	257		1768	114	2		1
安龙县	4022	1071	2564	387		2575	1344	93		10
黔东南苗族侗族自治州	**34483**	**2865**	**27556**	**4062**		**25215**	**4467**	**3404**	**16**	**1381**
凯里市	937	181	755	1		552	190	115		80
黄平县	2896	344	2304	248		2033	649	165	1	48
施秉县	1441	159	1147	135		1121	181	128	1	10
三穗县	2294	91	1762	441		1475	675	135		9
镇远县	2894	207	2549	138		1938	644	221	2	89
岑巩县	2190	330	1359	501		1665	297	127	2	99
天柱县	3160	140	2400	620		2538	299	323		
锦屏县	2081	106	1596	379		1535	143	353	2	48
剑河县	2128	64	1617	447		1496	370	161		101
台江县	1209	134	935	140		996	54	95		64
黎平县	4551	369	3915	267		3061	245	740	4	501
榕江县	2473	194	1849	430		2038	74	162	2	197
从江县	1729	78	1493	158		1387	93	221		28
雷山县	1369	132	1236	1		981	49	247	1	91
麻江县	1553	207	1247	99		1088	373	86		6
丹寨县	1578	129	1392	57		1311	131	125	1	10
黔南布依族苗族自治州	**38198**	**4516**	**25856**	**7824**	**2**	**28841**	**8228**	**891**	**3**	**235**
都匀市	579	183	367	29		454	113	7		5
福泉市	1365	216	1019	130		630	662	60		13
荔波县	1941	120	1297	524		1693	234	12		2
贵定县	3837	599	2600	638		3051	698	84		4
瓮安县	7335	787	4561	1987		5717	1165	311		142
独山县	3652	609	2388	655		2684	826	137	1	4
平塘县	2293	187	1757	349		1972	291	25		5
罗甸县	4061	297	2941	823		2696	1353	6		6
长顺县	2331	391	1664	276		1795	521	12	1	2
龙里县	3306	283	1896	1125	2	2780	508	15		3
惠水县	4670	622	3236	812		3015	1574	72	1	8
三都水族自治县	2828	222	2130	476		2354	283	150		41

9–1c 各地区按建筑层数、承重类型分的家庭户户数(乡村)

单位：户

地区	合计	建筑层数				承重类型				
		平房	多层(7层及以下)	高层(8–33层)	超高层(34层及以上)	钢及钢筋混凝土结构	混合结构	砖木结构	竹草土坯结构	其他结构
贵州	**560210**	**268056**	**287111**	**4874**	**169**	**245604**	**192569**	**93720**	**1964**	**26353**
贵阳市	**33669**	**11910**	**20495**	**1130**	**134**	**13797**	**16709**	**2756**	**40**	**367**
南明区	1483	230	980	273		865	583	27		8
云岩区										
花溪区	4791	1316	3103	372		2784	1846	120	8	33
乌当区	3197	786	2272	139		1017	1936	208	1	35
白云区	838	157	680	1		367	412	46		13
观山湖区	2008	394	1259	221	134	1418	553	19		18
开阳县	5678	3176	2498	4		1902	1774	1856	17	129
息烽县	3868	1514	2353	1		485	3053	265	7	58
修文县	4485	1423	3060	2		1291	3099	77	5	13
清镇市	7321	2914	4290	117		3668	3453	138	2	60
六盘水市	**48555**	**28402**	**19749**	**404**		**23893**	**19585**	**4644**	**6**	**427**
钟山区	1506	792	703	11		974	510	19		3
六枝特区	9758	5030	4717	11		4369	4816	449	4	120
水城县	14128	7796	6200	132		7964	5506	549		109
盘州市	23163	14784	8129	250		10586	8753	3627	2	195
遵义市	**91614**	**41637**	**49031**	**920**	**26**	**34437**	**32424**	**19580**	**1293**	**3880**
红花岗区	5382	2432	2923	27		1408	2502	1090	13	369
汇川区	4111	2079	2026	6		978	1850	1115		168
播州区	11115	4160	6917	38		4182	5122	1447	4	360
桐梓县	8369	3663	4657	49		3240	3492	1165	20	452
绥阳县	6561	3467	3073	21		1818	2142	2088	5	508
正安县	8173	4277	3528	342	26	3672	2571	1881	2	47
道真仡佬族苗族自治县	4060	2085	1902	73		1156	1182	1637		85
务川仡佬族苗族自治县	4954	2606	2344	4		1732	1146	1537	9	530
凤冈县	5586	2675	2906	5		2396	1505	1317	1	367
湄潭县	6570	2676	3840	54		2429	2128	1969		44
余庆县	4107	1870	2140	97		1011	1038	1932	3	123
习水县	10475	4287	6063	125		5343	3186	1307	207	432
赤水市	3891	1487	2331	73		619	1475	683	991	123
仁怀市	8260	3873	4381	6		4453	3085	412	38	272
安顺市	**39503**	**20154**	**19200**	**149**		**21920**	**15472**	**1674**	**6**	**431**
西秀区	9855	4312	5510	33		4895	4199	625	1	135
平坝区	5187	2512	2638	37		2275	2727	158		27
普定县	7610	4848	2751	11		3502	3584	409	2	113
镇宁布依族苗族自治县	5687	3371	2315	1		3618	1811	214	2	42
关岭布依族苗族自治县	5223	2896	2314	13		3788	1265	136		34
紫云苗族布依族自治县	5941	2215	3672	54		3842	1886	132	1	80
毕节市	**117251**	**71496**	**45634**	**121**		**48643**	**54864**	**11689**	**413**	**1642**
七星关区	18243	11303	6927	13		11234	5175	1544	30	260
大方县	17612	9449	8150	13		4920	11173	1302	27	190
黔西县	11495	7012	4477	6		4433	6191	567	127	177
金沙县	8396	4239	4155	2		4137	3663	264	115	217
织金县	14416	8927	5485	4		5699	8044	581	3	89
纳雍县	12380	7941	4434	5		2498	3622	6042	5	213
威宁彝族回族苗族自治县	21581	15985	5573	23		10266	10154	736	83	342
赫章县	13128	6640	6433	55		5456	6842	653	23	154

9-1c 续表 单位：户

地 区	合 计	建筑层数				承重类型				
		平房	多层（7层及以下）	高层（8-33层）	超高层（34层及以上）	钢及钢筋混凝土结构	混合结构	砖木结构	竹草土坯结构	其他结构
铜仁市	**60489**	**29566**	**30258**	**657**	**8**	**28748**	**10819**	**14101**	**94**	**6727**
碧江区	2566	1100	1309	150	7	1274	465	677	8	142
万山区	2845	887	1954	4		1133	1009	551	1	151
江口县	3542	1977	1508	57		1146	437	1472	16	471
玉屏侗族自治县	2230	334	1892	4		1001	980	198		51
石阡县	6723	3626	3087	10		1813	1139	2668	11	1092
思南县	9794	5842	3928	24		4490	651	2624	10	2019
印江土家族苗族自治县	6281	3714	2477	90		3431	492	1429	13	916
德江县	6932	2921	3778	233		3660	2263	812	2	195
沿河土家族自治县	9468	4153	5281	34		5886	1530	1363	17	672
松桃苗族自治县	10108	5012	5044	51	1	4914	1853	2307	16	1018
黔西南布依族苗族自治州	**49503**	**27495**	**21725**	**283**		**28629**	**16230**	**4404**	**8**	**232**
兴义市	9935	5909	4021	5		6174	2196	1407	8	150
兴仁市	8060	5226	2828	6		4760	1836	1445		19
普安县	5188	3379	1792	17		3127	1674	370		17
晴隆县	5036	3033	1995	8		2894	1920	215		7
贞丰县	5962	3591	2354	17		2133	3380	448		1
望谟县	4665	1677	2917	71		3616	954	79		16
册亨县	4057	1430	2472	155		2776	1247	30		4
安龙县	6600	3250	3346	4		3149	3023	410		18
黔东南苗族侗族自治州	**65908**	**17249**	**47870**	**789**		**17706**	**8459**	**28480**	**66**	**11197**
凯里市	5507	2657	2844	6		1774	818	1990	10	915
黄平县	4770	2409	2361			1736	838	1427	12	757
施秉县	2473	1315	1104	54		567	545	1237		124
三穗县	3056	431	2561	64		550	1574	696		236
镇远县	3487	1243	2242	2		743	722	1541	7	474
岑巩县	3326	1373	1813	140		1511	620	637		558
天柱县	5850	1027	4811	12		2466	522	2861		1
锦屏县	3072	282	2774	16		856	250	1781		185
剑河县	3897	655	3036	206		950	391	1344	20	1192
台江县	2430	1069	1346	15		445	217	1150	2	616
黎平县	7831	584	6986	261		2096	305	3649	9	1772
榕江县	5603	1204	4391	8		1041	177	1766	1	2618
从江县	6514	674	5837	3		1190	273	4522	1	528
雷山县	2419	539	1879	1		484	89	1148	4	694
麻江县	2695	1368	1326	1		878	867	575		375
丹寨县	2978	419	2559			419	251	2156		152
黔南布依族苗族自治州	**53718**	**20147**	**33149**	**421**	**1**	**27831**	**18007**	**6392**	**38**	**1450**
都匀市	5593	1906	3619	68		3012	1535	845	3	198
福泉市	4539	2005	2503	31		2183	1672	583	1	100
荔波县	2934	631	2083	220		2171	659	93	2	9
贵定县	3554	1535	2016	3		2024	1155	301	3	71
瓮安县	5327	3027	2288	12		2105	1033	1761	10	418
独山县	4329	1197	3085	47		2858	1148	223	17	83
平塘县	5014	1258	3744	12		3120	1681	171	1	41
罗甸县	4184	1614	2566	4		936	3220	25		3
长顺县	3549	1622	1925	2		2480	982	84		3
龙里县	3013	1140	1868	5		1555	1041	396		21
惠水县	6072	2707	3362	3		2549	3126	352		45
三都水族自治县	5610	1505	4090	14	1	2838	755	1558	1	458

9-2 各地区按住房建成时间分的家庭户住房状况

单位：户、间、平方米

地区	合计			1949年以前		
	户数	间数	面积	户数	间数	面积
贵州	**1145420**	**4573670**	**143999299**	**3744**	**12043**	**352826**
贵阳市	**181100**	**571513**	**19735993**	**260**	**877**	**28202**
南明区	36034	90466	3005597	21	49	1479
云岩区	37976	89970	2990652	22	41	872
花溪区	24942	83289	3018486	37	129	4716
乌当区	10209	34565	1277327	33	109	4187
白云区	12588	39302	1384675	4	18	1960
观山湖区	17564	53285	2143322	4	28	1130
开阳县	11553	50547	1482155	105	418	11194
息烽县	7234	28353	995464	19	47	1492
修文县	8062	34661	1218167	8	25	748
清镇市	14938	67075	2220148	7	13	424
六盘水市	**91902**	**334002**	**11201865**	**274**	**704**	**22852**
钟山区	19803	61423	2159955	10	54	1330
六枝特区	15727	60995	2074474	44	153	4749
水城县	20437	95008	2729743	15	51	1372
盘州市	35935	116576	4237693	205	446	15401
遵义市	**199477**	**781136**	**25106762**	**716**	**2429**	**72858**
红花岗区	27992	94030	3101959	28	97	2659
汇川区	18855	69931	2350688	32	112	3407
播州区	22364	93093	3050698	35	120	3222
桐梓县	15322	65722	2039524	63	199	6176
绥阳县	11076	44082	1359949	49	168	5090
正安县	13220	49840	1611680	39	115	3624
道真仡佬族苗族自治县	8041	28726	934158	61	203	5945
务川仡佬族苗族自治县	9638	39681	1174892	67	231	6439
凤冈县	9715	39272	1220117	44	159	4593
湄潭县	12391	42028	1488646	33	112	3360
余庆县	7394	32281	1222522	35	125	3756
习水县	16918	72886	2026441	55	187	5439
赤水市	8480	26485	997319	103	304	10910
仁怀市	18071	83079	2528169	72	297	8238
安顺市	**71365**	**278788**	**9863212**	**188**	**495**	**15194**
西秀区	24947	92813	3521735	85	203	6097
平坝区	9699	38424	1386652	12	39	967
普定县	11667	41610	1425705	55	130	4095
镇宁布依族苗族自治县	8732	33755	1178592	26	77	2785
关岭布依族苗族自治县	7964	32964	1141610	5	22	600
紫云苗族布依族自治县	8356	39222	1208918	5	24	650
毕节市	**193497**	**874648**	**22953265**	**410**	**1229**	**29581**
七星关区	35749	149825	4304945	106	271	7180
大方县	26240	122042	2731119	73	250	4890
黔西县	20946	90203	2589957	39	105	2674
金沙县	16089	76728	2142268	64	209	5782
织金县	24403	99739	2724667	49	121	3317
纳雍县	20311	96239	2302990	51	177	3467
威宁彝族回族苗族自治县	32344	147309	3824820	14	43	999
赫章县	17415	92563	2332499	14	53	1272

9-2 续表 1 单位：户、间、平方米

地区	合计			1949年以前		
	户数	间数	面积	户数	间数	面积
铜仁市	**100668**	**440653**	**13362267**	**815**	**2665**	**78574**
碧江区	10754	36135	1274280	60	183	6362
万山区	4656	17178	543068	23	75	2099
江口县	5869	24908	768882	78	239	7223
玉屏侗族自治县	4511	20155	623282	12	39	1350
石阡县	9527	45719	1354216	64	273	7363
思南县	14592	65816	1978520	125	419	11972
印江土家族苗族自治县	9733	38350	1141347	107	310	8651
德江县	11717	60874	1621320	70	274	7296
沿河土家族自治县	14329	68508	2048787	92	283	8647
松桃苗族自治县	14980	63010	2008565	184	570	17611
黔西南布依族苗族自治州	**88278**	**380187**	**12188850**	**107**	**375**	**12195**
兴义市	28265	105809	3795490	49	166	5715
兴仁市	12904	53557	1788548	19	64	1942
普安县	7262	34066	940533	5	13	394
晴隆县	7071	34861	918627	2	17	460
贞丰县	9365	42181	1249857	19	69	2026
望谟县	6847	36693	1088934	1	2	120
册亨县	5942	23250	712426	1	4	90
安龙县	10622	49770	1694435	11	40	1448
黔东南苗族侗族自治州	**115045**	**460016**	**14703351**	**731**	**2433**	**69579**
凯里市	21098	70063	2290005	178	606	16278
黄平县	7666	31775	943107	84	281	7833
施秉县	3914	17340	490397	40	155	4192
三穗县	5350	23108	737957	13	43	1268
镇远县	6381	30670	967951	43	164	4267
岑巩县	5516	22395	730177	12	44	1280
天柱县	9010	35802	1147203	57	175	5778
锦屏县	5153	21671	732852	13	49	1490
剑河县	6025	22682	762777	14	47	1280
台江县	3639	15038	435938	33	91	2509
黎平县	12382	54698	1721401	42	139	4018
榕江县	8076	33512	1031866	31	100	2925
从江县	8243	33471	1250051	23	88	3150
雷山县	3788	15286	407218	34	132	3353
麻江县	4248	15888	530088	55	154	5270
丹寨县	4556	16617	524363	59	165	4688
黔南布依族苗族自治州	**104088**	**452727**	**14883734**	**243**	**836**	**23791**
都匀市	15602	60163	2063630	32	89	2788
福泉市	8646	38599	1095657	36	137	3470
荔波县	4875	20940	801523	4	13	490
贵定县	7391	32725	945071	46	180	4107
瓮安县	12662	46418	1503666	38	130	3981
独山县	7981	38295	1187592	9	30	1100
平塘县	7307	36884	1346041	4	15	610
罗甸县	8245	35834	1221168	1	3	100
长顺县	5880	29305	971648	3	9	410
龙里县	6319	28668	877781	31	101	3180
惠水县	10742	49984	1723360	12	39	1175
三都水族自治县	8438	34912	1146597	27	90	2380

9-2　续表 2　　　　单位：户、间、平方米

地　区	1949-1959年			1960-1969年		
	户数	间数	面积	户数	间数	面积
贵　州	**5313**	**17244**	**499401**	**13640**	**43834**	**1255843**
贵阳市	**619**	**1586**	**43962**	**1594**	**4023**	**110412**
南明区	144	307	6828	521	931	21464
云岩区	146	262	6184	238	519	14338
花溪区	55	110	3666	187	447	13110
乌当区	40	137	4068	72	216	6689
白云区	34	64	1788	46	111	3335
观山湖区	7	25	938	50	131	4423
开阳县	152	548	16338	321	1208	32552
息烽县	19	61	1620	58	174	5585
修文县	11	30	940	30	85	2990
清镇市	11	42	1592	71	201	5926
六盘水市	**390**	**1003**	**31783**	**1119**	**2749**	**85566**
钟山区	36	85	2589	256	580	16918
六枝特区	39	124	4186	165	484	14467
水城县	43	151	3913	87	291	7974
盘州市	272	643	21095	611	1394	46207
遵义市	**1337**	**4642**	**137314**	**3234**	**11239**	**333818**
红花岗区	95	333	9779	287	980	27359
汇川区	89	299	9372	315	1020	29948
播州区	136	469	13255	335	1182	34843
桐梓县	94	303	9933	225	776	22867
绥阳县	108	366	10804	297	1058	31072
正安县	42	142	4199	144	465	13617
道真仡佬族苗族自治县	92	284	9544	207	728	21997
务川仡佬族苗族自治县	118	411	11303	327	1204	34060
凤冈县	119	412	12395	199	719	21845
湄潭县	146	494	15757	286	917	29720
余庆县	73	291	8428	192	712	21461
习水县	98	397	9356	189	697	19584
赤水市	71	199	7141	130	349	13040
仁怀市	56	242	6048	101	432	12405
安顺市	**180**	**502**	**15690**	**435**	**1079**	**34620**
西秀区	94	256	7615	193	459	14343
平坝区	12	37	964	51	118	3444
普定县	35	88	3095	91	215	7229
镇宁布依族苗族自治县	18	51	1510	47	127	4556
关岭布依族苗族自治县	12	41	1676	28	83	2970
紫云苗族布依族自治县	9	29	830	25	77	2078
毕节市	**409**	**1331**	**30924**	**1119**	**3422**	**80240**
七星关区	107	307	7668	244	630	15540
大方县	67	235	4795	174	571	11277
黔西县	44	137	3158	119	346	9147
金沙县	61	236	6084	135	467	12063
织金县	37	129	2721	129	350	8833
纳雍县	60	188	3862	209	718	14707
威宁彝族回族苗族自治县	22	69	1936	66	201	5146
赫章县	11	30	700	43	139	3527

9-2 续表 3 单位：户、间、平方米

地区	1949-1959年			1960-1969年		
	户数	间数	面积	户数	间数	面积
铜仁市	**1031**	**3463**	**99828**	**2384**	**8099**	**231520**
碧江区	66	213	6949	146	435	14184
万山区	51	149	4702	110	302	8733
江口县	86	261	7656	223	727	21245
玉屏侗族自治县	22	70	2184	54	168	5052
石阡县	51	217	5901	192	744	20671
思南县	137	487	13962	348	1311	36435
印江土家族苗族自治县	137	438	12100	289	903	24692
德江县	63	271	7157	163	689	18087
沿河土家族自治县	148	502	14577	317	1089	30492
松桃苗族自治县	270	855	24640	542	1731	51929
黔西南布依族苗族自治州	**161**	**558**	**17939**	**548**	**1935**	**60960**
兴义市	60	189	6848	224	761	26123
兴仁市	46	167	5071	135	478	15312
普安县	14	49	1490	56	207	5342
晴隆县	4	16	352	8	26	750
贞丰县	13	55	1501	48	183	5004
望谟县	2	9	320	8	33	818
册亨县				5	19	580
安龙县	22	73	2357	64	228	7031
黔东南苗族侗族自治州	**860**	**3010**	**87988**	**2271**	**7988**	**224923**
凯里市	185	655	20195	325	1055	27715
黄平县	85	288	7219	218	758	19224
施秉县	43	164	4281	127	504	12895
三穗县	29	104	2721	74	246	6613
镇远县	72	277	7424	229	913	23828
岑巩县	52	163	4601	104	361	10947
天柱县	100	372	10843	258	867	25675
锦屏县	11	33	1474	56	229	7098
剑河县	21	57	2028	80	273	8601
台江县	39	133	3200	117	408	11010
黎平县	31	113	3771	155	583	17193
榕江县	38	145	4252	78	277	8490
从江县	22	84	3248	91	349	11878
雷山县	36	146	3560	93	361	8693
麻江县	48	139	4445	151	454	14058
丹寨县	48	137	4726	115	350	11005
黔南布依族苗族自治州	**326**	**1149**	**33973**	**936**	**3300**	**93784**
都匀市	34	106	3214	163	437	13637
福泉市	43	175	4200	101	427	9912
荔波县	3	9	370	9	34	1195
贵定县	31	123	2846	103	392	7527
瓮安县	109	387	12619	280	1013	32071
独山县	19	64	1928	49	170	4084
平塘县	12	33	1093	40	141	4752
罗甸县	2	3	280	6	21	644
长顺县	4	9	298	23	100	3530
龙里县	22	85	2715	42	177	5226
惠水县	27	85	2579	63	192	5686
三都水族自治县	20	70	1831	57	196	5520

9-2　续表 4　　　　　单位：户、间、平方米

地　区	1970-1979年			1980-1989年			1990-1999年		
	户数	间数	面积	户数	间数	面积	户数	间数	面积
贵　州	**29525**	**97862**	**2805854**	**70717**	**238600**	**6966212**	**138162**	**501553**	**15333079**
贵阳市	**3332**	**8928**	**252943**	**12770**	**33664**	**975611**	**30481**	**84214**	**2640461**
南明区	809	1651	44034	3343	7577	205271	6562	14812	434373
云岩区	777	1640	41128	3649	7702	205923	10625	22471	648582
花溪区	362	923	28232	1831	4715	145504	4146	13229	443803
乌当区	155	434	14624	330	1081	36430	1346	4039	138884
白云区	151	356	10890	832	2129	64738	1921	5510	186689
观山湖区	88	287	10252	331	996	34676	533	1986	78675
开阳县	557	2204	59018	1063	4476	125705	1251	5529	153660
息烽县	160	515	14560	302	1032	32142	821	2874	99070
修文县	89	309	10159	260	964	34630	1013	4134	144366
清镇市	184	609	20046	829	2992	90592	2263	9630	312359
六盘水市	**2941**	**7592**	**226185**	**6576**	**18571**	**565290**	**11972**	**39028**	**1258845**
钟山区	705	1667	43545	2137	5595	152958	3757	10818	345666
六枝特区	519	1593	49311	1036	3260	103855	1906	7031	229251
水城县	279	961	25786	830	3193	86790	1707	7919	218830
盘州市	1438	3371	107543	2573	6523	221687	4602	13260	465098
遵义市	**6352**	**22312**	**668462**	**13387**	**47577**	**1439716**	**23898**	**91144**	**2879658**
红花岗区	642	2165	63714	1926	5897	180371	4269	13987	442743
汇川区	412	1374	41041	1118	3428	99527	2654	8565	280458
播州区	592	2254	65814	1122	4606	139854	2531	11167	357206
桐梓县	450	1542	45667	732	2779	85517	2161	9008	277075
绥阳县	586	2146	62618	1138	4096	122938	1321	5237	157436
正安县	274	937	28711	671	2454	74869	941	3366	111952
道真仡佬族苗族自治县	523	1757	55340	978	3288	104072	643	2219	69822
务川仡佬族苗族自治县	609	2254	62673	852	3270	90933	816	3187	89387
凤冈县	375	1316	39938	619	2313	69473	955	3714	113038
湄潭县	395	1316	40877	990	3352	105145	1519	5029	174172
余庆县	307	1194	37371	766	3118	94521	952	4127	152859
习水县	431	1527	42654	994	3778	104745	1983	8777	243280
赤水市	476	1333	48883	786	2255	81786	1094	3267	123129
仁怀市	280	1197	33161	695	2943	85965	2059	9494	287101
安顺市	**1063**	**3036**	**98281**	**3502**	**10831**	**360194**	**8341**	**29780**	**1045646**
西秀区	394	1152	39206	1525	4604	155992	3703	12573	453082
平坝区	193	463	14146	679	2122	69427	1197	4353	152717
普定县	236	626	19255	612	1741	56092	1404	4787	162370
镇宁布依族苗族自治县	107	312	11112	281	969	34091	789	2988	107274
关岭布依族苗族自治县	86	324	9775	251	876	28102	852	3465	120161
紫云苗族布依族自治县	47	159	4787	154	519	16490	396	1614	50042
毕节市	**3294**	**10813**	**264144**	**9093**	**33030**	**818702**	**21451**	**88850**	**2297000**
七星关区	770	2233	58935	2073	6566	174319	4581	17085	492020
大方县	548	1835	39343	1732	6389	138298	3561	15134	326506
黔西县	344	1092	29086	846	3130	83053	2012	8195	229283
金沙县	336	1247	32338	820	3252	89312	2225	10274	295932
织金县	387	1168	29624	1110	3764	98672	3082	11651	305097
纳雍县	537	1879	41204	1168	4755	105992	2641	11851	274234
威宁彝族回族苗族自治县	248	873	21993	813	3095	78286	1956	8399	216047
赫章县	124	486	11621	531	2079	50770	1393	6261	157881

9-2 续表 5 单位：户、间、平方米

地区	1970-1979年			1980-1989年			1990-1999年		
	户数	间数	面积	户数	间数	面积	户数	间数	面积
铜仁市	**4050**	**14412**	**411725**	**7566**	**28423**	**816161**	**10448**	**43043**	**1267490**
碧江区	229	687	23531	437	1441	46408	1116	3658	126634
万山区	172	475	14647	263	827	24737	393	1528	45218
江口县	358	1153	34771	551	1948	59642	537	2210	68833
玉屏侗族自治县	63	221	6831	199	741	22461	572	2410	74771
石阡县	417	1796	49249	1171	5046	140890	1281	5769	164493
思南县	832	3103	88679	1764	6805	193201	1742	6998	200899
印江土家族苗族自治县	415	1354	35612	775	2724	75382	1118	4197	121053
德江县	278	1193	30894	518	2348	60152	1301	6444	168555
沿河土家族自治县	584	2195	60235	906	3287	93564	1225	5522	157621
松桃苗族自治县	702	2235	67276	982	3256	99724	1163	4307	139413
黔西南布依族苗族自治州	**1334**	**4654**	**145442**	**3494**	**12919**	**407942**	**8369**	**33926**	**1098884**
兴义市	479	1595	53970	1392	4898	165563	3745	13872	479576
兴仁市	325	1134	35520	762	2679	86847	1133	4429	143852
普安县	110	394	10359	223	827	22574	505	2087	57825
晴隆县	83	301	7976	247	1002	26473	701	3109	84726
贞丰县	142	538	14974	354	1384	39726	891	4042	121081
望谟县	24	93	2885	67	306	8819	164	798	24568
册亨县	5	17	550	14	78	2506	126	467	15351
安龙县	166	582	19208	435	1745	55434	1104	5122	171905
黔东南苗族侗族自治州	**5241**	**19064**	**535580**	**9956**	**37177**	**1080866**	**13737**	**52824**	**1605697**
凯里市	755	2397	66183	1381	4201	119046	2730	8377	251769
黄平县	535	1884	48701	812	2898	77687	849	3222	90197
施秉县	307	1311	32212	498	2052	53770	513	2202	61931
三穗县	131	461	13058	259	996	27015	454	1904	56352
镇远县	367	1432	36761	529	2064	53145	769	3224	96640
岑巩县	237	828	23977	463	1668	50397	424	1587	47583
天柱县	647	2402	66694	976	3532	102991	1101	4186	129882
锦屏县	232	890	29745	708	2960	95118	781	3363	109234
剑河县	217	833	27017	443	1712	57094	624	2479	81504
台江县	228	797	21692	411	1567	43061	449	1740	50827
黎平县	489	1974	56072	1223	5304	152446	1647	7118	213529
榕江县	185	685	20777	564	2140	62203	968	3903	114689
从江县	201	717	24543	534	1947	69867	839	3422	122407
雷山县	248	906	23860	438	1679	43805	555	2307	58167
麻江县	201	631	18672	344	1117	33198	497	1775	58155
丹寨县	261	916	25616	373	1340	40023	537	2015	62831
黔南布依族苗族自治州	**1918**	**7051**	**203092**	**4373**	**16408**	**501730**	**9465**	**38744**	**1239398**
都匀市	305	935	28077	867	2996	94373	2041	8059	260818
福泉市	198	830	21278	409	1749	45428	1069	4587	127406
荔波县	33	105	3462	92	332	11662	255	973	36871
贵定县	186	693	17755	370	1401	38294	887	3490	101812
瓮安县	553	2172	65015	1208	4398	139069	1353	4846	156360
独山县	142	552	14421	275	1146	32741	674	3179	96986
平塘县	74	266	8270	155	525	18390	431	2021	72617
罗甸县	19	60	1856	82	330	10707	528	2041	69493
长顺县	26	107	3838	101	459	15533	343	1631	56054
龙里县	96	378	11089	218	983	28018	466	2213	63237
惠水县	165	530	15223	270	920	31504	724	2993	109232
三都水族自治县	121	423	12808	326	1169	36011	694	2711	88512

9-2 续表 6

单位：户、间、平方米

地 区	2000—2009年			2010—2014年			2015年以后		
	户数	间数	面积	户数	间数	面积	户数	间数	面积
贵 州	**333704**	**1378961**	**44272534**	**312675**	**1313816**	**41959448**	**237940**	**969757**	**30554102**
贵阳市	**55797**	**189593**	**6744384**	**46131**	**153417**	**5597043**	**30116**	**95211**	**3342975**
南明区	8959	24132	856683	9094	23776	843198	6581	17231	592267
云岩区	9732	23661	827443	6011	16021	610084	6776	17653	636098
花溪区	8077	28683	1071826	6285	22260	841254	3962	12793	466375
乌当区	3292	11871	456334	3392	11582	432996	1549	5096	183115
白云区	4297	14020	495868	3047	10297	386843	2256	6797	232564
观山湖区	6204	19474	799902	7834	22660	918348	2513	7698	294978
开阳县	3790	16741	503492	2616	11784	351249	1698	7639	228947
息烽县	2630	10457	368421	2007	7895	283612	1218	5298	188962
修文县	3260	14277	500616	2148	9518	332880	1243	5319	190838
清镇市	5556	26277	863799	3697	17624	596579	2320	9687	328831
六盘水市	**28585**	**107973**	**3694550**	**23563**	**92432**	**3148661**	**16482**	**63950**	**2168133**
钟山区	6748	22122	830981	3671	12091	461834	2483	8411	304134
六枝特区	4892	20236	692681	4399	17676	613648	2727	10438	362326
水城县	6844	32231	936640	5868	29125	838983	4764	21086	609455
盘州市	10101	33384	1234248	9625	33540	1234196	6508	24015	892218
遵义市	**62993**	**256818**	**8422003**	**51689**	**206263**	**6748934**	**35871**	**138712**	**4403999**
红花岗区	9183	31041	1060360	6600	22510	747698	4962	17020	567276
汇川区	7664	28436	994166	3754	15537	519991	2817	11160	372778
播州区	7304	32235	1060375	6660	26608	896971	3649	14452	479158
桐梓县	5374	23811	757924	3652	16560	511639	2571	10744	322726
绥阳县	3163	13207	413455	2840	11463	362214	1574	6341	194322
正安县	2859	10990	374686	4128	15213	511136	4122	16158	488886
道真仡佬族苗族自治县	2144	7763	259620	2001	7435	248721	1392	5049	159097
务川仡佬族苗族自治县	2311	9871	289162	2372	10487	323603	2166	8766	267332
凤冈县	2735	11630	364943	2711	11440	354789	1958	7569	239103
湄潭县	3591	12694	461502	3369	11432	418420	2062	6682	239693
余庆县	2227	10685	419851	1646	7215	299785	1196	4814	184490
习水县	5586	24802	698336	4334	18936	531834	3248	13785	371213
赤水市	2272	7662	294655	2460	7781	295466	1088	3335	122309
仁怀市	6580	31991	972968	5162	23646	726667	3066	12837	395616
安顺市	**21423**	**87102**	**3121562**	**21798**	**89139**	**3171907**	**14435**	**56824**	**2000118**
西秀区	7235	28814	1119874	7684	29581	1140806	4034	15171	584720
平坝区	3161	13206	476789	2846	11815	434629	1548	6271	233569
普定县	3529	12762	437327	3252	12214	422038	2453	9047	314204
镇宁布依族苗族自治县	2669	10715	377262	2826	11260	389101	1969	7256	250901
关岭布依族苗族自治县	2754	11672	403889	2209	9379	330912	1767	7102	243525
紫云苗族布依族自治县	2075	9933	306421	2981	14890	454421	2664	11977	373199
毕节市	**56287**	**260637**	**6896358**	**58167**	**274857**	**7247533**	**43267**	**200479**	**5288783**
七星关区	9564	42085	1209669	10624	47250	1366108	7680	33398	973506
大方县	7892	37488	847762	7797	38627	867502	4396	21513	490746
黔西县	7440	33352	969279	6551	28713	836961	3551	15133	427316
金沙县	5525	28254	806563	4569	22243	615838	2354	10546	278356
织金县	8324	34764	936464	7120	30563	842787	4165	17229	497152
纳雍县	6559	31438	752317	4898	25023	606118	4188	20210	501089
威宁彝族回族苗族自治县	6331	29239	762728	11204	52526	1369298	11690	52864	1368387
赫章县	4652	24017	611576	5404	29912	742921	5243	29586	752231

9-2 续表 7 单位：户、间、平方米

地区	2000-2009年			2010-2014年			2015年以后		
	户数	间数	面积	户数	间数	面积	户数	间数	面积
铜仁市	**26590**	**120496**	**3699882**	**27437**	**127633**	**3948514**	**20347**	**92419**	**2808573**
碧江区	3607	12264	444690	3176	11022	394384	1917	6232	211138
万山区	1006	4331	142846	1338	5093	161002	1300	4398	139084
江口县	1450	6781	209136	1453	6869	211724	1133	4720	148652
玉屏侗族自治县	1389	6600	202792	1199	5772	179622	1001	4134	128219
石阡县	2206	10926	335929	2187	11353	344123	1958	9595	285597
思南县	3333	15207	472008	3502	16936	528213	2809	14550	433151
印江土家族苗族自治县	2472	10040	304653	2488	10358	316326	1932	8026	242878
德江县	3804	20481	539274	3414	18447	501397	2106	10727	288508
沿河土家族自治县	4101	19799	598805	3888	19840	601115	3068	15991	483731
松桃苗族自治县	3222	14067	449749	4792	21943	710608	3123	14046	447615
黔西南布依族苗族自治州	**24535**	**109080**	**3503329**	**25717**	**115968**	**3668921**	**24013**	**100772**	**3273238**
兴义市	7396	28116	1025651	7247	27171	970463	7673	29041	1061581
兴仁市	3557	15144	500794	3849	16338	549958	3078	13124	449252
普安县	2003	9436	257702	2435	11798	326259	1911	9255	258588
晴隆县	2427	12223	319038	1875	9671	251470	1724	8496	227382
贞丰县	3036	14585	430574	2760	13001	381574	2102	8324	253397
望谟县	1486	7849	244577	2895	16432	480267	2200	11171	326560
册亨县	1285	5504	176030	1746	7586	231208	2760	9575	286111
安龙县	3345	16223	548963	2910	13971	477722	2565	11786	410367
黔东南苗族侗族自治州	**29201**	**118188**	**3886020**	**27728**	**114596**	**3783158**	**25320**	**104736**	**3429540**
凯里市	6127	19835	680612	5705	19338	657110	3712	13599	451097
黄平县	1810	7683	236437	1603	7299	223324	1670	7462	232485
施秉县	949	4294	126165	818	3718	109295	619	2940	85656
三穗县	1479	6614	218173	1601	7494	237056	1310	5246	175701
镇远县	1785	8918	302528	1428	7580	248391	1159	6098	194967
岑巩县	1107	4467	148552	1604	6808	226830	1513	6469	216010
天柱县	1727	6882	230177	2189	9493	314501	1955	7893	260662
锦屏县	1126	4980	170522	960	4042	140198	1266	5125	177973
剑河县	1922	7041	240514	1380	5147	176738	1324	5093	168001
台江县	972	4064	121121	859	3761	111662	531	2477	70856
黎平县	3074	14074	439838	2761	12400	407072	2960	12993	427462
榕江县	1915	8351	248612	1949	8159	256782	2348	9752	313136
从江县	2235	9159	343904	2016	8488	328026	2282	9217	343028
雷山县	840	3516	97600	683	2775	75846	861	3464	92334
麻江县	1113	4429	151452	1083	4122	142354	756	3067	102484
丹寨县	1020	3881	129813	1089	3972	127973	1054	3841	117688
黔南布依族苗族自治州	**28293**	**129074**	**4304446**	**30445**	**139511**	**4644777**	**28089**	**116654**	**3838743**
都匀市	4685	18817	667792	3766	15337	524780	3709	13387	468151
福泉市	2439	10855	324296	2051	10196	279446	2300	9643	280221
荔波县	1149	5122	198226	1641	7224	282318	1689	7128	266929
贵定县	1838	8565	253261	2142	9568	282336	1788	8313	237133
瓮安县	3108	12299	393870	3697	13082	429630	2316	8091	271051
独山县	2093	10955	337703	2230	11398	355404	2490	10801	343225
平塘县	2323	12052	444068	2218	12148	449740	2050	9683	346501
罗甸县	2801	12709	437515	2093	9995	343294	2713	10672	357279
长顺县	1689	8681	287474	2133	11322	372039	1558	6987	232472
龙里县	1797	8756	263408	2112	9287	293107	1535	6688	207801
惠水县	2447	11906	419245	3916	19251	671013	3118	14068	467703
三都水族自治县	1924	8357	277588	2446	10703	361670	2823	11193	360277

9–2a　各地区按住房建成时间分的家庭户住房状况(城市)

单位：户、间、平方米

地　　区	合　　计			1949年以前		
	户数	间数	面积	户数	间数	面积
贵　州	**301957**	**868586**	**30517301**	**211**	**613**	**19675**
贵阳市	**130987**	**343056**	**11911169**	**62**	**174**	**6257**
南明区	34551	85166	2824863	15	27	514
云岩区	37976	89970	2990652	22	41	872
花溪区	19009	52481	1834398	18	72	2471
乌当区	6394	17341	622053			
白云区	11651	34665	1193753	3	15	1880
观山湖区	14840	42452	1693747	1	15	400
开阳县						
息烽县						
修文县						
清镇市	6566	20981	751703	3	4	120
六盘水市	**29208**	**83961**	**2975964**	**14**	**35**	**1241**
钟山区	16525	47025	1645059	4	12	320
六枝特区	4552	13324	479986	6	16	551
水城县						
盘州市	8131	23612	850919	4	7	370
遵义市	**54269**	**162635**	**5763911**	**9**	**29**	**1377**
红花岗区	20950	60064	2082766	3	8	167
汇川区	13090	40072	1417494	4	14	530
播州区	8636	25621	929171			
桐梓县						
绥阳县						
正安县						
道真仡佬族苗族自治县						
务川仡佬族苗族自治县						
凤冈县						
湄潭县						
余庆县						
习水县						
赤水市	3445	9413	368405			
仁怀市	8148	27465	966075	2	7	680
安顺市	**15918**	**49731**	**1853046**	**33**	**72**	**2045**
西秀区	13785	43007	1605732	28	63	1774
平坝区	2133	6724	247314	5	9	271
普定县						
镇宁布依族苗族自治县						
关岭布依族苗族自治县						
紫云苗族布依族自治县						
毕节市	**15093**	**54774**	**1744803**	**34**	**98**	**2592**
七星关区	15093	54774	1744803	34	98	2592
大方县						
黔西县						
金沙县						
织金县						
纳雍县						
威宁彝族回族苗族自治县						
赫章县						

9-2a 续表 1 单位：户、间、平方米

地区	合计			1949年以前		
	户数	间数	面积	户数	间数	面积
铜仁市	**9868**	**30209**	**1077840**	**9**	**24**	**962**
碧江区	8057	24636	893822	9	24	962
万山区	1811	5573	184018			
江口县						
玉屏侗族自治县						
石阡县						
思南县						
印江土家族苗族自治县						
德江县						
沿河土家族自治县						
松桃苗族自治县						
黔西南布依族苗族自治州	**19788**	**63743**	**2387250**	**20**	**46**	**1568**
兴义市	16222	51612	1938561	14	25	1048
兴仁市	3566	12131	448689	6	21	520
普安县						
晴隆县						
贞丰县						
望谟县						
册亨县						
安龙县						
黔东南苗族侗族自治州	**14654**	**41468**	**1421462**	**20**	**98**	**2603**
凯里市	14654	41468	1421462	20	98	2603
黄平县						
施秉县						
三穗县						
镇远县						
岑巩县						
天柱县						
锦屏县						
剑河县						
台江县						
黎平县						
榕江县						
从江县						
雷山县						
麻江县						
丹寨县						
黔南布依族苗族自治州	**12172**	**39009**	**1381856**	**10**	**37**	**1030**
都匀市	9430	29693	1079882	3	11	330
福泉市	2742	9316	301974	7	26	700
荔波县						
贵定县						
瓮安县						
独山县						
平塘县						
罗甸县						
长顺县						
龙里县						
惠水县						
三都水族自治县						

9-2a 续表 2 单位：户、间、平方米

地 区	1949—1959年			1960—1969年		
	户数	间数	面积	户数	间数	面积
贵 州	**585**	**1408**	**39193**	**2019**	**4373**	**120738**
贵阳市	**360**	**693**	**16539**	**1035**	**2034**	**52238**
南明区	138	282	6038	515	914	20919
云岩区	146	262	6184	238	519	14338
花溪区	32	53	1470	156	324	8830
乌当区	7	16	340	24	43	1232
白云区	32	62	1748	41	101	3040
观山湖区	3	10	360	22	52	1870
开阳县						
息烽县						
修文县						
清镇市	2	8	399	39	81	2009
六盘水市	**44**	**100**	**2904**	**324**	**700**	**19851**
钟山区	28	63	1821	198	438	12207
六枝特区	7	19	503	63	137	3768
水城县						
盘州市	9	18	580	63	125	3876
遵义市	**38**	**109**	**3654**	**234**	**554**	**16270**
红花岗区	7	19	512	102	230	6420
汇川区	12	32	1101	79	162	4771
播州区	6	19	569	32	100	3003
桐梓县						
绥阳县						
正安县						
道真仡佬族苗族自治县						
务川仡佬族苗族自治县						
凤冈县						
湄潭县						
余庆县						
习水县						
赤水市	5	9	352	14	36	1186
仁怀市	8	30	1120	7	26	890
安顺市	**52**	**150**	**4071**	**116**	**253**	**7324**
西秀区	51	147	3971	115	252	7284
平坝区	1	3	100	1	1	40
普定县						
镇宁布依族苗族自治县						
关岭布依族苗族自治县						
紫云苗族布依族自治县						
毕节市	**33**	**103**	**2546**	**80**	**206**	**5357**
七星关区	33	103	2546	80	206	5357
大方县						
黔西县						
金沙县						
织金县						
纳雍县						
威宁彝族回族苗族自治县						
赫章县						

9-2a 续表 3 单位：户、间、平方米

地区	1949-1959年			1960-1969年		
	户数	间数	面积	户数	间数	面积
铜仁市	**6**	**13**	**491**	**33**	**91**	**3221**
碧江区	5	11	411	32	88	3071
万山区	1	2	80	1	3	150
江口县						
玉屏侗族自治县						
石阡县						
思南县						
印江土家族苗族自治县						
德江县						
沿河土家族自治县						
松桃苗族自治县						
黔西南布依族苗族自治州	**15**	**44**	**1680**	**58**	**163**	**6534**
兴义市	11	33	1190	45	130	5228
兴仁市	4	11	490	13	33	1306
普安县						
晴隆县						
贞丰县						
望谟县						
册亨县						
安龙县						
黔东南苗族侗族自治州	**31**	**166**	**6626**	**60**	**195**	**4978**
凯里市	31	166	6626	60	195	4978
黄平县						
施秉县						
三穗县						
镇远县						
岑巩县						
天柱县						
锦屏县						
剑河县						
台江县						
黎平县						
榕江县						
从江县						
雷山县						
麻江县						
丹寨县						
黔南布依族苗族自治州	**6**	**30**	**682**	**79**	**177**	**4965**
都匀市	1	2	52	70	136	4045
福泉市	5	28	630	9	41	920
荔波县						
贵定县						
瓮安县						
独山县						
平塘县						
罗甸县						
长顺县						
龙里县						
惠水县						
三都水族自治县						

9-2a　续表 4　　　　单位：户、间、平方米

地　区	1970-1979年			1980-1989年			1990-1999年		
	户数	间数	面积	户数	间数	面积	户数	间数	面积
贵　州	**5005**	**11781**	**334482**	**19362**	**47757**	**1395069**	**48361**	**127863**	**4073818**
贵阳市	**2211**	**4782**	**130581**	**10020**	**22540**	**628419**	**24330**	**56439**	**1711888**
南明区	799	1615	42794	3228	7109	192834	6184	13680	403114
云岩区	777	1640	41128	3649	7702	205923	10625	22471	648582
花溪区	310	716	21502	1663	3793	109532	3328	8470	265104
乌当区	57	115	3522	173	424	12967	1013	2554	83397
白云区	142	324	9702	776	1903	57055	1813	4997	165658
观山湖区	22	62	1955	102	293	10899	260	774	30168
开阳县									
息烽县									
修文县									
清镇市	104	310	9978	429	1316	39209	1107	3493	115865
六盘水市	**1143**	**2615**	**70097**	**2554**	**6495**	**181545**	**4828**	**13167**	**422615**
钟山区	510	1227	31880	1712	4384	116843	3250	8897	279639
六枝特区	196	470	14681	399	1005	32639	588	1640	55231
水城县									
盘州市	437	918	23536	443	1106	32063	990	2630	87745
遵义市	**552**	**1334**	**42402**	**2737**	**7145**	**225336**	**7643**	**22160**	**741994**
红花岗区	229	520	15410	1313	3388	105299	3359	9448	306759
汇川区	129	308	9859	684	1602	46668	2138	6025	201130
播州区	47	136	4730	220	680	23534	685	2134	74037
桐梓县									
绥阳县									
正安县									
道真仡佬族苗族自治县									
务川仡佬族苗族自治县									
凤冈县									
湄潭县									
余庆县									
习水县									
赤水市	113	271	8902	242	616	21746	522	1389	53633
仁怀市	34	99	3501	278	859	28089	939	3164	106435
安顺市	**201**	**512**	**16804**	**1127**	**3030**	**98602**	**2720**	**8212**	**282908**
西秀区	164	427	14239	977	2584	83946	2421	7276	252564
平坝区	37	85	2565	150	446	14656	299	936	30344
普定县									
镇宁布依族苗族自治县									
关岭布依族苗族自治县									
紫云苗族布依族自治县									
毕节市	**263**	**780**	**22009**	**824**	**2515**	**73377**	**2280**	**7822**	**249848**
七星关区	263	780	22009	824	2515	73377	2280	7822	249848
大方县									
黔西县									
金沙县									
织金县									
纳雍县									
威宁彝族回族苗族自治县									
赫章县									

9-2a 续表 5

单位：户、间、平方米

地区	1970-1979年			1980-1989年			1990-1999年		
	户数	间数	面积	户数	间数	面积	户数	间数	面积
铜仁市	**97**	**251**	**9185**	**208**	**595**	**19812**	**837**	**2481**	**87113**
碧江区	80	204	7774	164	460	15674	782	2247	79377
万山区	17	47	1411	44	135	4138	55	234	7736
江口县									
玉屏侗族自治县									
石阡县									
思南县									
印江土家族苗族自治县									
德江县									
沿河土家族自治县									
松桃苗族自治县									
黔西南布依族苗族自治州	**150**	**454**	**15281**	**645**	**2029**	**71455**	**2234**	**7157**	**252051**
兴义市	108	329	11150	501	1583	55239	1997	6330	221936
兴仁市	42	125	4131	144	446	16216	237	827	30115
普安县									
晴隆县									
贞丰县									
望谟县									
册亨县									
安龙县									
黔东南苗族侗族自治州	**213**	**552**	**14349**	**737**	**1930**	**54428**	**1911**	**5173**	**156685**
凯里市	213	552	14349	737	1930	54428	1911	5173	156685
黄平县									
施秉县									
三穗县									
镇远县									
岑巩县									
天柱县									
锦屏县									
剑河县									
台江县									
黎平县									
榕江县									
从江县									
雷山县									
麻江县									
丹寨县									
黔南布依族苗族自治州	**175**	**501**	**13774**	**510**	**1478**	**42095**	**1578**	**5252**	**168716**
都匀市	155	414	11719	466	1309	37754	1270	4060	132643
福泉市	20	87	2055	44	169	4341	308	1192	36073
荔波县									
贵定县									
瓮安县									
独山县									
平塘县									
罗甸县									
长顺县									
龙里县									
惠水县									
三都水族自治县									

9-2a　续表 6　　　　单位：户、间、平方米

地　　区	2000-2009年			2010-2014年			2015年以后		
	户数	间数	面积	户数	间数	面积	户数	间数	面积
贵　州	**91619**	**276670**	**10150503**	**78040**	**231009**	**8419360**	**56755**	**167112**	**5964463**
贵阳市	**37905**	**105412**	**3852995**	**31977**	**87845**	**3267432**	**23087**	**63137**	**2244820**
南明区	8545	22500	799712	8786	22524	793245	6341	16515	565693
云岩区	9732	23661	827443	6011	16021	610084	6776	17653	636098
花溪区	6126	17818	652633	4210	12108	442503	3166	9127	330353
乌当区	1977	5666	218068	2107	5738	206935	1036	2785	95592
白云区	3998	12432	431920	2693	8526	309691	2153	6305	213059
观山湖区	5399	15764	641691	6655	18326	734654	2376	7156	271750
开阳县									
息烽县									
修文县									
清镇市	2128	7571	281528	1515	4602	170320	1239	3596	132275
六盘水市	**9153**	**27633**	**1040604**	**6660**	**19505**	**738641**	**4488**	**13711**	**498466**
钟山区	5713	17123	643657	3060	8851	338271	2050	6030	220421
六枝特区	1159	3645	134478	1308	3879	145769	826	2513	92366
水城县									
盘州市	2281	6865	262469	2292	6775	254601	1612	5168	185679
遵义市	**19827**	**61773**	**2254271**	**14169**	**42743**	**1522002**	**9060**	**26788**	**956605**
红花岗区	7341	21582	774732	4883	13982	487008	3713	10887	386459
汇川区	5988	19129	704247	2282	7367	258669	1774	5433	190519
播州区	2796	8764	319698	3352	9743	356370	1498	4045	147230
桐梓县									
绥阳县									
正安县									
道真仡佬族苗族自治县									
务川仡佬族苗族自治县									
凤冈县									
湄潭县									
余庆县									
习水县									
赤水市	889	2551	104957	1265	3467	137375	395	1074	40254
仁怀市	2813	9747	350637	2387	8184	282580	1680	5349	192143
安顺市	**4413**	**14865**	**576919**	**5049**	**15993**	**610492**	**2207**	**6644**	**253881**
西秀区	3700	12501	486017	4333	13767	526838	1996	5990	229099
平坝区	713	2364	90902	716	2226	83654	211	654	24782
普定县									
镇宁布依族苗族自治县									
关岭布依族苗族自治县									
紫云苗族布依族自治县									
毕节市	**3751**	**14955**	**478104**	**4704**	**17506**	**561020**	**3124**	**10789**	**349950**
七星关区	3751	14955	478104	4704	17506	561020	3124	10789	349950
大方县									
黔西县									
金沙县									
织金县									
纳雍县									
威宁彝族回族苗族自治县									
赫章县									

9-2a 续表 7 单位：户、间、平方米

地区	2000-2009年			2010-2014年			2015年以后		
	户数	间数	面积	户数	间数	面积	户数	间数	面积
铜仁市	**3093**	**9772**	**365142**	**3181**	**9786**	**349800**	**2404**	**7196**	**242114**
碧江区	2949	9104	340850	2564	8026	292149	1472	4472	153554
万山区	144	668	24292	617	1760	57651	932	2724	88560
江口县									
玉屏侗族自治县									
石阡县									
思南县									
印江土家族苗族自治县									
德江县									
沿河土家族自治县									
松桃苗族自治县									
黔西南布依族苗族自治州	**5001**	**16335**	**638912**	**5425**	**17042**	**635194**	**6240**	**20473**	**764575**
兴义市	4128	13295	525252	4384	13617	507847	5034	16270	609671
兴仁市	873	3040	113660	1041	3425	127347	1206	4203	154904
普安县									
晴隆县									
贞丰县									
望谟县									
册亨县									
安龙县									
黔东南苗族侗族自治州	**4773**	**13454**	**482680**	**4313**	**12325**	**433615**	**2596**	**7575**	**265498**
凯里市	4773	13454	482680	4313	12325	433615	2596	7575	265498
黄平县									
施秉县									
三穗县									
镇远县									
岑巩县									
天柱县									
锦屏县									
剑河县									
台江县									
黎平县									
榕江县									
从江县									
雷山县									
麻江县									
丹寨县									
黔南布依族苗族自治州	**3703**	**12471**	**460876**	**2562**	**8264**	**301164**	**3549**	**10799**	**388554**
都匀市	2898	9735	368281	2065	6577	248477	2502	7449	276581
福泉市	805	2736	92595	497	1687	52687	1047	3350	111973
荔波县									
贵定县									
瓮安县									
独山县									
平塘县									
罗甸县									
长顺县									
龙里县									
惠水县									
三都水族自治县									

9-2b 各地区按住房建成时间分的家庭户住房状况(镇)

单位：户、间、平方米

地 区	合 计			1949年以前		
	户数	间数	面积	户数	间数	面积
贵 州	**283253**	**1087461**	**35420307**	**609**	**1841**	**54528**
贵阳市	**16444**	**59271**	**2070582**	**15**	**46**	**1330**
南明区						
云岩区						
花溪区	1142	4343	183539	3	8	410
乌当区	618	2499	91544			
白云区	99	238	5070			
观山湖区	716	1979	68332			
开阳县	5875	21627	694654	7	30	670
息烽县	3366	10540	408525	3	4	140
修文县	3577	12985	461459			
清镇市	1051	5060	157459	2	4	110
六盘水市	**14139**	**49030**	**1652405**	**58**	**129**	**4116**
钟山区	1772	6004	225063			
六枝特区	1417	5380	177926	8	23	780
水城县	6309	23143	743955	1	8	200
盘州市	4641	14503	505461	49	98	3136
遵义市	**53594**	**192243**	**6435936**	**104**	**339**	**10300**
红花岗区	1660	6561	216891			
汇川区	1654	7729	252519	2	5	230
播州区	2613	10965	354072	5	17	440
桐梓县	6953	25373	839055	9	25	641
绥阳县	4515	15764	517702	4	14	420
正安县	5047	17184	573076	5	18	510
道真仡佬族苗族自治县	3981	12792	427628	12	47	1618
务川仡佬族苗族自治县	4684	16958	544043	5	18	510
凤冈县	4129	14034	470917	4	14	410
湄潭县	5821	17728	625439	1	4	100
余庆县	3287	13257	553015	3	9	350
习水县	6443	21931	689350	15	53	1350
赤水市	1144	3564	128610	27	81	2686
仁怀市	1663	8403	243619	12	34	1035
安顺市	**15944**	**57981**	**2127486**	**64**	**182**	**5632**
西秀区	1307	5172	196376	14	30	1032
平坝区	2379	9111	341138	3	16	340
普定县	4057	13838	495677	25	56	1625
镇宁布依族苗族自治县	3045	10494	394192	17	55	1975
关岭布依族苗族自治县	2741	9546	372238	4	19	500
紫云苗族布依族自治县	2415	9820	327865	1	6	160
毕节市	**61153**	**257971**	**7332147**	**127**	**366**	**9156**
七星关区	2413	10444	292977	7	17	440
大方县	8628	37626	944906	15	42	914
黔西县	9451	36534	1214117	20	49	1365
金沙县	7693	31364	1040139	23	62	1986
织金县	9987	37193	1095574	25	62	1774
纳雍县	7931	34558	896254	24	93	1836
威宁彝族回族苗族自治县	10763	50733	1333411	9	32	601
赫章县	4287	19519	514769	4	9	240

9-2b 续表 1

单位：户、间、平方米

地 区	合 计			1949年以前		
	户数	间数	面积	户数	间数	面积
铜仁市	**30311**	**117786**	**3872906**	**65**	**208**	**6581**
碧江区	131	453	18811	1	2	60
万山区						
江口县	2327	9197	308140	2	9	350
玉屏侗族自治县	2281	8493	284515	5	11	473
石阡县	2804	11695	385318	17	66	1877
思南县	4798	19106	628923	18	53	1656
印江土家族苗族自治县	3452	11850	404084	5	11	280
德江县	4785	19906	592600	1	6	150
沿河土家族自治县	4861	20282	647558	5	12	370
松桃苗族自治县	4872	16804	602957	11	38	1365
黔西南布依族苗族自治州	**18987**	**79804**	**2628491**	**26**	**104**	**3507**
兴义市	2108	9471	336288	7	36	1310
兴仁市	1278	5645	200832	3	6	220
普安县	2074	8557	265385	1	4	120
晴隆县	2035	8527	248336	1	6	300
贞丰县	3403	12934	413751	12	46	1337
望谟县	2182	11301	359753			
册亨县	1885	6350	201141			
安龙县	4022	17019	603005	2	6	220
黔东南苗族侗族自治州	**34483**	**125355**	**4195675**	**107**	**315**	**9460**
凯里市	937	3947	119585	19	65	1745
黄平县	2896	10290	335636	10	26	744
施秉县	1441	5468	177440	2	5	150
三穗县	2294	8633	300647	5	14	456
镇远县	2894	12729	452399	6	17	325
岑巩县	2190	7665	262602			
天柱县	3160	11429	386247	5	13	580
锦屏县	2081	7545	256752	7	30	1040
剑河县	2128	6669	234341	1	1	20
台江县	1209	4276	140972	8	18	529
黎平县	4551	17651	577348	19	49	1608
榕江县	2473	8202	259496	7	23	550
从江县	1729	5641	201102	3	8	400
雷山县	1369	4954	140331	6	22	503
麻江县	1553	5177	180877	2	6	160
丹寨县	1578	5079	169900	7	18	650
黔南布依族苗族自治州	**38198**	**148020**	**5104679**	**43**	**152**	**4446**
都匀市	579	2862	111303			
福泉市	1365	5637	154731	3	15	390
荔波县	1941	7318	289285			
贵定县	3837	14831	457864	15	57	1251
瓮安县	7335	24072	800726	10	33	1090
独山县	3652	15832	522524	3	11	420
平塘县	2293	9903	377691			
罗甸县	4061	15303	543026			
长顺县	2331	10201	348819	2	7	330
龙里县	3306	12051	391841	2	7	220
惠水县	4670	18951	728268	6	16	585
三都水族自治县	2828	11059	378601	2	6	160

9-2b　续表 2　　　　单位：户、间、平方米

地　　区	1949—1959年			1960—1969年		
	户数	间数	面积	户数	间数	面积
贵　州	**664**	**2058**	**61720**	**1743**	**5370**	**152364**
贵阳市	**39**	**98**	**3304**	**97**	**251**	**6539**
南明区						
云岩区						
花溪区	10	21	988	2	10	600
乌当区	3	10	288	7	15	445
白云区	2	2	40	3	7	165
观山湖区	2	2	60	21	40	783
开阳县	17	50	1433	38	110	2514
息烽县				9	23	825
修文县	2	6	230	6	16	419
清镇市	3	7	265	11	30	788
六盘水市	**68**	**158**	**5402**	**165**	**338**	**10582**
钟山区	4	10	278	39	63	1731
六枝特区	3	7	260	6	16	472
水城县	8	33	980	27	67	2088
盘州市	53	108	3884	93	192	6291
遵义市	**128**	**401**	**12956**	**381**	**1272**	**39471**
红花岗区	5	14	480	19	62	2095
汇川区	8	23	955	52	166	5490
播州区	10	28	935	16	56	2277
桐梓县	11	35	1239	25	81	2621
绥阳县	10	32	900	41	134	4436
正安县	2	6	160	23	75	1861
道真仡佬族苗族自治县	16	41	1440	39	153	3813
务川仡佬族苗族自治县	12	41	1165	44	149	4075
凤冈县	10	33	1090	21	70	2250
湄潭县	18	60	2145	40	128	4088
余庆县	3	6	260	19	61	2090
习水县	9	28	723	25	85	2650
赤水市	9	33	964	9	25	850
仁怀市	5	21	500	8	27	875
安顺市	**35**	**92**	**2848**	**102**	**228**	**7159**
西秀区	9	25	679	17	41	1406
平坝区	8	24	604	33	63	1434
普定县	12	27	1025	28	61	2086
镇宁布依族苗族自治县	2	3	70	13	34	1348
关岭布依族苗族自治县	3	10	390	6	20	570
紫云苗族布依族自治县	1	3	80	5	9	315
毕节市	**110**	**368**	**8793**	**328**	**988**	**24327**
七星关区	4	11	180	17	35	748
大方县	16	53	1396	31	99	1937
黔西县	17	43	1124	59	157	4233
金沙县	21	93	2478	47	146	4293
织金县	14	45	918	50	145	3838
纳雍县	21	63	1136	81	256	5696
威宁彝族回族苗族自治县	15	53	1451	26	94	2158
赫章县	2	7	110	17	56	1424

9-2b 续表 3 单位：户、间、平方米

地区	1949-1959年			1960-1969年		
	户数	间数	面积	户数	间数	面积
铜仁市	**84**	**282**	**8557**	**172**	**536**	**15749**
碧江区	7	16	564	3	7	190
万山区						
江口县	7	19	620	32	96	2763
玉屏侗族自治县	5	19	618	23	67	1679
石阡县	9	45	1140	15	55	1565
思南县	16	52	1399	24	75	2373
印江土家族苗族自治县	6	21	860	13	29	890
德江县	3	12	338	9	28	1055
沿河土家族自治县	11	33	1046	25	91	2443
松桃苗族自治县	20	65	1972	28	88	2791
黔西南布依族苗族自治州	**19**	**62**	**2022**	**61**	**212**	**6820**
兴义市	4	10	400	22	84	2941
兴仁市	2	5	160	7	20	742
普安县	2	6	180	13	35	1051
晴隆县				3	14	420
贞丰县	6	23	783	6	22	705
望谟县				3	14	320
册亨县						
安龙县	5	18	499	7	23	641
黔东南苗族侗族自治州	**132**	**448**	**12822**	**256**	**870**	**24446**
凯里市	19	64	1818	15	45	1218
黄平县	13	41	1180	18	63	1573
施秉县	1	3	90	9	37	940
三穗县	3	7	216	4	11	255
镇远县	13	48	1332	30	105	2752
岑巩县	15	48	1130	16	53	1677
天柱县	18	66	1910	38	135	3810
锦屏县	3	9	304	9	33	968
剑河县	3	10	390	10	24	969
台江县	12	42	945	10	37	838
黎平县	11	36	1276	43	158	4443
榕江县	7	24	751	6	16	350
从江县	1	3	100	12	41	1453
雷山县	6	25	640	15	49	1265
麻江县	4	13	390	16	49	1505
丹寨县	3	9	350	5	14	430
黔南布依族苗族自治州	**49**	**149**	**5016**	**181**	**675**	**17271**
都匀市	2	6	240			
福泉市	5	14	360	8	41	955
荔波县	1	2	50	4	12	485
贵定县	8	25	725	53	212	3201
瓮安县	12	40	1370	53	202	5948
独山县	6	19	546	26	91	2018
平塘县				6	24	1080
罗甸县	1	2	180	1	4	90
长顺县	1	2	80	8	32	1750
龙里县	3	15	815	2	9	400
惠水县	9	21	580	17	36	1014
三都水族自治县	1	3	70	3	12	330

9-2b 续表 4

单位：户、间、平方米

地 区	1970-1979年			1980-1989年			1990-1999年		
	户数	间数	面积	户数	间数	面积	户数	间数	面积
贵 州	**4549**	**14211**	**410034**	**13407**	**45846**	**1354818**	**31492**	**118582**	**3731122**
贵阳市	**291**	**904**	**25640**	**844**	**2617**	**81960**	**2114**	**7782**	**259139**
南明区									
云岩区									
花溪区	13	36	1169	34	165	7778	94	494	22051
乌当区	8	25	939	15	41	968	54	225	8012
白云区	4	9	128	21	52	924	21	49	1026
观山湖区	33	64	1417	148	302	6942	105	312	10930
开阳县	109	398	10832	235	907	28356	702	2838	82999
息烽县	61	159	4674	116	343	11436	452	1334	48500
修文县	38	127	4123	147	443	16224	516	1829	65211
清镇市	25	86	2358	128	364	9332	170	701	20410
六盘水市	**498**	**1117**	**32782**	**1147**	**3061**	**91462**	**1529**	**5105**	**169415**
钟山区	174	337	8355	339	780	20654	359	1178	40771
六枝特区	22	50	1436	57	178	5342	129	498	15438
水城县	84	209	6191	247	794	23246	334	1405	45169
盘州市	218	521	16800	504	1309	42220	707	2024	68037
遵义市	**798**	**2686**	**82755**	**2354**	**8245**	**261028**	**6449**	**23723**	**769336**
红花岗区	40	145	4090	133	507	15739	252	1060	35450
汇川区	72	266	7914	112	408	13398	172	784	25632
播州区	35	133	3985	108	492	14482	436	1924	61097
桐梓县	84	255	7899	187	668	23170	1134	4191	134328
绥阳县	65	222	6588	311	993	31300	531	1961	59372
正安县	36	122	4027	139	538	17695	414	1439	47488
道真仡佬族苗族自治县	95	302	9317	250	757	23538	327	1026	33652
务川仡佬族苗族自治县	110	384	11713	156	546	16103	407	1402	41279
凤冈县	36	115	3508	111	390	11958	386	1270	40629
湄潭县	77	254	7480	276	851	27449	859	2508	87976
余庆县	26	97	3494	111	413	14518	371	1609	66429
习水县	68	211	6706	299	982	30007	782	2761	83125
赤水市	36	92	3669	72	199	7587	142	454	15666
仁怀市	18	88	2365	89	501	14084	236	1334	37213
安顺市	**275**	**696**	**22495**	**869**	**2638**	**88619**	**2007**	**7201**	**264198**
西秀区	33	83	2923	87	340	10544	187	744	26839
平坝区	93	188	5425	291	777	25801	419	1442	54466
普定县	63	157	4856	207	585	19054	505	1686	58843
镇宁布依族苗族自治县	45	127	4787	107	364	13801	384	1430	52540
关岭布依族苗族自治县	27	92	2631	99	311	10429	352	1292	50803
紫云苗族布依族自治县	14	49	1873	78	261	8990	160	607	20707
毕节市	**1005**	**3291**	**82940**	**3245**	**11949**	**309073**	**7764**	**31064**	**851436**
七星关区	47	124	2922	160	521	12237	346	1342	35648
大方县	184	543	13429	705	2561	60650	1211	4962	116378
黔西县	138	427	11960	385	1300	39163	1071	4056	125343
金沙县	107	351	10901	439	1584	49505	1176	4642	159056
织金县	176	529	14040	513	1660	45999	1421	4782	132577
纳雍县	197	710	15521	446	1849	42447	1220	5393	131335
威宁彝族回族苗族自治县	119	471	10884	413	1827	42578	913	4217	107006
赫章县	37	136	3283	184	647	16494	406	1670	44093

9-2b 续表 5 单位：户、间、平方米

地区	1970-1979年			1980-1989年			1990-1999年		
	户数	间数	面积	户数	间数	面积	户数	间数	面积
铜仁市	**372**	**1298**	**38008**	**1136**	**4009**	**120857**	**2697**	**10271**	**318446**
碧江区	8	22	810	5	11	352	14	45	1730
万山区									
江口县	44	125	3794	73	268	8703	138	577	20513
玉屏侗族自治县	29	101	3100	77	273	8496	290	1052	35735
石阡县	38	180	4497	149	579	17699	213	967	28584
思南县	80	280	7909	247	863	24166	449	1680	49825
印江土家族苗族自治县	31	77	2009	119	374	11236	340	1130	36530
德江县	20	70	2220	126	495	13456	505	1968	55123
沿河土家族自治县	70	287	8358	173	614	17717	375	1604	46967
松桃苗族自治县	52	156	5311	167	532	19032	373	1248	43439
黔西南布依族苗族自治州	**188**	**598**	**19418**	**620**	**2250**	**70758**	**1639**	**6850**	**223198**
兴义市	36	120	3890	104	384	13074	296	1331	44841
兴仁市	24	70	2472	74	256	8349	84	306	10594
普安县	15	45	1198	74	218	6976	210	794	24395
晴隆县	25	76	2385	93	354	9710	231	902	26081
贞丰县	23	75	2131	94	313	9736	260	1015	33231
望谟县	4	17	486	22	112	3559	81	407	12146
册亨县				6	45	1366	59	199	6724
安龙县	61	195	6856	153	568	17988	418	1896	65186
黔东南苗族侗族自治州	**702**	**2224**	**64782**	**1952**	**6606**	**191538**	**3538**	**12582**	**405483**
凯里市	39	124	3567	53	170	5101	135	450	13314
黄平县	81	231	6471	197	617	16812	354	1159	35634
施秉县	26	94	2788	96	331	9225	217	832	25884
三穗县	12	46	1650	58	209	5701	189	774	25251
镇远县	49	137	3557	176	526	14912	397	1489	51131
岑巩县	51	152	4542	78	305	8818	140	484	14502
天柱县	71	282	6797	140	429	12027	394	1380	48188
锦屏县	49	171	6039	191	734	22374	213	788	25010
剑河县	17	55	1936	48	162	6285	64	206	8070
台江县	27	90	2578	99	354	9968	138	505	16408
黎平县	120	364	10968	327	1276	37122	506	1868	58266
榕江县	24	78	2794	112	339	9369	235	793	23777
从江县	38	94	2818	130	346	11138	126	373	14510
雷山县	56	170	3998	85	288	7405	116	396	10950
麻江县	19	60	1925	99	306	9025	171	572	18172
丹寨县	23	76	2354	63	214	6256	143	513	16416
黔南布依族苗族自治州	**420**	**1397**	**41214**	**1240**	**4471**	**139523**	**3755**	**14004**	**470471**
都匀市	12	36	1120	19	77	2835	44	246	9202
福泉市	31	136	3698	58	225	5135	265	984	24765
荔波县	16	39	1442	48	171	6232	143	492	19856
贵定县	69	247	6732	214	772	21698	653	2375	72133
瓮安县	115	385	11893	329	1052	32622	699	2179	73767
独山县	47	172	4653	151	624	18823	399	1681	54397
平塘县	12	44	1463	63	190	6720	173	712	28140
罗甸县	4	11	376	37	131	4519	303	1052	38898
长顺县	8	33	1478	34	160	5830	135	536	20133
龙里县	9	30	750	75	374	9512	261	1101	29810
惠水县	82	216	6017	159	511	19291	471	1857	71479
三都水族自治县	15	48	1592	53	184	6306	209	789	27891

9-2b　续表 6　　　　单位：户、间、平方米

地　区	2000-2009年			2010-2014年			2015年以后		
	户数	间数	面积	户数	间数	面积	户数	间数	面积
贵　州	**84524**	**339668**	**11289734**	**81023**	**316664**	**10529209**	**65242**	**243221**	**7836778**
贵阳市	**5759**	**21749**	**767631**	**4763**	**16792**	**599264**	**2522**	**9032**	**325775**
南明区									
云岩区									
花溪区	282	1156	51343	526	1749	71879	178	704	27321
乌当区	268	1166	43303	195	715	26328	68	302	11261
白云区	13	30	511	33	82	2071	2	7	205
观山湖区	194	595	23370	192	589	21640	21	75	3190
开阳县	2334	8658	280629	1509	5372	177586	924	3264	109635
息烽县	1171	3815	147612	1054	3219	128271	500	1643	67067
修文县	1226	4785	171719	1041	3806	131025	601	1973	72508
清镇市	271	1544	49144	213	1260	40464	228	1064	34588
六盘水市	**4325**	**16229**	**569377**	**3242**	**12085**	**414348**	**3107**	**10808**	**354921**
钟山区	496	2072	86172	234	981	42699	127	583	24403
六枝特区	371	1607	54493	415	1632	55890	406	1369	43815
水城县	2190	8348	278993	1602	6143	200864	1816	6136	186224
盘州市	1268	4202	149719	991	3329	114895	758	2720	100479
遵义市	**16743**	**62565**	**2124908**	**15976**	**56955**	**1947696**	**10661**	**36057**	**1187486**
红花岗区	478	1902	63841	444	1763	58662	289	1108	36534
汇川区	498	2442	80093	437	2222	72490	301	1413	46317
播州区	857	3780	121731	774	3122	101329	372	1413	47796
桐梓县	2648	9860	337814	1702	6455	207696	1153	3803	123647
绥阳县	1369	4986	164964	1433	4901	166380	751	2521	83342
正安县	1222	4211	145030	2047	6764	232063	1159	4011	124242
道真仡佬族苗族自治县	1303	4214	145146	1078	3461	118648	861	2791	90456
务川仡佬族苗族自治县	1261	4619	145857	1307	5121	169324	1382	4678	154017
凤冈县	1185	4294	147248	1242	4253	142785	1134	3595	121039
湄潭县	1609	5130	184954	1784	5322	192063	1157	3471	119184
余庆县	1046	4633	197549	1093	4234	181766	615	2195	86559
习水县	2306	8079	256523	1737	5802	187802	1202	3930	120464
赤水市	410	1336	48459	304	950	35190	135	394	13539
仁怀市	551	3079	85699	594	2585	81498	150	734	20350
安顺市	**4510**	**17390**	**661040**	**4560**	**17033**	**630547**	**3522**	**12521**	**444948**
西秀区	325	1383	55603	397	1617	62173	238	909	35177
平坝区	680	3004	114583	579	2607	99965	273	990	38520
普定县	1150	4021	147635	1235	4291	156584	832	2954	103969
镇宁布依族苗族自治县	923	3465	132022	888	2894	107947	666	2122	79702
关岭布依族苗族自治县	856	2984	121730	723	2454	100257	671	2364	84928
紫云苗族布依族自治县	576	2533	89467	738	3170	103621	842	3182	102652
毕节市	**19408**	**84994**	**2449715**	**16408**	**71920**	**2108972**	**12758**	**53031**	**1487735**
七星关区	713	3143	87036	543	2543	74009	576	2708	79757
大方县	2852	12936	328967	2137	9934	252728	1477	6496	168507
黔西县	3340	13708	462619	2855	11080	385170	1566	5714	183140
金沙县	2549	11494	393011	2237	8929	296847	1094	4063	122062
织金县	3553	13624	388075	2356	9451	287801	1879	6895	220552
纳雍县	2560	11402	293100	1704	7801	213918	1678	6991	191265
威宁彝族回族苗族自治县	2552	12747	333687	3610	17479	475823	3106	13813	359223
赫章县	1289	5940	163220	966	4703	122676	1382	6351	163229

9-2b 续表 7 单位：户、间、平方米

地区	2000-2009年			2010-2014年			2015年以后		
	户数	间数	面积	户数	间数	面积	户数	间数	面积
铜仁市	**9249**	**36968**	**1236019**	**10062**	**39529**	**1318003**	**6474**	**24685**	**810686**
碧江区	34	132	5990	37	133	5638	22	85	3477
万山区									
江口县	635	2715	94830	732	2987	97211	664	2401	79356
玉屏侗族自治县	571	2284	78876	643	2557	86099	638	2129	69439
石阡县	865	3789	129920	827	3550	119085	671	2464	80951
思南县	1449	5899	200395	1601	6411	216722	914	3793	124478
印江土家族苗族自治县	1076	3769	131713	1035	3545	121859	827	2894	98707
德江县	1609	6764	199718	1710	7202	219482	802	3361	101058
沿河土家族自治县	1764	7267	237376	1531	6513	208830	907	3861	124451
松桃苗族自治县	1246	4349	157201	1946	6631	243077	1029	3697	128769
黔西南布依族苗族自治州	**4974**	**22119**	**745895**	**5031**	**22364**	**733859**	**6429**	**25245**	**823014**
兴义市	585	2571	88852	505	2369	85854	549	2566	95126
兴仁市	456	2084	73913	375	1676	61548	253	1222	42834
普安县	532	2260	70674	643	2797	86677	584	2398	74114
晴隆县	606	2672	77536	493	2116	61517	583	2387	70387
贞丰县	887	3755	123321	826	3305	105133	1289	4380	137374
望谟县	552	2838	95833	791	4379	135813	729	3534	111596
册亨县	259	1001	34850	288	1119	35131	1273	3986	123070
安龙县	1097	4938	180916	1110	4603	162186	1169	4772	168513
黔东南苗族侗族自治州	**9707**	**36770**	**1287205**	**9268**	**33708**	**1150004**	**8821**	**31832**	**1049935**
凯里市	253	1094	33952	256	1086	34630	148	849	24240
黄平县	766	2750	95370	659	2480	81215	798	2923	96637
施秉县	465	1813	61236	317	1150	39179	308	1203	37948
三穗县	673	2739	99941	697	2670	91584	653	2163	75593
镇远县	1052	4907	180828	656	3113	112678	515	2387	84884
岑巩县	652	2350	82411	814	2730	94319	424	1543	55203
天柱县	791	2871	105954	827	3266	108737	876	2987	98244
锦屏县	472	1866	66243	410	1423	50174	727	2491	84600
剑河县	917	2836	101233	606	1880	66635	462	1495	48803
台江县	336	1161	39703	368	1286	44727	211	783	25276
黎平县	1158	4664	153501	1213	4704	159170	1154	4532	150994
榕江县	456	1679	50934	662	2195	71154	964	3055	99817
从江县	430	1441	54330	375	1236	48116	614	2099	68237
雷山县	402	1455	45977	406	1418	40048	277	1131	29545
麻江县	501	1844	66699	490	1529	55480	251	798	27521
丹寨县	383	1300	48893	512	1542	52158	439	1393	42393
黔南布依族苗族自治州	**9849**	**40884**	**1447944**	**11713**	**46278**	**1626516**	**10948**	**40010**	**1352278**
都匀市	198	1029	42081	210	1053	39290	94	415	16535
福泉市	396	1575	46149	329	1487	42549	270	1160	30730
荔波县	500	1946	79838	678	2594	101891	551	2062	79491
贵定县	963	4164	130053	1100	4188	133453	762	2791	88618
瓮安县	1776	6149	204114	2590	8244	275734	1751	5788	194188
独山县	936	4586	149119	971	4366	143609	1113	4282	148939
平塘县	721	3137	124646	485	2398	97267	833	3398	118375
罗甸县	1181	4826	182217	762	3188	116045	1772	6089	200701
长顺县	525	2351	83091	801	3927	130900	817	3153	105227
龙里县	1003	3909	126951	1304	4493	150110	647	2113	73273
惠水县	1074	4673	187221	1661	7032	278182	1191	4589	163899
三都水族自治县	576	2539	92464	822	3308	117486	1147	4170	132302

9–2c 各地区按住房建成时间分的家庭户住房状况(乡村)

单位：户、间、平方米

地　区	合　计			1949年以前		
	户数	间数	面积	户数	间数	面积
贵　州	**560210**	**2617623**	**78061691**	**2924**	**9589**	**278623**
贵阳市	**33669**	**169186**	**5754242**	**183**	**657**	**20615**
南明区	1483	5300	180734	6	22	965
云岩区						
花溪区	4791	26465	1000549	16	49	1835
乌当区	3197	14725	563730	33	109	4187
白云区	838	4399	185852	1	3	80
观山湖区	2008	8854	381243	3	13	730
开阳县	5678	28920	787501	98	388	10524
息烽县	3868	17813	586939	16	43	1352
修文县	4485	21676	756708	8	25	748
清镇市	7321	41034	1310986	2	5	194
六盘水市	**48555**	**201011**	**6573496**	**202**	**540**	**17495**
钟山区	1506	8394	289833	6	42	1010
六枝特区	9758	42291	1416562	30	114	3418
水城县	14128	71865	1985788	14	43	1172
盘州市	23163	78461	2881313	152	341	11895
遵义市	**91614**	**426258**	**12906915**	**603**	**2061**	**61181**
红花岗区	5382	27405	802302	25	89	2492
汇川区	4111	22130	680675	26	93	2647
播州区	11115	56507	1767455	30	103	2782
桐梓县	8369	40349	1200469	54	174	5535
绥阳县	6561	28318	842247	45	154	4670
正安县	8173	32656	1038604	34	97	3114
道真仡佬族苗族自治县	4060	15934	506530	49	156	4327
务川仡佬族苗族自治县	4954	22723	630849	62	213	5929
凤冈县	5586	25238	749200	40	145	4183
湄潭县	6570	24300	863207	32	108	3260
余庆县	4107	19024	669507	32	116	3406
习水县	10475	50955	1337091	40	134	4089
赤水市	3891	13508	500304	76	223	8224
仁怀市	8260	47211	1318475	58	256	6523
安顺市	**39503**	**171076**	**5882680**	**91**	**241**	**7517**
西秀区	9855	44634	1719627	43	110	3291
平坝区	5187	22589	798200	4	14	356
普定县	7610	27772	930028	30	74	2470
镇宁布依族苗族自治县	5687	23261	784400	9	22	810
关岭布依族苗族自治县	5223	23418	769372	1	3	100
紫云苗族布依族自治县	5941	29402	881053	4	18	490
毕节市	**117251**	**561903**	**13876315**	**249**	**765**	**17833**
七星关区	18243	84607	2267165	65	156	4148
大方县	17612	84416	1786213	58	208	3976
黔西县	11495	53669	1375840	19	56	1309
金沙县	8396	45364	1102129	41	147	3796
织金县	14416	62546	1629093	24	59	1543
纳雍县	12380	61681	1406736	27	84	1631
威宁彝族回族苗族自治县	21581	96576	2491409	5	11	398
赫章县	13128	73044	1817730	10	44	1032

9-2c 续表 1 单位：户、间、平方米

地区	合计			1949年以前		
	户数	间数	面积	户数	间数	面积
铜仁市	**60489**	**292658**	**8411521**	**741**	**2433**	**71031**
碧江区	2566	11046	361647	50	157	5340
万山区	2845	11605	359050	23	75	2099
江口县	3542	15711	460742	76	230	6873
玉屏侗族自治县	2230	11662	338767	7	28	877
石阡县	6723	34024	968898	47	207	5486
思南县	9794	46710	1349597	107	366	10316
印江土家族苗族自治县	6281	26500	737263	102	299	8371
德江县	6932	40968	1028720	69	268	7146
沿河土家族自治县	9468	48226	1401229	87	271	8277
松桃苗族自治县	10108	46206	1405608	173	532	16246
黔西南布依族苗族自治州	**49503**	**236640**	**7173109**	**61**	**225**	**7120**
兴义市	9935	44726	1520641	28	105	3357
兴仁市	8060	35781	1139027	10	37	1202
普安县	5188	25509	675148	4	9	274
晴隆县	5036	26334	670291	1	11	160
贞丰县	5962	29247	836106	7	23	689
望谟县	4665	25392	729181	1	2	120
册亨县	4057	16900	511285	1	4	90
安龙县	6600	32751	1091430	9	34	1228
黔东南苗族侗族自治州	**65908**	**293193**	**9086214**	**604**	**2020**	**57516**
凯里市	5507	24648	748958	139	443	11930
黄平县	4770	21485	607471	74	255	7089
施秉县	2473	11872	312957	38	150	4042
三穗县	3056	14475	437310	8	29	812
镇远县	3487	17941	515552	37	147	3942
岑巩县	3326	14730	467575	12	44	1280
天柱县	5850	24373	760956	52	162	5198
锦屏县	3072	14126	476100	6	19	450
剑河县	3897	16013	528436	13	46	1260
台江县	2430	10762	294966	25	73	1980
黎平县	7831	37047	1144053	23	90	2410
榕江县	5603	25310	772370	24	77	2375
从江县	6514	27830	1048949	20	80	2750
雷山县	2419	10332	266887	28	110	2850
麻江县	2695	10711	349211	53	148	5110
丹寨县	2978	11538	354463	52	147	4038
黔南布依族苗族自治州	**53718**	**265698**	**8397199**	**190**	**647**	**18315**
都匀市	5593	27608	872445	29	78	2458
福泉市	4539	23646	638952	26	96	2380
荔波县	2934	13622	512238	4	13	490
贵定县	3554	17894	487207	31	123	2856
瓮安县	5327	22346	702940	28	97	2891
独山县	4329	22463	665068	6	19	680
平塘县	5014	26981	968350	4	15	610
罗甸县	4184	20531	678142	1	3	100
长顺县	3549	19104	622829	1	2	80
龙里县	3013	16617	485940	29	94	2960
惠水县	6072	31033	995092	6	23	590
三都水族自治县	5610	23853	767996	25	84	2220

9-2c 续表 2

单位：户、间、平方米

地区	1949-1959年			1960-1969年		
	户数	间数	面积	户数	间数	面积
贵州	**4064**	**13778**	**398488**	**9878**	**34091**	**982741**
贵阳市	**220**	**795**	**24119**	**462**	**1738**	**51635**
南明区	6	25	790	6	17	545
云岩区						
花溪区	13	36	1208	29	113	3680
乌当区	30	111	3440	41	158	5012
白云区				2	3	130
观山湖区	2	13	518	7	39	1770
开阳县	135	498	14905	283	1098	30038
息烽县	19	61	1620	49	151	4760
修文县	9	24	710	24	69	2571
清镇市	6	27	928	21	90	3129
六盘水市	**278**	**745**	**23477**	**630**	**1711**	**55133**
钟山区	4	12	490	19	79	2980
六枝特区	29	98	3423	96	331	10227
水城县	35	118	2933	60	224	5886
盘州市	210	517	16631	455	1077	36040
遵义市	**1171**	**4132**	**120704**	**2619**	**9413**	**278077**
红花岗区	83	300	8787	166	688	18844
汇川区	69	244	7316	184	692	19687
播州区	120	422	11751	287	1026	29563
桐梓县	83	268	8694	200	695	20246
绥阳县	98	334	9904	256	924	26636
正安县	40	136	4039	121	390	11756
道真仡佬族苗族自治县	76	243	8104	168	575	18184
务川仡佬族苗族自治县	106	370	10138	283	1055	29985
凤冈县	109	379	11305	178	649	19595
湄潭县	128	434	13612	246	789	25632
余庆县	70	285	8168	173	651	19371
习水县	89	369	8633	164	612	16934
赤水市	57	157	5825	107	288	11004
仁怀市	43	191	4428	86	379	10640
安顺市	**93**	**260**	**8771**	**217**	**598**	**20137**
西秀区	34	84	2965	61	166	5653
平坝区	3	10	260	17	54	1970
普定县	23	61	2070	63	154	5143
镇宁布依族苗族自治县	16	48	1440	34	93	3208
关岭布依族苗族自治县	9	31	1286	22	63	2400
紫云苗族布依族自治县	8	26	750	20	68	1763
毕节市	**266**	**860**	**19585**	**711**	**2228**	**50556**
七星关区	70	193	4942	147	389	9435
大方县	51	182	3399	143	472	9340
黔西县	27	94	2034	60	189	4914
金沙县	40	143	3606	88	321	7770
织金县	23	84	1803	79	205	4995
纳雍县	39	125	2726	128	462	9011
威宁彝族回族苗族自治县	7	16	485	40	107	2988
赫章县	9	23	590	26	83	2103

9-2c 续表 3

单位：户、间、平方米

地区	1949-1959年			1960-1969年		
	户数	间数	面积	户数	间数	面积
铜仁市	**941**	**3168**	**90780**	**2179**	**7472**	**212550**
碧江区	54	186	5974	111	340	10923
万山区	50	147	4622	109	299	8583
江口县	79	242	7036	191	631	18482
玉屏侗族自治县	17	51	1566	31	101	3373
石阡县	42	172	4761	177	689	19106
思南县	121	435	12563	324	1236	34062
印江土家族苗族自治县	131	417	11240	276	874	23802
德江县	60	259	6819	154	661	17032
沿河土家族自治县	137	469	13531	292	998	28049
松桃苗族自治县	250	790	22668	514	1643	49138
黔西南布依族苗族自治州	**127**	**452**	**14237**	**429**	**1560**	**47606**
兴义市	45	146	5258	157	547	17954
兴仁市	40	151	4421	115	425	13264
普安县	12	43	1310	43	172	4291
晴隆县	4	16	352	5	12	330
贞丰县	7	32	718	42	161	4299
望谟县	2	9	320	5	19	498
册亨县				5	19	580
安龙县	17	55	1858	57	205	6390
黔东南苗族侗族自治州	**697**	**2396**	**68540**	**1955**	**6923**	**195499**
凯里市	135	425	11751	250	815	21519
黄平县	72	247	6039	200	695	17651
施秉县	42	161	4191	118	467	11955
三穗县	26	97	2505	70	235	6358
镇远县	59	229	6092	199	808	21076
岑巩县	37	115	3471	88	308	9270
天柱县	82	306	8933	220	732	21865
锦屏县	8	24	1170	47	196	6130
剑河县	18	47	1638	70	249	7632
台江县	27	91	2255	107	371	10172
黎平县	20	77	2495	112	425	12750
榕江县	31	121	3501	72	261	8140
从江县	21	81	3148	79	308	10425
雷山县	30	121	2920	78	312	7428
麻江县	44	126	4055	135	405	12553
丹寨县	45	128	4376	110	336	10575
黔南布依族苗族自治州	**271**	**970**	**28275**	**676**	**2448**	**71548**
都匀市	31	98	2922	93	301	9592
福泉市	33	133	3210	84	345	8037
荔波县	2	7	320	5	22	710
贵定县	23	98	2121	50	180	4326
瓮安县	97	347	11249	227	811	26123
独山县	13	45	1382	23	79	2066
平塘县	12	33	1093	34	117	3672
罗甸县	1	1	100	5	17	554
长顺县	3	7	218	15	68	1780
龙里县	19	70	1900	40	168	4826
惠水县	18	64	1999	46	156	4672
三都水族自治县	19	67	1761	54	184	5190

9-2c 续表 4

单位：户、间、平方米

地区	1970—1979年			1980—1989年			1990—1999年		
	户数	间数	面积	户数	间数	面积	户数	间数	面积
贵 州	**19971**	**71870**	**2061338**	**37948**	**144997**	**4216325**	**58309**	**255108**	**7528139**
贵阳市	**830**	**3242**	**96722**	**1906**	**8507**	**265232**	**4037**	**19993**	**669434**
南明区	10	36	1240	115	468	12437	378	1132	31259
云岩区									
花溪区	39	171	5561	134	757	28194	724	4265	156648
乌当区	90	294	10163	142	616	22495	279	1260	47475
白云区	5	23	1060	35	174	6759	87	464	20005
观山湖区	33	161	6880	81	401	16835	168	900	37577
开阳县	448	1806	48186	828	3569	97349	549	2691	70661
息烽县	99	356	9886	186	689	20706	369	1540	50570
修文县	51	182	6036	113	521	18406	497	2305	79155
清镇市	55	213	7710	272	1312	42051	986	5436	176084
六盘水市	**1300**	**3860**	**123306**	**2875**	**9015**	**292283**	**5615**	**20756**	**666815**
钟山区	21	103	3310	86	431	15461	148	743	25256
六枝特区	301	1073	33194	580	2077	65874	1189	4893	158582
水城县	195	752	19595	583	2399	63544	1373	6514	173661
盘州市	783	1932	67207	1626	4108	147404	2905	8606	309316
遵义市	**5002**	**18292**	**543305**	**8296**	**32187**	**953352**	**9806**	**45261**	**1368328**
红花岗区	373	1500	44214	480	2002	59333	658	3479	100534
汇川区	211	800	23268	322	1418	39461	344	1756	53696
播州区	510	1985	57099	794	3434	101838	1410	7109	222072
桐梓县	366	1287	37768	545	2111	62347	1027	4817	142747
绥阳县	521	1924	56030	827	3103	91638	790	3276	98064
正安县	238	815	24684	532	1916	57174	527	1927	64464
道真仡佬族苗族自治县	428	1455	46023	728	2531	80534	316	1193	36170
务川仡佬族苗族自治县	499	1870	50960	696	2724	74830	409	1785	48108
凤冈县	339	1201	36430	508	1923	57515	569	2444	72409
湄潭县	318	1062	33397	714	2501	77696	660	2521	86196
余庆县	281	1097	33877	655	2705	80003	581	2518	86430
习水县	363	1316	35948	695	2796	74738	1201	6016	160155
赤水市	327	970	36312	472	1440	52453	430	1424	53830
仁怀市	228	1010	27295	328	1583	43792	884	4996	143453
安顺市	**587**	**1828**	**58982**	**1506**	**5163**	**172973**	**3614**	**14367**	**498540**
西秀区	197	642	22044	461	1680	61502	1095	4553	173679
平坝区	63	190	6156	238	899	28970	479	1975	67907
普定县	173	469	14399	405	1156	37038	899	3101	103527
镇宁布依族苗族自治县	62	185	6325	174	605	20290	405	1558	54734
关岭布依族苗族自治县	59	232	7144	152	565	17673	500	2173	69358
紫云苗族布依族自治县	33	110	2914	76	258	7500	236	1007	29335
毕节市	**2026**	**6742**	**159195**	**5024**	**18566**	**436252**	**11407**	**49964**	**1195716**
七星关区	460	1329	34004	1089	3530	88705	1955	7921	206524
大方县	364	1292	25914	1027	3828	77648	2350	10172	210128
黔西县	206	665	17126	461	1830	43890	941	4139	103940
金沙县	229	896	21437	381	1668	39807	1049	5632	136876
织金县	211	639	15584	597	2104	52673	1661	6869	172520
纳雍县	340	1169	25683	722	2906	63545	1421	6458	142899
威宁彝族回族苗族自治县	129	402	11109	400	1268	35708	1043	4182	109041
赫章县	87	350	8338	347	1432	34276	987	4591	113788

9-2c 续表 5 单位：户、间、平方米

地区	1970-1979年			1980-1989年			1990-1999年		
	户数	间数	面积	户数	间数	面积	户数	间数	面积
铜仁市	**3581**	**12863**	**364532**	**6222**	**23819**	**675492**	**6914**	**30291**	**861931**
碧江区	141	461	14947	268	970	30382	320	1366	45527
万山区	155	428	13236	219	692	20599	338	1294	37482
江口县	314	1028	30977	478	1680	50939	399	1633	48320
玉屏侗族自治县	34	120	3731	122	468	13965	282	1358	39036
石阡县	379	1616	44752	1022	4467	123191	1068	4802	135909
思南县	752	2823	80770	1517	5942	169035	1293	5318	151074
印江土家族苗族自治县	384	1277	33603	656	2350	64146	778	3067	84523
德江县	258	1123	28674	392	1853	46696	796	4476	113432
沿河土家族自治县	514	1908	51877	733	2673	75847	850	3918	110654
松桃苗族自治县	650	2079	61965	815	2724	80692	790	3059	95974
黔西南布依族苗族自治州	**996**	**3602**	**110743**	**2229**	**8640**	**265729**	**4496**	**19919**	**623635**
兴义市	335	1146	38930	787	2931	97250	1452	6211	212799
兴仁市	259	939	28917	544	1977	62282	812	3296	103143
普安县	95	349	9161	149	609	15598	295	1293	33430
晴隆县	58	225	5591	154	648	16763	470	2207	58645
贞丰县	119	463	12843	260	1071	29990	631	3027	87850
望谟县	20	76	2399	45	194	5260	83	391	12422
册亨县	5	17	550	8	33	1140	67	268	8627
安龙县	105	387	12352	282	1177	37446	686	3226	106719
黔东南苗族侗族自治州	**4326**	**16288**	**456449**	**7267**	**28641**	**834900**	**8288**	**35069**	**1043529**
凯里市	503	1721	48267	591	2101	59517	684	2754	81770
黄平县	454	1653	42230	615	2281	60875	495	2063	54563
施秉县	281	1217	29424	402	1721	44545	296	1370	36047
三穗县	119	415	11408	201	787	21314	265	1130	31101
镇远县	318	1295	33204	353	1538	38233	372	1735	45509
岑巩县	186	676	19435	385	1363	41579	284	1103	33081
天柱县	576	2120	59897	836	3103	90964	707	2806	81694
锦屏县	183	719	23706	517	2226	72744	568	2575	84224
剑河县	200	778	25081	395	1550	50809	560	2273	73434
台江县	201	707	19114	312	1213	33093	311	1235	34419
黎平县	369	1610	45104	896	4028	115324	1141	5250	155263
榕江县	161	607	17983	452	1801	52834	733	3110	90912
从江县	163	623	21725	404	1601	58729	713	3049	107897
雷山县	192	736	19862	353	1391	36400	439	1911	47217
麻江县	182	571	16747	245	811	24173	326	1203	39983
丹寨县	238	840	23262	310	1126	33767	394	1502	46415
黔南布依族苗族自治州	**1323**	**5153**	**148104**	**2623**	**10459**	**320112**	**4132**	**19488**	**600211**
都匀市	138	485	15238	382	1610	53784	727	3753	118973
福泉市	147	607	15525	307	1355	35952	496	2411	66568
荔波县	17	66	2020	44	161	5430	112	481	17015
贵定县	117	446	11023	156	629	16596	234	1115	29679
瓮安县	438	1787	53122	879	3346	106447	654	2667	82593
独山县	95	380	9768	124	522	13918	275	1498	42589
平塘县	62	222	6807	92	335	11670	258	1309	44477
罗甸县	15	49	1480	45	199	6188	225	989	30595
长顺县	18	74	2360	67	299	9703	208	1095	35921
龙里县	87	348	10339	143	609	18506	205	1112	33427
惠水县	83	314	9206	111	409	12213	253	1136	37753
三都水族自治县	106	375	11216	273	985	29705	485	1922	60621

9-2c　续表 6　　单位：户、间、平方米

地　　区	2000-2009年			2010-2014年			2015年以后		
	户数	间数	面积	户数	间数	面积	户数	间数	面积
贵　州	**157561**	**762623**	**22832297**	**153612**	**766143**	**23010879**	**115943**	**559424**	**16752861**
贵阳市	**12133**	**62432**	**2123758**	**9391**	**48780**	**1730347**	**4507**	**23042**	**772380**
南明区	414	1632	56971	308	1252	49953	240	716	26574
云岩区									
花溪区	1669	9709	367850	1549	8403	326872	618	2962	108701
乌当区	1047	5039	194963	1090	5129	199733	445	2009	76262
白云区	286	1558	63437	321	1689	75081	101	485	19300
观山湖区	611	3115	134841	987	3745	162054	116	467	20038
开阳县	1456	8083	222863	1107	6412	173663	774	4375	119312
息烽县	1459	6642	220809	953	4676	155341	718	3655	121895
修文县	2034	9492	328897	1107	5712	201855	642	3346	118330
清镇市	3157	17162	533127	1969	11762	385795	853	5027	161968
六盘水市	**15107**	**64111**	**2084569**	**13661**	**60842**	**1995672**	**8887**	**39431**	**1314746**
钟山区	539	2927	101152	377	2259	80864	306	1798	59310
六枝特区	3362	14984	503710	2676	12165	411989	1495	6556	226145
水城县	4654	23883	657647	4266	22982	638119	2948	14950	423231
盘州市	6552	22317	822060	6342	23436	864700	4138	16127	606060
遵义市	**26423**	**132480**	**4042824**	**21544**	**106565**	**3279236**	**16150**	**75867**	**2259908**
红花岗区	1364	7557	221787	1273	6765	202028	960	5025	144283
汇川区	1178	6865	209826	1035	5948	188832	742	4314	135942
播州区	3651	19691	618946	2534	13743	439272	1779	8994	284132
桐梓县	2726	13951	420110	1950	10105	303943	1418	6941	199079
绥阳县	1794	8221	248491	1407	6562	195834	823	3820	110980
正安县	1637	6779	229656	2081	8449	279073	2963	12147	364644
道真仡佬族苗族自治县	841	3549	114474	923	3974	130073	531	2258	68641
务川仡佬族苗族自治县	1050	5252	143305	1065	5366	154279	784	4088	113315
凤冈县	1550	7336	217695	1469	7187	212004	824	3974	118064
湄潭县	1982	7564	276548	1585	6110	226357	905	3211	120509
余庆县	1181	6052	222302	553	2981	118019	581	2619	97931
习水县	3280	16723	441813	2597	13134	344032	2046	9855	250749
赤水市	973	3775	141239	891	3364	122901	558	1867	68516
仁怀市	3216	19165	536632	2181	12877	362589	1236	6754	183123
安顺市	**12500**	**54847**	**1883603**	**12189**	**56113**	**1930868**	**8706**	**37659**	**1301289**
西秀区	3210	14930	578254	2954	14197	551795	1800	8272	320444
平坝区	1768	7838	271304	1551	6982	251010	1064	4627	170267
普定县	2379	8741	289692	2017	7923	265454	1621	6093	210235
镇宁布依族苗族自治县	1746	7250	245240	1938	8366	281154	1303	5134	171199
关岭布依族苗族自治县	1898	8688	282159	1486	6925	230655	1096	4738	158597
紫云苗族布依族自治县	1499	7400	216954	2243	11720	350800	1822	8795	270547
毕节市	**33128**	**160688**	**3968539**	**37055**	**185431**	**4577541**	**27385**	**136659**	**3451098**
七星关区	5100	23987	644529	5377	27201	731079	3980	19901	543799
大方县	5040	24552	518795	5660	28693	614774	2919	15017	322239
黔西县	4100	19644	506660	3696	17633	451791	1985	9419	244176
金沙县	2976	16760	413552	2332	13314	318991	1260	6483	156294
织金县	4771	21140	548389	4764	21112	554986	2286	10334	276600
纳雍县	3999	20036	459217	3194	17222	392200	2510	13219	309824
威宁彝族回族苗族自治县	3779	16492	429041	7594	35047	893475	8584	39051	1009164
赫章县	3363	18077	448356	4438	25209	620245	3861	23235	589002

9-2c 续表 7　　单位：户、间、平方米

地　区	2000-2009年			2010-2014年			2015年以后		
	户数	间数	面积	户数	间数	面积	户数	间数	面积
铜仁市	**14248**	**73756**	**2098721**	**14194**	**78318**	**2280711**	**11469**	**60538**	**1755773**
碧江区	624	3028	97850	575	2863	96597	423	1675	54107
万山区	862	3663	118554	721	3333	103351	368	1674	50524
江口县	815	4066	114306	721	3882	114513	469	2319	69296
玉屏侗族自治县	818	4316	123916	556	3215	93523	363	2005	58780
石阡县	1341	7137	206009	1360	7803	225038	1287	7131	204646
思南县	1884	9308	271613	1901	10525	311491	1895	10757	308673
印江土家族苗族自治县	1396	6271	172940	1453	6813	194467	1105	5132	144171
德江县	2195	13717	339556	1704	11245	281915	1304	7366	187450
沿河土家族自治县	2337	12532	361429	2357	13327	392285	2161	12130	359280
松桃苗族自治县	1976	9718	292548	2846	15312	467531	2094	10349	318846
黔西南布依族苗族自治州	**14560**	**70626**	**2118522**	**15261**	**76562**	**2299868**	**11344**	**55054**	**1685649**
兴义市	2683	12250	411547	2358	11185	376762	2090	10205	356784
兴仁市	2228	10020	313221	2433	11237	361063	1619	7699	251514
普安县	1471	7176	187028	1792	9001	239582	1327	6857	184474
晴隆县	1821	9551	241502	1382	7555	189953	1141	6109	156995
贞丰县	2149	10830	307253	1934	9696	276441	813	3944	116023
望谟县	934	5011	148744	2104	12053	344454	1471	7637	214964
册亨县	1026	4503	141180	1458	6467	196077	1487	5589	163041
安龙县	2248	11285	368047	1800	9368	315536	1396	7014	241854
黔东南苗族侗族自治州	**14721**	**67964**	**2116135**	**14147**	**68563**	**2199539**	**13903**	**65329**	**2114107**
凯里市	1101	5287	163980	1136	5927	188865	968	5175	161359
黄平县	1044	4933	141067	944	4819	142109	872	4539	135848
施秉县	484	2481	64929	501	2568	70116	311	1737	47708
三穗县	806	3875	118232	904	4824	145472	657	3083	100108
镇远县	733	4011	121700	772	4467	135713	644	3711	110083
岑巩县	455	2117	66141	790	4078	132511	1089	4926	160807
天柱县	936	4011	124223	1362	6227	205764	1079	4906	162418
锦屏县	654	3114	104279	550	2619	90024	539	2634	93373
剑河县	1005	4205	139281	774	3267	110103	862	3598	119198
台江县	636	2903	81418	491	2475	66935	320	1694	45580
黎平县	1916	9410	286337	1548	7696	247902	1806	8461	276468
榕江县	1459	6672	197678	1287	5964	185628	1384	6697	213319
从江县	1805	7718	289574	1641	7252	279910	1668	7118	274791
雷山县	438	2061	51623	277	1357	35798	584	2333	62789
麻江县	612	2585	84753	593	2593	86874	505	2269	74963
丹寨县	637	2581	80920	577	2430	75815	615	2448	75295
黔南布依族苗族自治州	**14741**	**75719**	**2395626**	**16170**	**84969**	**2717097**	**13592**	**65845**	**2097911**
都匀市	1589	8053	257430	1491	7707	237013	1113	5523	175035
福泉市	1238	6544	185552	1225	7022	184210	983	5133	137518
荔波县	649	3176	118388	963	4630	180427	1138	5066	187438
贵定县	875	4401	123208	1042	5380	148883	1026	5522	148515
瓮安县	1332	6150	189756	1107	4838	153896	565	2303	76863
独山县	1157	6369	188584	1259	7032	211795	1377	6519	194286
平塘县	1602	8915	319422	1733	9750	352473	1217	6285	228126
罗甸县	1620	7883	255298	1331	6807	227249	941	4583	156578
长顺县	1164	6330	204383	1332	7395	241139	741	3834	127245
龙里县	794	4847	136457	808	4794	142997	888	4575	134528
惠水县	1373	7233	232024	2255	12219	392831	1927	9479	303804
三都水族自治县	1348	5818	185124	1624	7395	244184	1676	7023	227975

9-3　各地区按住房设施状况分的家庭户户数

单位：户

地　区	合　计	住房所在建筑有无电梯		主要炊事燃料				
		有	无	燃气	电	煤炭	柴草	其他
贵　州	**1145420**	**169260**	**976160**	**191280**	**790268**	**87840**	**72874**	**3158**
贵阳市	**181100**	**63213**	**117887**	**90682**	**84194**	**5001**	**412**	**811**
南明区	36034	17995	18039	25926	9773	126	3	206
云岩区	37976	14402	23574	22647	14957	110	2	260
花溪区	24942	7635	17307	13214	11305	306	7	110
乌当区	10209	3493	6716	5685	3984	521	10	9
白云区	12588	3486	9102	5160	6923	400	5	100
观山湖区	17564	11100	6464	12653	4635	184	7	85
开阳县	11553	1026	10527	335	9272	1651	288	7
息烽县	7234	650	6584	225	6701	283	17	8
修文县	8062	714	7348	526	6619	872	37	8
清镇市	14938	2712	12226	4311	10025	548	36	18
六盘水市	**91902**	**10286**	**81616**	**15104**	**71875**	**4349**	**342**	**232**
钟山区	19803	5293	14510	10671	8238	846	1	47
六枝特区	15727	1515	14212	755	14731	154	61	26
水城县	20437	970	19467	1196	17242	1787	154	58
盘州市	35935	2508	33427	2482	31664	1562	126	101
遵义市	**199477**	**31266**	**168211**	**28123**	**152282**	**8925**	**9819**	**328**
红花岗区	27992	8367	19625	6432	20754	534	192	80
汇川区	18855	4431	14424	4448	14055	264	34	54
播州区	22364	4219	18145	3634	16097	2457	152	24
桐梓县	15322	1241	14081	1169	13189	686	249	29
绥阳县	11076	1194	9882	335	9446	551	732	12
正安县	13220	1257	11963	1610	11186	311	113	
道真仡佬族苗族自治县	8041	809	7232	342	7057	151	485	6
务川仡佬族苗族自治县	9638	1185	8453	865	6185	145	2423	20
凤冈县	9715	994	8721	309	7118	620	1638	30
湄潭县	12391	1252	11139	211	10726	1007	440	7
余庆县	7394	504	6890	274	5670	344	1099	7
习水县	16918	1574	15344	2014	13935	941	8	20
赤水市	8480	924	7556	4039	2164	7	2244	26
仁怀市	18071	3315	14756	2441	14700	907	10	13
安顺市	**71365**	**6832**	**64533**	**5212**	**60724**	**2628**	**2701**	**100**
西秀区	24947	4384	20563	3819	19712	1320	48	48
平坝区	9699	687	9012	660	7964	1017	25	33
普定县	11667	560	11107	643	10839	178	2	5
镇宁布依族苗族自治县	8732	541	8191	29	8090	25	584	4
关岭布依族苗族自治县	7964	325	7639	22	7819	5	116	2
紫云苗族布依族自治县	8356	335	8021	39	6300	83	1926	8
毕节市	**193497**	**13068**	**180429**	**9507**	**124603**	**57562**	**1235**	**590**
七星关区	35749	5636	30113	3543	24524	7557	34	91
大方县	26240	784	25456	507	15457	10166	23	87
黔西县	20946	1251	19695	467	14333	6086	34	26
金沙县	16089	987	15102	311	10246	5458	47	27
织金县	24403	1225	23178	373	19648	4326	19	37
纳雍县	20311	1023	19288	553	12724	6902	26	106
威宁彝族回族苗族自治县	32344	1440	30904	3590	15755	11890	911	198
赫章县	17415	722	16693	163	11916	5177	141	18

9-3 续表 1 单位：户

地 区	合 计	住房所在建筑有无电梯		主要炊事燃料				
		有	无	燃气	电	煤炭	柴草	其他
铜仁市	**100668**	**10447**	**90221**	**6674**	**71437**	**711**	**21608**	**238**
碧江区	10754	3174	7580	2022	8062	16	606	48
万山区	4656	835	3821	398	3638	6	607	7
江口县	5869	649	5220	416	4078	2	1363	10
玉屏侗族自治县	4511	380	4131	153	4261	5	91	1
石阡县	9527	455	9072	365	6809	57	2285	11
思南县	14592	771	13821	185	10247	377	3769	14
印江土家族苗族自治县	9733	1091	8642	225	6411	35	3055	7
德江县	11717	1243	10474	107	9605	123	1870	12
沿河土家族自治县	14329	704	13625	436	9617	51	4208	17
松桃苗族自治县	14980	1145	13835	2367	8709	39	3754	111
黔西南布依族苗族自治州	**88278**	**9092**	**79186**	**1668**	**82902**	**123**	**3465**	**120**
兴义市	28265	5800	22465	963	26669	20	555	58
兴仁市	12904	718	12186	79	12506	70	237	12
普安县	7262	266	6996	17	7183	18	29	15
晴隆县	7071	146	6925	41	6953	7	64	6
贞丰县	9365	870	8495	177	8999	1	185	3
望谟县	6847	246	6601	147	5093	1	1601	5
册亨县	5942	541	5401	178	5238	5	506	15
安龙县	10622	505	10117	66	10261	1	288	6
黔东南苗族侗族自治州	**115045**	**9947**	**105098**	**25533**	**57870**	**646**	**30390**	**606**
凯里市	21098	4783	16315	6433	13632	230	603	200
黄平县	7666	280	7386	207	6180	43	1208	28
施秉县	3914	221	3693	238	2754	4	916	2
三穗县	5350	577	4773	640	4364	1	341	4
镇远县	6381	186	6195	962	3114	19	2264	22
岑巩县	5516	735	4781	1047	2820	11	1625	13
天柱县	9010	690	8320	2792	3294	16	2890	18
锦屏县	5153	312	4841	2158	1225	51	1711	8
剑河县	6025	476	5549	1461	2326	17	2200	21
台江县	3639	168	3471	238	2577	8	812	4
黎平县	12382	502	11880	3607	2123	35	6526	91
榕江县	8076	486	7590	2704	1453	11	3850	58
从江县	8243	261	7982	2515	1386	55	4174	113
雷山县	3788	33	3755	362	2439	31	938	18
麻江县	4248	125	4123	78	3978	88	102	2
丹寨县	4556	112	4444	91	4205	26	230	4
黔南布依族苗族自治州	**104088**	**15109**	**88979**	**8777**	**84381**	**7895**	**2902**	**133**
都匀市	15602	5099	10503	3625	11800	56	90	31
福泉市	8646	1278	7368	401	6074	2069	101	1
荔波县	4875	818	4057	81	4659	18	112	5
贵定县	7391	714	6677	355	5612	1206	208	10
瓮安县	12662	2051	10611	1911	7171	3174	397	9
独山县	7981	839	7142	347	7474	24	132	4
平塘县	7307	406	6901	187	6820	6	284	10
罗甸县	8245	898	7347	486	7049	14	688	8
长顺县	5880	378	5502	53	5601	137	89	
龙里县	6319	1194	5125	678	4467	1031	105	38
惠水县	10742	882	9860	396	9692	159	483	12
三都水族自治县	8438	552	7886	257	7962	1	213	5

9-3　续表 2　　单位：户

地　区	住房内有无管道自来水		住房内有无厨房			住房内有无厕所	
	有	无	独立使用	与其他户合用	无	水冲式卫生厕所	水冲式非卫生厕所
贵　州	**1084924**	**60496**	**1047555**	**20750**	**77115**	**836519**	**29710**
贵阳市	**173493**	**7607**	**165849**	**2319**	**12932**	**159296**	**3708**
南明区	34340	1694	33089	394	2551	33297	358
云岩区	36553	1423	34305	281	3390	34973	664
花溪区	23795	1147	22340	442	2160	21589	602
乌当区	9631	578	9413	146	650	9012	226
白云区	11747	841	11336	121	1131	11051	313
观山湖区	16980	584	16445	396	723	16705	141
开阳县	11313	240	11122	157	274	8661	351
息烽县	7181	53	7038	35	161	6132	230
修文县	7917	145	7464	97	501	6344	285
清镇市	14036	902	13297	250	1391	11532	538
六盘水市	**85210**	**6692**	**83030**	**2502**	**6370**	**48263**	**3064**
钟山区	18719	1084	17852	358	1593	16010	768
六枝特区	13924	1803	13857	300	1570	8258	873
水城县	18940	1497	19184	490	763	9440	567
盘州市	33627	2308	32137	1354	2444	14555	856
遵义市	**198306**	**1171**	**195302**	**1849**	**2326**	**181940**	**4628**
红花岗区	27646	346	27052	185	755	26005	602
汇川区	18789	66	18205	217	433	17707	461
播州区	22349	15	22140	148	76	19899	475
桐梓县	15287	35	15195	101	26	14946	157
绥阳县	10671	405	10904	84	88	8816	573
正安县	13213	7	13127	57	36	12534	217
道真仡佬族苗族自治县	8023	18	7723	177	141	7603	190
务川仡佬族苗族自治县	9538	100	9304	115	219	8559	200
凤冈县	9712	3	9578	92	45	8700	195
湄潭县	12391		12324	67		11269	301
余庆县	7334	60	7275	57	62	6458	208
习水县	16908	10	16768	115	35	15495	519
赤水市	8468	12	8362	68	50	6898	286
仁怀市	17977	94	17345	366	360	17051	244
安顺市	**67087**	**4278**	**64710**	**1802**	**4853**	**48481**	**3140**
西秀区	24405	542	23189	392	1366	20637	1065
平坝区	9067	632	8400	317	982	6569	474
普定县	11376	291	10622	539	506	6359	659
镇宁布依族苗族自治县	8209	523	7935	197	600	5332	423
关岭布依族苗族自治县	7349	615	7382	163	419	4562	297
紫云苗族布依族自治县	6681	1675	7182	194	980	5022	222
毕节市	**166038**	**27459**	**148758**	**7138**	**37601**	**82577**	**4474**
七星关区	34102	1647	28457	1249	6043	20505	858
大方县	22562	3678	17487	628	8125	10691	807
黔西县	19129	1817	16160	795	3991	11219	581
金沙县	12170	3919	13739	385	1965	10417	285
织金县	20323	4080	18690	1055	4658	10376	474
纳雍县	16384	3927	14527	681	5103	7227	467
威宁彝族回族苗族自治县	28967	3377	25226	1840	5278	6315	739
赫章县	12401	5014	14472	505	2438	5827	263

9-3 续表 3　　单位：户

地　　区	住房内有无管道自来水		住房内有无厨房			住房内有无厕所	
	有	无	独立使用	与其他户合用	无	水冲式卫生厕所	水冲式非卫生厕所
铜仁市	**99397**	**1271**	**98322**	**1200**	**1146**	**82738**	**2241**
碧江区	10624	130	10562	77	115	9657	305
万山区	4580	76	4551	83	22	4074	66
江口县	5817	52	5764	64	41	4013	73
玉屏侗族自治县	4473	38	4452	38	21	4366	51
石阡县	9460	67	9436	45	46	7743	241
思南县	14392	200	14220	116	256	12890	398
印江土家族苗族自治县	9663	70	9614	82	37	8415	217
德江县	11639	78	11549	78	90	11200	149
沿河土家族自治县	14105	224	13897	265	167	10918	218
松桃苗族自治县	14644	336	14277	352	351	9462	523
黔西南布依族苗族自治州	**84104**	**4174**	**84215**	**987**	**3076**	**66563**	**2874**
兴义市	27613	652	27563	176	526	24186	643
兴仁市	12365	539	12286	146	472	9574	705
普安县	6879	383	6766	192	304	3365	135
晴隆县	5661	1410	6406	179	486	2799	291
贞丰县	9148	217	9136	56	173	6923	407
望谟县	6304	543	6010	114	723	5781	86
册亨县	5685	257	5739	46	157	5498	230
安龙县	10449	173	10309	78	235	8437	377
黔东南苗族侗族自治州	**109038**	**6007**	**108559**	**1624**	**4862**	**83158**	**3026**
凯里市	19072	2026	19124	213	1761	15904	432
黄平县	7317	349	7169	118	379	4017	138
施秉县	3863	51	3820	28	66	2727	103
三穗县	5268	82	5224	53	73	4888	47
镇远县	4803	1578	6078	82	221	4422	151
岑巩县	5467	49	5413	55	48	4271	67
天柱县	8782	228	8761	127	122	6419	210
锦屏县	5042	111	4954	101	98	4226	162
剑河县	5884	141	5551	144	330	4153	249
台江县	3063	576	3339	73	227	1680	69
黎平县	12172	210	11703	227	452	9316	355
榕江县	7902	174	7810	124	142	6534	105
从江县	8000	243	7619	124	500	7467	299
雷山县	3736	52	3634	65	89	2136	79
麻江县	4161	87	4058	46	144	2547	410
丹寨县	4506	50	4302	44	210	2451	150
黔南布依族苗族自治州	**102251**	**1837**	**98810**	**1329**	**3949**	**83503**	**2555**
都匀市	15459	143	14885	174	543	12200	645
福泉市	8633	13	8518	44	84	6576	343
荔波县	4820	55	4531	70	274	4670	18
贵定县	7256	135	6901	94	396	5232	255
瓮安县	12556	106	12376	132	154	10510	116
独山县	7806	175	7641	66	274	6759	244
平塘县	7266	41	7034	30	243	5862	144
罗甸县	7990	255	7895	99	251	6919	178
长顺县	5460	420	5283	204	393	4112	184
龙里县	6059	260	5720	154	445	4867	107
惠水县	10508	234	9768	214	760	7927	321
三都水族自治县	8438		8258	48	132	7869	

9-3 续表 4 单位：户

地 区	住房内有无厕所			住房内有无洗澡设施			
	卫生旱厕	普通旱厕	无	统 一 供热水	家庭自装 热水器	其他	无
贵 州	**101566**	**128548**	**49077**	**5880**	**857746**	**73019**	**208775**
贵阳市	**5441**	**4723**	**7932**	**923**	**156364**	**3027**	**20786**
南明区	91	133	2155	175	32231	187	3441
云岩区	147	84	2108	200	33038	239	4499
花溪区	736	791	1224	90	21488	360	3004
乌当区	392	250	329	79	9036	160	934
白云区	273	211	740	54	10671	71	1792
观山湖区	147	209	362	178	16226	117	1043
开阳县	1336	1044	161	43	9167	728	1615
息烽县	553	245	74	27	6054	476	677
修文县	798	508	127	19	6546	296	1201
清镇市	968	1248	652	58	11907	393	2580
六盘水市	**18991**	**15578**	**6006**	**346**	**58719**	**9653**	**23184**
钟山区	1107	694	1224	83	15569	467	3684
六枝特区	2180	3255	1161	39	9143	1415	5130
水城县	4499	4193	1738	56	10156	3949	6276
盘州市	11205	7436	1883	168	23851	3822	8094
遵义市	**6867**	**5043**	**999**	**1204**	**179133**	**11031**	**8109**
红花岗区	445	397	543	194	25663	684	1451
汇川区	273	328	86	98	17062	714	981
播州区	1035	941	14	11	20795	1262	296
桐梓县	198	10	11	79	14279	713	251
绥阳县	800	817	70	37	9341	810	888
正安县	340	122	7	76	11702	1048	394
道真仡佬族苗族自治县	167	62	19	92	6738	748	463
务川仡佬族苗族自治县	453	297	129	26	7971	790	851
凤冈县	432	385	3	95	8374	808	438
湄潭县	462	359		49	11122	1218	2
余庆县	301	373	54	23	6489	234	648
习水县	564	337	3	164	15787	887	80
赤水市	947	337	12	27	7300	623	530
仁怀市	450	278	48	233	16510	492	836
安顺市	**6382**	**9980**	**3382**	**246**	**48639**	**4330**	**18150**
西秀区	1192	1430	623	122	20132	920	3773
平坝区	718	1372	566	28	7026	453	2192
普定县	1768	2558	323	34	7319	1013	3301
镇宁布依族苗族自治县	872	1526	579	25	5039	644	3024
关岭布依族苗族自治县	962	1793	350	22	4705	602	2635
紫云苗族布依族自治县	870	1301	941	15	4418	698	3225
毕节市	**30857**	**54180**	**21409**	**750**	**92048**	**16529**	**84170**
七星关区	5613	7094	1679	247	21726	2910	10866
大方县	3809	5694	5239	61	11059	1315	13805
黔西县	2977	4347	1822	126	11157	2594	7069
金沙县	1573	3167	647	32	11148	836	4073
织金县	5398	6302	1853	67	10143	2158	12035
纳雍县	1847	3976	6794	50	7697	1398	11166
威宁彝族回族苗族自治县	7807	15521	1962	133	12140	3940	16131
赫章县	1833	8079	1413	34	6978	1378	9025

9-3 续表 5 单位：户

地区	住房内有无厕所			住房内有无洗澡设施			
	卫生旱厕	普通旱厕	无	统一供热水	家庭自装热水器	其他	无
铜仁市	**6204**	**8426**	**1059**	**1020**	**86634**	**5675**	**7339**
碧江区	231	501	60	299	9962	126	367
万山区	298	179	39	35	4140	244	237
江口县	822	931	30	45	5236	292	296
玉屏侗族自治县	50	25	19	45	4329	69	68
石阡县	818	658	67	22	8657	400	448
思南县	573	491	240	170	12771	740	911
印江土家族苗族自治县	531	448	122	114	8604	508	507
德江县	170	136	62	83	10176	537	921
沿河土家族自治县	1466	1509	218	55	10385	1829	2060
松桃苗族自治县	1245	3548	202	152	12374	930	1524
黔西南布依族苗族自治州	**9218**	**7632**	**1991**	**399**	**64986**	**7677**	**15216**
兴义市	1893	1391	152	139	24174	1753	2199
兴仁市	1748	743	134	76	9328	1015	2485
普安县	1977	1427	358	24	4456	928	1854
晴隆县	1341	2100	540	24	3688	521	2838
贞丰县	1123	803	109	42	6315	1260	1748
望谟县	152	311	517	28	4437	420	1962
册亨县	91	41	82	42	4355	894	651
安龙县	893	816	99	24	8233	886	1479
黔东南苗族侗族自治州	**8542**	**15855**	**4464**	**513**	**87296**	**8369**	**18867**
凯里市	912	2766	1084	100	15978	805	4215
黄平县	883	2193	435	42	4525	664	2435
施秉县	636	367	81	12	3189	147	566
三穗县	223	172	20	10	4746	351	243
镇远县	363	1135	310	38	5170	250	923
岑巩县	507	645	26	22	4829	328	337
天柱县	895	1195	291	72	7391	750	797
锦屏县	224	390	151	13	4498	174	468
剑河县	435	831	357	25	3982	554	1464
台江县	300	1278	312	8	1857	404	1370
黎平县	888	1144	679	36	9969	920	1457
榕江县	327	896	214	58	6428	732	858
从江县	125	126	226	44	6056	973	1170
雷山县	365	1118	90	9	2586	277	916
麻江县	693	521	77	4	3259	303	682
丹寨县	766	1078	111	20	2833	737	966
黔南布依族苗族自治州	**9064**	**7131**	**1835**	**479**	**83927**	**6728**	**12954**
都匀市	853	1614	290	62	13603	547	1390
福泉市	1517	181	29	73	7163	596	814
荔波县	63	81	43	46	4423	150	256
贵定县	904	847	153	14	5707	493	1177
瓮安县	1392	492	152	31	10407	847	1377
独山县	301	544	133	25	6815	372	769
平塘县	713	539	49	21	5843	761	682
罗甸县	658	357	133	29	6216	800	1200
长顺县	578	774	232	16	4150	276	1438
龙里县	637	525	183	65	4880	290	1084
惠水县	1061	997	436	86	8020	786	1850
三都水族自治县	387	180	2	11	6700	810	917

9-3a 各地区按住房设施状况分的家庭户户数(城市)

单位：户

地区	合计	住房所在建筑有无电梯		主要炊事燃料				
		有	无	燃气	电	煤炭	柴草	其他
贵州	**301957**	**119555**	**182402**	**140686**	**156662**	**3205**	**81**	**1323**
贵阳市	**130987**	**59021**	**71966**	**87422**	**42095**	**753**	**11**	**706**
南明区	34551	17716	16835	25616	8655	79	2	199
云岩区	37976	14402	23574	22647	14957	110	2	260
花溪区	19009	6894	12115	12510	6369	66	3	61
乌当区	6394	3322	3072	5403	981	6		4
白云区	11651	3477	8174	5137	6113	298	3	100
观山湖区	14840	10712	4128	12048	2629	87	1	75
开阳县								
息烽县								
修文县								
清镇市	6566	2498	4068	4061	2391	107		7
六盘水市	**29208**	**8662**	**20546**	**12708**	**16092**	**323**	**5**	**80**
钟山区	16525	5271	11254	10382	5855	249		39
六枝特区	4552	1330	3222	662	3844	36	3	7
水城县								
盘州市	8131	2061	6070	1664	6393	38	2	34
遵义市	**54269**	**20606**	**33663**	**19705**	**34040**	**398**	**11**	**115**
红花岗区	20950	8180	12770	6416	14312	171	6	45
汇川区	13090	4394	8696	4429	8523	86		52
播州区	8636	4076	4560	3516	4997	121		2
桐梓县								
绥阳县								
正安县								
道真仡佬族苗族自治县								
务川仡佬族苗族自治县								
凤冈县								
湄潭县								
余庆县								
习水县								
赤水市	3445	802	2643	2975	456	2	5	7
仁怀市	8148	3154	4994	2369	5752	18		9
安顺市	**15918**	**4797**	**11121**	**3982**	**11629**	**252**	**5**	**50**
西秀区	13785	4276	9509	3743	9867	131	1	43
平坝区	2133	521	1612	239	1762	121	4	7
普定县								
镇宁布依族苗族自治县								
关岭布依族苗族自治县								
紫云苗族布依族自治县								
毕节市	**15093**	**5508**	**9585**	**3342**	**10573**	**1113**		**65**
七星关区	15093	5508	9585	3342	10573	1113		65
大方县								
黔西县								
金沙县								
织金县								
纳雍县								
威宁彝族回族苗族自治县								
赫章县								

9-3a 续表 1 单位：户

地区	合计	住房所在建筑有无电梯		主要炊事燃料				
		有	无	燃气	电	煤炭	柴草	其他
铜仁市	**9868**	**3816**	**6052**	**2328**	**7455**	**15**	**27**	**43**
碧江区	8057	3004	5053	1988	5995	12	25	37
万山区	1811	812	999	340	1460	3	2	6
江口县								
玉屏侗族自治县								
石阡县								
思南县								
印江土家族苗族自治县								
德江县								
沿河土家族自治县								
松桃苗族自治县								
黔西南布依族苗族自治州	**19788**	**6349**	**13439**	**971**	**18756**	**10**	**8**	**43**
兴义市	16222	5667	10555	914	15253	5	8	42
兴仁市	3566	682	2884	57	3503	5		1
普安县								
晴隆县								
贞丰县								
望谟县								
册亨县								
安龙县								
黔东南苗族侗族自治州	**14654**	**4753**	**9901**	**6336**	**8069**	**43**	**14**	**192**
凯里市	14654	4753	9901	6336	8069	43	14	192
黄平县								
施秉县								
三穗县								
镇远县								
岑巩县								
天柱县								
锦屏县								
剑河县								
台江县								
黎平县								
榕江县								
从江县								
雷山县								
麻江县								
丹寨县								
黔南布依族苗族自治州	**12172**	**6043**	**6129**	**3892**	**7953**	**298**		**29**
都匀市	9430	4947	4483	3555	5834	12		29
福泉市	2742	1096	1646	337	2119	286		
荔波县								
贵定县								
瓮安县								
独山县								
平塘县								
罗甸县								
长顺县								
龙里县								
惠水县								
三都水族自治县								

9-3a　续表 2

单位：户

地　　区	住房内有无管道自来水		住房内有无厨房			住房内有无厕所	
	有	无	独立使用	与其他户合用	无	水冲式卫生厕所	水冲式非卫生厕所
贵　州	**294239**	**7718**	**282499**	**3258**	**16200**	**281164**	**4734**
贵阳市	**125819**	**5168**	**120491**	**1298**	**9198**	**121944**	**1667**
南明区	33112	1439	31963	313	2275	32309	256
云岩区	36553	1423	34305	281	3390	34973	664
花溪区	18147	862	17303	207	1499	17417	314
乌当区	6229	165	6179	40	175	6172	67
白云区	10912	739	10542	74	1035	10472	181
观山湖区	14405	435	13889	348	603	14313	94
开阳县							
息烽县							
修文县							
清镇市	6461	105	6310	35	221	6288	91
六盘水市	**28318**	**890**	**26708**	**485**	**2015**	**24629**	**979**
钟山区	15972	553	14878	273	1374	14451	651
六枝特区	4425	127	4245	64	243	3946	166
水城县							
盘州市	7921	210	7585	148	398	6232	162
遵义市	**53904**	**365**	**52132**	**715**	**1422**	**52644**	**620**
红花岗区	20670	280	20151	134	665	19948	359
汇川区	13041	49	12505	154	431	12668	150
播州区	8634	2	8555	67	14	8539	56
桐梓县							
绥阳县							
正安县							
道真仡佬族苗族自治县							
务川仡佬族苗族自治县							
凤冈县							
湄潭县							
余庆县							
习水县							
赤水市	3441	4	3382	39	24	3422	3
仁怀市	8118	30	7539	321	288	8067	52
安顺市	**15649**	**269**	**15102**	**173**	**643**	**14863**	**306**
西秀区	13556	229	13091	134	560	12889	269
平坝区	2093	40	2011	39	83	1974	37
普定县							
镇宁布依族苗族自治县							
关岭布依族苗族自治县							
紫云苗族布依族自治县							
毕节市	**14757**	**336**	**13675**	**241**	**1177**	**12942**	**266**
七星关区	14757	336	13675	241	1177	12942	266
大方县							
黔西县							
金沙县							
织金县							
纳雍县							
威宁彝族回族苗族自治县							
赫章县							

9-3a 续表 3

单位：户

地　区	住房内有无管道自来水		住房内有无厨房			住房内有无厕所	
	有	无	独立使用	与其他户合用	无	水冲式卫生厕所	水冲式非卫生厕所
铜仁市	**9753**	**115**	**9718**	**57**	**93**	**9508**	**258**
碧江区	7971	86	7921	53	83	7714	255
万山区	1782	29	1797	4	10	1794	3
江口县							
玉屏侗族自治县							
石阡县							
思南县							
印江土家族苗族自治县							
德江县							
沿河土家族自治县							
松桃苗族自治县							
黔西南布依族苗族自治州	**19626**	**162**	**19325**	**85**	**378**	**19080**	**284**
兴义市	16089	133	15791	65	366	15679	204
兴仁市	3537	29	3534	20	12	3401	80
普安县							
晴隆县							
贞丰县							
望谟县							
册亨县							
安龙县							
黔东南苗族侗族自治州	**14304**	**350**	**13378**	**132**	**1144**	**13800**	**209**
凯里市	14304	350	13378	132	1144	13800	209
黄平县							
施秉县							
三穗县							
镇远县							
岑巩县							
天柱县							
锦屏县							
剑河县							
台江县							
黎平县							
榕江县							
从江县							
雷山县							
麻江县							
丹寨县							
黔南布依族苗族自治州	**12109**	**63**	**11970**	**72**	**130**	**11754**	**145**
都匀市	9373	57	9274	60	96	9151	115
福泉市	2736	6	2696	12	34	2603	30
荔波县							
贵定县							
瓮安县							
独山县							
平塘县							
罗甸县							
长顺县							
龙里县							
惠水县							
三都水族自治县							

9-3a 续表 4

单位：户

地区	住房内有无厕所			住房内有无洗澡设施			
	卫生旱厕	普通旱厕	无	统一供热水	家庭自装热水器	其他	无
贵州	**3702**	**3060**	**9297**	**2218**	**272006**	**3756**	**23977**
贵阳市	**642**	**496**	**6238**	**781**	**116925**	**817**	**12464**
南明区	59	49	1878	174	31182	182	3013
云岩区	147	84	2108	200	33038	239	4499
花溪区	129	148	1001	69	16754	238	1948
乌当区	11	12	132	69	6065	22	238
白云区	190	102	706	53	9954	51	1593
观山湖区	86	81	266	174	13817	61	788
开阳县							
息烽县							
修文县							
清镇市	20	20	147	42	6115	24	385
六盘水市	**1382**	**962**	**1256**	**146**	**24267**	**819**	**3976**
钟山区	412	259	752	76	13726	278	2445
六枝特区	113	153	174	18	3835	128	571
水城县							
盘州市	857	550	330	52	6706	413	960
遵义市	**239**	**203**	**563**	**425**	**51309**	**639**	**1896**
红花岗区	116	56	471	143	19692	238	877
汇川区	68	124	80	79	12144	161	706
播州区	26	12	3	8	8527	89	12
桐梓县							
绥阳县							
正安县							
道真仡佬族苗族自治县							
务川仡佬族苗族自治县							
凤冈县							
湄潭县							
余庆县							
习水县							
赤水市	12	2	6	12	3401	22	10
仁怀市	17	9	3	183	7545	129	291
安顺市	**152**	**207**	**390**	**103**	**14199**	**275**	**1341**
西秀区	133	148	346	97	12383	233	1072
平坝区	19	59	44	6	1816	42	269
普定县							
镇宁布依族苗族自治县							
关岭布依族苗族自治县							
紫云苗族布依族自治县							
毕节市	**780**	**770**	**335**	**119**	**12555**	**475**	**1944**
七星关区	780	770	335	119	12555	475	1944
大方县							
黔西县							
金沙县							
织金县							
纳雍县							
威宁彝族回族苗族自治县							
赫章县							

9-3a 续表 5

单位：户

地区	住房内有无厕所			住房内有无洗澡设施			
	卫生旱厕	普通旱厕	无	统一供热水	家庭自装热水器	其他	无
铜仁市	**27**	**23**	**52**	**319**	**9330**	**74**	**145**
碧江区	26	20	42	293	7620	50	94
万山区	1	3	10	26	1710	24	51
江口县							
玉屏侗族自治县							
石阡县							
思南县							
印江土家族苗族自治县							
德江县							
沿河土家族自治县							
松桃苗族自治县							
黔西南布依族苗族自治州	**208**	**165**	**51**	**151**	**18648**	**265**	**724**
兴义市	152	142	45	109	15381	210	522
兴仁市	56	23	6	42	3267	55	202
普安县							
晴隆县							
贞丰县							
望谟县							
册亨县							
安龙县							
黔东南苗族侗族自治州	**135**	**164**	**346**	**95**	**13050**	**271**	**1238**
凯里市	135	164	346	95	13050	271	1238
黄平县							
施秉县							
三穗县							
镇远县							
岑巩县							
天柱县							
锦屏县							
剑河县							
台江县							
黎平县							
榕江县							
从江县							
雷山县							
麻江县							
丹寨县							
黔南布依族苗族自治州	**137**	**70**	**66**	**79**	**11723**	**121**	**249**
都匀市	51	53	60	49	9158	65	158
福泉市	86	17	6	30	2565	56	91
荔波县							
贵定县							
瓮安县							
独山县							
平塘县							
罗甸县							
长顺县							
龙里县							
惠水县							
三都水族自治县							

9-3b 各地区按住房设施状况分的家庭户户数(镇)

单位：户

地区	合计	住房所在建筑有无电梯		主要炊事燃料				
		有	无	燃气	电	煤炭	柴草	其他
贵州	**283253**	**42147**	**241106**	**36512**	**225384**	**16018**	**4687**	**652**
贵阳市	**16444**	**2737**	**13707**	**1713**	**14050**	**636**	**14**	**31**
南明区								
云岩区								
花溪区	1142	333	809	270	811	52		9
乌当区	618	3	615	10	539	66	2	1
白云区	99		99		96	3		
观山湖区	716	11	705	290	409	15	1	1
开阳县	5875	982	4893	325	5191	349	6	4
息烽县	3366	639	2727	220	3130	9	1	6
修文县	3577	690	2887	511	2930	127	3	6
清镇市	1051	79	972	87	944	15	1	4
六盘水市	**14139**	**1080**	**13059**	**1466**	**12093**	**523**	**22**	**35**
钟山区	1772	7	1765	270	1348	147		7
六枝特区	1417	120	1297	17	1391	8	1	
水城县	6309	837	5472	923	5062	293	10	21
盘州市	4641	116	4525	256	4292	75	11	7
遵义市	**53594**	**9368**	**44226**	**6848**	**44457**	**1413**	**812**	**64**
红花岗区	1660	126	1534	14	1550	64	10	22
汇川区	1654	10	1644	12	1619	20	2	1
播州区	2613	46	2567	51	2335	225	2	
桐梓县	6953	1192	5761	1111	5674	162	3	3
绥阳县	4515	1122	3393	332	4009	118	50	6
正安县	5047	880	4167	1217	3781	49		
道真仡佬族苗族自治县	3981	738	3243	323	3523	53	78	4
务川仡佬族苗族自治县	4684	1169	3515	860	3495	91	234	4
凤冈县	4129	991	3138	294	3606	73	151	5
湄潭县	5821	1156	4665	189	5247	329	52	4
余庆县	3287	370	2917	251	2903	49	79	5
习水县	6443	1468	4975	1689	4584	164		6
赤水市	1144	7	1137	480	507	2	151	4
仁怀市	1663	93	1570	25	1624	14		
安顺市	**15944**	**1676**	**14268**	**941**	**14551**	**355**	**81**	**16**
西秀区	1307	11	1296	6	1247	52		2
平坝区	2379	100	2279	250	1867	251	4	7
普定县	4057	523	3534	629	3391	33		4
镇宁布依族苗族自治县	3045	520	2525	24	3006	10	5	
关岭布依族苗族自治县	2741	283	2458	13	2723	4		1
紫云苗族布依族自治县	2415	239	2176	19	2317	5	72	2
毕节市	**61153**	**7068**	**54085**	**4520**	**44907**	**11461**	**63**	**202**
七星关区	2413	9	2404	80	1806	523	1	3
大方县	8628	735	7893	393	6077	2104	2	52
黔西县	9451	1223	8228	412	7661	1366		12
金沙县	7693	959	6734	300	5810	1559	5	19
织金县	9987	1179	8808	311	8677	967	3	29
纳雍县	7931	991	6940	447	5397	2038	2	47
威宁彝族回族苗族自治县	10763	1352	9411	2507	5651	2522	46	37
赫章县	4287	620	3667	70	3828	382	4	3

9-3b 续表 1 单位：户

地区	合计	住房所在建筑有无电梯		主要炊事燃料				
		有	无	燃气	电	煤炭	柴草	其他
铜仁市	**30311**	**5587**	**24724**	**3121**	**26366**	**60**	**734**	**30**
碧江区	131		131	4	102		25	
万山区								
江口县	2327	574	1753	302	1951		69	5
玉屏侗族自治县	2281	358	1923	100	2173	4	4	
石阡县	2804	422	2382	309	2458	7	26	4
思南县	4798	688	4110	158	4516	15	108	1
印江土家族苗族自治县	3452	955	2497	179	3198	9	64	2
德江县	4785	970	3815	98	4645	5	31	6
沿河土家族自治县	4861	620	4241	375	4181	7	293	5
松桃苗族自治县	4872	1000	3872	1596	3142	13	114	7
黔西南布依族苗族自治州	**18987**	**2182**	**16805**	**530**	**18072**	**18**	**352**	**15**
兴义市	2108	74	2034	27	2018	1	61	1
兴仁市	1278	5	1273	10	1224	13	30	1
普安县	2074	223	1851	7	2050	1	13	3
晴隆县	2035	113	1922	21	1997	1	14	2
贞丰县	3403	827	2576	173	3218	1	9	2
望谟县	2182	152	2030	115	1868		197	2
册亨县	1885	324	1561	125	1747	1	11	1
安龙县	4022	464	3558	52	3950		17	3
黔东南苗族侗族自治州	**34483**	**4124**	**30359**	**12952**	**18807**	**160**	**2384**	**180**
凯里市	937	3	934	49	852	20	12	4
黄平县	2896	269	2627	184	2663	3	24	22
施秉县	1441	160	1281	174	1228		39	
三穗县	2294	495	1799	482	1799		12	1
镇远县	2894	173	2721	813	1838	7	223	13
岑巩县	2190	547	1643	827	1209	8	136	10
天柱县	3160	619	2541	2036	810	6	300	8
锦屏县	2081	291	1790	1531	360	26	157	7
剑河县	2128	377	1751	1081	899	1	138	9
台江县	1209	142	1067	184	971	6	45	3
黎平县	4551	213	4338	2324	1135	23	1030	39
榕江县	2473	447	2026	1701	624	1	116	31
从江县	1729	185	1544	1168	423	24	91	23
雷山县	1369	10	1359	243	1056	15	50	5
麻江县	1553	115	1438	76	1462	9	5	1
丹寨县	1578	78	1500	79	1478	11	6	4
黔南布依族苗族自治州	**38198**	**8325**	**29873**	**4421**	**32081**	**1392**	**225**	**79**
都匀市	579	30	549	12	556	11		
福泉市	1365	130	1235	21	1232	97	14	1
荔波县	1941	557	1384	63	1840	18	15	5
贵定县	3837	695	3142	347	3163	301	17	9
瓮安县	7335	2024	5311	1900	4729	673	30	3
独山县	3652	740	2912	264	3356	9	22	1
平塘县	2293	369	1924	109	2142	1	31	10
罗甸县	4061	886	3175	427	3550	9	71	4
长顺县	2331	358	1973	36	2251	31	13	
龙里县	3306	1166	2140	662	2400	201	6	37
惠水县	4670	867	3803	383	4241	41	1	4
三都水族自治县	2828	503	2325	197	2621		5	5

9-3b　续表 2　　　　单位：户

地　区	住房内有无管道自来水		住房内有无厨房			住房内有无厕所	
	有	无	独立使用	与其他户合用	无	水冲式卫生厕所	水冲式非卫生厕所
贵　州	**274652**	**8601**	**265354**	**3873**	**14026**	**240956**	**5570**
贵阳市	**16142**	**302**	**15625**	**202**	**617**	**15080**	**340**
南明区							
云岩区							
花溪区	1108	34	985	29	128	1016	14
乌当区	599	19	514	29	75	536	12
白云区	99		98		1	89	
观山湖区	705	11	697		19	657	6
开阳县	5760	115	5637	96	142	5377	153
息烽县	3359	7	3295	16	55	3237	44
修文县	3511	66	3405	20	152	3315	88
清镇市	1001	50	994	12	45	853	23
六盘水市	**13456**	**683**	**13070**	**285**	**784**	**9335**	**565**
钟山区	1565	207	1559	28	185	942	88
六枝特区	1280	137	1308	26	83	996	98
水城县	6187	122	5981	104	224	4804	205
盘州市	4424	217	4222	127	292	2593	174
遵义市	**53455**	**139**	**52844**	**390**	**360**	**51617**	**665**
红花岗区	1654	6	1637	4	19	1582	27
汇川区	1648	6	1632	21	1	1527	77
播州区	2612	1	2574	16	23	2475	23
桐梓县	6945	8	6913	33	7	6897	38
绥阳县	4464	51	4470	16	29	4126	135
正安县	5045	2	5004	26	17	4937	51
道真仡佬族苗族自治县	3967	14	3811	75	95	3872	53
务川仡佬族苗族自治县	4661	23	4555	44	85	4486	27
凤冈县	4126	3	4059	49	21	4003	38
湄潭县	5821		5788	33		5588	65
余庆县	3268	19	3247	7	33	3183	25
习水县	6440	3	6386	43	14	6312	56
赤水市	1144		1122	12	10	1014	40
仁怀市	1660	3	1646	11	6	1615	10
安顺市	**15485**	**459**	**14746**	**337**	**861**	**13134**	**589**
西秀区	1288	19	1235	6	66	1073	58
平坝区	2174	205	2061	79	239	1731	94
普定县	3993	64	3799	97	161	3127	184
镇宁布依族苗族自治县	3021	24	2810	63	172	2635	101
关岭布依族苗族自治县	2662	79	2603	28	110	2465	91
紫云苗族布依族自治县	2347	68	2238	64	113	2103	61
毕节市	**56208**	**4945**	**51359**	**1496**	**8298**	**40034**	**1732**
七星关区	2333	80	1759	92	562	1471	76
大方县	8069	559	6638	183	1807	5200	338
黔西县	9235	216	8231	181	1039	7491	260
金沙县	7080	613	7100	82	511	6564	102
织金县	9274	713	8040	332	1615	6758	232
纳雍县	6840	1091	6339	170	1422	4461	197
威宁彝族回族苗族自治县	9750	1013	9311	350	1102	4928	435
赫章县	3627	660	3941	106	240	3161	92

9-3b 续表 3

单位：户

地区	住房内有无管道自来水		住房内有无厨房			住房内有无厕所	
	有	无	独立使用	与其他户合用	无	水冲式卫生厕所	水冲式非卫生厕所
铜仁市	**30060**	**251**	**29830**	**250**	**231**	**28855**	**345**
碧江区	131		126	3	2	98	
万山区							
江口县	2312	15	2298	17	12	2172	9
玉屏侗族自治县	2265	16	2243	21	17	2240	5
石阡县	2781	23	2765	9	30	2700	43
思南县	4760	38	4711	32	55	4598	91
印江土家族苗族自治县	3432	20	3429	12	11	3384	14
德江县	4751	34	4742	11	32	4710	29
沿河土家族自治县	4804	57	4780	47	34	4539	41
松桃苗族自治县	4824	48	4736	98	38	4414	113
黔西南布依族苗族自治州	**18385**	**602**	**18384**	**127**	**476**	**16409**	**334**
兴义市	2056	52	2069	13	26	1748	49
兴仁市	1210	68	1170	8	100	1052	30
普安县	2006	68	1992	32	50	1481	40
晴隆县	1775	260	1937	10	88	1359	52
贞丰县	3388	15	3374	12	17	3235	28
望谟县	2093	89	2042	28	112	1994	18
册亨县	1866	19	1858	8	19	1822	46
安龙县	3991	31	3942	16	64	3718	71
黔东南苗族侗族自治州	**33636**	**847**	**32890**	**390**	**1203**	**31047**	**489**
凯里市	875	62	826	4	107	644	18
黄平县	2859	37	2779	9	108	2479	43
施秉县	1425	16	1391	17	33	1321	15
三穗县	2273	21	2216	19	59	2233	14
镇远县	2598	296	2776	22	96	2668	30
岑巩县	2179	11	2144	17	29	2015	18
天柱县	3114	46	3042	27	91	2913	21
锦屏县	2050	31	2009	27	45	1912	42
剑河县	2102	26	1946	56	126	1969	29
台江县	1118	91	1148	22	39	1030	13
黎平县	4443	108	4221	85	245	3822	117
榕江县	2445	28	2436	25	12	2356	27
从江县	1699	30	1615	30	84	1661	31
雷山县	1358	11	1293	12	64	1246	7
麻江县	1540	13	1514	7	32	1337	57
丹寨县	1558	20	1534	11	33	1441	7
黔南布依族苗族自治州	**37825**	**373**	**36606**	**396**	**1196**	**35445**	**511**
都匀市	574	5	562	3	14	343	100
福泉市	1365		1353	5	7	1216	21
荔波县	1930	11	1810	30	101	1915	4
贵定县	3804	33	3684	17	136	3395	97
瓮安县	7296	39	7202	48	85	6834	47
独山县	3595	57	3512	32	108	3315	90
平塘县	2290	3	2212	17	64	2205	6
罗甸县	4007	54	3837	48	176	3816	41
长顺县	2289	42	2240	27	64	2136	13
龙里县	3233	73	3091	49	166	3138	33
惠水县	4614	56	4342	99	229	4354	59
三都水族自治县	2828		2761	21	46	2778	

9–3b　续表 4　　　　单位：户

地　区	住房内有无厕所			住房内有无洗澡设施			
	卫生旱厕	普通旱厕	无	统一供热水	家庭自装热水器	其他	无
贵　州	**13332**	**16278**	**7117**	**1709**	**238408**	**11800**	**31336**
贵阳市	**380**	**352**	**292**	**75**	**14894**	**334**	**1141**
南明区							
云岩区							
花溪区	22	34	56	11	984	4	143
乌当区	21	25	24	2	488	59	69
白云区			10		75	9	15
观山湖区	5	10	38		655	7	54
开阳县	172	119	54	22	5380	111	362
息烽县	46	18	21	25	3170	71	100
修文县	53	71	50	13	3240	47	277
清镇市	61	75	39	2	902	26	121
六盘水市	**2114**	**1224**	**901**	**33**	**9915**	**1264**	**2927**
钟山区	223	191	328		899	62	811
六枝特区	90	137	96	1	1010	97	309
水城县	653	385	262	23	4567	731	988
盘州市	1148	511	215	9	3439	374	819
遵义市	**664**	**543**	**105**	**361**	**50678**	**1615**	**940**
红花岗区	19	21	11	29	1502	61	68
汇川区	24	24	2	3	1542	93	16
播州区	62	50	3	3	2516	75	19
桐梓县	15		3	41	6808	79	25
绥阳县	147	79	28	22	4291	64	138
正安县	32	23	4	24	4742	217	64
道真仡佬族苗族自治县	31	16	9	11	3605	197	168
务川仡佬族苗族自治县	83	57	31	17	4274	216	177
凤冈县	44	42	2	43	3882	133	71
湄潭县	85	83		43	5550	228	
余庆县	26	45	8	10	3146	40	91
习水县	29	45	1	91	6214	109	29
赤水市	55	33	2	12	1013	76	43
仁怀市	12	25	1	12	1593	27	31
安顺市	**807**	**993**	**421**	**59**	**12896**	**717**	**2272**
西秀区	77	67	32	2	1055	72	178
平坝区	154	296	104	6	1862	84	427
普定县	291	384	71	21	3319	189	528
镇宁布依族苗族自治县	114	88	107	11	2486	37	511
关岭布依族苗族自治县	57	82	46	12	2314	124	291
紫云苗族布依族自治县	114	76	61	7	1860	211	337
毕节市	**5696**	**9460**	**4231**	**335**	**40377**	**3779**	**16662**
七星关区	318	400	148	24	1428	146	815
大方县	647	1344	1099	27	5123	311	3167
黔西县	542	808	350	93	6926	868	1564
金沙县	406	520	101	25	6608	225	835
织金县	1298	1281	418	37	6186	595	3169
纳雍县	563	1225	1485	28	4606	489	2808
威宁彝族回族苗族自治县	1690	3198	512	81	6416	986	3280
赫章县	232	684	118	20	3084	159	1024

9-3b 续表 5

单位：户

地　　区	住房内有无厕所			住房内有无洗澡设施			
	卫生旱厕	普通旱厕	无	统一供热水	家庭自装热水器	其他	无
铜仁市	**427**	**599**	**85**	**278**	**28816**	**596**	**621**
碧江区		26	7		106	7	18
万山区							
江口县	48	97	1	28	2229	35	35
玉屏侗族自治县	15	6	15	9	2217	25	30
石阡县	26	22	13	10	2699	43	52
思南县	41	51	17	30	4635	63	70
印江土家族苗族自治县	24	26	4	78	3295	38	41
德江县	20	17	9	19	4658	34	74
沿河土家族自治县	138	131	12	24	4354	282	201
松桃苗族自治县	115	223	7	80	4623	69	100
黔西南布依族苗族自治州	**1142**	**896**	**206**	**106**	**15622**	**1163**	**2096**
兴义市	164	139	8	6	1769	127	206
兴仁市	140	49	7	2	974	80	222
普安县	282	235	36	16	1580	233	245
晴隆县	286	258	80	7	1429	93	506
贞丰县	87	38	15	14	3016	138	235
望谟县	25	104	41	21	1787	82	292
册亨县	10	5	2	27	1449	273	136
安龙县	148	68	17	13	3618	137	254
黔东南苗族侗族自治州	**981**	**1443**	**523**	**231**	**30784**	**1045**	**2423**
凯里市	35	157	83		613	26	298
黄平县	107	204	63	33	2448	123	292
施秉县	77	17	11	4	1341	21	75
三穗县	28	12	7	6	2195	50	43
镇远县	43	123	30	25	2690	44	135
岑巩县	79	74	4	11	2083	31	65
天柱县	90	101	35	44	2911	99	106
锦屏县	40	74	13	4	1953	35	89
剑河县	56	40	34	8	1816	84	220
台江县	20	119	27	7	1008	41	153
黎平县	191	271	150	14	3898	218	421
榕江县	31	55	4	35	2333	41	64
从江县	7	8	22	18	1501	94	116
雷山县	27	71	18	5	1199	30	135
麻江县	83	70	6	3	1396	28	126
丹寨县	67	47	16	14	1399	80	85
黔南布依族苗族自治州	**1121**	**768**	**353**	**231**	**34426**	**1287**	**2254**
都匀市	66	66	4	2	505	49	23
福泉市	109	18	1	10	1242	38	75
荔波县	7	8	7	35	1841	27	38
贵定县	159	131	55	12	3509	100	216
瓮安县	282	111	61	21	6712	225	377
独山县	105	97	45	7	3335	106	204
平塘县	55	22	5	11	2057	146	79
罗甸县	100	71	33	24	3510	196	331
长顺县	75	86	21	7	2031	62	231
龙里县	30	64	41	58	2984	44	220
惠水县	89	89	79	38	4241	97	294
三都水族自治县	44	5	1	6	2459	197	166

9-3c 各地区按住房设施状况分的家庭户户数(乡村)

单位：户

地区	合计	住房所在建筑有无电梯		主要炊事燃料				
		有	无	燃气	电	煤炭	柴草	其他
贵州	**560210**	**7558**	**552652**	**14082**	**408222**	**68617**	**68106**	**1183**
贵阳市	**33669**	**1455**	**32214**	**1547**	**28049**	**3612**	**387**	**74**
南明区	1483	279	1204	310	1118	47	1	7
云岩区								
花溪区	4791	408	4383	434	4125	188	4	40
乌当区	3197	168	3029	272	2464	449	8	4
白云区	838	9	829	23	714	99	2	
观山湖区	2008	377	1631	315	1597	82	5	9
开阳县	5678	44	5634	10	4081	1302	282	3
息烽县	3868	11	3857	5	3571	274	16	2
修文县	4485	24	4461	15	3689	745	34	2
清镇市	7321	135	7186	163	6690	426	35	7
六盘水市	**48555**	**544**	**48011**	**930**	**43690**	**3503**	**315**	**117**
钟山区	1506	15	1491	19	1035	450	1	1
六枝特区	9758	65	9693	76	9496	110	57	19
水城县	14128	133	13995	273	12180	1494	144	37
盘州市	23163	331	22832	562	20979	1449	113	60
遵义市	**91614**	**1292**	**90322**	**1570**	**73785**	**7114**	**8996**	**149**
红花岗区	5382	61	5321	2	4892	299	176	13
汇川区	4111	27	4084	7	3913	158	32	1
播州区	11115	97	11018	67	8765	2111	150	22
桐梓县	8369	49	8320	58	7515	524	246	26
绥阳县	6561	72	6489	3	5437	433	682	6
正安县	8173	377	7796	393	7405	262	113	
道真仡佬族苗族自治县	4060	71	3989	19	3534	98	407	2
务川仡佬族苗族自治县	4954	16	4938	5	2690	54	2189	16
凤冈县	5586	3	5583	15	3512	547	1487	25
湄潭县	6570	96	6474	22	5479	678	388	3
余庆县	4107	134	3973	23	2767	295	1020	2
习水县	10475	106	10369	325	9351	777	8	14
赤水市	3891	115	3776	584	1201	3	2088	15
仁怀市	8260	68	8192	47	7324	875	10	4
安顺市	**39503**	**359**	**39144**	**289**	**34544**	**2021**	**2615**	**34**
西秀区	9855	97	9758	70	8598	1137	47	3
平坝区	5187	66	5121	171	4335	645	17	19
普定县	7610	37	7573	14	7448	145	2	1
镇宁布依族苗族自治县	5687	21	5666	5	5084	15	579	4
关岭布依族苗族自治县	5223	42	5181	9	5096	1	116	1
紫云苗族布依族自治县	5941	96	5845	20	3983	78	1854	6
毕节市	**117251**	**492**	**116759**	**1645**	**69123**	**44988**	**1172**	**323**
七星关区	18243	119	18124	121	12145	5921	33	23
大方县	17612	49	17563	114	9380	8062	21	35
黔西县	11495	28	11467	55	6672	4720	34	14
金沙县	8396	28	8368	11	4436	3899	42	8
织金县	14416	46	14370	62	10971	3359	16	8
纳雍县	12380	32	12348	106	7327	4864	24	59
威宁彝族回族苗族自治县	21581	88	21493	1083	10104	9368	865	161
赫章县	13128	102	13026	93	8088	4795	137	15

9－3c 续表 1 单位：户

地 区	合 计	住房所在建筑有无电梯		主要炊事燃料				
		有	无	燃气	电	煤炭	柴草	其他
铜仁市	**60489**	**1044**	**59445**	**1225**	**37616**	**636**	**20847**	**165**
碧江区	2566	170	2396	30	1965	4	556	11
万山区	2845	23	2822	58	2178	3	605	1
江口县	3542	75	3467	114	2127	2	1294	5
玉屏侗族自治县	2230	22	2208	53	2088	1	87	1
石阡县	6723	33	6690	56	4351	50	2259	7
思南县	9794	83	9711	27	5731	362	3661	13
印江土家族苗族自治县	6281	136	6145	46	3213	26	2991	5
德江县	6932	273	6659	9	4960	118	1839	6
沿河土家族自治县	9468	84	9384	61	5436	44	3915	12
松桃苗族自治县	10108	145	9963	771	5567	26	3640	104
黔西南布依族苗族自治州	**49503**	**561**	**48942**	**167**	**46074**	**95**	**3105**	**62**
兴义市	9935	59	9876	22	9398	14	486	15
兴仁市	8060	31	8029	12	7779	52	207	10
普安县	5188	43	5145	10	5133	17	16	12
晴隆县	5036	33	5003	20	4956	6	50	4
贞丰县	5962	43	5919	4	5781		176	1
望谟县	4665	94	4571	32	3225	1	1404	3
册亨县	4057	217	3840	53	3491	4	495	14
安龙县	6600	41	6559	14	6311	1	271	3
黔东南苗族侗族自治州	**65908**	**1070**	**64838**	**6245**	**30994**	**443**	**27992**	**234**
凯里市	5507	27	5480	48	4711	167	577	4
黄平县	4770	11	4759	23	3517	40	1184	6
施秉县	2473	61	2412	64	1526	4	877	2
三穗县	3056	82	2974	158	2565	1	329	3
镇远县	3487	13	3474	149	1276	12	2041	9
岑巩县	3326	188	3138	220	1611	3	1489	3
天柱县	5850	71	5779	756	2484	10	2590	10
锦屏县	3072	21	3051	627	865	25	1554	1
剑河县	3897	99	3798	380	1427	16	2062	12
台江县	2430	26	2404	54	1606	2	767	1
黎平县	7831	289	7542	1283	988	12	5496	52
榕江县	5603	39	5564	1003	829	10	3734	27
从江县	6514	76	6438	1347	963	31	4083	90
雷山县	2419	23	2396	119	1383	16	888	13
麻江县	2695	10	2685	2	2516	79	97	1
丹寨县	2978	34	2944	12	2727	15	224	
黔南布依族苗族自治州	**53718**	**741**	**52977**	**464**	**44347**	**6205**	**2677**	**25**
都匀市	5593	122	5471	58	5410	33	90	2
福泉市	4539	52	4487	43	2723	1686	87	
荔波县	2934	261	2673	18	2819		97	
贵定县	3554	19	3535	8	2449	905	191	1
瓮安县	5327	27	5300	11	2442	2501	367	6
独山县	4329	99	4230	83	4118	15	110	3
平塘县	5014	37	4977	78	4678	5	253	
罗甸县	4184	12	4172	59	3499	5	617	4
长顺县	3549	20	3529	17	3350	106	76	
龙里县	3013	28	2985	16	2067	830	99	1
惠水县	6072	15	6057	13	5451	118	482	8
三都水族自治县	5610	49	5561	60	5341	1	208	

9-3c　续表 2　　单位：户

地　区	住房内有无管道自来水		住房内有无厨房			住房内有无厕所	
	有	无	独立使用	与其他户合用	无	水冲式卫生厕所	水冲式非卫生厕所
贵　州	**516033**	**44177**	**499702**	**13619**	**46889**	**314399**	**19406**
贵阳市	**31532**	**2137**	**29733**	**819**	**3117**	**22272**	**1701**
南明区	1228	255	1126	81	276	988	102
云岩区							
花溪区	4540	251	4052	206	533	3156	274
乌当区	2803	394	2720	77	400	2304	147
白云区	736	102	696	47	95	490	132
观山湖区	1870	138	1859	48	101	1735	41
开阳县	5553	125	5485	61	132	3284	198
息烽县	3822	46	3743	19	106	2895	186
修文县	4406	79	4059	77	349	3029	197
清镇市	6574	747	5993	203	1125	4391	424
六盘水市	**43436**	**5119**	**43252**	**1732**	**3571**	**14299**	**1520**
钟山区	1182	324	1415	57	34	617	29
六枝特区	8219	1539	8304	210	1244	3316	609
水城县	12753	1375	13203	386	539	4636	362
盘州市	21282	1881	20330	1079	1754	5730	520
遵义市	**90947**	**667**	**90326**	**744**	**544**	**77679**	**3343**
红花岗区	5322	60	5264	47	71	4475	216
汇川区	4100	11	4068	42	1	3512	234
播州区	11103	12	11011	65	39	8885	396
桐梓县	8342	27	8282	68	19	8049	119
绥阳县	6207	354	6434	68	59	4690	438
正安县	8168	5	8123	31	19	7597	166
道真仡佬族苗族自治县	4056	4	3912	102	46	3731	137
务川仡佬族苗族自治县	4877	77	4749	71	134	4073	173
凤冈县	5586		5519	43	24	4697	157
湄潭县	6570		6536	34		5681	236
余庆县	4066	41	4028	50	29	3275	183
习水县	10468	7	10382	72	21	9183	463
赤水市	3883	8	3858	17	16	2462	243
仁怀市	8199	61	8160	34	66	7369	182
安顺市	**35953**	**3550**	**34862**	**1292**	**3349**	**20484**	**2245**
西秀区	9561	294	8863	252	740	6675	738
平坝区	4800	387	4328	199	660	2864	343
普定县	7383	227	6823	442	345	3232	475
镇宁布依族苗族自治县	5188	499	5125	134	428	2697	322
关岭布依族苗族自治县	4687	536	4779	135	309	2097	206
紫云苗族布依族自治县	4334	1607	4944	130	867	2919	161
毕节市	**95073**	**22178**	**83724**	**5401**	**28126**	**29601**	**2476**
七星关区	17012	1231	13023	916	4304	6092	516
大方县	14493	3119	10849	445	6318	5491	469
黔西县	9894	1601	7929	614	2952	3728	321
金沙县	5090	3306	6639	303	1454	3853	183
织金县	11049	3367	10650	723	3043	3618	242
纳雍县	9544	2836	8188	511	3681	2766	270
威宁彝族回族苗族自治县	19217	2364	15915	1490	4176	1387	304
赫章县	8774	4354	10531	399	2198	2666	171

9−3c 续表 3 单位：户

地 区	住房内有无管道自来水		住房内有无厨房			住房内有无厕所	
	有	无	独立使用	与其他户合用	无	水冲式卫生厕所	水冲式非卫生厕所
铜仁市	**59584**	**905**	**58774**	**893**	**822**	**44375**	**1638**
碧江区	2522	44	2515	21	30	1845	50
万山区	2798	47	2754	79	12	2280	63
江口县	3505	37	3466	47	29	1841	64
玉屏侗族自治县	2208	22	2209	17	4	2126	46
石阡县	6679	44	6671	36	16	5043	198
思南县	9632	162	9509	84	201	8292	307
印江土家族苗族自治县	6231	50	6185	70	26	5031	203
德江县	6888	44	6807	67	58	6490	120
沿河土家族自治县	9301	167	9117	218	133	6379	177
松桃苗族自治县	9820	288	9541	254	313	5048	410
黔西南布依族苗族自治州	**46093**	**3410**	**46506**	**775**	**2222**	**31074**	**2256**
兴义市	9468	467	9703	98	134	6759	390
兴仁市	7618	442	7582	118	360	5121	595
普安县	4873	315	4774	160	254	1884	95
晴隆县	3886	1150	4469	169	398	1440	239
贞丰县	5760	202	5762	44	156	3688	379
望谟县	4211	454	3968	86	611	3787	68
册亨县	3819	238	3881	38	138	3676	184
安龙县	6458	142	6367	62	171	4719	306
黔东南苗族侗族自治州	**61098**	**4810**	**62291**	**1102**	**2515**	**38311**	**2328**
凯里市	3893	1614	4920	77	510	1460	205
黄平县	4458	312	4390	109	271	1538	95
施秉县	2438	35	2429	11	33	1406	88
三穗县	2995	61	3008	34	14	2655	33
镇远县	2205	1282	3302	60	125	1754	121
岑巩县	3288	38	3269	38	19	2256	49
天柱县	5668	182	5719	100	31	3506	189
锦屏县	2992	80	2945	74	53	2314	120
剑河县	3782	115	3605	88	204	2184	220
台江县	1945	485	2191	51	188	650	56
黎平县	7729	102	7482	142	207	5494	238
榕江县	5457	146	5374	99	130	4178	78
从江县	6301	213	6004	94	416	5806	268
雷山县	2378	41	2341	53	25	890	72
麻江县	2621	74	2544	39	112	1210	353
丹寨县	2948	30	2768	33	177	1010	143
黔南布依族苗族自治州	**52317**	**1401**	**50234**	**861**	**2623**	**36304**	**1899**
都匀市	5512	81	5049	111	433	2706	430
福泉市	4532	7	4469	27	43	2757	292
荔波县	2890	44	2721	40	173	2755	14
贵定县	3452	102	3217	77	260	1837	158
瓮安县	5260	67	5174	84	69	3676	69
独山县	4211	118	4129	34	166	3444	154
平塘县	4976	38	4822	13	179	3657	138
罗甸县	3983	201	4058	51	75	3103	137
长顺县	3171	378	3043	177	329	1976	171
龙里县	2826	187	2629	105	279	1729	74
惠水县	5894	178	5426	115	531	3573	262
三都水族自治县	5610		5497	27	86	5091	

9-3c 续表 4

单位：户

地区	住房内有无厕所			住房内有无洗澡设施			
	卫生旱厕	普通旱厕	无	统一供热水	家庭自装热水器	其他	无
贵州	**84532**	**109210**	**32663**	**1953**	**347332**	**57463**	**153462**
贵阳市	**4419**	**3875**	**1402**	**67**	**24545**	**1876**	**7181**
南明区	32	84	277	1	1049	5	428
云岩区							
花溪区	585	609	167	10	3750	118	913
乌当区	360	213	173	8	2483	79	627
白云区	83	109	24	1	642	11	184
观山湖区	56	118	58	4	1754	49	201
开阳县	1164	925	107	21	3787	617	1253
息烽县	507	227	53	2	2884	405	577
修文县	745	437	77	6	3306	249	924
清镇市	887	1153	466	14	4890	343	2074
六盘水市	**15495**	**13392**	**3849**	**167**	**24537**	**7570**	**16281**
钟山区	472	244	144	7	944	127	428
六枝特区	1977	2965	891	20	4298	1190	4250
水城县	3846	3808	1476	33	5589	3218	5288
盘州市	9200	6375	1338	107	13706	3035	6315
遵义市	**5964**	**4297**	**331**	**418**	**77146**	**8777**	**5273**
红花岗区	310	320	61	22	4469	385	506
汇川区	181	180	4	16	3376	460	259
播州区	947	879	8		9752	1098	265
桐梓县	183	10	8	38	7471	634	226
绥阳县	653	738	42	15	5050	746	750
正安县	308	99	3	52	6960	831	330
道真仡佬族苗族自治县	136	46	10	81	3133	551	295
务川仡佬族苗族自治县	370	240	98	9	3697	574	674
凤冈县	388	343	1	52	4492	675	367
湄潭县	377	276		6	5572	990	2
余庆县	275	328	46	13	3343	194	557
习水县	535	292	2	73	9573	778	51
赤水市	880	302	4	3	2886	525	477
仁怀市	421	244	44	38	7372	336	514
安顺市	**5423**	**8780**	**2571**	**84**	**21544**	**3338**	**14537**
西秀区	982	1215	245	23	6694	615	2523
平坝区	545	1017	418	16	3348	327	1496
普定县	1477	2174	252	13	4000	824	2773
镇宁布依族苗族自治县	758	1438	472	14	2553	607	2513
关岭布依族苗族自治县	905	1711	304	10	2391	478	2344
紫云苗族布依族自治县	756	1225	880	8	2558	487	2888
毕节市	**24381**	**43950**	**16843**	**296**	**39116**	**12275**	**65564**
七星关区	4515	5924	1196	104	7743	2289	8107
大方县	3162	4350	4140	34	5936	1004	10638
黔西县	2435	3539	1472	33	4231	1726	5505
金沙县	1167	2647	546	7	4540	611	3238
织金县	4100	5021	1435	30	3957	1563	8866
纳雍县	1284	2751	5309	22	3091	909	8358
威宁彝族回族苗族自治县	6117	12323	1450	52	5724	2954	12851
赫章县	1601	7395	1295	14	3894	1219	8001

9-3c 续表 5 单位：户

地　区	住房内有无厕所			住房内有无洗澡设施			
	卫生旱厕	普通旱厕	无	统　一 供热水	家庭自装 热水器	其他	无
铜仁市	**5750**	**7804**	**922**	**423**	**48488**	**5005**	**6573**
碧江区	205	455	11	6	2236	69	255
万山区	297	176	29	9	2430	220	186
江口县	774	834	29	17	3007	257	261
玉屏侗族自治县	35	19	4	36	2112	44	38
石阡县	792	636	54	12	5958	357	396
思南县	532	440	223	140	8136	677	841
印江土家族苗族自治县	507	422	118	36	5309	470	466
德江县	150	119	53	64	5518	503	847
沿河土家族自治县	1328	1378	206	31	6031	1547	1859
松桃苗族自治县	1130	3325	195	72	7751	861	1424
黔西南布依族苗族自治州	**7868**	**6571**	**1734**	**142**	**30716**	**6249**	**12396**
兴义市	1577	1110	99	24	7024	1416	1471
兴仁市	1552	671	121	32	5087	880	2061
普安县	1695	1192	322	8	2876	695	1609
晴隆县	1055	1842	460	17	2259	428	2332
贞丰县	1036	765	94	28	3299	1122	1513
望谟县	127	207	476	7	2650	338	1670
册亨县	81	36	80	15	2906	621	515
安龙县	745	748	82	11	4615	749	1225
黔东南苗族侗族自治州	**7426**	**14248**	**3595**	**187**	**43462**	**7053**	**15206**
凯里市	742	2445	655	5	2315	508	2679
黄平县	776	1989	372	9	2077	541	2143
施秉县	559	350	70	8	1848	126	491
三穗县	195	160	13	4	2551	301	200
镇远县	320	1012	280	13	2480	206	788
岑巩县	428	571	22	11	2746	297	272
天柱县	805	1094	256	28	4480	651	691
锦屏县	184	316	138	9	2545	139	379
剑河县	379	791	323	17	2166	470	1244
台江县	280	1159	285	1	849	363	1217
黎平县	697	873	529	22	6071	702	1036
榕江县	296	841	210	23	4095	691	794
从江县	118	118	204	26	4555	879	1054
雷山县	338	1047	72	4	1387	247	781
麻江县	610	451	71	1	1863	275	556
丹寨县	699	1031	95	6	1434	657	881
黔南布依族苗族自治州	**7806**	**6293**	**1416**	**169**	**37778**	**5320**	**10451**
都匀市	736	1495	226	11	3940	433	1209
福泉市	1322	146	22	33	3356	502	648
荔波县	56	73	36	11	2582	123	218
贵定县	745	716	98	2	2198	393	961
瓮安县	1110	381	91	10	3695	622	1000
独山县	196	447	88	18	3480	266	565
平塘县	658	517	44	10	3786	615	603
罗甸县	558	286	100	5	2706	604	869
长顺县	503	688	211	9	2119	214	1207
龙里县	607	461	142	7	1896	246	864
惠水县	972	908	357	48	3779	689	1556
三都水族自治县	343	175	1	5	4241	613	751

9-4　各地区按住房来源分的家庭户户数

单位：户

地　区	合　计	租赁廉租住房/公租房	租赁其他住房	购买新建商品房	购买二手房	购买原公有住房	购买经济适用房/两限房	自建住房	继承或赠予	其　他
贵　州	**1145420**	**18417**	**99411**	**179193**	**30982**	**25812**	**35582**	**690969**	**13974**	**51080**
贵阳市	**181100**	**5725**	**38822**	**52517**	**10113**	**11853**	**11205**	**44418**	**1188**	**5259**
南明区	36034	1351	10018	13089	2013	4012	2486	1465	244	1356
云岩区	37976	1287	12050	11063	2379	3945	3260	2133	376	1483
花溪区	24942	786	5156	6999	1498	1488	1936	6358	144	577
乌当区	10209	484	1357	3250	712	250	811	2994	89	262
白云区	12588	487	3206	3830	795	976	282	2706	38	268
观山湖区	17564	616	3740	7383	1258	306	1450	2330	35	446
开阳县	11553	220	764	1991	567	56	346	7294	135	180
息烽县	7234	186	491	1178	309	97	122	4688	29	134
修文县	8062	92	656	917	190	116	85	5776	34	196
清镇市	14938	216	1384	2817	392	607	427	8674	64	357
六盘水市	**91902**	**1602**	**8750**	**10621**	**2668**	**2822**	**2670**	**56857**	**1312**	**4600**
钟山区	19803	285	4387	5787	1578	1716	718	4144	292	896
六枝特区	15727	99	866	1661	253	332	670	10832	278	736
水城县	20437	397	1034	1085	352	74	328	15349	333	1485
盘州市	35935	821	2463	2088	485	700	954	26532	409	1483
遵义市	**199477**	**3116**	**17364**	**42391**	**8598**	**2845**	**4502**	**107759**	**2860**	**10042**
红花岗区	27992	918	4232	9848	2160	821	564	7125	346	1978
汇川区	18855	198	2708	4773	1218	683	1019	6442	311	1503
播州区	22364	249	1397	5927	995	258	84	12477	232	745
桐梓县	15322	158	624	2364	887	83	565	9787	258	596
绥阳县	11076	135	377	1849	397	50	184	7559	208	317
正安县	13220	167	684	2567	212	62	522	8706	129	171
道真仡佬族苗族自治县	8041	123	1011	1311	287	62	191	4227	184	645
务川仡佬族苗族自治县	9638	109	664	1329	187	135	45	6437	145	587
凤冈县	9715	106	773	1553	137	20	240	6596	148	142
湄潭县	12391	141	692	2574	352	140	284	7463	190	555
余庆县	7394	163	424	927	187	38	52	5331	71	201
习水县	16918	188	1142	2030	504	142	358	11331	201	1022
赤水市	8480	189	555	2613	403	229	97	3504	249	641
仁怀市	18071	272	2081	2726	672	122	297	10774	188	939
安顺市	**71365**	**1181**	**3740**	**8074**	**1157**	**1686**	**1979**	**50249**	**544**	**2755**
西秀区	24947	743	2054	4712	703	1002	1257	13293	190	993
平坝区	9699	119	466	938	113	357	403	7008	48	247
普定县	11667	81	281	840	120	180	109	9543	143	370
镇宁布依族苗族自治县	8732	63	405	674	95	69	134	6973	26	293
关岭布依族苗族自治县	7964	100	355	498	71	49	66	6360	68	397
紫云苗族布依族自治县	8356	75	179	412	55	29	10	7072	69	455
毕节市	**193497**	**1547**	**8069**	**13627**	**2492**	**1254**	**1434**	**154121**	**1921**	**9032**
七星关区	35749	351	2364	5282	502	443	540	24250	350	1667
大方县	26240	140	870	1110	176	92	184	22305	311	1052
黔西县	20946	225	892	1698	586	170	130	16262	217	766
金沙县	16089	159	741	1144	454	55	86	12145	192	1113
织金县	24403	81	1241	1407	354	83	216	20039	252	730
纳雍县	20311	210	679	1195	179	65	56	16717	229	981
威宁彝族回族苗族自治县	32344	241	641	1144	116	217	60	28128	167	1630
赫章县	17415	140	641	647	125	129	162	14275	203	1093

9-4 续表 单位：户

地 区	合 计	租赁廉租住房/公租房	租赁其他住房	购买新建商品房	购买二手房	购买原公有住房	购买经济适用房/两限房	自建住房	继承或赠予	其 他
铜仁市	**100668**	**1433**	**4134**	**13119**	**1393**	**907**	**2352**	**70050**	**2077**	**5203**
碧江区	10754	370	965	3796	367	443	557	3162	170	924
万山区	4656	140	196	426	68	40	483	2739	68	496
江口县	5869	86	198	710	57	33	90	4074	197	424
玉屏侗族自治县	4511	102	147	761	55	55	91	2831	195	274
石阡县	9527	102	304	696	110	28	266	7631	123	267
思南县	14592	102	455	1260	220	68	181	11601	229	476
印江土家族苗族自治县	9733	93	449	1455	121	71	177	6681	286	400
德江县	11717	159	677	1188	151	51	292	8663	186	350
沿河土家族自治县	14329	91	494	1119	174	69	114	11403	267	598
松桃苗族自治县	14980	188	249	1708	70	49	101	11265	356	994
黔西南布依族苗族自治州	**88278**	**745**	**4745**	**9645**	**907**	**946**	**5361**	**63257**	**554**	**2118**
兴义市	28265	247	3152	6183	546	656	1328	15649	146	358
兴仁市	12904	98	420	898	39	79	647	10467	125	131
普安县	7262	98	251	285	38	44	122	6021	79	324
晴隆县	7071	34	177	198	35	60	407	5902	44	214
贞丰县	9365	49	342	636	60	43	835	7118	45	237
望谟县	6847	47	116	311	59	7	394	5715	31	167
册亨县	5942	67	82	394	28	9	1248	3438	42	634
安龙县	10622	105	205	740	102	48	380	8947	42	53
黔东南苗族侗族自治州	**115045**	**1461**	**8331**	**13085**	**1705**	**1945**	**2082**	**76553**	**2537**	**7346**
凯里市	21098	498	4202	5353	593	922	771	7628	249	882
黄平县	7666	126	356	698	66	85	96	5667	171	401
施秉县	3914	37	142	410	57	51	62	2696	291	168
三穗县	5350	65	264	639	94	23	65	3685	66	449
镇远县	6381	70	333	462	120	69	40	4931	164	192
岑巩县	5516	75	466	557	51	77	50	3772	43	425
天柱县	9010	51	264	694	127	81	172	6479	648	494
锦屏县	5153	56	215	570	82	39	96	3585	77	433
剑河县	6025	64	455	387	56	158	46	4036	105	718
台江县	3639	23	98	445	46	59	78	2601	76	213
黎平县	12382	76	636	878	142	73	60	9460	207	850
榕江县	8076	36	228	618	86	85	30	6176	120	697
从江县	8243	68	273	340	62	72	9	6780	82	557
雷山县	3788	44	157	203	33	33	46	2646	34	592
麻江县	4248	55	116	425	35	51	8	3237	83	238
丹寨县	4556	117	126	406	55	67	453	3174	121	37
黔南布依族苗族自治州	**104088**	**1607**	**5456**	**16114**	**1949**	**1554**	**3997**	**67705**	**981**	**4725**
都匀市	15602	415	1046	4920	491	658	529	6529	146	868
福泉市	8646	183	501	1465	163	99	143	5591	65	436
荔波县	4875	76	302	738	68	15	338	3154	17	167
贵定县	7391	187	247	1033	141	130	288	5091	105	169
瓮安县	12662	153	974	2386	507	171	512	6825	178	956
独山县	7981	91	246	824	104	53	219	5990	141	313
平塘县	7307	57	250	484	51	25	252	5931	50	207
罗甸县	8245	87	533	831	140	37	805	5543	48	221
长顺县	5880	37	88	542	31	65	66	4636	30	385
龙里县	6319	143	536	1327	117	79	101	3680	69	267
惠水县	10742	118	531	1079	81	152	377	8126	60	218
三都水族自治县	8438	60	202	485	55	70	367	6609	72	518

9-4a　各地区按住房来源分的家庭户户数(城市)

单位：户

地　区	合　计	租赁廉租住房/公租房	租赁其他住房	购买新建商品房	购买二手房	购买原公有住房	购买经济适用房/两限房	自建住房	继承或赠予	其他
贵　州	**301957**	**9748**	**64567**	**113772**	**18636**	**19593**	**19568**	**37279**	**2482**	**16312**
贵阳市	**130987**	**4612**	**34657**	**48099**	**8866**	**11073**	**9798**	**8894**	**835**	**4153**
南明区	34551	1335	9463	13082	2009	4011	2230	874	227	1320
云岩区	37976	1287	12050	11063	2379	3945	3260	2133	376	1483
花溪区	19009	683	4584	6872	1482	1418	1580	1792	117	481
乌当区	6394	469	807	3147	682	250	744	171	21	103
白云区	11651	471	3132	3830	787	910	282	1950	38	251
观山湖区	14840	193	3418	7382	1223	60	1418	774	24	348
开阳县										
息烽县										
修文县										
清镇市	6566	174	1203	2723	304	479	284	1200	32	167
六盘水市	**29208**	**746**	**6088**	**9132**	**1914**	**2297**	**1901**	**4823**	**431**	**1876**
钟山区	16525	221	4087	5751	1401	1521	636	1840	258	810
六枝特区	4552	80	660	1539	213	292	598	739	92	339
水城县										
盘州市	8131	445	1341	1842	300	484	667	2244	81	727
遵义市	**54269**	**1637**	**9875**	**23475**	**4674**	**1946**	**1855**	**5520**	**644**	**4643**
红花岗区	20950	851	3944	9310	2025	795	497	1464	264	1800
汇川区	13090	177	2601	4668	1139	662	947	1389	146	1361
播州区	8636	195	1016	5163	697	189	66	860	94	356
桐梓县										
绥阳县										
正安县										
道真仡佬族苗族自治县										
务川仡佬族苗族自治县										
凤冈县										
湄潭县										
余庆县										
习水县										
赤水市	3445	169	375	1874	260	188	65	121	64	329
仁怀市	8148	245	1939	2460	553	112	280	1686	76	797
安顺市	**15918**	**718**	**2056**	**5281**	**705**	**1079**	**1367**	**3766**	**94**	**852**
西秀区	13785	666	1859	4555	665	939	1234	3020	87	760
平坝区	2133	52	197	726	40	140	133	746	7	92
普定县										
镇宁布依族苗族自治县										
关岭布依族苗族自治县										
紫云苗族布依族自治县										
毕节市	**15093**	**310**	**2082**	**5236**	**445**	**427**	**506**	**4536**	**148**	**1403**
七星关区	15093	310	2082	5236	445	427	506	4536	148	1403
大方县										
黔西县										
金沙县										
织金县										
纳雍县										
威宁彝族回族苗族自治县										
赫章县										

9–4a 续表 单位：户

地　　区	合　计	租赁廉租住房/公租房	租　赁其　他住　房	购　买新　建商品房	购　买二手房	购　买原公有住　房	购买经济适用房/两限房	自建住房	继承或赠　予	其　他
铜仁市	**9868**	**474**	**1126**	**4105**	**398**	**447**	**913**	**1069**	**82**	**1254**
碧江区	8057	365	958	3705	358	438	537	832	68	796
万山区	1811	109	168	400	40	9	376	237	14	458
江口县										
玉屏侗族自治县										
石阡县										
思南县										
印江土家族苗族自治县										
德江县										
沿河土家族自治县										
松桃苗族自治县										
黔西南布依族苗族自治州	**19788**	**312**	**3373**	**7026**	**529**	**719**	**1870**	**5548**	**78**	**333**
兴义市	16222	236	3028	6153	504	643	1236	4065	58	299
兴仁市	3566	76	345	873	25	76	634	1483	20	34
普安县										
晴隆县										
贞丰县										
望谟县										
册亨县										
安龙县										
黔东南苗族侗族自治州	**14654**	**485**	**4023**	**5344**	**569**	**899**	**769**	**1692**	**75**	**798**
凯里市	14654	485	4023	5344	569	899	769	1692	75	798
黄平县										
施秉县										
三穗县										
镇远县										
岑巩县										
天柱县										
锦屏县										
剑河县										
台江县										
黎平县										
榕江县										
从江县										
雷山县										
麻江县										
丹寨县										
黔南布依族苗族自治州	**12172**	**454**	**1287**	**6074**	**536**	**706**	**589**	**1431**	**95**	**1000**
都匀市	9430	321	1024	4803	482	654	489	865	83	709
福泉市	2742	133	263	1271	54	52	100	566	12	291
荔波县										
贵定县										
瓮安县										
独山县										
平塘县										
罗甸县										
长顺县										
龙里县										
惠水县										
三都水族自治县										

9-4b　各地区按住房来源分的家庭户户数(镇)

单位：户

地　区	合　计	租赁廉租住房/公租房	租赁其他住房	购买新建商品房	购买二手房	购买原公有住房	购买经济适用房/两限房	自建住房	继承或赠予	其　他
贵　州	**283253**	**6953**	**28701**	**60615**	**10058**	**5657**	**12618**	**130563**	**3772**	**24316**
贵阳市	**16444**	**673**	**2476**	**4111**	**1080**	**745**	**836**	**5817**	**97**	**609**
南明区										
云岩区										
花溪区	1142	95	291	38	3	68	103	496	7	41
乌当区	618	4	131	1	6		18	441	8	9
白云区	99	12	16		3	66		2		
观山湖区	716	49	160	1	18	246	32	126	9	75
开阳县	5875	216	725	1974	534	50	341	1856	34	145
息烽县	3366	181	472	1174	294	96	122	914	10	103
修文县	3577	91	613	909	170	109	85	1414	20	166
清镇市	1051	25	68	14	52	110	135	568	9	70
六盘水市	**14139**	**508**	**1759**	**1095**	**603**	**427**	**474**	**7005**	**408**	**1860**
钟山区	1772	50	293	34	176	193	52	903	23	48
六枝特区	1417	9	84	64	15	30	67	846	53	249
水城县	6309	313	772	965	283	55	227	2232	249	1213
盘州市	4641	136	610	32	129	149	128	3024	83	350
遵义市	**53594**	**1201**	**6206**	**16743**	**3120**	**763**	**2331**	**19012**	**618**	**3600**
红花岗区	1660	25	197	471	104	20	11	739	14	79
汇川区	1654	19	79	89	57	17	67	1189	41	96
播州区	2613	35	197	546	176	35	11	1397	27	189
桐梓县	6953	156	555	2221	788	68	541	2102	108	414
绥阳县	4515	105	287	1770	341	43	176	1621	34	138
正安县	5047	148	538	1894	145	57	462	1687	38	78
道真仡佬族苗族自治县	3981	115	840	1128	227	56	177	934	76	428
务川仡佬族苗族自治县	4684	106	636	1314	177	133	41	1717	42	518
凤冈县	4129	90	722	1522	94	17	214	1348	14	108
湄潭县	5821	122	587	2303	294	136	274	1583	78	444
余庆县	3287	78	343	875	135	28	45	1585	28	170
习水县	6443	170	1008	1916	424	124	296	1626	75	804
赤水市	1144	15	116	442	84	24	10	345	20	88
仁怀市	1663	17	101	252	74	5	6	1139	23	46
安顺市	**15944**	**422**	**1386**	**2588**	**330**	**573**	**529**	**8585**	**203**	**1328**
西秀区	1307	58	48	109	12	46	19	959	13	43
平坝区	2379	59	216	175	49	207	202	1345	18	108
普定县	4057	78	243	816	100	176	107	2230	55	252
镇宁布依族苗族自治县	3045	53	381	673	79	66	125	1444	13	211
关岭布依族苗族自治县	2741	99	342	480	56	49	66	1269	58	322
紫云苗族布依族自治县	2415	75	156	335	34	29	10	1338	46	392
毕节市	**61153**	**1085**	**5358**	**8197**	**1625**	**745**	**873**	**36657**	**697**	**5916**
七星关区	2413	19	233	23	33	6	24	1979	20	76
大方县	8628	120	753	1087	127	80	170	5437	93	761
黔西县	9451	213	840	1688	497	154	128	5230	123	578
金沙县	7693	156	676	1132	348	48	85	4187	99	962
织金县	9987	79	1189	1397	312	80	208	5978	112	632
纳雍县	7931	200	611	1181	138	51	52	4855	87	756
威宁彝族回族苗族自治县	10763	204	589	1115	80	214	57	7035	77	1392
赫章县	4287	94	467	574	90	112	149	1956	86	759

9-4b 续表 单位：户

地区	合计	租赁廉租住房/公租房	租赁其他住房	购买新建商品房	购买二手房	购买原公有住房	购买经济适用房/两限房	自建住房	继承或赠予	其他
铜仁市	**30311**	**823**	**2717**	**8480**	**761**	**398**	**1203**	**12770**	**584**	**2575**
碧江区	131	2		1		1	13	102	6	6
万山区										
江口县	2327	81	162	611	43	28	83	945	30	344
玉屏侗族自治县	2281	101	124	748	51	54	79	696	180	248
石阡县	2804	83	284	673	89	27	252	1219	21	156
思南县	4798	95	429	1211	186	65	176	2183	70	383
印江土家族苗族自治县	3452	74	401	1368	95	64	137	988	70	255
德江县	4785	136	640	1154	105	47	264	2291	34	114
沿河土家族自治县	4861	81	444	1080	140	67	111	2468	53	417
松桃苗族自治县	4872	170	233	1634	52	45	88	1878	120	652
黔西南布依族苗族自治州	**18987**	**366**	**1160**	**2516**	**304**	**193**	**2447**	**10906**	**150**	**945**
兴义市	2108	7	69	19	19	5	81	1855	17	36
兴仁市	1278	15	45	17	7		1	1163	16	14
普安县	2074	74	188	273	31	31	34	1171	30	242
晴隆县	2035	31	164	197	27	58	298	1138	10	112
贞丰县	3403	43	324	632	58	40	800	1272	18	216
望谟县	2182	38	100	271	50	6	208	1457	14	38
册亨县	1885	54	78	371	27	9	647	426	20	253
安龙县	4022	104	192	736	85	44	378	2424	25	34
黔东南苗族侗族自治州	**34483**	**878**	**3796**	**7187**	**984**	**996**	**1078**	**13998**	**661**	**4905**
凯里市	937	10	165	7	17	22	2	622	27	65
黄平县	2896	116	333	672	54	81	95	1080	92	373
施秉县	1441	37	134	405	53	51	35	607	24	95
三穗县	2294	65	250	601	87	23	51	822	20	375
镇远县	2894	70	324	455	109	69	40	1622	29	176
岑巩县	2190	75	455	537	45	75	45	795	16	147
天柱县	3160	44	240	640	107	79	131	1332	132	455
锦屏县	2081	50	190	546	73	38	90	678	24	392
剑河县	2128	46	317	378	51	153	43	600	62	478
台江县	1209	6	74	408	40	53	56	378	22	172
黎平县	4551	62	549	582	117	57	33	2484	84	583
榕江县	2473	31	161	608	65	77	23	838	49	621
从江县	1729	58	223	335	50	71	8	500	37	447
雷山县	1369	43	151	201	30	33	45	569	12	285
麻江县	1553	55	114	420	32	50	6	637	17	222
丹寨县	1578	110	116	392	54	64	375	434	14	19
黔南布依族苗族自治州	**38198**	**997**	**3843**	**9698**	**1251**	**817**	**2847**	**15813**	**354**	**2578**
都匀市	579	12	6	31	6	1		492		31
福泉市	1365	23	186	172	95	45	36	668	21	119
荔波县	1941	65	273	727	64	15	77	665	10	45
贵定县	3837	187	238	1029	133	125	286	1653	53	133
瓮安县	7335	144	877	2329	444	164	483	2121	69	704
独山县	3652	90	228	745	94	52	84	2155	51	153
平塘县	2293	53	224	437	31	24	216	1143	23	142
罗甸县	4061	80	510	818	122	37	800	1456	39	199
长顺县	2331	28	81	534	28	65	55	1206	17	317
龙里县	3306	139	516	1321	110	74	100	901	20	125
惠水县	4670	117	521	1071	77	148	371	2183	20	162
三都水族自治县	2828	59	183	484	47	67	339	1170	31	448

9-4c　各地区按住房来源分的家庭户户数(乡村)

单位：户

地　区	合　计	租赁廉租住房/公租房	租　赁其　他住　房	购　买新　建商品房	购　买二手房	购　买原公有住　房	购买经济适用房/两限房	自建住房	继承或赠　予	其　他
贵　州	**560210**	**1716**	**6143**	**4806**	**2288**	**562**	**3396**	**523127**	**7720**	**10452**
贵阳市	**33669**	**440**	**1689**	**307**	**167**	**35**	**571**	**29707**	**256**	**497**
南明区	1483	16	555	7	4	1	256	591	17	36
云岩区										
花溪区	4791	8	281	89	13	2	253	4070	20	55
乌当区	3197	11	419	102	24		49	2382	60	150
白云区	838	4	58		5			754		17
观山湖区	2008	374	162		17			1430	2	23
开阳县	5678	4	39	17	33	6	5	5438	101	35
息烽县	3868	5	19	4	15	1		3774	19	31
修文县	4485	1	43	8	20	7		4362	14	30
清镇市	7321	17	113	80	36	18	8	6906	23	120
六盘水市	**48555**	**348**	**903**	**394**	**151**	**98**	**295**	**45029**	**473**	**864**
钟山区	1506	14	7	2	1	2	30	1401	11	38
六枝特区	9758	10	122	58	25	10	5	9247	133	148
水城县	14128	84	262	120	69	19	101	13117	84	272
盘州市	23163	240	512	214	56	67	159	21264	245	406
遵义市	**91614**	**278**	**1283**	**2173**	**804**	**136**	**316**	**83227**	**1598**	**1799**
红花岗区	5382	42	91	67	31	6	56	4922	68	99
汇川区	4111	2	28	16	22	4	5	3864	124	46
播州区	11115	19	184	218	122	34	7	10220	111	200
桐梓县	8369	2	69	143	99	15	24	7685	150	182
绥阳县	6561	30	90	79	56	7	8	5938	174	179
正安县	8173	19	146	673	67	5	60	7019	91	93
道真仡佬族苗族自治县	4060	8	171	183	60	6	14	3293	108	217
务川仡佬族苗族自治县	4954	3	28	15	10	2	4	4720	103	69
凤冈县	5586	16	51	31	43	3	26	5248	134	34
湄潭县	6570	19	105	271	58	4	10	5880	112	111
余庆县	4107	85	81	52	52	10	7	3746	43	31
习水县	10475	18	134	114	80	18	62	9705	126	218
赤水市	3891	5	64	297	59	17	22	3038	165	224
仁怀市	8260	10	41	14	45	5	11	7949	89	96
安顺市	**39503**	**41**	**298**	**205**	**122**	**34**	**83**	**37898**	**247**	**575**
西秀区	9855	19	147	48	26	17	4	9314	90	190
平坝区	5187	8	53	37	24	10	68	4917	23	47
普定县	7610	3	38	24	20	4	2	7313	88	118
镇宁布依族苗族自治县	5687	10	24	1	16	3	9	5529	13	82
关岭布依族苗族自治县	5223	1	13	18	15			5091	10	75
紫云苗族布依族自治县	5941		23	77	21			5734	23	63
毕节市	**117251**	**152**	**629**	**194**	**422**	**82**	**55**	**112928**	**1076**	**1713**
七星关区	18243	22	49	23	24	10	10	17735	182	188
大方县	17612	20	117	23	49	12	14	16868	218	291
黔西县	11495	12	52	10	89	16	2	11032	94	188
金沙县	8396	3	65	12	106	7	1	7958	93	151
织金县	14416	2	52	10	42	3	8	14061	140	98
纳雍县	12380	10	68	14	41	14	4	11862	142	225
威宁彝族回族苗族自治县	21581	37	52	29	36	3	3	21093	90	238
赫章县	13128	46	174	73	35	17	13	12319	117	334

9-4c 续表 单位：户

地　区	合 计	租赁廉租住房/公租房	租赁其他住房	购买新建商品房	购买二手房	购买原公有住房	购买经济适用房/两限房	自建住房	继承或赠予	其 他
铜仁市	**60489**	**136**	**291**	**534**	**234**	**62**	**236**	**56211**	**1411**	**1374**
碧江区	2566	3	7	90	9	4	7	2228	96	122
万山区	2845	31	28	26	28	31	107	2502	54	38
江口县	3542	5	36	99	14	5	7	3129	167	80
玉屏侗族自治县	2230	1	23	13	4	1	12	2135	15	26
石阡县	6723	19	20	23	21	1	14	6412	102	111
思南县	9794	7	26	49	34	3	5	9418	159	93
印江土家族苗族自治县	6281	19	48	87	26	7	40	5693	216	145
德江县	6932	23	37	34	46	4	28	6372	152	236
沿河土家族自治县	9468	10	50	39	34	2	3	8935	214	181
松桃苗族自治县	10108	18	16	74	18	4	13	9387	236	342
黔西南布依族苗族自治州	**49503**	**67**	**212**	**103**	**74**	**34**	**1044**	**46803**	**326**	**840**
兴义市	9935	4	55	11	23	8	11	9729	71	23
兴仁市	8060	7	30	8	7	3	12	7821	89	83
普安县	5188	24	63	12	7	13	88	4850	49	82
晴隆县	5036	3	13	1	8	2	109	4764	34	102
贞丰县	5962	6	18	4	2	3	35	5846	27	21
望谟县	4665	9	16	40	9	1	186	4258	17	129
册亨县	4057	13	4	23	1		601	3012	22	381
安龙县	6600	1	13	4	17	4	2	6523	17	19
黔东南苗族侗族自治州	**65908**	**98**	**512**	**554**	**152**	**50**	**235**	**60863**	**1801**	**1643**
凯里市	5507	3	14	2	7	1		5314	147	19
黄平县	4770	10	23	26	12	4	1	4587	79	28
施秉县	2473		8	5	4		27	2089	267	73
三穗县	3056		14	38	7		14	2863	46	74
镇远县	3487		9	7	11			3309	135	16
岑巩县	3326		11	20	6	2	5	2977	27	278
天柱县	5850	7	24	54	20	2	41	5147	516	39
锦屏县	3072	6	25	24	9	1	6	2907	53	41
剑河县	3897	18	138	9	5	5	3	3436	43	240
台江县	2430	17	24	37	6	6	22	2223	54	41
黎平县	7831	14	87	296	25	16	27	6976	123	267
榕江县	5603	5	67	10	21	8	7	5338	71	76
从江县	6514	10	50	5	12	1	1	6280	45	110
雷山县	2419	1	6	2	3		1	2077	22	307
麻江县	2695		2	5	3	1	2	2600	66	16
丹寨县	2978	7	10	14	1	3	78	2740	107	18
黔南布依族苗族自治州	**53718**	**156**	**326**	**342**	**162**	**31**	**561**	**50461**	**532**	**1147**
都匀市	5593	82	16	86	3	3	40	5172	63	128
福泉市	4539	27	52	22	14	2	7	4357	32	26
荔波县	2934	11	29	11	4		261	2489	7	122
贵定县	3554		9	4	8	5	2	3438	52	36
瓮安县	5327	9	97	57	63	7	29	4704	109	252
独山县	4329	1	18	79	10	1	135	3835	90	160
平塘县	5014	4	26	47	20	1	36	4788	27	65
罗甸县	4184	7	23	13	18		5	4087	9	22
长顺县	3549	9	7	8	3		11	3430	13	68
龙里县	3013	4	20	6	7	5	1	2779	49	142
惠水县	6072	1	10	8	4	4	6	5943	40	56
三都水族自治县	5610	1	19	1	8	3	28	5439	41	70

9–5　各地区按月租房费用分的家庭户户数

单位：户

地　　区	合　计	200元以下	200–499元	500–999元	1000–1999元
贵　州	**117828**	**19358**	**39900**	**30146**	**20258**
贵阳市	**44547**	**5274**	**14337**	**10537**	**10645**
南明区	11369	1501	2903	2436	3339
云岩区	13337	1352	4552	3627	3149
花溪区	5942	543	2273	1343	1489
乌当区	1841	182	797	360	435
白云区	3693	573	1279	948	728
观山湖区	4356	240	1104	813	1027
开阳县	984	357	348	144	59
息烽县	677	194	271	98	87
修文县	748	110	260	271	69
清镇市	1600	222	550	497	263
六盘水市	**10352**	**2332**	**3969**	**2605**	**1078**
钟山区	4672	876	1717	1441	537
六枝特区	965	131	463	244	67
水城县	1431	354	525	390	105
盘州市	3284	971	1264	530	369
遵义市	**20480**	**3707**	**6160**	**6187**	**3395**
红花岗区	5150	1068	1305	1660	992
汇川区	2906	306	985	875	614
播州区	1646	344	485	555	262
桐梓县	782	167	168	273	162
绥阳县	512	180	152	98	53
正安县	851	226	360	195	58
道真仡佬族苗族自治县	1134	176	397	422	102
务川仡佬族苗族自治县	773	178	246	163	83
凤冈县	879	160	295	217	47
湄潭县	833	176	305	217	57
余庆县	587	116	350	63	36
习水县	1330	182	331	535	150
赤水市	744	187	268	215	67
仁怀市	2353	241	513	699	712
安顺市	**4921**	**1247**	**1650**	**1070**	**657**
西秀区	2797	769	803	644	456
平坝区	585	138	207	136	63
普定县	362	53	144	104	39
镇宁布依族苗族自治县	468	106	198	60	51
关岭布依族苗族自治县	455	85	220	100	23
紫云苗族布依族自治县	254	96	78	26	25
毕节市	**9616**	**2393**	**3063**	**2004**	**1272**
七星关区	2715	620	653	759	447
大方县	1010	298	378	148	93
黔西县	1117	319	374	171	130
金沙县	900	261	325	198	74
织金县	1322	166	551	269	193
纳雍县	889	314	305	124	68
威宁彝族回族苗族自治县	882	268	277	115	115
赫章县	781	147	200	220	152

9-5 续表 1　　　　单位：户

地　　区	合 计	200元以下	200-499元	500-999元	1000-1999元
铜仁市	**5567**	**928**	**1756**	**1618**	**696**
碧江区	1335	42	246	594	400
万山区	336	88	43	138	47
江口县	284	108	96	49	14
玉屏侗族自治县	249	98	86	40	13
石阡县	406	71	148	88	43
思南县	557	76	195	199	48
印江土家族苗族自治县	542	53	228	171	27
德江县	836	140	385	131	35
沿河土家族自治县	585	84	218	150	35
松桃苗族自治县	437	168	111	58	34
黔西南布依族苗族自治州	**5490**	**630**	**2733**	**1115**	**485**
兴义市	3399	196	1933	720	267
兴仁市	518	86	255	64	54
普安县	349	78	85	101	49
晴隆县	211	31	75	47	13
贞丰县	391	62	166	80	40
望谟县	163	32	62	30	14
册亨县	149	53	44	29	12
安龙县	310	92	113	44	36
黔东南苗族侗族自治州	**9792**	**1308**	**4039**	**3150**	**919**
凯里市	4700	415	1982	1631	540
黄平县	482	147	198	104	22
施秉县	179	18	85	55	13
三穗县	329	48	150	94	23
镇远县	403	76	146	96	40
岑巩县	541	105	286	97	19
天柱县	315	21	162	105	18
锦屏县	271	42	93	82	41
剑河县	519	66	225	164	47
台江县	121	17	62	29	6
黎平县	712	86	211	302	70
榕江县	264	29	87	117	25
从江县	341	58	130	114	26
雷山县	201	38	59	79	13
麻江县	171	61	53	44	4
丹寨县	243	81	110	37	12
黔南布依族苗族自治州	**7063**	**1539**	**2193**	**1860**	**1111**
都匀市	1461	396	193	423	403
福泉市	684	77	333	174	69
荔波县	378	67	128	100	53
贵定县	434	192	118	86	21
瓮安县	1127	227	432	276	81
独山县	337	70	93	87	65
平塘县	307	82	109	68	31
罗甸县	620	151	251	148	67
长顺县	125	30	44	30	12
龙里县	679	56	214	241	149
惠水县	649	150	208	146	114
三都水族自治县	262	41	70	81	46

9-5　续表 2　　单位：户

地　区	2000—2999元	3000—3999元	4000—5999元	6000—7999元	8000—9999元	10000元及以上
贵　州	**4496**	**1356**	**983**	**455**	**297**	**579**
贵阳市	**2865**	**572**	**181**	**51**	**30**	**55**
南明区	1026	120	30	6	5	3
云岩区	498	109	28	8	5	9
花溪区	224	31	20	12	5	2
乌当区	50	7	3	3		4
白云区	121	22	12	3	4	3
观山湖区	860	239	53	7	6	7
开阳县	16	20	10	8	4	18
息烽县	11	7	8	1		
修文县	20	6	7	1		4
清镇市	39	11	10	2	1	5
六盘水市	**149**	**57**	**59**	**43**	**27**	**33**
钟山区	43	14	12	15	9	8
六枝特区	27	12	12	5	3	1
水城县	24	5	14	5	4	5
盘州市	55	26	21	18	11	19
遵义市	**398**	**176**	**149**	**121**	**70**	**117**
红花岗区	63	22	15	9	7	9
汇川区	74	20	11	8	4	9
播州区						
桐梓县	8	4				
绥阳县	10	9	4		3	3
正安县	7	2	1	1	1	
道真仡佬族苗族自治县	6	3	6	8	4	10
务川仡佬族苗族自治县	12	27	32	7	10	15
凤冈县	21	23	31	46	17	22
湄潭县	10	17	18	12	8	13
余庆县	10	8	4			
习水县	24	20	21	22	16	29
赤水市	3	1		2		1
仁怀市	150	20	6	6		6
安顺市	**130**	**54**	**49**	**21**	**11**	**32**
西秀区	71	19	17	8	4	6
平坝区	13	13	7	1	1	6
普定县	10	1	3	3		5
镇宁布依族苗族自治县	18	13	12	2	3	5
关岭布依族苗族自治县	5	4	7	4	1	6
紫云苗族布依族自治县	13	4	3	3	2	4
毕节市	**271**	**133**	**171**	**77**	**81**	**151**
七星关区	57	24	41	25	36	53
大方县	33	13	12	10	4	21
黔西县	40	25	33	7	9	9
金沙县	13	11	5	5	3	5
织金县	36	24	35	11	15	22
纳雍县	23	18	17	4	5	11
威宁彝族回族苗族自治县	44	15	13	11	3	21
赫章县	25	3	15	4	6	9

9–5 续表 3

单位：户

地　　区	2000–2999元	3000–3999元	4000–5999元	6000–7999元	8000–9999元	10000元及以上
铜仁市	**153**	**146**	**138**	**45**	**20**	**67**
碧江区	37	14				2
万山区	5	2	1	2		10
江口县	7	3	2		2	3
玉屏侗族自治县	1	6	2	2		1
石阡县	17	11	15	4		9
思南县	11	6	10	4	1	7
印江土家族苗族自治县	16	17	20	5	1	4
德江县	28	38	59	8	4	8
沿河土家族自治县	20	37	11	8	10	12
松桃苗族自治县	11	12	18	12	2	11
黔西南布依族苗族自治州	**179**	**88**	**135**	**38**	**24**	**63**
兴义市	94	58	78	19	8	26
兴仁市	20	6	22	5	1	5
普安县	10	7	3	5	7	4
晴隆县	15	3	13	3	2	9
贞丰县	18	8	6	2	5	4
望谟县	7	2	5	4		7
册亨县	5	2	1			3
安龙县	10	2	7		1	5
黔东南苗族侗族自治州	**184**	**66**	**50**	**30**	**15**	**31**
凯里市	90	24	10	3		5
黄平县	6	3		1		1
施秉县	6		1			1
三穗县	6	3	2	2		1
镇远县	14	6	10	3	3	9
岑巩县	6	5	14	4	3	2
天柱县	5	2	2			
锦屏县	7	4	2			
剑河县	6	7	2	1		1
台江县	4	2	1			
黎平县	13	6	4	12	6	2
榕江县	2				1	3
从江县	9	3	1			
雷山县	2			3	2	5
麻江县	5	1	1	1		1
丹寨县	3					
黔南布依族苗族自治州	**167**	**64**	**51**	**29**	**19**	**30**
都匀市	32	10	3			1
福泉市	18	7	4	2		
荔波县	12	5	6	4	1	2
贵定县	12	3	1	1		
瓮安县	30	12	19	13	18	19
独山县	10	7	2			3
平塘县	9	4	2	1		1
罗甸县	2		1			
长顺县	6	2	1			
龙里县	9	5	4	1		
惠水县	19	4	3	2		3
三都水族自治县	8	5	5	5		1

9–5a　各地区按月租房费用分的家庭户户数(城市)

单位：户

地　区	合　计	200元以下	200–499元	500–999元	1000–1999元
贵　州	**74315**	**9359**	**24098**	**20099**	**15834**
贵阳市	**39269**	**4224**	**12169**	**9348**	**10017**
南明区	10798	1450	2604	2298	3262
云岩区	13337	1352	4552	3627	3149
花溪区	5267	510	2053	1132	1310
乌当区	1276	105	552	222	349
白云区	3603	540	1246	932	725
观山湖区	3611	94	689	679	993
开阳县					
息烽县					
修文县					
清镇市	1377	173	473	458	229
六盘水市	**6834**	**1155**	**2710**	**2007**	**791**
钟山区	4308	573	1677	1428	531
六枝特区	740	82	382	210	40
水城县					
盘州市	1786	500	651	369	220
遵义市	**11512**	**1760**	**3097**	**3749**	**2505**
红花岗区	4795	946	1162	1612	964
汇川区	2778	264	936	859	605
播州区	1211	210	336	454	211
桐梓县					
绥阳县					
正安县					
道真仡佬族苗族自治县					
务川仡佬族苗族自治县					
凤冈县					
湄潭县					
余庆县					
习水县					
赤水市	544	131	167	183	59
仁怀市	2184	209	496	641	666
安顺市	**2774**	**716**	**826**	**689**	**435**
西秀区	2525	679	726	609	414
平坝区	249	37	100	80	21
普定县					
镇宁布依族苗族自治县					
关岭布依族苗族自治县					
紫云苗族布依族自治县					
毕节市	**2392**	**458**	**621**	**714**	**406**
七星关区	2392	458	621	714	406
大方县					
黔西县					
金沙县					
织金县					
纳雍县					
威宁彝族回族苗族自治县					
赫章县					

9-5a 续表 1 单位：户

地区	合计	200元以下	200-499元	500-999元	1000-1999元
铜仁市	**1600**	**95**	**272**	**721**	**444**
碧江区	1323	38	243	591	400
万山区	277	57	29	130	44
江口县					
玉屏侗族自治县					
石阡县					
思南县					
印江土家族苗族自治县					
德江县					
沿河土家族自治县					
松桃苗族自治县					
黔西南布依族苗族自治州	**3685**	**246**	**2122**	**747**	**276**
兴义市	3264	179	1887	701	246
兴仁市	421	67	235	46	30
普安县					
晴隆县					
贞丰县					
望谟县					
册亨县					
安龙县					
黔东南苗族侗族自治州	**4508**	**395**	**1888**	**1586**	**515**
凯里市	4508	395	1888	1586	515
黄平县					
施秉县					
三穗县					
镇远县					
岑巩县					
天柱县					
锦屏县					
剑河县					
台江县					
黎平县					
榕江县					
从江县					
雷山县					
麻江县					
丹寨县					
黔南布依族苗族自治州	**1741**	**310**	**393**	**538**	**445**
都匀市	1345	300	189	419	394
福泉市	396	10	204	119	51
荔波县					
贵定县					
瓮安县					
独山县					
平塘县					
罗甸县					
长顺县					
龙里县					
惠水县					
三都水族自治县					

9–5a　续表 2　　单位：户

地　区	2000–2999元	3000–3999元	4000–5999元	6000–7999元	8000–9999元	10000元及以上
贵　州	**3468**	**729**	**346**	**132**	**91**	**159**
贵阳市	**2764**	**518**	**145**	**34**	**23**	**27**
南明区	1021	119	30	6	5	3
云岩区	498	109	28	8	5	9
花溪区	207	26	15	9	3	2
乌当区	40	3	2	1		2
白云区	118	20	12	3	4	3
观山湖区	853	236	50	6	6	5
开阳县						
息烽县						
修文县						
清镇市	27	5	8	1		3
六盘水市	**64**	**25**	**20**	**24**	**15**	**23**
钟山区	42	14	11	15	9	8
六枝特区	9	5	5	4	2	1
水城县						
盘州市	13	6	4	5	4	14
遵义市	**279**	**50**	**25**	**20**	**10**	**17**
红花岗区	58	18	13	8	6	8
汇川区	72	15	8	7	4	8
播州区						
桐梓县						
绥阳县						
正安县						
道真仡佬族苗族自治县						
务川仡佬族苗族自治县						
凤冈县						
湄潭县						
余庆县						
习水县						
赤水市	3			1		
仁怀市	146	17	4	4		1
安顺市	**64**	**13**	**16**	**7**	**3**	**5**
西秀区	58	10	15	7	3	4
平坝区	6	3	1			1
普定县						
镇宁布依族苗族自治县						
关岭布依族苗族自治县						
紫云苗族布依族自治县						
毕节市	**43**	**17**	**34**	**22**	**32**	**45**
七星关区	43	17	34	22	32	45
大方县						
黔西县						
金沙县						
织金县						
纳雍县						
威宁彝族回族苗族自治县						
赫章县						

9-5a 续表 3 单位：户

地　区	2000-2999元	3000-3999元	4000-5999元	6000-7999元	8000-9999元	10000元及以上
铜仁市	**39**	**14**	**1**	**2**		**12**
碧江区	36	13				2
万山区	3	1	1	2		10
江口县						
玉屏侗族自治县						
石阡县						
思南县						
印江土家族苗族自治县						
德江县						
沿河土家族自治县						
松桃苗族自治县						
黔西南布依族苗族自治州	**95**	**56**	**91**	**19**	**8**	**25**
兴义市	83	50	70	16	8	24
兴仁市	12	6	21	3		1
普安县						
晴隆县						
贞丰县						
望谟县						
册亨县						
安龙县						
黔东南苗族侗族自治州	**85**	**23**	**9**	**3**		**4**
凯里市	85	23	9	3		4
黄平县						
施秉县						
三穗县						
镇远县						
岑巩县						
天柱县						
锦屏县						
剑河县						
台江县						
黎平县						
榕江县						
从江县						
雷山县						
麻江县						
丹寨县						
黔南布依族苗族自治州	**35**	**13**	**5**	**1**		**1**
都匀市	29	10	3			1
福泉市	6	3	2	1		
荔波县						
贵定县						
瓮安县						
独山县						
平塘县						
罗甸县						
长顺县						
龙里县						
惠水县						
三都水族自治县						

9-5b　各地区按月租房费用分的家庭户户数(镇)

单位：户

地　区	合　计	200元以下	200-499元	500-999元	1000-1999元
贵　州	**35654**	**8119**	**12748**	**8420**	**3641**
贵阳市	**3149**	**804**	**1091**	**715**	**386**
南明区					
云岩区					
花溪区	386	12	130	101	135
乌当区	135	13	52	42	22
白云区	28	26	2		
观山湖区	209	97	34	65	12
开阳县	941	340	336	137	56
息烽县	653	185	262	95	84
修文县	704	101	239	262	69
清镇市	93	30	36	13	8
六盘水市	**2267**	**808**	**727**	**418**	**182**
钟山区	343	287	35	13	6
六枝特区	93	30	23	9	12
水城县	1085	267	387	320	76
盘州市	746	224	282	76	88
遵义市	**7407**	**1553**	**2471**	**2054**	**765**
红花岗区	222	54	102	30	23
汇川区	98	33	37	10	7
播州区	232	82	82	40	28
桐梓县	711	152	141	250	157
绥阳县	392	131	119	78	43
正安县	686	192	293	151	41
道真仡佬族苗族自治县	955	152	335	351	81
务川仡佬族苗族自治县	742	162	238	158	82
凤冈县	812	130	273	208	45
湄潭县	709	142	262	191	53
余庆县	421	102	222	52	28
习水县	1178	162	292	472	136
赤水市	131	40	64	22	3
仁怀市	118	19	11	41	38
安顺市	**1808**	**465**	**724**	**319**	**150**
西秀区	106	59	24	7	4
平坝区	275	90	87	46	29
普定县	321	49	131	92	35
镇宁布依族苗族自治县	434	91	195	57	41
关岭布依族苗族自治县	441	82	214	97	21
紫云苗族布依族自治县	231	94	73	20	20
毕节市	**6443**	**1654**	**2281**	**1161**	**772**
七星关区	252	141	24	24	28
大方县	873	246	344	134	83
黔西县	1053	299	361	160	122
金沙县	832	222	312	190	69
织金县	1268	154	539	262	181
纳雍县	811	286	290	113	58
威宁彝族回族苗族自治县	793	231	262	99	107
赫章县	561	75	149	179	124

9-5b 续表 1 单位：户

地　区	合　计	200元以下	200-499元	500-999元	1000-1999元
铜仁市	**3540**	**658**	**1361**	**832**	**223**
碧江区	2	2			
万山区					
江口县	243	92	81	43	12
玉屏侗族自治县	225	95	74	37	9
石阡县	367	49	143	84	37
思南县	524	62	183	192	48
印江土家族苗族自治县	475	34	201	156	26
德江县	776	110	374	128	32
沿河土家族自治县	525	62	201	139	29
松桃苗族自治县	403	152	104	53	30
黔西南布依族苗族自治州	**1526**	**329**	**527**	**301**	**180**
兴义市	76	9	17	10	17
兴仁市	60	6	16	5	23
普安县	262	70	63	64	40
晴隆县	195	25	73	44	11
贞丰县	367	58	157	77	36
望谟县	138	28	53	28	10
册亨县	132	43	39	29	12
安龙县	296	90	109	44	31
黔东南苗族侗族自治州	**4674**	**829**	**1904**	**1361**	**356**
凯里市	175	19	90	38	20
黄平县	449	139	185	95	21
施秉县	171	15	82	54	13
三穗县	315	47	143	91	20
镇远县	394	76	143	93	38
岑巩县	530	105	278	95	18
天柱县	284	16	149	93	17
锦屏县	240	34	79	76	40
剑河县	363	49	161	107	36
台江县	80	9	44	20	5
黎平县	611	79	184	249	60
榕江县	192	22	55	94	19
从江县	281	43	100	106	20
雷山县	194	38	56	76	13
麻江县	169	60	53	43	4
丹寨县	226	78	102	31	12
黔南布依族苗族自治州	**4840**	**1019**	**1662**	**1259**	**627**
都匀市	18	9		1	7
福泉市	209	43	93	40	14
荔波县	338	53	118	93	51
贵定县	425	189	114	85	21
瓮安县	1021	203	380	260	74
独山县	318	65	88	87	60
平塘县	277	75	99	62	26
罗甸县	590	127	247	148	66
长顺县	109	19	44	25	12
龙里县	655	51	206	237	144
惠水县	638	148	204	144	112
三都水族自治县	242	37	69	77	40

9-5b　续表 2　　　　单位：户

地　区	2000–2999元	3000–3999元	4000–5999元	6000–7999元	8000–9999元	10000元及以上
贵　州	**835**	**523**	**553**	**274**	**181**	**360**
贵阳市	**53**	**34**	**27**	**14**	**5**	**20**
南明区						
云岩区						
花溪区	4	1		3		
乌当区	4	1	1			
白云区						
观山湖区			1			
开阳县	15	18	10	8	4	17
息烽县	11	7	8	1		
修文县	18	6	6	1		2
清镇市	1	1	1	1	1	1
六盘水市	**54**	**25**	**26**	**11**	**8**	**8**
钟山区	1		1			
六枝特区	10	6	3			
水城县	15	3	9	1	2	5
盘州市	28	16	13	10	6	3
遵义市	**99**	**114**	**110**	**92**	**58**	**91**
红花岗区	4	4	2	1	1	1
汇川区	1	5	3	1		1
播州区						
桐梓县	7	4				
绥阳县	7	5	3		3	3
正安县	5	2		1	1	
道真仡佬族苗族自治县	5	3	6	8	4	10
务川仡佬族苗族自治县	12	27	31	7	10	15
凤冈县	21	23	30	45	17	20
湄潭县	8	12	13	9	6	13
余庆县	8	7	2			
习水县	18	19	19	18	16	26
赤水市				1		1
仁怀市	3	3	1	1		1
安顺市	**49**	**32**	**30**	**12**	**7**	**20**
西秀区	4	4		1	1	2
平坝区	4	7	6	1		5
普定县	9		3	1		1
镇宁布依族苗族自治县	16	13	12	2	3	4
关岭布依族苗族自治县	5	4	7	4	1	6
紫云苗族布依族自治县	11	4	2	3	2	2
毕节市	**189**	**98**	**114**	**39**	**42**	**93**
七星关区	12	4	5	3	3	8
大方县	23	10	12	5	3	13
黔西县	35	24	29	5	9	9
金沙县	12	10	5	4	3	5
织金县	35	22	31	8	14	22
纳雍县	18	13	14	4	5	10
威宁彝族回族苗族自治县	39	14	11	9	2	19
赫章县	15	1	7	1	3	7

9-5b 续表 3 单位：户

地　　区	2000-2999元	3000-3999元	4000-5999元	6000-7999元	8000-9999元	10000元及以上
铜仁市	**102**	**124**	**131**	**42**	**18**	**49**
碧江区						
万山区						
江口县	6	3	2		2	2
玉屏侗族自治县	1	5	1	2		1
石阡县	15	11	15	4		9
思南县	11	6	10	4	1	7
印江土家族苗族自治县	15	16	18	5	1	3
德江县	23	37	56	7	2	7
沿河土家族自治县	20	35	11	8	10	10
松桃苗族自治县	11	11	18	12	2	10
黔西南布依族苗族自治州	**77**	**23**	**35**	**13**	**13**	**28**
兴义市	9	4	6	3		1
兴仁市	8					2
普安县	9	5	2	2	6	1
晴隆县	14	3	12	3	1	9
贞丰县	17	6	5	2	5	4
望谟县	6	1	3	3		6
册亨县	5	2	1			1
安龙县	9	2	6		1	4
黔东南苗族侗族自治州	**91**	**32**	**39**	**26**	**12**	**24**
凯里市	5	1	1			1
黄平县	5	2		1		1
施秉县	6					1
三穗县	6	3	2	2		1
镇远县	13	6	10	3	3	9
岑巩县	6	5	14	4	3	2
天柱县	5	2	2			
锦屏县	6	3	2			
剑河县	5	2	2	1		
台江县	2					
黎平县	13	5	4	11	4	2
榕江县	1					1
从江县	9	2	1			
雷山县	1			3	2	5
麻江县	5	1	1	1		1
丹寨县	3					
黔南布依族苗族自治州	**121**	**41**	**41**	**25**	**18**	**27**
都匀市	1					
福泉市	12	4	2	1		
荔波县	11	3	6	2		1
贵定县	12	2	1	1		
瓮安县	28	10	17	12	18	19
独山县	9	5	1			3
平塘县	8	4	1	1		1
罗甸县	1		1			
长顺县	6	2	1			
龙里县	9	4	3	1		
惠水县	19	4	3	2		2
三都水族自治县	5	3	5	5		1

9-5c　各地区按月租房费用分的家庭户户数(乡村)

单位：户

地　　区	合　计	200元以下	200-499元	500-999元	1000-1999元
贵　州	**7859**	**1880**	**3054**	**1627**	**783**
贵阳市	**2129**	**246**	**1077**	**474**	**242**
南明区	571	51	299	138	77
云岩区					
花溪区	289	21	90	110	44
乌当区	430	64	193	96	64
白云区	62	7	31	16	3
观山湖区	536	49	381	69	22
开阳县	43	17	12	7	3
息烽县	24	9	9	3	3
修文县	44	9	21	9	
清镇市	130	19	41	26	26
六盘水市	**1251**	**369**	**532**	**180**	**105**
钟山区	21	16	5		
六枝特区	132	19	58	25	15
水城县	346	87	138	70	29
盘州市	752	247	331	85	61
遵义市	**1561**	**394**	**592**	**384**	**125**
红花岗区	133	68	41	18	5
汇川区	30	9	12	6	2
播州区	203	52	67	61	23
桐梓县	71	15	27	23	5
绥阳县	120	49	33	20	10
正安县	165	34	67	44	17
道真仡佬族苗族自治县	179	24	62	71	21
务川仡佬族苗族自治县	31	16	8	5	1
凤冈县	67	30	22	9	2
湄潭县	124	34	43	26	4
余庆县	166	14	128	11	8
习水县	152	20	39	63	14
赤水市	69	16	37	10	5
仁怀市	51	13	6	17	8
安顺市	**339**	**66**	**100**	**62**	**72**
西秀区	166	31	53	28	38
平坝区	61	11	20	10	13
普定县	41	4	13	12	4
镇宁布依族苗族自治县	34	15	3	3	10
关岭布依族苗族自治县	14	3	6	3	2
紫云苗族布依族自治县	23	2	5	6	5
毕节市	**781**	**281**	**161**	**129**	**94**
七星关区	71	21	8	21	13
大方县	137	52	34	14	10
黔西县	64	20	13	11	8
金沙县	68	39	13	8	5
织金县	54	12	12	7	12
纳雍县	78	28	15	11	10
威宁彝族回族苗族自治县	89	37	15	16	8
赫章县	220	72	51	41	28

9-5c 续表 1 单位：户

地 区	合 计	200元以下	200-499元	500-999元	1000-1999元
铜仁市	**427**	**175**	**123**	**65**	**29**
碧江区	10	2	3	3	
万山区	59	31	14	8	3
江口县	41	16	15	6	2
玉屏侗族自治县	24	3	12	3	4
石阡县	39	22	5	4	6
思南县	33	14	12	7	
印江土家族苗族自治县	67	19	27	15	1
德江县	60	30	11	3	3
沿河土家族自治县	60	22	17	11	6
松桃苗族自治县	34	16	7	5	4
黔西南布依族苗族自治州	**279**	**55**	**84**	**67**	**29**
兴义市	59	8	29	9	4
兴仁市	37	13	4	13	1
普安县	87	8	22	37	9
晴隆县	16	6	2	3	2
贞丰县	24	4	9	3	4
望谟县	25	4	9	2	4
册亨县	17	10	5		
安龙县	14	2	4		5
黔东南苗族侗族自治州	**610**	**84**	**247**	**203**	**48**
凯里市	17	1	4	7	5
黄平县	33	8	13	9	1
施秉县	8	3	3	1	
三穗县	14	1	7	3	3
镇远县	9		3	3	2
岑巩县	11		8	2	1
天柱县	31	5	13	12	1
锦屏县	31	8	14	6	1
剑河县	156	17	64	57	11
台江县	41	8	18	9	1
黎平县	101	7	27	53	10
榕江县	72	7	32	23	6
从江县	60	15	30	8	6
雷山县	7		3	3	
麻江县	2	1		1	
丹寨县	17	3	8	6	
黔南布依族苗族自治州	**482**	**210**	**138**	**63**	**39**
都匀市	98	87	4	3	2
福泉市	79	24	36	15	4
荔波县	40	14	10	7	2
贵定县	9	3	4	1	
瓮安县	106	24	52	16	7
独山县	19	5	5		5
平塘县	30	7	10	6	5
罗甸县	30	24	4		1
长顺县	16	11		5	
龙里县	24	5	8	4	5
惠水县	11	2	4	2	2
三都水族自治县	20	4	1	4	6

9-5c　续表 2　　　　单位：户

地　　区	2000–2999元	3000–3999元	4000–5999元	6000–7999元	8000–9999元	10000元及以上
贵　州	**193**	**104**	**84**	**49**	**25**	**60**
贵阳市	**48**	**20**	**9**	**3**	**2**	**8**
南明区	5	1				
云岩区						
花溪区	13	4	5		2	
乌当区	6	3		2		2
白云区	3	2				
观山湖区	7	3	2	1		2
开阳县	1	2				1
息烽县						
修文县	2		1			2
清镇市	11	5	1			1
六盘水市	**31**	**7**	**13**	**8**	**4**	**2**
钟山区						
六枝特区	8	1	4	1	1	
水城县	9	2	5	4	2	
盘州市	14	4	4	3	1	2
遵义市	**20**	**12**	**14**	**9**	**2**	**9**
红花岗区	1					
汇川区	1					
播州区						
桐梓县	1					
绥阳县	3	4	1			
正安县	2		1			
道真仡佬族苗族自治县	1					
务川仡佬族苗族自治县			1			
凤冈县			1	1		2
湄潭县	2	5	5	3	2	
余庆县	2	1	2			
习水县	6	1	2	4		3
赤水市		1				
仁怀市	1		1	1		4
安顺市	**17**	**9**	**3**	**2**	**1**	**7**
西秀区	9	5	2			
平坝区	3	3			1	
普定县	1	1		2		4
镇宁布依族苗族自治县	2					1
关岭布依族苗族自治县						
紫云苗族布依族自治县	2		1			2
毕节市	**39**	**18**	**23**	**16**	**7**	**13**
七星关区	2	3	2		1	
大方县	10	3		5	1	8
黔西县	5	1	4	2		
金沙县	1	1		1		
织金县	1	2	4	3	1	
纳雍县	5	5	3			1
威宁彝族回族苗族自治县	5	1	2	2	1	2
赫章县	10	2	8	3	3	2

9-5c 续表 3

单位：户

地　区	2000-2999元	3000-3999元	4000-5999元	6000-7999元	8000-9999元	10000元及以上
铜仁市	**12**	**8**	**6**	**1**	**2**	**6**
碧江区	1	1				
万山区	2	1				
江口县	1					1
玉屏侗族自治县		1	1			
石阡县	2					
思南县						
印江土家族苗族自治县	1	1	2			1
德江县	5	1	3	1	2	1
沿河土家族自治县		2				2
松桃苗族自治县		1				1
黔西南布依族苗族自治州	**7**	**9**	**9**	**6**	**3**	**10**
兴义市	2	4	2			1
兴仁市			1	2	1	2
普安县	1	2	1	3	1	3
晴隆县	1		1		1	
贞丰县	1	2	1			
望谟县	1	1	2	1		1
册亨县						2
安龙县	1		1			1
黔东南苗族侗族自治州	**8**	**11**	**2**	**1**	**3**	**3**
凯里市						
黄平县	1	1				
施秉县			1			
三穗县						
镇远县	1					
岑巩县						
天柱县						
锦屏县	1	1				
剑河县	1	5				1
台江县	2	2	1			
黎平县		1		1	2	
榕江县	1				1	2
从江县		1				
雷山县	1					
麻江县						
丹寨县						
黔南布依族苗族自治州	**11**	**10**	**5**	**3**	**1**	**2**
都匀市	2					
福泉市						
荔波县	1	2		2	1	1
贵定县		1				
瓮安县	2	2	2	1		
独山县	1	2	1			
平塘县	1		1			
罗甸县	1					
长顺县						
龙里县		1	1			
惠水县						1
三都水族自治县	3	2				

9-6　各地区按住房来源分的同时拥有厨房和厕所的家庭户户数

单位：户

地　区	合　计	租赁廉租住房/公租房	租赁其他住房	购买新建商品房	购买二手房	购买原公有住房	购买经济适用房/两限房	自建住房	继承或赠予	其　他
贵　州	**1043222**	**17394**	**78707**	**179074**	**30464**	**25256**	**35468**	**615651**	**12295**	**48913**
贵阳市	**166442**	**5431**	**28976**	**52488**	**10068**	**11693**	**11174**	**40800**	**1059**	**4753**
南明区	33109	1247	7526	13075	2008	3973	2464	1368	228	1220
云岩区	34315	1166	8839	11056	2376	3906	3255	2017	346	1354
花溪区	22503	755	3560	6996	1487	1462	1935	5705	110	493
乌当区	9435	482	1007	3250	711	248	811	2613	72	241
白云区	11336	481	2159	3829	793	968	282	2552	37	235
观山湖区	16726	601	3125	7381	1258	286	1447	2186	34	408
开阳县	11191	219	656	1989	562	55	346	7066	126	172
息烽县	7020	185	443	1178	309	95	122	4538	24	126
修文县	7509	89	537	917	182	116	85	5377	27	179
清镇市	13298	206	1124	2817	382	584	427	7378	55	325
六盘水市	**81456**	**1405**	**6442**	**10614**	**2576**	**2633**	**2642**	**49710**	**1127**	**4307**
钟山区	17690	242	3055	5786	1539	1599	710	3673	254	832
六枝特区	13408	81	636	1661	242	311	669	8920	221	667
水城县	18203	369	893	1081	335	63	315	13419	306	1422
盘州市	32155	713	1858	2086	460	660	948	23698	346	1386
遵义市	**196699**	**3059**	**15744**	**42370**	**8580**	**2821**	**4501**	**106910**	**2799**	**9915**
红花岗区	27065	894	3578	9835	2154	809	563	6979	337	1916
汇川区	18372	185	2271	4772	1218	680	1019	6427	309	1491
播州区	22279	244	1387	5927	993	256	84	12428	228	732
桐梓县	15290	158	623	2364	886	82	565	9758	258	596
绥阳县	10939	134	364	1848	396	49	184	7450	201	313
正安县	13181	167	666	2567	212	62	522	8686	129	170
道真仡佬族苗族自治县	7888	122	933	1311	287	62	191	4166	179	637
务川仡佬族苗族自治县	9342	109	606	1329	183	133	45	6234	127	576
凤冈县	9668	106	758	1553	137	20	240	6566	147	141
湄潭县	12391	141	692	2574	352	140	284	7463	190	555
余庆县	7289	162	398	926	185	38	52	5262	67	199
习水县	16883	187	1128	2030	503	142	358	11314	201	1020
赤水市	8424	185	528	2608	403	226	97	3494	246	637
仁怀市	17688	265	1812	2726	671	122	297	10683	180	932
安顺市	**64528**	**1077**	**2771**	**8066**	**1116**	**1653**	**1975**	**44802**	**463**	**2605**
西秀区	23325	684	1581	4710	692	985	1254	12330	156	933
平坝区	8411	81	345	935	104	350	402	5959	36	199
普定县	10919	77	201	839	116	173	109	8922	125	357
镇宁布依族苗族自治县	7774	63	241	673	91	67	134	6204	18	283
关岭布依族苗族自治县	7320	100	281	497	68	49	66	5804	65	390
紫云苗族布依族自治县	6779	72	122	412	45	29	10	5583	63	443
毕节市	**145520**	**1420**	**5347**	**13609**	**2242**	**1176**	**1409**	**110745**	**1223**	**8349**
七星关区	29022	336	1742	5276	482	432	537	18451	225	1541
大方县	16105	124	472	1106	129	76	172	12970	157	899
黔西县	16054	218	649	1697	516	158	129	11857	141	689
金沙县	13810	151	528	1142	414	49	86	10215	157	1068
织金县	18866	63	701	1406	331	78	213	15253	165	656
纳雍县	11711	205	415	1195	153	61	52	8675	101	854
威宁彝族回族苗族自治县	25774	217	365	1143	103	199	60	22008	107	1572
赫章县	14178	106	475	644	114	123	160	11316	170	1070

9-6 续表

单位：户

地　区	合　计	租赁廉租住房/公租房	租赁其他住房	购买新建商品房	购买二手房	购买原公有住房	购买经济适用房/两限房	自建住房	继承或赠予	其他
铜仁市	**98755**	**1376**	**3936**	**13111**	**1375**	**896**	**2352**	**68581**	**1985**	**5143**
碧江区	10611	356	906	3795	366	440	557	3123	160	908
万山区	4599	134	185	426	64	34	483	2714	64	495
江口县	5804	85	185	710	57	33	90	4042	184	418
玉屏侗族自治县	4482	95	139	760	54	55	91	2822	195	271
石阡县	9431	93	283	695	109	28	266	7572	121	264
思南县	14186	98	429	1256	218	68	181	11241	224	471
印江土家族苗族自治县	9586	92	440	1455	119	71	177	6572	264	396
德江县	11578	159	653	1187	148	51	292	8565	182	341
沿河土家族自治县	13977	90	479	1119	172	67	114	11095	251	590
松桃苗族自治县	14501	174	237	1708	68	49	101	10835	340	989
黔西南布依族苗族自治州	**83897**	**715**	**4344**	**9635**	**893**	**936**	**5358**	**59470**	**504**	**2042**
兴义市	27654	229	2870	6174	545	651	1328	15382	137	338
兴仁市	12352	95	405	898	38	79	647	9956	111	123
普安县	6705	97	233	285	38	44	122	5504	67	315
晴隆县	6139	32	147	197	34	57	406	5025	39	202
贞丰县	9137	47	327	636	60	42	835	6911	44	235
望谟县	5851	46	102	311	52	7	393	4765	26	149
册亨县	5749	67	70	394	27	9	1247	3263	42	630
安龙县	10310	102	190	740	99	47	380	8664	38	50
黔东南苗族侗族自治州	**106946**	**1366**	**6458**	**13075**	**1681**	**1908**	**2070**	**70944**	**2245**	**7199**
凯里市	18753	444	3139	5351	589	902	770	6504	203	851
黄平县	6968	125	292	695	64	83	96	5082	143	388
施秉县	3781	37	110	410	56	51	61	2607	282	167
三穗县	5267	65	217	635	94	21	65	3662	65	443
镇远县	5890	63	258	462	118	68	40	4554	142	185
岑巩县	5446	75	440	557	51	76	50	3732	42	423
天柱县	8614	47	186	694	123	77	172	6243	584	488
锦屏县	4918	53	176	570	81	37	96	3402	75	428
剑河县	5406	53	329	387	54	158	46	3573	96	710
台江县	3189	23	71	444	46	59	70	2217	52	207
黎平县	11393	71	495	878	138	72	60	8679	175	825
榕江县	7770	36	218	618	84	85	30	5895	111	693
从江县	7607	60	197	340	60	72	9	6250	70	549
雷山县	3624	42	119	203	33	29	46	2539	34	579
麻江县	4039	55	102	425	35	51	8	3052	77	234
丹寨县	4281	117	109	406	55	67	451	2953	94	29
黔南布依族苗族自治州	**98979**	**1545**	**4689**	**16106**	**1933**	**1540**	**3987**	**63689**	**890**	**4600**
都匀市	14862	404	981	4918	491	653	527	5908	136	844
福泉市	8536	183	472	1465	163	99	142	5514	63	435
荔波县	4584	75	218	735	66	15	336	2965	14	160
贵定县	6897	175	208	1033	135	125	288	4706	85	142
瓮安县	12378	150	899	2385	507	171	512	6633	175	946
独山县	7622	79	213	822	102	53	218	5701	133	301
平塘县	7027	56	215	484	51	25	251	5695	46	204
罗甸县	7903	87	382	831	138	36	805	5365	45	214
长顺县	5352	36	69	542	30	65	64	4138	26	382
龙里县	5792	123	442	1327	117	79	101	3290	55	258
惠水县	9721	117	417	1079	78	149	376	7262	43	200
三都水族自治县	8305	60	173	485	55	70	367	6512	69	514

9-6a 各地区按住房来源分的同时拥有厨房和厕所的家庭户户数(城市)

单位：户

地区	合计	租赁廉租住房/公租房	租赁其他住房	购买新建商品房	购买二手房	购买原公有住房	购买经济适用房/两限房	自建住房	继承或赠予	其他
贵州	**283705**	**9141**	**50179**	**113704**	**18569**	**19308**	**19523**	**35390**	**2314**	**15577**
贵阳市	**120774**	**4339**	**25741**	**48072**	**8849**	**10965**	**9768**	**8519**	**770**	**3751**
南明区	31953	1232	7263	13068	2004	3972	2208	793	217	1196
云岩区	34315	1166	8839	11056	2376	3906	3255	2017	346	1354
花溪区	17320	657	3092	6869	1476	1403	1580	1734	96	413
乌当区	6191	467	625	3147	682	248	744	163	20	95
白云区	10514	465	2108	3829	785	909	282	1881	37	218
观山湖区	14185	180	2837	7380	1223	60	1415	744	24	322
开阳县										
息烽县										
修文县										
清镇市	6296	172	977	2723	303	467	284	1187	30	153
六盘水市	**26718**	**617**	**4392**	**9129**	**1890**	**2196**	**1893**	**4423**	**389**	**1789**
钟山区	14967	183	2912	5750	1393	1454	633	1653	231	758
六枝特区	4212	65	477	1539	211	280	598	644	82	316
水城县										
盘州市	7539	369	1003	1840	286	462	662	2126	76	715
遵义市	**52681**	**1592**	**8514**	**23459**	**4668**	**1928**	**1855**	**5466**	**638**	**4561**
红花岗区	20169	829	3309	9297	2019	783	497	1432	259	1744
汇川区	12615	165	2164	4667	1139	659	947	1379	146	1349
播州区	8621	195	1013	5163	697	188	66	859	93	347
桐梓县										
绥阳县										
正安县										
道真仡佬族苗族自治县										
务川仡佬族苗族自治县										
凤冈县										
湄潭县										
余庆县										
习水县										
赤水市	3418	165	358	1872	260	186	65	121	64	327
仁怀市	7858	238	1670	2460	553	112	280	1675	76	794
安顺市	**15153**	**665**	**1589**	**5278**	**700**	**1064**	**1366**	**3613**	**76**	**802**
西秀区	13124	617	1434	4553	661	926	1233	2908	72	720
平坝区	2029	48	155	725	39	138	133	705	4	82
普定县										
镇宁布依族苗族自治县										
关岭布依族苗族自治县										
紫云苗族布依族自治县										
毕节市	**13828**	**300**	**1583**	**5231**	**438**	**416**	**503**	**3876**	**123**	**1358**
七星关区	13828	300	1583	5231	438	416	503	3876	123	1358
大方县										
黔西县										
金沙县										
织金县										
纳雍县										
威宁彝族回族苗族自治县										
赫章县										

9－6a 续表

单位：户

地区	合计	租赁廉租住房/公租房	租赁其他住房	购买新建商品房	购买二手房	购买原公有住房	购买经济适用房/两限房	自建住房	继承或赠予	其他
铜仁市	**9752**	**459**	**1057**	**4104**	**393**	**444**	**913**	**1060**	**79**	**1243**
碧江区	7960	351	899	3704	357	436	537	825	65	786
万山区	1792	108	158	400	36	8	376	235	14	457
江口县										
玉屏侗族自治县										
石阡县										
思南县										
印江土家族苗族自治县										
德江县										
沿河土家族自治县										
松桃苗族自治县										
黔西南布依族苗族自治州	**19389**	**295**	**3091**	**7017**	**529**	**714**	**1870**	**5483**	**76**	**314**
兴义市	15839	219	2754	6144	504	638	1236	4007	56	281
兴仁市	3550	76	337	873	25	76	634	1476	20	33
普安县										
晴隆县										
贞丰县										
望谟县										
册亨县										
安龙县										
黔东南苗族侗族自治州	**13402**	**431**	**3013**	**5342**	**566**	**880**	**768**	**1557**	**69**	**776**
凯里市	13402	431	3013	5342	566	880	768	1557	69	776
黄平县										
施秉县										
三穗县										
镇远县										
岑巩县										
天柱县										
锦屏县										
剑河县										
台江县										
黎平县										
榕江县										
从江县										
雷山县										
麻江县										
丹寨县										
黔南布依族苗族自治州	**12008**	**443**	**1199**	**6072**	**536**	**701**	**587**	**1393**	**94**	**983**
都匀市	9305	310	961	4801	482	649	487	841	82	692
福泉市	2703	133	238	1271	54	52	100	552	12	291
荔波县										
贵定县										
瓮安县										
独山县										
平塘县										
罗甸县										
长顺县										
龙里县										
惠水县										
三都水族自治县										

9-6b　各地区按住房来源分的同时拥有厨房和厕所的家庭户户数(镇)

单位：户

地　区	合　计	租赁廉租住房/公租房	租赁其他住房	购买新建商品房	购买二手房	购买原公有住房	购买经济适用房/两限房	自建住房	继承或赠予	其　他
贵　州	**265565**	**6649**	**23634**	**60576**	**9837**	**5434**	**12573**	**119660**	**3418**	**23784**
贵阳市	**15686**	**667**	**2091**	**4109**	**1071**	**698**	**835**	**5561**	**78**	**576**
南明区										
云岩区										
花溪区	997	94	225	38	3	57	102	438	4	36
乌当区	527	4	98	1	6		18	390	4	6
白云区	89	12	14		3	59		1		
观山湖区	672	49	149	1	18	226	32	120	8	69
开阳县	5717	215	620	1972	531	50	341	1819	28	141
息烽县	3298	180	428	1174	294	94	122	900	7	99
修文县	3412	88	500	909	167	109	85	1377	18	159
清镇市	974	25	57	14	49	103	135	516	9	66
六盘水市	**12784**	**474**	**1388**	**1092**	**555**	**349**	**456**	**6304**	**378**	**1788**
钟山区	1391	45	137	34	145	144	47	785	15	39
六枝特区	1261	7	73	64	12	23	67	732	50	233
水城县	5908	291	675	962	277	47	215	2008	238	1195
盘州市	4224	131	503	32	121	135	127	2779	75	321
遵义市	**53175**	**1193**	**5977**	**16740**	**3111**	**758**	**2330**	**18892**	**599**	**3575**
红花岗区	1634	23	184	471	104	20	10	732	13	77
汇川区	1651	18	79	89	57	17	67	1187	41	96
播州区	2589	34	193	546	174	34	11	1388	24	185
桐梓县	6944	156	554	2221	787	67	541	2096	108	414
绥阳县	4469	104	276	1769	340	43	176	1593	32	136
正安县	5028	148	520	1894	145	57	462	1687	38	77
道真仡佬族苗族自治县	3883	114	762	1128	227	56	177	923	73	423
务川仡佬族苗族自治县	4582	106	584	1314	173	131	41	1685	36	512
凤冈县	4107	90	710	1522	94	17	214	1339	14	107
湄潭县	5821	122	587	2303	294	136	274	1583	78	444
余庆县	3249	77	321	874	135	28	45	1574	26	169
习水县	6429	169	996	1916	423	124	296	1626	75	804
赤水市	1133	15	110	441	84	23	10	344	20	86
仁怀市	1656	17	101	252	74	5	6	1135	21	45
安顺市	**14845**	**375**	**953**	**2584**	**323**	**559**	**528**	**8047**	**190**	**1286**
西秀区	1219	50	33	109	10	43	19	905	10	40
平坝区	2076	27	151	174	49	203	201	1170	16	85
普定县	3850	74	171	815	99	170	107	2123	48	243
镇宁布依族苗族自治县	2820	53	223	672	77	65	125	1385	12	208
关岭布依族苗族自治县	2612	99	269	479	56	49	66	1216	58	320
紫云苗族布依族自治县	2268	72	106	335	32	29	10	1248	46	390
毕节市	**50878**	**1003**	**3340**	**8189**	**1510**	**698**	**863**	**29032**	**514**	**5729**
七星关区	1809	16	120	23	31	6	24	1512	15	62
大方县	6375	113	398	1085	103	69	164	3657	69	717
黔西县	8221	207	609	1687	455	147	128	4323	102	563
金沙县	7143	149	491	1130	332	46	85	3871	86	953
织金县	8276	62	664	1396	301	75	207	4904	76	591
纳雍县	5761	197	379	1181	127	49	49	3023	35	721
威宁彝族回族苗族自治县	9321	181	318	1114	73	196	57	5968	48	1366
赫章县	3972	78	361	573	88	110	149	1774	83	756

9－6b 续表

单位：户

地区	合计	租赁廉租住房/公租房	租赁其他住房	购买新建商品房	购买二手房	购买原公有住房	购买经济适用房/两限房	自建住房	继承或赠予	其他
铜仁市	**30041**	**789**	**2600**	**8474**	**756**	**396**	**1203**	**12696**	**568**	**2559**
碧江区	124	2		1			13	102	2	4
万山区										
江口县	2314	81	151	611	43	28	83	943	30	344
玉屏侗族自治县	2260	95	116	747	50	54	79	694	180	245
石阡县	2769	74	266	672	89	27	252	1216	20	153
思南县	4733	91	403	1207	184	65	176	2158	69	380
印江土家族苗族自治县	3440	73	393	1368	94	64	137	987	70	254
德江县	4751	136	616	1154	105	47	264	2284	32	113
沿河土家族自治县	4821	80	433	1080	139	66	111	2450	47	415
松桃苗族自治县	4829	157	222	1634	52	45	88	1862	118	651
黔西南布依族苗族自治州	**18379**	**357**	**1054**	**2515**	**297**	**189**	**2446**	**10454**	**144**	**923**
兴义市	2076	6	63	19	18	5	81	1831	17	36
兴仁市	1177	13	39	17	7		1	1072	15	13
普安县	2000	73	175	273	31	31	34	1115	29	239
晴隆县	1896	30	135	196	27	56	298	1039	7	108
贞丰县	3376	41	309	632	58	39	800	1266	17	214
望谟县	2043	38	87	271	46	6	208	1345	14	28
册亨县	1864	54	67	371	27	9	646	418	20	252
安龙县	3947	102	179	736	83	43	378	2368	25	33
黔东南苗族侗族自治州	**32974**	**843**	**3029**	**7181**	**972**	**979**	**1068**	**13461**	**608**	**4833**
凯里市	770	10	116	7	17	21	2	519	18	60
黄平县	2760	115	274	670	53	79	95	1025	82	367
施秉县	1401	37	105	405	52	51	34	598	24	95
三穗县	2234	65	203	597	87	21	51	818	19	373
镇远县	2775	63	251	455	108	68	40	1595	25	170
岑巩县	2160	75	429	537	45	75	45	793	16	145
天柱县	3041	40	164	640	105	75	131	1308	127	451
锦屏县	2028	49	157	546	72	36	90	665	24	389
剑河县	1991	39	213	378	49	153	43	583	59	474
台江县	1152	6	54	408	40	53	48	354	19	170
黎平县	4217	57	427	582	114	56	33	2308	72	568
榕江县	2458	31	155	608	65	77	23	832	47	620
从江县	1634	50	168	335	49	71	8	479	33	441
雷山县	1295	41	113	201	30	29	45	551	12	273
麻江县	1520	55	100	420	32	50	6	619	17	221
丹寨县	1538	110	100	392	54	64	374	414	14	16
黔南布依族苗族自治州	**36803**	**948**	**3202**	**9692**	**1242**	**808**	**2844**	**15213**	**339**	**2515**
都匀市	561	12	5	31	6	1		475		31
福泉市	1358	23	184	172	95	45	35	664	21	119
荔波县	1838	64	196	724	63	15	77	651	8	40
贵定县	3670	175	200	1029	129	120	286	1571	49	111
瓮安县	7202	142	815	2328	444	164	483	2059	68	699
独山县	3518	78	198	743	92	52	83	2075	50	147
平塘县	2224	52	194	437	31	24	216	1106	23	141
罗甸县	3870	80	360	818	121	36	800	1422	39	194
长顺县	2248	27	64	534	28	65	55	1142	16	317
龙里县	3124	120	424	1321	110	74	100	836	18	121
惠水县	4408	116	408	1071	76	145	370	2055	17	150
三都水族自治县	2782	59	154	484	47	67	339	1157	30	445

9-6c　各地区按住房来源分的同时拥有厨房和厕所的家庭户户数(乡村)

单位：户

地　区	合　计	租赁廉租住房/公租房	租赁其他住房	购买新建商品房	购买二手房	购买原公有住房	购买经济适用房/两限房	自建住房	继承或赠予	其　他
贵　州	**493952**	**1604**	**4894**	**4794**	**2058**	**514**	**3372**	**460601**	**6563**	**9552**
贵阳市	**29982**	**425**	**1144**	**307**	**148**	**30**	**571**	**26720**	**211**	**426**
南明区	1156	15	263	7	4	1	256	575	11	24
云岩区										
花溪区	4186	4	243	89	8	2	253	3533	10	44
乌当区	2717	11	284	102	23		49	2060	48	140
白云区	733	4	37		5			670		17
观山湖区	1869	372	139		17			1322	2	17
开阳县	5474	4	36	17	31	5	5	5247	98	31
息烽县	3722	5	15	4	15	1		3638	17	27
修文县	4097	1	37	8	15	7		4000	9	20
清镇市	6028	9	90	80	30	14	8	5675	16	106
六盘水市	**41954**	**314**	**662**	**393**	**131**	**88**	**293**	**38983**	**360**	**730**
钟山区	1332	14	6	2	1	1	30	1235	8	35
六枝特区	7935	9	86	58	19	8	4	7544	89	118
水城县	12295	78	218	119	58	16	100	11411	68	227
盘州市	20392	213	352	214	53	63	159	18793	195	350
遵义市	**90843**	**274**	**1253**	**2171**	**801**	**135**	**316**	**82552**	**1562**	**1779**
红花岗区	5262	42	85	67	31	6	56	4815	65	95
汇川区	4106	2	28	16	22	4	5	3861	122	46
播州区	11069	15	181	218	122	34	7	10181	111	200
桐梓县	8346	2	69	143	99	15	24	7662	150	182
绥阳县	6470	30	88	79	56	6	8	5857	169	177
正安县	8153	19	146	673	67	5	60	6999	91	93
道真仡佬族苗族自治县	4005	8	171	183	60	6	14	3243	106	214
务川仡佬族苗族自治县	4760	3	22	15	10	2	4	4549	91	64
凤冈县	5561	16	48	31	43	3	26	5227	133	34
湄潭县	6570	19	105	271	58	4	10	5880	112	111
余庆县	4040	85	77	52	50	10	7	3688	41	30
习水县	10454	18	132	114	80	18	62	9688	126	216
赤水市	3873	5	60	295	59	17	22	3029	162	224
仁怀市	8174	10	41	14	44	5	11	7873	83	93
安顺市	**34530**	**37**	**229**	**204**	**93**	**30**	**81**	**33142**	**197**	**517**
西秀区	8982	17	114	48	21	16	2	8517	74	173
平坝区	4306	6	39	36	16	9	68	4084	16	32
普定县	7069	3	30	24	17	3	2	6799	77	114
镇宁布依族苗族自治县	4954	10	18	1	14	2	9	4819	6	75
关岭布依族苗族自治县	4708	1	12	18	12			4588	7	70
紫云苗族布依族自治县	4511		16	77	13			4335	17	53
毕节市	**80814**	**117**	**424**	**189**	**294**	**62**	**43**	**77837**	**586**	**1262**
七星关区	13385	20	39	22	13	10	10	13063	87	121
大方县	9730	11	74	21	26	7	8	9313	88	182
黔西县	7833	11	40	10	61	11	1	7534	39	126
金沙县	6667	2	37	12	82	3	1	6344	71	115
织金县	10590	1	37	10	30	3	6	10349	89	65
纳雍县	5950	8	36	14	26	12	3	5652	66	133
威宁彝族回族苗族自治县	16453	36	47	29	30	3	3	16040	59	206
赫章县	10206	28	114	71	26	13	11	9542	87	314

9-6c 续表 单位：户

地 区	合 计	租赁廉租住房/公租房	租赁其他住房	购买新建商品房	购买二手房	购买原公有住房	购买经济适用房/两限房	自建住房	继承或赠予	其 他
铜仁市	**58962**	**128**	**279**	**533**	**226**	**56**	**236**	**54825**	**1338**	**1341**
碧江区	2527	3	7	90	9	4	7	2196	93	118
万山区	2807	26	27	26	28	26	107	2479	50	38
江口县	3490	4	34	99	14	5	7	3099	154	74
玉屏侗族自治县	2222		23	13	4	1	12	2128	15	26
石阡县	6662	19	17	23	20	1	14	6356	101	111
思南县	9453	7	26	49	34	3	5	9083	155	91
印江土家族苗族自治县	6146	19	47	87	25	7	40	5585	194	142
德江县	6827	23	37	33	43	4	28	6281	150	228
沿河土家族自治县	9156	10	46	39	33	1	3	8645	204	175
松桃苗族自治县	9672	17	15	74	16	4	13	8973	222	338
黔西南布依族苗族自治州	**46129**	**63**	**199**	**103**	**67**	**33**	**1042**	**43533**	**284**	**805**
兴义市	9739	4	53	11	23	8	11	9544	64	21
兴仁市	7625	6	29	8	6	3	12	7408	76	77
普安县	4705	24	58	12	7	13	88	4389	38	76
晴隆县	4243	2	12	1	7	1	108	3986	32	94
贞丰县	5761	6	18	4	2	3	35	5645	27	21
望谟县	3808	8	15	40	6	1	185	3420	12	121
册亨县	3885	13	3	23			601	2845	22	378
安龙县	6363		11	4	16	4	2	6296	13	17
黔东南苗族侗族自治州	**60570**	**92**	**416**	**552**	**143**	**49**	**234**	**55926**	**1568**	**1590**
凯里市	4581	3	10	2	6	1		4428	116	15
黄平县	4208	10	18	25	11	4	1	4057	61	21
施秉县	2380		5	5	4		27	2009	258	72
三穗县	3033		14	38	7		14	2844	46	70
镇远县	3115		7	7	10			2959	117	15
岑巩县	3286		11	20	6	1	5	2939	26	278
天柱县	5573	7	22	54	18	2	41	4935	457	37
锦屏县	2890	4	19	24	9	1	6	2737	51	39
剑河县	3415	14	116	9	5	5	3	2990	37	236
台江县	2037	17	17	36	6	6	22	1863	33	37
黎平县	7176	14	68	296	24	16	27	6371	103	257
榕江县	5312	5	63	10	19	8	7	5063	64	73
从江县	5973	10	29	5	11	1	1	5771	37	108
雷山县	2329	1	6	2	3		1	1988	22	306
麻江县	2519		2	5	3	1	2	2433	60	13
丹寨县	2743	7	9	14	1	3	77	2539	80	13
黔南布依族苗族自治州	**50168**	**154**	**288**	**342**	**155**	**31**	**556**	**47083**	**457**	**1102**
都匀市	4996	82	15	86	3	3	40	4592	54	121
福泉市	4475	27	50	22	14	2	7	4298	30	25
荔波县	2746	11	22	11	3		259	2314	6	120
贵定县	3227		8	4	6	5	2	3135	36	31
瓮安县	5176	8	84	57	63	7	29	4574	107	247
独山县	4104	1	15	79	10	1	135	3626	83	154
平塘县	4803	4	21	47	20	1	35	4589	23	63
罗甸县	4033	7	22	13	17		5	3943	6	20
长顺县	3104	9	5	8	2		9	2996	10	65
龙里县	2668	3	18	6	7	5	1	2454	37	137
惠水县	5313	1	9	8	2	4	6	5207	26	50
三都水族自治县	5523	1	19	1	8	3	28	5355	39	69

9-7　全省按户主的受教育程度、住房来源分的家庭户户数

单位：户

受教育程度	合　计	租赁廉租住房/公租房	租赁其他住房	购买新建商品房	购买二手房	购买原公有住房	购买经济适用房/两限房	自建住房	继承或赠予	其　他
总　计	**1010827**	**18093**	**97591**	**175106**	**29999**	**24790**	**33564**	**573289**	**11651**	**46744**
未上过学	64049	472	2658	1487	610	605	1062	52002	1081	4072
学前教育	557	12	17	39	7	6	23	413	11	29
小　学	347481	3251	20662	17411	5476	3875	8460	266814	4310	17222
初　中	371363	6998	42608	50989	11498	8469	12111	216920	4389	17381
高　中	89896	2701	13681	29906	4570	5455	5064	23555	985	3979
大学专科	68095	2083	9516	33132	3693	3524	3604	9810	500	2233
大学本科	65210	2342	7968	39603	3785	2696	3006	3735	357	1718
硕士研究生	3699	175	439	2297	327	130	198	39	8	86
博士研究生	477	59	42	242	33	30	36	1	10	24

9-7a　全省按户主的受教育程度、住房来源分的家庭户户数(城市)

单位：户

受教育程度	合　计	租赁廉租住房/公租房	租赁其他住房	购买新建商品房	购买二手房	购买原公有住房	购买经济适用房/两限房	自建住房	继承或赠予	其　他
总　计	**294599**	**9594**	**63517**	**111666**	**18262**	**18776**	**19004**	**35669**	**2405**	**15706**
未上过学	5576	246	1382	664	194	377	309	1707	98	599
学前教育	69	5	11	17	4	6	7	11	2	6
小　学	47172	1701	12087	8761	2247	2759	3015	12112	460	4030
初　中	103743	4012	26301	29423	6244	6414	6448	17126	996	6779
高　中	49589	1679	9642	21185	3321	4473	3794	2886	414	2195
大学专科	41070	969	7385	21994	2801	2515	2779	1217	243	1167
大学本科	43633	858	6262	27270	3098	2079	2432	600	177	857
硕士研究生	3323	90	406	2120	321	123	186	10	5	62
博士研究生	424	34	41	232	32	30	34		10	11

9-7b 全省按户主的受教育程度、住房来源分的家庭户户数(镇)

单位：户

受教育程度	合 计	租赁廉租住房/公租房	租赁其他住房	购买新建商品房	购买二手房	购买原公有住房	购买经济适用房/两限房	自建住房	继承或赠予	其 他
总 计	**261724**	**6837**	**28151**	**59234**	**9754**	**5500**	**11527**	**115610**	**3291**	**21820**
未上过学	13927	186	1050	739	311	196	561	8477	271	2136
学前教育	130	3	5	20	1		12	74	2	13
小 学	78227	1299	6981	7712	2423	977	4235	44336	1190	9074
初 中	104483	2515	13240	19842	4408	1853	4455	49315	1257	7598
高 中	24732	819	3481	8320	1139	930	1047	7333	285	1378
大学专科	20902	775	1839	10632	818	954	697	4170	147	870
大学本科	18966	1143	1524	11816	648	583	508	1890	137	717
硕士研究生	311	73	30	145	6	7	11	15	2	22
博士研究生	46	24	1	8			1			12

9-7c 全省按户主的受教育程度、住房来源分的家庭户户数(乡村)

单位：户

受教育程度	合 计	租赁廉租住房/公租房	租赁其他住房	购买新建商品房	购买二手房	购买原公有住房	购买经济适用房/两限房	自建住房	继承或赠予	其 他
总 计	**454504**	**1662**	**5923**	**4206**	**1983**	**514**	**3033**	**422010**	**5955**	**9218**
未上过学	44546	40	226	84	105	32	192	41818	712	1337
学前教育	358	4	1	2	2		4	328	7	10
小 学	222082	251	1594	938	806	139	1210	210366	2660	4118
初 中	163137	471	3067	1724	846	202	1208	150479	2136	3004
高 中	15575	203	558	401	110	52	223	13336	286	406
大学专科	6123	339	292	506	74	55	128	4423	110	196
大学本科	2611	341	182	517	39	34	66	1245	43	144
硕士研究生	65	12	3	32			1	14	1	2
博士研究生	7	1		2	1		1	1		1

9-8　全省按户主的受教育程度、月租房费用分的家庭户户数

单位：户

受教育程度	合　计	200元以下	200-499元	500-999元	1000-1999元
总　计	**115684**	**19042**	**39323**	**29588**	**19798**
未上过学	3130	1029	1374	493	168
学前教育	29	12	12	3	2
小　学	23913	5184	10365	5457	1933
初　中	49606	7874	18233	13545	6929
高　中	16382	2288	4473	4393	3784
大学专科	11599	1204	2693	3079	3417
大学本科	10310	1379	2010	2492	3322
硕士研究生	614	65	124	100	229
博士研究生	101	7	39	26	14

9-8　续表

单位：户

受教育程度	2000-2999元	3000-3999元	4000-5999元	6000-7999元	8000-9999元	10000元及以上
总　计	**4341**	**1322**	**961**	**444**	**293**	**572**
未上过学	21	15	14	11	1	4
学前教育						
小　学	413	173	186	76	44	82
初　中	1383	523	474	227	148	270
高　中	838	222	154	69	57	104
大学专科	840	179	59	38	22	68
大学本科	772	179	69	23	20	44
硕士研究生	65	25	5		1	
博士研究生	9	6				

9-8a 全省按户主的受教育程度、月租房费用分的家庭户户数(城市)

单位：户

受教育程度	合 计	200元以下	200-499元	500-999元	1000-1999元
总 计	**73111**	**9233**	**23847**	**19802**	**15475**
未上过学	1628	484	721	293	112
学前教育	16	4	9	2	1
小 学	13788	2528	6179	3411	1294
初 中	30313	4235	11158	8798	4792
高 中	11321	1236	2859	3143	3125
大学专科	8354	428	1653	2297	2994
大学本科	7120	283	1176	1747	2933
硕士研究生	496	29	74	89	210
博士研究生	75	6	18	22	14

9-8a 续表

单位：户

受教育程度	2000-2999元	3000-3999元	4000-5999元	6000-7999元	8000-9999元	10000元及以上
总 计	**3336**	**705**	**338**	**129**	**89**	**157**
未上过学	8	5		3	1	1
学前教育						
小 学	197	64	59	20	17	19
初 中	838	192	137	61	36	66
高 中	701	117	65	24	20	31
大学专科	778	135	24	14	6	25
大学本科	741	161	48	7	9	15
硕士研究生	64	25	5			
博士研究生	9	6				

9–8b　全省按户主的受教育程度、月租房费用分的家庭户户数(镇)

单位：户

受教育程度	合　计	200元 以下	200– 499元	500– 999元	1000– 1999元
总　计	**34988**	**7985**	**12511**	**8237**	**3572**
未上过学	1236	444	547	161	43
学前教育	8	5	2		1
小　学	8280	2123	3446	1697	519
初　中	15755	2965	5717	3938	1704
高　中	4300	924	1319	1088	554
大学专科	2614	615	752	681	379
大学本科	2667	879	659	661	355
硕士研究生	103	29	48	8	17
博士研究生	25	1	21	3	

9–8b　续表

单位：户

受教育程度	2000– 2999元	3000– 3999元	4000– 5999元	6000– 7999元	8000– 9999元	10000元 及以上
总　计	**821**	**515**	**544**	**267**	**179**	**357**
未上过学	12	8	12	7		2
学前教育						
小　学	181	84	116	46	18	50
初　中	446	294	289	137	99	166
高　中	106	82	79	40	35	73
大学专科	52	31	30	21	16	37
大学本科	24	16	18	16	10	29
硕士研究生					1	
博士研究生						

9-8c 全省按户主的受教育程度、月租房费用分的家庭户户数(乡村)

单位：户

受教育程度	合 计	200元以下	200-499元	500-999元	1000-1999元
总 计	**7585**	**1824**	**2965**	**1549**	**751**
未上过学	266	101	106	39	13
学前教育	5	3	1	1	
小 学	1845	533	740	349	120
初 中	3538	674	1358	809	433
高 中	761	128	295	162	105
大学专科	631	161	288	101	44
大学本科	523	217	175	84	34
硕士研究生	15	7	2	3	2
博士研究生	1			1	

9-8c 续表

单位：户

受教育程度	2000-2999元	3000-3999元	4000-5999元	6000-7999元	8000-9999元	10000元及以上
总 计	**184**	**102**	**79**	**48**	**25**	**58**
未上过学	1	2	2	1		1
学前教育						
小 学	35	25	11	10	9	13
初 中	99	37	48	29	13	38
高 中	31	23	10	5	2	
大学专科	10	13	5	3		6
大学本科	7	2	3		1	
硕士研究生	1					
博士研究生						

9–9　全省按户主的职业、住房来源分的家庭户户数

单位：户

职业大类	合　计	租赁廉租住房/公租房	租　赁其他住房	购买新建商品房	购　买二手房
总　计	**655882**	**11158**	**73094**	**118828**	**19920**
党的机关、国家机关、群众团体和社会组织、企事业单位负责人	15999	232	2180	7000	923
专业技术人员	54713	2167	6985	26737	2925
办事人员和有关人员	52216	1756	4551	23936	2522
社会生产服务和生活服务人员	185802	4258	38580	40158	8506
农、林、牧、渔业生产及辅助人员	175103	147	916	1695	771
生产制造及有关人员	170888	2545	19663	19040	4227
不便分类的其他从业人员	1161	53	219	262	46

9–9　续表　　单位：户

职业大类	购买原公有住房	购买经济适用房/两限房	自建住房	继承或赠　予	其　他
总　计	**8963**	**19089**	**372544**	**6622**	**25664**
党的机关、国家机关、群众团体和社会组织、企事业单位负责人	384	595	4146	99	440
专业技术人员	1702	2264	9746	402	1785
办事人员和有关人员	2094	2722	11966	505	2164
社会生产服务和生活服务人员	3141	6807	73945	1806	8601
农、林、牧、渔业生产及辅助人员	122	1485	164810	1935	3222
生产制造及有关人员	1507	5168	107480	1868	9390
不便分类的其他从业人员	13	48	451	7	62

9−9a 全省按户主的职业、住房来源分的家庭户户数(城市)

单位：户

职业大类	合　计	租赁廉租住房/公租房	租　赁其他住房	购买新建商品房	购　买二手房
总　计	**185466**	**5239**	**49251**	**74020**	**12247**
党的机关、国家机关、群众团体和社会组织、企事业单位负责人	8819	125	1618	4990	712
专业技术人员	29258	792	5104	16683	2116
办事人员和有关人员	27101	784	3363	15030	1873
社会生产服务和生活服务人员	78382	2294	26156	25989	5367
农、林、牧、渔业生产及辅助人员	3488	28	245	586	86
生产制造及有关人员	37826	1187	12578	10538	2066
不便分类的其他从业人员	592	29	187	204	27

9−9a 续表

单位：户

职业大类	购买原公有住房	购买经济适用房/两限房	自建住房	继承或赠　予	其　他
总　计	**6027**	**10356**	**19013**	**1208**	**8105**
党的机关、国家机关、群众团体和社会组织、企事业单位负责人	274	464	431	25	180
专业技术人员	1129	1606	942	143	743
办事人员和有关人员	1375	1931	1549	194	1002
社会生产服务和生活服务人员	2222	3963	8384	552	3455
农、林、牧、渔业生产及辅助人员	20	180	2136	40	167
生产制造及有关人员	1000	2193	5495	253	2516
不便分类的其他从业人员	7	19	76	1	42

9—9b 全省按户主的职业、住房来源分的家庭户户数(镇)

单位：户

职业大类	合 计	租赁廉租住房/公租房	租 赁其他住房	购买新建商品房	购 买二手房
总 计	**168585**	**4655**	**19261**	**41860**	**6354**
党的机关、国家机关、群众团体和社会组织、企事业单位负责人	4411	84	464	1915	193
专业技术人员	18350	1069	1614	9585	737
办事人员和有关人员	17164	779	1033	8544	597
社会生产服务和生活服务人员	58013	1578	10063	13133	2724
农、林、牧、渔业生产及辅助人员	23391	89	425	909	322
生产制造及有关人员	47016	1052	5635	7720	1764
不便分类的其他从业人员	240	4	27	54	17

9—9b 续表

单位：户

职业大类	购买原公有住房	购买经济适用房/两限房	自建住房	继承或赠 予	其 他
总 计	**2652**	**6796**	**72642**	**1874**	**12491**
党的机关、国家机关、群众团体和社会组织、企事业单位负责人	104	101	1305	44	201
专业技术人员	528	555	3333	143	786
办事人员和有关人员	682	651	3735	182	961
社会生产服务和生活服务人员	823	2255	22894	638	3905
农、林、牧、渔业生产及辅助人员	63	843	18907	264	1569
生产制造及有关人员	446	2364	22380	601	5054
不便分类的其他从业人员	6	27	88	2	15

9-9c 全省按户主的职业、住房来源分的家庭户户数(乡村)

单位：户

职业大类	合　计	租赁廉租住房/公租房	租　赁其他住房	购买新建商品房	购　买二手房
总　计	**301831**	**1264**	**4582**	**2948**	**1319**
党的机关、国家机关、群众团体和社会组织、企事业单位负责人	2769	23	98	95	18
专业技术人员	7105	306	267	469	72
办事人员和有关人员	7951	193	155	362	52
社会生产服务和生活服务人员	49407	386	2361	1036	415
农、林、牧、渔业生产及辅助人员	148224	30	246	200	363
生产制造及有关人员	86046	306	1450	782	397
不便分类的其他从业人员	329	20	5	4	2

9-9c　续表

单位：户

职业大类	购买原公有住房	购买经济适用房/两限房	自建住房	继承或赠　予	其　他
总　计	**284**	**1937**	**280889**	**3540**	**5068**
党的机关、国家机关、群众团体和社会组织、企事业单位负责人	6	30	2410	30	59
专业技术人员	45	103	5471	116	256
办事人员和有关人员	37	140	6682	129	201
社会生产服务和生活服务人员	96	589	42667	616	1241
农、林、牧、渔业生产及辅助人员	39	462	143767	1631	1486
生产制造及有关人员	61	611	79605	1014	1820
不便分类的其他从业人员		2	287	4	5

9–10　全省按户主的职业、月租房费用分的家庭户户数

单位：户

职业大类	合　计	200元以下	200–499元	500–999元	1000–1999元
总　计	**84252**	**11008**	**28736**	**22467**	**15506**
党的机关、国家机关、群众团体和社会组织、企事业单位负责人	2412	138	353	546	847
专业技术人员	9152	1426	2238	2344	2430
办事人员和有关人员	6307	1170	1605	1539	1442
社会生产服务和生活服务人员	42838	4456	13872	12021	8646
农、林、牧、渔业生产及辅助人员	1063	336	414	195	79
生产制造及有关人员	22208	3453	10139	5746	2021
不便分类的其他从业人员	272	29	115	76	41

9–10　续表　　单位：户

职业大类	2000–2999元	3000–3999元	4000–5999元	6000–7999元	8000–9999元	10000元及以上
总　计	**3603**	**1078**	**792**	**355**	**225**	**482**
党的机关、国家机关、群众团体和社会组织、企事业单位负责人	322	82	46	23	17	38
专业技术人员	487	100	44	23	18	42
办事人员和有关人员	375	93	36	16	10	21
社会生产服务和生活服务人员	2028	660	504	219	125	307
农、林、牧、渔业生产及辅助人员	12	7	7	4	4	5
生产制造及有关人员	374	135	154	70	49	67
不便分类的其他从业人员	5	1	1		2	2

9-10a 全省按户主的职业、月租房费用分的家庭户户数(城市)

单位：户

职业大类	合 计	200元以下	200-499元	500-999元	1000-1999元
总 计	**54490**	**5047**	**18331**	**15245**	**11947**
党的机关、国家机关、群众团体和社会组织、企事业单位负责人	1743	47	225	384	682
专业技术人员	5896	332	1310	1591	2076
办事人员和有关人员	4147	461	947	1051	1221
社会生产服务和生活服务人员	28450	2444	9103	8302	6517
农、林、牧、渔业生产及辅助人员	273	41	106	86	35
生产制造及有关人员	13765	1702	6558	3762	1380
不便分类的其他从业人员	216	20	82	69	36

9-10a 续表

单位：户

职业大类	2000-2999元	3000-3999元	4000-5999元	6000-7999元	8000-9999元	10000元及以上
总 计	**2743**	**583**	**290**	**112**	**68**	**124**
党的机关、国家机关、群众团体和社会组织、企事业单位负责人	286	62	28	8	7	14
专业技术人员	457	80	23	8	6	13
办事人员和有关人员	348	81	22	6	4	6
社会生产服务和生活服务人员	1419	319	177	67	36	66
农、林、牧、渔业生产及辅助人员	2	2	1			
生产制造及有关人员	227	38	39	23	13	23
不便分类的其他从业人员	4	1			2	2

9-10b　全省按户主的职业、月租房费用分的家庭户户数(镇)

单位：户

职业大类	合　计	200元以下	200-499元	500-999元	1000-1999元
总　计	**23916**	**4709**	**8142**	**5977**	**2912**
党的机关、国家机关、群众团体和社会组织、企事业单位负责人	548	70	101	133	144
专业技术人员	2683	850	754	655	312
办事人员和有关人员	1812	587	511	440	199
社会生产服务和生活服务人员	11641	1675	3750	3056	1707
农、林、牧、渔业生产及辅助人员	514	169	210	86	30
生产制造及有关人员	6687	1353	2802	1601	516
不便分类的其他从业人员	31	5	14	6	4

9-10b　续表

单位：户

职业大类	2000-2999元	3000-3999元	4000-5999元	6000-7999元	8000-9999元	10000元及以上
总　计	**693**	**405**	**433**	**204**	**138**	**303**
党的机关、国家机关、群众团体和社会组织、企事业单位负责人	26	16	16	12	9	21
专业技术人员	25	14	19	14	11	29
办事人员和有关人员	21	11	12	10	6	15
社会生产服务和生活服务人员	495	274	280	124	79	201
农、林、牧、渔业生产及辅助人员	4	2	5	2	3	3
生产制造及有关人员	121	88	100	42	30	34
不便分类的其他从业人员	1		1			

9-10c 全省按户主的职业、月租房费用分的家庭户户数(乡村)

单位：户

职业大类	合 计	200元以下	200-499元	500-999元	1000-1999元
总 计	**5846**	**1252**	**2263**	**1245**	**647**
党的机关、国家机关、群众团体和社会组织、企事业单位负责人	121	21	27	29	21
专业技术人员	573	244	174	98	42
办事人员和有关人员	348	122	147	48	22
社会生产服务和生活服务人员	2747	337	1019	663	422
农、林、牧、渔业生产及辅助人员	276	126	98	23	14
生产制造及有关人员	1756	398	779	383	125
不便分类的其他从业人员	25	4	19	1	1

9-10c 续表

单位：户

职业大类	2000-2999元	3000-3999元	4000-5999元	6000-7999元	8000-9999元	10000元及以上
总 计	**167**	**90**	**69**	**39**	**19**	**55**
党的机关、国家机关、群众团体和社会组织、企事业单位负责人	10	4	2	3	1	3
专业技术人员	5	6	2	1	1	
办事人员和有关人员	6	1	2			
社会生产服务和生活服务人员	114	67	47	28	10	40
农、林、牧、渔业生产及辅助人员	6	3	1	2	1	2
生产制造及有关人员	26	9	15	5	6	10
不便分类的其他从业人员						

9-11 全省按户主的职业分的家庭户住房状况

职业大类	户 数（户）	人 数（人）	平均每户住房间数（间/户）	人均住房建筑面积（平方米/人）	人均住房间 数（间/人）
总 计	**655882**	**2113910**	**4.02**	**39.74**	**1.25**
党的机关、国家机关、群众团体和社会组织、企事业单位负责人	15999	49899	3.62	41.65	1.16
专业技术人员	54713	155426	3.23	40.08	1.14
办事人员和有关人员	52216	154611	3.40	40.54	1.15
社会生产服务和生活服务人员	185802	582377	3.61	38.15	1.15
农、林、牧、渔业生产及辅助人员	175103	573147	4.71	42.52	1.44
生产制造及有关人员	170888	594960	4.24	38.18	1.22
不便分类的其他从业人员	1161	3490	3.46	38.16	1.15

9-11a 全省按户主的职业分的家庭户住房状况(城市)

职业大类	户 数（户）	人 数（人）	平均每户住房间数（间/户）	人均住房建筑面积（平方米/人）	人均住房间 数（间/人）
总 计	**185466**	**546716**	**2.85**	**34.13**	**0.97**
党的机关、国家机关、群众团体和社会组织、企事业单位负责人	8819	26571	3.02	38.63	1.00
专业技术人员	29258	81421	2.83	37.68	1.02
办事人员和有关人员	27101	77737	2.94	38.31	1.03
社会生产服务和生活服务人员	78382	226458	2.74	32.65	0.95
农、林、牧、渔业生产及辅助人员	3488	12665	4.23	41.65	1.17
生产制造及有关人员	37826	120136	2.87	30.01	0.90
不便分类的其他从业人员	592	1728	2.77	33.02	0.95

9-11b　全省按户主的职业分的家庭户住房状况(镇)

职业大类	户　数 (户)	人　数 (人)	平均每户 住房间数 (间/户)	人均住房 建筑面积 (平方米/人)	人均住房 间　数 (间/人)
总　计	**168585**	**554087**	**3.87**	**38.89**	**1.18**
党的机关、国家机关、群众团体和社会组织、企事业单位负责人	4411	14010	3.78	42.93	1.19
专业技术人员	18350	52738	3.34	40.74	1.16
办事人员和有关人员	17164	51101	3.45	40.76	1.16
社会生产服务和生活服务人员	58013	187406	3.75	38.95	1.16
农、林、牧、渔业生产及辅助人员	23391	80546	4.58	41.02	1.33
生产制造及有关人员	47016	167553	4.02	36.29	1.13
不便分类的其他从业人员	240	733	3.78	43.06	1.24

9-11c　全省按户主的职业分的家庭户住房状况(乡村)

职业大类	户　数 (户)	人　数 (人)	平均每户 住房间数 (间/户)	人均住房 建筑面积 (平方米/人)	人均住房 间　数 (间/人)
总　计	**301831**	**1013107**	**4.82**	**43.24**	**1.44**
党的机关、国家机关、群众团体和社会组织、企事业单位负责人	2769	9318	5.28	48.33	1.57
专业技术人员	7105	21267	4.58	47.65	1.53
办事人员和有关人员	7951	25773	4.83	46.83	1.49
社会生产服务和生活服务人员	49407	168513	4.83	44.66	1.42
农、林、牧、渔业生产及辅助人员	148224	479936	4.74	42.79	1.46
生产制造及有关人员	86046	307271	4.97	42.41	1.39
不便分类的其他从业人员	329	1029	4.46	43.31	1.42

9–12　全省按户主的职业、人均住房建筑面积分的家庭户户数

单位：户

职业大类	合　计	人均住房建筑面积(平方米)			
		8及以下	9–12	13–16	17–19
总　计	**655882**	**7146**	**16036**	**29285**	**16565**
党的机关、国家机关、群众团体和社会组织、企事业单位负责人	15999	92	231	470	431
专业技术人员	54713	264	849	1664	1362
办事人员和有关人员	52216	244	878	1705	1380
社会生产服务和生活服务人员	185802	3320	6910	10776	5649
农、林、牧、渔业生产及辅助人员	175103	438	1659	5609	3172
生产制造及有关人员	170888	2774	5459	8998	4540
不便分类的其他从业人员	1161	14	50	63	31

9–12　续表

单位：户

职业大类	人均住房建筑面积(平方米)					
	20–29	30–39	40–49	50–59	60–69	70及以上
总　计	**138796**	**119371**	**93694**	**55842**	**61977**	**117170**
党的机关、国家机关、群众团体和社会组织、企事业单位负责人	3228	3257	2417	1298	1368	3207
专业技术人员	11547	11568	8551	4504	4798	9606
办事人员和有关人员	10489	10411	8515	4640	4764	9190
社会生产服务和生活服务人员	42324	33222	23559	14606	14526	30910
农、林、牧、渔业生产及辅助人员	31121	29965	28101	16928	21859	36251
生产制造及有关人员	39823	30744	22389	13770	14582	27809
不便分类的其他从业人员	264	204	162	96	80	197

9-12a 全省按户主的职业、人均住房建筑面积分的家庭户户数(城市)

单位：户

职业大类	合 计	人均住房建筑面积(平方米)			
		8及以下	9-12	13-16	17-19
总 计	**185466**	**4392**	**8480**	**11744**	**7304**
党的机关、国家机关、群众团体和社会组织、企事业单位负责人	8819	54	142	282	297
专业技术人员	29258	171	489	1005	909
办事人员和有关人员	27101	163	518	947	894
社会生产服务和生活服务人员	78382	2235	4334	5962	3433
农、林、牧、渔业生产及辅助人员	3488	26	99	154	101
生产制造及有关人员	37826	1733	2855	3350	1648
不便分类的其他从业人员	592	10	43	44	22

9-12a 续表

单位：户

职业大类	人均住房建筑面积(平方米)					
	20-29	30-39	40-49	50-59	60-69	70及以上
总 计	**45724**	**35575**	**23772**	**12842**	**11661**	**23972**
党的机关、国家机关、群众团体和社会组织、企事业单位负责人	1935	1878	1408	650	642	1531
专业技术人员	6721	6166	4664	2302	2294	4537
办事人员和有关人员	5846	5580	4446	2235	2211	4261
社会生产服务和生活服务人员	19794	14654	9012	5127	4357	9474
农、林、牧、渔业生产及辅助人员	720	617	431	300	350	690
生产制造及有关人员	10551	6580	3743	2182	1779	3405
不便分类的其他从业人员	157	100	68	46	28	74

9-12b 全省按户主的职业、人均住房建筑面积分的家庭户户数(镇)

单位：户

职业大类	合 计	人均住房建筑面积(平方米)			
		8及以下	9-12	13-16	17-19
总 计	**168585**	**1772**	**4346**	**7848**	**4060**
党的机关、国家机关、群众团体和社会组织、企事业单位负责人	4411	30	58	135	86
专业技术人员	18350	64	270	481	356
办事人员和有关人员	17164	53	268	521	357
社会生产服务和生活服务人员	58013	822	1854	3075	1450
农、林、牧、渔业生产及辅助人员	23391	114	332	922	439
生产制造及有关人员	47016	686	1561	2703	1367
不便分类的其他从业人员	240	3	3	11	5

9-12b 续表

单位：户

职业大类	人均住房建筑面积(平方米)					
	20-29	30-39	40-49	50-59	60-69	70及以上
总 计	**39384**	**31432**	**22603**	**14217**	**14353**	**28570**
党的机关、国家机关、群众团体和社会组织、企事业单位负责人	872	908	631	377	398	916
专业技术人员	3689	4191	2867	1586	1665	3181
办事人员和有关人员	3382	3559	2859	1603	1654	2908
社会生产服务和生活服务人员	13691	10242	7267	4871	4639	10102
农、林、牧、渔业生产及辅助人员	4929	4038	3369	2170	2506	4572
生产制造及有关人员	12773	8452	5578	3589	3469	6838
不便分类的其他从业人员	48	42	32	21	22	53

9-12c 全省按户主的职业、人均住房建筑面积分的家庭户户数(乡村)

单位：户

职业大类	合　计	人均住房建筑面积(平方米)			
		8及以下	9-12	13-16	17-19
总　计	**301831**	**982**	**3210**	**9693**	**5201**
党的机关、国家机关、群众团体和社会组织、企事业单位负责人	2769	8	31	53	48
专业技术人员	7105	29	90	178	97
办事人员和有关人员	7951	28	92	237	129
社会生产服务和生活服务人员	49407	263	722	1739	766
农、林、牧、渔业生产及辅助人员	148224	298	1228	4533	2632
生产制造及有关人员	86046	355	1043	2945	1525
不便分类的其他从业人员	329	1	4	8	4

9-12c 续表

单位：户

职业大类	人均住房建筑面积(平方米)					
	20-29	30-39	40-49	50-59	60-69	70及以上
总　计	**53688**	**52364**	**47319**	**28783**	**35963**	**64628**
党的机关、国家机关、群众团体和社会组织、企事业单位负责人	421	471	378	271	328	760
专业技术人员	1137	1211	1020	616	839	1888
办事人员和有关人员	1261	1272	1210	802	899	2021
社会生产服务和生活服务人员	8839	8326	7280	4608	5530	11334
农、林、牧、渔业生产及辅助人员	25472	25310	24301	14458	19003	30989
生产制造及有关人员	16499	15712	13068	7999	9334	17566
不便分类的其他从业人员	59	62	62	29	30	70

9-13　各地区按拥有全部家用汽车总价分的家庭户户数

单位：户

地　区	合　计	不　满10万元	10万元以上，不满20万元	20万元以上，不满30万元	30万元以上，不满50万元	50万元以上，不满100万元	100万元及以上	没有汽车
贵　州	**1145420**	**187049**	**168866**	**38779**	**18092**	**6382**	**1788**	**724464**
贵阳市	**181100**	**33404**	**35313**	**11411**	**6387**	**2639**	**769**	**91177**
南明区	36034	4455	6941	2694	1458	565	159	19762
云岩区	37976	4846	6819	2648	1477	664	177	21345
花溪区	24942	5554	5547	1336	680	258	76	11491
乌当区	10209	2292	2297	629	365	153	44	4429
白云区	12588	3120	2607	663	392	143	42	5621
观山湖区	17564	2585	4318	2140	1430	663	210	6218
开阳县	11553	2772	1900	375	138	45	15	6308
息烽县	7234	1553	1231	194	100	30	12	4114
修文县	8062	2260	1176	247	116	36	9	4218
清镇市	14938	3967	2477	485	231	82	25	7671
六盘水市	**91902**	**16815**	**10628**	**2507**	**1082**	**428**	**127**	**60315**
钟山区	19803	4038	3049	998	493	214	45	10966
六枝特区	15727	2141	1449	307	89	24	11	11706
水城县	20437	4076	1713	298	109	47	26	14168
盘州市	35935	6560	4417	904	391	143	45	23475
遵义市	**199477**	**30363**	**35457**	**7510**	**3198**	**1056**	**268**	**121625**
红花岗区	27992	4605	5769	1336	603	252	57	15370
汇川区	18855	2892	3613	1019	549	207	52	10523
播州区	22364	4633	4039	766	287	97	24	12518
桐梓县	15322	2018	2110	390	118	51	4	10631
绥阳县	11076	1625	1750	270	82	29	4	7316
正安县	13220	1480	1991	319	115	16	11	9288
道真仡佬族苗族自治县	8041	1115	1449	222	94	21	7	5133
务川仡佬族苗族自治县	9638	1070	1700	322	126	21	6	6393
凤冈县	9715	1529	2008	344	97	20	7	5710
湄潭县	12391	2025	2286	372	157	41	12	7498
余庆县	7394	1309	1459	290	110	30	5	4191
习水县	16918	2560	2677	482	193	44	16	10946
赤水市	8480	947	1066	199	93	30	5	6140
仁怀市	18071	2555	3540	1179	574	197	58	9968
安顺市	**71365**	**13598**	**10232**	**2013**	**941**	**275**	**84**	**44222**
西秀区	24947	4781	4560	1019	517	150	40	13880
平坝区	9699	2357	1544	300	157	64	20	5257
普定县	11667	1936	1145	195	73	13	4	8301
镇宁布依族苗族自治县	8732	1694	1034	203	71	22	5	5703
关岭布依族苗族自治县	7964	1340	977	108	45	11	6	5477
紫云苗族布依族自治县	8356	1490	972	188	78	15	9	5604
毕节市	**193497**	**30587**	**18260**	**3335**	**1470**	**449**	**138**	**139258**
七星关区	35749	5352	4426	966	425	135	40	24405
大方县	26240	3942	2058	277	136	35	10	19782
黔西县	20946	3845	2072	395	141	49	16	14428
金沙县	16089	2227	2128	370	132	42	9	11181
织金县	24403	3283	1384	274	107	51	15	19289
纳雍县	20311	2949	1444	244	96	12	10	15556
威宁彝族回族苗族自治县	32344	6134	2966	468	211	66	24	22475
赫章县	17415	2855	1782	341	222	59	14	12142

9-13 续表

单位：户

地　区	合　计	不　满 10万元	10万元以上，不满20万元	20万元以上，不满30万元	30万元以上，不满50万元	50万元以上，不满100万元	100万元及以上	没有汽车
铜仁市	**100668**	**11489**	**15975**	**3303**	**1234**	**296**	**80**	**68291**
碧江区	10754	1301	2190	582	243	75	13	6350
万山区	4656	555	651	200	49	9	5	3187
江口县	5869	849	803	162	57	12	4	3982
玉屏侗族自治县	4511	594	735	164	32	12	1	2973
石阡县	9527	1243	1611	316	96	24	4	6233
思南县	14592	1677	2644	405	143	31	9	9683
印江土家族苗族自治县	9733	1036	1465	329	156	46	14	6687
德江县	11717	1385	2033	297	92	17	8	7885
沿河土家族自治县	14329	1122	1812	386	125	25	9	10850
松桃苗族自治县	14980	1727	2031	462	241	45	13	10461
黔西南布依族苗族自治州	**88278**	**13047**	**13778**	**2747**	**1322**	**436**	**116**	**56832**
兴义市	28265	5076	6124	1434	799	290	81	14461
兴仁市	12904	1664	1723	314	112	27	7	9057
普安县	7262	939	896	194	70	16	5	5142
晴隆县	7071	762	635	99	49	11	2	5513
贞丰县	9365	1172	1203	188	60	19	9	6714
望谟县	6847	823	872	124	50	26	2	4950
册亨县	5942	721	597	95	31	6	1	4491
安龙县	10622	1890	1728	299	151	41	9	6504
黔东南苗族侗族自治州	**115045**	**17735**	**14404**	**2992**	**1214**	**400**	**104**	**78196**
凯里市	21098	3729	3427	1031	456	184	50	12221
黄平县	7666	1249	920	147	45	16	7	5282
施秉县	3914	831	481	86	40	14	6	2456
三穗县	5350	888	681	94	41	10	2	3634
镇远县	6381	1028	954	166	68	12	4	4149
岑巩县	5516	774	863	154	43	17	5	3660
天柱县	9010	1078	972	181	42	12	6	6719
锦屏县	5153	690	611	95	30	13	2	3712
剑河县	6025	808	665	169	74	30	4	4275
台江县	3639	528	390	60	30	12	3	2616
黎平县	12382	1667	1387	228	114	23	2	8961
榕江县	8076	955	806	146	66	10	4	6089
从江县	8243	970	721	151	56	17	3	6325
雷山县	3788	737	439	92	30	11	1	2478
麻江县	4248	904	652	96	42	10	1	2543
丹寨县	4556	899	435	96	37	9	4	3076
黔南布依族苗族自治州	**104088**	**20011**	**14819**	**2961**	**1244**	**403**	**102**	**64548**
都匀市	15602	3115	2574	670	325	118	23	8777
福泉市	8646	1868	1323	253	91	27	9	5075
荔波县	4875	844	616	165	53	15	7	3175
贵定县	7391	1437	896	146	55	13	4	4840
瓮安县	12662	2221	1842	378	192	41	10	7978
独山县	7981	1438	1223	277	99	41	10	4893
平塘县	7307	1295	1142	117	67	16	4	4666
罗甸县	8245	1145	1135	178	70	22	6	5689
长顺县	5880	1505	833	148	37	9	2	3346
龙里县	6319	1632	1028	256	96	46	13	3248
惠水县	10742	2343	1465	252	105	35	6	6536
三都水族自治县	8438	1168	742	121	54	20	8	6325

9-13a　各地区按拥有全部家用汽车总价分的家庭户户数(城市)

单位：户

地　　区	合　计	不　满10万元	10万元以上，不满20万元	20万元以上，不满30万元	30万元以上，不满50万元	50万元以上，不满100万元	100万元及以上	没有汽车
贵　州	**301957**	**46717**	**61732**	**20136**	**10768**	**4226**	**1156**	**157222**
贵阳市	**130987**	**19657**	**27390**	**9960**	**5721**	**2417**	**702**	**65140**
南明区	34551	4072	6653	2621	1430	558	158	19059
云岩区	37976	4846	6819	2648	1477	664	177	21345
花溪区	19009	3490	4522	1159	592	221	70	8955
乌当区	6394	1208	1666	504	292	125	37	2562
白云区	11651	2782	2445	646	383	139	40	5216
观山湖区	14840	1714	3847	2074	1383	652	203	4967
开阳县								
息烽县								
修文县								
清镇市	6566	1545	1438	308	164	58	17	3036
六盘水市	**29208**	**5289**	**4923**	**1576**	**706**	**290**	**62**	**16362**
钟山区	16525	3173	2777	964	474	208	41	8888
六枝特区	4552	690	583	138	42	12	6	3081
水城县								
盘州市	8131	1426	1563	474	190	70	15	4393
遵义市	**54269**	**8041**	**11487**	**3624**	**1805**	**673**	**169**	**28470**
红花岗区	20950	3091	4510	1159	543	229	52	11366
汇川区	13090	1827	2750	932	525	196	48	6812
播州区	8636	1779	1824	500	223	67	15	4228
桐梓县								
绥阳县								
正安县								
道真仡佬族苗族自治县								
务川仡佬族苗族自治县								
凤冈县								
湄潭县								
余庆县								
习水县								
赤水市	3445	370	563	140	68	22	4	2278
仁怀市	8148	974	1840	893	446	159	50	3786
安顺市	**15918**	**2675**	**3428**	**853**	**482**	**136**	**38**	**8306**
西秀区	13785	2271	2992	752	416	118	32	7204
平坝区	2133	404	436	101	66	18	6	1102
普定县								
镇宁布依族苗族自治县								
关岭布依族苗族自治县								
紫云苗族布依族自治县								
毕节市	**15093**	**2533**	**2599**	**661**	**318**	**106**	**28**	**8848**
七星关区	15093	2533	2599	661	318	106	28	8848
大方县								
黔西县								
金沙县								
织金县								
纳雍县								
威宁彝族回族苗族自治县								
赫章县								

9-13a 续表

单位：户

地　　区	合　计	不　满10万元	10万元以上，不满20万元	20万元以上，不满30万元	30万元以上，不满50万元	50万元以上，不满100万元	100万元及以上	没有汽车
铜仁市	**9868**	**1145**	**2114**	**624**	**254**	**71**	**15**	**5645**
碧江区	8057	952	1852	531	223	66	13	4420
万山区	1811	193	262	93	31	5	2	1225
江口县								
玉屏侗族自治县								
石阡县								
思南县								
印江土家族苗族自治县								
德江县								
沿河土家族自治县								
松桃苗族自治县								
黔西南布依族苗族自治州	**19788**	**3171**	**4761**	**1261**	**726**	**250**	**67**	**9552**
兴义市	16222	2749	4059	1111	669	236	65	7333
兴仁市	3566	422	702	150	57	14	2	2219
普安县								
晴隆县								
贞丰县								
望谟县								
册亨县								
安龙县								
黔东南苗族侗族自治州	**14654**	**2253**	**2786**	**911**	**426**	**171**	**48**	**8059**
凯里市	14654	2253	2786	911	426	171	48	8059
黄平县								
施秉县								
三穗县								
镇远县								
岑巩县								
天柱县								
锦屏县								
剑河县								
台江县								
黎平县								
榕江县								
从江县								
雷山县								
麻江县								
丹寨县								
黔南布依族苗族自治州	**12172**	**1953**	**2244**	**666**	**330**	**112**	**27**	**6840**
都匀市	9430	1449	1666	530	278	99	21	5387
福泉市	2742	504	578	136	52	13	6	1453
荔波县								
贵定县								
瓮安县								
独山县								
平塘县								
罗甸县								
长顺县								
龙里县								
惠水县								
三都水族自治县								

9-13b　各地区按拥有全部家用汽车总价分的家庭户户数(镇)

单位：户

地　　区	合　计	不　满 10万元	10万元以上， 不满20万元	20万元以上， 不满30万元	30万元以上， 不满50万元	50万元以上， 不满100万元	100万元 及以上	没有汽车
贵　州	**283253**	**46856**	**45001**	**9825**	**4199**	**1197**	**335**	**175840**
贵阳市	**16444**	**4002**	**3111**	**644**	**309**	**90**	**31**	**8257**
南明区								
云岩区								
花溪区	1142	309	218	39	21	11	1	543
乌当区	618	161	93	13	6	3		342
白云区	99	15	7	1		1		75
观山湖区	716	169	81	10	12	1	1	442
开阳县	5875	1407	1197	267	107	29	10	2858
息烽县	3366	713	730	135	73	20	10	1685
修文县	3577	928	639	151	80	23	7	1749
清镇市	1051	300	146	28	10	2	2	563
六盘水市	**14139**	**2858**	**1491**	**257**	**132**	**46**	**18**	**9337**
钟山区	1772	397	166	18	12	3	2	1174
六枝特区	1417	163	107	22	15	2		1108
水城县	6309	1442	658	119	55	24	13	3998
盘州市	4641	856	560	98	50	17	3	3057
遵义市	**53594**	**7578**	**10020**	**2214**	**865**	**206**	**46**	**32665**
红花岗区	1660	321	385	45	22	12		875
汇川区	1654	342	277	27	8	2	2	996
播州区	2613	520	421	58	21	8	3	1582
桐梓县	6953	803	1029	225	69	32	1	4794
绥阳县	4515	581	916	175	54	17	3	2769
正安县	5047	547	824	201	55	10	6	3404
道真仡佬族苗族自治县	3981	571	796	159	70	14	3	2368
务川仡佬族苗族自治县	4684	438	869	249	104	17	4	3003
凤冈县	4129	707	953	240	65	16	4	2144
湄潭县	5821	919	1176	266	135	28	7	3290
余庆县	3287	501	799	206	82	20	4	1675
习水县	6443	887	1164	312	142	23	6	3909
赤水市	1144	159	121	12	5	1	1	845
仁怀市	1663	282	290	39	33	6	2	1011
安顺市	**15944**	**3211**	**2478**	**474**	**207**	**70**	**22**	**9482**
西秀区	1307	286	212	28	10	7	1	763
平坝区	2379	595	415	102	54	27	7	1179
普定县	4057	794	591	82	43	8	2	2537
镇宁布依族苗族自治县	3045	586	481	114	32	11	3	1818
关岭布依族苗族自治县	2741	470	445	66	31	6	3	1720
紫云苗族布依族自治县	2415	480	334	82	37	11	6	1465
毕节市	**61153**	**10383**	**7206**	**1532**	**705**	**216**	**62**	**41049**
七星关区	2413	335	219	37	21	6	1	1794
大方县	8628	1554	980	144	57	20	6	5867
黔西县	9451	1815	1247	260	98	34	9	5988
金沙县	7693	984	1238	274	108	35	7	5047
织金县	9987	1455	823	179	89	43	8	7390
纳雍县	7931	1269	716	149	72	9	5	5711
威宁彝族回族苗族自治县	10763	2342	1410	307	127	37	15	6525
赫章县	4287	629	573	182	133	32	11	2727

9－13b 续表　　单位：户

地　　区	合　计	不　满10万元	10万元以上，不满20万元	20万元以上，不满30万元	30万元以上，不满50万元	50万元以上，不满100万元	100万元及以上	没有汽车
铜仁市	**30311**	**3387**	**5590**	**1372**	**578**	**116**	**41**	**19227**
碧江区	131	9	11	2		1		108
万山区								
江口县	2327	323	424	113	40	6	3	1418
玉屏侗族自治县	2281	244	391	111	18	4	1	1512
石阡县	2804	369	594	175	63	18	3	1582
思南县	4798	570	1067	208	80	22	6	2845
印江土家族苗族自治县	3452	369	620	185	102	22	10	2144
德江县	4785	587	977	182	60	10	6	2963
沿河土家族自治县	4861	430	671	201	72	14	7	3466
松桃苗族自治县	4872	486	835	195	143	19	5	3189
黔西南布依族苗族自治州	**18987**	**2884**	**3359**	**665**	**274**	**85**	**21**	**11699**
兴义市	2108	429	389	62	25	19	2	1182
兴仁市	1278	204	206	48	9	4		807
普安县	2074	262	380	113	37	8	3	1271
晴隆县	2035	235	314	55	29	8	1	1393
贞丰县	3403	425	525	108	46	15	8	2276
望谟县	2182	241	396	57	31	4	1	1452
册亨县	1885	298	279	56	13	3		1236
安龙县	4022	790	870	166	84	24	6	2082
黔东南苗族侗族自治州	**34483**	**5247**	**5316**	**1202**	**470**	**136**	**40**	**22072**
凯里市	937	218	120	14	7	2		576
黄平县	2896	446	449	98	26	10	4	1863
施秉县	1441	281	234	59	21	9	5	832
三穗县	2294	403	343	68	29	7	2	1442
镇远县	2894	443	538	111	42	10	2	1748
岑巩县	2190	280	466	116	32	12	5	1279
天柱县	3160	396	381	95	17	5	5	2261
锦屏县	2081	248	309	54	19	10	2	1439
剑河县	2128	310	326	114	49	13	2	1314
台江县	1209	178	191	24	11	5	1	799
黎平县	4551	635	567	113	76	14		3146
榕江县	2473	272	334	98	37	7	4	1721
从江县	1729	201	255	51	27	11	3	1181
雷山县	1369	263	247	63	22	7	1	766
麻江县	1553	332	332	64	29	7	1	788
丹寨县	1578	341	224	60	26	7	3	917
黔南布依族苗族自治州	**38198**	**7306**	**6430**	**1465**	**659**	**232**	**54**	**22052**
都匀市	579	183	151	8	13	10	1	213
福泉市	1365	335	234	50	19	5		722
荔波县	1941	361	350	118	39	12	5	1056
贵定县	3837	702	539	111	46	13	3	2423
瓮安县	7335	1248	1226	319	167	38	10	4327
独山县	3652	709	644	181	67	34	6	2011
平塘县	2293	409	395	59	36	6		1388
罗甸县	4061	519	621	118	45	19	6	2733
长顺县	2331	559	391	60	23	6	2	1290
龙里县	3306	844	672	191	80	43	13	1463
惠水县	4670	1025	814	176	88	29	4	2534
三都水族自治县	2828	412	393	74	36	17	4	1892

9-13c　各地区按拥有全部家用汽车总价分的家庭户户数(乡村)

单位：户

地　　区	合　计	不　满10万元	10万元以上，不满20万元	20万元以上，不满30万元	30万元以上，不满50万元	50万元以上，不满100万元	100万元及以上	没有汽车
贵　州	**560210**	**93476**	**62133**	**8818**	**3125**	**959**	**297**	**391402**
贵阳市	**33669**	**9745**	**4812**	**807**	**357**	**132**	**36**	**17780**
南明区	1483	383	288	73	28	7	1	703
云岩区								
花溪区	4791	1755	807	138	67	26	5	1993
乌当区	3197	923	538	112	67	25	7	1525
白云区	838	323	155	16	9	3	2	330
观山湖区	2008	702	390	56	35	10	6	809
开阳县	5678	1365	703	108	31	16	5	3450
息烽县	3868	840	501	59	27	10	2	2429
修文县	4485	1332	537	96	36	13	2	2469
清镇市	7321	2122	893	149	57	22	6	4072
六盘水市	**48555**	**8668**	**4214**	**674**	**244**	**92**	**47**	**34616**
钟山区	1506	468	106	16	7	3	2	904
六枝特区	9758	1288	759	147	32	10	5	7517
水城县	14128	2634	1055	179	54	23	13	10170
盘州市	23163	4278	2294	332	151	56	27	16025
遵义市	**91614**	**14744**	**13950**	**1672**	**528**	**177**	**53**	**60490**
红花岗区	5382	1193	874	132	38	11	5	3129
汇川区	4111	723	586	60	16	9	2	2715
播州区	11115	2334	1794	208	43	22	6	6708
桐梓县	8369	1215	1081	165	49	19	3	5837
绥阳县	6561	1044	834	95	28	12	1	4547
正安县	8173	933	1167	118	60	6	5	5884
道真仡佬族苗族自治县	4060	544	653	63	24	7	4	2765
务川仡佬族苗族自治县	4954	632	831	73	22	4	2	3390
凤冈县	5586	822	1055	104	32	4	3	3566
湄潭县	6570	1106	1110	106	22	13	5	4208
余庆县	4107	808	660	84	28	10	1	2516
习水县	10475	1673	1513	170	51	21	10	7037
赤水市	3891	418	382	47	20	7		3017
仁怀市	8260	1299	1410	247	95	32	6	5171
安顺市	**39503**	**7712**	**4326**	**686**	**252**	**69**	**24**	**26434**
西秀区	9855	2224	1356	239	91	25	7	5913
平坝区	5187	1358	693	97	37	19	7	2976
普定县	7610	1142	554	113	30	5	2	5764
镇宁布依族苗族自治县	5687	1108	553	89	39	11	2	3885
关岭布依族苗族自治县	5223	870	532	42	14	5	3	3757
紫云苗族布依族自治县	5941	1010	638	106	41	4	3	4139
毕节市	**117251**	**17671**	**8455**	**1142**	**447**	**127**	**48**	**89361**
七星关区	18243	2484	1608	268	86	23	11	13763
大方县	17612	2388	1078	133	79	15	4	13915
黔西县	11495	2030	825	135	43	15	7	8440
金沙县	8396	1243	890	96	24	7	2	6134
织金县	14416	1828	561	95	18	8	7	11899
纳雍县	12380	1680	728	95	24	3	5	9845
威宁彝族回族苗族自治县	21581	3792	1556	161	84	29	9	15950
赫章县	13128	2226	1209	159	89	27	3	9415

9-13c 续表 单位：户

地　　区	合　计	不　满 10万元	10万元以上， 不满20万元	20万元以上， 不满30万元	30万元以上， 不满50万元	50万元以上， 不满100万元	100万元 及以上	没有汽车
铜仁市	**60489**	**6957**	**8271**	**1307**	**402**	**109**	**24**	**43419**
碧江区	2566	340	327	49	20	8		1822
万山区	2845	362	389	107	18	4	3	1962
江口县	3542	526	379	49	17	6	1	2564
玉屏侗族自治县	2230	350	344	53	14	8		1461
石阡县	6723	874	1017	141	33	6	1	4651
思南县	9794	1107	1577	197	63	9	3	6838
印江土家族苗族自治县	6281	667	845	144	54	24	4	4543
德江县	6932	798	1056	115	32	7	2	4922
沿河土家族自治县	9468	692	1141	185	53	11	2	7384
松桃苗族自治县	10108	1241	1196	267	98	26	8	7272
黔西南布依族苗族自治州	**49503**	**6992**	**5658**	**821**	**322**	**101**	**28**	**35581**
兴义市	9935	1898	1676	261	105	35	14	5946
兴仁市	8060	1038	815	116	46	9	5	6031
普安县	5188	677	516	81	33	8	2	3871
晴隆县	5036	527	321	44	20	3	1	4120
贞丰县	5962	747	678	80	14	4	1	4438
望谟县	4665	582	476	67	19	22	1	3498
册亨县	4057	423	318	39	18	3	1	3255
安龙县	6600	1100	858	133	67	17	3	4422
黔东南苗族侗族自治州	**65908**	**10235**	**6302**	**879**	**318**	**93**	**16**	**48065**
凯里市	5507	1258	521	106	23	11	2	3586
黄平县	4770	803	471	49	19	6	3	3419
施秉县	2473	550	247	27	19	5	1	1624
三穗县	3056	485	338	26	12	3		2192
镇远县	3487	585	416	55	26	2	2	2401
岑巩县	3326	494	397	38	11	5		2381
天柱县	5850	682	591	86	25	7	1	4458
锦屏县	3072	442	302	41	11	3		2273
剑河县	3897	498	339	55	25	17	2	2961
台江县	2430	350	199	36	19	7	2	1817
黎平县	7831	1032	820	115	38	9	2	5815
榕江县	5603	683	472	48	29	3		4368
从江县	6514	769	466	100	29	6		5144
雷山县	2419	474	192	29	8	4		1712
麻江县	2695	572	320	32	13	3		1755
丹寨县	2978	558	211	36	11	2	1	2159
黔南布依族苗族自治州	**53718**	**10752**	**6145**	**830**	**255**	**59**	**21**	**35656**
都匀市	5593	1483	757	132	34	9	1	3177
福泉市	4539	1029	511	67	20	9	3	2900
荔波县	2934	483	266	47	14	3	2	2119
贵定县	3554	735	357	35	9		1	2417
瓮安县	5327	973	616	59	25	3		3651
独山县	4329	729	579	96	32	7	4	2882
平塘县	5014	886	747	58	31	10	4	3278
罗甸县	4184	626	514	60	25	3		2956
长顺县	3549	946	442	88	14	3		2056
龙里县	3013	788	356	65	16	3		1785
惠水县	6072	1318	651	76	17	6	2	4002
三都水族自治县	5610	756	349	47	18	3	4	4433

第三部分 附录

附录 1 2020 年贵州省第七次全国人口普查主要数据公报

贵州省第七次全国人口普查公报[1]（第一号）

——全省人口情况

贵州省统计局

贵州省第七次全国人口普查领导小组办公室

2021 年 5 月 25 日

根据贵州省第七次全国人口普查结果，现将 2020 年 11 月 1 日零时贵州常住人口的基本情况公布如下：

一、常住人口

全省常住人口[2]为 38562148 人。

二、人口增长

全省常住人口同 2010 年第六次人口普查的 34746468 人相比，十年共增加 3815680 人，增长 10.98%，年平均增长率为 1.05%。

表 1-1 历次人口普查常住人口及年均增长率

单位：万人、%

普查年份	1953	1964	1982	1990	2000	2010	2020
常住人口	1503.73	1714.05	2855.29	3239.11	3524.77	3474.65	3856.21
年均增长率	—	1.20	2.87	1.59	0.85	-0.14	1.05

三、户别人口

全省共有家庭户[3]12696585 户，集体户 569287 户，家庭户人口为 35719520 人，集体户人口为 2842628 人。平均每个家庭户的人口为 2.81 人，比 2010 年第六次全国人口普查的 3.24 人减少 0.43 人。

四、民族人口

全省常住人口中，汉族人口为 24511882 人，占 63.56%；各少数民族人口为 14050266 人，占 36.44%。与 2010 年第六次全国人口普查相比，汉族人口增加 2313397 人，增长 10.42%；各少数民族人口增加 1502283 人，增长 11.97%。

注释：

[1] 本公报数据均为初步汇总数据。

[2] 常住人口是普查登记的 2020 年 11 月 1 日零时的常住人口。具体包括：居住在本乡镇街道、户口在本乡镇街道或户口待定的人；居住在本乡镇街道、离开户口所在的乡镇街道半年以上的人口；户口在本乡镇街道、外出不满半年或在境外工作学习的人。

[3] 家庭户是指以家庭成员关系为主、居住一处共同生活的人组成的户。

贵州省第七次全国人口普查公报[1]（第二号）

——地区人口情况

贵州省统计局

贵州省第七次全国人口普查领导小组办公室

2021年5月25日

根据第七次全国人口普查结果，现将2020年11月1日零时全省9个市（州）常住人口[2]有关数据公布如下：

一、地区人口

9个市（州）中，常住人口超过500万人的有3个分别为毕节市6899636人、遵义市6606675人和贵阳市5987018人，在300万人至400万人之间的有5个分别为黔东南州3758622人、黔南州3494385人、铜仁市3298468人、六盘水市3031602人、黔西南州3015112人，少于300万人的有1个为安顺市2470630人。其中，人口居前三位的市（州）合计常住人口占全省常住人口比重为50.55%。

表2-1　各地区常住人口

单位：人、%

地　　区	常住人口数	比　　重[3]	
		2020年	2010年
全　　省	**38562148**	**100**	**100**
贵 阳 市	5987018	15.53	12.45
六盘水市	3031602	7.86	8.21
遵 义 市	6606675	17.13	17.63
安 顺 市	2470630	6.41	6.61
毕 节 市	6899636	17.89	18.81
铜 仁 市	3298468	8.55	8.90
黔西南州	3015112	7.82	8.08
黔东南州	3758622	9.75	10.02
黔 南 州	3494385	9.06	9.30

二、地区常住人口变化

与2010年第六次全国人口普查相比，9个市（州）常住人口均增加，其中增长较多的3个市（州）依次为：贵阳市、遵义市、毕节市，分别增加1662457人、479666人、363266人。

注释：

[1] 本公报数据均为初步汇总数据。部分数据因四舍五入的原因，存在总计与分项合计不等的情况。

[2] 常住人口是普查登记的 2020 年 11 月 1 日零时的常住人口。具体包括：居住在本乡镇街道、户口在本乡镇街道或户口待定的人；居住在本乡镇街道、离开户口所在的乡镇街道半年以上的人口；户口在本乡镇街道、外出不满半年或在境外工作学习的人。

[3] 指各市（州）的常住人口占全省常住人口的比重。

贵州省第七次全国人口普查公报[1]（第三号）

——人口性别构成情况

贵州省统计局

贵州省第七次全国人口普查领导小组办公室

2021 年 5 月 25 日

根据第七次全国人口普查结果，现将 2020 年 11 月 1 日零时全省常住人口性别构成情况公布如下：

一、全省常住人口性别构成

全省常住人口[2]中，男性人口为 19705293 人，占 51.10%；女性人口为 18856855 人，占 48.90%。总人口性别比（以女性为 100，男性对女性的比例）为 104.50，与 2010 年第六次全国人口普查的 106.89 下降 2.39 个百分点。

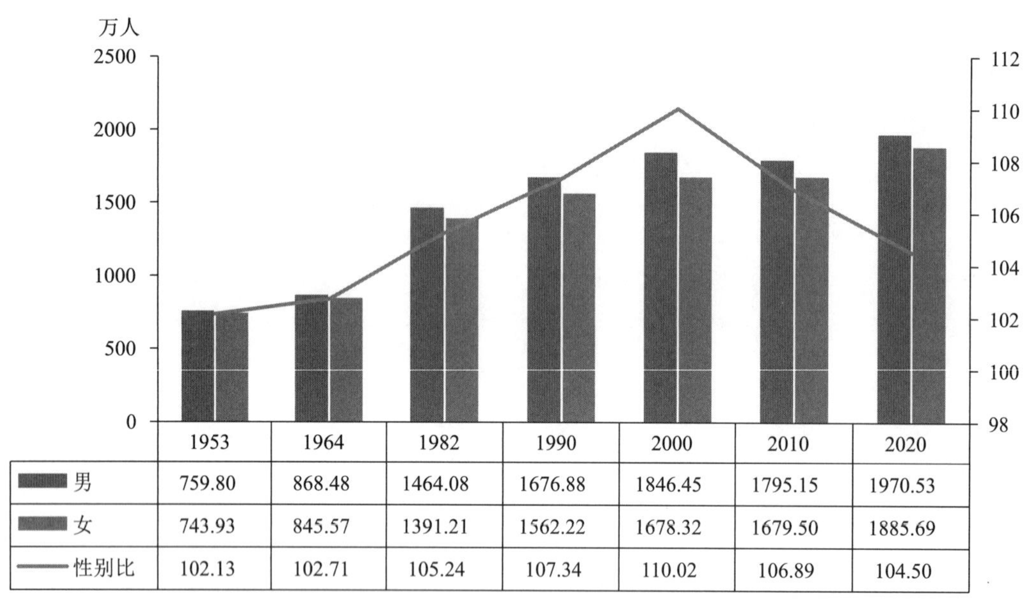

	1953	1964	1982	1990	2000	2010	2020
男	759.80	868.48	1464.08	1676.88	1846.45	1795.15	1970.53
女	743.93	845.57	1391.21	1562.22	1678.32	1679.50	1885.69
性别比	102.13	102.71	105.24	107.34	110.02	106.89	104.50

图 3-1　历次人口普查人口性别构成

二、地区常住人口性别构成

9 个市（州）中，常住人口性别比在 104 以下的有 2 个，在 104 至 106 之间的有 6 个，在 106 以上的有 1 个。

表 3-1 各地区常住人口性别构成

单位：人、%

地 区	分性别人口数		占 比		性别比
	男	女	男	女	
全 省	**19705293**	**18856855**	**51.10**	**48.90**	**104.50**
贵 阳 市	3061169	2925849	51.13	48.87	104.62
六盘水市	1556454	1475148	51.34	48.66	105.51
遵 义 市	3341799	3264876	50.58	49.42	102.36
安 顺 市	1262780	1207850	51.11	48.89	104.55
毕 节 市	3544009	3355627	51.37	48.63	105.61
铜 仁 市	1676104	1622364	50.81	49.19	103.31
黔西南州	1538616	1476496	51.03	48.97	104.21
黔东南州	1938627	1819995	51.58	48.42	106.52
黔 南 州	1785735	1708650	51.10	48.90	104.51

注释：

[1]本公报数据均为初步汇总数据。部分数据因四舍五入的原因，存在总计与分项合计不等的情况。

[2]常住人口是普查登记的2020年11月1日零时的常住人口。具体包括：居住在本乡镇街道、户口在本乡镇街道或户口待定的人；居住在本乡镇街道、离开户口所在的乡镇街道半年以上的人口；户口在本乡镇街道、外出不满半年或在境外工作学习的人。

贵州省第七次全国人口普查公报[1]（第四号）

——人口年龄构成情况

贵州省统计局

贵州省第七次全国人口普查领导小组办公室

2021 年 5 月 25 日

根据第七次全国人口普查结果，现将 2020 年 11 月 1 日零时全省 9 个市（州）常住人口年龄构成情况公布如下：

一、全省人口年龄构成

全省常住人口[2]中，0–14 岁[3]人口为 9242038 人，占 23.97%；15–59 岁人口为 23388753 人，占 60.65%；60 岁及以上人口为 5931357 人，占 15.38%，其中 65 岁及以上人口为 4456455 人，占 11.56%。与 2010 年第六次全国人口普查相比，0–14 岁人口的比重下降 1.29 个百分点，15–59 岁人口的比重下降 1.25 个百分点，60 岁及以上人口的比重上升 2.54 个百分点，65 岁及以上人口的比重上升 2.99 个百分点。

表 4-1　全省常住人口年龄构成

单位：人、%

年　龄	常住人口数	比重
总　计	**38562148**	**100**
0-14 岁	9242038	23.97
15-59 岁	23388753	60.65
60 岁及以上	5931357	15.38
其中：65 岁及以上	4456455	11.56

二、地区常住人口年龄构成

9 个市（州）中，15–59 岁常住人口比重在 65%以上的有 1 个，在 60%–65%之间的有 3 个，在 60%以下的有 5 个。

9 个市（州）的 60 岁及以上老年人口比重均超过 10%、65 岁及以上老年人口比重均超过 7%。

表 4-2 各地区人口年龄构成

单位：%

地 区	占总人口比重			
	0-14 岁	15-59 岁	60 岁及以上	其中：65 岁及以上
全 省	**23.97**	**60.65**	**15.38**	**11.56**
贵 阳 市	18.56	68.14	13.30	9.47
六盘水市	26.29	60.18	13.52	9.90
遵 义 市	22.32	60.63	17.05	13.42
安 顺 市	25.12	58.97	15.90	11.61
毕 节 市	28.33	57.84	13.84	10.31
铜 仁 市	23.81	58.64	17.56	13.85
黔西南州	25.73	59.56	14.71	10.51
黔东南州	24.52	58.38	17.09	13.10
黔 南 州	22.94	60.30	16.76	12.56

注释：

[1] 本公报数据均为初步汇总数据。部分数据因四舍五入的原因，存在总计与分项合计不等的情况。

[2] 常住人口是普查登记的 2020 年 11 月 1 日零时的常住人口。具体包括：居住在本乡镇街道、户口在本乡镇街道或户口待定的人；居住在本乡镇街道、离开户口所在的乡镇街道半年以上的人口；户口在本乡镇街道、外出不满半年或在境外工作学习的人。

[3] 0-15 岁人口为 9768837 人，16-59 岁人口为 22861954 人。

贵州省第七次全国人口普查公报[1]（第五号）

——人口受教育情况

贵州省统计局

贵州省第七次全国人口普查领导小组办公室

2021 年 5 月 25 日

根据第七次全国人口普查结果，现将 2020 年 11 月 1 日零时全省 9 个市（州）常住人口受教育基本情况公布如下：

一、受教育程度人口

全省常住人口[2]中，拥有大学（指大专及以上）文化程度的人口为 4223271 人；拥有高中（含中专）文化程度的人口为 3837415 人；拥有初中文化程度的人口为 11747605 人；拥有小学文化程度的人口为 12309291 人（以上各种受教育程度的人包括各类学校的毕业生、肄业生和在校生）。与 2010 年第六次全国人口普查相比，每 10 万人中，拥有大学文化程度的由 5292 人上升为 10952 人；拥有高中文化程度的由 7282 人上升为 9951 人；拥有初中文化程度的由 29789 人上升为 30464 人；拥有小学文化程度的由 39373 人下降为 31921 人。

表 5-1　各地区每 10 万人口中拥有的各类受教育程度人数

单位：人/10 万人

地　区	大　学（大专及以上）	高　中（含中专）	初　中	小　学
全　省	**10952**	**9951**	**30464**	**31921**
贵 阳 市	23440	14728	29012	21828
六盘水市	8719	9055	29684	33148
遵 义 市	9343	10082	34849	31403
安 顺 市	8459	8432	31919	32891
毕 节 市	6473	7794	28244	36116
铜 仁 市	9680	10680	30952	32851
黔西南州	8819	8492	29628	36285
黔东南州	8889	9259	29154	33855
黔 南 州	10400	8947	30363	33432

二、平均受教育年限[3]

与 2010 年第六次全国人口普查相比，全省常住人口中，15 岁及以上人口的平均受教育年限由 7.65 年提高至 8.75 年。

9个市（州）中，平均受教育年限在10年以上的有1个，在8年至9年之间的有7个，在8年以下的有1个。

表5-2 各地区15岁及以上人口平均受教育年限

单位：年

地 区	2020年	2010年
全 省	**8.75**	**7.65**
贵阳市	10.76	9.61
六盘水市	8.38	7.40
遵义市	8.81	7.82
安顺市	8.26	7.28
毕节市	7.71	6.71
铜仁市	8.64	7.56
黔西南州	8.37	7.11
黔东南州	8.24	7.41
黔南州	8.55	7.46

三、文盲人口

全省常住人口中，文盲人口（15岁及以上不识字的人）为2574322人，与2010年第六次全国人口普查相比，文盲人口减少464205人，文盲率[4]由8.74%下降为6.68%，下降2.06个百分点。

注释：

[1]本公报数据均为初步汇总数据。部分数据因四舍五入的原因，存在总计与分项合计不等的情况。

[2]常住人口是普查登记的2020年11月1日零时的常住人口。具体包括：居住在本乡镇街道、户口在本乡镇街道或户口待定的人；居住在本乡镇街道、离开户口所在的乡镇街道半年以上的人口；户口在本乡镇街道、外出不满半年或在境外工作学习的人。

[3]平均受教育年限是将各种受教育程度折算成受教育年限计算平均数得出的，具体的折算标准是：小学=6年，初中=9年，高中=12年，大专及以上=16年。

[4]文盲率是指全省人口中15岁及以上不识字人口所占比例。

贵州省第七次全国人口普查公报[1]（第六号）

——城乡人口和流动人口情况

贵州省统计局

贵州省第七次全国人口普查领导小组办公室

2021 年 5 月 25 日

根据第七次全国人口普查结果，现将 2020 年 11 月 1 日零时全省 9 个市（州）常住人口城乡分布及流动情况公布如下：

一、城乡[2]人口

全省常住人口[3]中，居住在城镇的人口为 20495946 人，占 53.15%；居住在乡村的人口为 18066202 人，占 46.85%。与 2010 年第六次全国人口普查相比，城镇人口增加 8748166 人，乡村人口减少 4932486 人，城镇人口比重提高 19.34 个百分点。

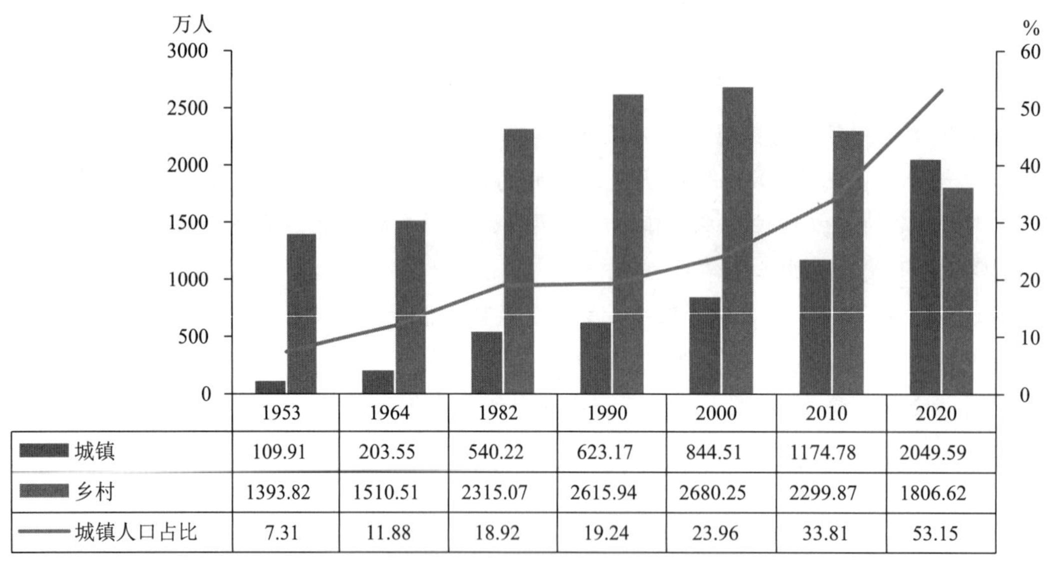

	1953	1964	1982	1990	2000	2010	2020
城镇	109.91	203.55	540.22	623.17	844.51	1174.78	2049.59
乡村	1393.82	1510.51	2315.07	2615.94	2680.25	2299.87	1806.62
城镇人口占比	7.31	11.88	18.92	19.24	23.96	33.81	53.15

图 6-1 历次人口普查城乡人口

二、流动人口[4]

全省常住人口中，人户分离人口[5]为 11694763 人，其中，市辖区内人户分离[6]人口为 2104710 人，流动人口为 9590053 人。流动人口中，外省流入人口为 1146546 人，省内流动人口为 8443507 人。

与 2010 年第六次全国人口普查相比，全省人户分离人口增加 7065221 人，增长 152.61%；市辖区内人户分离人口增加 1622219 人，增长 336.22%；流动人口增加 5443002 人，增长 131.25%。

注释：

[1]本公报数据均为初步汇总数据。

[2]城镇、乡村是按国家统计局《统计上划分城乡的规定》划分的。

[3]常住人口是普查登记的2020年11月1日零时的常住人口。具体包括：居住在本乡镇街道、户口在本乡镇街道或户口待定的人；居住在本乡镇街道、离开户口所在的乡镇街道半年以上的人口；户口在本乡镇街道、外出不满半年或在境外工作学习的人。

[4]流动人口是指人户分离人口中扣除市辖区内人户分离的人口。

[5]人户分离人口是指居住地与户口登记地所在的乡镇街道不一致且离开户口登记地半年以上的人口。

[6]市辖区内人户分离人口是指一个地级市所辖的区内和区与区之间，居住地和户口登记地不在同一乡镇街道的人口。

第三部分　附录

附录 2　国务院关于开展第七次全国人口普查的通知

国务院关于开展第七次全国人口普查的通知

国发〔2019〕24号

各省、自治区、直辖市人民政府，国务院各部委、各直属机构：

根据《中华人民共和国统计法》和《全国人口普查条例》规定，国务院决定于2020年开展第七次全国人口普查。现将有关事项通知如下：

一、总体要求

（一）指导思想。以习近平新时代中国特色社会主义思想为指导，全面贯彻党的十九大和十九届二中、三中、四中全会精神，认真落实党中央、国务院关于统计改革发展的决策部署，坚持实事求是、改革创新，科学设计、精心组织，周密部署、依法实施，确保第七次全国人口普查数据真实准确，全面客观反映我国人口发展状况。

（二）普查目的。第七次全国人口普查是在中国特色社会主义进入新时代开展的重大国情国力调查，将全面查清我国人口数量、结构、分布、城乡住房等方面情况，为完善人口发展战略和政策体系，促进人口长期均衡发展，科学制定国民经济和社会发展规划，推动经济高质量发展，开启全面建设社会主义现代化国家新征程，向第二个百年奋斗目标进军，提供科学准确的统计信息支持。

二、普查对象、内容和时间

普查对象是普查标准时点在中华人民共和国境内的自然人以及在中华人民共和国境外但未定居的中国公民，不包括在中华人民共和国境内短期停留的境外人员。

普查主要调查人口和住户的基本情况，内容包括：姓名、公民身份号码、性别、年龄、民族、受教育程度、行业、职业、迁移流动、婚姻生育、死亡、住房情况等。

普查标准时点是2020年11月1日零时。

三、组织实施

第七次全国人口普查涉及范围广、参与部门多、技术要求高、工作难度大，各地区、各部门要按照“全国统一领导、部门分工协作、地方分级负责、各方共同参与”的原则，认真做好普查的宣传动员和组织实施工作。

为加强组织领导，国务院决定成立第七次全国人口普查领导小组，负责普查组织实施中重大问题的研究和决策。普查领导小组办公室设在国家统计局，具体负责普查的组织实施。各成员单位要按照职能分工，各负其责、通力协作、密切配合，共同做好普查工作。对普查工作中遇到的困难和问题，要及时采取措施予以解决。

地方各级人民政府要设立相应的普查领导小组及其办公室，认真做好本地区普查工作。要充分发挥街道办事处和乡镇政府、居民委员会和村民委员会的作用，广泛引导、动员和组织社会力量积极参与并认真配合做好普查工作。

地方普查机构可根据工作需要，招聘或者从有关单位借调符合条件的普查指导员和普查员。为稳定普查工作队伍，确保普查工作顺利进行，应及时支付招聘人员的劳动报酬，保证借调人员在原单位的工资、福利及其他待遇不变，并保留其原有工作岗位。

四、经费保障

第七次全国人口普查所需经费，由中央和地方各级人民政府共同负担，并列入相应年度的财政预算，按时拨付、确保到位。

五、工作要求

（一）坚持依法普查。各地区、各部门要按照《中华人民共和国统计法》、《中华人民共和国统计法实施条例》、《全国人口普查条例》等法律法规要求，认真做好普查各项工作。普查取得的数据，严格限定用于普查目的，不得作为任何部门和单位对各级行政管理工作实施考核、奖惩的依据。普查中获得的能够识别或者推断单个普查对象身份的资料，不得作为对普查对象实施处罚等具体行政行为的依据。

（二）确保数据质量。建立健全普查数据质量追溯和问责机制，各级人民政府统计机构要加大对普查工作中违纪违法行为的查处和通报曝光力度，坚决杜绝人为干扰普查工作的现象，确保普查工作顺利进行和普查数据真实准确。对普查中发现应当给予党纪政务处分或组织处理的统计违纪违法责任人，由统计机构按规定提出处分处理建议并及时移送任免机关、纪检监察机关或组织（人事）部门。

（三）提升信息化水平。采取电子化方式开展普查登记，探索使用智能手机采集数据。广泛应用部门行政记录，推进大数据在普查中的应用，提高普查数据采集处理效能。全流程加强对公民个人信息的保护，各级普查机构及其工作人员必须严格履行保密义务，严禁向任何机构、单位、个人泄露或出售公民个人信息。

（四）加强宣传工作。各级普查机构要会同宣传部门认真做好普查宣传的策划和组织工作。采用多种手段，广泛深入宣传第七次全国人口普查的重要意义和要求，引导广大普查对象依法配合普查，如实申报普查项目，为普查工作顺利实施创造良好舆论环境。

附件：国务院第七次全国人口普查领导小组组成人员名单（略）

国务院

2019 年 10 月 31 日

（此件公开发布）

第三部分 附录

附录 3 全国人口普查条例

中华人民共和国国务院令

第 576 号

《全国人口普查条例》已经 2010 年 5 月 12 日国务院第 111 次常务会议通过，现予公布，自 2010 年 6 月 1 日起施行。

总理 温家宝

二〇一〇年五月二十四日

全国人口普查条例

第一章 总 则

第一条 为了科学、有效地组织实施全国人口普查，保障人口普查数据的真实性、准确性、完整性和及时性，根据《中华人民共和国统计法》，制定本条例。

第二条 人口普查的目的是全面掌握全国人口的基本情况，为研究制定人口政策和经济社会发展规划提供依据，为社会公众提供人口统计信息服务。

第三条 人口普查工作按照全国统一领导、部门分工协作、地方分级负责、各方共同参与的原则组织实施。

国务院统一领导全国人口普查工作，研究决定人口普查中的重大问题。地方各级人民政府按照国务院的统一规定和要求，领导本行政区域的人口普查工作。

在人口普查工作期间，各级人民政府设立由统计机构和有关部门组成的人口普查机构（以下简称普查机构），负责人口普查的组织实施工作。

村民委员会、居民委员会应当协助所在地人民政府动员和组织社会力量，做好本区域的人口普查工作。

国家机关、社会团体、企业事业单位应当按照《中华人民共和国统计法》和本条例的规定，参与并配合人口普查工作。

第四条 人口普查对象应当按照《中华人民共和国统计法》和本条例的规定，真实、准确、完整、及时地提供人口普查所需的资料。

人口普查对象提供的资料，应当依法予以保密。

第五条 普查机构和普查机构工作人员、普查指导员、普查员（以下统称普查人员）依法独立行使调查、报告、监督的职权，任何单位和个人不得干涉。

地方各级人民政府、各部门、各单位及其负责人，不得自行修改普查机构和普查人员依法搜集、整理的人口普查资料，不得以任何方式要求普查机构和普查人员及其他单位和个人伪造、篡改人口普查资料，不得对依法履行职责或者拒绝、抵制人口普查违法行为的普查人员打击报复。

第六条 各级人民政府应当利用报刊、广播、电视、互联网和户外广告等媒介，开展人口普查的宣传动员工作。

第七条 人口普查所需经费，由国务院和地方各级人民政府共同负担，并列入相应年度的财政预算，按时拨付，确保足额到位。

人口普查经费应当统一管理、专款专用，从严控制支出。

第八条 人口普查每10年进行一次，尾数逢0的年份为普查年度，标准时点为普查年度的11月1日零时。

第九条 国家统计局会同国务院有关部门制定全国人口普查方案（以下简称普查方案），报国务院批准。

人口普查应当按照普查方案的规定执行。

第十条 对认真执行本条例，忠于职守、坚持原则，做出显著成绩的单位和个人，按照国家有关规定给予表彰和奖励。

第二章 人口普查的对象、内容和方法

第十一条 人口普查对象是指普查标准时点在中华人民共和国境内的自然人以及在中华人民共和国境外但未定居的中国公民，不包括在中华人民共和国境内短期停留的境外人员。

第十二条 人口普查主要调查人口和住户的基本情况，内容包括姓名、性别、年龄、民族、国籍、受教育程度、行业、职业、迁移流动、社会保障、婚姻、生育、死亡、住房情况等。

第十三条 人口普查采用全面调查的方法，以户为单位进行登记。

第十四条 人口普查采用国家统计分类标准。

第三章 人口普查的组织实施

第十五条 人口普查登记前，公安机关应当按照普查方案的规定完成户口整顿工作，并将有关资料提交本级人口普查机构。

第十六条 人口普查登记前应当划分普查区，普查区以村民委员会、居民委员会所辖区域为基础划分，每个普查区划分为若干普查小区。

第十七条 每个普查小区应当至少有一名普查员，负责入户登记等普查工作。每个普查区应当至少有一名普查指导员，负责安排、指导、督促和检查普查员的工作，也可以直接进行入户登记。

第十八条 普查指导员和普查员应当具有初中以上文化水平，身体健康，责任心强。

第十九条 普查指导员和普查员可以从国家机关、社会团体、企业事业单位借调，也可以从村民委员会、居民委员会或者社会招聘。借调和招聘工作由县级人民政府负责。

国家鼓励符合条件的公民作为志愿者参与人口普查工作。

第二十条 借调的普查指导员和普查员的工资由原单位支付，其福利待遇保持不变，并保留其原有工作岗位。

招聘的普查指导员和普查员的劳动报酬，在人口普查经费中予以安排，由聘用单位支付。

第二十一条 普查机构应当对普查指导员和普查员进行业务培训，并对考核合格的人员颁发全国统一的普查指导员证或者普查员证。

普查指导员和普查员执行人口普查任务时，应当出示普查指导员证或者普查员证。

第二十二条 人口普查登记前，普查指导员、普查员应当绘制普查小区图，编制普查小区户主姓名底册。

第二十三条 普查指导员、普查员入户登记时，应当向人口普查对象说明人口普查的目的、法律依据以及人口普查对象的权利和义务。

第二十四条　人口普查对象应当按时提供人口普查所需的资料，如实回答相关问题，不得隐瞒有关情况，不得提供虚假信息，不得拒绝或者阻碍人口普查工作。

第二十五条　人口普查对象应当在普查表上签字或者盖章确认，并对其内容的真实性负责。

第二十六条　普查人员应当坚持实事求是，恪守职业道德，拒绝、抵制人口普查工作中的违法行为。

普查机构和普查人员不得伪造、篡改普查资料，不得以任何方式要求任何单位和个人提供虚假的普查资料。

第二十七条　人口普查实行质量控制岗位责任制，普查机构应当对人口普查实施中的每个环节实行质量控制和检查，对人口普查数据进行审核、复查和验收。

第二十八条　国家统计局统一组织人口普查数据的事后质量抽查工作。

第四章　人口普查资料的管理和公布

第二十九条　地方各级普查机构应当按照普查方案的规定进行数据处理，并按时上报人口普查资料。

第三十条　人口普查汇总资料，除依法应当保密的外，应当予以公布。

全国和各省、自治区、直辖市主要人口普查数据，由国家统计局以公报形式公布。

地方人民政府统计机构公布本行政区域主要人口普查数据，应当报经上一级人民政府统计机构核准。

第三十一条　各级人民政府统计机构应当做好人口普查资料的管理、开发和应用，为社会公众提供查询、咨询等服务。

第三十二条　人口普查中获得的原始普查资料，按照国家有关规定保存、销毁。

第三十三条　人口普查中获得的能够识别或者推断单个普查对象身份的资料，任何单位和个人不得对外提供、泄露，不得作为对人口普查对象作出具体行政行为的依据，不得用于人口普查以外的目的。

人口普查数据不得作为对地方人民政府进行政绩考核和责任追究的依据。

第五章　法律责任

第三十四条　地方人民政府、政府统计机构或者有关部门、单位的负责人有下列行为之一的，由任免机关或者监察机关依法给予处分，并由县级以上人民政府统计机构予以通报；构成犯罪的，依法追究刑事责任：

（一）自行修改人口普查资料、编造虚假人口普查数据的；

（二）要求有关单位和个人伪造、篡改人口普查资料的；

（三）不按照国家有关规定保存、销毁人口普查资料的；

（四）违法公布人口普查资料的；

（五）对依法履行职责或者拒绝、抵制人口普查违法行为的普查人员打击报复的；

（六）对本地方、本部门、本单位发生的严重人口普查违法行为失察的。

第三十五条　普查机构在组织实施人口普查活动中有下列违法行为之一的，由本级人民政府或者上级人民政府统计机构责令改正，予以通报；对直接负责的主管人员和其他直接责任人员，由任免机关或者监察机关依法给予处分：

（一）不执行普查方案的；

（二）伪造、篡改人口普查资料的；

（三）要求人口普查对象提供不真实的人口普查资料的；

（四）未按照普查方案的规定报送人口普查资料的；

（五）违反国家有关规定，造成人口普查资料毁损、灭失的；

（六）泄露或者向他人提供能够识别或者推断单个普查对象身份的资料的。

普查人员有前款所列行为之一的，责令其停止执行人口普查任务，予以通报，依法给予处分。

第三十六条　人口普查对象拒绝提供人口普查所需的资料，或者提供不真实、不完整的人口普查资料的，由县级以上人民政府统计机构责令改正，予以批评教育。

人口普查对象阻碍普查机构和普查人员依法开展人口普查工作，构成违反治安管理行为的，由公安机关依法给予处罚。

第三十七条　县级以上人民政府统计机构应当设立举报电话和信箱，接受社会各界对人口普查违法行为的检举和监督。

第六章　附　　则

第三十八条　中国人民解放军现役军人、人民武装警察等人员的普查内容和方法，由国家统计局会同国务院有关部门、军队有关部门规定。

交通极为不便地区的人口普查登记的时间和方法，由国家统计局会同国务院有关部门规定。

第三十九条　香港特别行政区、澳门特别行政区的人口数，按照香港特别行政区政府、澳门特别行政区政府公布的资料计算。

台湾地区的人口数，按照台湾地区有关主管部门公布的资料计算。

第四十条　为及时掌握人口发展变化情况，在两次人口普查之间进行全国 1%人口抽样调查。全国 1%人口抽样调查参照本条例执行。

第四十一条　本条例自 2010 年 6 月 1 日起施行。

第三部分　附录

附录 4　第七次全国人口普查方案

第七次全国人口普查方案

国家统计局
国务院第七次全国人口普查领导小组办公室

第一部分 总说明

根据《中华人民共和国统计法》《中华人民共和国统计法实施条例》《全国人口普查条例》和《国务院关于开展第七次全国人口普查的通知》，制定本方案。

一、普查目的

全面查清我国人口数量、结构、分布、城乡住房等方面情况，为完善人口发展战略和政策体系，促进人口长期均衡发展，科学制定国民经济和社会发展规划，推动经济高质量发展，开启全面建设社会主义现代化国家新征程，向第二个百年奋斗目标进军，提供科学准确的统计信息支持。

二、普查时点

普查的标准时点是 2020 年 11 月 1 日零时。

三、普查对象

普查对象是指普查标准时点在中华人民共和国境内的自然人以及在中华人民共和国境外但未定居的中国公民，不包括在中华人民共和国境内短期停留的境外人员。

四、普查内容和普查表

普查登记的主要内容包括：姓名、公民身份号码、性别、年龄、民族、受教育程度、行业、职业、迁移流动、婚姻生育、死亡、住房情况等。

根据不同的普查对象和普查内容，具体分为四种普查表。

（一）第七次全国人口普查短表

普查短表包括反映人口基本状况的项目，由全部住户（不包括港澳台居民和外籍人员）填报。

（二）第七次全国人口普查长表

普查长表包括所有短表项目和人口的经济活动、婚姻生育和住房等情况的项目，在全部住户中抽取 10% 的户（不包括港澳台居民和外籍人员）填报。

（三）第七次全国人口普查港澳台居民和外籍人员普查表

港澳台居民和外籍人员普查表包括反映人口基本状况的项目以及入境目的、居住时间、身份或国籍、就业情况等项目，由在境内居住的港澳台居民和外籍人员填报。

（四）第七次全国人口普查死亡人口调查表

死亡人口调查表包括死亡人口的基本信息，由 2019 年 11 月 1 日至 2020 年 10 月 31 日期间有死亡人口的户填报。

五、普查方法

普查采用全面调查的方法，以户为单位进行登记。

普查采用按现住地登记的原则，每个人必须在现住地进行登记。普查对象不在户口登记地居住的，户口登记地要登记相应信息。

普查登记采用普查员入户询问、当场填报，或由普查对象自主填报等方式进行。

普查数据采集原则上采用电子化的方式。采取普查员使用电子采集设备（PAD 或智能手机）登记普查对象信息并联网实时上报，或由普查对象通过互联网自主填报等方式进行。

普查员应按照工作要求，在户口整顿基础上对所负责普查小区进行全面摸底，掌握普查小区内的人口和居住情况，编制《户主姓名底册》，根据《户主姓名底册》进行入户登记工作，并参考部门行政记录等资料进行比对复查，确保普查登记真实准确、不重不漏。

六、普查数据处理

各级普查机构负责普查数据处理。国务院人口普查办公室统一编制数据采集、审核、编辑、汇总程序。

国务院人口普查办公室集中部署数据采集处理环境。各级普查机构应保障必要的数据处理办公环境和网络条件，采取必要的安全措施，确保数据处理工作安全、顺利地进行。

七、普查组织实施

（一）全国统一领导

国务院第七次全国人口普查领导小组负责普查组织实施中重大问题的研究和决策。普查领导小组办公室设在国家统计局，具体负责普查的组织实施。

（二）部门分工协作

领导小组各成员单位要按照职能分工，各负其责、通力协作、密切配合，共同做好普查工作。对普查工作中遇到的困难和问题，要及时采取措施予以解决。

（三）地方分级负责

地方各级人民政府设立相应的普查领导小组及其办公室，领导和组织实施本区域内的普查工作。村民委员会和居民委员会设立人口普查小组，协助街道办事处和乡镇政府动员和组织社会力量，做好本区域内的普查工作。

普查指导员和普查员可以从国家机关、社会团体、企业事业单位借调，也可以从村民委员会、居民委员会或者社会招聘。借调和招聘工作由县级人民政府负责。

（四）各方共同参与

国家机关、社会团体、企业事业单位应当按照《中华人民共和国统计法》《中华人民共和国统计法实施条例》和《全国人口普查条例》的规定，参与并配合普查工作。

八、普查质量控制

普查实行严格的质量控制制度，建立健全普查数据质量追溯和问责机制，确保普查数据可核查、可追溯、可问责。国务院人口普查办公室统一领导、统筹协调普查全过程质量控制的有关工作。地方各级普查机构主要负责人对本行政区域普查数据质量负总责，确保普查数据真实、准确、完整、及时。各级普查办公室必须严格执行各阶段工作要求，保证各阶段工作质量达到规定标准，确保普查工作质量与数据质量合格达标。

九、普查宣传

各级宣传部门和普查机构应制定宣传工作方案，深入开展普查宣传。

各级宣传部门应组织协调新闻媒体及有关部门，通过报刊、广播、电视、互联网、手机和户外广告等多种渠道，充分利用微博、微信、短视频等新媒体传播手段，宣传普查的重大意义、政策规定和工作要求，积极营造良好的普查氛围。

各级普查机构要组织开展形式多样的宣传活动，动员社会各界支持、参与普查。

十、普查法规与纪律要求

坚持依法普查，普查工作要严格按照《中华人民共和国统计法》《中华人民共和国统计法实施条例》《全国人口普查条例》《国务院关于开展第七次全国人口普查的通知》及相关规定组织开展。

普查对象应当依法履行普查义务，如实提供普查信息，不得虚报、瞒报、拒报。拒绝提供普查所需的资料，或者提供不真实、不完整的普查资料的，由县级以上人民政府统计机构责令改正，予以批评教育，情节严重的依法严肃处理。普查取得的数据，严格限定用于普查目的，不得作为任何部门和单位对各级行政管理工作实施考核、奖惩的依据。普查中获得的能够识别或者推断单个普查对象身份的资料，任何单位和个人不得对外提供、泄露，不得作为对普查对象实施处罚等具体行政行为的依据，不得用于普查以外的目的。各级普查机构及其工作人员，必须严格履行保密义务。

十一、普查主要工作阶段

普查工作分三个阶段进行：

一是准备阶段（2019 年 10 月—2020 年 10 月）。这一阶段的主要工作是：组建各级普查机构，制定普查方案和工作计划，进行普查试点，落实普查经费和物资，准备数据采集处理环境，开展普查宣传，选聘培训普查指导员和普查员，普查区域划分及绘图，进行户口整顿，开展摸底等。

二是普查登记阶段（2020 年 11 月—12 月）。这一阶段的主要工作是：普查员入户登记，进行比对复查，开展事后质量抽查等。

三是数据汇总和发布阶段（2020 年 12 月—2022 年 12 月）。这一阶段的主要工作是：数据处理、汇总、评估，发布主要数据公报，普查资料开发利用等。

十二、其他

（一）香港特别行政区、澳门特别行政区的人口数，按照香港特别行政区政府、澳门特别行政区政府公布的资料计算。

台湾地区的人口数，按照台湾地区有关主管部门公布的资料计算。

（二）因交通极为不便等特殊因素，需采用其他登记时间和方法的地区，须报请国务院人口普查办公室批准。

（三）对认真执行本方案，忠于职守，坚持原则，在普查工作中做出显著成绩的单位和个人，按照国家有关规定给予表彰奖励。

（四）本方案由国务院人口普查办公室负责解释。

第二部分　普查表式

第七次全国人口普查短表

经国务院批准进行第七次全国人口普查
人口普查的标准时点为2020年11月1日零时
人口普查的原始资料不向任何单位和个人提供，
仅供汇总使用
公民应履行如实申报普查项目的义务

表　　号：R 6 0 1 表
制定机关：国家统计局
国务院人口普查办公室
批准文号：国发（2019）24号
有效期至：2021年3月

地址：_____省（区、市）_____市（地、州、盟）_____县（市、区、旗）_____乡（镇、街道）_____普查区_____普查小区_____户编号

一、住户项目

H1．户别

1．家庭户
2．集体户

H2．本户应登记人数

2020年10月31日晚居住本户的人数_____人
户口在本户，2020年10月31日晚未住本户的人数_____人

H3．本户2019年11月1日至2020年10月31日期间的出生人口

男_____人　女_____人

H4．本户2019年11月1日至2020年10月31日期间的死亡人口

男_____人　女_____人

H5．住所类型

1．普通住宅
2．集体住所
3．工作地住所
4．其他住房
5．无住房
（选择2—5的，跳至个人项目。）

H6．本户现住房建筑面积

_____平方米

H7．本户现住房间数

_____间

二、个人项目

每个人都填报的项目

D1．姓名

____

D2．与户主关系

0．户主
1．配偶
2．子女
3．父母
4．岳父母或公婆
5．祖父母
6．媳婿
7．孙子女
8．兄弟姐妹
9．其他

D3．公民身份号码

□□□□□□□□□□□□□□□□□□

D4．性别

1．男
2．女

D5．出生年月

出生于：_______年_______月

D6．民族

_______族

D7．普查时点（2020年11月1日零时）居住地

1．本普查小区
2．本村（居）委会其他普查小区
3．本乡（镇、街道）其他村（居）委会
4．本县（市、区、旗）其他乡（镇、街道）
5．其他县（市、区、旗），请在下面填写地址

________省（区、市）
________市（地、州、盟）
________县（市、区、旗）
6．香港特别行政区、澳门特别行政区、台湾地区
7．国外

D8．户口登记地
1．本村（居）委会
2．本乡（镇、街道）其他村（居）委会
3．本县（市、区、旗）其他乡（镇、街道）
4．其他县（市、区、旗），请在下面填写地址
________省（区、市）
________市（地、州、盟）
________县（市、区、旗）
5．户口待定→D11

D9．离开户口登记地时间
1．没有离开户口登记地→D11
2．不满半年
3．半年以上，不满一年
4．一年以上，不满二年
5．二年以上，不满三年
6．三年以上，不满四年
7．四年以上，不满五年
8．五年以上，不满十年
9．十年以上

D10．离开户口登记地原因
0．工作就业
1．学习培训
2．随同离开/投亲靠友
3．拆迁/搬家
4．寄挂户口
5．婚姻嫁娶
6．照料孙子女
7．为子女就学
8．养老/康养
9．其他

3 周岁及以上（2017 年 10 月 31 日以前出生）的人填报的项目
D11．受教育程度
1．未上过学

2．学前教育
3．小学
4．初中
5．高中
6．大学专科
7．大学本科
8．硕士研究生
9．博士研究生

15 周岁及以上（2005 年 10 月 31 日以前出生）的人填报的项目

D12．是否识字

1．是
2．否

第七次全国人口普查长表

经国务院批准进行第七次全国人口普查
人口普查的标准时点为2020年11月1日零时
人口普查的原始资料不向任何单位和个人提供，
仅供汇总使用
公民应履行如实申报普查项目的义务

表　　号：R　6　0　2　表
制定机关：国　家　统　计　局
国务院人口普查办公室
批准文号：国发（2019）24号
有效期至：2021年3月

地址：____省（区、市）____市（地、州、盟）____县（市、区、旗）____乡（镇、街道）____普查区____普查小区____户编号

一、住户项目

H1．户别
1．家庭户
2．集体户

H2．本户应登记人数
2020年10月31日晚居住本户的人数____人
户口在本户，2020年10月31日晚未住本户的人数____人

H3．本户2019年11月1日至2020年10月31日期间的出生人口
男____人　女____人

H4．本户2019年11月1日至2020年10月31日期间的死亡人口
男____人　女____人

H5．住所类型
1．普通住宅
2．集体住所
3．工作地住所
4．其他住房
5．无住房
（选择2—5的，跳至个人项目。）

H6．本户现住房建筑面积
____平方米

H7．本户现住房间数
____间

H8．住房所在建筑的总层数

1．平房
2．多层（7 层及以下）
3．高层（8—33 层）
4．超高层（34 层及以上）

H9．承重类型

1．钢及钢筋混凝土结构
2．混合结构
3．砖木结构
4．竹草土坯结构
5．其他结构

H10．住房建成年代

1．1949 年以前
2．1949—1959 年
3．1960—1969 年
4．1970—1979 年
5．1980—1989 年
6．1990—1999 年
7．2000—2009 年
8．2010—2014 年
9．2015 年以后

H11．住房所在建筑有无电梯

1．有
2．无

H12．主要炊事燃料

1．燃气
2．电
3．煤炭
4．柴草
5．其他

H13．住房内有无管道自来水

1．有
2．无

H14．住房内有无厨房

1．独立使用
2．与其他户合用

3．无

H15．住房内有无厕所

1．水冲式卫生厕所
2．水冲式非卫生厕所
3．卫生旱厕
4．普通旱厕
5．无

H16．住房内有无洗澡设施

1．统一供热水
2．家庭自装热水器
3．其他
4．无

H17．住房来源

1．租赁廉租房/公租房
2．租赁其他住房
3．购买新建商品房
4．购买二手房
5．购买原公有住房
6．购买经济适用房/两限房
7．自建住房
8．继承或赠予
9．其他
（选择3—9的，跳至H19。）

H18．月租房费用

0．200元以下
1．200—499元
2．500—999元
3．1000—1999元
4．2000—2999元
5．3000—3999元
6．4000—5999元
7．6000—7999元
8．8000—9999元
9．10000元以上

H19．拥有全部家用汽车的总价

1．不满10万元
2．10万元以上，不满20万元

3．20 万元以上，不满 30 万元
4．30 万元以上，不满 50 万元
5．50 万元以上，不满 100 万元
6．100 万元以上
7．没有汽车

二、个人项目

每个人都填报的项目

C1．姓名

____

C2．与户主关系

0．户主
1．配偶
2．子女
3．父母
4．岳父母或公婆
5．祖父母
6．媳婿
7．孙子女
8．兄弟姐妹
9．其他

C3．公民身份号码

□□□□□□□□□□□□□□□□□□

C4．性别

1．男
2．女

C5．出生年月

出生于：_______年_______月

C6．民族

_______族

C7．普查时点（2020 年 11 月 1 日零时）居住地

1．本普查小区
2．本村（居）委会其他普查小区
3．本乡（镇、街道）其他村（居）委会
4．本县（市、区、旗）其他乡（镇、街道）

5．其他县（市、区、旗），请在下面填写地址

_______省（区、市）

_______市（地、州、盟）

_______县（市、区、旗）

6．香港特别行政区、澳门特别行政区、台湾地区

7．国外

C8．户口登记地

1．本村（居）委会

2．本乡（镇、街道）其他村（居）委会

3．本县（市、区、旗）其他乡（镇、街道）

4．其他县（市、区、旗），请在下面填写地址

_______省（区、市）

_______市（地、州、盟）

_______县（市、区、旗）

5．户口待定→C12

C9．离开户口登记地时间

1．没有离开户口登记地→C12

2．不满半年

3．半年以上，不满一年

4．一年以上，不满二年

5．二年以上，不满三年

6．三年以上，不满四年

7．四年以上，不满五年

8．五年以上，不满十年

9．十年以上

C10．离开户口登记地原因

0．工作就业

1．学习培训

2．随同离开/投亲靠友

3．拆迁/搬家

4．寄挂户口

5．婚姻嫁娶

6．照料孙子女

7．为子女就学

8．养老/康养

9．其他

C11．户口登记地类型

1．乡

2．镇的村委会
3．镇的居委会
4．街道

C12．是否有农村土地承包经营权
1．有
2．无

C13．出生地
1．本县（市、区、旗）
2．本省其他县（市、区、旗）
3．省外：_______省（区、市）

5周岁及以上（2015年10月31日以前出生）的人填报的项目
C14．五年前常住地
2015年11月1日常住地：
1．本县（市、区、旗）
2．其他地区，请在下面填写地址
_____省（区、市）
_____市（地、州、盟）
_____县（市、区、旗）

3周岁及以上（2017年10月31日以前出生）的人填报的项目
C15．受教育程度
1．未上过学→C17
2．学前教育→C17
3．小学
4．初中
5．高中
6．大学专科
7．大学本科
8．硕士研究生
9．博士研究生

C16．学业完成情况
1．在校
2．毕业
3．肄业
4．辍学
5．其他

15 周岁及以上（2005 年 10 月 31 日以前出生）的人填报的项目

C17．是否识字

1．是

2．否

C18．工作情况

10 月 25—31 日是否为取得收入而工作了一小时以上（包括临时工、依托互联网平台灵活就业、家庭经营无酬帮工等）

1．是，上周工作时间______小时

2．在职休假、在职学习培训、临时停工（保留工资）

3．未做任何工作→C22

C19．工作单位或生产经营活动所属类型

1．企业、事业、机关或社会团体等法人单位

2．个体经营户

3．经营农村家庭承包地（家庭农林牧渔生产经营活动）

4．自由职业/灵活就业

C20．行业

单位详细名称：____

主要产品或主要业务：___________________________________

C21．职业

本人从事的具体工作：___________________________________→C23

C22．未工作原因

1．在校学习

2．离退休

3．料理家务

4．丧失工作能力

5．其他

C23．主要生活来源

1．劳动收入

2．离退休金/养老金

3．最低生活保障金

4．失业保险金

5．财产性收入

6．家庭其他成员供养

7．其他

C24．婚姻状况

1．未婚→C28

2．有配偶

3．离婚

4．丧偶

C25．初婚年月

_______年_______月

15至64周岁（1955年11月1日—2005年10月31日出生）的妇女填报的项目

C26．生育子女数

1．未生育→C28

2．有生育（请填报生育的子女数）

生过几个孩子：

男_______人

女_______人

其中现在存活几个孩子：

男_______人

女_______人

15至50周岁（1969年11月1日—2005年10月31日出生）的妇女填报的项目

C27．过去一年（2019年11月1日—2020年10月31日）的生育状况

1．一年内未生育（结束）

2．一年内有生育（请填报生育时间和孩子性别）

生育时间：

____月

婴儿性别：

1．男

2．女

一年内生育两个以上孩子的，请填报第二个孩子的状况。

生育时间：

____月

婴儿性别：

1．男

2．女

60周岁及以上（1960年10月31日以前出生）的人填报的项目

C28．居住状况

1．与配偶和子女同住

2．与配偶同住

3．与子女同住

4．独居（有保姆）

5．独居（无保姆）

6．养老机构

7．其他

C29．身体健康状况

1．健康

2．基本健康

3．不健康，但生活能自理

4．不健康，生活不能自理

第七次全国人口普查港澳台居民和外籍人员普查表

The Seventh National Population Census Form for Residents from Hong Kong, Macao, Taiwan and from Foreign Countries

中国政府决定进行第七次全国人口普查
人口普查标准时点为2020年11月1日零时
我们将对您在普查表中填写的信息给予
保密，敬请合作。

The Government of China has decided to conduct the 7th National Population Census, with zero hour on 1 November 2020 as the reference time.
Information provided will be kept confidential.
Your cooperation is highly appreciated.

表　　号：R603表
制定机关：国家统计局
　　　　　国务院人口普查办公室
批准文号：国发〔2019〕24号
有效期至：2021年3月

Form number: R603
Form issued by: National Bureau of Statistics
Office of the State Council for the Seventh National Population Census
Approval number: 〔2019〕24
Valid until: March 2021

地址 Address：

_____省（区、市）Province

_____市（地、州、盟）City (prefecture)

_____县（市、区、旗）County (city, district)

_____乡（镇、街道）Town (township, street)

_____普查区 Enumeration area (village/community committee)

_____普查小区 Enumeration block

_____户编号 Household number

一、住户项目

Household Information

F1. 户别

Type of household

1. 家庭户 Family household
2. 集体户 Collective household

F2. 住所类型

Type of dwelling

1. 普通住宅 Conventional dwellings
2. 集体住所 Collective living quarters
3. 工作地住所 Living in work places
4. 其他住房 Other dwellings
5. 无住房 With no dwellings

（选择2—5的，跳至个人项目。）

(If the answer is 2-5, then skip to 'Individual Information'.)

F3. 本户现住房建筑面积

Floor space for this household

_____平方米 m^2

F4. 本户现住房间数

Number of rooms for this household

_____间 rooms

二、个人项目

Individual Information

R1. 姓名 Full name

____

R2. 与户主关系

Relationship with head of household

0. 户主 Head of household
1. 配偶 Spouse
2. 子女 Son or daughter
3. 父母 Parent
4. 岳父母或公婆 Parent-in-law
5. 祖父母 Grandparent
6. 媳婿 Son-in-law or daughter-in-law
7. 孙子女 Grandchild
8. 兄弟姐妹 Brother or sister
9. 其他 Other relationship

R3. 性别

Sex

1. 男 Male
2. 女 Female

R4. 出生年月

Date of birth

出生于 Born in：_______年 year_______月 month

R5. 来内地（大陆）或来华目的

Purpose for stay in the mainland of China

1. 商务 Business
2. 就业 Work
3. 学习 Study
4. 定居 Residence
5. 探亲 Visiting relatives

6. 其他 Others

R6. 已在内地（大陆）或在华居住时间
Duration of stay in the mainland of China
1. 不满三个月 Less than 3 months
2. 三个月以上，不满半年 3 months to less than 6 months
3. 半年以上，不满一年 6 months to less than 12 months
4. 一年以上，不满二年 1 year to less than 2 years
5. 二年以上，不满五年 2 years to less than 5 years
6. 五年以上 5 years or more

R7. 受教育程度
3 周岁及以上（2017 年 10 月 31 日以前出生）的人填报
Educational attainment
For persons aged 3 and over（Born before 31st Oct. 2017）
1. 未上过学 No schooling
2. 学前教育 Pre-primary education
3. 小学 Primary education
4. 初中 Junior secondary education
5. 高中 Senior secondary education
6. 大学专科 College
7. 大学本科 University
8. 硕士研究生 Master
9. 博士研究生 Doctor

R8. 身份或国籍
Citizenship
1. 香港特别行政区居民 Hong Kong SAR resident
2. 澳门特别行政区居民 Macao SAR resident
3. 台湾地区居民 Taiwan resident
4. 外国人 Foreigner：国籍 Country_______（结束）(End)

15 周岁及以上（2005 年 10 月 31 日以前出生）港澳台居民填报的项目
For persons aged 15 and over (Born before 31st Oct. 2005) from Hong Kong, Macao and Taiwan

R9. 工作情况
10 月 25—31 日是否为取得收入而工作了一小时以上
1．是
2．在职休假、在职学习培训、临时停工（保留工资）
3．未做任何工作→R12

R10．行业
1．农、林、牧、渔业

2．采矿业
3．制造业
4．电力、热力、燃气及水生产和供应业
5．建筑业
6．批发和零售业
7．交通运输、仓储和邮政业
8．住宿和餐饮业
9．信息传输、软件和信息技术服务业
10．金融业
11．房地产业
12．租赁和商务服务业
13．科学研究和技术服务业
14．水利、环境和公共设施管理业
15．居民服务、修理和其他服务业
16．教育
17．卫生和社会工作
18．文化、体育和娱乐业
19．公共管理、社会保障和社会组织
20．国际组织

R11．职业
1．党的机关、国家机关、群众团体和社会组织、企事业单位负责人
2．专业技术人员
3．办事人员和有关人员
4．社会生产服务和生活服务人员
5．农、林、牧、渔业生产及辅助人员
6．生产制造及有关人员
7．不便分类的其他从业人员

R12．婚姻状况
1．未婚
2．有配偶
3．离婚
4．丧偶

第七次全国人口普查死亡人口调查表

（2019年11月1日至2020年10月31日死亡的人口登记）

经国务院批准进行第七次全国人口普查
人口普查的标准时点为2020年11月1日零时
人口普查的原始资料不向任何单位和个人提供，
仅供汇总使用
公民应履行如实申报普查项目的义务

表　　号：R 6 0 4 表
制定机关：国 家 统 计 局
国务院人口普查办公室
批准文号：国发（2019）24号
有效期至：2021年3月

地址：_____省（区、市）_____市（地、州、盟）_____县（市、区、旗）_____乡（镇、街道）_____普查区_____普查小区_____户编号

每个死亡人口都登记的项目

S1．姓名

____

S2．公民身份号码

□□□□□□□□□□□□□□□□□□

S3．性别

1．男
2．女

S4．出生年月

出生于：_______年_______月

S5．死亡时间

死亡于：_______月

S6．民族

_______族

死亡时满3周岁的人登记的项目

S7．受教育程度

1．未上过学
2．学前教育
3．小学
4．初中
5．高中
6．大学专科
7．大学本科

8．硕士研究生

9．博士研究生

死亡时满15周岁的人登记的项目

S8．婚姻状况

1．未婚

2．有配偶

3．离婚

4．丧偶

第三部分　普查表填写说明

一、普查表的种类

第七次全国人口普查表分为《第七次全国人口普查短表》《第七次全国人口普查长表》《第七次全国人口普查港澳台居民和外籍人员普查表》和《第七次全国人口普查死亡人口调查表》四种表。

二、标准时点

第七次全国人口普查的标准时点为 2020 年 11 月 1 日零时。

普查员在掌握普查标准时点时，应注意以下两点：

（一）2020 年 11 月 1 日零时以后出生的人不登记；2020 年 11 月 1 日零时以后死亡的人仍要在普查短表中登记。

（二）2020 年 11 月 1 日零时以后居住地发生变化的人，仍在原居住地登记。

三、普查对象

普查对象是指普查标准时点在中华人民共和国境内的自然人以及在中华人民共和国境外但未定居的中国公民，不包括在中华人民共和国境内短期停留的境外人员。

（一）普查短表和普查长表的普查对象具体是指 2020 年 10 月 31 日晚住本普查小区的人，以及户口登记在本普查小区但 2020 年 10 月 31 日晚未住本普查小区的人。

1.2020 年 10 月 31 日晚住本普查小区的人，无论其户口登记在何处。

2.户口登记在本普查小区，但 2020 年 10 月 31 日晚未住本普查小区的人，无论其外出时间长短、外出原因如何。

（二）港澳台居民和外籍人员普查表的普查对象具体是指 2020 年 10 月 31 日晚住本普查小区的港澳台居民和外籍人员。

（三）死亡人口调查表的登记对象具体是指 2019 年 11 月 1 日至 2020 年 10 月 31 日期间本普查小区的死亡人口。

四、登记原则

人口普查采用按现住地登记的原则，每个人必须在现住地进行登记。普查对象不在户口登记地居住的，户口登记地要登记相应信息。

人口普查以户为单位进行登记，户分为家庭户和集体户。集体户以一个住房单元为一户进行普查登记。

为便于理解登记对象，并考虑到普查中可能遇到的特殊情况，普查员在入户登记时可采取以下方式询问住户：

应在您家普查登记的人包括：

•2020 年 10 月 31 日晚住在您家里的人。

•经常居住在您家，由于临时出差、探亲、旅游或值夜班等原因，2020 年 10 月 31 日晚未住在您家的人（视为 2020 年 10 月 31 日晚住在您家）。

•幼儿园全托孩子，小学、初中住校生（视为 2020 年 10 月 31 日晚住在您家）。

•户口登记在现住房地址的其他人。

不包括：

•现役军人和武警。

•由于临时出差、探亲、旅游等原因，2020 年 10 月 31 日晚暂住在您家的人。

•2020 年 11 月 1 日零时以后出生的人。

五、普查项目

（一）普查短表

按户填报的项目有：户别、本户应登记人数、本户 2019 年 11 月 1 日至 2020 年 10 月 31 日期间的出生人口、本户 2019 年 11 月 1 日至 2020 年 10 月 31 日期间的死亡人口、住所类型、本户现住房建筑面积、本户现住房间数。

按人填报的项目有：姓名、与户主关系、公民身份号码、性别、出生年月、民族、普查时点（2020 年 11 月 1 日零时）居住地、户口登记地、离开户口登记地时间、离开户口登记地原因、受教育程度、是否识字。

（二）普查长表

按户填报的项目有：户别、本户应登记人数、本户 2019 年 11 月 1 日至 2020 年 10 月 31 日期间的出生人口、本户 2019 年 11 月 1 日至 2020 年 10 月 31 日期间的死亡人口、住所类型、本户现住房建筑面积、本户现住房间数、住房所在建筑的总层数、承重类型、住房建成年代、住房所在建筑有无电梯、主要炊事燃料、住房内有无管道自来水、住房内有无厨房、住房内有无厕所、住房内有无洗澡设施、住房来源、月租房费用、拥有全部家用汽车的总价。

按人填报的项目有：姓名、与户主关系、公民身份号码、性别、出生年月、民族、普查时点（2020 年 11 月 1 日零时）居住地、户口登记地、离开户口登记地时间、离开户口登记地原因、户口登记地类型、是否有农村土地承包经营权、出生地、五年前常住地、受教育程度、学业完成情况、是否识字、工作情况、经常工作单位或生产经营活动所属类型、行业、职业、未工作原因、主要生活来源、婚姻状况、初婚年月、生育子女数、过去一年（2019 年 11 月 1 日—2020 年 10 月 31 日）的生育状况、居住状况、身体健康状况。

（三）港澳台居民和外籍人员普查表

按户填报的项目有：户别、住所类型、本户现住房建筑面积、本户现住房间数。

按人填报的项目有：姓名、与户主关系、性别、出生年月、来内地（大陆）或来华目的、已在内地（大陆）或在华居住时间、受教育程度、身份或国籍、工作情况、行业、职业、婚姻状况。

（四）死亡人口调查表

填报的项目有：姓名、公民身份号码、性别、出生年月、死亡时间、民族、受教育程度、婚姻状况。

六、普查表的填写方法

（一）普查表以户为单位进行登记。普查短表、死亡人口调查表采用普查员入户询问、当场填报，或由普查对象通过互联网自主填报等方式进行。普查长表、港澳台居民和外籍人员普查表采用普查指导员和普查员入户询问、当场填报的登记方式。

（二）普查小区中的每一户有且只有一个户编号，为“001”开始的 3 位顺序码，在《户主姓名底册》编制完成后自动生成，普查表上的户编号与其一致，不可修改。

（三）普查表的填写顺序：先填写住户项目，再逐人填写个人项目。

普查员填写普查短表时，填写按人登记的项目时，表内第一人应填户主，然后依次填户主的配偶和其他关系的人。全户死亡的户，只填写“H4.本户 2019 年 11 月 1 日至 2020 年 10 月 31 日期间的死亡人口”，其他住户项目和个人项目均不再登记。

普查员填写普查长表时，与普查短表相同的项目直接代入短表信息，经向普查对象核实确认后，再填报其他项目。

（四）普查表每户最多可以填写 20 人。对于超过 20 人的大集体户，可酌情分成若干集体户填写。

（五）有标准选项的项目，根据实际情况选填，并且每个问题只能选择一个标准选项。民族、普查时点（2020 年 11 月 1 日零时）居住地、户口登记地、出生地、五年前常住地等项目可根据列表栏进行选择。没有标准选项的项目，用文字或阿拉伯数字据情填报。

（六）如果填写错误或发生逻辑关系异常，数据采集程序会给出审核提示。审核类型分为强制性审核和确认性审核，若为强制性审核错误，必须根据提示信息对错误项目进行修改；若为确认性审核提示，应根据提示信息对异常项目进行核实，确认无误后，继续进行填报。

（七）普查员每填完一户，应即刻进行审核，将通过审核的信息向申报人当面宣读，核对无误后，由申报人签字确认。

第四部分　指标解释

一、普查短表

（一）住户项目

H1.户别——按家庭户、集体户的类别填报。

1.家庭户：以家庭成员关系为主，居住一处共同生活的人口，作为一个家庭户。单身居住独自生活的，也作为一个家庭户。

2.集体户：相互之间没有家庭成员关系，集体居住共同生活的人口作为一个集体户。

H2.本户应登记人数——包括两个部分。一部分是 2020 年 10 月 31 日晚居住本户的人数，既包括户口在本户、2020 年 10 月 31 日晚居住本户的人数，也包括户口不在本户、2020 年 10 月 31 日晚居住本户的人数，填写 H2 的第一项；另一部分是户口在本户，2020 年 10 月 31 日晚未居住本户的人数，填写 H2 的第二项。

H3.本户 2019 年 11 月 1 日至 2020 年 10 月 31 日期间的出生人口——填写本户在 2019 年 11 月 1 日至 2020 年 10 月 31 日期间出生的人数。分别填写男、女的合计数。若本户在此期间没有出生人口，请填写“0”。

H4.本户 2019 年 11 月 1 日至 2020 年 10 月 31 日期间的死亡人口——填写本户在 2019 年 11 月 1 日至 2020 年 10 月 31 日期间死亡的人数。分别填写男、女的合计数。若本户在此期间没有死亡人口，请填写“0”。

填写 H3、H4 时应注意：

不要漏掉出生时有某种生命现象（如在胎儿脱离母体时，有呼吸或心跳，脐带搏动、随意肌收缩等）不久即死亡的婴儿，既要填写出生人数，也要填写死亡人数。

H5.住所类型——按居住的住所类型填报。

1.普通住宅：指人工建造的，有墙、顶、门、窗等结构，具有独立入口，专门供人居住的房屋或场所。如单元房、平房、四合院、独栋别墅、筒子楼、窑洞等传统意义上的住宅。

2.集体住所：指学生宿舍、职工宿舍、工棚、养老院、福利院、宗教场所等。

3.工作地住所：指居住在办公楼、发廊、商铺、餐馆等工作场所。

4.其他住房：指居住在上述场所以外的其他房屋或场所。

5.无住房：指本户没有住房，居无定所（如流动人口中那些睡在桥下、公园、车站或睡在运载货物、商品车辆上的人等）。

H6.本户现住房建筑面积——本户现住房的建筑面积以房屋所有权证（不动产权证）或租赁凭证上的相关信息为准。

若只知道使用面积的，可用使用面积乘以 1.33，换算成建筑面积。填写本项目时应注意：

1.在租借房屋居住的户，按租借住房的实际情况填写其住房建筑面积。

2.合住在同一所住房里的住户，其建筑面积为各户所独立使用的房间面积加上公共使用面积（包括厨房、厕所、门厅、阳台等）的分摊部分：两户合住的，各按二分之一计算；三户合住的，各按三分之一计算，依此类推。

3.建筑面积应填写整数，不为整数时四舍五入获得。

H7.本户现住房间数——指除厨房、厕所、过道和厅以外的所有自然间数（包括扩建的房间）。填写本项目时应注意：

1.在租借房屋居住的户，按租借住房的实际居住情况填写其住房间数。

2.合住同一所住房的，在填写住房间数时，填写其独立使用的房间数。

（二）个人项目

D1.姓名——填写被登记人的正式姓名。没有正式姓名的可填小名或某某氏，但不能填笔名、代号等。婴儿未起名的，可填“未取名”。

D2.与户主关系——指被登记人与本户户主的关系。申报人不是户主的，不要将被登记人与申报人的关系错填为与户主的关系。

0.户主：按家庭日常生活习惯确定户主。

1.配偶：指户主的妻子或丈夫。

2.子女：指户主的子女。

3.父母：指户主的父母或继父母、养父母。

4.岳父母或公婆：指户主配偶的父母或继父母、养父母。

5.祖父母：指户主或配偶的祖父母、外祖父母、曾祖父母、外曾祖父母。

6.媳婿：指户主子女的配偶。

7.孙子女：指户主的孙子女、外孙子女、孙媳婿、外孙媳婿、重孙子女、重孙媳婿、重外孙子女、重外孙媳婿。

8.兄弟姐妹：指户主及其配偶的兄弟姐妹以及他们的配偶。

9.其他：指以上九种人以外的成员。

在登记家庭户时，户主应登记为第一人，选填“0.户主”。如果户主的配偶也在本户登记，应登记为第二人，选填“1.配偶”，然后再登记该户的其他成员；如果户主没有配偶，或户主配偶不在本户登记，第二人登记本户其他成员。

在登记集体户时，任选一人登记为户主，选填“0.户主”，本户其他成员与户主关系一律登记为其他，选填“9.其他”。

D3.公民身份号码——指 18 位公民身份号码。无公民身份号码的填写 18 位 0。

D4.性别——指被登记人的性别。

D5.出生年月——指被登记人的出生年、月。

出生年月按公历填写，只知道农历的，要换算成公历。按照一般的规律，农历的月份与公历的月份相差一个月左右，换算时农历的月份加 1 即可作为公历的月份，但要注意农历的 12 月应当是公历下一年的 1 月。

D6.民族——指被登记人的民族。

外国人加入中国籍，其民族和我国的某一民族相同的，就选填某一民族；没有相同民族的，按外国人加入中国籍填写，选填“入籍”。

D7.普查时点（2020 年 11 月 1 日零时）居住地——指被登记人在普查标准时点居住的地址。

1.本普查小区：指普查时点居住在本普查小区的人。如果本户在本普查小区拥有一套以上的住房，可确定其中一处进行登记。

2.本村（居）委会其他普查小区：指户口登记地在本普查小区，普查时点居住在本村（居）委会其他普查小区的人。

3.本乡（镇、街道）其他村（居）委会：指户口登记地在本普查小区，普查时点居住在本乡（镇、街道）其他村（居）委会的人。

4.本县（市、区、旗）其他乡（镇、街道）：指户口登记地在本普查小区，普查时点居住在本县（市、区、旗）的其他乡（镇、街道）的人。

5.其他县（市、区、旗）：指户口登记地在本普查小区，普查时点居住在本县（市、区、旗）以外地区的人。填报本选项的人还需选填普查时点居住地所在省（区、市）、市（地、州、盟）、县（市、区、旗）

的具体名称。

6.香港特别行政区、澳门特别行政区、台湾地区：指户口登记地在本户，普查时点居住在香港特别行政区、澳门特别行政区、台湾地区的人。

7.国外：指户口登记地在本户，普查时点居住在国外的人。

D8.户口登记地——指被登记人的居民户口簿上的地址。

1.本村（居）委会：指户口登记地在本村（居）委会的人。

2.本乡（镇、街道）其他村（居）委会：指普查时点居住本普查小区，户口登记地在本乡（镇、街道）其他村（居）委会的人。

3.本县（市、区、旗）其他乡（镇、街道）：指普查时点居住本普查小区，户口登记地在本县（市、区、旗）的其他乡（镇、街道）的人。

4.其他县（市、区、旗）：指普查时点居住本普查小区，户口登记地在本县（市、区、旗）以外地区的人。填报本选项的人还需填写户口登记地所在省（区、市）、市（地、州、盟）、县（市、区、旗）的具体名称。

5.户口待定：指普查时点居住本普查小区，在任何地方都没有登记户口的人。包括手持户口迁移证、出生证、退伍证等情况。

D9.离开户口登记地时间——指到普查标准时点为止，被登记人离开户口登记地（居住地与户口登记地不一致）的时间。

没有离开户口登记地是指户口登记地在本村（居）委会，普查标准时点居住在本普查小区或本村（居）委会其他普查小区。

若常年外出的人由于农忙、节假日等原因偶尔回家的，或回家后因疫情原因推迟外出的，还应该从第一次离开户口登记地的时间开始计算。

D10.离开户口登记地原因——指被登记人离开户口登记地（居住地与户口登记地不一致）的原因。

0.工作就业：指十五周岁及以上因务工经商、工作招聘、调动等原因离开户口登记地的人。

1.学习培训：指六周岁及以上因考入各级各类学校或参加各种学习班、培训班而离开户口登记地的人。

2.随同离开/投亲靠友：指因跟随亲属、投亲靠友而离开户口登记地的人。

3.拆迁/搬家：指因房屋拆迁、改造或者搬家而离开户口登记地的人。

4.寄挂户口：指户口落在集体户或没有在户口登记地居住过、只落户口的人。

5.婚姻嫁娶：指十五周岁及以上因结婚而离开户口登记地的人。

6.照料孙子女：指为照料孙子女而离开户口登记地的人。

7.为子女就学：指为子女就学而离开户口登记地的人。

8.养老/康养：指因旅游（度假）养老/康养、候鸟式养老/康养、回籍贯地养老/康养、居住在养老院而离开户口登记地的人，不包括跟随子女养老。

9.其他：指上述几种以外的原因。

凡具有两种以上原因的，按其主要的原因选填一个标准选项。

D11.受教育程度——指按照国家教育体制，被登记人接受教育的情况。通过自学或成人学历教育经国家统一考试合格的，分别归入相应的受教育程度。

1.未上过学：指从未接受过各级各类学校教育。包括参加过各种扫盲班或成人识字班学习，且以后再没有接受过各级各类学校教育的人。

2.学前教育：指仅接受过或正在接受专门学前教育机构教育，即在幼儿园或附设幼儿班接受保育和教育。

3.小学：指接受的最高一级教育为小学，无论其是否在校、毕业、肄业或辍学。

4.初中：指接受的最高一级教育为初中，无论其是否在校、毕业、肄业或辍学。

5.高中：指接受的最高一级教育为普通高中、成人高中和中等职业学校，无论其是否在校、毕业、肄业或辍学。

6.大学专科：指接受的最高一级教育为大学专科。在普通高等学校学习大学专科的，无论其是否在校、毕业、肄业或辍学，都填报此项。

凡国家授权承认学历的开放大学、广播电视大学、职工大学等成人高校和普通高等学校举办的函授大学、夜大学和其他形式的大学，按教育部颁布的大学专科教学大纲进行授课的，其毕业生选填此项；其肄业生、在校生按原有受教育程度填报。含成人专科和网络专科。

通过自学，经国家统一举办的自学考试合格，并取得大学专科毕业证书的，也选填此项。

7.大学本科：指接受的最高一级教育为大学本科。在普通高等学校学习大学本科的，无论其是否在校、毕业、肄业或辍学，都填报此项。

凡国家授权承认学历的开放大学、广播电视大学、职工大学等成人高校和普通高等学校举办的函授大学、夜大学和其他形式的大学，按教育部颁布的大学本科教学大纲进行授课的，其毕业生选填此项；其肄业生、在校生按原有受教育程度填报。含成人本科和网络本科。

通过自学和进修大学课程，经考试合格，并取得大学本科毕业证书的，也选填此项。

8.硕士研究生：指接受的最高一级教育为硕士研究生，无论其是否在校、毕业、肄业或辍学。含 2016 年 12 月 1 日以后录取的非全日制硕士研究生。

在职接受硕士研究生教育的，其毕业生选填此项；肄业生和在校生按原有受教育程度填报。

9.博士研究生：指接受的最高一级教育为博士研究生，无论其是否在校、毕业、肄业或辍学。含 2016 年 12 月 1 日以后录取的非全日制博士研究生。

在职接受博士研究生教育的，其毕业生选填此项；肄业生和在校生按原有受教育程度填报。

凡是没有按教育部的教学大纲培养或只学单科的人，不能填报“大学专科”“大学本科”“硕士研究生”或“博士研究生”，一律按原有受教育程度填报。

D12.是否识字：指被登记人是否达到国家规定的脱盲标准（城镇居民和企、事业单位职工识字 2000 个，农村居民识字 1500 个）。登记时可询问，日常生活中是否能读懂简单的书信或书写简短的句子。如果能阅读通俗书报、能写便条就认为具有识字能力。

二、普查长表

（一）住户项目

H1.户别——与短表 H1 相同。

H2.本户应登记人数——与短表 H2 相同。

H3.本户 2019 年 11 月 1 日至 2020 年 10 月 31 日期间的出生人口——与短表 H3 相同。

H4.本户 2019 年 11 月 1 日至 2020 年 10 月 31 日期间的死亡人口——与短表 H4 相同。

H5.住所类型——与短表 H5 相同。

H6.本户现住房建筑面积——与短表 H6 相同。

H7.本户现住房间数——与短表 H7 相同。

H8.住房所在建筑的总层数——层数是指建筑物的自然层数，一般按室内地坪以上计算。

采光窗在室外地坪以上的半地下室，其室内层高在 2.20m 以上（不含 2.20m）的，计算自然层数；假层、附层（夹层）、插层、阁楼（暗楼）、装饰性塔楼，以及突出屋面的楼梯间、水箱间不计层数。

其中，平房是指只有一层的房子。

H9.承重类型——指在房屋建筑中，由各种构件（屋架、梁、板、柱等）组成的能够承受各种作用的体系。

1.钢及钢筋混凝土结构：指承重的主要构件是用钢及钢筋混凝土建造的。它包括“钢结构”“钢、钢筋混凝土”和“钢筋混凝土”三种结构类型。

钢结构：承重的主要构件是钢材料建成的，包括悬索结构。

钢、钢筋混凝土结构：承重的主要构件是用钢、钢筋混凝土建造的。如一幢房屋一部分梁柱采用钢、钢筋混凝土构架建成。

钢筋混凝土结构：承重的主要构件是用钢筋混凝土建造的。包括薄壳结构、大模板现浇结构及使用滑模、升板等建造的钢筋混凝土结构的建筑物。

2.混合结构：指承重的主要构件是用钢筋混凝土和砖木建造的。如一幢房屋的梁是用钢筋混凝土制成，以砖墙为承重墙，或者梁是用木材建造，柱是用钢筋混凝土建造。

3.砖木结构：指承重的主要构件是用砖、木材建造的。如一幢房屋是木制房架、砖墙、木柱建成的。

4.竹草土坯结构：指承重的主要构件是用竹、草、土坯等建造的。如竹楼、土窑洞等。

5.其他结构：指不属于上述类型的结构。

H10.住房建成年代——指本户住房所属建筑物的建成年份。

本户住房所属建筑物翻修过的，按翻修时的年份选填。经过改建的，如改建面积大于原面积的，按改建时的年份选填；如改建面积小于原面积的，按原建成年份选填。

H11.住房所在建筑有无电梯——指本户住房所属建筑物内部、外部是否安装电梯。

H12.主要炊事燃料——指本户用于炊事的主要燃料。

如果本户用于炊事的燃料有两种以上，选填主要的一种。

H13.住房内有无管道自来水——指本户住房内是否有经过公用设施净化处理的管道输送水。

在院子里自己打的机井不能算作有自来水。

H14.住房内有无厨房——指本户住房内是否有专供做饭使用的房间，无论是否装有上下水道及固定灶具。

在公用过道、客堂等处烧饭的和在庭院、路边搭建的、临时简陋设施中做饭的都不算有厨房。

H15.住房内有无厕所——指本户住房内是否有厕所。

1.水冲式卫生厕所：指有上下水系统，或厕间有备水桶（瓢冲），坐便或蹲便器有水封或无水封的厕所，且粪便及污水冲入到下水道、化粪池和厕坑，无蝇，不会造成环境污染。

2.水冲式非卫生厕所：指虽然是水冲式厕所，但是粪便被冲到开放的水渠、沟塘等开放水体或者不确定冲到何处，会污染环境。

3.卫生旱厕：指有固定盖板的厕所，粪便基本无暴露，保持无蝇。比如通风改良厕所、堆肥厕所、双坑交替厕所、粪尿分集厕所、阁楼厕所、深坑防冻厕所等。

4.普通旱厕：包括无盖板的敞开式旱厕，有或无防渗处理。通常粪便暴露、有蛆蝇。

5.无：指没有厕所。

H16.住房内有无洗澡设施——指住房内是否有固定浴缸（浴盆）或淋浴龙头等能使用的洗浴设施。

1.统一供热水：指本户洗浴用热水由社区、物业管理部门或其他公共设施统一供应。

2.家庭自装热水器：指本户洗浴用热水是由自己安装的各种热水器，如电热水器、燃气（罐装、管道）热水器等。

3.其他：指上述两种以外的洗浴设施。

4.无：指住房内没有洗浴设施。

H17.住房来源——指本户获取现住房的方式。

1.租赁廉租房/公租房：指向政府相关部门申请并租住廉租房、公租房。

2.租赁其他住房：指通过私人、单位或房屋中介等渠道租住住房。

3.购买新建商品房：指按市场价购买的新建商品房。

4.购买二手房：指购买那些进入房屋市场进行交易，第二次及以上进行产权登记的住房，包括二手商品房、允许上市交易的已售公房、经济适用房等。

5.购买原公有住房：指个人以成本价或优惠价购买的、原作为福利分配给本单位职工的住房。

6.购买经济适用房/两限房：指向政府相关部门申请并购买经济适用房、两限房。

7.自建住房：指个人建造的住房，其产权属于个人所有。

8.继承或赠予：指从亲属处继承而来或者受他人赠予而获取住房。

9.其他：指上述几种住房来源以外的情况。

H18.月租房费用——指最近用于交纳房租的单月金额，不包括水电费、物业费、取暖费等附加费用。月租房费用不为整数时，按四舍五入计算。

若多人合租作一户登记时，则需将每人月租费加总计算。

H19.拥有全部家用汽车的总价——是指住户拥有的全部供家庭生活使用的汽车价格之和。

汽车价格按汽车实际购买价格（含税）的方式计算。

若住户有多辆家用汽车，则按全部家用汽车的价格总和选填。

（二）个人项目

C1.姓名——与短表 D1 相同。

C2.与户主关系——与短表 D2 相同。

C3.公民身份号码——与短表 D3 相同。

C4.性别——与短表 D4 相同。

C5.出生年月——与短表 D5 相同。

C6.民族——与短表 D6 相同。

C7.普查时点（2020 年 11 月 1 日零时）居住地——与短表 D7 相同。

C8.户口登记地——与短表 D8 相同。

C9.离开户口登记地时间——与短表 D9 相同。

C10.离开户口登记地原因——与短表 D10 相同。

C11.户口登记地类型——指离开户口登记地（居住地与户口登记地不一致）时的户口登记地类型。

若离开时户口登记地的类型是“乡”，而现在已改成“镇”，应选填“1.乡”，不要填报“2.镇的村委会”或“3.镇的居委会”。

C12.是否有农村土地承包经营权——指被登记人户口所在的户是否有农村土地承包经营权。

户口所在的户应以被登记人的户口簿为准。拥有农村土地承包经营权是指被登记人户口登记地在农村地区或以前的农村地区，目前户口所在的户与集体经济组织签订了农村土地承包合同。

拥有农村土地承包经营权的户，目前可能实际经营承包地，也可能因各种原因不再经营承包地，包括以转包、出租、入股、托管等方式流转所承包土地经营权。

C13.出生地——指被登记人的出生地点。

1.本县（市、区、旗）：指出生在本县、县级市、区、旗。

2.本省其他县（市、区、旗）：指出生在本省的其他县、县级市、区、旗。

3.省外：指出生在本省（区、市）以外其他地区，并选填出生地所在省（区、市）的名称。在港、澳、台或国外出生的，根据实际情况选填 “香港特别行政区”“澳门特别行政区”“台湾地区”或“国外”。

C14.五年前常住地——指被登记人在普查标准时点的五年前，即 2015 年 11 月 1 日零时的常住地。

五年前居住在本县（市、区、旗）以外其他地区的人，还需选填五年前常住地的地址。

五年前居住在港、澳、台或国外的，根据实际情况选填“香港特别行政区”“澳门特别行政区”“台湾地区”或“国外”。

C15.受教育程度——与短表 D11 项相同。

C16.学业完成情况——指受教育程度为小学及以上的人完成学业的情况。

1.在校：正在接受各级各类学校教育并有学籍。

2.毕业：已修完全部课程，并经过考试鉴定合格。

3.肄业：修完全部课程，但考试不及格或因种种原因未取得毕业资格。

4.辍学：未能修完所规定的全部课程，中途退学。

5.其他：私塾、自学等其他方式。

C17.是否识字——与短表 D12 项相同。

C18.工作情况——指被登记人在 10 月 25—31 日期间，即普查标准时点前一周，是否为取得收入而工作了 1 小时以上，包括临时工、互联网灵活就业、家庭经营无酬帮工。

工作是指为获取工资、实物报酬或经营收入而从事的各种生产、经营或服务性活动，其目的是为了取得收入，无论实际是否取得。不包括义务劳动和公益性劳动。

1.是：指在 10 月 25—31 日期间，为取得收入而干过固定的、临时的或兼职的工作，并且工作时间超过 1 小时。在校学生利用课余或假期以及退休人员为取得收入而从事了工作，也选填此项。

家庭成员在自家或亲属经营的公司、企业、商铺或网店工作，即使本人没有劳动报酬，也选填此项。

选填“1.是”的人，还需填写工作时间。工作时间按在 10 月 25—31 日期间实际的工作时间填写，而不是按国家或企业规定的制度工作时间填写。

计算工作时间，要注意把握以下几种情况：

（1）从事一种以上有收入工作的，几项工作时间相加计算。

（2）在规定的工作时间以外加班工作的，加班时间一并计算在内。

（3）农村既干家务又从事农业或其他有收入工作的人，家务劳动时间除外。

2.在职休假、在职学习培训、临时停工（保留工资）：

在职休假是指在 10 月 25—31 日期间，因各种休假或请假临时未工作，包括公休假、年休假、空勤人员、船员、火车乘务人员的轮休假、病假、工伤假、产假、事假、探亲假、婚丧假等。个人档案、人事关系已在某单位，但因各种原因尚未到新单位报到上班，如军人转业或工作调动等，也视为休假。

在职学习培训是指有工作单位，在 10 月 25—31 日期间参加脱产学习或培训。

临时停工（保留工资）是指在 10 月 25—31 日期间，由于机械或电力故障、原料或燃料短缺、天气或其他灾害等原因导致的暂时未工作，但仍可以有工资收入。

打零工、计件工等临时就业或灵活就业的人，因为上述原因停工并且没有收入，不填此项，应填“3.未做任何工作”。

3.未做任何工作：指在 10 月 25—31 日期间，没有工作单位，也未从事过任何可以有收入的工作。

对于下岗、内退人员，如果未与原单位解除劳动合同，仍有工资性收入的，选填“2.在职休假、在职学习培训、临时停工”；如果没有工资性收入，选填“3.未做任何工作”。对于承包土地的农民，在 10 月 25—31 日期间，如果干农活或其他有收入的工作超过 1 小时，选填“1.是”；如果外出打工，未从事任何工作，选填“3.未做任何工作”；如果正处于农业生产季节，没有外出打工，期间临时没有干农活，选填“2.在职休假、在职学习培训、临时停工”。

对于从事季节性生产经营的人，如果生产经营仍在进行中，只是在 10 月 25—31 日期间没有工作，选填“2.在职休假、在职学习培训、临时停工”；如果正处于季节性歇业，选填“3.未做任何工作”。

C19.工作单位或生产经营活动所属类型——指普查标准时点前一周的主要工作单位或生产经营活动类型。

1.企业、事业、机关或社会团体等法人单位：法人单位指依法成立，有自己的名称、组织机构和场所，能够独立承担民事责任，独立拥有和使用（或授权使用）资产承担负债，有权与其他单位签订合同，会计上独立核算，能够编制资产负债表的单位。包括企业、事业、机关、社会团体、民办非企业单位、基金会、居委会、村委会、农民专业合作社、农村集体经济组织和其他组织机构。

2.个体经营户：指资产归个人所有，以个体劳动为基础，劳动成果归劳动者个人占有和支配的一种经济组织。既包括在各级工商行政管理机关登记注册、领取《营业执照》的个体工商户，也包括没有领取《营业执照》，但实际从事个体经营活动的人。

3.经营农村家庭承包地（家庭农林牧渔生产经营活动）：指在自家承包的耕地、林地、草地、池塘以及其他合法用于农业的土地上，从事农林牧渔业生产经营活动，也包括家庭在转包和租用他人农业用地上从事农林牧渔业生产经营活动，所从事的农业生产活动以自营劳动为主，不雇佣长期雇工，但可能雇佣临时短工。

农业生产季节在承包土地上从事农业生产，但上周未做任何工作的人，也选填此项。

普查标准时点前一周未在自家承包土地上工作而从事其他生产经营活动的人，或外出务工经商的人不填此项，选填上周实际工作单位或生产经营活动。

4.自由职业/灵活就业：指除个体经营户以外的自雇就业或自主型的个体就业。包括律师、自由撰稿人、歌手、模特等自主就业人员，也包括家庭自雇家政服务、街头小贩、其他类型打零工的临时就业人员，还包括依赖平台承接工作任务、不隶属于任何雇主的劳动者。

C20.行业——指普查标准时点前一周主要工作所在单位的生产经营活动。如果前一周从事两项不同工作，按工作时间长短确定主要工作；如果工作时间相同，再按报酬高低确定主要工作。

行业是按照经济活动的同一性进行分类的，不是按其所属的行政管理系统来分的。产业活动单位是划分行业的分类标准。产业活动单位是指：（1）具有一个场所、从事一种或主要从事一种经济活动；（2）单独组织生产、经营或业务活动；（3）掌握收入和支出的会计核算资料。

填写行业时要注意以下情况：

有工作单位的，既要填写单位名称，也要填写单位的主要产品或从事的主要业务。单位名称要具体到分厂、分公司或营业部，即产业活动单位，不能笼统地只填写总厂名称。最重要的是单位的主要产品或主要业务要详细填写，要用动宾词组表达，如“生产服装”或“销售服装”，不能简写为“服装”。保密单位，填写其公开使用的名称和公开的主要产品或主要业务。

没有工作单位的，只填写主要产品或主要业务，如“送外卖”“当滴滴司机”。务农人员不能笼统地填写“农业”，要根据其具体的农业生产活动或农户具体从事的主要业务填写。如“种粮食”“养猪”等。

C21.职业——指普查标准时点前一周主要工作具体是干什么。如果前一周从事两项不同工作，按工作时间长短确定主要工作；如果工作时间相同，再按报酬高低确定主要工作。

职业分类是以工作性质的同一性为基本原则。所谓“同一性”，是指不论其所在工作单位是什么经济类型，不论用工形式是固定工还是临时工，也不论其隶属于哪个行业，凡是从事同一性质工作的人都划分为同一类。

填写职业时应注意以下情况：

填写职业要具体、详细。不能笼统地写“工人”“农民”“公务员”“工程师”等，而应具体填写其实际工作种类，如“铸轧工”“捕鱼”“统计人员”“通信工程技术员”等。具有专业技术职称的行政领导人员，应按行政领导职务填写其职业；同时担任两个以上职务的领导干部，应按主要职务填写其职业。工种尚未确定，暂时又无具体工作岗位的，要填写“工种未定”。

C22.未工作原因——指被登记人在普查标准时点前一周没有工作的主要原因。

1.在校学习：指在各级各类学校学习，并有正式学籍的人员。不包括有工作单位，脱产学习的人员。

2.离退休：指已办理离休、退休手续，定期领取离退休生活费，且未从事任何有收入劳动的人。

3.料理家务：指主要在自己家里从事家务劳动，且没有劳动收入的人。离、退休人员从事家务劳动的，选填“2.离退休”。为自家经营的摊位、商店、门市部、工厂工作的人，农村中既料理家务又务农或从事家庭副业的人，在别人家干家务活的临时工或小时工，均属于有工作的人，不选填此项。

4.丧失工作能力：指经专门机构鉴定或虽未鉴定但本人或其法定监护人认为，其因生理或心理疾患已丧失了从事劳动的能力。包括年老体弱生活不能自理的人员，但不包括离休、退休人员，这些人不论是身体残疾还是年老体弱生活不能自理，均选填“2.离退休”。

5.其他：指上述几种以外的原因。

C23.主要生活来源——指被登记人主要依靠什么生活。

如果被登记人同时有几种生活来源，选填其认为最主要的一项。

1.劳动收入：指主要依靠劳动报酬、经营利润或家庭收益（包括现金和实物收入）生活。

2.离退休金/养老金：指办理了离休、退休或退职手续，主要依靠从原工作单位或社会保险经办机构领取的离退休金（包括退职费）生活。

3.最低生活保障金：指建立最低生活保障制度的地区，家庭人均收入低于当地规定的最低生活保障线，主要依靠从政府有关部门或集体领取最低生活保障金生活，以及依靠民政部门发放的烈军属、五保户、残疾人等的生活抚恤金生活。

4.失业保险金：指失业保险经办机构依法支付给符合条件的失业人员的基本生活费用，是对失业人员在失业期间失去工资收入的一种临时补偿。

5.财产性收入：指以资金储蓄、借贷入股以及财产运营、房屋租赁等所取得的利息、股息、红利、租金等收入。

6.家庭其他成员供养：指主要依靠家庭其他成员或亲属的供养和资助生活。

7.其他：指上述几种以外的情况。

C24.婚姻状况——指被登记人在普查标准时点的实际婚姻状况。

1.未婚：指从未结过婚。

2.有配偶：指有配偶，处于婚姻中。

3.离婚：指曾经结过婚，但已办理了离婚手续且没有再婚，或正在办理离婚手续。

4.丧偶：指配偶已去世，且没有再婚。

人口普查的婚姻是指事实婚姻，不是单指法律意义上的婚姻，对不到法定结婚年龄，或未办理结婚手续而同居、实际结婚的人，应根据其在普查标准时点的实际情况，按照被登记人的申报选填。

C25.初婚年月——指被登记人第一次结婚时的年、月。

C26.生育子女数——指截止到普查标准时点，15至64周岁妇女的生育状况。

1.未生育：指被登记妇女没有生育过子女。

2.有生育：指被登记妇女生育过子女，需分别填写生过和存活的子女数。

生过几个孩子：指生育的活产男孩和女孩数，包括产后不久就死亡的婴儿。胎儿脱离母体时（不管孕期长短），凡有过呼吸或心跳、脐带搏动、随意肌收缩等生命现象的，都视为“活产”。这里所说的“子女”是指该妇女的亲生子女，不包括丈夫前妻的子女和领养的子女，但鉴于有些家庭不愿公开领养关系，可尊重申报人的意愿，按亲生子女填报。

其中现在存活几个孩子：指活产子女中，仍然存活的男孩和女孩数，无论是否与父母一起居住。在普查标准时点前已死亡的孩子不包括在内。无存活子女的填写“0”。

C27.过去一年（2019年11月1日—2020年10月31日）的生育状况——指普查标准时点前12个月内，15至50周岁被登记妇女的生育状况。

1.一年内未生育：指过去一年内没有生育过子女。

2.一年内有生育：指过去一年内生育过子女，需选填生育时间和孩子性别。

一年内生育两个以上孩子的，包括两次生育或生育多胞胎，还需填报第二个孩子的状况，第三个或以上的孩子不用填报。

C28.居住状况——指普查标准时点前一个月，60周岁及以上被登记人的主要居住状况。

1.与配偶和子女同住：指与配偶和子女住在一起。

2.与配偶同住：指子女不在身边，与配偶住在一起。

3.与子女同住：指配偶不在身边，与子女住在一起。

4.独居（有保姆）：指本户中只有老人和保姆。

5.独居（无保姆）：指独身一人居住。

6.养老机构：指在提供养老服务的场所，包括敬老院、老年公寓等居住的情况。凡在养老机构居住的老年人，不论与谁同住。

7.其他：指上述几种以外的状况。

C29.身体健康状况——指60周岁及以上被登记人根据自身健康状况，对普查标准时点前一个月能否保证正常生活做出的自我判断。

1.健康：指过去一个月健康状况良好，完全可以保证日常的生活。

2.基本健康：指过去一个月健康状况一般，可以保证日常的生活。

3.不健康，但生活能自理：指普查标准时点前一个月健康状况不是太好，但可以基本保证正常的生活。

4.不健康，生活不能自理：指普查标准时点前一个月健康状况较差，不能照顾自己日常的生活起居，如吃饭、穿衣、自行走动等。

三、港澳台居民和外籍人员普查表

（一）住户项目

F1.户别——与短表H1相同。

F2.住所类型——与短表H5相同。

F3.本户现住房建筑面积——与短表H6相同。

F4.本户现住房间数——与短表H7相同。

（二）个人项目

R1.姓名——填写被登记人的正式姓名。婴儿未起名的，可填"未取名"。外籍人员的姓名最好用中文填写，也可以用其它文字填写。

R2.与户主关系——与短表D2相同。

R3.性别——与短表D4相同。

R4.出生年月——与短表D5相同。

R5.来内地（大陆）或来华目的——指被登记人来中华人民共和国境内居住的原因。

1.商务：指进行各种商务活动的人。

2.就业：指已有工作或正在寻找工作的人。

3.学习：指已经或准备在各类学校学习的人。

4.定居：指在中华人民共和国境内定居但没有工作或上学的人。包括在中华人民共和国境内工作人士的家属。

5.探亲：指探望亲戚或朋友的人。

6.其他：指上述以外的其他原因。

R6.已在内地（大陆）或在华居住时间——指到普查标准时点为止，被登记人在中华人民共和国境内居住的时间。

R7.受教育程度——指被登记人接受教育情况。按照被登记人的申报选填。

R8.身份或国籍——指被登记人是香港特别行政区居民、澳门特别行政区居民还是台湾地区居民。如果是外国人，还应填写国籍。

R9.工作情况——参照长表C18。

R10.行业——指被登记人的工作单位主要生产的产品或提供的服务类别，参照《国民经济行业分类（GB/T4754—2017)》，按标准选项据情选填。

R11.职业——指被登记人所从事的工作类别，按标准选项据情选填。

1.党的机关、国家机关、群众团体和社会组织、企事业单位负责人：指在中国共产党机关，国家机关，民主党派和工商联，人民团体和群众团体、社会组织及其工作机构，基层群众自治组织，企业、事业单位中担任领导职务并具有决策、管理权的人员。

2.专业技术人员：指从事科学研究和专业技术工作的人员。

3.办事人员和有关人员：指在公共管理和社会组织机构中从事行政业务、行政事务、行政执法和仲裁、安全保卫、消防和应急救援等工作的人员。

4.社会生产服务和生活服务人员：指从事商品批发零售、交通运输、仓储、邮政和快递、信息传输、软件和信息技术、住宿和餐饮以及金融、房地产、租赁和商务技术辅助、生态保护、文化、体育和娱乐等社会生产服务与生活服务工作的人员。

5.农、林、牧、渔业生产及辅助人员：指从事农、林、牧、渔业生产活动及辅助生产的人员。

6.生产制造及有关人员：指从事产品生产及设备制造，矿产开采，工程施工和运输设备操作的人员及有关人员。

7.不便分类的其他从业人员。

R12.婚姻状况——参照长表 C24。

四、死亡人口调查表

凡在普查短表户记录 H4 中，登记了 2019 年 11 月 1 日至 2020 年 10 月 31 日期间有死亡人口的户，还要登记死亡人口的具体情况。

S1.姓名——与短表 D1 相同。

S2.公民身份号码——与短表 D3 相同。

S3.性别——与短表 D4 相同。

S4.出生年月——与短表 D5 相同。

S5.死亡时间——指死亡人口死亡时的月份。

S6.民族——与短表 D6 相同。

S7.受教育程度——与短表 D11 相同。

S8.婚姻状况——与长表 C24 相同。

为保证死亡人口的登记质量，普查员在入户登记时应注意以下几点：

1.登记死亡人口时，一般以死亡前的常住地为登记地，而不以死亡发生时的地点（如医院等）为登记地。

2.本户常住人口中有死亡的，不论其与该户有无亲属关系，都应作为该户死亡人口予以登记。

3.对于无法确定死亡人口常住地，或登记时与死亡人口常住地联系不上的，如孤寡老人、流动人口等，一律在死亡发生地登记。